Kurt-Jürgen Maaß [Hrsg.]

# Kultur und Außenpolitik

## Handbuch für Wissenschaft und Praxis

3. vollständig überarbeitete und erweiterte Auflage

Nomos

Titelbild:
„Ausstellung Weltreise im ZKM“. Eine Besucherin des Zentrums für Kunst und Medientechnologie (ZKM) in Karlsruhe (Baden-Württemberg) betrachtet am 23.10.2013 das Werk *Uqbar* I von der Künstlerin Corinne Wasmuth aus dem Jahr 2011. Fotographie von Uli Deck.



**Die Deutsche Nationalbibliothek** verzeichnet diese Publikation in der Deutschen Nationalbibliografie; detaillierte bibliografische Daten sind im Internet über http://dnb.d-nb.de abrufbar.

ISBN 978-3-8487-1504-6 (Print)
ISBN 978-3-8452-5545-3 (ePDF)

3. Auflage 2015

Gedruckt auf alterungsbeständigem Papier.

# Inhaltsverzeichnis

Einleitung zur dritten Auflage ........ 9

**1. Theorien und Konzepte**

1.1 Macht, Interessen und Normen – Auswärtige Kulturpolitik und Außenpolitiktheorien illustriert am Beispiel der deutschen auswärtigen Sprachpolitik ........ 13
*Verena Andrei und Volker Rittberger*

1.2 Schlüsselbegriffe der internationalen Diskussion – Public Diplomacy und Soft Power ........ 39
*Claudia Auer, Alice Srugies, Martin Löffelholz*

1.3 Vielfältige Umsetzungen – Ziele und Instrumente der Auswärtigen Kulturpolitik ... 47
*Kurt-Jürgen Maaß*

**2. Geschichte**

2. Zwischen Propaganda und Friedensarbeit – Geschichte der deutschen Auswärtigen Kulturpolitik im internationalen Vergleich ........ 57
*Kurt Düwell*

**3. Inhalte und Programme**

3.1 Denken, Sprechen, Verhandeln – Die deutsche Sprache im internationalen Wettbewerb ........ 101
*Ulrich Ammon*

3.2 Das nationale und internationale Gesicht der Musen – Kulturelle Programmarbeit ........ 114
*Gerd Ulrich Bauer*

3.3 Internationalisierung, Exzellenz, Wettbewerb – Hochschule und Wissenschaft im globalen Spannungsfeld ........ 135
*Georg Schütte*

3.4 Arbeit in der Weltgesellschaft – Deutsche Schulen im Ausland ........ 149
*Hanna Kiper*

3.5 Imagepflege als Daueraufgabe – Das vielschichtige Deutschlandbild ........ 160
*Sebastian Körber*

3.6 Eine neue Herausforderung – Kultur in der Konflikttransformation und Friedenskonsolidierung ........ 169
*Martina Fischer*

3.7 Die Aufnahme produktiver Beziehungen – Kultur und Entwicklung ........ 190
*Enzio Wetzel*

3.8 Suchen nach Strategien – Transformationsunterstützung als Demokratieförderung ..... 198
*Sonja Grimm und Theresa Moyo Stumptner*

3.9 Information und Deutungshoheit – Die Rolle der Medienpolitik ..... 208
*Verena Metze-Mangold*

**4. Nationale Akteure**

4.1 Die Meinung des Souveräns – Der Bundestag ..... 229
*Otto Singer*

4.2 Der wichtigste Akteur – Das Auswärtige Amt ..... 237
*Katharina Thomas*

4.3 Teile eines diplomatischen Systems – Weitere Bundesministerien ..... 244
*Kurt-Jürgen Maaß*

4.4 Unentbehrliche Partner – Die Bundesländer ..... 254
*Kurt-Jürgen Maaß*

4.5 Know-how, Netzwerke, Nachhaltigkeit – Die Kommunen ..... 258
*Kurt-Jürgen Maaß*

4.6 Das deutsche Modell – Die Mittlerorganisationen ..... 263
*Kurt-Jürgen Maaß*

4.7 Stimmgewaltige Zivilgesellschaft – Die Nichtregierungsorganisationen ..... 278
*Swetlana W. Pogorelskaja*

4.8 Partner und Vermittler im Ausland – Die politischen Stiftungen ..... 288
*Swetlana W. Pogorelskaja*

4.9 Frei für Ideen und neues Denken – Die Stiftungen ..... 300
*Peter Theiner*

**5. Internationale Akteure**

5.1. Multilateral und weltweit vernetzt – Die UNESCO ..... 311
*Klaus Hüfner und Traugott Schöfthaler*

5.2 Das größere Europa und sein Gewissen – Der Europarat ..... 322
*Kathrin Merkle*

5.3 Von der Wirtschafts- zur Wertegemeinschaft – Kultur- und Außenkulturpolitik im europäischen Integrationsprozess ..... 331
*Olaf Schwencke und Edda Rydzy*

**6. Akteure in Partnerländern**

6.1 Anspruch und Wirklichkeit in Geschichte und Gegenwart – Die Auswärtige Kulturpolitik der USA ........ 349
*Frank Schumacher*

6.2 Partner und Konkurrenten in der Europäischen Union – Frankreich, Großbritannien, Spanien, Polen und Ungarn ........ 357
*Mirjam Schneider*

6.3 Neues Nachdenken – Die Auswärtige Kulturpolitik Japans ........ 377
*Yoko Kawamura*

6.4 Die entscheidende Rolle der Außendarstellung – Chinas Gesicht in seiner Auswärtige Kulturpolitik ........ 389
*Falk Hartig*

6.5 Soft Power und Hard Power – Die Auswärtige Kulturpolitik der Russischen Föderation ........ 397
*Ottilie Bälz und Kurt-Jürgen Maaß*

**7. Forschung und Lehre**

7.1 Kein Stiefkind mehr – Die Auswärtige Kulturpolitik in Forschung und Lehre ........ 409
*Gerd Ulrich Bauer*

7.2. Gewusst wo – Recherchieren in Literatur und Internet ........ 416
*Gudrun Czekalla*

8. Literaturverzeichnis ........ 420

9. Personenregister ........ 457

10. Institutionenregister ........ 461

11. Die Autoren ........ 470

# Einleitung zur dritten Auflage

Mit dieser Entwicklung hat vor zehn Jahren kaum jemand rechnen können: Soft Power ist zu einem Schlüsselwort der internationalen Diskussion über Auswärtige Kulturpolitik geworden. Von den USA über die Länder der Europäischen Union und die Russische Föderation bis hin nach Ostasien ist die wissenschaftliche und politikbegleitende Literatur aus Hochschulen und aus Think Tanks nicht mehr überschaubar. Das britische Institute for Government hat vor Jahren sogar begonnen, ein „international ranking of soft power" zu entwickeln, das 2013 zum dritten Mal publiziert wurde und in dem Deutschland weltweit auf Platz 3 steht.[1]

Beigetragen haben dazu zwei außenpolitische Kernereignisse der neunziger Jahre: die Transferunterstützung der westlichen Welt für ehemals sozialistische Mitgliedstaaten der früheren Sowjetunion (von denen ein großer Teil inzwischen Mitglied der Europäischen Union ist) und der weltweite Schock über den Völkermord in Ruanda, der zu umfangreichen nationalen und internationalen Programmen der Krisenprävention und Konfliktbewältigung führte. In der darauffolgenden Dekade und bis heute wächst außerdem das Gewicht des Themas Entwicklung. Viele Länder haben die Trennung von Entwicklungspolitik und Außenpolitik inzwischen aufgegeben (einige haben sie nie getrennt) oder aber sind dabei, sie stärker als bisher miteinander zu verzahnen. In der chinesischen wie auch in der russischen Diskussion über Soft Power ist Entwicklungshilfe ein zentraler Teil geworden.

Auswärtige Kulturpolitik ist nicht mehr – wie von Volker Rittberger noch 2002 auf einer Tagung des Instituts für Auslandsbeziehungen in Stuttgart formuliert – ein „Stiefkind der Forschung". Dies wird schon daraus deutlich, dass ein Drittel der zitierten Literatur aus den letzten fünf Jahren stammt.

Das Handbuch hat 2005 zum ersten Mal in der Geschichte der deutschen Auswärtigen Kulturpolitik den Versuch unternommen, die vielfältigen Aspekte und Ansätze dieses Teilgebietes der Außenpolitik in einer Publikation zusammenzufassen und dabei – auch das war neu – einen systematischen Blick auf vergleichbare Entwicklungen in anderen Ländern zu werfen. In der zweiten Auflage von 2009 wurde der Blick schon erweitert auf China und Russland. Für die dritte Auflage haben wir nun zusätzlich drei weitere Themen aufgenommen: zum einen *Public Diplomacy* und *Soft Power* als Schlüsselbegriffe, ferner einen Blick auf die Kooperation von Entwicklungshilfe und Außenpolitik und schließlich einen kritischen Beitrag zum Thema Transformationsunterstützung als Demokratieförderung. Alle bisherigen Autoren haben ihre Texte intensiv überarbeitet und aktualisiert. Sechs Themen haben neue Verfassernamen: die Auslandsschulen, die Medien, das Auswärtige Amt, die USA, die Partnerländer in der Europäischen Union und schließlich auch Russland.

Die Zahl der Akteure in der Auswärtigen Kulturpolitik ist nach wie vor groß. Jan Melissen hat in einem Beitrag für den vom Auswärtigen Amt angestoßenen Nachdenkprozess *Review 2014* über die Zukunft der deutschen Außenpolitik ein „Nationales Diplomatisches System" eingefordert[2]. Das gibt es in Deutschland bereits: zahlreiche weitere Bundesministerien neben dem Auswärtigen Amt, die Länderregierungen, die Kommunen, Mittlerorganisationen, Nichtregierungsorganisationen, politische wie auch private Stiftungen beteiligen sich am internationalen

1 U.K. Platz 1, USA Platz 2, Frankreich Platz 4, McClory 2013.

2 http://www.review2014.de/en/external-view/show/article/die-populaerste-macht-der-welt-ein-diplomatisches-talent/pages/1.html (September 2014).

Kulturaustausch. Wünschenswert wäre allerdings – vielleicht meinte Melissen auch dies – eine stärkere Zusammenführung und Koordinierung der Akteure im Interesse einer größeren Kohärenz der deutschen Außenkulturpolitik. Dies wird im Handbuch erneut angeregt.

Eine ganz neue Entwicklung in der europäischen Außenkulturpolitik bahnt sich von Brüssel aus an: in einem fast eineinhalbjährigen Kooperations- und Austauschprojekt der Europäischen Union mit ihren 28 Mitgliedern und darüber hinaus unter Einbeziehung weiterer 26 Länder unter dem Titel *Culture in EU External Relations* sind die Beteiligten zu der Schlussfolgerung gekommen: „Cultural relations have a huge potential for enhancing European influence and attraction in the rest of the world".[3] Dieser „Ball" liegt nun bei der Außenbeauftragten der Europäischen Union. In den nächsten fünf Jahren wird sich zeigen, ob und wie die Europäische Union die Ansätze in ihrer Außenpolitik verwirklicht.

Auch die dritte Auflage ist ein Gemeinschaftswerk. 16 Autorinnen und 16 Autoren haben dazu beigetragen. Uns verbindet ein tiefes Interesse an der Auswärtigen Kulturpolitik. Ich danke allen für ihr Engagement. Undenkbar wäre die Verwirklichung der Neuauflage ohne die so effiziente und immer hilfreiche Mitarbeit der Bibliothek des Instituts für Auslandsbeziehungen. Diese wissenschaftliche Spezialbibliothek ist für das Handbuch schlicht unentbehrlich. Ich danke der Leiterin der Bibliothek, Gudrun Czekalla, und allen ihren Mitarbeiterinnen und Mitarbeitern für die großartige Unterstützung und speziell Claudia Judt und Kornelia Serwotka für die erneute Betreuung der Literaturliste. Meiner ehemaligen Studentin Corinna Bach danke ich für die Überprüfung sämtlicher Links ins Internet im Literaturverzeichnis der zweiten Auflage. Carsten Rehbein sage ich Dank für ein einfühlsames und intensives Lektorat.

Um die Verständlichkeit, die Klarheit und die Eindeutigkeit des Buches zu erhöhen, sind alle verwendeten Personen- und Funktionenbezeichnungen in ihrer geschlechtsneutralen Bedeutung gemeint (generische Maskulina).

*Kurt-Jürgen Maaß*

3 European Union 2014: 13; vgl. auch http://cultureinexternalrelations.eu (September 2014).

# 1. Theorien und Konzepte

# 1.1 Macht, Interessen und Normen – Auswärtige Kulturpolitik und Außenpolitiktheorien illustriert am Beispiel der deutschen auswärtigen Sprachpolitik

*Verena Andrei und Volker Rittberger †*

> Dies ist der einzige Beitrag aus der zweiten Auflage, der unverändert (minimal redigiert) übernommen wird. Volker Rittberger ist im November 2011 überraschend früh gestorben. Er gehörte zu den deutschen Politikwissenschaftlern, die auch die Theoriediskussion um die Außenpolitik vorangetrieben haben. Mit Verena Andrei hat er den Erkenntnisstand auf die Außenkulturpolitik angewendet – ein Novum. Auseinandergesetzt hat sich damit seither nur ein Autor: Patrick Schreiner in seiner Dissertation über „Semiotik der Außenkulturpolitik" (Schreiner 2010). Schreiner hat für seine kluge und innovative Arbeit den Rave-Forschungspreis des Instituts für Auslandsbeziehungen erhalten. Für Schreiner „scheitern" die von Andrei/Rittberger analysierten Außenpolitiktheorien bei dem Versuch, Außenkulturpolitik zu verstehen (a.a.O.: 63 ff., 364), er hält eher den Poststrukturalismus – begrenzt – für erklärungsgeeignet. Er plädiert für eine interpretative semiotische Konzeption in der Analyse (a.a.O.: 379).
>
> Die Politikwissenschaft hat die Dissertation bisher zurückhaltend aufgenommen. Der Herausgeber hat Professor Sebastian Harnisch vom Institut für Politische Wissenschaft der Universität Heidelberg gebeten, die Aktualität des Beitrages von Andrei/Rittberger zu prüfen. Harnisch kam „nach eingehender Prüfung und Diskussion hier im Kreis" zu der Überzeugung, dass der Aufsatz „nach wie vor den Forschungsstand, aber insbesondere auch die Operationalisierung der Theorien, vorbildlich widerspiegelt. Eine Neubearbeitung würde nur marginalen Nutzen für die Leserschaft des Handbuchs erbringen." KJM

Seit Ende der neunziger Jahre ist die Auswärtige Kulturpolitik zu einem beliebten Forschungsgegenstand geworden, was sich in einem deutlichen Anstieg von Publikationen und universitären Abschlussarbeiten niederschlägt.[1] Drei Themenfelder stehen aktuell im Zentrum: der Beitrag der Auswärtigen Kulturpolitik für die Ziele der Konfliktverhütung und Krisenprävention, die „Europäisierung" der Außenkulturpolitiken der EU-Mitgliedstaaten sowie der „Dialog der Kulturen" bzw. die Verknüpfung von Auswärtiger Kulturpolitik mit Menschenrechten und Entwicklungszusammenarbeit.[2] Trotz der Fülle an neuer Literatur fällt die immer noch geringe Zahl politikwissenschaftlicher Arbeiten auf, die auf eine systematische, theoriegeleitete Erklärung von Auswärtiger Kulturpolitik zielen.[3] Es mangelt also an Forschungsarbeiten, welche mithilfe verschiedener Theorien versuchen, die Ursachen für die deutsche Auswärtige Kulturpolitik, für einzelne ihrer Handlungsfelder oder Entscheidungen zu ermitteln und zugrunde liegende Wirkungsmechanismen nachvollziehbar zu machen (Schneider 2008: 8).[4] Länder ver-

---

1 Vgl. die einschlägigen Literaturzusammenstellungen des Instituts für Auslandsbeziehungen (http://cms.ifa.de/info/literatur/) sowie (http://cms.ifa.de/info/literatur/auswaertige-kulturpolitik/forschungsarbeiten/).

2 Vgl. dazu den Sammelband von Schneider (2008), der zahlreiche aus Abschlussarbeiten entstandene Beiträge zu diesen Themen bündelt. Als weiteres neues Themenfeld kann auch die Evaluation von Auswärtiger Kulturpolitik genannt werden.

3 Vgl. Andrei (2000+2008), Dönitz (2004), Fritsche (2005), Gesche (2006), Lutzmann (2001), Metzinger (2005), Sattler (2007), Schneider/Schiller (2000), Treutlein/Schneider (2005) und Treutlein (2003). Mit Einschränkung können dazu auch Arbeiten genannt werden, die die Rolle von Identitäten und Diskursen für die Auswärtige Kulturpolitik untersuchen, vgl. u.a. Kampschulte (2008) und Schäfer (2007).

4 Die Anzahl der Arbeiten, die die Erklärungskraft von Theorien der Internationalen Beziehungen bzw. daraus entwickelte Hypothesen für die Auswärtige Kulturpolitik der Bundesrepublik Deutschland gegeneinander prüfen, beschränkt sich auf die Dissertation von Andrei (2008) zur auswärtigen Sprachpolitik, von Gesche (2006) zur Politik des Deutschen Ausland-Instituts und die Untersuchung von Schneider/Schiller (2000) zur Standortpolitik des Goethe-Instituts.

gleichende Studien, die die Unterschiede zwischen den Außenkulturpolitiken einzelner Staaten erklären, fehlen ebenfalls weitgehend.[5]

Ziel dieses Beitrags ist es darzulegen, wie Untersuchungen aussehen können, die Theorien aus der Lehre von den Internationalen Beziehungen bzw. der Außenpolitikforschung für die Analyse der Auswärtigen Kulturpolitik fruchtbar machen.[6] Dazu werden drei theoretische Ansätze vorgestellt, die sich als Ausgangspunkte für eine vertiefte, empirisch gesättigte Analyse auch in vergleichender Perspektive anbieten: die neorealistische, utilitaristisch-liberale und konstruktivistische Außenpolitiktheorie.[7] Der Beitrag gliedert sich in drei Teile. Zuerst werden die drei genannten theoretischen Ansätze kurz dargestellt und anschließend in einem zweiten Teil anhand von zwei ausgewählten Beispielfällen der auswärtigen Kulturpolitik angewendet. Dabei handelt es sich um die deutsche Sprachpolitik gegenüber den Staaten Mittel- und Südosteuropas und die Förderung von Deutsch als Arbeitssprache in der Europäischen Union. Im letzten Teil wird die Erklärungskraft der Theorien bewertet und für die Auswärtige Kulturpolitik im Allgemeinen beurteilt.

## 1. Drei Außenpolitiktheorien zur Analyse von Auswärtiger Kulturpolitik

### Neorealismus

Der Neorealismus[8] betrachtet souveräne Staaten als Hauptakteure der internationalen Politik. Staaten handeln gemäß dieser Theorie als rationale, eigennützige Akteure, deren Handeln von Anreizen und Zwängen bestimmt ist, die sich aus der Struktur des internationalen Systems ergeben. Als Folge der von Neorealisten angenommenen anarchischen Grundstruktur und variablen Machtstruktur des internationalen Systems und des daraus abgeleiteten Sicherheitsdilemmas und Selbsthilfeimperativs verfolgen Staaten zwei grundlegende Interessen in ihrer Außenpolitik, um ihr Überleben zu gewährleisten: das Interesse an Sicherheit und, daraus resultierend, das Interesse an möglichst großer Macht (Baumann u.a. 1999: 245-286; 2001: 37-67; Rittberger 2004: 4). Unter Sicherheit verstehen Neorealisten „the ability of states and societies to maintain their independent identity and their functional integrity“ (Buzan 1991: 18 f.) oder, in der Formulierung von Richard Löwenthal, territoriale Integrität und „Freiheit der Eigenentwicklung“ (Löwenthal 1971: 11-13). Sicherheit wird von Neorealisten oft mit Autonomie, d.h. faktischer Unabhängigkeit von anderen Akteuren gleichgesetzt. Aber auch *Einfluss (power over actors and outcomes)*, d.h. die Kontrolle über die einen Staat umgebende internationale Umwelt, dient der Sicherheit eines Staates. Zur Gewährleistung ihrer Sicherheit werden Staaten daher danach streben, sowohl ihren Einfluss auf die sie umgebende Umwelt als auch ihre Autonomie gegenüber dieser Umwelt zu wahren oder zu stärken. Hierzu streben Staaten nach

5 Eine Ausnahme bilden einige an der Universität Konstanz entstandene quantitativ-vergleichende Arbeiten über die Außenkulturpolitik der europäischen Länder, vgl. Lutzmann (2001), Dönitz (2004), Treutlein/Schneider (2005) und Treutlein (2003).

6 Einen guten Überblick über verschiedene Außenpolitikansätze gibt Peters (2007). Zur Verwendung von Theorien der Internationalen Beziehungen für die Analyse von Außenpolitik vgl. Carlsnaes (2005).

7 Diese Außenpolitiktheorien wurden im Rahmen eines von der Deutschen Forschungsgemeinschaft geförderten Projekts zur *Deutschen Außenpolitik nach der Vereinigung - Kontinuität oder Wandel* erarbeitet (Rittberger 2001, Rittberger 2004, Andrei/Rittberger 2005).

8 Diese Theorie begründete Kenneth Waltz mit seinem Schule bildenden Buch *Theory of International Politics* (1979). Weitere Vertreter dieser vor allem im angloamerikanischen Bereich immer noch bedeutsamen Theorie sind u.a. John Mearsheimer, Stephen Krasner und Joseph Grieco. Zur Einführung vgl. Baldwin (2005) und Schörnig (2006).

Macht im Sinn von *control over resources*, welche anhand von Indikatoren wie Größe des Territoriums, Bevölkerungszahl sowie militärische und wirtschaftliche Stärke gemessen wird (Baumann u.a. 1999: 6; 2001: 40).[9] Die Macht, über die ein Staat verfügt, verleiht ihm die Fähigkeit, seine Interessen in der internationalen Umwelt durchzusetzen. Ob Staaten nach der Maximierung von Macht oder lediglich nach Machterhalt streben, ist zwischen Neorealisten strittig.[10] Um zu eindeutigen Verhaltensprognosen zu gelangen, wird hier von der Position ausgegangen, dass Staaten versuchen werden, ihre Macht (d.h. Autonomie und Einfluss) zu maximieren, um ihre Sicherheit zu gewährleisten (Baumann u.a. 1999: 253; 2001: 41 f.).

Da Einflussgewinne auf Kosten von Autonomiegewinnen gehen können, mithin beide Güter auch konkurrierende Ziele bilden, müssen diese im Hinblick auf eindeutige Verhaltensprognosen gewichtet werden. In der neorealistischen Theorie haben sich hierzu zwei Positionen herausgebildet. Die erste, die von traditionellen Neorealisten verfochten wird, unterstellt, dass Staaten stets von *Worst-Case*-Szenarien und einer permanent hohen Sicherheitsbedrohung ausgehen und daher immer danach streben, zuallererst ihre Autonomie zu maximieren. Die zweite, als modifizierter Neorealismus bezeichnete Position geht davon aus, dass Staaten die Wahrscheinlichkeit einer Sicherheitsbedrohung abwägen und bei einer geringen Sicherheitsbedrohung auch Autonomieverluste in Kauf nehmen, um dafür substanzielle Einflussgewinne zu erzielen.[11] Der Grad der Sicherheitsbedrohung, dem ein Staat ausgesetzt ist, wird in dieser Variante zu einer intervenierenden Variablen, die die Gewichtung der beiden Interessenlagen und damit die Form der Machtpolitik verändert.

Ob und inwiefern Staaten in der Lage sind, ihre Interessen gegenüber anderen Staaten durchzusetzen und ihre Autonomie und ihren Einfluss zu sichern, ist im Neorealismus durch die relative Machtposition eines Staates im internationalen System determiniert. Diese ist zugleich die erklärende Variable für die Art und Stärke der Machtpolitik (Abwehr- oder Einflusspolitik), die ein Staat betreiben kann. Sie bestimmt sich zum einen durch seinen Anteil an der Gesamtheit der Machtressourcen, die ihm und anderen Referenzstaaten im internationalen System zur Verfügung stehen, zum anderen durch die Polarität des internationalen Systems (zu Uni-, Bi- und Multipolarität siehe Baumann u.a. 1999: 273-275; 2001: 28). Ein Staat, der über weit mehr Machtressourcen verfügt als andere, wie etwa die Vereinigten Staaten von Amerika, kann demnach seine Interessen eher durchsetzen als ein Staat, der weder über militärische noch über wirtschaftliche Machtmittel verfügt, um seinen Forderungen Nachdruck zu verleihen. Um zu theoretisch fundierten Erklärungen des außenpolitischen Verhaltens zu gelangen, muss daher die relative Machtposition eines Staates für sein jeweiliges Bezugssystem ermittelt werden – sei es das internationale System mit den dieses bestimmenden Großmächten oder, wie in den zwei später behandelten Fällen der deutschen auswärtigen Sprachpolitik, die deut-

9 Es ist strittig, ob neben militärischen und wirtschaftlichen auch kulturelle Machtressourcen, Prestige und Bildungsstand etc. für die Bestimmung der Machtposition eines Staates erheblich sind. Neorealisten beachten im Gegensatz zu klassischen Realisten wie Hans J. Morgenthau oder John H. Herz allein die wirtschaftlichen und militärischen Machtressourcen (Baumann u.a. 1999: 256). Eine Darstellung der verschiedenen Machtverständnisse findet sich bei Baldwin (2005)

10 Vgl. hierzu die Position der *offensiven Positionalisten* wie John Mearsheimer und die der *defensiven Positionalisten* wie Kenneth Waltz oder Joseph M. Grieco.

11 Vertreter des modifizierten Neorealismus, wie u.a. Buzan, Grieco, Glaser und Walt, haben unterschiedliche Ansichten darüber, wie die sich wandelnde Sicherheitsbedrohung eines Staates bestimmt werden kann. Als Konsens gilt, dass dafür Faktoren wie Technologie (Kommunikation- und Transporttechnologie zur Überwindung einer Gefahr), Geographie (die Nähe zu feindlichen Großmächten) und Ökonomie Berücksichtigung finden müssen (Baumann u.a. 1999: 266-272; 2001: 54-58). Nach Stephen Walt (1987) sind zudem die perzipierten Intentionen von Staaten von Bedeutung, die hier aber, um eine bessere Unterscheidung zum Konstruktivismus herzustellen, nicht berücksichtigt werden.

sche Machtposition in Relation erstens zu den östlichen Nachbarstaaten und zweitens zu den großen EU-Mitgliedstaaten.

Wie ist nun der Neorealismus auf die Auswärtige Kulturpolitik anzuwenden? Zunächst beschäftigt sich der Neorealismus mit den *high politics*, also vor allem der Sicherheits- und Verteidigungspolitik, da diese als entscheidend für das Überleben eines Staates in der anarchischen Staatenwelt gelten. Mit den Bereichen der *low politics*, zu denen auch die Auswärtige Kulturpolitik zählt, haben sich Neorealisten weniger befasst. Nach der Logik der neorealistischen Theorie wird ein Staat vor allem in den sicherheitsrelevanten Bereichen danach streben, seine Autonomie zu sichern und zu befördern (Andrei 2008: 35; Baumann u.a. 1999: 267; 2001: 54). Da Auswärtige Kulturpolitik je nach Staat und seiner relativen Machtposition sowie dem jeweiligen konkreten Handlungszusammenhang eine unterschiedliche Nähe zu den Sachbereichen Sicherheit, Herrschaft *und* Wohlfahrt[12] aufweisen kann, wird ein Staat im Einzelfall prüfen, ob und inwiefern seine Auswärtige Kulturpolitik in der Lage ist, Sicherheit zu befördern.[13] In Fällen, in denen die kulturellen Einflüsse anderer Staaten eine Bedrohung der eigenen Sicherheit – im Sinn der Freiheit der Eigenentwicklung – darstellen, wird Abwehrpolitik, also die Abwehr solcher Einflüsse und ggf. sogar ein Austritt aus internationalen Organisationen, in denen der Einfluss dieser Staaten dominiert, erwogen werden.[14] Je größer die Macht eines Staates aber ist, desto wirkungsvoller kann er auch andere Interessen als seine unmittelbaren Sicherheitsinteressen verfolgen (Baumann u.a. 1999: 252; 2001: 39).[15] Ist ein Staat mächtig genug, dann kann er die Auswärtige Kulturpolitik auch dazu nutzen, „mit Mitteln der Kultur auf die Staatenwelt Einfluss zu nehmen oder [...] Einfluss bzw. Macht über die kulturellen Beziehungen zu erhöhen“ (Harnischfeger 2007: 713).[16] Mittels Auswärtiger Kulturpolitik können eigene Werte verbreitet und Einfluss auf Entscheidungen in anderen Staaten oder internationalen Organisationen genommen werden. Auf diese Weise avanciert Auswärtige Kulturpolitik in der Perspektive des Neorealismus zur Machtpolitik, wenngleich mit ihr in den meisten Fällen eher Einfluss als Autonomie gestärkt werden wird.

### Utilitaristischer Liberalismus

Eine mit dem Neorealismus konkurrierende Außenpolitiktheorie ist der utilitaristische Liberalismus (Freund/Rittberger 2001; Rittberger 2004). Diese Theorie geht davon aus, dass die Außenpolitik eines Staates nicht durch die strukturbedingten Anreize des internationalen Systems, sondern von den jeweils durchsetzungsfähigsten gesellschaftlichen Interessen in einem Land

12 Die Unterscheidung in die drei funktionalen Sachbereiche der Politik Sicherheit, Herrschaft und Wohlfahrt stammt von Ernst-Otto Czempiel. Auswärtige Kulturpolitik verortet dieser v.a. im Sachbereich Herrschaft (Czempiel 1996: 18).

13 Im Vergleich zur deutschen Auswärtigen Kulturpolitik stellt Dennis Kampschulte (2008) eine größere Nähe der US-amerikanischen *Public Diplomacy* zur Sicherheitspolitik fest. Auch die französische und britische Außenkulturpolitik stellten sich bisher stärker in den Dienst macht- und sicherheitspolitischer Ziele als ihr deutsches Pendant (Sattler 2007: 287-301).

14 So sieht die französische Regierung den amerikanischen Einfluss im Medienbereich als Bedrohung der französischen Kultur, insbesondere der französischen Filmindustrie (Schlesinger 2001). Die in westlichen Zeitungen abgedruckten Mohammed-Karikaturen galten dagegen in vielen islamischen Staaten als Bedrohung für die eigene Lebensweise, während in westlichen Staaten umgekehrt der Islamismus als kulturelle Bedrohung wahrgenommen wird.

15 Als deutsche Interessen im Rahmen der Auswärtigen Kulturpolitik gelten etwa die Förderung der deutschen Sprache, die Unterhaltung von Auslandsschulen und die »Pflege eines realistischen und zugleich positiven Deutschlandbildes« (Witte 2001: 7).

16 Es verwundert daher nicht, dass heutzutage nahezu alle Großmächte im internationalen System, wie die USA, Japan, China und Russland, mehr oder minder engagiert Auswärtige Kulturpolitik als Teil ihrer Außenpolitik ansehen.

bestimmt wird. Im Unterschied zu anderen liberalen Ansätzen legt dieser Ansatz seinen Fokus nicht auf bestimmte gesellschaftliche Gruppen oder Strukturen, sondern ermittelt politik(feld)spezifisch mit dem Instrument der Netzwerkanalyse die für eine Politik ausschlaggebenden Akteure und deren Interessen. Den Ausgangspunkt der Theorie bilden organisierte gesellschaftliche Akteure, welche nach dem Akteurskonzept des *Homo oeconomicus* zweckrational handeln und ihren Eigennutzen mehren (Freund/Rittberger 2001: 69 ff.; Rittberger 2004: 8). Zweckrationalität bedeutet, dass alle Akteure auf Grundlage der ihnen objektiv zur Verfügung stehenden Informationen sich für die Handlungsoptionen entscheiden, die ihnen den größten individuellen Gewinn mit den geringsten Kosten versprechen.[17] Der Nutzen bzw. das primäre Eigeninteresse besteht bei allen Akteuren darin, ihr Überleben zu gewährleisten. Dieses können sie durch materielle Gewinne bzw. Steigerung ihrer Einkommen oder die Mehrung ihrer Entscheidungskompetenzen erreichen, weshalb sich für alle gesellschaftlichen Akteure zwei Grundinteressen ableiten lassen, das Interesse an *power* und *plenty* (Freund/Rittberger 2001: 69 ff.; Rittberger 2004: 15 f.). Aus diesen Grundinteressen werden zuerst deduktiv für verschiedene Akteursgruppen spezifische Interessen und dann außenpolitische Präferenzen abgeleitet, die das außenpolitische Verhalten prognostizierbar machen. Formal können Akteursgruppen des politisch-administrativen Systems (politische, administrative und politisch-administrative Akteure) und private Akteure (Unternehmen, wirtschaftliche Interessengruppen, soziale und politische Bürgergruppen) unterschieden werden. Mit dem Instrument der Politik(feld)netzwerkanalyse[18] wird dann ermittelt, welche Akteure sich mit ihrer außenpolitischen Präferenz bei einer politischen Entscheidung durchsetzen werden.

Zuerst gilt es, die Netzwerkakteure mit ihren außenpolitischen Präferenzen zu bestimmen. Netzwerkteilnehmer sind alle organisierten gesellschaftlichen Akteure, die für eine Politik oder ein Politikfeld „Koordinations-, Kooperations- und Kommunikationsleistungen" erbringen (Staeck 1997: 57). Für die Akteure des politisch-administrativen Systems, z.B. die Bundesminister, aber auch die Ministerien und weitere Verwaltungsagenturen, steht das Grundinteresse der Erhaltung oder Stärkung ihrer Entscheidungskompetenzen für ihr soziales Überleben im Vordergrund; nachrangig streben sie nach finanziellen Mitteln, um ihre Aufgaben wahrnehmen zu können. Die privaten Akteure, z.B. Wirtschaftsverbände und politische Interessenvereinigungen, sind dagegen für ihr Überleben primär von der Erwirtschaftung finanzieller Gewinne abhängig. Auf Basis der Annahme der Ressourcenabhängigkeitstheorie, nach der gesellschaftliche Akteure jeweils die Präferenzen derjenigen Akteure vertreten, welche die für sie überlebensnotwendigen Ressourcen kontrollieren oder bereitstellen, können dann den Akteursgruppen spezifische Interessen und Außenpolitikpräferenzen zugeordnet werden (Freund/Rittberger 2001: 78; Rittberger 2004: 20).

Für die politischen Akteure (im deutschen Fall die Bundeskanzlerin bzw. der Bundeskanzler, der Bundestag und die im Bundesrat vertretenen Länderregierungen) ist das soziale Überleben

17 Damit wird bei dieser Theorie von einer substanziellen Rationalität ausgegangen, nach der ein Akteur alle verfügbaren Informationen und objektiv vorhandenen Verhaltensoptionen kennt. Im Unterschied zur Annahme einer eingeschränkten *bounded rationality*, bei der für jeden Akteur jeweils eigene Informationsstände ermittelt werden müssen, erlaubt dieser Ansatz die einfachere Herleitung von Präferenzen.

18 Die Politiknetzwerkanalyse ist ein Instrument, mit dem sich soziale Netzwerke, verstanden als »relatively stable patterns of interaction« zwischen organisierten korporativen Akteuren, identifizieren lassen. Politiknetzwerke werden definiert als ein »set of relationships among organized private and PAS actors [Akteure des politisch-administrativen Systems] which result from their interaction in the form of ›communication, coordination and cooperation‹« (Freund/Rittberger 2001: 73-75). Die Netzwerkanalyse kann sowohl zur Ermittelung der Interessenstrukturen für ein ganzes Politikfeld als auch für einzelne Politikentscheidungen verwendet werden.

in der Bundesrepublik an Wahlen geknüpft. Sie streben aus ihrem Interesse an Kompetenzerhalt und -ausbau zuerst danach, ihre Wiederwahlchancen zu sichern, weshalb sie die Erwartungen der Wähler zu erfüllen suchen.[19] Da den Wählern nach der *Economic Voting-Hypothese* ein rationales Nutzenkalkül unterstellt wird, gilt die Wahrung wirtschaftlicher Stabilität und Prosperität als ihre erste Präferenz (Freund/Rittberger 2001: 81 ff.; Rittberger 2004: 20). Daneben müssen die politischen Akteure zweitens die Präferenzen ihrer Stammwähler berücksichtigen und drittens in der Regierung deren Zusammenhalt aufrechterhalten. Aus dem Kompetenzerhaltinteresse ergibt sich viertens die Präferenz, Kompetenztransfers an internationale Organisationen zu vermeiden, es sei denn, dass diese ihren Wiederwahlinteressen förderlich sind. Zuletzt dienen finanzielle Mittel allen Akteuren des politisch-administrativen Systems dazu, ihre Aufgaben gut zu erfüllen, weshalb alle ein Interesse daran haben, neue Aufgaben zu übernehmen und ihre Mittelausstattung zu verbessern (Freund/Rittberger 2001: 81-84; Rittberger 2004: 20).

Die administrativen Akteure, die Bundes- oder Länderministerien sowie nichtstaatliche Organisationen, die mit der Durchführung staatlicher Exekutivaufgaben betraut sind, wie etwa die Mittlerorganisationen in der Auswärtigen Kulturpolitik , sind von den Mittel- und Kompetenzzuweisungen der politischen Akteure abhängig. Sie haben ein primäres Interesse daran, ihre Bedeutung als Ausführungsorgane zu erhalten und zu vergrößern, weshalb sie eine Präferenz für außenpolitische Entscheidungen haben, mit denen sie ihren Organisationszweck erfüllen oder ausbauen können. Daneben haben sie ein Interesse daran, Kompetenztransfers an internationale Organisationen zu vermeiden, neue Aufgaben zu übernehmen und ihre Mittelausstattung zu verbessern. Gleiches gilt für die politisch-administrativen Akteure, die Bundesminister in Deutschland. Sie vereinen in sich die Interessen und Präferenzen sowohl eines politischen als auch eines administrativen Akteurs, da sie einerseits von der Wahl ihrer Partei, andererseits von der Kompetenzübertragung durch den Regierungschef (Bundeskanzler) abhängig sind. Kommt es zu einander widersprechenden Präferenzen aus beiden Funktionen, werden sie zuletzt ihre administrativen Interessen verfolgen, also diejenigen, die ihren Organisationszweck am besten erfüllen (Freund/Rittberger 2001: 85-87; Rittberger 2004: 18-20).

Die außenpolitischen Präferenzen der privaten Akteure *ergeben sich aus der Notwendigkeit, materielle Gewinne oder Einkommen erzeugen zu müssen. Da* Unternehmen *von ihren Umsätzen und Gewinnen abhängen, werden sie die außenpolitische Option wählen, die ihnen die größten Marktanteile, besten Gewinnchancen und internationale Konkurrenzfähigkeit ermöglicht.* Wirtschaftliche Interessengruppen, die sich durch Mitgliedsbeiträge finanzieren, werden dasjenige Außenpolitikverhalten unterstützen, das die Gewinnchancen ihrer Mitglieder verbessert und ihr eigenes Organisationsmandat stärkt. Soziale und politische Bürgergruppen *(political advocacy groups)* schließlich, die ihre materielle Existenz durch Mitgliedsbeiträge, Spenden oder öffentliche Zuschüsse sichern, werden die Präferenzen verfolgen, die ihrem meist immateriellen Organisationszweck am besten entsprechen und ihr Organisationsmandat stärken.

Sind nach diesem Muster die außenpolitischen Präferenzen der im Politiknetzwerk beteiligten Akteure bestimmt, hängt die Ausrichtung der Außenpolitik davon ab, welche Akteure sich mit ihren Präferenzen durchsetzen. Die Durchsetzungsfähigkeit der Akteure ist zuerst dem *Grad* ihrer jeweiligen situativen und strukturellen Mobilisierung in Bezug auf das Problemfeld bzw.

19 Die Operationalisierung der Akteursinteressen wurde für die Untersuchung der deutschen Außenpolitik, also allgemein für demokratisch verfasste politische Systeme entwickelt. Der Ansatz ließe sich freilich auch für autoritäre Systeme weiterentwickeln.

die Politikentscheidung geschuldet und dann dem Grad der Ressourcen(un)abhängigkeit der Akteure des politisch-administrativen Systems von den privaten Akteuren (Freund/Rittberger 2001: 90-95; Rittberger 2004: 20-22). Der Grad der situativen Mobilisierung eines Akteurs steigt, je stärker sein Grundinteresse von einer Entscheidung betroffen ist. Der Grad *der* strukturellen Mobilisierung hängt bei den Akteuren des politisch-administrativen Systems von ihrer Entscheidungskompetenz für eine Politik ab. So haben Akteure mit Mitspracherecht nur eine niedrige Mobilisierung, wohingegen Akteure mit Vetomacht über eine hohe strukturelle Mobilisierung verfügen. Die strukturelle Mobilisierung der privaten Akteure wird dagegen von vier Faktoren bestimmt: Erstens steigt sie mit ihrem Repräsentationsgrad („the more individuals and legal entities affected by respective policy he represents"), zweitens mit ihrem Konzentrationsgrad („the less the actor has to compete with other organized private actors for the same members"), drittens mit dem Hierarchisierungsgrad („the better he is in a position to make binding decisions for its members") und viertens mit der Kapazität, technische und politische Informationen zu generieren (Freund/Rittberger 2001: 92). Der oder die durchsetzungsfähigste(n) Akteur(e) wird bzw. werden zuerst jeweils für die Akteure des politisch-administrativen Systems und die privaten Akteure anhand des Grades der situativen und strukturellen Mobilisierung ermittelt, dann wird die Ressourcen(un)abhängigkeit der Akteure des politisch-administrativen Systems von den privaten Akteuren bestimmt. Je größer diese Abhängigkeit ist, desto weniger konzentriert sich die Durchsetzungsfähigkeit bei Akteuren des politisch-administrativen Systems und desto korporatistischer oder privat-dominierter ist die Netzwerkstruktur. Je nachdem wie viele Akteure durchsetzungsfähig sind, können konzentrierte und dezentralisierte Netzwerktypen unterschieden werden. Da für jedes Politikfeld andere Akteure relevant sein können, müssen die Netzwerkanalysen für einzelne Politikfelder oder sogar einzelne Politiken durchgeführt werden. Mit diesem Ansatz kann prognostiziert und überprüft werden, ob das außenpolitische Verhalten eines Staates von den Interessen der durchsetzungsfähigsten Akteure bestimmt wird und mithin Gewinnpolitik zu deren Gunsten ist oder nicht. Für die Anwendung des utilitaristischen Liberalismus auf die Auswärtige Kulturpolitik können sich von Fall zu Fall unterschiedliche Politik(feld)netzwerke ergeben, die nach den dargestellten Schritten analysiert werden müssen. Wie solche Netzwerkanalysen konkret aussehen, wird anhand der genannten Beispiele für die deutsche Sprachpolitik ausgeführt werden.

### Konstruktivismus

Die konstruktivistische Außenpolitiktheorie bildet einen Antipoden zu den beiden zuvor eingeführten rationalistischen Theorien. Im Zentrum konstruktivistischer Theorien steht die Annahme der sozialen Konstruktion der Wirklichkeit, d.h., dass die soziale Welt allein durch „gesellschaftliches Handeln und Sinninterpretationen" konstituiert wird (Risse 1999: 36 f.). Daraus ergibt sich gegenüber rationalistischen Theorien ein anderes Verständnis der Identitäten und Interessen der Akteure. Diese werden nicht als äußerlich gegeben vorausgesetzt, sondern als Produkte sozialer Konstruktion aufgefasst, weshalb sie auch prinzipiell veränderbar sind. Weder Akteure noch Strukturen gelten hier als primäre Ausgangspunkte der Theoriebildung, vielmehr wird von ihrer wechselseitigen Bedingtheit ausgegangen. Um aber mithilfe des Konstruktivismus das außenpolitische Verhalten von Staaten erklären zu können, richtet sich der analytische Fokus auf die Wirkung von ideellen Strukturen (hier: sozialen Normen) auf die handelnden Akteure. *Soziale Normen* werden definiert als „intersubjektiv geteilte, wertegestützte Erwartungen angemessenen Verhaltens" (Boekle u.a. 2001: 71; Rittberger 2004: 22 f.). Außenpolitisches Verhalten eines Staates wird also nicht als Macht- oder Gewinnpolitik, sondern als normgerechtes Verhalten bestimmt. Die hier vorgestellte Theorie führt zwei weitgehend unverbunden verlaufende Forschungstraditionen zu einer konstruktivistischen Außenpolitiktheorie zusammen (Boekle u.a. 2001: 71-74), die des transnationalen Konstruktivismus, die auf der internationalen Ebene ansetzt und die Wirkung internationaler Normen auf Staaten untersucht, und eine sozietal-konstruktivistische Variante, welche in den innergesellschaftlichen Normen die Erklärung für außenpolitisches Verhalten sucht.[20]

Der Konstruktivismus geht nicht vom rationalistischen Akteurskonzept des *Homo oeconomicus* aus, sondern stellt ihm ein alternatives Akteurskonzept entgegen: den *Homo sociologicus* oder *role player* (Hasenclever u.a. 1997: 155). Der Akteur handelt hier nicht aufgrund gegebener Interessen und eigennütziger Kosten-Nutzen-Kalkulationen, sondern „norm- und regelgeleitet auf dem Hintergrund subjektiver Faktoren, historisch-kultureller Erfahrungen und institutioneller Einbindungen" (Schaber/Ulbert 1994: 142). Das Handeln folgt insofern einer „Logik der Angemessenheit" (Boekle u.a. 2001: 74; Rittberger 2004: 8 f.). Soziale Normen geben Rollenerwartungen und Verhaltensanweisungen vor, indem sie Ziele und Mittel als „legitim ausweisen" (Boekle u.a. 2001: 75). Nur durch ein normgerechtes Verhalten verlieren die Akteure nicht die Anerkennung als legitime Mitglieder ihres sozialen Bezugssystems. Außenpolitische Entscheidungsträger eignen sich soziale Normen durch Sozialisation[21] an (Boekle u.a. 2001: 77-80; Rittberger 2004: 22 ff.). Diese vollzieht sich einerseits in der *internationalen Gesellschaft*, indem sie die von den Staaten geteilten internationalen Normen erlernen, und andererseits in der nationalen Gesellschaft, indem sie die von den Bürgern des jeweiligen Staates mehrheitlich geteilten Normen annehmen. In der transnationalen Sozialisation fungieren internationale Organisationen als „„teacher of norms"„ (Finnemore 1993) und *t*ransnationale *Advocacy*-Koalitionen helfen bei ihrer Verbreitung und Verankerung (Keck/Sikkink 1998; Risse u.a. 2002). Neben der internationalen Gesellschaft als Ganzer müssen auch die Normen von regionalen und funktionalen Subsystemen, die die Identitäten und Präferenzen ihrer Mitglieder formen, mitberücksichtigt werden. In der nationalen Gesellschaft können Expertennormen von gesamtgesellschaftlichen Normen unterschieden werden, wobei letzteren aufgrund ihrer weiten Verbreitung eine besonders starke Wirkung zugebilligt wird.

Normen zeichnen sich gegenüber anderen ideellen Faktoren wie *Kultur*, Weltbildern, Prinzipien oder Werten (Goldstein/Keohane 1993: 3-30) durch ihre Intersubjektivität, unmittelbare Verhaltensorientierung und kontrafaktische Geltung aus (Boekle u.a. 2001: 75; Rittberger 2004: 22 f.). Deshalb werden sie hier gegenüber diesen anderen Faktoren bevorzugt, deren kausale Wirkung auf außenpolitisches Verhalten nur schwer ermittelbar ist. Damit von sozialen Normen ein starker Einfluss auf das außenpolitische Verhalten ausgehen kann, müssen sie einen hinreichenden Grad an Kommunalität und Spezifizität aufweisen. Kommunalität heißt, dass die Mehrheit der Mitglieder eines sozialen Systems diese unterstützen; Spezifizität bedeutet, dass die Norm eine hinreichend genaue Unterscheidung von angemessenem und unangemessenem Verhalten ermöglichen muss, um als Handlungsanleitung für ein normgerechtes Verhalten wirken zu können (Boekle u.a. 2001: 76 f.; Rittberger 2004: 25 f.).

20 Wichtige Arbeiten für den transnationalen Konstruktivismus sind u.a. Finnemore (1993) und (1996); für den sozietalen Konstruktivismus u.a. Berger (1996) und (1998).

21 Sozialisation, verstanden als Prozess, ist der kausale Mechanismus, der vermittelt, dass und wie die außenpolitischen Entscheidungsträger die an ihre Position geknüpften gesellschaftlichen Erwartungen angemessenen Verhaltens internalisieren.

Für die Anwendung der konstruktivistischen Außenpolitiktheorie in der Auswärtigen Kulturpolitik müssen zuerst die bestehenden transnationalen und sozietalen Normen erhoben und hinsichtlich ihrer Kommunalität und Spezifizität überprüft werden, um Prognosen (oder Retrognosen[22]) für das außenpolitische Verhalten eines Staates herleiten zu können. Zur Erhebung des Wertes der unabhängigen Variable soziale Normen steht eine Reihe von Indikatoren zur Verfügung. Als Indikatoren für internationale Normen globaler oder regionaler Reichweite gelten: völkerrechtliche Verträge und das Völkergewohnheitsrecht, Rechtsakte internationaler Organisationen sowie Schlussdokumente internationaler Konferenzen.[23] Diese Normen müssen freilich als Verhaltensanforderungen an den zu untersuchenden Staat (hier: Deutschland) umformuliert werden. Internationale Normen gelten dann als hinreichend kommunal, wenn sie in völkerrechtlichen Verträgen fixiert sind oder wenn sie in Rechtsakten internationaler Organisationen von der Mehrheit der Mitgliedstaaten getragen werden. Ihre Spezifizität hängt davon ab, wie konkret die Verhaltensvorgaben sind, die an die Staaten gerichtet werden. Als Indikatoren für die sozietalen Normen kann auf die Verfassungs- und Rechtsordnung der betreffenden Staaten zurückgegriffen werden (Boekle u.a. 2001: 87-94; Rittberger 2004: 25). Angewendet auf Deutschland gelten sozietale Normen dann als hinreichend kommunal, wenn sie im innerstaatlich geltenden Recht (Verfassung, Gesetze) ihren Niederschlag gefunden haben, von den beiden großen Parteien (CDU/CSU, SPD) in Wahlprogrammen oder Bundestagsdebatten vertreten werden, oder wenn repräsentative Umfragen in der Bevölkerung eine langfristige mehrheitliche Zustimmung zu ihnen feststellen. Ihre Spezifizität ist abermals umso höher, je genauer die Verhaltensvorgaben an die Entscheidungsträger formuliert sind. Für die Ableitung einer eindeutigen außenpolitischen Verhaltensanforderung dürfen die Normen auf der internationalen und der gesellschaftlichen Ebene keine sich widersprechenden Verhaltenserwartungen beinhalten. Wenn sich die Normen auf beiden Ebenen entsprechen, kann von einer starken Verhaltensanforderung ausgegangen werden. Existiert eine Norm nur auf einer Ebene, kann eine, wenn auch schwächer fundierte Prognose abgeleitet werden, da die Verhaltenserwartung als nicht so stark eingestuft wird (Boekle u.a. 2001: 114; Rittberger 2004: 27).

## 2. Anwendung der Theorien auf zwei Beispielfälle der deutschen Auswärtigen Kulturpolitik

Wie mithilfe dieser drei Theorien die deutsche Auswärtige Kulturpolitik erklärt werden kann, soll im Folgenden anhand von zwei Fallstudien zur deutschen Auswärtigen Kulturpolitik vor und nach 1990 vorgestellt werden. Untersucht wird die deutsche Politik zur Förderung der deutschen Sprache gegenüber den Staaten Mittel- und Südosteuropas und als Arbeitssprache in der Europäischen Union jeweils vor und nach der Wiedervereinigung (Andrei 2008).[24] Im Zentrum steht die Frage, ob sich die deutsche auswärtige Sprachpolitik nach 1990, wie gemäß dem Neorealismus zu erwarten, in Richtung einer machtbewussteren Politik entwickelt hat oder welche der beiden anderen Theorien sie am besten erklären kann. Dazu werden vier Einzelfälle untersucht: für die Fallstudie über die Staaten Mittel- und Südosteuropas zur Förderung der deutschen Sprache anhand der Entsendung deutscher Lehrkräfte und Fachberater so-

22 Damit sind Aussagen gemeint, die Prognosen über bereits vergangene Ereignisse formulieren.

23 Eine Zusammenstellung von Verträgen zur internationalen und europäischen Kulturpolitik findet sich unter http://cms.ifa.de/info/ifa-bibliothek/akpgrundlagen/internationale-kulturvertraege/ (Andrei 2007).

24 Der Anwendungsteil stützt sich auf die Ergebnisse der Dissertation von Verena Andrei (2008).

wie der Einrichtung deutscher Kulturinstitute (Goethe-Institute)[25] in dieser Region; für die EU-Fallstudie die Arbeitssprachenpolitik gegenüber der Europäischen Kommission und im Rat der Europäischen Union. Die abhängige Variable, also das zu erklärende Verhalten, bildet jeweils die Intensität der deutschen Sprachpolitik, die für den Vergleich vor und nach 1990 mittels geeigneter quantifizierbarer Indikatoren erhoben wird. In den beiden Fällen der Sprachförderung in den Staaten Mittel- und Südosteuropas sind das die Anzahl der entsandten Deutschlehrer und Fachberater sowie die Anzahl der Goethe-Institute und Lesesäle (Andrei 2008: 51-55); im Fall der Arbeitssprachenpolitik gegenüber der Europäischen Union werden deutsche Bemühungen anhand der erreichten und sich wandelnden Stellung der deutschen Sprache im jeweiligen Organ gemessen, wie sie sowohl in Beschlüssen über die Sprachverwendung auf verschiedenen Entscheidungsebenen als auch in offiziellen Daten zum Dolmetschen und Übersetzen zum Ausdruck kommt (a.a.O.: 192-206).

Gegenüber den untersuchten Staaten Mittel- und Südosteuropas (Bulgarien, Polen, Rumänien, Ungarn und Tschechoslowakei bzw. - nach 1993 - Tschechische und Slowakische Republik) war bis 1990 angesichts des Kalten Krieges nur eine sehr eingeschränkte bundesdeutsche Auswärtige Kulturpolitik möglich. Bis auf wenige Ausnahmen begann die Bundesregierung erst Ende der achtziger Jahre damit, in einzelnen Ländern Initiativen zur Förderung der deutschen Sprache zu ergreifen, Kulturinstitute einzurichten und Lehrerentsendeprogramme aufzulegen. Nach dem Zusammenbruch des sowjetischen Herrschaftssystems stieg die Region schnell zu einer Hauptförderregion auf. So wurden mehr als vierhundert Deutschlehrer an Schulen in den genannten Staaten Mittel- und Südosteuropas entsandt, um den Deutschunterricht aufzubauen und die Umstrukturierung des Bildungswesens zu unterstützen; außerdem wurden in allen Ländern Goethe-Institute und Lesesäle gegründet. Die deutsche auswärtige Sprachpolitik wandelte sich hier binnen kurzer Zeit von einer zurückhaltenden zu einer der intensivsten im weltweiten Vergleich.

In den Fällen der deutschen Arbeitssprachenpolitik in der Europäischen Union lässt sich um 1990 ebenfalls ein Wandel, wenn auch nicht so ausgeprägt, feststellen. Bis zum Beitritt Großbritanniens und Irlands zur Europäischen Wirtschaftsgemeinschaft 1973 war Deutsch neben Französisch die Hauptarbeitssprache, die vorrangig zur internen Kommunikation, bei informellen Verhandlungen und zur Abfassung von Textentwürfen verwendet wurde. Mit dem Erstarken von Englisch ließ ihre Nutzung jedoch bis Ende der achtziger Jahre stark nach. Schon seit Anfang der achtziger Jahre wurde daher immer wieder von einzelnen deutschen Politikern oder Wirtschaftsvertretern gefordert, diesem Bedeutungsverlust des Deutschen als Arbeitssprache entgegenzuwirken. Aber erst seit 1990 setzte sich die Bundesregierung verstärkt für eine gleichrangige Berücksichtigung der deutschen Sprache gegenüber Englisch und Französisch als Arbeitssprache ein. Dieses Ziel wurde zwar verfehlt, dennoch lässt sich ein nach 1990 verbesserter Status der deutschen Sprache im Rat und in der Kommission empirisch belegen. So ist es seit Mitte der neunziger Jahre bei informellen Ministerratstreffen „üblich geworden, [...] fast durchgängig Deutsch als Arbeitssprache zu benutzen" (Korch 2000: 60). Bei vorbereitenden Treffen auf Beamten- und Expertenebene wurde ebenfalls vermehrt eine Simultanverdolmetschung ins Deutsche angeboten (Ross 2003: 22). Diese Beobachtungen werden durch Daten über das aktive und passive Dolmetschen gestützt, die Auskunft darüber geben, wie häufig eine Sprache entweder als Zielsprache für Übertragungen aus anderen Sprachen oder als Aus-

25 Die Förderung der deutschen Sprache ist laut Satzung eine Hauptaufgabe des Goethe-Instituts.

gangssprache für Übertragungen in andere Sprachen angeboten wird. Beide Indikatoren zeigen eine leichte, aber deutliche prozentuale Verbesserung zwischen 1990 und 1994 sowie wieder ab 1998 an. Anhand der Daten für schriftliche Übersetzungen ist ebenso eine leichte Verbesserung feststellbar, wenn auch weniger eindeutig. Im Fall der Kommission wird die Stellung der deutschen Sprache lediglich auf der Ebene der Kommissare gestärkt, indem die bereits etablierte Praxis mit Französisch, Englisch und Deutsch als den drei Arbeitssprachen 1993 eine offizielle Bestätigung erfährt. Bei der Verwendung von Deutsch als Ausgangsprache von Übersetzungen und beim mündlichen Sprachgebrauch in der Kommissionsverwaltung kann durchweg ein abgeschlagener dritter Rang hinter Englisch und Französisch, aber keine Verbesserung nach 1990 ermittelt werden. Hier sinkt der Anteil der deutschen Übersetzungen nach 1990 sogar leicht ab und konsolidiert sich im Laufe der neunziger Jahre auf niedrigem Niveau. Nimmt man Angaben der Bundesregierung über Verbesserungen bezüglich der rechtzeitigen Vorlage deutschsprachiger Übersetzungen hinzu, ist im Fall der Kommission insgesamt allenfalls eine leichte Statusverbesserung auszumachen (Andrei 2008: 278-293).

Trotz des weitgehend verfehlten Ziels, Deutsch als gleichrangige Arbeitssprache zu etablieren, kann der Bundesrepublik nach 1990 ein deutlich intensiviertes Bemühen um eine Statusverbesserung des Deutschen nachgewiesen werden. Der damalige Bundeskanzler Helmut Kohl und andere hochrangige Regierungsvertreter wandten sich in dieser Frage mehrfach an hohe Repräsentanten der beiden EU-Organe. Deutsche Beamte wurden wiederholt angewiesen, in EU-Ratsverhandlungen die deutsche Sprache zu verwenden. Gemeinsam mit Frankreich startete die Bundesregierung eine Initiative zur Reform der Einstellungsvoraussetzungen für EU-Bedienstete, die vorsah, von Bewerbern bessere Fremdsprachenkenntnisse einzufordern. Und nicht zuletzt wurden von deutscher Seite spezielle Deutschlernangebote u.a. in Verbindung mit einem Besuchsprogramm in Deutschland eingerichtet, die die Deutschkenntnisse von EU-Bediensteten verbessern sollten. Im Folgenden soll nun gezeigt werden, ob und inwiefern sich der Wandel der deutschen auswärtigen Sprachpolitik nach 1990 mithilfe der genannten Theorien erklären lässt.

## Neorealistische Analyse I: Deutsche Sprachförderpolitik in den Staaten Mittel- und Südosteuropas

Für die Verwendung der neorealistischen Außenpolitiktheorie zur Erklärung der genannten Fälle müssen zuerst die Werte für die erklärende Variable, die relative Machtposition Deutschlands und die intervenierende Variable, die Sicherheitsbedrohung, vor und nach 1990 bestimmt werden. Als Indikatoren zur Erhebung der deutschen Machtposition dienen die Größe der Bevölkerung und des Territoriums sowie die wirtschaftlichen Fähigkeiten, gemessen an Bruttosozialprodukt, Exporten und Währungsreserven, und die militärischen Fähigkeiten, gemessen anhand der Militärausgaben und der Truppengröße (siehe Baumann u.a. 1999: 11 ff.; 2001: 43 f.). Außerdem wird die Polarität im internationalen System, also die Anzahl der Großmächte, mitberücksichtigt, die den Handlungsspielraum der Staaten beeinflusst. Anhand dieser gängigen Machtressourcenindikatoren kann in Relation zu den Staaten Mittel- und Südosteuropas für Deutschland ein deutlicher Machtzuwachs von vor auf nach 1990 festgestellt werden, weshalb die neorealistische Theorie ein Einfluss und Autonomie steigerndes Verhalten gegenüber diesen Staaten prognostiziert (Andrei 2008: 56-70). Gegenüber den untersuchten ehemaligen Ostblockstaaten fällt der deutsche Machtzuwachs nach dem Ende des Ost-West-Konflikts sehr viel stärker aus als im internationalen System insgesamt. Während Deutschland durch die deutsche Einheit durchweg Machtzuwächse verzeichnen konnte,[26] mussten die Staaten Mittel- und Südosteuropas durch den Zusammenbruch der sozialistischen Wirtschaftssysteme, die starke Reduktion ihrer Verteidigungskapazitäten sowie den Zerfall ihrer Schutzmacht UdSSR gleichzeitig deutliche Machteinbußen hinnehmen. Zudem hat sich die Sicherheitsbedrohung für die Bundesrepublik durch die Staaten Mittel- und Südosteuropas nach dem Ende der Blockkonfrontation stark reduziert. Deutschland liegt nicht mehr an der Grenze zum sowjetischen Herrschaftsbereich, sondern ist nunmehr in der Mitte Europas von abgerüsteten und demokratischen Nachbarn umgeben (Andrei 2008: 64 f.).

In einem zweiten Schritt muss erwogen werden, ob und wie die Sprachpolitik in den ausgewählten Fällen als Machtpolitik konzipiert werden kann und wie Einfluss- und Autonomiegewinne zu gewichten sind. Auswärtige Sprachpolitik ist dann als Machtpolitik anzusehen, wenn es der Bundesregierung durch sie gelingt, ihren Einfluss auf die Staaten Mittel- und Südosteuropas auszubauen und zugleich die eigene Autonomie zu schonen oder zu vergrößern, d.h., wenn sie Sprachpolitik als „Kulturexport" betreiben kann, bei dem sie die Konditionen festlegt und den Kulturaustausch stark asymmetrisch gestaltet. Mit einer nahezu einseitigen Entsendung von Deutschlehrern und Fachberatern an die Schulen und Bildungseinrichtungen in den Staaten Mittel- und Südosteuropas wäre dies der Fall. Deutschland könnte dadurch Einfluss auf die Gestalt der dortigen Bildungssysteme und die Reform des Fremdsprachenunterrichts nehmen und mit der Etablierung von Deutsch als schulischer Erst- oder Zweitfremdsprache deren Stellung nachhaltig stärken. Mit einem Ausbau von Goethe-Instituten ginge ebenfalls ein Einfluss auf die Staaten einher, da durch pädagogische Beratung, Spracharbeit und Veranstaltungen die deutsche Sprache im Bildungswesen der Länder gestärkt würde. Eine solche Stärkung der deutschen Sprache in den Zielländern wäre auch mit relativen Einflussgewinnen gegenüber Großbritannien und Frankreich verbunden, die nach 1990 ebenfalls darum bemüht waren, ihre Sprachen in den ehemaligen Ostblockstaaten zu verbreiten und im jeweiligen Schulsystem als Fremdsprachen zu positionieren. Autonomiegewinne wären mit einer solchen Politik freilich nicht zu erzielen. Vielmehr könnten mit einer symmetrischen Politik des Kultur- und Sprachaustauschs sogar Autonomieverluste im Sinn der Einschränkung bildungspolitischer Handlungsfreiheiten einhergehen, wenn die Bundesrepublik etwa den Staaten Mittel- und Südosteuropas gleiche Mitspracherechte auf die Fremdsprachenwahl im deutschen Schul- und Bildungssystem einräumte. Nach der neorealistischen Theorie sind angesichts des großen Machtvorsprungs der Bundesrepublik solche Konzessionen jedoch nicht zu erwarten. Gemäß der modifizierten Theorievariante sind solche geringen Autonomieverluste wegen der geringen Sicherheitsbedrohung jedoch vernachlässigbar, wenn dadurch zugleich größere Einflussgewinne erzielt werden können (Andrei 2008: 70). Da die Region der Staaten Mittel- und Südosteuropas bis 1990 außenkulturpolitisch kaum gefördert wurde und die Bundesrepublik nach 1990 einen überdurchschnittlichen Machtzuwachs verzeichnen konnte, kann aus Sicht der neorealistischen Theorie eine deutliche Zunahme der Machtpolitik, d.h. ein intensiver Auf- und Ausbau der Sprachförderung in Form einer deutlichen Zunahme der Lehrerentsendung und der Zahl der Goethe-Institute erwartet werden. Diese Politik wird auch durch eine starke Einseitigkeit

26 Die größten Zuwächse entstanden durch die Einheit bei der Bevölkerungszahl und der Größe des Territoriums. Aber auch die Wirtschaftskennziffern und, direkt nach 1990, die militärischen Machtressourcen stiegen im Vergleich zu den ausgewählten Staaten Mittel- und Südosteuropas an (Andrei 2008: 65). Im wirtschaftlichen Bereich galt die Bundesrepublik nach 1990 gar als regionaler Hegemon.

geprägt sein. Aus der Warte des modifizierten Neorealismus wird erwartet, dass Deutschland bereit sein wird, für eine stärkere Position der deutschen Sprache eingeschränkte Autonomieeinbußen durch stärkere Reziprozität im kulturellen Austausch in Kauf zu nehmen.

Überprüft man die Erwartungen am beobachtbaren deutschen außenpolitischen Verhalten, kann die Theorie einen hohen Erklärungswert beanspruchen. Die Region wurde nach 1990 intensiv sprachpolitisch gefördert, wobei Einflussnahmen seitens der Bundesrepublik vor allem über die starke, einseitige Entsendung von Deutschlehrern und Fachberatern für den Untersuchungszeitraum von 1990 bis 1998 nachweisbar sind (Andrei 2008: 138-152). Der Anteil der in den sechs Staaten Mittel- und Südosteuropas beschäftigten Lehrkräfte an der Gesamtheit aller im Ausland tätigen deutschen Lehrer stieg von weniger als ein Prozent 1988 auf rund 20 Prozent im Jahr 1994 an und verblieb bis 1998 auf diesem hohen Niveau (Andrei 2008: 129).[27] Auch die Anzahl der Goethe-Institute erhöhte sich deren Anzahl von drei vor 1990 auf sieben seit 1990. Noch deutlicher fällt der Zuwachs aus, wenn zu den Kulturinstituten die zahlreichen neu eröffneten Lesesäle und die qualitative Stärke der Sprachfördermaßnahmen hinzugenommen werden (a.a.O.: 132 ff.). Weitere Beobachtungen stellen allerdings die Erklärungskraft des Neorealismus infrage, da dieser weder die bereits vor der deutschen Vereinigung einsetzende Sprachförderung noch die nahezu gleichstarke Vertretung der Staaten Mittel- und Südosteuropas mit ihren jeweiligen Kulturinstituten in der Bundesrepublik erklären kann. Mit der modifizierten Variante des Neorealismus ist es hingegen möglich, beide Entwicklungen schlüssig auf die bereits vor 1990 gesunkene Sicherheitsbedrohung und die damit einhergehende Gewichtung von Autonomieeinbußen und Einflussgewinnen zu erklären. Diese Theorie scheint daher besonders gut geeignet zu sein für die Erklärung einer Politik, die, wie die deutsche Sprachpolitik in den Staaten Mittel- und Südosteuropas, zwar mit begrenzten Autonomieeinbußen durch Austauschmaßnahmen einhergeht, zugleich aber starke Einflussgewinne ermöglicht. Einer solchen Erklärung steht auch der praktizierte partnerschaftliche Politikstil nicht entgegen. Machtpolitik muss weder aggressiv noch mit Zwang verbunden sein, sondern kann auch im Stil sanfter Macht deutlichen politischen Einfluss ausüben.

### Neorealistische Analyse II: Deutsche Arbeitssprachenpolitik in der EU

Für die Fallstudie über die deutsche Arbeitssprachenpolitik gegenüber der Kommission und dem Rat der EU lässt sich anhand der o.g. Indikatoren zeigen, dass sich die deutsche Machtposition innerhalb der Europäischen Gemeinschaft bzw. der Europäischen Union vor und nach 1990 in Relation zu den großen EU-Mitgliedstaaten Frankreich, Großbritannien, Italien und Spanien durch die Einheit nur moderat verbessert hat (Andrei 2008: 207-216). Die Sicherheitsbedrohung ist ebenfalls als niedrig einzustufen. Die deutsche Sprachpolitik kann in diesen Fällen zugleich der Einfluss- und Autonomiesteigerung dienen, wenn es der Bundesrepublik gelingt, Deutsch als Arbeitssprache dem Englischen und Französischen gleichzustellen. Mit der

27 Seit 1998 sind die Zahlen wieder rückläufig. Bis zum Schuljahr 2000/01 ist die Zahl der entsandten Lehrer in den Staaten Mittel- und Südosteuropas um 25% von 445 (1998) auf 336 zurückgegangen. Dieser Rückgang kann im Rahmen der neorealistischen Theorie auf die erstarkende Machtposition der Staaten Mittel- und Südosteuropas zurückgeführt werden. In Bezug zur Gesamtzahl der deutschen Lehrer im Ausland blieb der Anteil mit 18, 2% im Vergleich zu 21,2% (1997/98) aber relativ hoch (Andrei 2008: 128-131). Bis heute bildet die Region Mittel- und Osteuropa inklusive der Nachfolgestaaten der ehemaligen Sowjetunion mit 60% der weltweit entsandten Lehrer die Region mit der höchsten Lehrerzahl (Zentralstelle für das Auslandsschulwesen 2009: 3).

Etablierung von Deutsch als wichtiger Arbeitssprache in den EU-Organen könnte die Bundesregierung ihre Interessen in der EU besser kommunizieren, über informelle Verfahren eher durchsetzen und so leichter Einfluss auf die Politik anderer Staaten ausüben (Stark 2002a: 25-27, 203). Wenn eine Sprache als Arbeitssprache fungiert, werden in ihr Ausgangspapiere für Entscheidungen formuliert und Verhandlungen geführt, und es wird in jedem Fall in diese Sprache gedolmetscht und übersetzt. Dadurch können deutsche Entscheidungsträger die Inhalte von Ausgangsdokumenten besser mitgestalten, leichter auf laufende Verfahren einwirken und erfolgreicher in den EU-Gremien verhandeln (Andrei 2008: 217-224). Außerdem geht es bei der Sprachenfrage auch um kulturelles Prestige, die Ausstrahlung auf das Fremdsprachenlernen und die Geltung einer Kultur in der EU. Mit einer Dreisprachenregelung im Rat und in der Kommission kann außerdem sowohl der Einfluss der unmittelbaren Konkurrenten Frankreich und Großbritannien beschränkt werden als auch der Abstand zu anderen Mitgliedstaaten, wie Spanien und Italien, die ebenfalls Ansprüche auf eine verstärkte Verwendung ihrer Sprachen erheben, vergrößert werden. Daneben fungiert eine Deutsch als Arbeitssprache fördernde Politik zugleich als Abwehrpolitik, da sie die Verwendung der deutschen Sprache in der Kommunikation mit der EU sichert und damit langfristig auch den Gebrauch des Deutschen in Deutschland stärkt. Einflussgewinne implizieren daher hier Autonomiegewinne, weshalb sich für beide Theorievarianten dieselbe Prognose ableiten lässt. Auf Grundlage der mäßig verbesserten Machtposition konnte nach 1990 mithin eine machtbewusstere Politik erwartet werden, mit der sich die Bundesrepublik für eine stärkere Verwendung von Deutsch als Arbeitssprache neben Englisch und Französisch einsetzen und den Aufstieg anderer Sprachen verhindern wird (Andrei 2008: 224).

Anhand der Empirie kann gezeigt werden, dass sich die Bundesrepublik nach 1990 tatsächlich verstärkt und teilweise auch mit Erfolg für eine stärkere Stellung der deutschen Sprache als Arbeitssprache eingesetzt hat. Einfluss sichernde Maßnahmen, wie z.B. Anweisungen an deutsche Beamte, die deutsche Sprache in Sitzungen zu verwenden und deren Gebrauch einzufordern, waren begleitet von sprachpolitischen Allianzen mit anderen Staaten wie Frankreich und Österreich, vor allem um eine Dominanz von Englisch (und Französisch) abzuwehren (Andrei 2008: 294-309). Indem die Bundesregierung das Angebot an Deutschkursen für die Mitarbeiter der Kommission und des Rates verbesserte, sich für mehr Übersetzungen und Dolmetschen ins Deutsche einsetzte, letztlich aber auf erzwingende Maßnahmen wie Sitzungsboykotte verzichtete, kann die deutsche Politik auch vom Stil her als moderate Machtpolitik charakterisiert werden.

## Zwischenfazit I

Wie die Fallanalysen zur deutschen Sprachpolitik zeigen, lässt sich die deutsche Auswärtige Kulturpolitik nach 1990 gut mithilfe der neorealistischen Theorie – insbesondere ihrer modifizierten Variante – als Machtpolitik erklären. Im Fall der Staaten Mittel- und Südosteuropas diente die deutsche Sprachpolitik vor allem der Einflusssteigerung durch Sprach- und Kulturexport, verbunden mit gewissen Autonomieeinbußen durch Reziprozitäten im Kulturaustausch. Mit der variablen Sicherheitsbedrohung können hier genau jene Austauschmerkmale erklärt werden, die für den Neorealismus ein Erklärungsproblem darstellen. Der modifizierte Neorealismus wird daher voraussichtlich auch in anderen Fällen der deutschen Auswärtigen

Kulturpolitik einen höheren Erklärungswert besitzen, da der Austausch ein wesentliches Merkmal der deutschen und internationalen kulturpolitischen Praxis ist. Die Fälle der Arbeitssprachenpolitik in der EU, in denen die Bundesregierung ebenfalls ein moderates machtbewussteres Verhalten an den Tag legte, verweisen auf ähnlich gelagerte Fälle, in denen Sprache als Mittel der Einflussnahme in internationalen Organisationen genutzt werden kann. Für solche Fälle können ein ähnliches Verhalten und ein ebenso hoher Erklärungswert der Theorie erwartet werden.[28]

## Utilitaristisch-liberale Analyse: Netzwerkakteure

Für eine Untersuchung der Auswärtigen Kulturpolitik aus utilitaristisch-liberaler Perspektive müssen zuerst die für eine Politik oder ein Politikfeld entscheidenden Netzwerkakteure ermittelt werden. Dies bedeutet für die hier untersuchte deutsche auswärtige Sprachpolitik, dass vier Politiknetzwerke zu unterscheiden sind: je eines für die Politik der Lehrerentsendung in Staaten Mittel- und Südosteuropas sowie für den Auf- und Ausbau von Kulturinstituten in dieser Region und je eines für die deutsche Politik zur Förderung des Deutschen gegenüber der Europäischen Kommission und dem Rat der Europäischen Union (Andrei 2008: 71-103, 225-257). Wichtige politische Netzwerkakteure sind für die behandelten Fälle neben der Bundeskanzlerin bzw. dem Bundeskanzler und dem Deutschen Bundestag auch die Länderregierungen im Bundesrat und die Ministerpräsidentenkonferenz. Hinzu kommen als politisch-administrative Akteure der Außenminister, der Finanzminister in seiner Funktion als Wächter über den Haushalt sowie als administrativer Akteur insbesondere das Auswärtige Amt, das für die Umsetzung der auswärtigen Kultur- und Sprachpolitik federführend zuständig ist, ferner in der Fallstudie zu den Staaten Mittel- und Südosteuropas auch die Kultusministerkonferenz der Länder, die auf Amtschefebene den politisch-administrativen und ansonsten den administrativen Akteuren zuzuordnen ist (Hesse/Ellwein 2004: 97 f.; Sautter 2005: 179 f.; Schulte 2000: 82 ff.). Weitere, in Teilbereiche der Auswärtigen Kulturpolitik involvierte Ministerien sind das Bundesministerium des Innern, das vor allem für Fragen der deutschen Minderheiten in Drittstaaten mit zuständig ist, das Bundesministerium für Bildung und Forschung, das Bundesministerium für Familie, Senioren, Frauen und Jugend, das Jugendaustauschprogramme betreut, und je nach Adressat der Sprachpolitik auch das Bundesministerium für wirtschaftliche Zusammenarbeit und Entwicklung, und schließlich für die EU-Fälle auch das Bundeswirtschaftsministerium (Schulte 2000: 84; Eberlei/ Weller 2001; Maaß 2001: 1 f.).[29] Als weitere administrative Akteure für die hier vorgestellten Fälle müssen ferner das Bundesverwaltungsamt mit der ihm eingegliederten Zentralstelle für das Auslandsschulwesen sowie die Kulturmittlerorganisationen genannt werden, die mit der Durchführung der Auswärtigen Kulturpolitik beauftragt sind. Diese sind, um nur die wichtigsten zu nennen, das Goethe-Institut, der Deutsche Akademische Austauschdienst und das Institut für Auslandsbeziehungen. Je nach Fall kommen zudem verschie-

28 Eine ausführlichere Diskussion der Erklärungsstärken und -schwächen der Theorien findet sich bei Andrei (2008: 355-369).

29 Seit 1998 gibt es außerdem im Rang eines Staatsministers im Bundeskanzleramt den Bundesbeauftragten für Kultur und Medien, der die Verantwortung für die Kultur- und Medienpolitik des Bundes trägt (Presse- und Informationsamt der Bundesregierung 2002). Für die hier untersuchten Fälle im Zeitraum bis 1998 spielt dieser freilich keine Rolle.

dene private Akteure wie große Medienkonzerne, Wirtschaftsverbände, Gewerkschaften und politikfeldspezifische Interessenvereinigungen und Berufsverbände hinzu.

## Utilitaristisch-liberale Analyse I: Deutsche Sprachförderpolitik in den Staaten Mittel- und Südosteuropas

In den Fällen der auswärtigen Sprachpolitik gegenüber den Staaten Mittel- und Südosteuropas werden die politischen Akteure nach 1990 aufgrund der geringen gesamtwirtschaftlichen Bedeutung dieses Politikbereichs kostenintensiven Programmen keine Präferenz einräumen. Vielmehr haben sie angesichts der wirtschaftlichen Rezession Anfang der neunziger Jahre und der durch die Vereinigung bedingten Haushaltsengpässe ein Interesse, Mehrausgaben zu vermeiden. Aus Sicht der mit der Sprachförderung befassten politisch-administrativen und administrativen Akteure, des Außenministers und des Auswärtigen Amtes, des Bundesministeriums des Innern, der Zentralstelle für das Auslandsschulwesen, der Kultusministerkonferenz sowie der Mittlerorganisationen Goethe-Institut, Deutscher Akademischer Austauschdienst und Institut für Auslandsbeziehungen stellt der Ausbau der Sprachförderung in einer neuen Region dagegen einen Zugewinn für ihre Kompetenz und Mittelausstattung in Aussicht. Es ist daher zu erwarten, dass diese Akteure eine Verstärkung der Sprachförderpolitik befürworten werden. Demgegenüber wird der Finanzminister einer Ausweitung der Deutschförderung in Staaten Mittel- und Südosteuropas eher abgeneigt sein, da diese auf längere Zeit mit erheblichen Ausgaben verbunden ist. Die hier in Betracht kommenden privaten Akteure werden ebenfalls eine Präferenz für eine Ausweitung der Deutschförderung aufweisen: Unternehmen wie Schulbuchverlage sind daran interessiert, eine möglichst hohe Zahl ihrer Produkte abzusetzen, und werden folglich eine Politik unterstützen, die ihnen neue Märkte erschließt. Angesichts der nach 1990 geringen Kaufkraft in Staaten Mittel- und Südosteuropas und der anfänglichen Medienausstattung durch die Mittlerinstitutionen ist freilich zunächst nicht mit hohen Gewinnen zu rechnen, weshalb ihre Präferenz nicht allzu stark ausgeprägt sein dürfte. Wirtschaftliche Interessengruppen wie der Deutsche Industrie- und Handelskammertag, der Bundesverband der Deutschen Industrie und die Gewerkschaft Erziehung und Wissenschaft haben ein Interesse an der Steigerung der Beitragszahlungen ihrer Mitglieder. Sie werden sich für den Ausbau der Sprachförderung aussprechen, da sie sich von guten Deutschkenntnissen ihrer Geschäftspartner Handelsvorteile oder, im Falle der Gewerkschaft Erziehung und Wissenschaft , eine erhöhte Nachfrage nach Lehrkräften und Kulturpersonal erhoffen. Allerdings wirkt Sprachpolitik nur langfristig und mögliche Gewinnvorteile für Unternehmen sind durch verbesserte Deutschkenntnisse in den neuen Märkten nur mittelbar zu erzielen, sodass auch diese Akteure nicht allzu stark mobilisiert sein dürften. Aufgrund der direkten situativen Mobilisierung und strukturellen Größe kann die Gewerkschaft Erziehung und Wissenschaft als der durchsetzungsfähigste private Akteur für beide Politiknetzwerke bestimmt werden.

Bei den Akteuren des politisch-administrativen Systems hängt die Bestimmung des durchsetzungsfähigsten Akteurs davon ab, ob es sich um eine Politik handelt, an der die Länderakteure beteiligt sind, wie bei der Lehrerentsendung, oder ob, wie beim Auf- und Ausbau von Kulturinstituten, allein die Bundesakteure entscheidungsbefugt sind. Im mit der Lehrerentsendung befassten Politiknetzwerk müssen die Kultusministerkonferenz, der Außenminister und das Auswärtige Amt sowie der Bundesfinanzminister als dominante Akteure angesehen werden. Da der Bundesfinanzminister angesichts der haushaltsbedingten Sparzwänge gegen eine mit erheblichen Mehrkosten verbundene Zunahme der Entsendung deutscher Lehrer in die Region mobilisiert ist, steht zu erwarten, dass er sich aufgrund seiner Vetoposition in Haushaltsfragen durchsetzt, sodass gemäß der Theorie mit keiner intensivierten Lehrerentsendung nach 1990 zu rechnen ist. Für den Ausbau von Kulturinstituten in Staaten Mittel- und Südosteuropas fallen die Kosten zwar allein beim Bund an. Dennoch ist der Finanzminister in diesem Fall nicht ganz so stark mobilisiert, da diese Politik kostengünstiger ausfällt als die der Lehrerentsendung und außerdem schon vor 1990 mit dem Auf- und Ausbau von Goethe-Instituten in Staaten Mittel- und Südosteuropas begonnen wurde. Der Außenminister ist in diesem Fall stärker mobilisiert als bei der Lehrerentsendung, da es sich bei den Goethe-Instituten gleichsam um die „Grundausstattung" der kulturellen Repräsentation Deutschlands im Ausland handelt, mithin also seine Kernkompetenz betroffen ist. Insgesamt besteht hier eine Pattsituation zwischen Bundesfinanzminister und Außenminister, weshalb für die Analyse ein Kompromiss aus beiden Positionen, d.h. ein moderater, aber nicht allzu kostenintensiver Auf- und Ausbau von Kulturinstituten für die Zeit nach 1990 prognostiziert werden kann (Andrei 2008: 102 f.).

Empirisch konnte anhand der Gründung zahlreicher Goethe-Institute und einer intensiven Lehrerentsendung im Zeitraum von 1990 bis 1998 in Staaten Mittel- und Südosteuropas eine deutliche Verstärkung der deutschen Sprachpolitik festgestellt werden. Die Prognose des utilitaristischen Liberalismus zur Lehrerentsendung kann daher nicht bestätigt werden, wohl aber die zum Auf- und Ausbau der Kulturinstitute (Andrei 2008: 153-169). Gleichwohl stimmten einige der theoretisch abgeleiteten Akteurspräferenzen mit den durch die Akteure vertretenen überein. Es setzten sich der Bundesfinanzminister in beiden Fällen für die Vermeidung neuer Ausgaben, der Außenminister sowie die übrigen administrativen Akteure für den Ausbau der Sprachförderung ein. Auch der prognostizierte ministerielle Kompromiss im Fall des Auf- und Ausbaus von Goethe-Instituten traf zu. So wurden tatsächlich Mittel für deren Auf- und Ausbau in Staaten Mittel- und Südosteuropas bereitgestellt, gleichzeitig kam es aber zu Kürzungen und Umschichtungen in anderen Regionen (Andrei 2008: 153 f.). Bei den privaten Akteuren trat, wie erwartet, die Gewerkschaft Erziehung und Wissenschaft für die Besserstellung der durch sie vertretenen Berufsgruppen ein; kleinere Interessengruppen, wie der Verein für das Deutschtum im Ausland, stellten sich aber teilweise als durchsetzungsfähiger heraus. Auch die deutsche Exportwirtschaft engagierte sich trotz der nur lang- und mittelfristig zu erwartenden möglichen Gewinne stärker als erwartet für die Sprachförderpolitik. Warum sich allerdings der damalige Bundeskanzler Helmut Kohl persönlich für einen Ausbau der Sprachförderung in der Region und für die Verabschiedung des Sonderprogramms zur Förderung der deutschen Sprache starkmachte (Wegmann 2000: 5), der Bundestag dieses Programm billigte und die Bundesländer außerdem eine Mitfinanzierung der Lehrerentsendeprogramme übernahmen, kann mit der Theorie nicht erklärt werden. Insgesamt ließen sich in beiden Fällen zwar die als durchsetzungsfähig bestimmten Akteure des politisch-administrativen Systems in der tatsächlichen Politikgestaltung wiederfinden, die Präferenzen der entscheidenden politischen Akteure konnten von der Theorie jedoch nicht korrekt bestimmt werden, weshalb diese hier weitgehend scheitert.

## Utilitaristisch-liberale Analyse II: Deutsche Arbeitssprachenpolitik in der EU

Für die Anwendung des utilitaristischen Liberalismus in den beiden EU-Fällen werden zuerst diejenigen Akteure als Netzwerkakteure ausgewählt, die von der Rolle des Deutschen als Arbeitssprache in den Organen der Europäischen Union betroffen sind. Im Fall des Rates der Europäischen Union sind es nahezu alle Ressorts, die direkt an EU-Entscheidungen beteiligt sind. Insbesondere würden die Ministerialbeamten, die in Ausschüssen die Entscheidungen der Räte vorbereiten, von deutschsprachigen Textvorlagen und einem größeren Angebot an Dolmetschen profitieren. Aber auch die Minister hätten einen Vorteil, wenn die deutsche Sprache bei informellen Ratsverhandlungen durchweg verwendet und Textvorlagen in Deutsch immer rechtzeitig vorliegen würden. Auch der Bundestag und der Bundesrat, die über den innerdeutschen Entscheidungsprozess an der Europapolitik beteiligt sind, haben ein Interesse an der rechtzeitigen Vorlage deutschsprachiger Unterlagen, was mit Deutsch als einer Hauptarbeitssprache eher gewährleistet wäre. Die beiden Legislativorgane sind nach der Grundgesetzreform 1993 (Art. 23 Abs. 26 GG) verstärkt mobilisiert, da sie seitdem in einem engen zeitlichen Rahmen über die Beschlüsse im Rat informiert werden müssen, um Stellungnahmen abgeben und die deutsche Position (mit)bestimmen zu können. Der Bundeskanzler ist nicht mobilisiert, da im Europäischen Rat und auf Ministerebene grundsätzlich alle Sprachen gedolmetscht werden. Das Goethe-Institut ist hingegen für eine Stärkung der deutschen Sprache in beiden EU-Organen mobilisiert, da es als Anbieter von Deutschkursen von der Übertragung neuer Aufgaben und zusätzlicher Mittel profitieren könnte. Es ist aber nicht stark genug strukturell mobilisiert, um die Entscheidungen zu beeinflussen. Private Akteure sind in den Entscheidungsprozess im Rat nicht involviert und können daher vernachlässigt werden. Insgesamt haben nahezu alle Akteure des politisch-administrativen Systems eine Präferenz für die Verwendung ihrer Muttersprache in Sitzungen sowie in Beratungs- und Entscheidungsunterlagen. Durch ihre Entscheidungsbefugnisse sind der Außenminister und das Auswärtige Amt und mit Abstand der Bundeswirtschaftsminister und sein Ministerium durchsetzungsfähig (a.a.O.: 249 ff.). Beide Ressorts teilen sich in der Europapolitik die Verantwortung, u.a. im Ausschuss der Ständigen Vertreter und in zahlreichen vorbereitenden Gremien.[30] Für den Fall der deutschen Politik gegenüber dem Rat kann nach 1990, so die utilitaristisch-liberale Prognose, ein starkes und, ab 1993 (mit der stärkeren Beteiligung des deutschen Gesetzgebers). intensiviertes Interesse für Deutsch als Arbeitssprache abgeleitet werden, das auch die deutsche Politik maßgeblich bestimmen wird (a.a.O.: 256).

Für die Sprachpolitik gegenüber der Kommission sind durch ihre Kompetenz für allgemeine und institutionelle Fragen der Außenminister und das Auswärtige Amt mit seiner Ständigen Vertretung in Brüssel verantwortlich (Andrei 2008: 252-255; Pehle/Sturm 2005: 886 f.). In der Kommission als supranationalem Organ sind keine nationalen Entscheidungsträger vertreten und damit auch nicht mobilisiert. Allerdings wirkt sich die Sprachenpraxis der Kommission durch ihr Initiativrecht auf den Entscheidungsprozess der EU insgesamt aus, indem gesetzgebende Initiativen in der Regel zuerst auf Englisch und Französisch verfasst werden, wodurch vor allem Vertreter der deutschen Wirtschaft (Unternehmen, Wirtschaftsverbände) Nachteile

30 Das Bundeswirtschaftsministerium ist gemäß einer Ressortabsprache aus dem Jahr 1958 für das wirtschaftspolitische »Tagesgeschäft« wie u.a. die Ratsformationen Binnenmarkt, Verkehr, Umwelt und Landwirtschaft zuständig und koordiniert bis 1998 die Europapolitik in Deutschland, wohingegen das Auswärtige Amt die langfristige Integrationspolitik leitet und die Bundesregierung in den übrigen Räten vertritt.

in Kauf nehmen müssen. Sie unterhalten enge Lobbybeziehungen zur Kommission und wirken z.T. früh an Entwürfen für neue EU-Gesetzgebungsvorhaben mit. Anders als ihre Konkurrenten aus anglophonen und frankophonen Ländern haben sie aber die Gesetzgebungsentwürfe nicht zur gleichen Zeit in ihrer Muttersprache vorliegen und können so auch nicht in gleichem Maße rechtzeitig Einfluss auf deren Formulierung nehmen. Ebenso werden deutsche Unternehmen sprachlich benachteiligt, wenn sie sich auf europaweite Ausschreibungen bei der Kommission bewerben wollen und hier die Unterlagen ebenfalls zuerst nur in den Ausgangssprachen Englisch und Französisch vorliegen, wenn notwendige Informationen nur in diesen Sprachen verfügbar sind oder wenn Bewerbungsmaterialien nur in diesen Sprachen akzeptiert werden. Dieses Interesse, an europaweiten Ausschreibungen ungehindert teilnehmen zu können, ergibt sich unmittelbar aus dem Gewinninteresse der Unternehmen, da gerade große öffentliche Aufträge EU-weit ausgeschrieben werden müssen. Außerdem verteilt die Kommission große Summen aus EU-Fördertöpfen auf Basis der eingegangenen Anträge. Durch die Gewinninteressen der deutschen Wirtschaft sind in diesem Fall auch der Bundeskanzler über sein Wiederwahlinteresse und der Bundeswirtschaftsminister mit seiner Kernkompetenz, die Interessen der deutschen Wirtschaft zu vertreten, stark situativ mobilisiert. Insgesamt kann hier allen Akteuren eine starke Präferenz für die Verwendung von Deutsch als Arbeitssprache zugeordnet werden. Allein der Bundesfinanzminister könnte gegen eine solche Politik mobilisiert sein, wenn sie hohe Kosten zur Folge hätte. Allerdings ist dies in beiden Fällen nicht zu erwarten, vor allem wenn die Stärkung von Deutsch als Arbeitssprache mit einer Vereinfachung der bisherigen Sprachenpraxis einhergeht (Andrei 2008: 240-243). Im Fall der Kommission können daher zunächst der Außenminister/Auswärtiges Amt, Bundeswirtschaftsminister, Finanzminister und der Bundeskanzler sowie die Vertreter der deutschen Exportindustrie der Bundesverband der Deutschen Industrie und Deutsche Industrie- und Handelskammer als durchsetzungsfähigste Akteure bestimmt werden, die mit ihren ausgeprägten Präferenzen für die Durchsetzung von Deutsch als Arbeitssprache ein korporatistisches Netzwerk ausbilden. Aufgrund eines verbesserten Ausschreibungswesens sowie verbesserter Fremdsprachenkompetenzen bei den deutschen Unternehmen nehmen allerdings gegen Mitte der neunziger Jahre deren Präferenzen ab, sodass auch die Mobilisierung der Wirtschaftsverbände sowie des Bundeskanzlers und des Bundeswirtschaftsministers für eine diesbezügliche Stärkung der deutschen Sprache zurückgeht. Seit 1995 wird das gesellschaftliche Interesse daher von den Akteuren des poli(Außen-, Finanz- und Wirtschaftsminister und deren Ministerien) mit ihrer Präferenz für eine moderatere Sprachpolitik gebildet. Auf Basis des utilitaristischen Liberalismus kann in der Analyse insofern bis Mitte der neunziger Jahre ein verstärktes Bemühen um die Stärkung von Deutsch als Arbeitssprache in der Kommission prognostiziert werden, das ab ca. 1995 durch eine moderatere Politik abgelöst wird.

Werden diese Erwartungen anhand der Entwicklung des Status der deutschen Sprache in der Europäischen Union empirisch überprüft, zeigt sich eine weitgehende Übereinstimmung mit den Prognosen der Theorie. Im Falle des Rates verbessert sich die Stellung der deutschen Sprache, insbesondere beim Dolmetschen und bei den Übersetzungen steigen, wie von der Theorie erwartet, die Werte um 1993/94 an. Auch ist ab Mitte der neunziger Jahre bei inoffiziellen Ratstreffen die Verwendung von Deutsch gesichert (Andrei 2008: 310). Wie erwartet setzten sich hier nach 1990 die als durchsetzungsfähig bestimmten Akteure des politisch-administrativen Systems – allen voran das Auswärtige Amt – für Deutsch als Arbeitssprache ein. Auch das seit 1993 stärker erwartete Engagement des Bundestags und der Länderregierungen im Bundesrat und in Ratsverhandlungen traf insbesondere für die Länderakteure zu. Im Fall der Kommission hat sich die Stellung des Deutschen als Arbeitssprache zwar nur leicht verbessert, was der Erwartung einer engagierteren Arbeitssprachenpolitik zunächst entgegenzustehen scheint. Durch eine detailliertere Analyse können jedoch intensive Bemühungen um eine Stärkung des Deutschen gerade gegenüber der Kommission von den dazu als politikbestimmend erwarteten Akteuren nachgewiesen werden. So setzte sich insbesondere in den frühen neunziger Jahren der Bundeswirtschaftsminister nachhaltig für die frühere Übersetzung von Ausschreibungen und die deutsche Wirtschaft betreffenden Unterlagen der Kommission ein. Ebenso richtete der Bundeskanzler in dieser Zeit sein Engagement auf eine Stärkung der deutschen Sprache bei der Kommission. Er trat, wie auch der Außenminister und das Auswärtige Amt, für die Reform der Einstellungsvoraussetzungen für EU-Bedienstete ein und unterstützte die Einrichtung der Deutschkurse für EU-Bedienstete. Seit Mitte der neunziger Jahre traten beide Akteure, wie erwartet, stärker in den Hintergrund, und es dominierte nunmehr wieder das Auswärtige Amt die deutsche Sprachpolitik. Außerdem treffen in beiden Fällen die Präferenzen der übrigen Akteure fast ausnahmslos zu und lassen sich auch die Positionen der weiteren, als durchsetzungsfähig bestimmten Akteure in der Politikausgestaltung wiederfinden. Im Gegensatz zur Fallstudie zu den Staaten Mittel- und Südosteuropas kann die Theorie damit beide EU-Fälle gut erklären. Sie prognostiziert nicht nur das deutsche Verhalten zutreffend, sondern bestimmt auch die Akteurspräferenzen und Netzwerkstrukturen korrekt.

## Zwischenfazit II

Das Urteil über den Erklärungswert der utilitaristisch-liberalen Theorie fällt somit gemischt aus. Für die deutsche Sprachförderpolitik in Staaten Mittel- und Südosteuropas ist sie vor allem deshalb wenig erklärungskräftig, weil sich aus den angenommenen Wiederwahlinteressen der politischen Akteure keine starken Präferenzen für die Förderung der deutschen Sprache in Staaten Mittel- und Südosteuropas ableiten lassen. Wenn, wie im Fall Europäische Union, die außenpolitischen Präferenzen aber mit handfesten, d.h. finanziellen Interessen und Kompetenzgewinnen zu erfassen sind, kann die Theorie die Präferenzen der gesellschaftlichen Akteure gut prognostizieren. Der utilitaristische Liberalismus ist nach den hier behandelten Fällen offenbar immer dann erklärungsstark, wenn die finanziellen Auswirkungen kulturpolitischer Entscheidungen für die gesellschaftlichen Akteure leicht zu bestimmen sind und private Akteure ausgeprägte Präferenzen haben.[31] Hier zeigt sich, dass auch die Auswärtige Kulturpolitik maßgeblich von rational-eigennützigen Gewinn- und Verlustkalkülen mitbestimmt wird.

## Konstruktivistische Analyse I: Deutsche Sprachförderpolitik in Staaten Mittel- und Südosteuropas

Für die Prüfung, ob sich die Bundesrepublik in den untersuchten Fällen der auswärtigen Sprachpolitik normgerecht verhalten hat, mussen einschlägige Politik bestimmende Normen erhoben werden. Zunächst kann auf der internationalen Ebene aus der Satzung der UNESCO,

31 Diese Beobachtung stimmt auch mit den Ergebnissen in anderen Politikfeldern überein (Rittberger/Wagner 2001: 316 f.; Andrei/Rittberger 2005: 880).

ihren Erklärungen und Empfehlungen, den Abschlussdokumenten der großen Weltkulturkonferenzen[32] sowie dem *Übereinkommen über den Schutz und die Förderung der Vielfalt kultureller Ausdrucksformen* (UNESCO 2005) eine allgemeine, starke Norm zum Kulturaustausch erhoben werden, wonach dieser durch Zusammenarbeit „zum gegenseitigen Nutzen aller teilnehmenden Staaten" und „im Geiste breiter Reziprozität" betrieben werden solle (UNESCO 1966: Art. I1+VIII, eigene Übersetzung). Kulturaustausch dürfe dabei nicht interventionistisch, dominierend und Kulturen verdrängend wirken (UNESCO 1966 und 1982). Die Norm stützt sich auf die Anerkennung des Wertes aller Kulturen und der kulturellen Vielfalt. Sie ist mit der Erwartung verknüpft, dass Kulturaustausch den Frieden stärken und die Achtung der Menschenrechte befördern werde.[33]

Diesen Grundsatz spezifizierende Anforderungen für die beiden Fälle der deutschen Sprachförderpolitik in Staaten Mittel- und Südosteuropas finden sich auf internationaler Ebene in den Normen zur Förderung des gegenseitigen Sprachenlernens und zum Austausch von Lehrern in der „Empfehlung über die Erziehung zur internationalen Verständigung, Zusammenarbeit und zum Weltfrieden sowie die Erziehung zur Achtung der Menschenrechte und Grundfreiheiten" von 1974 (UNESCO 1974: Art. 37). Diese wurden auf der Weltbildungskonferenz 1994 im *Integrierten Rahmenaktionsplan zur Friedens-, Menschenrechts- und Demokratieerziehung* bekräftigt und mit der Pflicht zur Demokratieerziehung verknüpft (UNESCO 1994: Erklärung Art. 3.3, Aktionsplan Art. 19+21).[34] Diese Dokumente wurden einstimmig beschlossen und verfügen daher über einen hohen Grad an Kommunalität.

Spezifische Normen, die Anforderungen an die Bundesrepublik zur Sprachförderpolitik bzw. zum Kulturaustausch mit den Staaten Mittel- und Osteuropas stellen, entwickeln sich in Europa vor allem durch den Europarat und die Konferenz über Sicherheit und Zusammenarbeit in Europa/Organisation für Sicherheit und Zusammenarbeit in Europa. So fordert die vom Europarat initiierte *Europäische Kulturkonvention* von 1954, der die damalige Bundesrepublik 1955 beitrat, die Vertragsstaaten auf, „das Studium ihrer Sprache im Ausland" zu fördern und im Gegenzug die Sprachförderung anderer Staaten im eigenen Land zuzulassen und zu erleichtern (Europarat 1954: Art. 2a+b).[35] Zur Durchführung einer solchen, auf Gegenseitigkeit beruhenden Sprachförderpolitik sollen die „Bewegungsfreiheit" und der „Austausch von Personen und Kulturgütern" ermöglicht werden (a.a.O.: Art. 4). Die ehemaligen Ostblockstaaten traten dieser Organisation und dem Kulturabkommen allerdings erst zwischen 1989 und 1993 bei, sodass die genannten Normen erst ab diesem Zeitpunkt für sie gelten. Die Forderung nach Austausch „von Wissenschaftlern, Lehrern und Studenten" und nach Unterstützung des Studiums der „Sprachen und Zivilisationen" zur besseren Verständigung zwischen Ost und West ist allerdings auch Bestandteil der *Schlussakte* von Helsinki der Konferenz über Sicherheit und Zusammenarbeit in Europa, die sowohl von der Bundesrepublik Deutschland als auch von den fünf untersuchten osteuropäischen Staaten 1975 unterzeichnet wurde (Bundeszentrale für poli-

32 Vgl. Art. 1 der Satzung UNESCO (2001b), UNESCO (2001a) und (2005) sowie die Abschlussdokumente der Weltkonferenzen der UNESCO über Kulturpolitik (1982) und über Kulturpolitik für Entwicklung (1998).

33 »International cultural co-operation must be based on respect of cultural identity, recognition of the dignity and value of all cultures, national independence and sovereignty, and non-intervention. Consequently, in co-operative relations between nations all forms of subordination or the replacement of one culture by another should be avoided.« (UNESCO 1982: Art. 26).

34 Auch der *Aktionsplan »The Power of Culture«* der *UNESCO-Weltkonferenz von 1998* hebt das Fremdsprachenlernen als eine der Zielvorgaben hervor, wonach die kulturelle und sprachliche Vielfalt »durch Anstöße zum Erlernen einer oder mehrerer Fremdsprachen zu fördern« seien (UNESCO 1998: Zielvorgabe 2, Abs. 3).

35 Der Europarat, dem die Bundesrepublik Deutschland 1951 beigetreten ist, ist die europäische Organisation für Kulturpolitik (Holtz 2000).

tische Bildung 1999: 430). Spätere Schlussdokumente bekräftigen diese Norm und fügten ihr – wie in den Fällen des Wiener Treffens 1989 und der *Charta von Paris über ein neues Europa* von 1990 (a.a.O.: 455-469) – die Anforderung zum gegenseitigen Austausch von Kulturinstituten hinzu (a.a.O.: 466; siehe Andrei 2008: 114-127).

Als weitere handlungsanleitende Norm für die deutsche Auswärtige Kulturpolitik gegenüber Staaten Mittel- und Südosteuropas lässt sich eine Pflicht zur Unterstützung der dort lebenden deutschen Minderheiten durch Förderung der deutschen Sprache und Kultur in Zusammenarbeit mit den jeweiligen Ländern in Staaten Mittel- und Südosteuropas ableiten (Andrei 2008: 120 ff.). Eine solche Norm ergibt sich auf internationaler Ebene indirekt sowohl aus der am 18. Dezember 1992 von der UN-Generalversammlung einstimmig beschlossenen *Erklärung über die Rechte von Personen, die nationalen oder ethnischen, religiösen und sprachlichen Minderheiten angehören*[36] (Bundeszentrale für politische Bildung 1999: 136, Art. 6, 7, 4.3) als auch aus den Schlussdokumenten der Konferenz über Sicherheit und Zusammenarbeit in Europa sowie der Organisation für Sicherheit und Zusammenarbeit in Europa,[37] indem sie alle Mitgliedstaaten zum Schutz kultureller und sprachlicher Minderheiten im eigenen Land und zur zwischenstaatlichen Zusammenarbeit in Minderheitenfragen aufrufen. Spezifische Vorgaben, welche sich auf die konkrete Förderung nationaler Minderheiten im Ausland beziehen, enthalten aber erst, vom Europarat initiiert, die *Europäische Charta der Regional- und Minderheitensprachen* von 1992 (a.a.O.: 540-562) und das *Rahmenübereinkommen zum Schutz nationaler Minderheiten* von 1995 (a.a.O.: 530-540). Beide Verträge rufen die Vertragsparteien, darunter die Bundesrepublik Deutschland, dazu auf, den grenzüberschreitenden Austausch von Sprechern von Regional- und Minderheitensprachen zu vertiefen und Fördermaßnahmen zu deren Gunsten durch eine Zusammenarbeit mit den Nachbarstaaten zu ergreifen.

Die auf internationaler Ebene identifizierten Normen, Kultur- und Sprachaustausch zu betreiben und auch die deutschen Minderheiten in Staaten Mittel- und Südosteuropas sprachpolitisch zu fördern, finden sich ebenfalls auf nationaler Ebene wieder (Andrei 2008: 104-114). Der Wille, durch Kulturaustausch zwischen Ost und West zu Entspannung, Frieden und Völkerverständigung beizutragen, wird seit den achtziger Jahren kontinuierlich in den Grundsatzprogrammen von CDU/CSU, SPD und FDP vertreten.[38] Die konkreten Forderungen, „die Kenntnis der deutschen Sprache in der Welt“ im Rahmen der Auswärtigen Kulturpolitik zu fördern, den Austausch von Kulturinstituten zu intensivieren und auch die Kultur und Sprache der deutschen Minderheiten in Osteuropa zu unterstützen, um deren Recht auf Heimat und Schutz ihrer kulturellen Identität zu sichern, sind seit den achtziger Jahren indes nur in den Programmen von CDU/CSU und FDP enthalten (Hintze 1995: 482-504; Friedrich-Naumann Stiftung 1990; FDP 1994: 29).[39] Werden aber außerdem die Plenardebatten im Deutschen Bundestag als Normindikator herangezogen, lässt sich feststellen, dass auch die SPD diese Po-

36 Staaten sollen die Möglichkeiten schaffen, dass Minderheiten ihre Kultur und Sprache entwickeln (Art. 4, 2) und ihre Muttersprache im Bildungswesen pflegen können (Art. 4, 3 und 4, 4). Nach Art. 6 sollen die Staaten in Minderheitenfragen zusammenarbeiten, d.h. Informationen und Erfahrungen austauschen (a.a.O.: 131-137). Die Erklärung wurde ohne Abstimmung, also im Konsens, angenommen (Vereinte Nationen 2003).

37 Vgl. zur Konferenz über Sicherheit und Zusammenarbeit in Europa: Schlussakte von 1975, das Schlussdokument der Konferenz über die *Die menschliche Dimension* von 1990 sowie weitere diesbezügliche Bestimmungen in den Menschenrechtsdokumenten der Gipfeltreffen in Moskau, Helsinki und Istanbul (Auswärtiges Amt 1998).

38 Die Grünen sprechen hingegen erst seit 1998 von kultureller Vielfalt und seit 2002 vom kulturellen Dialog (Andrei 2008: 104-114).

39 Vgl. für die CDU auch die Programme von 1991, 1994, 1995, die ebenfalls solche Normen enthalten. In den SPD-Programmen finden sich dagegen keine derartigen spezifischen Vorgaben zur Deutschförderung.

sitionen seit Ende der achtziger Jahre grundsätzlich unterstützt (Andrei 2008: 110-113).[40] Insofern kann bereits vor 1990 von einem nahezu alle im Bundestag vertretenen Parteien umfassenden Konsens bezüglich der Auswärtigen Kulturpolitik gesprochen werden, welcher stark genug ist, die deutsche Politik anzuleiten. Darüber hinaus kommt ab 1990 eine zusätzliche Norm hinzu, die dazu auffordert, den Staaten Mittel- und Südosteuropas auch mittels einer (einseitigen) Lehrerentsende- und Deutschförderpolitik zu helfen, damit diese die Nachfrage nach Deutschunterricht decken und ihre Bildungssysteme transformieren können (Andrei 2008: 104-114).

Auf Basis der sozietalen und transnationalen Normen können für das Ergebnis der Analyse also folgende Erwartungen an die deutsche Sprachpolitik in Staaten Mittel- und Südosteuropas formuliert werden: Die Bundesrepublik Deutschland wird in Staaten Mittel- und Südosteuropas vor wie nach 1990 eine auf Gleichberechtigung (Reziprozität) und Austausch beruhende Kulturpolitik betreiben, d.h. Kulturinstitute und Lehrer austauschen und die deutsche Sprache insbesondere in den Gebieten der deutschen Minderheiten fördern. Nach 1990 sind nach Maßgabe der innerdeutschen Norm zur Hilfeleistung zeitweise auch eine einseitige Entsendung von Deutschlehrern und ein einseitiger Auf- und Ausbau der Goethe-Institute angemessen, sofern den Ländern dadurch bei der demokratischen Transformation ihrer Bildungssysteme geholfen wird (Andrei 2008: 127).

Vergleicht man die Erwartungen der Theorie mit der tatsächlichen deutschen Sprachpolitik, dann hat der Konstruktivismus in den Fällen der Fallstudie zu den Staaten Mittel und Südosteuropas einen hohen Erklärungswert. Die Theorie kann sowohl die intensive und einseitige Lehrerentsendung in Staaten Mittel- und Südosteuropas mit der Hilfenorm als auch die weitgehend reziproke Gründung von Kulturinstituten und den partnerschaftlichen Stil mit der Austauschnorm erklären. Denn seit den neunziger Jahren sind auch die betreffenden Staaten mit ihren Kulturinstituten nahezu gleichermaßen in Deutschland vertreten. Das Lehrerentsendeprogramm und die intensivere Sprachförderung in der Region lassen sich als begründete Ausnahme von dem Prinzip der Reziprozität mit den von den Staaten Mittel- und Südosteuropas geäußerten Bitten um Unterstützung ihres Angebots an Deutschunterricht begründen (a.a.O.: 181). Auch die Förderung der deutschen Minderheiten findet in der Praxis wie erwartet statt. Als eine Erklärungsschwäche muss allein die geringe Berücksichtigung der Sprachen aus Staaten Mittel- und Südosteuropas im deutschen Schulwesen genannt werden, was der Norm zum Sprachaustausch widerspricht.

## Konstruktivistische Analyse II: Deutsche Arbeitssprachenpolitik in der EU

Für die beiden Fälle der EU-Fallstudie muss die Bundesrepublik als EU-Mitgliedstaat vor allem solche Normen berücksichtigen, welche im Europarecht und den EU-Rechtsakten zum Ausdruck kommen (Andrei 2008: 268-275). Legt man diese Quellen zugrunde, so ergibt sich für die EU-Organe die Pflicht zur gleichberechtigten Verwendung aller Landessprachen als Vertragssprachen und im offiziellen Amtssprachengebrauch. Diese Vorgabe basiert auf den vertraglich verankerten Prinzipien zum Schutz der nationalen Identität aller EU-Mitgliedstaaten

40 Vgl. u.a. .die Verhandlungen zum Bericht der Bundesregierung über die deutsche Sprache in der Welt von 1985 (Deutscher Bundestag 1986), das Plenarprotokoll der 156. und der 177. Sitzung 1989 (Deutscher Bundestag 1989a,b) oder, nach 1990, die 110. Sitzung 1996 (Deutscher Bundestag 1996).

sowie dem Schutz der kulturellen und sprachlichen Vielfalt als Elemente einer europäischen Identität, dem gleichen Wert aller Sprachen und Kulturen und schließlich den Prinzipien der Bürgernähe, Transparenz, Demokratie und Rechtsstaatlichkeit. Auf dieser Rechtsgrundlage können Bürger und Staaten die Verwendung ihrer Sprache in der offiziellen Kommunikation mit den EU-Organen einfordern.[41] Auch kann daraus eine an die Bundesrepublik Deutschland gerichtete Norm abgeleitet werden, die Sprachenvielfalt in der Europäischen Union zu fördern. Freilich gilt für die interne Sprachenpraxis der Organe das Vielsprachigkeitsprinzip nur begrenzt.[42] Aus den Vertragsbestimmungen, „Maßnahmen“ zu treffen, die „die Handlungen der Organe der Gemeinschaft“ erleichtern und solche zu unterlassen, die „die Verwirklichung der Ziele dieses Vertrags gefährden“ (Art. 10 des Vertrages über die Europäische Gemeinschaft), also „ Effizienz in der Arbeit der Organe“ zu gewährleisten (*Präambel des Vertrages über die Europäische Union*), kann vielmehr ein Gebot an die deutsche Politik formuliert werden, auf die Durchsetzung aller oder vieler Amtssprachen als Arbeitssprachen zu verzichten, weil dies die Arbeitsfähigkeit der Organe behindern würde. Darüber hinaus lassen sich aus den europäischen Vertragsbestimmungen keine spezifischen Anforderungen an die deutsche Arbeitssprachenpolitik ableiten (Andrei 2008: 273-277).

Für die deutsche Sprachpolitik in der Europäischen Union finden sich in den Parteiprogrammen der beiden großen Volksparteien und der FDP gemeinsam geteilte Überzeugungen, dass die kulturelle und sprachliche Vielfalt in der Europäischen Union schützenswert sei und diese „Einheit in Vielfalt“ die europäische Identität ausmache. Aus der Forderung nach sprachlicher Vielfalt kann mithin auch die Verhaltensanforderung abgeleitet werden, Maßnahmen zum Schutz der deutschen Sprache zu ergreifen und Verstöße im offiziellen Amtssprachengebrauch anzuprangern. Aus den Parteiprogrammen der CDU und den Redebeiträgen von SPD-Abgeordneten sowie Vertretern anderen Parteien im Bundestag kann überdies seit Ende 1989 eine in Deutschland geteilte Anforderung an die Bundesregierung identifiziert werden, dass Deutsch eine mit dem Englischen und Französischen „gleichberechtigte Arbeitssprache in allen Institutionen der [Europäischen] Gemeinschaft sein“ müsse (Hintze 1995: 353). Begründet wird diese Erwartung ebenfalls mit dem Schutz der kulturellen und sprachlichen Vielfalt (Andrei 2008: 258-268). Die Bundesregierung wird damit aufgefordert, sich gegenüber der Kommission und dem Rat für eine dem Englischen und Französischen gleichrangige Verwendung von Deutsch als Arbeitssprache einzusetzen. Für beide Fälle der deutschen Sprachstatuspolitik in der EU lässt sich also eine auf beiden Ebenen geteilte Norm zum Erhalt der europäischen Sprachenvielfalt identifizieren, aus der sich allenfalls eine Politik für die Gleichstellung der deutschen Sprache im Amtssprachengebrauch und gegen sprachliche Diskriminierungen ableiten lässt. Innerstaatlich hat sich nach 1990 jedoch zusätzlich die Auffassung herausgebildet, dass sich die Bundesregierung für eine Gleichstellung der deutschen Sprache mit Englisch und Französisch als Arbeitssprache in der Europäischen Union einsetzen solle, weshalb eine dazu dienliche Politik sowohl im Rat der Europäischen Union als auch gegenüber der Europäischen Kommission zu erwarten ist (Andrei 2008: 277).

Betrachtet man den Erklärungswert der Theorie anhand der tatsächlichen Entwicklung der deutschen Sprachpolitik, so hält sich dieser für die deutsche Arbeitssprachenpolitik in der

41 Vgl. u.a. Andrei (2008: 192-206), Kürten (2004) und einschlägige Kommentare zum EU-Recht.

42 Den Gebrauch der Arbeitssprachen spezifizieren wenige Artikel im Sekundärrecht sowie in den Geschäftsordnungen der Organe und vor allem in deren Durchführungsbestimmungen. Der Anspruch auf die gleichberechtigte Verwendung aller Amtssprachen gilt demnach nicht für die interne Kommunikation der Organe (Andrei 2008: 274 f.; Kürten 2004: 68 f.).

Europäischen Union in engen Grenzen. Zwar stimmt die deutsche Politik mit der identifizierten sozietalen Norm insofern überein, als nach 1989/90 intensivere Bemühungen zur Stärkung der deutschen Sprache zu beobachten sind, die auch tatsächlich zu Verbesserungen geführt haben. Die Bundesregierung erhob allerdings schon Forderungen nach einem stärkeren Gebrauch von Deutsch als Arbeitssprache, noch bevor im Bundestag ein solches Begehren auch bei Vertretern der SPD festzustellen war. Die erhobene Arbeitssprachennorm muss daher eher als Zustimmung zur deutschen Politik denn als sie verursachender Faktor erachtet werden. Auch der Wertebezug der Norm, nämlich dem Prinzip der Sprachenvielfalt zu dienen, scheint mehr als fraglich, da letztlich Maßnahmen ergriffen werden, welche die Sprachenvielfalt begrenzen sollen. Insgesamt muss für die deutsche Politik mithin das Vorliegen einer ausreichend starken Norm und damit der Erklärungswert der konstruktivistischen Theorie bezweifelt werden.

### Zwischenfazit III

Wie anhand der deutschen Sprachförderpolitik in Staaten Mittel- und Südosteuropas verdeutlicht wurde, lassen sich für die Auswärtige Kulturpolitik starke Normen identifizieren, die sowohl transnational als auch sozietal mit hinlänglicher Kommunalität und Spezifizität ein normgerechtes Verhalten erwarten lassen, das die Bundesrepublik in ihrer Auswärtigen Kulturpolitik auch in einem hohen Maße an den Tag legt. Die deutsche Sprachstatuspolitik in der Europäischen Union verdeutlicht jedoch, dass es ebenso Fälle gibt, in denen die Bundesregierung eher nationalen Einfluss- oder Gewinninteressen folgt. Inwieweit und unter welchen Bedingungen sich die Bundesrepublik tatsächlich ausschließlich von Normen etwa zum Kulturaustausch leiten lässt oder wann diese, wie im Fall Europäische Union, ganz offenbar lediglich als Legitimation von Interessen gesteuertem Verhalten angeführt werden, gilt es in weiteren Fällen zu überprüfen. Die vorgestellten Befunde lassen die Vermutung zu, dass ein normgerechtes Verhalten vor allem dann eintritt, wenn sozietale und transnationale Normen stark übereinstimmende Anforderungen stellen und keine starken nationalen oder partikularen Interessen im Widerspruch zu ihnen stehen.

## 3. Fazit

In diesem Kapitel ging es darum darzulegen, wie Außenpolitiktheorien für eine Analyse der Auswärtigen Kulturpolitik nutzbar gemacht werden können, um Ursachen für angebbare Teilpolitiken zu ermitteln. Am Beispiel der deutschen auswärtigen Sprachpolitik wurde für zwei zentrale Handlungsfelder aufgezeigt, dass und wie die Außenpolitiktheorien des Neorealismus, des utilitaristischen Liberalismus und des Konstruktivismus zur Erklärung der deutschen Auswärtigen Kulturpolitik beitragen können. So konnte die deutsche auswärtige Sprachpolitik nach 1990 insgesamt am besten mit der (modifizierten) neorealistischen Theorie als Form einer intensiveren Machtpolitik im Sinne kultureller Einfluss- und Abwehrpolitik erklärt werden. Sowohl die intensive Förderung der deutschen Sprache in den Staaten Mittel- und Südosteuropas als auch die Maßnahmen zur Stärkung von Deutsch als dritter Arbeitssprache in der Europäischen Union stimmen mit den auf Basis der gestärkten deutschen Machtposition formulierten Erwartungen überein. Aber auch die beiden anderen Theorien tragen zur Erklärung bei. So können einerseits zentrale Aspekte der Deutschförderung in Staaten Mittel- und Südosteuropas auch mit starken Normen zum Kultur- und Sprachaustausch sowie zur Unterstützung der kulturellen Entwicklung und Demokratisierung der Länder, also mit der konstruktivistischen Außenpolitiktheorie erklärt werden. Die deutsche Sprachpolitik in der Europäischen Union richtet sich dagegen auch nach den gesellschaftlichen Gewinninteressen und bekräftigt damit den Erklärungswert der utilitaristisch-liberalen Theorie. Inwiefern die deutsche Auswärtige Kulturpolitik in anderen Fällen oder die Außenkulturpolitiken anderer Staaten eher von der einen oder anderen Theorie befriedigend erklärt werden können, bedarf allerdings weiterer Untersuchungen, für die dieser Beitrag ein theoretisches Rüstzeug anbietet.

# 1.2 Schlüsselbegriffe der internationalen Diskussion – Public Diplomacy und Soft Power

*Claudia Auer, Alice Srugies, Martin Löffelholz*

## 1. Die Entstehung der ‚öffentlichen Diplomatie'

Die Rahmenbedingungen von Kommunikation im internationalen System haben sich in den letzten Jahrzehnten grundlegend verändert. Mit der Globalisierung, mit der wachsenden Mobilität von Menschen, mit neuen Informations- und Kommunikationstechnologien können nichtstaatliche Akteure schneller, einfacher und umfassender auf Informationen zugreifen, sich organisieren und an internationalen Diskursen teilnehmen. Bürger und nicht staatliche Organisationen agieren damit stärker als zuvor in einer Arena, in der vormals hauptsächlich staatliche Akteure operiert haben.

Damit ist bereits vor längerem eine quasi ‚öffentliche' Diplomatie entstanden, eine *Public Diplomacy*, die Regierungen und andere staatliche Institutionen intensiver als zuvor berücksichtigen müssen. Die Aufmerksamkeit und Unterstützung nationaler wie ausländischer Öffentlichkeiten haben erheblich an Relevanz gewonnen, um eigene (sicherheits-)politische, wirtschaftliche oder kulturelle Ziele verwirklichen und länderübergreifende Probleme bearbeiten zu können. Die Bedeutung von *Soft Power* wächst, wenngleich klassische Ressourcen der *Hard Power*, wie beispielsweise militärische Stärke oder internationale Finanztransaktionen, keineswegs weniger relevant sind.

In diesem Beitrag geben wir einen Überblick über den Stand der Forschung zu Public Diplomacy und Soft Power – Konzepte, die zunächst in den USA, später auch in vielen anderen Staaten starke Beachtung gefunden haben. Beide Konzepte sind sowohl in der Berufspraxis als auch in der wissenschaftlichen Analyse eng miteinander verschränkt, obgleich sie bedeutsame Unterschiede aufweisen. In einem ersten Schritt stellen wir die beiden Konzepte einander gegenüber und erläutern ihre jeweils zentralen Charakteristika. Darauf aufbauend konzentrieren wir uns in einem zweiten Schritt auf die detailliertere Beschreibung der Strukturen, Leistungen und Herausforderungen der Public Diplomacy. Abschließend geben wir Impulse für die theoretische und empirische Weiterentwicklung der Public Diplomacy-Forschung.

## 2. Public Diplomacy und Soft Power im Vergleich

Public Diplomacy bezeichnet die Kommunikationsaktivitäten internationaler Akteure (z.B. Regierungen, multinationale Organisationen, Nichtregierungsorganisationen), die darauf abzielen, politische, wirtschaftliche, kulturelle oder wissenschaftliche Beziehungen zu anderen internationalen Akteuren und Öffentlichkeiten zu gestalten, insbesondere die eigene Wahrnehmung im Ausland positiv zu beeinflussen. Public Diplomacy gehört damit zu den Instrumenten internationaler Akteure, um internationale Beziehungen zu verbessern und damit langfristig die Durchsetzung eigener Interessen zu erleichtern (Srugies/Auer 2013: 57).

Das Verständnis von Public Diplomacy und die damit verbundenen Ziele haben sich im Laufe der Zeit verändert. Definitionen aus der Zeit des Kalten Krieges betonen das Ziel, die Einstellungen ausländischer Zielgruppen zu beeinflussen (u.a. Adelman 1981). Dieses Verständnis von Public Diplomacy wurde nach dem Ende des Kalten Krieges durch eine Konzeption abgelöst, in der die Erzeugung von Verständnis für die eigenen Ziele, Ideale und Handlungen in den Mittelpunkt rückte (u.a. Tuch 1990). Nach den Terroranschlägen des 11. September 2001 erweiterte sich das Verständnis von Public Diplomacy: Seither betonen viele Definitionen die wechselseitige Verständigung und den Aufbau langfristiger Beziehungen als Kernziele der Public Diplomacy (u.a. Leonard et al. 2002). Obgleich Autoren (u.a. Fitzpatrick 2010; Zaharna 2011) heute vor allem diesen Beziehungsaspekt betonen, lassen sich die Ziele von Public Diplomacy auch heute auf einem Kontinuum von Persuasion bis wechselseitiger Verständigung verorten (siehe unten).

Public Diplomacy richtet sich hauptsächlich, aber nicht ausschließlich an Zielgruppen im Ausland (Auer/Srugies 2013). Im Inland zielt Public Diplomacy sowohl auf ausländische Mitbürger als auch auf die Bevölkerung allgemein, um das eigene (staatliche) Handeln gegenüber internationalen Akteuren zu legitimieren und um Bürger hinsichtlich ihrer Rolle als Repräsentant des eigenen Landes zu sensibilisieren. Denn nicht zuletzt prägen auch Bürger, die ins Ausland reisen oder mit ausländischen Zielgruppen in Kontakt kommen, das Image, die Reputation und die Beziehungen eines Landes. Die Kommunikation mit Zielgruppen im Inland gilt als ‚domestic dimension of public diplomacy' (u.a. Huijgh 2013).

Das Konzept der Soft Power geht auf den US-amerikanischen Politologen und Politiker Joseph Nye zurück. Soft Power zielt darauf ab, die Präferenzen anderer Akteure zu beeinflussen, ohne dabei militärischen oder wirtschaftlichen Druck (Hard Power) auszuüben: "When you can get others to admire your ideals and to want what you want, you do not have to spend as much on sticks and carrots to move them in your direction" (Nye 2004: Preface). Soft Power ist also eine „attraction power" (Nye 2004: 6). Sie beruht auf drei zentralen Ressourcen (siehe a.a.O.: 11):

- der Kultur eines internationalen Akteurs (z.B. der Tango in Argentinien oder die als UNESCO-Weltkulturerbe ausgezeichnete mexikanische Küche),
- den politischen Wertorientierungen (z.B. Frieden, Demokratie und Rechtsstaatlichkeit als Grundprinzipien der Europäischen Union), insofern diese mit dem tatsächlichen Handeln des jeweiligen Akteurs übereinstimmen, sowie
- dem politischen Handeln im In- und Ausland, sofern dieses als legitim und moralisch integer bewertet wird (Nye 2008a: x).

Ausgehend davon wird Soft Power häufig als ein normatives Konzept verstanden, das sich zu einem Sinnbild für eine ‚Zwang-lose' Form der Einfluss- und Machtausübung entwickelt hat (Hayden 2012). Diese Sicht blendet jedoch aus, dass Ressourcen der Soft Power wie politische Ideale auch als Zwangsmittel eingesetzt werden können. Beispielhaft sei auf die von George W. Bush eingesetzte Rhetorik im sogenannten *War on Terror* verwiesen, die bewusst Feindbilder konstruierte und diese zur Rechtfertigung des Einsatzes militärischer Mittel benutzte (u.a. Hayden 2012, Ham 2005). Umgekehrt können klassische Instrumente der Hard Power, beispielsweise die militärische Sicherung des Wiederaufbaus einer Schule im Rahmen zivil-militärischer Zusammenarbeit in Krisengebieten, einen Beitrag zur Generierung von Soft Power leisten (u.a. Hayden 2012).

Soft Power und Public Diplomacy, das implizieren bereits die jeweiligen Definitionen, weisen Gemeinsamkeiten auf und sind in der beruflichen Praxis unmittelbar aufeinander bezogen, wie nicht zuletzt die Titel einschlägiger Handbücher – wie etwa *European Public Diplomacy: Soft Power at Work* (Cross/Melissen 2013) – indizieren. Daher skizzieren wir im nächsten Schritt das Verhältnis beider Konzepte zueinander.

Kultur, politische Werte oder die tatsächliche Politik eines Landes können als Ressourcen gesehen werden, um gegenüber anderen Ländern Soft Power zu entfalten. Public Diplomacy kann in diesem Zusammenhang als „*mechanism* to deploy soft power“ verstanden werden (Cull 2009: 15, kursiv im Original). Public Diplomacy kommuniziert und verbreitet die Ressourcen der Soft Power, trägt also dazu bei, dass aus den verfügbaren Ressourcen tatsächlich Soft Power entstehen kann (u.a. Cross/Melissen 2013, Gilboa 2008, Hayden 2012). Insofern beeinflusst Public Diplomacy die Entstehung und den Erhalt von Soft Power auf zwei Ebenen:

(1) Public Diplomacy generiert Aufmerksamkeit für Soft-Power-Ressourcen und fördert die Bereitschaft anderer internationaler Akteure, sich mit ihnen auseinanderzusetzen.

(2) Public Diplomacy ermöglicht ihnen durch konkrete Maßnahmen einen direkten Zugang zu Soft-Power-Ressourcen (Nye 2008b: 95).

Das soll anhand eines Beispiels illustriert werden: Nachhaltigkeit ist in Mexiko ein wichtiges Handlungsprinzip in der Produktion von Lebensmitteln. Nachhaltigkeit ist Teil der politischen Wertvorstellungen Mexikos und damit eine Soft-Power-Ressource des Landes. Im Rahmen einer Public Diplomacy-Initiative kann für diesen Wert geworben werden. Weiter kann die Public Diplomacy-Initiative anschließend die nachhaltige Produktion von Lebensmitteln der mexikanischen Küche kommunizieren und im Rahmen einer Veranstaltungsreihe Zielgruppen traditionelle Rezepte und Gerichte näher bringen.

Maßnahmen der Public Diplomacy führen jedoch nicht in jedem Fall zu einer Umwandlung von Soft-Power-Ressourcen in Soft Power. Sie können nur dann erfolgreich sein, wenn sie die kulturellen Besonderheiten einer Zielgruppe, das Verhältnis zwischen den jeweiligen Akteuren und ihren Zielgruppen sowie aktuelle politische Entwicklungen berücksichtigen (Nye 2011: 22).

Das Soft-Power-Konzept stellt einen theoretischen Bezugsrahmen zur Beschreibung und Erklärung der Handlungen internationaler Akteure bereit. Es eignet sich jedoch nur bedingt als Analyserahmen für empirische Untersuchungen. Das zeigt sich u.a. darin, dass es im Gegensatz zu Public Diplomacy kaum Studien gibt, die das Soft-Power-Konzept in empirischen Studien operationalisieren. Die folgenden Abschnitte konzentrieren sich daher auf eine Diskussion des Forschungsstandes und eine Darstellung wissenschaftlicher Befunde zur Public-Diplomacy-Praxis.

## 3. Public Diplomacy als Forschungsthema

Im Vergleich zu anderen Wissenschaftsfeldern ist die Public-Diplomacy-Forschung noch relativ jung. 1965 wurde der Begriff von Edmund Gullion, ehemaliger Dekan der Fletcher School of Law and Diplomacy der Tufts University (USA) und langjähriger Diplomat, geprägt. Das Konzept erlebte in Wissenschaft und Berufspraxis während des Kalten Krieges eine erste Blütezeit. Im Mittelpunkt der wissenschaftlichen Analysen standen in dieser Zeit – die weltpolitische Lage widerspiegelnd – die ideologische Auseinandersetzung zwischen den USA und der Sowjetunion mit Hilfe von *Cultural Diplomacy* und international operierender Rundfunksender (u.a. Adelman 1981; Gregory 2008).

Nach dem Ende des Kalten Krieges ließ das wissenschaftliche Interesse nach: In einem Beitrag für die Zeitschrift *Foreign Affairs* mit dem Titel *Save Public Diplomacy* kritisierte Laqueur (1994), dass Public Diplomacy von der US-Außenpolitik weitgehend ignoriert werde, und warnte vor einer Krise, in der sich dieses Desinteresse rächen werde.

Die terroristischen Anschläge des 11. September 2001 bestätigten Laqueurs Befürchtungen. Mit dem *Global War on Terrorism* rückte Public Diplomacy wieder in den Mittelpunkt: Forschungsanstrengungen intensivierten sich, Institutionen nahmen Public Diplomacy (erneut) in ihren Leistungskatalog auf, weltweit gründeten sich Organisationen zu Public Diplomacy. So entstand beispielsweise im Jahr 2003 an der University of Southern California das Center on Public Diplomacy. In Europa beschäftigen sich insbesondere das Netherlands Institute of International Relations Clingendael sowie das an der Technischen Universität Ilmenau beheimatete Institute for Public Diplomacy Research and Training mit dem Thema.

Die wissenschaftliche Analyse von Public Diplomacy hat ihren Ursprung in den sechziger Jahren in den USA (siehe Glassgold 2004: 2). Der Großteil der Institutionen und Personen, die sich mit Public Diplomacy in Berufspraxis wie Forschung auseinandersetzen, ist deshalb nach wie vor in den USA beheimatet (siehe Auer et al. 2010). Die US-Forschung dominiert weiterhin die internationale Debatte und konzentriert sich dabei auf die USA als Hauptuntersuchungsobjekt.

Eine zweite Phase der wissenschaftlichen Forschung begann in den neunziger Jahren des vorigen Jahrhunderts in verschiedenen europäischen Staaten, vor allem in Deutschland, Großbritannien und den Niederlanden (u.a. Signitzer/Coombs 1992; Signitzer 1995; Melissen 2006; Signitzer 2008). In der Forschung hinkte Europa den USA hinterher. Obgleich manche europäische Länder im Hinblick auf den Einsatz kommunikativer und kultureller Instrumente zur Erreichung politischer Ziele, die heute mit Public Diplomacy verbunden werden, freilich über eine erheblich längere Erfahrung als die USA verfügen, wie Melissen (2006: 2) betont: „The 'European school of public diplomacy' does in fact draw on a much longer and more varied experience with public diplomacy than any other region in the world. For some of the nations of Europe, public diplomacy was a top priority from the first days of their existence."

Neben den USA, Großbritannien, Deutschland und den Niederlanden beschäftigt sich die Wissenschaft vereinzelt auch mit der Public Diplomacy weiterer Länder, etwa Norwegen, Kanada oder Australien (u.a. Leonard et al. 2002; Potter 2002). Benoit und Zhang (2003) haben die Strategie Saudi-Arabiens in den USA nach dem 11. September 2001 untersucht, Gilboa (2006) analysierte Israels Außenpolitik unter Berücksichtigung der Public Diplomacy. Im Jahr 2006 gab De Gouveia daher zu bedenken, dass "[d]espite the fact that available literature and journalism sometimes give the impression that the U.S. and several of the major EU states including the UK are the only countries engaged in public diplomacy initiatives, almost everyone is" (De Gouveia 2006: 6).

In einer dritten Phase, die erst vor einigen Jahren begann, rückte insbesondere die chinesische Public Diplomacy vermehrt in den Fokus wissenschaftlicher Untersuchungen (siehe hierzu den Beitrag von Hartig zur Außenkulturpolitik Chinas in diesem Band). Dabei geht es vor allem um die Abgrenzung zur Propaganda, den Aufstieg chinesischer Soft Power, das *Nation Branding* der Volksrepublik China sowie die Relevanz der Olympischen Spiele 2008 für das Image Chinas im Ausland (u.a. Berkowitz et al. 2007; Hooghe 2010; Li 2013).

In anderen Weltregionen, etwa in Nordafrika, Osteuropa oder Südamerika, gibt es bislang so gut wie keine Forschungsarbeiten zur Public Diplomacy. Einzelne Studien jüngeren Datums (u.a. Ehteshami 2009; Ndhlovu 2009; Ogawa 2009; Szondi 2009) deuten allerdings darauf hin, dass sich das Themenfeld Public Diplomacy zunehmend globalisiert. Möglicherweise erleben wir derzeit den Beginn einer vierten Phase der Public Diplomacy-Forschung. Seit wenigen Jahren entstehen darüber hinaus zunehmend auch Untersuchungen zur Public Diplomacy supranationaler Organisationen wie etwa der Europäischen Union (u.a. Cross/Melissen 2013; Rasmussen 2010; Szondi 2010).

Die deutschsprachige Public-Diplomacy-Forschung intensivierte sich erst seit den neunziger Jahren des vorigen Jahrhunderts. Ein Großteil deutschsprachiger Literatur konzentriert sich dabei ebenfalls auf die USA (u.a. Klöckner 1993; Ohmstedt 1993; Jäger/Viehrig 2008). Zunehmend wird aber auch deutsche Public Diplomacy erforscht (u.a. Grolig/Schlageter 2007; Hübecker 2008; Ostrowski 2008; Zöllner 2009; Auer, Krichbaum, Srugies 2010), wobei deren Erkenntnisse international im Grunde nicht wahrgenommen werden, weil ein Großteil der Publikationen nur in deutscher Sprache publiziert wurde. Mit der Gründung der Ilmenauer Forschungsgruppe vor einigen Jahren verändert sich das nach und nach (u.a. Löffelholz et al. 2011[1]; Auer/Srugies 2013; Srugies 2013, Löffelholz et al. 2014[2]).

Die Forschung zur Public Diplomacy speist sich bis heute vor allem aus der Übertragung von Theorien und Modellen anderer Forschungsdisziplinen. So wurde Public Diplomacy in der Anfangszeit als eine auf Offenheit zielende Form außenstaatlicher Kommunikation mit der traditionellen Diplomatie kontrastiert. Als Public Diplomacy vom Ende des Zweiten Weltkriegs bis etwa 1965 primär mit politischer Information und Propaganda gleichgesetzt wurde, nutzte die einschlägige Wissenschaft insbesondere Ansätze, Methoden und Ergebnisse der Propagandaforschung, um Public Diplomacy einzuordnen (u.a. Snow 2004; Zaharna 2004; Plaisance 2005; Snow/Taylor 2006). Seit etwa zwei Jahrzehnten werden Studien zur Public Diplomacy hauptsächlich von Theorien, Modellen und Methoden der PR-Forschung inspiriert (u.a. Signitzer/Coombs 1992; Signitzer 1995; Kruckeberg/Vujnovic 2005; Petersone 2008[3]). Primär in den USA entwickelten sich zudem wissenschaftliche Strömungen, die Public Diplomacy unter einer Marketing- (u.a. Kendrick/Fullerton 2004; Zhang/Benoit 2004; Sun 2008) und einer Nation-Branding-Perspektive betrachten (u.a. Olins 2002; Copeland 2006; Szondi 2008).

Trotz einer erheblichen Ausweitung der Forschungsanstrengungen, international wie multidisziplinär, muss die Public Diplomacy-Forschung bis heute als weitgehend atheoretisch eingestuft werden: Sie geht in erster Linie definitorischen, historischen sowie institutionellen und instrumentellen Analyseinteressen nach, die stark an den Ansprüchen der Berufspraxis orientiert sind. Primär theoretisch ausgerichtete Arbeiten sind Ausnahmen (u.a. Entman 2008; Yun/Toth 2009; Auer 2015).

1 *Public diplomacy as external organizational communication. Structures and strategies of state and non-state actors shaping Germany's image abroad*, Paper presented at the annual conference of the International Communication Association, Boston, MA. (Auf Wunsch bei den Autoren erhältlich).

2 »Public Diplomacy and Strategic Communication. Theoretical Assumptions and International Overview«, in: Alver, Füsun (Hg.), *Proceedings of the 1st International Communication Science and Media Studies Congress,* Kocaeli University, Turkey 12-15 May 2014, p. 2-30. (Auf Wunsch bei den Autoren erhältlich).

3 *Increasing a Nation's Diplomatic Capabilities Through Relationship Management: Public Relations Contributions to Middle Power Diplomacies.* Paper presented at the annual meeting of the International Communication Association, TBA, Montreal, Quebec, Canada. (Auf Wunsch bei den Autoren erhältlich).

## 4. Die deutsche Public Diplomacy im internationalen Vergleich

Die empirische Public-Diplomacy-Forschung konzentriert sich bislang vor allem auf Fallstudien zu einzelnen Akteuren (u.a. Zöllner 2009, 2006; Kelley 2011), einzelnen Ereignissen wie den Olympischen Spielen in Peking im Jahr 2008 (u.a. Cull 2008b; Horton 2008) oder einzelnen Public-Diplomacy-Instrumenten wie dem Auslandsrundfunk (u.a. Metzgar 2013; Mirchandani/Abubakar 2014). In der ersten umfassenden empirischen Beschreibung der Public-Diplomacy-Praxis in Deutschland haben die Autoren (u.a. Löffelholz et al. 2011; Auer/Srugies 2013; Löffelholz et al. 2014) Leitfadengespräche mit mehr als 30 deutschen Public-Diplomacy-Organisationen geführt, Dokumente wie z.B. Jahresberichte relevanter Organisationen ausgewertet sowie spezifische Instrumente der Public Diplomacy analysiert. Die Studie berücksichtigt sowohl staatliche als auch nichtstaatliche Akteure, die in den Bereichen Politik, Militär, Wirtschaft, Kultur, Soziales, Bildung und Forschung agieren. Die Befunde der Studie werden im Folgenden skizziert und in den Kontext der internationalen Public-Diplomacy-Praxis eingeordnet.

Im Gegensatz zu anderen Nationen wie etwa Großbritannien verfolgt Deutschland keine einheitliche, zentralisierte Public-Diplomacy-Strategie. Deutsche Public Diplomacy ist vielmehr durch einen dezentralen, netzwerkartigen Ansatz geprägt. Eine Schlüsselrolle in diesem Netzwerk nimmt das Auswärtige Amt ein, das viele Public-Diplomacy-Maßnahmen initiiert, koordiniert und finanziert. Den deutschen Nichtregierungsorganisationen ist ihre Unabhängigkeit vom Auswärtigen Amt gleichwohl wichtig – und sie wird vom Ministerium auch respektiert. Zurückführen lässt sich das maßgeblich auf die Zentralisierungs- und Steuerungserfahrungen während der nationalsozialistischen Diktatur. Public-Diplomacy-Strategien werden dementsprechend vor allem innerhalb bestimmter thematischer Kernfelder wie beispielsweise Kultur/Soziales oder Bildung/Forschung entwickelt. Eine Kooperation von Akteuren aus unterschiedlichen Kernbereichen erfolgt hingegen selten. Damit knüpft die Struktur der deutschen Public Diplomacy an das Delegationsprinzip der Weimarer Republik an. Die dezentrale Organisation deutscher Public Diplomacy wird von den befragten Organisationen dabei nicht als Hürde, sondern in erster Linie als Chance betrachtet, um ein pluralistisches Bild von Deutschland im Ausland zu vermitteln.

Deutsche Public-Diplomacy-Akteure verfolgen Ziele auf nationaler (u.a. Außenwirtschaftsförderung) und multilateraler Ebene (u.a. Förderung der europäischen Integration). Hauptzielgruppen umfassen Entscheider (z.B. Politiker oder Manager), Multiplikatoren (z.B. Journalisten) sowie die allgemeine Bevölkerung. Deutsche Organisationen, die im weitesten Sinne als Akteure der Public Diplomacy eingestuft werden können, sind weltweit tätig, wobei sich bestimmte regionale Schwerpunkte herausgebildet haben. Hohe Priorität besitzen insbesondere die Mitgliedstaaten der Europäischen Union sowie Länder im arabischen und asiatischen Raum. So wie ihre Kollegen in anderen westlichen Demokratien konzentrieren deutsche Public-Diplomacy-Praktiker ihre Aktivitäten ganz überwiegend auf ausländische Zielgruppen, während China Zielgruppen im In- und Ausland die gleiche Bedeutung beimisst (Hooghe 2011b).

Staaten wie Deutschland, die USA oder Frankreich stehen für Public Diplomacy vergleichsweise umfangreiche Ressourcen zur Verfügung. Das ermöglicht es ihnen, parallel in allen Kernbereichen der Public Diplomacy tätig zu werden. So fördert Deutschland die Vermittlung der deutschen Sprache im Ausland (Kernbereich Bildung/Forschung) ebenso wie die Wahrnehmung Deutschlands als attraktiver Standort für ausländische Investoren (Kernbereich Wirtschaft). Kleineren Staaten wie Finnland oder Norwegen stehen hingegen weitaus geringere Ressourcen zur Verfügung. Sie fokussieren ihre Public Diplomacy daher auf wenige Kernbereiche. So tritt beispielsweise Norwegen international vor allem als Vermittler in Konflikten auf (u.a. Bátora 2005).

Den verschiedenen Akteuren steht ein breites Spektrum von Instrumenten der Public Diplomacy zur Verfügung, das sich von der Informationsvermittlung an spezifische Zielgruppen (u.a. Broschüren) bis hin zu Austauschprogrammen erstreckt. Die Wahl der Instrumente orientiert sich an übergeordneten Public-Diplomacy-Zielen, den jeweiligen Zielgruppen sowie strukturellen Bedingungen wie beispielsweise den jeweils zur Verfügung stehenden Ressourcen. Die befragten deutschen Public-Diplomacy-Akteure präferieren symmetrische, dialogorientierte Instrumente, die einen direkten Austausch mit den jeweiligen Zielgruppen ermöglichen.

Die meisten deutschen Organisationen betonen dabei die wachsende Bedeutung neuer Informations- und Kommunikationstechnologien zur Etablierung von Dialogen. Eine empirische Untersuchung zur Nutzung sozialer Medien durch deutsche Public-Diplomacy-Akteuren zeigt freilich, dass das Potenzial von Web 2.0-Anwendungen bislang keineswegs ausgeschöpft und – gerade im internationalen Vergleich – Social-Media-Kanäle weiterhin eher zurückhaltend genutzt werden (Auer/Srugies 2012).

Deutsche Public-Diplomacy-Akteure verfolgen also eine breit angelegte, differenzierte Strategie, die alle Kernbereiche der Public Diplomacy abdeckt. Eingeschränkt wird die deutsche Public Diplomacy durch die – aus Sicht mancher Akteure – nicht immer hinlängliche Allokation personeller und finanzieller Ressourcen. Finanzielle Mittel werden zudem in der Regel auf Jahresbasis geplant, was die Entwicklung langfristiger Public-Diplomacy-Strategien ebenso wie eine Professionalisierung und Institutionalisierung von Evaluationsmaßnahmen erschwert. Weitere Hemmnisse ergeben sich aus intraorganisationalen Defiziten einzelner Akteure. So ist Public Diplomacy nur selten als eigenständige Abteilung in der Organisationsstruktur der befragten Institutionen verankert und wird selten von speziell dafür ausgebildeten Fachkräften ausgeübt. Mitarbeiter, die mit entsprechenden Aufgaben betraut werden, gehören überwiegend nicht zur Leitungsebene und haben selten Entscheidungsautorität.

## 5. Public Diplomacy und Soft Power: Forschungsperspektiven

Analysen, die sich mit Public Diplomacy und Soft Power beschäftigen, tragen dazu bei, die Strategien und Instrumente zur Gestaltung der internationalen Beziehungen besser zu verstehen. Bislang setzte sich die Forschung primär mit der US-amerikanischen Public Diplomacy auseinander, während die europäische und vor allem die nicht-westliche Praxis der Public Diplomacy nur geringe Beachtung fand.

Komparative Analysen (u.a. Kampschulte 2008; Valentini 2008; Pamment 2011) können helfen, die für die Ausübung von Public Diplomacy prägende Rolle von Kontextfaktoren aus Politik, Recht oder Medien offen zu legen, Empirie gesättigte Public-Diplomacy-Theorien zu entwickeln sowie Best Practices zu identifizieren (u.a. Srugies 2013). Da Public Diplomacy in Zukunft zunehmend auch von Städten und Regionen sowie supranationalen Organisationen genutzt werden wird, wird sich die Forschung intensiver damit beschäftigen müssen, inwieweit subnationale, nationale und supranationale Public-Diplomacy-Bemühungen einander verstärken oder in Konkurrenz zueinander stehen. Die (komparative) Public-Diplomacy-Forschung steckt allerdings methodologisch (Srugies 2013) wie im Hinblick auf die Theoriebildung (Auer 2015) noch in den Kinderschuhen – eine Herausforderung nicht zuletzt für den wissenschaftlichen Nachwuchs aus Politik- und Kommunikationswissenschaft.

## 1.3 Vielfältige Umsetzungen – Ziele und Instrumente der Auswärtigen Kulturpolitik

*Kurt-Jürgen Maaß*

Was ist Auswärtige Kulturpolitik? Sie ist nichts weniger als ein Instrument der Außenpolitik, von Willy Brandt seinerzeit als „dritte Säule" der Außenpolitik, von Hildegard Hamm-Brücher als „dritte Dimension" bezeichnet. Es geht nicht einfach um die Förderung der Kultur im Ausland, sondern darum, wie Kulturarbeit die Ziele der Außenpolitik unterstützt.

Diese Ziele haben sich im Lauf der Zeit immer wieder verändert. In der Weimarer Republik, besonders während der Amtszeit von Außenminister Gustav Stresemann, ging es vor allem um die Wiederaufnahme Deutschlands in die internationale Völkergemeinschaft, die Gewinnung von neuen Freunden und Partnern, um Unterstützung für deutsche Sichtweisen und Positionen, um das Wiedererlangen von Ansehen, Vertrauen und Sympathie. Natürlich sollte mit der Ausstrahlung deutscher Kultur und Geistestradition auch die Legitimation Deutschlands als Kulturstaat unterstützt werden, ebenso wie ein positives Deutschlandbild.

Kurt Düwell sieht eine schwierige Grenze zwischen Kulturpolitik und Kulturpropaganda in der Weimarer Zeit. Er unterscheidet – siehe hierzu seinen Beitrag in diesem Buch – fünf Typen von Auswärtiger Kulturpolitik:

1. kulturelle Ausstrahlung
2. kulturelle Selbstinterpretation
3. kulturelle Expansion
4. Kulturpropaganda
5. Kulturimperialismus.

Der Kulturimperialismus führte direkt zum Naziregime. Die Nationalsozialisten missbrauchten die Kultur in ihrer Außenpolitik für Zwecke der Propaganda und des Imperialismus, vor allem auch zur Unterstützung der deutschen Expansion und der angestrebten machtpolitischen Weltgeltung. In den von Deutschland besetzten Gebieten wollte man die „Überlegenheit" der deutschen Kultur und Sprache vermitteln.

Der Wiederaufbau einer Außenkulturpolitik nach dem Zweiten Weltkrieg verfolgte zunächst ganz ähnliche Ziele wie Stresemann in der Weimarer Zeit, in der Formulierung des Berichts der Enquete-Kommission zur Auswärtigen Kulturpolitik nämlich „die Wiedereingliederung des deutschen Volkes in die internationale Gemeinschaft" (Enquete-Kommission 1975: Ziffer 30). Nach dem Jahrhundertverbrechen an den europäischen Juden war der Neuanfang aber ungleich schwieriger. So rückte die Vermittlung eines realistischen, offenen und zukunftsgerichteten Bildes von der neuen deutschen Demokratie und ihrem Umgang mit der eigenen schwierigen Vergangenheit für mehrere Jahrzehnte in den Mittelpunkt der auswärtigen Kulturarbeit. In den siebziger Jahren kam der Gegenseitigkeitsgedanke vom Kulturaustausch als Zweibahnstraße hinzu, nicht zuletzt aus der Erkenntnis heraus, dass die eigene Glaubwürdigkeit beim Verbreiten von Kultur aus Deutschland im Ausland nur dann gegeben ist, wenn Deutschland selbst Interesse an der Kultur anderer Nationen hat, Respekt gegenüber anderen Kulturen zeigt und in der Lage ist, offen und sensibel damit umzugehen.

Ein weiteres Ziel der Auswärtigen Kulturpolitik – in den neunziger Jahren schon erfolgreich in sogenannten Transformationsländern vor allem in Mittel- und Osteuropa umgesetzt – ist in jüngster Zeit akzentuiert worden: Danach sollen durch die Außenkulturpolitik die europäische Wertegemeinschaft, die Vermittlung von Werten, Normen und Prinzipien sowie die Unterstützung der Entwicklung einzelner Länder in Richtung Demokratie und soziale Marktwirtschaft gefördert werden, darüber hinaus auch die Fähigkeit zum Umgang mit und zur Lösung von Konflikten durch die Förderung von rechtsstaatlichen Strukturen, partizipatorischen Entscheidungsprozessen in Politik und Gesellschaft, Institutionenbildung und Ähnlichem.

Es gibt – pointiert insbesondere unter Außenministern der FDP – auch eine Verbindung zur Außenwirtschaftspolitik, indem Auswärtige Kulturpolitik dazu beiträgt, die Akzeptanz für deutsche Produkte, Investitionen und Dienstleistungen zu erhöhen, und indem die kulturelle, ordnungspolitische, demokratisch-wertorientierte Ausstrahlung Deutschlands im günstigsten Fall auch die Wettbewerbsfähigkeit verbessert. Gerade im akademischen Austausch hat ein Umdenken stattgefunden. Deutschland möchte seine wirtschaftliche Position durch eine verbesserte Ausschöpfung des weltweiten Begabungspotenzials sichern, gleichzeitig den eigenen Führungsnachwuchs durch Auslandsaufenthalte weltoffen qualifizieren und ihm interkulturelle Kompetenz – als eine der Schlüsselqualifikationen des 21. Jahrhunderts – vermitteln.

## 1. Konzeptionen der Bundesregierung

Welche Konzeptionen hat die Bundesregierung für die Auswärtige Kulturpolitik entwickelt? Der erste systematische Ansatz erfolgte ein Jahr nach Einsetzung der Enquete-Kommission des Deutschen Bundestags zur Auswärtigen Kulturpolitik durch Ralf Dahrendorf, dem Parlamentarischen Staatssekretär im Auswärtigen Amt, im Jahr 1970. Er formulierte *Leitsätze für die Auswärtige Kulturpolitik* (Auswärtiges Amt 1970b) und postulierte darin zum ersten Mal Überlegungen und Forderungen, mit denen die Bundesregierung Zielsetzungen und Instrumentarium der Auswärtigen Kulturpolitik den künftigen Erfordernissen anpassen wollte. Dazu gehörten die Anerkennung der Auswärtigen Kulturpolitik als tragenden Pfeiler der Außenpolitik, die Definition eines „erweiterten Kulturbegriffs“, der die ganze Bandbreite der geistigen Werte des deutschen Volkes umfassen sollte, das Handlungsprinzip des echten Kulturaustauschs anstelle einer bloßen Selbstdarstellung und – angesichts der damaligen Existenz zweier deutscher Staaten – das Prinzip der Einheit der deutschen Nation, Sprache und Kultur. 1975 legte die Enquete-Kommission ihren Bericht vor; er war über viele Jahre so etwas wie die „Bibel“ der Auswärtigen Kulturpolitik und hat viele weitere Entwicklungen beeinflusst. Der Bericht enthält 500 Feststellungen und 130 Empfehlungen und liest sich auch heute noch frisch und anregend. Er sieht als eines der Ziele die „Legitimation der Bundesrepublik als Kulturstaat in einer sich wandelnden Welt“ (Enquete-Kommission 1975: Ziffer 20).

Auf den Enquete-Bericht reagierte die Bundesregierung im September 1977 mit einer ausführlichen Stellungnahme (Bundesregierung 1977), in der sie fünf Grundsätze der Auswärtigen Kulturpolitik definierte:

1. Sie steht gleichrangig neben Diplomatie und Außenwirtschaftspolitik.
2. Sie geht trotz der staatlichen Trennung der Deutschen von einer gemeinsamen deutschen Kultur aus.

3. Sie muss sich an den Zielen der Außenpolitik orientieren, soll aber nicht „Magd" des Politischen oder gar der Außenpolitik werden.
4. Sie kann nicht mehr auf einseitigen Kulturexport beschränkt bleiben, sondern muss sich den kulturellen Wechselbeziehungen und der partnerschaftlichen Zusammenarbeit öffnen.
5. Sie vermittelt ein ausgewogenes, wirklichkeitsnahes und selbstkritisches Deutschlandbild.

Die Bundesregierung sah ihre Aufgabe in der Auswärtigen Kulturpolitik in dreifacher Hinsicht, nämlich in der Definition der Ziele, Schwerpunkte und Prioritäten, in der Organisation und Koordination der Durchführung und in der Finanzierung, wobei sie bewusst das praktizierte föderative und pluralistische Prinzip bekräftigte. Auf der Grundlage dieser Stellungnahme entstanden dann unter anderem ein *Rahmenplan für die Auswärtige Kulturpolitik im Schulwesen* (Auswärtiges Amt 1978; Bundesregierung 1978) und *Zehn Thesen zur kulturellen Begegnung und Zusammenarbeit mit Ländern der Dritten Welt* (Auswärtiges Amt 1982). In diesen von der damaligen Staatsministerin im Auswärtigen Amt, Hildegard Hamm-Brücher, formulierten Thesen wurden unter anderem Hilfe zur kulturellen Selbsthilfe der Entwicklungsländer, ein Abschied von der Absicht, westliche Kulturmodelle ins Ausland zu übertragen, sowie mehr Partnerschaft und Austausch und vor allem mehr gleichberechtigte Gegenseitigkeit gefordert. In eine größere Öffentlichkeit getragen wurde dieser neue Ansatz der Auswärtigen Kulturpolitik durch ein viertägiges Symposium unter dem Titel *Internationale Kulturbeziehungen – Brücke über Grenzen* Ende Mai 1980 in Bonn mit mehr als 400 Teilnehmern aus 54 Ländern, das den Denkansatz der „Zweibahnstraße" wie auch die immer stärker formulierte Erkenntnis, dass Auswärtige Kulturpolitik im Inland beginnt, unter verschiedenen Ansätzen behandelte und auch durch die Anwesenheit des damaligen Bundeskanzlers Helmut Schmidt seine Bedeutung unterstrich (Vereinigung für Internationale Zusammenarbeit 1980). Die Umsetzung dieser neuen Vorstellungen führte zu einer erheblichen Steigerung an Bundesmitteln für die Auswärtige Kulturpolitik.

Danach brachten erst die politischen Veränderungen nach 1989 eine teilweise neue Regierungskonzeption in die Auswärtige Kulturpolitik, indem mit einem umfangreichen Sonderprogramm die deutsche Sprache in Mittel- und Osteuropa gefördert wurde. Dieses Sonderprogramm wurde allerdings auf Kosten traditioneller Maßnahmen finanziert und löste damit bei den Mittlerorganisationen sehr viel Unwillen aus.

Die intensive öffentliche Diskussion über Inhalte und Zukunft der Auswärtigen Kulturpolitik in der zweiten Hälfte der neunziger Jahre – zu nennen sind hier das Stichwort „Frühwarnsystem" von Hans Magnus Enzensberger (Enzensberger 1995) und die Forderung von Wolf Lepenies, Deutschland müsse „von einer Belehrungs- zu einer Lerngesellschaft" werden (Lepenies 1995) – führte nach dem Regierungswechsel von 1998 zur Entwicklung eines neuen Grundsatzpapiers des Auswärtigen Amts. Bundesaußenminister Joschka Fischer stellte es im Juli 2000 auf einer Tagung im Auswärtigen Amt vor (Fischer 1999; Auswärtiges Amt 2000).

Mit dieser *Konzeption 2000* lag nach der Stellungnahme der Bundesregierung von 1977 zum ersten Mal wieder ein geschlossenes Konzept der Bundesregierung zur Auswärtigen Kulturpolitik vor. In ihr unterstrich das Auswärtige Amt, dass die politischen Leitlinien der Auswärtigen Kulturpolitik von ihm formuliert und koordiniert würden. Schwerpunkte seien die Zusammenarbeit in Bildung und Wissenschaft, der internationale Kulturdialog, der Kunst-, Kultur- und Personenaustausch, die Nutzung und Entwicklung der Medien in der internationalen Zusammenarbeit, die Erhaltung und Stärkung der deutschen Sprache als Schlüssel zur deutschen Kultur sowie das Auslandsschulwesen.

Die Auswärtige Kulturpolitik sollte nach der *Konzeption 2000* mit anderen Politikbereichen eng zusammenarbeiten, insbesondere mit der Entwicklungs- und Außenwirtschaftspolitik, und international kooperieren in Wissenschaft, Forschung, Technologie, Erziehung, in der Berufsbildung, im Jugendaustausch und im Sport, in enger Abstimmung mit beteiligten Bundesressorts, Ländern und Nichtregierungsorganisationen.

Neu an der Konzeption waren auch die Forderung nach einem allmählichen Abbau eigener Strukturen Auswärtiger Kulturpolitik in westlichen Industrieländern und die Ersetzung staatlich geförderter Strukturen im Ausland (Kulturinstitute, Schulen) durch „Organisationsformen in gemeinsamer Trägerschaft mit örtlichen privaten und öffentlichen Partnern". Langfristig wurde das Ziel angestrebt, mit EU-Partnern in Drittländern „die Vielfalt der europäischen Kulturen in europäischen Kulturinstitutionen darzustellen".

Sämtliche Programme sollten auf Qualität, Relevanz und Nachhaltigkeit überprüft werden, Qualität sollte Vorrang vor Quantität haben, die Arbeit sich noch stärker auf multiplikatorische Wirkung konzentrieren und damit auf aktuelle und künftige Führungsgruppen, Multiplikatoren und Meinungsbildner in Politik, Wirtschaft, Wissenschaft, Kultur und Medien. Die modernen Kommunikations- und Medientechnologien, vor allem das Internet, sollten einen völlig neuen Stellenwert erhalten.

Die *Konzeption 2000* verknüpfte erstmalig die Auswärtige Kulturpolitik mit außenpolitischen Zielen wie Friedenssicherung, Konfliktverhütung, Verwirklichung der Menschenrechte, Demokratieförderung und Aufbau von Zivilgesellschaft und hob allgemein die Orientierung an Werten besonders heraus.

Ergänzt wurde die *Konzeption 2000* durch *Leitlinien zur politischen Öffentlichkeitsarbeit im Ausland 2000* des Presse- und Informationsamts der Bundesregierung (Bundesregierung 2000). Darin wurde als „Grundauftrag" formuliert, dass das Ansehen der Bundesrepublik Deutschland im Ausland gestärkt und ein umfassendes und wirklichkeitsnahes Deutschlandbild vermittelt sowie die deutsche Politik im Ausland verständlich gemacht werden sollte. Bei der Gestaltung des Deutschlandbilds sollte eng mit der Auswärtigen Kulturpolitik zusammengearbeitet werden.

Auch der Aktionsplan der Bundesregierung *Zivile Krisenprävention, Konfliktlösung und Friedenskonsolidierung* vom 12. Mai 2004 (Bundesregierung 2004) präzisierte die Ziele der Auswärtigen Kulturpolitik in einem Teilbereich. Im Aktionsplan hieß es auf Seite 48: „Krisenprävention hat eine kulturelle Dimension. Interkulturelles Verständnis und die Achtung anderer Kulturen – innerstaatlich wie zwischenstaatlich – sind entscheidende Voraussetzungen für die Krisenprävention. Dazu gehören Dialog und Austausch, aber auch eine kultursensitive Weitervermittlung der Werte und Instrumente der Krisenprävention sowie die Unterstützung von Bildungssystemen, die den gewaltfreien Umgang mit Konflikten fördern und unterschiedliche Perspektiven insbesondere auf zeitgeschichtliche Unterrichtsinhalte zulassen." Der Aktionsplan sah Möglichkeiten der Auswärtigen Kulturpolitik, über offizielle Positionen hinaus „gezielt zum Austausch über Werte beizutragen und damit auch die Zivilgesellschaft zu stärken. Die inhaltliche Eigenständigkeit der Kulturmittler und ihre Regierungsferne verleihen den stärker politisch-gesellschaftlich ausgerichteten Aktivitäten erhöhte Glaubwürdigkeit. Die Einrichtung des Islamdialogs [...] zielt auf einen europäisch-islamischen Wertedialog, der Transformationen zur Demokratie bestärken soll" (Bundesregierung 2004: 48 f.).

2011 – unter einer christlich-liberalen Bundesregierung – wurde die *Konzeption 2000* unter dem Titel *Auswärtige Kultur- und Bildungspolitik in Zeiten der Globalisierung – Partner ge-*

*winnen, Werte vermitteln, Interessen vertreten*[1] fortgeschrieben. Die Auswärtige Kulturpolitik sei ein „wesentliches Element" der Außenpolitik und unterstütze deren Ziele vornehmlich in der Stärkung Europas und in der Sicherung des Friedens. Dabei sollten „alte Freundschaften" gepflegt, aber auch „neue Partnerschaften" gegründet werden. Die letztere Formulierung bezog sich auf eine zwischen 2004 und 2008 vom Bundeskanzleramt, vom Auswärtigen Amt und vom Bundesministerium für wirtschaftliche Zusammenarbeit und Entwicklung zusammen mit drei großen deutschen außenpolitischen Think Tanks entwickelte Überlegungen, die Verschiebungen wirtschaftlicher und politischer Gewichte von Weltregionen wie auch einzelner Staaten[2] in einer neuen Strategie deutscher Außenpolitik zu berücksichtigen („Ankerland-Konzept" des Deutschen Instituts für Entwicklungspolitik, „Führungsmacht-Konzept" der Stiftung Wissenschaft und Politik und „Regionalmacht-Konzept" des German Institute of Global and Area Studies) (Flemes/Nolte 2008). Die Fortschreibung von 2011 enthielt ferner auch Überlegungen, die Medien zu einer „vierten Säule" der Auswärtigen Kulturpolitik auszubauen (a.a.O.: 13).

Die Fortschreibung stieß bei der Opposition auf großen Widerstand, weil sie in ihr einen „Paradigmenwechsel" in der auswärtigen Kulturpolitik zu sehen glaubte. Die SPD stellte 2012 eine Große Anfrage (BT-Drucksache 17/9839), auf die die Bundesregierung sieben Monate später – ungewöhnlich ablehnend – antwortete (BT-Drucksache 17/11981).[3] In der weiteren Praxis hat die Fortschreibung von 2011 nicht zu wirklich spürbaren Veränderungen geführt.

## 2. Instrumente

Die deutsche Auswärtige Kulturpolitik arbeitet mit einer Vielfalt von Instrumenten, die über Jahrzehnte hinweg entwickelt und verfeinert worden sind. Wichtig ist hierfür zunächst der rechtliche Rahmen. Er wird zur Verfügung gestellt über Abkommen der Regierungen zu Kultur- bzw. Jugendaustausch, wissenschaftlich-technischer Zusammenarbeit oder zur Errichtung von Kulturzentren, ferner über regelmäßig tagende Gemischte Kommissionen, die Lizenzierung für Bücher, die gegenseitige Anerkennung von Zeugnissen, Leistungen und Abschlüssen, Filmabkommen und nicht zuletzt über Tausende von Schul-, Hochschul- und Kommunalpartnerschaften.

Die Instrumente gliedern sich in

- feste Vertretungen und Strukturen im jeweiligen Partnerland
- die Mobilität und Begegnung von Personen
- Entwicklung von Netzwerken
- das Angebot von Informationen, auch über die neuen Medien
- materielle Hilfen und
- die Sprachvermittlung.

Die Aufzählung der möglichen Instrumente ist nicht abschließend. Einzelprojekte wie gemeinsame Gedenkstätten oder die Restaurierung historischer Gebäude bzw. Hilfen beim Wiederaufbau von zerstörten Denkmälern der Baukunst passen nicht recht in das allgemeine Schema.

1 http://cms.ifa.de/pdf/aa/akbp-konzeption-2011.pdf (August 2014).
2 Vor allem Brasilien, Russland, Indien, China und Südafrika.
3 Vgl. auch den Antrag der SPD (BT-Drucksache 17/12841) und die Debatte im Bundestag am 21. März 2013 (http://dip21.bundestag.de/dip21/btp/17/17231.pdf: S. 28847-28862).

1. Vertretungen mit *eigenen Strukturen im Ausland* gehören von jeher zu den wichtigsten Instrumenten nationaler Auswärtiger Kulturpolitik. Die meisten EU-Staaten unterhalten ein System von Instituten im Ausland, von einem wie das schwedische in Paris bis zu weit über 200 in aller Welt wie der British Council. Darüber hinaus gibt es zahlreiche Träger von Kulturprojekten und Programmen, so für Frankreich vor allem die laizistische gemeinnützige Alliance Française mit über 1.000 Einrichtungen im Ausland zusätzlich zu den französischen Kulturinstituten.

Deutschland hat ein sehr diversifiziertes Netz im Ausland, von den Goethe-Instituten und ihren Zweigstellen, Lesesälen und Informationspunkten über die DAAD-Büros und die Auslandsbüros der politischen Stiftungen bis hin zu den Auslandsvertretungen der Deutschen Gesellschaft für Internationale Zusammenarbeit in der Entwicklungspolitik, die in ihrer Arbeit zunehmend viele Elemente von Kulturarbeit aufweist. Die deutschen diplomatischen Vertretungen haben in der Regel Referenten, die sich ausschließlich oder zusätzlich zu anderen Aufgaben mit Fragen des Kulturaustauschs beschäftigen. Das eine Zeitlang angebotene „Deutschlandnetz“ im Internetauftritt des Instituts für Auslandsbeziehungen (inzwischen leider eingestellt) umfasste insgesamt 1.500 Adressen. Zu ihnen gehörten auch die deutscher wissenschaftlicher, vor allem historischer und archäologischer Institute im Ausland sowie gemeinsamer Museen und Buchinformationszentren.

Deutschland ist Gastland von 60 ausländischen Kulturinstituten an insgesamt fast 30 Orten in der Bundesrepublik.

2. Der wichtigste und quantitativ größte Teil der Instrumente Auswärtiger Kulturpolitik gehört zum Stichwort *Mobilität und Begegnung*. Zu ihm zählen Dialogveranstaltungen, Kulturveranstaltungen und Personenaustausch. Die Vielfalt der Dialogveranstaltungen zu erfassen, ist praktisch nicht möglich. Hierzu gehören Reisen, Konferenzen, Workshops, Kolloquien, Seminare, Symposien, Dialogforen, Diskussionsveranstaltungen oder Kollegs. In einem weiteren Sinne zählen hierzu auch gemeinsame Studiengänge oder die gegenseitige Anerkennung von Studienstufen und Hochschulabschlüssen.

Kulturveranstaltungen erreichen die größte Zahl von Menschen, beispielsweise Kulturtage oder Kulturwochen eines Landes in Deutschland oder Deutsche Kulturwochen bis hin zu einem ganzen Kulturjahr Deutschlands im Ausland, Festivals, Festspiele, Buchmessen und Aktionswochen. Einzelne oder mehrere Veranstaltungen können Theateraufführungen, Konzerte, Lesungen, Filmvorführungen, Tanz, Opern- und Ballettaufführungen, Vorträge, Folkloreaufführungen oder Performances umfassen. Kunstausstellungen vermitteln Malerei, Skulptur, Grafik, Design, Architektur, Fotokunst, Videokunst und Installationen. Kulturveranstaltungen können einerseits von den Kulturvertretungen im Ausland initiiert und organisiert werden, andererseits aber auch auf vielfältigen anderen Wegen und in direkten Netzwerken der nationalen Kulturinstitutionen und Kulturschaffenden zustande kommen. Mit Veranstaltungen zur bildenden Kunst zieht zum Beispiel das Goethe-Institut über die Hälfte seiner jährlichen Besucher im Ausland an.

Instrumente eigener Art sind Ehrungen, ob in Form eines besonderen Stipendiums, eines Preises, einer Medaille, einer Prämie, einer Ehrenpromotion oder Ehrenprofessur.

Mobilität und Begegnungen von Personen sind auch über Kulturveranstaltungen im engeren Sinne hinaus wichtige und intensive Mittel Auswärtiger Kulturpolitik. Dies beginnt mit Informationsreisen für Mittler und Multiplikatoren wie Journalisten, Parlamentarier, Gewerkschaftler, Kulturfachleute, Funktionäre, Beamte der Wissenschafts- bzw. Kulturverwaltung, Lehrer, Studenten, Wissenschaftler und Fachberater und setzt sich fort über Künstleraufenthalte und Recherchereisen, Kurz- oder Langzeitaufenthalte, Praktika oder Forschungsaufenthalte von Studenten, Wissenschaftlern, Fremdsprachlern, Kultur- und Medienassistenten, Lektoren, Dozenten, Schülern und Jugendlichen, Musikpädagogen und -wissenschaftlern, Regisseuren, Dramaturgen, Theaterwissenschaftlern und -pädagogen, Kuratoren, Restauratoren, Museumstechnikern oder Kulturmanagern. Finanziert wird dies über Vollkostenübernahmen, Reise- oder Wohnbeihilfen oder sonstige Kostenbeihilfen, bei Lehr- und Forschungstätigkeiten nicht selten auch über ganz normale Gehälter. Bisweilen werden Wohnungen für Auslandsaufenthalte gestellt (z.B. *Artist-in-Residence*-Programm). Stipendien sind ein wichtiges Instrument zur Förderung der Mobilität. Viele finanzieren sie allerdings selbst. So wird geschätzt, dass von den ausländischen Studenten in Deutschland und den deutschen Studenten im Ausland maximal zehn Prozent mit Stipendien aus deutschen Quellen unterstützt werden. Die Wissenschaftler, die in Deutschland zu Gast waren, sowie die deutschen Wissenschaftler im Ausland sind sämtlich gefördert worden[4] (siehe hierzu auch www.wissenschaft-weltoffen.de).

3. Mit den Personenkontakten zusammenhängend muss man das Stichwort *Netzwerke* sehen. Sie entstehen aus Begegnungen oder aus der Zusammenarbeit in Projekten, Programmen oder beim thematischen Zusammenwirken von öffentlichen oder privaten Akteuren oder Organisationen. Austauschorganisationen nutzen häufig Alumnivereine, um Netzwerke auf Dauer zu erhalten und auch nutzen zu können (z.B. die Alexander von Humboldt-Stiftung).

4. Ein weiterer großer Komplex Auswärtiger Kulturpolitik ist die direkte oder indirekte *Information* über das eigene Land und seine Leistungen und Angebote wie teilweise auch über andere Länder. Hier reichen die Einzelinstrumente von Vorträgen über Broschüren, Bücher, Zeitschriften, Zeitungen, Filme, Videos, Datenträger und Internetportale bis hin zu Radio- und Fernsehsendungen und den neuen Kommunikationsformen und digitalen Netzwerken wie Facebook, Twitter und andere. Auch Messen und Ausstellungen sind hier zu nennen. Die Informationen werden direkt oder indirekt ergänzt durch Literatur in der eigenen oder in einer übersetzten Sprache, vor allem auch in Form von Lehrwerken für Bildung und Ausbildung im Schul- und Hochschulbereich. Das Informationsangebot wird ergänzt durch vielfältige Beratungen, beispielsweise im Verlagswesen, in der Curriculumentwicklung oder in der Schulbuchrevision. Häufig wird auch bei Reformen auf den verschiedensten Feldern intensiv beraten.

5. Neben der Beratung gibt es das Instrument *materieller Hilfen*, beispielsweise in der Informationstechnologie, im Aufbau von Datenbanken sowie Archiven und Bibliotheken, in der Ausstattung für Schulen und Kindergärten, in der Schenkung von Computern, Kopierern und wissenschaftlichen Geräten, in der Finanzierung von Druckkosten und Büchern, der Förderung von Übersetzungen und der Finanzierung von Untertitelungen oder der Synchronisation von Filmen.

6. Eine besondere Rolle spielt von jeher die Förderung der *Sprachvermittlung*, sei es durch ein eigenes Angebot an Sprachunterricht oder die Vermittlung von deutschen Lehrern und Hochschullehrern über die Fortbildung von Sprachlehrern im Gastland selbst und die Förderung des Faches Germanistik an Hochschulen des Gastlandes bis hin zu Angeboten wie Fernstudien, Internet- und Fernsehkurse. Auch die Unterstützung deutschsprachiger Studiengänge im Ausland

4 Vgl. www.wissenschaft-weltoffen.de (August 2014).

ist ein wichtiges Instrument. Schließlich gehören zur Sprachvermittlung auch Sprachtests, unter anderem in Vorbereitung auf Studienaufenthalte in Deutschland.

Eine wissenschaftliche Untersuchung zu Instrumenten Auswärtiger Kulturpolitik gibt es bislang nur indirekt über Evaluationen zu Teilbereichen der Auswärtigen Kulturpolitik. So haben wissenschaftliche Arbeiten der Universitäten Konstanz und Heidelberg über die Stipendien- und Preisprogramme der Alexander von Humboldt-Stiftung die hohe und langfristige Wirksamkeit dieser Instrumente empirisch belegen können. Eine sehr detaillierte Untersuchung auch zu den Instrumenten haben die beiden französischen Politikwissenschaftler François Chaubet und Laurent Martin 2011 veröffentlicht (Chaubet/Martin 2011: siehe darin u.a. 89 ff.).

# 2. Geschichte

# 2. Zwischen Propaganda und Friedensarbeit – Geschichte der deutschen Auswärtigen Kulturpolitik im internationalen Vergleich

*Kurt Düwell*

> Seit wann ist wohl bei uns das Wort Kulturpolitik gebräuchlich geworden? Ich glaube, nicht länger denn seit einem Jahrfünft. Und noch immer wird es vornehmlich, wenn nicht ausschließlich, nur auf die innere Politik angewendet. Die anderen großen Kulturstaaten oder richtiger Kulturvölker treiben aber inzwischen bereits viele Jahre lang auch äußere Kulturpolitik. So vor allem die Franzosen und die Nordamerikaner; mehr indirekt auch die Engländer. Und schon hat sich experimentell und intuitiv eine Reihe von Grundsätzen herausgebildet, nach denen man dabei verfährt. Man muss, um sie kennen zu lernen, die Berichte vor allem der Missionen, daneben für Frankreich die Mitteilungen der Alliance Française, für Amerika auch die Nachrichten über die Politik der Vereinigten Staaten in Südamerika und in China verfolgen, um einen genügenden Eindruck von der lebhaften Tätigkeit auf diesem Gebiete zu erhalten. Freilich eine systematische und prinzipiell zu bestimmten Vorstellungen ausgebildete wie auf feste wissenschaftliche Grundlagen gestellte auswärtige Kulturpolitik gibt es auch bei den genannten großen Nationen noch nicht [...].
>
> Aus einer Rede des Historikers Karl Lamprecht am 7. Oktober 1912 auf der Tagung des Verbandes für internationale Verständigung in Heidelberg, in der anscheinend zum ersten Mal die Bezeichnung „auswärtige Kulturpolitik“ benutzt wurde.[1]

Seit dem Erscheinen des Aufsatzes von Samuel P. Huntington *The Clash of Civilizations?* (1993) in der Zeitschrift *Foreign Affairs* und Huntingtons umfangreicherer Buchpublikation gleichen Titels, diesmal ohne Fragezeichen (Huntington 1996: 12), ist auch die Diskussion über Auswärtige Kulturpolitik neu in Bewegung geraten. Huntingtons These, dass nach dem Ende des Kalten Kriegs die Konflikte der Zukunft nicht mehr (nur) ideologischer, politischer oder ökonomischer Art seien, sondern dass in der kommenden globalen Politik Konflikte zwischen Gruppen aus unterschiedlichen Zivilisationen *die* zentrale und gefährlichste Dimension darstellen würden, steht auch nach dem Irak-Krieg von 2003 immer noch im Mittelpunkt einer internationalen Diskussion über das Konzept von Zivilisationen und über das Verhältnis von Macht und Kultur. Das Fazit Huntingtons lautete 1996: „Konflikte von Zivilisationen sind die größte Gefahr für den Weltfrieden, und eine auf Zivilisationen basierende internationale Ordnung ist der sicherste Schutz vor einem Weltkrieg“[2] (a.a.O.: 12, 531). Diese Aufwertung der Kulturbeziehungen zwischen Staaten und Gesellschaften hat auch den amerikanischen Politikwissenschaftler Joseph Nye dazu geführt, die kulturpolitische *Soft Power* (oder auch *Smart Power*) einer eingehenden Betrachtung zu unterziehen (Nye 2004).

---

1 Zu Lamprechts Ansatz vgl. Matthias Middell, Weltgeschichtsschreibung im Zeitalter der Verfachlichung und Professionalisierung. Das Leipziger Institut für Kultur- und Universalgeschichte.1890-1990. 3 Teile, Leipzig 2004, hier Teil 3. Vgl. Rüdiger vom Bruch, Weltpolitik als Kulturmission: Auswärtige Kulturpolitik und Bildungsbürgertum in Deutschland am Vorabend des Ersten Weltkriegs. Paderborn 1982: S. 181 ff. .

2 Vgl. die Rezension über Huntingtons Buch von Ludger Kühnhardt (1996a) und die Huntington-Sondernummer der Zeitschrift *Rechtstheorie* 29 (1998), Heft 3-4.

Die These von der Kriegsprävention durch Kulturarbeit ist allerdings nicht ganz neu. Schon mitten in der Zeit des Kalten Kriegs hatte sich während der ersten Phase der Konferenz über Sicherheit und Zusammenarbeit in Europa in deren Europäischem Kulturforum in Budapest Mitte der sechziger Jahre die Erkenntnis durchgesetzt, dass internationale Kulturpolitik Friedenspolitik sei (Pabsch 1986). In der zweiten Phase der Konferenz ab 1973 hatte sich daraus schon ein Diskurs entwickelt, der zunächst von Diplomaten und Politikern (Steltzer 1971, Witte 1975 und 2003), mehr und mehr aber auch von der Wissenschaft und von der Publizistik mitgetragen wurde (Ruf 1973). Die von der Konferenz über Sicherheit und Zusammenarbeit in Europa auf ihren Treffen in Helsinki 1975 erreichte Einigung über den sogenannten Korb III bedeutete nicht nur die Anerkennung und Aufwertung kulturpolitischer Diplomatie und Kooperation zwischen Ost und West, sondern hat auch den weiteren Gang der Annäherung und Überwindung des Kalten Kriegs nachhaltig beeinflusst (Genscher 1986; Meyer-Landrut 1986; Schwab-Felisch 1986). Insofern schloss hier indirekt auch Huntington 1993 noch in einer Art Umkehrschluss an: Ohne Verständnis zwischen den Kulturen und ohne kulturpolitische Annäherung könne ein Krieg der Kulturen drohen. Kulturelle Zusammenarbeit könnte dagegen mit Recht als Mittel der Konfliktprävention und als Krisen verhinderndes „Frühwarnsystem" verstanden werden. Der Diskurs über diese Thesen ist in etwas veränderter Form immer noch im Gang[3].

Gewiss steht heute die Auswärtige Kulturpolitik mehr denn je vor der Notwendigkeit, friedliche Konfliktprävention zu leisten (Maaß 2002 und 2014; Mit Kultur gegen Krisen 2001). Dieses Ziel hat sie sich aber in früheren Zeiten nicht immer zu eigen gemacht. Als der Begriff Auswärtige Kulturpolitik schon vor dem Ersten Weltkrieg vereinzelt benutzt wurde (Düwell 1976: 14 ff.), war er von wenigen Ausnahmen abgesehen noch sehr stark vom nationalistischen Missionsbewusstsein und Expansionswillen der europäischen Völker bis hin zum Chauvinismus bestimmt. Das agonale nationalistische Sendungsbewusstsein zielte im Allgemeinen auf kulturelle Propaganda, auf kulturelle Ausbreitung, oft als Vorstufe zur politischen Expansion, sei es in Übersee oder als direkte territoriale Erweiterung im Anschluss an das eigene Landesgebiet. Auch die christliche Mission (nach dem Gebot des Neuen Testaments, Matthäus 28,18-20 und Apostelgeschichte 1,8) wurde seit dem 19. Jahrhundert von den europäischen Mächten zum Teil in den Dienst der nationalen Propaganda und Expansion gestellt (Gründer 1985: 149 ff.; Bade 1975: 414 ff.). Und es lässt sich kaum bestreiten, dass der Propagandabegriff noch bis zum Ersten Weltkrieg von einem religiösen Kerngehalt mit beeinflusst blieb, von dem er zum Teil seit den römischen Kurienkongregationen des 16. Jahrhunderts abstammte. Das hat auch die säkulare Verwendung dieses Wortes als Ausdruck eines national-kulturellen Sendungsbewusstseins mitbestimmt.

## 1. Auswärtige Kulturpolitik – die Sache und der Begriff in historisch vergleichender Sicht

Das nationale Selbstverständnis der europäischen Völker im 19. Jahrhundert entwickelte von Anfang an einen Impuls zur patriotischen Mission, wie er zuerst in der Französischen Revolu-

3 Vgl. den Beitrag von Kurt-Jürgen Maaß über Ziele und Instrumente in diesem Band. Für den Diskurs im Zusammenhang mit dem nach 2001 begonnenen europäisch-islamischen Dialog sei besonders hingewiesen auf Traugott Schöfthaler, Raus aus dem Huntington-Szenario, in: Kulturreport. Fortschritt Europa. Heft 1/2007: S. 97-102.

tion deutlicher hervorgetreten ist. Dieses nationale Sendungsbewusstsein beanspruchte auch eine kulturelle Missionsaufgabe zu besitzen. Selbst die Kunstraubzüge Napoleons I. dienten diesem Ziel. Von hier aus entwickelte sich in der zweiten Hälfte des 19. Jahrhunderts in Frankreich die Vorstellung eines *pontificat de la civilisation neuve*, ähnlich wie die des von England ausgehenden Gedankens eines *Greater Britain*, wie ihn Charles W. Dilke 1868 in seinem gleichnamigen Werk beschrieb, dem auch Rudyard Kipling und andere folgten. Ihr Ziel war die nationale Expansion. Im Zeitalter des aufkommenden Darwinismus vermengten sich damit auch biologistische Vorstellungen, die oft mit dem Propagandagedanken verbunden wurden. Denn lat. *propagare* (fortpflanzen, ausbreiten) drückte auch die Vorstellung eines aufgepfropften Edelreises auf dem „Wildlingsstamm" und damit die Überlegenheit des eigenen „Superstrats" über das fremde „Substrat" in Übersee aus.

Den Weg kultureller Propaganda hat Frankreich in den Jahren 1883/84 als erste europäische Nation in organisierter Form eingeschlagen. Und die übrigen Mächte Europas sind bald in unterschiedlichem Tempo gefolgt. Sie „mussten" darin folgen, wenn sie im imperialistischen Zeitalter nicht wichtige geistige und künstlerische Tätigkeitsbereiche im internationalen Wettbewerb der Mächte vernachlässigen und anderen Nationalstaaten den Vortritt lassen wollten. Im Falle Frankreichs bedeutete solche kulturelle Propaganda, wie die Gründung der Alliance Française von 1884 zeigte, zugleich auch den Versuch, die 1871 verlorene französische Machtstellung durch geistige Mittel des Einflusses zu kompensieren. Dieser Weg zeitigte eine nachhaltige Wirkung. So hieß es noch 1983 in einer offiziösen Selbstdarstellung dieser französischen Kulturinstitution:

> „*L'œuvre de l'Alliance se présente comme une œuvre patriotique, au double sens que le mot comporte alors historiquement. Il s'agit d'abord de rendre à la France son image de marque internationale, cruellement obérée par la défaite de Sedan en septembre 1870 et par le traité de Francfort du 10 mai 1871, qui a appauvri le pays et amputé le territoire national des deux provinces martyres: l'Alsace et la Lorraine. Il faut ensuite, et par compensation, étendre l'influence française dans les territoires d'outre-mer et plus spécialement dans le bassin méditerranéen: l'Algérie, fraîchement conquise, la Tunisie, soumise au Protectorat par le traité du Bardo en 1881 et le Levant, où la prépondérance de la France s'exerce d'une façon traditionnelle. Ainsi sera réparé un désastre et relancée l'impulsion française*" (Bruézière 1983: 11 f.).

Epochemachend war aber auch schon 1874 ein kulturpolitisches Abkommen Deutschlands mit Griechenland, das von dem deutschen Archäologen Ernst Curtius angeregt worden war und wissenschaftliche Ausgrabungen der Preußischen Akademie der Wissenschaften auf dem Gelände der längst versunkenen antiken Tempel- und Sportstätten in Olympia ermöglichen sollte. Für diese deutsch-griechische Übereinkunft vom 13. April 1874 (in der damals üblichen Diplomatensprache Französisch als *Convention relative à des fouilles archéologiques* bezeichnet) waren primär die wissenschaftlichen Motive von Curtius maßgeblich. Sie erstreckten sich nicht etwa auf den Erwerb antiker Bau- und Bildwerke, sondern hatten ausschließlich zum Ziel, die gesamte Anlage der alten olympischen Stätten, beginnend mit dem Zeustempel in Olympia, zu ergraben, genau zu vermessen und wissenschaftlich zu rekonstruieren. Es sollten also keine archäologischen „Trophäen" für deutsche Museen gewonnen werden. Das Eigentum an den Bauten und Bildwerken verblieb ausdrücklich beim griechischen Staat. Die Athener Regierung räumte lediglich ein, dass eventuell Kopien der Funde an Deutschland überlassen werden konnten, was am Ende der ersten Grabungskampagne 1881 teilweise auch geschah. In Zusammenhang mit den Grabungsplänen in Olympia erhielt das alte Preußische Archäologische Institut in Rom (gegründet 1829) eine Zweigstelle in Athen und wurde auf den Reichsetat übernommen. Die wissenschaftliche Arbeit beruhte prinzipiell auf einer paritätischen deutsch-griechischen Kooperation. Dennoch war diese kulturelle Übereinkunft deutscherseits nicht ganz frei von politischen Ambitionen, allerdings weniger bei Bismarck als bei Wilhelm I.

Dieser Vertrag, der übrigens der erste Staatsvertrag zwischen dem Deutschen Reich und Griechenland überhaupt war und am 5. Dezember 1874 vom Reichstag ratifiziert und ein Jahr später auch vom griechischen König Georg I. unterzeichnet wurde, machte von deutscher Seite bis 1881 Aufwendungen von 700.000 Reichsmark notwendig. Reichskanzler von Bismarck stand dem Unternehmen aber im Gegensatz zu Kaiser Wilhelm I. gar nicht so aufgeschlossen gegenüber und hat sich 1881 nicht entschließen können zu empfehlen, dass über die erwähnte Summe hinaus noch eine weitere Tranche aus dem Reichshaushalt bewilligt würde. Der Kaiser gewährte die Schlusssumme vielmehr aus seiner Privatschatulle und ließ den Kanzler, wie die Archivarin Maria Keipert kürzlich zitierte, wissen, dass dessen ablehnendes Votum „wenigstens kein Interesse für Wissenschaft und Kunst" verrate (Keipert 2007). Die unter der Leitung eines deutschen und eines griechischen Grabungskommissars in Olympia freigelegten ersten Funde haben in den achtziger Jahren des 19. Jahrhunderts zwar ein wenig im Schatten der Grabungen Heinrich Schliemanns in Hissarlik („Troja") und Orchomenos gestanden, aber Curtius' Olympia hat gerade den französischen Pädagogen und Sportpolitiker Pierre Baron de Coubertin (1863-1957) bewogen, seine Pläne zu einer Wiederbelebung der Olympischen Spiele für die Moderne zu schaffen (1894 Gründung des Olympischen Komitees) und an den ersten Spielen der Neuzeit 1896 in Athen führend mitzuwirken[4]. Seither sind die Grabungen von Curtius in Olympia ein Glücksfall auswärtiger Kulturpolitik und ein epochales Ereignis geblieben.

Als zwischen 1900 und 1910 das Instrument einer kulturellen Außenpolitik besonders in Frankreich und Deutschland, aber auch in den USA, schon in seiner Bedeutung erkannt war, entwickelten sich auf diesem Gebiet bald auch nationale Rivalitäten, an denen sich ebenso andere Staaten beteiligten. Die Reichsregierung betrieb insbesondere für das deutsche Auslandsschulwesen eine verstärkte Förderung, die bis zur Einrichtung deutscher Hochschulen im Ausland reichte. Betrug die Zahl der deutschen Auslandsschulen noch 1870 erst 96, so wuchs sie bis zum Jahr 1900 schon auf 438 an, und bis 1913 kamen nochmals 262 hinzu. Diese starke Expansion war teilweise auf die wachsende deutsche Auswanderung seit 1849, aber auch auf das seit der Gründung des Reichsschulfonds im Auswärtigen Amt (1878) intensivierte deutsche Auslandsschulprogramm zurückzuführen. Wir kennen die Zahlen aus einer umfangreichen, erst 1972 entdeckten geheimen Denkschrift des Amts vom April 1914 (Düwell 1976: 268 ff.). Sie stellt, wie schon der deutsch-griechische Vertrag von 1874, ein weiteres Kerndokument der deutschen Auswärtigen Kulturpolitik dar.

Dass ausgerechnet eine Denkschrift über das deutsche Auslandsschulwesen 1914 als geheim deklariert wurde, hat in der Forschung nach der Entdeckung des Dokuments 1972 einiges Kopfzerbrechen bereitet. Der Geheimcharakter war aber, wie man inzwischen mit guten Gründen vermutet hat, aus der Tatsache herzuleiten, dass einige Inhalte dieses Memorandums eine in der damaligen Hochphase des europäischen Imperialismus sensible Materie darstellten. Das galt besonders für diejenigen Textpassagen, in denen Pläne für ein auszubauendes deutsches

4 Vgl. Norbert Müller, in: Comité International Olympique, Tome II: S..7 und Rudolf Malter, L'Olympisme de Pierre de Coubertin, vol. I, édité par l'Institut Carl Diem, Köln 1969: S. 91.

Hochschulwesen in China (Shanghai, Tsingtau) und in der Osmanischen Türkei (Adana) genannt wurden – letztere im Zusammenhang mit der seit den neunziger Jahren des 19. Jahrhunderts im Bau befindlichen Bagdadbahn, für die das Reich türkische Konzessionen erhalten hatte. Deutschland „lieferte" technische Schulen und Hochschulen, die u.a. für die Ausbildung des türkischen Bahnpersonals notwendig waren. Eine weitere von Berlin geförderte Technische Hochschule, unterstützt auch vom Hilfsverein der deutschen Juden, befand sich in Haifa in Vorbereitung. Angesichts der gespannten internationalen Lage sah sich das Auswärtige Amt aber wohl seit der britisch-französischen „Entente" von 1904 und dem russischen Beitritt von 1907 – beides auf eine Eindämmung des deutschen Einflusses auch im Nahen Osten gerichtet – veranlasst, die deutschen kulturpolitischen Pläne für diese Region nicht offen zu legen. Das Auswärtige Amt zog also eine Geheimhaltung vor. Diese damalige deutsche Einschätzung der Lage ist etwas später im Ersten Weltkrieg durch das Sykes-Picot-Abkommen (1916) über eine britisch-französische Interessenabgrenzung in diesem Raum indirekt bestätigt worden. Die deutsche Niederlage von 1918 hat dann auch dazu geführt, dass die erwähnte, in Haifa seit 1908 von der Berliner Regierung und dem Hilfsverein der deutschen Juden vorbereitete Technische Hochschule, das heute weltberühmte „Technion", den Unterricht nicht mehr, wie ursprünglich geplant, auf Deutsch, sondern anfangs in englischer Sprache aufnahm und erst später auch in Neuhebräisch unterrichtete. Das Beispiel zeigte früh die besondere Bedeutung des Mediums Sprache in den äußeren Kulturbeziehungen.

Die schon oben am Beispiel Frankreichs nach 1871 erwähnte Frage, wie die verlorene nationale „Triebkraft" durch Kulturpolitik wiedergewonnen werden könne, bewegte fast fünfzig Jahre später auch die deutsche Reichsleitung, als General Groener nach der deutschen Niederlage im Mai 1919 im Großen Hauptquartier feststellte: „Zur Außenpolitik gehören Macht, Heer, Flotte und Geld; das alles haben wir nicht mehr" (Düwell 1976: 32). Konnte nun also Auswärtige Kulturpolitik – ähnlich wie in Frankreich nach 1871 – ein Ersatz, eine Kompensation für die geschwundenen Mittel der traditionellen deutschen Außenpolitik sein? Und welche Mittel standen der Auswärtigen Kulturpolitik zu Gebote? Im Falle Frankreichs ging es zunächst um die Sprachpolitik. Die Alliance Française nannte sich *Association Nationale pour la Propagation de la Langue Française*. Und ähnliche Ziele verfolgte seit 1881 der Allgemeine Deutsche Schulverein zur Erhaltung des Deutschtums im Ausland (später: Verein für das Deutschtum im Ausland, VDA). Doch war dieser zunächst auf begrenztere Aufgaben bezogen. Die *propagation* der Alliance Française dagegen war weiter gefasst und sah in der Spracharbeit durchaus auch Reklame (s.o. *image de marque*) für französische Erzeugnisse: „Tout client de la langue française devient un client des produits français" (Bruézière 1983: 30).

Doch allgemein muss gesagt werden, dass mit diesen Gründungen in der Außenpolitik auch subtilere Mittel Berücksichtigung finden sollten, neben der Sprachwerbung z.B. auch Kunst und Kunstwissenschaft und die angewandte Psychologie. Besonders die Reichskanzler von Bismarck und von Bethmann Hollweg haben diesen Faktor durchaus in seiner Bedeutung erkannt. Schon 1879 hatte Bismarck im Hinblick auf Elsass-Lothringen, das nach dem deutsch-französischen Krieg von Deutschland annektiert worden war, dafür plädiert, die Bevölkerung dieses „Reichslandes" am Bundesrat zu beteiligen, was dann aber erst viel später (1911) geschah. Zur psychologischen Bedeutung dieser Frage sagte Bismarck im Reichstag am 27. März 1879: „Es ist im ganzen Lande als eine *question de dignité* empfunden, also als eines der Imponderabilien in der Politik, die oft viel mächtiger wirken als die Fragen des materiellen und direkten Interesses" (Ingrim 1950: 222). War das hier zunächst mehr ein psychologischer Faktor der Innenpolitik, so hat Reichskanzler Bethmann Hollweg, konkret auf die Auswärtige Kulturpolitik bezogen, dann im Juni 1913 in einem Antwortbrief an den Historiker Karl Lamprecht, dessen Ideen bestätigend, vor dem „naiven Glauben an die Gewalt" und vor der Unterschätzung der „feineren Mittel" gewarnt und gemahnt, „dass, was die Gewalt erwirbt, die Gewalt allein niemals erhalten kann" (Düwell 1976: 19 f.). Dennoch war das alles noch immer recht propagandistisch gedacht. Kurt Riezler, der Berater Bethmann Hollwegs, der 1914 unter dem Pseudonym J. J. Ruedorffer sein Buch über „Weltpolitik" veröffentlichte und darin einen „Imperialismus der Idee" vertrat, sprach auch von einem Nationalismus der „leisen und stillen Allüren", der erst noch gelernt werden müsse (Ruedorffer 1914: 84 f.; Riezler 1972: 48 f.). Aber selbst diese Formulierung war im Grunde eher noch ein Ausdruck der Propaganda und nicht der Empathie mit einer anderen Kultur oder Nation.

Eine differenziertere Betrachtung hatte dagegen 1912 Karl Lamprecht in seinem Plädoyer für Auswärtige Kulturpolitik versucht. „Das Problem der Auswärtigen Kulturpolitik", so schrieb Lamprecht, „trägt alsbald in die weitesten Gebiete der menschheitlichen Entwicklung nicht bloß der Gegenwart, sondern auch der Vergangenheit. Denn da die Völker, um deren Beeinflussung es sich handelt, fast durchweg eine mehr oder minder lange Dauer ihrer Entwicklung hinter sich haben, so ist an eine verständnisvolle Einwirkung auf sie ohne historisches Einfühlen gar nicht zu denken. So wird denn die theoretische äußere Kulturpolitik ohne weiteres zur universalen Kulturgeschichte: Und erst ein klares Verständnis der einen lässt die völlig erfolgreiche Durchbildung der andern erhoffen" (Lamprecht 1913: 5). Lamprecht hat mit diesen Ausführungen, die allerdings leider noch den zeittypischen Vorurteilen über Afrikaner, über rassische Überlegenheit der Weißen, „höhere Kulturstufen" usw., verhaftet und stark national getönt waren, den Begriff der Auswärtigen Kulturpolitik durchgesetzt. Er hat dabei den Kulturnationen einen für sie jeweils in einer Epoche charakteristischen sozialpsychologischen Gesamthabitus (*Diapason*) zugeschrieben, den es zu erkennen gelte und auf den einzuwirken möglich sei (Chickering 1993: 81 f.). Mit der historischen Vertiefung des Problems hatte Lamprecht immerhin schon seit 1907 in seinen Beiträgen zur Kultur- und Universalgeschichte begonnen. Ausgehend von Wilhelm Wundts Völkerpsychologie bzw. Kulturanthropologie entwickelte er eine Theorie von historisch bedingten Kulturkreisen, die als Grundvorstellung unter anderem über Oswald Spengler (1980), Arnold Toynbee, Richard Thurnwald und die *cross cultural* und *area studies* der sechziger und siebziger Jahre des 20. Jahrhunderts bis hin zu Samuel P. Huntingtons etwas greller Kulturknall-Theorie weiter gewirkt hat. Auf die von Lamprecht 1914 entwickelten Ideen zu einer Universitätsreform, die die für ihn wesentlichen Grundlagen einer künftigen Außenkulturpolitik liefern und u.a. erstmals zu einer stärkeren Berücksichtigung der Auslandsstudien führen sollten, hat erst vor wenigen Jahren Katrin Bürgel hingewiesen (Bürgel 2006).

Es gibt also innerhalb dieser Grenzen wohl immer auch Bewegungen, die hinüber oder herüber wirken, weshalb schon Karl Lamprecht sich ganz besonders der historischen Phänomene von Rezeptionen und Renaissancen annehmen wollte, wozu es aber dann infolge seines frühen Todes 1915 nicht mehr gekommen ist. Für die Auswärtige Kulturpolitik ist es wichtig, dass Rezeptionen immer auch Adaptationen durch den oder die Rezipienten darstellen. Diese Autonomie der Kultur muss jede Kulturpolitik in Rechnung stellen, wenn sie Erfolg haben will. Fragt man z.B. nach den Gründen, warum die Wirkung der archäologischen Grabungserfolge Ernst Curtius' in Olympia seit 1875 in Deutschland im Wesentlichen auf den kleinen Kreis der Altertumsforscher begrenzt blieb, während sie im Frankreich Pierre de Coubertins seit den neunziger Jahren des 19. Jahrhunderts eine breite nationale und internationale Bewegung zur Wiederbelebung der antiken Spiele auslöste, so muss man vor allem auf die im Vergleich zu Deutschland damals schon weiter entwickelten französischen Möglichkeiten einer institutionalisierten „Kulturdiplomatie“ hinweisen.[5] War es zum einen der Elan Coubertins, der aus gesicherten Forschungsergebnissen Curtius’ eine neue siegreiche olympische Idee entwickelte, so trugen auch die von Frankreich geschaffenen Einrichtungen der Auswärtigen Kulturpolitik nicht unwesentlich zu einer schnellen Verbreitung der Gedanken Coubertins im Ausland bei.

## 2. Ausgestaltung und Wahrnehmung der Auswärtigen Kulturpolitik als neues Feld politischer Beziehungen seit dem 19. Jahrhundert

Zur Ausbildung einer instrumentell entwickelten Auswärtigen Kulturpolitik als Teildisziplin der Außenpolitik kam es, historisch betrachtet, meist erst nach Bildung einer gewissen „kritischen Masse“ an kulturellen oder kulturpolitischen Außenaktivitäten und/oder Institutionen. In Frankreich hatten sich die kulturellen und wissenschaftlichen Außenkontakte zum östlichen Mittelmeerraum schon seit der Ägyptenexpedition Napoleons I. von 1798 und dann nochmals später durch die Forschungsreisen Jean-François Champollions im Auftrag König Karls X. zur Erforschung der Hieroglyphen entwickelt. Die Gründung der Ecole Française d’Athène 1846, die zu einem Mittelpunkt der archäologischen Forschungen in Griechenland wurde und der noch, wie oben erwähnt, im 19. Jahrhundert ein Deutsches Archäologisches Institut in Athen (1875) als Ableger des schon 1829 in Rom gegründeten Preußischen Archäologischen Instituts sowie später die Gründung der American School of Classical Studies at Athens (1882) und die ähnlich orientierte British School at Athens (1883) folgten, zeigt eines deutlich: dass Frankreich eine ganze Reihe von kulturellen Initiativen ergriffen und Institutionen geschaffen hatte, die dann schon bald aufgrund ihres Umfangs eine staatliche Förderung und Aufsicht erforderlich machten. Dazu gehörten in Frankreich selbst auch die nach 1871 verstärkten kulturellen Verbindungen und Beziehungen in den südlichen und östlichen Mittelmeerraum (vor allem Algerien, Tunesien und die Levante), seit den achtziger Jahren des 19. Jahrhunderts auch die französischen Schulen in West- und Ostafrika und vor allem in Ägypten. Seit den neunziger Jahren kam es dann zu einem ausgedehnten Netzwerk französischer Schulen auch in Japan und China, im Osmanischen Reich, in Australien, Indochina und Tahiti, in Kanada, den USA und in Mittel- und Südamerika. Es war daher nur folgerichtig, wenn man in Paris 1909/10 dazu überging, mit der Errichtung eines *Service des Oeuvres Français à l’Etranger* eine erste koordinierende und kontrollierende amtliche Stelle zu schaffen. Sie blieb zunächst dem Außen- und dem Unterrichtsministerium gegenüber relativ unabhängig, geriet aber dann durch den Ersten Weltkrieg, wie die kulturellen Agenturen anderer Staaten auch, immer mehr in propagandistisches Fahrwasser. Dies zeigte die während des Kriegs erfolgte Gründung des *Commissariat Général de l’Information et de Propagande*. Und auch im Unterrichtsministerium stand in dieser Zeit die Bezeichnung der Abteilung des *Service d’Expansion Universitaire et Scientifi-*

5 Frank Trommler sieht in diesen Bemühungen Coubertins den Beginn des modernen Internationalismus. Vgl. Frank Trommler, Kulturmacht ohne Kompass. Deutsche auswärtige Kulturbeziehungen im 20. Jahrhundert. Köln/Weimar 2014: S. 83. Zum Vertrag selbst, allerdings ohne Bezug zu Coubertin, siehe Alexander Honold, 25. April 1874: Vertrag zwischen Griechenland und dem Deutschen Reich zur Ausgrabung Olympias. In: Ders./ Klaus R Scherpe (Hg.) Mit Deutschland um die Welt. Eine Kulturgeschichte des Fremden in der Kolonialzeit. Frankfurt 2004: S. 41-50.

*que* dafür, dass es nicht bei einer bloßen Expansion im Sinne von Verbreitung akademischer Einrichtungen blieb, sondern auch hier eine expansive kulturelle Propaganda in den Dienst des nationalen Kampfs gestellt wurde.

Es war dies nur die allgemeine propagandistische Signatur der Kriegszeit, die Frankreich als erster Staat ausgebildet hatte. Auf deutscher Seite war es, zeitlich etwas versetzt, nicht sehr viel anders. Das neu gegründete Kaiserreich von 1871 hat aber erst relativ spät die Bedeutung der Auswärtigen Kulturpolitik erkannt und eine gewisse Koordination durch neu gegründete Reichsstellen geschaffen. Auch hier ergab sich die Notwendigkeit staatlicher Hilfe aus dem großen finanziellen Bedarf, den Einrichtungen wie die 1815 von Preußen begonnenen *Inscriptiones Graecae* oder das zuerst von Preußen getragene Deutsche Archäologische Institut in Rom (1829) oder die archäologischen Grabungen in Griechenland und später die an der Seidenstraße (Turfan) beanspruchten. Der bloße rechtliche Schutz deutscher kultureller und wissenschaftlicher Unternehmungen im Ausland war letztlich nur durch den Staat zu gewährleisten.

Nach der Reichsgründung konnte hier das Reich selbst tätig werden. So lässt sich der erwähnte 1874 zwischen dem Deutschen Reich und Griechenland geschlossene Vertrag, der den deutschen Archäologen unter bestimmten Bedingungen die Grabungen in Olympia erlaubte, als das erste deutsche Kulturabkommen des 19. Jahrhunderts bezeichnen. Fast gleichzeitig damit wurde das Deutsche Archäologische Institut in Rom aus dem preußischen in den Reichshaushalt übernommen und der Reichsschulfonds gegründet. Das Reich trat schließlich 1896 auch in die Förderung der schon 1864 von Preußen begonnenen „Mitteleuropäischen Gradmessung“ ein, die 1886 als „Europäische Gradmessung“ und schließlich als „Internationale Erdmessung“ zu einem globalen Großunternehmen wurde (Abelein 1968: 14 f.). Dem Reich wuchs so über die Außenpolitik eine kulturpolitische Kompetenz über die Auslandsinstitute zu:
1887 über das Orientalische Seminar in Berlin mit seinen Außenbeziehungen
1894 über den Afrikafonds für Forschungszwecke
1902 über das Kunsthistorische Institut in Florenz (Villa Romana)
1906 über das Schulreferat im Auswärtigen Amt mit einem schon seit 1878 bestehenden Reichsfonds für das zum Teil Jahrhunderte alte und seit der Reichsgründung von 1871 schnell weiter wachsende deutsche Auslandsschulwesen
1907 über das Deutsche Institut für Ägyptische Altertumskunde in Kairo.

Seit der Einrichtung des Schulreferats im Auswärtigen Amt 1906 kam es auf Seiten des Reichs auch zur Gründung sogenannter deutscher *Propagandaschulen* im Ausland (besonders in China und im Nahen Osten), die den Zweck hatten, ausländische Schüler aufzunehmen, und deren deutsche Lehrer oft zuvor am Orientalischen Seminar in Berlin auf ihre Aufgabe sprachlich vorbereitet worden waren. Auch deutsche Hochschulprofessoren wurden vor dem Ersten Weltkrieg in beträchtlicher Zahl nach China, in die Türkei, nach Persien und in die Vereinigten Staaten von Amerika entsandt. Der deutsch-amerikanische Professorenaustausch (1905–1915) war dann ein weiteres frühes Beispiel für die ersten deutschen Kulturabkommen neuer Art (vom Brocke 1981).

Nicht ganz so spektakulär, aber durchaus von zukunftsweisender Bedeutung waren die seit den siebziger Jahren des 19. Jahrhunderts zu registrierenden wissenschaftlichen und kulturellen Institute der europäischen Mächte im Ausland. Hier ist Deutschland den Weg zur Gründung wissenschaftlicher Einrichtungen gegangen, der langfristig zu beachtlichen interkulturellen Ergebnissen geführt hat. Die schon erwähnte Bedeutung der ältesten wissenschaftlichen

Auslandsinstitute, die mit der Gründung des Deutschen Archäologischen Instituts in Rom 1829 als *Istituto di corrispondenza archeologica* begonnen hatte und mit der Eröffnung seiner neuen Zweigstelle in Athen (1874) fortgesetzt wurde, war 1888, nach Öffnung der Vatikanischen Archive für die Forschung, durch die Gründung des Deutschen Historischen Instituts in Rom (*Istituto Storico Germanico*) noch weiter gewachsen. Diese wissenschaftlichen Auslandsinstitute hatten sich vor dem Ersten Weltkrieg zu internationalen Forschungsforen entwickelt, an denen ein freier geistiger Austausch zwischen Wissenschaftlern aus ganz Europa stattfand. Sie waren Arbeits- und Treffpunkte der Forscher. Unter den ersten Direktoren des Deutschen Historischen Instituts Rom haben sich vor dem Ersten Weltkrieg besonders Ludwig Quidde (1858–1941, Direktor 1890–1892) und Aloys Schulte (1857–1941, Direktor 1901–1903) um den internationalen Wissenschaftsaustausch, Quidde auch um die Völkerverständigung verdient gemacht und diese Bestrebungen auch nach dem Ersten Weltkrieg fortgesetzt. Die internationale Reputation des Instituts beruhte auch auf den seit den neunziger Jahren des 19. Jahrhunderts begonnenen Publikationsreihen der „Quellen und Forschungen aus italienischen Archiven und Bibliotheken" – liebevoll auch „Quallen und Frösche" genannt – und auf seinen großen Regesten- und Editionsreihen zur Geschichte der Kirche und der deutsch-italienischen Beziehungen sowie auf seinen reichen bibliographischen Informationen (Elze/Esch 1990).

## 3. Ansätze und Rückschläge bei der Schaffung einer autonomen Auswärtigen Kulturpolitik

Ein erster Neuansatz kulturpolitischer Besinnung war mitten im Ersten Weltkrieg in der Friedensresolution des Deutschen Reichstags vom 19. Juli 1917 zum Ausdruck gekommen, die eine erste Abwendung von massiver Kriegspropaganda darstellte. In dieser offiziellen Verlautbarung, die man auch als „vorweggenommene Weimarer Koalition" bezeichnet hat, hatten Sozialdemokraten, Zentrumspartei und Fortschrittliche Volkspartei sich auf ein Bekenntnis zum Verständigungsfrieden geeinigt. Ihr Ziel war „die dauernde Versöhnung der Völker, nicht Eroberung, nicht Vergewaltigung, nicht wachsende Verfeindung der Völker, sondern Rückkehr zur Friedensarbeit, zu den Segnungen der Kultur und Zivilisation" (Bihl 1991: 296 f.; jetzt auch Leonhard 2014: 801 f.). Die hier geforderte Kurskorrektur scheiterte jedoch an der Intransigenten 3. Obersten Heeresleitung, die noch ganz in expansionistischem und propagandistischem Denken befangen war. Und auf französischer Seite stand es ähnlich. In einem Punkt gab es allerdings einen Unterschied: Es kam in Deutschland trotz der vielfältigen kulturellen und wissenschaftlichen Auslandsaktivitäten im Kaiserreich noch nicht, wie in Frankreich um 1909, zur Gründung einer entsprechenden zentralen staatlichen Koordinierungsstelle. Dies war erst nach dem Weltkrieg der Fall.

Man war in der 1920 neu geschaffenen Kulturabteilung (Abteilung VI) des Auswärtigen Amts erstmals skeptisch, was „Kulturpropaganda" betraf (Düwell 1981: 54 f.). Dieses Wort trat nun mehr und mehr in den Hintergrund und wich allmählich einem stärkeren Bemühen, sich zwar im Ausland kulturell nützlich zu machen, zu informieren und damit auch zu werben, aber dies nach der Propagandaphase nun eher im Sinne einer pragmatischen „Neuen Sachlichkeit". Der Staatssekretär im Preußischen Kultusministerium und nachmalige Minister, der Orientalist und Islamforscher Carl Heinrich Becker, brachte die neue Auffassung in einer Denkschrift von 1919 auf die Formel: „Von dem Wahn, dass mit Selbstlob und Pressepropaganda Kulturpolitik gemacht werden könne, sind wir befreit. Auch können die üblichen kulturpolitischen Mittel der imperialistischen Völker aus inneren und äußeren Gründen nicht mehr zum Requisit der deutschen Auslandspolitik gehören. Was wir brauchen, ist Verinnerlichung" (Düwell 1976: 80 f., Anm. 17).

Diese erste scharfe Abgrenzung gegenüber der Vorkriegszeit führte zu einer stärkeren Freisetzung der kulturellen Kräfte in der Außenpolitik, auch zu einer stärkeren Autonomie gegenüber den politischen und außenwirtschaftlichen Interessen. C.H. Becker, seit 1925 preußischer Kultusminister, wollte nicht länger zulassen, dass die Kulturpolitik nur ein „graziöser Schnörkel auf dem kaufmännischen Wechsel" sei. Sie sollte ihr Potenzial möglichst frei aus sich selbst heraus entfalten können. Ähnlich vertrat in der Kölnischen Volkszeitung am 25. Februar 1928 Anna Selig, die stellvertretende Leiterin der Dresdener Akademischen Auslandsstelle, die Auffassung, dass der Zeitpunkt für einen „positiven Ausbau der Auslandskulturpolitik" gekommen sei. Nach dem Ende des internationalen Wissenschaftsboykotts gegen Deutschland um 1923/24, nach dem deutschen Eintritt in den Völkerbund, dem dort teilweise erreichten Minderheitenschutz für das Deutschtum im Ausland und nach der Überwindung der Akademikernot nach der Zeit der Inflation sei es nun nötig, die neuen Ideen in der Auswärtigen Kulturpolitik umzusetzen. Sie meinte: „Das Erste, was man wohl über Sinn und Wesen einer künftigen Auslandskulturpolitik zu sagen hätte, wäre sicher, dass sie grundverschieden von der Vergangenheit zu sein hätte, nämlich – keine Kulturpropaganda" (Selig 1928). Sie plädierte für eine Eigengesetzlichkeit der Kulturpolitik gegenüber sachfremden Einflüssen und schrieb: „Jede internationale Kulturpolitik wird scheitern, wenn sie sich nicht auf die Gesetze ihrer Autonomie besinnt" (Selig 1928).

Unter den ernst zu nehmenden Fachleuten dieser Materie war die Abkehr vom alten Propagandakonzept, das immer noch einen fast kriegerischen und aktionistischen Beigeschmack hatte, jetzt eine in ihrer Notwendigkeit erkannte Sache. Für den Vortragenden Legationsrat Johannes Sievers in der Kulturabteilung des Auswärtigen Amts, dem Propaganda ein Gräuel war, war es noch im Frühjahr 1933 unfasslich, dass der neue Minister Joseph Goebbels am Gebäude in der Wilhelmstraße, wo bisher Teile der Kulturabteilung des Auswärtigen Amts untergebracht waren, ein Schild mit der Aufschrift „Reichsminister für Volksaufklärung und Propaganda" anbringen ließ. Man registrierte es, wie Sievers schreibt, mit maßlosem Erstaunen, denn gerade in seinem Kunstreferat, aber auch in anderen Referaten der Kulturabteilung war jeder Anschein von Propaganda nach 1919 vermieden worden, ja sie selbst war streng verpönt (Sievers 1966: 359; Schober 2004: 33 ff.). Das war eine für die Kulturpolitik der Weimarer Republik noch bis 1929/30 charakteristische neue Grundhaltung. Diese Neuorientierung, wie sie besonders in der Kulturabteilung des Amts nach 1920 allmählich entwickelt worden war, kam auch in der Arbeit des 1925 durch den Zusammenschluss vorausgegangener studentischer und hochschuleigener Auslandsvermittlungsstellen gegründeten Deutschen Akademischen Austauschdienstes (DAAD) zum Ausdruck (Laitenberger 2000: 22 f.; 1976: 16 ff.; siehe auch Siebe 2009). Es entwickelte sich dabei eine funktionale Arbeitsteilung, bei der die ebenfalls 1925 neu „gegründete" Alexander von Humboldt-Stiftung[6] die Stipendienfonds für Ausländer verwaltete und die zunächst noch bestehende Deutsche Akademische Auslandsstelle des Hochschullehrerverbands anfangs die Betreuung der in Deutschland zu Gast weilenden Ausländer übernahm. Alle diese

6 Zur reichlich merkwürdigen Gründungsgeschichte und Konstruktion durch das damalige Auswärtige Amt vgl. Impekoven 2013: 71 ff.

Funktionen gingen aber durch eine Zusammenfassung 1931 auf den neuen, reformierten DAAD über.

Die finanziellen Mittel blieben allerdings auch in den „guten Jahren“ der Weimarer Republik zwischen 1924 und 1928 noch relativ begrenzt. Das galt auch für die Arbeitsmöglichkeiten des schon im Januar 1917 gegründeten „Deutschen Ausland-Museums Stuttgart, Museum und Institut zur Kunde des Auslandsdeutschtums und zur Förderung Deutscher Interessen im Ausland“, das wenige Jahre später den Namen Deutsches Ausland-Institut annahm und unter seinem tüchtigen Generalsekretär Fritz Wertheimer seine Gründungsdevise „Ein Werk des Friedens inmitten des Kriegs“ nach 1918 fortsetzte (Ritter 1976). Ferner galt es für die Notgemeinschaft der Deutschen Wissenschaft (gegründet Herbst 1920), für den Stifterverband für die Deutsche Wissenschaft (gegründet Dezember 1920), für die Deutsche Akademie in München (gegründet 1925), die auch die Pflege nichtamtlicher Kulturbeziehungen zum Ausland förderte (Thierfelder 1956; Jacobsen 1979: 24 ff.), und für das von dieser Akademie 1932 mit gegründete Goethe-Institut zur Pflege der Deutschen Sprache und Kultur im Ausland (Michels 2005: 36 ff.; Impekoven 2013). Auch die Auslandsstipendien für deutsche Studierende waren nur karg ausgestattet.

Vor den gleichen materiellen Schwierigkeiten stand nach 1918 auch der Verein für das Deutschtum im Ausland, der freilich seine durch die neuen Grenzziehungen in Europa noch vergrößerten Probleme des Minderheitenschutzes nur sehr schwer lösen konnte (Weidenfeller 1976; Jacobsen 1970)[7]. Umso mehr mussten sich alle diese Organisationen, angesichts der knappen Mittel und unter einem enormen Sachzwang stehend, bemühen, möglichst sachdienliche Arbeit ohne aufwändige und unzweckmäßige Propagandaeffekte zu leisten. Im künstlerischen und kunstgewerblichen Bereich hat dabei auch der Deutsche Werkbund, der schon 1907 gegründet worden und im Jahre 1913 an der internationalen Armory Show über die moderne europäische und amerikanische Kunst in New York (dann auch in Chicago und in Boston) beteiligt war, in der Zeit der Weimarer Republik eine wachsende Bedeutung für den internationalen Kunst- und Kulturaustausch gewonnen. Die deutsche Kunstgewerbeausstellung 1930 in Paris, die ein großer Erfolg des modernen deutschen Industrie-Designs war, aber auch zuvor schon die internationalen Kunstgewerbeausstellungen in Monza und die Biennalen in Venedig haben durch ihre sachlichen deutschen Präsentationen die neuen deutschen Kunst- und Kunstgewerbekonzepte nach 1918 meist überzeugend vertreten können (Schober 2004: 69 ff., 147 ff.; Becker/Lagler 1995: 13-34)[8].

Das Schlüsselwort dieser Reformphase war *Neue Sachlichkeit*, ein Begriff, den Gustav F. Hartlaub, der Direktor der Mannheimer Kunsthalle, 1925 anlässlich einer modernen Kunstausstellung geprägt hatte und der nachträglich auch zur Bezeichnung der neuen Kunst- und kulturpolitischen Strömungen seit etwa 1922 benutzt wurde (Hermand 2006: 95-102). In seinem auf sachdienliche Information, auf Desillusionierung, auf Funktion und Zweckmäßigkeit der Gegenstände gerichteten neuen Impuls war dieser Schlüsselbegriff gegen jedes Pathos und jede Propagandaattitüde gerichtet. Aber das änderte sich bald, nachdem 1933 die Hitlerregierung

7 Die Entwicklung des Vereins für das Deutschtum im Ausland während der Weimarer Republik ist von der Forschung noch nicht genauer aufgearbeitet. Die beiden oben genannten Untersuchungen behandeln überwiegend nur das Kaiserreich und die NS-Zeit. Für die Zeit nach dem Ersten Weltkrieg vgl. allgemein Martin Scheuermann, Minderheitenschutz contra Konfliktverhütung? Die Minderheitenpolitik des Völkerbunds in den zwanziger Jahren. Marburg 2000. Einen wichtigen Ansatz lieferte Hans-Adolf Jacobsen, Hans Steinacher. Bundesleiter des Vereins für das Deutschtum im Ausland 1933–1937. Boppard 1979: S. XIX ff.

8 Zu den akademischen deutsch-französischen Kulturbeziehungen dieser Jahre vgl. Lionel Richard 1987.

in Deutschland an die Macht gelangte. Es kam zu einem Rückfall in propagandistisches Denken, ja es stand damit bald schlimmer als je in der vergangenen Kaiserzeit. Zwar hat der Nationalsozialismus die zuletzt in der Weimarer Republik sehr knappen finanziellen Mittel der Kulturabteilung des Auswärtigen Amts nach 1933 in beachtlichem Maße erhöht, aber seine rassistische Kampfideologie und seine Machtbesessenheit machten ab 1936/37 auch vor dieser Abteilung des Außenministeriums nicht mehr Halt und haben mit ihren kulturimperialistischen und propagandistischen Methoden den Sympathien Deutschlands in der Welt geschadet.[9]

Die Substitution verlorener Macht durch kultur- und „entwicklungspolitische" Mittel war für Deutschland nach 1918 zunächst eine Möglichkeit, die guten Beziehungen zu ehemaligen Bündnispartnern und neutralen Staaten wenigstens teilweise zu pflegen. Das galt vor allem für die Türkei, für Bulgarien und für das ferne Afghanistan, wo noch 1915/16 die Sondermission Werner Otto von Hentigs und Oskar von Niedermayers die Grundlagen für eine auf Selbständigkeit bedachte Politik Kabuls gegenüber Britisch-Indien geschaffen hatte. Schon vor dem daraus nach 1918 hervorgegangenen Deutsch-Afghanischen Freundschaftsvertag von 1926 kam es in Kabul 1924 zur Gründung einer ersten deutschen Auslandsschule, der Amani-Oberrealschule, deren Name eine Reverenz gegenüber dem afghanischen König Aman Ullah darstellte, der sein Land mit deutscher Unterstützung („Aufbauhilfe") reformieren wollte. Diese moderne Schule wurde nach der Vertreibung des Königs 1929 und der Einsetzung seines Vetters Nadir, dann nach Nadirs Ermordung von dessen Sohn, in Nedjat-Oberrealschule umbenannt. Die deutschen Schulprojekte in Kabul standen in einem größeren Zusammenhang, nämlich der Modernisierung des Landes. Auch in den neunziger Jahren des 19. Jahrhunderts, als sich die deutsch-türkischen Pläne zum Bau der späteren Bagdad-Bahn abzeichneten, hatte schon der afghanische Emir Abdul Rahman deutsche Ingenieure in sein Land geholt. Die Fortsetzung dieser Kontakte hat im Februar 1928 zum Besuch des Königs Aman Ullah in Berlin geführt. Es war überhaupt der erste offizielle Besuch eines ausländischen Staatsoberhaupts in der Weimarer Republik. Die Reichsregierung, besonders Außenminister Stresemann, wies aus gegebenem Anlass darauf hin, dass König Aman mit der in seinem Heimatland geübten Gastfreundschaft und als Freund Deutschlands aufgenommen werden müsse. Für die zur Realisierung der Modernisierungspläne nach Afghanistan kommenden deutschen Experten wurde dann 1936 eine zweite deutsche Schule für deren Kinder eingerichtet, die sich aber bald ebenso wie die Nedjat-Schule fast völlig in nationalsozialistisches Fahrwasser und entsprechende Propagandamethoden verwickelte und außerdem 1941, wie die Expertenschule auch, wegen des Kriegsverlaufs aufgegeben werden musste. Das machtpolitisch orientierte und überzogene Propagandakonzept war hier schnell an seine Grenzen gestoßen. Als es später, nach dem Zweiten Weltkrieg, 1950 von Seiten der jungen Bundesrepublik Deutschland zur Wiedereröffnung der Nedjat-Oberrealschule und ein Jahr später zur Gründung der „zweiten deutschen Schule" (für die Kinder der deutschen Experten) in Kabul kam, wurde an die frühere deutsche „Aufbauhilfe" angeknüpft, für die sich seit Mitte der fünfziger Jahre der Begriff Entwicklungszusammenarbeit durchsetzte. Hier wirkten sich eine Abkehr vom nationalsozialistischen Propagandaprinzip und eine Versachlichung des kulturpolitischen Konzepts aus, die beiden Seiten Vorteile gebracht hat. Erst die kommunistische Revolution vom April 1978 und das sowjetische Eingreifen im Dezember 1979 führten dann 1985 ein Ende der sechzigjährigen deutschen Schultraditi-

9 Eine kritische Analyse der Auswärtigen Kulturpolitik des Nationalsozialismus bietet jetzt Trommler (2014: S. 419-567), wo von einer „Mobilisierung deutscher Kultur" und „rassischer Kulturagenda" gesprochen wird.

on in Afghanistan herbei, wobei zeitweilig die DDR die Lücke zu füllen versuchte. An die ältere deutsche Tradition der Weimarer Republik und der fünfziger und sechziger Jahre des 20. Jahrhunderts konnte erst fast zwei Jahrzehnte später wieder angeknüpft werden, nachdem die Russen aus Kabul abgezogen waren und das Ende der Taliban-Herrschaft gekommen war. Auf die Probleme der gegenwärtigen deutschen Außenpolitik und deren Kulturbeziehungen gegenüber Afghanistan kann hier leider wegen der dortigen Ungewissheiten nicht näher eingegangen werden.

Überblickt man an dieser Stelle in einem ersten Zwischenergebnis der empirischen Befunde die verschiedenen Erscheinungsformen und Möglichkeiten der Auswärtigen Kulturpolitik, wie sie sich in ihrer historischen Genese darstellen, so lassen sich bis 1945, aber teilweise auch schon darüber hinaus einige vorläufige realtypische Grundmuster erkennen, die im Folgenden begrifflich skizziert und bei der Beschreibung der weiteren Entwicklung im Test verwendet werden können.

## 4. Historische Typologie und zielorientierte Methoden Auswärtiger Kulturpolitik

Eine historisch-morphologische Betrachtung der Auswärtigen Kulturpolitik lässt sich an deren Interessen- und Zielorientierungen entwickeln und würde sich wohl in folgende sechs Grundtypen bzw. zugehörige Arbeitsmethoden der Auslandskulturarbeit gliedern lassen (Düwell 1976: 35 f.)[10]:

### A) Kulturelle Ausstrahlung (Diffusion):

Eine durch die Anerkennung der Kultur einer Nation bei anderen Nationen sich im Laufe der Geschichte einstellende Vorbildwirkung dieser Kultur, z.B. die zeitweise Ausstrahlung (englisch: *radiation*) und Ausbreitung des englischen *Gentleman*-Ideals auf die Völkergemeinschaft des *British Empire* bzw. später des *Commonwealth* oder z.T. auch die Wirkung der französischen gesellschaftlichen Vorstellung des *gentilhomme* auf das Europa des 17. und 18. Jahrhunderts. Diese Ausstrahlung (frz.: *rayonnement*) konnte sich z.T. ohne besonderes Zutun eines Staates oder seiner Regierung ergeben, wie z.B. die seit dem letzten Viertel des 19. Jahrhunderts von indischen Fürsten nach dem Muster englischer Public Schools in Zentralindien errichteten Schulinternate zeigen. Auch eine Gegenseitigkeit (*Reziprozität*) der Kulturbeziehung beider Seiten ist dabei nicht ganz ausgeschlossen und bleibt ebenfalls der freien Entwicklung überlassen. Um einen naheliegenden naturwissenschaftlichen Begriff zu verwenden, vollzieht sich hier ein Austausch gleichsam mit osmotischer Permeabilität (*Diosmose*) ungesteuert in beide Richtungen oder in nur einer Richtung (entweder als Exosmose oder als Endosmose), je nachdem, welche Seite der überwiegend gebende Teil ist.

Kulturelle Konflikte ergeben sich auf dieser Basis freien und ungesteuerten, aber möglicherweise auch ausbleibenden Austauschs meist nicht, so dass auswärtige Kulturbeziehungen hier eher dazu dienen können, Konflikte auf anderen Politikfeldern (z.B. Handelspolitik, Machtinteressen) zu entschärfen.

10 Der Versuch zu diesem Ordnungsschema ergibt sich vor allem aus einer Betrachtung der bilateralen Verhältnisse auswärtiger Kulturbeziehungen. Für die multilateralen kulturellen Beziehungen im Rahmen des Völkerbunds und seiner Kommissionen für geistige Zusammenarbeit bzw. später auch der UNESCO vgl. weiter unten meinen Abschnitt „Zwischen Kaltem Krieg und Entspannungspolitik“.

B) Kulturelle Selbstinterpretation (Explikation):

Eine zielbewusste, um Sympathien werbende und sachliche Vorstellung kultureller Güter einer Nation mit der gleichzeitigen Bereitschaft, auch die Wünsche der anderen Nation nach Selbstvorstellung ihrer Kultur im anderen Land voll zu berücksichtigen und mit ihr kulturell und auf der Basis von Gegenseitigkeit (*Reziprozität*) zusammenzuarbeiten. Es handelt sich also um eine Art intendierte Permeabilität, im idealen Fall von symmetrischer Gegenseitigkeit.

Auch diese Form der Auswärtigen Kulturpolitik kann dazu beitragen, Konflikte im Bereich von Handels- oder Machtinteressen zu entschärfen. Die historische Konkretion dieser Form ließe sich z.B. schon früh in der britischen Kulturpolitik gegenüber den als gleichrangig angesehenen Kulturstaaten oder den *Dominions* erkennen (*self-explication*). Sie wurde nach 1934 besonders vom British Council weiterentwickelt, um die Wirkung einer einseitig expansiv-propagandistischen Gegenseite defensiv auszugleichen. Denn kulturelle Selbstinterpretation vermag ein Konfliktpotential zwischen Staaten zwar eine Weile zu entschärfen, wie die britische Politik gegenüber Hitler-Deutschland bis 1936/37 zeigt, aber sie scheiterte dann an der mangelnden Bereitschaft Deutschlands zur Wahrung einer unpropagandistischen und offenen Gegenseitigkeit.

C) Kulturelle Expansion:

Eine mehr oder weniger bewusst von der Überlegenheit der eigenen Kultur ausgehende und auf ihre Ausbreitung bedachte, planmäßig werbende Vorstellung eigener kultureller Güter, verbunden mit einer gewissen, aber eingeschränkten Bereitschaft, die Wünsche der anderen Nationen oder anderer Ethnien nach Vorstellung von deren eigenen Kulturgütern zu berücksichtigen und ihnen nur in diesem begrenzten Rahmen kulturelle Zusammenarbeit und Einflussmöglichkeiten zu bieten. Ein historisches Beispiel bietet die Zeit des Kaiserreichs Napoleons I., dessen *Empirestil* mit seinen Anleihen bei altrömischen und altägyptischen Form- und Dekorationselementen die europäische Kultur und Mode noch bis in die 1830er-Jahre bestimmt hat. Nachwirkungen waren z.T. auch noch für das *Second Empire* Napoleons III. nach 1852 prägend.

Es handelt sich meist um eine historische Phase früher Landnahme oder Übersee-Expansion beispielsweise Frankreichs im 19. Jahrhundert (Algerien, Senegambien, Kotschinchina usw.), in der das nationale Sendungsbewusstsein der eigenen Kulturmission noch erst latent oder schwach ausgebildet ist und die Asymmetrie dieser Beziehungen noch kaum problematisiert wird. Dies ist meist eine nur kurze Phase, die entweder in die offenere Beziehung kultureller Selbstinterpretation zurückführt oder im Gegenteil durch die verstärkte nationale und agonale Dynamik in die Form der Kulturpropaganda überleitet. Ein solches Grundmuster stellt durch seine meist stärkere Verbindung mit Handels- und/oder Machtinteressen ein nur begrenztes Potenzial zur Konfliktverhütung dar und kann z.T. schon in den Dienst expansiver Ziele gestellt werden.

D) Kulturpropaganda:

Eine zum Zweck nationaler Machtexpansion betriebene, planmäßig werbende Vorstellung kultureller Güter mit einer durch diesen Hauptzweck sehr eingeschränkten Bereitschaft, die Wünsche anderer Nationen oder Ethnien in gleichem Maße zu berücksichtigen oder ihnen kulturelle Zusammenarbeit oder kulturellen Einfluss zu gewähren. Nach dem oben unter A) genannten naturwissenschaftlichen Vergleich mit der Reaktion von Flüssigkeiten in (semi)permeablen Gefäßen würde es sich hier nur um eine gewollt einseitige Wirkungsrichtung von Osmose (*Exosmose*) handeln. Die Auswärtige Kulturpolitik hatte in den gegenseitigen Beziehungen der Großmächte, vor allem zwischen dem Deutschen Reich und den anderen konkurrierenden Mächten und erst recht gegenüber den Ethnien in den Überseeterritorien (Kolonien), während der letzten Jahre vor dem Ersten Weltkrieg überwiegend diesen Charakter angenommen. Sie war um 1900 geradezu zu einer Signatur der imperialistischen Mächte und ihrer Außenbeziehungen geworden. Kulturpolitik verlor in dieser Phase, in der sie eng mit nationalen Handels- und Machtinteressen verbunden war, fast völlig ihre Autonomie und ihr Potenzial zur Konfliktverhütung und wurde im Ersten Weltkrieg geradezu zu einem Teil der nationalistischen Kriegspropaganda. Der Nationalsozialismus, für den der Erste Weltkrieg auch nach 1918 nicht zu Ende gegangen war, hat diese massive Form der Kulturpolitik dann, soweit es überhaupt noch möglich war, weiter zu einem totalen Kulturimperialismus gesteigert.

E) Kulturimperialismus:

Eine zum Zweck der nationalen und/oder rassistischen Machtexpansion und machtpolitischen Weltgeltung geführte, planmäßig werbende, aber auch geistig militant und aggressiv betriebene Vorstellung kultureller Güter der eigenen Nation ohne eine grundsätzliche oder allenfalls nur opportunistische Bereitschaft, die Wünsche anderer Nationen oder Ethnien zu berücksichtigen oder ihnen kulturelle Zusammenarbeit oder kulturellen Einfluss zu gewähren. Es handelt sich dabei um eine absichtsvoll asymmetrische, mit dem massiven Anspruch auf Priorität und quasi ausbeuterisch betriebene kulturelle Beziehung ohne Gegenseitigkeit (lediglich *Semi-Permeabilität*). Kulturimperialismus kann dabei zwar aus strategischen Gründen unter Umständen vorübergehend auch im Gewand „leiserer“ Methoden und „stiller Allüren“ auftreten, geriert sich aber meist laut und aktionistisch. In der Zeit der weltanschaulichen Auseinandersetzung zwischen Nationalsozialismus und Bolschewismus nahm die nationalsozialistische Auswärtige Kulturpolitik zum Teil auch die agitatorischen Methoden der kommunistischen Kulturpolitik (*Agitprop*) an, etwa in der spiegelbildlichen Form des Gegensatzes von Komintern und nationalsozialistischer Anti-Komintern[11]. Als präventive, Konflikt verhütende und friedenserhaltende Methode erwies sich besonders der polarisierende nationalsozialistische Kulturimperialismus als ungeeignet.

F) „Kultur und Entwicklung“:

Ein erst nach dem Zweiten Weltkrieg und dem Ende der großen totalitären Systeme seit den sechziger Jahren des 20. Jahrhunderts allmählich erkennbarer, aber zunächst noch nicht klar ausgeformter Typus auswärtiger Kulturbeziehungen war der zwischen westlichen Industrieländern und den aus dem Status von Kolonien in die Unabhängigkeit entlassenen Entwicklungsländern in Übersee. Dieser Typus muss hier im Hinblick auf die folgenden Kapitel schon kurz beschrieben werden. Es handelt sich um eine Form sui generis. Erschwert wurde die Ausbildung dieses besonderen Typs viele Jahre lang durch den Kalten Krieg zwischen Ost und West,

11 Als Ansatz zu diesem Vergleich s. die beiden Arbeiten von Theo Sommer, Deutschland und Japan zwischen den Mächten. Tübingen 1962 und Heinz Timmermann, Die Geschichte der Kommunistischen Internationale in neuem Licht. Köln 1988. Dass es sich bei einer solchen typologischen Einordnung z.T. um Konstruktionen handelt, zeigt in ihrer Fallstudie Katja Gesche, Kultur als Instrument der Außenpolitik totalitärer Staaten. Das Deutsche Ausland-Institut 1933-1945. Köln 2006: S. 33 und 403.

der seinen propagandistischen Niederschlag auch in den Überseeländern selbst fand, so dass erst nach dessen Ende in den achtziger Jahren das gewandelte Erscheinungsbild dieser spezifischen kulturellen Kooperationsform deutlicher wurde. Auf dieses neue Konzept „Kultur und Entwicklung", das die Entwicklungspolitik in engere Beziehung zur Kulturpolitik setzen und dadurch auch eine Vertiefung und Nachhaltigkeit der Entwicklungszusammenarbeit erreichen soll, wird weiter unten noch einzugehen sein. Dass diese Kooperationsform aber nicht gänzlich neu, sondern prinzipiell schon im Ansatz der kulturpolitisch begleiteten deutsch-afghanischen Zusammenarbeit („Aufbauarbeit", s.o.) der zwanziger und frühen dreißiger Jahre angelegt war, macht die spätere Weiterentwicklung dieses Typus nicht nur auf deutscher Seite seit Mitte der neunziger Jahre historisch interessant. Ähnliche Ansätze sind nach 1950 auch schon in den Beziehungen zwischen den kolonialen „Mutterländern" und den damals auf eigene Staatlichkeit und Unabhängigkeit vorzubereitenden Überseegebieten zu erkennen.

Die hier beschriebenen sechs Handlungsformen auswärtiger Kulturpolitik sind als aus der historischen Erfahrung gewonnene Realtypen zu verstehen, die auf Beziehungen eines Staates zu anderen Staaten in unterschiedlichen Epochen beruhen, also bilateralen Charakter haben. Es fehlt in der Forschung allerdings noch an einer Typologie multilateraler kulturpolitischer Aktionsformen, wie sie z.B. innerhalb des früheren Völkerbunds oder später für die Vereinten Nationen, beispielsweise bei den großen Gemeinschaftsprojekten (z.B. Mensch und Umwelt, Erforschung des Indischen Ozeans u.a.m.), zu beschreiben wären. Ähnliche Arbeit wäre auch noch erst für die multilateral arbeitenden Nichtregierungsorganisationen zu leisten.

## 5. Kulturpropaganda und Kulturimperialismus des Nationalsozialismus: Von der Einbahnstraße in die Sackgasse (1933–1945)

Wenn im Folgenden mit den oben skizzierten typologischen Formen weiter gearbeitet wird, so scheint gerade ihre Anwendung auf den italienischen und den deutschen Faschismus eine Art Probeexempel. Der Faschismus als „Kulturrevolution" stellte, wie Joachim Fest gesagt hat, die Verneinung der liberalen und humanitären Zivilisationsidee dar. Und Hitlers rassistische und bellizistische Weltanschauung, die in der Kulturpolitik zum Kampf gegen die klassische Moderne und zur Ausschaltung jüdischer, expressionistischer, progressiver, experimenteller – kurz: „entarteter" Künstler und Schriftsteller führte, war mit einer suggestiven Ästhetik und mehr noch mit einer lauten Propaganda, dem Stakkato der Massenaufmärsche und der Massenorganisationen, verbunden. Da diese Inszenierungen, z.B. die Bücherverbrennungen vom 10. Mai 1933, und Programme auf Massenwirkung zielten, wurden nach 1933 auch die finanziellen Mittel für die Kulturpropaganda allmählich erhöht. Das galt nach einigen Jahren auch für die Agenturen der nationalsozialistischen Außenpolitik und für die der Auswärtigen Kulturpolitik. Die Mitarbeiter der alten Kulturabteilung des Auswärtigen Amts in der Zeit der Weimarer Republik hätten von der Höhe der Mittel, die nach 1934 zur Verfügung gestellt wurden, nur träumen können. Aber diese Experten wurden bald wie Hans Freytag, der Leiter der Kulturabteilung, und Johannes Sievers, der Leiter des Kunstreferats, versetzt oder mussten ausscheiden. Dennoch blieb das Auswärtige Amt unter Außenminister Konstantin von Neurath, noch bis 1934 unter dem besonderen Schutz des Reichspräsidenten Paul von Hindenburg, zunächst vor der massiven nationalsozialistischen Propagandamaschine abgeschirmt. Erst als im Januar 1937 der Nationalsozialist Ernst Wilhelm Bohle, der Leiter der Auslandsorganisation der NSDAP, zum Staatssekretär im Auswärtigen Amt ernannt und von Ribbentrop im Februar 1938 Reichsaußenminister wurde, bemächtigte sich der nationalsozialistische Propagandaapparat auch mehr und mehr dieses Ministeriums (Hürter 2014).

Dass sich in diesen ersten Jahren die Kulturabteilung des Auswärtigen Amts unter ihrem neuen Leiter Friedrich Stieve überhaupt der lauten Maschinerie von Goebbels' Reichspropagandaministerium vorerst noch einigermaßen entziehen konnte, lag an der scharfen Konkurrenz, deren sich das Amt nach außen zu erwehren hatte, wobei die nationalsozialistischen „Gegner" mit ihren außenpolitischen Ambitionen auch untereinander in scharfer Rivalität standen und sich zum Teil gegenseitig neutralisierten. Denn diese mit dem Amt und untereinander konkurrierenden Parteiagenturen für auswärtige Beziehungen (z.B. die Auslandsorganisation der Partei, das Außenpolitische Amt der NSDAP unter Alfred Rosenberg, bis 1938 auch Joachim von Ribbentrops „Dienststelle Ribbentrop" und die Volksdeutsche Mittelstelle der SS), aber zum Teil auch der Volksdeutsche Rat, der Verein für das Deutschtum im Ausland und andere, waren im Allgemeinen Organe einer recht massiven Auslandspropaganda, die im Auswärtigen Amt selbst zunächst kaum Nachfolge fand (Jacobsen 1968: 16 ff.). Es war vielmehr das Propagandaministerium, das in Verbindung mit der ebenfalls von Goebbels kontrollierten Reichskulturkammer nach 1936, von seiner rigiden inneren Kulturpolitik ausgehend, langsam größeren Einfluss auch auf die Arbeit der Kulturabteilung im Auswärtigen Amt gewann (Barbian 1995: 646 ff.; Barbian 1992).

Bis zu der wesentlich von Goebbels forcierten Ideologisierung der Außenpolitik, die 1936 durch den von Ribbentrop und ihm selbst betriebenen und propagierten Anti-Kominternpakt entstand, hatte das Auswärtige Amt in der Kulturpolitik immerhin noch eine relativ sachliche Arbeit leisten können. Denn das alles lag ja noch vor den Olympischen Winterspielen in Garmisch und vor dem Befehl Hitlers zum deutschen Einmarsch ins Rheinland, der am 7. März geschah. In dieser frühen Phase war der Einfluss von Goebbels im Wesentlichen auf innere Kulturpropaganda begrenzt geblieben. Das Auswärtige Amt selbst hat in dieser Phase noch eine relativ rationale und unpropagandistische Pflege der Kulturbeziehungen zum Ausland betreiben können. Aber das Amt stieß hierbei zum Teil auf die Gegnerschaft anderer Agenturen, besonders von Seiten der Partei. Ein Beispiel dafür waren bis 1936 die deutschen Auslandsinstitute, neben der schon 1927 gegründeten DAAD-Zweigstelle in London vor allem die Zweigstelle des DAAD in Paris (gegründet 1930). Sie stand seit 1934 unter der Leitung von Karl Epting, der seit 1940 dann auch das neue Deutsche Institut in Paris leitete (Michels 1993: 56 ff.; Laitenberger 2000: 45). Dieses neue Institut war eines von insgesamt 15, die während des Krieges im Ausland gegründet wurden (Hausmann 2001: 100-131). Paris und Rom waren dabei besonders wichtig. Wie Eckard Michels deutlich gemacht hat, standen Epting und seine Pariser DAAD-Stelle bzw. das Pariser Institut schließlich doch eher für eine propagandistische Arbeitsweise, während die Kulturabteilung des Auswärtigen Amts unter Friedrich Stieve und dann unter Fritz von Twardowski stärker das von Thankmar von Münchhausen geleitete Goethe-Haus in Paris und sein Begegnungskonzept unterstützte (Michels 1993: 26 ff.; Scholten 2000). Dieses Goethe-Haus wurde aber erst am 19. November 1937 eröffnet, nachdem sich anlässlich der Weltausstellung in der französischen Hauptstadt eine ziemlich scharfe kulturpolitische Konfrontation zwischen der dortigen Deutschen Freiheitsbibliothek bzw. dem Pariser Tageblatt der deutschen Exilgruppen einerseits und den nationalsozialistischen Einrichtungen und Emissären andererseits ergeben hatte[12]. Aber mit dem Wechsel im deutschen Außenministerium zu Anfang des Jahres 1938 gewannen auch im Auswärtigen Amt und in den Auslandsinstituten die Propagandisten eine stärkere Stellung. Das hatte sich schon 1937 anlässlich des Besuchs von Mussolini in Berlin gezeigt. Erst recht wurde es aber bei Hitlers Gegenbesuch in Rom 1938 deutlich, als die Reichskanzlei in Berlin – und das geschah schwerlich ohne Wissen Hitlers – an der Bibliotheca Hertziana in Rom personelle und inhaltliche Neuerungen verfügte, die an der Kulturabteilung des Auswärtigen Amts vorbei getroffen wurden (Düwell 1993: 242, 251 f.). Der neu ernannte stellvertretende Direktor der Hertziana, ein Nazi, der auf einen Besuch Hitlers in dieser Kunstbibliothek hoffte, hatte die Gedenkbüste der jüdischen Stifterin Henriette Hertz entfernen lassen, und Ähnliches war auch mit der bronzenen Ehrentafel für den jüdischen Stifter der Villa Massimo, Eduard Arnhold, geschehen. Gleichzeitig war auch dort ein Nazi, ein Konfident des neuen Staatssekretärs Ernst Wilhelm Bohle, mit der Leitung betraut und der bewährte Direktor Herbert Gericke entlassen worden. Wie Frank Trommler noch jüngst festgestellt hat, war spätestens hier eine „Mobilisierung deutscher Kultur" und eine außenpolitische „rassische Kulturagenda" entstanden (Trommler 2014: 419 ff.).

Es gab aber zu diesem Zeitpunkt noch andere Vertreter des Auswärtigen Amts, die den Mut hatten, gegen solche Ehrabschneidungen und ideologisch-propagandistische Krassheiten zu protestieren: Sowohl der aus Rom scheidende Botschafter Ulrich von Hassell als auch sein Nachfolger Hans-Georg von Mackensen drängten bei Außenminister von Ribbentrop und auch beim nationalsozialistischen „Reichskultusminister" Bernhard Rust mutig auf eine Wiederherstellung der Gedenkorte für die Stifter Henriette Hertz und Eduard Arnhold – leider vergeblich, weil zu diesem Zeitpunkt bereits die rassistische Indoktrinierung der Reichsleitung und selbst des faschistischen Italien so weit fortgeschritten war, dass auch Mussolini die deutschen Rassegesetze für Italien übernahm.

Im Deutschen Institut in Paris, das nach der Besetzung Frankreichs 1940 eingerichtet wurde, war es vor allem der Nationalsozialist Karl-Heinz Bremer, der seine Sicht eines *Nationalsozialismus und Chauvinismus in Frankreich*, wie sein 1940 in Berlin erschienenes Buch hieß, für ein nicht weniger aggressives und propagandistisches Gegenbild nutzbar zu machen suchte. Aber auch Epting selbst bewegte sich bereits auf einer ähnlich bedenklichen Linie, wenn er die künftige Rolle Frankreichs in Europa in kulturimperialistischer Weise lediglich noch als die einer „vergrößerten Schweiz" sehen und in Zukunft Frankreich durch ein (umgekehrtes) *rayonnement intellectuel* Deutschlands beherrscht und psychologisch beeinflusst sehen wollte (Michels 1993: 255 ff., 261 f.). Auch hier wirkte sich das besonders seit 1941 gesteigerte propagandistische *enragement* des Goebbels-Ministeriums aus, das, wie Eckard Michels zeigt, besonders massiv auf der Deutschen Akademie bzw. auf dem von Franz Thierfelder geleiteten Goethe-Institut lastete (Michels 2005: 163 f.). Dieser Einfluss steigerte sich nochmals in der Schlussphase des Kriegs, als selbst in der Wehrmacht die ideologische Indoktrination durch fanatische NS-Führungsoffiziere begann. Der Zusammenbruch der nationalsozialistischen Herrschaft bedeutete daher schließlich auch das Ende eines kulturimperialistischen Denkens, das vorher schon geistig in einer Sackgasse geendet hatte. Hier gab es nach dem Krieg eine Lektion zu lernen.

12 Zu der ein Jahr nach den nationalsozialistischen Bücherverbrennungen von 1933 am 10. Mai 1934 in Paris gegründeten großen Deutschen Freiheitsbibliothek vgl. Alfred Kantorowicz 1978: S. 283 ff.; Badia/Rousse S. 191.

## 6. Zwischen Kaltem Krieg und Entspannungspolitik – Deutsche Neuansätze nach dem Zweiten Weltkrieg (1945–1970)

In der Zwischenkriegszeit war in fast allen europäischen Staaten und in den USA die Auswärtige Kulturpolitik schon zu einem Element der Außenpolitik geworden. Auch neue Einrichtungen wie der Kulturattaché oder -referent oder auch das neue Vertragsinstrument Kulturabkommen (Hoefig/Skupnik 1966; Schirmer 1970; Barbian in: Archiv für Kulturgeschichte 1992) waren nach 1919 durchaus schon bekannt, wenn auch vorerst nur in Ansätzen realisiert. Im Falle Deutschlands sind sie dann allerdings nach 1933 mehr und mehr in den Dienst massiver Auslandspropaganda gestellt und während des Zweiten Weltkriegs überdehnt bzw. in vielen Fällen geradezu pervertiert worden, wie auch schon das Beispiel der deutschen Kunstaustellung 1937 auf der Weltausstellung in Paris zeigte. In den ersten Jahrzehnten nach dem Ende des Zweiten Weltkriegs, als die Kolonialreiche und die von den europäischen Mächten geschaffenen imperialistischen Herrschaftsstrukturen in Afrika, Süd- und Südostasien langsam zerfielen, blieb dort aber für längere Zeit noch ein europäischer bzw. nordamerikanischer kultureller Restbestand erhalten. Dazu gehörte vor allem die Kenntnis der von den ehemaligen Kolonialherren gesprochenen Sprachen, die oft als Medium und Vehikel kulturellen Einflusses (zumindest als Verwaltungssprachen) noch längere Zeit fortbestanden. Die deutsche Sprache konnte jedoch kaum noch dazu gerechnet werden, während vor allem Englisch, aber auch Französisch, Spanisch und Portugiesisch weltweite Bedeutung behielten. Es kam zu neuen kulturellen Umgangsformen, die zum Teil abgeleitet waren aus Lehren, die der gescheiterte Imperialismus hinterlassen hatte. Die in die Unabhängigkeit strebenden Überseeterritorien und Kolonien der europäischen Mächte suchten nun im Zuge ihrer politischen Emanzipation zum Teil mit Erfolg ihre indigenen Kulturtraditionen wieder zu stärken. Das galt auch für Mittel- und Südamerika, vor allem gegenüber den USA, wie besonders in Mexiko ein *Indigenismo* als kulturpolitisches Gegengewicht entwickelt wurde. Anderseits waren diese Länder aber auch an einer Modernisierung und Zusammenarbeit interessiert – eine Spannung, die ihre Kräfte bis zum Äußersten beanspruchte. Die westlichen Industriestaaten mussten diese Bestrebungen und die neue Lage, die durch den Eintritt vieler selbständig gewordener Staaten in die 1945/46 gegründeten Vereinten Nationen und deren Sonderorganisationen entstand, mehr und mehr berücksichtigen.

Im Rahmen der Vereinten Nationen ergab sich nach dem unabwendbaren Ende des alten Völkerbunds eine neue Möglichkeit multilateraler Zusammenarbeit. Die UNESCO als Nachfolgerin des früheren Völkerbund-Instituts für Internationale geistige Zusammenarbeit in Paris nahm ihren Sitz ebenfalls wieder in der französischen Hauptstadt, war aber nicht nur organisatorisch offener und breiter angelegt als das alte Völkerbund-Institut. Die junge Bundesrepublik Deutschland hat bald nach ihrer Konstituierung im Mai 1949 den Zugang zur UNESCO gesucht, um auf diese Weise einen ersten Schritt zur Rückkehr Deutschlands in die geistige Gemeinschaft der Völker zu verwirklichen. Die Möglichkeit hierzu war aufgrund der Charta der Vereinten Nationen gegeben, weil ein Beitritt in die Sonderorganisationen der Vereinten Nationen auch ohne Vollmitgliedschaft und Sitz in der UNO-Vollversammlung möglich war. So wie die Bundesrepublik Deutschland schon früh den mit den Vereinten Nationen verbundenen Sonderorganisationen (z.B. Weltbank, Internationale Bank für Wiederaufbau und Entwicklung und Internationaler Währungsfonds) beitrat und als zunächst noch finanziell schwaches Land die Beitragstranchen hierfür aus dem Sondervermögen des Marshallplans (European Recovery

Program) begleichen konnte, war auch ihre Mitgliedschaft in der UNESCO seit 1951 von besonderer Bedeutung, weil der Zugang der Bundesrepublik zu diesem internationalen und multilateralen geistigen Netzwerk der Weltorganisation den Weg zu gleichberechtigter Stellung Westdeutschlands eröffnete. Einem System kommunizierender Röhren vergleichbar, war die Bundesrepublik so erstmals wieder eingebunden in die gemeinsamen zwischenstaatlichen kulturpolitischen Anstrengungen wie z.B. zur Alphabetisierung der Entwicklungsländer oder in die Bemühungen zur Erforschung der ariden Zonen der Erde oder in den internationalen Austausch von Informationen und kulturellen Schriften, dem dann auf deutscher Seite unter anderem durch die Gründung der Agentur Inter Nationes 1952 zugearbeitet werden konnte. Aufgrund dieser intensiven Zusammenarbeit hat die Bundesrepublik neben den internationalen Einrichtungen in Paris (International Institute for Educational Planning) und Genf (Internationales Erziehungsbüro) ebenfalls 1952 auch ein UNESCO-Institut für Pädagogik in Hamburg (erster Direktor: Walther Merck)) als weiteres wichtiges Zentrum schaffen können (Coombs 1964).

Parallel zu dieser multilateralen Kulturarbeit verliefen mit dem Aufbau des neuen Auswärtigen Amts in Bonn auch die Vorbereitungen zur Schaffung bilateraler Kulturbeziehungen zum Ausland. Das setzte einen größeren apparativen Aufwand voraus. Schon in den Empfehlungen des Organisationsausschusses der Ministerpräsidentenkonferenz der westdeutschen Länder über den Aufbau der künftigen Bundesorgane vom 30. Juli 1949 (Haas 1969: 99 f.) war vorgeschlagen worden, dass ein künftiges Bundesamt für Auswärtige Angelegenheiten unter anderem innerhalb der Politischen Abteilung (Abteilung II) eine Unterabteilung C (Länderabteilung) für multilaterale internationale Zusammenarbeit und für die internationalen Organisationen sechs Referate (fünf Ländergruppenreferate) haben solle, während eine Unterabteilung D (Kulturabteilung) speziell die internationalen kulturellen Organisationen und die bilateralen Kulturbeziehungen zum Ausland auf den Gebieten Wissenschaft, Kunst und Film (drei Referate) bearbeiten sollte.

Diese Überlegungen kamen allerdings zu früh, weil zunächst die auswärtigen Beziehungen direkt beim Bundeskanzleramt (Dienststelle für Auswärtige Angelegenheiten) ressortierten. Hier waren dann seit dem 1. Oktober 1950 in der Abteilung II (Verbindungsstelle zur Alliierten Hohen Kommission) unter Ministerialdirektor Herbert Blankenhorn und dem Referatsleiter (Referat X) Rudolf Salat drei weitere Referenten für die deutschen Kulturbeziehungen zum Ausland zuständig: für Sprache und Buch im Ausland, für Auslandsberufungen deutscher Lehrer, Forscher usw., Studienreisen, Studenten- und Professorenaustausch, Kulturabkommen, deutsche Institute im Ausland, Restitutionen von Kunstwerken, Kunstausstellungen, Auslandsseelsorge sowie für deutsch-ausländische Gesellschaften, für UNESCO und für Sportbeziehungen zum Ausland (Haas 1969: 154). In den Anfängen reichten die personellen Kräfte hierfür jedoch kaum hin.

Als dann 1951 im Rahmen der Kleinen Revision des Besatzungsstatuts das Auswärtige Amt gegründet wurde, standen in der Auswärtigen Kulturpolitik zunächst nur die Hauptstädte der drei westlichen Besatzungsmächte im Mittelpunkt, weil nur dort die ersten Generalkonsulate hatten eröffnet werden dürfen. Von den drei dortigen Vertretern der Bundesrepublik, die seit 1953 in den Rang eines Botschafters erhoben wurden (Heinz Krekeler in Washington, Hans Schlange-Schöningen in London und Wilhelm Hausenstein in Paris), war Hausenstein in der französischen Hauptstadt als *homme de lettres* das hervorragende Beispiel eines Kulturdiplomaten, wie er in Frankreich häufiger vorkam. In Deutschland aber wurde er eher als „Seiteneinsteiger" angesehen. Hausenstein konnte an die frühere erfolgreiche Arbeit von Leopold von Hoesch und Joachim Kühn anknüpfen. Aber solche Erfolge waren oft nur punktuell, weil das Ansehen Deutschlands durch die nationalsozialistische Herrschaft und ihre Verbrechen stark gelitten hatte und die Isolierung der Bundesrepublik erst noch zu überwinden war.

Konrad Adenauers Politik der Westintegration, die durch den Eintritt der Bundesrepublik in die Organization for European Economic Co-operation, den Europarat und die Europäische Gemeinschaft für Kohle und Stahl begonnen hatte, fand eine kulturpolitische Entsprechung in den ersten bilateralen Kulturabkommen und in der Aufnahme Westdeutschlands 1953 in das Fulbright-Stipendienprogramm (Fulbright 1967). Die Aufnahme der Bundesrepublik in dieses Austauschprogramm war zugleich ein wichtiger Bestandteil des ersten Kulturabkommens, das die westdeutsche Regierung durch einen Notenwechsel am 9. April 1953 mit den Vereinigten Staaten von Amerika abschloss. Weitere Kulturabkommen wurden dann in dichter Folge vereinbart (Ischreyt 1964: 287 f.): mit Frankreich (23. Oktober 1954), Spanien (10. Dezember 1954), Italien (8. Februar 1956), Griechenland (17. Mai 1956), Norwegen (19. Mai 1956), Belgien (24. September 1956), Chile (20. November 1956), Japan (14. Februar 1957), der Türkei (8. Mai 1957) und mit Großbritannien (18. April 1958). Zu diesen ersten neuen Kulturabkommen des jungen deutschen Teilstaats gehörte neben einem Abkommen mit der Sowjetunion (30. Mai 1959) auch das am 18. April 1961 unterzeichnete Abkommen mit Afghanistan, wodurch an die älteren Kultur- und „Aufbau"-Beziehungen („Aufbauhilfe") der Zwischenkriegszeit – nun unter dem neuen Namen der Entwicklungszusammenarbeit – wieder angeknüpft werden konnte.

Es war kein Zufall, dass die Abkommen mit den Vereinigten Staaten und Frankreich am Anfang dieser Folge standen, denn in beiden Fällen war ein jahrelanges kulturpolitisches Engagement der USA und Frankreichs in beiden Besatzungszonen vorausgegangen (Kellermann 1978; Hein-Kremer 1996; Defrance 1994; Zauner 1994). Frankreich hatte schon in seiner Zone an den Universitätsneugründungen in Mainz (1946) und in Saarbrücken (1948) einen beträchtlichen Anteil gehabt. Aber auch das Londoner Interesse an der kulturellen und demokratischen Entwicklung der Britischen Zone war in den Jahren vor Gründung der Bundesrepublik sehr lebhaft, wie z.B. die Aktivitäten der Kulturzentren „Die Brücke" (später Filialen des British Council) und die dortigen Bücher-, Film-, Musik- und Theaterpräsentationen zeigen (Clemens 1997: 204 ff.). Darüber hinaus wurde beim Ausbau des British Council als dem Träger der britischen Auswärtigen Kulturpolitik die Entwicklung Westdeutschlands und seiner kulturellen Mittlerorganisationen aufmerksam beobachtet, ohne dass jedoch die beiden britischen Arbeitszentren, nämlich die relativ jungen Zentralagenturen British Broadcasting Corporation (BBC) und British Council, durch solche Kontakte wesentlich verändert oder auch nur beeinflusst wurden (Mitchell 1992: 119 f.; Donaldson 1984), während die Bundesrepublik Deutschland aufgrund ihres föderativen Systems eine dezentralere Struktur entwickelte. Immerhin ist aber z.B. Hilmar Hoffmann, der spätere Präsident des Goethe-Instituts, aus dem britischen Information Centre in Oberhausen hervorgegangen, bevor er dort Volkshochschuldirektor wurde und dann seinen künstlerisch und kulturpolitisch überaus erfolgreichen Weg über die Oberhausener Kurzfilmtage weitergegangen ist.

Das Hauptcharakteristikum bei den Formen der deutschen Auswärtigen Kulturpolitik waren die seit den fünfziger Jahren entwickelten, zum Teil auch erst wieder neubegründeten sogenannten Mittlerorganisationen. Es handelt sich hierbei um Kulturagenturen in verschiedenen Rechtsformen (vor allem verschiedene Arten gemeinnütziger eingetragener Vereine und Stiftungen), die zum größten Teil aus öffentlichen Mitteln finanziert werden, aber innerhalb der außenpolitischen Konzeption der Bundesregierung und unter teilweiser Berücksichtigung der Länder des Bundes einen autonomen Gestaltungsraum besitzen. Als in den Jahren 1949/50 die Notgemeinschaft der Deutschen Wissenschaft (ab 1952 Deutsche Forschungsgemeinschaft, der Deutsche Akademische Austauschdienst (DAAD), das Institut für Auslandsbeziehungen in Stuttgart, 1952 dann auch das Goethe-Institut und 1953 die Alexander von Humboldt-Stiftung wieder gegründet wurden, knüpften sie an die Arbeit älterer Vorläuferinstitutionen aus der Zeit vor 1933 an. Diese neuen Agenturen trugen zum Teil die gleichen Namen. Das Deutsche Ausland-Institut in Stuttgart trat 1949 zunächst wieder unter dem alten Namen an, wurde aber dann in Institut für Auslandsbeziehungen umbenannt. Neugründungen stellten in dieser Phase die 1949 geschaffene Carl Duisberg Gesellschaft und der gemeinnützige Verein Inter Nationes (1952) dar. Sie alle, wie auch andere später gegründete Mittlerorganisationen und Einrichtungen der Auswärtigen Kulturpolitik (z.B. die 1959 gegründete Deutsche Stiftung für Entwicklungsländer, ab 1973 Deutsche Stiftung für Internationale Entwicklung), oder das Haus der Kulturen der Welt in Berlin (gegründet 1989), bewegten sich in ihrer selbstverantworteten Arbeit innerhalb der von der Bundesregierung in ihrer außenpolitischen Kompetenz umrissenen Konzeption.

Besonders der DAAD handelte gleich bei seiner Wiedergründung 1950 auf einer vor allem von der Dienststelle für Auswärtige Angelegenheiten im Bundeskanzleramt – ein Auswärtiges Amt gab es noch nicht – empfohlenen Linie des Austauschs, die durch zwei Besonderheiten geprägt war: zum einen durch die Wiederaufnahme des schon in der Weimarer Republik begonnenen Praktikantenaustauschs für Ingenieurstudenten (zuerst mit den Vereinigten Staaten von Amerika), zum anderen durch eine frühe Pflege des akademischen Austauschs mit unabhängig gewordenen jungen Staaten in Afrika, Süd- und Südostasien, für die es damals den Begriff Schwellen- oder Entwicklungsländer noch nicht gab (zuerst Ägypten, Indien und Indonesien). Der Praktikantenaustausch konnte sich sehr schnell entwickeln, weil der DAAD schon 1951 in die International Association for the Exchange of Students for Technical Experience in London aufgenommen wurde und so die Möglichkeiten dieser internationalen Organisation bald nutzen konnte (Düwell 2000: 110 f.). Noch in den fünfziger Jahren stieg daher der Praktikantenaustausch von anfangs 300 ausländischen Teilnehmern auf 842 im Jahr 1960, davon 425 aus Europa, 313 aus Asien und 104 aus Afrika. Mit der zunehmenden Bedeutung der Entwicklungspolitik nahm dann der Anteil der Praktikanten und Studenten aus Entwicklungsländern schnell zu. Dies entsprach nicht nur dem Wunsch des wieder gegründeten Auswärtigen Amts, sondern auch dem Konzept des Bundesministeriums für Wirtschaft, des 1961 gegründeten Bundesministeriums für Wirtschaftliche Zusammenarbeit und anderer Ressorts der Bundesregierung. So hat die Bundesrepublik in den sechziger Jahren des vorigen Jahrhunderts z.B. schon wieder die Ausbildung von afghanischen Infrastrukturspezialisten und Verkehrswissenschaftlern als Gastwissenschaftler an westdeutschen Hochschulen übernommen. Und ähnliches gilt für den in den sechziger Jahren schnell zunehmenden Studentenaustausch mit Entwicklungsländern. Das machte in verstärktem Maße den Bau neuer Studentenwohnheime für diese Gäste erforderlich. Die Bundesregierung stellte im Rahmen der Entwicklungshilfe Mittel hierfür bereit. Als in Erlangen 1962 sogar auf dem Baugrund des Auslands- und Diaspora-Theologenheims des Martin-Luther-Bundes Dank der Initiative des Generalsekretärs Hensel ein weiteres Studentenwohnheim für Studierende aller Fakultäten aus Entwicklungsländern gebaut wurde, und zwar „ohne Rücksicht auf Konfession oder Religion“, gab es in der Bundesversammlung des Martin-Luther-Bundes zunächst noch Bedenken. Sie wurden aber schnell durch eine mutige Entscheidung überwunden, mit der Begründung: „Das entsprach zwar nicht dem Mandat unseres Werkes, der Verpflichtung zur Hilfe an ‚des Glaubens Genossen' (Galater 6,10b), wohl aber dem Satz davor: ‚jedermann Gutes zu tun' (5, 10a)" (Eberhard 1985: 3).

## 7. Die Bemühungen der DDR um eine eigenständige Auswärtige Kulturpolitik und westdeutsche Gegensteuerungen

Nach der Errichtung der Berliner Mauer 1961 verschärfte sich der auch schon vorher vorhandene weltanschaulich-politische Gegensatz zwischen Bonn und Berlin-Ost. Beide Seiten gingen noch stärker die Wege einer auch kulturpolitischen Rivalität. Das übergeordnete Konzept Westdeutschlands war nach dem Ende der nationalsozialistischen Kriegspolitik und des durch sie herbeigeführten katastrophalen Zusammenbruchs Deutschlands nun auf Völkerverständigung, Friedenssicherung und „Humanisierung des Politischen" (Auswärtiges Amt 1972: 93 f.) gerichtet. Das Ziel der neu konzipierten Mittlerorganisationen sollte es sein, wie es beispielhaft in der Zweckbestimmung der 1952 gegründeten Agentur Inter Nationes hieß, „Ausländern ein umfassendes Bild vom politischen, gesellschaftlichen und kulturellen Leben in der Bundesrepublik als Voraussetzung gegenseitigen Verstehens zu vermitteln" (Richartz 1976: 765; Arnold 1974; Baudisch 1976). Eine solche Zielsetzung schuf insbesondere in den fünfziger und sechziger Jahren, also in der Hochphase des Kalten Kriegs, ein Feld der verschärften geistigen Auseinandersetzung zwischen Ost und West (Birrenbach 1967).

Aufgrund der sogenannten Hallstein-Doktrin unterhielt die Bundesrepublik bis 1967 keine diplomatischen Beziehungen mit Staaten, die die DDR völkerrechtlich anerkannt hatten, oder sie brach solche Beziehungen ab, wenn ein auswärtiger Staat die DDR anerkannte. Einen Sonderfall stellte dabei die Sowjetunion dar. Zwar hatte die Bundesrepublik am 30. Mai 1959 ein Kulturabkommen mit der Sowjetunion abgeschlossen, aber das blieb lange Zeit eine Ausnahme in den Ostbeziehungen, die mit der entscheidenden Rolle der Sowjetunion im Ostblock zu tun hatte und zu den Folgewirkungen des Staatsbesuchs Adenauers von 1955 gehörte, als es vor allem darum gegangen war, die restlichen deutschen Kriegsgefangenen aus der Sowjetunion heimzuholen. Strittig blieb zwischen Moskau und Bonn dabei die Stellung West-Berlins, auf das die sowjetische Regierung das Abkommen nicht anwenden wollte. Auch spätere Verhandlungsversuche Bonns blieben in dieser Frage noch lange erfolglos.

Diese Schwierigkeiten hingen auch damit zusammen, dass Moskau die Bemühungen der DDR um eine eigene auswärtige Kultur- und Entwicklungspolitik unterstützte und damit die Lenin'sche „Weltrevolution" beschleunigen wollte. Angebahnt durch die Gesellschaft für Deutsch-Sowjetische Freundschaft, die im Juli 1949 gegründet wurde und durch die *Agitprop*-Methoden der Stalin-Zeit gekennzeichnet war, hatte die DDR 1952/53 zunächst nur Kulturabkommen mit Polen und der Tschechoslowakei geschlossen. Durch die 1952 gegründete Gesellschaft für Kulturelle Verbindungen mit dem Ausland und durch das 1954 geschaffene Ministerium für Kultur begannen aber auch die Kontakte zu Ländern außerhalb des Ostblocks, vor allem ein erster Austausch mit Frankreich und Finnland, dann auch mit anderen Staaten des Westens (Belgien, Niederlande, Schweiz, Österreich, Italien, Großbritannien, Dänemark, Norwegen und Schweden) (Peisert/Kuppe 1983: 374). Das Ziel der Regierung, auf diesem Wege eine völkerrechtliche Anerkennung auch im Westen zu erreichen, ließ sich aber vorerst nicht realisieren, da die westdeutsche Bundesregierung noch bis 1967 an der Hallstein-Doktrin festhielt.

Der „andere deutsche Staat“ hat daher seit Mitte der fünfziger Jahre das Hauptaugenmerk zunächst auf die Beziehungen zu den sich nun formierenden blockfreien Ländern und zu den Entwicklungsländern gelegt. Mit Algerien, Ägypten, Chile, Ghana, Guinea, Indien, Indonesien, Irak, Mali und dem Sudan kam es in dieser Phase schon zu ersten Kulturabkommen, die in Berlin-Ost als Vorstufe zu einer diplomatischen Anerkennung gedacht waren. Diesem Ziel dienten unter anderem auch die Gründung einer Deutsch-Arabischen Gesellschaft (1958) und im Jahre 1961 die Gründung einer Deutsch-Afrikanischen Gesellschaft, einer Freundschaftsgesellschaft Indien-DDR, einer Deutsch-Südostasiatischen Gesellschaft und einer Deutsch-Lateinamerikanischen Gesellschaft. Die DDR warb im Ausland mit einer „sozialistischen deutschen Nationalkultur“ und hatte schon 1971 Kulturabkommen oder andere kulturelle Vereinbarungen mit insgesamt 68 Staaten geschlossen. Besonders gegenüber der sogenannten Dritten Welt standen diese Abmachungen unter dem propagandistischen Vorzeichen eines gegen die Bundesrepublik Deutschland, gegen den Westen und gegen seinen angeblichen „Kulturimperialismus“ gerichteten Kampfes. Dem diente auch die 1963 für afrikanische Journalisten eingerichtete Schule der Solidarität in Leipzig. Nicht zuletzt war es aber auch die Sprachpolitik, die 1956 mit der Gründung des Johann-Gottfried-Herder-Instituts an der Leipziger Karl-Marx-Universität die Grundlage für eine im Ausland, besonders in den Entwicklungsländern wirksame Vermittlung der deutschen Sprache legte, die nicht nur mit dem Studium der Schriften von Marx und Engels in der Originalsprache warb, sondern auch die Aus- und Weiterbildung von ausländischen Deutschlehrern und Germanisten sowie die Entsendung von Lektoren und Lehrern zum Ziel hatte (Praxenthaler 2002). Daneben suchte diese Sprachvermittlungsarbeit der DDR auch geschickt mit dem Angebot häufig nachgefragter fachsprachlicher Vermittlung zu werben, die mit der von Westdeutschland aus betriebenen Verbreitung fachterminologischer und technologischer Sprachinformation konkurrierte. Diese Rivalität setzte sich auch auf anderen Ebenen fort: Die DDR hat in den achtziger Jahren auch die von einzelnen Entwicklungsländern in den Vereinten Nationen erhobene Forderung nach einer neuen „Weltinformationsordnung“ massiv unterstützt.

Gegenüber dem Deutschlandbild der DDR, das vom „Wachsen und Werden des ersten sozialistischen deutschen Staates“ ausging und bis Ende der sechziger Jahre von den stark propagandistisch eingesetzten Begriffen „Antifaschismus, Antikapitalismus, Antimilitarismus“ begleitet wurde, war das Deutschlandbild, das in der Auswärtigen Kulturpolitik der Bundesrepublik verbreitet wurde, darauf bezogen, „ein anderes Deutschland“, das freiheitlich-demokratisch und parlamentarisch geprägt war, vorzustellen. Bezeichnend hierfür war die Regierungserklärung Bundeskanzler Ludwig Erhards vom 10. November 1965, in der es unter anderem hieß: „Unsere Auswärtige Kulturpolitik fördert das Verständnis für Deutschland, indem sie von den geistigen Leistungen unserer Zivilisation, der Größe ihrer Tradition, der Lebendigkeit ihrer Gegenwart Kunde gibt [...]. Wir wollen das Bild Deutschlands, das als Handels- und Industrienation der Welt geläufig ist, durch jene Züge ergänzen, die zum Bild Deutschlands gehören: die Züge des Geistes und der menschlichen Gesinnung“ (Auswärtiges Amt 1972: 94; Hoffmann/Maaß 1994).

Was sich in diesem Bild (*Imago*), sozusagen als Selbstbild, bereits andeutete, war das Konzept der offenen Begegnung, wie es sich im Laufe der sechziger Jahre zuerst im Konzept der deutschen Auslandsschulen („Begegnungsschulen“) entwickelt hatte. Hinzu trat Ende der sechziger

Jahre mit Beginn der Regierung Brandt/Scheel die Einführung des erweiterten Kulturbegriffs, der, wie es Bundeskanzler Willy Brandt in seiner Regierungserklärung vom 28. Oktober 1969 formulierte, darauf zielte, „anderen Völkern neben den unvergänglichen Leistungen der Vergangenheit ein Bild dessen zu vermitteln, was in dieser Zeit des Übergangs auch in Deutschland an geistiger Auseinandersetzung und fruchtbarer Unruhe tägliche Wirklichkeit ist“ (Mallinckrodt 1980). Eine solche Konzeption stand einem klassenkämpferischen Konzept immer noch diametral gegenüber.

Es sollte aber auch nicht übersehen werden, dass es zwischen Ost-Berlin und Bonn schon in den fünfziger Jahren des vergangenen Jahrhunderts nicht nur das offizielle Bild der scharfen ideologischen Abgrenzung und weltanschaulichen Gegensätzlichkeit gab, sondern in einzelnen kulturellen Bereichen wie dem literarischen und filmkünstlerischen Schaffen einige inoffizielle, teils sogar subversive Kommunikationsplattformen auf beiden Seiten, die sowohl in der Bundesrepublik als auch in der DDR entstehen konnten. Dazu gehörten vor allem die internationalen Kurz- und Dokumentarfilm-Treffen in Oberhausen und Leipzig. Sie wurden seit den späten fünfziger Jahren zu wichtigen Begegnungsstätten und Austauschforen für Filmschaffende aus beiden deutschen Staaten und darüber hinaus für Filmkünstler aus Ost und West überhaupt. Das gilt besonders für das seit 1957 stattfindende DOK.-Festival Leipzig (heute: Dokumentar- und Animationsfilm-Festival Leipzig), das sogar das Ende der DDR überlebt hat und seither an Bedeutung noch gewachsen ist. Eine Art Partner, aber auch Gegenpol, war das seit 1951 dank der Initiativen von Hilmar Hoffmann und einigen eher inoffiziell agierenden Filmemachern aus der DDR in Oberhausen entstandene Festival. Der spätere Präsident des Goethe-Instituts (1993–2001) und Vorsitzende des Deutschen Filminstituts in Frankfurt a. M. hat in jungen Jahren in Oberhausen die kulturpolitischen Grundlagen für einen „Wandel durch Annäherung“ mit gelegt. So sind beide Städte zu Orten der kulturellen Begegnung und Kommunikation unterhalb der staatlichen und der Funktionärsebene geworden, wo mitten im Kalten Krieg jahrelang eine erstaunlich offene Information und ein geistiger Austausch stattfinden konnten. Dabei hat seit 1962 und in den folgenden Jahren das „Oberhausener Manifest“ der Künstlergruppe „Junger deutscher Film“ auch auf die Künstler der DDR eine starke Wirkung ausgeübt. In Leipzig sind durch diese Kontakte, in die auch Vertreter anderer Nationen eintraten, Filme gezeigt worden, die sonst wohl nie in der DDR gelaufen wären[13].

Natürlich gab es dabei auch die Instrumentalisierung des Leipziger Festivals für „staatseigene politische Ziele“ der Regierung, die aus propagandistischen Gründen die Mittel für das Festival bereitstellte. Aber wie die neueren kritischen Forschungsarbeiten von Heidi Martini und Ralf Schenk ergeben haben, entwickelte sich in Leipzig seit den 1960er-Jahren trotz der Kontrollen durch das Zentralkomitee der Sozialistischen Einheitspartei Deutschlands so etwas wie Film als „kulturelle Diplomatie“. Im Austausch und in den Begegnungen von Oberhausen und Leipzig entstand eine gemeinsame europäische Filmsprache (Martini 2007; Schenk 2007). Das war ein erstaunliches Phänomen in einer Zeit der harten ideologischen Konfrontation zwischen Ost und West. Wenn auch das Zentralkomitee der Sozialistischen Einheitspartei Deutschlands in Anlehnung an Thesen Anatoli Lunatscharskis den Film als „wichtigste der Künste“ und als „unvergleichliches Propagandainstrument“ des Kommunismus verstand, so

13 Zu den Kurzfilmtagen Oberhausen: Wolfgang J. Ruf, Mit Filmen gegen die Teilung Europas. Die Rolle der Oberhausener Kurzfilmtage als Kulturforum im West-Ost-Dialog der 1970er und 1980er-Jahre. In: Geschichte im Westen, Jg. 19 (2004), S. 66-75. Als Hintergrundinformation Wilhelm Roth, Das Oberhausener Manifest (1962) und die Bedeutung Oberhausens für die Entwicklung des deutschen Films in den frühen Jahren der Teilung. In: a.a.O., S. 76-83.

sah in der DDR doch der kritische Teil der Künstler das Leipziger Festival als eine Chance zu freierem Austausch und offenerer Begegnung zwischen Ost und West, wenigstens teilweise abgekoppelt von den starren Zwängen der Diktatur.

Ein Feld, auf dem sonst in diesen Jahren der Wettbewerb und die Spannungen des Ost-West-Gegensatzes sich auch in der kulturpolitischen Konkurrenz des deutsch-deutschen Verhältnisses immer stärker bemerkbar machten (Lindemann 1974), waren die Beziehungen zu Schwellen- und Entwicklungsländern. Die DDR hatte sich hier zunächst zurückgehalten, aber bis 1970 schon, wie erwähnt, Kultur- und Wissenschaftsabkommen mit Algerien, Ägypten, Chile, Ghana, Guinea, Indien, Indonesien, Irak, Mali und Sudan abgeschlossen (Peisert/Kuppe 1983: 374)[14]. Als mit Beginn der sozial-liberalen Koalitionsregierung in Bonn 1969 immer deutlicher wurde, dass die sogenannte Hallstein-Doktrin im Zuge der neuen internationalen Entspannungspolitik obsolet geworden war und es nur im Interesse der Entwicklungsländer liegen konnte, von beiden deutschen Staaten Hilfen zu erhalten, führte dies zu einer Versachlichung der Diskussion und zu Bonner Überlegungen, wie das Verhältnis von Kultur- und Entwicklungspolitik neu zu definieren sei. Denn die praktische Arbeit des Bundesministeriums für Wirtschaftliche Zusammenarbeit und Entwicklung, auch der Deutschen Stiftung für Internationale Entwicklung, der Carl Duisberg Gesellschaft und vieler anderer Organisationen der Entwicklungshilfe hatte gezeigt, dass nur eine kulturelle Einbettung der Entwicklungspolitik nachhaltige Wirkungen in der Entwicklungszusammenarbeit zeitigen konnte.

Die Annäherung der beiden deutschen Staaten seit den siebziger Jahren, das Ende des Ostblocks und die deutsche Einigung von 1990 haben dazu geführt, dass die bis weit nach Ostasien wirksame Sprachverbreitungsarbeit der DDR und ihres Leipziger Johann-Gottfried-Herder-Instituts, die zehntausende Menschen der deutschen Sprache nahe gebracht hatte, in einer neuen Form vom gesamtdeutschen Goethe-Institut aufgenommen und fortgeführt werden konnte. Parallel dazu verliefen die geistigen und technischen Förderungsmaßnahmen des Instituts für Auslandsbeziehungen zum Aufbau einer neuen Medienlandschaft in den Staaten des früheren Ostblocks. Damit klärte sich auch das Konzept einer deutschen Außenkulturpolitik, die ohne die Verengungen einer Ideologie interessenorientiert und den Menschenrechten verpflichtet, ein zwischen kultureller Ausstrahlung und sachlicher Selbstinterpretation angelegtes Konzept der Begegnung, der Gegenseitigkeit und Offenheit entwickeln konnte und damit ein neues Modell kultureller Außenbeziehungen schuf, auf dessen Grundlage heute und auch in Zukunft die Möglichkeit anderer Wege und ihrer Erprobung gegeben scheint.

## 8. Der Probelauf neuer deutscher geisteswissenschaftlicher Institute – Stätten interkultureller Zusammenarbeit in West und Ost seit 1954

Die von Deutschland vor dem Ersten Weltkrieg errichteten wissenschaftlichen Auslandsinstitute für Archäologie und Geschichtswissenschaft in Rom und Athen (mit ihren 1929 errichteten Außenstellen in Istanbul und Kairo) konnten nach dem Zweiten Weltkrieg erst nach schwierigen Rückgabeverhandlungen und grundlegenden Reformen durch neue Einrichtungen ergänzt werden (Rieche 1979 a und 1979b). Sie haben sich heute als deutsche Foren für wissenschaftlichen Austausch im Ausland und Begegnungs- und Beratungsstellen, sozusagen *sur place,* seit Jahrzehnten bewährt. Ähnliche Wirkungen konnten auch die in der Folge gegründeten Deut-

14 Diese Gegenposition der DDR wird deutlich in: Heckel 1968.

schen Historischen Institute in London (1975), Washington, D.C. (1987) und – nach der deutschen Einigung – in Warschau (1991) und Moskau (2005) erzielen. Ihre Erfolge waren besonders auf ihre ersten Direktoren (in London Paul Kluke und Wolfgang J. Mommsen, in Washington Hartmut Lehmann, in Warschau Rex Rexheuser und Klaus Ziemer, in Moskau Bernd Bonwetsch) und auf von ihnen an diesen Auslandsplätzen veranstalteten internationalen Konferenzen, Vortragsveranstaltungen sowie auf die in den Instituten begründeten und für eine wissenschaftliche Öffentlichkeit bestimmten Buch- und Zeitschriftenreihen zurückzuführen, die inzwischen jeweils auf Hunderte von vielbeachteten Publikationen angewachsen sind und in den Universitäts- und Forschungsinstituten der Gastländer aufmerksam registriert werden. So sind diese Institute schon viele Jahre hindurch für deutsche und ausländische Forscher in den Geisteswissenschaften auch zu wichtigen Archivberatungsstellen, Plätzen der Nachwuchsförderung und wissenschaftlichen Kontaktplätzen geworden.

Während der Kriegsjahre nach 1939 waren aber – übrigens mit gewaltigem finanziellen Aufwand – nur mehr oder weniger propagandistische „Deutsche Wissenschaftliche Institute" in Rom, Venedig, Paris, Madrid, Lissabon, Athen, Kopenhagen, Bratislava, Zagreb, Sarajewo, Sofia, Bukarest, Belgrad und Budapest entstanden (siehe Michels 1993: 55 f.). Sie konnten nach der Kriegsniederlage Deutschlands 1945 kein Vorbild für weitere Arbeit mehr sein[15]. Die Abkehr vom Propagandaprinzip wurde erstmals in den neuen Deutschen Historischen Instituten erkennbar, die seit der zweiten Hälfte der fünfziger Jahre eingerichtet worden sind. Sie bilden daher in ihrer wachsenden Zahl eine kulturpolitische Kategorie sui generis. Dabei wäre an erster Stelle das zwischen 1958 und 1964 gegründete Deutsche Historische Institut in Paris zu nennen, das in der am 1. Juni 1958 beginnenden Ära des neuen französischen Minister- und dann Staatspräsidenten Charles de Gaulle im November 1958 zunächst als Deutsche Historische Forschungsstelle *(Centre Allemand de Recherche Historique)* die Arbeit aufgenommen hat und 1964, nach dem Deutsch-Französischen Freundschaftsvertrag (Elysée-Vertrag vom 22. Januar 1963), zum Deutschen Historischen Institut ausgebaut wurde (*Institut Historique Allemand*). Die zwischen Adenauer und de Gaulle in diesem Vertrag vereinbarte deutsch-französische Versöhnung und Verständigung, die von beiden Staatsmännern als „unerlässlicher Schritt auf dem Wege zu einem vereinigten Europa" gesehen wurden, sollten auch zu einer engeren Zusammenarbeit auf dem Gebiet der Forschung und des geistigen Austauschs führen. Das galt auch für die Zusammenarbeit in den Naturwissenschaften: Die nach dieser deutsch-französischen Initiative auch in einem weiteren multilateralen europäischen Rahmen von Großforschungsinstituten z.B. der Neutronenforschung (Institut von Laue/Langevin, Grenoble, 1967), der Molekularen Biologie (Heidelberg 1974) und der Europäischen Synchrotron-Anlage (Grenoble 1968) bedeutende Forschungseinrichtungen erhielten. Bewegt sich doch die europäische Zusammenarbeit in diesen Instituten jährlich auf 1.600 bis 3.500 Forschungsprojekten und -experimenten.

Doch sei hier vor allem die Zusammenarbeit in den Geisteswissenschaften als Beispiel ausführlicher beschrieben: Die Geschichtswissenschaft hatte dabei, wie erwähnt, eine besonders wichtige Aufgabe zu erfüllen, indem sie die alten verzerrten Feindbilder und wechselseitigen Ressentiments durch kritisch gesicherte Forschungsergebnisse, auch unter Beteiligung ausländischer Forscher und im Dialog mit ihnen, ersetzte und damit auf streng wissenschaftlicher

15 Zu den Schwierigkeiten mit Spanien nach Kriegsende und den Problemen mit einem neuen Kulturabkommen vgl. Birgit Aschmann 1999: S. 392 f. Zur Rückgabe der deutschen Institute in Rom vgl. Andrea Hindrichs 2010: S. 142 und 344.

Grundlage möglichst objektive Voraussetzungen für eine neue Völkerverständigung schaffen sollte. Ein Exempel der geisteswissenschaftlichen Institute im Ausland sind daher vor allem die Deutschen Historischen Institute.

An der Gründung des Pariser Instituts von 1964 waren vor allem die Geschichtsprofessoren Paul Egon Hübinger (damals Abteilung für kulturelle Angelegenheiten des Bundesministeriums des Innern) und Gerd Tellenbach (Universität Freiburg) beteiligt (Pfeil 2007). Nach dem Vorbild des Deutschen Archäologischen Instituts Rom und des dortigen Deutschen Historischen Instituts wurden auch das Pariser und die anschließend gegründeten Deutschen Historischen Institute im Ausland planmäßig und nachhaltig mit bedeutenden Buchbeständen ausgestattet. Denn es hatte sich besonders im Deutschen Archäologischen Institut in Rom mit seiner damals schon über einhundertdreißigjährigen reichhaltigen Bibliothek herausgestellt, dass dies nicht nur eine wichtige Voraussetzung für die eigenen Forschungen war, sondern dass das Deutsche Archäologische Institut und das Deutsche Historische Institut dort gerade wegen ihrer reichen und ständig erweiterten Buch- und Bildsammlungen zu internationalen Austausch- und Treffpunkten für Forscher aus vielen Ländern und zu Forschungsinstrumenten von internationalem Rang geworden waren.

Der Forschungsschwerpunkt des Pariser Deutschen Historischen Instituts, dessen erster Direktor der Mannheimer Ordinarius Karl Ferdinand Werner wurde, liegt auf der Geschichte Westeuropas und hat seinen Niederschlag inzwischen in mehreren Buchreihen gefunden, von denen u.a. die Zeitschrift *Francia*, die seit 1973 erscheint, auf inzwischen vierzig Bände (dazu noch Beihefte) angewachsen ist (siehe auch Werner 1983). Hier wie auch in den *Studien* und neuerdings in der Reihe *Ateliers* sind auch zahlreiche französische Forschungen in den Institutsreihen erschienen. Nicht zuletzt gibt es auch eine enge Zusammenarbeit zwischen dem Institut und dem *Centre National de la Recherche Scientifique*, dem französischen Pendant der Deutschen Forschungsgemeinschaft. Diese Pariser und römischen Ansätze einer wissenschaftlichen Kooperation mit dem Gastland und der internationalen Wissenschaftlergemeinschaft hat in der Folge auch die neuen Deutschen Historischen Institute in London (1975), Washington (1986), Warschau (1993) und Moskau (2005) bestimmt. Sie wurden ausnahmslos zu einem erfolgreichen Modell wissenschaftlicher Kooperation (ausführlicher hierzu Düwell 2009: 92 ff.).

Das Deutsche Historische Institut Moskau, ein jüngstes Beispiel, unterhält neben den auch in anderen deutschen Historischen Instituten im Ausland eingerichteten Mitteilungsmedien (eine *Bulletin*-Reihe, Jahresberichte, eine Reihe der vom Institut prämierten Dissertationen, Tagungsberichte und Einzelaufsätze – letztere meist auch als Online-Publikation) vor allem eine im Aufbau befindliche, für das russische Benutzerpublikum bestimmte Übersetzungsfolge *Klassiker der deutschen Historiographie* und eine Reihe von Quelleneditionen, in der z.B. eine Sonderausgabe von Dokumenten des Generalsekretärs der Kommunistischen Partei der Sowjetunion Leonid I. Breschnew aus den Jahren 1964 bis 1984 veröffentlicht worden ist. Sie ist eine wichtige russische Überlieferung zur neuen deutschen Ostpolitik der siebziger und frühen achtziger Jahre.

Innerhalb der bisher sechs Deutschen Historischen Institute im Ausland stellte das Moskauer Haus bis vor kurzem noch einen Sonderfall dar. Da es sich um eine von privaten Stiftern, der Krupp von Bohlen und Halbach Stiftung und der Hamburger ZEIT-Stiftung, getragene Einrichtung handelt, musste sie zunächst in besonderer Weise akkreditiert werden. Doch wurde das Institut 2011 auf Dauer in den Etat des Bundesforschungsministeriums übernommen. Es ist schon jetzt ein wichtiges Glied in der Kette der Deutschen Historischen Institute. Bei seiner

Eröffnung im September 2005 sagte die damalige Bundesministerin Edelgard Bulmahn, Ziel der Institute im Ausland sei es, aus dem Verstehen der gemeinsamen Geschichte für eine friedliche Zukunft zu lernen. Eine zentrale Aufgabe der Institute bestehe darin, historisch-politische Zusammenhänge in partnerschaftlicher Weise zu erforschen und darzustellen. Es gehe darum, einen Beitrag zu leisten, solche Katastrophen wie die beiden Weltkriege für alle Zeiten zu vermeiden. Das Moskauer Institut solle daher ein „Forum des wissenschaftlichen Austauschs und der Begegnung“ sein, die Zusammenarbeit mit den russischen Wissenschaftlern intensivieren und den wissenschaftlichen Nachwuchs fördern. „Erst mit dem Verstehen der gemeinsamen Geschichte, dem besseren Verständnis der Länder und Kulturen und einer gemeinsamen Bewertung der Vergangenheit ist die Gestaltung unserer Zukunft in Frieden und Freiheit möglich“[16]. Dass dabei der historischen Ausbildung des wissenschaftlichen Nachwuchses eine besondere Bedeutung beigemessen wurde, war angesichts der zu lösenden Probleme bei der Erarbeitung eines neuen Geschichtsbildes, das auch für eine neue Generation kritischen Prüfungen der historischen Forschung standhalten sollte, eine unerlässliche Voraussetzung. Daraus könnte auch ein gewandeltes Deutschlandbild entstehen.

Alle Deutschen Historischen Institute im Ausland gehören der seit 2002 bestehenden „Stiftung Deutscher Geisteswissenschaftlicher Institute im Ausland“ an, auch das Moskauer Institut, das zunächst „nur“ als Repräsentanz dieser Stiftung begonnen hatte. Diese Stiftung mit Sitz in Bonn wurde 2012 mit dem Zusatz Max Weber Stiftung versehen[17]. Vorsitzender des Stiftungsrats war zunächst der Kölner Neuhistoriker Professor Wolfgang Schieder, sein Nachfolger ist seit 2009 Professor Heinz Duchhardt. Stiftungszweck ist „die Forschung mit Schwerpunkten auf den Gebieten der Geschichts-, Kultur-, Wirtschafts- und Sozialwissenschaften in ausgewählten Ländern“ sowie „das gegenseitige Verständnis zwischen Deutschland und diesen Ländern“ zu fördern. „Die Stiftung unterhält mit dieser Zielrichtung im jeweiligen Gastland deutsche Forschungsinstitute (Institute) und fördert vorbereitende und begleitende Tätigkeiten“ (alle Zitate aus § 1 Abs. 1 der Satzung[18]).

Inzwischen ist die Stiftung die Rechtsträgerin von zehn Instituten mit 270 Mitarbeitern. Ihr gehören auch das Orient-Institut der Deutschen Morgenländischen Gesellschaft in Beirut und Istanbul, das Deutsche Institut für Japanstudien in Tokio und das Deutsche Forum für Kunstgeschichte in Paris an. Die Mittel stellt das Bundesministerium für Bildung und Forschung. Dass man diese Institute und ihre Rechtsträgerin, die Stiftung Deutscher Geisteswissenschaftlicher Institute im Ausland, auch als eine Mittlerorganisation betrachten kann, ist kaum zu bezweifeln. Aber es handelt sich um eine Mittlerorganisation eigner Art. Dass sie nicht beim Auswärtigen Amt ressortiert sondern beim Bundesministerium für Bildung und Forschung, ist noch auf eine ältere Tradition zurückzuführen, als das alte Reichs- bzw. das Bundesinnenministerium die Zuständigkeit für einige dieser ältesten Häuser in Rom und Athen hatte. Heute stellt das Netzwerk der Deutschen Geisteswissenschaftlichen Institute im Ausland zugleich einen nationalen Forschungsverbund mit starken internationalen, aber auch transnationalen Kontakten dar. Sie sind ein interkulturelles *Clearing-House* der Wissenschaft mit ausgeprägter Forschungsorientierung und Brücken zur Zivilgesellschaft. Das führt uns nochmals zurück zur

16 Meldung des Bundespresseamts vom 13. September 2005.
17 http://www.maxweberstiftung.de.
18 http://www.maxweberstiftung.de/fileadmin/user_upload/upload/DGIA-Satzung_Stand_27.11.2009.pdf (September 2014).

Frage des Kulturbegriffs und zur Stellung der Mittlerorganisationen als eigenständige kulturpolitische Akteure.

## 9. Die Durchsetzung und Ausdifferenzierung des erweiterten Kulturbegriffs in der Auswärtigen Kulturpolitik der Bundesrepublik Deutschland

Die ersten beiden Jahrzehnte der Auswärtigen Kulturpolitik der Bundesrepublik hatten dazu geführt, dass, wie es Dieter Sattler (Leiter der Kulturabteilung des Auswärtigen Amts von 1959 bis 1966) formuliert hat, diese besondere Form der Außenpolitik neben der klassischen Diplomatie und der Wirtschaftspolitik als „Dritte Bühne" Anerkennung gefunden hat (Sattler 1963; Stoll 2005b). Unter Sattlers Nachfolger Hans-Georg Steltzer und dem Soziologen Ralf Dahrendorf wurde diese Position weiter begründet und vertieft. Das Neue an der Situation von 1969/70 war, dass fast gleichzeitig wichtige außen- und deutschlandpolitische Veränderungen mit konzeptionellen Neuorientierungen der Auswärtigen Kulturpolitik der Bundesregierung zusammentrafen. Die neue Ostpolitik der Regierung Brandt/Scheel hatte sich, zuvor vorbereitet durch die Außenpolitik des Außenministers Brandt, mit dem Moskauer Vertrag vom 12. August 1970 auf das Ziel der Entspannung und Friedenssicherung durch Gewaltverzicht und Unverletzlichkeit der europäischen Grenzen (einschließlich der Oder-Neiße-Linie) festgelegt. Die Verbindungen West-Berlins mit der Bundesrepublik waren dabei stillschweigend ausgeklammert worden, was aber nach Jahren harter politischer Auseinandersetzung mit Moskau schon ein Fortschritt war. Und im *Brief zur deutschen Einheit*, den Außenminister Walter Scheel übergeben hatte, war die Deutsche Frage mit der Formulierung offen gehalten worden, „dass dieser Vertrag nicht im Widerspruch zu dem politischen Ziel der Bundesrepublik Deutschland steht, auf einen Zustand des Friedens in Europa hinzuwirken, in dem das deutsche Volk in freier Selbstbestimmung seine Einheit wiedererlangt" (Auswärtiges Amt 1972: 763). Nicht zuletzt hatte der Vertrag in seiner Präambel auch das Ziel „der Verbesserung der wissenschaftlichen, technischen und kulturellen Verbindungen" genannt, was auch bei einem Treffen Brandts mit dem Generalsekretär des Zentralkomitees der Kommunistischen Partei der Sowjetunion Leonid Breschnew im September 1971 nochmals hervorgehoben wurde (Auswärtiges Amt 1972: 830 f.).

Was hier noch gleichsam in klassischer Tradition als Nebeneinander von wissenschaftlicher, technischer und – dagegen abgehoben – kultureller Zusammenarbeit genannt wurde, war allerdings in der Kulturabteilung des Auswärtigen Amts Ende des Jahres 1970 schon einer konzeptuellen Revision unterworfen und neu „zusammengedacht" worden. Die Leitsätze des Auswärtigen Amts für die Auswärtige Kulturpolitik vom Dezember 1970 gingen nämlich von einem erweiterten Kulturbegriff aus, unter den nun stärker auch medienpolitische, zivilisatorisch-technische und gesellschaftliche Aspekte subsumiert wurden. Schon in einer Aufzeichnung vom 15. Oktober 1969 hatte Barthold C. Witte, der spätere Leiter der Kulturabteilung, diesen erweiterten Kulturbegriff vorgeschlagen, „der neben der Kultur im engeren Sinne auch Bildung und Wissenschaft sowie vor allem auch die Massenmedien und die internationale Zusammenarbeit gesellschaftlicher Gruppen umfassen, ja sogar die beim Entwicklungsministerium angesiedelte Bildungshilfe für Entwicklungsländer einschließen sollte" (Witte 2003: 247). Dieser Gedanke ging 1970 in die von Ralf Dahrendorf, dem neuen Parlamentarischen Staatssekretär des Auswärtigen Amts, und von Hans-Georg Steltzer, dem damaligen Leiter der Kulturabteilung, vorgelegten *Leitsätze für Auswärtige Kulturpolitik* ein:

> *Kultur ist heute nicht mehr ein Privileg elitärer Gruppen, sondern ein Angebot an alle. Sie ist ein Teil des dynamischen Prozesses der Veränderungen in unserer Gesellschaft, der den Weg zu internationaler Zusammenarbeit aller gesellschaftlichen Gruppen vorzeichnet. Das bedeutet eine beträchtliche Ausdehnung und weitere Differenzierung unserer Kulturarbeit im Ausland. – Die Pflege kultureller Beziehungen im Sinne der bisherigen Konzeption bleibt [aber, Anm. K.D.] auch in Zukunft ein wesentliches Element unserer Auswärtigen Kulturpolitik. Bisher hat die Auswärtige Kulturpolitik sich vornehmlich auf die Förderung der Beziehungen zum Ausland im akademischen und künstlerischen Bereich, auf die Verbreitung der deutschen Sprache und die Unterstützung von deutschen Schulen im Ausland erstreckt. Diese Aufgaben bleiben wichtig; Mittel und Formen müssen jedoch einer veränderten Welt angepasst werden* (Auswärtiges Amt 1972: 782).

Ausgehend von den übergeordneten Zielen einer internationalen Verständigung und Friedenssicherung waren diese Leitsätze auf Austausch und Zusammenarbeit, auf „Offenheit für das Andere" gerichtet.[19] Aus dieser offenen Grundhaltung heraus wurde sogar gegenüber der DDR, die in Paris inzwischen ein ansehnliches Kulturinstitut mit roten Fensterrahmen vorbereitete und den Wettbewerb mit der Bundesrepublik auch in der Entwicklungspolitik aufgenommen hatte, mehr Gelassenheit gezeigt: „Wir wollen unseren Landsleuten die Vorteile des internationalen Handels- und Kulturaustauschs nicht schmälern" (Auswärtiges Amt 1972: 783).

Die Leitsätze enthielten eine Reihe von Überlegungen, die auch weitere Neuerungen einbezogen: gemeinsame kulturelle Veranstaltungen mit anderen europäischen Partnern in Drittländern, kulturelle Zusammenarbeit gesellschaftlicher Gruppen (Gewerkschaften, Kirchen, Frauen- und Jugendorganisationen) innerhalb der europäischen Staatengemeinschaft, stärkere regionale Schwerpunktbildungen, z.B. Intensivierung der Beziehungen zu den „Ländern der sich entwickelnden Welt" und „Erneuerung des Austauschs mit den Staaten des europäischen Ostens" (Auswärtiges Amt 1972: 784). Diesen Ausdifferenzierungen des erweiterten Kulturbegriffs lag eine klare Erkenntnis des spezifischen Zeitfaktors langfristiger kultureller Verläufe zu Grunde, da auf diesem Feld keine schnell reifenden, sondern nur längerfristig zu erntende Früchte erwartet werden konnten. Nachhaltigkeit war angestrebt. Dazu bedurfte es aber auch, wie es in den Leitsätzen hieß, langfristiger Strategien bzw. mittel- und langfristiger Finanzplanung, die es bis dahin kaum gab. Als weitere Folgerungen ergaben sich die Notwendigkeit von Bedarfs- und Zielgruppenanalysen und von Evaluationen der Austauschprogramme sowie der Betreuung und insbesondere der Nachbetreuung beim Personenaustausch (Auswärtiges Amt 1972)[20]. Aber auch die in der Entwicklungspolitik notwendige Abstimmung zwischen dem Auswärtigem Amt und dem Bundesministerium für wirtschaftliche Zusammenarbeit und Entwicklung über Fragen der Bildungshilfe bzw. zwischen Auswärtigem Amt und dem Bundesmi-

19 Andrea Hindrichs hat darauf hingewiesen, dass viele Elemente der Leitsätze sich schon in den frühen Überlegungen Dieter Sattlers und Rudolf Salats während ihrer Zeit als Direktoren der Deutschen Bibliothek und des Goethe-Instituts in Rom nach 1959 finden. Vgl. Hindrichs 2010: S. 195 ff. und 345.

20 „...müssen wir dafür sorgen, dass die Ausländer bei uns berufsbezogen betreut werden und die Verbindung mit ihnen auch nach ihrer Rückkehr in die Heimat aufrecht erhalten bleibt." Eine der ersten diesbezüglichen Evaluationsstudien war damals die Arbeit von Hannelore Gerstein (1974).

nisterium für Bildung und Wissenschaft (bzw. Forschung) über die internationalen Wissenschaftsbeziehungen sollte intensiviert werden[21].

## 10. Die Enquete-Kommission Auswärtige Kulturpolitik (1970–1975)

Einige dieser Vorschläge entsprangen wohl der für die sechziger und siebziger Jahre charakteristischen Planungseuphorie, von der auch die Auswärtige Kulturpolitik nicht ganz verschont blieb. Aber mit den *Leitsätzen* war ein öffentlicher Diskurs eröffnet, der sehr bald in weitere Zusammenhänge trug und im Deutschen Bundestag zur Einsetzung einer Enquete-Kommission für Auswärtige Kulturpolitik führte.

Die Kommission, die auf Anregung des Abgeordneten Berthold Martin, des kulturpolitischen Sprechers der CDU/CSU-Fraktion, zu Stande kam und unter ihrem Vorsitzenden Max Schulze-Vorberg (CSU) in den folgenden Jahren an einem umfassenden Bericht arbeitete, legte 1975 das Ergebnis ihrer Beratungen vor. Darin kam sie zum Teil zu einem von den Leitsätzen Dahrendorfs und seiner Mitarbeiter erheblich abweichenden Resultat. Das galt vor allem für die von der Kommission jetzt höher bewertete Bedeutung der deutschen Sprache, die als „wesentliches Element der kulturellen Außenpolitik" gesehen wurde und überall dort gefördert werden sollte, „wo Bedarf und Aufnahmebereitschaft" bestanden. Außerdem sollte der Unterricht in Deutsch als Fremdsprache, einem damals neu eingerichteten Fach, stärker wissenschaftlich und didaktisch vorbereitet werden – eine Forderung, die bald darauf zuerst an der neuen Universität Bayreuth durch eine entsprechende Institutsgründung umgesetzt wurde. Ein weiteres Petitum der Kommission lautete: „Zusammen mit anderen interessierten Staaten muss der berechtigte Anspruch auf Berücksichtigung der deutschen Sprache in internationalen Organisationen und Konferenzen vertreten werden" (Enquete-Kommission 1975: 24; Witte 1981).

Die Enquete-Kommission empfahl, den formell noch bestehenden Kulturpolitischen Beirat des Auswärtigen Amts nicht mehr einzuberufen und stattdessen einen beratenden Ausschuss zu bilden, in den Persönlichkeiten aus den Mittlerorganisationen, aus Kultur und Politik und aus den Ländern des Bundes berufen werden sollten. Die Verwaltungsaufgaben der Referate der Kulturabteilung sollten ganz auf die Mittlerorganisationen selbst übertragen werden, damit die Kulturabteilung sich ausschließlich auf die konzeptionelle Planung und Aufsicht konzentrieren konnte (Vorschlag Nr. 180). Dabei sollte in der Kulturabteilung die Aufmerksamkeit künftig – dies war eine gewisse Einschränkung des Rotationsprinzips – stärker auf personelle Kontinuität gerichtet werden (Nr. 181). Die Länder wurden zur Verbesserung ihrer Mitwirkung an der Auswärtigen Kulturpolitik unter anderem dazu eingeladen, einen gemeinsamen ständigen Ausschuss zu bilden, der die Anerkennungen ausländischer Bildungsnachweise erteilen und damit die schwierigen Fragen von Nostrifikationen und Äquivalenzen lösen sollte.

Einen großen Raum nahmen bei den Stellungnahmen der Kommission die Vorschläge zu der immer wichtiger werdenden Rolle der Medien ein. In einer, so hieß es, „die breite Öffentlichkeit ansprechenden kulturellen Außenpolitik" (Nr. 303) sollten bei Rundfunksendungen und Fernsehtranskriptionen besonders die Bedürfnisse der Entwicklungsländer und ihre Devisenschwierigkeiten, aber auch die Wünsche einiger Länder in Ost- und Südosteuropa, berücksichtigt werden. Von den gesellschaftspolitischen Empfehlungen der Leitsätze von 1970 freilich

21 Vorschläge hierzu enthielt schon eine Skizze von Bundesbildungsminister Hans Leussink (1963: S. 50 ff.).

fand sich hier nur noch der kurze Vorschlag, dass zur Verbesserung des Filmangebots in den deutschen Kulturinstituten im Ausland eine stärkere Berücksichtigung gesellschaftspolitischer Themen geeignet scheine. Und bei den Printmedien empfahl die Enquete-Kommission die Herausgabe einer für das Ausland bestimmten Kulturzeitschrift. Letzteres hat sich dann allerdings als ein kostenträchtiges und immer wieder verschobenes Projekt erwiesen, das nie über eine prächtige „Nullnummer" hinausgelangt ist.[22]

Im Gegensatz zu den *Leitsätzen* hielt die Kommission, wie in der Sprachpolitik so auch bei den deutschen Schulen im Ausland, an der „wichtigen Rolle" fest, „die sie in der kulturellen Außenpolitik der Bundesrepublik spielten" (Enquete-Kommission 1975: 63). Hierfür wurden vor allem drei Gründe genannt. Der eine war, dass die Schulen neben der Vermittlung deutscher Sprachkenntnisse auch helfen konnten, der Jugend ein wirklichkeitsnahes Deutschlandbild zu verbreiten. Als zweiter Grund musste im Hinblick auf die Zukunft diese besondere Rolle neuer heranwachsender Generationen gesehen werden. Der dritte Grund war die gewachsene Bedeutung, die die deutschen Auslandsschulen inzwischen auch in den Entwicklungsländern gewonnen hatten. Es hieß: „Besonders in Entwicklungsländern sollen die Schulen auch berufsbezogene Bildungsinhalte vermitteln und eng mit örtlichen Berufsbildungseinrichtungen, vor allem den Projekten der deutschen Bildungshilfe, zusammenarbeiten" (Enquete-Kommission 1975: 63). Von den sich damals entwickelnden Grundtypen deutscher Auslandsschulen, den sogenannten Botschafts- oder Expertenschulen für deutsche Staatsangehörige einerseits und den sogenannten Begegnungsschulen andererseits, die auch für ausländische Schüler offen standen, galt das vor allem fur die Begegnungsschulen.

Seit diesem Bericht der Enquete-Kommission von 1975 hat die Besinnung auf den Wert der Auslandsschulen wieder zugenommen. Die Erkenntnis, dass, wenn es in der Auswärtigen Kulturpolitik auf langfristige und nachhaltige Wirkungen ankomme, vor allem Schulen durch ihre planmäßige, stufenweise Sach- und Spracharbeit, durch ihre „modulierten" Lern- und Animationsmöglichkeiten und durch ihren Generationen übergreifenden steten Austausch zwischen Gast- und Mutterland mittel- und langfristig zu nachhaltigen kulturellen Begegnungen führen können, ist seither immer wieder betont worden. Die Bedeutung des Auslandsschulwesens, auch in Entwicklungsländern, ist allein schon deshalb kaum zu überschätzen. Auch wird der Wert der ausländischen Schulabsolventen (Alumni) und ihrer Nachbetreuung durch die deutsche Seite (Kontaktpflege) seither viel deutlicher gesehen.

Das gewachsene Gewicht der Vermittlung eines realitätsnahen Deutschlandbildes und eine stärkere Rolle der Entwicklungsländer wurden von der Kommission auch für den akademischen Austausch in Hochschulen und Wissenschaft als Lernziel formuliert. Der erstgenannte Aspekt fand sich in der Empfehlung „Förderung qualifizierter germanistischer Lehrstühle an ausländischen Hochschulen unter Berücksichtigung der gewachsenen Bedeutung der Deutsch landkunde". Unter dem anderen Gesichtspunkt, den Beziehungen zu den Entwicklungsländern, wurden Maßnahmen gefordert, „die sicherstellen, dass Studierende aus Entwicklungsländern ihre in Deutschland erworbenen Kenntnisse für den Aufbau ihres Landes einsetzen" (Enquete-Kommission 1975: 69). Diesem Ziel sollte anfangs auch die verstärkte Vergabe von so-

22 Der Kultur- und Kunstpublizist Lothar Romain, der dieses aufwendige Magazin konzipiert hatte, war in den Jahren zuvor auch schon mit einem der ersten Beiträge zum Verhältnis von Auswärtiger Kultur- und Entwicklungspolitik hervorgetreten. Vgl. Ders. und Wolfgang Slim, Ex Germania lux? Kritische Anmerkungen zu den deutschen Bildungsbemühungen in der Dritten Welt. Vgl. auch Lothar Romain, Mit Goethe durch das Jahr? Reform der Auswärtigen Kulturpolitik und Goethe-Institut im Umbruch. In: Die Dritte Welt (Sonderheft), Meisenheim 1972: S. 71-80.

genannten *Sur-Place*-Stipendien für ausländische Bewerber dienen, die von der Enquete-Kommission statt eines viel kostspieligeren Studiums in Deutschland empfohlen wurden (Enquete-Kommission 1975: 69). Die Probleme einer solchen Konstruktion waren aber noch nicht hinlänglich analysiert.

Die Leistungen der Kirchen in der Kulturarbeit und in der Entwicklungshilfe wurden von der Enquete-Kommission ausdrücklich anerkannt, und sie sollten auch künftig gefördert werden (Enquete-Kommission 1975: 77). Zu diesen Fragen war inzwischen 1973 auch eine gemeinsame Erklärung des Bundes Katholischer Unternehmer und des Arbeitskreises Evangelischer Unternehmer in der Bundesrepublik Deutschland zum Thema „Christliche Unternehmer zur Entwicklungspolitik" erschienen. In ihr hieß es u.a. schon, dass der Gedanke der Partnerschaft „als wichtigste Aufgabe der internationalen Entwicklungshilfe" gesehen und „Entwicklungshilfe als universale Solidarverpflichtung" verstanden werden müsse. Hier konnten sich auch Nichtregierungsorganisationen engagieren.

So wie bei der Schul-, Hochschul- und Wissenschaftspolitik gegenüber dem Ausland die Bedeutung der Sprachkenntnisse und eines „wirklichkeitsnahen Deutschlandbildes" und verstärkte Zusammenarbeit mit den Entwicklungsländern von der Kommission für vordringlich gehalten wurden, so galt ihr dies ebenfalls für die Zusammenarbeit mit ausländischen Arbeitnehmern und Praktikanten im Inland. Hier sollten unter anderem Veranstaltungsprogramme mit Begegnungscharakter die Kontakte zur deutschen Bevölkerung verstärken. Nicht zuletzt war es auch von Bedeutung, dass die Enquete-Kommission vorschlug, im Rahmen des Auswärtigen Ausschusses des Bundestags einen Unterausschuss für Kulturelle Außenpolitik zu schaffen (später: Ausschuss „Auswärtige Kultur- und Bildungspolitik"). Ihm sollten wegen der ressortübergreifenden Themenbereiche auch Mitglieder der Bundestagsausschüsse für Forschung und Technologie, für Bildung und Wissenschaft und für Wirtschaftliche Zusammenarbeit angehören.

Insgesamt wurden im Bericht der Enquete-Kommission von 1975 die sachlichen Konsequenzen des erweiterten Kulturbegriffs deutlich erkennbar. Es darf aber auch nicht übersehen werden, dass neben dieser parlamentarischen Diskussion ein öffentlicher Diskurs in den Medien begonnen hatte, in dem neben Max Schulze-Vorberg, dem Vorsitzenden der Kommission selbst, der ein erfahrener Publizist war, auch andere hervorragende Journalisten wie z.B. Rüdiger Altmann und Hans Schwab-Felisch mit begleitenden Berichterstattungen und Analysen in den Printmedien das Interesse eines breiteren Publikums zu wecken vermochten. Der Bundestag stimmte 1976 dem Bericht der Enquete-Kommission einstimmig zu und forderte die Bundesregierung zu einer Stellungnahme auf.

Inzwischen war auch durch die Ergebnisse der Schlusskonferenz der Konferenz für Sicherheit und Zusammenarbeit in Europa in Helsinki 1975 der Stellenwert der Auswärtigen Kulturpolitik gestiegen (Treinen 1977). Und die Gründung der Gesellschaft für Technische Zusammenarbeit im gleichen Jahr hatte das Gewicht der Entwicklungspolitik verstärkt und außerdem die Frage einer Verbindung mit der Auswärtigen Kulturpolitik aufgeworfen. „Kultur und Entwicklung", so lautete bald darauf die Devise, die in den achtziger Jahren dann besonders die Arbeit von Deutscher Stiftung für Internationale Entwicklung und Carl Duisberg Gesellschaft bestimmt hat, aber auch heute noch aktuell ist.

Als das Bundeskabinett seine Stellungnahme zum Bericht der Enquete-Kommission am 21. September 1977 abgab, enthielt diese eine weitgehende Zustimmung zur Arbeit der Kommission. Einschränkungen machte die Bundesregierung allerdings erwartungsgemäß beim Vorschlag einer Zusammenlegung der meisten Zuständigkeiten allein beim Auswärtigen Amt und auch bei der vorgeschlagenen Einrichtung von Regional- und Fachausschüssen (Witte 1981: 314 ff.). Ebenso wurde die Einrichtung eines Koordinierungssekretariats für die Mittlerorganisationen beim Goethe-Institut von der Bundesregierung nicht für zweckmäßig erachtet. Und hinsichtlich des Vorschlags der Sur-Place-Stipendien merkte die Bundesregierung kritisch an, dass dies eigentlich mit dem kulturpolitischen Grundgedanken, dass nämlich der wesentliche Zweck der Stipendien die Begegnung von Ausländern mit Deutschland sei, nur unter Vorbehalt empfohlen werden könne.

Die konkrete Stellungnahme der Bundesregierung von 1977 zum Bericht der Enquete-Kommission mündete in die Verkündung von fünf Grundsätzen der Auswärtigen Kulturpolitik: (1) Sie stehe gleichrangig neben Außen- und Außenwirtschaftspolitik, (2) sie gehe ungeachtet der Trennung der Deutschen von einer gemeinsamen deutschen Kultur aus, (3) sie müsse sich an den Zielen der Außenpolitik orientieren, solle aber nicht Magd der Politik werden, (4) sie könne nicht mehr auf einseitigen Kulturexport beschränkt bleiben, sondern müsse sich den kulturellen Wechselbeziehungen und der partnerschaftlichen Zusammenarbeit öffnen und (5) sie solle ein ausgewogenes, wirklichkeitsnahes Deutschlandbild vermitteln. Angelehnt an und gleichzeitig frei von der Außenpolitik – das war freilich eine prekäre Autonomie. Aber hier konnte eine fruchtbare Spannung entstehen. Auch die „Abkehr von der Einbahnstraße“ und ein kultureller „Gegenverkehr“ konnten lebendige Spannung bewirken. Nur das Deutschlandbild wurde mehr oder weniger von Deutschland selbst gezeichnet, unterlag aber der Prüfung durch ausländische Betrachter und wohl auch einer Ergänzung durch sie.

Nach dieser Stellungnahme des Bundeskabinetts wurde die Arbeit des neuen Unterausschusses des Bundestags für Kulturelle Außenpolitik am 30. März 1979 mit einer Schlussaussprache vorerst beendet und vorgesehen, dass der Bundestag selbst im Sommer 1979 über die Stellungnahme der Bundesregierung eine Debatte führen sollte. Aber diese Debatte musste unter anderem wegen der revolutionären Ereignisse im Iran und wegen der Terroristenprozesse in der Bundesrepublik vertagt werden. Die Vorgänge in Teheran haben dann die Eröffnung einer deutschen Universität in Iran verhindert und damit zugleich auch die Idee der Sur-Place-Stipendien in Zweifel gezogen. Wenn die vorgesehene Bundestagsdiskussion über die Stellungnahme der Bundesregierung zum Enquete-Bericht auch später nicht mehr nachgeholt wurde, so hing das damit zusammen, dass über die Auswärtige Kulturpolitik inzwischen ein Grundkonsens erarbeitet worden war, der in den *Zehn Thesen* des Auswärtigen Amts von 1982 seinen Ausdruck gefunden hat (Witte 2003: 299 f.).

## 11. Immer wieder: Überlegungen zum Zusammenhang von Kultur und Entwicklung

Vorausgegangen war in Bonn im Mai 1980 die große internationale Konferenz „Brücke über Grenzen“, die unter dem Vorsitz von Staatsministerin Dr. Hildegard Hamm-Brücher mit Zustimmung des Bundeskanzlers Helmut Schmidt und unter der Schirmherrschaft des Außenministers Hans-Dietrich Genscher stattgefunden hatte (Danckwortt 1980). Als Träger dieses Symposiums fungierte die Vereinigung für Internationale Zusammenarbeit, ein Zusammenschluss der größten Mittlerorganisationen. Hier war bereits das Konzept der partnerschaftlichen Begegnung und der Gegenseitigkeit des Kulturaustauschs entwickelt worden, das 1982 den *Zehn Thesen* über Begegnung und Zusammenarbeit mit Ländern der sogenannten Dritten Welt zu Grunde gelegt wurde. Dieses auf Dialog mit den Entwicklungsländern gerichtete Konzept bestimmte auch nach dem Bonner Regierungswechsel von 1982 die Bemühungen der neuen Bundesregierung unter Kanzler Helmut Kohl. Es war den ärmeren Entwicklungsländern jedoch nach den beiden Ölkrisen von 1973 und 1979 kaum noch möglich, die Kosten eines echten Dialogs selbst zu tragen, so dass die Asymmetrien des kulturellen Austauschs mit dieser Ländergruppe immer größer geworden waren. Die *Zehn Thesen* von 1982 zielten daher vor allem auf die Lösung zweier Probleme: Wie konnten finanzielle Hilfen aus Deutschland bereitgestellt werden, und wie ließ sich die Organisation von Entwicklungsprojekten so ändern, dass die finanziellen Mittel auch einer für notwendig erachteten kulturellen Projektbegleitung bei technischen Vorhaben zu Gute kamen? Damit allein waren zwar die bestehenden Asymmetrien gegenüber den Ländern Afrikas, Lateinamerikas und Asiens sicher nicht zu beheben, aber ohne solche Schritte schien es noch weniger möglich. Denn schon bei Schwellenländern, mit denen die Bundesrepublik bis dahin erfolgreich wirtschaftliche Zusammenarbeit praktiziert hatte, wie z.B. dem Iran, blieb die kulturelle Kontaktnahme oft so defizitär, dass z.B. der dortige revolutionäre Umbruch von 1979 mangels genauerer Kenntnisse über die kulturellen und religiösen Neuorientierungen im Inneren der persischen Gesellschaft für den Westen allgemein ziemlich überraschend, ja geradezu jäh kam. Das galt selbst für die Bundesrepublik, die 1979 gerade im Begriff gestanden hatte, eine Technische Universität in der Nähe von Teheran zu eröffnen, für die ein Teil des Lehrpersonals in Deutschland schon bereit stand. Zu einer kulturellen Annäherung ist es daher in diesem Fall nicht gekommen, und noch stärker blieb das Defizit der kulturellen Zusammenarbeit bei den ärmeren Ländern. Es kam also darauf an, Kultur und Entwicklung in eine engere Beziehung zu setzen. Aber wie sollte das geschehen?

Die *Zehn Thesen* von 1982 boten nun gute Ansätze, indem es von dort aus gelang, im Bundesetat zwei Haushaltspositionen zu schaffen, mit denen es möglich wurde, dass sich auch die ärmeren Länder in der Bundesrepublik kulturell präsentieren konnten. Die eine dieser beiden Positionen war die Kostenstelle *Devisenschwache Länder*, die andere der Etatposten *Kulturhilfe* für Entwicklungsländer, der unter anderem dazu bestimmt wurde, einige historische Orte der alten Kulturen mit ihren Denkmälern zu sichern. Auf diese Weise konnten z.B. in dem devisenschwachen Peru ein bedeutendes neu entdecktes Fürstengrab aus vorkolumbianischer Zeit in Sipan, ferner die buddhistischen Tempelanlagen in Bangkok, gefährdete mittelalterliche Häuser in Kairo und Zeugnisse antiker Bronzekunst im Jemen bewahrt werden. Auch die Rettung der brandenburgischen Stützpunktbefestigungen des 17. Jahrhunderts in Groß-Friedrichsburg (Goldküste) und ein Forschungsprogramm zur Verzeichnung der alten Musiktraditionen Madagaskars waren mit diesen Hilfsfonds möglich (Witte 2003: 300). Es kam dadurch auch zu einigen mittelfristigen Finanzierungsmöglichkeiten, die dazu beitrugen, das starre Haushaltsgerüst der Jahresetats aufzulockern und den für die Kulturpolitik spezifischen längerfristigen Zielsetzungen durch Übertragbarkeit der Fonds am Jahresende eher gerecht zu werden.

Allerdings haben die achtziger Jahre in den Kultur- und in den Entwicklungsetats nicht mehr die großen Zuwächse der vorangegangenen Jahre erreicht. Das war zum Teil eine Folge der neuen Ostpolitik, die ja auch von der Regierung Kohl getragen wurde und schon vor der deutschen Einigung von 1989/90 und vor der Auflösung des Sowjetimperiums in der Phase von *Glasnost* (Offenheit) und *Perestroika* (Umbau) seit 1986 zu ersten Akzentsetzungen für neue Initiativen der Bundesregierung gegenüber Osteuropa geführt hatte. Michail Gorbatschows Rede über das „gemeinsame europäische Haus“, die er am 6. Juli 1989 vor der Parlamentarischen Versammlung des Europarats in Straßburg hielt, wurde von der Regierung Kohl durch neue Initiativen der Entspannung und der wirtschaftlichen und kulturellen Zusammenarbeit erwidert. Dabei wurde auch der Europarat selbst schon zu einer wichtigen Relaisstation in den kulturellen Beziehungen zwischen den EG- bzw. EU-Ländern und Osteuropa.

Gewiss kostete diese neue Osteuropa-Orientierung beträchtliche finanzielle Mittel, aber dennoch ist es nicht ganz berechtigt, als Folge davon bei der Kultur- und Entwicklungspolitik im Nord-Süd-Dialog der achtziger Jahre von einem „verlorenen Jahrzehnt“ zu reden, wie dies zuweilen geschieht. Dagegen sprechen zwei wichtige Neuerungen, die gerade in den achtziger Jahren wesentlich zur Ausdifferenzierung und praktischen Ausfächerung des erweiterten Kulturbegriffs gehörten und bis in die Gegenwart nachwirken: zum einen die in dieser Phase von der Deutschen Stiftung für Internationale Entwicklung und der Carl Duisberg Gesellschaft gemeinsam eingerichtete Arbeitsgruppe „Kultur und Entwicklung“, zum anderen das 1989 gegründete „Haus der Kulturen der Welt“ in Berlin, das eine späte Auswirkung der *Zehn Thesen* von 1982 darstellte und ein weithin beachtetes Forum für die kulturelle Präsentation der Entwicklungsländer in Deutschland wurde.

Auch die Ausweitung der Kulturarbeit auf künstlerischen und akademisch-wissenschaftlichen Austausch mit den Entwicklungsländern eröffnete neue Dialogbereiche. Was in den fünfziger Jahren Hilmar Hoffmann in Oberhausen mit den Westdeutschen Kurzfilmtagen für den frühen Austausch mit dem Osten in Gang gebracht hatte, wurde seit den achtziger Jahren an verschiedenen Orten auch für den kulturellen Nord-Süd-Dialog grundlegend geleistet (Baller 1985; Bayer 1989; Bundesministerium für Wirtschaftliche Zusammenarbeit 1987; DAAD 1989). Der innovative Ansatz der Arbeitsgruppe „Kultur und Entwicklung“ bestand vor allem in einer differenzierteren Klärung der Interaktionsmöglichkeiten zwischen kultureller, gesellschaftlicher und entwicklungspolitischer Arbeit. Die Gründung der Gesellschaft für Technische Zusammenarbeit hatte in den zurückliegenden Jahren gezeigt, dass die technische Zusammenarbeit einer komplementären kulturellen Begleitung und menschlichen Begegnung bedurfte, wenn infrastrukturelle, industrielle und gewerbliche Großprojekte eine nachhaltige Wirkung haben sollten. Diese „kulturelle Einbettung“ der Entwicklungspolitik war ein analytischer und praktischer Erkenntnisgewinn, der sich gerade aus dieser Arbeitsgruppe von Deutscher Stiftung für Internationale Entwicklung und der Carl Duisberg Gesellschaft ergeben hatte und von ihnen überzeugend begründet worden war. Zwar wurde diese engere gemeinsame Arbeit der beiden Mittlerorganisationen nach Ausformulierung der konzeptionellen Ziele Ende der achtziger Jahre wieder beendet und die Arbeitsgruppe als solche aufgegeben, aber die innere Logik der beiden einander zuarbeitenden Agenturen führte schließlich doch zu einer Fusion von Bildungs- und Entwicklungskonzept: Beide Mittlerorganisationen schlossen sich im Oktober 2002 zu einer Großagentur mit dem Namen Internationale Weiterbildung und Entwicklung gGmbH in Bonn zusammen. Diese neue Mittlerorganisation sollte die Förderung des technischen Fortschritts und die finanzielle Besserung devisenschwacher Länder durch die Weiterbildung von Fach- und Führungskräften der Partnerinstitutionen und -länder bewirken. Indem die Internationale Weiterbildung und Entwicklung gGmbH praxisbezogene Weiterbildung und interkulturelles Training für Menschen in Staat, Wirtschaft und Zivilgesellschaft anbot und damit eine „Dritte Bühne“ betrat und eine kulturelle Lagerung der technischen Zusammenarbeit leistete, sollte in Übersee nachhaltige Entwicklung möglich gemacht werden (InWEnt 2003: 4). Diese Aufgaben sind seit 2011 in die neue Gesellschaft für Internationale Zusammenarbeit verlagert worden, in der die Internationale Weiterbildung und Entwicklung gGmbH und der Deutsche Entwicklungsdienst mit der alten Gesellschaft für Technische Zusammenarbeit zusammengeschlossen worden sind (Vorstandssprecherin seit 2012: Tanja Gönner, ehemals baden-württembergische Ministerin).[23]

Das Berliner Haus der Kulturen der Welt erwies sich nach der deutschen Einigung als ein fast idealer Standort für die werbende Kulturarbeit der außereuropäischen Länder, die hier, nach einer zwischenzeitlichen Pause, in der das Konzept überarbeitet werden konnte, bis heute in bunter Folge ihre Präsentationsbühne in Deutschland gestalten können. Sein erster Leiter Günter Coenen hat hier schon in den ersten Jahren die Grundlagen für eine erfolgreiche Geschichte dieses Hauses gelegt. Zu den inzwischen verfügbar gemachten Mitteln gehört unter anderem auch das virtuelle Haus der Kulturen der Welt[24]. Das Haus der Kulturen der Welt ist heute ein Arbeits- und Geschäftsbereich der „Kulturveranstaltungen des Bundes in Berlin GmbH". Es soll die außereuropäischen zeitgenössischen Kulturen in der Bildenden Kunst, Tanz, Theater, Musik, Literatur, Film und Medien zeigen und sie in einen öffentlichen Diskurs mit europäischen Kulturen bringen, also Möglichkeiten interkultureller Zusammenarbeit ausloten. Nach dem Übergang der Leitung von Hans-Georg Knopp zu Bernd M. Scherer 2006 sollte im Mittelpunkt der Arbeit des Hauses der Kulturen der Welt auch die Begegnung der zahlreichen in Berlin selbst lebenden ethnischen Gruppierungen mit der „Mehrheitsgesellschaft" stehen – ein im Zeitalter der Globalisierung immer wichtiger werdendes Thema (Scherer 2007 und Scherer/Diederichsen 2007).

Aber auch die Wissenschaftsbeziehungen zu den Entwicklungsländern sind nach der deutschen Einigung nochmals intensiviert worden (Weiss 1998). Demgegenüber stehen die neuen kulturpolitischen Aktivitäten der nun vereinigten deutschen Mittlerorganisationen für Osteuropa. Das Goethe-Institut, jetzt erweitert durch das ehemalige Johann-Gottfried-Herder-Institut in Leipzig (Praxenthaler 2002: 175-190) und zugleich auch noch Aufnahmeorganisation für Inter Nationes, hat inzwischen neue Institute in Osteuropa eröffnet, wo die Nachfrage nach Deutschunterricht anfangs besonders groß war. DAAD und Humboldt-Stiftung haben ihre Stipendien- und Austauschprogramme trotz finanzieller Engpässe noch einmal für Osteuropa erweitern können und das Stuttgarter Institut für Auslandsbeziehungen hat wichtige Hilfen zum Aufbau einer Medienstruktur in den osteuropäischen Ländern und neue dokumentarische Arbeit beigetragen. Dies alles sind nur Beispiele für die neuere Entwicklung der deutschen Auswärtigen Kulturpolitik, die in ihren Einzelheiten in diesem Handbuch dargestellt wird. Dabei ist in der jüngsten Entwicklung immer stärker der Versuch zu einem europäisch-islamischen Dialog zu beobachten. So hat das Goethe-Institut 2005 bei der Gründung der Anna-Lindh-Stiftung für den Dialog zwischen den Kulturen auch die Rolle eines nationalen Koordinators übernommen. Die schon seit der Konferenz der europäischen Staats- und Regierungschefs von Barcelona (1995) anvisierte Zusammenarbeit zwischen den jetzt 27 EU-Mitgliedstaaten und 12 nicht europäischen Mittelmeerländern hat zuletzt noch auf dem Treffen des Europäischen Rats in Paris am 13. Juli 2008 die Arbeit der Anna-Lindh-Foundation bei der Förderung des europäisch-islamischen Dialogs ausdrücklich begrüßt. Dieser kulturelle Dialog im Rahmen einer EU-Mittelmeer-Partnerschaft muss nun fortgeführt werden (Schöfthaler 2005: 260 ff.), um ihn auch für das Gespräch mit dem Islam zu nutzen.

23 Über die Weiterentwicklung der Idee einer engeren Verbindung von Kultur und Entwicklung vgl. den Beitrag von Enzio Wetzel in diesem Band.

24 www.hkw.de.

Der eingangs zitierte Karl Lamprecht hielt vor fast hundert Jahren, als er den Terminus Auswärtige Kulturpolitik als Erster in Deutschland verwendete, die Beobachtung und Kenntnis der kulturgeschichtlichen Rezeptionen zwischen Völkern, auch zwischen geographisch entfernten, für eine wichtige Voraussetzung zu internationaler Verständigung. Seine beispielhaften Fragen mögen heute auf den ersten Blick etwas spekulativ und veraltet scheinen, sind aber bei näherer Betrachtung in vielen Teilen noch immer aktuell:

> *Wie sind z.B. die Rezeptionen der europäischen Völker aus der japanischen Kultur seit etwa Mitte des 19. Jahrhunderts zu bewerten? Wie kommt es, dass sie sich wesentlich nur auf die Phantasietätigkeit erstreckt haben? Was ist [...] das Besondere der Rezeption skandinavischer Kulturelemente seit etwa der gleichen Zeit hin durch die romanischen, germanischen, slawischen Kulturnationen Europas? Und [...] wie erklärt sich der starke Einfluss, den Japanisches [...] und [...] malaiische Kultur neuerdings auf Holland zu äußern beginnen? Gibt es analoge Erscheinungen für England? Und wie wären sie einzuschätzen? Etwa gar als Anfänge einer Kolonialisierung der europäischen Kulturen? Und damit als partielle Vorzeichen kommender totaler Umwälzungen des Ganges menschheitlicher Geschichte? Und wiederum: wie stellt sich hierzu [...] die zunehmende kulturelle Einwirkung Nordamerikas auf den südlichen Schwesterkontinent? Spielen dabei Elemente wieder zum Vorschein gelangender indianischer Kultur [...] eine Rolle [...]? Die wissenschaftliche Erforschung [...] wird in allen Fällen ebenso unsere äußere Politik vor Schaden bewahren und positiv fördern, wie sie dem internationalen Verständnis direkt [...] zu dienen hat und dienen wird.* (Zit. nach Düwell 1976: 262 f.)

Interessant ist, dass Lamprecht damals Europa stärker in der empfangenden Haltung sah und deshalb zwischen den Kulturen, gleichsam als Gefäßen, auf dem alten Kontinent mehr die Rezeption (*Endosmose*) am Werk sah. Man braucht aber nicht unbedingt den umstrittenen Schritt Lamprechts zur Universalgeschichte zu tun, um die Kenntnis kulturgeschichtlicher Rezeptionen auch für die Auswärtige Kulturpolitik der Gegenwart als nützliche Voraussetzung praktischer Arbeit anzusehen. Die kulturelle Wirkung nach außen gehört jedoch als Gegenwirkung ebenfalls dazu. Was Lamprecht noch nicht sah und sehen konnte, ist die inzwischen eingetretene dichte Organisation und Institutionalisierung der auswärtigen Kulturbeziehungen, sowohl im internationalen als auch im transnationalen Bereich, sowohl unter bilateralem als auch unter multilateralem Aspekt. Es scheint, dass nicht nur in Deutschland die Herbeiführung einer neuen Übersichtlichkeit in den Strukturen der Auswärtigen Kulturpolitik zu einer Frage der Stunde geworden ist. Aus der Außenpolitik ist die Auswärtige Kulturpolitik nicht mehr wegzudenken. Für deren Erfolge schafft sie unentbehrliche Voraussetzungen.

## 12. Zusammenfassende Schlussbetrachtung und Ausblick

Eine neue Gesamtbetrachtung der deutschen Auswärtigen Kulturpolitik hat inzwischen der Germanist und Kulturhistoriker Frank Trommler in seinem anregenden Buch *Kulturmacht ohne Kompass* (2013) vorgelegt, worin er den Nationalstaat einen für die Außenkulturpolitik „unzuverlässigen" Kompass nennt (23). In einer Zeit, in der viel von Kultur als Soft Power (Joseph Nye) gesprochen wird, ist es wohl nötig, Kultur in der Auswärtigen Kulturpolitik noch eingehender als „Macht" zu analysieren. Vielleicht sollten dabei auch noch stärker die „internen" Faktoren, die Frank Trommler zuletzt schärfer in den Blick genommen hat, genauer betrachtet werden (a.a.O.: 51 ff.).[25] Wenn die Arbeit Trommlers auch nur bis zur deutschen Einigung von 1989/90 reicht, so ist sie doch eine Untersuchung, die viele neue Perspektiven und Erkenntnisse enthält und sicher zu eingehenden Diskussionen führen wird.

Wie ist die Lage heute? Nach dem Ende des Kalten Kriegs in den siebziger Jahren des letzten Jahrhunderts haben sich, ähnlich wie nach den beiden Weltkriegen, viele neue Formen der Auswärtigen Kulturpolitik entwickelt, die in stärkerem Maße als zuvor Züge offener und auf Gegenseitigkeit und Symmetrie hin orientierter Beziehungen bewirkt haben. Dies hat sich z.T. aus dem erweiterten Kulturbegriff und dem Wandel der Medienwelt ergeben, aber auch aus dem neuen Dialog mit den außereuropäischen Industrie-, Schwellen- und Entwicklungsländern.

Das Thema „Kultur und Entwicklung" ist zu einer wesentlichen Frage geworden. Ein ausführlicher internationaler Vergleich würde dabei teilweise die Gemeinsamkeiten und Unterschiede, Gegenseitigkeiten und Interaktionsmerkmale einiger Akteure erkennen lassen, bedürfte aber hier noch eines breiteren Untersuchungsansatzes (Znined-Brand 1999). Die Vielfalt dieser Formen scheint sogar ein Ergebnis der neuen Offenheit und Gegenseitigkeit der weltweiten Kulturkontakte nach dem Zweiten Weltkrieg und insbesondere nach der Schlussakte der Konferenz für Sicherheit und Zusammenarbeit in Europa von 1975 zu sein.

Aber das alles hat sich nicht automatisch eingestellt. Ein so erreichter Zustand ist auch nie ganz ungefährdet. Störungen können jederzeit von fundamentalistischen, gegen den freien Austausch gerichteten, aggressiven und forciert propagandistischen und agitatorischen Kräften ausgehen. Gegen solche Strömungen bedarf es eines „Frühwarnsystems", gleichsam eines „wehrhaften" geistigen Programms, das die friedlichen Beziehungen unter den Staaten und zwischen den Gesellschaften bewahren und festigen hilft. Auf die Bedeutung insbesondere des Dialogs mit dem Islam weisen alle neueren Berichte der Bundesregierung zur Auswärtigen Kulturpolitik nach 2001 wiederholt hin. Der früheste Schritt hierzu waren z.B. der 1995 beginnende Barcelona-Prozess und die Afghanistan-Konferenz auf dem Petersberg 2001. Ein solcher Dialog, der, wie diese Beispiele zeigen, langfristige Fortschreibung benötigt, kann friedenserhaltende Wirkung haben. Zurzeit sind viele Bemühungen im Gang, ihn auf eine breitere Grundlage zu stellen.

Die Präventivfunktion der Auswärtigen Kulturpolitik als Soft Power, wenn man diesen Begriff einmal testen will, bezweckt nicht nur die Vermeidung von Krieg und Gewalt („Solange verhandelt wird, wird nicht geschossen"), was allein schon recht viel wäre, sondern sie muss auch stets prospektiv auf mittel- und langfristige Friedenssicherung gerichtet sein. Dialog und Begegnung bilden dafür wesentliche Möglichkeiten und Voraussetzungen. Insofern stellen auch die in den achtziger Jahren in der Bundesrepublik Deutschland erstmals geschaffenen und seither erweiterten haushaltsrechtlichen Neuerungen (z.B. Budgetermächtigungen für Folgejahre), die einer für die Auswärtige Kulturpolitik charakteristischen längerfristigen Wirkungsweise eher gerecht werden, eine gute Voraussetzung für die Entwicklung angemessener neuer Formen und Konzeptionen dar. Der *Clash of Civilizations*, wie er sich aus einer austauschlosen Isolierung oder Verweigerung von Kulturen ergeben kann, wäre wohl nur mit solchen längerfristigen, auf Gegenseitigkeit der Beziehungen und Wirkungsweisen beruhenden Konzeptionen zu vermeiden. Hier bleibt freilich noch viel zu tun. War schon die Gründung des Deutschen

25 Vgl. auch den vom Institut für Auslandsbeziehungen 1981 herausgegebenen Band „Interne Faktoren auswärtiger Kulturpolitik im 19. und 20. Jahrhundert", der im selben Jahr auch als Heft 1 und 2 der *Zeitschrift für Kulturaustausch* erschienen ist.

Ausland-Instituts 1917 in Stuttgart als „ein Werk des Friedens inmitten des Kriegs" gedacht, so ist zwar verglichen damit die Aufgabe antizipatorischer Konfliktverhütung in Zeiten relativ friedlicher Verhältnisse etwas leichter, aber sie bleibt doch schwierig genug. Nach Kriegen wäre schon allein eine Bewertung der Auswärtigen Kulturpolitik als ein bloßes Mittel der Kompensation für verlorene Macht eine heikle und bedenkliche Auffassung, weil sie leicht in aggressive und militante Politik zurückführen kann. Die oben versuchte Typologie der Varianten einer Auswärtigen Kulturpolitik zeigt deutlich solche Gefahren an den Rändern der Grundtypen.

Erst im Jahr 2000 meldete sich das Bundeskabinett nach 23 Jahren selbst wieder zu Wort. Die *Konzeption 2000* der Bundesregierung hielt an der neu gewonnenen engeren Verbindung von Kultur- und Entwicklungspolitik fest. Auch wurde der inzwischen durch die weitergegangene europäische Integration gewonnene Denkansatz verstärkt. Nach der seit dem Maastricht-Vertrag von 1992, z.T. auch schon mit der Einheitlichen Akte von 1986, klarer gewordenen Komponente der Kulturpolitik der Europäischen Union sei nun, so lautete die Stellungnahme des Bundeskabinetts, „die Vielfalt der europäischen Kulturen in europäischen Kulturinstitutionen darzustellen". Das ist zu einer neuen europäischen Agenda geworden, an der weitergearbeitet werden muss. Diese Regierungskonzeption verknüpfte nach mehr als zwei Jahrzehnten, so hat es Kurt-Jürgen Maaß in geraffter Zusammenfassung formuliert, „erstmals die Auswärtige Kulturpolitik mit außenpolitischen Zielen wie Friedenssicherung, Konfliktverhütung, Verwirklichung der Menschenrechte [und] Demokratieförderung" und hob „allgemein die Orientierung an Werten" (Maaß 2002) besonders hervor. Eine solche Fortschreibung der Regierungsziele in der Auswärtigen Kulturpolitik kam freilich erst nach einer relativ langen Pause und war zu diesem Zeitpunkt eigentlich schon nicht mehr neu, bleibt aber weiterhin wichtig.

Die Neuorientierungen wurden aber schon bald von grundlegenden Veränderungen überschattet. Die Folge der *Konzeption 2000* war nach den New Yorker Terroranschlägen vom 11. September 2001 das vom Auswärtigen Amt im Dezember 2001 beschlossene Sonderprogramm zur Verstärkung des Dialogs mit der islamischen Welt (fünf Millionen Euro pro Jahr). Im Rahmen dieses Programms wurde zwischen Herbst 2002 und Sommer 2003 vom Stuttgarter ifa-Forum „Dialog und Verständigung" eine Art „Referenzbuch zum Dialog auf Augenhöhe" erarbeitet, das 2004 in deutscher, englischer und arabischer Sprache erschien (Institut für Auslandsbeziehungen 2004). Ein weiterer wichtiger Schritt war im April 2005 die Schaffung der Anna-Lindh-Stiftung in Alexandria, die dazu beitragen soll, das wechselseitige Wissen und Verständnis, auch die wechselseitigen Kontakte zwischen den EU-Ländern und den Ländern des südlichen Mittelmeerraums wie in den alten mediterranen Karten der Portolane zu vertiefen. Diese Stiftung, deren Aufgabe zugleich auch für den kulturellen Dialog mit dem Islam wichtig ist, war die späte Frucht der anfangs bei ihrer Gründung im November 1995 auf der EU-Außenministerkonferenz in Barcelona lange kaum sonderlich beachteten Deklaration über Sicherheit und politisch-wirtschaftliche Zusammenarbeit im Mittelmeerraum, zu der auch, ähnlich wie bei der Akte der Konferenz für Sicherheit und Zusammenarbeit in Europa von Helsinki zwanzig Jahre zuvor, ein „Korb III" über Partnerschaft im kulturellen, sozialen und menschlichen Bereich gehört (Schumacher 2005). Allerdings hat der vorerst gescheiterte Arabische Frühling von 2011 auch die Schwierigkeiten eines solchen Prozesses aufgezeigt, an dem noch weitergearbeitet werden muss.

Insgesamt könnte man rückblickend sagen, dass mit der „Entdeckung" bzw. mit der allmählichen und planmäßigen Ausgestaltung der Auswärtigen Kulturpolitik seit etwa einhundertzwanzig Jahren ein Politikfeld entstanden ist, das zunächst in den europäischen, dann aber auch in anderen Staaten mehr und mehr die Aufmerksamkeit der Regierungen und der Gesellschaften auf sich gezogen hat und bis zum heutigen globalen Zeitalter zu vielfältigen Formen ausgebildet wurde. Dazu gehören auch multilaterale kulturelle Kooperationen im Rahmen der Vereinten Nationen (z.B. die Berichte der Weltkommission für Kultur und Entwicklung) und der Europäischen Union oder auch die transnationalen Kontakte von Nichtregierungsorganisationen. So steht die Außenkulturpolitik heute auch im Dienst der freiheitlichen Demokratie, der Konfliktverhütung, der Friedenssicherung und des Schutzes der Menschenrechte. Sie ist zu einem kulturell basierten Seismografen und Teil eines prospektiven Frühwarnsystems zur Verhinderung oder zur Eindämmung kriegerischer Konflikte geworden. Aus der Außenpolitik ist sie nicht mehr wegzudenken. Für deren Erfolg leistet sie wertvolle, ja unentbehrliche Voraussetzungen und Beiträge.

# 3. Inhalte und Programme

# 3.1 Denken, Sprechen, Verhandeln – Die deutsche Sprache im internationalen Wettbewerb

*Ulrich Ammon*

Nach Jahren der Einschränkung und des Sparens fließen seit 2007 der Auswärtigen Kulturpolitik wieder reichlichere Mittel zu. Den Anstoß gab der damalige (und auch wieder heutige) Außenminister Frank-Walter Steinmeier. Angebahnt wurde dieser Umschwung aber durch eine vorausgehende Neubewertung der „Dritten Säule" der Außenpolitik (so die von Willy Brandt als Außenminister kreierte Charakterisierung). Die Umorientierung drückt sich auch aus in der erweiterten Benennung als *Auswärtige Kultur- und Bildungspolitik* – schon seit dem Jahr 2001 – und hängt mit Veränderungen in der Verortung Deutschlands in der Welt und der Neubewertung von Chancen des (vor allem wirtschaftlichen) Erfolgs zusammen – unter den nun schärfer gesehenen Bedingungen der Globalisierung.

Um diese Entwicklung in einen größeren Zusammenhang einzuordnen, empfiehlt sich ein Blick zurück in die Geschichte. Einer der einflussreichsten Historiker der Wilhelminischen Zeit, Heinrich von Treitschke, schrieb der Verbreitung der deutschen Sprache in der Welt die folgende schicksalhafte Bedeutung zu: „Die Zukunft Deutschlands wird im Wesentlichen davon abhängen, wie viel[e] Menschen dermaleinst deutsch sprechen werden" (zit. nach Reinbothe 1992: 103 f.). Mag diese Formulierung schon damals überzogen gewirkt haben, so wird die Sprachförderung doch in der Wilhelminischen Zeit fester Bestandteil der Außenkulturpolitik Deutschlands. Ansätze einer solchen Politik reichen sogar viel weiter zurück. Eine besonders spektakuläre Maßnahme schon vor der Entstehung der deutschsprachigen Nationalstaaten war eine Verordnung Kaiser Josephs II. im Jahr 1784, die Deutsch zur alleinigen Amtssprache aller habsburgischen Besitzungen machte. Allerdings erhob sich dagegen in den nicht deutschsprachigen Landesteilen so nachhaltiger Widerstand, dass der Monarch die Verordnung 1790, auf dem Sterbebett, wieder zurückzog (Stark 2000: 26 f.). Sie war eine innenpolitische, auf das eigene Staatsgebiet beschränkte Maßnahme, wie sie kurze Zeit später radikaler für Französisch im revolutionären Frankreich durchgeführt wurde.

Äußere Sprachenpolitik ging vom deutschen Sprachgebiet erst nach der Herausbildung deutschsprachiger Nationalstaaten aus, als Teil der Außenpolitik vor allem des Wilhelminischen Reichs. Eine ihrer Komponenten war die erfolgreiche Bemühung Bismarcks um eine stärkere Stellung der deutschen Sprache in der internationalen Diplomatie (Ammon 2015: Kapitel H.1). Auch die Einrichtung des *Reichsschulfonds* im Jahr 1878 gehört hierher. Die Förderung der deutschen Auslandsschulen, die im Verlauf der Zeit globale Ausmaße annahm (siehe *Geheime Denkschrift des Auswärtigen Amtes über das deutsche Auslandsschulwesen* vom April 1914, abgedruckt in Düwell 1976), geschah nicht zuletzt zum Zweck der Verbreitung der deutschen Sprache in der Welt.

Die Weimarer Republik war in ihren Möglichkeiten zur Sprachverbreitung im Vergleich zum Kaiserreich erheblich eingeschränkt, besonders durch den Verlust der Kolonien sowie durch restriktive Maßnahmen gegen das Lernen und den Gebrauch von Deutsch seitens der Siegermächte, vor allem in den USA. In diesen Zusammenhang gehört auch der jahrelange, von Wissenschaftlern der Siegermächte organisierte Boykott gegen die Verwendung von Deutsch in der internationalen Wissenschaftskommunikation (Reinbothe 2006). Dennoch wurden die staatlichen Anstrengungen zur Verbreitung der deutschen Sprache in der Weimarer Republik sogar noch verstärkt, jedenfalls im Verhältnis zur vorhandenen Kapazität. So sollte einerseits wenigstens auf sprachlich-kultureller Ebene Weltpolitik fortgesetzt und andererseits die „deutsche Sprach- und Kulturnation“ über die Grenzen hinweg zusammengehalten werden. In diese Zeit fällt die Gründung oder Festigung staatlich geförderter, aber – aus politischer Zweckmäßigkeit – privatrechtlich verfasster Institutionen, die noch heute bestehen: Institut für Auslandsbeziehungen (1917 gegründet als Deutsches Ausland-Institut), Alexander von Humboldt-Stiftung (1925), Deutscher Akademischer Austauschdienst (1925) und Goethe-Institut (1932). Allerdings dient nur das Goethe-Institut direkt und durch den zeitweiligen Namenszusatz verbürgt („zur Pflege der deutschen Sprache im Ausland“) der externen Sprachförderung. Diese zählt jedoch indirekt zu den Aufgaben auch der anderen „Mittlerorganisationen“ – dieser Terminus soll die spezifische Kombination von staatlicher Bindung und privater Verfasstheit ausdrücken (siehe dazu Maaß im vorliegenden Band).

Im Nationalsozialismus bot die privatrechtliche Verfasstheit freilich keinen ausreichenden Schutz. Alle Mittlerorganisationen verloren die ihnen dadurch zugedachte partielle Autonomie und wurden politisch gleichgeschaltet. „Sprachwerbung“ im Ausland wurde nun zur Sprachpropaganda, entgegen dem Rat Franz Thierfelders, des damals bedeutendsten Theoretikers auswärtiger Sprachpolitik, der bis 1937 Präsident der Deutschen Akademie und nach dem Krieg Leiter des Instituts für Auslandsbeziehungen war (sprachenpolitische Überlegungen z.B. in Thierfelder 1938; kritisch dazu Michels 2004). Im Zweiten Weltkrieg verfolgte die NS-Sprachenpolitik dann eine gespaltene Zielsetzung, nämlich die deutsche Sprache einerseits den unterworfenen, (nach NS-Maßstäben) „rassisch wertvollen“ Bevölkerungen (vor allem in den Niederlanden, Luxemburg und den westslawischen Ländern) aufzupressen und sie andererseits den „rassisch minderwertigen“ Bevölkerungen (vor allem Juden und Ostslawen) vorzuenthalten. Für Letztere waren nur die für den Befehlsempfang notwendigen Grundkenntnisse vorgesehen (Scholten 2000).

Unter der Last der politischen und moralischen Hypothek des Nationalsozialismus wurde nach dem Krieg erneut eine Politik zur Förderung der deutschen Sprache im Ausland aufgebaut, vor allem in der Bundesrepublik Deutschland, aber auch in der DDR (Praxenthaler 2002). Österreich und – nach den Möglichkeiten ihrer Mehrsprachigkeit – die Schweiz fördern ebenfalls die deutsche Sprache im Ausland (Überblicke in Ammon 2015: Kapitel L.4; 1989; zu Österreich Muhr 1997; zur Schweiz Ahokas 2003). Die neueste Entwicklung, seit der Vereinigung Deutschlands, ist im Folgenden dargestellt.

Die deutschsprachigen Länder stehen mit ihrer Politik der auswärtigen Förderung der eigenen Sprache keineswegs allein da. Vielmehr betreiben alle Länder, die es sich leisten können, eine solche Politik (u.a. Ammon/Kleineidam 1992; Ammon 1994; 2015: Kapitel L.5). Besonders aufwändig ist die Sprachenpolitik Frankreichs, die es nach der Kriegsniederlage von 1871 systematisch entwickelte und die Deutschland in der Zeit der Weimarer Republik als Vorbild diente. So wurde auch die Alliance Française schon 1883, also lange vor dem Goethe-Institut, gegründet (zur neueren französischen Politik Christ 2000). Ebenso betreiben die angelsächsischen Länder seit Langem und auch heute noch eine Politik zur Verbreitung des Englischen (Phillipson 2000), obwohl man meinen könnte, sie hätten es nicht mehr nötig. Aber auch Italien, Spanien, Japan und neuerdings besonders China wie viele andere, auch kleinere Länder, z.B. die Niederlande (für die Taalunie), geben beträchtliche Summen aus, um ihre Sprache in der Welt zu verbreiten. Warum treiben die Länder diesen Aufwand? Was sind die vordergründigen Motive, was die tiefer liegenden Gründe dafür?

Vor der Darstellung der allgemeinen Gründe für die auswärtige Sprachförderung sind terminologische Klarstellungen angebracht. Eine davon ist die Unterscheidung zwischen *Sprachpolitik (im engeren Sinn)* und *Sprachenpolitik*. Erstere richtet sich auf eine einzige Sprache, letztere dagegen auf mehrere Sprachen und deren Verhältnis zueinander (Glück 1979: 37 (Definition); Haarmann 1988). Für den beides umfassenden Oberbegriff eignet sich der Terminus *Sprachpolitik im weiteren Sinn*. Durch dieses Hyperonym sind auch eingespielte Termini wie *auswärtige Sprachpolitik* (die eigentlich Sprachenpolitik ist) mit dieser terminologischen Differenzierung kompatibel. Statt *Sprachpolitik* könnte man deutlicher *Sprachkorpus-Politik* und für *Sprachenpolitik* auch *Sprachstatus-Politik* sagen, entsprechend einer für die Sprachplanung gängigen Unterscheidung (Korpus-/Statusplanung). Ein Beispiel ersterer ist die Rechtschreibreform, ein Beispiel letzterer der Versuch der Bundesregierung, die Stellung von Deutsch als Arbeitssprache in den EU-Institutionen zu festigen. Dieses Beispiel zeigt, dass sich Sprachstatus-Politik immer auf das Verhältnis zwischen verschiedenen Sprachen bezieht und damit den Terminus *Sprachenpolitik* rechtfertigt. Erläuterungsbedürftig ist auch der Unterschied zwischen *Sprachförderungs-* und *Sprachverbreitungspolitik* (kurz auch *Sprachförderung* bzw. *Sprachverbreitung*). Letztere beabsichtigt die Ausdehnung einer Sprache auf neue Sprecher oder neue Domänen, erstere ist dagegen nicht unbedingt expansiv, sondern kann auch nur den Erhalt des Bestandes an Sprechern oder Domänen anstreben. Allerdings dient der Ausdruck *Sprachförderung* nicht selten zur Verschleierung beabsichtigter Sprachverbreitung. Wenn man sich dieses möglichen euphemistischen Charakters bewusst bleibt, eignet sich der Terminus *Sprachförderung* auch für den Oberbegriff von *Sprachförderung im engeren Sinn* und *Sprachverbreitung*. Auch absichtsvolle *Laissez-faire-Politik* ist eine Form der Sprachenpolitik. Sie wird gelegentlich den EU-Institutionen vorgeworfen (Phillipson 2003). Hinzuzufügen ist noch die triviale Unterscheidung zwischen *innerer (interner)*, auf das eigene Staatsgebiet beschränkte, und *äußerer (externer/auswärtiger)* Sprachenpolitik (meist *Sprachpolitik* genannt), die man auch als *sprachliche Innenpolitik* bzw. *sprachliche Außenpolitik* bezeichnen kann.

Die Analyse der Gründe für auswärtige Sprachförderung (Ammon 2000; 2003/2004; 2015: Kapitel A.1) ist erschwert durch den Hang zur Beschönigung, der so weit gehen kann, dass die Akteure selbst an ihre überwiegend altruistische Motivation glauben. Inwieweit Sprachförderung tatsächlich „konstruktivistisch“, d.h. an übergeordneten Werten ausgerichtet, oder nur „utilitaristisch“, d.h. von Eigeninteressen geleitet ist (zu dieser Unterscheidung Andrei/Rittberger im vorliegenden Band; Andrei 2008: Kapitel 2), lässt sich oft schwer eruieren. Während Sprachverbreitungspolitik im Wilhelminischen Kaiserreich noch offen mit der Formel „Der Handel folgt der Sprache“ begründet wurde (Reinbothe 1992: 95-104, hier 99), verweist man in neuerer Zeit lieber auf Vorteile für die Empfänger. So verkündete der frühere Leiter der Kulturabteilung des Auswärtigen Amtes, Barthold C. Witte (1994: 2): „Wer Deutsch spricht, erleichtert sich die Handelsbeziehungen zum drittgrößten Industrieland der Erde“ – als betreibe Deutschland Sprachförderung hauptsächlich im Interesse anderer Länder. Vor allem in der Rechtfertigung der Ausgaben für Sprachförderung gegenüber anderen Ressorts treten allerdings auch die Eigeninteressen zutage, nicht zuletzt die wirtschaftlichen (Witte 1987). Die Hoffnung auf ihre Befriedigung stützt sich auf die Annahme, dass Deutschkenntnisse im Ausland die externen Wirtschaftskontakte Deutschlands erleichtern (Deutschkönner als „Türöffner"). Über wirtschaftliche Interessen hinaus reicht die Hoffnung, dass Ausländer mit Deutschkenntnissen generell eher Kontakte zu Deutschland suchen als ohne Deutschkenntnisse.

Ideelle Eigeninteressen bekennt man offener als materielle, wobei sich beide keineswegs ausschließen: „Wer Deutsch kann und spricht, der wird auch zur Vermittlung eines umfassenden und wirklichkeitsgetreuen Deutschlandbildes beitragen" (Witte 1994: 2). Schon in den fremdsprachlichen Lehrmaterialien wird ein positives Bild des Mutterlandes vermittelt, im Falle Deutschlands auch indirekt durch Selbstkritik an der unheilvollen eigenen Geschichte. Unverfänglich ist überdies das Ziel, sonstige Kontakte (außer wirtschaftlichen) durch Deutschkenntnisse zu erleichtern: politische, wissenschaftliche, religiöse, sportliche, kulturelle und private. Umgekehrt fördert Deutschland Kontakte aller Art mit dem Ziel der Verbreitung und Festigung von Deutschkenntnissen (z.B. den Studierenden- und Wissenschaftleraustausch durch den DAAD). Das Image Deutschlands hat sich in letzter Zeit weltweit aufgehellt, vermutlich aufgrund ökonomischen, auch sportlichen Erfolgs und erkennbarer Friedensbemühungen; aber die Kontakte zum Ausland, nicht zuletzt die sprachlich vermittelten, tragen ebenfalls dazu bei – und das verbesserte Image wirkt förderlich zurück auf weitere Kontakte einschließlich der wirtschaftlichen.

All diese eigenen Vorteile der Deutschförderung erscheinen plausibel. Sie wurden jedoch bislang kaum empirisch untersucht, vielleicht weil informelle Erfahrungen sie so vielfach stützen. Jedoch kann sich das Bild von einem Land durch Kontakte auch verschlechtern, z.B. bei verstörenden kulturellen Differenzen oder erlebter Ausländerfeindlichkeit (Harnisch 1999: 18, verweist auf chinesische Studierende in den USA in früherer Zeit). So können auch neonazistische Übergriffe auf Ausländer hierzulande die positiven Effekte von Sprachförderung beeinträchtigen.

Die Verbreitung einer Sprache als Fremdsprache beinhaltet weitere, teilweise auch weniger offenkundige Vorteile. Die Kommunikation mit Ausländern in der Muttersprache ist leichter als in einer Fremdsprache, und Muttersprachler sind Fremdsprachlern kommunikativ überlegen, mündlich und mehr noch schriftlich. Außerdem gewinnen die Muttersprachler schon aus dem Umstand Prestige, dass ihre Sprache und nicht die der Kontaktpartner zur Kommunikation dient. Bilder von Wissenschaftlern oder Politikern, von denen einer in der Muttersprache und der andere in einer Fremdsprache kommuniziert, vermitteln einen Eindruck dieser Diskrepanz. Erfolgreiche Sprachverbreitung erleichtert die Propagierung eigener Ideen und Werte. Die Verbreitungschancen sind asymmetrisch, weil Fremdsprachler Texte eher nur rezipieren als produzieren. So diffundiert die Kultur der Muttersprachler mehr in Richtung der Fremdsprachler als umgekehrt. Das ist eine der Ursachen, neben anderen, warum die Welt in kultureller Hinsicht angelsächsisch globalisiert wird.

Ein besonders wichtiges Motiv für Sprachförderung, das auch zur verstärkten Einbeziehung der Bildung in die beigetragen hat, ist heute die Gewinnung von „Humankapital" – ein trotz Verdammung als „Unwort des Jahres" 2004 brauchbarer Terminus. Phillipe van Parijs (2000) weist auf den Vorteil der englischsprachigen Länder im Wettbewerb um hoch qualifizierte Arbeitskräfte hin, die bevorzugt in solche Länder wandern, deren Sprache sie schon beherrschen. Auch Deutschland ist leichter zugänglich für Wissenschaftler und Techniker, die schon Deutsch können. Die deutsche *Greencard* (der Jahre 2000–2004) zog weniger Inder an als erhofft; jedoch hat das Deutschlernen in Indien neuerdings fulminant zugenommen (Ammon 2015: Kapitel K.9.12). Qualifizierte Fachkräfte und gute Wissenschaftler werden hierzulande dringend gebraucht. Darauf richtet sich auch die im Jahr 2009 ins Leben gerufene „Initiative

Außenwissenschaftspolitik", die allerdings die Deutschförderung aufgrund der Weltstellung von Englisch als Wissenschaftssprache in Nöte bringt (Ammon 2015: Kapitel G).

Eine allgemeine Erklärung für das Bestreben, die eigene Sprache zu verbreiten, folgt aus Überlegungen von Abram de Swaan (2001: 27-40). Er geht aus von der Frage, was den Wert einer Sprache ausmacht, und zeigt, dass Sprachen nicht nur kollektive (öffentliche) Güter sind (wie z.B. die Luft zum Atmen), deren Aneignung (im Fall von Sprachen: ihr Erlernen) gewöhnlich niemandem verwehrt ist, sondern dass es sich sogar um „hyperkollektive Güter" handelt. Diese zeichnen sich dadurch aus, dass ihre Besitzer ein natürliches Interesse an ihrer weiteren „Kollektivierung", sprich Verbreitung, haben oder – bei rationaler Betrachtung – haben müssten. Der Gebrauchswert einer Sprache steigt nämlich mit der Zahl der Sprecher (Besitzer), weil sich durch sie ihr „Kommunikationspotenzial" vergrößert. Zudem wächst mit der Verbreitung als Fremdsprache ihr Potenzial, als *lingua franca* (Brückensprache) zu dienen. Dass Individuen wie auch Regierungen Sprachen danach bewerten, zeigt sich beim Fremdsprachenlernen: „Große" Sprachen werden bevorzugt und eher in die Schulcurricula aufgenommen. Gelingt die Verbreitung einer Sprache, so folgt selbstverstärkende weitere Verbreitung, wegen des Vorteils zahlreicher Kommunikationspartner. Überdies kommen die Muttersprachler in den Genuss der oben skizzierten kommunikativen Überlegenheit und Verbreitung eigener Werte.

Schließlich kann erfolgreiche Sprachverbreitung ökonomischen Profit aus der „Sprachindustrie" einbringen (Edwards/Kingscott 1997). Nicht nur können die Sprecher weit verbreiteter Sprachen am Fremdsprachenlernen sparen, sondern genießen überdies einen Markt für an Sprache gebundene Güter: Bücher, Fernsehsendungen und andere Medienprodukte, mit den Muttersprachlern als vorherrschenden Produzenten und den Fremdsprachlern als Konsumenten. Dies gilt auch für die Sprach*lehr*industrie, die z.B. für Großbritannien einen der größten Wirtschaftsfaktoren darstellt. Die deutsche Sprachgemeinschaft ist aufgrund der schwächeren Stellung ihrer Sprache in der Welt weniger privilegiert. Sie verdient zwar auch an der Sprachindustrie, wie z.B. am Unterricht der eigenen Sprache, muss diesen jedoch zugleich subventionieren. So erwirtschaftete z.B. das Goethe-Institut im Geschäftsjahr 2012/13 von seinen insgesamt 336 Millionen Euro zwar selbst ca. 115 Millionen Euro, erhielt aber noch 221 Millionen Euro Zuschuss vom Auswärtigen Amt – entsprechend dem seit Jahren ungefähr üblichen Anteil (Näheres in Ammon 2015: Kapitel L.3.3). Allerdings gibt es auch zahlreiche Privatschulen, die profitablen Deutschunterricht erteilen. Vielleicht aber ist heutzutage nur eine einzige Sprachgemeinschaft in der beneidenswerten Lage, dass ihre Gesamteinnahmen aus der Sprachindustrie, sogar allein schon aus dem Sprachunterricht, ihre Ausgaben für die Sprachförderung übertreffen: die englische.

Jedoch ist die Sprachindustrie nur ein – verhältnismäßig kleiner – Ausschnitt aus den möglichen Vorteilen der Sprachverbreitung. Für die Gesamtheit dieser Vorteile ist eine strenge Kosten-Nutzrechnung nicht möglich, weil die Vorteile weit über die Sprachindustrie hinausgehen und wegen ihrer Vielseitigkeit und Langfristigkeit nicht zuverlässig messbar sind. Zweifellos schätzen die für die auswärtige Sprachpolitik verantwortlichen Politiker den Nutzen der Sprachförderung entschieden höher als die Kosten, womit sie hoffentlich (und auch nach meiner eigenen Überschlagsrechnung) richtig liegen.

## Schwerpunkte der auswärtigen Sprachpolitik der Bundesrepublik Deutschland

Die Bundesrepublik Deutschland hat im Verlauf ihrer Geschichte eine globale auswärtige Sprachpolitik entwickelt, die im Grunde auf alle Staaten der Erde und alle Domänen internationaler Kommunikation abzielt. Trotz dieser umfassenden Perspektive gab und gibt es, wirtschaftlich und politisch bedingt, institutionelle und regionale Schwerpunkte, früher allein schon durch den Ost-West-Gegensatz und die Unzugänglichkeit der kommunistischen Staaten. Einen Überblick über die Politik vor der Wiedervereinigung liefern die beiden Berichte der Bundesregierung 1967 (*Die Situation der deutschen Sprache in der Welt*) und 1985 (*Bericht der Bundesregierung über die deutsche Sprache in der Welt*) sowie die Aussprache zu letzterem 1986 (Deutscher Bundestag 1985) (Gesamtüberblick bis 1985: Ammon 1989). Die Globalität und Vielschichtigkeit der heutigen Politik traten erneut zutage bei der Großen Anfrage zur „Verbreitung, Förderung und Vermittlung der deutschen Sprache" der CDU/CSU-Bundestagsfraktion vom 3. April 2001 (BT-Drucksache 14/5835) und der Antwort der Bundesregierung (Bundestagsdebatte am 13. September 2001, BT-Drucksache 14/7250) sowie im Jahre 2011 – im Rahmen einer Gesamtbewertung der Außenkulturpolitik – in der Großen Anfrage der Abgeordneten Ulla Schmidt (Aachen), Rainer Arnold, Sabine Bätzing-Lichtenthäler, weiterer Abgeordneter und der Fraktion der SPD im September 2011 (BT-Drucksache 17/9839), der Antwort der Bundesregierung darauf (BT-Drucksache 17/11981) und der Bundestagsdebatte dazu am 21. März 2013[1]. Die sehr umfassende Anfrage und Kritik bezog sich nicht zuletzt auf den von der SPD argwöhnten Paradigmenwechsel in der Neukonzeption, ausgelöst durch deren Charakterisierung als *Cultural Diplomacy* (im Sinne von Nye 1990; 2004), aber auch auf anscheinend einseitige regionale Schwerpunktbildungen wie die sogenannte BRICS-Staaten (Brasilien, Russland, Indien, China, Südafrika) und Osteuropa. Der Bezug auf Nye erschien den Kritikern als Abkehr von der bisherigen Gegenseitigkeit in Richtung einseitiger Einflussnahme auf die anderen Länder (wobei man umgekehrt auch die Idee ungeschmälerter Gegenseitigkeit der Verbrämung verdächtigen könnte). Jedoch wurden die Kritikpunkte durch die Regierung entschärft und die Konzeption im Bundestag verabschiedet.

In die auswärtige Sprachpolitik Deutschlands ist eine fast unüberschaubare Zahl von Institutionen und Organisationen einbezogen (Maaß im vorliegenden Band). Schon in der Bundesregierung sind vielerlei Stellen involviert. Hauptsächlich zuständig ist das Auswärtige Amt, aber auch andere Ministerien entfalten Aktivitäten in die Richtung auswärtiger Sprachförderung, vor allem die Bundesministerien für Bildung und Forschung und für wirtschaftliche Zusammenarbeit und Entwicklung. Unter den 10 Abteilungen des Auswärtigen Amtes sind die folgenden mit der Sprachförderung befasst: Abteilung 6 *Kultur und Kommunikation*, aber auch die Abteilungen 1 *Zentralabteilung* und 7 *Diplomatisches Protokoll*. In der Abteilung *Kultur und Kommunikation* sind wiederum mehrere Referate besonders zuständig: die Arbeitseinheit 606-9 „Deutsch als Fremdsprache" sowie die Referate 600 „Strategie und Planung Auswärtige Kultur- und Bildungspolitik, Kommunikation und Deutschlandbild im Ausland; Europäische Kultur- und Medienpolitik", 601, 602 und 609 für die „Kultur- und Medienbeziehungen" Deutschlands mit bestimmten Regionen (601: Europa, USA, Kanada, Russland, Türkei, Zentralasien und Kaukasus; 602: Afrika, Asien, Australien, Pazifik, Lateinamerika und Karibik; 609: „Kultur-, Bildungs- und Medienbeziehungen" mit dem Maghreb, Nah- und Mittelost sowie „Dialog mit der islamischen Welt"), 603 (u.a. „Multilaterale Kultur- und Medienpolitik;

1 http://dip21.bundestag.de/dip21/btp/17/17231.pdf:S. 28847-28862 (August 2014).

überregionale Kulturprojekte; Künste, Literatur- und Filmförderung"), 605 (Deutsche Auslandsschulen, Partnerschulinitiative und Sport), 606 (Auslandsarbeit deutscher Kulturinstitute wie das Goethe-Institut oder das Institut für Auslandsbeziehungen), jedoch auch 604 (Wissenschaft und Hochschulen sowie Deutsches Archäologisches Institut), 608 (Kommunikation Ausland, Internetredaktion, Internetseiten der Auslandsvertretungen, Deutschlandzentren, Web 2.0, Intranetredaktion; Audiovisuelle Produkte, Deutsche Welle, Besucherprogramme der Bundesregierung). Eigene Zuständigkeiten im Bereich der deutschen Sprache haben zudem das Referat E01 in der Europaabteilung für die Sprachenfrage in der Europäischen Union, Referat 405 für die „Außenwissenschaftspolitik" (Deutsche Wissenschafts- und Innovationshäuser) und Referat 105 (Sprachendienst) (dankenswerte Hinweise von Jakob Haselhuber, Deutsche Botschaft in Ljubljana, und Gunnar Hille, Sprachendienst des Auswärtigen Amtes). Jedoch gab es in neuerer Zeit Bemühungen der Koordination und Netzwerkbildung, sowohl in Form verstärkter Zusammenarbeit unter den vielen zuständigen Referaten und Abteilungen als auch in der Implementation der Politikplanung bei den Mittlerorganisationen. So wirken im „Netzwerk Deutsch" unter Leitung des Auswärtigen Amtes der DAAD, das Goethe-Institut und die Zentralstelle für das Auslandsschulwesen in der Förderung von Deutsch als Fremdsprache zusammen, nicht zuletzt auch bei der weltweiten Erhebung der Lerner- und Lehrendenzahlen (Netzwerk Deutsch 2010).

Die wichtigsten Handlungsfelder der auswärtigen Sprachpolitik Deutschlands sind folgende:

- der Unterricht von Deutsch als Fremdsprache
- die deutschen Schulen im Ausland
- die deutschstämmigen Minderheiten
- Deutsch als internationale Wissenschaftssprache
- Deutsch als internationale Mediensprache
- Deutsch als Sprache der Diplomatie, vor allem in den EU-Organen

Stand und Probleme in diesen sechs Handlungsfeldern und zuständige Institutionen werden nachfolgend kurz angesprochen.

(1) Der Unterricht von Deutsch als Fremdsprache wird – was die Förderung seitens der deutschen Regierung angeht – vor allem vom Goethe-Institut geplant und betrieben (Zentralstelle in München; Informationen unter www.goethe.de); aber auch deutsche Botschaften im Ausland und deutsch-ausländische Kulturgesellschaften organisieren Sprachunterricht mit Mitteln des Auswärtigen Amtes. Außerdem beteiligen sich die Deutsche Auslandsgesellschaft und der Pädagogische Austauschdienst der Kultusministerkonferenz an der Aus- und Fortbildung von Deutschlehrern. Nach der Öffnung der einst sozialistischen Staaten wurden Goethe-Institute aus westlichen in östliche Länder einschließlich Chinas verlagert, wobei ihre Gesamtzahl aufgrund von Sparzwängen zunächst schrumpfte. Inzwischen hat sich jedoch die Finanzlage gebessert und die Zahl der Institute hat wieder zugenommen. Im Jahr 2012 verfügte die Organisation über 158 reguläre Goethe-Institute (einschließlich Verbindungsbüros) in 93 Ländern und über 3.040 Mitarbeiter[2]. Zu den voll ausgestatteten regulären Instituten kamen 39 kleinere Goethe-Zentren in 23 Ländern hinzu (Mitteilung Rüdiger Heise, Goethe-Institut München). Die meisten dieser Goethe-Zentren waren zugleich „ausländisch-deutsche Kulturgesellschaften". Außer durch eigenen Sprachunterricht fördert das Goethe-Institut den Unterricht von Deutsch als Fremdsprache im Ausland durch „pädagogische Verbindungsarbeit", bei der Ex-

2 Siehe *Jahrbuch des Goethe-Instituts* 2012/13: 177.

perten des Faches Deutsch als Fremdsprache vor Ort die Unterrichtsplanung sowie die Erstellung und Beschaffung von Lehrmaterialien unterstützen.

Die Globalität des Unterrichts von Deutsch als Fremdsprache wird sichtbar in der Broschüre *Statistische Erhebungen 2010. Die deutsche Sprache in der Welt* (Netzwerk Deutsch 2010), die sich auf 144 Länder erstreckt, wovon für einzelne allerdings die Daten noch nacherhoben werden mussten. Die Daten umfassen auch den Deutschunterricht an Schulen und Hochschulen, für die der Vergleich mit den Jahren 2005 (StADaF 2005) und 2000 (StADaF 2003) Rückgänge in vielen Ländern zeigt, vor allem im Fach Germanistik im Gegensatz zum eigentlichen Sprachlernen. „Dieser Rückgang lässt das Auswärtige Amt und das Goethe-Institut nicht ruhen", versicherte schon die frühere Präsidentin des Goethe-Instituts (2002 bis 2008), Jutta Limbach (2008: 96), und ihr Nachfolger, Klaus-Dieter Lehmann, hat die aus dieser Einstellung entwickelte weltweite Werbung für das Deutschlernen fortgesetzt. In Verbindung mit dem Auswärtigen Amt und verschiedenen Mittlerorganisationen hat das Goethe-Institut zahlreiche medienwirksame Aktionen durchgeführt, z.B. Veranstaltungen rund um die Welt zum Thema *Die Macht der Sprache* im Jahr 2007 oder die *Deutsch-Wagen-Touren* in Frankreich, Polen und Brasilien, deren zum Deutschlernen motivierende Wirkung nachgewiesen wurde (Mackiewicz 2013). Solche und andere Veranstaltungen sollen auch künftig für das Deutschlernen werben. Die verbesserte Wirtschaftslage in Deutschland wirkt verstärkend, wie der neuerliche Boom des Deutschlernens in einzelnen Ländern zeigt, beispielsweise, wie schon erwähnt, in Indien. Fraglich bleibt allerdings die Nachhaltigkeit im Kräftefeld der Globalisierung und des Aufstiegs neuer internationaler Sprachen.

(2) Die deutschen Schulen im Ausland werden organisatorisch betreut von der Zentralstelle für das Auslandsschulwesen (Sitz seit Februar 2014 in Bonn, zuvor in Köln; aktueller Überblick über die „deutsche Auslandsschularbeit" in Schönrock/ Krath 2014. Siehe dazu den Beitrag von Kiper in diesem Band). Die Deutschen Auslandsschulen haben meist Deutsch als Unterrichtssprache, zumindest aber als erste Fremdsprache, unterrichten nach deutschen Richtlinien und gewähren deutsche Abschlüsse einschließlich der Studienberechtigung an deutschen Hochschulen. Die im Februar 2008 vom Auswärtigen Amt angestoßene Partnerschul-Initiative „ist eine Erfolgsgeschichte ohne Wenn und Aber" (Goethe-Institut-Präsident Lehmann[3]). Die durch sie vermittelten und unterstützten partnerschaftlichen Beziehungen ausländischer Schulen mit Deutsch als Fremdsprache zu deutschen Schulen stärkten dort den Deutschunterricht. Auch Österreich hat 8 Auslandsschulen und die Schweiz 17, davon 16 mit Deutsch als Unterrichtssprache. Alle Auslandsschulen der deutschsprachigen Länder dienten ursprünglich Muttersprachlern des Deutschen (Auswanderern oder Expatriates); heute haben sie jedoch durchgehend beträchtliche Anteile, oft mehr als 50 Prozent, an Fremdsprachlern.

(3) Die deutschstämmigen Minderheiten werden in ihren Bemühungen um Erhalt oder Wiederbelebung der deutschen Sprache vor allem durch Zuwendungen und sonstige Hilfen des Auswärtigen Amtes, aber auch einzelner Bundesländer und Organisationen sowie nicht zuletzt des Instituts für Auslandsbeziehungen (Stuttgart) gefördert. Die Bundesregierung unterstützt ihre Anerkennung als sprachliche oder ethnische Minderheit im jeweiligen Land auch diplomatisch und ermutigt sie heute – im Gegensatz zu früheren Zeiten –, in ihren Wohngebieten zu bleiben, statt in ein deutschsprachiges Land zurückzuwandern. Weltweit lassen sich deutschstämmige und deutschsprachige Minderheiten in rund 40 Staaten identifizieren, wobei die Zahl je nach

3 In *Begegnung* (Berlin), Jg. 34, H. 4, S. 40-42.

Definitionskriterien schwankt (Ammon 2015: Kapitel E.3). Nur bei einer bestimmten Struktur (Gruppenzusammenhalt, eigene Institutionen) spricht man von einer „Minderheit", im Gegensatz zum in fast allen Ländern der Welt anzutreffendem „Streudeutschtum". Die Förderung aus Deutschland ist vielfältig, wenn auch je nach Region unterschiedlich und nicht immer kontinuierlich, sondern an Anlässe gebunden (z.B. Einwanderungsjubiläen). Einen inzwischen veralteten, aber weltumspannenden Überblick über 27 deutschsprachige Minderheiten bieten Born/Dickgießer (1989) (einschließlich Ostbelgien und Südtirol, wo Deutsch sprachliche Amtssprache ist); über 10 Minderheiten (ohne amtlichen Status der deutschen Sprache) rund um die Welt (Ammon 2015: Kapitel E.4.2-E.4.11); dagegen beschränken sich Hinderling/Eichinger (1996) und Eichinger/Plewnia/Riehl (2008) auf Europa. Die allgemeinen Bedingungen des Spracherhalts sind ausführlich dargestellt in Ammon 2015 (Kapitel E.1 und E.2).

(4) Warnungen vor Stellungseinbußen von Deutsch als internationaler Wissenschaftssprache finden sich schon im Bericht *Die Situation der deutschen Sprache in der Welt* (Bundesregierung 1967). Inzwischen ist weithin bekannt, dass Deutsch als internationale Wissenschaftssprache heute nur noch eine marginale Rolle spielt und Englisch fast eine Monopolstellung erlangt hat, vor allem in den Natur- und Sozialwissenschaften sowie moderner Technologie (Ammon 2015: Kapitel G). Nach einer längeren Zeit der Ausbreitung des Englischen in Forschung und Publikationen wurde es seit Ende des vorigen Jahrhunderts auch als Sprache der Lehre an deutschen Hochschulen eingeführt (Ammon 1998), seit 1997 systematisch gefördert vom DAAD, unter Leitung des Auswärtigen Amtes. Inzwischen existieren solche Studiengänge an so gut wie allen deutschen Hochschulen. Manche der aufkommenden Privathochschulen, z.B. die Jacobs University Bremen, gestalten ihre Lehre vollkommen in Englisch. Sofern man in Deutschland ganz ohne Deutschkenntnisse studieren kann, gräbt man den Abteilungen für Deutsch als Fremdsprache im Ausland das Wasser ab. Das Dilemma zwischen globaler wissenschaftlicher Teilnahme mittels Englisch und Förderung der deutschen Sprache kommt zum Ausdruck in den Aufrufen von Mittler- und von Wissenschaftsorganisationen, z.B. schon im Titel des *DAAD-Memorandum[s] zur Förderung von Deutsch als Wissenschaftssprache* 2010: „Offen für Englisch, Einsatz für Deutsch"[4]. Und schon zuvor im Inhalt der Gemeinsamen Erklärung der Präsidenten von Alexander von Humboldt-Stiftung, Deutschem Akademischem Austauschdienst, Goethe-Institut und Hochschulrektorenkonferenz von 2009, die den deutschen Hochschulen einerseits die Anerkennung und Nutzung von „Englisch als lingua franca als Wissenschaftssprache" empfiehlt, aber andererseits auch, die „eigene Sprache nicht auf[zugeben]"[5]. Jedoch ist diese Balance schwierig, wie einschlägige Untersuchungen ahnen lassen (z.B. Fandrych/Sedlaczek 2012). Die Entwicklung könnte darauf hinauslaufen, dass Deutsch an den deutschen Hochschulen mehr und mehr auf soziale Funktionen eingeschränkt und Englisch zur vorherrschenden Wissenschaftssprache wird, außer in den Geisteswissenschaften.

In diese Richtung zielen auch die deutschen Neugründungen von oder Partnerschaften mit Hochschulen im Ausland, die in den letzten Jahren, unter anderem infolge der schon erwähnten Initiative Außenwissenschaftspolitik entstanden sind und von denen im Jahr 2014 der DAAD 55 betreut hat[6]. Zwar spielt in so gut wie allen die deutsche Sprache eine Rolle, aber meist nur in Form studienbegleitenden Lernens, das zu einem vielleicht für Sozialkontakte,

4 www.daad.de/portrait/presse/pressemitteilungen/2010/13058.de.html (Juni 2014).
5 http://www.humboldt-foundation.de/web/1069731.html (August 2014).
6 Siehe Broschüre *Transnationale Bildung. Projekte deutscher Hochschulen im Ausland*; vgl. auch www.daad.de/tn b.

nicht aber für wissenschaftliche Zwecke geeigneten Kenntnisniveau führt. Vielleicht bildet es dennoch eine Basis für eine dauerhafte Beziehung zu einem deutschsprachigen Land.

Die Ausbreitung von Englisch als Sprache der Hochschullehre ist im Zusammenhang zu sehen mit parallelen Entwicklungen, die der Stellung der deutschen Sprache in der Welt abträglich werden können, wie die Ausweitung des Englischunterrichts als generell obligatorisches Fach und als vorherrschende Unterrichtssprache an Privatschulen in Deutschland oder auch die Neigung privilegierter Schichten, ihre Kinder ins englischsprachige Ausland zur Schule zu schicken, kurz: die Ausstattung der ganzen deutschen Bevölkerung mit Englischkenntnissen. Die Folge ist, dass im Ausland die Meinung um sich greift, dass man mit den Deutschen, zumindest mit dem für internationale Kontakte wichtigen Teil, auch auf Englisch kommunizieren kann.

Die abträgliche Wirkung dieser Entwicklungen auf die Motivation zum Deutschlernen und die Förderung der deutschen Sprache im Ausland liegt auf der Hand (Wagener 2012). Die Lösung des Problems kann allerdings nicht darin bestehen, das Englischlernen wieder zurückzuschrauben, denn Englischkenntnisse sind in der Zeit der Globalisierung unverzichtbar. Als Ausweg kommt allein eine Gratwanderung in Betracht, die vermehrtes Lernen und Verwenden von Englisch auf der einen Seite verbindet mit der weiteren Förderung der deutschen Sprache auf der anderen Seite.

(5) Die wichtigste Fördermöglichkeit von Deutsch über Medien bietet die von der Bundesregierung finanzierte Deutsche Welle. Sie soll ein umfassendes Bild von Deutschland weltweit vermitteln, wofür sich unterschiedliche Sprachen eignen. Es gilt aber auch: „Die Deutsche Welle fördert dabei insbesondere die deutsche Sprache" (DW-Gesetz 2005, § 4, letzter Satz). Allerdings ist ihr früherer deutschsprachiger Hörfunk heute eingestellt, jedoch bietet sie auf Deutsch und in 29 anderen Sprachen ein multimediales Internetangebot, wie „Videos", „Audios", „Podcasts" u.a., vor allem aber „Deutsch lernen" (mediacenter.dw.de/german). Zudem sendet die Deutsche Welle über DW-TV außer auf Deutsch für nicht deutschsprachige Zielgruppen abwechselnd auf Englisch sowie gebietsweise auf Spanisch und Arabisch: für Europa (bis Nordafrika und Mittlerer Osten) 18 Stunden Englisch und 6 Stunden Deutsch; für Amerika (ganz Nord- und Südamerika) 20 Stunden Deutsch und 4 Stunden Englisch; für Lateinamerika (einschließlich Süden der USA) 24 Stunden Spanisch; für die Arabische Welt 10 Stunden Arabisch und 14 Stunden Englisch; für ganz Asien (einschließlich Australien und Neuseeland sowie Osteuropa und Mittlerer Osten) 24 Stunden Deutsch; außerdem über den Basiskanal DW weltweit rund um die Uhr auf Englisch[7]. Deutsch ist also im Fernsehen beschränkt auf Europa, Nord- und Südamerika sowie Asien, aber teilweise nur auf kleinere Ausschnitte der Sendezeit, und es fehlt in ganz Afrika. Kein Wunder, dass Deutschlerner und Germanisten den Anteil der deutschen Sprache oft unzureichend finden. Sie kritisieren auch den Mangel an unterhaltsamen Sendungen wie Spielfilmen, Serien oder Sportberichten sowie die fehlende Untertitelung, die das Verstehen erleichtern würde. Gerühmt werden jedoch die Deutschkurse, die mithilfe des Goethe-Instituts konzipiert sind. Die Bundesregierung finanziert auch, zusammen mit Frankreich, den zu ungefähr gleichen Teilen deutsch- und französischsprachigen europäischen Fernsehsender ARTE.

(6) Deutsch als Sprache der Diplomatie (Ammon 2015: Kapitel H) ist ein weiteres für die Stellung der deutschen Sprache in der Welt wichtiges Handlungsfeld, auf das die deutsche Politik

7 www.dw.de/programm/tv-programm/s-4765-9798 (August 2014).

sprachfördernd einwirken kann. Diese Möglichkeiten hat sie weniger in anderen Handlungsfeldern, z.B. der Wirtschaft, die natürlich für die Stellung der deutschen Sprache ebenfalls wichtig sind. In der Diplomatie zeigen sich deutlicher als in anderen Handlungsfeldern Versäumnisse deutscher Politik bei der Förderung der deutschen Sprache.

Die sozialliberalen Regierungen (1969 bis 1982) haben eine vergleichsweise zurückhaltende auswärtige Sprachförderung betrieben. Möglicherweise war es eine Folge dieser Politik, dass Deutsch nicht Amtssprache der Vereinten Nationen wurde – was bis heute seine Stellung in der internationalen Politik, auch in der Europäischen Union, beeinträchtigt. Nach diversen Indizien erwarteten die Vereinten Nationen einen entsprechenden Antrag von deutscher Seite, als die Bundesrepublik Deutschland und die DDR im Jahr 1973 in die Organisation aufgenommen wurden (siehe Tabory 1980: 43), zumal das Arabische diesen Status im gleichen Jahr erlangte. Die deutsche Seite stellte jedoch keinen Antrag, was selbst dann ein Versäumnis bleibt, wenn die Erfolgsaussichten gering waren.

Noch folgenschwerer war die sprachenpolitische Zurückhaltung bezüglich der EU-Institutionen (Stark 2002b: 52-56). Beim EU-Beitritt Großbritanniens und Irlands im Jahr 1973 traf der französische Präsident George Pompidou eine Absprache mit dem britischen Premierminister Edward Heath, dass alle zukünftigen britischen EU-Mitarbeiter des Französischen mächtig sein sollten, um seine Stellung als EU-Arbeitssprache neben Englisch zu sichern (Ruecker-Guitelmacher 2009: 464, in diesem Werk auch die Hintergründe der Absprache). Die deutsche Regierung hat nicht nur nichts Entsprechendes zur Festigung von Deutsch als EU-Arbeitssprache unternommen, sondern der damalige Leiter des Sprachendienstes des Auswärtigen Amtes, Hermann Kusterer (1980), plädierte sogar offen für die Beschränkung der Arbeitssprachen auf Englisch und Französisch – sicher nicht ohne Einverständnis des Ministeriums. Die christlich-liberale Regierung (ab 1. Oktober 1982) wollte, wie Bundeskanzler Helmut Kohl in seiner Regierungserklärung vom 4. März 1983 verkündete, verlorenes Sprachterrain zurückgewinnen. Die wiederholten Vorstöße bei der Europäischen Union bewirkten schließlich, dass Deutsch 1993 zur Arbeitssprache der EU-Kommission erklärt wurde, neben Englisch und Französisch (*EG-Nachrichten* 34, 6.9.1993: 4). Allerdings hat die statutarische Absicherung für die Kommission dort nie auch zur praktischen Gleichrangigkeit mit Englisch und Französisch geführt (Schloßmacher 1996; Herbillon 2003: 39 f. und passim), und für andere Institutionen wurde nicht einmal die Absicherung in den Statuten erreicht. Wenigstens für die Europäische Zentralbank in Frankfurt a. M. hätte man aufgrund des Standortes, dessen Amtssprache sonst bei der Sprachwahl für Institutionen gewöhnlich berücksichtigt wird, die Einbeziehung von Deutsch erwarten können. Vielleicht hat sich die deutsche Regierung zurückgehalten, um Sorgen der Partnerländer vor einem politischen Übergewicht Deutschlands zu dämpfen, oder in der Erwartung, die auch Beobachter von außen äußerten, die deutsche Sprache entwickle sich nach der Wiedervereinigung automatisch zur Arbeitssprache (Davidheiser 1993). Sollte diese Erwartung bestanden haben, so hat sie sich nicht erfüllt. Stattdessen hat umgekehrt die fortdauernde Schwäche von Deutsch in den EU-Institutionen seine sonstige Stellung, vor allem in Osteuropa, beeinträchtigt. Teilweise wurde die von mittelosteuropäische Delegationen versuchte Verwendung von Deutsch in den EU-Institutionen behindert (Stark 2002b: 56 f.), vielleicht hauptsächlich mangels eigener Deutschkenntnisse. Aufgrund solcher Erfahrungen verpuffte auch die verstärkte Förderung der deutschen Sprache in Osteuropa seit der Wende (Schneider 2000). Die Schwäche von Deutsch auf EU-Ebene beeinträchtigt heute seine Attraktivität als Fremdsprache, und zwar nicht nur in Mittel- und Osteuropa.

Wie wenig es der deutschen Regierung gelungen ist, die Stellung von Deutsch in den EU-Organen zu sichern, hat schlaglichtartig der Sprachenstreit mit Finnland im Herbst 1999 erhellt (ausführlich in Kelletat 2001). Bei Übernahme der EU-Ratspräsidentschaft beschränkte Finnland die Dolmetschdienste für informelle Sitzungen des EU-Rates auf Englisch, Französisch und Finnisch (als Sprache des präsidierenden Landes) und verweigerte sie für Deutsch. Deutschland verwies auf das bis dahin übliche Dolmetschen von Deutsch, wogegen Finnland auf Kosteneinsparung pochte – ausgerechnet gegenüber dem weitaus größten Nettozahler des EU-Haushalts. Erst als Deutschland und Österreich mehreren Sitzungen fernblieben, stellte Finnland schließlich Dolmetschdienste für Deutsch bereit. Sie blieben bestehen in der folgenden Präsidentschaft Schwedens, jedoch wurde nun das Dolmetschen von Deutsch in den Expertensitzungen unterhalb der Ministerebene verweigert. Deutschland erklärte sich einverstanden, sofern die Dolmetschdienste dann auf eine einzige Sprache beschränkt würden, was die Mehrheit der Mitgliedsländer unterstützte. Die verbleibende Sprache war Englisch.

Nach dieser Erfahrung fanden Frankreich und Deutschland erstmals zu einem förmlichen Sprachenbündnis zusammen: die „Gemeinsame deutsch-französische Sprachenweisung“ (Juni 2000). Sie regelt, dass bei „informellen Treffen“ im Falle von „Schwierigkeiten, was das Dolmetschen angeht, [...] der Leiter der (französischen) (deutschen) Delegation gemeinsam mit seinem (deutschen) (französischen) Amtskollegen bei der Präsidentschaft vorsprechen, um eine zufriedenstellende Lösung zu finden“ (zit. nach einer Mitteilung an die Ständige Konferenz der Kultusminister der Länder am 25. Juli 2000). Es folgte ein gemeinsames Protestschreiben beider Außenminister (2. Juli 2002) gegen Versuche, in der Kommission Texte zur Beratung in nur einer Sprache (meist Englisch) vorzulegen.

Um diese Zeit wurde die Stellung von Deutsch in den EU-Institutionen ein wichtiges Anliegen der Sprachenpolitik Deutschlands (z.B. Forderung in *Konzeption 2000* der Auswärtigen Kulturpolitik: „Nachhaltige Vertretung unserer sprachpolitischen Interessen in den europäischen Institutionen“; Große Anfrage von CDU/CSU am 3. März 2001, Fragen 55, 58, 60; Kleine Anfrage zu „Deutsch als Arbeitssprache der Europäischen Union“ am 17. Dezember 2002).

Im Bemühen um eine Reform des Sprachenregimes der EU-Institutionen hat die deutsche Regierung das „Marktmodell für ein reformiertes Sprachenregime“ oder „Dolmetschen auf Anforderung“ nachdrücklich unterstützt. Es wird seit Mai 2004 in den vorbereitenden Ausschüssen und Arbeitsgruppen des Ausschusses der Ständigen Vertreter (Comité des représentants permanents) und des EU-Rates praktiziert. Für das Dolmetschen in diesen Gremien wird jährlich ein bestimmter, für jede EU-Amtssprache gleicher Betrag (ursprünglich gut 2 Millionen Euro pro Sprache und seitdem steigend) aus EU-Mitteln zu Verfügung gestellt; weiter gehende Wünsche müssen die Länder der betreffenden Sprache selbst finanzieren. Diese Reform deckelt die Dolmetschausgaben aus dem EU-Haushalt, stärkt aber unbeabsichtigt auch die großen Sprachen Deutsch, Englisch, Französisch, Italienisch und Spanisch, deren Länder durchgängiges Dolmetschen finanzieren können.

Allerdings haben all diese Reformen keine Gleichrangigkeit von Deutsch mit Französisch oder gar Englisch bewirkt, ebenso wenig die Forderung der deutschen Regierung, dass alle Beratungsvorlagen und an deutsche Regierungsstellen gerichteten Papiere auch in deutscher Sprache vorliegen müssen. Diese lässt sich nämlich leicht durch den Übersetzungsdienst erfüllen. Etwas ganz anderes ist die für eine wirkliche Arbeitssprache entscheidende Verwendung beim Aushandeln und Verfassen von Texten. Sie setzt vor allem ausreichende Deutschkenntnisse beim zuständigen Personal voraus. Daran hapert es jedoch gewaltig. Die Sprachanforderungen bei Stellenbesetzungen oder Sprachschulung des vorhandenen Personals müssten darauf ausgerichtet sein, dass mindestens zwei Drittel der EU-Bediensteten über gute Deutschkenntnisse verfügten (jedenfalls in Institutionen mit Deutsch als einer von drei Arbeitssprachen) – wenn von den Angestellten erwartet wird, dass sie wenigstens zwei Arbeitssprachen beherrschen. Nur dann könnte Deutsch einigermaßen gleichrangig mit den beiden anderen Arbeitssprachen verwendet werden. Vermutlich liegt die Zahl der Deutschkönner aber bei weniger als einem Drittel.

Für die Akzeptanz einer solchen Regelung müsste auch auf Fairness (gleiche Lastenverteilung zwischen den Mitgliedsländern) geachtet werden. So könnten etwa die „Arbeitssprachländer", deren staatliche Amtssprachen als EU-Arbeitssprachen dienen und die daraus Vorteile ziehen, einen Großteil der Kosten der Sprachendienste übernehmen. Außerdem sollte Ernst gemacht werden mit dem Vorschlag, dass es als unanständig gilt, wenn jemand nur oder überwiegend seine Muttersprache spricht. Theo van Els (2001: 340 f., 350 f.) lässt den Einwand dagegen nicht gelten, darunter leide die Qualität der Kommunikation. Vielmehr würden die sonst durch Muttersprachgebrauch verwöhnten Gesprächsteilnehmer erst beim Gebrauch einer Fremdsprache lernen, sich für andere Fremdsprachler verständlich auszudrücken. Der Widerstand gegen das Gebot „Alle verwenden eine Fremdsprache!" bedeute letztlich nichts weiter als das Festhalten an Sprachprivilegien.

Sind aber mehr als zwei Arbeitssprachen wirklich handhabbar? Tendieren die von den Arbeitssprachen Ausgeschlossenen nicht stets zu einer einzigen Arbeitssprache? Ist daher allenfalls ein „abgestuftes Arbeitssprachenregime", wie es Andreas Ross (2003) vorgeschlagen hat, realistisch? Ist die Vorrangstellung von Englisch nicht schon unabwendbar in den Schulcurricula aller EU-Mitgliedsländer angelegt?

In letzter Zeit scheint sich die deutsche Regierung mit der Stellung der deutschen Sprache in den EU-Institutionen fast nur noch in Form gelegentlicher Protestnoten zu befassen – von denen man weiß, dass sie wirkungslos ad acta gelegt werden. Inzwischen akzeptiert der Bundestag sogar englischsprachige Beratungsvorlagen, wenn auch mit zwecklosen Ermahnungen an Brüssel. Bei einer kürzlichen Untersuchung schätzten Kenner unter den Bundestagsabgeordneten den Anteil englischsprachiger Beratungsvorlagen aus den EU-Institutionen auf ca. 25 Prozent (hierzu und zu weiteren ähnlichen Befunden Ammon/Kruse 2013; Kruse/Ammon 2013). Man darf damit feststellen, dass die Sprachenpolitik der deutschen Regierung bezüglich der Europäischen Union im Wesentlichen gescheitert ist. Ob im Zuge der viel beschworenen wirtschaftlichen Stärke Deutschlands noch einmal eine Wende gelingt, erscheint zweifelhaft.

## 3.2 Das nationale und internationale Gesicht der Musen – Kulturelle Programmarbeit

*Gerd Ulrich Bauer*

Die Überschrift *kulturelle Programmarbeit* deutet in missverständlicher Weise an, im Kontext deutscher Auswärtiger Kulturpolitik gebe es bereits ein unter dieser Bezeichnung etabliertes systematisches Politikfeld. Regierungsamtliche Dokumente wie auch die Fachliteratur vermitteln hingegen ein anderes Bild. Der Bereich, der im Folgenden dargestellt werden soll, wird in der politischen Praxis weniger konzeptuell erfasst als vielmehr in einem Verfahren der Einbeziehung und des Ausschlusses konturiert, nämlich über eine Abgrenzung von anderen Feldern Auswärtiger Kulturpolitik, allen voran der Sprachpolitik (Sprachverbreitungspolitik), der Informationspolitik (*Public Diplomacy*) und der Wissenschaftspolitik. Weiterhin hat sich das Schlagwort „kulturelle Programmarbeit" als Bezeichnung für ein zu konturierendes, eigenständiges Politikfeld erst in jüngerer Zeit auch in wissenschaftlichen Diskursen etabliert. Eine Suche nach diesem Begriff in programmatischen Dokumenten zur Auswärtigen Kulturpolitik, die vor der Jahrtausendwende entstanden sind, ist wenig ergiebig; hingegen enthält die *Konzeption 2000*, das Grundsatzdokument zur Auswärtigen Kulturpolitik der von SPD/Die Grünen gebildeten Bundesregierung (1998–2005), einen entsprechenden Gliederungspunkt. Die vom Auswärtigen Amt unter der CDU/CSU-FDP-Regierungskoalition (Kabinett Angela Merkel II) vorgelegte *Konzeption 2011 – Auswärtige Kultur- und Bildungspolitik in Zeiten der Globalisierung* hingegen bezieht sich nur vage auf „Kultur- und Bildungsprogramme", die etwa zur Vorbeugung von Krisen „eingesetzt" werden sollen.

Andere Felder bzw. Programme der Auswärtigen Kulturpolitik (vor allem des Sprachprogramms) werden hingegen bereits viel früher in einschlägigen Dokumenten benannt. So haben 1977 die Verfasser der Stellungnahme zum 1975 vorgelegten Abschlussbericht der Enquete-Kommission Auswärtige Kulturpolitik in einem weiteren Verständnis des Begriffs „Programmarbeit" mehrere Programme der Auswärtigen Kulturpolitik (Enquete-Kommission 1975: Abschnitt 117) bestimmt. Hierunter werden einige prioritäre Programme subsumiert, nämlich (a.a.O.):

- die Verbesserung des Bildes von Deutschland in der Welt, die als Entspannungsmaßnahme konzipierte kulturelle Zusammenarbeit mit der (damaligen) Sowjetunion und den Staaten Osteuropas
- der kulturelle Austausch mit Ländern der sogenannten Dritten Welt (Schlagwort: Nord-Süd-Dialog)
- der europäisch-arabische Dialog und schließlich
- die schulische Versorgung von Auslandsdeutschen.

Als Programme werden in diesem Kontext somit einerseits spezifische Ziele (vor allem Imageförderung, Sicherheit und Zusammenarbeit) und andererseits operative Schwerpunkte der Auswärtigen Kulturpolitik bezeichnet (hier regionale Fokussierungen sowie konkrete Zielgruppen und Instrumente). Ein vergleichbar mehrschichtiges Verständnis des Begriffs liegt auch der bereits angeführten *Konzeption 2000* zugrunde. Hier steht erstmals das Lemma „kulturelle Programmarbeit" gleichrangig neben der „auswärtigen Medienpolitik", der „Förderung der deutschen Sprache" und dem Bereich „Wissenschaft und Hochschulen", ohne dass sich jedoch damit eine analoge und eigenständige strukturelle Organisation eines Programmbereichs in der Auswärtigen Kulturpolitik spiegeln würde.

Insgesamt lässt sich in der Literatur und in den Diskursen zur Auswärtigen Kulturpolitik eine vielschichtige Verwendung des Begriffs Programm belegen. Dies kann darauf zurückgeführt werden, dass diese Bezeichnung primär aus einer Praxis auswärtiger Kulturarbeit entstanden ist und nicht auf einer reflektierenden Theoriebildung im Kontext der politischen Konzeptualisierung deutscher Auswärtiger Kulturpolitik beruht.

In Bezug auf das hier beschriebene Politik- und Handlungsfeld der kulturellen Programmarbeit ist in den regierungsamtlichen Dokumenten zur Auswärtigen Kulturpolitik – wie auch in den vielfältigen Fachpublikationen, welche die Entwicklung deutscher Auswärtiger Kulturpolitik seit Mitte der 1960er Jahre begleiten und gleichermaßen zur Theoriebildung und zur Schärfung der Terminologie beigetragen haben – ein besonderes Phänomen festzustellen: Das Politik- und Handlungsfeld, das hier und im Folgenden als kulturelle Programmarbeit bezeichnet wird, findet sich in vielzähligen Texten zunächst als Teilbereich der allgemeinen Kulturbeziehungen wieder; es wird oft durch mehr oder weniger vage Begriffspaare gekennzeichnet: Kunst und Kultur, Kunst und Publizistik (*Jahrbuch der auswärtigen Kulturbeziehungen* 1964: 199-203), Kunst, Musik, Film (*Jahrbuch der auswärtigen Kulturbeziehungen* 1/1965: 291-294), Kunst und Musik[1] usw.; gelegentlich wird mit Blick auf diesen Gegenstand auch von „Kultur im engeren Sinne“ gesprochen (u.a. Vogel 1990: 231 ff.). Dabei handelt es sich jedoch allenfalls um Annäherungen, um ein weites Verständnis für ein Politikfeld, welches sich im Wesentlichen durch zwei Merkmale kennzeichnet: einerseits die Verfolgung außenpolitischer Ziele durch den Einsatz „kultureller“ (bzw. künstlerisch-ästhetischer) Mittel oder andererseits den Umstand, dass konkrete Maßnahmen auf die Förderung des künstlerischen Lebens im interkulturellen Kontext bzw. den internationalen Kulturaustausch abzielen.

Doch was kennzeichnet nun diesen Programmbereich? Mit Blick auf die Entwicklung der deutschen Auswärtigen Kulturpolitik seit ihren Anfängen im ausgehenden 19. Jahrhundert sowie auf die Herausbildung von Institutionen und Zuständigkeitsbereichen lässt sich Folgendes feststellen:

- Die wichtigsten politischen Programme sind *reaktiv* entstanden.[2] Das heißt, sie sind die unvermeidliche Reaktion staatlicher Organe (vor allem des Auswärtigen Amtes und seiner Kulturabteilung) auf Entwicklungen und Zwänge, die sich aus kulturpolitischen Aktivitäten im In- und Ausland ergeben und deren Initiatoren und Akteure Einzelpersonen, Interessengruppen und nicht staatliche Institutionen des In- und Auslands sind.

1 Vgl. die thematische Gliederung im Literaturdienst Auswärtige Kulturpolitik und Internationale Kulturbeziehungen des Instituts für Auslandsbeziehungen für die Zeiträume von 1992 bis 1994. In der ersten Übersicht von Januar 1991 bis Juni 1992 finden sich die betreffenden Literaturhinweise unter der Rubrik „Sonstige Themen“. Die späteren Ausgaben des Literaturdienstes wurden aufgrund der Menge des ausgewerteten Materials nicht mehr in einem, sondern nunmehr in jeweils vier Teilbänden zusammengestellt. Zugleich fanden thematische Konzentrationen statt, denen der genannte Bereich „Kunst und Musik“ zum Opfer gefallen ist; einschlägige Beiträge finden sich seither verstreut unter Rubriken wie „Internationale Medienpolitik“ oder „Bilaterale Kulturbeziehungen“.

2 Vgl. etwa die (für die 1978 veröffentlichte Fassung ergänzte) Einleitung zu dem von Hansgert Peisert u.a. erstellten und 1971 vorgelegten Gutachten *Die auswärtige Kulturpolitik der Bundesrepublik Deutschland*. Peisert (1978: 23 f.) stellt hier fest, dass die 1969 eingeleitete Reform in der Programmatik deutscher Auswärtiger Kulturpolitik einer längst eingesetzten Praxis der Mittlerorganisationen und deren Mitarbeiter in ihren außenkulturellen Aktivitäten folgte: „Dies war jedoch ein individualistisches Tasten und Experimentieren, ohne Auftrag und ohne Niederschlag in offiziellen Zielkonzeptionen als wegweisendem Orientierungsmaßstab.“

- Zu ihrem sich heute darstellenden Gesamtbild haben sich die Programme sukzessiv und additiv gefügt.[3]
- Die jeweiligen Programme lassen sich im Groben verschiedenen Institutionen und – auf der Ebene der staatlichen Organe – verschiedenen politischen Zuständigkeitsbereichen zuordnen; im Detail stellt sich das Handlungsfeld allerdings als engmaschiges Netz von Organisationen, Instrumenten, Einzelmaßnahmen und Interessen dar, und es sind vielfältige Überschneidungen mit Blick auf Ressorts (etwa die sogenannte „Kultur-/Bildungshilfe" im Rahmen der Entwicklungszusammenarbeit), Kompetenzen und Zuständigkeiten zu verzeichnen (z.B. die Verantwortlichkeit des Innenressorts für Sport, Jugend(-austausch) sowie kulturelle Belange deutscher Minderheiten im Ausland).

In Abweichung vom Begriff Programm verweist das Kompositum Programmarbeit auf praktische Aspekte der Umsetzung und Durchführung von kulturpolitischen Maßnahmen im In- und Ausland. In der Arbeit der Mittlerorganisationen werden diese Maßnahmen im Wesentlichen den etablierten künstlerisch-ästhetischen Medien (bzw. Sparten) zugeordnet: bildende Kunst (Malerei, Grafik, Bildhauerei, Baukunst), darstellende Kunst (Theater, Tanz, Film sowie Medien- und Konzeptionskunst), Literatur sowie Musik. Benachbarte Bereiche sind die Archäologie und die Kunstgeschichte, womöglich auch die technisch-industrielle Produktion (u.a. (Industrie-)Design und Handwerk). Einen „medialen" Querschnitt stellen die Ausstellungs- sowie die Museumsarbeit dar. Hinzu kommen ebenfalls die Denkmalpflege, (Ge-)Denkstätten von internationalem Rang sowie das Kulturerbe bzw. die UNESCO-Programme zum materiellen und immateriellen Kulturerbe. Diese Bereiche werden im Folgenden auch in eigenen Abschnitten behandelt.

Was die vorliegende Übersicht nur ansatzweise zu leisten vermag, ist zu klären, welche Konsequenzen die gegenwärtige „digitale Revolution" für die kulturelle Programmarbeit haben kann. Virtuelle Medien bieten nicht lediglich eine Erweiterung des Spektrums an (kommunikativen und ästhetischen) Medien, an kreativen und innovativen Ausdrucksformen. Auch stellen sie keinen bloßen Ersatz für konventionelle (oder „veraltete") Medien dar (etwa Buch, Video, Tonträger usw.) und bergen damit ein vermeintliches Einsparpotenzial in Zeiten knapper Budgets. Vielmehr stellen die digitalen Medien Praktiker und Adressaten der auswärtigen Kulturarbeit durch ihren partizipatorischen Charakter, ihre Dynamik und relative Flüchtigkeit vor besondere Herausforderungen. Auch stellen sie gelegentlich hybride ästhetisch-kreative Formen dar, die etablierte Medien und Gattungen nicht einfach ablösen, sondern auf interessante Weise ergänzen, erweitern und gelegentlich konterkarieren.

## 1. Anmerkungen zum Begriff Kultur

Ungeachtet der in den siebziger Jahren eingeleiteten Erweiterung des Kulturbegriffs scheint sich im hier dargestellten Programmbereich zumindest vordergründig ein tradiertes Verständnis von Kultur im Sinne von Hochkultur bewahrt zu haben. Die Konturierung des Programmbereichs anhand der „Künste" legt eine solche Annahme nahe. Bei genauerer Untersuchung

3 Eine solche Erweiterung eines etablierten Repertoires an kulturpolitischen Instrumenten zeigt sich etwa bei der Integration der jeweils „neuen" Medien und beim Einsatz jeweils moderner Technologie, sowie beispielsweise Anfang der siebziger Jahre im Kontext des erweiterten Kulturbegriffs auch in der Öffnung für neue Themengebiete wie Umwelt/Ökologie, Frieden usw.

des Programmangebots der Mittlerorganisationen hat sich jedoch gezeigt, dass die Wirkungen des erweiterten Kulturbegriffs tiefgründiger sind. So haben Fraunberger und Sommer (1993) am Beispiel des Goethe-Instituts dargelegt, wie es auf der Ebene der Veranstaltungsformen zu einer Verlagerung von rein rezeptiven hin zu interaktiven Veranstaltungen gekommen ist, dass aber bereits vor 1970 eine Ausweitung der Programmarbeit auf Themen festzustellen war, die diesem neuen Kulturkonzept zuzuordnen sind.

Das bedingungslose Festhalten an einem elitären Kulturverständnis sowie an kulturhistorisch begründeten Konventionen, etwa auf dem Gebiet der Bildenden Künste, hat nicht nur eine Folge für Inhalte und Konzepte der Auswärtigen Kulturpolitik. Vielmehr führt dieser Elitismus unvermeidlicher Weise dazu, dass kulturelle Entwicklungen vor allem in Ländern der sogenannten Dritten Welt als nicht gleichwertig, sondern eher als „Abklatsch" westlicher Kunst betrachtet werden (Heine 1992: 311-315). Es ist evident, dass sich eine derartige Geringschätzung schädigend auf zwischenstaatliche Beziehungen bzw. auf die Wahrnehmung eines Partnerlandes aus deutscher Perspektive auswirken kann. Mit dem gleichen Argument ließen sich Vorbehalte gegen die Vorstellung sogenannter Kulturhilfe anbringen, wenngleich unter diesem Sammelbegriff eine Reihe wichtiger und der kulturellen Selbstversicherung der entwicklungspolitischen Partner dienlicher Maßnahmen zusammengefasst wird, etwa die Erforschung und Bewahrung kultureller Traditionen, der Aufbau eines Museumswesens und die Förderung künstlerischer Kreativität im Partnerland (Müller 1981; Splett 1966).

## 2. Gegenwärtige politische Bedeutung und Praxis

Die kulturelle Programmarbeit bildet seit den Anfängen deutscher Auswärtiger Kulturpolitik einen Kernbereich dieses Politikfeldes. Dabei wurden im Laufe der Jahre Konturen, Inhalte und Aufgaben einer auswärtigen Kulturarbeit herausgearbeitet; einige Tätigkeitsfelder wurden aufgegeben, neue sind hinzugekommen. So stellte die Versorgung der Auslandsdeutschen mit Schrifttum, Kalendern und Almanachen aus der Heimat in den Anfängen kulturpolitisch geförderter Auslandsarbeit eine wichtige Maßnahme dar, jedoch hat dieser Bereich heute seine Bedeutung verloren.[4] In jüngerer Zeit entwickeln dafür viele kulturpolitische Organisationen in den neuen sozialen Medien (v.a. Facebook) virtuelle Räume für Informationsaustausch und (zumindest begrenzte) Partizipation, die mit vielfältigen Erwartungen verbunden sind.

Als Mittel der kulturellen Programmarbeit wird heute vorrangig die Förderung des Kulturaustauschs angeführt (primär verstanden als eine Form internationaler Mobilität des Kulturellen, vor allem von bildender und darstellender Kunst, von Literatur und Musik); der „Austausch" bzw. die „Begegnung" vollziehen sich primär über die Konzeption und den Vertrieb von Ausstellungen, die Unterstützung von Gastspielen sowie die Förderung von Festivals, Kongressen, Seminaren und Workshops. Zu den Instrumenten kultureller Programmarbeit zählen der Aufbau und das Bereitstellung von Strukturen (z.B. Förderinstitutionen und Programme, deutsche Kulturinstitute im Ausland sowie Internetportale zur Darstellung von Content und zum Abrufen von Informationen) sowie die finanzielle, organisatorische und ideelle Förderung von

4 Es wäre zu untersuchen, ob im Rahmen der staatlichen Informationspolitik (Public Diplomacy) die zunehmende Zahl an dauerhaft im Ausland lebenden deutschen Staatsbürgern (Stichwort: Diaspora) künftig als relevante Zielgruppe für auch außen(kultur)politische Maßnahmen aufgefasst wird und eine entsprechende Informationsversorgung über das Internet durch staatliche Stellen gefördert wird. Im Rahmen des Auslandsschulwesens findet eine entsprechende bildungspolitische „Versorgung" von Deutschen im Ausland bereits in erheblichem Umfang statt.

Events auf den genannten Gebieten. Die betreffenden Maßnahmen sind mit einer ganzen Reihe von Erwartungen verknüpft. So soll im Ausland nach der paradigmatischen Abkehr vom einseitigen „Kulturexport" (Arnold 1976) ein aktuelles Bild von der Breite und Vielfalt künstlerischen Lebens und Schaffens in Deutschland vermittelt werden; die Bundesrepublik Deutschland soll – mit Blick sowohl auf den Imageverlust des Landes im Dritten Reich wie auch auf die Bemühungen um eine europäische Integration – „als kreativer Kulturstaat in Europa" präsentiert werden (Auswärtiges Amt 2000). Daneben hat sich seit den siebziger Jahren mit der Einführung des Prinzips der Gegenseitigkeit außenkulturpolitischer Maßnahmen der Dialog mit Vertretern ausländischer Gesellschaften (siehe die Förderung der Zivilgesellschaften, Dialog der Kulturen, interkultureller Dialog, Dialog mit dem Islam) als gleichberechtigte Aufgabe kultureller Programmarbeit etabliert.

Der Schlüsselbegriff Information charakterisiert gleichermaßen die Funktion der im Rahmen Auswärtiger Kulturpolitik eingesetzten Medien wie auch die Bedeutung des Kulturellen als Teilbereich deutscher Außenpolitik. Abgesehen von der kulturellen Selbstdarstellung kommt den Medien eine wichtige Rolle als zwischenstaatliche Mittler kultureller Informationen zu.[5] Diese umfassen offen oder verborgen die einer Gesellschaft zugrunde liegenden Werte, Normen und Leitideen, z.B. Demokratie, Freiheit, Gleichberechtigung, Toleranz etc. (Auswärtiges Amt 2000).

Im Kontext globaler politischer Veränderungen und angesichts eines staatlich verordneten Sparzwangs wurde zur Jahrtausendwende eine Fokussierung der Aktivitäten notwendig. Die bereits angeführte *Konzeption 2000* hat demzufolge Kriterien für die umzusetzenden Projekte festgelegt:

- deren künstlerische Qualität
- die Aufnahmebereitschaft im Partnerland (Kriterium der Relevanz) und
- die Wirkung der jeweiligen Maßnahme (Kriterium der Nachhaltigkeit).

Wenn diese Selbstbeschränkung für den Bereich der kulturellen Programmarbeit kein Lippenbekenntnis bleiben soll, setzt sie geeignete Verfahren der Auswahl (bzw. Politikberatung), der Evaluierung und der Effizienzkontrolle voraus. Es ist evident, dass in die Auswahlprozesse neben den Verantwortlichen für die jeweiligen Programme (Auswärtiges Amt, Mittlerorganisationen und andere kulturpolitische Träger) und den beratenden Expertengremien (Fachbeiräte des Auswärtigen Amts sowie der Mittlerorganisationen) auch die Adressaten (regierungsamtliche und institutionelle Partner sowie Publikum im Zielland) mit einbezogen werden müssen. Somit sind einerseits Kulturdialog und Auseinandersetzung mit deutscher Kunst und Kultur im Ausland als auch andererseits die Beschäftigung mit ausländischer Kunst und Kultur in Deutschland in ein stark ausdifferenziertes Netz von Institutionen eingebettet.

Auf dem Gebiet der kulturellen Programmarbeit zählen die kulturellen Institutionen anderer Staaten bzw. Länder zu den wichtigsten Partnern. Nicht zuletzt aufgrund von Sparzwängen, die auch vor dem Kulturbereich nicht Halt machen, gilt für außenkulturpolitische Maßnahmen der Grundsatz der Subsidiarität. Die Unterstützung künstlerischer Projekte im Rahmen deut-

5 Im Kapitel „Medien" des Berichts der Enquete-Kommission Auswärtige Kulturpolitik (1975: 48–55) bzw. unter dem Abschnitt „Kulturelle Medien" in der Stellungnahme der Bundesregierung zum Kommissionsbericht (Auswärtiges Amt 1977: 18 ff., Nr. III.4) werden unter dem Oberbegriff „Medien" sowohl traditionelle Medien (Konzert, Ausstellung, Buch) wie auch Massenmedien (Film, Hörfunk, Fernsehen) subsumiert. Letzteren wird dabei aufgrund ihrer „starken Breiten- und Tiefenwirkung" und damit der Bedeutung für eine „grenzüberschreitende kulturelle Information" besonderes Gewicht beigemessen (Auswärtiges Amt 1977: 18, Nr. 43).

scher Auswärtiger Kulturpolitik greift insbesondere dann, wenn eine Realisierung durch die Förderung aus anderen Quellen – z.B. durch Förderprogramme der Bundesländer, der Kommunen und der Europäischen Union, durch eine kommerzielle Vermarktung oder über Sponsoren – nicht möglich ist. Über die genannten Fördermöglichkeiten hinaus wird im Bereich der Kulturprogramme künftig dem Prinzip der *Public Private Partnership* verstärkte Bedeutung beigemessen.

## 3. Die einzelnen Programmbereiche

### a) Kunst

Der zusammenfassende Begriff Kunst wird im Folgenden in den zentralen Bereich der bildenden Kunst sowie die verwandten Gebiete Kulturgüter bzw. Kulturerbe und Archäologie untergliedert. Mit Blick auf die Förderung des Ausstellungswesens als etabliertem Mittel auswärtiger Kulturarbeit ist festzustellen, dass in Abstimmung mit dem für die Auswärtige Kulturpolitik eingeführten erweiterten Kulturbegriff von staatlicher Seite neben klassischen Ausstellungen arrivierter Kunst vielfältige Projekte zu Installationskunst, Videokunst, Fotografie, Architektur und Design, mitunter auch Projekte zur Populärkultur gefördert werden.[6]

#### Bildende Kunst

Im Kontext der programmatischen Schriften zur Auswärtigen Kulturpolitik bezeichnet Kunst zunächst das im allgemeinen Sprachgebrauch übliche weite Verständnis der „schönen Künste“ mit einer Untergliederung in die Bereiche bildende Kunst, darstellende Kunst, Literatur und Musik. In diesem Abschnitt wird mit Blick auf die organisatorischen Zuständigkeiten wie auch die terminologische Verwendung in den Rahmendokumenten zur Auswärtigen Kulturpolitik allerdings von einem engen Verständnis von Kunst im Sinne von bildender Kunst ausgegangen. Im Weiteren wird Kunstaustausch systematisch in die beiden Arbeitsfelder deutsche Kunst (Künstler) im Ausland sowie ausländische Kunst (Künstler) in Deutschland unterteilt.

Mit Blick auf die Länder Westeuropas und Nordamerikas stellen Ausstellungen deutscher (historischer und zeitgenössischer) Kunst ohne Zweifel einen zentralen Bereich des bi- und multilateralen Kulturaustauschs dar. Das weltweite Interesse an Zeugnissen und Entwicklungen künstlerischen Schaffens aus Deutschland (einschließlich der deutschsprachigen Nachbarländer) bildet eine unverzichtbare Basis für die europäischen und transatlantischen partnerschaftlichen Beziehungen. Die schiere Anzahl von Einzelausstellungen, die Höhe der aufgewendeten finanziellen Mittel sowie das Ausmaß ihrer gesellschaftlichen Wirkung machen Ausstellungen von Kunst bzw. Künstlern aus Deutschland zu einem wesentlichen Standbein deutscher kultureller Präsenz im Ausland. Diese kulturpolitische Relevanz steht jedoch im Kontrast zum tatsächlichen Engagement der einschlägigen außenkulturpolitischen Akteure, gemessen etwa an der finanziellen Förderung von Ausstellungsprojekten etablierter Künstler in den wichtigen Partnerländern. Der Grund für diese scheinbare Diskrepanz liegt in der Erwartung, dass sich solche Projekte (nachfragebedingt) über die institutionellen Strukturen in den Zielregionen und

6 Für eine ebenso resümierend-übergreifende wie auch exemplarische Darstellung zum Kulturdialog im Bereich der bildenden Kunst vgl. das Themenheft *Kunst zieht an: Die Rolle der Kunst in den internationalen Kulturbeziehungen* der *Zeitschrift für Kulturaustausch* (Jg. 53, H. 1/2004).

-ländern sowie zunehmend über Sponsoren aus Wirtschaft und Drittem Sektor realisieren lassen. Dagegen stützen die einschlägigen Mittlerorganisationen kulturpolitisch, institutionell und finanziell solche Maßnahmen, die aufgrund fehlender Strukturen, ungenügender finanzieller Absicherung oder etwa mangelhaften technischen Rahmenbedingungen (z.B. konservatorische Einwände gegen Transport und Ausstellung von Kunst und Kulturgütern) ohne Zuwendungen nicht realisiert werden könnten.

Im Rahmen der unter den Mittlerorganisationen getroffenen Aufgabenteilung konzipiert und organisiert das Institut für Auslandsbeziehungen Wanderausstellungen (Denscheilmann 2013). Die ins Ausland vermittelten Ausstellungen umfassen neben bildender Kunst auch Architektur, Design und Fotografie. Ausstellungspartner vor Ort sind häufig Bildungsstätten und Kunst-Institutionen des Gastlandes, aber auch deutsche Kulturinstitute. Weitere Schwerpunkte des Kunstaustauschs sind Workshops deutscher Gegenwartskünstler (vor allem an Akademien und Kunsthochschulen des Ziellands) sowie Symposien. Beispielhaft ist etwa das Engagement des Goethe-Instituts sowie anderer kulturpolitischer Akteure für die Förderung von künstlerischem Schaffen, Kunstwissenschaft und Kunstkritik in den Metropolen Subsahara-Afrikas zu nennen.[7]

Die für das Ausland konzipierte Präsentation deutscher Künstler bzw. Künstlergruppen ist seit jeher mit der Absicht verbunden, ein wirklichkeitsgetreues Bild des gegenwärtigen künstlerischen Schaffens in Deutschland zu vermitteln. Dabei setzt die kulturpolitische Förderung nicht notwendigerweise eine Identifikation mit Botschaft und Inhalt der Kunstwerke voraus: denn gerade Kunst unterschiedlicher, auch kritischer Ausprägung vermag in ihrer Auseinandersetzung mit der Gegenwart ein Bild der vielfältigen kulturellen Szene in der Bundesrepublik ins Ausland zu vermitteln.[8] Auch für den Kunstaustausch als Ganzes gilt als Prinzip, dass er nicht als einseitige Selbstdarstellung der Gegenwartskunst aus der Bundesrepublik angelegt sein darf, sondern dass er vielmehr einem gegenseitigen kulturellen Austausch und der wechselseitigen Information dient. Mit Ausstellungen im Gastland soll ein Forum der Dokumentation und Diskussion geschaffen werden, und ein solches Ziel macht die Konzeption eines geeigneten Bei- oder Rahmenprogramms erforderlich, das beispielsweise aus Filmvorführungen, Vorträgen, Künstlergesprächen oder Diskussionsrunden bestehen kann.

Eine besondere Herausforderung für den im Inland stattfindenden Kunstaustauschs stellt seit jeher die Präsentation solcher Werke und Künstler dar, die nicht aus Ländern (West-)Europas und Nordamerikas stammen. Die programmatischen Texte zur deutschen Auswärtigen Kulturpolitik haben diesem Umstand bereits in der zweiten Hälfte der siebziger Jahre Rechnung getragen, indem sie eine „Documenta der Dritten Welt“ forderten (Romain 1980: 69; Auswärtiges Amt 1982: 9 f.) sowie einen Ort für die (Selbst-)Darstellung fremder Kultur(en) in Deutschland. Das Missverhältnis in der Wahrnehmung künstlerischer Ausdrucksformen aus Ländern

7 Vgl. etwa das Ausstellungsprojekt „Afropolis – Stadt, Medien, Kunst“, das die Metropolen Kairo, Nairobi, Johannesburg, Kinshasa und Lagos durch ihre Geschichte und Entwicklung sowie mithilfe zeitgenössischer künstlerischer Perspektiven präsentierte. Die temporäre Ausstellung war 2010 und 2011 u.a. im Goethe-Institut Nairobi, im Kölner Rautenstrauch-Joest-Museum sowie im Iwalewa-Haus der Universität Bayreuth zu sehen (www.afropolis.net). Zu den Förderern zählten neben dem Auswärtigen Amt und dem Goethe-Institut auch die Kreditanstalt für den Wiederaufbau, die Kulturstiftung des Bundes sowie die (damalige) Deutsche Gesellschaft für Technische Zusammenarbeit.

8 Dass dem vermittelten Bild gelegentlich – etwa aus der Politik – eine „Schieflage“ attestiert wurde und wird, resultiert verständlicherweise aus dem Unterfangen, staatlichen Einfluss auf Inhalte und Formen auswärtiger Kulturarbeit zu kontrollieren. Zu kritischen Stimmen vgl. etwa das kontrovers diskutierte Grundsatzreferat des damaligen Bayerischen Ministerpräsidenten und CSU-Vorsitzenden Franz-Josef Strauss am Goethe-Institut (1986).

der sogenannten Dritten Welt in Deutschland spiegelt sich darin, dass Ausstellungsprojekte der Gegenwartskünste aus Entwicklungsländern jahrzehntelang darum ringen mussten, nicht in ethnologischen bzw. Völkerkundemuseen, sondern in Institutionen der Kunstwelt präsentiert zu werden. Dass es mittlerweile zu einer Wende in der inländischen Rezeption kommt, ist neben den beharrlichen Bemühungen einiger weniger Förderer außereuropäischer Kunst wohl auch dem mit Ende der Apartheid in Südafrika gestiegenen öffentlichen Interesse an den zeitgenössischen künstlerischen Ausdrucksformen (neben Kunst auch der Literatur und dem Film) des afrikanischen Kontinents zu verdanken.[9]

Einen wesentlichen Beitrag für den internationalen Kunstaustausch wie auch für die Präsenz internationaler zeitgenössischer Kunst im Inland leistet der DAAD mit seinem seit 1962 bestehenden *Berliner Künstlerprogramm*. Das international angesehene Stipendienprogramm stattet Künstler in den Sparten bildende Kunst, Literatur, Musik und Film mit jährlich rund zwanzig, meist einjährigen Stipendien, einer Wohnung sowie Atelierräumen und Programmmitteln aus. Das *Berliner Künstlerprogramm* fördert die Pluralität künstlerischer, literarischer und ästhetischer Positionen und versteht sich – ganz im Sinne der Leitideen deutscher Auswärtiger Kulturpolitik – als ein Forum des Grenzen überschreitenden künstlerischen Dialogs. Als Ultima Ratio eines solcherart konzipierten Dialogs soll über den „Blick" von außen – die Fremdperspektive auf die innerdeutsche Gesellschaft – eine gesellschaftliche Selbstreflexion initiiert werden.

Zu den wichtigsten Institutionen im Inland zählt das 1989 gegründete Haus der Kulturen der Welt in Berlin. Das Haus versteht sich als repräsentatives Forum der Kulturen Afrikas, Asiens, Lateinamerikas und Ozeaniens und hat es sich zur Aufgabe gemacht, durch die Präsentation außereuropäischer (bildender) Kunst und deren Einbettung in ein vielfältiges Begleitprogramm (Veranstaltungen zu Literatur, Theater, Tanz, Film etc.) einen offenen und kritischen „Dialog zwischen den Kulturen" zu fördern. Dabei ist das Haus der Kulturen ein reiner Veranstaltungsort, denn es unterhält keine eigene Sammlung oder Bibliothek. In seinem Engagement für die Präsentation nichtdeutscher Künstler in Deutschland unterhält auch das Institut für Auslandsbeziehungen eigene Ausstellungsräume, die „ifa-Galerien" in Stuttgart sowie (mit Schwerpunkt Mittel- und Osteuropa) in Berlin.

Am Standort der Zentrale des Goethe-Instituts in München vermittelt das Goethe-Forum ausgewählte Programme der Auslandskulturinstitute nach Deutschland und versteht sich als Drehscheibe von auswärtiger und kommunaler Kulturpolitik. In der Begegnung mit den Traditionen anderer Länder soll dem deutschen Publikum ein besseres Verständnis für die geistigen Grundlagen anderer Gesellschaften vermittelt werden.

Keine Mittlerorganisationen im herkömmlichen Sinn, nehmen sich in zunehmendem Maße die Museen für Völkerkunde (in neuerer Lesart „Museen der (Welt-)Kulturen") der Vermittlung außereuropäischer Kunst an. So hat beispielsweise das Frankfurter Weltkulturen Museum (ehemals Museum für Völkerkunde) Ausstellungsprojekte zur außereuropäischen Kunst in sein Programm aufgenommen und verfügt über eine eigene Sammlung. In Rahmen des Förderpro-

9 Zur Förderung der Beziehungen zu dem neuen, demokratischen Südafrika wurden etwa aus Mitteln des Auswärtigen Amts südafrikanische Kulturgüter angekauft und in einem Festakt anlässlich des ersten südafrikanischen National Heritage Day am 24. September 1995 durch den Deutschen Generalkonsul an die South African National Gallery in Kapstadt überreicht. Die fünfzehn wertvollen ethnographischen Objekte aus dem 19. und frühen 20. Jahrhundert sollten den Grundstock für eine *African Art Heritage Collection* bilden. Im Folgejahr fand eine erste Ausstellung zeitgenössischer Kunst aus Südafrika unter dem programmatischen Titel *Colours* im Haus der Kulturen der Welt, Berlin, statt. Seither waren ungezählte Einzel- und Gruppenausstellungen südafrikanischer Künstler in Deutschland zu sehen.

gramms *Curators in Residence: Curating Collections* der KfW Stiftung (der Kreditanstalt für Wiederaufbau) erhalten zudem außereuropäische Gastkuratoren die Gelegenheit, Ausstellungsprojekte am Frankfurter Museum zu realisieren. Eine besondere Stellung nimmt das 1981 gegründete Iwalewa-Haus der Universität Bayreuth ein, das sich neben seiner Ausstellungstätigkeit und dem Aufbau einer Lehrsammlung zu moderner und traditioneller Kunst auch als interdisziplinäre Forschungsstätte versteht. Im Verbund mit dem Institut für Afrikastudien der Universität und den afrikabezogenen Lehrstühlen hat sich das Iwalewa-Haus als eine weltweit anerkannte Stätte interkultureller Begegnung, des Austauschs und der Forschung zu den künstlerischen Ausdrucksformen des afrikanischen Kontinents etabliert.

Jahrzehntelang lag bei den genannten Einrichtungen die Programmarbeit überwiegend in deutscher Hand, jedoch ist bereits eine Entwicklung festzustellen, dass entsprechende Gestaltungsräume auch für außereuropäische Kuratoren und Kunstexperten geöffnet werden. Beispielsweise werden Förderprogramme für Kuratoren aktuell durch das Institut für Auslandsbeziehungen im Rahmen des Programms *Künstlerkontakte* sowie durch die Kölner Akademie der Künste der Welt angeboten; und die Galerie für Zeitgenössische Kunst Leipzig und die Kulturstiftung des Freistaates Sachsen bieten für diese Zielgruppe ein einjähriges Volontariat an. Von den wenigen ausländischen Kulturinstituten abgesehen, existieren jedoch in der Bundesrepublik bislang kaum Orte für die Selbstdarstellung nichtdeutscher Länder, Regionen und Kulturen, die nicht durch deutsche Organisationen getragen werden. Wenn heute ausländische (und zudem nicht-westliche) Kuratoren Kunstereignisse von Weltrang in Deutschland verantworten, dann ist dies nicht zuletzt auch dem Vorbild der Kasseler documenta zu verdanken: Die zunächst alle vier, seit 1972 alle fünf Jahre stattfindende Ausstellungsreihe zur zeitgenössischen Kunst wurde in der Vergangenheit von dem Belgier Jan Hoet (documenta IX 1992), der Französin Catherine David (documenta X 1997), dem Nigerianer Okwui Enwezor (documenta 11 2002) sowie der US-Amerikanerin bulgarischer Abstammung Carolyn Christov-Bakargiev (documenta 13 2012) kuratiert. Designierter Kurator der documenta 14 (2017) ist der polnische Kunstkritiker und Kurator Adam Szymczyk. Nicht zuletzt durch ihre weltweit hervorragend vernetzten und angesehenen Kuratoren hat sich die Kasseler Kunstschau zu einer internationalen Plattform entwickelt, deren Ausgestaltung sich weitgehend aus einer deutschen Hegemonie gelöst hat.

## Kulturgut, „Beutekunst" und (Welt-)Kulturerbe

Unter Kulturgut werden solche Artefakte aus Gegenwart und Vergangenheit verstanden, die innerhalb einer Gesellschaft bzw. Nation Ansehen genießen und einen potenziellen Beitrag zur kulturellen bzw. nationalen Identifikation leisten. Auf dem Gebiet des Schutzes und der Erhaltung von Kulturgut ist eine Reihe von gesamtgesellschaftlich relevanten Aufgaben auszumachen, die in Deutschland in den Zuständigkeitsbereich des Bundes und (in gewissem Umfang) der Bundesländer fallen. Dazu gehören der Schutz von national wertvollem Kulturgut gegen Abwanderung in das Ausland (bzw. die übergeordnete Aufgabe der Regelung des internationalen Handels mit Antiquitäten und anderen relevanten Artefakten), die Beteiligung des Staates am Erwerb national wertvollen Kulturguts aus dem In- und Ausland, Maßnahmen zum Erhalt und zur Sicherung deutschen Kulturguts in Ostmittel-, Ost- und Südosteuropa, der Austausch und die Rückführung beweglichen Kulturguts sowie die Mitwirkung bei internationalen Vereinbarungen und rechtlichen Regelungen auf dem Gebiet des Schutzes von Kulturgut.

Seit dem Ende des Kalten Krieges ist die Kulturgüterrückführung zu einem wichtigen Thema in den bilateralen Beziehungen vorrangig zwischen Deutschland und den Nachfolgern der ehemaligen Warschauer Pakt-Staaten geworden. Mit Blick auf das Völkerrecht, auf geltende Verträge sowie auf nationale und internationale Gesetze ist hier zwischen zwei Gruppen von Objekten zu unterscheiden, nämlich zwischen NS-verfolgungsbedingt verbrachten Kulturgütern sowie kriegsbedingt verlagerten Kulturgütern. Daneben existiert eine Schnittmenge beider Kategorien, etwa Gemälde, Grafik und wertvolle Bücher aus jüdischem Besitz, die zwischen 1933 und 1945 zunächst durch Zwang in den Besitz von Kunstinstitutionen des Deutschen Reichs geraten sind und die in Folge der Kriegsgeschehen von den alliierten Siegern aus Deutschland verbracht wurden. Als „Beutekunst" (siehe Wolf 2010) in das Bewusstsein der Öffentlichkeit gerückt, wird dieses Schlagwort – in einer eingeengten Bedeutung – meist auf die in den Ländern der Gemeinschaft Unabhängiger Staaten befindlichen deutschen Kulturgüter bezogen, die am Ende des Zweiten Weltkriegs von Angehörigen der Roten Armee auf das Gebiet der damaligen Sowjetunion gebracht wurden. Wie nicht zuletzt das Aufsehen erregende St. Petersburger Bernsteinzimmer zeigt, existiert jedoch gleichermaßen das komplementäre Phänomen identifizierter und verschollener Kulturgüter aus den ehemaligen Ländern Ost-, Ostmittel- und Südosteuropas.

Die Frage der Rückführung kriegsbedingt verlagerter Kulturgüter hat in der Anfangsphase der Ost-West-Beziehungen nach der politischen Wende von 1989/90 zu erheblichen Missstimmungen und Spannungen geführt; so setzte sich beispielsweise die russische Staatsduma in der zweiten Hälfte der neunziger Jahre gegen die rückgabewillige Regierung letztinstanzlich durch und erklärte per Gesetz die verlagerten deutschen Kulturgüter zu russischem Besitz. In bilateralen Verhandlungen vor allem mit Russland, Polen und der Ukraine hat die deutsche Regierung die Rückführung von Kulturgütern beharrlich zum Thema und zugleich zu einer Messlatte für die bilateralen Beziehungen gemacht. Seither konnte in einer Politik der kleinen Schritte eine Vielzahl erfolgter Rückgaben verzeichnet werden, die über ihren juristischen Rahmen hinaus symbolträchtige und versöhnliche Gesten im zwischenstaatlichen und interkulturellen Miteinander darstellen (Ritter 1996).

Neben der zwischenstaatlichen, politischen Belastung, die beständig mit offenen Fragen der Kulturgüterrückführung einhergeht, stellt dieser Bereich als Aspekt des internationalen Kulturgutschutzes eine Verpflichtung für Bundesregierung und deutsche Gesellschaft gleichermaßen dar. Denn nur wenn dem Kulturgüterschutz in den internationalen kulturpolitischen Bemühungen eine große Bedeutung beigemessen wird, kann die deutsche Auswärtige Kulturpolitik einen wichtigen Beitrag zur Versöhnung und zur Stärkung der kulturellen Identität in den Transformationsländern leisten.

Als weiterer außenkulturpolitischer Tätigkeitsbereich im vorliegenden Bereich gilt die Auffindung und Rückgabe NS-verfolgungsbedingt entzogener Kulturgüter, insbesondere aus jüdischem Besitz. Viele Artefakte, die dieser Objektgruppe zuzurechnen sind, haben ihren Weg in öffentliche Sammlungen auf dem Gebiet des ehemaligen Deutschen Reichs sowie in den Kunstmarkt gefunden. Das Auffinden solcher Güter, die Sammlung von Informationen, die Ausarbeitung von Orientierungshilfen für die Provenienzuntersuchung und weitere Dienstleistungen auf dem genannten Gebiet obliegen der Koordinierungsstelle für Kulturgutverluste, einer von Bund und Ländern finanzierten Einrichtung beim Kultusministerium des Landes Sachsen-Anhalt. Rechtliche Grundlage für die Regelung von Rückgaben bilden vor allem die Erklärung der Washingtoner Konferenz von 1998 zu Vermögen aus der Zeit des Holocaust,[10] die *Erklärung der Bundesregierung, der Länder und der kommunalen Spitzenverbände zur Auffindung und zur Rückgabe NS-verfolgungsbedingt entzogenen Kulturgutes, insbesondere aus jüdischem Besitz* vom Dezember 1999[11] sowie entsprechende bilaterale Abkommen. Als wichtiges Instrument zur Identifizierung verfolgungsbedingt entzogener Kulturgüter hat die Koordinierungsstelle für Kulturgutverluste die *Lost Art Internet Database* (www.lostart.de) eingerichtet.

In konkreten Rückgabeverfahren unterstützen die zuständigen Stellen des Bundes, das Auswärtige Amt mit den Auslandsvertretungen und der Beauftragte der Bundesregierung für Kultur und Medien (im Rang eines Staatsministers) ehemalige Eigentümer bzw. deren Nachfahren; dabei ist es jedoch zunächst Sache der rechtmäßigen Eigentümer, ihre Ansprüche geltend zu machen.

Als eigenständiges kulturpolitisches Aktionsfeld hat sich das Weltkulturerbe etabliert. Auf Grundlage des 1972 von der UNESCO verabschiedeten „Internationalen Übereinkommens zum Schutz des Kultur- und Naturerbes der Welt" ist seither eine Vielzahl von Einzeldenkmälern, Gebäudeensembles und Kulturlandschaften in Deutschland mit dem begehrten Status des „UNESCO-Weltkulturerbes" ausgezeichnet worden.[12] In das 1992 initiierte UNESCO-Programm *Gedächtnis der Menschheit* (*Memory of the World*) wurden bislang diverse Kulturgüter von nationaler Bedeutung als „Dokumentenerbe" aufgenommen, unter anderem das Phonogrammarchiv der Stiftung Preußischer Kulturbesitz (Berlin), die Göttinger Gutenberg-Bibel und der frühe Buchdruck, die Kinder- und Hausmärchen der Brüder Grimm, die Himmelsscheibe von Nebra sowie der literarische Nachlass Goethes. Bei der Gemeinschaftsaufgabe des materiellen und immateriellen Welterbes kooperieren die Kulturabteilung des Auswärtigen Amts, die Deutsche UNESCO-Kommission sowie verschiedene Organisationen der Länder, Kommunen bis hin zu privatrechtlichen Marketinggesellschaften einzelner Welterbestätten und privaten Eigentümern.

### b) Archäologie

Ziele staatlicher Auswärtiger Kulturpolitik auf dem Gebiet der Archäologie sind der Kulturerhalt, die Forschungsförderung im In- und Ausland, die Pflege internationaler Wissenschaftsbeziehungen sowie die Förderung des akademischen Nachwuchses. Zentraler Träger ist das 1829 gegründete Deutsche Archäologische Institut, dessen Aufgabenbereich vorrangig Forschung auf dem Gebiet der Archäologie und ihrer Nachbarwissenschaften umfasst (Expeditionen, Ausgrabungen, Restaurierung und Konservierung, Dokumentation, Sammeltätigkeit und andere Projekte im In- und Ausland); hinzu kommen der internationale fachwissenschaftliche Austausch, die Publikationstätigkeit, der Unterhalt von Fachbibliotheken und Bildarchiven sowie die Durchführung von Fachkongressen und Kolloquien. Organisatorisch gliedert sich das Deutsche Archäologische Institut in elf größere Zweiganstalten: neben der Berliner Zentrale sowie den Kommissionen in Bonn, Frankfurt und München finden sich Abteilungen in Athen (Griechenland), Berlin, Istanbul (Türkei), Kairo (Ägypten), Madrid (Spanien) und Rom (Itali-

10 Vgl. http://www.lostart.de/Webs/DE/Koordinierungsstelle/WashingtonerPrinzipien.html (September 2014).

11 Vgl. http://www.kmk.org/kunst-kultur/rueckgabe-kriegsbedingt-verlagerten-und-ns-verfolgungsbedingt-entzogenen-kulturgutes/ns-verfolgungsbedingt-entzogenes-kulturgut.html (September 2014).

12 Die negative Seite lässt sich an der *Roten Liste des gefährdeten Welterbes* ablesen, etwa im Fall der Dresdner "Waldschlößchenbrücke". Der Bau dieser Elbüberquerung führte 2008 zum Verlust des Welterbe-Status für die Kulturlandschaft Dresdner Elbtal.

en) sowie fünf Außenstellen in Bagdad (Irak), Damaskus (Syrien), Sana'a (Jemen), Teheran (Iran) und Peking (Volksrepublik China).

Mit dem zunehmenden außenpolitischen Engagement Deutschlands im Rahmen internationaler Konflikte erfährt auch die kulturpolitische Aufgabe des Erhalts und Schutzes von Kulturgut sowie von archäologischen Stätten eine neue Dimension. Wenngleich die Zerstörung und Plünderung archäologisch bedeutsamer Fundorte und Museen keine neue Begleiterscheinung bewaffneter Konflikte ist (Wolf 2010), so ist sie in neuerer Zeit durch die mediale Berichterstattung auch in das öffentliche Bewusstsein gerückt. Die Zerstörung etwa der aus dem 6. Jahrhundert stammenden Buddha-Statuen von Bamiyan (Afghanistan) durch radikale Taliban im März 2001 erregte weltweit großes Aufsehen. Die internationalen Bestrebungen zu ihrer Sicherung und Restaurierung werden auch vom Auswärtigen Amt und der deutschen Abteilung des internationalen Rats für Denkmalpflege (International Council on Monuments and Sites) mitgetragen. Im Sommer 2012 zerstörten bewaffnete Islamisten der militanten Gruppierung Ansar Dine in Timbuktu im Norden Malis historische Mausoleen und Friedhöfe, darunter auch das Mausoleum des sufistischen Heiligen Sidi Mahmud Ben Amar, das zum UNESCO-Weltkulturerbes zählte. Auch eine unbekannte Anzahl historischer Handschriften dieses früheren Zentrums islamischer Gelehrsamkeit wurden Opfer der bewaffneten Auseinandersetzungen. Die Beispiele zeigen, dass in ethnisch bzw. religiös motivierten Konflikten auch internationale Konventionen kulturelle Zeugnisse der Vergangenheit nicht effektiv vor Gewalt schützen können.

### c) Musik

Neben der bildenden Kunst ist der Kulturaustausch auf dem Gebiet der Musik das zweite Standbein für die deutsche kulturelle Programmarbeit. Gerade in der schwierigen Phase des politischen Neuanfangs nach 1945/49, im Werben beider deutscher Staaten um Anerkennung, bildete das Ansehen deutscher und deutschsprachiger Komponisten eine Brücke für die gegenseitige Annäherung an die Siegermächte wie auch an die Gesellschaften der ehemals besetzten Länder (Wissig 1964: 53 ff.; Kraus 1966). So wurde etwa im Jahre 1950 in der Wagnerstadt Bayreuth das Internationale Jugend-Festspieltreffen (heute: Festival junger Künstler) ins Leben gerufen, das sich den „Idealen der Kultur und Menschlichkeit“ (*Jahrbuch der Auswärtigen Kulturbeziehungen* 3/1966: 275) und damit dem Gedanken der Völkerverständigung verpflichtet hat. Der Förderung internationaler Begegnung junger Menschen durch die Musik hat sich ebenfalls Jeunesses Musicales Deutschland, eine Sektion von Jeunesses Musicales International, verschrieben.

Als nationale Dachorganisation für kulturpolitische Interessenverbände auf dem Gebiet der Musik wirkt seit 1953 der Deutsche Musikrat als nationale Sektion des von der UNESCO 1949 gegründeten Internationalen Musikrats. Eine verbindliche und nachhaltige Form der auch internationalen Kulturarbeit auf dem Gebiet der Musik bildet der Deutsche Chorverband, der 2005 aus einem Zusammenschluss des 1862 gegründeten Deutschen Sängerbunds sowie des 1908 gegründeten Deutschen Allgemeinen Sängerbunds hervorgegangen ist und dem Chöre, Instrumental- und Tanzgruppen im In- und Ausland angehören. Aktivitäten des Chorverbands umfassen auch die materielle Unterstützung der Auslandschöre, vor allem mit Notenmaterial und Tonträgern, sowie die pädagogische Betreuungsarbeit.

Wirkungsvolle Maßnahmen auf Seiten des Auswärtigen Amts und der Mittlerorganisationen sind einerseits die Kontaktarbeit und wechselseitige Information über aktuelle Entwicklungen im Musikleben der deutschsprachigen Länder im Ausland sowie der vielfältigen Musikformen dieser Welt im Inland, andererseits die Durchführung und Unterstützung von Gastspielen (deutsche Gastspiele im Ausland sowie Gastspiele ausländischer Ensembles in Deutschland). Gemeint sind Tourneen von Ensembles aus dem Laien- und Profibereich und in der Gesamtbreite der Musiksparten Chor, Kammerensemble, Jugendensemble, Oper, Orchester, Jazzorchester, zeitgenössische populäre Musikgruppen sowie in jüngster Zeit auch sogenannte Events. Auf diesen Gebieten organisiert das Goethe-Institut über seine Länderinstitute seit jeher Tourneen klassischer und zeitgenössischer deutscher Musik. Daneben stellen besagte Kulturinstitute je nach lokaler Ausstattung in Mediatheken Musikalien bereit, die von interessierten Personen oder Institutionen des Gastlandes genutzt werden können.

Die vielfältigen Formen auswärtiger Kulturarbeit in der Musik umfassen neben den genannten Mitteln auch Instrumenten- und Musikalienspenden, die Arbeit mit Multiplikatoren (vor allem Musikpädagogen), die Erforschung und Verbreitung von Erkenntnissen zur Musikgeschichte, die Förderung junger deutscher Komponisten und Musiker durch Auslandsaufenthalte (z.B. durch die Deutsche Akademie Rom Villa Massimo), Gästeprogramme für ausländische Musiker und Komponisten im Inland sowie die Organisation und Förderung internationaler Musikfestivals. Zu letzteren zählen beispielsweise die Berliner Festspiele mit ihrem reichhaltigen und abwechslungsreichen, Tanz, Musik und Theater umfassenden Programm.

Abschließend soll ein Bereich zumindest genannt, jedoch nicht weiter ausgeführt werden, der gleichermaßen von der großen Ausstrahlung deutscher Musik ins Ausland zeugt, wie auch von der engen internationalen Verflechtung der einzelnen Sparten. Die Rede ist von den in Deutschland etablierten Festspielen von Weltrang (z.B. Schwetzinger Festspiele, Richard-Wagner-Festspiele in Bayreuth, Internationale Maifestspiele in Wiesbaden). Der Historiker Holger R. Stunz (2005) hebt deren internationale Bedeutung auf drei Ebenen hervor:

- der Erfolg von Festspielen wird an verschiedenen Faktoren gemessen, zu denen vor allem auch die Außenwirkung, also die internationale Resonanz, zu zählen ist
- deutsche Festspielensembles unternehmen häufig Auslandstourneen und treten im Gastland als kulturelle Botschafter auf
- deutsche Festspiele sind häufig wichtige Foren für Gastspiele ausländischer Ensembles.

### d) Literatur

Trotz der Konkurrenz durch die elektronischen Medien und ungeachtet der lange diskutierten Marktkrise stellt das Buch ein wichtiges Medium des kulturellen Austauschs und der Information dar. Die kulturpolitisch geförderte Buch- bzw. Literaturarbeit umfasst eine kaum zu erfassende Breite. Dazu zählen vorrangig die Veröffentlichung von Büchern und Kulturzeitschriften, die Versorgung deutscher Bibliotheken und Lesesäle im Ausland mit zeitgenössischer und klassischer Literatur in deutscher Sprache, die Beteiligung an Buchmessen, die Gewährung von Übersetzungshilfe, Einladungen an ausländische Verleger, Lese- und Informationsreisen von deutschen und ausländischen Schriftstellern sowie die bibliothekarische Verbindungsarbeit. Außenkulturpolitische Bedeutung erfährt das Medium Literatur vor allem dadurch, dass es wie kein anderes künstlerisch-ästhetisches Medium nicht nur in der Lage ist, ein Bild von der kulturellen Vielfalt in Deutschland zu vermitteln, vor allem unter Berücksichtigung des literarischen Nachwuchses neben den etablierten und auch international beachteten Schriftstellern deutscher Sprache. Darüber vermag Literatur zeitgenössische gesellschaftspolitische Zustände zu reflektieren, etwa im „Wenderoman", der sich mit dem Ende der DDR und der Vereinigung beider deutscher Staaten (bzw. Gesellschaften) auseinandersetzt, oder im erzählerischen und lyrischen Schaffen von Migranten. Zudem spricht Literatur in ihrer sprachreflektierenden Kapazität gleichermaßen Deutschlerner und Deutschlehrer im Ausland an und erreicht damit die als primäre Zielgruppe deutscher Auswärtiger Kulturpolitik bestimmten Multiplikatoren im Ausland.

Eine beständige und nachhaltige Arbeit leisten die Bibliotheken und Lesesäle deutschsprachiger Literatur und landeskundlicher Informationsmaterialien im Ausland. Oftmals in deutsche Kulturinstitute integriert, stellen sie eine bewährte Ressource dar, die nicht nur von der auslandsdeutschen Gemeinde des Gastlandes, sondern von allen an Deutschland und Deutschem interessierten Zielgruppen genutzt wird. Besonders seit dem Beginn gesellschaftlicher Transformationen in Ost- und Mitteleuropa und in der Gemeinschaft Unabhängiger Staaten wurden auf Grundlage bilateraler Verträge Lesesäle eingerichtet, die oftmals auf einer Kooperation zwischen dem Goethe-Institut und bilateralen Freundschafts- und Kulturgesellschaften basieren. Zur Steigerung ihrer Attraktivität und Effizienz können deutsche Lesesäle an kommunale Bibliotheken und/oder lokale Sprachlernzentren angegliedert werden.

### Übersetzungen von Literatur

Die kulturpolitisch gestützte Veröffentlichungstätigkeit umfasst auch Übersetzungen von Literatur aus dem Deutschen sowie von fremdsprachlicher Literatur ins Deutsche. Somit ergänzen sich Maßnahmen des In- und Auslands gleichermaßen komplementär bzw. richten sich an Zielgruppen in Deutschland und in den jeweiligen Partnerländern. Das Programm *Übersetzungen deutscher Bücher in eine Fremdsprache* des Goethe-Instituts fördert die Verbreitung deutscher Literatur im nicht-deutschsprachigen Ausland, vorrangig in Form wissenschaftlicher Texte, ausgewählter Sachbücher sowie anspruchsvoller Belletristik und qualitätvoller Kinder- und Jugendliteratur. Nach Feststellung ihrer Eignung werden Publikationsprojekte durch die Gewährung von Zuschüssen zu Übersetzungskosten gefördert. Die Auswahlprioritäten ergeben sich aus den bekannten übergeordneten Leitthemen und Zielen auswärtiger Bildungs- und Kulturpolitik. Dies sind namentlich die Förderung von Demokratie, Menschenrechten, Rechtsstaatlichkeit und Zivilgesellschaft, des Verständnisses für die jüngere deutsche Geschichte, einer Auseinandersetzung mit aktuellen Fragestellungen von globaler und regionaler Dimension sowie eines Beitrages zum europäischen Einigungsprozess mit seinen gesellschaftlichen, kulturellen und kulturpolitischen Implikationen. Darüber hinaus werden Übersetzungen klassischer deutscher Literatur ebenso gefördert wie herausragende Werke deutscher Gegenwartsliteratur.

Ein weiteres wichtiges Instrument der Übersetzungsförderung sind Übersetzerpreise verschiedener kulturpolitischer Organisationen mit je verschiedenen Schwerpunkten. So fördert etwa der vom Auswärtigen Amt gestiftete *Lessing-Übersetzerpreis Deutsch-Japanisch* entsprechende bilaterale Projekte. Zusammen mit dem komplementär vergebenen *The Japan Foundation Übersetzerpreis* und der *Max-Dauthendey-Feder* des Goethe-Instituts Tokyo zählt diese Ehrung zu den wichtigen Auszeichnungen für die deutsch-japanischen Kulturbeziehungen auf dem Gebiet der Literatur. Übersetzung zeitgenössischer Literaturen Mittel- und Osteuropas, vor allem der Belletristik, erfährt Förderung durch das Literarische Colloquium Berlin, unterstützt durch das Auswärtige Amt und die Senatsverwaltung für Bildung, Wissenschaft und Forschung des Landes Berlin. Das Europäische Übersetzer-Kollegium in Straelen vergibt, neben verschiedenen Aufenthaltsstipendien, in Zusammenarbeit mit der Kunststiftung Nordrhein-Westfalen den am besten dotierten Übersetzerpreis in Deutschland. Für sein Engagement wurde das Europäische Übersetzer-Kollegium mit dem Kulturpreis Deutsche Sprache 2013 ausgezeichnet.

Einen festen Standort in der Verlags- und Buchlandschaft im deutschsprachigen Raum hat die 1980 gegründete Gesellschaft zur Förderung der Literatur aus Afrika, Asien und Lateinamerika (Litprom). Die Organisation wird maßgeblich vom Entwicklungsdienst der Evangelischen Kirche in Deutschland und anderen Organisationen der internationalen Zusammenarbeit unterstützt und arbeitet eng mit der Frankfurter Buchmesse zusammen. Litprom fördert durch Informationsarbeit, durch Zuschüsse für Übersetzungen, durch die Organisation von Lesereise, Tagungen und Konferenzen Werke der klassischen Moderne sowie herausragende Autoren der jüngeren Generation aus den genannten Regionen. Angesichts dominierender negativer Schlagzeilen über die Länder des Südens soll so ein Perspektivwechsel in der Öffentlichkeit herbeigeführt werden. Unter dem Motto *Dialog durch Literatur* soll die Beschäftigung mit dem kulturell Fremden angeregt und gefördert werden, um damit einen Beitrag zum Auflösen von Vorurteilen oder Stereotypen zu leisten und um Misstrauen gegenüber dem Unbekannten abzubauen. Weitere von Litprom getragene Programme umfassen *Weltempfang – Zentrum für Politik, Literatur und Übersetzung* (in Verbindung mit der Frankfurter Buchmesse), *Weltempfänger* (Lese-Empfehlungen von ins Deutsche übersetzten Romanen aus Afrika, Asien und Lateinamerika), *Der Andere Literaturklub* (Abonnements für jährlich vier literarische Übersetzungen) sowie *Quellen online* (digitale Datenbank von Belletristik der Weltregionen in deutscher Übersetzung).

### Buchmessen, Buch- und Literaturausstellungen

Deutschsprachige Literatur wird auf Buchmessen im Ausland in der Regel von den zuständigen Verlagen präsentiert. Daneben organisiert die Internationale Abteilung der Frankfurter Buchmesse weltweit Gemeinschaftsstände auf internationalen Buchmessen. Zusätzlich werden repräsentative Ausstellungen mit deutschen Büchern im Ausland organisiert, unter anderem zu gesellschaftlichen, politischen, wirtschaftsbezogenen und ökologischen Themen, die einen kulturvermittelnden Charakter haben bzw. durch ihre universelle Relevanz Interesse im Ausland wecken. Damit verfolgt die Frankfurter Buchmesse nicht nur wirtschaftliche Interessen der Verlage und ermöglicht es diesen, auf bestehende Strukturen und ein etabliertes Netzwerk von internationalen Kontakten zurückzugreifen. Die Präsentationstätigkeit dient vielmehr auch der Verbreitung von Wissen über das deutsche Verlagswesen sowie über Tendenzen deutschsprachiger Publizistik.

Eine andere Form der Werbung für deutschsprachige Literatur und Publizistik besteht in der Konzeption, Bereitstellung und Organisation von thematischen Wanderausstellungen. Aus dem Kreis der Mittlerorganisationen deutscher Auswärtiger Kulturpolitik liegt die Zuständigkeit für diesen Bereich beim Goethe-Institut. In der Schnittstelle zwischen bildender Kunst auf der einen und Literatur auf der anderen Seite hat auch das Institut für Auslandsbeziehungen Ausstellungen zu Künstlerbüchern so wie Buchobjekte in seinem umfangreichen Verleihprogramm.

### Wortveranstaltungen und Lesereisen

Kulturpolitisch geförderte Wortveranstaltungen und Lesereisen deutschsprachiger Autoren im Ausland werden u.a. vom Goethe-Institut organisiert und oftmals in Kooperation mit Verlagen und mit Partnern in den Zielländern durchgeführt. Auch wenn diese Form der Kulturvermittlung naturgemäß auf zeitgenössische Autoren begrenzt ist und es in der Vergangenheit wiederholt zu politischen Auseinandersetzungen gekommen ist, die sich etwa um die Repräsentativität der geförderten Schriftsteller, Genres und Themen entsponnen haben (Goethe-Institut 2001), so gestatten Lesungen dem Zuhörer einen unmittelbaren Zugang zur Literatur und zu ihrer Sprache. Wortprogramme zur zeitgenössischen und klassischen Literatur deutscher Sprache werden auch über deutschsprachige Rundfunksendungen verbreitet und (in Form von Tonträgern) über einschlägige Mediatheken vor allem in Auslandskulturinstituten, Bibliotheken und Lesesälen.

Lesungen und Lesereisen von Schriftstellern aus der südlichen Hemisphäre werden von der Gesellschaft zur Förderung der Literatur aus Afrika, Asien und Lateinamerika organisiert. Einschlägige Veranstaltungen finden sich ferner im Haus der Kulturen der Welt (Berlin) sowie, vermittelt u.a. durch interkulturelle Verbände und kirchliche Veranstalter in unzähligen Buchhandlungen, Volkshochschulen, Bildungseinrichtungen, Vereinslokalitäten und anderen öffentlichen Räumen im ganzen Land.

### Gästeprogramme und Unterstützung für Schriftsteller in Not

In seiner gesellschafts- und kulturpolitischen Reichweite bislang noch nicht ausreichend gewürdigt sind die vielzähligen, oftmals auf private Unterstützung, auf Spenden der Privatwirtschaft, durch Buchverlage, auf kommunale Initiativen und auf das Wirken von Institutionen des Dritten Sektors gründenden Fördermaßnahmen, von denen ausländische Schriftsteller profitieren. So zählen Gastaufenthalte von Autoren, häufig in Verbindung mit Lesungen, zum festen Programm sowohl des Hauses der Kulturen der Welt in Berlin als auch des Münchner Goethe-Forums und vieler kommunaler Literaturhäuser. Diese Maßnahmen sind häufig auch in umfangreichere Programme mit thematischem Schwerpunkt und/oder regionaler Ausrichtung (Kontinent oder einzelne Länder) eingebettet.

In Zusammenarbeit mit dem PEN-Zentrum Deutschland – dem deutschen Zweig des 1921 gegründeten internationalen Schriftstellerverbandes P.E.N. (Abkürzung für Poets Essayists Novelists) –, der Kulturstiftung der Länder, dem Beauftragten der Bundesregierung für Kultur und Medien und kommunalen Trägern unterstützt die Bundesregierung seit 1999 mit dem Fonds *Writers in Exile* verfolgte Schriftsteller, Journalisten und Verleger und ihre Angehörigen, die in Deutschland im politischen Exil leben. Die Unterstützung umfasst die Bereitstellung von Wohnraum, ein zunächst auf ein Jahr befristetes, maximal zwei Mal verlängerbare Stipendium sowie die Betreuung durch P.E.N. Dieser bemüht sich, Kontakte zwischen den Stipendiaten auf der einen Seiten und Verlagen, Übersetzern und Redaktionen auf der anderen Seite herzustellen, und er organisiert öffentliche Lesungen und Diskussionsveranstaltungen, um die hierzulande oft unbekannten Autoren und ihr Werk der Öffentlichkeit vorzustellen sowie über ihre Lebenssituation aufzuklären.

Anlässlich ihres 50. Jubiläums beschloss der Aufsichtsrat der Frankfurter Buchmesse 1998, das Engagement für die Freiheit des Wortes zu verdeutlichen, ein Anliegen, das bereits durch den renommierten Friedenspreis des Deutschen Buchhandels unterstützt wird. Die Buchmesse hat sich in Kooperation mit der Stadt Frankfurt und der Gesellschaft zur Förderung der Literatur aus Afrika, Asien und Lateinamerika dem von Salman Rushdie 1994 angeregten Netzwerk Städte der Zuflucht (International Cities of Refuge Network) angeschlossen und verleiht jährlich Stipendien für Autoren in Not.

### e) Film

Die Filmförderung ist aufgrund der Breitenwirkung des Mediums nicht umsonst einer der Schwerpunkte in der Medien- und Kulturpolitik des Bundes. Im Bewusstsein, dass deutschsprachige Produktionen lange Zeit einen prozentual geringen Marktanteil im Inland hatten und im europäischen Ausland immer noch haben, werden von verschiedenen Institutionen und Organisationen Maßnahmen zur Stärkung des deutschen Films umgesetzt. Instrumente für die finanzielle und strukturelle Förderung von Filmprojekten liegen unter anderem in den Händen der Filmförderungsanstalt, des Kuratoriums junger deutscher Film, der Bundesländer, der großen Kirchen sowie privatrechtlich organisierter Interessenverbände. Der Beauftragte der Bundesregierung für Kultur und Medien fördert Produktionen mit direkten finanziellen Hilfen, durch Filmpreise sowie durch die Mitwirkung an der Ausgestaltung der rechtlichen Rahmenbedingungen zur Unterstützung heimischer Produktionen, nicht zuletzt gegen die Konkurrenz aus dem Ausland. Hier verbinden sich innen- mit außenkulturpolitischen Anliegen. Zu den Mitteln und Instrumenten des Bundes gehören darüber hinaus auch bilaterale Filmabkommen mit dem Ziel, über Koproduktionen die Gleichbehandlung einheimischer Produktionen im jeweiligen Partnerland sowie die Absicherung filmwirtschaftlicher Rahmenbedingungen zu erreichen.

Die Präsentation aktueller deutscher Filme und von Filmen im Status nationalen Kulturguts (vor allem Filmpioniere, Klassiker des Stummfilms und filmkünstlerische Avantgarde) konzentriert sich neben der Teilnahme an Filmfestivals vor allem auf deutsche Filmwochen, die im Rahmen der „Programmarbeit Kultur" des Goethe-Instituts an dessen Kulturinstituten in zahlreichen Gastländern ausgerichtet werden. Das Angebot des Goethe-Instituts umfasst in einem weiteren Sinn die Beratung interessierter Veranstalter im Ausland, die Klärung von Aufführungsrechten und logistischen Fragen, den Verleih von Bildträgern von Spiel- und Dokumentarfilmen für nichtkommerzielle Vorführungen vor allem im Rahmen von Landeskunde- und Sprachunterricht sowie kulturelle Veranstaltungen. Eine Kooperation mit der Marketing- und Beratungsgesellschaft German Films Service + Marketing GmbH bei Projekten in potenziellen Absatzländern (Festivals, Filmreihen, Messen und sonstigen Veranstaltungen) steigert neben der Werbung für den deutschsprachigen Film auch dessen ökonomische Vermarktung (Mosig 2008).

### f) Theater und Tanz

Der Tanz zählt zu den universellen Phänomenen menschlicher Kultur. Im Tanz wie in anderen künstlerischen Formen drücken Gesellschaften ihre eigene Identität aus, stiften Gemeinschaft und grenzen sich somit von anderen Gruppen ab. Somit gewähren Tanz und andere künstlerische Ausdrucksformen einen Zugang zum Kennenlernen und Verstehen anderer Gesellschaften und Kulturen. Internationale Austauschprogramme im weiteren Bereich des Tanzes stellen für viele moderne Staaten ein Mittel Auswärtiger Kulturpolitik dar. So ist dokumentiert, dass beispielsweise Ballett, Folkloretanz und Eiskunstlauf auf der Höhe des Kalten Krieges zu einer kulturellen Annäherung zwischen Ost und West geführt haben (Barghoorn 1960; Prevots 1998; Stoll 2005a). Deutschland zählt heute zu den weltweit führenden Ländern im Bereich des Tanzes, und insbesondere das deutsche Tanztheater genießt mit Namen wie Pina Bausch oder Sasha Waltz großes internationales Ansehen. Die staatlich geförderten Maßnahmen des Kulturaustauschs konzentrieren sich jedoch nicht auf die international renommierten Ensembles, sondern umfassen eine Bandbreite bis hin zum anspruchsvollen Amateur- und Nachwuchsbereich.

Ein kulturpolitisches Engagement ist somit für die folgenden Bereiche zu verzeichnen:

- Gastspiele und Einzelprojekte deutscher Ensembles und Künstler im Ausland
- Workshops deutscher Ensembles und Künstler (z.B. Meisterklassen, Choreografie) im Ausland
- Gastspiele ausländischer Ensembles und Künstler in Deutschland sowie
- Stipendienangebote für ausländische Künstler im Theater- und Tanzbereich.

### Gastspiele und Workshops deutscher Ensembles und Künstler im Ausland

Im Rahmen seines Kulturprogramms widmet sich das Goethe-Institut der Aufgabe, die deutsche Theater- und Tanzszene in herausragenden Produktionen in den Partnerländern darzustellen. Daneben werden Informationen und Kontakte zwischen deutschen und ausländischen Künstlern vermittelt sowie deutschlandbezogene Theater- und Tanzprojekte im Ausland unterstützt. Mit den verschiedenen Sparten der darstellenden Kunst (Schauspiel, Tanz, Performance, Kinder- und Jugendtheater, Puppen- und Figurentheater, neue deutsche Dramatik) berät der Bereich Tanz/Theater die Kulturinstitute bei Projekten mit in Deutschland beheimateten Künstlern und Ensembles.

Auf dieser Grundlage organisiert das Goethe-Institut Gastspielreisen für Theater- und Tanztheater-Gruppen sowohl aus dem professionellen als auch aus dem Amateur- bzw. Nachwuchsbereich. Gastaufenthalte von Regisseuren und Choreografen werden vermittelt, und schließlich erfahren örtliche Projekte im Ausland Unterstützung in Form von Anregungen und Zuschüssen. In Übereinstimmung mit dem dialogischen Grundsatz deutscher Auswärtiger Kulturpolitik sollen die geförderten Maßnahmen durch spartenübergreifende Rahmenveranstaltungen wie Podiumsdiskussionen, Workshops, Ausstellungen und Filmreihen verstärkt werden. Zusätzlich finden Informationen über die aktuellen künstlerischen Entwicklungen und Tendenzen in der deutschsprachigen Theater- und Tanzszene Verbreitung.

Auch im Amateurbereich unterstützt das Goethe-Institut Auslandsgastspiele, Tourneen und Austauschprojekte. Neben reinen Laienensembles zählen hierzu Projekte von Ausbildungsstätten und professionellen Nachwuchskünstlern. Für die Förderung entscheidend ist neben einer für den nicht professionellen Bereich überdurchschnittlichen künstlerischen Qualität auch die kulturpolitische Relevanz der geförderten Projekte.

In seiner Arbeit unterstützt und beraten wird der Theater- und Tanzbereich des Goethe-Instituts durch einen Fachbeirat aus Experten, die in den unterschiedlichen Bereichen der deutschen Theater- und Tanzszene tätig sind.

### Weiterbildung und Stipendienangebote für ausländische Künstler im Theater- und Tanzbereich

Der DAAD bietet besonders qualifizierten deutschen Studierenden Auslandsstipendien zur künstlerischen Weiterbildung im Bereich Tanz. Die Stipendiaten schreiben sich für die Dauer der Förderung (in der Regel ein Studienjahr) an einer anerkannten Hochschule oder vergleichbaren Ausbildungsstätte des Partnerlandes ein. In der Gegenrichtung vermittelt das deutsche Zentrum des Internationalen Theaterinstituts seit 1972 in Zusammenarbeit mit dem Goethe-

Institut jungen Tänzern, Regisseuren, Bühnenbildnern und Choreografen aus Afrika, Asien, Lateinamerika und Osteuropa Hospitanzen an deutschen Bühnen; als Multiplikatoren sollen die Hospitanten das erworbene Wissen und die erlangten Fertigkeiten nach ihrer Rückkehr ins Heimatland weitergeben.

### Gastspiele ausländischer Ensembles und Künstler in Deutschland

Für die Vermittlung von professionellen Theater- und Tanzgruppen aus Transformations- und Entwicklungsländern nach Deutschland ist ebenfalls das Goethe-Institut zuständig. Die Auswahl orientiert sich an der künstlerischen Qualität und Bedeutung, die das Ensemble vor Ort hat, und auch an der zu erwartenden Ausstrahlung in Deutschland. Die Unterstützung konzentriert sich neben logistischer Hilfestellung auf die Bezuschussung von Gastspielen.

Künstlerische Darbietungen aus dem Ausland bilden heute einen festen Bestandteil des kulturellen Lebens in Deutschland, und es hat sich eine vielseitige Szene von Festivals und Einzelveranstaltungen vorrangig auf den Gebieten der Musik und der darstellenden Kunst herausgebildet. Die Träger dieser Veranstaltungen sind ebenso vielfältig wie die dargestellten Künste. Auch wenn sie sich mit ihren Projekten oft im ideellen Gesamtrahmen der deutschen Auswärtigen Kulturpolitik bewegen, wird lediglich ein Teil des Veranstaltungsangebots direkt mit staatlichen Mitteln gefördert oder von einschlägigen Mittlerorganisationen getragen. Dazu gehört das Goethe-Forum, welches in München die Programmarbeit der Kulturinstitute im Ausland exemplarisch darstellt und den programmatischen Dialog mit anderen Kulturen fördern soll. Letzteres Ziel verfolgt auch das Haus der Kulturen der Welt in Berlin, das sich als Plattform für kulturelle Darbietungen aus den verschiedenen Erdteilen versteht. Veranstaltungen aus den Bereichen Tanz und Theater gehören zum festen Programm des Berliner Hauses und haben ihren Platz nicht nur im kulturellen Rahmenprogramm von Länderfestivals. Ab 2002 organisierte das Haus der Kulturen der Welt mit dem Performing Arts Festival IN TRANSIT das wichtigste Event auf dem Gebiet der darstellenden Künste aus den Ländern Asiens, Afrikas sowie Nord- und Südamerikas. IN TRANSIT verbindet Neuaufführungen und andere Darbietungen, einen Raum für das Experimentieren sowie ein Podium für theoretische Diskurse, in denen sich Kunst mit Politik, Philosophie und spirituellen Fragen vereinigt.

### g) Architektur

Die Architektur stellt einen bislang in der Literatur wenig beachteten Fokus außenkulturpolitischen Interesses dar. Dabei zählen die deutsche Architekturgeschichte und historische Baudenkmäler der deutschsprachigen Länder zu den großen Magneten des internationalen Tourismus. Nicht zuletzt die Aufnahme einer großen Zahl von Einzelbauwerken und Ensembles in die Liste des UNESCO-Weltkulturerbes zeugt von deren architektonischer und kulturgeschichtlicher Bedeutung. Ebenfalls als Reaktion auf ein entsprechendes internationales Interesse für deutsche Architektur hat das Institut für Auslandsbeziehungen im Rahmen seiner Ausstellungsarbeit eine Reihe thematischer Projekte zur Architektur realisiert, beispielsweise das Schaffen des Architekten Erich Mendelsohn (1887–1953) oder die Entwicklung von Architektur in beiden deutschen Staaten von 1949 bis über die Vereinigung hinaus.

Von großer Bedeutung für die Wahrnehmung Deutschlands im Ausland sind die Gedenkstätten (bzw. „Denkorte"), in denen deutsche Geschichte mit der Geschichte seiner Nachbarländer verknüpft ist. In ihrer großen Mehrheit zeugen sie von Gewalt, Völkermord, Vertreibung und individuellem Leid, und der Umgang mit diesen schmerzhaften zeitgeschichtlichen Orten, Räumen und Architekturen ist ein Gradmesser auch für die gegenwärtigen bilateralen Beziehungen der betroffenen Staaten und Gesellschaften. Von deutscher Seite aus haben sich mehrere Organisationen dem ideellen wie auch materiellen Bestand von Denkstätten und anderen kulturhistorisch bedeutsamen Objekten verschrieben, etwa Aktion Sühnezeichen, der Volksbund Deutsche Kriegsgräberfürsorge und das 2001 gegründete Internationale Gedenkstättenkomitee, International Committee of Memorial Museums in Remembrance of the Victims of Public Crimes, eine Unterorganisation des International Council of Museums. Als Einzelorganisation mit bilateraler Ausrichtung unterstützt die Stiftung für deutsch-polnische Zusammenarbeit die Restaurierung und Erhaltung von Kulturdenkmälern sowie die Einrichtung, den Ausbau und die Erhaltung von Gedenkstätten auf polnischem Staatsgebiet mit Bezug zur gemeinsamen, vor allem aber zur jüngeren Geschichte. Diese Arbeit berührt auch mehr als siebzig Jahren nach Kriegsende sensible Bereiche in den deutsch-polnischen Beziehungen, wie etwa aktuelle Kontroversen um den historischen Umgang mit Vertreibungen, deren geschichtliche Aufarbeitung und architektonisch-räumliche Versinnbildlichung Mahnmale und Gedenkstätten zeigen.

Deutschland zählt gegenwärtig zu den größten Geberländern für inter- und supranationale Organisationen, die sich dem Erhalt, der Dokumentation, der Erforschung sowie der Aus- und Fortbildung auf den Gebieten des architektonischen Erbes verschrieben haben. Wichtige Partner des Auswärtigen Amts sind der Internationale Denkmalrat (International Council of Monuments and Sites) mit seinem Deutschen Nationalkomitee sowie das International Centre for the Study of the Preservation and Restoration of Cultural Property in Rom.

Mehrere kulturpolitische Gesellschaften bzw. Institutionen mit Sitz im Ausland sind in Forschung und Ausbildung auf dem Gebiet der Architektur tätig. Die 1913 gegründete Bibliotheca Hertziana in Rom ist Sitz des Max-Planck-Instituts für Kunstgeschichte. Als Zentrum für die Erforschung der italienischen Kunst (neben Architektur auch Bildhauerei und Malerei) von der Nachantike bis zum Spätbarock veranstaltet das Institut einschlägige Seminare und Workshops, Symposien und Kongresse sowie Studienkurse für Nachwuchswissenschaftler. Eine Fachbibliothek und Fotothek, mehrere Publikationsreihen sowie verschiedene Stipendienprogramme werden angeboten. Ebenfalls in Rom und aus Mitteln des Auswärtigen Amts gefördert vergibt die Deutsche Akademie Rom Villa Massimo Stipendien an junge deutsche Architekten für Studienaufenthalte.

## 4. Anstelle eines Fazits

Die bilanzierende Darstellung von Instrumenten, Programmen, Zielen und Inhalten deutscher Auswärtiger Kulturpolitik auf dem Gebiet der kulturellen Programmarbeit vermittelt in diesem Abschnitt lediglich einen kursorischen Überblick über den womöglich vielseitigsten Bereich deutscher auswärtiger Kulturarbeit und -politik. In der Forschungsliteratur steht eine systematische Analyse eines eigenständigen Politikfeldes „kulturelle Programmarbeit" hingegen nach wie vor aus. Zwar liegen wissenschaftliche Arbeiten für das genannte Gebiet vor, jedoch fokussieren diese generell auf engere Bereiche, etwa eine bestimmte Sparte, eine ausgewählte Institution oder Region oder einen eng begrenzten Zeitraum. So liegen beispielsweise allein für den Bereich des Ausstellungswesens und insbesondere von Kunstausstellungen im Rahmen deutscher Auswärtiger Kulturpolitik eine beachtliche Bandbreite an Einzeltexten (Beiträge in

Pollig/Halft 1973; Bleker/Grote 1981) sowie einige monographische Untersuchungen (Bauer 1997; Schieder 2003; Schober 2004; Denscheilmann 2013) vor. Die genannten Arbeiten sind vielfältig in ihrer institutionell-fachlichen Zuordnung, in den verwendeten Methoden sowie mit Blick auf das jeweils verfolgte Erkenntnisinteresse.

Möglicherweise ist es ein Charakteristikum dieses vielfältigen Politik- und Praxisfeldes, dass eine umfassende Forschung – ebenso wie eine entsprechende Theoriebildung – schon allein aus disziplinärer Sicht schwerlich möglich erscheint. Folglich tritt die Forschung zu kultureller Programmarbeit schon rein quantitativ hinter beispielsweise derjenigen zur Sprach- und Sprachverbreitungspolitik zurück, die sowohl ins Blickfeld mehrerer germanistischer Teildisziplinen rückt, als auch aus geschichts- und politikwissenschaftlicher Perspektive beleuchtet worden ist. Überdies sind bislang Studien rar, die deutsche Auswärtige Kulturpolitik aus einer kulturellen Außensicht fokussieren (Markovits/Reich/Höfig 1997) und sie überdies in eine Länder vergleichende Untersuchung einbeziehen (Lending 2000). Somit müssen nach wie vor Forschungsansätze als Desiderat formuliert werden, die sich aus interdisziplinärer Sicht auf die Wirkung deutscher Kulturprogramme in Gastländern bzw. -regionen (und umgekehrt) konzentrieren und unter Einbeziehung von Wissenschaftlern dieser Gastländer in einem dialogischen Modus konzipiert sind, welcher zugleich das dialogische Paradigma deutscher Auswärtiger Kulturpolitik reflektiert. Nur aus einer solchen Perspektive lässt sich allerdings ein angemessenes Verständnis der Wirkungsmöglichkeiten des mit großen Erwartungen behafteten Kulturdialogs bzw. Kulturaustauschs erreichen.

## 3.3 Internationalisierung, Exzellenz, Wettbewerb – Hochschule und Wissenschaft im globalen Spannungsfeld

*Georg Schütte*

Die Wissenschaft im 21. Jahrhundert ist im Umbruch: Hatte sie ihr Wachstum im 19. Jahrhundert vor allem der „engen Bindung an die erstarkenden Nationalstaaten Europas zu verdanken" (Kuhlmann 2008: 52), so ging dieser Wachstumsprozess in der zweiten Hälfte des 20. Jahrhunderts mit einer stärkeren Institutionalisierung der internationalen Beziehungen in der Wissenschaft einher. In Deutschland entstanden nach dem Ende des Zweiten Weltkriegs neue Organisationen zur Förderung der Wissenschaft im Inland wie auch zum Aufbau von internationalen Beziehungen in der und für die Wissenschaft. Überlagert war dieser Aufbau- und Institutionalisierungsprozess durch die bipolare Blockkonkurrenz des Kalten Krieges. Mit dem Ende des Kalten Krieges hat sich eine zunehmend multipolare wissenschaftliche Welt (Royal Society of London 2011: 5), eine „turbulente Multipolarität" (Messner 2008: 70) entwickelt (Schütte 2010: 151). Wie haben sich Rolle und Funktion der akademischen Mittlerorganisationen der Auswärtigen Kulturpolitik in diesem Prozess verändert?

### 1. Wissenschaftliche Ansätze: Von Public Diplomacy und Science Diplomacy zur Wissenschaft von der Wissenschaft

Insbesondere im angelsächsischen Raum werden diese internationalen wissenschaftlichen Beziehungen seit den sechziger Jahren im Kontext von *Public Diplomacy* interpretiert. Im Mittelpunkt steht eine funktionalistische Betrachtung wissenschaftlicher Austauschbeziehungen: Gefragt wird, mit welchen Instrumenten und in welcher Form Regierungen die internationalen Beziehungen gestalten können, um im direkten Kontakt mit (Teil-)Öffentlichkeiten in anderen Ländern jeweils vorab definierte politische Interessen und Werte durchzusetzen. Neben dem Austausch von Studierenden und Wissenschaftlern werden der Kulturaustausch, der Auslandsrundfunk oder die Nutzung digitaler Informationsverbreitungsmedien als weitere Instrumente einer Public Diplomacy betrachtet und analysiert (Cull 2008c: 32 ff.). Entsprechend stehen die Transaktionsbeziehungen zwischen den Akteuren der Public Diplomacy im Zentrum wissenschaftlicher Analysen. Aus der Medien- und Kommunikationswissenschaft wird in diesem Zusammenhang etwa das Konzept der öffentlichen Meinung entlehnt; es wird gefragt, wie Medien die öffentliche Meinung beeinflussen. Die *Public Relations*-Forschung soll verstehen helfen, wie das Image einer Nation entsteht und wie es etwa durch *Nation Branding* beeinflusst werden kann (Gilboa 2008: 59-68). Hinterfragt wird zudem die Art der Machtbeziehungen zwischen den Akteuren. Der amerikanische Politikwissenschaftler Joseph Nye hat hierfür in Anlehnung an sozialwissenschaftliche Machttheorien den Begriff der sanften Macht (*Soft Power*) geprägt: „Soft power is the ability to affect others to obtain the outcomes one wants through attraction rather than coercion of payment" (Nye 2008b: 94). Für diese Attraktivität seien Werte, Ideen, kulturelle Eigenarten und die jeweilige historische und aktuelle Politikgestaltung von Nationalstaaten wichtige Bestimmungsgrößen. Über Glaubwürdigkeit entstünde wechselseitiges Vertrauen. Themen- und Handlungsführerschaft auf den Feldern sanfter Politikgestaltung, etwa den internationalen Wissenschaftsbeziehungen, könne somit zu Glaubwürdigkeitsgewinnen und Loyalität internationaler Partner führen. Im Unterschied zur sanften Macht wirkten Instrumente harter Macht über physischen oder materiellen Zwang (Schütte 2010: 158; Perthes 2008: 46 ff.). Vielfach finden sich in den internationalen Beziehungen von Groß- und Mittelmächten sowohl Elemente sanfter als auch harter Macht. Der abgewogene und zielgerichtete Einsatz beider Machtressourcen wird bisweilen als *Smart Power* beschrieben (Wilson 2008: 110 ff.).

Den Bedeutungsgewinn der Wissenschaft in den internationalen Beziehungen reflektieren die Begriffe „Außenwissenschaftspolitik" (Schütte 2008) bzw. *Science Diplomacy* oder „auswärtige Wissenschaftspolitik" (Fähnrich 2013: 18). „Außenwissenschaftspolitik ist (...) die kohärente Strategie aller relevanten Akteure eines nationalen Wissenschaftssystems, um seine internationalen Interessen zu vertreten und durchzusetzen" (Schütte 2010: 158). Science Diplomacy bzw. „Auswärtige Wissenschaftspolitik" bezeichnet hingegen in einer umfassenderen politischen Zweckbestimmung die „strategische Kommunikation" insbesondere „staatlicher Akteure mit internationalen Öffentlichkeiten" auf dem Gebiet der Wissenschaft, „um spezifische politische Zielstellungen zu erreichen" (Fähnrich 2013: 18).

Beiden Betrachtungsweisen, der Public Diplomacy- als auch der Science Diplomacy-Forschung, ist eine vielfach an der politischen Praxis ausgerichtete Analyse eigen, häufig mit normativer Färbung (Fähnrich 2013: 248). Hier hilft der Rekurs auf etablierte sozialwissenschaftliche Theorien, um die Eigenheiten des Wissenschaftssystems im Verhältnis zu anderen gesellschaftlichen Teilbereichen distanzierter zu analysieren. Vielfach sind derartige Beschreibungen, Analysen und Erklärung jedoch zunächst nationalstaatlich angelegt. So wird etwa aus der Perspektive der Governance-Forschung nach den Steuerungsmechanismen des deutschen Wissenschaftssystems gefragt (Simon/Knie 2010: 26 ff.). Inzwischen ist die Einzelfallanalyse zu ersten Modellen der *Governance* von Wissenschaft weiter entwickelt worden, die auch einen internationalen Vergleich zulassen, etwa um die Rolle des Staates bei der Steuerung von Wissenschaft vergleichend zu untersuchen (Jansen 2010: 39 ff.).

Damit geraten auch die Bedingungen und Praktiken akademischer Wissensproduktion in das Blickfeld der Forschung: Welche Akteure einer Gesellschaft wirken in welcher Form an der Entstehung neuen, wissenschaftlich erzeugten Wissens mit? Wie verändert sich der *Mode 1* der Wissensproduktion, der „(a) eine klare Trennung zwischen den wissenschaftlichen Institutionen und Akteuren und deren gesellschaftlicher Umwelt, (b) eine Konzentration der Wissensproduktion in den Universitäten, (c) eine Ordnungsstruktur der Forschung, die sich an den wissenschaftlichen Disziplinen ausrichtet und (d) eine Bewertungs- und Rechtfertigungspraxis wissenschaftlicher Leistung an der akademischen Fachgemeinschaft" bedeutet (Braun-Thürmann 2010: 79 – in Anlehnung an Michael Gibbons et al. 1994; Weingart 2010: 122 ff.)? Welchen Einfluss nehmen Akteure von außerhalb des Wissenschaftssystems auf den Prozess der Themensetzung und Wissensgenerierung der akademischen Forschung? Inwieweit ändern sich damit auch die Kontextbedingungen, so dass von einem *Mode 2* der Wissensproduktion gesprochen werden kann? Und inwiefern ändern sich auch die Modalitäten der unternehmensgebundenen Wissensgenerierung?

Den systemischen Effekt dieses Prozesses nimmt u.a. die Innovationsforschung in den Blick: Auch hier geraten – wie in der Public Diplomacy- und Science Diplomacy-Forschung – strukturelle Kopplungen von Wissenschaft und Politik (Weingart 2010: 127), aber auch von Wirtschaft in den Blick. „Forschungs- und Innovationssysteme – nationale, regionale, sektorale – umfassen [...] die Kulturlandschaft all jener Institutionen, die wissenschaftlich forschen, Wissen akkumulieren und vermitteln, die Arbeitskräfte ausbilden, die Technologie entwickeln, die innovative Produkte und Verfahren hervorbringen sowie verbreiten; hierzu gehören auch einschlägige regulative Regimes (Standards, Normen, Recht) sowie die staatlichen Investitionen in entsprechende Infrastrukturen" (Kuhlmann 2008: 54). Damit geraten auch die Netzwerke zwischen den Akteuren in Forschungseinrichtungen, Industrieunternehmen, in Politik und öffentlicher Verwaltung in den Blick. „Als Heuristik werden Innovationssysteme und ihre Komponenten für international vergleichende Stärken- und Schwächenanalysen, etwa der Organisation für wirtschaftliche Zusammenarbeit und Entwicklung (OECD), verwandt" (Schütte 2010: 158) und entfalten dadurch steuernde Wirkung in der Politik.

Die Globalisierungsforschung untersucht seit Ende des 20. Jahrhunderts den Übergang von der Epoche der Nationalstaaten in die Ära der Globalisierung und damit die Beschleunigung grenzüberschreitender Prozesse in Politik, Wirtschaft, Wissenschaft und Kultur (Kaiser 1998; Messner 2008). „Globalization is the process that constitutes a social system with the capacity to work as a unit on a planetry scale in real or chosen time" (Castells 2008: 81). Nicht alles wird und nicht alle werden von diesem Globalisierungsprozess erfasst, so Castells: „The social, economic, and cultural geography of our world follows the variable geometry of the global networks that embody the logic of multidimensional globalization" (Castells 2008: 81). Eines dieser in Ansätzen erkennbaren Netzwerke ist zu Beginn des 21. Jahrhunderts die Wissenschaft. Globalisierung ist jedoch nicht mit Internationalisierung, d.h. der Zunahme grenzüberschreitender Aktivitäten bei Erhalt von Grundprinzipien nationaler Organisations- und Handlungsmuster, gleichzusetzen. Europäisierung, verstanden als Prozess qualitativer Veränderungen aufgrund gemeinsamen politischen Handelns in Europa oder schließlich als Entstehungsprozess supranationaler Instanzen, kann wiederum mehr bezeichnen als lediglich die Zunahme grenzüberschreitender Aktivitäten in einer bestimmten Weltregion (Teichler 2010: 52 f.).

So ist die wissenschaftliche Beschreibung, Analyse und Erklärung der zunehmenden internationalen Verflechtung von Wissenschaft auf Methoden und Konzepte aus angrenzenden Wissenschaftsgebieten angewiesen. „Allen Ansätzen gemeinsam ist ihr beschreibender Charakter; im Hinblick auf ihre Vorhersagekraft lässt sich allenfalls von Theorien mittlerer Reichweite sprechen" (Schütte 2010: 157). Im Zuge der zunehmenden internationalen Verflechtung von Wissenschaft zeichnen sich jedoch erste Konturen einer wissenschaftlichen Beschäftigung mit diesem Prozess ab, die auf ein eigenständiges Instrumentarium, auf eine aus diesem Prozess abgeleitete Begrifflichkeit und erste Formen der institutionellen Verankerung dieser Forschung, also auf eine Wissenschaft von der Entwicklung der Wissenschaft, hindeuten.

## 2. Die internationalen Beziehungen der deutschen Wissenschaft[1]

### 2.1 Endogene und exogene Faktoren internationaler Kooperationen in der Wissenschaft

Wissenschaft als Suche nach allgemeingültiger Erkenntnis ist per se nicht an nationale Grenzen gebunden. Die technische und geopolitische Entwicklung hat in der zweiten Hälfte des 20. Jahrhunderts dazu geführt, dass mehr Wissenschaftler als je zuvor miteinander kooperieren.

1 Bei diesem Abschnitt 2 handelt es sich um eine überarbeitete Version der Abschnitte 1.1 *Akteure und Gegenstände, Konkurrenzen und Kooperationen – ein historischer Abriss* sowie 1.2 *Die erkenntnistheoretische und die institutionelle Dimension von Internationalisierung* aus Schütte 2010: 151-155.

Eine Reihe wissenschaftsimmanenter, endogener Faktoren begünstigt diesen Transformationsprozess: Wissenschaftler benötigen etwa spezielle Untersuchungsgeräte oder Zugang zu Materialien oder Datenquellen, die nur an wenigen Orten weltweit zu erhalten oder erschließen sind. So suchen sie Labore in anderen Ländern auf oder kooperieren arbeitsteilig mit Kollegen im Ausland. Andere Kooperationsformen entstehen als Resultat nationaler und internationaler Aushandlungsprozesse in der Wissenschaft. So tauschen Geowissenschaftler beispielsweise im Global Seismographic Network weltweit Daten aus, um die Erdkrustendynamik zu verstehen. Vielfach übersteigen die Kosten für große wissenschaftliche Projekte zudem die finanziellen und personellen Möglichkeiten einzelner wissenschaftlicher Fachgemeinschaften und einzelner Staaten. Hochenergielabore wie das CERN in Genf, der Internationale Kernfusionsreaktor ITER (International Thermonuclear Experimental Reactor), die Internationale Raumstation ISS (International Space Station) oder zahlreiche astronomische Teleskope können nur noch als internationale Gemeinschaftsprojekte realisiert werden (Zajfman 2011: 46 f.). Da, wo die Wissenschaft auf öffentliche und politische Unterstützung für diese Großforschungskooperationen angewiesen ist, müssen die endogenen Treiber der internationalen Kooperation mit den wissenschaftsexternen, exogenen Treibern, etwa außen-, wissenschafts- oder umweltpolitischen Interessenlagen, in Deckung gebracht werden, um die entsprechenden Forschungsprojekte zu realisieren.

In einem engeren Sinne lässt sich der Prozess der endogenen Internationalisierung der Wissenschaft als erkenntnistheoretische Notwendigkeit beschreiben. In den Geistes- und Sozialwissenschaften etwa ist ein Teil der Erkenntnis- und Forschungsgegenstände national geprägt, während andere einen stärker internationalen Charakter haben. So sind die Rechtswissenschaften stark national fokussiert, da ihr Erkenntnisgegenstand, das Recht, über lange Zeit ein vorwiegend nationaler ist bzw. war (Grimm 2008). Denn in dem Maße, in dem etwa der Nationalstaat zu Beginn des 21. Jahrhunderts an Bedeutung verliert, ändert sich auch der nationale Charakter der Gegenstände, mit denen sich Rechtsgelehrte, Sprach- und Literaturwissenschaftler, Historiker, Wirtschaftswissenschaftler und Soziologen beschäftigen. Nationale Orientierungen sind in dieser Situation dann nicht mehr angemessen, wenn sich die Erkenntnisgegenstände rapide internationalisieren. Internationalität bedeutet unter diesen sich ändernden Bedingungen dann eine erkenntnistheoretische Notwendigkeit. Zudem internationalisieren sich auch Austauschprozesse von Methodiken und Wissensordnungen: So gibt es starke nationale Traditionen etwa der deutschen Textkritik oder der deutschen Rechtsphilosophie oder Rechtssystematik, die international ausstrahlen, rezipiert und re-interpretiert werden (Strohschneider 2008; Grimm 2008; Neidhardt 2008).

Anders ist dies in den Naturwissenschaften. Ihre Erkenntnisgegenstände und ihre Methoden gelten als weitgehend universell akzeptiert und geteilt. Sie haben Symbolsprachen entwickelt, die international, unabhängig von der Vielzahl der natürlichen Sprachen, verwandt werden. So scheint es auf den ersten Blick überflüssig, Internationalität als Problem der Erkenntnismöglichkeit zu thematisieren. Doch auch für die Naturwissenschaften lassen sich nationale Erkenntnistraditionen bestimmen, die zu unterschiedlichen Zeiten in den jeweiligen Fachdisziplinen prägend waren und sind (Nettelbeck 2008: 115 f.; Zajfmann 2011: 47 ff.), wie etwa die stark durch die deutsche Forschung geprägte Entwicklung der Chemie im frühen 20. Jahrhundert zeigt.

Diese endogenen Treiber der Internationalisierung von Wissenschaft stehen in zunehmendem Wechselspiel mit exogenen, wissenschaftsexternen Faktoren, die von fachpolitischen Akteuren betrieben werden (Braun-Thürmann 2010: 84). Um die Entwicklungsdynamik der internationalen Verflechtung von Wissenschaft zu verstehen, ist es deshalb zwingend, die kulturellen, gesellschaftlichen, politischen und wirtschaftlichen Kontexte in den Blick zu nehmen, in denen sich diese Internationalisierungs- und Globalisierungstreiber der Wissenschaft entfalten.

### 2.2 Von Auswärtiger Kulturpolitik zur Vielfalt politischer Interessen: Grenzüberschreitende Kooperationen der deutschen Wissenschaft und deutsche Wissenschaftspolitik bis zum Ende des Kalten Krieges

Die Zeit unmittelbar nach dem Ende des Zweiten Weltkriegs ist an den Hochschulen der damaligen Bundesrepublik Deutschland und der DDR durch relative Kontinuität geprägt: Im Westen blieb das Hochschulwesen im Kern erhalten, die politische Verantwortung wurde im föderalen System jedoch dezentral den Ländern übertragen. Ähnliche Dezentralisierungstendenzen gab es auch in der Forschungspolitik, die sich zum Teil auf etablierte Strukturen stützte, so die Max-Planck-Gesellschaft als Nachfolgeorganisation der Kaiser-Wilhelm-Gesellschaft. Die Selbstverwaltung der Wissenschaft wurde gestärkt, nicht zuletzt durch die Deutsche Forschungsgemeinschaft, die Nachfolgerin der Notgemeinschaft der Deutschen Wissenschaft. In der DDR gab es zwar im Zuge einer Sowjetisierungspolitik eine Neuregelung des Hochschulzugangs sowie organisatorische Veränderungen an den Hochschulen, die weiterhin zentral gesteuert wurden. Zugleich waren aber auch diese im Sinne des Zentralstaats bzw. der Besatzungsmacht reformierten Hochschulen zunächst, und teilweise auf längere Zeit, auf die bürgerlichen Eliten des Landes angewiesen (Lengwiler 2010: 15 f.).

In diese Zeit fiel in der Bundesrepublik die Wiedergründung der beiden sogenannten Mittlerorganisationen der bundesdeutschen Auswärtigen Kulturpolitik, die sich auf den akademischen Austausch und die Forschungszusammenarbeit konzentrierten: der DAAD als gemeinnütziger Verein, zu dem sich die deutschen Hochschulen und Studentenschaften zusammenschlossen, um den internationalen Austausch von Studierenden zu fördern, sowie die Alexander von Humboldt-Stiftung als Stiftung privaten Rechts, vom Auswärtigen Amt gegründet und mit einem symbolischen Stiftungskapital von 5.000 D-Mark ausgestattet, die Wissenschaftlern aus aller Welt einen Forschungsaufenthalt in Deutschland ermöglicht. Beide Organisationen konnten an Traditionen der jeweiligen, 1925 gegründeten Vorläuferorganisationen anknüpfen, die während der internationalen Isolation Deutschlands nach dem Friedensvertrag von Versailles mithilfe der grenzüberschreitenden wissenschaftlichen Zusammenarbeit, der Förderung des Auslandsstudiums sowie der Unterstützung ausländischer Studierender in Deutschland wieder Anschluss an die internationale Gemeinschaft zu gewinnen trachteten (Schütte 2009: 149). Der Verzicht der westlichen Besatzungsmächte auf grundlegende Brüche in der Organisation des Hochschul- und Wissenschaftssystems ermöglichte es der jungen Bundesrepublik Deutschland daher, auf Vorläuferstrukturen zurückzugreifen und außenpolitisch für das noch junge Staatsgebilde zu nutzen: Nach der katastrophalen Erfahrung des Nationalsozialismus sollte einer neuen Generation von Studierenden die Gelegenheit geboten werden, freie und demokratisch verfasste Gesellschaften und entsprechende Hochschulsysteme kennen zu lernen. Internationalen Wissenschaftlern sollte die Bundesrepublik als demokratischer Staat mit einer zunehmend wieder leistungsfähigen Wissenschaft gezeigt werden. Das Ziel dieser Bemühungen war es, durch internationalen Austausch Vertrauen aufzubauen: zunächst personales Vertrauen zwischen Austausch- und Kooperationspartnern, die sich in der Wissenschaft teilweise schon über

Jahre kannten und schätzten; mittel- und langfristig aber auch Systemvertrauen in die junge Demokratie der Bundesrepublik Deutschland.

Unterstützt wurde dieses Bestreben durch die ebenfalls Anfang der fünfziger Jahre von den Regierungen der USA und der Bundesrepublik Deutschland gegründete deutsch-amerikanische Fulbright-Kommission, die den transatlantischen Austausch von Studierenden und Wissenschaftlern ermöglichte. Internationaler akademischer Austausch und internationale Zusammenarbeit in der Wissenschaft waren somit von Beginn an integrale Elemente des Wiederaufbaus der westdeutschen Wissenschaft. Diese Aktivitäten standen im Kontext einer gezielten, insbesondere von den USA beförderten Demokratisierungspolitik: Es ging um die Festigung demokratischer Staatsstrukturen in der Bundesrepublik, so auch um den Aufbau demokratischer, selbstgesteuerter Hochschulen (unterstützt etwa durch amerikanische Fulbright-Professoren), und es ging um die Erfahrung demokratischer Strukturen in anderen westlichen Ländern, insbesondere in den USA. Zugleich ermöglichte diese Politik eine Re-Integration der Bundesrepublik Deutschland in die westliche Staatengemeinschaft. Kooperation in der Wissenschaft und akademischer Austausch entfalteten sich damit im Kontext außenpolitischer Interessen sowohl der Besatzungsmächte als auch der jungen Bundesrepublik.

In der Forschungspolitik begann sich ab Mitte der fünfziger Jahre ein Wandel hin zu einer stärker zentralistisch organisierten Großforschung zu vollziehen. Vannevar Bushs 1945 erschienene Studie *Science – the Endless Frontier* markierte in den USA jenen Beginn einer strategischen politischen Gestaltung eines modernen U.S.-amerikanischen Wissenschaftssystems. In der Bundesrepublik konstituierte und institutionalisierte sich bis Mitte der sechziger Jahre nach amerikanischem Vorbild eine eigene gesamtstaatliche Wissenschaftspolitik. Hingegen ging in der DDR der Umbau des Wissenschaftssystems nach sowjetischem Vorbild weiter, dies jedoch deutlich radikaler: zentrale Steuerung und Autonomieverlust gegenüber dem Staats- und insbesondere dem Parteiapparat kennzeichnen diese Phase (Lengwiler 2010: 17 ff.). International überlagert werden diese Entwicklungen in den beiden deutschen Staaten durch den Kalten Krieg und die geostrategische Konfrontation der beiden Machtblöcke: So war der erfolgreiche Start des Satelliten Sputnik im Oktober 1957 Symbol einer technologischen Blockkonkurrenz, der im Osten als Zeichen wissenschaftlicher und technologischer Leistungsfähigkeit und ideologischer Überlegenheit, im Westen als Zeichen der Bedrohung und Herausforderung interpretiert wurde.

Mit der Weltraumforschung und der zivilen Nuklearforschung zur Sicherung der Energieversorgung der Zukunft wurden forschungs- und technologiepolitische Großprojekte aufgelegt, die zu einer engeren Kopplung von Wissenschaft und Politik führten. Hiervon profitierte zunächst und in erster Linie die physikalische Forschung. Zugleich setzte auch innerhalb der geopolitischen Machtblöcke ein Wettbewerb der nationalen Forschungs- und Innovationssysteme ein. So waren die Staaten Westeuropas bemüht, die wissenschaftliche und technologische Lücke zu den USA zu schließen (Lengwiler 2010: 18). Symbolisch hierfür steht das 1954 gegründete Europäische Kernforschungszentrum CERN in Genf, zu dessen Gründungsmitgliedern auch die Bundesrepublik Deutschland gehörte. National verschränkten sich Wissenschaft und Politik in Deutschland in diesen Jahren enger als zuvor. International wuchs die Konkurrenz unter den wissenschaftsstarken Ländern, ohne jedoch die Führungsrolle der beiden Großmächte zu gefährden.

Lengwiler interpretiert die Zeit von Mitte der sechziger Jahre bis zur Wirtschaftskrise Mitte der siebziger Jahre als Phase der Amerikanisierung bzw. Sowjetisierung der nationalen Forschungspolitiken, die Folgezeit bis zum Ende des Kalten Krieges dann als „Wissenschaftspolitik im Zeichen der Wirtschaftspolitik" (a.a.O.: 19-23). Beiden deutschen Staaten gemeinsam war in dieser Zeit zunächst ein verstärktes Engagement in der Großforschung, dann die Suche nach neuen Technologiefeldern, die zunehmend auch als relevant für die Wohlfahrt des Landes betrachtet wurden. In der Bundesrepublik Deutschland entstand in dieser Zeit ein ausdifferenziertes System außeruniversitärer Forschungseinrichtungen, die in unterschiedlicher Form ihre wissenschaftliche Mission als staatliche Vorsorgeforschung interpretierten bzw. innovationspolitische Brücken in den Unternehmensbereich schlugen. Zugleich expandierte der Hochschulbereich und ermöglichte mehr jungen Menschen als jemals zuvor den Zugang zu akademischer Bildung. Konstitutiv blieb für das westdeutsche Wissenschaftssystem das Autonomiepostulat, das grundgesetzlich verankert und damit – auch bei vielfältigen strukturellen Kopplungen zwischen Wissenschaft und Politik – systemprägend war. In der DDR wurde die Wissenschaft instrumentalisiert und politisiert, indem sie in den „Dienst ökonomischer Produktivitätssteigerung" und „der Herrschaftssicherung der SED" gestellt wurde (a.a.O.: 24).

Die nationale deutsche Wissenschaftspolitik war somit Ausdruck der internationalen Abhängigkeiten des Kalten Krieges. Internationale Bezüge in der Wissenschaft entwickelten sich disziplinen-spezifisch: In der Physik erforderte die Großforschung früher als in anderen Disziplinen internationale Kooperationen. In den *Big Science*-Projekten der Physik entwickelten sich neue, internationale Organisationsformen der Wissenschaft, die später von anderen Disziplinen aufgegriffen wurden. Big Science war jedoch nur möglich, indem Wissenschaft und Politik eng miteinander kooperierten, um international Interessengemeinschaften zu schmieden und national die entsprechende Finanzierung der Projekte zu sichern.

Seit Beginn der fünfziger Jahre war der Austausch von Studierenden und Wissenschaftlern das Kerninstrument der wissenschaftlichen Kooperation und ein konstitutives Element der deutschen Auswärtigen Kulturpolitik. Der Kalte Krieg setzte diesem Austausch zunächst klare ideologische und geopolitische Grenzen. So wurde die internationale Zusammenarbeit in der Wissenschaft und eben jener internationale akademische Austausch auch zu einem Instrument, um ideologische und politische Allianzen zu bilden und sich im Falle der Bundesrepublik Deutschland und der DDR vom jeweils anderen deutschen Staat abzugrenzen. Die „Internationalisierung" der west- und ostdeutschen Wissenschaft war in ihren Anfängen außenkulturpolitisch motiviert und überlagert (Schütte 2009: 149 ff.). Zugleich konnte sie dort ansetzen, wo die Stärken der deutschen Wissenschaft auch international weiterhin anerkannt waren, so unter anderem und insbesondere in der Physik, einer Disziplin, in der die Bundesrepublik auch in der Großforschung bald wieder anschlussfähig an die internationale Spitze wurde.

Autonomie und Eigensteuerung der bundesrepublikanischen Wissenschaftsorganisationen führten schon früh dazu, dass diese auch eigenständige, wissenschaftlich motivierte Außenbeziehungen aufbauten und pflegten. So wagten bereits in den fünfziger Jahren einzelne westdeutsche Wissenschaftler, kollegiale Beziehungen in Länder aufzubauen, zu denen das offizielle diplomatische Verhältnis historisch belastet oder ideologisch problematisch war. Dies ging im Falle der westdeutsch-israelischen Beziehungen so weit, dass die frühen Kontakte vornehmlich zwischen Wissenschaftlern der Max-Planck-Gesellschaft und dem Weizmann-Institut in Rehovot dazu beitrugen, dass die Bundesrepublik Deutschland und Israel 1965 diplomatische Beziehungen aufnahmen. In einer ähnlich frühen Phase der politischen Annäherung knüpfte die Max-Planck-Gesellschaft in den siebziger Jahren auch Beziehungen zur Chinesischen Akademie der Wissenschaft in Peking. In den achtziger Jahren ermöglichte die Alexander von Humboldt-Stiftung zahlreichen Wissenschaftlern aus den Staaten des damaligen Ostblocks, insbesondere auch aus dem unter Kriegsrecht stehenden Polen, in der Bundesrepublik zu forschen. Die Bedeutung all dieser internationalen Kontaktaufnahmen war für die deutsche Wissenschaft erst langfristig zu erkennen. Festzuhalten ist, dass dieser öffentlich finanzierte, aber im täglichen Handeln vergleichsweise staatsferne akademische Austausch bei einem zunehmend wieder erstarkten und damit international attraktiven Wissenschaftssystem zur Glaubwürdigkeit westdeutscher Außenpolitik beigetragen hat.

Die historischen Grenzziehungen zwischen den ideologischen Blöcken des Kalten Krieges überlagerten in der zweiten Hälfte des 20. Jahrhunderts eine weitere internationale Trennlinie: die zwischen den Ländern der nördlichen und der südlichen Hemisphäre. Die internationalen wissenschaftlichen Beziehungen vieler Länder Afrikas, Mittel- und Südamerikas und Asiens entwickelten sich teilweise entlang kolonialer bzw. postkolonialer Verbindungen. Je nach Opportunität und weltpolitischer Lage pflegten sie Beziehungen zu dem einen oder anderen Kontrahenten des Kalten Krieges. Zeitgleich mit dem Ende des Kalten Krieges stiegen insbesondere in Schwellenländern wie der Republik Korea, China, Indien oder Brasilien die Investitionen in Wissenschaft und Forschung rapide an bzw. erreichten ein Niveau, das diese Länder auch in der industrialisierten und postindustriellen Welt zu ernst zu nehmenden Konkurrenten und Kooperationspartnern machte.

Seit den siebziger Jahren differenzierten sich in der Bundesrepublik die Motivation für und die Ziele von staatlich geförderten akademischen Kooperations- und Mobilitätsprogramme aus. Neben das Auswärtige Amt traten weitere Akteure. Andere Ressorts der Bundesregierung sowie die von ihnen finanzierten Organisationen begannen, die internationalen wissenschaftlichen Beziehungen als politisches Aktionsfeld mit zu gestalten. So begann das Forschungsministerium im Zuge seiner Technologiepolitik, Stipendienprogramme für Wissenschaftler aus sogenannten Hochtechnologieländern zu finanzieren, das Bundesministerium für wirtschaftliche Zusammenarbeit engagierte sich beim Institutionenaufbau in den damals sogenannten Entwicklungsländern. So unterstützte die damalige Gesellschaft für Technische Zusammenarbeit in Indien die Gründung und den Aufbau der Indian Institutes of Technology, deren Direktorenposten von indischer Seite weitestgehend mit indischen Alumni der Alexander von Humboldt-Stiftung besetzt wurden.

Im Zuge der wachsenden Selbstständigkeit und internationalen und wissenschaftlichen Bedeutung der Bundesrepublik Deutschland begann sich so in den achtziger Jahren ein neuer Zielekanon der bundespolitischen Akteure für den Aufbau und die Pflege internationale Beziehungen in der und über die Wissenschaft herauszuschälen. Neben die Auswärtige Kulturpolitik als spezifisch deutsche Variante einer Public Diplomacy traten eine auswärtige Technologie- und Wissenschaftspolitikpolitik als Variante einer Science Diplomacy sowie die Entwicklungszusammenarbeit auf den Gebieten von Bildung, Hochschule und Wissenschaft. Ergänzt wurde dies durch die Eigeninteressen in der Wissenschaft, die eine „diplomacy for science" von der Politik einforderte und „science for diplomacy" einbrachte.

Seit Mitte der achtziger Jahre steht diese politisch und wissenschaftlich motivierte deutsche Gestaltung der internationalen Wissenschaftsbeziehungen zunehmend in einer Wechselbeziehung zur europäischen Politik. Die europäische Rechtsprechung ebnete den Weg, um Mobilitätsbarrieren in der Berufsausbildung und für das Studium abzubauen. 1987 verabschiedete der Europäische Rat erstmals ein gemeinschaftliches Aktionsprogramm zur Förderung der Mobilität von Hochschulstudierenden (*ERASMUS*) (Niedobitek 2011: 220). Bereits seit 1984 bündelt die Europäische Gemeinschaft bzw. Union ihre Technologie- und Forschungsförderung in sogenannten Forschungsrahmenprogrammen. Ähnlich wie in der nationalen bundesrepublikanischen Geschichte der Forschungsförderung war auch auf europäischer Ebene die Atomforschung der Vorläufer einer gemeinschaftlichen Forschungspolitik. Bereits 1957 war die Europäische Atomgemeinschaft (jetzt EURATOM) entstanden, die heute all ihre Organe mit der Europäischen Union teilt. Auf Basis der europäischen Verträge und darauf ausgerichtet, einen „europäischen Mehrwert" zu realisieren, steigert die Europäische Kommission seitdem kontinuierlich ihre forschungsfördernden und damit forschungs- und wissenschaftspolitischen Möglichkeiten.

### 2.3 Europäisierung, Internationalisierung und Globalisierung der deutschen Wissenschaft als Gestaltungsfeld und Herausforderung der Auswärtigen Kulturpolitik

Mit dem Fall des Eisernen Vorhangs und der deutschen Wiedervereinigung strukturierte sich das deutsche Bildungs-, Hochschul- und Wissenschaftssystem nach westdeutschem Vorbild neu. Zugleich gab das Ende des Kalten Krieges einer neuen Entwicklungsdynamik Raum, die schon in den Jahren zuvor in Europa, aber auch in Schwellen- und teilweise auch in Entwicklungsländern angelegt war. Sie wurde in den Sozialwissenschaften für die Länder der nördlichen Hemisphäre bzw. die Industrieländer zunächst als Wandel zu „post-industriellen Gesellschaften" (Bell 1973) und später auch zu „Wissensgesellschaften" (Stehr 2001) beschrieben und interpretiert. Wissenschaft wird zunehmend als Produktivkraft für wirtschaftliche Prosperität und gesellschaftliche Wohlfahrt gesehen. Und wissenschaftliches Arbeiten vollzieht sich zunehmend international, teilweise auch global. Die Internationalisierung der deutschen Wissenschaft und die Dynamisierung der deutschen auswärtigen Wissenschaftspolitik sind Ausdruck dieser Entwicklung. Für die Mittlerorganisationen der deutschen Auswärtigen Kulturpolitik werden diese Prozesse zur Gestaltungsaufgabe, zugleich aber auch zum Treiber für ein sich wandelndes Selbstverständnis.

Innerwissenschaftlich leitete diese dynamisierte Internationalisierung einen vielfältigen Wandel ein: Denn da, wo die Grenzen dieser nationalstaatlichen Kollektivitätsräume aufweichen, weichen auch die wissenschaftlichen Erkenntnisinteressen und Interpretationsmuster auf, die durch diese Räume geprägt wurden. Big Science begann, sich teilweise zur *Mega Science* zu entwickeln, nicht mehr nur in der Physik, sondern auch in den Erd- und Umwelt- und den Lebenswissenschaften. So war die weltweite Zusammenarbeit bei der Entschlüsselung des menschlichen Genoms selbstverständlich und von Beginn an unhinterfragt.

Aber auch in der *Small Science* haben sich Karrieremuster und Muster der Reputationsgewinnung internationalisiert. Galt während der Zeit des Kalten Krieges ein Forschungsaufenthalt in der jeweiligen Führungsnation, also den USA oder der Sowjetunion, als notwendiger Qualitätsausweis, so haben zu Beginn des 21. Jahrhunderts weitere, über den Globus verteilte Standorte gleichgezogen; mehrfache Auslandsaufenthalte in verschiedenen Ländern sind nicht mehr ungewöhnlich.

Auch die Organisationsstrukturen der Wissenschaft haben sich internationalisiert: Die Produktion und Versorgung mit Versuchsmaterialien (etwa transgenen Mäusen), die Fachgesellschaften, Publikationsorte und -formen, die Fördermechanismen, Evaluationsprozesse und Karrieremuster waren z.B. in den relativ jungen Lebenswissenschaften von Beginn an international (Korte 2008; Schollwöck 2008; Kohse-Höinghaus 2008).

So ist die Zahl der Gemeinschaftspublikationen von Autoren unterschiedlicher Länder in führenden, international rezipierten Fachjournalen von 1995 bis 2010 von 25 auf 35 Prozent gestiegen (Royal Society of London 2011: 6). Hatte sich die Zahl weltweit mobiler Studierender von 1975 bis 1990 lediglich von 0,8 auf 1,3 Millionen erhöht, so stieg sie seitdem rapide auf 4,3 Millionen im Jahr 2011. Deutschland gehört Mitte der zweiten Dekade des 20. Jahrhunderts mit Australien und Frankreich zu den drei Ländern, die nach den Haupt-Destinationen USA und Großbritannien in größter Zahl Studierende ausländischer Herkunft anziehen. Im Unterschied zum Studierendenverhalten in allen anderen Hauptaufnahmeländern zeichnet sich Deutschland durch eine gleichfalls hohe internationale Mobilität deutscher Studierender aus (DAAD 2014: 69-89; Macready/Tucker 2011: 10).

Sowohl historisch als auch international sind die Zahlen international mobiler Wissenschaftler kaum vergleichbar. In Deutschland stellten im Jahr 2012 rund 35.300 wissenschaftliche und künstlerische Mitarbeiter rund 10 Prozent aller Hochschulangehörigen. Rund 2.800 von ihnen waren als Professoren beschäftigt und stellten damit sechs Prozent aller Professoren an deutschen Hochschulen. Rund 56.500 Wissenschaftler wurden im Jahr 2012 für ihren Aufenthalt in Deutschland gefördert, rund 21.350 deutsche Wissenschaftler hielten sich mit Unterstützung von Förderorganisationen im Ausland auf (DAAD 2014: 120-143).

Die Expansion von Hochschulsystemen, insbesondere in asiatischen Ländern, sowie der weltweite Wettbewerb um Spitzenkräfte in der Wissenschaft prägen im 21. Jahrhundert die Mobilität von Studierenden und Wissenschaftlern. Die Zahl mobiler Studierender wird weiter steigen, ebenso die Vielzahl der weltweit von ihnen gewählten Studienorte. Für die Mobilität von Wissenschaftlern ist weiterhin die wissenschaftliche Exzellenz des Gaststandortes das wesentliche Auswahlkriterium. „[T]he primary driver of most collaboration is the scientists themselves. In developing their research and finding answers, scientists are seeking to work with the best people, institutions and equipment which complement their research, wherever they may be“, schreibt die Royal Society of London (2011: 6).

Die Großmächte des Kalten Krieges, insbesondere die USA, sind hier weiterhin hoch attraktiv. Europa holt jedoch als Zieldestination auf, weltweit bilden sich weitere, global verteilte Zentren der Spitzenforschung aus. Die Welt der akademischen Mobilität ist damit multipolar geworden (Schütte 2009; Macready/Tucker 2011; Royal Society of London 2011; DAAD 2014). In diesem Kontext differenzieren sich die Förderinstrumente der deutschen Mittlerorganisationen der Auswärtigen Kulturpolitik weiter aus. Sie stehen durch die weltweite Konkurrenz um junge Talente und arrivierte Spitzenkräfte zunehmend und kontinuierlich unter Druck, im internationalen Vergleich attraktive Förderkonditionen zu bieten, um in Ergänzung zur Reputation deutscher Gastinstitutionen Entscheidungen zugunsten eines Gastaufenthaltes in Deutschland zu befördern.

Zudem steht diese wissenschaftsimmanente Dynamik verstärkter internationaler Zusammenarbeit zunehmend auch in einem Wechselverhältnis zu Interessenlagen und Anreizsystemen in Wirtschaft und Politik. Die Leistungsfähigkeit nationaler Bildungs-, Hochschul-, Forschungs- und Innovationssysteme wird zunehmend international verglichen. So erfasst die OECD seit 1996 jährlich die wichtigsten Bildungsindikatoren ihrer Mitgliedsländer in dem Bericht *Education at a Glance*. OECD-Studienreihen wie das seit dem Jahr 2000 durchgeführte *Programme for International Student Assessment* (PISA) zum internationalen Leistungsvergleich im Schulbereich oder das mehr als zehn Jahre später gestartete *Programme for the International Assessment of Adult Competencies* beeinflussen in unterschiedlicher Form die Bildungs- und Hochschulpolitik einzelner Länder, wie dies nicht zuletzt die bildungspolitische Debatte und Folgeaktivitäten nach dem sogenannten „PISA-Schock" Anfang des Jahrtausends in Deutschland zeigt, als deutsche Schüler im PISA-Vergleich unterdurchschnittlich abgeschnitten hatten. Universitätsrankings gewinnen in der internationalen Reputationszuweisung an einzelne Hochschulen, aber auch an nationale Universitätsstandorte an Bedeutung, beeinflussen das internationale akademische Mobilitätsverhalten und haben Rückwirkungen auf nationale Hochschulpolitiken. Ähnliches gilt für indikatorgestützte internationale Vergleiche von Forschungs- und Innovationsstandorten wie etwa das seit dem Jahr 2000 erhobene *European Innovation Scoreboard* (seit 2011 *Innovation Union Scoreboard*) der Europäischen Union.

Seit Ende des 20. Jahrhunderts hat zudem der europäische Integrationsprozess an Dynamik gewonnen. 1999 begann mit dem sogenannten Bologna-Prozess die Arbeit an einem europäischen Hochschulraum. Dieser Prozess hatte grundlegende und kontrovers diskutierte Veränderungen der Studiengangstrukturen und Abschlüsse an deutschen Hochschulen zur Folge. 15 Jahre später haben sich 47 Staaten diesem Prozess angeschlossen (siehe zum Stand der Debatten Curaj et al. 2012). Seit 2002 arbeiten zudem 33 Staaten im sogenannten Kopenhagen-Prozess zusammen, um die Qualität der Berufsausbildung in Europa zu steigern. Mit der Kommissionsmitteilung *Hin zu einem Europäischen Forschungsraum* begann im Jahr 2000 die gemeinschaftliche Arbeit an einem einheitlichen Raum für Wissenschaft und Forschung in Europa. Neues Momentum erhielt diese Initiative im Jahr 2008 durch den sogenannten Ljubljana-Prozess, der den freien Verkehr von Wissen als fünfte europäische Grundfreiheit festschrieb. Primärrechtlich verankert wurde der Europäische Forschungsraum erstmals im *Vertrag von Lissabon* aus dem Jahr 2009, strategisch wird er in der Folge gemeinsam mit den Forschungsrahmenprogrammen der Europäischen Union der Verwirklichung der europäischen Innovationsunion zugeordnet. Die deutschen Akteure der Wissenschaft tragen mit eigenen Strategien und Umsetzungsmaßnahmen inzwischen zunehmend dazu bei, Einzelaspekte des Europäischen Forschungsraums umzusetzen. Die europäische Forschungsförderung ist mittlerweile zudem fester Bestandteil der Forschungsfinanzierung an deutschen Hochschulen und Forschungseinrichtungen. Insgesamt steht die deutsche Wissenschaftspolitik damit in einem engen Wechselverhältnis zur europäischen Forschungs- und Entwicklungsförderung. Jenseits finanzieller Verschränkungen hat dies auch eine strukturierende Funktion. Exemplarisch lässt sich dies am Europäischen Forschungsrat zeigen, der unter maßgeblicher Mitwirkung deutscher wissenschaftlicher Akteure und der deutschen Politik 2007 gegründet wurde, die europäische Forschungsförderung (durch die Fokussierung auf Grundlagenforschung, Förderwettbewerb und Individualförderung) maßgeblich neu ausgerichtet und damit auch Schwächen des europäischen Forschungsraumes offengelegt hat. Zugleich wirkt die Arbeit des Europäischen Forschungsrats auf die nationalen Fördersysteme, deren Qualitätsstandards und Qualitätssicherungssysteme zurück (Gundlach 2011).

Mit der gestiegenen Vergleichbarkeit nationaler Bildungs-, Hochschul-, Forschungs- und Innovationssysteme und der weiteren Einbettung der jeweiligen deutschen Entwicklungen in europäische Prozesse geht eine stärkere strategische Planung der deutschen Wissenschafts- und Innovationspolitik einher. Seit 2006 verfolgt die Bundesregierung ihre innovationspolitische Ziele im Rahmen ihrer Hightech-Strategie, die auch international rezipiert und in anderen nationalen Strategien nachvollzogen bzw. adaptiert wurden. Auch die Ausgestaltung des 8. Forschungsrahmenprogramms der Europäischen Union unter dem Titel *Horizont 2020* ist durch diese Strategie mitgeprägt. Im Jahr 2008 veröffentlichte die Bundesregierung zudem unter dem

Titel *Deutschlands Rolle in der globalen Wissensgesellschaft stärken* eine Strategie zur Internationalisierung von Wissenschaft und Forschung mit den vier Zieldimensionen (1) die Forschungszusammenarbeit mit den weltweit Besten stärken, (2) Innovationspotenziale international erschließen, (3) die Zusammenarbeit mit Entwicklungsländern in Bildung, Forschung und Entwicklung nachhaltig stärken sowie (4) international Verantwortung übernehmen und globale Herausforderungen bewältigen. Im Jahr 2014 aktualisierte das Bundesministerium für Bildung und Forschung die Umsetzung dieser Strategie mit dem Aktionsplan *Internationale Kooperationen* (Bundesministerium für Bildung und Forschung 2014). Als Kernprinzip der deutschen auswärtigen bzw. internationalen Wissenschaftspolitik wird in diesem Aktionsplan die Orientierung an wissenschaftlicher Exzellenz festgeschrieben, als Zweckbestimmung u.a. auch die Stärkung des Wissenschafts-, Forschungs- und Innovationsstandort Deutschland.

In der internationalen Quersicht von Forschungs- und Entwicklungsstrategien einzelner Länder zeigt sich im zweiten Jahrzehnt des 21. Jahrhunderts eine neue Form des Wechselspiels von Kooperation und Wettbewerb: große gesellschaftliche Herausforderungen wie der Klimawandel, die Zukunft der weltweiten Energie- und Rohstoffversorgung, die Nahrungsmittelsicherheit, die Bekämpfung von Infektionskrankheiten, der Umgang mit Bevölkerungswachstum und Bevölkerungsrückgang in einzelnen Weltregionen oder mit weltweiten Migrationsströmen stehen als sogenannte *Grand Challenges* auf der Agenda zahlreicher Wissenschaftsnationen. Wissenschaftsorganisationen schließen sich eigenständig in *bottom-up* organisierten Prozessen, etwa im International Council for Science, zusammen, um ihre Forschungs- und Forschungsförder-Tätigkeiten abzustimmen und Gemeinschaftsaktivitäten zu planen. Zugleich koordinieren nationalstaatliche Regierungen auf der europäischen und internationalen Ebene die Zusammenarbeit. Die gestiegene Relevanz international koordinierter und evaluierter Forschung zeigt exemplarisch das von der Umweltprogramm der Vereinten Nationen UNEP und der Weltvereinigung der Meteorologie gegründete und von den Vereinten Nationen unterstützte Intergovernmental Panel on Climate Change, das mit seinen Berichten zum Weltklimawandel die weltweite Klimapolitik beeinflusst.

Die Mittlerorganisationen der Auswärtigen Kulturpolitik haben ihre Arbeit diesen sich wandelnden Kontexten angepasst: Zunehmend haben sie auch Aufgaben für andere Ressorts übernommen und damit ihr Förderinstrumentenportfolio wie ihre Finanzierungsstruktur differenziert. Damit verfolgen sie nicht mehr nur wissenschaftspolitische und außenpolitische Zielsetzungen, die sich aus der Selbststeuerung der Wissenschaft ergeben. Vielmehr übernehmen sie auch fachpolitische Ziele weiterer Bundesressorts, etwa in der Entwicklungszusammenarbeit oder der Umweltpolitik. Neben das Grundprinzip des Austausches von Wissen und des zeitlich befristeten Aufenthaltes von Studierenden und Gastwissenschaftlern in Deutschland ist die Zielsetzung getreten, Spitzenkräfte – Studierende wie Wissenschaftler – für einen längeren bzw. dauerhaften Aufenthalt in Deutschland zu gewinnen. Gemeinsam mit weiteren Wissenschaftsorganisationen wirken die Alexander von Humboldt-Stiftung und der Deutsche Akademische Austauschdienst an Marketingkampagnen mit, um den Studien- und Forschungsstandort Deutschland weltweit zu bewerben. Zudem bringen sie ihre Kompetenzen in die nationale Beratung für die EU-Mobilitätsprogramme für Studierende und Wissenschaftler ein, fungieren als nationale beratende und operative Partner zur Verwirklichung des Europäischen Hochschul- und Forschungsraumes. Die engere Verschränkung von öffentlicher und privat finanzierter Forschung und der weltweite Wettbewerb von Innovationsstandorten um international mobile Talente öffnet die Kooperationsmöglichkeiten der Mittlerorganisationen zudem zu forschungsstarken Unternehmen. Das Alleinstellungsmerkmal weltweiter Ehemaligen- bzw. Alumni-Netze, die sich seit der Wiedergründung der beiden Mittlerorganisationen nach dem Zweiten Weltkrieg gebildet haben, muss sich in einer Phase zunehmender internationaler Vernetzung der Wissenschaft insgesamt neu bewähren.

## 3. Zusammenfassung und Ausblick

Stärker und vielfältiger denn je ist die deutsche Wissenschaft in der zweiten Dekade des 21. Jahrhunderts international eingebunden. Möglich wurde dies seit dem Zweiten Weltkrieg unter anderem durch ein Zusammenspiel wissenschaftsimmanenter Triebkräfte und außen- und wissenschaftspolitischer Zielstellungen in der Nachkriegszeit. Staatliche Strukturen und damit auch die Grundstrukturen in Bildung, Hochschule und Wissenschaft entwickelten sich im Deutschland der Nachkriegszeit und des Kalten Krieges nach den Vorgaben und nach Beispielen der beiden Großmächte. Akademische Zugänge in die Welt, oder mit anderen Worten: die Internationalisierung der deutschen Wissenschaft, ergaben sich somit unter dem Vorzeichen von Amerikanisierung bzw. Sowjetisierung.

Der Austausch von Studierenden und Wissenschaftlern war von Beginn an Teil einer westdeutschen Auswärtigen Kulturpolitik. Dieser Austausch knüpfte in seiner Zweckbestimmung und in seinem Förderinstrumentarium an Traditionen der beiden Mittlerorganisationen Alexander von Humboldt-Stiftung und DAAD aus der Zeit nach dem Ersten Weltkrieg an. Begünstigt wurde er nach dem Zweiten Weltkrieg durch die weiterhin gute internationale Reputation der deutschen Wissenschaft, insbesondere der harten Naturwissenschaften. Seine spezifische Ausgestaltung fand er in den Prinzipien der Autonomie bzw. akademischen Selbstverwaltung und damit der relativen Distanz beider Organisationen zu staatlichen Akteuren. Beides wurde als Folge der staatlichen Gleichschaltung und Instrumentalisierung der Wissenschaft während der Nazidiktatur institutionalisiert.

Die Ambivalenz von akademischer bzw. wissenschaftlicher Selbststeuerung und außenkulturpolitischer Zweckbestimmung war somit von Beginn an konstitutiv für diese spezifisch deutsche Variante einer Public Diplomacy, in der Zeit des Kalten Krieges und vor dem Hintergrund der beiden Weltkriege wahrscheinlich gar ein Garant ihres Erfolges.

Diese besonderen Autonomiespielräume in der Wissenschaft und für die akademischen Mittlerorganisationen der Auswärtigen Kulturpolitik ermöglichten in der zweiten Hälfte des 20. Jahrhunderts vereinzelt, aber immer wieder, dass aus der Wissenschaft heraus Grundlagen für weitere außenpolitische Kontakte geschaffen wurden. In angelsächsischer Terminologie war dies „science for diplomacy".

Mit der weiteren Institutionalisierung einer nationalen Wissenschafts- bzw. Technologie- und Forschungspolitik in der Bundesrepublik Deutschland ergänzten wissenschaftspolitische Zielsetzungen den Zielekanon der Auswärtigen Kulturpolitik. Großforschung in Deutschland und die deutsche Beteiligung an Großforschung an anderen Orten der Welt erforderten eine „diplomacy for science".

Mit Entstehen einer vielfältigeren Struktur von Forschungseinrichtungen in Deutschland und der Zunahme internationaler Mobilität und Kooperationen in der Wissenschaft begannen sich zum Ende des 20. Jahrhunderts zunehmend, spezifische wissenschaftspolitische Zielstellungen für die internationale akademische Zusammenarbeit heraus zu kristallisieren. Die großen globalen Herausforderungen des 21. Jahrhunderts rücken die Wissenschaft zudem strategisch in den Fokus weiterer nationaler wie supranationaler politischer Akteure, aber auch von Unternehmen und zivilgesellschaftlichen Organisationen. Die über Jahrzehnte gewachsenen Verbindungen in die Wissenschaftsbereiche anderer Länder, die Alumninetzwerke und die Auslandsexpertise machen die akademischen Mittlerorganisationen damit auch für diese Akteure als Kooperationspartner attraktiv.

Der europäische Einigungsprozess bildet einen erweiterten Referenzrahmen für das Handeln der akademischen Mittlerorganisationen, aber auch weiterer Akteure der Wissenschaft. Er ist einerseits Ziel außen- und außenkulturpolitischen Handelns, zugleich wirkt er aber auch auf die jeweiligen nationalen Akteure in Wissenschaft und Politik zurück. Seit Ende des 20. Jahrhunderts wird die deutsche Wissenschaft zunehmend europäischer: räumlich durch einen zunehmenden akademischen Austausch; strukturell durch das Entstehen eines europäischen Hochschul- und Forschungsraumes; strategisch durch gemeinsame forschungs- und innovationspolitische Zielsetzungen und operativ durch zunehmend umfangreicher finanzierte Forschungsrahmenprogramme. In diesem Kontext haben auch die akademischen Mittlerorganisationen Aufgaben und Funktionen an der Schnittstelle von nationaler und europäischer Wissenschaftspolitik und Wissenschaftsförderung übernommen.

„The connections of people, through formal and informal channels, diaspora communities, virtual global networks and professional communities of shared interests are important drivers of international collaboration. These networks span the globe [...], they are changing the focus of science from the national to the global level. Yet little is understood about the dynamics of networking and the mobility of scientists, how these affect global science and how best to harness these networks to catalyse international collaboration," schreibt die Royal Society of London in ihrem Bericht über *Global scientific collaboration in the 21st century* (2011: 6). Die deutschen akademischen Mittlerorganisationen haben historisch eine wichtige Rolle gespielt, um die deutsche Wissenschaft in diesen Netzwerken zu verankern. Über die Zeit haben sich die akademischen Akteure der Auswärtigen Kulturpolitik zu Expertenorganisationen für internationale akademische Kooperationen entwickelt, die mit ihrer Fördertätigkeit einen breiten Zielekanon – von der Auswärtigen Kulturpolitik zur Außenwissenschaftspolitik zur auswärtigen bzw. internationalen Wissenschaftspolitik – bedienen.

Im 21. Jahrhundert zeigen sich erste Ansätze einer sich global organisierenden Wissenschaft. Noch aber ist nicht klar, ob und wie diese mit anderen globalen Netzwerken in Beziehung steht. Weiterhin bedarf es hierzu genauerer empirischer Daten und insbesondere differenzierterer Vergleiche der internationalen Bezüge einzelner nationaler Wissenschaftssysteme sowie der Analyse globaler Entwicklungen in der Wissenschaft und darüber hinaus.

# 3.4 Arbeit in der Weltgesellschaft – Deutsche Schulen im Ausland

*Hanna Kiper*

## 1. Einleitung

In diesem Beitrag soll nicht auf die Geschichte der deutschen Auslandsschularbeit eingegangen (siehe dazu Werner 1988; Winter 2009; Egenhoff 2013; Schmidt 2013), sondern die deutsche Auslandsschularbeit in den Kontext der Kultur- und Bildungspolitik eingeordnet werden. Dazu gehe ich zunächst auf die Ziele der Außenkulturpolitik der Bundesregierung ein, diskutiere die Organisationsform der Deutschen Auslandsschulen als Privatschulen und die Praxis von *Public Private Partnership*. Ich unterscheide die deutschen Auslandsschulen von den Sprachdiplomschulen. Ich erörtere Wege zur Förderung der deutschen Bildungsarbeit im Ausland und verweise auf Versuche zur Qualitätssicherung. Ich diskutiere den Einsatz der Lehrkräfte und ihre heterogenen Erfahrungen, je nach Einsatzort und Ausgabenbereich. Abschließend gehe ich auf die deutsche Auslandsschularbeit im Rahmen der durch Bildung initiierten Globalisierungsprozesse ein und frage nach der Rolle der deutschen Auslandsschularbeit in der Weltgesellschaft.

## 2. Zur Bedeutung der Auslandsschulen in der Außenkulturpolitik

Die allgemeinen Ziele und Aufgaben der deutschen Außenkulturpolitik sind an anderer Stelle in diesem Buch ausführlich dargestellt und analysiert. Das Auslandsschulwesen wurde in der *Konzeption 2000* in einem eigenen Kapitel vorgestellt, in dem der vom Bundeskabinett 1978 verabschiedete Rahmenplan für die Auswärtige Politik im Schulwesen, bestätigt und ergänzt durch eine Entschließung des Bundestages von 1990, als „weiterhin gültige Leitlinien" zitiert wird (Auswärtiges Amt 2000: 15):

- verstärkte Begegnung mit Gesellschaft und Kultur des Gastlandes
- weiterer Ausbau der schulischen Versorgung deutscher Kinder im Ausland
- Vertiefung der internationalen Zusammenarbeit im Schulbereich (Ausbau des Fremd- und Zweisprachenunterrichts, gegenseitige Anerkennung von Zeugnissen, Verstärkung des Schüler- und Lehreraustausches)
- Förderung des Deutschunterrichts im ausländischen Schulwesen (Aus- und Fortbildung von Deutschlehrern, Unterrichtsberatung)
- schwerpunktmäßig in der Dritten Welt Aufbau von berufsbildenden Zweigen.

In der Fortschreibung des Konzepts von 2011 (Auswärtiges Amt 2011: 10) kamen dann hinzu:

- eine Exzellenzinitiative innovatives Lernen an deutschen Auslandsschulen
- die Ankündigung, das Auslandsschulwesen hinsichtlich einer Reihe von Faktoren weiterzuentwickeln („Nutzung privatwirtschaftlicher Elemente, mehr Eigenverantwortung von Schulen bei der Anstellung von Lehrkräften und beim Mitteleinsatz, Festlegung der Kriterien für die Anerkennung von Abschlüssen, mehr Lehrerfortbildung, die Beteiligung der Gastländer, da hohe Qualität die lokalen Schulsysteme bereichert und entlastet, sowie eine stärkere Beteiligung der deutschen Wirtschaft und der Bundesländer").

## 3. Deutsche Auslandsschulen und die Praxis von Public Private Partnership

Neben den deutschen Auslandsschulen als Schulen in privater Trägerschaft gibt es eine Vielzahl weiterer Schultypen wie Begegnungsschulen oder Sprachdiplomschulen. Daneben gibt es von der Europäischen Gemeinschaft/Europäischen Union gegründete Europäische Schulen sowie Privatschulen, die von Kirchen unterhalten werden. (In diesem Beitrag werden die Schulen der Bundeswehr in der Verantwortung des Bundesministeriums der Verteidigung nicht berücksichtigt.)

Während die Bildungspolitik in der Bundesrepublik Deutschland in der Verantwortung der Länder liegt und über Absprachen – auf der Ebene der Kultusministerkonferenz – koordiniert wird, ist das Auslandsschulwesen in der Verantwortung der Bundesrepublik Deutschland und ihrer Kultur- und Bildungspolitik Teil der Außenpolitik, unter der Verantwortung des Auswärtigen Amtes, konkret des Bundesverwaltungsamtes (Zentralstelle für das Auslandsschulwesen).

Die deutschen Auslandsschulen sind Privatschulen, die von privaten Trägern (Schulvereinen) nach dem Recht des Gastlandes gegründet und betrieben werden und sich über privat aufzubringende Schulgelder zu einem hohen Anteil selbst finanzieren. Neben der pädagogischen Schulleitung arbeitet (meist ehrenamtlich) der Schulvereinsvorstand. Daneben wirken oftmals leitendes Verwaltungspersonal und die Elternvertretung. Die deutschen Auslandsschulen können finanzielle Beihilfen durch Bundesmittel der Bundesrepublik Deutschland (aus dem Schulfonds des Kulturhaushalts des Auswärtigen Amtes) in Form von Zuwendungen oder durch die Entsendung und Finanzierung eines Teils der Lehrkräfte auf der Grundlage von Zielabsprachen (verbunden mit Leistungs- und Fördervereinbarungen) erhalten. Deutsche Auslandsschularbeit kann durch die öffentliche Hand der Bundesrepublik Deutschland, zeitlich befristet, für genau bestimmte Aufgaben auf Vertragsbasis im Rahmen von Kooperationen unterstützt werden. Diese Unterstützung ist mit Auflagen (z.B. im Hinblick auf das Schulkonzept und die Bereitschaft zur Evaluation) verbunden. Die Zusammenarbeit von privaten Trägern und der öffentlichen Hand wird als gelungene Form von Public Private Partnership beschrieben. Es werden verschiedene Formen der Ausgestaltung von Public Private Partnership unterschieden (Vertragsformen, institutionelle Formen und Netzwerke). Dass diese Form der Public Private Partnership eingegangen wird, liegt an komplementären Zielsetzungen und am Bestreben, Ressourcen zu bündeln (Klingebiel 2013).

Die deutschen Auslandsschulen nehmen einen besonderen Platz in den schulischen Einrichtungen des Gastlandes ein. Sie werden zumeist als *Begegnungsschulen* geführt; das bedeutet, dass sie von deutschen Schülern des Gastlandes besucht werden und sowohl den Erwerb deutscher Schulabschlüsse als auch Schulabschlüsse des Gastlandes ermöglichen. Angepasst an die jeweiligen Erfordernisse bieten die Schulen ein differenziertes schulisches Angebot (im Elementarbereich, Primarbereich, Sekundarbereich I und II) und weitere Dienstleistungen (Mensabetrieb, Nachmittagsangebot, Kulturveranstaltungen, Treffpunkt für Eltern). Auch wenn die deutschen Auslandsschulen manchmal eine lange Tradition und ein je besonderes Profil herausgebildet haben, müssen sie sich doch an den Standards der Kultusministerkonferenz für die Vergabe der Schulabschlüsse und weiteren Vorgaben orientieren.

> „Die Deutschen Auslandsschulen werden durch private Trägervereine eigenverantwortlich geführt. Über Schulgelder und Spenden erbringen sie erhebliche Eigenleistungen (im Durchschnitt 71 Prozent der Schulhaushalte). Die daraus erzielten finanziellen Mittel beliefen sich im Jahr 2012 auf 426,9 Millionen Euro.“ (Bundesregierung 2013: 24)

## 4. Die Sprachdiplomschulen

Die Sprachdiplomschulen, so fasst es der 17. Bericht der Bundesregierung zur Außenkulturpolitik zusammen, bereiten ihre Schüler auf das Deutsche Sprachdiplom vor. Die Sprachprüfung werde von der Kultusministerkonferenz in Zusammenarbeit mit dem Auswärtigen Amt und der Zentralstelle für das Auslandsschulwesen angeboten und umfasse zwei Stufen. Das Deutsche Sprachdiplom der Stufe I (A2/B1 des Europäischen Referenzrahmens) sei als Nachweis der erforderlichen Deutschkenntnisse für den Besuch eines Studienkollegs und das Deutsche Sprachdiplom der Stufe II (B2/C1 des Europäischen Referenzrahmens) als Nachweis der erforderlichen Deutschkenntnisse für den Besuch einer deutschen Hochschule anerkannt. An den Deutschen Sprachdiplom-Schulen wurden 2012 mehr als 311.000 Schüler in Deutsch unterrichtet. Weltweit wurden im Jahr 2012 56.500 Prüfungen für das Deutsche Sprachdiplom absolviert, davon rund 12.700 Prüfungen der Stufe II (Bundesregierung 2013: 26 f.). Das Deutsche Sprachdiplom ist nicht nur das Zertifikat als Ergebnis einer „Feststellungsprüfung", sondern mit einem umfassenden Sprachprogramm verbunden, das sowohl in deutschen Auslandsschulen als auch als eigenständiges Deutsches Sprachdiplom-Programm in den nationalen Bildungssystemen von Partnerländern oder in ausgewählten Partnerschulen anderer Staaten angeboten wird. Ein *Rahmenplan Deutsch als Fremdsprache für das Auslandsschulwesen* wurde von der Zentralstelle für das Auslandsschulwesen vorgelegt. Der darauf basierende Deutschunterricht setzt auf problemorientiertes, selbstständiges und projektorientiertes Lernen, auf kommunikative Handlungsorientierung und Diskurs. Schüler sollen Sachverhalte kontrovers reflektieren, ihre Meinung fundiert vertreten, Recherchieren und Präsentieren lernen. Die Feststellungsprüfung und der Rahmenplan wirken zurück auf die Orientierung des Unterrichts und auf die Vermittlung beziehungsweise den Erwerb produktiver sprachlicher Teilkompetenzen. Neben der Fortbildung der Fachberater und der Lehrkräfte für Deutsch als Fremdsprache wird auf die Vernetzung der Schulen über Lernplattformen gesetzt. Das Deutsche Sprachdiplom ist orientiert am Gemeinsamen europäischen Referenzrahmen für Sprache. Das Deutsche Sprachdiplom ermöglicht das Recht auf ein Studium in Deutschland. Es ist mit einem Stipendienprogramm verknüpft. Zur Qualitätssicherung wird – orientiert an der Bund-Länder-Inspektion – auch ein Evaluationsprogramm *Evaluation Deutsch als Fremdsprache* angeboten, um die Qualität des Unterrichts in Deutsch als Fremdsprache zu überprüfen. „Evaluiert wird der systematische Aufbau der Sprachkompetenz, die Entwicklung von Diskursstrategien und die Vermittlung autonomen Lernens sowie eines aktuellen Deutschlandbildes, deutscher Kultur, Kunst und Literatur" (Zentralstelle für das Auslandsschulwesen 2013a: 27).

Mersch und Kühn fassen die Verteilung der Schultypen und Schülerzahlen der deutschen Auslandsschulen in folgender Tabelle zusammen (Mersch/Kühn 2014: 11):

| | Afrika | Asien/Australien | Nordamerika | Lateinamerika | Nord-West-Süd-Europa | Mittel-Osteuropa/ Gemeinschaft unabhängiger Staaten | Weltweit | Gesamt Schülerzahl | Anteil dt. Schüler im Schnitt |
|---|---|---|---|---|---|---|---|---|---|
| Deutsch-sprachige Auslandsschulen | 5 | 26 | 7 | 0 | 11 | 2 | 51 | 12.099 | 69,1% |
| Integrierte Begegnungsschulen | 12 | 2 | 0 | 0 | 20 | 10 | 44 | 22.545 | 33,1% |
| Gegliederte Begegnungsschulen | 0 | 2 | 0 | 18 | 1 | 1 | 22 | 25.327 | 18,3% |
| Landessprachige Schulen | 1 | 3 | 0 | 19 | 1 | 0 | 24 | 19.487 | 5,6% |
| **Deutsche Auslandsschulen** | **18** | **33** | **7** | **37** | **33** | **13** | **141** | **79.458** | **25,7%** |

Mersch und Kühn prüften, an welchen Standorten deutsche Auslandsschulen zu finden sind: Mit 85 Standorten liegt die Mehrheit der Deutschen Auslandsschulen (60 Prozent) in einer Millionenstadt, und 35 Schulen befinden sich in Großstädten (25 Prozent). Die Stadttypen Mittelstadt (7 Prozent) und Megastadt (8 Prozent) sind hingegen selten vertreten. Betrachtet man auf Basis des Bruttonationaleinkommen den Entwicklungsstand der Sitzländer, ist die überwiegende Zahl der Schulen (111) in Ländern mit hohem (z.B. Kanada) oder hohem-mittlerem Entwicklungsstand (z.B. China) zu verorten, ein mittlerer-niedriger Entwicklungsstand trifft auf 26 Schulstandorte (18 Prozent, z.B. Paraguay) zu, und nur 4 Schulen (3 Prozent) liegen in niedrig entwickelten Ländern (hier: Afghanistan (2), Kenia und Äthiopien) (Mersch/Kühn 2014: 12). Mit Blick auf die allgemeine Sicherheitslage sind 64 Schulen in Ländern verortet, die als nachhaltig stabil oder stabil eingestuft werden, „während für 53 Schulstandorte die Sicherheitslage des Landes mit einem Warnhinweis (z.B. in Indien) versehen ist und 14 Schulen in Ländern mit alarmierenden Sicherheitslagen (z.B. Ägypten) liegen" (a.a.O.: 12).

Insgesamt umfasste das Deutsche Auslandsschulwesen im Jahr 2012 141 deutsche Auslandsschulen in 72 Ländern, rund 1000 Schulen, die das Deutsche Sprachdiplom der Kultusministerkonferenz anboten, und 550 weitere, vom Goethe-Institut betreuten sogenannten Fit-Schulen, an denen der Deutschunterricht neu auf- oder ausgebaut wurde und an denen über eine halbe Million Schüler lernten (Bundesregierung 2013: 9). An den deutschen Auslandsschulen wurden 79.500 Schüler (davon 59.100 nicht-deutscher Nationalität) unterrichtet (Bundesregierung 2013: 24). Neben der Sprachförderung mit dem Ziel der „Stärkung des Wissenschafts- und Bildungsstandortes Deutschland" wird am Aufbau von Berufsbildungskooperationen gearbeitet.

## 5. Wege zur Förderung der deutschen schulischen Arbeit im Ausland

Die Förderung und Sicherung der deutschen schulischen Arbeit im Ausland erfolgt durch „die Bereitstellung von Personal- und Haushaltsmitteln, die Abnahme von schulischen Abschlussprüfungen, die Vergabe von deutschen Abschlüssen und Berechtigungen und die Anerkennung von schulischen Einrichtungen, die Entwicklung und Sicherung ihrer Qualität" (Auswärtiges Amt/Kultusministerkonferenz 2013). Das *Gesetz über die Förderung Deutscher Auslandsschulen* (Bundesministerium der Justiz und für Verbraucherschutz 2013), das der Bundestag am 26. August 2013 beschloss,[1] regelt „die Förderung der Deutschen Auslandsschulen" (§ 1). Der Status *Deutsche Auslandsschule* kann durch Vertrag zwischen dem Bund und dem Träger der Schule verliehen werden (Verleihungsvertrag). Ein Anspruch auf Verleihung des Status besteht nicht. Der Verleihungsvertrag kann zu jeder Zeit und mit sofortiger Wirkung oder mit angemessener Frist bis zum Ende des Förderzeitraums gekündigt werden. Der Bund übernimmt auf der Grundlage des Verleihungsvertrages und eines Fördervertrags (soweit das Recht des Sitzlandes es zulässt) die Schulaufsicht (z.B. durch curriculare oder qualitätsbezogene Vorgaben, Überprüfungen vor Ort, Auswertung von Berichten der Schulen an die fördernden Stellen, Überprüfung der sachgemäßen Verwendung der Fördermittel und durch Weisungen) (§ 4). Deutsche Auslandsschulen können personell und finanziell auf Antrag für bis zu drei Schuljahre gefördert werden (§ 7).

„Eine Deutsche Auslandsschule ist förderfähig, wenn sie deutschsprachigen Unterricht anbietet und deutschsprachig geprägte Abschlüsse vermittelt", „den demokratischen Werten Deutschlands Rechnung trägt", „die Mittel selbst aufbringt, die neben der Förderung für den nachhaltigen Betrieb einer Deutschen Auslandsschule notwendig sind", „einen ordnungsgemäßen Betrieb, insbesondere die vertragsgemäße Verwendung der Förderung, gewährleistet" und „nachweist, dass sie entweder keine Gewinne erzielt oder die erzielten Gewinne ausschließlich für den Betrieb, den Ausbau oder die Entwicklung der Schule [...] eingesetzt werden" (§ 8). Durch den Fördervertrag zwischen dem Bund und dem Träger der Deutschen Auslandsschule werden der Förderzeitraum, die geförderten Abschlüsse, die Anzahl der für die Förderung berücksichtigen Klassenzüge, die Vermittlung der Lehrkräfte, die Anforderungen an einen ordnungsgemäßen Betrieb, die Verpflichtung auf eine Ermäßigung des Schulgeldes für Kinder aus einkommensschwachen Familien und die Verpflichtung auf Vorlage eines Konzepts zur Umsetzung des inklusiven Unterrichts vereinbart (§ 9).

Abschlüsse im Sinne des Auslandsschulgesetzes sind „1. Deutsche Abschlüsse zur Erlangung der deutschen allgemeinen Hochschulzugangsberechtigung (Abitur) einschließlich der von der Kultusministerkonferenz anerkannten binationalen Abschlüsse an deutschen Auslandsschulen zur Erlangung der deutschen allgemeinen Hochschulzugangsberechtigung, deutsche Abschlüsse zur Erlangung der Fachhochschulreife, deutsche mittlere Abschlüsse einschließlich Haupt- und Realschulabschlüsse und deutsche berufsbildende Abschlüsse [...], 2. das Gemischtsprachige International Baccalaureate an ausländischen Schulen mit Deutschunterricht gemäß der Anerkennung durch die Kultusministerkonferenz, 3. das Deutsche Sprachdiplom der Kultusministerkonferenz I und II." (§ 2). Das Gesetz regelt, wann die Förderung vollständig oder anteilig zu erstatten ist (§ 10). Es regelt die personelle Förderung durch Vermittlung der erforderlichen Anzahl der Lehrkräfte (Vermittlungsbescheid als Verwaltungsakt des Auswärtigen Amts oder

1 http://www.gesetze-im-internet.de/aschulg/BJNR330600013.html (Juli 2014).

der nachgeordneten Bundesbehörde). „Die Wahrnehmung der Aufgaben, die sich aus dem Gesetz ergeben, obliegt dem Auswärtigen Amt" (§ 6). Das Gesetz sieht darüber hinaus vor, dass die Bundesregierung Schulen im Ausland nach Maßgabe des Zuwendungsrechts fördern kann, die keine Deutschen Auslandsschulen sind, „aber das Deutsche Sprachdiplom der Kultusministerkonferenz anbieten" (§ 17). Die Auswahl der zu fördernden Schulen orientiert sich an ihrer „Bedeutung für die Förderung der deutschen Sprache bzw. für die deutschen Minderheiten" und ihrer „Leistungsfähigkeit". Deutschland bietet auch Unterstützung für die Lehrerfortbildung an, die in regionalen Fortbildungszentren durchgeführt wird. „Aus dem Schulfonds des Auswärtigen Amts wurden die Deutschen Auslandsschulen 2012 mit 161,9 Millionen Euro und über den Baufonds des Auswärtigen Amts mit 15,3 Millionen Euro gefördert" (Bundesregierung 2013: 24). In § 5 des Auslandsschulgesetzes wird geregelt, dass kein Anspruch auf Beschulung an einer Deutschen Auslandsschule nach diesem Gesetz besteht.

## 6. Zur Qualitätssicherung der deutschen Auslandsschularbeit

Auf der Grundlage des *Qualitätsrahmens des Bundes und der Länder für Deutsche Schulen im Ausland* (Zentralstelle für das Auslandsschulwesen 2006) entwickeln die Schulen ein Verständnis für Qualität und beteiligen sich an Verfahren der Selbst- und Fremdevaluation. Der Qualitätsrahmen gibt Hinweise zu den erwarteten Ergebnissen und Erfolgen der Schule, zur Lernkultur, zur Qualität der Lehr- und Lernprozesse, zur Schulkultur, zur Schulleitung und zum Schulmanagement, zur Lehrerprofessionalität und Personalentwicklung und zu Zielen und Strategien der Qualitätsentwicklung (Zentralstelle für das Auslandsschulwesen 2006: 3). Präziser als die Qualitätsvorgaben innerhalb der einzelnen Länder in der Bundesrepublik Deutschland werden die erwarteten Fachkompetenzen mit Blick auf die Leistungen der Schüler bei Abschlussprüfungen, bei Vergleichstests und bei zu erzielenden Abschlüssen ausgewiesen. Mit Blick auf das Schulkonzept werden Überlegungen zur Demokratieerziehung, zur Förderung interkultureller Kompetenz und (inzwischen auch) zur Inklusion erwartet. Die Schule muss sich selbst nach außen präsentieren (extracurriculare Aktivitäten für die Schüler, Beratungstätigkeit der Lehrer für Schüler und Eltern, Jahresveranstaltungen, ausgewiesen im einem Jahresveranstaltungskalender, Jahrbuch, Lern-, Arbeits- und Aufenthaltsqualität). Auch Vorgaben mit Blick auf die erwartete Zufriedenheit der Eltern mit der Schule werden formuliert.

Im Jahr 2013 waren von den über 140 Schulen 112 extern (durch die Bund-Länder-Inspektion) evaluiert. Die Evaluation umfasste die Erstellung eines Qualitätsstatusberichts durch die Schule, auch auf der Grundlage eines Selbsteinschätzungsbogens (Selbstevaluation), den Besuch durch *Kritische Freunde* (Peer Review), die externe Fremdevaluation (Bund-Länder-Inspektion) und einen Bilanzbesuch. So wurde ein von der Zentralstelle für das Auslandsschulwesen gesteuertes und mit den Kultusministerien der Länder abgestimmtes Pädagogisches Qualitätssicherungsverfahren aufgebaut. „Regelmäßige Bund-Länder-Inspektionen der Schulen, konkrete Zielvereinbarungen mit den Schulträgern sowie umfassende Beratungs- und Unterstützungsangebote für Schulvorstände, Schulleiter und Mitglieder der schulischen Steuergruppen schaffen die Voraussetzungen für systematische pädagogische Qualitätsentwicklung und schließlich für die Vergabe eines Gütesiegels" (Bundesregierung 2013: 26; siehe auch Zentralstelle für das Auslandsschulwesen 2013b). Die Arbeit an einer Deutschen Auslandsschule besteht auch in der Weiterentwicklung von Unterricht und Schule durch die Lehrkräfte (siehe auch Kiper 2012).

## 7. Einsatz der Lehrkräfte

Auf der Grundlage des Gesetzes wird durch die *Verwaltungsvereinbarung zwischen dem Bundesminister des Auswärtigen und den Kultusministern der Länder in der Bundesrepublik Deutschland* der „Einsatz von Lehrkräften in Deutschen Auslandsschulen nach dem Auslandsschulgesetz und Schulen, die zum Deutschen Sprachdiplom der Kultusministerkonferenz führen" geregelt. Die Lehrkräfte können mit Blick auf ihren rechtlichen Status und ihre Aufgabenschwerpunkte unterschieden werden in „Auslandsdienstlehrkräfte, Bundesprogrammlehrkräfte, Landesprogrammlehrkräfte und Ortslehrkräfte" (Auswärtiges Amt/Kultusministerkonferenz 2013). Der Einsatz der Auslandsdienstlehrkräfte orientiert sich an den „Erfordernissen, die sich aus der Anerkennung deutscher Abschlüsse und Berechtigungen herleiten". Sie sind „in besonderem Maße Vertreter der Auswärtigen Kultur- und Bildungspolitik" (a.a.O.) und unterrichten „zur Sicherung der geförderten Bildungsziele sowie zur Vorbereitung auf Prüfungen, die zu deutschen Berechtigungen führen, grundsätzlich in allgemein- und berufsbildenden Bildungsgängen". Neben ihren Unterrichtsverpflichtungen können sie für „Leitungsaufgaben, Aus-, Fort- und Weiterbildung, Studien- und Berufsberatung, Fachleitung für Deutsch als Fremdsprache und für deutschsprachigen Fachunterricht und Fachberatung/Koordination" eingesetzt werden (a.a.O.). Dabei wird durch die Verwaltungsvereinbarung geregelt, wie viele Auslandsdienstlehrkräfte bei Schulen mit verschiedenen Schulzielen und Zügigkeit eingesetzt werden. Auslandsdienstlehrkräfte werden – auf der Grundlage eines Antrags – vom inländischen Dienstherrn für eine Bewerbung im Auslandsschuldienst frei gestellt; sie werden ggf. durch die Zentralstelle für das Auslandsschulwesen in eine Bewerberdatei aufgenommen und durch Bescheid an die Deutsche Auslandsschule für drei Jahre (mit der Möglichkeit der Verlängerung bei Bewährung um weitere drei Jahre) vermittelt. Bundesprogrammlehrkrafte sind Lehrkräfte, die nicht dem Landesschuldienst angehören, oder verbeamtete oder unbefristet tarifvertraglich beschäftigte Lehrkräfte, „die unter Wegfall der Bezüge […] aus dem Landesschuldienst beurlaubt sind, und die (von der Zentralstelle für das Auslandsschulwesen) vermittelt worden sind […] Bundesprogrammlehrkräfte erteilen Unterricht und sind in der sprachlichen und unterrichtspraktischen Aus- und Fortbildung von Lehrkräften für den deutschsprachigen Unterricht tätig" (a.a.O.). „Der Einsatz von *Landesprogrammlehrkräften* kann […] schulpolitischen Interessen der Länder dienen" (a.a.O.). Ortslehrkräfte „sind Lehrkräfte mit der Lehrbefähigung eines anderen Staates oder mit einer in Deutschland erworbenen Lehrbefähigung" (a.a.O.). Sie werden „auf der Grundlage eines Arbeitsvertrages zwischen dem jeweiligen Schulträger und der Ortslehrkraft im Einvernehmen mit dem jeweiligen Schulleiter" beschäftigt (a.a.O.). Daneben gibt es Schulleiterstellen und Stellen für Fachberater/Koordinatoren und Prozessbegleiter, die in Kooperation von Bund und Ländern (durch den Bund-Länder-Ausschuss) ausgewählt werden. „Das Auswärtige Amt hat bei der Besetzung von Schulleiterstellen gegenüber dem Schulträger das Vorschlagsrecht. Der Schulträger wählt den Schulleiter aus dem Kreise der ihm vorgeschlagenen Bewerber aus" (a.a.O.). Die Einsatzorte der Lehrkräfte sind unterschiedlich. Sie können sowohl an Deutschen Auslandsschulen als auch an Begegnungsschulen oder an Sprachdiplomschulen eingesetzt werden.

## 8. Heterogene Erfahrungen der Lehrkräfte im Rahmen deutscher Auslandsschularbeit

Die deutschen Schulen haben vielfach eine lange Tradition; sie durchliefen Transformations- und Modernisierungsprozesse zur Bewältigung der neuen Herausforderungen. Sie sind – oftmals im Gegensatz zu Schulen in den Ländern der Bundesrepublik Deutschland – Orte von Begegnung und Zentren von Kultur. Sie pflegen eine andere Beziehung zu den Eltern, zu Einrichtungen in der Umwelt (Firmen, Kulturorganisationen); es bestehen vielfache Vernetzungen: persönlich, gesellschaftlich, ökonomisch und kulturell. Lehrkräfte sind in anderer Weise eingebunden in ein Beziehungsgeflecht. Die deutsche Auslandsschule als Privatschule darf erwarten, dass sich Lehrkräfte mit ihrem Profil und Programm aktiv auseinandersetzen, sich ihm verpflichten, es entwickeln. Sie stellt sicherlich weitergehende Anforderungen an das Commitment und Engagement des dort beschäftigten Personals. Lehrkräfte, die von den Ländern für einen Auslandsaufenthalt beurlaubt und aus dem Kulturfonds des Auswärtigen Amtes finanziert werden, werden auch als Deutsche wahrgenommen. Sie stehen nicht nur als Vertreter der Schule, sondern auch (indirekt) der Bundesrepublik Deutschland im Blick eines wichtigen Teils der gesellschaftlichen Öffentlichkeit (des Partnerlandes und der deutschen Community). Sie müssen sich – angesichts beiläufigen und informellen Lernens – ihrer Rolle als Vorbilder bewusst sein. Da die Lehrkräfte selbst auf Zeit in ein anderes Land gehen, müssen sie einige Herausforderungen in einem anderen Land meistern (Wohnungssuche, ggf. Suche nach einem Arbeitsplatz für den Partner, Erlernen der Sprache des Gastlandes, Eingehen von Bekanntschaften und Freundschaften); sie müssen sich mit eigenen Hoffnungen, Erwartungen und ggf. widersprüchlichen Erfahrungen im Partnerland auseinandersetzen. Dabei stellt sich ihre Situation je unterschiedlich dar, je nachdem, ob sie an einer deutschen Auslandsschule (mit einer deutschen Schulleitung und mehreren deutschen Kollegen) oder eventuell als einzige deutsche Vertretung an einer Schule des Gastlandes arbeiten, mit dem Ziel, den Sprachunterricht zu verstärken. Für diese Herausforderungen werden sie durch Kurse der Zentralstelle für das Auslandsschulwesen vorbereitet; oftmals bleibt der Eindruck, dass der Erwerb landeskundlichen Wissens und interkultureller Kompetenz weitgehend der Eigeninitiative überlassen ist. Lehrkräfte, die deutsche Auslandsschularbeit leisten, werden sicherlich sehr unterschiedliche Erfahrungen machen, u.a. abhängig von den folgenden Faktoren:

- Partnerland, Typus der Schule (Deutsche Auslandsschule, Begegnungsschule, Schule des Partnerlandes mit deutschsprachigem Zweig)
- Status der Lehrkraft, Umfang der Aufgaben, Dauer des Aufenthalts
- Umfang der Sprachkenntnisse bezogen auf Sprachen im Partnerland
- alleiniger Aufenthalt in einem Partnerland oder gemeinsamer Aufenthalt mit einem Ehepartner (und Kindern)
- Lebensbedingungen im Vergleich zu denen in der Bundesrepublik Deutschland
- Möglichkeiten der Teilhabe am gesellschaftlichen Leben der deutschen Kolonie bzw. an den Lebenswelten der einheimischen Bevölkerung im Partnerland
- Erfahrung von Wertschätzung durch die Eltern und Erfahrungen in der Schule selbst (mit Schulleitung, Trägerverein, Kollegen) (Mägdefrau/Genkova 2013).

Lehrkräfte, die in verschiedenen Partnerländern unterrichtet und Schulen mit entwickelt haben, haben ihre Erfahrungen deutlich erweitert. Sie können – unter landeskundlicher, erziehungs- und bildungsbezogener und sprachlicher Perspektive – Länder vergleichen. Gehen sie mehrmals in verschiedene Partnerländer, weitet sich der Blick. Tragen die Auslandsdienstlehrkräfte oder Bundesprogrammlehrkräfte ihre Erfahrungen zusammen, können sie sich – unter einer übergeordneten Perspektive – Erfahrungen mit Erziehung und Bildung in internationalen Schulen oder in verschiedenen Begegnungsschulen oder Schulen mit deutschsprachigen Abteilungen gegenseitig mitteilen und sie aufeinander beziehen. Sie haben Teil am Prozess der Herausbildung einer Weltbildungsgesellschaft. Nach ihrer Rückkehr entfalten sie oftmals einen neuen Blick auf die Gesellschaft der Bundesrepublik Deutschland, der eventuell auch aus den Erfahrungen in den Schulen der Partnerländer resultiert.

Migrieren die Kinder der deutschen Lehrkräfte mit ihrer Familie und besuchen sie dann als Schüler die deutsche Auslandsschule, sammeln sie – je nach Alter – andere Erfahrungen als ihre Eltern. Die Erfahrungen einiger der Kinder der Auslandsdienstlehrkräfte können mit dem Konzept der *Third Culture Kids* beschrieben werden. Mit dem Konzept der Third Culture Kids (Pollock/Van Reken/Pflüger 2003) wird eine Gruppe von Menschen beschrieben, die zwischen verschiedenen geographisch-sozialen Räumen pendeln, also transnationale Sozialisationsprozesse erleben. Die Erfahrungen von Kindern und Jugendlichen, deren Eltern in der deutschen Auslandsschularbeit engagiert sind und die ebenfalls eine deutsche Auslandsschule besuchen, können sich unterscheiden je nach Partnerland, Qualität der Schule, Sprachkenntnissen oder Freundschaften mit jungen Menschen im Partnerland. Ein Teil der Kinder von Lehrkräften, die ihre wichtigen Bildungserfahrungen in deutschen Auslandsschulen machten und dort sozialisiert wurden, können bei der Rückkehr in die Bundesrepublik Deutschland Probleme haben. Ganz anders kann es Jugendlichen gehen, die in Deutschland die Schule besuchten und gemeinsam mit ihren Eltern auf Zeit in ein Partnerland migrieren. Durch zeitweiligen Aufenthalt im Ausland als Teil der schulischen und hochschulischen Bildung können sie mit ihren schulischen Biographien neue Erfahrungen sammeln und bewusster Bildungsprozesse im Weltbildungssystem angehen (Kiper 2013a).

## 9. Deutsche Auslandsschularbeit im Kontext von durch Bildung initiierten Globalisierungsprozessen

Die deutschen Auslandsschulen stehen neben den schulischen Richtungen des jeweiligen Gastlandes, aber auch neben weiteren internationalen Schulen. Sie werden von den Eltern unter verschiedenen Gesichtspunkten (z.B. Wertigkeit der Abschlüsse, curriculares Angebot, Reputation der Schule, Kosten) verglichen. Die deutschen Auslandsschulen müssen nicht nur auf die Gegebenheiten in den Sitzstaaten reagieren, sondern sich als Privatschulen zur Sicherung ihrer Existenz an den „Entwicklungen auf den internationalen Bildungsmärkten" orientieren. In diesem Zusammenhang greifen in einigen Ländern Modernisierungen, die sich sowohl auf das Management der Schule als auch auf die Bildungsgänge beziehen. So werden zum Teil stärker international ausgerichtete Bildungsgänge und Abschlüsse (Deutsche Internationale Abiturprüfung, Gemischtsprachiges Internationales Bakkalaureat, verstärkter Einsatz der englischen Sprache im Unterricht) eingefordert. „Die Zukunft gehört [...] einem neuen Typ der Begegnungsschule mit internationaler Ausrichtung sowohl in der Schülerschaft als auch in den Schulabschlüssen" (Bundesregierung 2013: 26).

Heute steht die deutsche Auslandsschularbeit auch dafür, in weltgesellschaftliche Kommunikationen einzuführen. Deutsche Schulen im Ausland können auch als Vorreiter von Globalisierungsprozessen verstanden werden; sie erproben Varianten des dosierten Anschlusses an die Weltgesellschaft und dessen Ausgestaltung mit Blick auf lokale, regionale und nationale Besonderheiten (Kiper 2013a).

## 10. Strukturen eines Weltbildungssystems

Dass sich Strukturen eines Weltbildungssystems abzeichnen, kann an folgenden Prozessen festgemacht werden:

- Es konstituiert sich ein weltgesellschaftlicher Kommunikationszusammenhang über Erziehung und Bildung. Dabei wird weltweit die gleiche Semantik über Bildung und Bildungsprozesse verwendet.
- Nationale und internationale Akteure, unter anderem auch die Nationalstaaten, sind in übergreifende globale Zusammenhänge eingebettet und arbeiten mit vergleichbaren kognitiven Modellen.
- Die Steuerung erfolgt durch „global institutionalisierte allgemeine, universalistische Regeln, die als globale kulturelle Orientierung wirken“ (Adick 2008: 169).
- Eine Konvergenz der Schul- und Bildungssysteme, auch mit Blick auf die Dauer der Schulzeit, die Gestaltung von Abschlüssen und die Ausrichtung von Curricula, zeichnet sich ab.
- Es werden Kompetenzen und Qualifikationen standardisiert (z.B. Europäischer Qualifikationsrahmen).
- Neue Kompetenzen (Fremdsprachenkompetenzen, interkulturelle Kompetenz) erhalten Bedeutung.
- Ein System weltweiten Bildungsmonitorings wird etabliert. Es wird ein Forschungs- und Berichtssystem etabliert.
- Die verschiedenen Schul- und Bildungssysteme werden unter ausgewählten Kriterien in einen Vergleich gesetzt.
- Es werden neue Ideen für die Steuerung und Leitung von Schulen diskutiert und implementiert.
- Erziehungs-, Schul- und Bildungsinstitutionen (auch der Fort- und Weiterbildung) werden in einen freien Markt eingebaut, dereguliert und privatisiert.
- In den Schulen wird Schritt für Schritt ein nationales Selbstverständnis überwunden; sie geben sich ein europäisches oder internationales Profil (siehe auch Hornberg 2010).
- Eine Orientierung des Bildungs- und Ausbildungssystems an internationalen Strukturen wird empfohlen (siehe das Jahresgutachten des Aktionsrats Bildung, Vereinigung der Bayerischen Wirtschaft 2008).

Schulen fundieren eine doppelte Loyalität als Staatsbürger und Weltbürger. Wenn in der sich herausbildenden Weltgesellschaft die Funktionalität der einzelnen Teilsysteme (hier des Bildungs- und Wissenschaftssystems) durch internationale Organisationen als Akteuren unter ausgewählten Kriterien (Bildungsbeteiligung, Bildungserfolge, Bildungskosten, Formen der Steuerung, Struktur) kritisch miteinander verglichen wird, entsteht eine Dynamik der Konkurrenz, der Angleichung, der Übernahme von einzelnen Elementen. „Das Erziehungssystem ist [...] nicht nur ein Katalysator der Globalisierung, sondern selbst auch Gegenstand von Globalisierungsprozessen, insofern sich ein Welterziehungssystem etabliert hat, dessen Bildungs- und

Forschungseinrichtungen in zunehmendem Maße in weltumspannende Netzwerke verflochten sind" (Seitz 2002: 335).

Von daher ist die deutsche Auslandsschularbeit einerseits mit der Kultur- und Bildungspolitik der Bundesregierung verzahnt und Teil der Ausgestaltung der Beziehungen mit anderen Ländern; sie ist aber – im Rahmen der Ausdifferenzierung einzelner Teilbereiche der modernen Gesellschaft (Finanz-, Wirtschafts- und Handelsbeziehungen, Tourismus, Kultur- und Bildung) und der in ihnen vorangebrachten Globalisierungsprozesse – Teil des *doing globalization* und unterliegt hier eigenen Herausforderungen (siehe auch Werron 2011).

## 11. Das Archiv zur deutschen Auslandsschularbeit an der Universität Oldenburg

In den letzten Jahren begann eine empirisch gestützte Erforschung der deutschen Auslandsschularbeit. Auch wenn an der Universität Oldenburg gegenwärtig keine Professuren mit einer Denomination für Vergleichende Pädagogik bestehen, so gibt es doch ein Archiv zur deutschen Auslandsschularbeit, das seit etwa 40 Jahren existiert. „Mit Unterstützung durch das Schulreferat des Auswärtigen Amtes, die Kölner Zentralstelle für das Auslandsschulwesen und vor allem durch die deutschen Auslandsschulen selbst konnte eine umfangreiche Sammlung von Veröffentlichungen der Auslandsschulen (die sogenannten Schulschriften) angelegt und der Forschung wie der Information für künftige Auslandslehrer bereitgestellt werden" (Wittig 1999: 229). Professor Wittig bemühte sich in den siebziger und achtziger Jahren des letzten Jahrhunderts um die Konturierung des Arbeitsgebietes „Pädagogik der Auslandsschule" und interessierte sich für seine Geschichte, Theorie und pädagogische Praxis, also für die Realisationen von Bildung und Erziehung in deutschen Auslandsschulen. Jedoch bedauerte er 1999, dass die personelle und finanzielle Absicherung seiner Arbeit nicht gegeben war (Wittig 1999: 230). Das Archiv wurde bis 2008 von Professor Klaus Winter weitergeführt. Seit seiner Pensionierung engagiere ich mich für seinen Erhalt. Die deutsche Auslandsschularbeit ist heute ein Themenschwerpunkt im Rahmen der Lehramtsstudiengänge im *Master of Education* im Modul „Theorie der Schule", z.B. in Vorlesungen und einzelnen Seminaren. Studierenden wird die Möglichkeit gegeben, ausgewählte Fragen zur deutschen Auslandsschularbeit im Rahmen von Masterarbeiten zu bearbeiten und zu untersuchen (Kiper 2013a; 2013b).

## 3.5 Imagepflege als Daueraufgabe – Das vielschichtige Deutschlandbild

*Sebastian Körber*

„Faites aimer la France!" („Sorgt dafür, dass Frankreich geliebt wird!"). Dies war die zentrale Instruktion, die der legendäre französische Außenminister Charles-Maurice de Talleyrand-Périgord Anfang des 19. Jahrhunderts seinen Diplomaten mit auf den Weg gab. Diese Aufforderung, im Ausland Sympathiewerbung für das eigene Land zu betreiben – zu Zeiten Napoleons weder ein leichtes noch selbstverständliches Unterfangen –, markiert bis heute einen Leitspruch, den ganze Generationen von Diplomaten, nicht nur in Frankreich, verinnerlicht haben. Ob es darum geht, im Krieg verloren gegangenes Vertrauen im Ausland wieder herzustellen, die Reputation des eigenen Landes und seiner Wissenschaftler zu steigern oder Werbung für die heimische Wirtschaft zu betreiben: Talleyrands Idee, dass erfolgreiche Außenpolitik nicht nur die Köpfe, sondern auch die Herzen der Menschen erreichen müsse, könnte auch in heutige *Soft-Power*-Strategien passen. Dass die Aufgabe, Sympathiewerbung für das eigene Land zu betreiben, über Jahrhunderte konstant geblieben ist, ist aber auch ein Indiz dafür, dass die nationale Verortung der Außenpolitik bis heute – allen europäischen Integrationsanstrengungen und allen grenzüberschreitenden Herausforderungen zum Trotz – ihre Bedeutung nicht verloren hat und unter den Wettbewerbsbedingungen der wirtschaftlichen Globalisierung sogar noch steigendes Gewicht erhalten könnte.

Auch in der deutschen Auswärtigen Kulturpolitik seit dem Ende des Zweiten Weltkriegs ist die Aufgabe, das Ansehen Deutschlands und der Deutschen zu stärken, in aller Welt dauerhafte Partnerschaften aufzubauen und Freundschaften zu pflegen, eine Konstante geblieben. Aber die Zielsetzungen der Arbeit am Deutschland-Bild, die Zielgruppen, Begrifflichkeiten, Methoden und Instrumente haben sich immer wieder verändert.

In den Anfangsjahren der Bundesrepublik nach Gründung des Auswärtigen Amts 1951 stand das Wiedererlangen verloren gegangenen Vertrauens im Zentrum der Bemühungen. Die Mittlerorganisationen der Auswärtigen Kulturpolitik wie auch die Deutsche Welle verfolgten das Ziel, Deutschland in der Welt als verlässlichen Partner und zivilisierte Kulturnation darzustellen. Vor allem mit Hilfe der Präsentation deutscher Hochkultur versuchte man an das im Ausland immer noch vorhandene Deutschland-Bild vom Land der Dichter und Denker anzuknüpfen (Hülsse 2009: 296 f.). Das vorherrschende Prinzip der idealisierten Selbstdarstellung wurde erst in den siebziger Jahren in Frage gestellt und einer auf Entspannung und Friedenssicherung hinwirkenden Außenpolitik angepasst. Die Leitsätze des Auswärtigen Amts (Auswärtiges Amt 1970) zur Auswärtigen Kulturpolitik und die Enquete-Kommission des Deutschen Bundestags (Enquete-Kommission 1975) entwarfen den Ansatz des erweiterten Kulturbegriffs, der vom bis dahin vorherrschenden elitären Kulturverständnis Abstand nahm. Die Ausdifferenzierung der Auswärtigen Kulturpolitik betraf nicht nur die Kulturarbeit selbst, die vermehrt auf die „dynamischen Prozesse der Veränderungen in unserer Gesellschaft eingehen" sollte (Auswärtiges Amt 1970b), sondern auch die Zielrichtung der Kulturarbeit (Kulturaustausch statt einbahnstraßenartigen Kulturexports) und das zu vermittelnde Deutschland-Bild. Dieses sollte nun nicht mehr ein idealisiertes, sondern ein realistisches und umfassendes Bild der Bundesrepublik widerspiegeln. Auf diese Weise sollte auch für Verständnis für die politischen Positionen der

Bundesrepublik geworben werden. Hinter dem Austauschgedanken steckte aber durchaus noch das sicherheitspolitische Interesse, durch die Förderung des gegenseitigen Verständnisses die Wahrscheinlichkeit militärischer Konfrontationen zu senken.

In den neunziger Jahren, mit dem Wegfall der militärischen Bedrohung durch den Ost-West-Konflikt, nahm der sicherheitspolitische Aspekt zunächst an Bedeutung ab. Gleichzeitig fanden mit der einsetzenden wirtschaftlichen Globalisierung wirtschaftsorientierte Ziele Eingang in die Auswärtige Kulturpolitik. Die Möglichkeiten des Kulturaustauschs wurden offensiv mit der Verbesserung von Deutschlands Exportchancen auf dem Weltmarkt verbunden, und erstmals tauchten Begriffe aus der Marketingsprache wie „Investitionsstandort Deutschland" oder „kulturpolitische Kapitalrendite" im Zusammenhang mit der Arbeit am Deutschland-Bild auf. Ausgehend von den knappen öffentlichen Kassen war von einer „strategischen Neuausrichtung" der Auswärtigen Kulturpolitik die Rede, und Bundesaußenminister Klaus Kinkel sprach ganz offen davon, die „gemeinsamen Interessen von auswärtiger Kulturarbeit und Exportwirtschaft" für „Synergieeffekte" zu nutzen. Angesichts zunehmend konkurrenzfähiger Volkswirtschaften in Asien und Lateinamerika sei für das „Unternehmen Deutschland" das Ansehen als Kulturnation ein „wichtiger Standortfaktor".[1]

Parallel zu diesen Entwicklungen haben sich die Mechanismen der politischen Kommunikation in den internationalen Beziehungen in den vergangenen Jahrzehnten deutlich verändert. Als sich die „großen Drei" – Roosevelt, Churchill und Stalin – 1945 trafen, um Europa aufzuteilen und die „neue Weltordnung" zu beschließen, schotteten sie sich auf der Krimhalbinsel Jalta von der Außenwelt weitgehend ab. Sie reisten per Schiff an, trafen ihre Entscheidungen und reisten dann wieder zurück in ihre Länder, um die jeweilige Bevölkerung von den Entscheidungen zu unterrichten. Der Unterschied zu den heutigen G8 Konferenzen mit ihren politischen Inszenierungen, begleitenden Protestaktionen und der Echtzeitberichterstattung der Medien könnte kaum größer sein. Neben dem Einfluss der Medienberichterstattung ist die Bedeutung nichtstaatlicher Akteure (Nichtregierungsorganisationen, Interessengruppen etc.) erheblich gewachsen. Diese neuen Ansprechgruppen der Außenpolitik können mit den Mitteln der klassischen, zwischenstaatlichen Diplomatie nicht mehr erreicht werden. Neue Netzwerkmodelle und Öffentlichkeitsarbeit treten an die Stelle der klassischen Diplomatie.

Zwei Schlagwörter bringen diese Veränderung am deutlichsten auf den Punkt: einerseits der von Joseph Nye eingeführte Begriff der Soft Power, andererseits der Begriff der *Public Diplomacy*, der zwar nicht neu ist, der aber im Rahmen von Soft Power neue Bedeutung erlangt hat und zum integralen Bestandteil der Außenpolitik geworden ist. Im Gegensatz zur *Hard Power*, die mithilfe von politischem, wirtschaftlichem oder gar militärischem Druck agiert, setzt Soft Power auf die Überzeugungs- und Anziehungskraft von Kultur und Werten. Wichtigste Währung ist das Vertrauen.[2]

Public Diplomacy ist eines der Schlüsselinstrumente von Soft Power. Grundidee der Public Diplomacy ist es, das Vertrauen der Bevölkerung im Partnerland durch Beziehungspflege, Kulturaustausch und Imagekampagnen zu gewinnen. Im Gegensatz zur herkommlichen Diplomatie richtet sich Public Diplomacy nicht nur an Diplomaten und Regierungen, sondern vor allem an

1 Rede von Bundesaußenminister Klaus Kinkel bei einem Symposium des Börsenverein des Deutschen Buchhandels am 15. Januar 1996 in Frankfurt a.M., nachzulesen in: Internationale Politik, 1996 (3), S. 96-99.

2 "Soft power [...] is the ability to get desired outcomes because others want what you want. It is the ability to achieve goals through attraction rather than coercion. It works by convincing others to follow or getting them to agree to norms and institutions that produce the desired behaviour" (Keohane/Nye 1998: 86).

die Bevölkerung des Ziellandes. Der Begriff wurde in der amerikanischen Außenpolitik der sechziger Jahre populär und umfasste die staatlichen Bemühungen während des Kalten Kriegs, für den *American Way of Life* im Ausland Sympathiewerbung zu betreiben. Im Zuge der Budgetkürzungen der zuständigen United States Information Agency und ihrer Integration ins Außenamt wurde Public Diplomacy in den neunziger Jahren schon für irrelevant erklärt.

Aber die Anschläge auf das World Trade Center vom 11. September 2001 und die anschließende Fassungslosigkeit der Amerikaner über das katastrophale Auslandsbild der Vereinigten Staaten sorgten für einen weiteren Einschnitt in der strategischen Außenkommunikation. „Wie konnte es einem Mann in einer Höhle gelingen, die weltweit führende Informationsgesellschaft kommunikativ auszuhebeln", fragte sich nicht nur der ehemalige US-Botschafter Richard Holbrooke angesichts des dramatisch sinkenden Ansehens seines Landes und steigender Sympathiewerte Osama Bin Ladens. Laut Umfrage-Ergebnissen des renommierten Pew Research Center in Washington war das Misstrauen gegenüber den USA in der arabischen Welt nach dem 11. September sogar noch deutlich gestiegen (Rosenbladt 2004: 30).

Mit Hilfe von Public Diplomacy sollte das Imageproblem der Vereinigten Staaten bekämpft werden. Erstmals wurde der Begriff auch in der breiteren Öffentlichkeit bekannt (Melissen 2005: 6). Der damalige US-Außenminister Colin Powell ernannte die Marketing-Expertin Charlotte Beers, die zuvor Werbekampagnen für Uncle Ben's Reis geleitet hatte, zur Undersecretary for Public Diplomacy and Public Affairs, damit sie die Bemühungen der US-Regierung des wachsenden Antiamerikanismus Herr zu werden, steuere: „Sie hat mich dazu gebracht, Uncle Ben's Reis zu kaufen", also könne sie auch „Amerika der Welt verkaufen", lautete Powells Begründung vor dem Kongress. Aber das Außenbild von Uncle Sam erwies sich als wesentlich härtere Nuss als das Image von Uncle Ben, und Beers gab ihr Amt bereits nach 17 Monaten entnervt auf. Sie musste feststellen, dass reine Kommunikationsmaßnahmen mit Werbefilmen, Anzeigenkampagnen und Broschüren, aber auch eigens eingerichteten arabischsprachigen Radio- und TV-Sendern die negativen Folgen einer verfehlten Außenpolitik nicht ausbügeln konnten (Rosenbladt 2004: 31).

Allerdings haben die Diskussionen um Soft Power und Public Diplomacy dafür gesorgt, dass sich auch in Deutschland die Erkenntnis durchgesetzt hat, dass staatliches Handeln und klassische Außenpolitik zunehmend weniger Einfluss auf das Deutschlandbild haben. Stattdessen nehmen die Zivilgesellschaften eine immer wichtigere Rolle bei der Gestaltung der internationalen Beziehungen ein (Grolig/Schlageter 2007: 656). Der Begriff Public Diplomacy hat daher die etwas altmodischen Begriffe „Selbstdarstellung" und „Vermittlung eines positiven Deutschlandbildes" weitgehend abgelöst. Ein wesentlicher Schritt auf dem Weg zu einer professionellen deutschen Public Diplomacy geschah 2003 mit der Eingliederung der Auslandsabteilung des Presse- und Informationsamtes der Bunderegierung in das Auswärtige Amt. Ein weiterer Schritt in dieser Konsequenz war die Zusammenführung der bis dahin getrennten Abteilungen „Kultur" und „Kommunikation" im Jahr 2007. Mit dieser Zusammenlegung wollte man die Schnittstellen zwischen langfristig angelegter Auslandskulturarbeit und kurzfristigen Kommunikationszielen stärker nutzen.

Einen bisherigen Höhepunkt der neuartigen Standortwerbung für Deutschland stellte ohne Frage die Fußball-Weltmeisterschaft von 2006 dar. Die Ausrichtung sportlicher Großveranstaltungen wie Olympische Spiele und Fußball-Weltmeisterschaften eignet sich alleine schon wegen der weltweiten medialen Aufmerksamkeit zur nationalen Selbstdarstellung. Hinzu kommt, dass der Sport mit seinem universal gültigen Regelwerk eine leicht verständliche Sprache ist, die Grenzen überwindet und sich prinzipiell als Symbol für Völkerverständigung anbietet. Sport bewegt die Menschen nicht nur im buchstäblichen Sinne, sondern setzt Emotionen frei, wie sie mit politischen und kulturellen Mitteln kaum zu wecken sind. Selten wurde ein sportliches Großereignis vom Gastgeberland so konsequent für gezielte Image-Arbeit nach innen und nach außen genutzt wie die Fußball-Weltmeisterschaft 2006, die sich im deutschen Bewusstsein als „Sommermärchen"[3] festgesetzt hat. Grund für diesen emotionalen Überschwang war nicht nur der sportliche Erfolg, der mit dem Erreichen des dritten Platzes zwar ganz ansehnlich, aber angesichts von sieben vorherigen Finalteilnahmen bei Weltmeisterschaften und drei gewonnen WM-Titeln nicht unbedingt märchenhaft ausfiel. Einen größeren Anteil an der positiven Wahrnehmung der Weltmeisterschaft hatte die erfrischende Spielweise der deutschen Fußballnationalmannschaft. Statt mit „teutonischer Kraft" agierte sie mit ungewohnter Leichtigkeit und Spielfreude. Entscheidend für das „Sommermärchen" war jedoch die Begeisterung, die das Sportereignis bei der Bevölkerung auslöste. Zur allgemeinen Überraschung traten die Deutschen nicht nur als perfekte Organisatoren, sondern auch als heitere Gastgeber auf. Die Bilder von ausgelassen feiernden Menschen und unbeschwert Fahnen schwingenden Deutschen gingen um die Welt. „Deutschland als Nation hat diese WM in puncto Heiterkeit und Organisation gewonnen", erkannte etwa die italienische *Gazzetta dello Sport* neidlos an. Die britische Tageszeitung *The Independent* gab zu, dass man „die entspannte und große Gastfreundschaft, mit der Deutschland seine Besucher aufnahm", nicht erwartet hatte. Und die *Iswestija* aus Moskau stellte fest: „In nur einem Monat hat Deutschland das Vorurteil widerlegt, dass seine Bewohner langweilig, verschlossen und wenig gastfreundlich sind."

Besonders deutlich war der Imagewandel in den britischen Medien nachzuvollziehen. „The war is over", konstatierte etwa der *Daily Telegraph*. Und im Boulevardblatt *Daily Mirror* wurden die Deutschen wiederholt als die eigentlichen Gewinner der Weltmeisterschaft bezeichnet. Dabei war es gerade der *Daily Mirror*, der das Feindbild vom „hässlichen Deutschen" bis dato besonders genüsslich gepflegt hatte. „Achtung Fritz, surrender" hieß zum Beispiel eine witzig gemeinte Überschrift vor dem Europameisterschaftsspiel England-Deutschland 1996. Auf der Titelseite erklärte der damalige Chefredakteur Piers Morgan in einer Kolumne den „Fußball-Krieg gegen Deutschland", begleitet von einer Fotomontage, die zwei Protagonisten der englischen Nationalelf mit Stahlhelm zeigte.

War es ein Zufall, dass die britischen Journalisten zehn Jahre später das Kriegsbeil begruben und sich von der gewohnten Kriegssymbolik verabschiedeten? „Die Weltmeisterschaft hat alte Brücken wieder aufgebaut, die viel zu lange in Trümmern lagen", erklärte die seriöse *Times*. Hatte dieser Stimmungsumschwung gegenüber Deutschland am Ende seinen Ursprung im schönen Wetter, das zur Zeit der Meisterschaft in Deutschland herrschte? Lag es an den vielen *Public-Viewing*-Plätzen, die zum Feiern einluden und glücklicherweise von ursprünglich befürchteten Anschlägen und Unfällen verschont blieben? Laut dem Marketing-Experten Mike de Vries war dieser Erfolg alles andere als ein Zufall sondern von langer Hand geplant. „Es ist alles so eingetroffen, wie ich das vorausgesagt habe", sagte der Geschäftsführer der Standortinitiative FC Deutschland GmbH und Kopf der Kampagne *Deutschland – Land der Ideen* (Hoff 2006: 3).

---

3 *Deutschland ein Sommermärchen* lautete der Titel eines Dokumentarfilms von Sönke Wortmann zur Fußballweltmeisterschaft, der am 5. Oktober 2006 in den deutschen Kinos anlief.

Die Kampagne war Teil eines umfassenden Konzepts der Bundesregierung zum *Nation Branding* anlässlich der Fußball-Weltmeisterschaft 2006. Die Zielvorgabe war, „Deutschland als weltoffenes, sympathisches und zukunftsfähiges Land zu zeigen und die Wettbewerbs- und Leistungsfähigkeit des Wirtschaftsstandortes zu vermitteln" (Bundesregierung 2006b: 75). Dahinter stand die Absicht, dem guten, aber vergleichsweise kühlen Image der Bundesrepublik eine emotionale Seite hinzuzufügen.

Simon Anholt, Herausgeber des *Nation Brand Index* und Berater in Markenstrategien und Public Diplomacy von weltweit über 20 Regierungen, beschrieb das internationale Ansehen Deutschlands 2005 folgendermaßen: „Insgesamt gesehen macht Deutschlands Markenimage einen gesunden, aber harten und kalten Eindruck – mit Deutschland wird nicht Wärme, Gastfreundschaft, Schönheit, Kultur oder Spaß assoziiert. Um es auf den Punkt zu bringen, Deutschland wird als eine Fabrik gesehen, und zwar als eine, die angesichts des aufstrebenden China eine zunehmend riskante Marktposition in der heutigen Welt hat" (Anholt 2005: 66).

Laut Anholt setzt sich das Außenbild einer Nation in der internationalen Wahrnehmung aus sechs Bereichen zusammen: Regierungsführung (Innen- und Außenpolitik), Investition und Immigration, Kultur, Ansehen der Bevölkerung, Tourismus und Exportwirtschaft. Seine Umfragen ermittelten im Jahr 2005 in Bezug auf Deutschland noch ein gespaltenes Bild. Während die Regierung hoch geschätzt und vor allem die Exportkraft weltweit anerkannt wurde, rangierte Deutschland als Reiseziel weit hinten auf der Skala. Besonders deutlich wurde die gespaltene Wahrnehmung beim Ansehen der deutschen Bevölkerung, die zwar sehr geschätzt wurde, jedoch „eher als potenzielle Angestellte oder Manager [...], nicht aber als Freunde oder Gastgeber" (a.a.O.: 65). Anders ausgedrückt: Man arbeitet gern mit den Deutschen, feiert aber lieber mit anderen.

Inzwischen bemüht sich jeder Ort der Welt, ob Stadt, Land oder Region, um eine möglichst positive Reputation. Anholt unterscheidet bei diesen Bemühungen zwischen zwei unterschiedlichen Arten des *Place Branding*. Die „naive" Variante setzt auf Methoden der *Public Relations* oder gar der Werbung, wie man sie auch für Unternehmen oder Produkte anwendet. Da sich Länder-Images aber wesentlich komplexer gestalten und oft im Laufe von Jahrhunderten geformt seien, bezeichnet Anholt kurzfristig angelegte Kampagnen als für Länder völlig ungeeignet. Als typisches Beispiel einer teuren und gescheiterten PR-Kampagne sieht er die *Cool Britannia*-Initiative der britischen Regierung in den neunziger Jahren. Die Masche, die auf Popmusik, Mode und Kunst aus dem „hippen" London aufbaute, fand zwar zunächst im Ausland durchaus Anklang, scheiterte aber sehr schnell am mangelnden Rückhalt in der eigenen Bevölkerung. Spötteleien über die „kühle" Wetterlage und die hohe Zahl der „Erkältungen" Großbritanniens höhlten die Kampagne von innen aus. Imagekampagnen müssen nach außen und nach innen glaubwürdig sein, sonst sind sie zu durchschaubar und wirkungslos.

Die „reife" Variante des Brandings setzt laut Anholt auf langfristige Ziele. Entscheidend sei ein koordiniertes Ineinandergreifen aller beteiligten Aktionsfelder – Außenhandel, Kulturbeziehungen, Investitions- und Tourismusförderung –, idealerweise gesteuert vom Außenministerium. Gerade diese Steuerung finde aber in den meisten Fällen nicht statt, so Anholt. Stattdessen tummelten sich immer mehr unabhängige Akteure – PR-Agenturen, Nichtregierungsorganisationen und Interessengruppen – auf dem Feld, die in der Regel eigene Strategien erarbeiteten und verfolgten und oftmals unterschiedliche oder gar gegensätzliche Botschaften aussendeten. Gerade in der Vereinheitlichung der Kommunikation auf gemeinsame zentrale Aussagen liege jedoch das Geheimnis erfolgreichen Brandings (Anholt 2007: 3).

Genau hier setzte das Konzept der Bundesregierung zur Weltmeisterschaft 2006 an. Es umfasste Vorhaben in vier Feldern: erstens Regierungsgarantien für die Gewährleistung WM-tauglicher Infrastrukturen, zweitens ein begleitendes Kunst- und Kulturprogramm, drittens Initiativen zum Standortmarketing und viertens Bemühungen um Gastfreundlichkeit gegenüber den Besuchern. Zu den Regierungsgarantien gehörten u.a. Sicherheitsleistungen, Medienzentren, Regelungen zur Ausstattung der Stadien und zu Sponsorenverträgen sowie eine abgestimmte Preispolitik. Ziel des Kulturprogramms war es, „Deutschland seinen Gästen in seiner kulturellen Vielfalt zu präsentieren und zugleich die Bevölkerung des Gastgeberlands wie auch der Weltöffentlichkeit auf die WM einzustimmen“ (Sieckmann 2007: 24). Die zentrale Initiative zum Standortmarketing bekam den Namen *Deutschland – Land der Ideen* und wurde von der Bundesregierung in Zusammenarbeit mit dem Bundesverband der Deutschen Industrie umgesetzt. Die Hauptbotschaft lautete: „Deutschland ist weltoffen, innovativ, leistungs- und zukunftsfähig“. Einige der in diesem Rahmen entstandenen Projekte bestehen fort, etwa der Wettbewerb *365 Orte im Land der Ideen*, in dessen Rahmen Innovationen deutscher Unternehmen, Institute oder anderer Einrichtungen prämiert werden. Die Kampagne *Invest in Germany* startete im Juni 2006 mit großflächigen Plakaten, auf denen das deutsche Topmodel Claudia Schiffer zu Investitionen in Deutschland aufforderte und die nahe der Börsen in New York, Tokio und London aufgehängt wurden.

Die nationale Service- und Freundlichkeitskampagne war der Teil des Gastgeberkonzepts, das auf ein positives Bild der deutschen Bevölkerung abzielte. Wichtigste Aufgabe war es, die Menschen im eigenen Land zu begeistern. Zum ersten Mal gab das Organisationskomitee einer Weltmeisterschaft dem Ereignis einen Slogan: *Die Welt zu Gast bei Freunden* – ein Novum, das im Ausland auch belächelt wurde und den altbekannten Verdacht schürte, dass den Deutschen Fröhlichkeit und Freundlichkeit erst verordnet werden müssten. Im Zuge der Kampagne wurden über 6.000 Kellner, Verkäufer, Hostessen, Türsteher, Taxifahrer, Hotelpagen und Busfahrer in eintägigen Seminaren zu „weltoffenen und toleranten Service-Botschaftern“ ausgebildet. Die Polizei wurde mit T-Shirts ausgestattet und erhielt Deeskalationstraining. Viel gelobt wurde die Einbindung ausländischer Polizeibeamter in die Fanbetreuung.

Simon Anholt wertet die Bemühungen der Bundesregierung als ein – zumindest kurzfristig ungewöhnlich erfolgreiches Beispiel für kohärentes Nation Branding und effektive Public Diplomacy (Sieckmann 2007: 68). Und in der Tat hat Deutschland im *Nation Brands Index* in Folge der Weltmeisterschaft einen bemerkenswerten Sprung nach vorn gemacht. Belegte Deutschland 2005, im Gründungsjahr des *Anholt-Indexes*, noch Platz sieben auf der Skala, erreichte es im vierten Quartal 2006, also kurz nach dem Fußballereignis, den zweiten Rang und im darauffolgenden Jahr sogar Platz eins. Dabei fanden die deutlichsten Verschiebungen in den „weichen“ Feldern statt. Innerhalb des Jahres 2006 kletterte Deutschland bei der Beliebtheit als Reiseziel vom 19. auf den zehnten Platz, dem Ansehen der Bevölkerung gelang ein Sprung von Rang dreizehn auf Rang sieben (Anholt 2006).

Trotz dieser kurzfristigen Erfolge riet Anholt den Deutschen schon 2007, langfristig ihr „ernstes Markenimage“ zu akzeptieren. Von der Einstufung als „voraussagbar“, „ernsthaft“ oder „langweilig“ sei es nur ein kleiner Schritt zu positiven Wahrnehmungen wie „verlässlich“ und „vertrauenswürdig“. Und gerade in Krisenzeiten sei Vertrauen „sicherlich eine der seltensten und wertvollsten Ressourcen der Welt“, so Anholt. Als Gegenbeispiel nennt er Brasilianer und Italiener, die immer wieder die frustrierende Erfahrung machen müssten, im Geschäftsleben aufgrund ihres hedonistischen Images nicht ernst genommen zu werden. Die Deutschen sollten ihr ernstes Image also zu schätzen wissen (Anholt 2007: 69 ff.).

Inzwischen hat Deutschland eine sehr stabile Platzierung auf dem *Nation Brands Index* erreicht. Zwar belegt es seit einigen Jahren „nur" noch den zweiten Rang hinter den USA, aber die gespaltene Wahrnehmung mit ausgeprägten Stärken und Schwächen von 2005 ist inzwischen einer recht ausbalancierten Wahrnehmung gewichen. Im Jahr 2013 belegte Deutschland auf den Feldern Export, Regierung und Investitionen Platz drei, auf dem Feld der Kultur Platz fünf, das Ansehen der Bevölkerung wurde auf Platz sechs geführt und auch als Reiseziel hat sich Deutschland inzwischen zum achtbeliebtesten Land der Welt entwickelt (GfK Public Affairs & Corporate Communications). Schwankungen lassen sich nur noch bei einem sehr genauen Blick auf die Ergebnisse entdecken, und interessanterweise sind die Schwachpunkte immer noch genau da, wo sie auch schon 2005 waren, insbesondere, was das Ansehen der deutschen Bevölkerung betrifft: Als Arbeitnehmer sind die Deutschen auf der ganzen Welt uneingeschränkt beliebt und belegen unangefochten Platz eins, nur die Australier sehen die Deutschen hier etwas kritischer auf Rang acht. Fragt man danach, aus welchem Land der beste Freund kommen sollte, sieht es schon anders aus. Immerhin belegen die Deutschen auch hier noch den Gesamtrang sieben, doch gibt es auch deutliche Ausschläge nach unten, und zwar aus Frankreich, Italien und Polen, wo die Deutschen in dieser Hinsicht nur auf die Plätze 19, 21 und 22 kommen. Noch schlechter sieht auf dem Feld der Willkommenskultur aus, wo Deutschland den 15. Gesamtrang belegt und zudem noch sehr schlechte Bewertungen aus der Türkei (Platz 37), Polen (25), Italien (24) und Brasilien (24) erhält. Interessanterweise schätzen die asiatischen Länder die deutsche Willkommenskultur deutlich positiver ein und setzen Deutschland auf Platz zwei (China), drei (Republik Korea) und sechs (Japan). Insgesamt erhält Deutschland die besten Bewertungen aus China, Russland, Ägypten und Brasilien. Die kritischsten Noten kommen aus Großbritannien, Australien, Brasilien, Polen, Frankreich und Italien (GfK Public Affairs & Corporate Communications 2013).

Diese Zahlen des *Nation Brands Index* deuten an, wie stabil Länder-Images sind. Auch Deutschland ist es nicht gelungen, mit der Fußball-Weltmeisterschaft von 2006, seinen Ruf nachhaltig „aufzuwärmen", stellt Anholt fest. Zwar habe man es „mit einer titanischen Anstrengung" geschafft, „alte Stereotype von einem kalten, humorlosen und wenig gastfreundlichen Land aufzubrechen", aber inzwischen sei Deutschlands Ansehen gerade in Bezug auf die Sympathiewerte „exakt zu den alten Werten zurückgekehrt" (Anholt 2014: 50). Die Image-Pflege eines Landes ist „wie eine Badewanne aufzufüllen, wenn der Stöpsel fehlt", resümiert Anholt: eine Daueraufgabe. Darauf zu verzichten, wäre im globalen Wettbewerb fahrlässig. Es gebe inzwischen belastbare Forschungsergebnisse, die zeigen, dass „ein positives und starkes nationales Image erhebliche Zugewinne bei Exporten, ausländischen Direktinvestitionen, in der Tourismusindustrie und vielen anderen Bereichen" mit sich bringe (a.a.O.: 50).

Ganz offensichtlich ist es für ein Gemeinwesen, egal ob Staat, Region oder Stadt, von Vorteil ein starkes Markenbild zu haben. Und ob man will oder nicht, so Anholt, jedes Gemeinwesen muss sich auf dem globalen Markt behaupten (Anholt 2008: 6) bzw. „vermarkten". Wie man dies tut, ist eine andere Frage. Die Theorie des Nation Branding legt nahe, die erfolgreichen Konzepte der Markenführung von wirtschaftlichen Unternehmen auf die staatliche Kommunikation im Inland wie im Ausland zu übertragen (Schwan 2011: 140). Da von der Idee der Nation – allen Globalisierungstendenzen und allen Maßnahmen der europäischen Integration zum Trotz – immer noch eine bemerkenswert starke Bindekraft ausgeht, ist ein wesentliches

Merkmal der Markenführung scheinbar leicht zu erfüllen: die Gestaltung und Vermittlung einer einheitlichen Unternehmenskultur (*Corporate Identity*). Aber genau hier liegt auch das Problem: Gerade weil erfolgreiche Markenführung vom Prinzip her auf konsequente Vereinfachung und Vereinheitlichung ausgerichtet ist, kommen professionelle Marketingmethoden für die Vermittlung komplexer Realitäten nicht in Frage. Vielfalt und Branding stehen sich insofern konzeptionell entgegen. Hier stellt sich zunächst die Frage der Wirksamkeit, also die Frage inwiefern Branding-Methoden für so komplexe Gebilde wie Nationalstaaten überhaupt erfolgreich sein können. Der Gründer des *Nation Brands Index*, Simon Anholt, hält Kommunikationskampagnen für pure Geldverschwendung, wenn sie nicht von substanzieller Politik begleitet und unterstützt werden. Eine Kommunikationsstrategie, die nur auf Symbolik beruhe, lasse sich von staatlicher Propaganda nicht mehr unterscheiden und erziele letztlich den gegenteiligen Effekt (Anholt 2008: 4). Dass das auch für die Ausrichtung von Sport-Großveranstaltungen gilt, ist im Prinzip längt bekannt. Trotzdem konnte man nach der Weltmeisterschaft 2006 noch den Schluss ziehen, dass nun immer mehr Staaten ein Sommermärchen erleben wollen (Schwan 2011: 362). Nach den Olympischen Spielen in Peking und Sotschi und vor allem nach der umstrittenen Vergabe der Fußball-Weltmeisterschaften an Russland und Katar hat die Unbeschwertheit solcher Sportfeste stark gelitten, falls es diese nach den Propaganda-Exzessen von Berlin 1936, den Attentaten von München 1972, den politischen Boykotten von Moskau 1980 und Los Angeles 1984 überhaupt noch geben konnte.

Neben der Frage nach der Wirksamkeit von Branding-Maßnahmen stellt sich auch die Sinnfrage: Kann die Suche nach Vereinfachung und das Vermitteln von möglichst kongruenten Botschaften wirklich Teil einer ausgewogenen und verantwortungsvollen Außenpolitik sein? Oder salopp ausgedrückt: Wie demokratisch ist eine möglichst straff geführte Kommunikation eigentlich? So sympathisch und aufregend nationale Emotionen bei einer Fußball-Weltmeisterschaft sind, so besorgniserregend ist das Konfliktpotenzial, das jeder nationale Überschwang mit sich bringt. Nationalitätenkonflikte haben eine Intensität, die sonst nur noch Religionskonflikte erreichen. Es ist sicherlich übertrieben, vor staatlicher Propaganda zu warnen. Aber die Gefahr, dass nüchterne Interessenskonflikte zu einer Auseinandersetzung von Werten und Identitäten aufgeladen werden, ist prinzipiell gegeben. Umso entscheidender ist es, wie sich die Auswärtige Kulturpolitik in dieser Frage positioniert.

Einige Kritiker sehen das Ende des Soft Power-Paradigmas bald kommen. So argumentiert etwa der Ökonom Alain Ruche, Chefberater in Kulturellen Fragen für die Hohe Kommissarin für den Europäischen Auswärtigen Dienst, für eine grundsätzliche Umbesinnung: Kooperieren statt Repräsentieren solle das Gebot der Zukunft sein. Zum einen würden nationale Kategorien in den Wissenschaften und Künsten inzwischen nur noch eine untergeordnete Rolle darstellen. Zum anderen seien die außenpolitischen Herausforderungen unserer Zeit, von Klimawandel bis Migration, auf nationaler Ebene nicht mehr zu bewältigen (Ruche 2014).

Andere Kritiker des Soft Power-Ansatzes sehen Soft Power als Vorstufe zu *No Power* und fordern gerade angesichts der aktuellen außenpolitischen Krisen, dass die westlichen Mächte wieder eine klare Führungsrolle übernehmen müssten. Soft Power ohne Hard Power sei ein Schönwetterprogramm. Die liberale Weltordnung könne heute nicht mehr auf harte Machtpositionen verzichten, wenn sie weiterhin einen universellen Anspruch erheben wolle (Widmer 2014). Aufgrund solcher Kritiker an seinem Soft Power-Konzept hat übrigens auch Joseph Nye selbst den Begriff *Smart Power* ins Spiel gebracht, der die Konzepte von Soft Power und Hard Power kombiniert.

In diesem Spagat der Meinungen über die künftige Bedeutung der Soft Power ist die deutsche Auswärtige Kulturpolitik sicher gut beraten, den entscheidenden Machtfaktor des 21. Jahrhunderts nicht nur kommunikativ, sondern auch substanziell kohärent umzusetzen, von der Wissenschaftskooperation über den Kulturaustausch bis zum Dialog der Zivilgesellschaften. Übernahme von außenpolitischer Verantwortung und nationale Selbstdarstellung sind auf diese Weise kein Widerspruch, sondern sich einander bedingende Ergänzung.

# 3.6 Eine neue Herausforderung – Kultur in der Konflikttransformation und Friedenskonsolidierung[1]

*Martina Fischer*

## 1. Der Beitrag der Außenkulturpolitik

Seit dem Ende der Ost-West-Konfrontation haben deutsche Regierungen immer wieder die gestiegene Verantwortung der Bundesrepublik in der Welt betont. Allerdings wurde (und wird) dieser Begriff immer wieder mit sehr unterschiedlichen Inhalten gefüllt. Während die einen darunter die Bereitschaft verstanden, dass Deutschland sich zusammen mit Militärbündnissen zur Kriseninterventon bereithalten solle, plädierten andere dafür, eher die zivilen Möglichkeiten der Krisenprävention und Friedenskonsolidierung auszubauen. Ab 1998 hatte die rot-grüne Bundesregierung den Ausbau von politischen Instrumenten für eine Politik globaler Krisenprävention und Friedensförderung explizit und nachdrücklich auf die Tagesordnung gesetzt. Dank einer Zusammenarbeit von friedenspolitisch motivierten Bundestagsabgeordneten, zivilgesellschaftlichen Akteuren und für das Thema aufgeschlossenen Experten im Auswärtigen Amt wurde sogar ein *Aktionsplan Zivile Krisenprävention, Konfliktlösung und Friedenskonsolidierung* erarbeitet und 2004 vom Bundeskabinett verabschiedet.[2] Dieser Plan zeigte ein Kaleidoskop von Maßnahmen in folgenden Bereichen auf: 1) Menschenrechte, Demokratie und gute Regierungsführung; 2) Unterstützung des Aufbaus rechtsstaatlicher Strukturen und von Versöhnungsprozessen; 3) Sicherheitssektorreform und Abrüstung; 4) Armutsbekämpfung und Förderung sozialer Gerechtigkeit; 5) Klima-, Umwelt- und Ressourcenschutz; 6) verantwortliches Handeln von Wirtschaftsunternehmen in Konflikten; 7) Geschlechtergerechtigkeit; 8) Kultur, Bildung und Medien. Der Aktionsplan würdigte in mehreren Abschnitten die gesellschaftliche und kulturelle Dimension der Krisenprävention und Friedenskonsolidierung. Zahlreiche Empfehlungen benannten Maßnahmen zur Stärkung von zivilgesellschaftlichen Potenzialen, unabhängigen Medien, Bildung, Kulturaustausch und Dialog.[3]

In der Folge erhielten das Auswärtige Amt und das Bundesministerium für wirtschaftliche Zusammenarbeit und Entwicklung zusätzliche finanzielle Mittel, um Maßnahmen der Krisenprävention und Friedenskonsolidierung effektiver gestalten zu können. Es wurden außerdem weitere Initiativen zu einer stärkeren Kooperation mit der Zivilgesellschaft ergriffen. Neben dem interministeriellen Ressortkreis, der dazu beitragen soll, dass die Politik der verschiedenen Ministerien miteinander abgestimmt wird, wurde ein zivilgesellschaftlicher Beirat Zivile Krisenprävention, bestehend aus Vertretern von Nichtregierungsorganisationen aus den Bereichen Friedens-, Menschenrechts- und Entwicklungszusammenarbeit, politischen Stiftungen, Forschungseinrichtungen und Wirtschaftsunternehmen, geschaffen. Im entwicklungspolitischen Bereich wurde unter anderem die Möglichkeit der Entsendung von Friedensfachkräften im

1 Der Beitrag liefert eine überarbeitete, aktualisierte und ergänzte Version des unter dem Titel *Kultur vor neuen Aufgaben – Konflikttransformation und Friedenskonsolidierung* der Autorin in der zweiten Auflage dieses Handbuches erschienen Beitrages.

2 Vgl. Auswärtiges Amt (Hrsg.), *Aktionsplan Zivile Krisenprävention 2004. Konfliktlösung und Friedenskonsolidierung*, verabschiedet vom Bundeskabinett am 12. Mai 2004, Berlin 2004.

3 Vgl. Empfehlungen 98-101, 104, 105, 107 bis 110, in: Bundesregierung 2004: 67 ff.

Rahmen des Zivilen Friedensdienstes (Konsortium Ziviler Friedensdienst 2006; Evers 2000) geschaffen. In einem Konsortium arbeiten dazu staatliche und nichtstaatliche Akteure eng zusammen; auch die Arbeitsgruppe Friedensentwicklung entwickelte sich als Netzwerk für zivilgesellschaftliche und ministerielle Kooperation.[4] Das Auswärtige Amt erhielt einen Haushaltstitel, aus dem zivilgesellschaftliche Projekte der Konfliktprävention und Friedenskonsolidierung gefördert werden; das Institut für Auslandsbeziehungen (Programm *Zivik*) übernahm hierfür operative und administrative Funktionen.

Die nachfolgenden Bundesregierungen haben später in ihren Koalitionsverträgen erklärt, den mit dem Aktionsplan eingeschlagenen Weg fortsetzen zu wollen. Wie der Aktionsplan selbst, so versprachen auch die anschließend im Zwei-Jahresturnus veröffentlichten Umsetzungsberichte an das Parlament immer wieder eine Verbesserung der krisenpräventiven Kapazitäten und mehr Kohärenz im Umgang mit globalen Herausforderungen und Friedensgefährdungen. Auch die Außenkulturpolitik hat im Zuge dieser Entwicklungen eine Aufwertung erfahren. Im zweiten Umsetzungsbericht (2008) wurde beispielsweise hervorgehoben: „Mit der Vermittlung von Werten wie Freiheit, Toleranz, Demokratie und Rechtsstaatlichkeit und ihrer Ausrichtung auf den Abbau von Feindbildern und die Förderung des interkulturellen Dialogs tragen die Außenkulturpolitik und die entwicklungspolitische Bildungszusammenarbeit zur Förderung friedlicher Konfliktlösung bei“ (Auswärtiges Amt 2008: 73).

Auf Beschluss des Deutschen Bundestags wurde in den Folgejahren auch der finanzielle Etat für die Außenkulturpolitik sukzessive erhöht. In den Strategiepapieren und Berichten der Bundesregierung zur Außenkulturpolitik wurde immer wieder die Notwendigkeit einer engen Abstimmung aller beteiligten Akteure betont. Aber die jährlichen Berichte der Bundesregierung zur Außenkulturpolitik lieferten zunächst wenig Anhaltspunkte dafür, wie dieser Politikbereich für Krisenprävention stärker operationalisiert und zwischen den beteiligten Organisationen abgestimmt werden kann. Eine systematische Abstimmung zwischen den vom Auswärtigen Amt geförderten und vom Bundesministerium für wirtschaftliche Zusammenarbeit und Entwicklung im Rahmen der Entwicklungszusammenarbeit etablierten Maßnahmen gestaltete sich schwierig. Von einer systematischen Integration kultur-, bildungs- und medienpolitischer Instrumente in eine am Prinzip der Krisenprävention ausgestaltete Außen- und Entwicklungspolitik kann auch heute noch keine Rede sein.[5] Allerdings hat die Sensibilität für die Frage, inwieweit Maßnahmen im Bereich der Bildung und Kultur zu einer konfliktpräventiven und friedensfördernden Ausgestaltung von Außenpolitik beitragen können, unter den beteiligten Institutionen zugenommen. In der vergangenen Dekade wurden zahlreiche Konferenzen durchgeführt, die sich mit dem Zusammenhang von Kultur und Konflikt, bzw. Kultur und Friedensförderung befassten.[6] Zudem haben sich einflussreiche Akteure in institutionalisierten Kooperationen zusammengefunden, die mehr Kohärenz in diesem Feld versprechen. So haben der DAAD, die Deutsche Welle, die Deutsche Gesellschaft für Internationale Zusammenarbeit, das

4 Eine Übersicht über die vielfältigen Tagungs-, Vernetzungs- und Publikationsaktivitäten der Gruppe Friedensentwicklung findet sich unter http://www.frient.de (August 2014).

5 Vgl. dazu Peter Mares, Anwendungsmöglichkeiten von Kunst und Kultur in der gewaltfreien Bearbeitung von Konflikten: Projektbeispiele aus dem Förderprogramm *Zivik* des Instituts für Auslandsbeziehungen, in: Adelheid Feilcke u.a 2012: 165.

6 Als Beispiele seien hier genannt: Die Konferenz „Kunst. Kultur. Konflikt“, die von der Arbeitsgruppe „Kultur und Entwicklung“ im Mai 2011 in Bonn durchgeführt wurde; die Konferenz „Kultur und Konflikt“ des Goethe-Instituts, am 3. Februar 2011 in München; der *Culture and Conflict Roundtable*, organisiert vom Institut für Auslandsbeziehungen in Kooperation mit dem Dachverband Europäischer Kulturinstitute (EUNIC) in Brüssel am 7. Dezember 2011; und last but not least die Jubiläumsveranstaltung des Instituts für Auslandsbeziehungen (ifa/Zivik) *10 Jahre Zivik – Friedensakteure im Dialog* am 22. März 2011 in Berlin.

Goethe-Institut und das Institut für Auslandsbeziehungen sich in einer Arbeitsgruppe „Kultur und Entwicklung“ zusammengeschlossen, die Potenziale für eine verbesserte Zusammenarbeit zwischen Außenkulturpolitik und Entwicklungszusammenarbeit erschließen möchte und sich dabei auch dem Zusammenhang von Kunst, Kultur und Konflikt widmet.[7]

Außerdem lassen sich, wenn man auf die vergangenen Jahre zurückblickt, praktische Ansätze krisenpräventiver Bildungs- und Kulturpolitik identifizieren, die durchaus innovativen Charakter haben und für Ziele der Krisenprävention und Konflikttransformation ausbaufähig erscheinen. Dazu gehören Bildungsmaßnahmen, die hierzulande etabliert wurden, um das Verständnis von Prozessen der Konflikttransformation zu erhöhen und eine bessere Vorbereitung auf die Friedenspraxis zu gewährleisten (Abschnitt 2). Dazu gehören weiterhin bildungs- und kulturpolitische Initiativen in ausgewählten Krisen- und Nachkriegsregionen (Abschnitt 3). Um externe Unterstützung sinnvoll zu gestalten und ausbaufähige Ansätze zu identifizieren, erweist es sich allerdings als unumgänglich, die ambivalente Rolle von Kultur zu reflektieren (Abschnitt 4).

## 2. Bildungsmaßnahmen für die Friedenspraxis

### Qualifizierung für internationale Missionen und für den Zivilen Friedensdienst

Mit zunehmender deutscher Beteiligung an internationalen Missionen ergab sich die Notwendigkeit, Personal für den Einsatz in Krisenregionen systematischer zu rekrutieren. Das Zentrum für Internationale Friedenseinsätze, das 2002 vom Auswärtigen Amt in Berlin gegründet wurde, hat maßgeblich dazu beigetragen, einen Expertenpool aufzubauen und Menschen angemessen auf die praktischen Anforderungen von Auslandseinsätzen vorzubereiten.

Mit Unterstützung des Bundesministeriums für wirtschaftliche Zusammenarbeit und Entwicklung wurde als eine weitere Qualifizierungseinrichtung die Akademie für Konflikttransformation für eine systematische Vorbereitung von Fachkräften aus dem Kontext von Nichtregierungsorganisationen (in Zusammenarbeit mit dem Forum Ziviler Friedensdienst) geschaffen.[8]

### Arbeitsgruppe Frieden und Entwicklung (FriEnt)

Als eine weitere *Public-Private-Partnership* entstand die Arbeitsgemeinschaft Frieden und Entwicklung mit dem Ziel, das Knowhow von staatlichen und nicht staatlichen Institutionen zu bündeln und Synergien zwischen den Aktivitäten unterschiedlicher, in der Friedens- und Entwicklungszusammenarbeit tätiger Akteuren zu bilden. Die Arbeitsgemeinschaft Frieden und Entwicklung hat mit zahlreichen Bildungs- und Beratungsangeboten mit dazu beigetragen, die Debatte um die Friedensverträglichkeit entwicklungspolitischer Maßnahmen zu qualifizieren.

Inzwischen hat sich bei vielen entwicklungspolitischen Akteuren die Erkenntnis durchgesetzt, dass Entwicklungszusammenarbeit nicht per se friedensfördernd ist, sondern dass der Transfer

7 Zur Arbeit dieser Gruppe gibt der 2012 veröffentlichte Sammelband *Kunst.Kultur.Konflikt* einen guten Überblick. Die Beiträge knüpfen an Ergebnisse der gleichnamigen Konferenz im Jahre 2011 an. Vgl. Adelheid Feilcke u.a. 2012; vgl. dazu auch den Beitrag von Enzio Wetzel in diesem Band.

8 Das Training vermittelt Kenntnisse über Konfliktanalyse und Konflikttransformation, Verfahren der Mediation und gewaltfreien Kommunikation und Grundlagen der interkulturellen Zusammenarbeit vermittelt einen Überblick über die Ausbildungsaktivitäten der Akademie für Konflikttransformation gibt die Website http://www.forumzfd-akademie.de/de (Juli 2014).

von Entwicklungsgeldern und humanitären Hilfsleistungen auch ungewollt Krisen und Kriege verlängern kann. Staatliche und nichtstaatliche Organisationen haben inzwischen spezielle Planungs- und Evaluierungsinstrumente etabliert, um Programme und Projekte konflikt-sensibel zu gestalten. Zudem stellen sich viele entwicklungspolitische Akteure inzwischen auch die Frage, wie Maßnahmen der Entwicklungszusammenarbeit so gestaltet werden können, dass sie nicht nur keinen Schaden anrichten, sondern darüber hinaus auch einen aktiven Beitrag zur Friedensbildung leisten. Bemühungen und erste Lernprozesse hierzu sind vorhanden, jedoch ist dieses Segment durchaus noch ausbaufähig.

### Das Zivik-Programm: Bildungs- und Kulturförderung auf zivilgesellschaftlicher Ebene

Der Förderung von Zivilgesellschaft, der in der Bildungs- und Kulturarbeit in Krisen- und Nachkriegsregionen eine zentrale Rolle zukommt, wurde in der vergangenen Dekade auch in der deutschen Außenpolitik zunehmend Bedeutung beigemessen. Das Institut für Auslandsbeziehungen nahm sich verstärkt der Themen Krisenprävention und zivile Konfliktbearbeitung an und übernahm mit dem Förderprogramm *Zivik* im Auftrag des Auswärtigen Amts operative Funktionen in der Förderung zivilgesellschaftlicher Organisationen. *Zivik* berät hiesige Nichtregierungsorganisationen, die sich in Krisenregionen engagieren, wie auch Nichtregierungsorganisationen in diesen Gebieten, die über die dortigen deutschen Botschaften Mittel beantragen können. Daneben richteten sich auch Fördermaßnahmen des Bundesministeriums für wirtschaftliche Zusammenarbeit und Entwicklung verstärkt auf die Unterstützung zivilgesellschaftlicher Initiativen.

Ein hervorragendes Beispiel dafür, wie die Sichtbarkeit von zivilgesellschaftlicher Friedensarbeit erhöht werden kann, lieferte das journalistische Projekt *Peace Counts*, das die Arbeit von „Friedensmachern" in Krisenregionen illustriert. Zu den Reportern gehören Fotografen und Autoren aus Deutschland, aber auch Journalisten in den Krisenregionen selbst, die über spezielle Projekte dafür ausgebildet werden. Die Reportagen werden in Printmedien und Rundfunkbeiträgen veröffentlicht, reisen als Fotoausstellung um die Welt und dienen als Unterrichtsmaterial.[9] *Peace Counts* wurde maßgeblich vom Institut für Auslandsbeziehungen und nachfolgend auch vom Bundesministerium für wirtschaftliche Zusammenarbeit und Entwicklung unterstützt.

### Erweiterung des Studienangebots im Bereich der Friedens- und Konfliktforschung

Neben Qualifizierungsmaßnahmen für internationale Einsätze wurden auch die Ausbildungsangebote im akademischen Bereich erweitert. Mit Unterstützung der vom Bundesministerium für Bildung und Forschung gegründeten Deutschen Stiftung Friedensforschung konnten hierzulande im Bereich der Friedens- und Konfliktforschung mehrere zusätzliche Studiengänge aufgebaut werden. So gelang es, an den Universitäten Tübingen und Marburg und am Institut für Friedensforschung und Sicherheitspolitik an der Universität Hamburg Masterstudiengänge langfristig zu etablieren, die nicht nur wissenschaftliche Nachwuchskräfte qualifizieren, sondern auch jungen Menschen Berufsfelder außerhalb der Hochschulen, z.B. in Staat und Regie-

9 Vgl. http://www.peace-counts.org/ (August 2014); http://zeitenspiegel.de/de/info/projekte/peace-counts/ (August 2014); vgl. auch Gerster und Gleich 2005; Gleich 2013.

rung, internationalen Organisationen, Nichtregierungsorganisationen, politischen Parteien, Verbänden und Bildungseinrichtungen, erschließen.[10]

Ziel des zweijährigen Masterstudiengangs „Friedensforschung und Internationale Politik" an der Universität Tübingen ist es, analytische und praktische Qualifikationen in der Friedens- und Konfliktforschung zu vermitteln. Es wird die Fähigkeit erlernt, Konflikte nach ihrem Gegenstand, ihrem Verlauf, ihren Ursachen und den beteiligten Akteuren zu analysieren und Perspektiven der Befriedung zu entwickeln. Es sollen Schlüsselqualifikationen für die Berufspraxis erworben werden. Ähnliche Ziele verfolgt das Marburger Studium.

Der in Hamburg etablierte Studiengang „Friedensforschung und Sicherheitspolitik" wurde als Aufbaustudium konzipiert. Er ist interdisziplinär und stärker praktisch orientiert.[11] In diesem Studiengang ist es in besonderem Maße gelungen, neben deutschen Studierenden auch Menschen aus Krisenregionen in die Ausbildung einzubeziehen. Die rege Nachfrage vor allem aus der Region des ehemaligen Jugoslawien motivierte das Hamburger Institut für Friedensforschung und Sicherheitspolitik schließlich, in Zusammenarbeit mit dem DAAD im Jahre 2003 zusätzlich das multidisziplinäre Akademische Netzwerk Südosteuropa ins Leben zu rufen, um akademische Strukturen der Friedensforschung und Prozesse der Friedenskonsolidierung in der Balkanregion zu unterstützen.[12] Der Studiengang wurde auch zu einer wichtigen Plattform zum Austausch von Studierenden aus West- und Südosteuropa.

Abschließend sei noch ein weiterer, hierzulande etablierter Studiengang erwähnt, der für angehende Journalisten, die sich auf die Arbeit in Krisenregionen einstimmen oder auf internationale Themen spezialisieren wollen, interessant sein dürfte.

### Journalistenausbildung mit internationalem und interkulturellem Zuschnitt

Die Deutsche Welle hat in Kooperation mit der Universität Bonn und mit der Hochschule Bonn-Rhein-Sieg einen binationalen Masterstudiengang „International Media Studies" zur Journalistenausbildung aufgelegt.[13] In diesem viersemestrigen Weiterbildungsstudium werden die Verbindung von Medien und Entwicklung, Medienökonomie, kommunikationswissenschaftliche Fragestellungen, journalistische Methoden und das Berufsfeld Öffentlichkeitsarbeit behandelt. Es wird in Deutsch und Englisch unterrichtet. Der Studiengang spricht junge Menschen aus Deutschland an, bietet aber auch Stipendien für Bewerber aus Osteuropa, Afrika, Asien und Lateinamerika. Die Deutsche Welle hat zudem Maßnahmen zum Aufbau unabhängiger Medien in zahlreichen Krisenregionen durchgeführt, wie im nächsten Abschnitt noch näher ausgeführt wird.

10 Vgl. http://www.uni-marburg.de/konfliktforschung (August 2014); http://www.uni-tuebingen.de/fakultaeten/wirtschafts-und-sozialwissenschaftliche-fakultaet/faecher/ifp/lehrende/lpol/master-friedensforschung-und-internationale-politik-mafip.html (August 2014).

11 Mitglieder dieses Verbunds sind vor allem Einrichtungen, die anwendungsorientierte Forschung betreiben oder Praxis kritisch reflektieren, wie z.B. das Zentrum für Internationale Friedenseinsätze und das Berghof-Forschungszentrum in Berlin, das Bonn International Center for Conversion, das Institut für Friedenssicherungsrecht und Humanitäres Völkerrecht in Bochum, die Forschungsstätte der Evangelischen Studiengemeinschaft in Heidelberg, das Deutsche Übersee-Institut und das Internationale Institut für Politik und Wirtschaft in Hamburg, die Hessische Stiftung Friedens- und Konfliktforschung, das Institut für Entwicklung und Frieden in Duisburg sowie die Führungsakademie der Bundeswehr in Hamburg.

12 Vgl. dazu Heidi Wedel, Der Beitrag der Hochschulbildung zu nachhaltiger Entwicklung in Konflikt- und Postkonfliktländern, in: Adelheid Feilcke u.a. (Hg.). Kunst. Kultur. Konflikt. Impulse für die Kulturarbeit in Krisenregionen, Berlin 2012, 130-138.

13 Vgl. http://www.concortv.gob.pe/file/informacion/noticias/becadw.pdf (Juli 2014).

## 3. Kultur- und Bildungsarbeit in Krisen- und Nachkriegsregionen

Von den Bundesministerien und ihren Mittlerorganisationen wurden neben bildungspolitischen Initiativen im Inland auch bildungs- und kulturpolitische Maßnahmen in Krisen- und Nachkriegsregionen initiiert und finanziert, um Konflikttransformation und Friedenskonsolidierung vor Ort zu unterstützen. Regionale Schwerpunkte bildeten zunächst Südosteuropa und insbesondere das ehemalige Jugoslawien sowie seit 2002 dann auch Afghanistan, und später auch die Mittelmeer-Region (einschließlich nordafrikanische Länder). In diesen Regionen stand neben dem Aufbau von Bildungseinrichtungen und unabhängigen Medien die Förderung von Zivilgesellschaft im Vordergrund.

### Kultur- und Bildungsprojekte im Rahmen des Stabilitätspakts für Südosteuropa

Nach der Erfahrung der Gewalteskalation bei der Auflösung Jugoslawiens wurde auf Initiative des damaligen deutschen Bundesaußenministers Joschka Fischer 1999 von den Mitgliedstaaten der Europäischen Union ein „Stabilitätspakt für Südosteuropa" beschlossen. Unter Schirmherrschaft der Organisation für Sicherheit und Zusammenarbeit in Europa wurden Arbeitstische zu den Themen Sicherheit/Abrüstung, wirtschaftlicher Wiederaufbau/Entwicklung sowie Demokratieförderung/Menschenrechte etabliert (eingehend dazu Balla 2002: 46 ff.). Eine Reihe von Initiativen konzentrierte sich auf die Nachkriegsregionen Bosnien und Herzegowina und Kosovo, aber auch die anderen Regionen des ehemaligen Jugoslawien waren einbezogen. Gefördert wurden zahlreiche Kultur- und Bildungsprojekte sowie Programme, die demokratische Strukturen, eine unabhängige Medienlandschaft und die Entwicklung von Zivilgesellschaft unterstützen sollten. Das Institut für Auslandsbeziehungen entwickelte ein umfangreiches Programm zur Förderung von freien Medien sowohl in den Nachfolgestaaten des ehemaligen Jugoslawien als auch in Albanien, Bulgarien, Moldawien und Rumänien. Im Rahmen des Programms *MediaImpakt*[14] wurden über Jahre Maßnahmen für den Aufbau öffentlich-rechtlicher Sendeanstalten wie auch freier Sender und Printmedien unterstützt. Darüber hinaus bemühte man sich, Journalisten aktiv bei der Einführung von Programmformaten zu unterstützen, welche die Berichterstattung über Menschenrechtsthemen, die Arbeit des Haager Kriegsverbrechertribunals wie auch über Anliegen von Minderheiten ermöglichten. Trainingsmaßnahmen waren Teil des Pakets. Auch die Deutsche Welle war an der Journalistenausbildung in den Ländern des ehemaligen Jugoslawien beteiligt.

Der DAAD und die Alexander von Humboldt-Stiftung kamen in der Konzeption von Stipendienprogrammen, Hochschulpartnerschaftsprojekten und Initiativen zum Aufbau eines demokratischen Schulwesens zum Einsatz. So bemühte sich der DAAD im Rahmen des Programms *Akademischer Neuaufbau Südosteuropa*, den Anschluss der Hochschulen in Südosteuropa an internationale Standards durch eine Reform von Forschung und Lehre sowie eine gezielte Nachwuchsförderung zu unterstützen (Wedel 2012: 131). In Maßnahmen zur Förderung der Reform von Schulbüchern und Geschichtsdarstellungen engagierte sich auch das Braunschweiger Georg-Eckert-Institut für internationale Schulbuchforschung. Über D@dalos, den mehrsprachigen UNESCO-Bildungsserver für Demokratie und Menschenrechte in Südosteuropa, wurden Lehr- und Lernmaterialien zu Themen der politischen Bildung bereitgestellt und internationale Schulprojekten vermittelt. Das Projekt wurde maßgeblich von der mit deutscher Hil-

14 Vgl. http://cms.ifa.de/presse/pm/pm2006/pm-060512 (August 2014).

fe gegründeten Nichtregierungsorganisation D@dalos in Sarajevo und durch einen Kooperationsvertrag zwischen der Deutschen UNESCO-Kommission und der UNESCO institutionalisiert.[15]

Die Maßnahmen im Rahmen des „Stabilitätspakts für Südosteuropa" wurden von einer Vielzahl von Aktivitäten von Nichtregierungsorganisationen begleitet. Auch Fachkräfte des Zivilen Friedensdienstes wurden in der Bildungs- und Kulturarbeit mit friedensfördernden Zielsetzungen aktiv. Eine wichtige Rolle spielten auch die politischen Stiftungen, vor allem die Friedrich-Ebert-Stiftung, die Heinrich Böll Stiftung, die Konrad-Adenauer-Stiftung und die Friedrich-Naumann-Stiftung (seit 2007: Friedrich-Naumann-Stiftung für die Freiheit).

### Die Zielgruppe Jugend als Förderschwerpunkt

Zunehmend rückte vor allem die Jugend als Zielgruppe ins Blickfeld staatlicher wie nichtstaatlicher Akteure. Dies spiegelte einen internationalen Trend, denn zahlreiche internationale Organisationen haben sich bei ihren Aktivitäten zur Prävention und Nachkriegskonsolidierung zunehmend auf diese Zielgruppe eingestellt, wenngleich dies bislang nicht immer systematisch und in der gebotenen Kohärenz erfolgte (Kemper 2005). Sie reagierten damit jedoch auf die Erkenntnis, dass kulturelle Vernachlässigung und wirtschaftliche Perspektivlosigkeit Jugendliche für ethnonationalistische Propaganda anfällig und zum willigen Rekrutierungspotenzial für Kriege und Bürgerkriege macht. Gleichzeitig zeigt die Erfahrung, dass Jugendliche aber auch wertvolle Potenziale für die Mitwirkung am friedlichen gesellschaftlichen Wandel und für Demokratisierungsprozesse entfalten können (Duve/Koch 2002).

Die Deutsche Gesellschaft für Technische Zusammenarbeit (inzwischen umbenannt in Gesellschaft für Internationale Zusammenarbeit) hat daher eigens ein Sektorvorhaben ins Leben gerufen, das sich mit Jugendförderung befasst (siehe dazu Blumör 2008). Sie hat darüber hinaus Fachtage zur Rolle von Jugend, Entwicklung und Friedensförderung organisiert und sich in diversen Länderschwerpunkten auf diese Themen fokussiert.[16] Auch in Projekten des Zivilen Friedensdienstes wurde der friedenspolitischen Arbeit mit Jugendlichen verstärkt Bedeutung beigemessen. Inzwischen gehören friedenspädagogische Ansätze[17] ganz selbstverständlich ins Repertoire staatlicher und zivilgesellschaftlicher Organisationen der Entwicklungszusammenarbeit (Jäger 2008: 239 ff.; Gesellschaft für Technische Zusammenarbeit 2002, 2006 und 2010).

Ein beeindruckendes Beispiel für zivilgesellschaftliches Engagement, in dem Jugendliche sich ganz direkt für andere Jugendliche in Krisenregionen engagieren, stellt die Arbeit der Nichtregierungsorganisation Schüler Helfen Leben dar. Die von deutschen Schülern Mitte der neunziger Jahre ins Leben gerufene Organisation engagierte sich z.B. in der Nachkriegsregion Bosnien und Herzegowina für ein demokratisches Schulwesen, Schülermitverwaltungen, Schülerzeitungen und interethnische Zusammenarbeit. Schüler Helfen Leben hat mit Spendengeldern, die von Jugendlichen in Deutschland an einem jährlich organisierten Sozialen Tag erwirtschaftet wurden, inzwischen eine eigene Stiftung gegründet. In Zusammenarbeit mit lokalen Partnern

15 Vgl. www.dadalos.org.

16 So führte die Gesellschaft für Technische Zusammenarbeit in enger Kooperation mit dem Berghof Forschungszentrum und mit Förderung durch das Institut für Auslandsbeziehungen 2000-2002 eine dreijährige Fördermaßnahmen von Jugendprojekten in Bosnien und Herzegowina durch (vgl. Fischer/Fischer 2003). Außerdem unterstützte die sie Projekte zur Implementierung von Friedenserziehung in Schulen und Bildungseinrichtungen in Nachkriegsregionen, z.B. in Sri Lanka, vgl. http://www.giz.de/de/weltweit/18393.html (August 2014).

17 Vgl. dazu Grasse et al. 2008; UNESCO 2011; Frieters Reermann 2009; Wintersteiner 2010.

wurden Jugendhäuser und Projekte in zahlreichen Balkanländern aufgebaut, die Jugendliche zum freiwilligen Engagement für ihre Interessen und zur Einmischung in gesellschaftliche Fragen inspirieren. An diesem Vorbild orientierten sich weitere Initiativen, die fortlaufend in Schulen hierzulande Jugendliche zu freiwilligem Engagement für krisenpräventive und entwicklungspolitische Projekte jenseits des europäischen Kontinents motivierten.

Auf Initiative des damaligen Beauftragten für Medienfreiheit der Organisation für Sicherheit und Zusammenarbeit in Europa, Freimut Duve, und in Zusammenarbeit mit der Stiftung In Defence of Our Future wurde im Herbst 2000 das Jugendprojekt *Mobile Culture Container* ins Leben gerufen, das drei Jahre lang in verschiedenen Städten des ehemaligen Jugoslawien Begegnungs- und Informationsforen vor allem für junge Menschen eröffnete. Mithilfe von 16 mobilen Containern wurde der Austausch über jugendpolitische Fragen im Rahmen von Arbeitsgruppen und Podiumsdiskussionen ermöglicht und der Zugang zu Medien (Internet, Radio und Schülerzeitungsaktivitäten), Musik- und Filmveranstaltungen, Theater und Ausstellungen ermöglicht. Ziel war es, Jugendlichen Räume für Begegnungen zu bieten, der Apathie entgegenzuwirken, Anreize für die Gestaltung des eigenen Lebens und Impulse für die Auseinandersetzung mit dem eigenen gesellschaftlichen Umfeld zu geben.[18]

Auch das Institut für Auslandsbeziehungen förderte Jugendbegegnungen, und das Goethe-Institut orientierte sich mit seinem Programm *Move* darauf, vor allem junge Menschen in vernachlässigten Gebieten, z.B. in den Provinzstädten Serbiens, zu kulturellen Aktivitäten zu animieren. Besondere Bedeutung wird dem Engagement des Goethe-Instituts in Sarajevo bei der Förderung von Theater- und Filmprojekten zugeschrieben, die sich mit dem Krieg und Problemen der Nachkriegsgesellschaft in Bosnien auseinandersetzten (siehe auch Balla 2002: 49 ff.). Darüber hinaus wurden grenzüberschreitende Begegnungen und innovative Ansätze in Kunst, Musik, Film, Literatur und Theater gefördert. Mit Unterstützung des Europarats wurden im Rahmen des Projekts *Managing and Open Strategic Approach in Culture* überregionale Kulturveranstaltungen, Workshops und Trainings zum Kulturmanagement durchgeführt.

### Wiederaufbau, Kulturförderung und Bildungsarbeit in Afghanistan

Auch in Afghanistan richten sich die Fördermaßnahmen auf die Ausstattung und Reform von Bildungseinrichtungen, die Einrichtung von Stipendien und Lektoraten, auf Spracharbeit und Medienkooperation. Grundlage des deutschen Engagements am Hindukusch bildet der *Afghanistan Compact*, das Abschlussdokument der internationalen Afghanistan-Konferenz, die im Januar 2006 in London stattfand. Der Stabilitätspakt für Afghanistan ist das Ergebnis der Konsultationen zwischen der afghanischen Regierung, den Vereinten Nationen und internationalen Geberländern. Die beteiligten Staaten verpflichteten sich, Afghanistan in den Bereichen Sicherheit und Drogeneindämmung, Aufbau staatlicher Institutionen, wirtschaftliche Entwicklung, Bildung und Kultur zu unterstützen.

Im Rahmen der Auswärtigen Kulturpolitik wurden mit deutschen Mitteln Schulen errichtet, Hochschulpartnerschaften und Programme zur Dozentenausbildung aufgelegt, Bibliotheken aufgebaut, und Bildungsprojekte für Frauen konzipiert. Außerdem unterstützte das Max-Planck-Institut für ausländisches und internationales Privatrecht z.B. die Veröffentlichung eines Lehrbuchs über islamisches Familienrecht, das die an traditionellen und islamischen Nor-

18 Die Aktivitäten richteten sich auf Tuzla, Goražde, Mostar, Brčko und Banja Luka in Bosnien; Osijek (Kroatien); Čačak und Novi Pazar in Serbien und Montenegro; Bitola, Skopje sowie Mitrovica im Kosovo. Vgl. Koch 2003: 15 ff.

men orientierte Rechtspraxis auf eine neue Grundlage stellen soll. Ein weiteres zentrales Element waren Initiativen zur Errichtung einer unabhängigen Medienlandschaft und zum Aufbau des afghanischen Fernsehens. Die Deutsche Welle entwickelte spezielle Programme zur Journalistenausbildung. Die politischen Stiftungen wurden vor allem beim Aufbau von Zivilgesellschaft aktiv. Die Heinrich Böll Stiftung beispielsweise setzte auf die Förderung des pluralistischen Dialogs in Zusammenarbeit mit traditionellen Stammesstrukturen und unterstützte die Integration von Frauen in politische Entscheidungsprozesse (Karokhail/Schmeidl 2006).

Die Deutsche Gesellschaft für Technische Zusammenarbeit führte im Auftrag des Bundesministeriums für wirtschaftliche Zusammenarbeit und Entwicklung zahlreiche Wiederaufbauprojekte durch. Ihre Arbeit in Afghanistan konzentrierte sich aber auch auf die Förderung von Rechtsstaatlichkeit und auf Programme der beruflichen Qualifizierung, wobei der Ausbildung von Jugendlichen und Frauen gesonderte Aufmerksamkeit geschenkt wurde (Germund 2008).

Gestützt auf Erfahrungen in Südosteuropa unterstützte der DAAD auch hier den Aufbau des Bildungswesens. Das Programm *Akademischer Aufbau in Afghanistan* richtete sich auf die Schaffung von akademischen Strukturen, die an afghanischen Bedürfnissen orientiert wurden, und enthielt eine Mischung aus Infrastrukturförderung bzw. technischer Ausstattung und Maßnahmen des *Capacity Building*. Darüber hinaus etablierte der DAAD (2002-03 zunächst mit Sondermitteln des Auswärtigen Amtes und später in Fortführung aus eigenen Mitteln) verschiedene weitere Dialogprogramme im Rahmen des *Kulturdialogs mit den islamischen Ländern*.

### Europäisch-islamischer Kulturdialog

Mit dem Ziel, das Verständnis zwischen westlicher und islamischer Welt zu verbessern und Toleranz zu erhöhen, startete die Bundesregierung einen „Europäisch-islamischen Kulturdialog" (Wedel 2012: 135 ff.). Auch hier wurde der Zielgruppe Jugend zentrale Bedeutung beigemessen. Das Institut für Auslandsbeziehungen etablierte 2005 ein Austauschprogramm und führte sogenannte *CrossCulture* Praktika durch, um jungen Berufstätigen und Freiwilligen aus Deutschland und islamisch geprägten Ländern die Möglichkeit zu bieten, während eines mehrmonatigen Praktikums in einer Partnerorganisation des jeweiligen Gastlandes mitzuarbeiten. Zu den seit der Gründung des Programms beteiligten Organisationen gehörten u.a. die Arab League Educational, Cultural and Scientific Organization, eine Unterorganisation der Arabischen Liga, Partner aus dem Bereich der Medien, dem Kulturmanagement, der Erwachsenenbildung, Stadtplanung sowie der Menschenrechts- und Entwicklungszusammenarbeit. Eine wichtige von der Bundesregierung unterstützte Initiative bezieht sich auf die Erstellung von vorurteilsfreien Schulbuchmaterialien. Das Georg-Eckert-Institut für internationale Schulbuchforschung hat dafür ein langfristiges Projekt zusammen mit Partnern in Ägypten und Jordanien auf den Weg gebracht, das die Geschichte Europas und seiner islamisch geprägten Nachbarregionen sichtbar machen und die gegenseitige kulturelle Verflechtung verdeutlichen soll. Man hoffte, darüber auch auf die Gestaltung von Unterrichtsmaterialien Einfluss nehmen zu können.

Nachdem in den ersten Jahren ein breites Netzwerk an Kontakten entstanden war, wurden 2006–2011 im Programm *Deutsch-Arabisch/Iranischer Hochschuldialog* mehrjährige Partnerschaften zwischen deutschen Universitäten und Hochschulinstituten im Iran und den arabischen Ländern gefördert. Hier ging es anders als bei den Aktivitäten in Südosteuropa – wo neben der Professionalisierung von Forschung und Lehre vor allem Konfliktprävention durch

Austausch innerhalb der Regionen im Mittelpunkt stand (bei dem die deutsche Seite eher Brückenfunktion übernahm) – eher um Konfliktprävention und Verständigung zwischen Menschen aus Deutschland und Menschen aus der islamisch geprägten Welt. Das Programm zielte nicht in erster Linie auf inter-religiöse Diskurse, sondern eher auf die Kooperation von Vertretern eines Fachgebietes, die unterschiedliche kulturelle Hintergründe mitbringen (a.a.O.: 135).

Eine bemerkenswerte Initiative bestand im intellektuellen Austausch von Wissenschaftlern aus westlichen und islamisch geprägten Ländern, die sich der Untersuchung von politischer Gewalt und Zivilisation in westlichen und muslimischen Gesellschaften widmete. Aus ganz unterschiedlichen Disziplinen kommend arbeiteten Sozialwissenschaftler und Friedensforschern aus Deutschland zusammen mit Historikern und Sozialwissenschaftlern aus Ägypten, Palästina und dem Libanon Unterschiede und Gemeinsamkeiten heraus, um die Gründe für verschiedene Formen der Gewalt und ihrer Legitimationsmuster besser zu verstehen und über Strategien der Überwindung nachzudenken. Das Institut für Auslandsbeziehungen hatte zunächst sechs Intellektuelle aus muslimisch geprägten Ländern um eine Bestandsaufnahme gebeten. Das Ergebnis wurde im Report *Der Westen und die islamische Welt – Eine muslimische Position* 2003 veröffentlicht. Ein weiterer umfangreicher Report wurde 2006 aus westlicher Sicht vorgelegt und anschließend wieder von Fachkollegen kommentiert, deren Stimme in der arabischen Welt Gewicht besitzt. Der Autor der Studie, Jochen Hippler, kam zu dem Ergebnis, dass die Regierungen in den westlichen Ländern und im Nahen bzw. Mittleren Osten, sofern sie Gewalt reduzieren wollen, neben dem gemeinsamen Dialog auch Schritte zur Veränderung von praktischer Politik ergreifen müssten: die westliche Politik müsse die Prinzipien der Gewaltfreiheit, Demokratie, Einhaltung der Menschenrechte wie auch des Völkerrechts zur Grundlage ihrer Außenpolitik machen, während die Länder des Nahen und Mittleren Ostens vor allem die politischen Freiheitsrechte ausbauen und die wirtschaftliche Situation der Bevölkerung verbessern müssten. Nur so könne man gemeinsam Lösungen für die globalen Herausforderungen erarbeiten und Zukunftsvisionen entwickeln (Hippler 2006). Die Umsetzung der Maßnahmen zum „Europäisch-islamischen Kulturdialog“ erfolgte maßgeblich über das Goethe-Institut und das Institut für Auslandsbeziehungen, über Kooperationen in Wissenschaft und Hochschulen, Schüler- und Lehreraustausch, über Medienseminare, berufliche Weiterbildung und gegenseitige Praktika sowie Maßnahmen zur Förderung von Informationsmöglichkeiten und zum Aufbau unabhängiger Medien.

### Unterstützung bei der Ausbildung von konfliktsensiblen Journalisten und dem Aufbau unabhängiger Medien in Krisenregionen

Die Deutsche Welle hält mediale Angebote in 30 Sprachen bereit und richtet sich damit unter anderem auch an Menschen in Konfliktregionen in Osteuropa, Asien, Lateinamerika und Afrika. Neben der eigenen Berichterstattung wurden Bildungsangebote und journalistische Fortbildungen entwickelt, die den Aufbau demokratischer Strukturen in den Zielregionen fördern sollen. Die arabische Welt zählt inzwischen zu den Schwerpunktregionen von Fernsehberichten (DW-TV ARABIA), auch Internet-gestützte und soziale Medien (dw-world.de/arabic) sind von wachsender Bedeutung. Das Internetportal qantara.de (arabisch: Brücke) entstand 2003 als vom Auswärtigen Amt gefördertes Gemeinschaftsprojekt der Deutschen Welle, der Bundeszentrale für politische Bildung, des Goethe-Instituts und des Instituts für Auslandsbeziehungen. Über die Deutsche Welle mit ihrer Akademie wurden zahlreiche Beratungsmaßnahmen und Trainings für Journalisten durchgeführt, darunter Workshops zur Wahlberichterstattung, Seminare für Blogger, Langzeitberatung für Sendeanstalten und Regierungsbehörden und Unterstützung beim Aufbau von medienbezogenen Studiengängen und Ausbildungsmaßnahmen in den jeweiligen Ländern. Schwerpunkte waren die nordafrikanischen Mittelmeerländer (v.a. Libyen, Tunesien und Ägypten).[19]

### Zwischenfazit

Die vorgestellten Beispiele zeigen die Bandbreite von kulturpolitischen Initiativen und Bildungsmaßnahmen, die von staatlichen Kulturinstituten wie auch von politischen und privaten Stiftungen in Krisen- und Nachkriegsregionen durchgeführt wurden. Neben der Unterstützung von Bildungsangeboten und unabhängigen Medien stand vor allem die Förderung von zivilgesellschaftlichen Strukturen und Initiativen im Vordergrund. Dialog- und Begegnungsinitiativen wurde ebenfalls große Bedeutung beigemessen. Allgemein wird angenommen, dass kulturelle Initiativen und Bildungsmaßnahmen Friedensprozesse unterstützen können. Gleichwohl stellt sich die Frage: Welche Potenziale bieten kulturelle Initiativen für die Bearbeitung von Konflikten? Wie können Kulturaktivitäten sinnvoll und dauerhaft in friedensfördernde Aktivitäten eingebunden werden? Unter welchen Voraussetzungen können sie zum Wiederaufbau und zur Aussöhnung kriegszerstörter Gesellschaften beitragen?

Um Maßnahmen der Kulturförderung konfliktsensibel und gleichzeitig im Sinne der Friedensförderung wirksam zu gestalten, muss man zum einen die Reichweite der jeweiligen Maßnahmen kritisch hinterfragen und sich zum anderen notgedrungen auch ernsthaft mit der Ambivalenz von Kultur auseinandersetzen.

## 4. Die Ambivalenz von Kultur: Instrument der Konfliktverschärfung und Beitrag zu Wiederaufbau und Aussöhnung

Kulturelle Ausdrucksformen können gleichermaßen emanzipative wie auch indoktrinierende Züge annehmen. Kunst und Kulturerzeugnisse können für Toleranz, Pluralismus, Multikulturalität, offene Gesellschaft und Demokratie, aber auch für Intoleranz, monoethnische Gruppenidentitäten und geschlossene Gesellschaftsmodelle werben. Sie können im schlimmsten Fall diktatorische Herrschaftsformen ästhetisch unterfüttern und verstetigen helfen. Eine weitere wichtige Funktion von Kultur ist es, auf individueller und kollektiver Ebene Identität(en) zu stiften, was bei friedenspolitischen Initiativen berücksichtigt werden muss.

Die Ambivalenz von Kultur wurde der Weltöffentlichkeit besonders drastisch bei der Konflikteskalation im ehemaligen Jugoslawien zu Beginn der neunziger Jahre vor Augen geführt. Dort arbeiteten Menschen aus Bildungseinrichtungen und Medien teilweise der politischen Polarisierung, Ausgrenzung und Vertreibung aktiv zu. Im Einklang mit Politikern bemühten sich Intellektuelle und Journalisten aus den verschiedenen ethno-nationalistischen Lagern, kulturelle Unterschiede hervorzuheben und die Höherwertigkeit der „eigenen“, bzw. die Minderwertigkeit der jeweils „anderen“ Kultur(en) und religiösen Orientierungen zu belegen (siehe dazu Schedlich 2006: 233). Sie sorgten so für die ideologische Legitimierung von Gewaltexzessen

19 Vgl. dazu Adelheid Feilcke, Glaubwürdigkeit und Transparenz – Kultursensitive Informations-, Dialog-und Bildungsangebote der Deutschen Welle in Konfliktregionen, in: Feilcke u.a. (Hg.) 2012: 139-146.

und Völkermord. Unter Missachtung und Verfälschung historischer Fakten wurden Prinzipien der völkischen Reinheit konstruiert und religiöse und kulturelle Gegensätze geschürt. Mit unvorstellbarer Zerstörungswut wurden außerdem Kulturgüter der jeweils „anderen“, feindlichen Lager zerstört. Auch Kulturschaffende beteiligten sich an der Konstruktion ethnopolitischer Identitäten, unterstützten damit Ausgrenzung und gewaltsame Konfrontation. Vor dem Krieg und erst recht in seiner Folge erlebte eine Volkskunst, die sich auf historische Mythen besann, eine zweifelhafte Renaissance (Popovic 2003). Opfer- und Heldenmythen prägen vielerorts auch die Denkmäler, die zur Ehrung der im Krieg gefallenen Soldaten und der zivilen Opfer errichtet werden. Vor allem in Bosnien und Herzegowina etablierten sich vielfältige Formen des Erinnerns, die dem Bemühen um Friedensförderung zuwiderlaufen. Erinnerungskulturen manifestieren sich in gespaltenen Gesellschaften oft in einer sehr selektiven Form, welche die Polarisierung entlang der ethnopolitischen Trennungslinien intensiviert. Die Gefühle von Menschen, die Leid und Verlust erlitten haben, werden dabei ignoriert und beleidigt und die Beziehungen weiter verhärtet.

Auch am Beispiel der Nachkriegssituation in Bosnien und Herzegowina lässt sich der ambivalente Charakter von Kultur weiterhin gut veranschaulichen. Offizielle Kulturpolitik der verfeindeten politischen Entitäten richtete sich nach 1995 vor allem darauf, Sprache und Geschichtsschreibung für Zwecke der Abgrenzung zu instrumentalisieren. Bildungseinrichtungen und Medien wurden dafür in Anspruch genommen. Auch Literatur, Film und die bildende Kunst blieben davon nicht unbeeinflusst. Allerdings haben sich gleichzeitig auch kulturelle Formen der Auseinandersetzung mit dem Krieg herausgebildet, die als kritisch und konstruktiv bezeichnet werden können. Die Kultur- und Medienszene hat in der Nachkriegszeit dank internationaler Unterstützung eine neue Dynamik entwickelt und gesellschaftliche Räume ausgebildet, die im Kontrast stehen zu dem ethnokratischen Modell, nach dem das politische Leben in Bosnien und Herzegowina strukturiert ist (Lovrenovic 1998: 205). Neben der seichten und nationalistisch gefärbten „Volkskultur“ entwickelte sich schließlich auch eine Kultur, die der völkischen Definition von Zugehörigkeit und Ausgrenzung trotzte. Ein kreativer und territoriale wie ideologische Grenzen überschreitender Kulturbetrieb konnte – vor allem in der Jugendkultur – auch integrierende Wirkungen entfalten und zumindest punktuell das Lagerdenken durchdringen. Um solche Initiativen zu unterstützen, sind internationale Förderprogramme unerlässlich.

Kulturproduktion allein kann allerdings nicht die Übermacht ethno-nationalistischer Institutionen und deren Symbolpolitik aufbrechen, korrupte Herrschaftsverhältnisse umwälzen und eine tolerante Gesellschaft schaffen. Kulturelle Initiativen können allenfalls Nischen bilden, in denen alternative Diskurse möglich sind, und damit Menschen Hoffnung geben und sie darin bestärken, „die Allmacht des ethnozentrischen Autismus“ zu relativieren und andere Vorstellungen von Zugehörigkeit, Tradition, und Geschichte dagegen zu setzen (a.a.O.).

Kulturelle Initiativen für sich genommen können sicher keine Dynamik zur Beilegung tief verwurzelter Konflikte oder zur Aussöhnung verfeindeter Gesellschaften entfalten. Sie können aber als ein Element in einem Bündel von entwicklungs- und friedenspolitischen Maßnahmen wichtige Impulse setzen. Sie können, sofern ein politischer Wille für Verständigung gegeben ist, die Heilung von traumatischen Erfahrungen, Vertrauensbildung und Aussöhnung kriegszerstörter Gemeinwesen unterstützen und damit indirekt friedensfördernd und gewaltpräventiv wirken. Kulturschaffende, Bildungseinrichtungen und Medien können zur Verarbeitung von Gewalterfahrungen, zur gesellschaftlichen Auseinandersetzung mit Gewaltursachen und damit langfristig auch zur Erneuerung beitragen. Auch dafür lassen sich Beispiele aus der Nachkriegsregion Bosnien und Herzegowina anführen, wo Kriegsopfer oft für einseitige Erinnerungspolitik instrumentalisiert wurden, gleichzeitig aber schutzlos blieben. Das Schicksal von Frauen, die während des Kriegs vergewaltigt oder gefoltert worden waren, wurde lange ignoriert, das Thema war mit einem massiven gesellschaftlichen Tabu belegt.

Der Film *Grbavica* der bosnischen Regisseurin Jasmila Žbanic[20], der international mehrfach ausgezeichnet wurde, trug mit dazu bei, das Schweigen zu brechen. Der Film behandelt die Beziehung einer im Krieg vergewaltigten bosniakischen Frau und ihrer halbwüchsigen Tochter im Nachkriegs-Sarajevo. Der Film verdeutlicht, wie Kriegstraumata individuelle Schicksale beeinflussen, wie gesellschaftliche Tabus das Leiden verlängern und einen konstruktiven Umgang damit erschweren. Der Film wurde in Bosnien im Jahr nach der Erstaufführung von mehr als 100.000 Menschen besucht. Die Aufführung wurde von einer Kampagne lokaler und internationaler Nichtregierungsorganisationen begleitet, die sich für die Rechte von Frauen, die Opfer sexualisierter Gewalt wurden, einsetzten. Vor allem die Organisation Medica Mondiale spielte dabei eine wichtige Rolle.[21] In der Folge entschied das bosnische Parlament im Sommer 2006, dass vergewaltigte Frauen rechtlich als Kriegsopfer anerkannt werden und eine Entschädigung erhalten, die derjenigen von Männern, die im Krieg gekämpft haben, entspricht. Das wurde von Menschenrechts- und Frauenorganisationen als großer Erfolg verbucht, wenngleich einschränkend angemerkt werden muss, dass bis heute zahlreiche Opfer leer ausgingen, bzw. weiter um diese Kompensationen kämpfen müssen.[22] Der Spielfilm *Grbavica* ist Teil der künstlerischen Entwicklung einer Regisseurin, die sich zusammen mit der Künstlergruppe Deblokada in Sarajevo über Jahre in verschiedenen Dokumentarfilmen mit dem Krieg und seinen Auswirkungen auf die Menschen auseinandersetzte und auch die Schicksale von Rückkehrern aus den unterschiedlichen Lagern beleuchtete.[23]

Sowohl in Bosnien und Herzegowina als auch in anderen Teilen des ehemaligen Jugoslawien, etwa in Serbien und Kroatien, haben sich in den vergangenen Jahren zivilgesellschaftliche Gruppen und Einzelpersonen der Suche nach einem konstruktiven Umgang mit der Vergangenheit verschrieben. Ihr Anliegen ist neben der Faktenerhebung und der Einflussnahme auf Bildungseinrichtungen auch die Sensibilisierung einer breiteren Öffentlichkeit für die Auseinandersetzung mit vergangener Gewalt. Sie wollen Menschen animieren, sich mit der individuellen Rolle im Kriegsgeschehen und mit der politischen Verantwortung für Kriegsverbrechen und Menschenrechtsverletzungen auseinander zu setzen (siehe dazu ausführlich Fischer 2011). Sie bemühen sich, inklusive Formen des Erinnerns zu entwickeln und dem Trend zur selektiven Wahrnehmung von Kriegsopfern entgegen zu wirken. Die Gestaltung von Erinnerungsorten ist gesellschaftlich umkämpft, und dieser Umstand stellt auch künstlerische Konzepte vor enorme

20 Der Film wurde unter anderem mit dem Goldenen Bären bei den Berliner Filmfestspielen 2006 ausgezeichnet. In deutscher Fassung trägt den Titel *Esmas Geheimnis*.

21 Die Aufführung wurde allerdings teilweise auch in der serbischen Entität Bosniens, der Republika Srpska, durch Druck von Politikern boykottiert.

22 Nichtregierungsorganisationen haben 50.000 Unterschriften gesammelt und sich für die offizielle Anerkennung vergewaltigter Frauen und die Verbesserung ihrer Situation eingesetzt. Eine Gesetzesinitiative, die dem Parlament vorlag, billigte den Frauen schließlich ein Anrecht auf Entschädigung zu. Vorgesehen war ein Betrag, der 50 Prozent der Summe entsprach, welche männlichen Kriegsversehrten zustand. Die Kampagne der Nichtregierungsorganisationen und öffentliche Aufmerksamkeit trugen mit dazu bei, dass diese Entscheidung überdacht wurde und den Frauen eine höhere Summe (entsprechend des Betrags für männliche Kriegsteilnehmer) bewilligt wurde.

23 Zur Biographie und Motivation der Filmemacherin vgl. Interview mit Jasmila Žbanic (Deblokada), in Tina Balla 2002: 77 ff.

Herausforderungen bzw. verlangt nach Umsicht, Einfühlungsvermögen und Dialogprozessen mit breiter gesellschaftlicher Beteiligung.

Unter bestimmten Bedingungen kann die Förderung von Foren der Begegnung durch Kulturaustausch zur Konflikttransformation und Aussöhnung beitragen. Gleichwohl sollte nicht der Umkehrschluss gezogen werden, dass interkulturelle Begegnung und Dialogprojekte zwischen Menschen aus verfeindeten Lagern per se und unter allen Umständen friedensfördernde Wirkung zeitigen. Zumindest in Regionen, die von ethnopolitischen Konflikten geprägt sind, ist hier eher Vorsicht geboten. Evaluationsberichte und Wirkungsanalysen, die in den vergangenen Jahren in unterschiedlichen regionalen Kontexten durchgeführt wurden, belegten, dass der Erfolg von Dialogprojekten stark davon abhängt, ob sie zum angemessenen Zeitpunkt und mit den dafür bereiten Zielgruppen durchgeführt werden. In manchen Konfliktstadien können multiethnische bzw. Dialogprojekte zwischen verfeindeten Lagern auch das Gegenteil der beabsichtigten Effekte, nämlich zunehmende Konfrontation und Verstärkung von Misstrauen statt Annäherung nach sich ziehen. Friedenspädagogische Initiativen innerhalb eines Lagers können zuweilen mehr bewirken als künstlich initiierte Begegnung. Zuweilen wird auch unterschätzt, dass neben dem zeitlichen Faktor auch strukturelle Aspekte zu berücksichtigen sind: dass Maßnahmen der Vertrauensbildung ein Mindestmaß an wirtschaftlicher Stabilität und Sicherheit im gesellschaftlichen Umfeld voraussetzen.

Das bisher vorliegende empirische Wissen über die Wirkungsweise von Dialogprojekten in Krisen- und Nachkriegsbedingungen reicht kaum aus, um *lessons learned* zu formulieren. Dafür wären weitaus umfassendere wissenschaftliche Begleitstudien erforderlich. Grundsätzlich ist die Erhebung von Wirkung in der Friedensförderung höchst komplex. Der Nachweis friedensfördernder Wirkungen von kulturellen Initiativen erweist sich erst recht als äußerst diffizil. Die Effekte von Bildungsmaßnahmen empirisch zu messen ist extrem aufwändig und anspruchsvoll, weil Erhebungen auf längere Zeiträume hin angelegt werden müssen. Noch schwieriger ist die Feststellung von Wirkungen von Kulturerzeugnissen aus Musik, Literatur, bildender und darstellender Kunst.

Künstlerische Ausdrucksformen können dazu beitragen, Herrschafts- und Gewaltmechanismen zu entlarven, ausgeschlossenen Narrativen Gehör zu verschaffen sowie alternative Wahrnehmungsformen und Denkmuster anzuregen. Sie können dazu beitragen, Gewalterfahrungen zu verarbeiten. Sie müssen aber nicht zwangsläufig einen Beitrag hierfür leisten. Kunst ist darin autonom. Die wenigsten Künstler widmen sich mit erklärtem (friedens-)politischem Anspruch ihrem Werk. Schließlich ist es nicht primäre Aufgabe von Kulturschaffenden, aktiv im Sinne eines politischen Programms auf die gesellschaftlichen Verhältnisse Einfluss zu nehmen. Die Rolle von bildender Kunst, Literatur, Musik, Film und Theater liegt wohl eher darin, politische und gesellschaftliche Trends zu antizipieren und zu spiegeln. Auch die Suche nach Identität, Leiden und der Wunsch nach Anerkennung drücken sich schließlich in vielfältiger Weise über Kultur aus, lassen sich aber nicht zielgerichtet über Kulturerzeugnisse beeinflussen.

Kulturproduktion lässt sich in der Regel nicht vor festgelegte programmatische Karren spannen und von daher nur begrenzt durch externe Fördermaßnahmen beeinflussen. Oft sind überdies die politisch-ideologischen Botschaften kultureller Ausdrucksformen für Außenstehende, die nur über begrenzte Landeskenntnis verfügen, nur schwer erkennbar und zu interpretieren. Externe Akteure sollten sich daher vor allzu engen Kategorisierungen in „emanzipative“ und „manipulative“ kulturelle Ausdrucksformen hüten und stattdessen eher nach Ansatzpunkten suchen, die mit der Ambivalenz von Kultur konstruktiv umzugehen versuchen. In extrem polarisierten Gesellschaften sollte man sich vor allem darauf konzentrieren, Foren zu schaffen, in denen sich Menschen unterschiedlicher Lager mit den identitätsstiftenden Merkmalen der Kultur der „gegnerischen“ Gruppe überhaupt auseinandersetzen, diese kennen lernen und begreifen können. Lesungen und Ausstellungen können dazu beitragen, Dialoge in Gang zu setzen, die es erlauben, den „Anderen“ in seinen Interessen und Bedürfnissen zu sehen und gleichzeitig eigene Interessen und Bedürfnisse zu formulieren (Beusch 2005). Die externe Rolle kann vor allem darin bestehen, solche Räume zu gestalten und Prozesse zu moderieren. Das setzt allerdings voraus, dass ein Umfeld gegeben ist, in dem gegenseitiger Respekt und Sicherheit für die Beteiligten gewährleistet sind. Solche geschützten Räume zu schaffen, ist eine zentrale Herausforderung.

Externe Fördermaßnahmen in Krisen- und Nachkriegsregionen sollten also weniger auf die „Instrumentalisierung“ kultureller Initiativen für friedenspolitische Zielsetzungen abzielen als vielmehr auf die Förderung von Pluralität und Begegnungsräumen, die den Diskurs anregen. Sie sollten allerdings dennoch Prinzipien beherzigen, die Konflikttransformation begünstigen. Dazu gehört vor allem Inklusivität, im Sinne der Einbeziehung und Offenheit nicht nur für Akteure, die sich für Aussöhnung engagieren, sondern auch für solche Akteure, die sich diesem Anspruch widersetzen. Allparteilichkeit gegenüber den Konfliktparteien ist ebenfalls von Bedeutung. Gleichzeitig darf dieses Prinzip nicht ausgespielt werden gegen das Prinzip der Parteinahme für Menschen, deren Rechte verletzt werden oder die ihren Interessen in asymmetrischen Konfliktkonstellationen kein Gehör verschaffen können. Aufdeckung und Bewusstmachung von Dominanzkulturen und Strukturen der Ungerechtigkeit bilden eine wichtige Voraussetzung für Konflikttransformation. *Ownership*, also Gestaltungsmacht und Selbstbestimmung von Menschen, die in Konflikte eingebunden sind, ist ein weiteres wichtiges Prinzip. Es hängt im Wesentlichen von diesen selbst ab, ob Konfliktursachen erfolgreich bearbeitet und Prozesse der Aussöhnung auf den Weg gebracht werden. Externe Akteure können sie darin allenfalls unterstützen. Externe Akteure, die sich in Krisen- und Nachkriegsregionen engagieren, sollten nicht nur über kulturpolitisches Knowhow, sondern auch über interkulturelle Sensibilität und Erfahrung verfügen und selbst praktizieren, was sie von den Akteuren vor Ort erwarten: Transparenz der Ziele und Strategien und die Bereitschaft, Beziehungen partnerschaftlich und gleichberechtigt zu gestalten. Die Kooperation zwischen externen und internen Akteuren sollte Räume für wechselseitige Lernprozesse eröffnen. Es bedarf also der Vertrauensbildung auch zwischen den externen und internen Akteuren der Kulturarbeit, einer kontinuierlichen Bedarfsanalyse und eines langen Atems (Balla 2008: 150).

Wenn diese Standards bei der Förderung, Planung und Durchführung kultureller Initiativen berücksichtigt werden, wächst die Wahrscheinlichkeit, dass sie zur Vertrauensbildung, zum Wiederaufbau zerstörter Beziehungen und zur Konflikttransformation beitragen.

### Unterstützung von Erinnerungsarbeit – ein ausbaufähiges Themenfeld für Krisenprävention und Friedenskonsolidierung

Im Rahmen des Europarats wurde 2001 das Projekt *Teaching Remembrance: Education for the prevention of crimes against humanity* ins Leben gerufen, um die Erinnerung an den Holocaust und Verbrechen gegen die Menschlichkeit dauerhaft in die schulischen Lehrpläne der Mitgliedstaaten zu integrieren. Auch mit deutscher Unterstützung wurden in den vergangenen Jahren in verschiedenen Nachkriegsregionen Projekte im Bereich der Vergangenheitsarbeit gefördert. Ein Beispiel ist die Unterstützung für Überlebende des 1989 verübten Giftgasangriffs in Kurdistan-Irak, die sich um Anerkennung ihres Leids und den Aufbau einer Gedenkstätte bemühen, um Dialogräume zu schaffen und sich der Aufarbeitung von diesem und anderen Gewaltverbrechen unter dem vormaligen Regime Saddam Husseins zu widmen. Als Ausgangspunkt dienen Namen, Fotos und Berichte über die Schicksale von Verschwundenen. Dabei geht es zum einen darum, einen symbolischen Ort zu schaffen, welcher der Trauer, Erinnerungsarbeit und Traumabearbeitung dient, aber auch Begegnung, Auseinandersetzung und gesellschaftliche Anerkennung für die Opfer und Hinterbliebenen zu ermöglichen, um ihrer Entfremdung vom politischen Prozess entgegenzuwirken (Mares 2012: 168). Ein anderes vom *Zivik*-Programm mitfinanziertes Projekt unterstützt Initiativen der Aufarbeitung des Völkermordes an den Armeniern, die 1915 Zwangsumsiedlungen durch die osmanische Armee zum Opfer fielen. Seit 2010 bemüht sich die Organisation Underconstruction um die Dokumentation persönlicher Geschichten aus dieser Zeit, in der Hoffnung, damit langfristig zur Verständigung und Aussöhnung zwischen der Türkei und Armenien beitragen zu können. Der künstlerische Bezug besteht darin, dass mit Fotografie und Audiobeiträgen surreale Bild- und Tonwelten hergestellt werden. Die Geschichten werden als Impulse für Diskussionsveranstaltungen genutzt und neu entstehende Dialoge in virtuellen Foren im Internet fortgesetzt, oder sie finden Eingang in gemeinsame Ausstellungsprojekte von Vertretern der Konfliktparteien im Rahmen internationaler Kunstschauen (a.a.O.: 170).

Gerade für Initiativen der Aufarbeitung sind kulturelle Initiativen und künstlerische Zugänge oftmals prägender als historische Faktendarstellungen, weil sie Emotionen ansprechen. Sozialpsychologische und kulturwissenschaftliche Untersuchungen von Erinnerungsformen haben herausgearbeitet, dass „eine Art unbewusster Praxis der Herausbildung unterschiedener Zonen von Vergangenheit, Gegenwart und Zukunft die Menschen zu ‚geschichtlichen Wesen' macht" (Welzer 2008: 16). Dies passiert zum einen vor allem durch Interaktion in der Familie, wo vergangene Ereignisse und Handlungen erzählt werden, und zum anderen auch durch die Rezeption künstlerischer Werke, denn „ein großer Teil der Praxis des kommunikativen Gedächtnisses transportiert Vergangenheit und Geschichte en passant, von den Sprechern unbemerkt, beiläufig, absichtslos" (a.a.O.). Die Dimension des „kommunikativen Unbewussten", der Kern des kommunikativen Gedächtnisses, so Welzer, lasse sich wissenschaftlich nur unvollständig erfassen, da sich unbewusste Wahrnehmungs- und Gedächtnisbildungsvorgänge nur eingeschränkt in wissenschaftliche Begründungszusammenhänge einfügen lassen. Ästhetische Zugänge wie literarische Autobiographien oder Filme kämen diesem Phänomen oft näher, als es mit den „sperrigen Instrumenten" der wissenschaftlichen Argumentation möglich sei.

### Das Verständnis für unterschiedliche Sichtweisen auf Vergangenheit stärken – Empathiefähigkeit ausbauen

Unter dem Titel *Learning each other's historical narrative* (*Die Geschichte des Anderen verstehen lernen*) hat das Peace Research Institute in the Middle-East ein außergewöhnliches Schulbuch erarbeitet.[24] Es beschreibt die israelische und palästinensische Geschichte des 20. Jahr-

24 Vgl. Peace Research Institute in the Middle East / Berghof Conflict Research (Hg.): Das Historische Narrativ des Anderen kennen lernen. Palästinenser und Israelis (deutschsprachige Übersetzung 2009 der Originalausgabe von 2003), siehe http://www.berghof-conflictresearch.org/documents/publications/PrimeTextbuch.pdf (August 2014). Um Dan Bar-On, der am 4. September 2008 in Tel Aviv verstarb, zu würdigen und die Arbeit des Peace Research Institutes im deutschsprachigen Raum stärker bekannt zu machen, wurde 2009 vom Berghof Forschungszentrum eine Übersetzung erstellt. Diese wurde inzwischen auch von Pädagogen in Deutschland nachgefragt und für den Unterricht verwandt.

hunderts aus den gegensätzlichen Perspektiven der beiden Konfliktparteien. Eine Spalte bildet die israelische Sicht auf die Ereignisse ab, daneben findet man die palästinensische Interpretation. Zu den wichtigsten Eckdaten, die behandelt werden, gehören die Balfour-Deklaration von 1917, die den Juden einen eigenen Staat versprach, die Ereignisse, die zur Unabhängigkeit Israels 1948 führten, sowie die erste Intifada (der Aufstand der Palästinenser gegen die israelische Besatzung). Zu denselben Fakten gibt es unterschiedliche Sichtweisen. Das Jahr 1948 etwa erinnern die Israelis als das Jahr der Staatsgründung und des Unabhängigkeitskriegs, für die Palästinenser ist es das Jahr der Katastrophe (*al-Naqbah*) und Vertreibung aus ihrer Heimat. [25]

Den Anstoß für das Projekt gaben die beiden Direktoren des Peace Research Institute in the Middle East, der israelische Psychologe Dan Bar-On (1938-2008) und der palästinensische Wissenschaftler Sami Adwan. Sie stellten bei der Durchsicht palästinensischer und israelischer Geschichtsbücher fest, dass darin die Erfahrungen und das Leid der jeweils anderen Seite nicht vorkommen. In den palästinensischen Büchern wird der Holocaust verschwiegen, in den israelischen Lehrmaterialien das Trauma der Vertreibung der Palästinenser ignoriert. Auch die jeweilige Geschichte und Kultur werden in den Büchern nicht behandelt. Landkarten, die in den Schulen verwendet werden, bilden Städte und Dörfer der anderen nicht ab. Geschichtsunterricht ist damit einseitig und im Wesentlichen darauf gerichtet, das Handeln der eigenen Seite zu rechtfertigen und das Bild des anderen zu verdunkeln. Dan Bar-On, Sami Adwan und ihr Team teilen die Überzeugung, dass die Überwindung von Feindschaft in den Köpfen beginnen muss und dass die Grundlagen für Verständigung in der Schule gelegt werden müssen. Die Herausgeber streben nicht an, die jeweiligen Narrative zu verändern. Es geht ihnen auch nicht darum, eine einzige, gemeinsame Interpretation der Geschichte zu etablieren. Ziel des Buches ist es vielmehr, israelischen und palästinensischen Schülern die Möglichkeit zu eröffnen, die Sichtweise der jeweils anderen nachzuvollziehen.[26]

Das vom Peace Research Institute in the Middle East herausgegebene Material wurde von sechs jüdischen und sechs palästinensischen Geschichtslehrerinnen und Lehrern zusammen mit wissenschaftlichen Experten verfasst. Es wurde in hebräischer und arabischer Sprache erstellt und richtet sich an Schüler der Oberstufen. Einige Pädagogen arbeiten mit diesem Material inzwischen an ausgewählten Schulen in Israel und im Westjordanland. Das Geschichtsbuch wurde bislang zwar nicht in die offiziellen Lehrpläne aufgenommen, die jeweiligen Ministerien erlauben jedoch, dass damit außerhalb des regulären Unterrichts gearbeitet wird. Das Projekt wurde maßgeblich von amerikanischen Einrichtungen (der US-Botschaft in Tel Aviv, dem Konsulat in Jerusalem sowie der Wye River Foundation) finanziert und erhält Unterstützung von der Europäischen Union und vom deutschen Auswärtigen Amt. Es verdeutlicht, dass es gerade im Kontext gewaltsamer ethnopolitischer Konflikte niemals nur eine „Wahrheit“, sondern viele unterschiedliche Interpretationen von Vergangenheit geben kann. Wenn diese zu Wort kommen, kann dies den Weg für die wechselseitige Akzeptanz dieser Perspektiven ebnen

25 Darüber hinaus hat das Peace Research Institute in the Middle East weitere Materialien publiziert: Eine zweite Veröffentlichung behandelt israelische und palästinensische Narrative aus den zwanziger und dreißiger Jahren des 20. Jahrhunderts sowie aus der Zeit des Sechs-Tage-Krieges (1967); ein dritter Band befasst sich mit den fünfziger, siebziger und neunziger Jahren. Alle Texte wurden in hebräischer und arabischer Sprache veröffentlicht. Englischsprachige Versionen sind über die Website vom Peace Research Institute in the Middle East erhältlich: *The Dual Narrative History Project*, online unter http://www.vispo.com/PRIME(August 2014). Dort findet man auch Berichte über die Resonanz und Rezeption des Schulbuchmaterials.

26 Vgl. zum *Dual Narratvie History Project* und den Aktivitäten des Peace Research Institute in the Middle East ausführlich die Darstellung von Sami Adwan, Palestinian Territories. Bottom-up versus top-down: A PRIME experience, in: Feilcke u.a. 2012: 46-58.

und damit einen wichtigen ersten Schritt auf dem langen und beschwerlichen Weg hin zu Aufarbeitung und Aussöhnung bilden.

Es sollte überlegt werden, ob nicht auch im europäischen Rahmen – d.h. mit Unterstützung der EU-Kommission wie auch der Kulturinstitute europäischer Staaten noch stärker als bisher – Austausch- und Partnerschaftsprogramme auf den Weg gebracht werden können, in denen sich Menschen aus Krisenregionen, die an Erinnerungskulturen arbeiten, über verschiedene Formen des Erinnerns und die damit verbundenen gesellschaftlichen Prozesse informieren können. Dies könnte dazu beitragen, Fehler zu vermeiden, die durch Ungeduld und Aktionismus hervorgerufen werden.

Die Einschätzung, dass die Förderung stabiler Friedensordnungen in Nachkriegsregionen eine aktive Erinnerungsarbeit voraussetzt, ist inzwischen allgemein anerkannt. Das Bemühen um Erinnerungskulturen und die Aufarbeitung von Unrecht wird sowohl in der wissenschaftlichen Literatur als auch in Publikationen von Nichtregierungsorganisationen und entwicklungspolitischen Agenturen breit dokumentiert. Das Repertoire reicht von friedenspädagogischen und medialen Aktivitäten zur Vermittlung von Fakten, Initiativen zur Vertrauensbildung und Heilung seelischer Traumata und Wiederherstellung menschlicher Beziehungen in lokalen Gemeinwesen über die Einrichtung von Wahrheits- und Versöhnungskommissionen, Verfolgung von Kriegsverbrechen durch Strafjustiz, Kompensationen, Lustration von Behörden[27] und Institutionen bis hin zur Denkmalpflege.

Allerdings fehlt es weiterhin an gesichertem Wissen darüber, welche Konzepte unter welchen Bedingungen und vor allem zu welchem Zeitpunkt zum Tragen kommen können. Einig ist man sich in der Fachdebatte im Wesentlichen darüber, dass es keine allgemeingültigen Rezepte und Verfahren gibt, die von einer historischen Situation auf die andere übertragen oder von einer Weltregion in eine andere exportiert werden könnten; Formen der Auseinandersetzung müssen sich jeweils aus dem lokalen Kontext entwickeln und den spezifischen regionalen, kulturellen und gesellschaftlichen Bedingungen angepasst sein. Wichtig für friedenspädagogische Initiativen ist die Erkenntnis, dass es nicht nur eine Sicht auf die Vergangenheit geben kann, dass Erinnerung mehrdimensional und mehrperspektivisch ist (Schimpf-Herken 2008). Das bedeutet, dass Anreize dafür geschaffen werden müssen, Empathiefähigkeit zu entwickeln, um sich in die jeweiligen Blickwinkel hineinzuversetzen und einen gemeinsamen Blick auf Vergangenheit zu wagen.

Staatliche wie nichtstaatliche Einrichtungen und Organisationen in der Bundesrepublik haben selbst in den vergangenen Jahrzehnten vielfältige Erfahrungen mit Erinnerungskulturen gesammelt. So war die deutsche Gesellschaft zum einen mit der Herausforderung konfrontiert, sich der Verantwortung für die Verbrechen des NS-Regimes zu stellen, zum anderen musste sie Wege finden, mit dem während der Diktatur der DDR begangenen Unrecht umzugehen.[28] Der Prozess gesellschaftlicher Auseinandersetzung verlief auf vielen Ebenen und wurde durch staatliche wie nicht staatliche Akteure (Bildungs- und Kultureinrichtungen, Medien, Justiz- und Jus-

27 Das Repertoire reicht von friedenspädagogischen und medialen Aktivitäten zur Vermittlung von Fakten, Initiativen zur Vertrauensbildung und Heilung seelischer Traumata und Wiederherstellung menschlicher Beziehungen in lokalen Gemeinwesen, über die Einrichtung von Wahrheits- und Versöhnungskommissionen, Verfolgung von Kriegsverbrechen durch Strafjustiz, Kompensationen, Überprüfung und Entfernung von belasteten Personen aus öffentlichen Ämtern und Institutionen bis hin zur Gestaltung von Gedenkstätten, die den Opfern Anerkennung ermöglichen, Lernprozesse anstoßen und die Auseinandersetzung mit gewaltsamer Vergangenheit fördern.

28 Zur Entwicklung und zum Wandel von Erinnerungskulturen in Deutschland seit dem Zweiten Weltkrieg vgl. König 2003; König 2008; Welzer et al. 2012; Reichel 1995.

tizfolgeeinrichtungen, Opferverbände, Parlamente und Regierungen, politische und private Stiftungen, Bürgerinitiativen) getragen. Vielfach mussten Initiativen zur Auseinandersetzung mit Vergangenheit gegen Widerstände und massive Mauern individueller und kollektiver Verdrängung anarbeiten. Gerade auch die Errichtung von Mahnmalen und Gedenkstätten war von polarisierten Debatten begleitet.

In friedenspolitischen Diskussionen mit Kollegen aus aktuellen Krisengebieten und Nachkriegsregionen konnte man in den vergangenen Jahren immer wieder hören, dass sie die Art und Weise, wie sich Politik und Gesellschaft in der Bundesrepublik mit Vergangenheit auseinandergesetzt haben, als lehrreich erachten. Das wurde insbesondere von Partnern aus dem ehemaligen Jugoslawien angeführt, die sich um grenzüberschreitende Verständigung und Aufarbeitung in der Balkanregion bemühen. Sie bezogen dies vor allem auf die Auseinandersetzung mit dem Holocaust und der NS-Diktatur, interessierten sich aber auch für den Umgang mit den Stasiakten und der Verantwortung für das Unrecht unter dem Regime der DDR.

Zu den Erfahrungen, die hierzulande im Rahmen langjähriger Gedenkstättenarbeit gemacht wurden, die es wert sind, mit anderen geteilt zu werden, gehören:

- die Einsicht, dass der Errichtung von Mahnmalen und Gedenkstätten umfassende Diskussions- und Konsultationsprozesse vorausgehen müssen, weil das Gedenken sowohl den Bedürfnissen von Opfern oder Überlebenden Rechnung tragen als auch Denkanstöße zur Frage nach der Verantwortung geben soll;
- die Erkenntnis, dass Erinnerungsarbeit unter Einbeziehung möglichst vieler relevanter gesellschaftlicher Akteure erfolgen muss und dass Erinnerungspädagogik Abwehr hervorrufen und polarisierend wirken kann, wenn sie auf eine breite Beteiligung verzichtet oder an relevanten Zielgruppen vorbei konzipiert wird;
- das Bewusstsein, dass Erinnerungskulturen in Politik und Gesellschaft nur dann transformativen Charakter entfalten und langfristigen Bestand haben, wenn sie von staatlichen Institutionen, Parlamenten und Zivilgesellschaft gleichermaßen mitgetragen werden;
- die Erfahrung, dass Kulturschaffende in diesen Prozessen eine zentrale Rolle einnehmen können und dass Erinnerungskulturen einer großen Sensibilität und eines engen Austausches zwischen Künstlern bzw. Kulturschaffenden und Friedens- und Konfliktforschern verschiedenster Disziplinen (Geschichts- und Kulturwissenschaften, Ethnologie und Anthropologie) bedürfen.

Auch die Erfahrung, dass die ersten Nachkriegsjahrzehnte in Deutschland von einer Kultur des Schweigens (Dan Bar-On 2004) geprägt waren, die aus verdrängter Schuld und Scham gespeist war und einen demokratischen Neuanfang massiv behinderte, dass in der Generation der Kinder der Kriegsgeneration dialogische Kultur und Konfliktfähigkeit mühsam erlernt werden mussten und erst in der Generation der Enkel von einer mehr oder weniger gelungenen Aufarbeitung gesprochen werden kann, kann für die Motivation (und die Setzung realistische Zeithorizonte) von Friedensaktivisten andernorts möglicherweise von Bedeutung sein.

## 5. Fazit und Ausblick

Bildung, Information und Medien bilden vielfältige und unverzichtbare Ansatzpunkte für Krisenprävention und Konflikttransformation. Allerdings können kulturpolitische Beiträge nur dann Wirkungen entfalten, wenn sie in ein Gesamtkonzept eingebunden werden: „Im Idealfall sind sie Teil eines kohärenten und abgestimmten Vorgehens mit anderen Akteuren, die von der Wirtschafts- und Sozialpolitik, der Entwicklungspolitik, der Rechtspolitik, unter Umständen sogar der Sicherheitspolitik her Beiträge zur Krisenprävention leisten. Hier besteht ein enormer Steuerungsbedarf, der im Aktionsplan der Bundesregierung ansatzweise erkannt worden ist, aber noch keine operative Antwort gefunden hat" (Maaß 2007: 10).

Mit den vielfältigen Bildungs- und Kulturprojekten im Rahmen der Stabilitätspakte für Südosteuropa und Afghanistan wie auch im Rahmen des „Europäisch-islamischen Kulturdialogs" und den Initiativen in der Region Nahost und Nordafrika und wurden wichtige Weichen gestellt. Die schwerpunktmäßige Förderung von Zivilgesellschaft und der Zielgruppe Jugend erscheinen in diesem Kontext besonders zukunftsweisend. Gleichwohl wäre eine noch systematischere Integration der Bildungs- und Kulturpolitik in eine strategische Politik der Krisenprävention wünschenswert. Peter Mares (2012: 165) kommt zu dem Schluss, dass sich „zivile Konfliktbearbeitung und auswärtige Kulturarbeit bisher in zwei getrennten Sphären bewegen und ein größerer Austausch zwischen diesen beiden Wissenswelten wünschenswert ist." Gleichzeitig stellt er die Frage nach den erkenntnisleitenden Motiven innerhalb des Themas „Konflikt und Kultur": Ist es ein Nützlichkeits- und Legitimationsdiskurs, den Kulturschaffende wünschen? Oder ein Diskurs über die kreative Erwiderung des Methodenrepertoires der zivilen Konfliktbearbeitung, die ihren Ursprung in der Friedens- oder Sicherheitspolitik habe? (a.a.O.). Schließlich gebe es zwischen den Referenzsystemen der Konfliktbearbeitung und der kulturellen Programmarbeit eine paradigmatische Differenz: während sich Programme der Konfliktbearbeitung „absichtsvoll und planmäßig" auf sozialen Wandel richten, ziele die kulturelle Arbeit eher auf ästhetische Rezeption und professionelle Produktion, wobei ein Beitrag zum sozialen Wandel erwünscht werde, aber allenfalls als Begleiterscheinung. Zudem werde im ersten Bereich eine langfristige Perspektive eingenommen und damit in Zeitdimensionen geplant, welche die künstlerischen Initiativen weit übersteigen.

Der eingangs erwähnte, 2004 verabschiedete *Aktionsplan Zivile Krisenprävention* hat dazu beigetragen, den Stellenwert ziviler Instrumente der Prävention und Friedenskonsolidierung zu stärken. Im Hinblick auf die Sicherheits-, Abrüstungs- und Rüstungsexportpolitik sind jedoch weiterhin deutliche Defizite zu beklagen, und eine Kohärenz der unterschiedlichen Politikbereiche ist von daher bislang noch lange nicht gegeben. Die an der Umsetzung des Plans beteiligten Akteure stehen in ihren Bemühungen um Austausch und Abstimmung noch am Anfang. Außerdem lassen die Bemühungen der Bundesregierung um die Sichtbarmachung ziviler Anstrengungen zur Krisenprävention und Friedenskonsolidierung auch weiterhin zu wünschen übrig. Auch die Beiträge der Außenkulturpolitik zur Krisenprävention in Südosteuropa, Afghanistan oder der Region Nahost und Nordafrika sind vermutlich allenfalls den daran beteiligten Akteuren, aber nicht einer breiteren Öffentlichkeit bekannt.[29]

In den vergangenen Monaten haben führende Repräsentanten deutscher Politik in unterschiedlichen Reden mit besonderem Nachdruck darauf hingewiesen, dass Deutschland im internationalen Kontext eine aktivere Rolle übernehmen müsse. Die Frage, wie diese ausgestaltet werden

29 Der Beirat Zivile Krisenprävention hat dieses Manko in seinen Stellungnahmen zu den Umsetzungsberichten wiederholt angesprochen und empfohlen, eine professionelle Öffentlichkeitsarbeit und Kommunikationsstrategie zu etablieren, um zivile Ansätze der Krisenprävention und Friedenskonsolidierung besser zu illustrieren und diesen größere gesellschaftliche Akzeptanz zu verschaffen. Vgl. Zivilgesellschaftliche Perspektiven zum Aktionsplan. Bericht und Stellungnahme des Beirats Zivile Krisenprävention, Berlin 2008, S. 3. Online unter http://www.auswaertiges-amt.de/cae/servlet/contentblob/384194/publicationFile/4342/Aktionsplan-Bericht2-Stellungnahme.pdf (Juni 2014).

soll, steht nun im Raum. Einige prominente Persönlichkeiten beantworteten diese Frage in recht konventioneller und phantasieloser Weise, die sich so lesen lassen könnte, als sei ein politischer Wille zur Bewältigung globaler Herausforderungen und Friedensgefährdungen zwangsläufig mit der Bereitschaft zu einem größeren Beitrag für weltweite militärische Einsätze gekoppelt. Zahlreiche Friedensforscher ziehen diesbezüglich andere Schlüsse. Es bleibt abzuwarten, ob der vom Auswärtigen Amt 2014 angestoßene *Review*-Prozess, in dem Experten aus unterschiedlichen *Policy*-Diskursen nach ihrer Einschätzung für die Schwerpunktsetzung deutscher Außenpolitik befragt wurden, die Weichen in eine andere Richtung stellen kann. Der 2004 etablierte *Aktionsplan Zivile Krisenprävention* war eigentlich ein wichtiger Schritt in die richtige Richtung. Nun müsste aber endlich das dazu passende, übergeordnete friedenspolitische Leitbild ergänzt werden, das den globalen Herausforderungen des 21. Jahrhunderts gerecht wird. Der Ko-Vorsitzende des Beirats Zivile Krisenprävention, Jörn Grävingholt, hat kurz vor dem 10jährigen Jubiläum in einem Positionspapier darauf hingewiesen, was es bedeutet, „mehr Verantwortung" in der Welt zu übernehmen, und kam zu dem Schluss: „Die größten Herausforderungen sind nicht militärischer Natur" (Grävingholt 2014).

Zudem wäre es wichtig, dass den vielfältigen zivilen Maßnahmen, die dafür unternommen wurden und werden, auch in der öffentlichen Darstellung mehr Bedeutung beigemessen wird. Dass regierungsoffizielle Verlautbarungen inzwischen eine Fülle von Hinweisen zur tragenden Rolle der Auswärtigen Kultur enthalten, ist ein deutlicher Fortschritt. Jedoch müsste das politische Ziel, zur Konflikttransformation und Friedenskonsolidierung beizutragen, auch noch stärker innerhalb der Außenkulturpolitik und ihrer Mittlerorganisationen operationalisiert werden. In allen Bereichen, von der Bildungspolitik (einschließlich der Einrichtungen zur Qualifizierung für Auslandseinsätze) über die Medien bis hin zur Kulturpolitik gilt es, im Verbund mit entwicklungspolitischen Agenturen, zivilgesellschaftlichen Organisationen, Kultur- und Bildungseinrichtungen und internationalen Förderorganisationen weitere Spielräume zu sondieren, Erfahrungen auszutauschen und innovative Ansätze zu etablieren. Es wäre zu hoffen, dass das einst vom damaligen Außenminister Fischer 2001 formulierte Ziel, „globale Lerngemeinschaften" des Dialogs und wechselseitigen Austausches zu schaffen (Fischer 2001), auch weiterhin Berücksichtigung findet und irgendwann zu einem Leitmotiv erhoben wird. Eine solche Ausrichtung wäre wichtig, damit Außenkulturpolitik nicht in eine Schieflage gerät. Es kann nicht nur oder in erster Linie darum gehen, in anderen Weltregionen das „Verständnis für westliche Normen und Werte" zu erhöhen, sondern es muss auch hierzulande in Bildung investiert werden, die das *Wissen über* und den *Respekt für* andere Kulturen erhöht.

## 3.7 Die Aufnahme produktiver Beziehungen – Kultur und Entwicklung

*Enzio Wetzel*

Seit vielen Jahren ist das Arbeitsfeld „Kultur und Entwicklung“ im politischen Diskurs gegenwärtig, manchmal mehr im Untergrund, manchmal im topaktuellen Gewande. In Deutschland widmen sich zahlreiche Initiativen der Zivilgesellschaft, halbstaatliche Institutionen wie das Goethe-Institut, das Institut für Auslandsbeziehungen, die Heinrich Böll Stiftung oder die Gesellschaft für Internationale Zusammenarbeit und zunehmend die kulturwissenschaftlichen und kulturpraktischen Fakultäten der Hochschulen seit einigen Jahren der Thematik mit verstärkter Energie. Aus der wissenschaftlichen, der politischen und der praktisch-organisatorischen Perspektive werden Analysen, Strategien und Vorschläge entwickelt. Dies spiegelt sich in zahlreichen Veranstaltungen, Initiativen, Proklamationen und Publikationen zum Thema.[1]

„Kultur und Entwicklung“ ist ein Sammelbegriff und zugleich ein Kampfbegriff. Sehr unterschiedliche Projekte und Herangehensweisen werden diesem Feld zugeordnet; es werden Auseinandersetzungen um Definitionen, Wertorientierungen, Zuständigkeiten und nicht zuletzt Zuwendungen geführt (Faschingeder 2009). „Kultur *und* Entwicklung“ heißt nicht „Entwicklung *durch* Kultur“, „Kultur *für* Entwicklung“ oder “Entwicklung *der* Kultur“, es kann aber all dies und noch mehr bedeuten, je nach Herkunft und Intention der Protagonisten. Die vage Zuordnung erschwert den daraus erwachsenen Ideen und Konzepten zunächst ihre Akzeptanz in den etablierten Kreisen, sie sind eine kontinuierliche Herausforderung für die bestehende Praxis, wie Kultur ausgeübt und wie Entwicklung vorangetrieben wird.

Im Rahmen des vorliegenden Handbuchs *Kultur und Außenpolitik* wird „Kultur und Entwicklung“ als ein gemeinsames Diskurs- und Handlungsfeld der Auswärtigen Kulturpolitik, der staatlichen Entwicklungszusammenarbeit und zwischenstaatlicher wie zivilgesellschaftlicher Institutionen betrachtet. Es geht in erster Linie darum, wie Akteure in Deutschland und aus Deutschland mit dem Thema umgehen und was das Thema mit ihnen macht. Noch bietet das Feld mehr Pilotprojekte und Positionspapiere als theoretische Klärungen und erprobte Verfahren.

Schwerpunkte sind im folgenden (1) die Darstellung der Entwicklungslinien der letzten Jahre mit eine Analyse, wie sich die Konstellationen auf der ideologischen und der praktischen Ebene verändert haben, (2) Hinweise, wo sich Anknüpfungspunkte für eine vertiefte und systematische Berücksichtigung des Feldes finden lassen, schließlich (3) Vorschläge aus Wissenschaft, Politik und Praxis, wie eine neue fruchtbare Beziehung aufgebaut werden kann.

(1) Die Konvention über den Schutz und die Förderung der Vielfalt kultureller Ausdrucksformen wurde nach zähen Verhandlungen 2005 von der Generalversammlung der UNESCO in Paris angenommen. Sie markiert den Beginn einer systematischen und ab sofort auch juristisch

---

1 Ausführliche Literaturangaben auch über die „graue Literatur“ finden sich bei Kampmann 2013: I-X, Gad 2014: 263-277 und Schönhuth 2005: 237-253. Das Institut für Auslandsbeziehungen bietet eine stets aktualisierte Auswahlbibliografie, einsehbar unter http://www.ifa.de/kultur-und-aussenpolitik/themen/kultur-und-entwicklung/aus wahlbibliograshyfie.html, ebenso eine Übersicht über die Geberländer und internationalen Akteure im Feld „Kultur und Entwicklung“ unter http://www.ifa.de/kultur-und-aussenpolitik/themen/kultur-und-entwicklung.html (September 2014). Zur internationalen Diskussion siehe Rao/Walton (Hg.) 2004: 373-414.

einklagbaren Berücksichtigung der Kultur (UNESCO 2013: 51).[2] Jeder Vertragsstaat war damit gefordert, entsprechende Regularien, Schutz- und Fördermechanismen für Kultur auf seinem Staatsgebiet zu entwickeln, für ihre Einhaltung zu sorgen und Institutionen der Gesellschaft dafür zu gewinnen. Dieser einmal in Gang gesetzte Mechanismus wurde durch Entwicklungen an anderer Stelle verstärkt. Zivilgesellschaftliche Initiativen, die sich der Partizipation, der Inklusion, dem interkulturellen Dialog, der Entwicklungszusammenarbeit auf Augenhöhe und ähnlichen Zielen verpflichtet sahen, bemächtigten sich des neuen Abkommens und formulierten Empfehlungen an die politischen Ressorts, unterstützt von Wissenschaftlern und Praktikern der internationalen Zusammenarbeit.[3] Diese Art von Aktivitäten führte noch nicht zu einem Durchbruch, sie kamen meist nach recht kurzer Zeit zum Erliegen. Aber die Bemühungen der Vorreiter wurden zunehmend von Mittlerorganisationen aufgenommen und durch konzeptionelle Überlegungen und konkrete Vorschläge zur Realisierung verstärkt. So veranstalteten die damalige Gesellschaft für Technische Zusammenarbeit und das Goethe-Institut 2004/5 gemeinsame Runde Tische zum Begriff des Fortschritts in unterschiedlichen Kulturen[4] und anschließend zu „Kultur und Entwicklung" (Gesellschaft für Technische Zusammenarbeit/Goethe-Institut 2005). Die Arbeitsgruppe Kultur und Entwicklung, bestehend aus dem Deutschen Entwicklungsdienst, der Agentur für Internationale Weiterbildung und Entwicklung, dem Goethe-Institut, dem Institut für Auslandsbeziehungen und der Gesellschaft für Technische Zusammenarbeit, ließ eine Synergiestudie zum Thema anfertigen (Gad 2004) und veranstaltete eine Reihe von Konferenzen. In ihrem Umfeld entstanden Publikationen, in denen sich Experten und Wissenschaftler aus dem In- und Ausland zu Wort meldeten (Wilhelm/Ihne 2009; Wilhelm 2010; Feilcke u.a. 2012). Insbesondere das Institut für Kulturpolitik in Hildesheim und das Goethe-Institut bemühten sich über Jahre hinweg um eine neue, systematische und operativ wirksame Beziehung zwischen Kultur und Entwicklung, bis die Ansätze allmählich breiter aufgenommen wurden, im Entwicklungsdiskurs wie auch in den Debatten in Deutschland.[5]

Denn der Kultur, der Kunst und der kulturellen Bildung wurden und werden zunehmend Aufgaben im Dienst der Gesellschaft zugemutet. Vergangenheitsbewältigung, nationale Einigung, Integration und Inklusion, Kohäsion der Gesellschaft, Wertevermittlung und Sinngebung wie auch Unterhaltung und Wertschöpfung: dies alles soll durch Kultur erbracht werden, sie müsse daher entsprechend gefördert werden (Deutscher Kulturrat 2010). Eine Publikation der

---

2 Eine Übersicht der Meilensteine bei „Kultur und Entwicklung" in der UNESCO von 1966 bis 2013 einschließlich der verabschiedeten Papiere findet sich hier http://kulturellevielfalt.unesco.at/cgi-bin/page.pl?id=30&page=4 (September 2014).

3 Beispiele
- Das sogenannte *Weißbuch*, erstellt mit Akteuren der Zivilgesellschaft (Deutsche UNESCO-Kommission 2009b).
- das *Manifest für eine enge Zusammenarbeit zwischen Auswärtiger Kulturpolitik und Entwicklungspolitik* (2006) – http://www.kuenste-bilden-umwelten.de/fileadmin/user_upload/documents/BNE/BNE_Seite/Kultur_und_Kunst_fuer_NE.pdf (September 2014).
- die Websites http://blog.krachtvancultuur.nl/en (bis Juli 2010 aktiv) und http://www.culture and development.info/ (EU-finanzierte Plattform 2005-2008 – Link ist im September 2014 noch aktiv).
- die umfangreiche Erhebung von fünf Agenturen aus Großbritannien „Is culture a hidden asset of development – implicit yet invisible?" (2003-2005), s. dazu http://r4d.dfid.gov.uk/PDF/Outputs/Mis_SPC/R8202b.pdf (September 2014).
- die Vorschläge der Vienna Group on Culture and Development vom http://kvc.minbuza.nl/files/images/Vienna%20group%20meeting_minutes(1).pdf (September 2014).

4 http://www.fortschritt-weltweit.de (September 2014).

5 Einen Einblick in die aktuellen Planungen und Projekte bieten die Webseiten www.goethe.de/entwicklung bzw. www.kulturundentwicklung.de (September 2014).

Europäischen Union aus demselben Jahr zeigt sich davon überzeugt, „dass uns Kultur bei der Konfrontation mit den globalen Herausforderungen unserer Zeit wie nachhaltige Entwicklung, sozialer Zusammenhalt, Friedensarbeit und Konfliktprävention wertvolle Lösungswege aufzeigen kann" (Generaldirektion Entwicklung 2010: 4). Manche wollen „Kultur und Entwicklung" gar als übergreifendes Konzept für die Entfaltung des Individuums, die kulturelle Teilhabe benachteiligter Gruppen in der Gesellschaft und für die Verständigung zwischen den Völkern, also auf der kommunalen, nationalen und internationalen Ebene etabliert sehen (Kreuzig 2012: 112).

Der zuständige Berufszweig, das Kulturmanagement, wird damit zunehmend als Gestalter kultureller Kontexte über den Kunstbetrieb hinaus verstanden, als Katalysator in unterschiedlichen Bereichen der Gesellschaft (Bekmeier-Feuerhahn et al. 2009: 17). Nicht zufällig erinnern hiesige Kulturakteure, Politiker und Forscherinnen an die herausragende gesellschaftliche Funktion der internationalen kulturellen Zusammenarbeit, beispielsweise an die des Theaterfestivals in Kabul, und fragen: „Kann man sich gleiches für die Kulturpolitik in Deutschland vorstellen?" (Volke 2010:165). Parallel dazu sieht sich der Kulturmanager unversehens auch zum *Change Agent* innerinstitutioneller Veränderungen befördert. Um zwischen künstlerischen und wirtschaftlichen Perspektiven vermitteln zu können, sind nun vor allem fachfremde Team-, Kommunikations- und Organisationsfähigkeit neben Kreativität und konzeptionellen Kompetenzen gefragt (Winter/Buschow 2012: 16 f.).

Die argumentative Verklammerung zwischen Kultur und gesellschaftlicher wie auch wirtschaftlicher Entwicklung – unterstützt durch Konzepte wie dem der *Creative City* (Landry 2001) und dem *Kulturindex der Länder* (Kulturstatistiken 2008) – wurde zunehmend enger und verstärkte den Erwartungsdruck auf Kunst und Kultur als Sektor, Vektor oder Faktor in den Ländern der Europäischen Gemeinschaft (Generaldirektion Entwicklung 2010: 13 f.). *Creative Europe*, gültig 2014–2020, bildet einen vorläufigen Höhepunkt dieser Entwicklung: „The cultural and creative sectors have great potential to boost jobs and growth in Europe"[6]. Nun steht – durchaus folgerichtig – das transatlantische Freihandelsabkommen am Horizont, mit unabsehbaren Folgen für die europäische Kultursubvention.

Die Auseinandersetzung um die Rolle und Funktion des kreativen und künstlerischen Schaffens wird auch andernorts konkreter. Wissenschaftler wie Kulturakteure des globalen Südens[7] entwickeln Vorschläge, die die überkommenen Konzepte von Kultur als kulturellem Erbe, lokalem Wissen oder kreativer Ressource und die Konzepte von Entwicklung als Mittel- und Methodentransfer von Nord nach Süd überwinden und neu zueinander in Beziehung setzen. Mike van Graan, bis vor kurzem Leiter des Arterial Network[8], schlägt vor, den Wert an sich, den sozialen und den wirtschaftlichen Nutzen von Kunst und Kultur nicht gegeneinander auszuspielen. „They all have a right to co-exist on the continuum of subsidised to market-driven creative practices. In the real world, many creative practitioners make their living from a combination of subsidised art for its own sake, as instruments for social good and commercial art" (Graan 2010). Dabei können viele afrikanische Künstler sehr wohl von ihrer Kunst leben, und

6 http://ec.europa.eu/programmes/creative-europe/documents/creative-europe-flyer_web_en.pdf (September 2014).

7 Dabei ist schon diese Zuweisung fragwürdig, zumal bei Personen der Kunst und der Wissenschaft, weil sie einen nicht geographischen und nicht herkunftsabhängigen Freiraum beanspruchen. Dessen ungeachtet scheinen die Konzepte „von dort" häufig pragmatischer und unabhängiger von ideologischen Verstrickungen.

8 Arterial Network „is a dynamic, pan-African civil society network of artists, activists, organisations and institutions engaged in the African creative and cultural sectors. Operating across 90% of Africa, Arterial Network is actively engaged in strengthening the creative sectors and utilising arts and culture to contribute towards sustainable development" vgl. http://www.arterialnetwork.org (September 2014).

zwar bereits dank ihrer innerafrikanischen Kunden. Der internationale Markt müsse auf holistische Weise betrachtet werden. Europa nehme sich möglicherweise zu wichtig, meint Okwui Enwezor, Leiter des Hauses der Kunst in München (Enwezor 2014). Anmol Vellani, Leiter der India Foundation for the Arts in Bangalore[9], zeigt, wie *Cultural Entrepreneurs* in Indien mit der *Fundamental Tension* zwischen Kultur und Markt in der Praxis umgehen und verweist auf den intrinsischen Wert eines Kunstwerks für die Gemeinschaft im Gegensatz zu seinem ökonomischen Wert als exotisch anmutender Kunstgegenstand (Vellani 2008). Der Gedanke, „dass Kunst und Kultur dem Leben irgendeinen besonderen Wert oder Sinn verleihen, geschweige denn, dass sie öffentliche Förderung verdienen", sei vielen afrikanischen Regierungen fremd. Denn nicht jede kulturelle Aktivität könne Rendite abwerfen (Mbembe 2013). Auch aus geradezu vergessenen Weltgegenden wie Mittelamerika oder Mittelasien melden sich Organisationen und einzelne Akteure zu Wort, die Künstlern und Initiativen Gehör verschaffen wollen. „Have we overlooked the beginnings of a vital, untapped link between East & West – in our obsession with Terrorism?", fragte etwa Leeza Ahmady und schlug 2003 in Wien die Gründung eines Contemporary Central Asian Museum of Arts & Performance vor, bisher ohne Erfolg.[10]

Gesellschaftliche, politische und wirtschaftliche Veränderungen fordern die Diskurse und Praktiken der kulturellen Zusammenarbeit wie auch die bisher gültigen Paradigmen der Entwicklungszusammenarbeit heraus. Die weltweite Finanzmarktkrise zeigte die Verletzlichkeit der westlichen Werte – der finanziellen wie der gesellschaftlichen – und führte auch zu einer Vertrauenskrise, die nun institutionelle Reformen einfordert (Beckert 2010: 13). Die gesellschaftlichen und kulturellen Konsequenzen und Frustrationen der „Arabellion" strahlen weit über die Region hinaus (Jünemann/Zorob 2013: 12). Nach dem Ablaufen der *Millennium Development Goals* 2015 werden mit der *Post-MDG-Agenda* und der überfälligen *Post-Aid-Agenda* auch die Kriterien der OECD für öffentliche Entwicklungshilfe einer grundlegenden Revision unterzogen. „Der beste Weg, ihre Glaubwürdigkeit zu erhöhen, wäre, die Entwicklungsländer mitentscheiden zu lassen" (Keijzer 2014). Moderne Entwicklungszusammenarbeit soll nun auch Beiträge zu Problemen wie Klimawandel, Ungleichheit, Bildungsarmut und Sicherheit leisten (Janus et al. 2014). Diese Forderungen erinnern an die, die an die Kultur gerichtet werden. Schlagwörter wie „Wandel durch Kultur" signalisieren ähnliche Erwartungen, nur an die andere Adresse. Wo sind nun Herausforderungen, die beide Konzepte betreffen, und Hinweise, wo sich Anknüpfungspunkte für eine vertiefte und systematische Zusammenarbeit finden lassen?

(2) Die Definition der UNESCO von Kultur ist gegenüber diesen Fragestellungen bemerkenswert unpolitisch und bleibt damit auch für Entwicklungskonzepte unverbindlich. Die „komplexe Gesamtheit der verschiedenen geistigen, spirituellen, emotionalen und materiellen Merkmale einer Gesellschaft oder von sozialen Gruppen" (UNESCO 1982) blendet aus, dass Kulturen wie auch Gesellschaften keine geschlossenen Entitäten sind, dass ihre Bestandteile – Rituale, Texte, Moden, Haltungen – ständig geändert und anders gedeutet, anders gemeint und anders aufgefasst werden (Schönhuth 2005: 109). Erst wenn dieser Zusammenhang hergestellt

9 India Foundation for the Arts „enriches the practice and knowledge of, widens public access to, and strengthens capacities and infrastructure in the arts in India, by supporting innovative projects, commissioning research and creating public platforms." http://www.indiaifa.org/about-us/about-ifa.html (September 2014).

10 Ein Vorreiter in der Debatte ist die Konferenz des österreichischen Institut zur Erforschung und Förderung österreichischer und internationaler Literaturprozesse *Das Verbindende der Kulturen*, http://www.inst.at/kulturen/index.htm (September 2014). Zu Leeza Ahmady siehe http://ahmadyarts.com/about (September 2014).

wird, werden Kultur und Kunst für Entwicklung relevant. Kulturelles Agieren und insbesondere künstlerisches Schaffen ist mitnichten immer nur Ausdruck einer sozialen Gruppe, sondern höchst individualistisch und unkalkulierbar. „Kunst beschreibt und bestätigt nicht nur die Verhältnisse, sondern reflektiert und kritisiert sie allenthalben. Als sogenannte Hochkultur hat sie immer schon der sozialen Abgrenzung und Betonung der Sonderrolle von Eliten gedient, gleichzeitig ist es oft gerade die Kunst, die als Protest- und Gegenkultur deren Hegemonie angreift" (Kuthan/Schmidjell 2010: 3).

Die tätigen Institutionen und Agenturen beider Felder stehen unter ständiger Beobachtung, von Seiten der „Klienten" bzw. „Konsumenten", von Seiten der Mittelgeber, die immer strengere Wirkungsnachweise einfordern, und von Wissenschaft und Öffentlichkeit. Sie sehen ihre eigenen Grundsätze der Partnerorientierung von eben diesen Partnern auf die Probe gestellt: „Tales of arrogance in the interactions between international or bilateral agencies and their <clients> abound" (Rao/Walton 2004: 367). Hinter dem Gegensatz zwischen Experten- und lokalem Wissen verbirgt sich eine Unsicherheit der Experten (Hüsken 2006). Mit Regierungsbeamten des Partnerlandes gibt es keine Kommunikationsschwierigkeiten, mit einer Dorfbewohnerin möglicherweise schon (siehe Wilhelm 2010: 215). Neue Methoden wie die Sinus-Milieustudien könnten auch in der transkulturellen Entwicklungszusammenarbeit eingesetzt werden (Fischer 2012: 134).

„Das Goethe-Institut ist nicht nur ‚Ermöglicher', sondern auch ‚Bestimmer' von Kunst und Kultur, denn es fördert selektiv und auf die zeitgenössischen Künste fokussiert" (Marianne Kreuzig in: Schneider/Gad 2011: 21). Auch angesichts des unterschiedlichen Grades der Professionalität der Beteiligten und der fast ausschließlichen Finanzierung durch nur einen der beteiligten Partner (der zudem für den ordnungsgemäßen Verwendungsnachweis bürgen muss) scheint eine Partnerschaft zwischen Gleichberechtigten utopisch. Förderung aus Deutschland beginnt in der Regel mit dem Sprung ins Projekt und endet mit der Premiere oder der Ausstellung (Hampel 2014: 33).

Eine Herausforderung für die Entwicklungszusammenarbeit wie die kulturelle Zusammenarbeit ist die zunehmende Autonomie und damit einhergehend das zunehmende Selbstbewusstsein der Klientel – so sehr man sich die Anerkennung ihrer Eigenständigkeit auf die Fahnen geschrieben hat. Die europäischen Staaten sind nicht mehr das alleinige Vorbild, sondern Anbieter unter vielen, zudem wie alle anderen interessengesteuert. Ob es nun um künstlerische oder wirtschaftliche Zusammenarbeit geht, man muss sich um die Partnerschaft bemühen. Private Akteure, Unternehmen und Stiftungen bringen sich immer häufiger in Entwicklungsländern ein (Rinke 2014: 23).

Die Mittler treffen tendenziell immer wieder auf dieselben Partner – wenn sie sie einmal gefunden haben. Das sind vornehmlich die aus einem ähnlichen sozialen Milieu und beruflichen Umfeld (Wilhelm 2010: 215), die, die ihren besonderen Anforderungen am ehesten genügen, ihre Ziele und ihren Geschmack am besten kennen, oder sie bringen durch ihre Programme gleich gänzlich neue Abnehmer hervor und erzeugen eine Schicht von Zwischenträgern, die es ohne die Programme nicht geben würde.

Völlig unterschiedlich sind dagegen die Zielorientierung der Projekte und ihre zeitliche Perspektive. Während beispielsweise das Kulturabkommen zwischen Deutschland und Ägypten aus den siebziger Jahren stammt und unter der Wahrnehmungsschwelle der Politik alle Regierungswechsel bis heute überdauert hat, ist die bilaterale Entwicklungszusammenarbeit immer an konkrete, maximal einige Jahre dauernde Vorhaben gebunden. Diese werden zudem jährlich neu auf Regierungsebene ausgehandelt. Im Gegensatz dazu ist die Präsenz eines Goethe-Instituts per se das Vorhaben, mit dem die Auswärtige Kulturpolitik Gestalt annimmt. Die programmatische Freiheit der Kulturangebote, der Akteure, Aktivisten und Besucher kann in Gefahr geraten, wenn sich hier Kultur und Entwicklung unversehens zu nahe kommen. Wie kann es trotzdem zur Aufnahme fruchtbarer Beziehungen kommen?

(3) „Kultur und Religion sind Kräfte, die den Erfolg der Außen- und Entwicklungspolitik beeinflussen" (Bundesministerium für wirtschaftliche Zusammenarbeit und Entwicklung 2011: 29). Damit stellt sich die Frage, ob das Ministerium die Kulturmittler der Auswärtigen Kulturpolitik, ähnlich wie es schon seit langem bei Organisationen in den Kirchen geschieht, als eigenständige Institutionen mit eigenem Recht einsetzen will. Denn die eigentlichen Potentiale einer neuen systematischen Zusammenarbeit liegen auf der Hand: Die Kulturmittler bewegen sich in anderen gesellschaftlichen Szenen, sie sind institutionell anders gelagert und haben daher auch anders geartete Beziehungen, sie haben meist einen größeren Abstand zur Macht und verfügen über einen enormen Vertrauensvorrat bei Vertretern von Wissenschaft, Medien und eben Kunst und Kultur.

Die folgenden Hinweise stehen relativ unverbunden hintereinander. Sie werden nach Möglichkeit durch „Fundstücke" aus Reden, Proklamationen, Zeitungsartikeln und internen Papieren belegt, da aus verständlichen Gründen häufig noch keine abgeschlossenen Forschungsergebnisse dazu vorliegen[11]. Die umfangreichste Liste von Forderungen bietet die Konferenz von Hangzhou (UNESCO 2013: 6-10).

Die beteiligten Institutionen sind gefordert, ihre Unternehmenskultur weiter zu entwickeln. Dabei muss auch über eine Neudefinition der Unternehmensziele verhandelt werden: „Wir brauchen eine ernsthafte Debatte und Befragung der Organisationen, die immer wieder dem überholten Paradigma des Developmentalismus verfallen" (Enwezor 2014). „So sind die Partner vor allem durch einzelne Veranstaltungen in die Projektinitiierung, -konzeption und -realisierung mit einbezogen, wirken jedoch kaum an der gesamten inhaltlichen Projektentwicklung und -durchführung mit" (Nadja Wallraff über das Goethe-Institut in: Schneider/Gad 2011: 33). Eine „neue Wichtigkeit" von Kultur- bzw. Entwicklungszusammenarbeit könnte dabei kontrastiv, d.h. gemeinsam herausgearbeitet werden. Denn die beiden größten Akteure Goethe-Institut und Gesellschaft für Internationale Zusammenarbeit sind in ihren Aufgaben komplementär zu beurteilen und müssten sich – eine solche Klärung vorausgesetzt – nicht in die Quere kommen (Michel 2012: 99 und 112).

„Kulturschaffende und Kulturvermittler sind für uns weit über die Kulturpolitik hinaus – gewissermaßen als Seismographen für neue Entwicklungen und als Ideengeber – unverzichtbar" (Kurt Beck in Zimmermann/Geißler 2008 : 20). Sie sind selbstverständlich frei in der Wahl ihrer Themen und Mittel wie auch ihrer Auftraggeber oder Mäzene. Eine Zusammenarbeit mit Künstlern muss sich bewusst sein, dass damit ästhetische Irritation, Provokation, Ironie und Sarkasmus ins Spiel kommen (Faschingeder 2009: 36) – und dass das Ganze schief gehen kann. Künstler sind wohl Protagonisten von Veränderung, allerdings bleibt bis zum Schluss offen, welcher genau. Im Interesse der Kunst und der Kulturschaffenden, durchaus auch im eige-

11 Siehe aber dazu die vielversprechenden Promotionsvorhaben der Universität Hildesheim http://www.uni-hildesheim.de/fb2/institute/kulturpolitik/promotionen/promotionsvorhaben (September 2014).

nen Interesse[12], plädiere ich dafür, dass Betreuung und Vernetzung dieser Partnergruppe bei den Mittlern der Auswärtigen Kulturpolitik angesiedelt bleiben. Die Mittler können auf die langjährige Präsenz vor Ort bauen und haben die projektbezogenen Kontakte zu den kulturellen Szenen in Deutschland. Eine Kunstform wie das „postmigrantische Theater" entsteht trotz der klaren Bezüge zu vielerlei gesellschaftlichen Herausforderungen nur im künstlerischen Raum, eben im Theater[13], nicht anlässlich einer Regierungsverhandlung zwischen Deutschland und einem Land der Entwicklungszusammenarbeit oder auf der Islamkonferenz des Innenministers.

Politische und gesellschaftliche Erschütterungen in der Nachbarschaft sind immer wieder Anlass für ein verstärktes Engagement der deutschen Außenpolitik und führen zur Einrichtung von Arbeitsstäben und Programmen aus zusätzlichen Mitteln, wie das fast unmittelbar nach dem 11. September 2001 aufgelegte *Sonderprogramm europäisch-islamischer Dialog* (Urban 2006: 155 f.) und ca. zehn Jahre später die „Transformationspartnerschaft mit Ägypten bzw. Tunesien" (Becker/Wetzel 2011). Diese bieten inter- und intrainstitutionelle *Windows of Opportunity* für eine Veränderung der Konzeptionen und eine Beschleunigung der Verfahren. Das Goethe-Institut nutzte die Chance des Islamdialogs, seine Aktivitäten erheblich auszuweiten, indem es aus den Metropolen in die Fläche ging, verstärkt Kinder und Jugendliche ansprach, Filme arabisch untertitelte und interkulturell besetzte Doppelkonzerte veranstaltete (Urban 2006: 1 und 57 f.). Vom Theaterfestival in Kabul, gegründet vom Goethe-Institut und finanziert vom sogenannten „Stabilitätspakt Afghanistan", war schon weiter oben die Rede. Diese und weitere Programme, z.B. der in Osteuropa nach dem Fall der Mauer eingerichtete „Stabilitätspakt Südosteuropa"[14], wirkten sich mittelfristig stilbildend auf die Unternehmenskultur des Instituts aus, 2012 wurde denn auch die Einheit „Kultur und Entwicklung" als selbstständiger Querschnittsbereich neben den Kunstsparten der Kulturabteilung gegründet. Im Mai 2012 wurde eine Vereinbarung zur engeren Zusammenarbeit zwischen der Gesellschaft für Internationale Zusammenarbeit und dem Goethe-Institut geschlossen, die aber noch nicht über den Proklamationsstatus hinausgewachsen ist.

Auch andere Mittler und Vorfeldorganisationen nutzten die Sonderprogramme. Dabei ergaben – und ergeben sich immer wieder – Konkurrenzen in den Zwischenzonen von Entwicklung, Bildung, Medien, Zivilgesellschaft und Kultur, eben weil die Sonderprogramme über die etablierten Zuständigkeiten hinausgehen. Eine engere Abstimmung der Zuständigkeiten und eine eindeutige Beschreibung der Kompetenzen, ein „Portfolio" der einzelnen Mittler ist deshalb unumgänglich, wenn die Aufnahme von Beziehungen zwischen Kultur und Entwicklung über Einmaleffekte und Pilotprojekte hinaus produktiv werden soll. Wie Fabian Michel in seiner Arbeit ausführlich darstellt und was in Arbeitsbesprechungen unter den Mittlern und mit dem Bundesministerium für wirtschaftliche Zusammenarbeit und Entwicklung offen zu Tage tritt, ist der Mangel an einem etablierten Verfahren der Verständigung und der Beauftragung bei Kulturprogrammen. Man redet aneinander vorbei in „völlig unterschiedliche Begrifflichkeiten und Herangehensweisen. Weil so ein Künstler eben ganz anders denkt." (Michel 2012: 103). Der Künstler soll und wird sich nicht ändern. Aber die Organisationen zwischen Kultur und Entwicklung müssen sich verständigen können. Hilfreich wäre eine überarbeitete Auflage des

12 Verfasser ist Mitarbeiter am Goethe-Institut.

13 http://www.berliner-zeitung.de/kultur/interview-zum-ballhaus-naunynstrasse-kampfbegriff-mit-fragezeichen,10809150,23983374.html (September 2014).

14 später fortgeführt und erweitert durch Kulturmanagementprogramme mehrerer Stiftungen in der Region (Dietachmair 2012).

*Vademecum durch den Kulturdschungel* (Schönhuth 2005) und ein gemeinsam erstellter Kriterienkatalog, der sich am *Kulturindex der Länder* (Kulturstatistiken 2008), am *Bertelsmann Transformationsindex* (Bertelsmann Stiftung 2014) und an den neuen *Millennium Development Goals*, die dann Kultur enthalten, orientieren könnte. Gemeinsame Felder, Themen und Länder könnten sich dort ergeben, wo postkommunistische Staaten in die Dritte Welt abzugleiten drohen, wo vorhandene Bildungsstrukturen und kulturelle Infrastruktur vor ihrem Verfall bewahrt werden müssen. Erfahrungen aus den neuen Bundesländern könnten hierbei behilflich sein (Ostermann et al. 2006), zugleich würde Deutschland seine für das kulturelle, wirtschaftliche, gesellschaftliche und politische Leben wichtigen Nachbarn wieder gewinnen.

An der aktuellen Nahtstelle zwischen dem Ablaufen der *Millennium Development Goals* und der Verabschiedung der Nachfolgeziele, die durch den weltweiten Vertrauensverlust und die neuen politischen und finanziellen Unsicherheiten zusätzlich an Bedeutung gewinnt, drängt sich die Berücksichtigung von Kulturakteuren in Entwicklungskonzepten geradezu auf. Das Feld der Akteure in der Entwicklungszusammenarbeit hat sich erweitert. Die Unterscheidung zwischen den Gebern aus dem Norden und den unterentwickelten Empfängern im Süden ist obsolet geworden. Das Konzept *Open Aid* fügt zum Geber und Empfänger als dritte Kategorie den Treiber ein. Als Treiber definieren sich solche Akteure, die aktiv keine klassische Entwicklungszusammenarbeit leisten, durch ihre Forderungen und Konzepte jedoch die Debatten antreiben, die Konzepte beeinflussen und damit indirekt *Open Aid* fördern (Rinke 2014: 23 f.). Wie man auch diesem Artikel entnehmen kann, steigen Anzahl und Durchsetzungskraft der Treiber stark an. Mit einer systematisch und konzeptionell unterfütterten produktiven Verbindung der Konzepte könnte „Kultur und Entwicklung" die Treiber für sich gewinnen.

Eines müssen sich Geber, Empfänger und Treiber dabei klarmachen: Kunst und Kultur, Künstler und Kulturschaffende und mit ihnen Gemeinschaften von Menschen leben, weben und schaffen immer, ob sie nun gefördert werden oder nicht. Sie folgen einer Eigengesetzlichkeit, die sich nicht kalkulieren lässt. Navid Kermani (Kermani 2006: 3) bemerkte dazu: „Wollte man die Kultur vorrangig mit Blick auf ihr friedensstiftendes Potential fördern, müsste man die meisten Kunstwerke – vor allem einen Großteil der Literatur und des Dramas – aus dem Kulturaustausch verbannen und statt dessen jede Woche einmal Nathan den Weisen aufführen."

# 3.8 Suchen nach Strategien – Transformationsunterstützung als Demokratieförderung

*Sonja Grimm und Theresa Moyo Stumptner*

## 1. Einleitung

Transformationsunterstützung ist Demokratieförderung, oder in anderen Worten, die aktive Unterstützung von Demokratisierung (Burnell 2000; Carothers 1999, 2009). Transitionsländer und junge Demokratien werden durch Demokratieförderung auf ihrem Wege hin zu einer gefestigten, im Fachjargon „konsolidierten" Demokratie begleitet (Merkel 2010); Demokratieförderung in autoritär regierten Ländern hat deren politische Liberalisierung und wirtschaftliche Öffnung zum Ziel. In einem weiteren Verständnis schließt Demokratieförderung auch den gewaltsame Sturz eines Diktators und die damit einhergehende Erzwingung eines Regimewechsels ein (Grimm 2010; Litwak 2011; Peic/Reiter 2011). Die mit Demokratieförderung verbundene finanzielle, technische und personelle Hilfe richtet sich auf den Aufbau demokratischer Institutionen (demokratische Wahlen, Gewaltenteilung und -kontrolle, Rechtsstaatlichkeit, Schutz von Grund- und Bürgerrechten, Dezentralisierung) und die Professionalisierung der politischen Akteure, die nach demokratischen Regeln spielen sollen (politische Parteien, Parlamente, Regierungen, Verwaltungen, Medien, Zivilgesellschaft) (Grimm/Leininger 2012). Nach dem Hauptempfänger der Demokratieförderung lassen sich Carothers (1999) folgend *Top-down-* und *Bottum-up*-Ansätze unterscheiden: Top-down-Förderung richtet sich an die Regierung und die zentralen Strukturen und Akteure des Staates; sie soll durch eine Verbesserung der staatlichen Strukturen durch alle politischen und administrativen Ebenen „hinunter" bis zur Bevölkerung gelangen. Bottum-up-Förderung richtet sich direkt an die Zivilgesellschaft und die Medien, um Forderungen nach demokratischer Teilhabe Gewicht zu verleihen und die Bürger aktiv zu befähigen, sich in die Politik einzubringen und „nach oben" hin zu den politischen Eliten zu wirken.

Die friedliche, dialogorientierte und partnerschaftliche Förderung von Demokratie und Menschenrechten ist grundlegender Parameter der deutschen Außenpolitik (Leininger/Böckenförder 2012). Die Ziele und Aufgaben der deutschen Demokratieförderungspolitik werden durch die Bundesregierung formuliert. Sie versteht Demokratie als grundlegende Voraussetzung für die menschliche Entwicklung und den Schutz der Menschenrechte (Bundesministerium für wirtschaftliche Zusammenarbeit und Entwicklung 2010). Aus deutscher Perspektive gehören die Stärkung demokratisch legitimierter Institutionen und die politischer Teilhabe daher zu den Kernaufgaben der Transformationsunterstützung. Im Unterschied zu den USA befördert die Bundesrepublik Deutschland jedoch keine gewaltsamen Regimewechsel in autoritär regierten Ländern (Litwak 2011; Spanger/Wolff 2007). Da die Demokratieförderung in Autokratien ungleich schwieriger ist als in Transformationsländern und jungen Demokratien, in denen die Transition bereits im Gange ist, engagiert sich die Bundesrepublik in autoritären Kontexten eher mit diplomatischen Mitteln des Dialogs (z.B. Rechtsstaatsdialog mit der Volksrepublik China) und der wirtschaftlichen Kooperation. Sie unterstützt dabei die Politik der Europäischen Union, die in ihren Außenbeziehungen Demokratie und Menschenrechte aktiv fördert, etwa, indem sie Demokratie im Rahmen der Beitrittskonditionalität zur Voraussetzung einer

Mitgliedschaft macht (Schimmelfennig/Seldemeier 2004), Demokratisierung in der Europäischen Nachbarschaftspolitik unterstützt (Lavenex/Schimmelfennig 2011) oder indem sie in ihre Verträge zur wirtschaftlichen Kooperation Klauseln zum Schutz von Menschenrechten und Demokratie einbaut hat (Szymanski/Smith 2005). Ersteres gilt als besonders erfolgreiche Form der Demokratieförderung; inwiefern die anderen beiden Instrumente zur Förderung der Demokratie schlagkräftig sind, ist in der Fachliteratur umstritten. Da den über die Europäische Nachbarschaftspolitik geförderten Staaten die Mitgliedschaftsperspektive fehlt, ist das *Leverage* der Europäischen Union deutlich geringer als bei (potentiellen) Beitrittskandidaten. Außerdem werden Verstöße gegen die Menschenrechte im Rahmen bestehender Wirtschaftskooperationen von den EU-Mitgliedern selten mit wirtschaftlichen Sanktionen bestraft (Kotzian/Knodt/Urdze 2011; Protela 2010). Eine Ausnahme stellt daher die gegenwärtige Politik der Europäischen Union gegenüber Russland dar: erstmals werden im Namen von Demokratie und Menschenrechten nicht nur einzelne Personen mit Reiseverboten belegt, sondern auch wirtschaftliche Sanktionen in größerem Stile gegen einen wichtigen Partner, hier Russland, verhängt (Europäischer Rat 2014a, b, c). Damit reagieren die EU-Mitglieder einschließlich Deutschland auf die Politik der russischen Regierung, welche die Separatisten im Osten der Ukraine massiv unterstützt und damit die politische Transformation und die Nationsbildung der Ukraine erheblich behindert (Nuspliger 2014).

Die deutsche Demokratieförderung ist Teil der deutschen Außenpolitik und berührt als solche u.a. Aufgaben des Auswärtigen Amts, des Bundesministeriums für wirtschaftliche Zusammenarbeit und Entwicklung und des Bundesministeriums für Wirtschaft und Energie. Als Mittlerorganisationen sind die Deutsche Gesellschaft für Internationale Zusammenarbeit und die politischen Stiftungen beteiligt. Beratend werden außerdem die Stiftung Wissenschaft und Politik, das Deutsche Institut für Entwicklungspolitik, das German Institute of Global and Area Studies und andere Forschungseinrichtungen tätig. Durch diese Organisationen wird die Bundesrepublik auf bilateralem Wege im Rahmen von Entwicklungs- und Wirtschaftskooperationen in Partnerländern aktiv. Zugleich ist die Bundesrepublik auch in multilaterale Kooperationen, etwa in die Entwicklungskooperation der Europäischen Union und die Aktivitäten des Entwicklungshilfeausschusses (Development Assistance Committee) der Organisation für wirtschaftliche Zusammenarbeit und Entwicklung eingebunden. In diesen supranationalen und multilateralen Organisationen koordinieren die wichtigsten Geber, zu denen die Bundesrepublik gehört, multilaterale Aktivitäten zur Entwicklungskooperation und Demokratieförderung (Grimm 2014). Laut dem Entwicklungsbericht der Organisation für wirtschaftliche Zusammenarbeit und Entwicklung aus dem Jahr 2013 war Deutschland im Jahr 2012 gemessen an der aufgewendeten „offiziellen Entwicklungshilfe" (*Official Development Assistance*) drittgrößter Geber nach den USA und Großbritannien (siehe Tabelle 1).[1] Die Quote lag mit 0,38 Prozent des Bruttoinlandsproduktes jedoch unter dem von der Europäischen Union für das Jahr 2010 angestrebten Ziel von 0,51 Prozent (OECD 2013: 198, 263).

1 Der Entwicklungsausschuss (Development Assistance Committee) der Organisation für wirtschaftliche Zusammenarbeit und Entwicklung definiert offizielle Entwicklungshilfe (Official Development Assistance) als Leistungen, die ein Zuschusselement von mindestens 25 % beinhalten, von öffentlichen Stellen und mit dem Hauptziel der Förderung der wirtschaftlichen und sozialen Entwicklung von Entwicklungsländern an Entwicklungsländer beziehungsweise Staatsangehörige von Entwicklungsländern oder an internationale Organisationen zugunsten von Entwicklungsländern vergeben werden. Für die Anrechnung als „Official Development Assistance" müssen alle Bedingungen erfüllt sein, vgl. den Leitfaden *Was ist Official Development Assistance?* des Bundesministeriums für wirtschaftliche Zusammenarbeit und Entwicklung in http://www.bmz.de/de/ministerium/zahlen_fakten/hintergrund/leitfaden/index.html (August 2014).

*Tabelle 1: Nettoleistungen für Official Development Assistance großer Mitglieder des Development Assistance Committee in Mrd. USD*

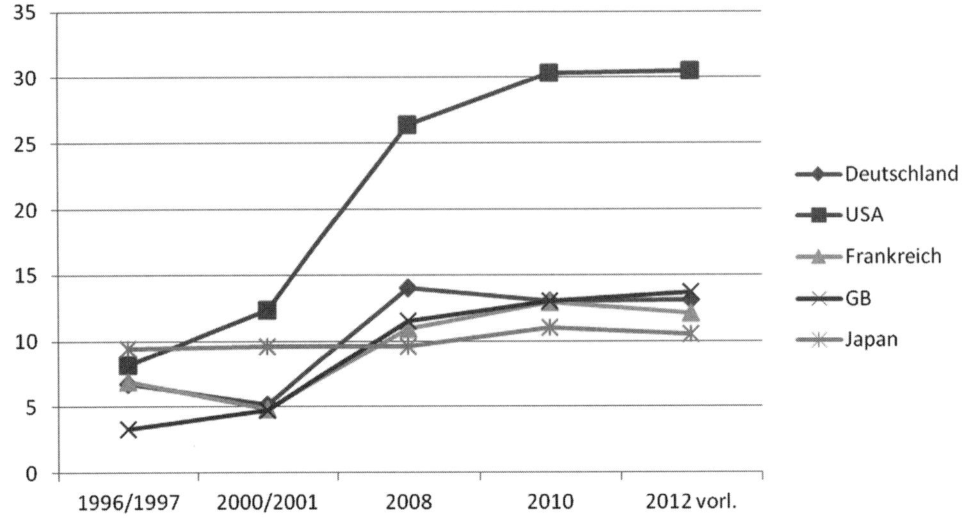


Quelle: OECD 2013, 263. Eigene Darstellung.

Ungefähr zwei Drittel der Leistungen werden multilateral vergeben. Die sechs größten Empfängerländer waren 2011 Indien, China, Afghanistan, Brasilien, Indonesien und Ägypten (OECD 2013). Die meisten Leistungen wurden im Berichtszeitraum für soziale und wirtschaftliche Infrastruktur aufgewendet; darunter fallen die Bereiche Gesundheit, Erziehung, Wasserversorgung, Bevölkerung und Zivilgesellschaft sowie Transport, Energie, Kommunikation und Bankenwesen. Zusammen machten diese Bereiche ca. 70 Prozent der deutschen Leistungen aus[2] (OECD 2013, 198; siehe Tabelle 2).

Die Frage nach einer wirksamen Förderung von Demokratie und Menschenrechten durch die deutsche Außenpolitik ist durch die Umwälzungen im arabischen Raum aktueller und brisanter denn je (Leininger/Böckenförde 2012). Im Folgenden stellen wir den deutschen Beitrag zur Transformationsunterstützung in Mittel-, Ost- und Südosteuropa nach dem Zusammenbruch der Sowjetunion und des Warschauer Paktes 1989/90 (Abschnitt 2) sowie im arabischen Raum nach dem Arabischen Frühling 2011 (Abschnitt 3) vor. Eine kritische Bewertung (Abschnitt 4) rundet den Beitrag ab.

2 Das Bundesministerium für wirtschaftliche Zusammenarbeit und Entwicklung (2014) hat eine Zusammenstellung der Leistungen der Bundesrepublik Deutschland 1990–2012 gemacht – sie ist auf Anfrage bei den Autorinnen dieses Beitrages erhältlich.

*Tabelle 2: Bruttoauszahlungen: deutsche Leistungen für Official Development Assistance nach Sektoren in Mrd. €*

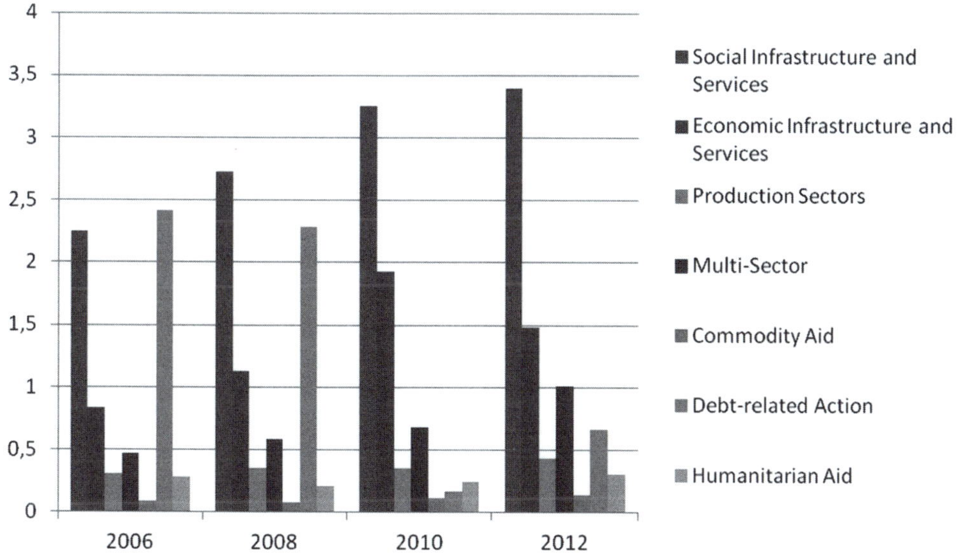


Quelle: Bundesministerium für wirtschaftliche Zusammenarbeit und Entwicklung (siehe Fußnote 2). Eigene Auswahl und Darstellung.

## 2. Der deutsche Beitrag zur Transformationsunterstützung in Mittel, Ost- und Südosteuropa nach 1989/90

Nach dem Zusammenbruch der Sowjetunion und des Warschauer Paktes wurde die Bundesrepublik Deutschland bereits zu Beginn der neunziger Jahre in Mittel- und Osteuropa beratend und transformationsunterstützend aktiv. Mitte der neunziger Jahre folgten diplomatische und friedensfördernde Aktivitäten in Südosteuropa, um die negativen Folgen des Zerfalls der Sozialistischen Föderalen Republik Jugoslawien abzufedern, einen Friedensschluss herbeizuführen und den Staatsaufbau zu unterstützen.

Deutschland versteht sich als Initiator der Nachbarschaftspolitik gegenüber Mittel- und Osteuropa, was sich durch die Wahrnehmung einer besonderen historischen Verantwortung für die östlichen Nachbarn erklären lässt: „Diese Position lässt sich auf die historischen Erblasten der beiden Weltkriege, die Existenz zweier deutscher Staaten, die geographische Lage Deutschlands im Zentrum Europas sowie zahlreiche gesellschaftliche und ökonomische Interessen zurückführen“ (Kempe 2007: 242). Die deutsche Transformationsunterstützung hatte für die meisten Länder Mittel- und Osteuropas und hat für die meisten Länder Südosteuropas ein klares Ziel: den Beitritt zur Europäischen Union. Um die Beitrittskriterien zu erfüllen, mussten und müssen sich die Anwärter politisch demokratisieren und wirtschaftlich liberalisieren. Im Jahr 1994 etablierte die deutsche Bundesregierung das *TRANSFORM-Programm*, um die östlichen Nachbarn (v.a. Bulgarien, Estland, Litauen, Lettland, Polen, Russland, die Slowakei, Slowenien, die Tschechische Republik, die Ukraine, Ungarn und Weißrussland) beim Aufbau von Demokratie und sozialer Marktwirtschaft zu beraten. Unter Federführung des Bundesministeriums für wirtschaftliche Zusammenarbeit und Entwicklung wurden fast eine Milliarde Euro für den Transformationsprozess in Mittel- und Osteuropa bereitgestellt (Bundesministerium für wirtschaftliche Zusammenarbeit und Entwicklung 2014a). Im Auftrag der Bundesrepublik wurden die Mittlerorganisationen in Fragen der Verfassungsgebung, der Rechtsstaatlichkeit, der Gewaltenteilung, der politischen Partizipation und der Durchführung demokratischer Wahlen, des Pluralismus, des Aufbaus einer engagierten Zivilgesellschaft und eines unabhängigen Mediensystems einschließlich einer neuen Journalistenausbildung beratend tätig. Auch wirtschaftliche Aspekte wie die Unterstützung bei der Einführung marktwirtschaftlicher Strukturen (Maaß 2011: 586) spielten eine Rolle. Im Jahr 2005 übernahm die Kreditanstalt für Wiederaufbau unter Federführung des Bundesfinanz- und des Bundeswirtschaftsministeriums das Nachfolgeprojekt des *TRANSFORM-Programms*. Der Fokus richtete sich nun auf Russland, die Ukraine und Weißrussland, während die Förderung der übrigen Länder in Mittel- und Osteuropa stark zurückgefahren wurde (Sell 2003: 45 f.). Das Bundesministerium für wirtschaftliche Zusammenarbeit und Entwicklung definiert als überbergreifende Ziele bei allen deutschen Maßnahmen in Mittel-, Ost- und Südosteuropa die „EU-Orientierung, gute Regierungsführung, Konfliktprävention, Bekämpfung von Korruption und die Schaffung von Arbeitsplätzen“[3].

## 3. „Transformationspartnerschaft“ mit der arabischen Welt nach 2010/11

Der Arabische Frühling, der 2010 in Tunesien seinen Anfang nahm, lenkte die internationale und damit auch die deutsche Aufmerksamkeit auf die Region Nordafrika und mittlerer Osten. Die Umbrüche in der arabischen Welt breiteten sich rasch über die gesamte Region aus. Die massiven öffentlichen Proteste gegen autoritäre Potentaten und die Forderungen nach Demokratie und einer Verbesserung der Lebensbedingungen führten in Tunesien, Ägypten, Libyen und Jemen zum Sturz der Diktatoren und dem Beginn einer politischen Liberalisierung, allerdings mit ungewissem Ausgang. Den Herrschern in Algerien, Jordanien und Marokko gelang es, die Proteste mit einigen politischen und wirtschaftlichen Zugeständnissen zu beruhigen. Syrien wurde im Zuge der revolutionären Ereignisse in einen Bürgerkrieg gestürzt[4].

Keines der genannten Länder verfügt Mitte 2014 über ein stabiles demokratisches Regime, vielmehr sind die Ausbildung von defektdemokratischen Regimen oder gar die Re-Autokratisierung des Regimes, etwa in Ägypten, zu beobachten. Das Auswärtige Amt betrachtet diese politischen Umbrüche als Beginn eines langen und vielteiligen Transformationsprozesses von autokratischen hin zu demokratischeren politischen Regimen. Im Zentrum stünden dabei Forderungen nach größerer politischer und wirtschaftlich-sozialer Teilhabe[5].

Diese Forderungen aus der Zivilgesellschaft werden vom Auswärtigen Amt und dem Institut für Auslandsbeziehungen seit 2011 mit sogenannten Transformationspartnerschaften unterstützt. Mithilfe einer solchen Partnerschaft zwischen Mittlerorganisationen mit Sitz in

3 Vgl. die Information des Bundesministeriums für wirtschaftliche Zusammenarbeit und Entwicklung zu seinem Programm in http://www.bmz.de/de/was_wir_machen/laender_regionen/Mittel-Ost-und-Suedosteuropa/transform/index.html (August 2014).

4 Vgl. Grimm, Sonja, *The Arab Spring as a Critical Juncture for Democracy Promotion: Investigating Donor Reactions and Neglect,* Paper presented at the ECPR General Conference 2013, Bordeaux, France. Eine Kopie des Papiers kann bei der Autorin angefordert werden.

5 So das Auswärtige Amt 2013 in einem Strategiepapier *Demokratischer Wandel in der arabischen Welt – Wie engagiert sich Deutschland?*, das den Autorinnen vorlag und auf Wunsch in Kopie erhältlich ist.

Deutschland und lokalen Partnern werden zivilgesellschaftliche Akteure gefördert, demokratische Institutionen der lokalen Selbstverwaltung aufgebaut, eine konstruktive Konfliktkultur gestärkt, die Menschenrechte geschützt sowie Kooperationen in den Bereichen Bildung, Medien und Rechtsstaatlichkeit initiiert[6]. Als Partnerländer stehen besonders Tunesien, Ägypten, Libyen, Marokko, Libanon, Jordanien und Jemen im Fokus. Deutsche Mittlerorganisationen, politische Stiftungen und andere Nichtregierungsorganisationen können beim Institut für Auslandsbeziehungen (Projekte bis 250.000 Euro) und beim Auswärtigen Amt (Projekte über 250.000 Euro) Mittel für entsprechende Projekte beantragen, die gemeinsam mit lokalen Partnern durchgeführt werden. Dabei koordiniert sich das Auswärtige Amt bei der Auswahl der Projekte eng mit den deutschen Botschaften in den Partnerländern. Die jeweiligen nationalen Regierungen sind in den eigentlichen Auswahlprozess nicht direkt eingebunden, werden jedoch regelmäßig informiert.

Laut Auswärtigem Amt verfolgen die Transformationspartnerschaften die Interessen „eine[r] werteorientierte[n] Außenpolitik und langfristige[n] Sicherheit und Stabilität in der Region, die ohne Demokratie, Rechtsstaat, Menschenrechtschutz und wirtschaftlich-soziale Entwicklung nicht erreichbar ist“ (siehe Fußnote 5). In diesem Sinne wird der Versuch unternommen, „eine[n] institutionellen Austausch [zu etablieren], der Deutschland und die arabischen Länder kulturell, wirtschaftlich und zivilgesellschaftlich verbindet“.

Im Rahmen des Programms *Zivile Konfliktbearbeitung* überwachen das Auswärtige Amt und das Institut für Auslandsbeziehungen den gesamten Projektzyklus von der Antragsprüfung und Förderentscheidung über das Monitoring der Projektmittel, der Begleitung während des Projektverlaufs bis hin zur Verwendungsnachweisprüfung und dem formalen Projektabschluss durch Entlastung des Projektträgers sowie der Begleitung und Beratung bei Abschlussevaluation. Außerdem beraten sie die Nichtregierungsorganisationen im In- und Ausland bei der Planung und Durchführung der Projekte. Das Auswärtige Amt behält sich die politische Steuerung und die Gesamtverantwortung vor. Eine finanzielle Förderung der beantragten Projekte ist nur möglich, wenn die Leistung als Official Development Assistance der Bundesrepublik Deutschland anrechnungsfähig ist[7].

Das Projektbudget richtet sich nach den Bedürfnissen und Prioritäten der Länder. Zwischen 2012 und 2014 wurden rund 200 Projekte im Gesamtvolumen von rund 150 Millionen Euro gefördert. Über alle Partnerländer verteilt wurden 63 Prozent der Mittel für die Unterstützung des politischen und wirtschaftlichen Wandels und 37 Prozent für die Bereiche Kultur, Bildung und Wissenschaft aufgewendet. Tunesien erhielt im Zeitraum 2012/2013 43 Prozent der Mittel, Ägypten 30 Prozent, während 14 Prozent in überregionale Projekte investiert wurden; Projekte in den restlichen Partnerländern erhielten jeweils 2 bis 3 Prozent der Mittel. Darüber hinaus wurde eine Schuldumwandlung für Tunesien in Höhe von 60 Millionen Euro (Bundesregierung 2012) und für Ägypten in Höhe von 240 Millionen Euro (Deutsch-ägyptischer Lenkungsausschuss 2012) angekündigt. Diese Mittel sollen den Prioritäten der jeweiligen Regierung folgend zur Unterstützung des Transformationsprozesses genutzt werden.

6 Zu weiteren Informationen über das Vorgehen des Instituts für Auslandsbeziehungen siehe http://www.ifa.de/kultur-und-aussenpolitik/themen/transformationspartnerschaften.html (August 2014).

7 Information auf der Website des Auswärtigen Amtes: http://www.auswaertiges-amt.de/DE/Aussenpolitik/RegionaleSchwerpunkte/NaherMittlererOsten/Umbrueche-TSP/Projekte/111125_TP_Foerderung_node.html (August 2014).

Am Beispiel Tunesien lässt sich gut veranschaulichen, wie die Transformationspartnerschaften gestaltet werden. Eine Vielzahl an Projektnehmern mit Sitz in Deutschland hat bis 2013 Förderung beantragt. Alle großen deutschen politischen Stiftungen (Konrad-Adenauer-Stiftung, Friedrich-Ebert-Stiftung, Friedrich-Naumann-Stiftung für die Freiheit, Heinrich Böll Stiftung) sowie die Deutsche Stiftung für internationale rechtliche Zusammenarbeit, die Stiftung Wissenschaft und Politik und die Stiftung Hohenschönhausen treten als Mittler auf. Aus der Wirtschaft beteiligen sich The Owners Forum, der deutsche Sitz der Organisation für wirtschaftliche Zusammenarbeit und Entwicklung und die Deutsch-Tunesische Handelskammer. Außerdem finden sich das Technische Hilfswerk, die ASKLEPIOS Kliniken, die Deutsche Gesellschaft für Internationale Zusammenarbeit, die Deutsche Welle, die Europäische Akademie Berlin, das Goethe-Institut, das Deutsche Archäologisches Institut, der Deutsche Akademische Austauschdienst, die Deutsche Gesellschaft für Auswärtige Politik e.V. sowie das Centrum für Nah- und Mittelost-Studien der Universität Marburg u.a.m. unter den Projektnehmern. Auch einige internationale Organisationen mit Sitz in Deutschland erhalten Fördermittel. Hier seien stellvertretend Avocats sans Frontières, Democracy Reporting International, Media in Cooperation and Transition, die UN Refugee Agency, die World Organisation Against Torture, Euro-Mediterranean Association for Cooperation and Development, Institute for Integrated Transitions (Barcelona) und Transparency International[8] genannt.

Die tunesischen Transformationspartnerschaften, wie alle anderen Partnerschaften auch, werden den allgemeinen Projektrichtlinien des Auswärtigen Amtes folgend ausgewählt. Vom Auswärtigen Amt geförderte Projekte sollen zu einer „Stärkung lokaler Friedenskapazitäten, insbesondere unter genderspezifischen Aspekten, beitragen, Prozesse gesamtgesellschaftlicher Verständigung über Lösungsmöglichkeiten anstoßen, sichtbare Beiträge zur Konflikttransformation leisten, wesentliche Beiträge für eine gewaltarme Konfliktkultur erbringen, Menschen stimulieren, eigenes Engagement zu entwickeln und Initiativen für den Frieden aufzubauen, und langfristig dem Ziel einer Friedenskonsolidierung dienen“ (Auswärtiges Amt 2011). Entsprechend werden in Tunesien mit deutschen Mitteln Universitätspartnerschaften angeregt, Journalisten trainiert, *Young Leaders* gefördert und zivilgesellschaftliche Projekte zur Stärkung der Frauenrechte unterstützt. Eine exemplarische Auswahl der geförderten Projekte ist in Infobox 1 zusammengestellt.

Zur Kontrolle der Nachhaltigkeit ist geplant, die Projekte von den ausführenden Organisationen evaluieren zu lassen und die Ergebnisse dann ans Auswärtige Amt weiterzugeben, welches eine Zielerreichungskontrolle durchführt. Die Ausführungsorganisationen sind angehalten, den Monitoring-Prozess eigenständig zu entwickeln und auszuführen. Im (nicht näher spezifizierten) Bedarfsfall evaluiert das Auswärtige Amt Projekte selbst, entweder durch Angehörige der Zentrale in Berlin, der örtlich zuständigen Auslandsvertretung oder durch externe Experten. Ersten Eindrücken der Projektnehmer zufolge sind die geförderten Projekte erfolgreich. So führten die Europäische Akademie Berlin und das tunesische Ministerium für gute Regierungsführung und Korruptionsbekämpfung im Jahr 2014 zum dritten Mal mit steigenden Mitgliederzahlen die Deutsch-Tunesische Akademie für gute Regierungsführung durch. Teilnehmer berichten, dass sie die erworbenen Kenntnisse nach ihrer Rückkehr nachhaltig im tunesischen

8 Vgl. die Informationen in http://www.allemagnepartenaire.tn/Fr/nos-partenaires_11_10#.U6FcvChqxNE (August 2014).

Alltag anwenden können.[9] Generell ist der Erfolg der Projekte stark abhängig von der politischen Situation im jeweiligen Land.[10] Konkrete Evaluationsergebnisse werden im Herbst 2014 erwartet.

Eine Durchsicht der Projektliste zeigt, dass durch die Transformationspartnerschaften in Tunesien (ebenso wie in den anderen Partnerländern) eher kurzfristige Projekte (z.B. ein Training, ein Seminar, ein Austauschprogramm) mit messbarem Output (z.B. 15 ausgebildete Journalisten, 30 professionalisierte Wahlbeobachter, ein Studienplatz) gefördert werden. Aus wissenschaftlicher Perspektive stehen damit die Nachhaltigkeit und der Beitrag zur institutionellen Konsolidierung der Demokratie in Tunesien zur Disposition. Die geförderten Projekte folgen vorrangig einer Bottom-up-Perspektive der Demokratieförderung und sind auf die zivile Bevölkerung gerichtet. Durch die vorrangige, aber nicht ausschließliche Vergabe der Fördermittel an Mittlerorganisationen vermeidet es die Bundesregierung, ein nach *Freedom House*[11] „halbfreies", nach *Polity IV*[12] „autoritäres" Regime direkt zu stabilisieren. Vielmehr werden moderate zivilgesellschaftliche Akteure gefördert. Dessen ungeachtet bleibt die Höhe der Förderung und die Auswahl der geförderten Projekte abhängig vom Willen der Partnerregierung, da das Auswärtige Amt an einer freundschaftlichen und vertrauensvollen Kooperation interessiert ist (siehe Fußnote 5). Dies wird in allen Kommuniqués betont, so auch in jenen mit der tunesischen Regierung (Bundesregierung 2014). Hier steckt die Bundesregierung wie jede andere demokratiefördernde Organisation in einem Dilemma: Sofern das politische Regime des Empfängerlandes nach wie vor autoritär ist, wird damit die Anerkennung und Stabilisierung ebendieses gefördert. Der Beitrag zur Demokratisierung des Regimes durch kurzfristige Einzelprojektförderung ist zweifelhaft.

## 4. Kritische Fragen und abschließende Bewertung

Was die Form und die Ergebnisse der deutschen Transformationsunterstützung und Demokratieförderung anbelangt, so stellen sich aus wissenschaftlicher Sicht verschiedene Fragen, die typische Probleme der Entwicklungszusammenarbeit aufgreifen:

(1) Wie werden die Partner ausgewählt? Die mittelgebenden Ministerien legen die Auswahlkriterien für Mittelempfänger üblicherweise nicht offen. In der Tendenz erhalten jene Partner Mittel, mit denen bereits in der Vergangenheit erfolgreich zusammengearbeitet wurde. Damit riskiert man, bestehende Partnerschaften zu bekräftigen, ohne deren Nutzen zu hinterfragen. Unklar ist, inwiefern beispielsweise zivilgesellschaftliche Akteure eine Chance auf Förderung erhalten, die die entsprechenden Kontaktpersonen nicht kennen oder die mit den bürokratischen Prozessen nicht vertraut sind. Eine aktive Rekrutierung neuer demokratieorientierter Partner wäre hier wünschenswert.

(2) Wie werden die Projekte durchgeführt? Verständlicherweise wollen und müssen die mittelgebenden Ministerien kontrollieren, was mit ihren Mitteln geschieht, um eine Verschwendung

9 Interview mit Vertreterin der Europäischen Akademie Berlin, 4.8.2014 Für weitere Informationen zur Deutsch-Tunesischen Akademie für Gute Regierungsführung siehe http://www.eab-berlin.de/Deutsch-Tunesische-Akademie.341.0.html (August 2014).

10 Interview mit einem Vertreter des Auswärtigen Amtes, 27.6.2014.

11 Vgl. in ihrem Freedom in the World Report 2014, http://www.freedomhouse.org/report/freedom-world/freedom-world-2014 (August 2014).

12 Vgl. die Informationen zu dem Polity-Projekt von Ted Robert Gurr und Monty G. Marshall in http://www.systemicpeace.org/polityproject.html.

von Steuergeldern zu vermeiden. Dies jedoch unterwirft die Förderung den spezifischen Projektzyklen und Ansprüchen der deutschen Bürokratie. Ob dies dem Prinzip des *Local Ownership* und der nötigen Kontextsensitivität gerecht wird, ist fraglich. Oftmals fehlt bei Entwicklungsprojekten vor Ort das nötige Maß an Flexibilität. Lokalen Projektpartnern wird selten zugestanden, den Prozess selbst zu steuern und dabei auch Fehler zu machen, um aus diesen zu lernen. Dies kann den Lernfortschritt der zu fördernden Akteure beeinträchtigen und dem Ziel, selbstständiges Handeln und Eigeninitiative zu fördern, zuwiderlaufen.

(3) Welche Effekte haben die Projekte? Tragen sie zur Demokratisierung des Landes bei? Sind sie nachhaltig im Sinne einer langfristigen Demokratieförderung? Aus verschiedenen wissenschaftlichen Studien ist bekannt, dass Einzelprojekte keine dauerhaft stabilen demokratischen Institutionen erschaffen können. Prägnanter formuliert: „Projects do not create institutions" (Zeeuw 2005). Die Förderung einzelner Projekte mag auf der Mikro- und Meso-Ebene erfolgreich sein, aber deren Wirkung auf der Makro-Ebene der Demokratisierung ist gering. Ein positiver Effekt auf die institutionelle Konsolidierung der Demokratie lässt sich nicht nachweisen. Zudem existiert selten ein institutionelles „Gedächtnis", das über die Erfolge und Misserfolge informiert und entsprechende Schlüsse für weitere Projektförderung formuliert. Darüber hinaus treten Messprobleme auf: Demokratisierung hängt von vielen internen und externen Faktoren ab, so dass sich Demokratisierungserfolge kaum auf einzelne Projekte oder Geber zurückführen lassen (Faust/Leiderer 2010). Und nicht zuletzt ist fraglich, inwiefern man sich bei der Bewertung der Projekte auf die Evaluationen verlassen kann, da Projektberichte selten über negative Aspekte informieren, sondern vielmehr das Projekt im schönsten Licht erscheinen lassen. Damit wollen Projektnehmer sicherstellen, auch in der nächsten Förderrunde berücksichtigt zu werden.

(4) Inwiefern sind die Projekte komplementär oder konträr zu anderen Formen der Förderung und Kooperation? Demokratieförderer setzen bisher darauf, dass „alle guten Dinge" zusammenkommen (Leininger/Grimm/Freiburg 2012): Demokratisierungsfortschritte mögen sozioökonomische Entwicklungsfortschritte begünstigen und umgekehrt; Demokratiequalität soll sich verbessern, indem zugleich Rechtsstaatlichkeit und die Zivilgesellschaft gefördert wird. Und von allen Fördermaßnahmen wird darüber hinaus erwartet, dass sie zu mehr Frieden, Stabilität und Prosperität führen. In der Realität treten jedoch Zielkonflikte auf, die sich nicht einfach lösen lassen. Verstehen Geber und Empfänger beispielsweise etwas anderes unter Demokratie, dann werden sie sich in der Folge kaum auf gemeinsame Ziele und die dazugehörigen Strategien einigen können. Oder das Ziel der Demokratisierung kollidiert mit dem Ziel der Friedenskonsolidierung, etwa weil zur Demokratisierung der Wettbewerb zwischen Parteien um Wählerstimmen gehört, in ethnisch gespaltenen Gesellschaften die Stimmung nach einem Gewaltkonflikt aber so angeheizt ist, dass der Wettbewerb um Wählerstimmen nicht zu mehr Stabilität, sondern im Gegenteil zu Polarisierung und damit mehr Instabilität führt (Grimm/Leininger 2012). Solche Zielkonflikte beeinträchtigen die Effektivität der Demokratieförderung, auch der deutschen.

Es ist zu begrüßen, dass sich die Bundesrepublik Deutschland aktiv um die weltweite Verbreitung von Demokratie und den Schutz von Menschenrechten bemüht. Eine langfristige, institutionenfördernde Strategie für eine effektive Unterstützung einer demokratischen Transformation liegt dieser Politik jedoch (bisher) nicht zugrunde. Diese zu entwickeln und mit Zielkonflikten konstruktiv umzugehen, ist dringend notwendig und ein interessantes Projekt für die Zukunft.

**Infobox 1: Beispiele geförderter Projekte in Tunesien**

- *Generation A'Venir* (Friedrich-Ebert-Stiftung): Seit 2011 laufendes Programm zur Stärkung der politischen Partizipation in der jungen Bevölkerung und Kapazitätsbildung: Förderung ausgewählter junger Tunesier, Durchführung von Mikroprojekten wie z.B. *Jeunes en pleine nature*, das nachhaltigen Tourismus in Tunesien befördern möchte, oder *Radio Femme*, eine Reportage über Gewalt gegen Frauen in Tunesien (http://www.allemagnepartenaire.tn/Fr/democratie-et-societe-civile_58_7_D30#.U6VJJLFqxNE, August 2014).
- *Young Leaders Forum* (Centrum für angewandte Politikforschung an der LMU München): Dialog- und Workshop-Programm in Tunis, Kairo und München für junge Akteure („emerging leaders") aus arabischen Transformationsländern zur Stärkung regionaler Kooperation und Strategiefindung zur Fortführung der sozialen und politischen Transformationsprozesse im arabischen Raum. (http://www.cap-lmu.de/english/projects/middleeast/change.php, August 2014).
- Deutsch-tunesische Akademie für gute Regierungsförderung (Europäische Akademie Berlin): Seit 2012 führt die Europäische Akademie Berlin im Rahmen der Partnerschaft in Berlin Seminarveranstaltungen für Mitarbeiter der tunesischen Regierung durch. Themenschwerpunkte der Seminare sind Grundlagen guter Regierungsführung und modernen Verwaltungshandelns, Public Private Partnership, Demoskopie, Öffentliches Finanzmanagement und Finanzkontrolle und Korruptionsbekämpfung.
- Förderung lokaler Medien (Deutsche Gesellschaft für Internationale Zusammenarbeit in Kooperation mit dem Centre de Tunis pour la Liberté de la Presse): Seminare zum Training von lokalen Journalisten zu einer besseren Berichterstattung (http://www.allemagnepartenaire.tn/Fr/democratie-et-societe-civile_58_7_D78#.U6VJCLFqxNE, August 2014).
- *Change by Exchange* (Deutscher Akademischer Austauschdienst): Aufbau von Hochschulpartnerschaften und -programmen, z.B. den Master-Studiengang „German Studies" zwischen der Technischen Universität Dresden und der Universität Gabès oder „Empower Tunisia", eine Kooperation der Uni Braunschweig mit den Unis Carthage und Sousse im Bereich Nachhaltige Chemie. (http://www.changebyexchange.de/imperia/md/content/changebyexchange/sonstiges/beschreibung_projekte_f__r_homepage_final_linie1_2013.pdf, August 2014).
- *Class of 2013* (The Owners Forum): Förderung ausgewählter junger Unternehmer zwischen 25 und 45 durch Lehrgänge in Tunis und Berlin mit persönlichem Coaching (http://www.allemagnepartenaire.tn/Fr/economie-et-emploi_58_6_D67#.U6VI4LFqxNE, August 2014).
- Beschäftigungspakt zur beruflichen Aus- und Fortbildung sowie die Förderung qualifizierter Beschäftigung (sequa gGmbH in Kooperation mit der deutschen Außenhandelskammer und dem tunesischen Ministerium für Berufliche Bildung und Beschäftigung): Ausbau und Modernisierung von Berufsbildungszentren besonders in ländlichen Gebieten in den Bereichen Erneuerbare Energien, Tourismus/Hotellerie, Automechanik, Metallurgie und Elektrotechnik und Umwandlung zu Ausbildungsstätten (Gemeinsame Absichtserklärung).

*Quelle: Eigene Recherchen.*

# 3.9 Information und Deutungshoheit – Die Rolle der Medienpolitik

*Verena Metze-Mangold*

„Diplomacy is about perception".[1] Der Außenminister der Bundesrepublik Deutschland, Frank-Walter Steinmeier, eröffnete mit diesem Hinweis auf Henry Kissinger den Review-Prozess zur deutschen Außenpolitik[2]. Doch wie nehmen wir wahr? Was prägt unsere Wahrnehmung und in Folge unsere Vorstellung von der Welt und macht Außenpolitik erst möglich?

Schon unsere Vorstellungen sind verräterisch. Was Napoleon noch als Macht außerhalb seines Reiches sah, als siebte europäische Großmacht: die Öffentlichkeit eines erwachenden Bürgertums, verlagerte Rousseau in das Innere des Staates als vierte Gewalt, notwendig zur Funktionsfähigkeit einer Gesellschaft. Was sind die Medien für uns? Das Tor zur Welt, Wandler der Wirklichkeit oder die Erzeuger einer Realität, die sie nicht vorfinden, sondern selbst konstruieren? Treibende Kraft der Globalisierung, die Zeit und Raum überwand und deren Wirkmacht als elektronisches Nervensystem des Planeten bis in die Finanzmärkte der Welt spürbar wird? Oder doch der immer machtvollere Ausdruck des öffentlichen Willens, die endliche Ermächtigung des *zoón politikóns* zur partizipatorischen Teilhabe durch die interaktive Dimension des Internets, die jenen virtuellen Raum schaffte, der – in Ergänzung zur Funktionsbeschreibung traditioneller Medien als vierte Gewalt – nun als *Fifth Estate* daher kommt, die fünfte Gewalt?

So verschieden die Wahrnehmungen dessen, was vor sich geht, auch sein mögen, unbestritten ist, dass Medien für die Verkehrsformen des Sozialen wie des Politischen im 21. Jahrhundert zentral geworden sind, und zwar im globalen Maßstab. Das lässt Politik nicht unberührt und Außenpolitik schon gar nicht. Von Sicherheitsfragen über Formen strategischer Desinformation[3] bis zu den aktuellen Fällen von Cyberwar sind alle Dimensionen – und die Grundnormen der eigenen Gesellschaft – betroffen. Was bedeutet das für die Konzeption einer Außenkulturpolitik und deren Unterfall: einer Außenmedienpolitik? Die tektonischen Veränderungen im internationalen Mediensystem sind grundstürzend und gehen einher mit geopolitischen Verschiebungen und einem neuen Kräfteverhältnis im internationalen Wettbewerb. Der frühere US-Präsident Bill Clinton nannte es einen Informationskrieg, den der Westen im Begriff sei zu verlieren.

Anders als der Medienartikel in der zweiten Auflage dieses Standardwerks, der als systematische Übersicht über die klassischen Medien der Außenkulturpolitik der Bundesrepublik Deutschland seine Gültigkeit behalten hat[4], beschränkt sich dieser Beitrag mit wenigen Ausnahmen daher auf den Ausschnitt der elektronischen Bildmedien. Er fragt nach den Hauptlini-

1 Henry Kissinger: „It's not a matter of what is true that counts but a matter of what is perceived to be true." Als Überlieferung ohne Quellenangabe vom Auswärtigen Amt 2014 bestätigt.

2 http://www.review2014.de/de/themen.html (September 2014).

3 Im 21. Jahrhundert, so der russische Generalstabschef Valerij Gerassimov 2013, lösten sich die Grenzen zwischen Krieg und Frieden auf, Kriege würden nicht mehr erklärt, verliefen nach einem „ungewohnten Muster". Mit „nichtlinearer Kriegsführung" und „gezielter Desinformation" gelte es – in Anspielung auf den US-amerikanischen Einfluss auf die orangene Revolution – „von Siegern Siegen zu lernen". Vgl. Thomas Gutschker, Putins Schlachtplan. Die Invasion der Ukraine ist seit Anfang 2013 geplant worden. Der Westen bekam das nicht mit. In: Frankfurter Allgemeine Sonntagszeitung, 8.9.2014, S. 1.

4 Horst Harnischfeger (2009), „Zwischen Gutenberg und Google – Medien"; in: Maaß (Hg.) (2009), *Kultur und Außenpolitik*, 2. Aufl., Nomos, S. 219-229.

en der Veränderung, zeichnet die Reaktionen anderer, bisheriger und neuer *Player* nach und stellt vor diesem Hintergrund wesentliche Formen auswärtiger Kommunikationspolitik[5] der Bundesrepublik Deutschland in diesem Bereich dar, um mit einem kritischen Fazit zu schließen.

## Was der Fall ist

„Alles, was wir über unsere Gesellschaft, ja über die Welt, in der wir leben, wissen", beginnt Niklas Luhmann sein Buch über die Realität der Medien, „wissen wir durch die Massenmedien" (Luhmann 1996). Es ist nicht allein die Dominanz der Konflikte in dem unablässig anschwellenden Strom der Informationen und Daten. Der Zustand der Welt ist an ihren empfindsamsten Punkten in symbolische Bilder geronnen, eingebrannt in die kollektive Erinnerung, abrufbar in Ikonen der Verletzung. Doch es wäre ein Trugschluss zu meinen, ihre Bedeutung sei gleich (Eco 1973). Dem Triumphgefühl der Macht entspricht das Entsetzen und die Scham der Niederlage, wie sie jenes Bild des amerikanischen Soldaten auslöste, der vor den Augen der Welt durch den Wüstensand Somalias geschleift wurde – noch vor den Ikonen des Grauens von 9/11, die in der internationalen politischen Kommunikation eine Zeitenwende markieren. Die live in das Weiße Haus übertragenen Bilder des Erschießungskommandos Bin Laden, die mediale Geiselnahme des Westens durch die Videos der Enthauptung amerikanischer Journalisten durch Krieger der sich „Islamischer Staat" nennenden Terrororganisation: Medien und politische Akteure beobachten, beeinflussen und benutzen einander und zeichnen die neuen Konturen politischer Kommunikation des 21. Jahrhunderts (Vowe/Dohle 2007).

Das Wissen, das wir dadurch über die Welt gewinnen, in der wir leben, ist unterschiedlich. Ausgenommen davon mag lediglich sein, dass die Medien längst mehr sind als ein Medium, dass sie *Faktor* der Gesellschaft, ja, der Welt sind, in der wir leben, ökonomisch wie politisch. Gerungen wird um die ökonomischen Schlüsselpositionen auf dem Weltmarkt und die Vorstellung von Welt und Werten in unseren Köpfen: Ein Bild brachte und ein Bild beendete den Somaliakrieg, wie ein amerikanischer Beobachter schlicht sagte.

Das Mediensystem hat zugleich – national, international, transnational – verbindenden Charakter und entlastende Funktion. Durch die Möglichkeit auch und gerade bei Dissens erneut Kommunikation anschließen zu können, ist es Garant für Stabilität in einer stark differenzierten und spezialisierten Gesellschaft. Luhmann fragt nicht, wie das Mediensystem die Realität manipuliert. Er fragt, welche Gesellschaft entsteht mit welcher Kultur, wenn sie sich selbst ständig auf diese Weise beobachtet. Diese Fragestellung sollte ihre Gültigkeit beweisen.

Bisher hatte eine andere, mächtige Sichtweise gegolten. Daniel Bell, der brillanteste unter den amerikanischen Neokonservativen, führte den Begriff der „Informationsgesellschaft" in den westlichen Raum ein – zehn Jahre nach seiner Begründung – japanisch: „joho shakai" – durch den Japaner Tadao Umesao. Japan hielt die Schlüsselposition in der Chipproduktion der Kommunikationsindustrie besetzt. Die USA hingegen standen vor einer Zeitenwende, galten sie doch als prominentes Beispiel für den Zusammenhang von fortgesetzter Hochrüstung und wirtschaftlichem Niedergang. Trotz einer unangefochtenen Vormachtstellung auf dem Weltmarkt des Films: Die entscheidende Strukturveränderung zur zivilen Güterproduktion mit

5 Zur Begriffsdifferenz Medienpolitik – Kommunikationspolitik vgl. Kleinsteuber/Thomaß 2002: 88.

Weltmarktchancen stand aus. In der Zukunft löse Informationswirtschaft die Güterwirtschaft ab: Bell bereitete mit dieser These den Weg für jene *pensée unique*, die weltweit Liberalisierung und De-Regulierung auch auf kulturelle und öffentliche Güter ausdehnen und zum unangefochtenen Grundsatz des Welthandels und seiner Genfer Organisation machen sollte (Bell 1975).

Politische Siege sind immer auch rhetorische Siege. Euphemistisch schrieb John Naisbitt in seinem Bestseller *Megatrends* 1982: Die Macht sei nicht Geld in den Händen weniger, sondern Information in den Händen vieler. Der US-amerikanische Vizepräsident Al Gore entfaltete 1994 die glänzende Metaphorik des „Neuen Athenischen Zeitalters der Demokratie". Nicholas Negroponte, Star vom Media-Lab des Massachusetts Institute of Technology und Autor von *Being Digital* (Negroponte 1995), erläuterte den Denkern einer *Kommunikationsordnung 2000* im Bertelsmann-Konzern den ökonomischen Unterschied zwischen Atomen und Bits. Und Präsident Clinton benannte beim „G7+1"-Gipfel in Denver die fünf politischen Bedingungen für die *Global Information Infrastructure*.

Doch erst Manuel Castells, spanischer Autor des einflussreichen Werks *The Information Age. Economy, Society, and Culture*, gelang es, unter dem Begriff der Informationsgesellschaft ein neues Paradigma einzuführen. Das *Netzwerk* ist zu einem gesamtgesellschaftlichen Phänomen aufgestiegen, das alles betrifft und keineswegs nur wie bisher angenommen gesellschaftliche Teilbereiche verändere. Es entstehe eine Verschiebung der Macht von einzelnen zentralen Akteuren hin zu jenen Knotenpunkten, an denen soziale Strömungen kontrolliert werden (Castells 2001–2003). Man liest und erkennt mit Schrecken: Terroristische Strukturen sind so!

Binnen zweier Dezennien wurde damit in Frage gestellt, was seit der Habilitationsschrift von Jürgen Habermas zum *Strukturwandel der Öffentlichkeit* (Habermas 1962) in der gesellschaftlichen Vorstellung gesichert schien: der Wandel von *public* zu *Public Sphere*: Das Verblassen repräsentativer Öffentlichkeit und die Eroberung des öffentlichen Raums durch die bürgerliche Öffentlichkeit im 18. Jahrhundert: Jenes Tertium also zwischen Markt und Staat, das wie ein Parallelogramm der Kräfte umso stärker ausgebildet ist, je streitiger der gesellschaftliche Diskurs – über plurale Massenmedien geführt – an seinen Vektoren zerrt; und umso schwächer, je vermachteter – sei es wirtschaftlich, sei es politisch – der öffentliche Raum daherkommt. Vermutlich herrscht diese Vorstellung noch sehr weitgehend vor in der politischen Klasse. Deutungskonflikte auch in der Wissenschaft können da gar nicht ausbleiben, der neuerliche Strukturwandel der Öffentlichkeit läuft ja gerade erst ab (Schulze 2011). „The digital sphere"[6] mit ihren neuen dezentralen Kontrollpunkten – der Jurist Lawrence Lessig nennt das: „Code is Law" (Lessig 1999) – hat strukturelle Effekte auf die nationale, inter-nationale und transnationale Kommunikation: auf den Wettbewerb politischer Akteure; auf die Organisation medialer Systeme und auf die Rezeptionsformen der Nutzer. Und natürlich auch auf die Funktionalität (nicht: Funktionsfähigkeit, Köchler 2013) der Demokratie überhaupt. Die moderne Gesellschaft räumt ja der politischen Öffentlichkeit wie dem Bürger als Citoyen, (nicht als Bourgeois, Hegel) als aufgeklärtes universales Projekt sozialer Integration eine zentrale Funktion ein:

6 Charles-Edouard Bouée, Geschäftsführer der Firma Roland Berger Strategy Consultants, bezeichnet den digitalen Raum als „7. Kontinent" und überträgt damit die europäische Perspektive Napoleons auf die Welt; für den Herausgeber des Handelsblatts, Gabor Steingart erlaubt die mobile Körpertechnik etwas Neues: „Die Zeit in der ich lebe begleitet mich" (Precht im Gespräch mit Gabor Steingart, ZDF, 7.9.2014, 23.55 Uhr).

- als Forum gesellschaftlicher Verständigung
- als Legitimation und Kontrolle politischer Macht
- als Konstitutionsbedingung des Souveräns überhaupt.

Es ist die Möglichkeit zur medialen Selbst-Beobachtung, die einer Gesellschaft die Fähigkeit zur Selbstregulation verleiht und sie dadurch voran bringt.

All das scheint in Frage zu stehen. Die Formen globaler Kommunikationsströme haben sich verdichtet und zugleich diversifiziert. Die Folgen für die Außenkulturpolitik sind noch nicht klar strukturiert. Habermas sieht die Entstehung einer neuen diskursiven Sphäre, die im globalen Gravitationsfeld womöglich zur Unterminierung der Zensur autoritärer Regime in der Lage sei, allein jedoch der fragmentierenden und zentrifugalen Tendenz des digitalen Zeitalters nichts entgegenzusetzen habe (Habermas 2008). Der deutsche Philosoph Peter Sloterdijk macht einen Prozess wechselseitiger Marginalisierung in postterritorialen Räumen aus und prägt dafür in unnachahmlicher Metaphorik den Begriff des Schaumgebirges (Sloterdijk 2004). Die Mittlerorganisationen analysieren neue Formen der Rückeroberung des öffentlichen Raums (Lühmann 2014), seine Veränderung unter den Bedingungen von Web 2.0 (Bettermann/Grätz 2012)[7], und erproben soziale Medien in Transformationspartnerschaften[8].

Auf die Ausdifferenzierung des Mediensystems reagiert die Wissenschaft ihrerseits mit der Ausdifferenzierung der Forschung. Die politischen Wissenschaften legten eine Typologie der globalen Kommunikation und ihrer Akteure vor (Kleinsteuber/Thomaß 2009), wenden sich der Frage der Kommunikation für die Reproduktion sozialer Systeme zu (Siedschlag 2001) und gehen unter dem Stichwort *Soft Power* dem Einfluss von Kultur im Zeitalter mediatisierter internationaler Beziehungen nach (Thussu 2013). Die Soziologie reagiert auf die Entgrenzung des Mediensystems mit einer Medialisierungs-, *Media-Governance-* und *Cultural-Theory*-Forschung und bilanziert kritisch: bei aller intensiven Beschäftigung mit digitalen Medien sei die Grundsatzfrage nach der Entwicklung der politischen Öffentlichkeit nicht angemessen berücksichtigt und eher der Ökonomik überlassen worden.[9] Die Kommunikationswissenschaft verzeichnet eine Diversifizierung der Forschung allein auf der Mikroebene, um sich nach dieser Defizitanzeige (Vowe/Dohle 2007) entschieden den vier Phasen und Konzepten der Globalisierung der Medienkommunikation zuzuwenden: internationaler Kommunikation, ihr ältester Teil; Entwicklungskommunikation, die Phase der Befreiungskämpfe; interkulturelle Kommunikation – Kultur als Kontext von Kommunikation; und transkulturelle Kommunikation als Prozess globaler Interaktion (Hepp et al. 2005).

Die entscheidenden Veränderungen im internationalen Mediensystem – so die einstweilige Zwischenbilanz – sind der Konflikt zwischen Kulturpolitik und Ökonomie im Rahmen des internationalen Systems (Metze-Mangold 2006), hinter dem massive Interessen und verschiedene Weltsichten stehen; der Wandel der Medienpolitik – getrieben durch technische und ökonomische Konvergenz – von sektorspezifischer zu sektorübergreifender Politik im Rahmen internationaler (Handels-)Abkommen, ohne dass sich nennenswerte Ergebnisse in der internationalen

7 Siehe auch das beim Institut für Auslandsbeziehungen 2014 laufende Forschungsprojekt von Yvonne Michalik zum Thema „Europäische Bürgerschaft. Europa und die Medien“, http://www.ifa.de/kultur-und-aussenpolitik/forschung/forschungsprogramm/laufende-projekte.html#c62251 (September 2014).

8 Siehe auch das Projekt „Connexxions“ der Deutschen UNESCO-Kommission, http://www.unesco.de/connexxions.html und http://u40net.org/ (September 2014).

9 „Neuer Strukturwandel der Öffentlichkeit“. Dreiländerkongress der Deutschen Gesellschaft für Soziologie, der Österreichischen Gesellschaft für Soziologie und der Schweizerischen Gesellschaft für Soziologie. Innsbruck 2011, http://www.soziologie2011.eu/ (September 2014).

Wettbewerbspolitik verzeichnen ließen mit der zwangsläufigen Folge wachsender Oligopolisierung der Medienmärkte (UNESCO 1995); schließlich – auch als Reaktion darauf – der *Wechsel* der Perspektive von global zu lokal als Ergebnis bestehender Ungleichgewichte in internationalen Arenen und Medienmärkten (Pauwels /Loisen 2004), der mit der wachsenden Bedeutung von Kultur im internationalen Geschehen korrespondiert (*UNESCO-Konvention über den Schutz und die Förderung der Vielfalt kultureller Ausdrucksformen* von 2005, siehe dazu Metze-Mangold/Merkel 2006).

## 1. Internationale Reaktionen

All das lässt den Staat nicht unberührt. Seine Stellung als Akteur und selbstbestimmtes Subjekt der Staatengemeinschaft, wie es 200 Jahre lang nach der Geburt des Nationalstaats gegolten hatte, hat sich verändert. Seit die Kommunikationstechniken den terrestrischen Raum als Basis der Informationsübermittlung verließen und sich den Weltraum als zusätzliche Basis mittels Satellitentechnik erschlossen, schwindet seine Kontrolle über die innerstaatlichen und grenzüberschreitenden Informationsströme. Schon in der Zwischenkriegszeit brachen die politischen Konflikte um die Bewahrung der souveränen Kontrolle der grenzüberschreitenden Informationen einerseits (Witte 1999) und der Sicherung des freien Informationsflusses (mitunter auch Marktflusses) andererseits auf, und sie sind bis heute nicht gelöst (Tietje 2002; Metze-Mangold 1994). Staaten als souveräne Entscheidungseinheiten sehen sich globalisierten Märkten gegenüber, die ihrer je eigenen Rationalität folgen; Unterhaltungsformate durchbrechen alle Staatsgrenzen; digitale Räume stehen „quer“ zu den hergebrachten physischen und rechtlichen Räumen[10] und stellen die Differenz von „Innen“ und „Außen“ (Kleinsteuber 2005) in Frage; die Infrastruktur öffentlicher Kommunikation ist – vermutlich erstmals in der Menschheitsgeschichte – im Eigentum privater Unternehmen, die den Code der Infrastruktur nicht offenlegen und ihr Hausrecht weltweit durchsetzen; und die Forderung nach individueller, grenzüberschreitender Kommunikationsfreiheit bricht sich in virtuellen Gemeinschaften und ihren neuen transnationalen Interaktionsformen Bahn, die auch die Zugehörigkeit zu verschiedenen Kulturen stabilisieren kann.[11]

Die Erosion des politischen Raums „Nationalstaat“ hat Trends in zwei Richtungen verstärkt. Staatliche Vorhaben – werden sie nicht mit Macht durchgesetzt – können aufgrund des inhärent grenzüberschreitenden Charakters medialer Interaktion nur noch im Rahmen internationaler Kooperation durchgesetzt werden, was aufgrund des Bedürfnisses nach Rechtssicherheit die Notwendigkeit zu verstärkter internationaler Zusammenarbeit nach sich zieht. Konflikte werden zudem nicht mehr allein innerhalb des Staatsapparats und des internationalen Systems ausgetragen, vielmehr in Schlichtungsverfahren des Marktes und vielfältigen Kommunikations- und Kooperationsformen der Gesellschaft im Sinne von *Governance*.

---

10 Lohnend hierzu ein Blick in das Magazin *Der Digitale Wandel* Q1 von 2014, S. 38; http://www.collaboratory.de/w/Datei:DerDigitaleWandelQ1-2014-collaboratory.pdf (September 2014).

11 „Mit transkultureller Kommunikation einher geht der Umstand, dass die territoriale vorgestellte Gemeinschaft der Nation nicht unbedingt der alleinige medienvermittelte Sinnhorizont von Identität sein muss, sondern daneben auch deterritoriale vorgestellte Vergemeinschaftungen zunehmend relevante Bezugspunkte von Identität sind. Beispiele dafür sind Diasporas, soziale Bewegungen so- wie populärkulturelle und religiöse Gemeinschaften“ (Hepp et al. 2005).

Im Ergebnis zeichnen sich drei Handlungsebenen ab, und sie weisen den Staat als Akteur durchaus in seine Grenzen. Medien in staatlich-öffentlichem Auftrag sehen sich global und „glokal" (Robertson 1992) agierenden kommerziellen Medienakteuren gegenüber, die wirtschaftlich mächtiger sind als manch europäischer Nationalstaat, und inzwischen einer wachsenden Zahl höchst professionell arbeitender transnational operierender nicht-kommerzieller Medien einer globalen *Civil Society*.

In der trialen Ordnung der Kommunikation, die kommerzielle, öffentliche und nicht-kommerzielle Medien umfasst, ist unter dem Aspekt politischer Entscheidbarkeit nur der staatlich-öffentliche Sektor direkt beeinflussbar, indirekt – durch politisches Framing – allerdings auch die anderen beiden Sektoren. Der Rezipient mischt und vermischt die Angebote mit eigenen Videos, prägt so seinen Lebensstil und – in der verschwimmenden Linie zwischen medial und real – seinen Blick auf die Welt.

Die Außenmedienpolitik steht damit in einem unerhörten Wettbewerb um die Mediennutzer und um die Deutungshoheit mit Signalen an die Welt, ihren Erzählungen, ihren Bildern, ihren Nachrichten. Das neue Paradigma heißt Auffindbarkeit und immer noch Zugang, das aber keineswegs im technischen Sinne. Immer mehr Staaten haben ein Interesse daran, mit eigenen Sendern weltöffentlich vertreten zu sein. Der Trend ist seit Anfang der neunziger Jahre zu verzeichnen und hat seit 2005 noch einmal einen deutlichen Schub erfahren (Ahrens 2010). Zahlreiche Sender sind seither neu gegründet, andere erheblich ausgebaut worden. Traditionell vorherrschend allerdings war der private Sektor mit seinen weltumspannenden massenmedialen Angeboten westlicher, vor allem amerikanischer Herkunft.

In der ersten Phase der Globalisierung bedeutet sie vor allem eine Expansion der westlichen Ökonomie, Politik und Kultur (Beck 1997) mit dem Siegeszug kommerzieller Angebote. Als Beispiel strategischer, häufig an ein und demselben Tag weltprominent vertretener kommerzieller Soft Power (Nye 2004) gelten die Vereinigten Staaten. US-amerikanische auswärtige Kulturpolitik über Medien findet in erster Linie mit Hilfe des privaten Sektors statt. Kulturwirtschaft gilt als zweitwichtigster Exportsektor der USA und ist Teil des Dienstleistungssektors, der zu 80 Prozent zum Bruttoinlandsprodukt der Vereinigten Staaten beiträgt. Die wichtigsten Produkte sind amerikanische Musik und die amerikanische Filmindustrie, die schon seit Jahrzehnten amerikanische Kultur weltweit höchst erfolgreich exportieren. Nicht die amerikanische Regierung produziert diese Inhalte, sondern der Privatsektor. An dieser Stelle wird internationale Handelspolitik für die USA zu auswärtiger Kulturpolitik.[12]

Ein aktuelles Beispiel für die Rolle von Kultur und Medien in der amerikanischen Außenpolitik ist deshalb das zwischen der Europäischen Union und den USA verhandelte Transatlantisches Handels- und Investitions-Protokoll und die Weigerung der USA, eine Ausnahme für den Kultursektor in diesem Handelsabkommen zuzulassen. Während die europäische Verhandlungsseite zwischen der *exception culturelle* des Maastricht-Vertrags für audiovisuelle Medien und ihren Signatarverpflichtungen aus der *UNESCO-Konvention zum Schutz und zur Förderung der Vielfalt kultureller Ausdrucksformen* einerseits und der Aussicht andererseits

12 „To be cultural relevant in the age of globalization, a government must exercise control over the flows of information and communication technologies, including trade. This is also difficult for governments that operate in a free market society where the government does not control the bulk of information flows. What the government can do is work to protect cultural exports where they flourish, by utilizing trade agreements or gaining access for foreign telecommunication networks" formuliert en.wikipedia.org/wiki/Cultural_diplomacy (September 2014) unter Berufung auf Louis Belanger, "Redefining Cultural Diplomacy: Cultural Security and Foreign Policy in Canada", *Political Psychology* 20, no. 4 (December 1999): 677 f.

schwankt, der Welt – vielleicht zum letzten Mal – Standards für Handel und Wirtschaft setzen zu können, ist die Haltung Amerikas seit den frühen Tagen der Verhandlungen über das *General Agreement on Trade in Services*, das Dienstleistungsabkommen der Welthandelsorganisation immer dieselbe. Der Grund ist überraschend einfach. Kulturelle Produkte gehorchen einer „bizarren Ökonomie". Fast alle kulturellen Produkte – Bücher, CDs, Filme – scheitern am Markt. Kaum eines bringt auch nur die Produktionskosten wieder herein. Nur etwa jeder zehnte amerikanische Film ist erfolgreich, spielt auf dem nationalen Markt die Kosten ein; danach aber ist jeder auf dem Weltmarkt verdiente Dollar reiner Gewinn (Grant 2005). Manche Leute verstehen einfach nicht, so Newt Gingrich, der frühere Sprecher des amerikanischen Repräsentantenhauses, dass zeitgleich über Satellit auf die Welt abgestrahlte Filme ein Weltmarkt sind und Amerika der Weltmarktführer ist (Metze-Mangold 1995).

Ähnlich erfolgreich im Weltmaßstab war der 1980 gegründete „Breaking news"-Sender CNN, der mit seinem 24-Stunden-Programm wie eine Welle über die Welt schwappte. Neben dem Nachrichtenkanal wurde mit „CNN-Interactive" 1995 – in Deutschland sprach man noch von Datenautobahnen – eine Onlineplattform bereitgestellt, die weltweit Standards setzen sollte. Die *AnchorMen* von CNN wurde in den Krisen zu mythischen Figuren ihrer Zeit. Im Verständnis von Nicholas J. Cull ist *Public Diplomacy* „an international actor's attempt to conduct foreign policy by engaging with a foreign public". Den Vereinigten Staaten schien das lange Zeit traumwandlerisch zu gelingen. Aber nicht nur missachtete der Erfolg, dass das Ergebnis von Kommunikation in hohem Masse mit dem Empfänger zu tun hat: Der Weltmarkt der Soft Power wurde auch mit allen Mitteln verteidigt nach dem Motto der ersten internationalen Satellitendoktrin *First come first served*. Auf Deutsch: Wer zuerst kommt, mahlt zuerst. Das rief andere Länder auf den Plan.

Auf der Ebene der öffentlichen Kommunikation der hergebrachten *Global Player* unter den Auslandssendern – BBC, Voice of America und Deutsche Welle – tummelten sich inzwischen Neu-Ankömmlinge:

- Euronews (1993), der von 22 Sendern der European Broadcasting Union – allerdings nicht von ARD und ZDF aufgrund der komplizierten Rechtslage, wie es heißt – getragene paneuropäische Sender, der nach eigenen Angaben in rund 350 Millionen Haushalten in 155 Ländern zu empfangen ist und in Kürze in 16 Sprachen sendet. Auch über eine mobile Webseite ist das Programm abrufbar: Der Nachrichtensender bietet sein Live-Programm ab 2011 per Android- und iOS-App mobil an.
- Al Jazeera (1996), international bekannt seit 2001, als die Bilder dieses einzig in Kabul vertretenen Senders über alle großen Nachrichtenkanäle liefen. Der Ursprung für diesen Sender war ein regionaler Konflikt. Aufgrund saudischer Zensuranforderungen hatte im April 1996 der Gemeinschaftssender der BBC und des saudischen Medienkonzerns Orbit den Sendebetrieb eingestellt. Der Emir von Katar, Scheich Hamad bin Chalifa Al Thani, gründete daraufhin den Sender Al Jazeera und stellte 17 der entlassenen BBC-Mitarbeiter wieder ein. Der Sender, der mit angeblich 400 Millionen Franken im Jahr von der katarischen Herrscherfamilie finanziert wird, begann am 1. November 1996 mit der Ausstrahlung seines Programms über Satellit und hat eine beispiellose Karriere hingelegt. Als im Westen „vermeintlich anti-amerikanisch berüchtigt", spiele der Sender in den arabischen Ländern „vornehmlich die Rolle des Korrektivs einer von den Regimes domestizierten Medienlandschaft", befand Carola Richter (*Zeit online*, 5. November 2011). Es gebe „fast kein arabisches Land, in dem der Sender nicht schon einmal verboten" worden sei.

Durch die Berichterstattung über Kontroversen der Regierungen vieler Golfstaaten – einschließlich Saudi-Arabiens, Kuwaits, Bahrains und Katars – und der Staaten des Nahen Ostens entwickelte sich Al Jazeera zu einem der wichtigsten Nachrichtensender der Region mit ca. 40 Millionen Zuschauern täglich. Dann kam er wegen wachsender Abhängigkeit in die Kritik. Der Deutschland-Korrespondent Aktham Suliman verließ aufgrund der Einflussnahme 2012 den Sender. Am 28. April 2013 entzog die irakische Kommunikations- und Medienkommission zehn Fernsehsendern, darunter auch Al Jazeera, die Sendelizenz mit der Begründung, dass deren Berichterstattung Gewalt, abtrünniges Verhalten und Sektierertum schüre. Ob sich das mit der Neuformierung der internationalen Kräfte gegenüber der sich „Islamischer Staat" nennenden Terrororganisation ändert, wird sich zeigen. Der Sender hat sich strategisch diversifiziert:

- Al Jaazira English (2006) war der erste Schwestersender, er hat seinen Sitz in Doha, London, Washington D.C. und Kuala Lumpur und zeigt eine klare Ausrichtung auf die englischsprachige Community der Welt.
- Al Jaazira American (2013), der amerikanische Schwestersender mit Sitz in New York und einem Dutzend anderer nordamerikanischer Städte, hat die Sendeplätze und Frequenzen von Current-TV von dem vorherigen Eigentümer Al Gore übernommen, hat 800 Mitarbeiter und zählt inzwischen renommierte US-amerikanische Journalisten und Manager zu seiner Crew, die zuvor bei CNN, CBS News oder der Microsoft/National Broadcasting Company gearbeitet hatten. Das Programm soll für die US-amerikanische Bevölkerung anschlussfähig sein. Arabische Fernsehstationen ermöglichen nun auch westlichen Staaten eine neue Sicht auf die Entwicklungen. Heute hat die Sendergruppe 206 Millionen Zuschauer in 130 Ländern der Erde (Si 2014).
- RT, früher Russia Today (2005), der mit hoch professionellem Auftritt auf ein internationales Publikum ausgerichtete, staatlich finanzierte Fernsehsender mit Sitz in Moskau zählt zu den Shooting Stars unter den Auslandsmedien: 2010 und 2012 war der Sender für den Emmy-Award, den bedeutendsten US-amerikanischen Fernsehpreis nominiert; Larry King, legendärer TV-Gastgeber der Vereinigten Staaten, wechselte 2014 zu RT; laut The Pew Research Institute war RT 2012 mit über 1,01 Milliarden Videoaufrufen der weltweit populärste Nachrichtenkanal auf dem Videoportal YouTube, was die damalige US-Außenministerin Hillary Clinton bei einem Auftritt vor dem US-Kongress Anfang März 2011 zu der Bemerkung veranlasste, die Vereinigten Staaten seien aufgrund des Erfolges von Fernsehsendern wie Russia Today im Begriff, eine Niederlage im *global info war* zu erleiden: RT hatte zu diesem Zeitpunkt bereits 700 Millionen Aufrufe auf YouTube zu verzeichnen, CNN kaum 5 Millionen. Die Popularität begründet der Geschäftsführer von ANO TV Nowosti, der Muttergesellschaft von RT damit, dass Analysten mit kontroversen Standpunkten zu Wort kämen und die Sichtweise der westlichen Nachrichtensender durchaus in Frage stellten. Auch Proteste anlässlich der Präsidentschaftswahlen seien gezeigt worden. Dass das nicht alle so sehen, machte Liz Wahl deutlich, die live in der Moderation kündigte. Das Programm wird laut Wikipedia seit 2005 rund um die Uhr in Englisch über 20 Satelliten verbreitet, seit 2007 dazu in Arabisch, seit 2009 in Spanisch; eine Internet-Petition verlangt 2014 eine Ausstrahlung in Deutsch für die über 100 Millionen Deutschsprachigen in Europa. Angekündigt sind Websites in deutscher und französischer Sprache, aus denen könnten später Fernsehkanäle entstehen (*Neue Zürcher Zeitung* 26. August 2014).

Die erklärten Ziele des Senders sind, dem Publikum die russische Sichtweise auf das internationale Geschehen vorzustellen und alte Vorurteile und Klischees über Russland abzubauen. RT will ein Gegengewicht zu „westlichen Medien" darstellen[13], ein anderes Narrativ. Auch Entwicklungen innerhalb Russlands sollen hier aus russischer Perspektive beleuchtet werden. 90 Prozent der Russen beziehen ihre Nachrichten aus dem Fernsehen. Der Sender sieht sich als russische Alternative zu internationalen Kanälen wie CNN, BBC oder Euronews, die allerdings zugleich Vorbilder für das eigene Sendekonzept sind. Für die russische Medienjournalistin Irina Petrowskaja hingegen ist „das Fernsehen wie zu Sowjetzeiten zu einer Abteilung des Machtapparates geworden" – fünf Jahre nach der Ermordung von Anna Politkowskaja nun allerdings wesentlich subtiler (Reporter ohne Grenzen, siehe *Spiegel online* vom 7. Oktober 2013).

- France 24 (2006) ist das französische Auslandsfernsehen, ein 24-Stunden-Nachrichtenkanal, der 2012 mit dem französische Auslandsradio Radio France International unter dem Dach von Audiovisuel Extérieur de la France fusioniert wurde. Das Programm, das sich an Vorbildern wie BBC World News und Deutsche Welle-TV orientiert, wird gemeinsam vom Sender Télévision Française 1 und den unter dem gemeinsamen Dach France Télévision zusammengeschlossenen öffentlich-rechtlichen Sendern veranstaltet und soll Nachrichten aus französischer Sichtweise in Französisch, Englisch und Arabisch vermitteln. Interessant ist die Debatte um die Namensgebung des Senders: Ursprünglich sollte er Chaîne française d'information internationale heißen und auf Wunsch Präsident Jaques Chiracs ausschließlich in französischer Sprache senden, um der Vormachtstellung des englischsprachigen Nachrichtensenders CNN mit seinen „Breaking News" zu begegnen. FranceMonde: das war die Vorstellung von Präsident Nicolas Sarkozy, der den Auslandssender unter diesem Namen mit dem von den französischsprachigen Länder Frankreich, Belgien, Schweiz und Kanada gemeinsam getragenen Sender TV5 fusionieren wollte, wogegen allerdings die anderen beteiligten Sender protestierten: Sie wollten keinen Namen, der eine vorherrschende Rolle Frankreichs signalisiere. Immerhin fand die Fusion statt. Ein Besuch auf der Homepage von France 24 zeigt eine Verbreitung des Programms über Satellit und Kabel, als Live-Stream auf der Startseite im Internet, als App (Applikation) für das Mobiltelefon und ein frei verfügbares Video-on-Demand-Programm auf Facebook und Twitter.
- China Central Television (1978/ 2004), der einzige nationale Fernsehsender der Volksrepublik China, seit dem Jahr 2004 mit internationaler Ausrichtung, ist inzwischen der größte unter den Playern und der neue, machtvolle Konkurrent aller Auslandssender. CCTV ist aus Peking-Fernsehen (1958) hervorgegangen, untersteht dem Medienministerium und ist an die Vorgaben der Kommunistischen Partei Chinas gebunden. Massenabstimmungen per SMS sind seit 2007 aus Angst vor Kontrollverlust nur noch im Studio erlaubt, in der Kommunikation mit dem Publikum ansonsten verboten. Nach den drastischen Kürzungen der staatlichen Subventionen in den neunziger Jahren begann ein schwankender Balanceakt zwischen der Staatslinie und einem Programm, das am freien Markt im Kampf um Zuschauer und

---

13 Im Juni 2013 erklärte Putin in einer Live-Sendung in Russia Today: "When we designed this project back in 2005 we intended introducing another strong player on the international scene, a player that wouldn't just provide an unbiased coverage of the events in Russia but also try, let me stress, I mean – try to break the Anglo-Saxon monopoly on the global information streams", vgl. Russia Today/RT, http://en.wikipedia.org/wiki/RT_%28TV_network%29. Im Mai 2013 teilte Russia Today mit, dass der frühere amerikanische CNN-Journalist eine neue Show im russischen Programm umsetzen werde, „Politicking with Larry King". Pikantes Thema am 13. Juni 2013 war dann Edward Snowdon und das PRISM Überwachungsprogramm. Quelle: https://en.wikipedia.org/wiki/RT_%28TV_network%29 (September 2014).

Werbeeinnahmen bestehen kann. Heute ist der Sender nicht nur gegenüber den lokalen, ebenfalls staatlich betriebenen Sendern, die sich zu größeren Mediengruppen zusammengeschlossen haben, um gegen CCTV bestehen zu können, ein Riese, er ist es inzwischen auch regional, international und ökonomisch: „The largest Player in the new Environment" (Si 2014). CCTV arbeite als Mouthpiece der Regierung und zugleich als hoch kommerziell agierendes Unternehmen mit der größten Zuschauerzahl vermutlich weltweit. Bereits 2005 bilanzierten sich die Werbeausgaben Chinas auf die unvorstellbare Summe von 30 Milliarden US-Dollar und waren damit Weltspitze (Golte-Schröder 2008: 3). CCTV versteigert die Werbeslots jährlich im November und erzielte 2012 damit 2,6 Milliarden US-Dollar.[14] Seit die chinesische Regierung mit dem Eintritt in die Welthandelsorganisation eine Revolution der kreativen Industrien ausrief und dies als eine weltweite Offensive zur Umkehr des Images einer Kopier-Nation versteht, werden die jährlichen Auktionen auch als Barometer für die wirtschaftliche Prosperität des Landes angesehen. Aus dem futuristischen China Television Headquarters, das im Jahr der Olympischen Spiele 2008 bezogen wurde, sendet CCTV über 24 öffentliche Programme, 21 Bezahl-Kanäle, 8 mobile und 28 Internet-Kanäle: 24-Stunden-Programme, die 1.2 Milliarden Chinesen erreichen, 96 Prozent der einheimischen chinesischen Bevölkerung.

Mit CCTV-Africa mit Sitz in Nairobi und CCTV-America mit Sitz in Washington D.C. wurden 2012 zwei kontinentale Produktions- und Play-out-Studios geschaffen, die die Internationalisierung chinesischer Public Diplomacy unübersehbar machten. Mit dem Start eines Portugal-Kanals nach CCTV-Arabic und CCTV-Russian wird die Medienorganisation über 14 internationale und regionale Sattelitenkanäle verfügen und annähernd 300 Senderkooperationen. CCTV strahlt in sieben Sprachen Programme in 140 Ländern aus, die nach eigenen Angaben 1,5 Milliarden Menschen außerhalb der Volksrepublik China erreichen, ohne dass durch Angaben der Zuschauerzahlen der Grad der tatsächlichen Akzeptanz zu bemessen wäre (Si 2014). Dass ein europäischer Kanal mit Sitz in London entstehen könnte, wird nicht ausgeschlossen. CCTV-News ist das wichtigste journalistische Angebot, CCTV-4 Chinese sendet für Auslandschinesen und für jene Menschen, die Chinesisch lernen wollen. Getrieben von der Vision internationaler Kanäle, die in allen Regionen der Welt zeitgleich auf Millionen von Menschen abstrahlen, war Zhao Huayong, Direktor von CCTV, verantwortlich für die Senderstrategie bis 2010, auch der Architekt der Multimedia-Plattform Great Wall.

Dieser Ausschnitt einer Entwicklung, die man in ihrer Geschwindigkeit nur noch als *Moving Target* bezeichnen kann, zwingt zu einem drastischen Perspektivwechsel. Die neuen Global Player haben den „hegemonialen Gebrauch" (Tunstall 1977; MacBride 1980) der internationalen Kommunikationstechniken in atemberaubender Geschwindigkeit mit neuen „Offensiven" – die letzte gilt Lateinamerika (Ahrens 2010) – längst umkehren können. Nach der Süd-Südvernetzung heißt die Richtung Nord-Amerika und Europa. Nach der *De-Territorialization* der Räume inter-nationaler Kommunikation zeichnet sich im globalen Wettbewerb – fünfundzwanzig Jahre nach dem Ende des Kalten Krieges und dem vermeintlichen „Ende der Geschichte" – seit zehn Jahren eine neue globale Struktur internationaler Medien ab, die den Westen durchaus auf die Plätze verweist. Zu verzeichnen ist eine *De-Westernization* medialer

14 Jiannanchun, eine chinesische Getränkegruppe, war 2012 der größte Käufer gefolgt von internationalen Gesellschaften wie Coca-Cola, Adidas, Proctor and Gamble. Der Erlös der Auktionen hat sich in 20 Jahren um 500 Prozent gesteigert (Si 2014).

Praxis und Präsentationen nicht nur der Nachrichten, sondern auch der großen Erzählungen der Welt. Die Deutsche Welle – einzige öffentliche Institution, die Deutschland in der Welt systematisch medial repräsentiert – wird in der internationalen Literatur mit France 24 längst in die zweite Liga verwiesen (Si 2014).

In ihren angestammten Ausstrahlungsgebieten wie zu Hause konkurrieren die ehemaligen Global Player mit den neuen internationalen Programmen und dazu auch noch aufstrebenden regionalen Medien, wie etwa dem türkischen TRT International (der staatlichen Türkischen Rundfunk- und Fernsehanstalt), das allerdings als staatlich gesteuertes Programm einen Machtkampf auszufechten hat mit den Angeboten des privatwirtschaftlich gesteuerten Imperiums der religiösen Gülen-Gruppe, die neben Medien – demnächst auch einem Satellitenkanal – ein Dutzend Schulen, eine Bank und eine Universität besitzt und deren Hauptquartier in Europa in Frankfurt liegt.

Die Strategien der staatlichen Betreiber dieses *Iconic turn*[15], die sich nicht selten stolz als Vertreter einer „illiberalen" Staatsform verstehen, der neuen „kapitalistischen Moderne", sind verschieden, zeichnen sich aber insgesamt durch eine hohe Flexibilität im Interesse einer kulturellen und politischen Anschlussfähigkeit aus. Gerade China verfolgt dabei eine Strategie der Kooperation mit jeweiligen Partnern vor Ort, durch die auch die weltweit entstehenden Konfuzius-Institute dem je nationalen Recht unterstellt sind. Die Kultur- und Medienarbeit wird von einer journalistischen Ausbildung begleitet, die zunächst an keine inhaltlichen Vorgaben geknüpft zu sein scheint (Maaß 2013). China Radio International bietet Webseiten in über 50 Sprachen und strahlt seine Programme in über 40 Sprachen aus. Mit CNC English startet die chinesische Nachrichtenagentur Xinghua einen englischen Nachrichtenkanal und setzt sich dabei für ein „Gleichgewicht zwischen Wettbewerb und Zusammenarbeit" ein[16]. China will international konkurrenzfähige Medienunternehmen schaffen und stellt dafür nach Angaben der *South China Morning Post* insgesamt 6,5 Milliarden US-Dollar bereit (a.a.O.).

Auf die dreifache Herausforderung von technischer Revolution, geopolitischen Machtverschiebungen und westlicher Sinnkrise nach 2001 hat der Westen mit nachhaltiger Irritation reagiert: Der Frage nach dem Sinn und dem Auftrag der Auslandsmedien und der richtigen Strategie für das 21. Jahrhundert erschütterte die mächtigen Medienorganisationen. Gutachten und Think Tanks wechselten einander ab, häufig ohne dass die Ratschläge – etwa in den USA – tatsächlich beherzigt[17] worden wären; wo sie beherzigt wurden, nicht selten mit einer politisch falschen Strategie, wie bei German-TV, dessen Scheitern eines der wichtigsten Lernfelder deutscher Public Diplomacy gewesen sein dürfte und das zugleich den Anachronismus gesetzlicher Rahmenbedingungen in Deutschland offenbarte (Kleinsteuber 2008). Während Netzenthusiasten häufig im Verborgenen werkelten, weil Politik und Aufsicht die Logik von Netzwerkkommunikation nicht verstanden, in der inzwischen beinahe ausnahmslos alle Services

15 Anders als in der philosophischen Debatte, die mit Richard Rotrys *Linguistic Turn* begann, bezeichnet der Begriff in der Kommunikationswissenschaft den Sieg des Bildkommunikation nicht nur bei den linearen Massenmedien, auch in der non-linearen Internetkommunikation, in der die breitbandig ausgetauschten massenhaften Videos immer bedeutsamer werden und auf YouTube zu rund 80 Prozent aus Kurzfilmen besteht, die aus Fernseh-Nachrichtenschnipseln von den sogenannten „prosumer" zusammengeschnitten werden.

16 epd medien12.5.10.

17 Eine Ausnahme bildet das arabischsprachige Auslandsfernsehen Al Hurrah TV der USA, veranstaltet von „Middle East Television Network", das von „Middle East Broadcast Network, Inc." mit rund 100 Millionen US-Dollar finanziert wird, das seinerseits durch das US-amerikanische „Broadcasting Board of Governors" finanziert wird und nach Auskunft der Homepage „an independent federal agency" ist. Heute strahlt allein der Satellit Arabsat knapp 380 arabische Programme ab.

des Broadcasting aufgehen, schüttelten Etatkürzungen, Schließungen von Auslandsbüros, die Beendigung von Sprachdiensten – fraglich, wenn man auf die Entwicklung Ungarns schaut – nun jene Medienhauser, die lange gewohnt waren, als die großen den Markt der Auslandsmedien zu bespielen. Es waren Jahre der Kämpfe, die auch den renommiertesten der westlichen Auslandssender, BBC World, zuletzt nicht verschonten (Kops 2006).

Ein Jahrzehnt der Neupositionierung neigt sich dem Ende zu. BBC World – mit seinen 166 Millionen Zuschauern (2011) Star der medialen Auswärtigen Kulturpolitik des Westens – hatte 20 Prozent Kürzungen bis Ende 2013 zu verkraften. Doch 2014 sind mit 245 Millionen Britische Pfund deutlich mehr Mittel als zuvor und zusätzliche 500.000 Britische Pfund für neue TV-Dienste in Afghanistan, Burma und Somalia bewilligt worden. Die amerikanische Regierung sagte für 2011 dem amerikanischen Auslandssender Voice of America 769 Millionen US-Dollar zu, eine Steigerung von 1,5 Prozent. Und die neugewählte Koalition in Berlin legte 10 Millionen Euro auf den Etat von knapp 270 Millionen (2014) der Deutschen Welle.

Die unablässigen Krisen im zweiten Jahrzehnt des 21. Jahrhunderts bringen es mit sich. Die Wissenschaft spricht von der zweiten Phase der Globalisierung, der „reflexiven Moderne“: Globalisierung bedeutet nicht mehr nur „nationale Grenzen überschreitende Expansion – etwa im Sinne eines Transfers westlicher Kulturvorstellungen, sondern einer Rückbezüglichkeit dieser Entwicklung auf einzelne Kulturen, Nationen oder Individuen“. Reflexive Modernisierung führt dazu, „die Evolution von Widersprüchen als entscheidende Dimension der Globalisierung zu begreifen. Widersprüche wie normativer Universalismus und Partikularismus, kulturelle Bindung und Fragmentierung, politische Zentralisierung und Dezentralisierung, sozialer Konflikt und Ausgleich“ charakterisieren diese Phase. „Der Begriff Globalisierung vermittelt insofern Einheit *und* Fragmentierung“, und lernen müssen wir wohl, dass „nicht der kulturelle Konflikt die Ausnahme ist, sondern die kulturelle Stabilität“ (Löffelholz 2002: 188 ff.).

Präsident Obama drückte das in seiner Rede vor der Vollversammlung der Vereinten Nationen im September 2014 bei der Analyse des Ausmaßes und der Gründe des Extremismus mit den Worten aus: Es gebe „ein Gefühl, dass gerade die Kräfte, die uns zusammengebracht haben, neue Gefahren entstehen lassen“.

## 2. Die Reaktion bei uns

Warum wir welche Kulturpolitik betreiben? Antwort auf diese Frage gebe es nur, wenn wir sie auf einen *gesellschaftlichen Entwurf* beziehen. Dies hat die frühere Vorsitzende des Kulturausschusses des Europäischen Parlaments Ruth Hieronymi gesagt. Debattiert wurde 2008 gerade über die rechtlichen und normativen Bindungen, die die Europäische Union durch die Ratifizierung der *UNESCO-Konvention zum Schutz und zur Förderung der Vielfalt kultureller Ausdrucksformen* eingegangen war. Kulturelle Ausdrucksformen, zu denen auch jene des Rechts und der Medien zählen, sind ebenso kulturgeprägt wie sie kulturprägend sind. Dieser erhellende Satz Enzensbergers macht nicht nur auf die Dialektik kultureller Herkunft und Zukunft aufmerksam, sondern auf die enorme Bedeutung rechtlicher und gesetzlicher Vorgaben für Kulturpolitik, was eingegangene europäische und internationale Verträge einschließt. Vorgaben und Leitlinien rahmen und begrenzen so jenen Spielraum, den es benötigt, um kulturelle Entwicklung und freiheitliche Medien als Resonanzboden für die notwendige Reflexion des eigenen und welt-gesellschaftlichen Selbstverständnisses zu garantieren. Und dieses Selbstverständnis auszustrahlen.

Offenbar hat Deutschland da vieles richtig gemacht. Im 25. Jahr nach dem Mauerfall und bereits zum zweiten Mal ist Deutschland – folgt man einer Umfrage von BBC World – das beliebteste Land der Welt. Sein Selbstverständnis ist das eines föderalen Staates, der seine Kulturpolitik wie seine Außenkulturpolitik dezentral und über Mittlerorganisationen koordiniert und nicht im dirigistischen Sinne „dirigiert". Was der Staat damit erreicht, ist eine hohe Übereinstimmung von Selbst- und Fremdwahrnehmung eines Landes, das anders als jene der neuen „kapitalistischen Moderne" seine gesellschaftlichen Widersprüchen offen und demokratisch austrägt und damit ein erhebliches Potential an Glaubwürdigkeit und jener Eigenschaft generiert, die nach Luhmann Komplexität reduziert: Vertrauen – Vertrauen in Deutschland.

### a. Leitlinien

Ganz ohne politische Leitlinien ist das nicht zu machen. Politische Leitlinien sind ein Spiegel der Veränderungen. Außenminister Steinmeier geht es angesichts der geopolitischen Verschiebungen um ein „Sensorium des gegenseitigen Verstehens" als Basis einer Politik des friedlichen Ausgleichs. „Denn nur wer zunächst einmal versteht, was der andere meint, der kann in einem zweiten Schritt darüber entscheiden, ob er mit ihm einverstanden ist oder nicht. Kurz: Nur auf der Grundlage gegenseitigen Verstehens kann sich Verständigung entwickeln" – kann verständigungsorientiertes Handeln an Stelle strategischen Handelns entstehen, wie es Habermas unterscheidet. Diese Politik der Wahrnehmung des Anderen setze auf „kulturelle Ko-Produktion, nicht auf Kulturexport oder Bevormundung", so der Außenminister im Sommer 2014. Nötig sei heute aber noch weit mehr. Anders als im *17. Bericht der Bundesregierung zur Auswärtigen Kultur- und Bildungspolitik*, in dem es heißt, die Außenkulturpolitik nutze die neuen Medien, um unterschiedliche Zielgruppen zu erreichen, heißt es nun: „Wir wollen die neuen Medien nicht nur als technologisches Phänomen und Instrument, sondern als *Medien* – im wahrsten Sinne des Wortes – eines globalen gesellschaftlichen Umbruchs begreifen. Es geht längst nicht mehr ‚nur' um die geschickte Nutzbarmachung digitaler Technik für die Auswärtige Kultur- und Bildungspolitik, sondern es geht um die *Integration* Auswärtiger Kultur- und Bildungspolitik in die global vernetzte digitale Umwelt."

Und weiter:
„Digitale Revolution und Globalisierung fordern zu einer Ergänzung unseres traditionellen *Begriffs* von Kulturaustausch auf. Vielfach lassen sich kulturelle Produktionen gar nicht mehr national zuordnen, sondern entstehen in der Zusammenarbeit kosmopoliter Akteure, die sich von anderen genauso kosmopoliten Akteuren durch die Besetzung spezifischer künstlerischer oder sozialer Nischen abheben. Hier kann und muss Auswärtige Kulturpolitik neu wirken: durch ihre Angebote zur Verständigung, aber auch und vielleicht vor allem durch Einladungen zur Ko-Produktion, in denen Beiträge aus Deutschland zu konstitutiven Elementen grenzübergreifender künstlerischer Prozesse werden" (Steinmeier 2014)[18]

18 Hervorhebungen durch die Autorin dieses Beitrages.

### b. Begriff

Dieser Begriff der Auswärtigen Kulturpolitik[19] hat den Schritt von der Informations zur Kommunikations- und Wissensgesellschaft vollzogen auf der Basis des neuen Paradigmas eines globalen Netzwerks.

### c. Politische Logik

Ein solches Verständnis schließt nicht nur die direkten Instrumente auswärtiger Medienpolitik ein, vielmehr auch jene indirekten aber entscheidenden Bedingungen einer vernetzten Medienwelt, die in ihrer Rückbezüglichkeit auch den Partner treffen: Handelsverträge etwa, mit denen in hohem Masse die Welt des 21. Jahrhunderts gestaltet wird. Die Bundesrepublik Deutschland hat 30 Kulturabkommen abgeschlossen und kennt Handelsverträge mit eigenem Kulturprotokoll, die, wie der Vertrag Deutschland-Republik Korea, der doppelten UNESCO-Maxime von Förderung und Interesse im Verständnis des Ausgleichs gehorchen. Die neuen bilateralen Verträge der Europäischen Union mit Kanada und den USA folgen, soweit man das im Moment abschätzen kann, einer anderen Logik. Die Überwindung der Strukturprobleme einer antiquierten Medienpolitik, die Lösung der Widersprüche einer europäischen Medienpolitik, eine selbstbewusste (Steuer-)Regulierung globaler Investoren im europäischen Rahmen und die Entwicklung einer zeitgemäßen Netzpolitik sind andere einschlägige Felder, will man nicht das werden, was der Springer-Manager Christoph Keese eine „digitale Kolonie" nennt.

### d. Instrumente

Instrument der deutschen Außenmedienpolitik ist in erster Linie die Deutsche Welle. Der Auslandssender mit Sitz in Bonn und Berlin hat sich in einem mehrfachen Reformprozess (Kops 2008) auf der Basis der Ergebnisse eines umfassenden Monitorings (2013) gehäutet.

### e. Verfasstheit

Wenn ein freiheitliches Gesellschaftsmodell international vertreten werden soll, es sich bei dem Vertreter aber um eine „Rundfunkanstalt des Bundesrechts Deutsche Welle der Bundesrepublik Deutschland" handelt: eine rechtsfähige, gemeinnützige Anstalt, die Mitglied der Arbeitsgemeinschaft der öffentlich-rechtlichen Rundfunkanstalten Deutschlands (ARD) ist, anders als deren sonstige Mitglieder jedoch nicht von Gebühren, sondern von Bundesmitteln abhängt und der Rechtsaufsicht der Beauftragten für Kultur und Medien untersteht, dann wird die Frage der Verfasstheit bedeutsam. Denn wenn schon öffentlich-rechtliche Rundfunkanstalten wie das ZDF zur Klärung eines politischen Einflusses vor dem Bundesverfassungsgericht stehen, dann werden hier transparente Verfahren der demokratischen Kontrolle, der *Checks and Balances* erst recht wesentlich.

Das Gesetz der Deutschen Welle in seiner novellierten Fassung beurteilte Professor Kleinsteuber in Aufarbeitung seiner Zeit als Rundfunkratsmitglied hinsichtlich der Möglichkeiten eines politischen Durchgriffs durchaus als ambivalent. Neben Transparenz der Entscheidungen der Kontrollgremien sei die regelmäßige Analyse der Position des Hauses zwischen den jeweiligen Paradigmen der Auswärtigen Kulturpolitik und den sonstigen internationalen Interessen der

19 Ganz anders noch der Begriff der siebziger Jahren, wie ihn Professor Roegele prägte: Auswärtige Kulturpolitik sei eine Politik, die Wirkungen ausüben, Machtverhältnisse und Ordnungen etablieren, weiterentwickeln oder aufheben wolle.

Bundesrepublik ebenso wichtig wie starke Leitlinien journalistischer und redaktioneller Selbstverpflichtung (Kleinsteuber 2008).

### f. Anforderungen und Leistungen

Für Auslandsmedien in öffentlicher Hand besteht immer eine Differenz, mitunter aber auch Diskrepanz zwischen politischen Ansprüchen gegenüber den Medien einerseits und Leistungen der Medien für das politische System andererseits. Der wichtigste mediale Repräsentant der deutschen Auswärtigen Kulturpolitik hat politischen Rückenwind. Am 5. Juni 2014 bewilligt der Haushaltsausschuss des Deutschen Bundestages 10 Millionen Euro zusätzlich für die Deutsche Welle. Die Bundeskanzlerin spricht sich für eine Stärkung des Auslandssenders aus und stellt in Verhandlungen mit den Länderchefs selbst dafür die Weichen. Anforderungen stellen aber gleich drei Ressorts der Regierung: das Auswärtige Amt, der Bundesminister für wirtschaftliche Zusammenarbeit und Entwicklung und die Beauftragte für Kultur und Medien. Legt man die aktuelle Aufgabenplanung der Deutschen Welle von 2014 bis 2017 über den Bericht der Regierung zur Außenkulturpolitik, so lauten die Anforderungen: Medium eines modernen Deutschlandbildes für ausländische Zielgruppen zu sein; Forum für deutsche und andere Sichtweisen zu wesentlichen Themen mit dem Ziel des Austauschs der Kulturen und Völker; und Faktor für Medienentwicklung in Entwicklungsländern.

Der Auslandssender selbst, der 2012 eine umfangreiche Programmreform eingeleitet hat, versieht seine Strategie 2013–2017 mit dem Ziel, einen Spitzenplatz unter den internationalen Medien (zurück) zu erobern und stärker als bisher die internationale Medienagenda zu prägen. Er will das mit einer eklatanten Reichweitensteigerung seiner Angebote – von 101 auf 150 Millionen Rezipienten – schaffen, mit einer stark auf politische und städtische Meinungsträger und auf die *lingua franca* Englisch ausgerichteten Politik, mit regional differenzierten multimedialen Strategien, die auf der hohen regionalen Kompetenz des Senders und Programmen in 30 Sprachen aufbauen kann und dem Wissen von Mitarbeitern aus 60 Nationen. Dem afrikanischen Kontinent gilt als einzigem eine ausgeprägte Radiostrategie bei gleichzeitigen Angeboten für mobilen digitalen Empfang. Die Akademie ist Faktor und Forum der Kooperation, der Bildung und des globalen Dialogs (Beerfeltz 2012). Seine Strategie 2013–2017 will der Sender dabei klar an die Ziele und Mittel des Internationalen Übereinkommens zum Schutz und zur Förderung der Vielfalt kultureller Ausdrucksformen und damit jener UNESCO-Konvention[20] binden, die seit 2007 als Magna Charta internationaler Kulturpolitik Völkerrecht ist.

Wie weit dabei der Anspruch auf einen Spitzenplatz unter den internationalen Sendern und die Realität der internationalen Akzeptanz noch auseinanderklaffen könnten, illustriert der Vergleich, den Michael Meyen (2008: 13) zitiert: „Am Stichtag 28. Januar 2008 zählte CNN International auf YouTube 249 Abonnenten und 19.997 channel views, BBC World News 5.678 Abonnenten und 291.323 views, die DW (als DW English) 176 Abonnenten und 7.050 views. Zum Vergleich: Das seit November 2006 auf YouTube vertretene Al Jazeera English hatte zum selben Stichtag 15.154 Abonnenten und 896.107 views.“ Die Konsequenz, die BBC World – dieses Geschenk Großbritanniens an die Welt, wie Kofi Annan den Sender einmal nannte – daraus zog, war, drastisch in Vertrieb und Marketing zu investieren. Bei der Deutschen Welle muss zunächst in das Fernsehprogramm investiert werden, und das soll nun 2015 geschehen.

20 Professor Manfred Stock war einer der ersten, die auf den Zusammenhang des Auftrags der Deutschen Welle und der Zielsetzung der UNESCO-Kulturkonvention 2005 aufmerksam macht. Vgl. Kops 2008.

Den vergleichsweise geringen Umfang des Fernsehangebots erklärte Programmchef Markus Lanz mit der deutschen Befindlichkeit. Sie spiegele die Stimmungslage in Deutschland wider: „Man ist sich noch nicht sicher oder bewusst, wer man ist in der Welt und welche Art von internationaler Verantwortung man wirklich bereit ist zu übernehmen. Hätten Politik und Wirtschaft in Deutschland davon klare Vorstellungen und mehr Selbstbewusstsein, dann hätten wir längst einen rund um die Uhr sendenden deutschsprachigen und einen rund um die Uhr sendenden englischsprachigen DW-TV-Kanal, und seit mindestens drei Jahren ein zumindest zwölfstündiges arabischsprachiges TV-Programm“ (a.a.O.: 18). Das war 2008! Das Problem der Schieflage liegt in dem *Double Jeopardy law* der Marktkommunikation: Große Kanäle haben mehr Zuschauer, die länger zuschauen und eine höhere Bindung entwickeln; kleinere Kanäle werden kürzer geschaut, die Zuschauer entwickeln eine niedrige, keine höhere Loyalität zu dem Sender und seinem Angebot (Sharp 2009).

## 3. Wettbewerb und Kooperation

Wie Wettbewerb und Kooperation in dem besonderen Feld medialer Repräsentanz der Public Diplomacy zukünftig verbunden werden, bleibt spannend. Die ersten Debatten über die beabsichtigte Kooperation der Deutschen Welle mit dem chinesischen Staatsfernsehen brachen eben los, als Wang Long aus Shenzen zu Gericht ging: Er hatte seinen Internetanbieter verklagt, weil in China Google, YouTube und Facebook gesperrt sind. Hier klagte jemand seine Menschenrechte ein, und das Gericht tagte öffentlich; während in Hongkong Proteste der Studenten erneut niedergeschlagen wurden. Alle Fragen des Wandels durch Annäherung stehen erneut auf der Tagesordnung – ergänzt um die Frage, wie Technik Zensur tatsächlich umschiffen kann[21].

Wettbewerb und Kooperation gibt es auch im Binnenverhältnis der Rundfunkanstalten. Denn eine Chance auf erfolgreiche Umsetzung ihrer Offensive hat die Deutsche Welle nur dann, wenn sie als einziger „offizieller“ Auslandssender neben den – noch immer so genannten – Inlandssender mit ihrem inzwischen weltweiten Ausstrahlungsradius auf der einen Seite und dem Zusammenschluss privater Fernsehanbieter ProSiebenSat1 World zu einem ausländischen Abo-Sender für den angelsächsischen Raum auf der anderen Seite mit attraktiven Programmen auffällt. Mehr denn je stimmt es: *Content is king*. Mit ihren eigenen Satellitenkanälen für den Direktempfang, mit ihren 4.400 Programmpartnern, die in aller Welt Programme übernehmen – 3.200 TV-Partner, 813 Radiopartner, 445 Onlinepartner – hat der Sender einen enormen Bedarf an Informationsprogrammen, Dokumentationen, Hintergrundanalysen und Feeds inzwischen aller Genres. Noch bevor der Bundestag sich mit der künftigen Planung des Auslandssenders befasste, traf Bundeskanzlerin Angela Merkel am 13. Juni 2013 mit den Regierungschefs der Länder zusammen, um über Zulieferungsverträge und damit eine verstärkte Kooperation zwischen dem Deutschlandradio, dem ZDF und den Landesrundfunkanstalten der ARD mit der Deutschen Welle und der damit verbundenen Frage des Erwerbs der Auslandsrechte zu sprechen – erfolgreich. Die Bundeskanzlerin hat sich unmissverständlich für eine Stärkung der Deutschen Welle ausgesprochen. Die Partner haben das ihrerseits an die Bedingung geknüpft, dass der Auslandssender weiterhin allein aus Bundesmitteln finanziert wird.

21 *Frankfurter Allgemeine Zeitung*, 5.9.2014, S. 19; 11.9.2014, S. 24.

Angesichts der kleiner werdenden Welt wird die Frage von Innen und Außen in der deutschen und europäischen Medienpolitik, die Frage nach der Satellitenverbreitung für Inlands- und Auslandssender, die Frage nach Gewicht, Ausrichtung und Verteilung der Mittel[22] und die Frage nach dem Sinn einer Außenmedienpolitik im 21. Jahrhundert wohl auf der Tagesordnung der Politik bleiben.

## 4. Fazit: Außenmedienpolitik

### Außen-Medienpolitik:

Wahrnehmung hat in der Politik wie auch sonst im Leben immer mit uns zu tun. Zunächst ist das Verständnis von Nationalstaat hierzulande mit einer Sichtweise verknüpft, die die Welt in In- und Ausland aufteilt. Der Prozess der Globalisierung mit seinem Kernphänomen der grenzüberschreitende Kommunikation macht langsam bewusst, dass „bereits der Begriff des Auslands (und damit des Auslandssenders) in vielerlei Hinsicht ein Anachronismus darstellt, dazu eine spezifisch deutsche Weltsicht wiedergibt“ (Kleinsteuber 2005: 93 ff.). In anderen Sprachen finde sich kein Pendant zum Begriff „Ausland“, dort werde fast immer „international“, „global“ oder „Welt“ bevorzugt, Begriffe, die allesamt – im Unterschied zum deutschen Verständnis – den eigenen Staat mit einbezögen. Fast eine Million Menschen sind 2011 nach Deutschland eingewandert, so viele wie seit 15 Jahren nicht mehr; sie sind alle potentielle Träger eines Deutschlandbildes im Ausland. Der erste Perspektivwechsel heißt: Deutschland als Teil der Welt zu begreifen. Nicht: die Welt außerhalb Deutschlands.

### Außen-Medien-Politik:

Internationale Rundfunkanbieter als im Krieg geborene strategische Instrumente der Public Diplomacy stehen vor der Aufgabe, sich der neuen horizontal vernetzten Medienumgebung so einzufügen, dass sie als Vertreter ihres Landes in dieser neuen globalen Umgebung Relevanz erreichen. Man kann *Relevanz* nicht beanspruchen, man muss sie als Resonanz im Akt der Kommunikation erhalten. Dabei spielt auch das zugesprochene Image des Absenders keine kleine Rolle wenn es darum geht, im lauten Konzert der vielen Stimmen Aufmerksamkeit zu erhalten. Nehmen wir das Beispiel von YouTube, heute de facto einer der großen Lieferanten von „news and entertainment“ mit 72 Stunden Bildmaterial hochgeladen in jeder Minute! Oder Google News, diese Erfindung eines Angestellten von Google: ein Internetsender, der mit dem Anspruch antritt, Nachrichten – aus verschiedenen Kanälen gespeist – umfassend und aktuell zu liefern: für Nutzer rund um die Welt, und damit zeigen will, wie die Welt, und nicht bloß ein Land, aussieht, denkt und fühlt angesichts eines bestimmten Ereignisses oder einer bestimmten Nachricht. Das erste Mal hatten wir diesen Effekt bei dem Tod von Lady Di. Rundfunkanbieter, selbst wenn sie alle *Play-out*-Möglichkeiten nutzen, sind schon lange nicht mehr die einzige Quelle der Information. Die Frage nach den Konsequenzen für ihren Auftrag beantworteten Vertreter internationaler Auslandssender 2013 so: „Placing an emphasis on honest reporting, participatory conversations, listening to the listeners, and mediating information are paramount“ – das Medium als Forum der Verständigung (USC Center on Public Diplomacy

22 Manfred Kops errechnete, dass sich die Finanzausstattung der Deutschen Welle 1998 – 2008 um 27% verringert hat und im Vergleich zum Gebührenaufkommen der öffentlich- rechtlichen Inlandssender von 4.4 Prozent auf 3.4 Prozent verringert hat (Kops 2008).

2013). Es geht heute weniger darum, im Wettbewerb mit den neuen Playern den aktuellen Nachrichtenstrom zu brechen, sondern weit mehr darum als Filter und Kontextprovider verstanden zu werden. Soziale Medien sind dabei alles andere als nur Plattformen für den Vertrieb und die Verteilung der eigenen journalistischen Programme, sie sind auch in der Zusammenarbeit Kommunikationsmittel aus eigenem Recht, geeignet die Sichtweise auf eine Geschichte oder eine Nachricht zu verändern. Die heutigen Auslandssender könnten dazu verhelfen, Werte in einer globalen Welt zu teilen und Dienste für jene bereitzustellen, die ohne Zugang zu freien Medien sind: „With much of the world now connected to information and each other, the values presented by Broadcasters are possibly more important than the information they provide. Publics have access to so many media sources that broadcasters must be transparent, honest, and values driven in order to retain and grow their consumers“[23]. Die Schlüsselworte dieses Lernprozesses in einer neuen höchst kreativen Medienumwelt heißen Partizipation, Kontextualisierung, Ausbildung von geteilter Kreativität und Transparenz im Sinne von Rechenschaftspflicht.

Der zweite Perspektivwechsel heißt: Wenn Deutschland als ein Land gesehen werden will, das sich an dem Prozess der Einübung einer internationalen Wertegemeinschaft aktiv beteiligt und nicht nur als eine starke Exportnation, muss es seine mediale Präsenz in der Welt selbstbewusst und kommunikativ verstärken.

Außenmedien-Politik:

Es blieb kaum mehr als ein Jahrzehnt, um zu begreifen, was das Paradigma Castells vom Netzwerk für die Welt bedeutet, das inzwischen alle Verkehrsformen des Sozialen in sich aufnimmt; was die Eigenschaften des neuen Mediums Internet sind, das lange nur als neuer Vertriebsweg traditioneller Massenmedien missverstanden wurde, welche soziale Sprengkraft also Hypertextualität, Multimedialität und Interaktivität besitzen. Wie diese Eigenschaften sich in der globalen Ökonomie zu neuen Machtformen wandeln. Und was die Umkehr des Gedankens von der Nutzbarmachung der Technik für menschliche Zwecke eigentlich impliziert, die Integration der Politik in die „global vernetzte digitale Umwelt“, von der Frank Walter Steinmeier spricht. Wenn Innenminister Thomas de Maizière bei der Vorstellung der „Digitalen Agenda“ der Bundesrepublik Deutschland sagt: "Wer verändert wen? Lassen wir uns verändern durch die sogenannte digitale Welt oder haben wir die Kraft und den Willen, die Welt zu gestalten nach unseren Werten und Normvorstellungen?", dann wird das ganze Ausmaß dessen sichtbar, was auf die Innen- wie die Außenpolitik zukommt. Luhmann hatte recht mit seiner süffisanten Bemerkung: Nicht das Medium brauche die Welt, die Welt brauche das Medium, um sich an ihm moralisch zu erneuern. Der Ort, um Verständigung über diese Ziele zu suchen, kann nur der Staat, die Politik sein. Die globale Informationsgesellschaft, so der Politikwissenschaftler Ludger Kühnhardt, erfordere mehr, nicht weniger staatliche Autorität: Die Atomisierung der Gesellschaft durch die Informationsvielfalt und den Relativismus in den Normen des Zusammenlebens könnte die Fundamente verzehren, auf denen die Freiheit ruht. Je mehr Freiheit es gebe, desto mehr Orientierungswissen und desto mehr Moral seien notwendig – eine Programmsparte, die die Mediennetze eher nicht anböten. Die Aufgabe des Gemeinwohls bleibe: Der Staat sei gefordert, die Freiheit durch verbindliche Regeln zu garantieren, damit Recht

23 http://uscpublicdiplomacy.org/sites/uscpublicdiplomacy.org/files/useruploads/u22281/IBConferenceReport.pdf S. 8 (September 2014).

und Ausgleich gelten können. Dass es ein politisches Subjekt des Handelns geben muss, darüber besteht kein Zweifel mehr (Kühnhardt 1996b).

Dieser dritte Perspektivwechsel ist eine Herausforderung: Wir haben die grundstürzenden Folge der Mediatisierung der Welt für die Gesellschaftsverfassung international und sozial nachzuvollziehen und entsprechend zu handeln. Wie man das klugerweise macht, hat der zu seiner Zeit weltberühmte Potsdamer Mathematiker Carl Gustav Jacob Jacobi einmal so beschrieben: Am Punkt des Umbruchs der Kurve müsse man sich nicht besinnungslos nach vorne schwingen, sondern zurück – um jene Punkte sicher zu bestimmen, die verlangen in die neue Welt mitgenommen zu werden (Carneiro 2009).

# 4. Nationale Akteure

## 4.1 Die Meinung des Souveräns – Der Bundestag

*Otto Singer*

Die Außenkulturpolitik des Bundes fällt vor allem – wie die Außenpolitik insgesamt – in den Handlungsbereich der Exekutive. Demgegenüber nimmt der Deutsche Bundestag eine Rolle ein, die nicht in erster Linie auf die direkte Einflussnahme ausgerichtet ist, sondern vor allem in der indirekten, konsultativen und diskursiven Funktion besteht. Die direkten und bestimmenden Handlungsmöglichkeiten des Parlaments auf dem Gebiet der Auswärtigen Kulturpolitik sind dagegen begrenzt (Schulte 2000: 81 ff.). Sie bleiben im Rahmen der Zuständigkeit des Deutschen Bundestages für den Bereich der auswärtigen Gewalt. Als Teil der Außenpolitik ist die Auswärtige Kulturpolitik eingebunden in das außenpolitische Kompetenzgefüge der Bundesrepublik Deutschland, das das Grundgesetz nach dem Prinzip der kombinierten Gewalt auf mehrere staatliche Organe verteilt. Danach besitzt die Exekutive bei der Formulierung und Gestaltung der Außenpolitik eine eindeutige Vorrangstellung. Die Beteiligung des Parlaments an der Auswärtigen Kulturpolitik besteht vor allem in der Kontrolle des jeweiligen Regierungshandelns (Wolfrum 2013). Dies zeigt sich etwa beim Abschluss kultureller Regierungsabkommen: Vertragsgesetze gemäß Art. 59 Abs. 2 GG sind nur formelle Gesetze, dem Bundestag kommt hier kein Recht auf eine materielle Beteiligung zu. So werden Kulturabkommen in der Regel nicht dem Parlament vorgelegt. Zustimmungspflicht besteht nur dann, wenn die Regierungsverträge und -abkommen Regelungen enthalten, die innerstaatlich unter einen Gesetzesvorbehalt fallen und damit eines formellen Bundesgesetzes bedürfen. Die Ratifikationskompetenz des Deutschen Bundestages bei internationalen Verträgen ist freilich eingeschränkt: Das Parlament hat nur die Möglichkeit der Zustimmung oder Ablehnung des gesamten Vertragswerks. Die begrenzte Kompetenz des Bundestages zeigt sich auch darin, dass ein Großteil der außenpolitischen Aktivitäten ihren Niederschlag lediglich in nicht ratifizierungsbedürftigen Verwaltungsabkommen findet. Eine Beteiligung des Parlaments bereits an den Vertragsverhandlungen ist ebenfalls nicht vorgesehen. Bei grundlegenden politischen Fragen werden dem Parlament gleichwohl weitergehende Beteiligungskompetenzen eingeräumt. Darunter fallen beispielsweise Friedensverträge, Abrüstungsverträge und militärische Bündnisse, aber auch der Beitritt zu internationalen Organisationen (etwa UNESCO oder Europarat).[1]

### 1. Der institutionelle Rahmen des parlamentarischen Handelns

Neben den begrenzten direkten Mitwirkungsmöglichkeiten[2] stehen dem Deutschen Bundestag auf dem Gebiet der Auswärtigen Kulturpolitik in größerem Umfang indirekte Kompetenzen zu. Hierzu zählt insbesondere das Budgetrecht, das als politisches Steuerungsinstrument z.B.

1 Das verfassungsrechtliche Verhältnis von Bundestag und Exekutive ist jedoch nicht unumstritten. Nach traditioneller staatsrechtlicher Auffassung gehört die Führung der Außenpolitik wesensmäßig zum Bereich der Regierung und Verwaltung. Heute wird von einer engeren Verknüpfung von Regierungs- und Gesetzgebungsfunktion ausgegangen, wobei das Schwergewicht weiterhin bei der Exekutive gesehen wird. Die Formulierung und Gestaltung der Außenpolitik ist danach vor allem eine Aufgabe der Exekutive, jedoch hat der Deutsche Bundestag an der auswärtigen Gewalt in wesentlichen Fragen Anteil (Fischer 2013).

2 Hierzu gehört insbesondere die gesetzgeberische Kompetenz im Hinblick auf die Rundfunkanstalt des Bundesrechts „Deutsche Welle“ (Deutsche-Welle-Gesetz).

bei der finanziellen Ausstattung der Mittlerorganisationen der Auswärtigen Kulturpolitik oder des Auslandsrundfunks eine wichtige Rolle spielt. Zum Ausdruck gelangt dies zunächst bei der Beratung und Entscheidung über die jeweiligen Etatpositionen in den einzelnen Ressorts. Darüber hinaus ergibt sich aus dieser Kompetenz die Möglichkeit, Entscheidungsvorbehalte oder Sperrvermerke bzw. Deckungsfähigkeiten und Flexibilisierungen an entsprechenden Stellen des Haushaltsgesetzes einzufügen (Ismayr 2012: 341 ff.). Eine Besonderheit ist die ressortübergreifende Darstellung der Ausgaben auf dem Gebiet der Auswärtigen Kulturpolitik im Haushaltsplan des Bundes. Dieses Vorgehen der Bundesregierung geht auf einen Vorschlag der Enquete-Kommission Auswärtige Kulturpolitik zurück: „Entscheidende Voraussetzung für die Planung, Steuerung und Erfolgskontrolle in der auswärtigen Kulturpolitik ist eine funktionale Haushaltsübersicht, die alle Ausgaben für die kulturelle, wissenschaftliche und technische Zusammenarbeit mit anderen Staaten erfasst“ (Enquete-Kommission 1975: 33).[3]

Hinzu kommen die Informations- und Kontrollmöglichkeiten auf der parlamentarischen Ebene. Der Bundestag nimmt seine Rechte durch die einzelnen Organe wie Plenum, Ausschüsse und Unterausschüsse wahr. Kontrollmöglichkeiten bestehen zunächst durch das Zitier- und Interpellationsrecht. Zu ersterem gehört das verfassungsmäßige Recht des Bundestages und seiner Ausschüsse, jederzeit die Anwesenheit von Regierungsmitgliedern verlangen zu können (Art. 43 Abs. 1 GG). Dem Zitierrecht steht das Recht von Regierung und Bundesrat gegenüber, an den Sitzungen des Bundestages und seinen Ausschüssen teilzunehmen und gehört zu werden (Art. 43 Abs. 2 GG). Zum Zitierrecht gesellt sich das ihm verwandte Interpellationsrecht; es ist die Befugnis des Bundestages, Anfragen an die Regierung zu richten. Dies kann durch eine Große Anfrage geschehen, die mit einer öffentlichkeitswirksamen Bundestagsdebatte verknüpft werden kann. Möglich sind auch Kleine Anfragen oder mündliche und schriftliche Fragen einzelner Parlamentarier. Schließlich kann der Bundestag durch das ihm eigene Mittel der Plenardebatte außenkulturelle Themen aufgreifen und dadurch versuchen, die Regierungspolitik zu beeinflussen (Pilz 2008: 112 ff.; Ismayr 2012: 180 ff.).[4]

Vorbereitet werden die parlamentarischen Verhandlungen in den fachbezogenen Ausschüssen bzw. Unterausschüssen des Bundestages.[5] Eine wichtige Rolle spielt dabei das den Ausschüssen im Jahr 1969 eingeräumte Selbstbefassungsrecht, das sich zu einem wichtigen Instrument parlamentarischer Kontrolle entwickelt hat (Pilz 2008: 89). Es eröffnet ihnen die Möglichkeit, sich auch aufgrund eigener Entscheidung – ohne Überweisung oder Auftrag des Plenums – mit Gegenständen aus ihrem Arbeitsbereich zu befassen. Dem Ausschuss wird es dadurch ermöglicht, sowohl thematische Grundsatzfragen als auch aktuelle Entwicklungen zum Gegenstand seiner Beratungen zu machen. Ein anderes wichtiges Instrument der Beratung sind öffentliche, teilweise auch nicht öffentliche Anhörungen (*Hearings*) mit Experten aus Wissenschaft und Praxis. Hinzu kommt die fachliche und organisatorische Unterstützung der Parlamentsarbeit durch die Sekretariate der Ausschüsse (Linn/Sobolewski 2013: 86 ff.).[6]

3 Dementsprechend sind seit den späten siebziger Jahren die verschiedenen Ausgabenbereiche im haushälterisch sehr unübersichtlichen Feld der Auswärtigen Kulturpolitik in einer *Übersicht II* im Einzelplan 05 (Auswärtiges Amt) des Bundeshaushaltsplanes zusammengefasst worden. Seit 2003 wird die zusammenfassende Übersicht der außenkulturellen Ausgaben aller Ressorts in Tabelle 19 des jährlichen Finanzberichts veröffentlicht (zuletzt: Bundesministerium der Finanzen 2013: 332 ff.).

4 Hinzu kommen die informellen Einflussmöglichkeiten von Fraktionen und Abgeordneten (Schwarzmeier 2001).

5 Vgl. dazu § 54 ff. der Geschäftsordnung des Deutschen Bundestages, abrufbar unter www.bundestag.de/bundestag/aufgaben/rechtsgrundlagen/go_btg (Stand 1.5.2014).

6 Hinter der Ausschusstätigkeit wirken die fachspezifischen Arbeitsgruppen der Fraktionen, die ihrerseits die außenkulturpolitischen Themen mit Blick auf die Exekutive und die relevanten gesellschaftlichen Debatten dis-

Erweitert wird die Beratungs- und Entscheidungsfähigkeit des Deutschen Bundestages durch die Aktivierung eigener Analysekapazitäten. Stellte sich die Politikberatung in den fünfziger und sechziger Jahren noch vornehmlich in ihrer traditionellen Ausprägung als Regierungsberatung dar, so waren die siebziger Jahre durch das verstärkte Bemühen des Bundestages um regierungsunabhängige Politikberatung geprägt. Ein erstes Ergebnis war die Einrichtung von Enquete-Kommissionen. Sie sollen entsprechend § 56 der Geschäftsordnung des Deutschen Bundestages die Legislative bei der Vorbereitung von Entscheidungen über umfangreiche und bedeutsame Sachkomplexe vor allem durch die Einbeziehung externen Sachverstandes unterstützen (Brown u.a. 2006: 94 ff.; Altenhof 2002).[7] Auch die Expertise wissenschaftlicher Institutionen, Parteistiftungen und Interessengruppen kommt in den Konsultationsprozessen des Parlaments zum Tragen.[8] Zudem verbreitern die Wissenschaftlichen Dienste des Deutschen Bundestages die Analysekapazitäten der politischen Arbeit im Parlament durch Fachinformationen, Analysen und gutachtliche Stellungnahmen (Schöler/Winter 2008).

Nicht zuletzt stehen dem Parlament auch die eigenen internationalen Kontakte des Bundestages und der Ausschüsse für eine regierungsunabhängige Informationsbeschaffung zur Verfügung. Dies betrifft etwa die Informationsreisen von Fachausschüssen und Abgeordnetengruppen, aber auch die ständigen Delegationen in Parlamentarischen Versammlungen internationaler Organisationen (Pilz 2008: 141 ff.; Deutscher Bundestag 2005).[9] Die außenpolitischen Beziehungen des Deutschen Bundestages zu den Parlamenten auswärtiger Staaten werden auch von den Parlamentariergruppen[10] gepflegt. Diese internationalen Kontakte sind gleichzeitig eine subtile Form der parlamentarischen Einwirkung auf die Auswärtige Kulturpolitik.[11] Hinzu kommen parlamentarische Arbeitsgruppen im Rahmen der deutsch-französischen Zusammenarbeit, die sich auch mit kulturpolitischen bzw. außenkulturpolitischen Fragen beschäftigen.[12]

Die Informationsgewinnung des Parlaments beruht nicht zuletzt auf Berichtspflichten der Bundesregierung. Dazu gehören Berichte, die die Bundesregierung dem Deutschen Bundestag aufgrund von gesetzlichen Vorschriften oder aufgrund von Beschlüssen des Deutschen Bundestages vorzulegen hat. Schon die Enquete-Kommission Auswärtige Kulturpolitik hatte eine umfassende Berichtspflicht für das Auswärtige Amt vorgeschlagen (Enquete-Kommission 1975);

kutieren und damit die Agenda dieses Politikfeldes beeinflussen (Ismayr 2012: 88 ff.; Schneider/Zeh 1989: 985 ff.).

7 Die erste Enquete-Kommission des Deutschen Bundestages überhaupt wurde zum Thema „Auswärtige Kulturpolitik" eingerichtet. Der Anlass war eine als unkoordiniert und ineffektiv empfundene und durch eine Vielzahl weitgehend selbstständig gegenüber der Regierung handelnder Mittlerorganisationen durchgeführte Auswärtige Kulturpolitik (Metzger 1995: 148). Die bis Ende 2007 arbeitende Enquete-Kommission „Kultur in Deutschland" hat demgegenüber die Außenkulturpolitik weitgehend unberücksichtigt gelassen (Enquete-Kommission 2007).

8 Dies verdeutlicht zugleich die zunehmende Bedeutung externer Beratung im Prozess der außenpolitischen Entscheidungsfindung (Hellmann 2006: 56 ff.).

9 Ein ausführlicher Überblick hierzu findet sich auch im „Bericht über die internationalen Aktivitäten und Verpflichtungen des Deutschen Bundestages" (zuletzt: Deutscher Bundestag 2013).

10 Dies betrifft vor allem die Parlamentariergruppen zur Pflege der Beziehungen zu Parlamentariern anderer Staaten; Informationen sind abrufbar unter www.bundestag.de/bundestag/europa_internationales/parlamentariergruppen (Stand 1.5.2014).

11 Vgl. dazu die Internet-Informationen des Deutschen Bundestages zu internationalen Beziehungen und Interparlamentarischen Gremien, abrufbar unter www.bundestag.de/bundestag/europa_internationales/index.html (Stand 1.5.2014).

12 Ein Beispiel hierfür ist die Arbeitsgruppe der Assemblée Nationale und des Deutschen Bundestages zum Thema „Kulturelle Vielfalt in Europa", die Anfang 2005 durch einen Beschluss bei einer gemeinsamen jährlichen Präsidiumssitzung ins Leben gerufen wurde (Assemblée Nationale/Deutscher Bundestag 2007).

im Jahr 1994 wurde schließlich die Bundesregierung mit einem Beschluss des Deutschen Bundestages verpflichtet, jährlich einen Bericht zur Auswärtigen Kulturpolitik vorzulegen.[13]

## 2. Gestaltungsformen der parlamentarischen Beteiligung: Auswärtige Kulturpolitik im Ausschuss-System des Bundestages

Das Bestreben des Deutschen Bundestages, Einfluss auf die Ausgestaltung der Außenkulturpolitik zu gewinnen, kommt am deutlichsten in der jeweils dafür geschaffenen institutionellen Ausgestaltung zum Ausdruck. Neben Ansätzen zur besseren Koordination der Politik zwischen den föderalen Ebenen und der ressortbezogenen Abstimmung in der Bundesregierung gab es auch immer wieder Veränderungen der parlamentarischen Entscheidungs-, Kontroll- und Konsultationsformen. Dies zeigt sich vor allem in der Arbeit der Bundestags-Ausschüsse. In den Ausschüssen kommen die jeweiligen Fachleute und Berichterstatter der im Parlament vertretenen Fraktionen zusammen, um die Verhandlungen des Bundestages vorzubereiten. Die Beratungen werden von federführenden und mitberatenden Ausschüssen durchgeführt. Die Arbeitsbereiche der Ausschüsse entsprechen dabei zumeist der Aufgabenverteilung der Bundesministerien. Im Bereich der Auswärtigen Kulturpolitik wurde dieses Prinzip allerdings nicht immer eingehalten (Singer 2003).

Seit der 14. Wahlperiode (1998–2002) gibt es einen eigenständigen Kulturausschuss (Ausschuss für Kultur und Medien), der bis zum Ende der 15. Wahlperiode auch für die Auswärtige Kulturpolitik zuständig war (Vorsitzende 1998–1999: Elke Leonhard; 1999–2005: Monika Griefahn; 2005–2009: Hans-Joachim Otto; 2009–2013: Monika Grütters; seit 2014 Siegmund Ehrmann). Die Bundesregierung schuf im Jahr 1998 gleichzeitig das Amt des Beauftragten der Bundesregierung für die Angelegenheiten der Kultur und der Medien beim Bundeskanzler (1998–2000: Michael Naumann; 2001–2002: Julian Nida-Rümelin; 2002–2005: Christina Weiss; 2005–2013: Bernd Neumann; seit 2014: Monika Grütters). Damit wurden zwei neue Institutionen geschaffen, die eine stärkere kulturpolitische Akzentuierung des Parlaments- und Regierungshandelns verdeutlichen sollen. Die in der Vergangenheit breit verstreuten Zuständigkeiten für Kultur- und Medienpolitik wurden in einem parlamentarischen Ausschuss zusammengefasst.[14] Die Aufgaben des Ausschusses umfassten in den Jahren 1998 bis 2005 (14. und 15. Wahlperiode) neben dem Zuständigkeitsbereich des Beauftragten der Bundesregierung für Kultur und Medien auch federführend die Auswärtige Kulturpolitik des Bundes, die vom Auswärtigen Amt verantwortet wird.[15]

---

13 Vgl. dazu die parlamentarische Debatte vom 15. Juni 1994 (BT-Protokoll 12/232). Im Rahmen dieser Debatte wurde ein Entschließungsantrag der Fraktionen von CDU/CSU und FDP (BT-Drucksache 12/7890) angenommen, wonach die Bundesregierung einen jährlichen Bericht zur Auswärtigen Kulturpolitik vorlegen solle; davor gab es ausschließlich in unterschiedlichen Intervallen die Berichte der Kulturabteilung des Auswärtigen Amtes. Im Jahr 1996 hat die Bundesregierung erstmalig den Bericht für die Jahre 1994/1995 vorgelegt. Anfang 2014 wurde der 17. Bericht der Bundesregierung zur Auswärtigen Kultur- und Bildungspolitik veröffentlicht (BT-Drucksache. 18/579).

14 So gab es etwa in der 6. Wahlperiode (1969-72) für die Auswärtige Kulturpolitik keinen eigenständigen parlamentarischen Ausschuss. Erst im Jahr 1977 bildete der Auswärtige Ausschuss einen Unterausschuss für kulturelle Außenpolitik, von 1977 bis 1983 war dies der Unterausschuss „Kulturelle Außenpolitik“ und von 1983 bis zum Ende der 13. Legislaturperiode der Unterausschuss „Auswärtige Kulturpolitik“ (Schindler 1999: 2056 ff.; Gollnick 1992; Münzing/Pilz 1998: 594 ff.).

15 Vgl. dazu die im Webarchiv des Deutschen Bundestages enthaltene Aufgabenbeschreibung des Kulturausschusses in der 15. Wahlperiode, abrufbar unter http://webarchiv.bundestag.de/cgi/show.php?fileToLoad=152&id=1007 (Stand 1.5.2014).

Die Neugliederung der parlamentarischen Zuständigkeiten war freilich nicht von einer entsprechenden Verlagerung der ministeriellen Ressortkompetenzen begleitet. Nach 1998 wurden die innenpolitischen Kulturbereiche sowie der Auslandsrundfunk zur Domäne des Beauftragten für Kultur und Medien, während die Auswärtige Kulturpolitik mit ihren Mittlerorganisationen weiterhin dem Auswärtigen Amt zugeordnet blieb. Da die wesentlichen kulturellen Auslandsaufgaben beim Auswärtigen Amt verblieben, deckte sich der Arbeitsbereich des Kulturausschusses nicht mit den Geschäftsfeldern eines Ministeriums. Die Folge war ein Mismatch zwischen parlamentarischen Ausschuss-Strukturen und der Verteilung der Ressortzuständigkeiten innerhalb der Bundesregierung. Die parlamentarische Zuständigkeit für alle Fragen der Auswärtigen Kulturpolitik lag nunmehr beim neu geschaffenen Ausschuss für Kultur und Medien. Der Auswärtige Ausschuss – der bis 1998 die Themen der Auswärtigen Kulturpolitik in einem Unterausschuss diskutierte – besaß seither keine außenkulturellen Kompetenzen mehr.

Mehrere Auswege aus dieser institutionellen Inkongruenz[16] sind nach 1998 vorgeschlagen worden. So plädierte etwa der Deutsche Kulturrat – ähnlich auch andere Akteure aus der innenpolitisch ausgerichteten kulturellen Praxis – für eine Verlagerung der Auswärtigen Kulturpolitik weg vom Auswärtigen Amt in die Zuständigkeit der Beauftragten für Kultur und Medien.[17] Der damalige Generalsekretär des Instituts für Auslandsbeziehungen, Kurt-Jürgen Maaß, verwies dagegen darauf, dass es bei der Auswärtigen Kulturpolitik nicht in erster Linie darum gehe, Kultur im Ausland zu fördern, sondern darum, die Kultur als außenpolitisches Instrument einzusetzen. Auswärtige Kulturpolitik sei Teil der Außenpolitik, sie werde nicht zufällig als deren „dritte Säule" bezeichnet. Kulturarbeit als Teil der Außenpolitik sei aber nur umzusetzen in Verbindung und mithilfe der diplomatischen Strukturen im Ausland. Deshalb sei es notwendig, für die Auswärtige Kulturpolitik ein eigenständiges parlamentarisches Gremium mit engem Bezug zur auswärtigen Politik einzurichten (Maaß 2003b). Vorgeschlagen wurde vor allem die Wiedereinrichtung eines Unterausschusses „Auswärtige Kulturpolitik" im Auswärtigen Ausschuss.

In der Koalitionsvereinbarung von CDU/CSU und SPD vom November 2005 war keine Änderung der institutionellen Strukturen vorgesehen.[18] Dennoch wurden zu Beginn der 16. Wahlperiode die Weichen neu gestellt: Am 14. Dezember 2005 beschloss der Auswärtige Ausschuss auf der Grundlage einer Initiative einzelner Abgeordneter die Einrichtung eines Unterausschusses „Auswärtige Kultur- und Bildungspolitik". Das Präsidium des Deutschen Bundestages hat daraufhin – nach Irritationen bei Mitgliedern des Kulturausschusses – im Januar 2006 einvernehmlich empfohlen, einen gemeinsamen Unterausschuss mit einer gleichen Zahl von Mitgliedern des Auswärtigen Ausschusses und des Kulturausschusses einzurichten. Am 15. März 2006 erfolgte die Konstituierung des Unterausschusses „Auswärtige Kultur- und Bildungspoli-

16 Abgeschwächt wurde dies freilich durch Doppelmitgliedschaften von Abgeordneten in den beiden betroffenen Ausschüssen.

17 Der Deutsche Kulturrat wollte damit einen engen institutionellen Zusammenhang mit der Kulturpolitik im Inland herstellen. Eine solche Verknüpfung der Auswärtigen Kultur- und Bildungspolitik mit den anderen Themen der Kulturpolitik wird auch für die 18. Wahlperiode angestrebt. Neben den Mittlerorganisationen sollen deshalb Künstlerverbände, kulturwirtschaftliche Organisationen und andere Kulturakteure stärker in das Handlungsfeld der Außenkulturpolitik einbezogen werden (Deutscher Kulturrat 2014).

18 „Die Koalitionspartner vereinbaren, einen Ausschuss für Kultur und Medien im Deutschen Bundestag einzusetzen, der auch weiterhin zuständig bleibt für die Auswärtige Kultur-, Bildungs- und Medienpolitik." (CDU/CSU/SPD 2005: 132).

tik“ im Auswärtigen Ausschuss. Zum Vorsitzenden wurde der CSU-Politiker Peter Gauweiler benannt.[19]

Zu den Arbeitsthemen des neuen Unterausschusses gehören die deutschen Auslandsschulen, die Vermittlung der deutschen Sprache im Ausland, Kooperationen im Hochschul- und Wissenschaftsbereich und der Kulturdialog. Hinzu kommen internationale Übereinkommen zum Schutz von Kulturgütern, die nur mit Zustimmung des Bundestages ratifiziert werden können. Im Zeitablauf haben sich dabei die thematischen Schwerpunkte – je nach der konzeptionellen Präferenz der jeweiligen parlamentarischen Mehrheit – in ihren Nuancen immer wieder etwas verschoben.[20] Ging es nach 2005 vor allem um die finanzielle Stärkung und zugleich um eine bessere Straffung und Vernetzung der Instrumente der Auswärtigen Kulturpolitik (CDU/CSU/SPD 2005: 132 f.)[21], war in der darauf folgenden Wahlperiode eine gewisse Hinwendung zum Leitbild der *Cultural Diplomacy*, nicht zuletzt im Hinblick auf die Stärkung der innereuropäischen Integration, festzustellen (CDU/CSU/FDP 2009: 126 f.).[22]

Insgesamt lässt sich festhalten, dass die in der 16. Wahlperiode geänderten Ausschuss-Strukturen der Außenkulturpolitik eine stärkere Verankerung im Politikfeld der Außenpolitik ermöglicht haben. Jedoch hat sich dabei keine optimale Arbeitsteilung zwischen Kulturausschuss und dem neuem Unterausschuss „Auswärtige Kultur- und Bildungspolitik“ ergeben. Nach anfänglichen Unklarheiten wurde eine Zuständigkeitsregelung festgelegt, die sich an der Ressortzuordnung der jeweiligen Themen orientiert. Der Auswärtige Ausschuss mit dem Unterausschuss „Auswärtige Kultur- und Bildungspolitik“ ist demgemäß zuständig für alle Regierungsvorlagen, die aus dem Auswärtigen Amt kommen, der Ausschuss für Kultur und Medien beschäftigt sich mit allen anderen kulturpolitisch relevanten Regierungsvorlagen. Hinsichtlich der eigenständigen parlamentarischen Initiativen wurde festgehalten, dass dies dort federführend behandelt werden solle, wo die jeweilige Initiative ergriffen wird.[23] Diese Regelung hat jedoch in der parlamentarischen Praxis dazu geführt, dass sich zunächst beide Ausschüsse parallel mit den gleichen Themen beschäftigten. So hat der Ausschuss für Kultur und Medien immer wieder Themen der Auswärtigen Kulturpolitik in seine Tagesordnung aufgenommen, die in gleicher Weise bereits im Unterausschuss „Auswärtige Kultur- und Bildungspolitik“ behandelt worden sind. Hinzu kam, dass außenkulturelle Aspekte der EU-Kulturpolitik relativ selten Eingang in die Tagesordnung des Unterausschusses fanden. Inzwischen hat sich die Arbeitsteilung zwischen den beiden Ausschüssen deutlich verbessert, so dass thematische Überschneidungen nur noch selten zu verzeichnen sind.[24]

---

19 Der Unterausschuss „Auswärtige Kultur- und Bildungspolitik“ des Auswärtigen Ausschusses wurde auch in den folgenden Wahlperioden beibehalten. Zuletzt wurde er im März 2014 für die 18. Wahlperiode des Bundestages eingesetzt. Vgl. dazu die Informationen unter www.bundestag.de/bundestag/ausschuesse18/a03/ua_kb/index.jsp sowie www.peter-gauweiler.de (Stand 1.5.2014).

20 Stärker wiegen jedoch die Kontinuitäten in der Auswärtigen Kultur- und Bildungspolitik. Deutlich wird dies auch in den Festlegungen des Koalitionsvertrages für die 18. Wahlperiode (CDU/CSU/SPD 2013: 121 f.).

21 Vgl. zur thematischen Ausrichtung in der 16. Wahlperiode (2005-2009) auch Gauweiler 2008, Hanselle 2006, Maaß 2011 sowie die Antwort der Bundesregierung auf die Große Anfrage „Auswärtige Kulturpolitik“ der Fraktion Bündnis 90/Die Grünen (BT-Drucksache. 16/4024, 11. 01. 2007) und die damit verbundene Plenardebatte vom 12. Oktober 2007 (BT-Plenarprotokoll 16/119: 12410 ff.).

22 Vgl. zur thematischen Ausrichtung in der 17. Wahlperiode (2009–2013) auch Gauweiler (2010) sowie die Antwort der Bundesregierung auf die Große Anfrage „Paradigmenwechsel im Konzept zur Auswärtigen Kultur- und Bildungspolitik“ der SPD-Bundestagsfraktion (BT-Drucksache. 17/11981, 19.12.2012) und die damit verbunden Plenardebatte am 21. März 2013 (BT-Plenarprotokoll 17/231: 28847 ff.).

23 Vgl. dazu die Internet-Informationen des Ausschusses für Kultur und Medien, abrufbar unter www.bundestag.de/bundestag/ausschuesse18/index.html (Stand 1.5.2014).

24 So wurde etwa am 19. September 2011 eine Entschließung des Europäischen Parlaments zur kulturellen Dimension der auswärtigen Politik der Europäischen Union mitberatend diskutiert. Hinzu kam ein Bericht der Bundes-

## 3. Europäische Perspektiven

Das Zusammenwachsen Europas hat deutliche Spuren auch im Bereich des Kulturellen hinterlassen. Entscheidende Impulse lieferte die Mitteilung der Kommission über eine europäische Kulturagenda im Zeichen der Globalisierung, die der Rat in einer Entschließung vom 16. November 2007 billigte (EU-ABl. 2007/C 287/01) und die den Rahmen für die künftigen Aktivitäten der Union für den Kultursektor festlegt und dabei auch die kulturellen Aspekte der internationalen Beziehungen der Union betont (Singer 2010). Jedoch verfügt die Europäischen Union im Bereich des Kulturellen gemäß Art. 167 des Vertrages über die Arbeitsweise der Europäischen Union nur über eine Unterstützungs- und Ergänzungsfunktion. Die Zuständigkeiten und Verantwortlichkeiten für Kulturpolitik und für die Gestaltung des kulturellen Lebens verbleiben prinzipiell bei den Mitgliedstaaten. Betont wird damit die Vielfalt der kulturellen Interessen der Mitgliedstaaten und ihrer Regionen, ergänzt um den Anspruch, zur Entwicklung einer gemeinsamen kulturellen Basis beizutragen (Frenz 2011). Damit sind auch die innereuropäischen Beziehungen zu einem wichtigen Handlungsbereich der Auswärtigen Kulturpolitik geworden. Hieraus erwächst auch für die nationale Außenkulturpolitik die Aufgabe, die europäische Identität zu stärken und die europäische Integration zu unterstützen. Hier geht es beispielsweise um die Förderung der Kooperation zwischen den kulturellen Einrichtungen der EU-Mitgliedstaaten in Drittländern und mit ihren Partnereinrichtungen in diesen Ländern (Brückner 2011; EUNIC et al. 2013; 2014).[25] Der Kulturartikel verleiht der Gemeinschaft außerdem eine Kompetenz zur Zusammenarbeit mit Dritten Ländern und internationalen Organisationen (Art. 167 Abs. 3 des *Vertrages über die Arbeitsweise der Europäischen Union*). Zur Förderung dieser Zusammenarbeit – und damit zur Unterstützung außenkultureller Maßnahmen – sind Gemeinschaft und Mitgliedstaaten gleichermaßen berufen (Hoch 2012; Max 2004).

Mit dem Inkrafttreten des *Vertrages von Lissabon* haben sich die Bedingungen für das auswärtige Handeln der Europäischen Union in einigen wesentlichen Punkten verändert. Vorgesehen ist etwa die Zusammenfassung der außenpolitischen Instrumente der Europäischen Union sowohl bei der Entwicklung neuer Strategien als auch bei der Entscheidungsfindung (Arnauld 2014: 64 ff.). Hinzu kommt ein Europäischer Auswärtiger Dienst als institutionelles Fundament für das auswärtige Handeln der Union (Kruse 2014). Gleichzeitig wird die Rolle der nationalen Parlamente gestärkt (Hofmann/Wessels 2011: 37 ff.).[26] Auch für den Deutschen Bundestag ergeben sich hieraus – nicht zuletzt mit Blick auf das außenkulturelle Handeln der Union – neue Aufgaben und Herausforderungen. In dieser Hinsicht hatte bereits der Bericht des Europäischen Parlaments über die kulturellen Dimensionen der auswärtigen Politik der Europäischen Union[27] die Notwendigkeit einer kohärenten und abgestimmten EU-Strategie für die Kultur in der EU-Außenpolitik betont und zugleich die Hoffnung zum Ausdruck gebracht, dass mit dem Aufbau des Europäischen Auswärtigen Dienstes auch die institutionellen Grundlagen für die künftige Kulturdiplomatie der Union gelegt werden müssten. Der bislang erreichte Stand in der institutionellen Verankerung außenkultureller Elemente in der EU-Außenpolitik

regierung über die kulturelle Dimension der Auswärtigen Politik der Europäischen Union, der gemeinsam mit dem Ausschuss für Kultur und Medien mit Beteiligung von Abgeordneten des Kultur- und Bildungsausschusses des Europäischen Parlaments am 23. April 2012 beraten wurde.

25 Die Notwendigkeit der Erweiterung „außenkultureller" Aktivitäten auf die europäische Ebene ist in der Koalitionsvereinbarung für die 17. Wahlperiode ausdrücklich betont worden (CDU/CSU/FDP 2009: 127).

26 Vgl. zur „Europäisierung" des Bundestages Ismayr 2013: 187 ff. sowie Töller 2006 und Freundorfer 2008.

27 EU-Amtsblatt 2012/C 377 E/18.

ist jedoch weit hinter diesen Erwartungen zurückgeblieben. Recht vage sind auch die Vorstellungen darüber, wie die kulturellen Außenbeziehungen der Mitgliedstaaten mit einer künftigen Kulturdiplomatie im Europäischen Auswärtigen Dienst verzahnt werden könnten.[28] Zu berücksichtigen ist überdies ein fortdauerndes Übergewicht der nationalen Ebenen in diesem Politikfeld.[29] Gerade angesichts völlig neuer Problemlagen in Europa ergibt sich hieraus ein wichtiges Arbeitsfeld für die nationalen Parlamente (Singer 2012; Cross/Melissen 2013; Henze/Wolfram 2014).[30]

28 Künftig sollen kulturelle Aspekte in der EU-Außenpolitik stärker berücksichtigt werden. Im Rahmen „vorbereitender Maßnahmen" in diesem Bereich wurde eine umfassende Bestandsaufnahme eingeleitet, um vorhandene Ressourcen, Ansätze, Strategien und Standpunkte hinsichtlich der Kultur in den EU-Außenbeziehungen zu ermitteln. Schlussfolgerungen und Empfehlungen für einen strategischen Ansatz wurden auf einer abschließenden Konferenz im Frühjahr 2014 formuliert (cultureinexternalrelations.eu).

29 Eine der Ursachen für diesen Mangel ist die betont nationale Ausrichtung der Auswärtigen Kulturpolitik in einigen Mitgliedstaaten der Europäischen Union (Steinkamp 2009; Sattler 2007).

30 Vgl. dazu auch die Informationen der Europäischen Vereinigung nationaler Kulturinstitute (eunic-online.eu) und der Initiative *More Europe* (moreeurope.org).

# 4.2 Der wichtigste Akteur – Das Auswärtige Amt

*Katharina Thomas*

## 1. Charakteristik der Auswärtigen Kultur- und Bildungspolitik[1]

„Auswärtige Kulturpolitik " – dieser Begriff taucht in der Wissenschaft und Diplomatie vor etwas mehr als 100 Jahren erstmals im deutschen Sprachraum auf. Kurz vor dem Ersten Weltkrieg begann man, sich mit den Möglichkeiten und Mitteln einer Auswärtigen Kultur- und Bildungspolitik auseinanderzusetzen und ihre Rolle für die Außenpolitik explizit zu erschließen. Heute hat sich das Umfeld der Auswärtigen Kultur- und Bildungspolitik stark gewandelt, mit neuen Chancen und Herausforderungen. Ihre Bedeutung ist dabei nicht geringer geworden; im Gegenteil: In Zeiten veränderter globaler Machtzentren, der Destabilisierung ganzer Regionen, aber auch angesichts neuer Formen der Kommunikation müssen Methoden und Instrumente den veränderten Bedingungen immer wieder angepasst werden.

Dass sich das Verständnis dieses Bereichs der Außenpolitik gewandelt hat, wird auch in dem erweiterten Kulturbegriff sichtbar, der sich seit den Dahrendorfschen *Leitlinien für die auswärtige Kulturpolitik* der siebziger Jahre etabliert hat: „Auswärtige Kultur- und Bildungspolitik". Nicht nur Kultur im herkömmlichen Sinne, also das, was heute unter den Begriff der „Sparten" fällt – Musik und bildende Kunst, Theater, Tanz und Film – ist Gegenstand einer Auswärtigen Kulturpolitik. Vielmehr ist sie eng verknüpft mit anderen Fragen der Außenpolitik, wie etwa solchen der Außenwissenschaftspolitik und der Bildung (nicht zuletzt durch die historisch gewachsene Komponente des deutschen Auslandsschulwesens), aber auch mit solchen der Entwicklung und der nachhaltigen Krisenprävention durch Vertrauensbildung.

Sie bildet das Fundament – man könnte auch sagen: den Humus – einer erfolgreichen Außenpolitik, die erst dort greifen kann, wo ein vertrauensvolles Verhältnis mit dem Gegenüber besteht und wo die Kenntnis der deutschen Kultur und auch Sprache gegenseitiges Verstehen ermöglicht. Nur dort können wir kurzfristig *und* nachhaltig erfolgreich um Verständnis für deutsche Sichtweisen und Positionen werben und Verständigung erreichen. Die Bedeutung dieser *Soft Power*, wie Joseph Nye sie bezeichnet hat, ist in den vergangenen Jahren immer mehr erkannt worden. Sie ist ein nicht zu vernachlässigender Faktor der deutschen Außenpolitik. Deutschland steht hier einerseits in einem Wettbewerb mit anderen Ländern. So hat beispielsweise China in den vergangenen Jahren sein Netz von Kulturinstituten überall auf der Welt stark ausgebaut. Innerhalb Europas gibt es andererseits eine immer intensivere Kooperation der Kulturmittler, etwa im Rahmen der Europäischen Vereinigung der nationalen Kulturinstitute[2].

---

1 Anmerkung des Herausgebers: Der Ausdruck „Auswärtige Kultur- und Bildungspolitik" wurde vom Auswärtigen Amt unter der Rot-Grünen Koalition 1998–2005 eingeführt. Die Doppelformulierung hat sich in der Politikwissenschaft wie auch in der übrigen Begleitforschung bisher überwiegend nicht durchgesetzt, zumal die „Urzellen" der Auswärtigen Kulturpolitik bzw. der Außenkulturpolitik ja im Austausch von Studenten und Wissenschaftlern und in der Unterstützung deutscher Auslandsschulen, also ausschließlich im Thema Bildung lagen. In diesem Sammelband haben wir die – auch recht uneinheitlich benutzte – Bezeichnung in allen Beiträgen entsprechend angepasst. Nur in diesem Beitrag des Auswärtigen Amts haben wir die Diktion des Amtes selbst beibehalten.

2 http://www.eunic-online.eu/ (August 2014).

Zunehmend spielen neue Akteure eine wichtige Rolle. In einer weltweit immer stärker vernetzten, „globalisierten" Zivilgesellschaft können sich Menschen und Organisationen immer besser und immer einfacher einbringen, Initiative ergreifen und „mitmischen". Diese Entwicklung wird nicht zuletzt durch die digitale Kommunikation befördert – die wiederum auch für die Auswärtige Kultur- und Bildungspolitik immer wichtiger wird.

In diesem Gefüge verschiedener Faktoren, die die Rahmenbedingungen ausmachen, ist das Auswärtige Amt der zentrale Akteur. Es entwirft die Leitlinien für die deutsche Auswärtige Kultur- und Bildungspolitik und gibt politische Impulse. Dabei erhebt es, nicht erst seit den *Leitlinien für die auswärtige Kulturpolitik*, Anspruch auf die – mit dem Fachterminus Kohärenz-Kompetenz bezeichnete – Gesamtkoordination und strategische Gestaltungshoheit all dessen, was unter den erweiterten Begriff der Auswärtigen Kultur- und Bildungspolitik fällt.

Politische Leitlinien zu definieren und neue Akzente oder Schwerpunkte zu setzen, erfordert ein hohes Maß an Diskussionsbereitschaft und Überzeugungsarbeit, denn der einzige Akteur ist das Auswärtige Amt dabei selbstverständlich nicht. Dieser Umstand ist sowohl historischen Entwicklungen als auch dem föderalen System der Bundesrepublik geschuldet. So agieren u.a. fünf weitere Bundesministerien im Bereich der Auswärtigen Kultur- und Bildungspolitik: Das Bundesinnenministerium fördert die deutschen Minderheiten im Ausland, das Bundesministerium für Familie, Senioren, Frauen und Jugend unterstützt den internationalen Jugendaustausch, das Bundeswirtschaftsministerium setzt sich für den Export des dualen Ausbildungssystems ein und das Bundesministerium für Bildung und Forschung stärkt Deutschland als Standort für Studium, Wissenschaft und Forschung. Gemeinsam mit dem Bundesministerium für wirtschaftliche Zusammenarbeit und Entwicklung, das sich ebenfalls im Bereich Kultur und Entwicklung engagiert, hat das Auswärtige Amt 2011 eine gemeinsame *Corporate Identity* für Projekte im Ausland entwickelt, um die Außenwirkung deutscher Kulturpolitik zu fokussieren. Mit dem *Einheitlichen Logo der Zusammenarbeit* soll ein einheitlicher Auftritt erreicht werden, der unabhängig von Ressort-Zuständigkeiten verdeutlicht, dass hier deutsches Engagement stattfindet. Ein weiterer wichtiger Akteur ist die Beauftragte der Bundesregierung für Kultur und Medien. Auch sie wirkt über die Grenzen Deutschlands hinaus, etwa im Rahmen der Projektförderung der Kulturstiftung des Bundes.

Zusätzlich wirken zahlreiche weitere staatliche und nichtstaatliche Akteure an der Ausgestaltung mit. Neben weiteren Bundesressorts, Bundesländern oder auch Kommunen sind dies vor allem zivilgesellschaftlicher Organisationen und Einzelpersonen aus unterschiedlichsten Bereichen: Stiftungen, Künstler, Wissenschaftler, Forscher, Studenten, Lehrer, Schüler. Die Auswärtigen Kultur- und Bildungspolitik lebt von einer starken Zivilgesellschaft – ihr Engagement füllt die politischen Leitlinien mit Leben.

Wenn es um die Grundlagen der Kulturarbeit im Ausland geht, schafft das Auswärtige Amt zunächst die entscheidenden Voraussetzungen dafür, dass seine Partner im Ausland erfolgreich tätig sein können. Zum einen stellt das Ministerium die nötigen finanziellen Mittel zur Verfügung. Zum anderen schafft es gesicherte rechtliche Rahmenbedingungen für die Arbeit seiner Partnerorganisationen im Ausland, indem es etwa für die Bundesregierung Kulturabkommen mit den Regierungen der jeweiligen Gastländer abschließt. Diese Abkommen regeln beispielsweise, in welchen Bereichen die Partnerorganisationen des Auswärtigen Amts arbeiten dürfen, welchen Rechten und Pflichten und welchem Status sie dabei unterliegen.

Über die Möglichkeiten des Auswärtigen Amts, die politische und strategische Steuerung der Partnerorganisationen effizient und effektiv zu gestalten und gleichzeitig deren inhaltliche Unabhängigkeit nicht einzuschränken, wird nach wie vor viel diskutiert. Neben mittelfristigen Zielvereinbarungen ist die jährliche Haushaltsaufstellung ein traditionell bedeutendes, aber bei weitem nicht das einzige Mittel der Steuerung. Über die Zuteilung von Haushaltsmitteln können thematische Akzente gesetzt werden, die dann allerdings noch die Zustimmung des Bundestags finden müssen. Die Tendenz geht allerdings dahin, große Teile der entsprechenden Haushaltsmittel zu budgetieren, den Partnern also haushaltsrechtlich viele Freiheiten zu lassen. Im Gegenzug verpflichten sie sich gegenüber dem Auswärtigen Amt, die gemeinsam festgelegten Ziele zu erreichen. Das soll zum einen Bürokratie abbauen, die mit dem herkömmlichen Steuerungssystem der kameralen Haushaltsordnung in höherem Maße verbunden ist. Zum anderen soll die Budgetierung sicherstellen, dass die Kulturarbeit im Ausland auf die Kernziele der Auswärtigen Kulturpolitik ausgerichtet ist.

Steuerung ist immer auch Herausforderung: möglich ist sie nur, wenn vor Beginn des Haushaltsjahres klare Absprachen getroffen werden, die während des Haushaltsjahres und auch danach in regelmäßigen Abständen und in gegenseitigem Vertrauen verifiziert und ausgewertet werden. Ein solches System ist im Rahmen der Zusammenarbeit mit dem Goethe-Institut bereits etabliert und wird kontinuierlich weiterentwickelt. Diese Erfahrungen sollen sukzessive auch für die Zusammenarbeit mit und die Steuerung von anderen Mittlerorganisationen genutzt werden.

Neben der Budgetierung stellt das Auswärtige Amt seinen Partnern aber auch weiterhin Mittel für (regional oder thematisch) klar umrissene Bereiche zur Verfügung. Beispiele hierfür sind die Ernst-Reuter-Initiative in der Zusammenarbeit mit der Türkei oder die Transformationspartnerschaften mit den Ländern des Maghreb und im Nahmittelosten. Im Jahr 2014 hat der Bundestag zudem angesichts der Krise in der Ukraine zusätzliche Mittel in Höhe von 5 Millionen Euro für die Auswärtige Kultur- und Bildungspolitik bewilligt. Mit diesen Mitteln unterstützt das Auswärtige Amt gezielt den Aufbau zivilgesellschaftlicher Strukturen, freier Medien und den interkulturellen Austausch in der Region Ukraine, Moldawien, Georgien und Weißrussland.

Solche Mittel fließen nicht in die allgemeine Budgetierung ein, da sie an die Verwendung für einen besonderen Zweck gebunden bleiben und nicht anderweitig eingesetzt werden können.

Außerdem können in Absprache mit den Partnern einzelne regionale Schwerpunkte gesetzt und damit auf veränderte politische Situationen reagiert werden. In der Regel trifft das Auswärtige Amt mit seinen Mittlern in einer Vielzahl von Gremien Absprachen über die Schwerpunkte ihrer gemeinsamen Arbeit. Das gilt für eine große Bandbreite von Themen, von der Eröffnung neuer Repräsentanzen bis hin zu Sofortmaßnahmen in Krisengebieten.

Dabei ist klar, dass das Auswärtige Amt seine Interessen in partnerschaftlicher Zusammenarbeit verfolgt. Es geht dabei oft um Koordination und darum, zum richtigen Zeitpunkt zu handeln. Zum einen setzt das Auswärtige Amt regionale und thematische Schwerpunkte. Länger fristige Strategien werden entwickelt, große Einzelvorhaben koordiniert. Das hat viele Dimensionen: Neben der Abstimmung mit den Mittlerorganisationen sind Absprachen mit anderen Bundesministerien, mit den Bundesländern, aber auch mit anderen Trägern wie privaten und unternehmensnahen Stiftungen und mit Außenministerien anderer Staaten notwendig. Größere Vorhaben wie etwa „Deutschlandjahre“ oder „Deutschlandwochen“ müssen in Abstimmung mit den Auslandsvertretungen und den Partnern aus Kultur, Bildung, Wissenschaft und auch Wirtschaft so gesteuert werden, dass als Ergebnis ein stimmiges und von allen Partnern mitgetragenes Konzept entsteht.

Neben der Zentrale des Auswärtigen Amts spielen die Kulturreferate an den deutschen Auslandsvertretungen eine Schlüsselrolle bei der Koordination und Unterstützung der Auswärtigen Kulturpolitik. Sie entwickeln vor Ort die Länderkonzeptionen, die für die politische und strategische Planung und Steuerung von großer Bedeutung sind. Dies beinhaltet die Analyse der Ausgangslage im jeweiligen Land sowie die Identifizierung zukünftiger Schwerpunkte und Handlungsfelder. Darüber hinaus halten die Kulturreferate Kontakt zu den Vertretern der deutschen Kulturinstitutionen im Land und setzen sich für eine enge Zusammenarbeit dieser Einrichtungen ein – auch aus Gründen der Effizienz und Effektivität. Die Auslandsvertretungen sorgen zudem dort für diplomatische Flankierung, wo politische oder rechtliche Rahmenbedingungen die Tätigkeiten deutscher Organisationen erschweren.

Für die Umsetzung der Projekte und Maßnahmen in den verschiedenen Bereichen der Auswärtigen Kultur- und Bildungspolitik zeichnen die Mittlerorganisationen verantwortlich. Sie sind – anders als in anderen Ländern – keine staatlichen Organisationen, sondern rechtlich unabhängige Akteure, die ihre Arbeit inhaltlich eigenständig gestalten.

## 2. Klassische Tätigkeitsfelder und Instrumente sowie Mittler und Partner

Die drei klassischen Bereiche sind das Auslandsschulwesen, die Arbeit der Goethe-Institute in Sprache und Kultur sowie der wissenschaftliche und akademische Austausch. Diese Bereiche sind Grundpfeiler – sie besitzen eine lange Tradition und haben gesellschaftliche und politische Umwälzungen überdauert. So findet beispielsweise das deutsche Auslandsschulwesen seine Ursprünge bereits im 16. Jahrhundert. Neben der Beschulung der Kinder von Deutschen im Ausland diente es lange Zeit (verstärkt in Preußen und im Kaiserreich, zurückhaltender in der Weimarer Republik, ausschließlich im Nationalsozialismus) als Vehikel, um expansionistische Bestrebungen zu befördern. Mit der Gründung der Bundesrepublik rückten neben dem Aspekt der Bildungsmöglichkeit für Deutsche im Ausland auch die Ermöglichung von Bildung für Kinder in den Partnerländern und – vor allem – der Gedanke der Völkerverständigung in den Vordergrund.

Gesellschaftliche und politische Veränderungen erfordern immer wieder die Neuanpassung an aktuelle Herausforderungen. Ein Beispiel im Auslandsschulwesen ist hier das 2013 verabschiedete Auslandsschulgesetz, mit dem der Bundestag erstmals einen rechtlichen Rahmen geschaffen hat, der den Schulen finanziell und rechtlich längerfristige Planungen ermöglicht.

Insgesamt umfasst das Netz der Auslandsschulen mittlerweile 1.700 Schulen. Dazu gehören über 140 Deutsche Auslandsschulen, rund 1.000 Schulen, die das Deutsche Sprachdiplom der Kultusministerkonferenz anbieten, und weitere 550 Schulen, an denen Deutschunterricht neu auf- oder ausgebaut wird (sogenannte Fit-Schulen, betreut durch das Goethe-Institut). Die Auslandsschulen werden koordiniert von der Zentralstelle für das Auslandsschulwesen. Ein Beispiel verdeutlicht die Dimensionen und die Bedeutung dieses Kernbereichs der Auswärtigen Kultur- und Bildungspolitik: An den durch das Auswärtige Amt geförderten Schulen lernen etwa so viele Kinder, wie in Rheinland-Pfalz zur Schule gehen (siehe Bundesregierung 2013: 24 f.).

Die Auslandsschulen sind ein wichtiger Bestandteil der strategischen Förderung der deutschen Sprache. Sprache ist der Schlüssel zum Verständnis einer Kultur – deshalb hat die Auswärtige Kultur- und Bildungspolitik zum Ziel, Menschen weltweit für die deutsche Sprache und darüber für das Land „Deutschland" zu interessieren. Nur wo man sich „versteht", im eigentlichen wie im übertragenen Sinne, kann auch auf politischer Ebene um Verständnis geworben und Verständigung erreicht werden.

Zentraler Akteur bei der Förderung der deutschen Sprache ist neben den deutschen Auslandsschulen vor allem das Goethe Institut. Allein die Deutschkurse des Goethe-Instituts verzeichneten 2012 rund 207.000 Teilnehmer im Ausland und 39.500 Teilnehmer im Inland (insgesamt 256.500). Es spielt mit seinen 145 Instituten eine herausragende Rolle für das weltweite Engagement der Auswärtigen Kultur- und Bildungspolitik in der Sprachförderung, aber auch in der kulturellen Programmarbeit. 2013 hat das Auswärtige Amt dem Institut für diese Arbeit 218 Millionen Euro zur Verfügung gestellt.

Eng verbunden mit der Förderung der deutschen Sprache und Kultur ist die Vermittlung eines differenzierten Deutschlandbilds im Ausland. Studien und Umfragen zeichnen hier eine positive Entwicklung: Laut der *BBC World Service Poll* 2014 etwa ist Deutschland mit 60 Prozent positiver Bewertung das beliebteste Land der Welt. Im *Anholt Nation Brand Index* aus dem Jahr 2013, der die Beliebtheit von 50 Ländern erhebt, steht Deutschland in der Kategorie Einwanderung und Investment auf Platz 3. Mit etwas anderer Stoßrichtung kommt eine Studie des McKinsey Global Institute zu Vernetzungsfaktoren zwischen Ländern weltweit zu dem Ergebnis, dass Deutschland das am besten vernetzte Land der Welt ist. Dabei geht es nicht nur um ein oberflächlich positives Image Deutschlands in der Welt. Eine vielseitige, realistische Vorstellung von Deutschland öffnet vielmehr die Augen für andere Kulturen und bildet die Grundlage für Verständigung über politische und kulturelle Grenzen hinweg.

Dritter Kernbereich der Auswärtigen Kultur- und Bildungspolitik ist der wissenschaftliche und akademische Austausch. Auch hier steht im Vordergrund, Freunde für Deutschland zu gewinnen und darüber hinaus den Bildungs- und Wissenschaftsstandort Deutschland zu stärken. Durch die Vergabe von Stipendien ermöglichen beispielsweise DAAD und Alexander von Humboldt-Stiftung jährlich rund 50.000 ausländischen Studenten und Wissenschaftlern, in Deutschland zu lernen und wissenschaftlich zu arbeiten. Dies soll in Zukunft stark ausgeweitet werden: Im Koalitionsvertrag wird für die 18. Legislaturperiode das Ziel von 350.000 Stipendien vorgegeben.

Der DAAD erhielt 2013 aus Bundesmitteln insgesamt 335 Millionen Euro, davon 184 Millionen Euro allein vom Auswärtigen Amt. Mit diesen Mitteln wurde vor allem die Vergabe von Stipendien gefördert: ca. 80.000 Menschen haben 2013 eine Förderung des DAAD erhalten, davon ca. 30.000 Menschen aus Deutschland und 50.000 aus dem Ausland. Zusätzlich finanzierte das Auswärtige Amt rund 480 Lektorenstellen an Hochschulen im Ausland.

Die Alexander von Humboldt-Stiftung widmet sich ebenfalls dem internationalen Austausch hochqualifizierter Wissenschaftler und tragt damit wesentlich zur internationalen Wettbewerbsfähigkeit Deutschlands als Hochschul-und Wissenschaftsstandort bei. Dabei konnte die Stiftung im Haushaltsjahr 2013 aus Mitteln des Auswärtigen Amts über 38 Millionen Euro zuwenden. (Die Förderung von Seiten des Bundesministeriums für Bildung und Forschung betrug 2013 59,5 Millionen Euro, das Bundesministerium für wirtschaftliche Zusammenarbeit und Entwicklung wendete 6,3 Millionen Euro und das Bundesministerium für Umwelt, Naturschutz, Bau und Reaktorsicherheit 1,4 Millionen Euro zu.) Der Gesamtetat der Humboldt-Stiftung im Jahr 2013 belief sich auf rund 110 Millionen Euro. 2013 verlieh die Humboldt-Stiftung Forschungsstipendien an 453 ausländische Wissenschaftler sowie an 97 deutsche Nachwuchsforscher. 47 ausländische Forscher aus Entwicklungs-und Schwellenländern erhielten ein Georg Forster-Forschungsstipendium.

Hinzu kommen weitere Partnerorganisationen wie das Deutsche Archäologische Institut, das Institut für Auslandsbeziehungen, die Deutsche UNESCO-Kommission und das Haus der Kulturen der Welt. Eine Sonderrolle spielt die Zentralstelle für das Auslandsschulwesen, die 2012 aus dem Haushalt des Auswärtigen Amts rund 208 Millionen Euro erhalten hat. Mit diesen Mitteln unterstützt die Zentralstelle 141 privatrechtlich organisierte Deutsche Schulen in aller Welt. Während die Mittlerorganisationen der Organisationsform nach überwiegend Vereine und Stiftungen sind, führt das Auswärtige Amt die Fachaufsicht über diese Abteilung des Bundesverwaltungsamts.

Kultur, Sprache, Wissenschaft, Schule – auf diesen traditionellen Arbeitsfeldern arbeitet das Auswärtige Amt eng mit seinen Durchführungsorganisationen zusammen. Eine ganz andere Arbeitsweise ist dagegen in der multilateralen Kulturpolitik gefragt. Dieses Engagement in den Foren der Europäischen Union, der Vereinten Nationen (insbesondere der UNESCO), des Europarats, der Organisation für wirtschaftliche Zusammenarbeit und Entwicklung und der Organisation für Sicherheit und Zusammenarbeit in Europa hat unter dem Vorzeichen von Globalisierung und europäischer Integration stark an Bedeutung gewonnen. Das Auswärtige Amt setzt sich in diesem multilateralen Rahmen für grundlegende internationale kulturpolitische Interessen ein, etwa für eine enge Kooperation in der europäischen Kulturpolitik oder für den weltweiten Erhalt der kulturellen Vielfalt.

## 4. Ausblick – Auswärtige Kultur- und Bildungspolitik mit Zukunft

Auswärtige Kultur- und Bildungspolitik ist immer *work in progress*. Mit der Strategie 2011 wurde der Versuch unternommen, nach der letzten, zehn Jahre zurückliegenden Anpassung neue Herausforderungen und Ziele für die Auswärtigen Kultur- und Bildungspolitik zu definieren. Dabei wurde die Aufgabengestaltung und regionale Schwerpunktsetzung, die in vielerlei Hinsicht noch die in der unmittelbaren Nachkriegszeit entstandene Weltordnung widerspiegelte, überprüft und, wo nötig, angepasst.

Bei allen wichtigen und sinnvollen Entwicklungen und Erneuerungen ist jedoch hervorzuheben: Die Erwartungen sollten nicht überhöht werden. Auswärtige Kultur- und Bildungspolitik kann nie auf kurzfristige Erfolge angelegt sein; sie ist kein Sprint, sondern ein Langstreckenlauf, für den man einen langen Atem braucht und bei dem es strategisch zu denken gilt.

Dass solche Standortbestimmungen und strategischen Neuausrichtungen nicht immer unumstritten sind, zeigt die große Anfrage der SPD-Fraktion aus dem Jahr 2012, die explizit die Verwendung des Begriffes *Cultural Diplomacy* hinterfragte und auf das Spannungsfeld zwischen Kultur und Politik zielte: Darf Auswärtige Kultur- und Bildungspolitik interessegeleitet sein, d.h. inwieweit darf oder soll Auswärtige Kulturpolitik von politischen Leitideen bestimmt werden? Grundgedanke der deutschen Auswärtigen Kultur- und Bildungspolitik ist, dass Kultur unabhängig ist und sein muss. Nur wenn ihre Unabhängigkeit respektiert und gefördert wird, kann sie außenpolitisch dauerhaft Wirkung entfalten – deshalb arbeiten ihre Mittlerorganisation (wie oben bereits ausgeführt) weitgehend unabhängig und eigenständig.

Es geht in der Auswärtigen Kultur- und Bildungspolitik also nicht darum, Kultur staatlich zu lenken. In ihrer Antwort auf die Große Anfrage der SPD-Bundestagsfraktion machte die Bundesregierung jedoch auch deutlich, dass Auswärtige Kultur- und Bildungspolitik neben ästhetischen Kategorien in der Förderung von Kultur immer auch strategische Aspekte zu berücksichtigen hat. Sie kann sich den Interessen des politischen Raums schlechterdings nicht verschließen. Ebenso wenig wie man „nicht nicht kommunizieren" kann, kann auch die deutsche Auswärtige Kultur- und Bildungspolitik, maßgeblich bestimmt durch das Auswärtige Amt, ihren strategischen Charakter ablegen oder auch nur verschweigen – sie darf es auch gar nicht. Dafür ist sie Auswärtige Kultur- und Bildungs*politik* und als solche ihrem Wesen nach immer auch von den Interessen der Bundesrepublik bestimmt, darunter zuallererst: Frieden zu erhalten und Demokratie zu stärken.

Solche Debatten, in denen die Auswärtige Kultur- und Bildungspolitik immer wieder unter die Lupe genommen wird, zeigen aber auch: Die verschiedenen Akteure, die an ihr mitwirken, müssen in Zukunft noch besser in Prozesse der Neubewertung und strategischen Veränderungen einbezogen werden. Um die Auswärtige Kultur- und Bildungspolitik auch in den kommenden Jahren zukunftsfähig zu machen und den veränderten gesellschaftlichen Bedingungen anzupassen, hat Bundesaußenminister Frank-Walter Steinmeier einen Prozess initiiert, der unter dem Titel *Review 2014 – Außenpolitik Weiter Denken* die Frage stellt: Was muss die deutsche Außenpolitik besser machen? Auch für die Auswärtige Kultur- und Bildungspolitik deuten sich im Rahmen dieses Prozesses neue Ideen und Veränderungen an. Die verstärkte Zusammenarbeit mit Zivilgesellschaften im In- und Ausland, der enge Schulterschluss mit dem Bundestag (insbesondere dem Unterausschuss „Auswärtige Kultur- und Bildungspolitik") und die Nachhaltigkeit der bestehenden Partnerschaften und Instrumente spielen dabei eine wichtige Rolle. Ein Ziel der Auswärtigen Kultur- und Bildungspolitik ist es beispielsweise, überall in der Welt Freunde Deutschlands zu gewinnen und erhalten. Wie können wir dabei in Zukunft Lebensbiographien als Ganze in den Blick nehmen und Netzwerke von Menschen schaffen, die über lange Zeiträume durch Auswärtige Kultur- und Bildungspolitik mit Deutschland verbunden bleiben? Wie können wir Menschen aus dem Ausland, die sich für Deutschland interessieren und hier leben und arbeiten möchten, signalisieren: „Ihr seid hier willkommen!"? Der Diskurs über eine Auswärtige Kultur- und Bildungspolitik der Zukunft ist darüber hinaus geprägt von Fragen nach der Bedeutung der Kreativwirtschaft oder nach neuen Möglichkeiten, die Kooperation und Ko-Produktion im Bereich der Kultur eröffnen.

So ist die Auswärtige Kultur- und Bildungspolitik auch nach 100 Jahren kein abgeschlossenes Kapitel, sondern schlägt immer wieder neue Seiten auf. Diese Entwicklungen fortzuschreiben und immer wieder neue Antworten, neue Dialog- und Kooperationsformen zu finden, bleibt die ständige Aufgabe des Auswärtigen Amtes.

## 4.3 Teile eines diplomatischen Systems – Weitere Bundesministerien

*Kurt-Jürgen Maaß*

Neben dem Auswärtigen Amt haben sich seit Bestehen der Bundesrepublik Deutschland nach und nach auch andere Bundesministerien als Akteure von Programmen und Projekten Auswärtiger Kulturpolitik und des internationalen Kulturaustauschs betätigt. Dies hat dazu geführt, dass von derzeit fast 1,6 Milliarden Euro Bundesmitteln für Auswärtige Kulturpolitik nur noch etwa 56 Prozent über das Auswärtige Amt laufen. Zu nennen sind hier:

1. Der beim Bundeskanzleramt angesiedelte Staatsminister und Beauftragte der Bundesregierung für Kultur und Medien wurde 1998 erstmalig eingesetzt mit der Ankündigung, er werde „Impulsgeber und Ansprechpartner für die Kulturpolitik des Bundes sein und sich auf internationaler Ebene, aber vor allem auf europäischer Ebene als Interessenvertreter der deutschen Kultur verstehen" (Bundeskanzler Gerhard Schröder am 10. November 1998 im Bundestag, Bundestagsprotokoll 14/3 Spalte 62).

Ein bedeutender Teil der Aktivitäten ist international angelegt. Hierfür erhält der Beauftragte für Kultur und Medien aus dem Bundeshaushalt 2013 insgesamt 282 Millionen Euro (Bundesministerium der Finanzen 2013, Tab. 19), vor allem für Kulturarbeit in Europa, für die Deutsche Welle und für die Kulturstiftung des Bundes (mit Sitz in Halle (Saale)) als einer auch international tätigen Kultureinrichtung. Die *Eckpunkte für eine Verständigung über die Zuständigkeiten des Beauftragten der Bundesregierung für Angelegenheiten der Kultur und der Medien im Kulturbereich* in der Fassung vom 25. April 2002 (Bundesregierung 2002) definieren für den Beauftragten für Kultur und Medien die folgenden Themen aus der Auswärtigen Kulturpolitik:

- Vertretung der kulturpolitischen Interessen der Bundesrepublik Deutschland im Rat der Europäischen Union
- Mitwirkung in anderen internationalen und supranationalen Organisationen
- Pflege der Kulturbeziehungen zu anderen Staaten
- Repräsentation der deutschen Kultur im Ausland, vor allem durch Mittlerorganisationen
- Unterstützung des internationalen Kulturaustausches
- wissenschaftliche Erforschung sowie Sicherung von Kulturgut und Geschichte ehemals deutscher Kulturlandschaften im östlichen Europa
- kulturelle Betreuung nationaler Minderheiten sowie fremder Volksgruppen und heimatloser Ausländer im Bundesgebiet
- Projektförderungen für nationale und internationale Musik-, Tanz-, Theater- und Literaturprojekte sowie Projekte der Bildenden Kunst
- Förderung von Künstlern, insbesondere durch Studien- und Arbeitsaufenthalte deutscher Künstler im Ausland sowie ausländischer Künstler in Deutschland.

Die Deutsche Welle erhält immerhin über 93 Prozent der internationalen Mittel des Beauftragten für Kultur und Medien (siehe dazu den Beitrag von Verena Metze-Mangold in diesem Buch; Bundesministerium der Finanzen 2013: Tab. 19).

Ein neuer und vom Beauftragten für Kultur und Medien finanzierter internationaler Akteur ist die Kulturstiftung des Bundes. Sie erhielt 2013 insgesamt 40 Millionen Euro aus dem Bundeshaushalt. Ein Schwerpunkt ihrer Tätigkeit liegt in der Förderung innovativer Programme und Projekte im internationalen Kontext, d.h. im internationalen Kulturaustausch und in der grenzüberschreitenden Zusammenarbeit[1]. Eine „Imagebroschüre" der Stiftung (Kulturstiftung des Bundes 2003) sieht das Stiftungsprofil unter anderem in einem „Knotenpunkt eines internationalen kulturellen Netzwerks" (a.a.O.: 6). Kultureller Austausch und grenzüberschreitende Zusammenarbeit sind ein Schwerpunkt ihrer Arbeit. Dies wird mit wechselnden Programmen unterstützt, 2014 beispielsweise mit einem Themenschwerpunkt Afrika und einem Austauschprogramm für Nachwuchskuratoren und Wissenschaftler an Museen und öffentlichen Sammlungen in Deutschland (Fellowship Internationales Museum). Ein Übersetzerfonds unterstützt Übersetzungen mit der Zielsprache Deutsch. Das Online-Magazin *Litrix.de (GERMAN LITERATURE ONLINE)* wurde seinerzeit anfinanziert (in Kooperation mit dem Goethe-Institut), wird seit 2009 aber vom Goethe-Institut allein betrieben.[2]

Die fünf selbstverwalteten Kulturfonds des Bundes (Stiftung Kulturfonds, Deutscher Literaturfonds, Deutscher Übersetzerfonds, Fonds Soziokultur und Fonds Darstellende Künste) sind 2005 in die Zuständigkeit der Stiftung übergegangen.

Auffällig ist, dass die Stiftung seit 2007 keinen neuen Jahresbericht mehr ins Internet gestellt hat.

Zu den vom Beauftragten für Kultur und Medien finanzierten Einrichtungen gehören auch die Künstlerförderung in der Villa Massimo in Rom, die Villa Romana in Florenz und das deutsche Studienzentrum in Venedig.

2. Das Bundesministerium für Bildung und Forschung: Es finanziert – zum Teil parallel zum Auswärtigen Amt – die internationale Kooperation in Wissenschaft und Forschung, den Bildungs-, Studenten- und Wissenschaftleraustausch, im Haushalt 2013 ein Gesamtbetrag von rund 309 Millionen Euro (siehe Bundesministerium der Finanzen 2013: Tabelle 19). Seit dem Jahr 2000 engagiert es sich auch im internationalen Marketing für den Studien- und Forschungsstandort Deutschland. Das Bundesministerium für Bildung und Forschung gibt unter anderem Mittel an den Deutschen Akademischen Austauschdienst, die Alexander von Humboldt-Stiftung und die Fulbright-Kommission. Das Bundesministerium für Bildung und Forschung finanziert auch überwiegend die Deutsch-Französische Hochschule in Saarbrücken, ferner die geisteswissenschaftlichen Institute im Ausland (Deutsche Historische Institute in Paris, Rom, London, Washington, Warschau und Moskau, das Orient-Institut in Beirut/Istanbul, das Deutsche Institut für Japanstudien in Tokio und das Deutsche Forum für Kunstgeschichte in Paris) und exemplarische Einrichtungen wie das Chinesisch-Deutsche Zentrum für Wissenschaftsförderung in Peking, das Vietnamesisch-Deutsche Zentrum in Hanoi, die German University Cairo, die German Jordanian University in Amman, die German University of Technology in Maskat/Oman und die Chinesisch-Deutsche Hochschule an der Tongji Universität in Shanghai, ferner die Türkisch-Deutsche Universität in Istanbul und die Deutsch-Kasachische Universität in Almaty. Auch die Villa Vigoni am Comer See wird vom Bundesministerium für Bildung und Forschung finanziert.[3] Die zehn geisteswissenschaftlichen Institute sind seit 2002 alle unter dem Dach der Stiftung Deutsche Geisteswissenschaftliche Institute im Ausland zu-

1 http://www.bundeskulturstiftung.de (Juli 2014).
2 http://www.litrix.de/profil/deindex.htm (Juli 2014).
3 Siehe hierzu auch den 17. Bericht der Bundesregierung zur Auswärtigen Kultur- und Bildungspolitik, S. 18 ff.

sammengefasst, seit 2012 unter dem Namen Max Weber Stiftung[4] (siehe dazu näher Kurt Düwell in seinem Beitrag in diesem Buch).

Das Bundesministerium für Bildung und Forschung hat die am 25. Februar 2008 veröffentlichte *Strategie der Bundesregierung zur Internationalisierung von Wissenschaft und Forschung – Deutschlands Rolle in der globalen Wissensgesellschaft stärken* für die Regierung verfasst. In ihr sind vier Ziele formuliert:

- die Forschungszusammenarbeit deutscher Wissenschaftlerinnen und Wissenschaftler mit den weltweit Besten zu stärken
- international Innovationspotenziale für deutsche Unternehmen zu erschließen
- die Zusammenarbeit mit Entwicklungsländern in Bildung, Forschung und Entwicklung nachhaltig zu stärken und damit die Voraussetzungen für eine engere Wissenschaftskooperation mit zukünftigen neuen Wissenschafts- und Wirtschaftszentren zu ermöglichen
- international Verantwortung zu übernehmen und globale Herausforderungen, vor allem bei der Lösung der globalen Klima-, Ressourcen-, Gesundheits-, Sicherheits- und Migrationsprobleme, zu übernehmen.

Um diese Ziele zu erreichen, soll unter anderem die Ausbildung des deutschen wissenschaftlichen Nachwuchses internationaler werden. Die deutsche Wissenschaft soll insgesamt im Ausland präsenter werden, unter anderem durch mehr Zweig- und Außenstellen deutscher Hochschulen und Forschungseinrichtungen, eigenständige deutsche Hochschulen und Forschungseinrichtungen im Ausland und gemeinsame Einrichtungen mit ausländischen Partnern. Im Zusammenhang mit dieser Diskussion hatte die Bundesregierung bereits im September 2007 in ihrer Antwort auf eine Kleine Anfrage im Bundestag mitgeteilt, dass sie über den Deutschen Akademischen Austauschdienst sechs eigenständige deutsche Universitäten im Ausland fördere (BT-Drucksache16/6473: 19). Ferner gebe es 44 Projekte für Studienangebote deutscher Hochschulen im Ausland. Bis 2010 solle diese Zahl auf 90 steigen (a.a.O.: 20).

Schon 2002 hatte das Bundesministerium für Bildung und Forschung ein Strategiepapier zur internationalen Zusammenarbeit in Bildung und Forschung unter dem Titel *Bildung und Forschung weltoffen – Innovation durch Internationalität* vorgelegt (Bundesministerium für Bildung und Forschung 2002). Aus dem Papier wurde deutlich, dass das Bundesministerium für Bildung und Forschung am Rande seiner internationalen Aktivitäten zwar auch Gesichtspunkte der Außenpolitik sah; dazu gehörten beispielsweise Überlegungen zu einer gemeinsamen politischen und gesellschaftlichen Gestaltung der Zukunft der Europäischen Union und Beiträge zur Vorbereitung der Erweiterung der Europäischen Union nach Osten und Südosten. Dazu gehörte ebenfalls, den Prozess der Globalisierung fair und sozial vertretbar zu gestalten und anderen Ländern mit der besonderen Kompetenz Deutschlands in Bildung und Forschung in zentralen Handlungsfeldern zu helfen.

Im Mittelpunkt aller internationalen Initiativen und Aktivitäten des Bundesministeriums für Bildung und Forschung stehen jedoch die Wettbewerbsfähigkeit Deutschlands (und Europas) sowie die Fähigkeit Deutschlands zur Innovation (a.a.O.: 2). Vor allem sie erfordern Weltoffenheit und Internationalität. Deshalb wird als entscheidend angesehen, dass die junge Generation die für die Internationalität unabdingbare neue Schlüsselkompetenz erwirbt, nämlich das Verständnis für internationale Zusammenhänge und Abhängigkeiten, die Fähigkeit zu grenzüberschreitender Kooperation und Austausch und die Toleranz und Aufgeschlossenheit für an-

4 http://www.maxweberstiftung.de/ (Juli 2014).

dere Kulturen (a.a.O.: 3). Unter diesem zentralen Vorzeichen stehen die Förderung des internationalen Studenten- und Wissenschaftleraustauschs, die Forderung nach Internationalisierung des Lehrkörpers, die weltweite Werbung um kluge Köpfe, der internationale Leistungsvergleich in Bildung und Forschung, die Förderung des Spracherwerbs und die Erleichterung der internationalen akademischen Mobilität (a.a.O.: 4; 6; 7; 17-19).[5]

Schulte beklagt die „fehlende konzeptionelle Integration“ der außenkulturpolitischen Aktivitäten der einzelnen Ressorts (Schulte 2000: 95). Die Formulierung der Kritik offenbart aber schon einen Denkansatz, der in dieser Form nicht nachvollziehbar ist. Wenn beispielsweise das Bundesministerium für Bildung und Forschung mit einem Studentenaustauschprogramm die Innovations- und Wettbewerbsfähigkeit Deutschlands unterstützen und sichern möchte, so versteht sich dies gerade nicht als außenkulturpolitisch. Dass es auch außenkulturpolitische Implikationen hat – jeder ausländische Student oder Wissenschaftler nimmt von seinem Aufenthalt in Deutschland auch ein bestimmtes Bild des Landes mit und wird möglicherweise zum Multiplikator –, muss in einer rationalen Betrachtungsweise unberücksichtigt bleiben. Auch ein deutscher Soldat im Auslandseinsatz vermittelt ein Bild von Deutschland und nimmt eigene intensive Erfahrungen mit zurück in die Heimat. Dadurch wird der militärische Einsatz aber nicht zu einem Teil der Außenkulturpolitik.

3. Das für Jugendfragen zuständige Bundesministerium für Familie, Senioren, Frauen und Jugend fördert und unterstützt im Rahmen seiner internationalen Jugendpolitik Programme der Begegnung und Zusammenarbeit von Jugendlichen und Fachkräften der Jugendhilfe. Der Bundeshaushalt weist dafür insgesamt 34 Millionen Euro aus (Bundesministerium der Finanzen 2013: Tab. 19). Die Programme ermöglichen das Kennenlernen anderer Länder und Kulturen mit dem Ziel, das gegenseitige Verständnis zu verbessern, Vorurteile abzubauen und die eigene Persönlichkeit zu entwickeln. Auch sollen interkulturelles Lernen ermöglicht, Toleranz und Offenheit praktiziert und damit das Zusammenwachsen Europas gefördert werden. Teilnehmer sollen ihre eigene Verantwortung für die Schaffung einer friedfertigeren und gerechteren Welt begreifen. Zentrales Förderinstrument ist der Kinder- und Jugendplan des Bundes.

Im Mai 2001 wurden *Leitlinien der Internationalen Jugendpolitik und Jugendarbeit von Bund und Ländern* beschlossen, in denen u.a. zielgruppenspezifische Inhalte internationaler Jugendbegegnungen definiert und qualitätssichernde Standards vereinbart wurden.[6] Im September 2009 definierte das Ministerium neue „Eckpunkte“ seiner Austauschpolitik und zielte damit auf neue Schwerpunkte im Austausch (Frankreich, Polen, Tschechien, Israel und Russland), eine Stärkung seiner Partner, den Aufbau von Netzwerken mit Partnerländern, eine Verstärkung der Kohärenz und mehr Öffentlichkeitsarbeit.[7] Das Ministerium finanziert vor allem drei bilaterale Jugendwerke: das Deutsch-Französische Jugendwerk, das Deutsch-Polnische Jugendwerk und den deutsch-tschechischen Jugendaustausch. Ferner unterstützt es den Jugendaustausch mit Israel und mit Russland. Das Deutsch-Französische Jugendwerk entstand 1963 direkt nach dem Abschluss des Élysée-Vertrages über die deutsch-französische Zusammenarbeit. Bisher nahmen mehr als acht Millionen junge Franzosen und Deutsche an rund 300.000 Aus-

5 Zur Internationalisierungsstrategie der Hochschulen haben Bund und Länder eine Vereinbarung getroffen, siehe dazu Maaß im Kapitel zu den Bundesländern in diesem Band. Einen Überblick enthält auch Wissenschaftsrat 2013: 8 ff.

6 http://www.bmfsfj.de/RedaktionBMFSFJ/Abteilung5/Pdf-Anlagen/leitlinien-intern-jugendpolitik,property=pdf,bereich=bmfsfj,sprache=de,rwb=true.pdf (Juli 2014).

7 http://www.bmfsfj.de/RedaktionBMFSFJ/Abteilung5/Pdf-Anlagen/eckpunkte-begegnungen-foerdern,property=pdf,bereich=bmfsfj,sprache=de,rwb=true.pdf (Juli 2014).

tauschprogrammen teil[8]. Das Deutsch-Französische Jugendwerk erhält von den Regierungen der beiden Ländern 24 Millionen Euro pro Jahr (2014). Das Deutsch-Polnische Jugendwerk wurde 1991 durch die Regierungen beider Länder begründet. Es unterstützt Begegnungen, Praktika, Fach- und andere Programme für junge Menschen aus Deutschland und Polen durch finanzielle Zuschüsse. Bislang nahmen 2,5 Millionen junge Menschen aus beiden Ländern an Austauschprojekten teil.[9] Der deutsch-tschechische Jugendaustausch wird über ein Koordinierungszentrum in Regensburg und eine tschechische Koordinationsstelle in Pilsen verwirklicht.[10] Die Programmmittel für den Austausch kommen vom Bundesministerium für Familie, Senioren, Frauen und Jugend, vom Bundesministerium für Bildung und Forschung sowie vom Europäischen Sozialfonds. Das tschechische Koordinierungszentrum ist an die Westböhmische Universität in Pilsen angebunden und wird vom Ministerium für Erziehung, Jugend und Sport der Tschechischen Republik finanziert. Ferner wird der Austausch mit Israel[11] und Russland (Stiftung Deutsch-Russischer Jugendaustausch)[12] unterstützt. Seit 2006 gibt es auch Ansätze für einen Austausch mit China.[13]

4. Auch das Bundesministerium für wirtschaftliche Zusammenarbeit und Entwicklung trägt zur Auswärtigen Kulturpolitik bei. Im Vordergrund steht dabei die Bildung. Leitbild der Bildungsstrategie dieses Bundesministeriums, so heißt es in der Selbstdarstellung des Ministeriums, „ist das lebenslange Lernen – von der frühkindlichen über die Primarbildung (Grundschule), Sekundarbildung (weiterführende Schule), die berufliche und die Hochschulbildung bis hin zur Erwachsenenbildung“[14]. In einem Positionspapier von 2009 *Wissen für Entwicklung: Hochschulbildung und Wissenschaft in der deutschen Entwicklungspolitik* wird die „strategische Querschnittsfunktion von Hochschul- und Wissenschaftseinrichtungen für Entwicklung“ betont, und es werden vier Handlungsansätze hervorgehoben: die Qualifizierung von Fach- und Führungskräften, die Stärkung nationaler Wissens- und Innovationssysteme, die Einbindung in internationale Netzwerke und Zugang zu und Nutzung von Informations- und Kommunikationstechnologien.[15]

Der Bundeshaushalt 2013 weist für diese Tätigkeiten einen Gesamtbetrag von 55,1 Millionen Euro aus (Bundesministerium der Finanzen 2013: Tab. 19). Dazu gehören *Sur-Place-* und Drittlandstipendienprogramme über den Deutschen Akademischen Austauschdienst, die Einrichtung entwicklungsländerbezogener Aufbaustudiengänge an deutschen Hochschulen sowie Partnerschaften deutscher Hochschulen mit Hochschulen in Entwicklungsländern (alles über den Deutschen Akademischen Austauschdienst). Über die Humboldt-Stiftung werden Forschungsstipendien für hochqualifizierte Wissenschaftler aus Entwicklungsländern zur Verwirklichung wissenschaftlicher Vorhaben mit entwicklungsrelevanten Themen in Deutschland vergeben. Über die Deutsche Forschungsgemeinschaft werden Forschungskooperationen zwischen deutschen Forschungseinrichtungen und entsprechenden Einrichtungen in Entwicklungsländern gefördert. Es gibt ferner ein Alumni-Programm zur Nachbetreuung ehemaliger Studierender aus Entwicklungsländern, die in Deutschland waren. Mit diesem Programm soll ein geeigneter Personenkreis als Ansprechpartner für die deutsche Kultur- und Entwicklungszusammen-

8 http://www.dfjw.org/zahlen (Juli 2014).
9 http://www.dpjw.org/ueber-uns/ (Juli 2014).
10 http://www.tandem-org.de/wir-ueber-uns.html (Juli 2014).
11 http://www.conact-org.de/ (Juli 2014).
12 http://www.stiftung-drja.de/ (Juli 2014).
13 http://www.ijab.de/china/ (Juli 2014).
14 www.bmz.de/de/was_wir_machen/themen/bildung/bildungsfoerderung_deu/index.html (Juli 2014).
15 www.bmz.de/de/mediathek/publikationen/reihen/strategiepapiere/spezial161pdf.pdf (Juli 2014).

arbeit sowie für die deutsche Exportwirtschaft gewonnen werden. Das Zentrum für Hörfunk- und Fernsehfortbildung der Deutschen Welle (inzwischen Teil der Deutsche Welle Akademie) bietet Fortbildungs- und Beratungsprojekte für Rundfunkfach- und -führungskräfte aus Entwicklungsländern an. Schwerpunkte sind Rundfunkjournalismus, -technologie und -management. Jährlich werden 1.500 Personen fortgebildet[16].

Andere Funktionsbereiche des Bundesministeriums für wirtschaftliche Zusammenarbeit und Entwicklung müssen ebenfalls der Auswärtigen Kulturpolitik zugerechnet werden. So wird der Bildungssektor in den Entwicklungsländern unterstützt. Diese Mittel kommen der Schulbildung, der beruflichen Bildung und der Hochschulbildung zugute. In einem Positionspapier *Berufliche Bildung in der Entwicklungszusammenarbeit* vom 2012 unterstreicht das Ministerium die Bedeutung der Unterstützung der Berufsausbildungssysteme in Entwicklungsländern und definiert Ziele und Kooperationsformen des deutschen Engagements.[17]

Nach der nochmaligen Erweiterung des Kulturbegriffs durch die *Konzeption 2000* des Auswärtigen Amts müssen auch die Handlungsfelder „Friedensentwicklung und Krisenprävention“ und „Menschenrechte, Demokratie und Gleichberechtigung“ zumindest als der Außenkulturpolitik sehr nahestehend angesehen werden. Das Bundesministerium für wirtschaftliche Zusammenarbeit und Entwicklung war hier schon sehr früh aktiv. In einem Strategiepapier aus dem Jahr 2013 hat es seine Politik insgesamt dargestellt.[18]

Schulte kritisiert den Wettbewerb zwischen Auswärtigem Amt und Bundesministerium für wirtschaftliche Zusammenarbeit und Entwicklung und findet in den Aktivitäten des Bundesministeriums für wirtschaftliche Zusammenarbeit und Entwicklung „eine Vielzahl von Maßnahmen, die eindeutig dem Bereich der Auswärtigen Kulturpolitik zuzurechnen sind“ (Schulte 2000: 88, 90). Da ein eigener Verwaltungsunterbau fehle, sei die Verwirklichung der Programme fast ausschließlich freien Trägern, vergleichbar den Mittlerorganisationen des Auswärtigen Amts, übertragen worden.

In einem Partnerschaftsabkommen zwischen der Europäischen Union und den Staaten Afrikas, der Karibik und des Pazifik, das am 1. April 2003 in Kraft getreten ist, werden im Artikel 27 als Ziele der Zusammenarbeit im kulturellen Bereich definiert:

- die kulturelle Dimension in die Entwicklungszusammenarbeit auf allen Ebenen einzubeziehen
- die kulturellen Wertvorstellungen und die kulturelle Identität anzuerkennen, zu erhalten und zu fördern, um einen interkulturellen Dialog zu ermöglichen
- den Wert des kulturellen Erbes anzuerkennen, zu erhalten und zu fördern; den Ausbau der Kapazitäten in diesem Bereich zu unterstützen
- das Kulturgewerbe zu entwickeln und die Marktzugangsmöglichkeiten für kulturelle Waren und Dienstleistungen zu erweitern.

Über die Bedeutung der Kultur für die Entwicklungszusammenarbeit hat sich in den letzten Jahren eine lebhafte Debatte entwickelt. Dabei geht es im Wesentlichen darum, ob Kultur als Rahmenbedingung der Entwicklungszusammenarbeit gesehen oder aber zu einem „Interventi-

16 www.bmz.de, www.dw-world.de (Juli 2014).

17 www.bmz.de/de/mediathek/publikationen/reihen/strategiepapiere/Strategiepapier322_8_2012.pdf (Juli 2014).

18 „Entwicklung für Frieden und Sicherheit. Entwicklungspolitisches Engagement im Kontext von Konflikt, Fragilität und Gewalt“, www.bmz.de/de/mediathek/publikationen/reihen/strategiepapiere/Strategiepapier328_04_2013.pdf (Juli 2014).

onsfeld" von Entwicklung und Zusammenarbeit gemacht werden soll (Claus 2001: 310). Ein Mindestansatz wird darin gesehen, Entwicklungspolitik, Auswärtige Kulturpolitik und wissenschaftliche Kooperation stärker aufeinander abzustimmen (a.a.O.: 318, siehe auch den Beitrag von Kurt Düwell in diesem Band). Auch die vom Institut für Auslandsbeziehungen und vom Deutschen Entwicklungsdienst gemeinsame herausgegebene Studie von Daniel Gad (2008) sieht die Distanz zwischen Kultur und Entwicklung auf operativer Ebene schwinden (a.a.O.: 3).[19]

5. Die Tabelle 19 zum Finanzbericht 2014 enthält auch 29,4 Millionen Euro beim Einzelplan 06 – für das Bundesministerium des Innern. Der größte Teil dieser Mittel fließt in die „Breitenarbeit" bei der Unterstützung deutscher Minderheiten in Russland und Kasachstan (16,9 Millionen Euro), 12,4 Millionen Euro kommen der Förderung deutscher Volksgruppen in Nordschleswig (Dänemark) zugute. Weitere 100.000 Euro unterstützen die „Schaffung von Lebensgrundlagen für die deutschen Minderheiten" in Ostmittel-, Ost- und Südosteuropa einschließlich nichteuropäischer Nachfolgestaaten der UdSSR. Die vielfältigen Hilfsmaßnahmen sollen unter anderem auch die Bleibewilligkeit deutscher Minderheiten in den jeweiligen Ländern erhöhen. Dazu sollen die kulturellen neben wirtschaftlichen, humanitären und gemeinschaftsfördernden Maßnahmen beitragen. Gefördert werden die Selbstorganisation der deutschen Minderheiten, Begegnungsstättenarbeit, Sprachkurse, Jugendarbeit, berufliche Aus- und Fortbildung und Städtepartnerschaften. Begünstigt sind Minderheiten in Dänemark, Polen, Rumänien, Russland, der Slowakischen und der Tschechischen Republik sowie Ungarn (Bundesministerium des Innern 2004: 35).

6. Das Bundesministerium der Justiz und für Verbraucherschutz initiierte 1992 eine Deutsche Stiftung für internationale rechtliche Zusammenarbeit, die Staaten Mittel-, Ost- und Südosteuropas und der Gemeinschaft Unabhängiger Staaten bei der Reform ihrer Rechtssysteme und des Justizwesens sowie der Entwicklung marktwirtschaftlich ausgerichteter Strukturen berät. Inzwischen sind auch Länder des südlichen Kaukasus und Zentralasiens, die Türkei, Vietnam sowie einige arabische Staaten in das Programm aufgenommen worden. Die Stiftung bietet Expertengespräche, Gutachten und Beratung bei der Erarbeitung von Gesetzentwürfen an. Sie fördert die Aus- und Weiterbildung von Richtern, Staatsanwälten, Rechtsanwälten, Notaren, Wissenschaftlern und Nachwuchsjuristen und veranstaltet Seminare und Symposien. Sie vermittelt auch Praktika und Hospitationen in Deutschland. Die Stiftung erhält Mittel aus den Haushalten verschiedener Bundesministerien, aus der Europäischen Union sowie Spenden und Gelder von privater Seite, 2013 insgesamt 16,5 Millionen Euro, davon 4,7 Millionen vom Bundesjustizministerium und rund eine Million vom Auswärtigen Amt. Die Geschäftsstelle der Stiftung hat inzwischen 60 Mitarbeiter. 900 Experten aus allen genannten Bereichen in Deutschland unterstützen sie. Interessanterweise ist die Förderung der Stiftung durch das Bundesministerium der Justiz und für Verbraucherschutz nicht in der Übersicht des Bundesfinanzministers zu den Ausgaben des Bundes auf dem Gebiet der Auswärtigen Kulturpolitik enthalten, obwohl es gar keinen Zweifel geben kann, dass die Tätigkeit der Stiftung dazugehört.

Mit zunehmender europäischer Integration haben sich weite Teile des Regierungshandelns zwangsläufig internationalisiert. So hat eine Erhebung aus dem Jahr 1997 ergeben, dass innerhalb der Bundesregierung 340 Referate mit internationalen Aufgaben beschäftigt waren, davon 280 mit Aufgaben auch außerhalb Europas. Nur noch knapp 70 Referate waren damals

19 Vgl. zu diesem Themenkreis den neuen Beitrag von Enzio Wetzel in diesem Band.

solche des Auswärtigen Amts. Andreae/Kaiser (1998) sehen darin eine Reaktion auf das „dramatische Anwachsen transnationaler Beziehungen“. Jedes Fachministerium sei „faktisch zum Außenministerium des von ihm verwalteten Sachbereichs geworden“ (a.a.O.). Sie hätten zunehmend auch operative internationale Aufgaben übernommen und wirkten damit (Eberlei/Weller 2001) „an der Gestaltung von Global Governance“ mit. Besonders die Europäisierung von Politik sei bereits so weit fortgeschritten, dass es praktisch keine Arbeitseinheit in einem Bundesministerium mehr gebe, die nicht in irgendeiner Weise in europapolitische Überlegungen einbezogen sei bzw. die Auswirkungen der auf europäischer Ebene getroffenen Entscheidungen in die eigene Arbeit einbeziehen müsse.

Die bisherigen Untersuchungen zu den internationalen Aktivitäten der Ressorts betonen aber, dass – mangels ausreichender personeller Ausstattung – viele Referate ihre auslandsbezogenen Tätigkeiten eher reaktiv angehen (a.a.O.). Eigene innovative Ansätze kommen in der Regel gar nicht zum Tragen. Insofern ist der „Abgesang“ mancher wissenschaftlicher Beiträge (z.B. Messner 2001) auf die zentrale Bedeutung des Auswärtigen Amts in der Außenpolitik nicht nachzuvollziehen.

Das Auswärtige Amt wird an vielen Vorgängen lediglich durch parallel geschaltete Informationen beteiligt. Die interministerielle Koordination auswärtiger Politik hat (nach Eberlei/Weller 2001) zurzeit recht vielfältige Formen. Es gibt

- zum Teil keine Koordination in zumeist sehr technischen Detailfragen
- informelle Koordination bei Routineaufgaben
- formalisierte, aber unregelmäßige bzw. nicht institutionalisierte Koordination durch im Einzelfall einberufene Ressortbesprechungen
- die Einholung schriftlicher Stellungnahmen
- formalisierte und institutionalisierte Koordination durch interministerielle Ausschüsse
- sogenannte vertikale Koordination durch das Auswärtige Amt bzw. in politisch besonders wichtigen Bereichen durch das Bundeskanzleramt.

Außer informellen und ad hoc vereinbarten bilateralen Ressortgesprächen auf Abteilungsleiterebene gibt es keine systematisierte Koordination. Das Auswärtige Amt hat es vor allem im Studenten- und Wissenschaftleraustausch hinnehmen müssen, dass sich der Bundesminister für Bildung und Forschung immer stärker und ohne Absprache mit dem Außenminister engagiert hat. Beide Ministerien entsenden beispielsweise Vertreter in die Leitungsgremien vom Deutschen Akademischen Austauschdienst und von der Humboldt-Stiftung, doch ergibt sich daraus kein Zuwachs an Koordination. Mit seinen Mittlerorganisationen führt das Auswärtige Amt bilaterale Planungsgespräche und lädt überdies die Generalsekretäre zu regelmäßigen gemeinsamen Besprechungen ein.

Ein bedeutender Abstimmungsfortschritt ist die im Mai 2012 in Kraft getretene Ressortvereinbarung zwischen dem Auswärtigen Amt und dem Bundesministerium für wirtschaftliche Zusammenarbeit und Entwicklung mit dem Ziel, Kooperation und Arbeitsteilung zu verbessern. Die Vereinbarung betrifft hauptsächlich die Koordinierung der offiziellen deutschen Entwicklungsleistungen (dies macht nun das Bundesministerium für wirtschaftliche Zusammenarbeit und Entwicklung), die Steuerung der humanitären Hilfe (jetzt Auswärtiges Amt) und die Steuerung der strukturbildenden Übergangshilfe und der Katastrophenprävention (jetzt Bundesministerium für wirtschaftliche Zusammenarbeit und Entwicklung).[20]

Eine gewisse Koordinationsebene ist die Vorbereitung der Verhandlungen über Kulturabkommen bzw. Kulturkonsultationen. Ob die nach Verabschiedung der *Konzeption 2000* beschlossene Umwandlung der traditionellen kulturpolitischen Jahresberichte der deutschen Auslandsvertretungen in Länderkonzepte ein geeignetes Instrument für die länderweise Koordination sind, lässt sich leider nicht beurteilen, weil das Auswärtige Amt diese Konzepte inzwischen als vertraulich behandelt und nicht mehr herausgibt. Die Konzepte kommen – so war die ursprüngliche Idee – dadurch zustande, dass die deutsche Vertretung die vor Ort arbeitenden Akteure zu gemeinsamen Gesprächen („Runde Tische") und einem Zusammenwirken beim Entwurf des jährlichen Papieres einlädt. In der Antwort auf die Große Anfrage von Bündnis 90/Die Grünen bezeichnet die Bundesregierung diese „Runden Tische" als „zentrales Steuerungselement für die Arbeit vor Ort" (BT-Drucksache 16/4024: 64).

Die Beschäftigung von rund 900 Mitarbeiterinnen und Mitarbeitern (darunter 450 Referenten), die von anderen Bundesressorts (wie übrigens auch von Bundesländern, in einzelnen Botschaften zusätzlich auch von der Wirtschaft oder von anderen Institutionen) befristet für eine Tätigkeit im Auswärtigen Dienst abgestellt wurden, unterstützt ebenfalls Koordinations- und Steuerungsprozesse. Mit dieser personellen Beteiligung in ihren Auslandsvertretungen „überwindet" das Auswärtige Amt die von anderen Fachressorts häufig kritisierte Regelung in § 11 der Geschäftsordnung der Bundesregierung, nach der Verhandlungen mit dem Ausland oder im Ausland nur mit Zustimmung des Auswärtigen Amts geführt werden können und die Vertretung im Ausland die alleinige Domäne des Auswärtigen Amts ist.

Wessels untersucht in seiner Monografie im Kapitel über Formen zwischenstaatlicher Verwaltungsstränge unter anderem die „Interaktionsstränge der Bundesministerien" und wertet dabei Statistiken und Übersichten unter folgenden Gesichtspunkten aus (Wessels 2000: 302 ff.):

- Beurlaubungen von Bundesbeamten für einen befristeten Dienst in internationalen Organisationen
- Führungspositionen deutscher Beamter in internationalen Organisationen
- Umfang und Verteilung von Personalstellen an Ständigen Vertretungen der Bundesrepublik Deutschland und Abordnung von Nichtdiplomaten an Deutsche Botschaften
- Aufwendungen für Auslandsdienstreisen von Bundesministerien
- interministerielle Zuständigkeitsregelungen für zwischenstaatliche Einrichtungen
- Aufgabenzuordnung für grenzüberschreitende Aktivitäten oder Politikfelder.

Die Auswertung zeigt, dass grenzüberschreitende Aktivitäten auch anderer Bundesministerien erheblich zugenommen haben, sich dabei gleichzeitig innerhalb der meisten Ministerien eine Tendenz zur Dezentralisierung ergibt und insgesamt ein zunehmender Trend zum institutionellen, administrativen und prozeduralen „Pluralismus" festzustellen ist (a.a.O.: 319). Da gleichzeitig das Fehlen einer umfassenden Lenkungsrolle des Auswärtigen Amts konstatiert wird, hat nach Ansicht Wessels der Auswärtige Dienst seine Rolle als zentrale Institution der deutschen Außenpolitik zunehmend verloren (Wessels nennt dies die „Erosionsthese"; a.a.O.: 320).

Schulte (2000) sieht als eine wesentliche Ursache für diese Pluralisierung der Zuständigkeiten die Erweiterung des Kulturbegriffs in den siebziger Jahren: „Die konsensuale Übernahme des

20 www.auswaertiges-amt.de/DE/Infoservice/Presse/Meldungen/2012/120524_AA_BMZ_Ressortvereinb.html (Juli 2014).

erweiterten Kulturbegriffs für die Auswärtige Kulturpolitik bei gleichzeitiger Schaffung einer konzeptionellen Grundlage führte zu einer sektoralen Neukanonisierung des Politikfeldes, insbesondere durch die Ausweitung auf die Bereiche Jugend- und Erwachsenenbildung sowie Gesellschaftspolitische Zusammenarbeit“ (a.a.O.: 86). Dadurch seien verstreute außenkulturpolitische Aktivitäten im Nachhinein in das Politikfeld integriert worden, ohne dass entsprechende strukturelle Konsequenzen gezogen worden seien. Schulte sieht insbesondere in der Politik des Bundesministeriums für wirtschaftliche Zusammenarbeit und Entwicklung ein „für die Auswärtige Kulturpolitik besonders desintegrierend wirkendes Konkurrenzverhalten“ (a.a.O.: 88). Ob diese Kritik 15 Jahre später aber immer noch stichhaltig ist, müsste eine neue wissenschaftliche Arbeit thematisieren.

## 4.4 Unentbehrliche Partner – Die Bundesländer

*Kurt-Jürgen Maaß*

Nach Art. 30 GG ist die Ausübung der staatlichen Befugnisse und die Erfüllung der staatlichen Aufgaben Sache der Länder, soweit das Grundgesetz keine andere Regelung trifft oder zulässt. Eine „andere Regelung" im Sinne dieses Verfassungsartikels trifft Art. 32 GG, wonach die Pflege der Beziehungen zu auswärtigen Staaten Sache des Bundes ist. Offen bleibt jedoch nach dem Wortlaut des Grundgesetzes, ob damit auch die Auswärtige Kulturpolitik umfasst ist. Denn die Länder sind die ausschließlichen Träger der Kulturhoheit. Diese kulturstaatlichen Kompetenzen sind wesentlich für ihre Identität und Legitimation (Gau/Weber 2001: 269). Kulturstaatliche Funktionen des Bundes sind immer die Ausnahme. Allerdings hat der Bund in den beiden letzten Dekaden sein kulturelles und kulturpolitisches Engagement deutlich ausgeweitet, vor allem durch Art. 35 des Einigungsvertrages in den neuen Bundesländern und durch die wegen der Finanznot des Landes Berlin immer stärker werdende kulturelle Förderung der Bundeshauptstadt. Dieses erweiterte Engagement wird auch durch das am Anfang der 14. Legislaturperiode geschaffene Amt eines Staatsministers im Bundeskanzleramt (Beauftragter für Kultur und Medien) deutlich, ebenso durch die Schaffung eines Ausschusses für Kultur und Medien im Deutschen Bundestag. Der Bundeskanzler hat zur Aufgabe dieses Staatsministers in seiner Regierungserklärung am 10. November 1998 formuliert, er werde „Impulsgeber und Ansprechpartner für die Kulturpolitik des Bundes sein und sich auf internationaler Ebene, aber vor allem auf europäischer Ebene als Interessenvertreter der deutschen Kultur verstehen" (Gerhard 1998), doch zeigt die Entwicklung der letzten Jahre, dass der Einfluss des Bundes wächst und über diese ursprüngliche Formulierung hinausgeht. Auch in der Literatur wird deshalb bereits die Frage gestellt, ob die föderativen Gewichte insgesamt noch so ausbalanciert sind, wie es den Intentionen des Grundgesetzes entspricht (Gau/Weber 2001: 270).

In der Auswärtigen Kulturpolitik haben die Länder ihre rechtliche Stellung allerdings eher ausgebaut (wenngleich sie auch die Kompetenzerweiterung durch die Europäische Gemeinschaft im Kulturbereich sehr kritisch sehen).

Eine erste Klärung der Zusammenarbeit in der Auswärtigen Kulturpolitik leistete die „Verständigung zwischen der Bundesregierung und den Staatskanzleien der Länder über das Vertragsschließungsrecht des Bundes" vom 14. November 1957 (die sogenannte *Lindauer Absprache*, Kultusministerkonferenz 1995). Darin halten die Länder eine Zurückhaltung insbesondere bei auswärtigen Angelegenheiten für möglich, erwarten aber bei Kulturabkommen ihre rechtzeitige Einbindung. Eine weitere Klärung der Kompetenzstreitigkeiten zwischen Bund und Ländern erfolgte durch das Gesetz über die Zusammenarbeit von Bund und Ländern in Angelegenheiten der Europäischen Union vom 12. März 1993[1], das eine Mitwirkung der Länder in Angelegenheiten der Europäischen Union über den Bundesrat festlegt. Die Bundesregierung muss demzufolge die Länder umfassend und zum frühestmöglichen Zeitpunkt über alle Vorhaben, die für die Länder von Interesse sein könnten, informieren und ihnen vor der Festlegung der Verhandlungsposition Gelegenheit zur Stellungnahme geben. Sie verpflichtet sich, die Stellungnahme maßgeblich zu berücksichtigen und ein Einvernehmen mit den Ländern anzu-

---

1 Zu finden unter http://www.europarl.europa.eu/brussels/website/media/Basis/Mitgliedstaaten/Deutschland/Pdf/Gesetz_Zusammenarbeit_Bund_Laender.pdf (August 2014).

streben. Zu Beratungen kann die Bundesregierung Ländervertreter hinzuziehen. Die Länder dürfen in Brüssel ständige Verbindungen unterhalten, soweit dies der Erfüllung ihrer staatlichen Befugnisse und Aufgaben nach dem Grundgesetz dient (§ 8; sogenannte Länderbüros ohne diplomatischen Status). Einzelheiten wurden in einer weiteren Vereinbarung zwischen Bund und Ländern vom 29. Oktober 1993[2] geregelt. Die Länder werden also zum einen durch umfassende Information beteiligt, zum anderen müssen sie über den Bundesrat bei der Übertragung von Hoheitsrechten von der Bundes- und Landesebene auf die europäische Ebene mitwirken (siehe auch Knodt 1998: 156; Gau/Weber 2001: 272; für das Thema Entwicklungszusammenarbeit sehr ausführlich Athenstaedt 2011: 134 ff., 241). Im Kulturministerrat der Europäischen Union wird Deutschland durch einen vom Bundesrat benannten Landeskulturminister und den Beauftragten für Kultur und Medien vertreten. Im Ausschuss für Kulturfragen beim Rat der Europäischen Union sitzen zwei Ländervertreter und zwei Bundesvertreter. In der Kultusministerkonferenz selbst ist das Koordinierungsgremium die Kommission für europäische und internationale Angelegenheiten.[3]

Die Länder haben sich inzwischen eine Infrastruktur für „Informationsfluss und eigenständiges Lobbying" (Knodt 1998: 158) in Brüssel durch die Eröffnung von Informations- und Verbindungsbüros geschaffen (Knodt nennt dies „Paradiplomatie"; a.a.O.: 159 und 161). Hier hat sich eine ganz eigene „Vertretungskultur" herausgebildet. Die meisten EU-Staaten haben zwar keine den Bundesländern vergleichbaren subnationalen Einheiten, arbeiten aber zunehmend mit dem Begriff „Region", und viele Regionen unterhalten eigene Büros in Brüssel. 1995 waren es bereits 100 (Wessels 2000: 275, 280), heute sind es ca. 344 (Sommer 2008: 261), darunter alle deutschen Bundesländer und drei Büros der deutschen Kommunen in Baden-Württemberg, Bayern und Sachsen)[4].

Der überwiegende Anteil der Kulturausgaben der öffentlichen Hand wird von Ländern und Kommunen aufgebracht. 2009 beteiligte sich der Bund daran mit 13,4 Prozent – immerhin eine Verdoppelung in zehn Jahren. Die Länder waren mit 42,2 Prozent und die Kommunen mit 44,4 Prozent beteiligt (Bundeszentrale für politische Bildung 2014: 1; siehe auch Gau/Weber 2001: 269 f.). Darin sind indirekt auch erhebliche Beiträge für die Umsetzung von Programmen der Auswärtigen Kulturpolitik, soweit sie im Inland verwirklicht wird, enthalten. Dies hängt damit zusammen, dass der Bund praktisch keine Einrichtungen des Kultur- und Bildungsaustausches unterhält. Ausländische Schüler, Lehrer, Studierende, Wissenschaftler und Künstler werden in den Kultur- und Bildungseinrichtungen der Länder aufgenommen und betreut, Theater, Museen, Konzertsäle bieten ihnen die Möglichkeit zur Präsentation ihrer Kultur (Kultusministerkonferenz 2000: 2; das gilt entsprechend auch für EU-Programme, Sommer 2008: 268). Die Länder, so formuliert es die Kultusministerkonferenz, schaffen im Schulwesen wesentliche Grundvoraussetzungen für Kulturaustausch, Kulturdialog und interkulturelle Kompetenz durch Fremdsprachenangebote und fremdsprachlichen Unterricht, Themengestaltung im Curriculum, Schulaustausch und Partnerschaften, besondere Übergangs- und Eingliederungshilfen für deutsche Schüler nach einem Auslandsaufenthalt, schulische Betreuung von Migrantenkindern und Beteiligung an internationalen Programmen (Kultusministerkonferenz 2000: 3). Die deutsche schulische Arbeit im Ausland (unter anderem in deutschen Schulen)

2 Auffindbar über die Website der Kultusministerkonferenz.
3 http://www.kmk.org/internationales/ueberblick.html (August 2014) mit weiteren umfangreichen Informationen.
4 http://lobbyismus.karsten-wenzlaff.de/index.php/Liste_der_Regionalb%C3%BCros_in_Br%C3%BCssel#Beobachter_der_L.C3.A4nder (August 2014).

wird ebenfalls von den Ländern unterstützt, unter anderem durch Entsendung von Landesprogrammlehrkräften. In Studium und Forschung tragen die Länder einen entscheidenden Teil der Kosten, der „dem des Bundes durchaus vergleichbar ist“ (DAAD-Jahresbericht 2007: 34). Die 193.000 aus dem Ausland kommenden Studierenden in Deutschland (2012) werden nahezu vollständig von Hochschulen der Länder aufgenommen und betreut (www.wissenschaft-weltoffen.de). Die deutsche Statistik verzeichnet fast 32.000 Hochschulpartnerschaften (2011). Die 32.000 Gastwissenschaftler aus dem Ausland (2011) sind zu 44 Prozent an Hochschulen in Deutschland tätig, die übrigen forschen an Einrichtungen, die von Bund und Ländern gemeinsam oder von der Wirtschaft finanziert werden (www.wissenschaft-weltoffen.de).[5] Für die weitere Internationalisierung der Hochschulen, die für Bund und Länder ein „zentraler Baustein der institutionellen Profilentwicklung“ und „wesentliches Instrument der Qualitätsentwicklung“ wie auch „Motor der Hochschulreform“ ist (Gemeinsame Wissenschaftskonferenz 2013: 2), haben Bund und Länder im April 2013 neun Handlungsfelder definiert, und zwar zu den

- Internationalisierungsstrategien
- rechtlichen Rahmenbedingungen (Ausländerrecht, Anerkennung von Bildungsabschlüssen, Akkreditierung, Arbeitsrecht, gemeinsame Studiengänge)
- Willkommenskulturen in deutschen Kommunen, Hochschulen, Bildungseinrichtungen, aber auch in deutschen Auslandsvertretungen
- internationalen und interkulturellen Lehrangeboten
- Auslandsaufenthalten von deutschen Studierenden
- deutschen Marketingaktivitäten zur Steigerung der Attraktivität des Hochschulstandortes Deutschland (Zielzahl 2020: 350.000 ausländische Studierende)
- Anwerbungsstrategien zur Gewinnung exzellenter (Nachwuchs-)Wissenschaftler aus dem Ausland
- internationalen Forschungskooperationen
- Angeboten transnationaler Hochschulbildung.[6]

Von den Mittlerorganisationen wird eines, das Institut für Auslandsbeziehungen in Stuttgart, zu 15 Prozent auch vom Land Baden-Württemberg und der Stadt Stuttgart mitfinanziert.

Die Länder engagieren sich zunehmend im Ausland. Viele von ihnen haben eine eigene Außenkulturpolitik und bedienen sich in vielen Varianten des in diesem Buch dargestellten außenkulturpolitischen Instrumentariums, von Austauschprogrammen über Stipendien, Preise, Begegnungsprojekte bis hin zur Finanzierung eigener Hochschulen im Ausland. Sie setzen dies zum Teil selbst um, z.T. beauftragen sie kommunale Einrichtungen, private Vereine, Stiftungen, Akademien, Institute, Hochschulen, Arbeitsgemeinschaften, Konferenzen und andere Partner mit der Umsetzung[7].

Vor allem die größeren Bundesländer unterhalten Partnerschaften mit Regionen oder Verwaltungseinheiten anderer Länder, die mit zahlreichen Kulturveranstaltungen oder Austauschmaßnahmen umgesetzt werden. Solche Aktivitäten reichen von Jugend- und Schüleraus-

5 Zum Beitrag der Länder für die deutschen Schulen im Ausland vgl. den Beitrag von Hanna Kiper unter 3.4.
6 http://www.bmbf.de/pubRD/Internationalisierungsstrategie_GWK-Beschluss_12_04_13.pdf (August 2014).
7 vgl. dazu die Auswertung „Kulturbeziehungen der Bundesländer“, nur noch auf Nachfrage von der Bibliothek des Instituts für Auslandsbeziehungen erhältlich (nicht mehr im Internet).

tausch über Studienstipendien, Tagungen und Vorträge, Theateraufführungen und Konzerte sowie Filmfestivals bis hin zu zahlreichen Ausstellungen.

Was hier geleistet wird, ist nicht selten von hoher innovativer Qualität. Ein gutes Beispiel – wiewohl zum Teil mitfinanziert vom Bund – ist die wachsende Zahl von deutschen Studienangeboten im Ausland, sei es in Form eines „Auslandscampus“ einer deutschen Hochschule (z.B. der Technischen Universität München in Singapur), einer – auch finanziellen – Beteiligung an einer ausländischen Hochschule (z.B. der Technischen Universität München an der King Abdullah University of Science and Technology in Saudi Arabien oder der Rheinisch-Westfälische Technische Hochschule Aachen an der German University of Technology in Muskat) oder einer gemeinsam mit ausländischen Partnern errichteten eigenständigen Hochschule (z.B. der German University of Cairo oder der Deutsch-Jordanischen Hochschule in Amman). Von diesen unterschiedlichen Modellen gibt es inzwischen fast 30 Beispiele (Bode 2008: 226). Bei größeren Projekten wie der Türkisch-Deutschen Universität in Istanbul, der Pakistanisch-Deutschen (Technischen) Universität in Lahore, der Deutsch-Kasachischen Universität in Almaty, der Vietnamesisch-Deutschen Universität in Saigon/Ho Chi Minh City oder der German University of Technology in Maskat/Oman haben sich auf deutscher Seite „jeweils mehrere Hochschulen zu einem Konsortium zusammengetan“ (a.a.O.: 227). Die German University of Cairo wird nach ägyptischem Recht als Privatuniversität durch ein Konsortium privater Finanziers unterhalten; von deutscher Seite unterstützen sie neben dem Land Baden-Württemberg auch der DAAD, das Bundesministerium für Bildung und Forschung, das Auswärtige Amt, die Deutsch-Arabische Industrie- und Handelskammer, der Stifterverband für die Deutsche Wissenschaft und die Siemens AG (Rabener 2008: 123 ff.). Die Universitäten Ulm, Stuttgart, Mannheim und Tübingen sind „akademische Partner“ mit administrativen und akademischen Aufgaben (a.a.O.). Neben spezifisch hochschulpolitischen Gründen engagieren sich deutsche Hochschulen für solche Projekte, um das Marketing für Forschung und Lehre in Deutschland zu fördern, die deutsche (Export-)Wirtschaft zu unterstützen, entwicklungspolitische Beiträge zu leisten oder einen Beitrag zum Dialog der Kulturen anzustoßen (Bode 2008: 229 f.; zu diesem Themenkreis auch Zaremba 2009: 49 ff., Uecker 2009: 63 ff., Maaß/Thum 2009).

Auch die Förderung von deutschen Studienangeboten im Ausland hat sich in den letzten Jahren erfolgreich erweitert (DAAD 2013). Bislang hat der DAAD mehr als 70 solcher Projekte unterstützt.

Das größte Problem bei der Analyse dieses Teils der deutschen Auswärtigen Kulturpolitik ist, dass die Bundesländer ihre Aktivitäten schlecht dokumentieren. Wer versucht, im Internet einen Überblick zu bekommen, wird dieses Vorhaben bald frustriert aufgeben. Das gesamte Umfeld ist bisher noch nicht wissenschaftlich untersucht worden – ein großes Desiderat auch des Auswärtigen Amtes, das gern mehr Kenntnisse über die nicht unerheblichen Beiträge der Länder hätte. Eine wünschenswerte bessere Zusammenarbeit zwischen Bund und Ländern konnte dadurch bisher nicht zustande kommen. In der Antwort auf die Große Anfrage aus dem Jahr 2006 von Bündnis 90/Die Grünen zur Auswärtigen Kulturpolitik wurde in Frage 26 auch nach den „außenkulturellen Aktivitäten der Länder [...] und Kommunen sowie der Gemeindeverbände“ gefragt. Die Bundesregierung antwortete hierauf 2007, dass ihr „genaue Übersichten über weitergehende Einzelaktivitäten“ nicht vorlägen (BT-Drucksache 16/4024: 16). Dies ist eine unbefriedigende Situation.

## 4.5 Know-how, Netzwerke, Nachhaltigkeit – Die Kommunen

*Kurt-Jürgen Maaß*

Kommunen sind Zwitter: einerseits Staat, andererseits Zivilgesellschaft, die „das gesellschaftliche und politische Leben im örtlichen Wirkungskreis" verkörpern (Statz/Wohlfarth 2010: 21). Sie setzen vieles um, was international aktuell ist, in Ökologie, Klimaschutz, Sozialpolitik, Umweltschutz, Sicherheit, aber auch in Kunst und Kultur (a.a.O. 90 ff.; Wiemann 2010; Barber 2013: 117 ff.). Sie sind „naturally inclined to soft power and soft governance" (Barber 2013: 152). Allerdings muss das, was sie grenzüberschreitend machen, in der "örtlichen Gemeinschaft wurzeln oder auf die örtliche Gemeinschaft einen spezifischen Bezug haben" (Bundesverfassungsgericht, zitiert nach Pfundheller 2014: 71). Dies wird aber – wie nicht zuletzt der Ministerpräsidentenbeschluss zu den Aktivitäten von Ländern und Kommunen vom Oktober 2008 zeigt – weit ausgelegt.[1]

In den letzten 25 Jahren hat sich die Zahl der Städtepartnerschaften deutscher Städte und Gemeinden mit ausländischen Kommunen mehr als verdoppelt. Inzwischen sind es fast 5.700, über die Hälfte davon mit Frankreich, Großbritannien und Polen (Pfundheller 2014: 59 und 81). In diesem Rahmen begegnen sich jährlich über drei Millionen Bürger (Pfandheller a.a.O.: 69). Von vielen Autoren wird die Entwicklung seit 1945 als eine „Erfolgsstory" bezeichnet. Zwar bezieht sich der Art. 32 GG („Die Pflege der Beziehungen zu auswärtigen Staaten ist Sache des Bundes. [...] Soweit die Länder für die Gesetzgebung zuständig sind, können sie mit Zustimmung der Bundesregierung mit auswärtigen Staaten Verträge abschließen.") nur auf Bund und Länder, nicht aber auf die auswärtigen Beziehungen der Kommunen. Dennoch ist inzwischen Konsens, dass „sich die kommunalen Auslandsbeziehungen einerseits aus der Selbstverwaltungsgarantie des Art. 28 Abs. 2 GG ableiten lassen und aus diesem Grund im Allgemeinen als verfassungskonform gelten können, solange sie sich auf den kommunalen Wirkungskreis beschränken" (Bautz 2002: 18; Leitermann 1992: 318).

Unterscheiden muss man zwei Aktionsstränge der Kommunen: die innenkommunalpolitischen Themen Interkultur, Integration von Migranten und Internationalisierung und die nach außen gerichteten Aktivitäten in Form von Partnerschaften, Büros und Repräsentanzen im Ausland, Ländervereinen, Schul- und Hochschulpartnerschaften, Nichtregierungsorganisationen und Stiftungen, Beteiligung an internationalen kommunalen Organisationen sowie Marketingaktivitäten über Messen im Ausland.

Die zunehmende Migration und die sich hieraus vor allem in größeren Städten ergebenden Notwendigkeiten für eine aktive Integrationspolitik haben das Stichwort „Interkultur" gerade in den letzten Jahren immer mehr in das Sichtfeld der Kommunalpolitik gerückt (siehe Kulturpolitische Gesellschaft 2004; Forum der Kulturen Stuttgart 2006a; Großmann 2007; Guidikova 2008;Terkessidis 2008). Herausragendes Beispiel hierfür ist die Stadt Stuttgart (Maaß 2003d), die nach Frankfurt a. M. den zweitgrößten Ausländeranteil in Deutschland hat. Im September 2002 wurde im Gemeinderat einstimmig ein *Bündnis für Integration* beschlossen, das die Grundlage für die weitere Integrationspolitik und den Ausbau der Internationalität geworden ist (Stabsabteilung für Integrationspolitik der Landeshauptstadt Stuttgart 2002).

1 Näheres dazu im vorhergehenden Kapitel 4.4 über die Bundesländer.

Das *Bündnis für Integration* sieht acht zentrale Handlungsfelder:

1. die Förderung der Chancengleichheit durch Sprach- und Integrationskurse, vor allem auch in der Stadtteilarbeit
2. die Förderung der Chancengleichheit in Schule und Ausbildung, vor allem mit dem Ziel, den Schulerfolg bei den Übergängen und Abschlüssen von Schülern nichtdeutscher Muttersprache zu verbessern
3. die Förderung der Integration in den Stadtteilen über Bürgerforen, Kooperationsstrukturen und Mediationsangebote
4. die Verstärkung der interkulturellen Ausrichtung der Stadtverwaltung mit zahlreichen Querschnittsprojekten und einer Verbesserung des Bürgerservices
5. themen- und zielgruppenspezifische Projekte der Stabsabteilung Integrationspolitik
6. eine Verbesserung der politischen Partizipation, vor allem über den Internationalen Ausschuss des Gemeinderats und die Bezirksbeiräte
7. eine Verstärkung der interkommunalen und internationalen Zusammenarbeit im Rahmen von Städtenetzwerken
8. eine Verbesserung der Öffentlichkeitsarbeit zu Migrations- und Integrationsfragen.

Die Umsetzung des *Bündnisses für Integration* wird einerseits vom Gemeinderat, speziell seinem Internationalen Ausschuss, gesteuert, andererseits von der bereits erwähnten Stabsabteilung Integrationspolitik, darüber hinaus durch Arbeitskreise in den Stadtteilen, die freie Träger, Bildungseinrichtungen, Arbeitsämter, Unternehmen und Gewerkschaften, Sport- und Kulturvereine, Emigrantenvereine, Religionsgemeinschaften, Medien sowie politische Parteien zusammenbringen (siehe zu diesen Ansätzen Guidikova 2008: 58 f.).

Im Grundsatzprogramm der Kulturpolitischen Gesellschaft von 1998 heißt es zu diesem Thema:

„Die große Zahl von Menschen aus anderen Kulturen und Ländern in der Bundesrepublik hat die Zusammensetzung unserer Gesellschaft verändert und zu einer weiteren Ausdifferenzierung von Lebensformen und Kulturen geführt. Dies bereichert das Alltagsleben, ermöglicht neue Erfahrungen und führt zur Herausbildung neuer Kulturen, die unterschiedliche Einflüsse und Traditionen verbinden. […] Aufgabe der Kulturpolitik ist es, zum Verständnis der kulturellen Differenzen und damit zur Tolerierung und Anerkennung des Anderen und Andersartigen beizutragen. […] Kulturpolitik muss den öffentlichen Raum bereitstellen für die Begegnung der verschiedenen Kulturen und den Dialog zwischen ihnen voranbringen" (Kulturpolitische Gesellschaft 1998; Kröger/Sievers 2003: 305). Die Kulturpolitische Gesellschaft widmete ihren zweiten „Kulturpolitischen Bundeskongress" 2003 diesem Thema (Kulturpolitische Gesellschaft 2001) und machte es zu einem ihrer wiederkehrenden Schwerpunkte in der Zeitschrift *Kulturpolitische Mitteilungen* (z.B. Heft 123/2008, unter anderem mit den Beiträgen von Terkessidis 2008 und Guidikova 2008). Der Deutsche Städtetag beschäftigt sich bereits seit vielen Jahren mit der besonderen Verantwortung der Kommunen in Fragen der gesellschaftlichen und kulturellen Integration:

> „Interkulturalität umfasst weit mehr als das multiethnische Miteinander und Nebeneinander unterschiedlicher Kulturen, stellt Schnittmengen und Cluster auf, beschreibt das Zusammenleben als Prozess und zeichnet hauchfeine Nuancen neuer Qualität von Brückenschlägen zwischen scheinbar Unverwindbarem und Unversöhnbarem" (Großmann 2007: 217).

Der Städtetag sieht die Stadt als „Laboratorium für das Europa der Zukunft“ (a.a.O.). Gerade vor dem Hintergrund der Integrationsdebatte bekommt die internationale Kulturarbeit der Kommunen eine ganz neue Bedeutung (Eichler 2007: 221). „Interkulturalismus“, so wird es immer mehr gesehen, ist ein Ansatz für Integration, der Vielfalt in einer Kommune vor allem als Chance und nicht als Bedrohung sieht (Guidikova 2008: 54; vorher schon ähnlich: Forum der Kulturen Stuttgart 2006b: 116). Er bringt den Städten

- neue Kenntnisse und Fähigkeiten von außen
- alternative und zusätzliche Kontakte in die Herkunftsländer der Migranten
- neuen Unternehmergeist
- viele andere materielle und immaterielle Vorteile (a.a.O.: 54 f.).

Speziell Entwicklungspartnerschaften können – klug umgesetzt – von großer Effizienz sein (Statz/Wohlfarth 2010: 52 ff.), erst recht, wenn auch die migrantischen Mitbürger dafür gewonnen werden und ihr spezielles Wissen einbringen können (Ünsal 2010).

Die Internationalität wird für die Städte immer wichtiger. Wenn die Wirtschaftsunternehmen einer Stadt wie Stuttgart eine Exportquote von 50 Prozent haben, wenn internationale Unternehmen in einen weltweiten Wettbewerb um die besten Köpfe treten, wenn von einem Wirtschaftsstandort internationales Flair, Innovationsbereitschaft und Offenheit gegenüber interkulturellen Lebensformen erwartet werden, bedeutet dies für die Kommunen eine weitere Herausforderung für die lokale Kulturpolitik. Sie müssen diese Internationalisierung gezielt unterstützen, auch durch „Angebote an internationalen Vorschulen und Schulen mit fremdsprachigen Angeboten und interkulturell kompetentem Erziehungs- und Lehrpersonal“, ebenso durch eine neue Willkommenskultur (Wissenschaftsrat 2013: 54 f.). Es war deshalb ein logischer Schritt, dass Stuttgart als eine der ersten Großstädte ein „Welcome Center“ eingerichtet hat (http://www.welcome.stuttgart.de/).

Die Literatur zum Thema „Städtepartnerschaften“ ist inzwischen nur noch schwer überschaubar. Schon die Dissertation von Ingo Bautz von 2002 umfasste 30 Seiten Literaturangaben (Bautz 2002: 343 ff.).

Die Städtepartnerschaften haben sich in mehreren Phasen entwickelt. Ingo Bautz sieht vier Phasen: *Re-education* und individuelle Versöhnungsgesten vor 1949, Partnerschaftskonjunktur und Verständigungsfunktion in den fünfziger Jahren, Partnerschaftsboom mit Frankreich und Übergang von der Verständigung zum Alltag interkultureller Kommunikation 1960 bis 1975, Strukturwandel (Übergang von der symbolischen Politik zur Kooperation) und neue Schwerpunkte 1975 bis 1990 und Partnerschaftskonjunktur mit Osteuropa (materielle Hilfe) sowie Entwicklung neuer Kooperationsformen in Westeuropa (Städtenetzwerke) seit 1990 (Bautz 2002: 43).

Auch Kurt Eichler unterscheidet vier Phasen (Eichler 2002: 54; 2007: 219 f.): die Phase der Aussöhnung und Normalisierung der Kontakte, vor allem mit dem westlichen Ausland (fünfziger und sechziger Jahre), die Phase des Brückenschlags zu den osteuropäischen Nachbarländern (siebziger Jahre), die Phase der einrichtungs- und angebotsbezogenen Vertiefung und Verstetigung der Beziehungen zu den europäischen Nachbarn (achtziger Jahre) und die Phase des europäischen Einigungsprozesses und die Hinwendung zu außereuropäischen Kulturkreisen (neunziger Jahre).

So viel Material es über das Thema „Städtepartnerschaften“ gibt, so wenig empirische und systematische Untersuchungen gibt es über die tatsächlichen Inhalte der Partnerschaften und über die Frage, welche von ihnen aktiv sind und welche „schlafen" (so bedauernd Leitermann 1992: 319). Auch eine Übersicht, wie viele Büros und Repräsentanzen von deutschen Städten im Ausland unterhalten werden, gibt es bisher nicht. Ebenso wenig sind Quantitäten und Arbeitsinhalte von Ländervereinen bzw. Freundschaftsgesellschaften ausgewertet (siehe als Beispiel die Ausführungen über die rund 50 Deutsch-Japanischen Gesellschaften in Deutschland, Metzler 2003: 49 f.). Natürlich leisten auch Schulpartnerschaften und Hochschulpartnerschaften für die Heimatkommunen einen Beitrag zum Kulturaustausch, der im Wesentlichen aus gegenseitigen Aufenthalten bzw. Delegationsbesuchen besteht (zu den internationalen Netzwerken der Gemeinden Wessels 2000: 261 ff.).

Auf kommunaler Ebene gibt es eine steigende Zahl von internationalen Allianzen und Netzwerken, jenseits „offizieller" Staat-zu-Staat-Beziehungen, die Ressourcen bündeln, Informationen und Erfahrungen austauschen, gemeinsame Aktionen vereinbaren (Acuto 2013: 165) und damit zu neuen Formen der „global governance" und der „power-geometries" führen können (a.a.O.: 167 f.). Acuto führt als besonderes Beispiel zum Thema Klima die C40 an, die für sich in Anspruch nehmen, bereits mehr als 8.000 Aktionen vereinbart[2] und zu einer neuen Art von „Kommunaldiplomatie" geführt zu haben (Acuto nennt es die Lokalisierung von Außenpolitik, a.a.O.: 24).

Überregional arbeiten die Gemeinden im Internationalen Rat der Gemeinden und Regionen Europas; Council of European Municipalities and Regions) zusammen, in dem unter anderem 40 Kommunalverbände in über 30 europäischen Ländern 100.000 lokale und regionale Gebietskörperschaften repräsentieren[3]. Dieser Zusammenschluss allein betreibt schon 38.000 Städtepartnerschaften (Pfundheller 2014: 57 ff.). Der Internationale Rat der Gemeinden und Regionen Europas ist die europäische Sektion des größten Weltverbandes der Kommunen, des Internationalen Gemeindeverbandes (International Union of Local Authorities). Europarat und Europäische Kommission haben gemeinsam das Programm *Intercultural Cities* ins Leben gerufen, um *Diversity* zu einem positiven Thema zu machen, die möglichen Vorteile dieses Konzepts herauszuarbeiten, Innovation zu fördern und damit einen „neuen Typus kollektiver Identität" zu entwickeln[4].

Auf der Ebene der Vereinten Nationen wurde ein Beirat der Kommunen gebildet (United Nations Advisory Committee of Local Authorities). Im Mai 2002 fand auf Einladung der Vereinten Nationen ein „World Urban Forum" statt, dessen Hauptthema die Zentralisierung und Stärkung der Kommunen war. Gerade in diesem Zusammenhang werden Städtepartnerschaften als Plattform zur Förderung und zum Erlernen der Demokratie und des Bürgerbewusstseins angesehen, spätestens seit der *Konzeption 2000* (Auswärtiges Amt 2000) anerkannte Ziele der deutschen Auswärtigen Kulturpolitik.

Kritisiert wird, dass die internationale Kulturarbeit einzelner Gemeinden oft isoliert von vergleichbaren Initiativen anderer Städte und Gebietskörperschaften, aber auch unabhängig und zumeist ohne Abstimmung mit Bund und Ländern erfolge (Eichler 2002: 54). Insbesondere fehlten überregionale Netzwerke für die internationale Kulturarbeit, die den Informationsaustausch sicherstellen, als Transferstellen für Projekte und Programme genutzt werden könnten und in die Kulturinstitutionen und Organisationen eingebunden seien. Insgesamt sei dieser Tä-

2 Inzwischen fast 70 Städte aus aller Welt, vgl. http://c40.org/cities (Juli 2014).
3 www.rgre.de (Juli 2014).
4 www.coe.int/interculturalcities (Juli 2014); Übersicht über weitere internationale kommunale Netzwerke: Statz/Wohlfarth 2010, passim.

tigkeitsbereich der Kommunen unterfinanziert. Wolfgang Wessels sieht nur einen geringen Umfang verfestigter interkommunaler Kontakte. Die Nutzungsintensitäten der entsprechenden Interaktionsstränge seien durchweg begrenzt, die personelle Ausstattung sei bescheiden, die horizontale und vertikale Differenzierung der zwischenstaatlich aktiven Verwaltungsstrukturen relativ schwach ausgeprägt. Das politische Profil sei niedrig, die Ausstattung mit administrativen Ressourcen gering, die meisten lokalen Administrationen demnach der Kategorie der passiven und reaktiven Akteure zuzuordnen (Wessels 2000: 271).

Der Deutsche Bundestag hat im Jahr 2001 in einem Entschließungsantrag zur *Auswärtigen Kulturpolitik für das 21. Jahrhundert* (Deutscher Bundestag 2001) bedauert, dass die auswärtige Kulturarbeit der kommunalen Gebietskörperschaften und der Länder in der Vergangenheit nicht überall wahrgenommen worden sei. Sie gewinne aber zunehmend an Bedeutung. Ihre Strukturen seien für einen fruchtbaren kulturellen Dialog unverzichtbar. Der Bundestag forderte deshalb die Bundesregierung auf, „die zunehmende Kommunalisierung der Auswärtigen Kulturpolitik unterstützend zu begleiten und in diesem Zusammenhang die Kräfte der Zivilgesellschaft mehr als bisher in die Strukturen der Auswärtigen Kulturpolitik einzubinden".

Viele außenkulturpolitische Ansätze haben auch die kommunalen Entwicklungspartnerschaften, die sich in den letzten beiden Dekaden intensiv weiterentwickelt haben. Sie leisten u.a. Beiträge zum Aufbau und besseren Funktionieren kommunaler Selbstverwaltung in den Ländern des Südens und beraten und unterstützen ihre Partner u.a. mit Expertenwissen in allen drängenden Fragen kommunaler Politik bis hin zu Nachhaltigkeit, Standortpolitik, Integrations- und Wirtschaftsförderung (Deutscher Städtetag 2011). Kompetenzzentrum im Auftrag des Bundesministeriums für wirtschaftliche Zusammenarbeit und Entwicklung ist die 2001 gegründete und inzwischen zur Deutschen Gesellschaft für Internationale Zusammenarbeit gehörende Servicestelle Kommunen in der Einen Welt[5], die berät, informiert, vernetzt, unterstützt und finanziell fördert.

5 http://www.service-eine-welt.de (Juli 2014), weitere finanzielle Förderer sind die Länder Baden-Württemberg, Bremen, Hamburg, Nordrhein-Westfalen und Rheinland-Pfalz.

# 4.6 Das deutsche Modell – Die Mittlerorganisationen

*Kurt-Jürgen Maaß*

„Gesellschaftliche Mittlerorganisationen sind Institutionen der zwischen Gesellschaften angewachsenen transnationalen Beziehungen sowie der Demokratisierung der Außenpolitik einerseits als deren Produkt, andererseits als Kräfte, die diese Prozesse weiter vorwärts treiben. Diese Organisationen entstehen innerhalb der Gesellschaft, um für die Vertiefung der Beziehungen mit einem anderen Land zu arbeiten: durch Aktivitäten in der Gesellschaft, Veranstaltungen, Veröffentlichungen, Einwirkung auf relevante Eliten oder durch Kontakte mit ähnlichen Organisationen, Eliten und Gruppen im Partnerland."

*Karl Kaiser und Markus Mildenberger*

Auswärtige Kulturpolitik kann mit Strukturen und Programmen entweder rein staatlich umgesetzt werden oder durch staatlich finanzierte, rechtlich aber in privater Form organisierte Einrichtungen. Im Europa der 28 findet man sehr unterschiedliche Lösungen, allerdings keine, die sich nur auf das eine oder andere Modell stützt. Am häufigsten sind Mischformen. Ein traditionell eher etatistisches Modell ist (bisher) Frankreich, dessen Kulturinstitute im Ausland den Botschaften unterstellt sind (Znined-Brand 1999). Das Modell mit der weitestgehenden Staatsferne hat Deutschland verwirklicht.

Deutschland arbeitete in der Verwirklichung seiner Auswärtigen Kulturpolitik von Beginn an mit Mittlerorganisationen. Als das Auswärtige Amt 1920 seine Kulturabteilung einrichtete, gab es bereits zahlreiche deutsche wissenschaftliche Institute und deutsche Schulen im Ausland, kamen das Deutsche Ausland-Institut (1917 in Stuttgart gegründet), der Deutsche Akademische Austauschdienst (1925 in Heidelberg gegründet), die Alexander von Humboldt-Stiftung (1925 in Berlin als Programm gegründet, ab 1932 organisatorisch im DAAD[1]) und die Deutsche Akademie (1925 in München gegründet) als Mittlerorganisationen in die Finanzierung des Auswärtigen Amts, 1928 der Weltrundfunksender. Nach 1949 wurden diese Institutionen alle erneut ins Leben gerufen: Institut für Auslandsbeziehungen, Goethe-Institut, DAAD, Humboldt-Stiftung, Deutsche Welle. Hinzu kamen Inter Nationes und – wesentlich später – das Haus der Kulturen der Welt in Berlin. Im weiteren Sinne gehört auch die Deutsche UNESCO-Kommission dazu, wiewohl sie keine „klassische" Mittlerorganisation ist. Wegen der inzwischen vertieften Zusammenarbeit der kulturellen Mittlerorganisationen mit der sogenannten „Vorfeldorganisation" der Entwicklungszusammenarbeit, der Deutschen Gesellschaft für Internationale Zusammenarbeit (GIZ) GmbH (die 2011 die früheren Organisationen Gesellschaft für Technische Zusammenarbeit, Internationale Weiterbildung und Entwicklung und Deutscher Entwicklungsdienst in einer zusammengefasst hat), wird in den kurzen Selbstdarstellungen am Schluss dieses Beitrages auch diese Organisation vorgestellt. Die Organisationen haben ihre kulturpolitischen Aktivitäten verstärkt und die Zusammenarbeit intensiviert. In der Eigenwahrnehmung der Bundesregierung spielt dies aber noch keine Rolle. Der Finanzbericht des Bundesministeriums der Finanzen enthält in der Übersicht über die *Ausgaben des Bundes auf dem Gebiet der Auswärtigen Kultur- und Bildungspolitik* aus dem Haushalt des Bundesmi-

1 Über das geradezu abenteuerliche Verwirrspiel mit dem Namen, hinter dem in Wahrheit damals zunächst nur ein Referat des Auswärtigen Amtes steckte, informierte erstmals die Dissertation von Holger Impekoven (2013): 71 ff.

nisteriums für wirtschaftliche Zusammenarbeit und Entwicklung nur den Anteil, der für Maßnahmen der beruflichen Aus- und Fortbildung von Angehörigen aus Entwicklungsländern bestimmt ist – das waren 2013 insgesamt 55 Millionen Euro (Bundesministerium der Finanzen 2013, Tab. 19).

„Die Mittlerorganisationen“, so heißt es in den Richtlinien des Auswärtigen Amts für die Tätigkeit der deutschen Auslandsvertretungen auf dem Gebiet der Auswärtigen Kultur- und Bildungspolitik (Runderlass vom 1. Juni 2004), „genießen im Rahmen der von der Bundesregierung gesetzten Leitlinien [...] weitgehende Freiheit der Programmgestaltung. Die dezentrale Umsetzung hat sich in langjähriger Praxis bewährt. Differenzierung nach Aufgabenprofilen und unabhängige Organisation garantieren Vielfalt und Qualität unserer Auslandskulturarbeit.“ Die deutschen Mittlerorganisationen sind in der Regel privatrechtliche Vereine oder Stiftungen. In ihren Organen, Beiräten und Gremien ist der Staat überall vertreten, hat aber nirgends die Mehrheit der Stimmen. Die Definition der Ziele und Zwecke der Mittlerorganisationen in deren Satzungen ist im Allgemeinen sehr weit gefasst, so beispielsweise:

bei der AvH: „Zweck der Stiftung ist die Förderung von Wissenschaft und Forschung sowie der interkulturellen Verständigung“, verwirklicht insbesondere dadurch, dass „die Stiftung wissenschaftlich hoch qualifizierten Akademikern fremder Nationalität ohne Ansehen des Geschlechts, der ethnischen Herkunft und nationaler Zugehörigkeit, Religion oder Weltanschauung durch die Gewährung von Forschungsstipendien und Forschungspreisen die Möglichkeit gibt, ein Forschungsvorhaben in der Bundesrepublik Deutschland durchzuführen, sonstige Maßnahmen zur Förderung der internationalen wissenschaftlichen Zusammenarbeit trifft und die sich ergebenden Verbindungen erhält und fördert“ (§ 2 Abs. 2 und 3 der Stiftungssatzung vom 3. Dezember 2010);

beim DAAD: „Der Satzungszweck wird verwirklicht insbesondere durch die Pflege der akademischen Beziehungen mit dem Ausland. Der Verein vermittelt und fördert sowohl ideell als auch finanziell die internationale Mobilität und Zusammenarbeit sowie den wissenschaftlichen und studentischen Austausch. Er unterstützt die den gleichen Aufgaben dienende Tätigkeit der Hochschulen und sonstiger Wissenschafts- und Bildungseinrichtungen.“ (§ 2 Abs. 2 und 3 der Satzung vom 3. Juli 2012);

beim Goethe-Institut: „Vereinszweck sind die Förderung der Kenntnis deutscher Sprache im Ausland, die Pflege der internationalen kulturellen Zusammenarbeit und die Vermittlung eines umfassenden Deutschlandbildes durch Informationen über das kulturelle, gesellschaftliche und politische Leben“. Das Goethe-Institut „fördert Wissenschaft und Forschung, Bildung und Erziehung, Kunst und Kultur sowie die Völkerverständigung“ (§ 2 Abs. 1 der Satzung in der Fassung vom 20. November 2009);

beim Institut für Auslandsbeziehungen: „Vereinszweck ist die Förderung der Völkerverständigung, des interkulturellen Dialogs und des Verständnisses für Deutschland im Ausland, insbesondere durch internationale Zusammenarbeit auf den Gebieten der Kultur, der Medien im Ausland und der Friedensförderung“ (§ 2 Abs. 1 der Satzung in der Fassung vom 4. Dezember 2003).

Soweit für diese Zwecke staatliche Mittel zur Verfügung gestellt werden, findet sich die rechtliche Regelung dazu entweder in einfachen Zuwendungsbescheiden für jährliche Haushaltsmittel oder in besonderen vertraglichen Vereinbarungen. Das älteste Beispiel hierzu ist der Rahmenvertrag von 1976 mit dem Goethe-Institut, das jüngste der Rahmenvertrag sowie Rahmenvereinbarungen über spezielle Programme mit dem Institut für Auslandsbeziehungen von 2007. Rahmenverträge werden durch jährlich verhandelte und von den Gremien der Mittlerorganisationen beschlossene Wirtschaftspläne ausgefüllt. Diese wiederum werden umgesetzt durch Zuwendungsbescheide des Auswärtigen Amts oder eines anderen Bundesministeriums.

In der anschließenden Programm- oder Projektumsetzung kann eine Mittlerorganisation völlig frei sein, es kann aber auch eine Mitentscheidung oder eine Vertretung eines Bundesressorts im Entscheidungsgremium vereinbart sein. Das Auswärtige Amt hat 2006 begonnen, mit Mittlerorganisationen jährliche Zielvereinbarungen abzuschließen, die eine bessere Steuerung ermöglichen sollen. Erste Untersuchungen zur Umsetzung bemängeln, dass bislang noch quantitative Indikatoren zu sehr dominieren (Hennefeld 2013: 146). Die „grundsätzliche Nützlichkeit" wird aber nicht in Frage gestellt (a.a.O.: 149), auch wenn die Potenziale noch nicht ausgeschöpft seien. Strategischer Hintergrund ist dabei, „Flexibilität und Transparenz zu erhöhen und damit die Ressourcen zielgerichteter und effizienter einzusetzen" (Bundesregierung 2007: 65). Ziele der Regierung waren dabei eine höhere Transparenz, eine Konzentration der Ressourcen, ein höheres Kostenbewusstsein, die Einführung der Überjährigkeit von Haushaltsmitteln und allgemein ein effizienterer Einsatz der Mittel (a.a.O.: 66).

Kontrolliert wird die Verwendung der staatlichen Mittel in der Regel durch die Verwendungsprüfung des geldgebenden Ressorts, eine von der Mittlerorganisation selbst eingesetzte Wirtschaftsprüfung, die Vereinsaufsicht (Finanzamt) oder Stiftungsaufsicht (Stiftungsbehörde) sowie durch den Bundesrechnungshof.

Im Einzelnen sieht der Einfluss der staatlichen Geldgeber auf die Mittler wie folgt aus:

Bei der Humboldt-Stiftung wird der Präsident nach Anhörung des Stiftungsrates vom Bundesminister des Auswärtigen berufen. Der Bundesminister des Auswärtigen, der für die Forschung jeweils zuständige Bundesminister und der Präsident der Ständigen Konferenz der Kultusminister der Länder in der Bundesrepublik Deutschland gehören dem Stiftungsrat kraft Amtes an (drei von derzeit sieben Stimmen; die übrigen Mitglieder sind die Präsidenten der Max-Planck-Gesellschaft, der Hochschulrektorenkonferenz, des Deutschen Akademischen Austauschdienstes und der Deutschen Forschungsgemeinschaft, § 6 der Stiftungssatzung).

Beim DAAD sind die staatlichen Geldgeber bestellte Mitglieder des Kuratoriums, und zwar je ein Vertreter des Auswärtigen Amts, des Bundesministeriums des Innern, des Bundesministeriums für Bildung und Forschung, des Bundesministeriums für wirtschaftliche Zusammenarbeit und Entwicklung, des Bundesministeriums für Arbeit und Soziales, des Bundesministeriums für Wirtschaft und Technologie sowie die Beauftragte des Bundes für Kultur und Medien, ferner drei von der Ständigen Konferenz der Kultusminister der Länder in der Bundesrepublik Deutschland bestimmte Vertreter (§ 14 Abs. 3a und b der Satzung). Der Vorstand besteht unter anderem aus neun in der Auslandsarbeit erfahrenen Persönlichkeiten (von insgesamt 21 Vorstandsmitgliedern), die auf Vorschlag des Kuratoriums von der Mitgliederversammlung gewählt werden (§ 15 Abs. 4 und 16 Abs. 1). Geldgeber aus Bund und Ländern sind „bestellte Mitglieder" des Vorstandes, zur Zeit drei Vertreter der Bundesregierung und einer der Kultusministerkonferenz, daneben auch ein Vertreter des Stifterverbandes für die Deutsche Wissenschaft (§ 16 Abs. 1).

Beim Goethe-Institut ist die Gesamtzahl der ordentlichen Mitglieder auf 30 begrenzt, von denen eines die Bundesrepublik Deutschland ist. Außerordentliche Mitglieder sind hier je ein Abgeordneter der Fraktionen des Deutschen Bundestags und zwei Vertreter von Länderregierungen. Das Präsidium besteht aus zwölf Mitgliedern, darunter je einem Vertreter des Auswärtigen Amts und des Bundesministeriums der Finanzen (§ 7 Abs. 3 der Satzung). Das Präsidium wählt den Präsidenten und die Vizepräsidenten; dies bedarf der Bestätigung des Bundesministers des Auswärtigen (§ 7 Abs. 5). An vom Präsidium eingesetzten Ausschüssen können Vertreter des Auswärtigen Amts und des Bundesministeriums der Finanzen teilnehmen. Das Präsidium kann ferner einen besonderen Ausschuss bilden, der sich aus dem Präsidenten, den Vizepräsidenten, je einem Vertreter des Auswärtigen Amts und des Bundesministeriums der Finanzen sowie einem Arbeitnehmervertreter bzw. einer Arbeitnehmervertreterin zusammensetzt, und diesen von Fall zu Fall ermächtigen, Entscheidungen anstelle des Präsidiums zwischen den Präsidiumssitzungen zu treffen (§ 7 Abs. 11 der Satzung). Das Auswärtige Amt kann „ausnahmsweise aus gewichtigen politischen Gründen den Vorstand um eine Maßnahme oder Unterlassung im Bereich der Vertragsaufgaben ersuchen. Der Vorstand hat einem solchen Ersuchen zu entsprechen und den Mitgliedern des Präsidiums unverzüglich zu berichten. Für derartige Ersuchen trägt das Auswärtige Amt die alleinige Verantwortung“ (§ 8 Abs. 5 der Satzung). Das Auswärtige Amt hat über die Sitzung hinaus einen Rahmenvertrag mit dem Goethe-Institut geschlossen (gültige Fassung vom 17. Januar 2001), der die Beteiligung des Auswärtigen Amts an Tätigkeiten und Entscheidungen des Goethe-Instituts näher spezifiziert. Danach arbeiten beide Vertragspartner bei der Ausführung der Vertragsaufgaben eng zusammen und machen ihren Bediensteten und Mitarbeitern eine loyale Zusammenarbeit zur Pflicht (§ 2 Abs. 1). Der Vertrag regelt die gegenseitige Information, Planungsbesprechungen, die Information des Auswärtigen Amts über Auslandsdienstreisen von Angehörigen der Zentralverwaltung, die Beteiligung von Auslandsvertretungen an Regionaltagungen und Arbeitsbesprechungen im Ausland. Für die Errichtung oder Schließung von Zweigstellen ist die Zustimmung des Auswärtigen Amts erforderlich. Vorschlägen des Auswärtigen Amts zur Errichtung oder Schließung von Kulturinstituten wird das Goethe-Institut entsprechen (§ 4 Abs. 1). Der Vertrag regelt ferner die Zusammenarbeit und Kontakte zwischen Goethe-Institut und dem Ausland und deutschen Auslandsvertretungen; zudem werden die Haushaltsplanung, die Mittelverwendung und die Verwendungsnachweise geregelt, darüber hinaus auch Entscheidungsvorbehalte des Auswärtigen Amts in bestimmten Fällen. Schädigt ein entsandter Mitarbeiter des Goethe-Instituts nach Auffassung des Auswärtigen Amts das deutsche Ansehen oder führt sein Verhalten zu Belastungen der politischen Beziehungen zum Gastland oder zu dritten Ländern, so kann das Auswärtige Amt seine sofortige Suspendierung verlangen.

Beim Institut für Auslandsbeziehungen, dessen Trägerverein aus 30 ordentlichen Mitgliedern besteht, sind das Auswärtige Amt (zwei stimmberechtigte Vertreter), die Beauftragte für Kultur und Medien (eine Stimme), das Land Baden-Württemberg (Ministerium für Wissenschaft, Forschung und Kunst und Finanzministerium mit je einer Stimme), die Landeshauptstadt Stuttgart sowie je ein benannter Abgeordneter der Fraktionen des Deutschen Bundestags, des Ausschusses für Wissenschaft, Forschung und Kunst des Landtags von Baden-Württemberg und des Kulturausschusses des Gemeinderats der Stadt Stuttgart nach der Satzung als ordentliche Mitglieder vorgesehen (§ 3 Abs. 2 der Satzung vom 4. Dezember 2003). Das Präsidium (zehn Mitglieder) besteht unter anderem aus zwei Vertretern des Auswärtigen Amts, einem des Landes Baden-Württemberg und einem der Landeshauptstadt Stuttgart sowie mindestens einem aus dem Kreis der Abgeordneten (§ 7 Abs. 3 der Satzung). Wahl und Abberufung des Präsidenten bedürfen der Bestätigung der Zuwendungsgeber (§ 7 Abs. 6 der Satzung). Satzungsänderungen bedürfen in jedem Fall der Zustimmung der Zuwendungsgeber (§ 6 Abs. 8 der Satzung). Gegen

Beschlüsse der Mitgliederversammlung, die den Richtlinien der Planung oder der Koordination des Auswärtigen Amts auf dem Gebiet der Auswärtigen Kulturpolitik widersprechen, kann das Auswärtige Amt Einspruch einlegen. Dadurch wird der Beschluss suspendiert (§ 6 Abs. 7 der Satzung). Ein Rahmenvertrag, ähnlich wie mit dem Goethe-Institut, wurde nach langjährigen Verhandlungen 2007 unterzeichnet. Er regelt die Rechts- und Finanzbeziehungen, die regelmäßigen Abstimmungsprozesse, die Gewährung und Abrechnung von Zuwendungen und enthält – wie beim Goethe-Institut – eine juristische „Notbremse" bei Bedenken gegen die Durchführung eines Vorhabens „aufgrund außenpolitischer Überlegungen oder aufgrund von Sicherheitsbesorgnissen" (§ 2 Abs. 6 des Rahmenvertrages). Eine Voraussetzung für den Abschluss dieses Rahmenvertrages war der Abschluss eines Kooperationsvertrages zwischen dem Goethe-Institut und dem ifa. Er wurde im Februar 2006 unterzeichnet.

Das Haus der Kulturen der Welt ist seit 2002 ein Geschäftsbereich der „Kulturveranstaltungen des Bundes in Berlin GmbH", zusammen mit den Berliner Festspielen und den Internationalen Filmfestspielen Berlin. Die Mittel kommen vom Beauftragten der Bundesregierung für Kultur und Medien und projektbezogen vom Auswärtigen Amt[2].

Keine Mittlerorganisation im eigentlichen Sinne ist die Deutsche Gesellschaft für Internationale Zusammenarbeit (GIZ) GmbH. Sie muss hier aber dennoch genannt werden, nachdem aus einer Initiative *Kultur und Entwicklung* 2006 eine langfristige Kooperation zwischen Organisationen der Auswärtigen Kulturpolitik und der Entwicklungszusammenarbeit hervorgegangen ist.[3] Die Zusammenarbeit setzt an der Bedeutung der Kultur für die Entwicklung eines Landes und die Entwicklungspolitik an. Die Organisation ist zu 100 Prozent im Besitz des Bundes. Gesellschafter sind das Bundesministerium für wirtschaftliche Zusammenarbeit und Entwicklung und das Bundesministerium der Finanzen. Über 16.000 Mitarbeiter sind in mehr als 130 Ländern tätig.

## Vor- und Nachteile der Mittlerorganisationen

Für das Lösungsmodell Mittlerorganisationen werden in der Literatur viele Vorteile gesehen (die eher historischen nach dem Ersten und Zweiten Weltkrieg nennt Kurt Düwell im Kapitel *Zwischen Propaganda und Friedensarbeit – Geschichte der deutschen Auswärtigen Kulturpolitik im internationalen Vergleich*):

*Witte* (1993) sieht den Vorteil von Mittlerorganisationen in mehr Flexibilität, einem einfacheren Zugang für Partner im Ausland, weil freie Träger und nicht der deutsche Staat angesprochen werden müssen, sowie im praktizierten Pluralismus, in der Vielfalt politischer Auffassungen, wirtschaftlicher Dienstleistungen und Waren und Informationen über religiöse Angebote, über wissenschaftliche Lehrmeinungen und über den künstlerischen Ausdruck in Deutschland. Dass Mittler zudem in beide Richtungen arbeiten, also auch ausländische Kultur nach Deutschland vermitteln können, sieht er als Vorteil.

*Kaiser/Mildenberger* (1998) sehen vor allem die Möglichkeit, Aufgaben und Initiativen zu übernehmen, die staatliche Außenpolitik gar nicht selbst umsetzen kann. Die Mittler seien in ihren Kenntnissen und Aktionsmöglichkeiten der staatlichen Außenpolitik oft überlegen, sie

2 http://www.hkw.de/de/hkw/ueberuns/Ueber_uns.php (Mai 2014).
3 Siehe den in diese Neuauflage aufgenommenen neuen Beitrag von Enzio Wetzel in Kapitel 3.7.

könnten breitere Bevölkerungsschichten ansprechen als eine Botschaft, sie könnten mit einem sehr weiten Kulturbegriff arbeiten, eine plurale und vielseitige, auch kritische Information über Deutschland geben, ein Verbindungsnetz mit den Eliten eines Landes unterhalten und kontinuierlich pflegen, wie es den alle paar Jahre wechselnden Diplomaten gar nicht möglich wäre, sowie ein Frühwarnsystem für die deutsche Außenpolitik sein.

*Bartsch* (1998) sieht in einer Untersuchung der Auslandsarbeit deutscher politischer Stiftungen ein erweitertes Spektrum der Akteure, eine verbesserte Informationsbasis, eine umfangreichere Präsenz und ein besseres Profil für die deutsche Außenpolitik, ein wertvolles Vernetzungsmilieu im jeweiligen Gastland, eine größere Kontinuität deutscher Präsenz und deutschen Einflusses, als sie über Botschaften möglich sei, und die Chance, Deutschland im Ausland über viele weitere Themen wahrzunehmen, beispielsweise über Wertvorstellungen und Ideen oder politische, wirtschaftliche, konzeptionelle oder institutionelle Lösungen in der Politik.

*Schulte* (2000) unterstreicht als Vorteile die Unabhängigkeit der Mittlerorganisationen in der praktischen Kulturarbeit im Ausland, die Akkumulation von Wissen, die größere Routine in Verfahren und Lösungen und eingespielte Kontakt- und Kommunikationsnetze.

*Bode* (2002) sieht das System der Mittlerorganisationen im Umfeld der politischen Umwälzungen seit 1990 als „hinreichend anpassungsfähig" an, „denn das System fördert Arbeitsmotivation durch Selbstverantwortung, Kreativität durch Wettbewerb, Legitimation durch Teilhabe der Akteure; es verbindet Kontinuität [...] mit Professionalität, hat mehr Sach- und Bürgernähe als eine Ministerialverwaltung und ist nicht zuletzt [...] wesentlich preiswerter. Hinzu kommt, dass die Semi-Staatlichkeit der Mittler politische Handlungsmöglichkeiten auch dort eröffnet, wo rein staatliche Wege versperrt oder zu beschwerlich sind [...]" (Bode 2002: 158).

*Streiter* (2008) hebt vor allem die Kriterien Staatsferne und Imagevorteil hervor. In seiner primär die Wissenschaftsförderung durch Mittlerorganisationen untersuchenden Dissertation kommt er allerdings zu einigen recht gravierenden Schlussfolgerungen. So ist nach seiner Analyse für die Errichtung und Unterhaltung von Mittlerorganisationen durch den Staat ein „legitimierendes Gesetz" erforderlich. Da es dies bislang nicht gibt, bezeichnet er die Existenz der meisten Mittlerorganisationen als „derzeitig verfassungsrechtlich unzulässig" (Streiter 2008: 453). Eine Mittlerorganisation in Form einer Stiftung hält er ebenfalls für rechtlich unzulässig, sofern es sich um „Einkommensstiftungen des Staates ohne ausreichendes eigenes Vermögen" handelt. Dies sei eine „rechtsmissbräuchliche Ausnutzung des Stiftungsrechts" (a.a.O.: 454). Betroffen ist aus unserem Betrachtungskreis davon die Humboldt-Stiftung.

Bemerkenswert ist, dass der Wissenschaftsrat im Oktober 2013 eine Stellungnahme zur Humboldt-Stiftung und ihrer Bedeutung im internationalen wissenschaftlichen Personentransfer verabschiedet hat (Wissenschaftsrat 2013[4]). Darin würdigt er die große Bedeutung der Stiftung auch in qualitativer Hinsicht, kommt dann aber – der Ausdruck „Auswärtige Kulturpolitik" wird sorgfältig vermieden – zu der Schlussfolgerung, dass das heutige Aufgabenprofil der Humboldt-Stiftung eher für eine Zuordnung zum Bundesforschungsministerium und nicht mehr zum Auswärtigen Amt spräche (a.a.O.: 40). Diese „Verlagerung" wird dann auch empfohlen. Das Auswärtige Amt hat dem allerdings vehement widersprochen.

Über die von den verschiedenen Autoren genannten Vorteile hinaus gibt es weitere: die Chance zum innovativen Denken und raschen und flexiblen Umsetzen, die Möglichkeit zur Erprobung

4 http://www.wissenschaftsrat.de/download/archiv/3445-13.pdf (August 2014).

neuer Wege und Strukturen, die Zusammenarbeit mit Gruppen und Institutionen des Partnerlandes im Gastland selbst, die Integration zivilgesellschaftlicher Vorstellungen in den Kulturaustausch, die Zusammenarbeit mit nichtstaatlichen deutschen Organisationen und Stiftungen (auch für *Public Private Partnership*), die größere Glaubwürdigkeit im Vergleich zu interessegeleiteten nationalen außenpolitischen Motiven. Deutsche Mittlerorganisationen haben häufig auch nach Abbruch diplomatischer Beziehungen weiterarbeiten können, Kontakte gehalten und den Boden für eine spätere Wiederaufnahme der Beziehung vorbereitet. Nach dem Fall des Eisernen Vorhangs waren deutsche Mittlerorganisationen die ersten ausländischen Kulturorganisationen, die Kontakte, Programme und Informationen anboten und in vielfältiger Weise den Aufbau neuer Demokratien unterstützt haben (siehe dazu Trommler 2014: 705 f.).

Die Nachteile des Modells Auswärtiger Kulturpolitik über Mittlerorganisationen liegen auf mehreren Ebenen: Die Zielsetzung und Steuerung durch das Auswärtige Amt ist schwieriger, auch die Koordinierung verschiedener Programmträger aufwändiger. Für „Kunden" im Ausland ist das Mittlermodell unübersichtlicher als eine zentralistische Lösung. Die Beteiligung verschiedener Bundesressorts an Programmen und Projekten des Kulturaustauschs führt zu Ressortegoismen, die durch Mittler eher noch verstärkt werden. Konkurrenzdenken unter Mittlern kann positiv, aber auch bremsend wirken. Mittler tendieren zur Besitzstandwahrung. Das Auswärtige Amt tendiert aus Furcht vor Einflussverlusten zu einer Überbürokratisierung der Arbeit mit Mittlern, mit der Folge teilweise nicht unerheblicher Verluste im möglichen Zeitbudget der Mittler für die eigentliche Arbeit. Die rein rechtlichen Bedenken von Streiter sollten ebenfalls ernst genommen werden, doch gibt Streiter selbst am Ende seiner Dissertation Hinweise, wie diese juristischen Defizite durch ein neues Gesetz geheilt werden könnten (Streiter 2008: 455 ff.).

Die möglichen (aber nicht notwendig immer eintretenden) Nachteile werden durch die erheblichen und politisch gewichtigeren Vorteile mehr als aufgehoben, so dass das Modell Mittlerorganisation auch in Zukunft bleiben wird. Es ist von vielen Ländern inzwischen nachgeahmt worden (z.B. von Japan, Spanien oder der Türkei, z.T. auch von China).

Eine systematisierte Darstellung der Struktur und Tätigkeit und der Schwerpunkte deutscher Auswärtiger Kulturpolitik bietet der vom Institut für Auslandsbeziehungen koordinierte gemeinsame Internetauftritt der Mittlerorganisationen[5]. Die auf den folgenden Seiten zusammengestellten Informationstexte sind von den jeweiligen Organisationen selbst formuliert worden und liegen damit in deren Verantwortung.

5 www.deutsche-kultur-international.de (Oktober 2014). Es kann allerdings sein, dass dieser (aufwendige) Sonderauftritt in Kürze in die Website vom Institut für Auslandsbeziehungen integriert wird.

## Goethe-Institut

Eingetragener Verein, gegründet: 1951

### Tätigkeit:

Zur Erfüllung seiner Aufgaben unterhält das Goethe-Institut derzeit 160 Kulturinstitute inklusive 13 Verbindungsbüros in 94 Ländern sowie 13 Institute im Inland.

Um auf Bedarfe auch jenseits der eigenen Standorte besser eingehen zu können, kooperiert das Goethe-Institut mit geeigneten Organisationen. Besonders enge Partner sind die 32 Goethe-Zentren, die ihre Sprach- und Kulturarbeit nach den Grundsätzen und Qualitätsmaßstäben des Goethe-Instituts gestalten. Daneben bieten weitere 158 deutsch-ausländische Kulturgesellschaften in unterschiedlicher Weise vor allem Sprachkurse und Kulturprogramme an.

Im Bereich der Förderung von Deutsch bieten 57 selbständige Sprachlernzentren am Modell des Goethe-Instituts orientierte Deutschkurse an. Darüber hinaus sind 339 Prüfungskooperationspartner berechtigt, die Sprachprüfungen des Goethe-Instituts in eigener Verantwortung abzunehmen.

Zusätzlich unterhält das Goethe-Institut weltweit 137 Lehrmittelzentren, die Materialien und Informationen für Deutschlehrende bereithalten.

Zur Informationsvermittlung bestehen weltweit Kooperationen mit insgesamt 112 deutschen Lesesälen, Partnerbibliotheken, Dialogpunkten und Informations- und Lernzentren. Sie werden vom Goethe-Institut mit Medien versorgt und vermitteln, abgestimmt auf die Anforderungen an den jeweiligen Standorten, Informationen über die deutsche Sprache und Kultur sowie ein aktuelles Deutschlandbild.

Damit verfügt das Goethe-Institut über knapp 1.000 Anlaufstellen weltweit.

### 2013

Jahresetat: rund 351 Millionen Euro, davon 208 Millionen Euro Zuwendungen des Auswärtigen Amts
Mitarbeiter: rund 3.000 weltweit.

### Adresse:

Goethe-Institut e.V.
Zentrale München
Dachauerstrasse 122
80637 München
Telefon: ++49 (89) 15921-0
www.goethe.de

### Außenstellen:

160 Institute weltweit,
davon 13 Institute in Deutschland

## Deutscher Akademischer Austauschdienst (DAAD)

Eingetragener Verein, gegründet: 1925

**Tätigkeit:**

Der DAAD ist die Organisation der deutschen Hochschulen und ihrer Studentinnen und Studenten zur Internationalisierung des Wissenschaftssystems. Er schafft Zugänge zu den besten Studien- und Forschungsmöglichkeiten für Studierende, Forschende und Lehrende durch die Vergabe von Stipendien. Er fördert transnationale Kooperationen und Partnerschaften zwischen Hochschulen und ist die Nationale Agentur für die europäische Hochschulzusammenarbeit. Der DAAD unterstützt damit die Ziele der Auswärtigen Kultur- und Bildungspolitik, der nationalen Wissenschaftspolitik und der Entwicklungszusammenarbeit. Seit seiner Gründung hat der DAAD über 1,9 Millionen Akademiker im In- und Ausland unterstützt.

**2013**

Jahresetat: 430 Millionen Euro
DAAD-Geförderte: 119.906

**Adresse:**

DAAD-Zentrale

Bonn-Bad Godesberg
Kennedyallee 50
53175 Bonn
Tel.: +49 (0)228 882-0
Fax: +49 (0)228 882-444

Büro Berlin
WissenschaftsForum Berlin am Gendarmenmarkt
Markgrafenstr. 37
10117 Berlin
Tel.: +49 (0)30 202208-0
Fax: +49 (0)30 2041267
Internet: www.daad.de
Email: postmaster@daad.de

**Weltweite Präsenz:**

70 Außenstellen und Informationszentren und rund 500 Lektorate

## Alexander von Humboldt-Stiftung (AvH)

Stiftung bürgerlichen Rechts, gegründet: 1953 (Vorgängerstiftung gegründet: 1925)

### Tätigkeit:

Förderung wissenschaftlicher Forschung auf internationaler Ebene.

Die Humboldt-Stiftung ermöglicht hoch qualifizierten Wissenschaftlerinnen und Wissenschaftlern aus dem Ausland durch die Vergabe von Forschungsstipendien und -preisen die Durchführung selbst gewählter Forschungsvorhaben in Deutschland. Auch nach Abschluss des Deutschlandaufenthalts hält die Humboldt-Stiftung Kontakt zu den weltweit mehr als 26.000 Alumni, u.a. durch die Förderung erneuter Deutschlandaufenthalte, gegenseitiger Besuche von Alumni und internationaler Institutspartnerschaften. In rund 75 Ländern engagieren sich die Alumni in Humboldt-Vereinigungen. Gefestigt werden die internationalen Kontakte außerdem durch die Feodor Lynen-Forschungsstipendien, die deutschen Wissenschaftlern längere Forschungsaufenthalte an Instituten ehemaliger Humboldt-Gastwissenschaftler im Ausland ermöglichen. Mit der Alexander von Humboldt-Professur vergibt die Stiftung den mit bis zu fünf Millionen Euro höchst dotierten internationalen Forschungspreis in Deutschland.

### 2013

Jahresetat: ca. 110 Millionen Euro
Mitarbeiter: ca. 200
Forschungsstipendien und -preise: ca. 700

### Adresse:

Jean-Paul-Str. 12
53173 Bonn
Tel.: 0228 833-0
Fax: 0228 833-199
Internet: www.humboldt-foundation.de
Email: info@avh.de

## Institut für Auslandsbeziehungen (ifa)

Eingetragener Verein, gegründet 1917

### Tätigkeit:

Das Institut für Auslandsbeziehungen (ifa) engagiert sich weltweit für ein friedliches und bereicherndes Zusammenleben von Menschen und Kulturen. Es fördert den Kunst- und Kulturaustausch in Ausstellungs-, Dialog- und Konferenzprogrammen. Als Kompetenzzentrum der Auswärtigen Kultur- und Bildungspolitik vernetzt es Zivilgesellschaft, kulturelle Praxis, Kunst, Medien und Wissenschaft. Es initiiert, moderiert und dokumentiert Diskussionen zu internationalen Kulturbeziehungen.

Das ifa präsentiert und vermittelt als führende deutsche Institution im internationalen Kunstaustausch Kunst, Architektur und Design des 20. und 21. Jahrhunderts aus Deutschland. Die Tourneeausstellungen werden auf allen Kontinenten gezeigt und sind Plattformen für Dialog und Austausch. Das ifa fördert internationale Ausstellungsprojekte und koordiniert den deutschen Beitrag für die Biennale in Venedig. In den ifa-Galerien Stuttgart und Berlin werden Künstlerinnen und Künstler, Kunstszenen und aktuelle thematische Fragestellungen aus Afrika, Asien, Lateinamerika und Osteuropa vorgestellt und diskutiert.

Mittels multilateraler Förder- und Austauschprogramme, z.B. mit islamisch geprägten Ländern, regt das ifa einen breiten Wertediskurs an und aktiviert Lernprozesse an interkulturellen Schnittstellen. Spezielle Medien- und Entsendeprogramme dienen der Förderung zivilgesellschaftlicher Strukturen in Mittel-, Ost- und Südosteuropa. Im Bereich ziviler Konfliktbearbeitung unterstützt das ifa Friedensprojekte nichtstaatlicher Akteure in Krisenregionen.

Das ifa begleitet politische Entwicklungen mit internationalen Dialogveranstaltungen und außenkulturpolitischer Forschung. Die wissenschaftliche Spezialbibliothek mit Fachgebiet Auswärtige Kultur- und Bildungspolitik in Stuttgart, *KULTURAUSTAUSCH – Zeitschrift für internationale Perspektiven* und die Internetportale des ifa zählen zu den wichtigsten Informationsforen zur Auswärtigen Kulturpolitik in Deutschland. Es wird gefördert vom Auswärtigen Amt, dem Land Baden-Württemberg und der Landeshauptstadt Stuttgart.

### 2013

Jahresetat: 22,4 Millionen Euro
Mitarbeiter: 75 Vollzeitstellen
Forschungspreis: ifa-Forschungspreis für Auswärtige Kulturpolitik
Kulturpreis: Theodor-Wanner-Preis für Frieden, Völkerverständigung und den Dialog der Kulturen

### Adresse:

Institut für Auslandsbeziehungen
Charlottenplatz 17, D-70173 Stuttgart Postfach 10 24 63, D-70020 Stuttgart
Tel +49 711 22 25 0
Email: info@ifa.de
www.ifa.de

## Bundesverwaltungsamt, Zentralstelle für das Auslandsschulwesen (BVA-ZfA)

Abteilung des Bundesverwaltungsamtes, gegründet: 1968

**Tätigkeit:**

Die Zentralstelle für das Auslandsschulwesen betreut und unterstützt unter Fachaufsicht des Auswärtigen Amtes weltweit mehr als 140 Deutsche Auslandsschulen sowie weitere ca. 1.100 von der Bundesrepublik Deutschland geförderte schulische Einrichtungen im Ausland. Dies erfolgt in enger Zusammenarbeit mit dem Bund-Länder-Ausschuss für schulische Arbeit im Ausland, in dem das Auswärtige Amt, die Zentralstelle für das Auslandsschulwesen und die 16 Bundesländer vertreten sind. Die Ständige Konferenz der Kultusminister der Länder in der Bundesrepublik Deutschland ist für die Anerkennung und Abnahme von Schulabschlüssen und Prüfungen an Deutschen Auslandsschulen zuständig.

**2013**

Jahresetat: rund 205 Millionen Euro
Mitarbeiter: rund 90 zuzüglich 54 Fachberater im Ausland

**Postanschrift:**

50728 Köln
Tel.: 0228 99 358-0
Fax: 0228 99 358-2854
Internet: www.auslandsschulwesen.de
www.pasch-net.de
Email: zfa@bva.bund.de
www.facebook.com/auslandsschulwesen

## Haus der Kulturen der Welt

Ein Geschäftsbereich der Kulturveranstaltungen des Bundes GmbH (KBB)
gegründet 1989

**Tätigkeit:**

Das Haus der Kulturen der Welt ist ein kosmopolitischer Ort für die internationalen zeitgenössischen Künste und ein Forum für aktuelle Entwicklungen und Diskurse. In der Hauptstadt Berlin präsentiert es künstlerische Produktionen aus aller Welt unter besonderer Berücksichtigung nichteuropäischer Kulturen und Gesellschaften. Bildende Kunst, Musik, Literatur, darstellende Künste, Film, wissenschaftliche Diskurse und digitale Medien werden zu einem in Europa einzigartigen interdisziplinären Programm verknüpft.

**2014**

Jahresetat: rund 4,6 Millionen Euro plus Drittmittel
Mitarbeiter: rund 50 Mitarbeiter

**Adresse:**

John-Foster-Dulles-Allee 10
10557 Berlin
Tel.: 030 39787-0
Webseite: www.hkw.de
Email: info@hkw.de

## Deutsche Gesellschaft für Internationale Zusammenarbeit (GIZ) GmbH

Weltweit tätiges Bundesunternehmen für Internationale Zusammenarbeit und nachhaltige Entwicklung.

2011 hervorgegangen aus dem Deutschen Entwicklungsdienst (DED), der Deutschen Gesellschaft für Technische Zusammenarbeit (GTZ) GmbH und InWent Internationale Weiterbildung und Entwicklung gGmbH.

**Tätigkeit:**

Umfassendes Know-how für nachhaltige Entwicklung

Eine ausgewiesene Regionalexpertise, hohe Fachkompetenz und praxiserprobtes Managementwissen bilden das Rückgrat der Leistungen der Deutschen Gesellschaft für Internationale Zusammenarbeit (GIZ) GmbH. Als Bundesunternehmen unterstützt sie die Bundesregierung dabei, ihre Ziele in der internationalen Zusammenarbeit für nachhaltige Entwicklung zu erreichen; weltweit aktiv ist sie außerdem in der internationalen Bildungsarbeit.

Maßgeschneiderte Dienstleistungen

Die GIZ bietet nachfrageorientierte, maßgeschneiderte und wirksame Dienstleistungen für nachhaltige Entwicklung an. Mit ihrem ganzheitlichen, an Werten und Prinzipien der gesellschaftlichen Ordnung in Deutschland orientierten Vorgehen stellt sie die Mitwirkung aller Beteiligten sicher. So gestaltet sie Veränderung und befähigt Menschen, Entwicklungsprozesse eigenverantwortlich weiterzuführen. Dabei handelt sie im Sinne ihres Leitbildes für nachhaltige Entwicklung und berücksichtigt politische, wirtschaftliche, soziale und ökologische Aspekte. Sie unterstützt ihre Partner auf lokaler, regionaler, nationaler und internationaler Ebene in strategischen und konzeptionellen Fragen sowie bei der Umsetzung ihrer politischen Ziele.

Lösungen entwickeln

Das Unternehmen ist in vielen Arbeitsfeldern aktiv – die Bandbreite reicht von Wirtschafts- und Beschäftigungsförderung über den Aufbau von Staat und Demokratie, die Förderung von Frieden, Sicherheit, Wiederaufbau sowie ziviler Konfliktbearbeitung, die Sicherung von Ernährung, Gesundheit und Grundbildung bis hin zu Umwelt-, Ressourcen- und Klimaschutz. Die GIZ unterstützt ihre Partner auch durch Management- und Logistikdienstleistungen und agiert als Mittler, um unterschiedliche Interessen in sensiblen Kontexten auszuhandeln. In akuten Notsituationen führt sie Nothilfe- und Flüchtlingsprogramme durch. Als anerkannter Träger des Entwicklungsdienstes entsendet sie Fachkräfte als Entwicklungshelferinnen und Entwicklungshelfer in die Partnerländer.

Die GIZ vermittelt Integrierte und Rückkehrende Fachkräfte und fördert die Netzwerkbildung und den Dialog von Akteuren der internationalen Zusammenarbeit. Die Weiterbildung ihrer Partnerfachkräfte ist dabei ein wesentlicher Bestandteil ihres Angebots. Den Teilnehmerinnen und Teilnehmern ihrer Programme bietet sie vielfältige Möglichkeiten, von ihren gewonnenen Kontakten zu profitieren. Darüber hinaus gibt sie jungen Menschen die Chance, weltweit Berufserfahrung zu sammeln. Austauschprogramme für junge Berufstätige legen den Grundstein für erfolgreiches Arbeiten auf dem nationalen und internationalen Arbeitsmarkt.

**Die Auftraggeber der GIZ:**

Wichtigster Auftraggeber ist das Bundesministerium für wirtschaftliche Zusammenarbeit und Entwicklung. Darüber hinaus ist die GIZ für weitere Bundesressorts – darunter das Auswärtige Amt, das Bundesministerium für Umwelt, Naturschutz, Bau und Reaktorsicherheit, das Bundesministerium der Verteidigung, das Bundesministerium für Wirtschaft und Energie und das Bundesministerium des Innern –, für Bundesländer und Kommunen sowie für öffentliche und private Auftraggeber im In- und Ausland tätig. Dazu gehören beispielsweise Regierungen anderer Länder, Institutionen der Europäischen Union wie die Europäische Kommission, aber auch die Vereinten Nationen und die Weltbank. Die GIZ kooperiert intensiv mit der Privatwirtschaft und trägt zu einem sinnvollen Zusammenspiel von Entwicklungs- und außenwirtschaftlichen Aktivitäten bei. Langjährige Erfahrungen mit Netzwerken in den Partnerländern und in Deutschland sind für eine erfolgreiche internationale Kooperation wichtige Säulen, nicht nur im wirtschaftlichen, wissenschaftlichen und kulturellen, sondern vor allem auch im zivilgesellschaftlichen Bereich.

**Adresse:**

Die GIZ hat ihren Sitz in Bonn und Eschborn. Außerdem ist sie an 19 weiteren Standorten in Deutschland vertreten.

Friedrich-Ebert-Allee 40
53113 Bonn
Telefon: +49 228 44 60-0
Fax: +49 228 4460-17 66
E-Mail: info@giz.de
Internet: www.giz.de

Dag-Hammarskjöld-Weg 1-5
65760 Eschborn
Telefon: +49 6196 79-0
Fax: +49 6196 79-11 15

**Außenstellen:**

Die GIZ ist in mehr als 130 Ländern weltweit aktiv.

**Beschäftigte:**

Weltweit 16.510 – knapp 70 Prozent von ihnen sind als Nationales Personal vor Ort beschäftigt. Hinzu kommen 869 Entwicklungshelferinnen und -helfer, die für die GIZ im Einsatz sind. Darüber hinaus vermittelt CIM, eine Arbeitsgemeinschaft aus GIZ und Bundesagentur für Arbeit, Fachkräfte an lokale Arbeitgeber. Zum Jahresende 2013 waren mit 545 Integrierten Fachkräften Zuschussvereinbarungen abgeschlossen, und 439 rückkehrende Fachkräfte wurden finanziell oder durch Beratungs- und Serviceleistungen unterstützt.

**Geschäftsvolumen:**

1,9 Milliarden Euro (Stand: 31.12.2013)

# 4.7 Stimmgewaltige Zivilgesellschaft – Die Nichtregierungsorganisationen

*Swetlana W. Pogorelskaja*

Die Nichtregierungsorganisationen führen ihre Geschichte auf das 19. Jahrhundert zurück: 1832 wurde die erste nichtstaatliche Menschenrechtsorganisation, die New England Anti-Slavery Society, und 1863 – in Genf – die erste humanitäre Organisation, das Internationale Komitee des Roten Kreuzes, gegründet. Man sprach allerdings von „privaten Organisationen" oder „Interessengruppen". Die Bezeichnung „Nichtregierungsorganisation" hat sich erst nach der UNO-Gründung durchgesetzt. Im Jahr 1951 registrierte die Union of International Associations 832 internationale Nichtregierungsorganisationen, ihre Zahl stieg immer weiter (2013: 7.710)[1], ihr Image und ihr Selbstverständnis änderten sich. Aus vielen einst von Freizeitaktivisten und Ehrenamtlichen gegründeten Gruppen sind etablierte, finanzstarke und hochgradig organisierte Strukturen geworden. Seit der UNO-Weltkonferenz 1992 in Rio der Janeiro werden die Nichtregierungsorganisationen auch offiziell als ebenbürtige Akteure der internationalen Politik geschätzt. Etwa 700 von ihnen besaßen 1992 einen vom Wirtschafts- und Sozialrat der UNO verliehenen „Konsultativstatus"; im Jahre 2014 waren es 3.900.[2] Um sie herum schwirren Zehntausende von kleineren Gruppen.

Soviel über die Nichtregierungsorganisationen gesprochen und geschrieben wird, sowenig scharf und daher in jedem Einzelfall präzisierungsbedürftig ist der Begriff selbst. Erstens entspricht die deutsche Bezeichnung nicht ganz dem englischen Original *Non-Governmental Organisation*. Eine inhaltlich adäquatere Übersetzung, die der deutschen Fassung des Artikels 71 der Charta der Vereinten Nationen entspricht, lautet „nichtstaatliche Organisation".[3] Der Begriff „Nichtregierungsorganisation" erklärt lediglich, was diese Organisation *nicht* ist; die identitätsstiftenden Merkmale werden weitgehend der subjektiven Interpretation überlassen. Daher gibt es unterschiedliche Typologien, je nach Politikfeld, Größe, Grad der Nichtstaatlichkeit, Tätigkeitsprofil etc. (Frantz/Martens 2006; Bieth 2012; Furtak 2015). Grundsätzlich können folgende Strukturen als Nichtregierungsorganisationen bezeichnet werden:

1. Jede internationale Organisation, die nicht durch zwischenstaatliche Übereinkunft errichtet wurde. Das ist die breiteste Definition, die auch die sogenannten *Business International Non-Governmental Organisations*, wie z.B. transnationale Konzerne, mit einschließt.

2. Jede internationale Organisation, die auf private Initiative gegründet und nicht auf Gewinn gerichtet ist, eine internationale Mitgliedschaft, Finanzierung und Tätigkeit vorweist, über ein gewähltes Exekutivkomitee, einen Hauptsitz und einen festen Mitarbeiterstab verfügt, laufende Aktivitäten nachweist und in ihren Beziehungen zu anderen Organisationen unabhängig

1 Wird der Begriff ‚Nichtregierungsorganisation' breiter gefasst und werden alle privaten Akteure und Interessengruppen mit einbezogen, steigt die Zahl: mehr als 58.000 im Jahr 2013. Angaben nach dem Yearbook of International Organizations, Stand: September 2014, www.uia.org, und Bundeszentrale für politische Bildung, Zahlen und Fakten, Stand: 2010, http://www.bpb.de/nachschlagen/zahlen-und-fakten/globalisierung/52808/ngos (September 2014).

2 Angaben nach: UNO, NGO Branch, Department of Economic and Social Affairs, http://csonet.org/ (September 2014).

3 Der englische Begriff *Government* umfasst nicht nur die Regierung, sondern die gesamte Staatsgewalt.

ist.[4] Diese engere Definition deutet bereits die gesellschaftlich-politische Ausrichtung der Tätigkeit an, die in der Alltagssprache mit dem Begriff Nichtregierungsorganisation verbunden wird. Allerdings schließt auch diese Definition unterschiedlichste, miteinander kaum vergleichbare Organisationen ein, angefangen mit internationalen Parteienzusammenschlüssen über kulturelle Organisationen wie internationale Schriftstellerverbände bis hin zu der Gruppe weltweit präsenter Globalisierungskritiker, Menschenrechts-, Frauen-, Umwelt- und Entwicklungshilfegruppen. Dazu gehören sowohl weltweit bekannte, hochgradig organisierte und finanzstarke Großorganisationen wie Amnesty International oder Greenpeace als auch Zehntausende von kleinen, meist ehrenamtlichen Gruppen.

3. Nationalstaatlich verwurzelte Organisationen, die die Interessen unterschiedlicher sozialer Gruppen vertreten und sowohl innenpolitisch als auch international agieren können. Solche Organisationen können sich z.B. als Interessenvertreter diverser gesellschaftlicher Statusgruppen innerhalb eines Landes verstehen, aber auch als Interessenvertreter der Bevölkerung der Dritten Welt in den Industriestaaten (Entwicklungshilfeorganisationen) auftreten. Diese nationalstaatlich verwurzelten und gemeinnützigen Organisationen können staatliche Förderung für ihre Auslandsprojekte erhalten und somit u.a. als Träger bzw. als Instrumente der Auswärtigen Kulturpolitik eines Staates auftreten.

Da einzelne Regierungen in letzter Zeit ihre Trägerorganisationen gern zum Schein „entstaatlichen" bzw. neue quasi „nichtstaatliche" Organisationen schaffen, setzt sich in der Fachwelt zunehmend die Einordnung der Nichtregierungsorganisationen nach dem Grad ihrer Nichtstaatlichkeit durch. Man unterscheidet zwischen den „klassischen", die aus zivilgesellschaftlichen Initiativen entstanden sind und hinsichtlich ihrer Finanzierung vom Staat entweder ganz unabhängig sind oder mit ihm lediglich im Bereich einzelner Projekte zusammenarbeiten, und denen, die ihrem juristischen Status nach zwar nichtstaatlich sind, vom Staat allerdings institutionell gefördert werden. Sie sind entweder auf staatliche Initiative entstanden (*government-organized* bzw. *governmentally regulated and initiated*) oder haben staatliche Stellen als Mitglieder (*quasi-autonomous non-governmental organisation*).

## 1 Vorteile und Probleme

Die Nichtregierungsorganisationen verstehen sich als Akteure der internationalen Zivilgesellschaft. Sie haben enorme Möglichkeiten zur politischen Einflussnahme erhalten. Sie tragen zur Demokratisierung der Weltpolitik bei, helfen internationale Übereinkünfte zu beobachten und umzusetzen, leisten umfangreiche und vielseitige Arbeit in der Dritten Welt und in Transformationsstaaten und bringen aktuellste Themen, die von der offiziellen Politik verdrängt oder weniger berücksichtigt werden, ins Blickfeld der Weltöffentlichkeit. Doch mit der wachsenden Macht dieser Organisationen entwickelt sich auch die Diskussion über das weitere Vorgehen.

Ein besonders häufig wiederholter Vorwurf lautet, dass es die Nichtregierungsorganisationen des „reichen Nordens" sind, die derzeit weltweit agieren. Dank ihres hoch qualifizierten Personals und eines umfassenden Beziehungsnetzes in der Weltpolitik sind sie finanzstark und daher eher in der Lage, Strategien auszuarbeiten und Modelle anzubieten. Die Nichtregierungsorga-

4 Durch diese von der Union of International Associations festgelegten Kriterien (http://www.uia.org/organizations/dtschtxt.php, September 2014) tauchen allerdings viele internationale Nichtregierungsorganisationen nicht in der Statistik auf, weil sie nur aus einem Land finanziert werden.

nisationen der Dritten Welt sind dagegen keine selbstständigen Akteure, sondern eher Adressaten der westlichen Hilfe. Als Gegenargument wird darauf hingewiesen, dass die Nichtregierungsorganisationen (als zivilgesellschaftliche Initiativen, die sich in Abgrenzung zu Markt und Staat verstehen und ihre Ziele nicht durch Gewalt durchsetzen) ursprünglich die Produkte der westlichen demokratischen Kultur waren. Die Entstehung der Nichtregierungsorganisationen in der Dritten Welt ist erst dank der Nichtregierungsorganisationen des Nordens, die erhebliche Arbeit zur Förderung der Zivilgesellschaft in diesen Staaten geleistet haben, möglich geworden.

Eine weitere Kritik lautet, dass die Verlagerung der ursprünglich staatlichen Aktivitäten in die Hände von Nichtregierungsorganisationen gewisse Probleme für die internationale Politik mit sich bringt. Die politische Analysefähigkeit und die Strukturen politischer Rechenschaftspflicht dieser Organisationen können mit ihren wachsenden Einflussmöglichkeiten nicht immer Schritt halten. Die Organisationen spezialisieren sich oft auf populäre Probleme, ohne sich um das Ganze zu sorgen und am Ende konkrete Entscheidungen fällen zu müssen, deren Ergebnisse nachprüfbar wären. Regierungen können abgewählt werden; wer erteilt aber den Nichtregierungsorganisationen ihren Auftrag, wer kontrolliert sie? Es gibt nicht einmal ein internationales Abkommen zu ihrer Rechtspersönlichkeit.

Als Gegenargument wird auf die wachsende Entstaatlichung des weltpolitischen Prozesses hingewiesen, wodurch Entscheidungen in immer größerem Maße von inter- und supranationalen Institutionen getroffen werden – was die politische Beteiligung der von diesen Entscheidungen Betroffenen am Entscheidungsprozess so gut wie ausschließt. Unter solchen Bedingungen entwickeln sich die Nichtregierungsorganisationen zu Sprachrohren der globalen Öffentlichkeit. Sie haben in erster Linie nationalen Rechtsstatus, aber auch ihr völkerrechtlicher Status wird zunehmend präziser. Die UNO hat hinsichtlich der ihrer Anerkennung eine Vorreiterfunktion übernommen. Die Europäische Union hat 2001 mit dem Weißbuch *Europäisches Regieren* und mit institutionellen Anpassungen nachgezogen.

Gegen die weltweit tätigen und von ihren Staaten unterstützten nationalen Nichtregierungsorganisationen gibt es ebenfalls Bedenken: Die Verstaatlichung der im Ausland arbeitenden nationalen Nichtregierungsorganisationen und die daraus folgende Vergesellschaftung der Außenpolitik eines Staates löst zwar die Dualität von Staat und Gesellschaft auch in diesem Bereich auf, kann aber potenziell die durch die Globalisierung ohnehin angeschlagenen traditionellen staatlichen Regulierungsmechanismen der internationalen Politik noch weiter schwächen. Hiergegen ist wiederum zu sagen, dass in Zeiten, in denen die nationalstaatlichen Demokratien ihre Entscheidungskompetenzen in Fragen der internationalen Politik immer mehr an die inter- und supranationalen Institutionen verlieren, die nationalen Nichtregierungsorganisationen eine willkommene Lösung des Problems bieten: Die nationalen Interessen eines Staates lassen sich in gewisser Hinsicht auf „nichtstaatlichen" Umwegen durchsetzen.

Auch die staatliche Förderung wird kritisch reflektiert. So spricht man über die angebliche „Ausnutzung" der Organisationsform (Fachkompetenzen, Flexibilität, öffentliches Ansehen) durch den Staat. Was bleibt vom politischen Gegenentwurf, wenn solche Organisationen staatliche Gelder für ihre Projekte bekommen? Geraten ihre Ziele nicht außer Acht, wenn sie ihre Programme nach den Finanziers ausrichten? Kommen sie dadurch nicht in Konflikt mit ihrer Basis?

Dieser Kritik wird die unabhängige Handlungslogik der Nichtregierungsorganisationen entgegengehalten. Manche etablierte von ihnen lassen sich in ihrer Projektarbeit zwar gern durch ihren Staat unterstützen, sind aber in ihren Entscheidungen und in ihrer Auslandsarbeit weitgehend selbstständig. Die Organisationen arbeiten mit dem Staat zusammen, lassen sich aber von ihm nicht instrumentalisieren. Durch ihre Auslandsarbeit können sie zu Akteuren der internationalen Politik werden. In gewissen Situationen können sie aber auch zu Akteuren der Außenpolitik ihres Staates werden, besonders wenn es um die vorwiegend politisch tätigen Nichtregierungsorganisationen geht, wie etwa die deutschen parteinahen Stiftungen.

Durch ihre Nähe zu den Partnerorganisationen im Ausland und die Möglichkeit, an den staatlichen Stellen des Gastlandes vorbei direkt mit Zielgruppen arbeiten zu können, haben die nationalen Nichtregierungsorganisationen im Vergleich zu staatlichen Organisationen einen erheblich geringeren bürokratischen Aufwand. Ihre Stärken liegen in technischer Hilfe (sowohl im engeren, als auch im weiteren Sinne), unmittelbarer Armutsbekämpfung, Förderung der Zivilgesellschaft, Umweltfragen, Kulturarbeit. Aber auch hier kommt es immer auf die Größe und Ausrichtung der jeweiligen Organisation an.

## 2. Nichtregierungsorganisationen in Deutschland: Unterscheidungskriterien und Aufgabenbereiche

Nach deutschem Recht kann jeder eingetragene Verein (mit anerkannter Gemeinnützigkeit, aber auch ohne) und jede nicht gewinnorientierte gesellschaftliche Organisation als eine „nichtstaatliche Organisation“ bezeichnet werden. Somit reicht die Palette der deutschen Nichtregierungsorganisationen von mitgliederstarken Verbänden (wie Arbeitgeberverbände, Gewerkschaften, Sportvereine etc.), wissenschaftlichen Expertengruppen und Stiftungen bis hin zu projektorientierten Aktionsgruppen, entwicklungspolitischen Netzwerken und örtlichen Initiativen.

Es gibt unterschiedliche Klassifikationssysteme. So können die Nichtregierungsorganisationen je nach Größe in folgende Gruppen unterteilt werden: kirchliche Organisationen, politische Stiftungen, überregionale Organisationen, überregionale Interessenvertretungen, Fair-Handels-organisationen, lokale Organisationen, Landesnetzwerke. Die entscheidenden Kriterien zur Typologie je nach dem Grad der „Nichtstaatlichkeit“ sind Finanzierung, Mitgliedschaft und Art der Entstehung. Im Hinblick auf die inhaltlichen Funktionen wird nicht selten zwischen „politischen“ und „unpolitischen“ (z.B. „sozialen“, „kulturellen“ oder, falls es um die Entwicklungspolitik geht, „technischen“) Nichtregierungsorganisationen unterschieden, obwohl sich eine solche Grenzziehung gerade im modernen außenpolitischen Kontext relativiert. Die Nichtregierungsorganisationen können auch nach dem Maß ihrer Einflussnahme auf politische Entscheidungen ihres Staates (politische bzw. außenpolitische Relevanz) typologisiert werden; dabei muss unter anderem beachtet werden, ob der Einfluss mittelbar (durch die Lobbyarbeit) oder unmittelbar (durch politisches Handeln oder Projektarbeit) ausgeübt wird. Es gibt auch weitere Typologien anhand von unterschiedlichen Kriterien, besonders was die Verbände und Vereine, aber auch die sogenannten sozialen Bewegungen betrifft.

Das pluralistische Erscheinungsbild ist ein wesentliches Strukturmerkmal und spiegelt die Vielfalt der deutschen Zivilgesellschaft wieder. Diese Vielfalt ermöglicht es den Nichtregierungsorganisationen, im Ausland in einem breiten Arbeitsspektrum tätig zu werden.

Im Folgenden werden nur diejenigen Organisationen betrachtet, die Auslandsarbeit betreiben bzw. außenpolitisch (auch im Sinne der außenpolitischen Komponenten der Entwicklungshilfe bzw. im Sinne der Auswärtigen Kulturpolitik) relevant sind. Nicht berücksichtigt werden die Organisationen, die entweder eigens von der Bundesregierung für bestimmte Zwecke geschaffen wurden oder für die Bundesregierung die Durchführung der außen-, entwicklungs- oder kulturpolitischen Maßnahmen übernehmen.

Mit Ausnahme der politischen Stiftungen, die im westlichen, europäischen, deutschen und in ihrem eigenen Interesse weltweit unterwegs sind und die entwicklungspolitische Arbeit nur als Teilbereich ihrer Tätigkeit begreifen, ist der größte Teil der im Ausland arbeitenden bedeutenden deutschen Nichtregierungsorganisationen unmittelbar in der Entwicklungshilfe tätig. Sie befassen sich mit der Umsetzung von Projekten und Programmen der Entwicklungszusammenarbeit zur Armutsbekämpfung (Not- und Katastrophenhilfe, Bildung, Gesundheitswesen), mit der entwicklungspolitischen Bildungsarbeit in Deutschland, entwicklungspolitischer nationaler und internationaler Interessenvertretung und mit dem Entsenden von Fachkräften und Freiwilligen.

Zu solchen Organisationen gehören freie Träger und große kirchliche Organisationen. Es gibt auch eine Vielfalt kleinerer Organisationen, die sich ebenfalls mit entwicklungspolitischen Fragen befassen. Allein im kirchlichen Bereich soll es über 10.000 entwicklungspolitisch engagierte Gruppen geben.

In den letzten Jahren hat die politische Dimension der Entwicklungsarbeit der Nichtregierungsorganisationen deutlich zugenommen. Dies bezieht sich sowohl auf ihre Projekte in den Entwicklungsländern, wo inzwischen verstärkt die zivilgesellschaftlichen Akteure der Demokratisierungsprozesse unterstützt werden, als auch auf ihre entwicklungspolitische Inlandsarbeit.

Neben den entwicklungspolitisch tätigen gibt es auch außenpolitisch interessierte Organisationen, die als Verbände in gewisser Hinsicht zu der hier behandelten Kategorie gezählt werden können. Dazu gehören z.B. einige Organisationen der deutschen Vertriebenen, die sich unter anderem um die Erhaltung des deutschen Kulturerbes bemühen. Darüber hinaus gibt es zahlreiche Organisationen und kleinere Initiativen, die ohne jeglichen politischen bzw. entwicklungspolitischen Auftrag weltweit in Bereichen wie bilaterale kulturelle Beziehungen oder Jugendaustausch tätig sind. Zu nennen sind z.B. Jugendwerke, Gesellschaften für bilateralen Austausch, bilaterale Kulturforen und andere Organisationen, die Auslandskulturarbeit leisten. Auch globalisierungs- und kapitalismuskritische Gruppen institutionalisieren sich zu Nichtregierungsorganisationen und internationalisieren ihre Arbeit.

## Nichtregierungsorganisationen und der Staat: Legitimation, Finanzierung, Zusammenarbeit

Die nationalen Nichtregierungsorganisationen sind ein Abbild der politischen Kultur ihres Landes. Ihre demokratische Legitimität resultiert nicht nur daraus, dass ihre Tätigkeit der Öffentlichkeit ausgesetzt ist, sondern auch aus den in der Gesellschaft geltenden politischen und rechtlichen Normen. Die Frage nach der demokratischen Kontrolle ist im Fall der nationalen Organisationen viel einfacher zu beantworten als bei den internationalen. Die Aktivitäten der nationalen können in der Regel nicht aus den jeweiligen rechtlichen Rahmenbedingungen ausscheren bzw. undemokratischer sein, als es die demokratische Qualität der Gesetzgebungsprozesse des Staates zulässt. In Deutschland, wo die Nichtregierungsorganisationen in der Regel als gemeinnützige Vereine auftreten, sind sie allein schon durch das Vereinsrecht auf demokratische Mitbestimmungsmöglichkeiten ihrer Mitglieder festgelegt.

So unterschiedlich sie sind, so unterschiedlich sind auch ihre Finanzierungsquellen und ihre Zusammenarbeit mit dem Staat. Einige leben von Mitgliedsbeiträgen, die meisten aber von Spenden. Vom Staat erhalten sie lediglich zweckgebundene Mittel für ihre Projekte. Um sie zu bekommen, müssen sie zunächst nachweisen, dass sie gemeinnützig sind, ihren Sitz in Deutschland haben, über fachliche und administrative Kompetenzen verfügen und Erfahrung in der Zusammenarbeit mit leistungsfähigen, nicht gewinnorientierten Partnerorganisationen in Projektländern haben.

Die staatliche Finanzierungsquelle, die Höhe der bereitgestellten Mittel, deren Verwendung und Nachweisführung hängen von der Art der jeweiligen Nichtregierungsorganisation und von der Ausrichtung der von ihnen vorgeschlagenen Projekte ab. Dem Bundesministerium für wirtschaftliche Zusammenarbeit und Entwicklung und dem Auswärtigen Amt werden die Anträge mit den Angaben vorgelegt, die für eine Beurteilung der entwicklungspolitischen Förderungswürdigkeit und für eine außenpolitische Bewertung erforderlich sind. Die Projekte müssen entwicklungspolitisch wirksam sein und dürfen das „Kerngebiet" der deutschen Außenpolitik nicht antasten. In einzelnen Fällen werden auch andere Ressorts beteiligt wie – ab bestimmten Förderungsbeiträgen – das Bundesministerium der Finanzen. Sofern die entwicklungspolitischen, außenpolitischen, haushaltsmäßigen und sonstigen Voraussetzungen gegeben sind, werden die Mittel bewilligt. Die kirchlichen Organisationen sind die ältesten und erhalten bereits seit den sechziger Jahren staatliche Unterstützung für ihre Arbeit in der Dritten Welt. Zunächst gab es nur projektbezogene Einzelbewilligungen; später wurden sie systematisch durch globale Zuwendungen gefördert. Über die Verteilung der globalen Mittel unter den Projektträgern entscheiden dann die Zentralstellen der beiden Kirchen.

Inzwischen wird die systematische Unterstützung der Nichtregierungsorganisationen in Deutschland als strategisches Element der deutschen Außenpolitik begriffen. Daher bemüht sich der Staat, die Zusammenarbeit unbürokratisch und partnerschaftlich zu gestalten. So bestehen permanente Kontakte zwischen den staatlichen Ressorts, Durchführungsorganisationen und Nichtregierungsorganisationen. Dies ermöglicht eine bessere Koordinierung der Aufgabenbereiche; staatliche außenpolitische Entscheidungen werden transparenter. Die Erfahrungen der Nichtregierungsorganisationen werden bei der Ausarbeitung von jeweiligen Regionalkonzepten benutzt. Man bemüht sich auch, den Zugang deutscher Nichtregierungsorganisationen zu Mitteln der Europäischen Union zu verbessern. Deutsche Auslandsvertretungen pflegen Kontakte zu den deutschen Organisationen, die für ihre Projekte staatliche Unterstützung erhalten, denn die Bewilligung der staatlichen Mittel ist zugleich die Anerkennung der außen- bzw. entwicklungspolitischen Wichtigkeit des Vorhabens.

Die Nichtregierungsorganisationen bemühen sich ebenfalls, ihre Projekte und ihre Zusammenarbeit mit der Bundesregierung besser zu koordinieren. Mit der Gründung des Verbandes Entwicklungspolitik deutscher Nichtregierungsorganisationen[5] Ende 1995 bekam die Bundesre-

5 Siehe: www.venro.org. VENRO ist ein freiwilliger Zusammenschluss von 121 deutschen Nichtregierungsorganisationen, die bundesweit tätig sind (Stand: 2014). Lokale Initiativen werden im Verband durch die Eine-Welt-Landesnetzwerke repräsentiert, die ebenfalls Mitglieder sind und nach ihren eigenen Angaben über 8.000 große, mittlere und kleine Nichtregierungsorganisationen vertreten (http://www.agl-einewelt.de/index.php/die-agl/258-wer-wir-sind – September 2014). Die VENRO-Website nennt allerdings nur die Zahl 2.000 (http://venro.org/mitglieder/mitgliederdatenbank/, September 2014).

gierung einen Ansprechpartner im Bereich der Entwicklungshilfe. Auch die internationale Vernetzung der deutschen Organisationen hat sich wesentlich verbessert.

## Politische Kultur und Auswärtige Kulturpolitik

So gut wie alle obengenannten Organisationen kommen für die Umsetzung der Ziele der Auswärtigen Kulturpolitik infrage. Es kommt allerdings auf die Breite der Definition von „Kultur" sowie auf die Definition der Auswärtigen Kulturpolitik und ihrer Kompetenzen an.

Bleibt man bei der „gängigen" Definition der Kultur als Gesamtheit der geistigen, künstlerischen, gestaltenden Leistungen einer bestimmten Gemeinschaft während einer bestimmten Epoche, grenzt man „Kultur" von der „Politik" ab, dann wird man sich bei der Untersuchung der Rolle der Nichtregierungsorganisationen nur auf solche begrenzen müssen, die sich unmittelbar mit der Vermittlung der Kulturleistungen befassen und dadurch zur Verbesserung der Völkerverständigung beitragen.

Im vorliegenden Beitrag wird aber davon ausgegangen, dass der Begriff „Kultur" als solcher weitgehend neutral ist. Es kommt immer auf die geistigen Werte eines bestimmten Gemeinwesens an, die unter diesem Sammelbegriff zum Ausdruck gebracht werden. In diesem Sinne gehören Politik und Kultur zusammen, allein schon deshalb, weil sich in jedem politischen Handeln eine gewisse Art der Kultur manifestiert.

Somit ist Kultur nicht nur deshalb ein integraler Bestandteil der Außenpolitik, weil man selbst bei Auslandskulturarbeit im „engeren Sinne" des Wortes allein schon aus technischen Gründen auf engste Zusammenarbeit mit dem Auswärtigen Amt und den deutschen Botschaften und Konsulaten angewiesen ist, sondern weil bei jedem außenpolitischen Handeln eines Staates unvermeidlich auch die politische Kultur des entsprechenden Staatsvolkes vermittelt wird.

Was ist aber politische Kultur? Eine gängige und aus amerikanischen empirischen Sozialforschungen stammende Definition der *Civic Culture* als die durch Umfragen ermittelten sozialpsychologischen Einstellungen der Bevölkerung zu ihrem politischen System greift zu kurz. Eine breitere Definition versteht unter „politischer Kultur" die Gestaltung eines bestimmten politischen Handelns gemäß bestimmten Wertvorstellungen, seien es solche Einzelner (*Belief Systems* der kognitiven Analyseansätze) oder Normen (intersubjektiv geteilte, wertgestützte Erwartungen angemessenen Verhaltens im Konstruktivismus, Berger 1998).[6] Dieser Ansatz betont die Kontinuität des wertgestützten politischen Handelns; die Veränderungen werden weniger berücksichtigt.

Kurt Sontheimer sprach vom „wechselseitigen Verhältnis von Geist und Politik", das er als „politische Kultur" bezeichnete (Sontheimer 1998: 10). In Anlehnung an diese Definition wird in diesem Beitrag die (außen-)politische Kultur folgendermaßen definiert: Sie ist ein Zusammenhang des Empfindens, des Denkens und des Handelns im Bereich der (Außen-)Politik, eine für eine staatlich verfasste Gesellschaft während einer bestimmten Zeit charakteristische Art, (Außen-) Politik zu begreifen, zu gestalten und zu betreiben.

6 Die Vorstellung über die normengerechte Außenpolitik entspricht auch dem Selbstverständnis der Bundesrepublik Deutschland. Sie wird problematisch, falls die innergesellschaftlichen und diversen internationalen Erwartungen angepassten Verhaltensweisen auseinanderdriften.

Zum Selbstverständnis der demokratischen Weltgemeinschaft gehört die Überzeugung, dass bestimmte Werte, die ihre Ursprünge in der abendländischen Kultur haben, wie z.B. die Idee der individuellen Menschenrechte, universell sind. Funktionierende demokratischen Strukturen und Rechtsstaat betrachtet man als wichtige Indikatoren der Friedensfähigkeit von Gesellschaften. Sie in konfliktträchtigen Regionen der Welt zu unterstützen, gehört zu den Aufgaben der Außenpolitik demokratischer Staaten, und zwar gerade zu der Art von Aufgaben, die sich am besten über eine langfristig angelegte Auswärtige Kulturpolitik bewältigen lässt.

## Nichtregierungsorganisationen in der Auswärtigen Kulturpolitik

In Deutschland fallen kulturorientierte Entwicklungspolitik und Auswärtige Kulturpolitik in zwei unterschiedliche ministerielle Ressorts – mit entsprechend unterschiedlichen Diskursen und Zuständigkeiten. Doch in der Wirklichkeit überlappen sich beide Bereiche und die klassische Außenpolitik inhaltlich immer mehr. Dies spiegelt sich in der Ausarbeitung der Konzepte der zivilen Krisenprävention wider.

Ausgangspunkt für moderne Strategien krisenpräventiver Politik und für Programme zur Konfliktbeilegung und Friedenskonsolidierung ist ein erweiterter Sicherheitsbegriff, der politische, ökonomische, ökologische und soziale Stabilität umfasst. Wichtig sind dabei nicht allein die Unterstützung der friedensorientierten Kräfte auf allen Ebenen von Politik und Gesellschaft und die Förderung der Kultur einer friedlichen Konfliktaustragung, wichtig ist vor allem auch die Entwicklung von Instrumenten, die beides unterstützen können.

Dabei kommt den Nichtregierungsorganisationen eine besondere Bedeutung zu. Bereits im ersten Gesamtkonzept der Bundesregierung *Zivile Krisenprävention, Konfliktlösung und Friedenskonsolidierung* (April 2000) wurde im Zusammenhang mit den multilateralen Mechanismen der Krisenprävention auf die Rolle der zivilgesellschaftlichen Akteure hingewiesen. Die Kooperation mit den nichtstaatlichen Organisationen ist fester Bestandteil des entsprechenden ressortübergreifenden Aktionsplans vom Mai 2004[7].

- Zum Ersten können sich die Nichtregierungsorganisationen in ihrer Arbeit mehr Freiheiten erlauben, als sie den Mittlerorganisationen eingeräumt werden. Sie arbeiten dort, wo eine staatliche Handlung schnell als „Einmischung“ in die inneren Angelegenheiten souveräner Staaten eingestuft wird und somit die Konflikte produzieren könnte, denen sie eigentlich vorzubeugen sucht.
- Zum Zweiten können sie auf unterschiedlichen Feldern gleichzeitig aktiv werden, angefangen vom klassischen interkulturellen Austausch bis zu Projekten im Rahmen der Entwicklungshilfe. Selbst Projekte der technischen Hilfe tragen zur Entwicklung der für die Auswärtige Kulturpolitik so wichtigen „Verständigungsverhältnisse“ (Habermas) bei.
- Zum Dritten sind sie preiswerter. Im Rahmen der modernen Konzepte der zivilen Krisenprävention werden die Ansprüche an die Auswärtige Kulturpolitik immer größer, das Geld jedoch, mit dem sie erfüllt werden sollen, wird, so die innenpolitischen Realitäten, immer knapper. Die Nichtregierungsorganisationen sind zwar – im Sinne des Auswärtigen Dienstes – weniger professionell als Durchführungsorganisationen, dafür aber sehr flexibel, und sie

7 Aktionsplan *Zivile Krisenprävention, Konfliktlösung und Friedenskonsolidierung*, 12. Mai 2004, http://www.auswaertiges-amt.de/cae/servlet/contentblob/384230/publicationFile/4345/Aktionsplan-De.pdf (September 2014). Vgl. dazu auch den Beitrag von Martina Fischer in diesem Buch.

bedürfen geringeren bürokratischen Aufwands. Sie gibt es zahlreich und in den unterschiedlichsten Formen. Es gelingt ihnen, nicht nur vom Staat zu leben, sondern auch private Spender für ihre Projekte zu finden oder aus europäischen Töpfen Mittel einzuwerben. Sie gehen „auf eigene Gefahr" in die Konfliktregionen, ohne staatlichen Schutz zu beanspruchen. In Zeiten großer Herausforderungen und knapper Mittel sind sie für die Außenpolitik unersetzlich.

Bei einem Überblick über die Arbeitsbereiche, für welche Nichtregierungsorganisationen für die im Kontext der Krisenprävention neu definierte Auswärtige Kulturpolitik von Bedeutung sind, muss die oben erwähnte Überschneidung der Aufgabenbereiche und Kompetenzen berücksichtigt werden.

– „Entwicklungspolitische" Arbeit im System der Auswärtigen Kulturpolitik

Gegenwärtig fällt in diesen Bereich die Arbeit in der Dritten Welt und in Transformationsstaaten, bei der es, bezogen auf die konkreten Bedürfnisse des jeweiligen Landes, um die Förderung der zivilgesellschaftlichen und rechtsstaatlichen Strukturen zwecks allmählicher Konsolidierung demokratischer, marktwirtschaftlicher, also weniger „konfliktträchtiger" Systeme geht. In einigen Staaten müssen aber zunächst strukturelle Voraussetzungen zur Behebung der Unterentwicklung und Armut geschaffen werden. Projekte im Rahmen der „Hilfe zur Selbsthilfe" und Demokratieförderung werden von mehreren deutschen Nichtregierungsorganisationen im Ausland getragen. Sowohl kirchliche Nichtregierungsorganisationen als auch andere private Träger arbeiten aktiv in Bereichen wie Bildung, Berufsbildung, Frauenförderung, Gesundheitswesen, Katastrophen- und Flüchtlingshilfe. Dabei wird auch mit Selbsthilfeorganisationen und anderen Organisationen vor Ort zusammengearbeitet. Die Entstehung von solchen Organisationen wird technisch, manchmal auch finanziell unterstützt. Es geht aber nicht nur um die konkreten entwicklungspolitischen Projekte der Nichtregierungsorganisationen, sondern auch darum, dass im Prozess ihrer projektbezogenen Arbeit in diesen Ländern deutsche politische Kultur, freiheitliche Werte und tolerante Umgangsformen vermittelt werden, und zwar nicht unbedingt gezielt, sondern eher als „Nebeneffekt".

– Unterstützung der europäischen Einigungsprozesse

Auch auf europäischer Ebene sind die nationalen Nichtregierungsorganisationen unersetzlich, zumal es um das für die politische Integration erforderliche Zusammenwachsen von unterschiedlichen politischen Kulturen geht. Man braucht einen grenzüberschreitenden Diskurs, um die historisch gewachsenen Barrieren und Tabus im konstruktiven Sinne aufzulösen. Ein solcher Diskurs, auch auf der Ebene der privaten Träger geführt, trägt zur allmählichen Entstehung einer „europäischen" politischen Kultur bei.

– Pflege der transatlantischen Beziehungen

Die politischen Stiftungen oder Organisationen wie Atlantik-Brücke e.V. zielen auf der Ebene des politischen Dialogs eher auf die Elitenvernetzung. Kleinere Organisationen, Initiativen und Austauschgruppen arbeiten dagegen auf diversen sozio-politischen und sozio-kulturellen Ebenen. „Volksdiplomatie", von den Nichtregierungsorganisationen getragen, bleibt die wichtigste Voraussetzung dafür, dass die Stereotypen und Vorurteile, die in politisch schwierigen Zeiten von gewissen Kräften reanimiert werden können, keine Verbreitung und Unterstützung bekommen.

Dasselbe gilt für die Pflege der jeweiligen bilateralen Beziehungen. Jede, auch eine entwicklungspolitisch tätige Nichtregierungsorganisation, leistet mit ihrer Arbeit auch einen Beitrag zur Völkerverständigung. An erster Stelle stehen hier aber ohne Zweifel die politischen Stiftungen mit ihren vielseitigen Projekten, ihnen folgen diverse Organisationen, die die wissenschaftliche, auch geisteswissenschaftliche und künstlerische Zusammenarbeit fördern oder sich auf gesellschaftlich-politischer Ebene bewegen. Es gibt auch zahlreiche Beispiele, die sich speziell mit der Pflege der bilateralen Kulturbeziehungen im engeren Sinne des Wortes befassen, z.B. die Organisationen, die Literaturaustausch fördern oder künstlerische Leistungen vermitteln.

Ein wichtiger Bestandteil der bilateralen Beziehungen mit den Ländern, in welchen starke deutsche Minderheiten leben, bleibt die Pflege der deutschen Sprache und des deutschen Kulturerbes. Indem die Mittlerorganisationen, wie das Goethe-Institut oder der DAAD mit seinen Lektoren-Programmen, weltweit und in der Regel ohne speziell betonten Bezug zu den deutschen Volksgruppen deutsche Sprache und deutsche Kultur vermitteln, befassen sich einige Nichtregierungsorganisationen auch in diesem Bereich mit konkreteren, manchmal länderbezogenen Problemen. Es gibt ferner Nichtregierungsorganisationen der deutschen Minderheiten, die von der Bundesregierung Unterstützung erhalten und mit entsprechenden deutschen Vorfeldorganisationen, aber auch mit deutschen Partnern zusammenarbeiten.

## 3. Ausblick

Zu den Prioritäten der modernen krisenpräventiven Auswärtigen Kulturpolitik gehören die „gezielte Stärkung der Zivilgesellschaften“, die weltweite „Herrschaft des Rechts“ und der „Dialog der Kulturen“. Die gestiegenen Anforderungen an die Auswärtige Kulturpolitik und die Erweiterung ihrer Aufgabenbereiche verlangen nach neuen Partnern für die Zusammenarbeit. Dazu gehören die nationalen Nichtregierungsorganisationen, die vom Staat eine projektbezogene Finanzierung erhalten, sich allerdings von ihm nicht instrumentalisieren lassen.

Zu den Vorteilen der nationalen Nichtregierungsorganisationen gehört es, dass ihr kultureller Auftrag selbst in ihren entwicklungspolitischen Projekten zum Ausdruck kommt. Somit erlaubt ihr Einsatz, den Dialog der Kulturen mit Maßnahmen zur demokratischen Entwicklung zu verbinden und somit eine neue, wirksame Art der kulturellen Konfliktprävention zu etablieren.

# 4.8 Partner und Vermittler im Ausland – Die politischen Stiftungen

*Swetlana W. Pogorelskaja*

Im Vergleich zu den politischen Parteien spielen die parteinahen Stiftungen offiziell eher eine Nebenrolle. In Wirklichkeit aber laufen bei ihnen etliche Fäden der Politik zusammen. Hier werden Strategien entworfen, politische Entwicklungen analysiert, Projekte entfaltet – und es wird eine Menge Geld bewegt. Auch wenn die Stiftungen ihre institutionelle Entstehung ursprünglich nicht den strategischen außenpolitischen Absichten des (west)deutschen Staates, sondern vielmehr den Besonderheiten der Parteiengesetzgebung verdanken, entwickelten sie sich im Laufe der Zeit zu Institutionen, die aus der deutschen Parteiendemokratie nicht mehr wegzudenken sind. Sie sind auf jeder Ebene des politischen und gesellschaftlich-politischen Lebens präsent: von der Parteibasis und politisch interessierten Bevölkerung bis in die Staatspolitik. Ihr gemeinnütziger Charakter wird kaum noch von jemandem bestritten. Sie sind ein Produkt der politischen Kultur Deutschlands – und sie prägen sie unverwechselbar. Dank ihres Status verfügen sie über eine breite Palette an Handlungsmöglichkeiten sowohl in Deutschland als auch im Ausland. Derzeit gibt es sechs bundesweit tätige parteinahe Stiftungen deren jeweiliger Namensgeber für die politische Grundorientierung steht: die Friedrich-Ebert-Stiftung[1], der SPD nahestehend; die Konrad-Adenauer-Stiftung[2], der CDU nahestehend; die Hanns-Seidel-Stiftung[3], der CSU nahestehend; die Friedrich-Naumann-Stiftung für die Freiheit[4], der FDP nahestehend; die Heinrich Böll Stiftung[5], Bündnis 90/Die Grünen nahestehend; und die Rosa-Luxemburg-Stiftung[6], der Partei Die Linke nahestehend.

## 1. Organisation und Aufgaben

Die älteste der sechs politischen Stiftungen ist die Friedrich-Ebert-Stiftung, die 1925 mit dem Ziel gegründet wurde, „die Entwicklung des sozialen und demokratischen Gedankengutes und die Verständigung und Zusammenarbeit zwischen Völkern zu fördern", und die 1947 neu aufgebaut worden ist. Ihr folgten die 1964 aus der Politischen Akademie Eichholz e.V. – die ihrerseits 1958 aus dem 1956 gegründeten Verein „Gesellschaft für christlich-demokratische Bildungsarbeit" hervorging – entstandene Konrad-Adenauer-Stiftung und die 1958 gegründete Friedrich-Naumann Stiftung, die 2007 ihren Namen um „für die Freiheit" erweiterte. 1967 wurde in Bayern die Hanns-Seidel-Stiftung gegründet. Die Grünen, die zunächst gegen die Institution der parteinahen Stiftungen auftraten, gründeten 1988 einen Stiftungsverband Regenbogen, unter dessen Dach drei bis dahin als Gegenmodelle zu etablierten politischen Stiftungen arbeitende „Grünen-nahen" Stiftungen (Frauen-AnStiftung, Heinrich Böll Stiftung und Buntstift als Dachverband der Landesstiftungen und Bildungswerke) zwecks Verbesserung ihrer

1 www.fes.de.
2 www.kas.de.
3 www.hss.de.
4 www.freiheit.org.
5 www.boell.de.
6 www.rosalux.de.

Kooperation und der Finanzierung untergebracht wurden. Erst 1996 wurden diese Stiftungen in einer Heinrich Böll Stiftung mit dem Sitz in Berlin zusammengeführt. Die Linkspartei-nahe Stiftung, die bereits 1991 als „Stiftung Gesellschaftsanalyse und politische Bildung“ entstand und 1999 offiziell in Rosa-Luxemburg-Stiftung umbenannt wurde, hat fast zehn Jahre gebraucht, um wie andere Stiftungen Globalzuschüsse des Bundes zu erhalten. Die der Piratenpartei nahe Stiftung befindet sich noch in der Entstehung[7]. Die Republikaner versuchten ab 1989, eine bundesweit tätige Stiftung zu gründen, doch wurde ihr Antrag 1998 abgelehnt[8]. In den Jahren 2005 bis 2009 gingen Berichte über die NPD-nahe Landesstiftung durch die Medien[9], eine bundesweit tätige Stiftung hat diese Partei nicht.

Nach den Ausgabenvolumen sind die den beiden großen Volksparteien nahestehenden Ebert-Stiftung und Adenauer-Stiftung die größten.

Die satzungsmäßigen Aufgaben der politischen Stiftungen unterscheiden sich kaum voneinander und folgen dem demokratischen Grundkonsens. Die jeweilige Parteinähe sorgt allerdings für die entsprechende Schwerpunktsetzung in ihrer innenpolitischen Arbeit und auswärtigen Tätigkeit. Im Mittelpunkt der Arbeit aller parteinahen Stiftungen steht die politische Bildung. Zu den weiteren Aufgaben gehören Studienförderung, wissenschaftliche Arbeit und Politikberatung. Jede der politischen Stiftungen hat auch die Aufgabe, die internationale Zusammenarbeit sowie die europäischen Einigungsbestrebungen zu unterstützen und Entwicklungshilfe zu leisten.

Alle Bereiche sind miteinander verflochten. So gehören unter anderem Stipendiaten zu den Zielgruppen der politischen Bildungsarbeit, Forschungsarbeit trägt unter anderem zur Erarbeitung der neuen Bildungskonzepte bei, wissenschaftliche Veröffentlichungen werden auch in politischer Bildungsarbeit benutzt. In ihrer Auslandsarbeit können die Stiftungen in ein und demselben Land gleichzeitig politische, gesellschaftspolitische und kulturpolitische Arbeit leisten, zur Pflege der bilateralen Beziehungen beitragen und dazu noch für nahestehende Parteien aktiv sein. Die Erfahrungen, die sie in diesem Land gewinnen, fließen in ihre Forschungs- und Beratungsarbeit in Deutschland ein und bereichern ihr bildungspolitisches Angebot.

Die organisatorischen Strukturen der Stiftungen, obwohl permanent in Umbauprozessen zur besseren Anpassung an die politischen Herausforderungen begriffen, weisen grundsätzliche Ähnlichkeiten auf. Wie die Abteilungen aktuell auch heißen und gegliedert sein mögen, in der Regel gibt es die Arbeitsbereiche politische Bildung (mit den dazugehörenden bildungspolitischen Zentren bzw. Bildungswerken), wissenschaftliche Dienste (u.a. Archiv zur Geschichte des Gedankengutes der nahestehenden Partei, Pressearchiv, Bibliothek), Forschung und Beratung, Studienförderung (In- und Ausland) und Internationale Zusammenarbeit (eventuell gegliedert in Industrie- und Entwicklungsstaaten). Alle Stiftungen unterhalten Auslandsbüros, deren Zahl von der Größe und den finanziellen Möglichkeiten der Stiftungen abhängig ist. Die Adenauer- und die Ebert-Stiftung sind so gut wie in der ganzen Welt vertreten.

7 http://wiki.piratenpartei.de/AG_parteinahe_Stiftung (September 2014).
8 Ausführlicher siehe: BVerwG, Urteil vom 12.2.1998 – 3 C 55. 96., in: BVerwG, Mitteilung vom 12.2.1998 – 4/98 (Lexetius.com/1998,1283 [2002/5/3050]) http://lexetius.com/1998,1283 (September 2014).
9 Es ging um die Frage, wie dieser Stiftung die Finanzierung verweigert werden kann. Siehe: http://www.welt.de/politik/article4449704/NPD-will-staatliche-Zuschuesse-fuer-Bildungswerk.html (September 2014), http://www.taz.de/!39892/ (September 2014).

## 2. Status und Finanzierung

Die politischen Stiftungen sind eingetragene Vereine des Zivilrechts[10]. Diese Rechtsform betont die Unabhängigkeit der Stiftungen gegenüber den Parteien. Ihre Tätigkeit hat ihre verfassungsrechtliche Grundlage in Art. 9 Abs. 1 GG, soweit es ihre vereinsrechtliche Organisation betrifft, und, bezogen auf ihre gesellschaftspolitische Bildungsarbeit, in Art. 12 Abs. 1 GG. Die Benutzung des Wortes „Stiftung“ kann dadurch gerechtfertigt werden, dass mit ihm häufig die Existenz einer zukunftsweisenden Idee und die Orientierung am Gemeinwohl verbunden werden.

Die Präzisierung des rechtlichen Status erfolgte im Laufe der permanenten Diskussionen über die Finanzierung der politischen Parteien und der Weiterentwicklung der entsprechenden Gesetze. Der Aufstieg der Stiftungen begann mit der Entscheidung des Bundesverfassungsgerichts von 1966 über die Verfassungswidrigkeit der staatlichen Grundfinanzierung der Parteien[11]. Zusätzlich zu den zweckgebundenen und deshalb unsicheren Projektmitteln stand den Stiftungen nun eine jährliche Unterstützung („Globalzuschüsse für die gesellschaftspolitische und demokratische Bildungsarbeit“) zu. Erstmals erhielten sie diese Mittel (in Höhe von 9 Millionen DM) im Jahre 1967. „Bildungsarbeit“ war ein breit gefasster Begriff; im Grunde handelte es sich um institutionelle Förderungen. In den nachfolgenden Jahren erfreuten sich die Stiftungen ständig wachsender Globalzuschüsse. Die Kontrolle erfolgte nach den 1975 eigens für die Stiftungen geschaffenen Bewirtschaftungsgrundsätzen durch eine Wirtschaftsprüfungsgesellschaft und die Rechnungshöfe. Endgültig geregelt wurde diese Art von Zuwendungen durch die Entscheidung des Bundesverfassungsgerichts vom 14. Juli 1986, welcher die Klage der Grünen von 1983 über die „verdeckte Parteienfinanzierung“ vorausging. Das Gericht stellte fest, dass die Stiftungen in hinreichender Weise sowohl organisatorisch als auch in ihrer Willensbildung von ihren Parteien unabhängig sind[12]. Mit diesem Urteil wurde die innenpolitische Arbeit der Stiftungen ausdrücklich bejaht. Die 1992 eingesetzte Kommission unabhängiger Sachverständiger zur Parteienfinanzierung hat am 17. Februar 1993 bestätigt, dass die politischen Stiftungen ein wichtiger Teil der politischen Kultur der Bundesrepublik sind und für das Gemeinwesen nützliche Arbeit leisten. Im September 1993 strebte die FDP ein spezielles Stiftungsgesetz an, um „den Verdacht einer Grauzone“ zu beseitigen[13], jedoch ohne Erfolg. Am 12. Dezember 1996 verabschiedeten fünf politische Stiftungen eine *Gemeinsame Erklärung zur staatlichen Finanzierung der Politischen Stiftungen*, in welcher sie nachdrücklich die Gemeinnützigkeit ihrer Arbeit betonten und darauf hinwiesen, dass sie „bereits in den letzten Jahren auch ohne gesetzliche Publizitätspflicht ihre Mittelverwendung offengelegt haben“[14]. Diese Erklärung ist – in ihrer aktualisierten Fassung – immer noch gültig.

Die Stiftungen müssen den Parteien fern genug bleiben, um von ihnen getrennt als „rechtlich und tatsächlich unabhängige Institutionen“ aus öffentlichen Mitteln finanziert werden zu kön-

10 Mit Ausnahme der Friedrich-Naumann-Stiftung für die Freiheit, die in der Tat eine selbstständige Stiftung des privaten Rechts ist, siehe: http://www.freiheit.org/files/62/2014_Aktuelle-Satzung.pdf (September 2014).

11 Urteil des Zweiten Senats vom 19.7.1966 auf die mündliche Verhandlung vom 19., 20. und 21.4.1966. BVerfG vom 19.7.1966 (2/BvF 1/65), BVerfG 20, S. 97.

12 Urteil des BVerfG vom 14.7.1986. Gewährung von Globalzuschüssen zur politischen Bildungsarbeit an parteinahe Stiftungen, in: Entscheidungen des Bundesverfassungsgerichts, Band 73, S. 1-39.

13 „Die FDP strebt ein Stiftungsgesetz an“, in: FAZ, 7.9.1993.

14 Gemeinsame Erklärung der Konrad-Adenauer-Stiftung e. V., Friedrich-Ebert-Stiftung e.V., Friedrich-Naumann-Stiftung e.V., Hanns-Seidel-Stiftung e.V. und der Heinrich Böll Stiftung e.V. zur staatlichen Finanzierung der Politischen Stiftungen vom 12.12.1996, 9 S., hier: S. 8.

nen; und sie müssen ihnen nahe genug stehen, um eine institutionelle Förderung in Form der Globalzuschüsse zu erhalten, die den anderen Nichtregierungsorganisationen mit gesellschaftlichem Auftrag nicht zustehen. Mit dem umstrittenen Begriff „Parteinähe" bezeichnet man eine Art Wechselbeziehung, die von rechtlicher Seite schwer nachzuweisen ist, da sie nicht institutionalisiert ist und nicht auf der offiziellen, sondern eher auf einer ideellen und politisch-persönlichen Ebene zum Ausdruck kommt. Durch diese nicht institutionalisierte persönlich-politische Wechselwirkung sind die Stiftungen maßgeblich am Gestaltungsprozess der Politik der entsprechenden Partei beteiligt – und umgekehrt. Wenn eine Partei an die Macht kommt, reichen die Einflussmöglichkeiten der ihr nahestehenden Stiftung bis in die Regierungspolitik.

Die Aufgaben, die die Stiftungen zu bewältigen haben, überschreiten jedoch die speziellen Interessen der Parteien und werden nicht unbedingt von diesen bestimmt, was gerade am Beispiel der Auslandstätigkeit der Stiftungen besonders deutlich zu sehen ist. Die „Eigenwilligkeit", die sie dabei einmal gegenüber den eigenen Parteien mit dem Verweis auf die Notwendigkeit des „breiteren Ansatzes" im Dienst der deutschen Interessen, ein anderes Mal gegenüber dem Auswärtigen Amt mit dem Verweis auf ihr eigenes Selbstverständnis demonstrieren, folgt aus ihrer Parteinähe. Dank dieses einzigartigen Status nehmen die Stiftungen einen besonderen Platz im bundesdeutschen gesellschaftlichen und politischen Gefüge ein.

Für ihre außen- und entwicklungspolitische Tätigkeit erhalten die Stiftungen zweckgebundene Mittel des Bundesministeriums für wirtschaftliche Zusammenarbeit und Entwicklung, des Auswärtigen Amtes und zu kleineren Teilen aus anderen Ressorts. Die Finanzierungsquelle ist von der Ausrichtung des jeweiligen Projektes abhängig. Grundsätzlich werden mit den Mitteln des Auswärtigen Amtes Maßnahmen unterstützt, die offensichtlich in die Kompetenz der Außenpolitik gehören, wie z.B. die Förderung internationaler Kontakte oder bilateraler Beziehungen. Das Bundesministerium für wirtschaftliche Zusammenarbeit und Entwicklung finanziert dagegen Projekte, die typische „entwicklungspolitische" Züge tragen und in der Regel langfristig (Förderungszeitraum von drei bis vier Jahren) angelegt sind, wie gesellschaftspolitische Bildung oder Maßnahmen zur Sozialstrukturhilfe. Alle Projekte, auch die, die dem Bundesministerium für wirtschaftliche Zusammenarbeit und Entwicklung vorgelegt werden, werden vom Auswärtigen Amt unter Einbeziehung der deutschen Botschaften im Ausland hinsichtlich möglicher außenpolitischer Bedenken oder möglicher Überschneidungen mit den Aktivitäten anderer deutscher bzw. westlicher Trägerorganisationen geprüft. Indem der Staat die Finanzierung eines Projektes verweigert, distanziert er sich offiziell von ihm. Es bleibt der Stiftung überlassen, das Projekt zu überarbeiten, fallen zu lassen, es auf eigenes Risiko und mit anderen Mitteln durchzuführen oder gegen den Staat zu klagen. Von diesem Recht hat die Heinrich Böll Stiftung Anfang der neunziger Jahre mit Erfolg Gebrauch gemacht.

Sowohl die Globalzuschüsse als auch die Projektförderung werden mit dem Gesetz zur Feststellung des Bundeshaushalts verabschiedet. Die Verteilung der Gesamtmittel auf die Stiftungen richtet sich nach einem Schlüssel, der die „dauerhaften, ins Gewicht fallenden politischen Grundströmungen"[15] in der Bundesrepublik Deutschland berücksichtigt. 2013 erhielten die Friedrich-Ebert-Stiftung 31,9 Prozent, die Konrad-Adenauer-Stiftung 28 Prozent, Friedrich-Naumann- und Heinrich Böll Stiftung jeweils 10,4 Prozent, die Hanns- Seidel-Stiftung 9,7 Pro-

15 Urteil des BVerfG vom 14.7.1986. Gewährung von Globalzuschüssen zur politischen Bildungsarbeit an parteinahe Stiftungen, in: Entscheidungen des Bundesverfassungsgerichts, Band 73, S. 1-39.

zent und die Rosa-Luxemburg-Stiftung 9,5 Prozent der Gesamtmittel[16]. Im Bundeshaushalt 2013 waren für sie insgesamt 99,958 Millionen Euro an „Globalzuschüssen zur gesellschaftspolitischen und demokratischen Bildungsarbeit“ eingerichtet worden[17], im Jahre 2014 sollten es 115,957 Millionen Euro sein, davon kommen auf die Ebert-Stiftung 36,991 Millionen, die Adenauer-Stiftung 32,468 Millionen, die Naumann-Stiftung und die Böll-Stiftung je 12,088 Millionen, die Seidel-Stiftung 11,306 Millionen und die Rosa-Luxemburg-Stiftung 11,016 Millionen Euro[18].

Die innen- und außenpolitische Arbeit der Stiftungen unterliegt der ministeriellen und parlamentarischen Kontrolle. Die finanziellen Ausgaben werden außer vom Zuwendungsgeber noch vom Bundesrechnungshof, den Landesrechnungshöfen, dem Finanzamt und von Wirtschaftsprüfern kontrolliert. In ihren Jahresberichten legen die Stiftungen der Öffentlichkeit die Ergebnisse ihrer Arbeit vor.

## 3. Methoden, Instrumente und Prinzipien der Auslandsarbeit

Die Arbeit der Stiftungen im Ausland wird, wie auch bei vielen anderen Nichtregierungsorganisationen, in Form von Projekten umgesetzt. Als „Projekt“ bezeichnet man in diesem Fall ein in der Regel auf Dauer angelegtes System von Maßnahmen zur Erreichung eines gesellschaftlich-politischen bzw. ordnungspolitischen Ziels im Gastland.

Ein langfristig angelegtes Projekt sieht die Zusammenarbeit mit einem Partner vor Ort vor. Als Partnerorganisationen werden nichtstaatliche Strukturen bevorzugt (z.B. Bildungs- und Wissenschaftseinrichtungen derjenigen Parteien im Gastland, die den den Stiftungen nahestehenden Parteien „verwandt“ sind). Art, Dauer und Umfang der deutschen Beteiligung werden im Zusammenhang mit den finanziellen Verhältnissen und der personellen wie organisatorischen Leistungsfähigkeit der Partnerorganisation festgelegt.

Die Arbeit kann auch ohne einen festen Partner, im Rahmen eines sogenannten Regieprogramms, verwirklicht werden. Das kann z.B. der Fall sein, wenn sich die Arbeit der Stiftung in einem Entwicklungs- oder Transformationsland erst im Aufbau befindet. Regieprogramme sind auch in Staaten üblich, in denen es keine zivilgesellschaftlichen Strukturen gibt, die als Partner in Betracht kommen würden. Ferner arbeiten die Stiftungen auch dort eigenständig, wo sie keinen entwicklungspolitischen Auftrag haben und wo ihre Arbeit vom Auswärtigen Amt finanziert wird.

Bei der Auswahl eines Partnermodells für die Arbeit in einem Entwicklungs- oder Transformationsstaat kommt es sehr auf die Rahmenbedingungen vor Ort und die Ziele der Stiftung an. In einigen Ländern erweist es sich als effizient, nur wenige Hauptpartner pro Land zu wählen und mit ihnen ein Jahresprogramm mit entsprechendem Jahreshaushalt abzuschließen. Dort, wo die Mittel, die den Charakter von Entwicklungshilfe haben, nicht von Steuern befreit sind, hat die institutionelle Förderung eines Partners wenig Sinn.

16 Das Parlament, Nr. 34-36, 2013, http://www.das-parlament.de/2013/34_36/Themenausgabe/46371107/324528 (September 2014).

17 Bundesministerium der Finanzen, 2013, Bundeshaushalt 2013, http://www.bundeshaushalt info.de/startseite/#/2013/soll/ausgaben/einzelplan/060268502.html (September 2014).

18 http://www.bundeshaushalt-info.de/fileadmin/de.bundeshaushalt/content_de/dokumente/2014/soll/epl06.pdf#page=11 (September 2014).

Zu den Zielgruppen aller politischen Stiftungen gehören Entscheidungsträger in politischen, wirtschaftlich-politischen, rechtlichen bzw. verfassungsrechtlichen Bereichen, in der kommunalen Selbstverwaltung, in Gewerkschaften, im wissenschaftlichen und universitären Bereich, aber auch Intellektuelle, Journalisten und Studenten. Zu den Instrumenten der Arbeit gehören Tagungen, Konferenzen, Bildungsseminare oder Experteneinsätze. Eine besondere Rolle spielt der politische Dialog.

Jede Stiftung soll von den Behörden des Gastlandes registriert werden. Da die Stiftungen keine Durchführungsorganisationen und somit nicht in die zwischenstaatlichen Abkommen einbezogen sind, haben sie ihren Status selbst zu regeln, auch wenn sie dafür mit entsprechenden Regierungsstellen des Gastlandes verhandeln müssen. In besonders komplizierten Fällen und nur wenn nötig geht einer Registrierung eine Note des Auswärtigen Amtes voran.

Die Arbeit der Stiftungen im Ausland unterliegt festen Prinzipien. So ist es verboten, sich in Auseinandersetzungen der Interessengruppen um die Regierungsgewalt einbeziehen zu lassen oder sich in innenpolitische Auseinandersetzungen in den Projektländern einzumischen. Gemeint ist eine offene Einmischung, indem die Stiftung demonstrativ für eine Seite Partei ergreift und ihren „Kandidaten“ fördert und im Wahlkampf unterstützt. Noch weniger ist es zulässig, deutsche innenpolitische Streitigkeiten im Ausland auszutragen.

Über längere Zeit hinweg wurde den Stiftungen davon abgeraten bzw. sogar verboten, in Gastländern die Finanzierungsquellen ihrer Arbeit offenzulegen. „Die staatliche Herkunft der Mittel, die für die Maßnahmen der gesellschaftspolitischen Bildung aus dem Bundeshaushalt gewährt werden, wird grundsätzlich nicht bekannt gemacht“[19]. Doch in letzter Zeit betonen die Stiftungen bei der Arbeit in einigen Ländern sogar, dass sie mit den Mitteln der deutschen Steuerzahler arbeiten, damit ihre Partner nicht so drastisch besteuert werden wie z.B. die der privaten amerikanischen Organisationen.

Die Koordination der Arbeit sowohl untereinander als auch mit anderen privaten und staatlichen Trägern ist eine der wichtigsten Regeln für die Auslandsarbeit. Im Auswärtigen Amt und im Bundesministerium für wirtschaftliche Zusammenarbeit und Entwicklung gibt es entsprechende Strukturen, die für die Zusammenarbeit mit den politischen Stiftungen zuständig sind. Im Ausland treffen die Außenstellenleiter sich regelmäßig und pflegen Kontakte zu den deutschen Botschaften.

## 4. Parteinahe Stiftungen und die deutsche Auswärtige Kulturpolitik

Im Hinblick auf die auswärtige Arbeit der Stiftungen wird in der Regel angenommen, dass sie sich außen- und entwicklungspolitisch betätigen und nur bedingt die „klassischen“ Bereiche der Auswärtigen Kulturpolitik berühren. Tatsächlich sind selbst ihre kulturpolitischen Programme (Kunstausstellungen, literarische Symposien, Autorenseminare, Autorenlesungen, Ausschreibung von Autorenpreisen) im Endeffekt eng in den entsprechenden außenpolitischen Kontext eingebettet. Politische Stiftungen sind keine nennenswerten Träger Auswärtiger Kulturpolitik im engeren Sinne des Wortes. Geht man allerdings von einem erweiterten Verständnis der Auswärtigen Kulturpolitik aus, das auf einer die ganze Bandbreite der geistigen Werte

19 Auswärtiges Amt, Politisches Archiv. Bestand 401 (Zwischenarchiv), Bd. 118 163, Entwicklungspolitische Arbeit der politischen Stiftungen.

des deutschen Volkes umfassenden Definition des Kulturbegriffes beruht, ergibt sich, dass sich mehrere Bereiche der auswärtigen Tätigkeit der Stiftungen mit den Aufgabenbereichen der Auswärtigen Kulturpolitik überschneiden bzw. unmittelbar deren Zielen dienen. Ansätze zu einer solcherart erweiterten Definition der Kulturpolitik findet man in den Arbeitsdokumenten des Auswärtigen Amtes bereits Mitte der sechziger Jahre, also exakt in der Zeit, als die Stiftungen ihre Auslandsarbeit begannen. Von Anfang an wurden sie mit kulturpolitischen Aufgaben in den Entwicklungsländern beauftragt[20] (wobei Kulturpolitik gegenüber diesen Ländern eher als Bildungshilfe interpretiert wurde) und in die Nachkontaktarbeit einbezogen.

In der zweiten Hälfte der sechziger Jahre verbreitete sich die Ansicht, dass die klassischen Methoden der Kulturpolitik in weiten Bereichen der Dritten Welt versagen und durch kulturpolitische Aufgaben mit überwiegend entwicklungspolitischer Motivation oder Auswirkung („technische Hilfe") ergänzt werden müssen. Dazu gehörten die „weltanschaulich und politisch gebundenen Bildungsmaßnahmen", die „mittels den drei großen Parteien nahestehenden Bildungsinstitutionen"[21] durchgeführt werden sollten. In den Diskussionen über das Verhältnis zwischen „Außenpolitik", „Auswärtiger Kulturpolitik", „Entwicklungspolitik" und „Entwicklungshilfe" ging es letztendlich um die Verteilung der Kompetenzen zwischen dem Auswärtigem Amt und dem neu geschaffenen Bundesministerium für wirtschaftliche Zusammenarbeit. Für die Stiftungen waren diese Diskussionen nur im Hinblick auf die Finanzierung ihrer Projekte aus dem einen oder dem anderen Ressort relevant. Ziel ihrer Arbeit in den Entwicklungsländern in den sechziger Jahren war die Schaffung „der bildungsmäßigen und psychologischen Voraussetzungen einer wirtschaftlichen Entwicklung"[22].

Dagegen war gegenüber den Ostblockstaaten „das Ziel unserer Kulturpolitik [...] Expansion um politischer Ziele willen [...]. Hauptobjekt unserer Bemühungen ist die urteilsfähige und gebildete Öffentlichkeit, nicht so sehr die breite Masse"[23]. Die Tätigkeit der Stiftungen in diesem Bereich begrenzte sich zunächst auf die Forschungsarbeit und auf episodische Einzelreisen der Länderexperten. Seit Anfang der siebziger Jahre hatte die Ebert-Stiftung, flankierend zur damaligen Ostpolitik der Bundesregierung, Osteuropa im Programm. Zunächst ging es um einen Journalistenaustausch, später kamen Postgraduiertenprogramme und ein Gedankenaustausch in den Gesellschaftswissenschaften hinzu. Die entsprechenden Forschungseinrichtungen in den Ostblockstaaten waren mit den regierenden kommunistischen Parteien vernetzt. Da auch die Stiftungen durch ihre Parteinähe eine unmittelbare Verbindung zu den die bundesdeutsche Politik gestaltenden Kräften bis hin zur Regierung hatten, handelte es sich um einen kritischen politischen Dialog im scheinbar vorpolitischen Raum, allerdings mit einem direkten Draht zur Politik.

Bereits als Außenminister betonte Willy Brandt, die Auswärtige Kulturpolitik sei durch folgende drei Komponenten gekennzeichnet: Selbstdarstellung, Kooperation und Unterstützung derer, die ihrer bedürfen, um Anschluss an das internationale Niveau zu gewinnen. 1970 setzte sich die umfassende Definition des Begriffes der Auswärtigen Kulturpolitik endgültig durch. Sie wird als „Politik der kulturellen, wissenschaftlichen und gesellschaftspolitischen Zusam-

20 Auswärtiges Amt, Politisches Archiv, III B 2, Bd. 304, "Bericht über die kulturellen Maßnahmen in den Entwicklungsländern" vom 15.8.1963.
21 Auswärtiges Amt, Politisches Archiv, II B 2, Bd. 304, Leistungen der BRD in Rahmen der Technischen Hilfe.
22 Auswärtiges Amt, Politisches Archiv, III B 1 Bd. 391, Bericht des Bundesministers für wirtschaftliche Zusammenarbeit und Entwicklung über die Konzeption der Entwicklungshilfepolitik der Bundesrepublik vom 3.4.1965.
23 Auswärtiges Amt. Politisches Archiv, B 97 Band 132, Aufzeichnung vom 8.2.1965.

menarbeit“ verstanden. „Dabei kann im Interesse des außenpolitischen Gesamtkonzepts auf die Einbeziehung der Entwicklungsländer nicht verzichtet werden. Die gesellschaftspolitische Arbeit, die weitgehend von den drei politischen Stiftungen durchgeführt wird, ist Teil der Kulturarbeit in diesem umfassenden Sinne“[24].

Diese „Kulturarbeit im umfassenden Sinne“ kennzeichnet auch die gegenwärtige Arbeit der parteinahen Stiftungen in den konfliktträchtigen Regionen der Welt. Im Unterschied zu den Trägerorganisationen der deutschen Auswärtigen Kulturpolitik richtet sich die Arbeit der politischen Stiftungen nicht primär auf den „Transfer“ deutscher Kultur ins Ausland. Und doch vermitteln sie durch ihre Arbeit im Ausland ein gutes Stück deutscher Kultur, nämlich die politische Kultur der modernen deutschen Zivilgesellschaft. Es gibt aber auch die Kulturarbeit im engeren Sinne, und auch sie spielt ihre Rolle in der Demokratieförderung und folglich in der Krisenprävention. Stiftungen kombinieren sie geschickt mit anderen Arbeitsbereichen. Sie schafft langfristige Positionen, die sich im Falle einer Verschlechterung der politischen Beziehungen zum entsprechenden Gastland als dauerhaft und tragfähig erweisen. Daher wird sie nicht aufgegeben, schon gar nicht in Ländern mit erheblichen Demokratiedefiziten.

Die neuen weltpolitischen Realitäten brachten zwar zusätzliche wichtige Schwerpunkte in der Ausrichtung der Auswärtigen Kulturpolitik, berührten aber nicht ihr Grundverständnis. Sie wird nach wie vor mit den auf den freiheitlich-demokratischen Werten basierenden außenpolitischen Interessen verknüpft.

## 5. Politische Stiftungen im System der aktuellen Auswärtigen Kulturpolitik

Im Kontext des umfassenden Konzeptes der Auswärtigen Kulturpolitik haben die parteinahen Stiftungen folgende regionale Aufgabenbereiche:

- *Entwicklung der transatlantischen und europäischen Zusammenarbeit, Unterstützung der europäischen Einigungsprozesse.* Im Vordergrund steht die Vernetzung der Eliten auf sicherheitspolitischer, politischer, wissenschaftlicher und bedingt auch auf kultureller Ebene, falls ein gesellschaftlich-politischer Bezug existiert. In den „Grauzonen“ der Politik, wo sich die Wege von Berufspolitikern, Diplomaten, Experten, Journalisten und intellektuellen Eliten kreuzen, werden Fragen der bilateralen Beziehungen besprochen und europäische und transatlantische Strategien diskutiert (siehe hierzu Renvert 2014). Die Europabüros der parteinahen Stiftungen in Brüssel fungieren als Bindeglied der Stiftungen zu den EU-Institutionen, den Beitrittsstaaten, der Nordatlantischen Allianz und zum in Brüssel ansässigen diplomatischen Korps. Darüber hinaus werden Kontakte mit entsprechenden europäischen Parteien intensiv gepflegt. Die Stiftungen arbeiten auch mit der EU-Kommission zusammen, die einige für die Europäische Union wichtige Projekte finanzieren bzw. mitfinanzieren kann (ausführlich hierzu auch Dakowska 2014). Durch ihre bildungspolitische Arbeit stärken die Stiftungen das Engagement für Europa, und als Ideenlieferanten tragen sie zur Gestaltung Europas bei. Außerdem fördert ihre Arbeit das Zusammenwachsen von unterschiedlichen politischen Kulturen in Europa und das allmähliche Entstehen einer „europäischen“ politischen Kultur. Die Stiftungen tragen viel zu einem gesellschaftlich-politischen Diskurs bei, der ver-

24 Auswärtiges Amt, Politisches Archiv, III B2 Bd. 968, Verhältnis AA – BMZ, hier: Zuständigkeit für gesellschaftspolitische Maßnahmen und Bildungshilfe.

sucht, die historisch gewachsenen Barrieren in Europa in einem positiven, konstruktiven Sinne aufzulösen.

Dass es krisenträchtige Meinungsverschiedenheiten innerhalb der transatlantischen und europäischen Strukturen gibt und auch in Zukunft geben wird, auch auf gesellschaftlich-politischer Ebene, ist unbestritten, umso mehr, als durch die EU-Erweiterung auch neue Konfliktpotenziale in die Europäische Union „importiert“ werden können. Allerdings setzt diese Art der krisenpräventiven Arbeit voraus, dass man sich auf beiden Seiten einem kritischen politischen Dialog stellen will, was nicht immer der Fall ist.

Die Rolle der Stiftungen im Rahmen der Europäischen Union beschränkt sich gegenwärtig aber nicht nur auf die für ihre europäische und transatlantische Projektarbeit traditionellen Aufgaben. In vielen Ländern der Europäischen Union waren sie schon ein nachahmenswertes Modell (a.a.O.: 193), und seit 2006 gibt es auch ein Netzwerk politischer Stiftungen[25] mit derzeit 69 Mitgliedern aus 25 Ländern. Verschiedene Gründungen auf EU-Ebene (z.B. Fondation européenne d'Etudes progressistes, Green European Foundation, Centre for European Studies, European Liberal Forum) sind zwar keine exakten Kopien deutscher politischer Stiftungen, aber ohne ihr Beispiel nicht vorstellbar (a.a.O.: 189 f.).

Als Folge der allmählichen politischen Konsolidierung innerhalb der Europäischen Union und der Umsetzung der Konzepte der Europäischen Nachbarschaftspolitik gewinnt die gesamte Palette der Auslandsarbeit der parteinahen Stiftungen immer deutlicher europäische Dimensionen. Dies gilt z.B. für Projekte der parteinahen Stiftungen zur Unterstützung der Demokratie in solchen Ländern, die bereits EU-Nachbarn sind oder eventuell werden sollen.

In den USA waren die deutschen Stiftungen nicht nur wichtiger Verständnisträger zu Deutschland und Europa, sondern auch „Vorbild für die Gründung vergleichbarer Institutionen“, wie das National Endowment for Democracy, das National Democratic Institute oder das National Republican Institute (Renvert 2014: 252 ff.). Mit dem National Endowment for Democracy gab es eine Zusammenarbeit in Mittel- und Osteuropa und in den neunziger Jahren eine Kooperation bei Konfliktprävention und Konfliktmanagement (a.a.O.: 254).

- *Heranführung der Staaten von Mittel- und Osteuropa an die europäischen und transatlantischen Strukturen.* Es geht hierbei um die Staaten, die den europäischen und transatlantischen Strukturen bereits beigetreten sind bzw. in Bälde beitreten werden. Ziel ist unter anderem die Schaffung bzw. Festigung der dafür erforderlichen gesellschaftlich-politischen und wirtschaftlichen Strukturen. Instrumente sind der politische bzw. kulturell-politische Dialog und begleitende Maßnahmen wie gesellschaftlich-politische Bildungsarbeit und Beratung durch Experteneinsätze.
- *Demokratieförderung in Transformationsstaaten.* Es handelt sich hier um Staaten, die sich nicht als Entwicklungsländer einstufen lassen, die sich jedoch nach dem Zusammenbruch ihrer früheren Strukturen in einem Übergangsprozess befinden, dessen erklärtes Ziel die Konsolidierung der demokratischen und marktwirtschaftlichen Systeme sein soll. Das sind vor allem die meisten postsowjetischen Staaten. Bezogen auf die konkreten Bedürfnisse des jeweiligen Landes geht es um die Stabilisierung der politischen und wirtschaftlichen Entwicklung hin zur Demokratie.
- Die Ausrichtung der *entwicklungspolitischen Arbeit* in den Ländern der Dritten Welt variiert von Land zu Land. Grundsätzlich geht es um „Hilfe zur Selbsthilfe“, also um die Schaf-

25 http://www.european-network-of-political-foundations.eu (September 2014).

fung der strukturellen Voraussetzungen zur Behebung der Unterentwicklung. Unter den Instrumenten dominieren gesellschaftlich-politische Bildungsmaßnahmen und Experteneinsätze (einschließlich Beratung der Regierungen). Die Intensität des politischen bzw. kulturpolitischen Dialogs ist von Land zu Land unterschiedlich.

- *Überregionale Aufgaben.* Einige Aufgaben sind für die gesamte Auslandsarbeit der Stiftungen aktuell und werden im Rahmen der laufenden Zusammenarbeit regional- bzw. länderspezifisch umgesetzt. Hierzu gehören unter anderem der Umgang mit den Folgen der Globalisierung, der Dialog der Kulturen, Frauenpolitik und nicht zuletzt Krisen- und Konfliktprävention.
- In der zivilen *Krisen- und Konfliktprävention* spielen die Stiftungen eine besondere Rolle. Sie können sich sowohl in einer langfristigen strukturorientierten als auch in einer kurzfristigen prozessorientierten Prävention engagieren. Der Schwerpunkt liegt auf langfristiger Projektarbeit. Am besten können Stiftungen dort einsetzen, wo die Europäische Union zivile Friedensmissionen übernimmt. Eine für die zivile Krisenprävention sehr wichtige Ausrichtung ihrer Auslandsarbeit ist ihr traditioneller Arbeitsbereich: die auf die Förderung von Demokratie, Rechtsstaatlichkeit und sozialer Marktwirtschaft gerichtete und langfristig angelegte partnergebundene Projektarbeit. Darüber hinaus werden Stiftungen durch ihre langfristige Präsenz in den politischen „Grauzonen" der Projektländer zu einer Art „Frühwarnsystem" und leisten auch dadurch einen bedeutenden Beitrag zur krisenpräventiven Außenpolitik. Ebenfalls wichtig ist ihre Forschungs- und Beratungsarbeit wie die Erarbeitung von Länderstudien oder Friedens- und Konfliktforschung. Bei der prozessorientierten Prävention liegen die Möglichkeiten der Stiftungen im Konfliktmanagement in der Phase der Konflikttransformation und in der unmittelbaren Postkonfliktphase.
- Auch ihr *kulturpolitischer Einsatz* hat eine krisenpräventive Dimension. Stiftungen arbeiten gern im kulturpolitischen und wissenschaftlichen Bereich[26], auch wenn sie selbst diese Arbeit als sekundär gegenüber ihren unmittelbar politischen Aufgaben bezeichnen. Sollte die politische Arbeit in einem Land zunächst nicht möglich sein, kann die Stiftung sich mit der wissenschaftlichen Zusammenarbeit (Vorlesungsreihen an den Universitäten, gemeinsame Projekte mit den Forschungsinstituten vor Ort, Förderung von Übersetzungsprojekten) bzw. mit kulturell-politischen oder rein kulturellen Aufgaben befassen. Dies sind bewährte Ausgangspositionen für die Aufnahme der Arbeit in einem Land, aber auch Nischen, in welche sich die Stiftung zurückziehen kann, falls eine politische Arbeit aus irgendwelchen Gründen nicht (mehr) möglich ist. Gegenwärtig sind parteinahe Stiftungen überall dort in den krisen- und konfliktträchtigen Regionen präsent, wo die Rahmenbedingungen vor Ort es zulassen und wo Interesse an deutscher und europäischer Arbeit besteht.

26 Manchmal kooperieren sie dabei mit den Trägerorganisationen der Auswärtigen Kulturpolitik, z.B. mit Goethe-Instituten. Siehe z.B. die Theater-Projekte der Adenauer-Stiftung und der Ebert-Stiftung in Usbekistan. Selbstverständlich rechtfertigten die beiden Stiftungen ihre Teilnahme an diesen Projekten mit ihren politischen Hintergrundzielen (Pogorelskaja 2009: 156 f.).

## 6. Parteinahe Stiftungen: pro et contra

Der Tätigkeit der Stiftungen kann keine eindeutige politische Bewertung gegeben werden. Es kommt dabei auf das Land und auf den politisch-ideologischen Blickwinkel an, unter welchem ihre Arbeit analysiert wird. [27]

In Deutschland nimmt man die Stiftungen vor allem – und fast ausschließlich – im Zusammenhang mit ihrer Finanzierung unter die Lupe.

- Der mit Abstand größte diskutierte Themenkomplex umfasst die Finanzierung der innenpolitischen Arbeit (Globalzuschüsse des Bundes) und – damit verbunden – das Maß und die Intensität der Parteinähe. Der Vorwurf lautet: „verdeckte Parteienfinanzierung", das Gegenargument heißt: „Förderung des politischen Pluralismus".
- Über die „Parteinähe" wird auch im Hinblick auf die Finanzierung der Auslandsarbeit diskutiert (Vorwurf: "Parteienaußenpolitik" – Gegenargument: Projekte werden nur finanziert, wenn sie den Richtlinien der deutschen Außen- und Entwicklungspolitik entsprechen). Gelegentlich taucht dieses Thema im Zusammenhang mit Spendenaffären auf; dann wirft man den Stiftungen vor, als "Geldwäsche-Anlagen" aufzutreten und der Bereicherung der nahestehenden Parteien zu dienen.
- Intensität der Parteinähe diskutiert man unter anderem in Hinblick auf die entwicklungspolitische Arbeit (Vorwurf: Unterstützung der den deutschen Parteien nahestehenden Gruppen in den Entwicklungsländern als „Export" der deutschen innenpolitischen Auseinandersetzungen – Gegenargument: Förderung des politischen Pluralismus in den Entwicklungsländern als Teil der Demokratieförderung).

Über die Tätigkeit der Stiftungen im Ausland wird ebenfalls gestritten. Man wirft ihnen „geheime Diplomatie", „Nebenaußenpolitik", „außenpolitische Abenteuerlust" vor; das Gegenargument lautet: Stiftungen sind Instrumente und Akteure der Außenpolitik.

- In den tagespolitisch gefärbten Diskussionen über die Entwicklungen in bestimmten Staaten wird kritisiert, wie Stiftungen Demokratie fördern. Dabei vergleicht man sie gern (und nicht zu ihren Gunsten) mit amerikanischen Organisationen. Der Vorwurf lautet: Den Stiftungen fehlt es an Offensive und an Konfrontation. Das Gegenargument ist: Die Stiftungen folgen nicht dem Prinzip des Entweder-oder, sondern des Sowohl-als-auch und teilen untereinander die Arbeitsbereiche. Daher können sie auch dort arbeiten, wo amerikanische Organisationen nicht mehr geduldet werden. Deutschland profitiert auf der internationalen Bühne als Zivilmacht; eine westliche Präsenz in umstrittenen Ländern bleibt erhalten.
- Bemängelt wird von Kritikern die geringe Transparenz in der Auslandsarbeit und fehlendes Zahlenmaterial in Evaluationen. Gegenargumente: Die Zurückhaltung in der Publizität ist meist außenpolitisch bedingt, weil die Publikation eine potenzielle projektpolitische Rückwirkung „vor Ort" zeitigen kann. Darüber hinaus lässt sich die Effizienz der Arbeit nicht immer anhand der Evaluationsberichte eindeutig ermitteln, weil diese Arbeit komplex und langfristig angelegt ist, sodass ihre Ergebnisse sich meist, vor allem wenn es um strukturpolitische Beiträge geht, erst nach längerer Zeit bemerkbar machen.

---

27 Empfehlenswert hierzu Egger (2007). Weitere Literaturhinweise sowie ein Überblick über die Diskussionen zu Status und Rolle der parteinahen Stiftungen in Deutschland und im Ausland siehe ausführlich: Pogorelskaja (2009).

- Im Ausland gibt es andere Schwerpunkte der Kritik, vor allem zum Inhalt der Projekte und zum Einfluss, den die Stiftungen durch ihre Arbeit auf die Entwicklung im jeweiligen Land ausüben. Ein besonders häufig wiederholter Vorwurf, der den Stiftungen in voller Kenntnis über ihren Status und ihre Finanzierung gemacht wird, ist, dass sie sich in die „inneren Angelegenheiten" der betreffenden Länder einmischen, indem sie die ihnen politisch und weltanschaulich verwandten Kräfte fördern. Dabei kann bereits bildungspolitische Arbeit im Umfeld einer politischen Partei als eine unerlaubte Förderung interpretiert werden.

Selbstverständlich sind die Stiftungen nicht makellos. Sie sind Schöpfungen einer lebendigen Parteiendemokratie mit allen daraus folgenden Vor- und Nachteilen. Und doch kann bei aller manchmal auch sachlich gerechtfertigten Kritik kaum bestritten werden, dass es mehr Argumente für als gegen ihre Arbeit gibt. So werden sie auch künftig weltweit Akteure und Instrumente der deutschen und – immer mehr – auch der europäischen Politik sein, als Katalysatoren der transnationalen politischen und gesellschaftlich-politischen Zusammenarbeit.

## 4.9 Frei für Ideen und neues Denken – Die Stiftungen

*Peter Theiner*

Stiftungen sind älter als der moderne Staat. Schon in der Antike, mit der die europäische Stiftungsgeschichte ihren Ausgang nimmt, übereigneten wohlhabende Familien Teile ihres Grundbesitzes den Göttern, auf dass die Erträge dem Opferdienst im Tempel zugutekamen. Dem unmittelbaren religiösen Zweck waren früh karitative Absichten beigemischt. Das Bedürfnis der Stifter, das eigene Leben zu transzendieren und über den Tod hinaus gleichsam in die Ewigkeit zu wirken, war der Keim für Institutionen der Mildtätigkeit und der Bildung. Noch fehlte dem Stiftungshandeln die eigene Rechtspersönlichkeit. Das gestiftete Vermögen gehörte der Gottheit, den Tempelpriestern oder auch natürlichen Personen.

Bei Gaius C. Maecenas und seiner Förderung der Poesie (Vergil und Horaz) treten erstmals, bis heute vorbildlich, Kunst und Kultur in das Blickfeld eines Stifters. Unser modernes Institutionengefüge hätte sich ohne die *pia causa* des römischen Rechts, mit der schon sehr früh der Gedanke der Gemeinnützigkeit hervortrat, in eine ganz andere Richtung entwickelt.

Das christliche Mittelalter war nicht nur auf dem Gebiet des Stiftungswesens alles andere als finster. Bis heute versteht sich die Kirche selbst als Stiftung. Die Versorgung der Alten und Kranken, das Schulwesen und vor allem die Entfaltung der Universitäten mit Mensa, Studentenheimen, Stipendien und Professorengehältern waren schon im Mittelalter wesentlich von Stiftungen geprägt und getragen. Die Sorge um das Seelenheil war als sozialmoralische Antriebskraft der Vorläufer dessen, was wir heute unter Gemeinsinn und gemeinnützigem Engagement verstehen und zu aktivieren bemüht sind.

Es wäre reizvoll und interkulturell aufschlussreich zu zeigen, wie sich Stiften als spezifische Ausprägung des Gebens ohne Erwartung einer Gegenleistung in unterschiedlichen Kulturen entwickelt und institutionell verfestigt hat. Dabei wäre auch das Verhältnis zwischen Stiftungen einerseits und staatlichem und wirtschaftlichem Handeln sowie religiöser Sinnsuche andererseits vergleichend in den Blick zu nehmen.

Bis hierher sehen wir noch keine Berührungspunkte zwischen Stiftungen und Auswärtiger Kulturpolitik. Diese ist ihrem Wesen nach auf den modernen souveränen Machtstaat bezogen, und sie rückte erst sehr allmählich auf in den Kreis der Staatsfunktionen. Bevor es überhaupt zu einer fruchtbaren Wechselwirkung von Staat und Stiftungen kommen konnte, musste einiges geschehen. Je mehr der Staat sich zum modernen Machtstaat entwickelte, desto antagonistischer gestaltete sich zunächst sein Verhältnis zu den Institutionen des Stiftungswesens. Stiftungen waren zunächst eine soziale Bauform in einer Welt feudaler Zersplitterung. Feudalismus bedeutet im Kern die systematische Dezentralisierung von Herrschaft, nicht ihre Bündelung in bürokratisch organisierten staatlichen Organen. Der Staat der Neuzeit im kontinentaleuropäischen Absolutismus blies zum Angriff auf die Stiftungen, denn der *Leviathan* duldete keine Götter neben sich. Stiftungen entsprachen nicht dem Grundsatz eines rational konstruierten, hierarchischen Gemeinwesens mit staatlichem Gewaltmonopol. Sie standen als auf Dauer angelegte Institutionen aus eigenem vorstaatlichem Recht quer zum Anspruch des modernen Staates, die Gesellschaft und ihre Subsysteme mit hoheitlicher Gewalt zu durchdringen und fortlaufend zu verändern.

Gerade deshalb waren Stiftungen auch für die europäische Aufklärung ein Stein des Anstoßes. Die kritischen Nachfragen führender Köpfe der europäischen Aufklärung schimmern gelegentlich noch heute in der öffentlichen Diskussion durch, wenn über das Verhältnis von Staat und Stiftungen diskutiert wird. Sind Stiftungen mit ihrem für die Ewigkeit festgelegten Vermögen mit dem Erfordernis ständigen Wandels überhaupt verträglich? Nicht zufällig sah Immanuel Kant in den Stiftungen anachronistische Gebilde, die wertvolles Vermögen dem Wirtschaftskreislauf entziehen und überholte Gesellschaftsstrukturen und Machtverhältnisse festschreiben. Kaum denkbar war in diesem Ideenkreis deshalb die Vorstellung einer fruchtbaren Zusammenarbeit von Staat und Stiftungen auf dem Feld der Kultur oder gar der grenzüberschreitenden Zusammenarbeit. Aufklärung und Revolution führten in Frankreich und Deutschland zu Nationalisierung und Säkularisierung, zu einer Planierung des verwinkelten alteuropäischen Institutionengefüges und damit auch zu einem allgemeinen Stiftungssterben. Vom Reichsdeputationshauptschluss von 1803, der Stiftungen der landesherrlichen Aufsicht unterstellte, bis heute ist die staatliche Stiftungsaufsicht Bestandteil des Stiftungsrechts geblieben. Indessen führte die heraufziehende Industriegesellschaft zu einer Wiederbelebung des Stiftungsgedankens, auch begünstigt durch die Leistungen der Rechtswissenschaft, die der Stiftung als Rechtspersönlichkeit ihre bis heute gültige Form gab.

Die werdende Industriegesellschaft begünstigte die Entstehung neuer großer Vermögen. Neu erwachendes stifterisches Engagement traf einerseits auf neue Vorbehalte. Die liberale Stiftungskritik des 19. Jahrhunderts und die sozialdemokratische Stiftungsskepsis des 20. Jahrhunderts glaubten im Stiftungswesen eine unerwünschte Renaissance quasi monarchischer Ansprüche zu sehen, nicht demokratisch legitimiert und der Verfolgung privater Interessen verdächtig. Andererseits war offenkundig, dass der im 19. Jahrhundert erst in rudimentären Ansätzen sichtbare Interventionsstaat auf das stifterische Engagement wohlhabender Bürger dringend angewiesen war. So haben etwa private Stiftungen und Mäzene in vorbildlicher *Public Private Partnership* zur rasanten Entfaltung des Wissenschaftssystems in Deutschland beigetragen, eines Wissenschaftssystems, das mit seiner Attraktivität für Forscher und Studierende aus dem Ausland bereits mittelbar einen sichtbaren Beitrag zu den auswärtigen Kulturbeziehungen und zur internationalen Verständigung leistete.

Auswärtige Kulturpolitik im heutigen Sinne blieb indessen einstweilen eine Domäne staatlichen Handelns. Stiftungsengagement auf dem Gebiet der Kultur hatte ergänzende, helfende und dienende Funktion und bewegte sich in der Regel innerhalb der Landesgrenzen. Noch 1919 trat der staatliche Anspruch auf Gestaltung kultureller Belange mit robustem Selbstbewusstsein auf. Kulturpolitik als Teil der Außenpolitik war zunächst und vor allem Machtpolitik des Staates in einem antagonistischen internationalen System. Es ging um Kontrolle und Instrumentalisierung, nach außen oft auch um Propaganda, mit den Worten des preußischen Kultusministers Carl Heinrich Becker um „bewusste Einsetzung geistiger Werte im Dienste des Volkes und des Staates zur Festigung im Innern und zur Auseinandersetzung mit anderen Völkern nach außen". Für das Zusammenspiel von Staat und Stiftungen im Interesse einer Auswärtigen Kulturpolitik, die sich der Völkerverständigung verpflichtet weiß, war kaum Spielraum.

Der nationale Machtstaat der klassischen Moderne war zunächst im Zeichen des europäischen Bürgerkriegs in der ersten Hälfte des 20. Jahrhunderts geprägt vom Primat des Exports auf dem Gebiet der Auswärtigen Kulturpolitik. Diese gleichsam merkantilistische Grundrichtung war keine Basis für die Entfaltung von Stiftungsengagement auf dem Gebiet der Völkerverständigung. Die kulturellen Eliten und Meinungsbildner innerhalb und außerhalb der Hochschulen waren in der Breite kaum auf die heute selbstverständliche Praxis des unbefangenen geistigen Austauschs über die Grenzen hinweg vorbereitet. Wo der Grenzübertritt im Leben der Menschen noch etwas Außergewöhnliches, oft auch Hochnotpeinliches an sich hatte, konnten auch kulturelle Güter nicht ohne Weiteres lebhaft grenzüberschreitend zirkulieren – auch wenn sich in der Populärkultur und in den Künsten der Goldenen Zwanziger bereits die Umrisse einer globalen Unterhaltungskultur abzeichneten.

Vorherrschend war vielmehr der nahezu ethnologisch geprägte Blick auf das Fremde, etwa auf die „besonderen Bedingungen des französischen Nationaldaseins" (Ernst Robert Curtius). Das war damals eine legitime und keineswegs nur in Deutschland übliche Fragestellung, aber sie zeigt auch bis in die Wortwahl hinein, wie weit der Weg bis zu einem Werk über *Nachbarn am Rhein* (Kaelble 1991), das den deutsch-französischen Gemeinsamkeiten in Gesellschaft, Kultur und Wirtschaft nachspürt, noch war. Wenn man die auswärtigen Beziehungen der Nationalstaaten unterhalb der Regierungsebene vor dem Ersten Weltkrieg in den Blick nimmt, darf man nicht vergessen, dass die zaghaften Versuche interparlamentarischer Annäherungsbemühungen nur von linksliberalen und sozialdemokratischen Abgeordneten getragen waren und regierungsseitig mit einem gewissen Argwohn beobachtet wurden. Einer Auswärtigen Kulturpolitik im Geiste des offenen Dialogs, im Sinne einer lernenden, nicht nach außen belehrenden Gesellschaft, waren außerordentlich enge Grenzen gezogen.

Indessen gab es schon in der Zeit zwischen den Weltkriegen tastende Versuche, um gleichsam unterhalb oder neben den staatlichen Institutionen dem kulturellen Austausch den Weg zu ebnen. War für Ernst Robert Curtius in Frankreich „alles ganz anders", so schrieb Paul H. Distelbarth, ein unermüdlich für die deutsch-französische Verständigung werbender Publizist, dass die Unterschiede zwischen Deutschen und Franzosen „mehr eingebildet als wirklich" seien. Nicht umsonst war der Stifter und Unternehmer Robert Bosch ein Förderer von Distelbarth wie auch der von Richard Nikolaus Graf von Coudenhove-Kalergi gegründeten Paneuropa-Bewegung. Robert Bosch und Paul H. Distelbarth setzten sich für eine Verständigung zwischen Deutschland und Frankreich „von unten" her ein. Damit zeichnete sich schon zwischen den Weltkriegen etwas ab, was wir die Entdeckung des Bürgers in den internationalen Beziehungen nennen können.

Robert Bosch sowie später Joseph Rovan und Alfred Grosser gründeten ihr Engagement für die Völkerverständigung auf die Verantwortung des Einzelnen in der Gesellschaft, die in die Außenbeziehungen des Staates hineinreicht. Man kann rückblickend auch sagen, dass sich in der Mitte des nationalen Machtstaats, der sich in den Weltkriegen selbst ad absurdum führte, frühzeitig Kräfte regten, die nach ganz neuen Formen des zwischenstaatlichen Miteinanders suchten. Diese Überlegungen zielten schon früh auf die Schaffung eines einigen Europa, das nicht mehr von den hegemonialen Ansprüchen rivalisierender europäischer Mächte geprägt sein sollte, sondern durch Gleichberechtigung der Nationen und freien Wettbewerb in Wirtschaft und Kultur.

Um für solche Visionen die Bahn frei zu machen, bedurfte es allerdings auch neuer Formen stifterischen Engagements und eines neuen Verständnisses von der Rolle des Stifters in der Gesellschaft. Es trat ein neues „Pathos der Innovation" (Borgolte 2001) auf den Plan, das auch für die Arbeit von Stiftungen in den internationalen Beziehungen weitreichende Folgen haben sollte. Beispielhaft dafür war, was der Anwalt John D. Rockefeller bei der Registrierung der Rockefeller Foundation 1913 niederlegte:

> „Ich war nicht so kühn, auch nur vorzuschlagen, wie diese Menschen die Details der Pläne ausarbeiten sollten, an denen mitzuwirken ich die Ehre hatte. Sie sind in diesen Dingen so viel erfahrener und klüger als ich. [...] Die Wohlfahrtseinrichtungen des 14. Jahrhunderts sind nicht mit denen des 20. Jahrhunderts zu vergleichen. Die gemeinnützigen Institutionen des 20. Jahrhunderts sind anders als die des 21. Jahrhunderts sein werden, und es ist auch zu wünschen, dass die tote Hand aus den Vermächtnissen für wohltätige Zwecke entfernt werde und dass die Macht zu befinden, welchen spezifischen Zwecken sie gewidmet werden sollen, lebenden Menschen übertragen bleibt, welche die Erfordernisse und Bedürfnisse im Lichte des Wissens beurteilen können, über das sie als Zeitgenossen verfügen, und das ihre Hände nicht gebunden sein sollen durch den Willen eines Menschen, der vor vielen Jahren verstarb. Die Weisheit der Lebenden wird immer die Weisheit der vor langer Zeit verstorbenen Menschen übertreffen, so weise dieser auch gewesen sein mag“ (Borgolte 2001: 24).

Auch Andrew Carnegie verlieh den Kuratoren seiner Stiftung „volle Autorität [...], die Stiftungspolitik oder Förderungsbereiche von Zeit zu Zeit zu verändern, wenn dies aus ihrer Sicht nötig oder wünschenswert erscheint“ (a.a.O.: 23).

Gleichsam wie ein deutsches Echo auf die amerikanischen Stifterkollegen schrieb Robert Bosch 1935: „Ich bin mir bewusst, dass die wirtschaftlichen und kulturellen Zustände und Bedürfnisse immerwährenden Wandlungen unterworfen sind [...]. Daraus ergibt sich die Notwendigkeit, diese Richtlinien [der späteren Robert Bosch Stiftung, Anm. des Verf.] auf dem Wege der Fortentwicklung den jeweiligen Änderungen der Verhältnisse ständig anzupassen [...]. Schließlich können [...] neue Gedanken [...], die ich [...] (noch) nicht ins Auge fassen konnte, nachträglich aufgenommen werden [...]“ (Robert Bosch Stiftung 1978).

Wir sehen: Während Immanuel Kant im modernen Staat den Motor der Veränderung gegen Stiftungen und Kirchen sah, läuft mit diesen Bekenntnissen zu dynamischem, stiftungsunternehmerischem Handeln die Kritik der Aufklärung an der Zeitlosigkeit und dem statischen Charakter von Stiftungen ins Leere. Stiftungen verstehen sich heute selber als Agenten des Wandels und als Helfer des werdenden Neuen. Sie gehören „ihrem Wesen nach in den Umkreis unternehmerischer gestaltender Denkweise“ (Merkle 1984: 31).

Heute sind private gemeinnützige Stiftungen aus den internationalen Beziehungen nicht mehr wegzudenken. Stiftungen sind nicht nur älter als der Staat, das frühe Engagement von Stiftern für die Völkerverständigung ist auch älter als die Auswärtige Kulturpolitik, wie wir sie heute kennen. Zugleich sind private gemeinnützige Stiftungen nicht Teil der Auswärtigen Kulturpolitik. Was die Aufklärer des 18. Jahrhunderts als Mangel und Fehlentwicklung kritisierten, ist heute ihr strategischer Vorteil: Dauer, Nachhaltigkeit und Unabhängigkeit, heute in Verbindung mit unternehmerischer Orientierung, die ausschließlich auf gemeinnützige Ziele bezogen ist.

In Wahrnehmung ihrer internationalen Verantwortung haben deutsche Stiftungen bis heute ein beachtliches Spektrum an Projekten und Programmen hervorgebracht. Ohne jeden Anspruch auf Vollständigkeit seien hier beispielhaft genannt:

- Die Projektreihe *WerteDialog* sowie Förderstipendien und -preise der Alfred Toepfer Stiftung F.V.S.
- die kulturellen Austausch- und Begegnungsprojekte sowie die Allianz „Summer Academy“ der Allianz Kulturstiftung

- die internationalen Frühjahrs- und Herbstakademien der ASKO Europa-Stiftung
- die deutsch-amerikanischen „Young Leaders“ Konferenzen der Atlantik-Brücke e. V.
- die internationalen Konferenzen und „Young Leaders“-Foren der BMW Stiftung Herbert Quandt
- die Tschechisch-Deutschen Kulturtage in Dresden der Brücke/Most-Stiftung
- die internationalen Konferenzen und Study Groups der Dräger-Stiftung
- die Stipendien für Nachwuchswissenschaftler aus Mittel- und Osteuropa; das Studienkolleg zu Berlin; die Hertie School of Governance der Gemeinnützigen Hertie-Stiftung
- der Förderschwerpunkt „Nachwuchsförderung“ der Haniel-Stiftung
- Reisestipendien für Jugendliche; der Europa-Preis und der Preis „Junge/r Europäer/in des Jahres“ der Heinz-Schwarzkopf-Stiftung „Junges Europa“
- die Konferenzen und Stipendien im Rahmen des „Trialogs der Kulturen“ der Herbert-Quandt-Stiftung
- der Bergedorfer Gesprächskreis und das Programm *EUSTORY* der Körber-Stiftung
- die Stipendien im Rahmen des Fonds „Erinnerung und Zukunft“ der Stiftung Erinnerung, Verantwortung, Zukunft
- die Austauschprogramme und Auslandsstipendien der Stiftung Mercator GmbH
- die Stipendienprogramme der ZEIT-Stiftung Ebelin und Gerd Bucerius
- die Foren der Alfred Herrhausen Gesellschaft für internationalen Dialog mbH
- die Austausch- und Stipendienprogramme mit den USA, Osteuropa, Japan und China der Alfried Krupp von Bohlen und Halbach-Stiftung
- die Projekte zur europäischen und internationalen Politik der Bertelsmann Stiftung
- die internationalen Stipendien und Austauschprogramme der Fritz Thyssen Stiftung
- das Fellow-Programm Think Tank für gesellschaftlichen Wandel der Stiftung Neue Verantwortung
- die weltweite Hochschulförderung der Stiftungsinitiative Johann Gottfried Herder
- die internationalen Partnerschaftsprogramme der VolkswagenStiftung
- die Unterstützung deutscher und ausländischer Wissenschaftler auf dem Gebiet der Historischen Geisteswissenschaften der Gerda Henkel Stiftung sowie
- die Bildungsprojekte der Heinz Nixdorf Stiftung.

Der Beitrag der Robert Bosch Stiftung zu den auswärtigen Kulturbeziehungen, auf die hier, einer Anregung des Herausgebers folgend, eingegangen wird, ergänzen diese Anstrengungen in vielfältiger Weise. Wo immer es sinnvoll und möglich erscheint, ist die Robert Bosch Stiftung für Partnerschaften und Allianzen offen. In ihrer internationalen Arbeit stützt sie sich auf die Absicht des Stifters und Unternehmers Robert Bosch (1861–1942), der Völkerversöhnung und internationale Zusammenarbeit als vordringliche Aufgabe gemeinnütziger Stiftungen beschrieb und mit Förderbeiträgen und Initiativen zur deutsch-französischen Verständigung schon in der Zeit zwischen den Weltkriegen ins Werk setzte. Die Robert Bosch Stiftung knüpfte auf den Gebieten Völkerverständigung, internationale Nachwuchsförderung, Jugend, Bildung und Bürgergesellschaft, auch auf dem Gebiet der Gesundheit und der humanitären Hilfe und in der internationalen Wissenschaftsförderung direkt an den Stifter an und richtete in rascher Folge die Schwerpunkte „Deutsch-französische Beziehungen“ (1973) und „Deutsch-polnische Beziehungen“ (1974) ein. 1980 traten die „Deutsch-amerikanischen Beziehungen“ hinzu. Nach 1990 wurde die Zusammenarbeit über den deutsch-polnischen Schwerpunkt hinaus auf andere Länder Mittel- und Osteuropas ausgeweitet. 2003 richtete die Robert Bosch Stiftung einen Schwerpunkt „Deutsch-türkische Beziehungen" ein. Im länderübergreifenden Schwerpunkt „Internationale Nachwuchsförderung" engagiert sie sich für die Qualifizierung von deutschem Führungsnachwuchs für internationale Aufgaben, vornehmlich im öffentlichen Sektor.

Zahlreiche Programme und Projekte ergänzen die Auswärtige Kulturpolitik aus eigener Initiative. Drei Bibliotheken, eine polnische zunächst, später eine tschechische und schließlich eine türkische, sollen im Sinne breit angelegter Anthologien das kulturelle Erbe unserer Partner dem deutschen Lesepublikum zugänglich machen. Dabei geht es darum, der Literatur und der Geistesgeschichte unserer Partnerländer in Deutschland in exemplarischer Weise ein Gesicht zu geben und die Neugier auf das geistige Schaffen in unseren Partnerländern zu wecken. Es handelt sich im engeren Sinne um kulturellen Import, denn nur wer sich dem kulturellen Angebot unserer Partnerländer öffnet, kann auch die entsprechende Neugier auf deutsche Texte erwarten.

Ein internationales Tutorenprogramm ermöglicht jährlich 70 jungen Hochschulabsolventen aus Frankreich, den Vereinigten Staaten, Polen, Tschechien und Russland einen Lehraufenthalt an deutschen Hochschulen. Umgekehrt besetzt die Robert Bosch Stiftung jährlich 100 Lektorate für deutsche Sprach- und Landeskunde, Geschichte, Politikwissenschaft, Rechts- und Wirtschaftswissenschaften an Hochschulen in Ländern Mittel- und Osteuropas.

Das Stipendienprogramm für amerikanischen Führungsnachwuchs bringt seit 1984 jährlich 20 amerikanische *Fellows* für neun Monate nach Deutschland. Sie kommen mit Berufserfahrung, aus unterschiedlichen Disziplinen, nicht wenige auch mit besonderem Interesse am kulturellen Austausch. Alle Programmteilnehmer sammeln in Deutschland nicht nur berufliche Erfahrung. Sie tauchen auch in die Kultur unseres Landes ein, einige von ihnen sind Journalisten, die nach ihrem Stipendium in amerikanischen Medien auch über Musik und Museen, über Theater und Literatur in Deutschland berichten. Seit 2001 hat das Stipendienprogramm für amerikanischen Führungsnachwuchs mit dem Carl Friedrich Goerdeler-Kolleg für Nachwuchsführungskräfte aus Mitteleuropa ein Schwesterprogramm für Nachwuchsführungskräfte aus dem öffentlichen Sektor aus Bulgarien, Polen, Rumänien, der Slowakischen und der Tschechischen Republik sowie aus Ungarn.

Im Programm *Robert Bosch Kulturmanager in Mittel- und Osteuropa* werden junge Stipendiaten an Bildungs- und Kultureinrichtungen in Mittel- und Osteuropa entsandt, um diese bei der Erfüllung ihrer Aufgaben konzeptionell und organisatorisch zu unterstützen. Zugleich vermitteln die Kulturmanager mit innovativen Projekten ein aktuelles Deutschlandbild und werden durch regelmäßige Fortbildungen zu Nachwuchskräften für den internationalen Kulturaustausch qualifiziert. Damit beschreitet die Robert Bosch Stiftung – in der Anfangsphase unterstützt vom Institut für Auslandsbeziehungen – neue Wege in der Auswärtigen Kulturpolitik. Durch die Förderung von lokalen Initiativen werden nachhaltige Strukturen für die Kulturbeziehungen zwischen Deutschland und seinen Nachbarn in Mittel- und Osteuropa aufgebaut. Damit leistet das Programm einen Beitrag zur Völkerverständigung im zusammenwachsenden Europa.

Junge Lektoren aus Deutschland präsentieren mit der Aktion *DeutschMobil* in Frankreich die deutsche Sprache und unser Land, und sie werben vor allem für den Deutschunterricht an französischen Schulen. Von Januar 2001 bis Juli 2008 wurden auf diese Weise über 5.350 Schulen besucht, wobei es zu insgesamt über 340.000 Kontakten mit Schülern kam. Umgekehrt fördert die Stiftung französische Lektoren, die mit dem Programm *FranceMobil* für die französische Sprache an deutschen Schulen werben. Auch hier kann man große Erfolge aufweisen: Zwischen September 2002 und Oktober 2008 sind über 5.000 Schulen besucht worden, an denen man mit insgesamt mehr als 450.000 Schülern zusammentraf. Grundlage des Programms ist die gute Zusammenarbeit mit den Botschaften in Paris und Berlin sowie vor allem mit Unternehmen der Automobilindustrie, die die Fahrzeuge für den Einsatz der jungen Lehrkräfte bereitstellen. Dieses Programm zeigt exemplarisch, wie in einem grenzüberschreitenden kulturellen Joint Venture die Interessen und Ressourcen einer gemeinnützigen Stiftung, von Förderern aus der unternehmerischen Wirtschaft (Mercedes-Benz und Renault Deutschland AG) sowie der Außenministerien zusammengeführt und auf ein gemeinsames, praxisgerichtetes Vorhaben gelenkt werden können.

Französische Wochen in deutschen Städten zeigen die Vielfalt und den Umfang des gelebten deutsch-französischen Kulturdialogs. Deutsche Wochen in Frankreich sollen das Gleiche bewirken: Bürgergruppen sollen in ihrem Bemühen ermutigt und unterstützt werden, der Kultur des Nachbarlandes in der eigenen Kommune eine Plattform mit Öffentlichkeitswirkung zu schaffen.

Lebendige Partnerschaften deutscher und französischer Städte und Gemeinden haben in der Nachkriegszeit zur Versöhnung und Verständigung im zusammenwachsenden Europa beigetragen. Ihre Bedeutung ist heute, mehr als 45 Jahre nach Abschluss des deutsch-französischen Freundschaftsvertrages so groß wie ehedem. Die vielfältigen Aktivitäten auf den Gebieten der Kultur und der Bildung, des Sports und der Kommunalpolitik im Rahmen der offiziellen Städte- und Gemeindepartnerschaften, deren Zahl Anfang 2007 bei rund 2.100 lag, füllen die deutsch-französischen Beziehungen mit Leben. Sie sind Vorbild für Partnerschaften mit Städten und Gemeinden in anderen Ländern und bauen mittlerweile viele Brücken auch zu Ländern in Mittel- und Osteuropa. Der von der Robert Bosch Stiftung im Jahre 2001 eingerichtete Preis für bürgerschaftliches Engagement in deutsch-französischen Städte- und Gemeindepartnerschaften sollte Anreiz bieten zur Verstetigung und Ausweitung dieses bürgerschaftlichen Engagements in den deutsch-französischen Beziehungen. 2007 wurde dieses Programm in neuem Format unter dem Motto *On y va – auf geht's!* als deutsch-französischer Ideenwettbewerb für Bürger, die etwas bewegen wollen, lanciert. Insbesondere junge Menschen sollen dafür gewonnen werden, mit Initiative und Ideenreichtum gemeinsame Projekte zu erarbeiten und die Zukunft deutsch-französischer Partnerschaften lebendig zu gestalten.

Dieser Blick auf einen Ausschnitt der heutigen Programmvielfalt macht exemplarisch deutlich, dass sich private gemeinnützige Stiftungen auf dem Gebiet der auswärtigen Kulturbeziehungen mit staatlichen Stellen in einem Verhältnis der Ergänzung bewegen. Sie greifen ein, wo staatliches Handeln noch nicht oder nicht mehr möglich erscheint. Oft werden sie auch dann tätig, wenn die Aktivität des Staates und staatlich finanzierter Mittler aus unterschiedlichen Gründen nicht zweckmäßig wäre.

Vor dem Fall der Mauer waren die Beziehungen mit Polen auf staatlicher Ebene bekanntlich mehr als schwierig. Hier konnte eine private Stiftung Wirkung entfalten und durch das Dickicht der misstrauischen Bürokratie einer geschlossenen Gesellschaft behutsam Schneisen legen, mit politisch unverdächtigen Bemühungen Vertrauenskapital sammeln, das sich späterhin als Grundstock für die Vertiefung der Beziehungen unter den Bedingungen einer freiheitlichen Ordnung erweisen konnte.

Nicht selten wirkt stifterisches Handeln in den auswärtigen Kulturbeziehungen auch im Sinne eines Korrektivs. Stiftungen sind von ihrem Auftrag her darauf verwiesen, Fehlentwicklungen und Defizite zu erkennen und praxisorientierte Lösungen ins Spiel zu bringen. Sie haben keine Präzeptorenrolle. Sie sind auch nicht intelligenter als andere Akteure in den auswärtigen Kulturbeziehungen. Aber diese Vermutung gilt auch umgekehrt. In diesem Sinne, mit dem Vorsatz der konzeptionellen Bescheidenheit und in realistischer Einschätzung ihrer Möglichkeiten, können Stiftungen Fragen stellen, die aus wohlerwogenen Gründen im Rahmen der staatlichen Auswärtigen Kulturpolitik nicht gestellt werden. Dieser unternehmerisch geprägte Ansatz stifterischen Handelns birgt wie jedes kaufmännische Tun das Risiko des Scheiterns. Aber das Neue, das Bessere und das Andere sind ohne dieses Risiko in der Regel nicht zu haben. In diesem Sinne können sich Stiftungen auch auf dem Gebiet der auswärtigen Kulturbeziehungen auf Projekte einlassen, die rechnungshofgeprüfte Akteure in der Regel nicht in Angriff nehmen.

Stifterisches Handeln auf dem Gebiet der auswärtigen Kulturbeziehungen kann sich dabei sinnvollerweise nicht gegen die eigene Gesellschaft wenden, von der es getragen ist, gewiss sich auch nicht gegen die außenpolitischen Interessen des eigenen Landes richten. Es verhält sich vielmehr zur Auswärtigen Kulturpolitik komplementär, ergänzend und unterstützend. Private gemeinnützige Stiftungen sind gut beraten, auf dem Gebiet der Auswärtigen Kulturpolitik immer den Dialog, und wo sachgerecht, die Partnerschaft mit staatlichen Stellen und Mittlern zu suchen, vor allem auch um unkoordiniertem Nebeneinander in der Programmarbeit vorzubeugen und die ihnen anvertrauten Mittel wirtschaftlich, ergebnisorientiert und unter dem Gebot der Transparenz einzusetzen. Zum Glück gibt es heute in Deutschland einen Parteien und Institutionen übergreifenden Konsens für ein konstruktives Miteinander von Stiftungen und Staat, auch und gerade auf dem Gebiet der auswärtigen Kulturbeziehungen. Zu wünschen bleibt, dass Parlament und Regierung die rechtlichen und steuerlichen Rahmenbedingungen für die Gründung und für die Arbeit gemeinnütziger Stiftungen weiter verbessern.

# 5. Internationale Akteure

## 5.1. Multilateral und weltweit vernetzt – Die UNESCO

*Klaus Hüfner und Traugott Schöfthaler*

Die im November 1945 als Sonderorganisation der Vereinten Nationen gegründete UNESCO (United Nations Educational, Scientific and Cultural Organization) ist mit ihrem breit gefächerten Mandat für Bildung, Natur- und Sozialwissenschaften, Kultur und Kommunikation (sowie den Menschenrechten als Querschnittsthema) die einzige zwischenstaatliche Organisation, die für das gesamte Spektrum der Auswärtigen Kulturpolitik zuständig ist.

Mitte der 1980er Jahre hatten die Austritte der USA und Großbritanniens die Organisation für ein Jahrzehnt in eine schwere Krise gestürzt. Auslöser war die unter dem Stichwort „Neue Welt-Informations- und -Kommunikationsordnung" geführte Auseinandersetzung zwischen den westlichen Industriestaaten und einer Koalition aus Entwicklungsländern und sozialistischem Block um die nationale Souveränität bei der Steuerung des Medien- und Informationsangebots auf dem jeweiligen Territorium. Der anfängliche Konsens über die Notwendigkeit, den in der internationalen Medienlandschaft kaum sichtbaren Staaten einen größeren Anteil an der entstehenden weltweiten Informationsgesellschaft zu geben, zerbrach damals am ideologisch geführten Streit um den Zielkonflikt zwischen zwei in der UNESCO-Verfassung niedergelegten Prinzipien: einerseits freier Fluss von Ideen in Wort und Bild und andererseits nationale Souveränität. Der Siegeszug grenzüberschreitender Kommunikationskanäle via Satellit, Telefax und schließlich durch das Internet und das Ende des Kalten Krieges sollten jedoch der Konfrontation ein schnelles Ende bereiten. Die Wiedereintritte Großbritanniens (1997) und der USA (2003, siehe auch Coate 1988) markierten zunächst den Schlusspunkt einer Strukturreform der UNESCO, die unter anderem auf Initiative Deutschlands unternommen worden war. Im November 2011 stürzte die Aufnahme Palästinas die Organisation in eine erneute Krise, da die US-Administration seitdem ihren Pflichtbeitrag aus innenpolitisch-rechtlichen Gründen ausgesetzt hat; dadurch wurde der ordentliche Haushalt bereits seit vier Jahren faktisch um 22 Prozent abgesenkt (Hüfner 2013).

Die dadurch erzwungenen Sparmaßnahmen schlagen ohne Zweifel auf eine eingeschränkte Programmarbeit durch. Trotzdem steht die UNESCO mit ihren 195 Mitgliedstaaten (Stand: Juli 2014) weiterhin für Orientierungs- und Steuerungsleistungen, die für alle Weltregionen gleichermaßen von Interesse sind. Die herausragenden aktuellen Themen sind Kulturerhalt, Dialog zwischen den Kulturen und kulturelle Vielfalt, Bildung für alle, Bildungsqualität und inklusive Bildung, Bioethik, freier Zugang zur Informations- und Wissensgesellschaft, die Bewältigung der weltweiten Wasserkrise und die Vermittlung des Nachhaltigkeitsprinzips. Die Millenniumsentwicklungsziele (*Millennium Development Goals*) der Vereinten Nationen (2000) dienen als programmatisches Bindeglied zu allen übrigen Einrichtungen des Systems der Vereinten Nationen, aber auch zur OECD (Organisation for Economic Co-operation and Development), zum Europarat und zur Europäischen Union; die *Millennium Development Goals* werden abgelöst durch eine Nach-2015-Strategie zur Umsetzung von nachhaltigen Entwicklungszielen (*Sustainable Development Goals*), die gegenwärtig in den Vereinten Nationen für den Zeitraum bis 2030 erarbeitet wird.

## 1. Kulturerhalt und kulturelle Vielfalt

Das Übereinkommen zur Erhaltung des Weltkultur- und -naturerbes (1972) ist nach Ratifikation durch 191 Vertragsstaaten eines der erfolgreichsten Völkerrechtsinstrumente. In der UNESCO markierte es den Schritt von einzelnen Rettungsaktionen bedrohter Kulturdenkmäler zu einem integrierten Konzept des Kulturerhalts. Mit der begehrten, weil prestigeträchtigen Eintragung von Kultur- und Naturdenkmälern von „universeller Bedeutung" in die Welterbeliste verpflichten sich die antragstellenden Staaten, den Zugang sowie die Erhaltung langfristig zu sichern. Sie treten damit auch ein Stück nationaler Souveränität ab. Ende Juli 2014 waren 1.007 Kultur- und Naturerbestätten in 161 Staaten auf der Welterbeliste verzeichnet, davon 39 in Deutschland. Mit der Roten Liste und der Möglichkeit des Ausschlusses verfügt das zwischenstaatliche Welterbekomitee über sehr wirksame Sanktionsmöglichkeiten. In Deutschland konnte auf diese Weise Anfang der neunziger Jahre die durch geplante Baumaßnahmen gefährdete Integrität der Sichtachsen und des Umfelds der Schlösser und Gärten von Potsdam-Sanssouci und Berlin-Glienicke erhalten werden. Zehn Jahre später führte die vorübergehende Aufnahme des Kölner Doms in die Rote Liste des gefährdeten Kulturerbes (2004) zur Erhaltung der durch Hochhausbauten gefährdeten, weil vom Dom dominierten Stadtsilhouette. Ähnliche Erfolge konnten auch in anderen Vertragsstaaten erzielt werden. Im Jahr 2009 erfolgte im Fall der Kulturlandschaft Dresdner Elbtal erstmals eine Streichung aus der Liste der Welterbestätten gegen den Willen des betroffenen Mitgliedstaates. Nach überwiegender Expertenmeinung zerstörte eine neue, auch in der Bevölkerung heftig umstrittene Elbbrücke das von Canaletto und vielen anderen Malern verewigte einzigartige Ensemble von Stadt und Flussauen und entzog damit dem Welterbe-Status die wichtigste Begründung.

Die UNESCO hat mit dem Welterbe-Übereinkommen ein Instrument, das in die Mitgliedstaaten hineinwirkt und dort Kooperationsstrukturen erzeugt, die sonst kaum zustande gekommen wären. Beispiele hierfür sind die interkommunale und Mehrländerkoordinierung zur Erhaltung des als Kulturlandschaft zum Welterbe gehörenden Oberen Mittelrheintales sowie die deutsch-polnische Zusammenarbeit zur Erhaltung des Muskauer Parks. Die jahrelangen öffentlichen Auseinandersetzungen um Denkmalschutz und Stadtentwicklung in mehreren deutschen Welterbestätten haben auch dort neue Strukturen der Zusammenarbeit zwischen Staat und Zivilgesellschaft geschaffen. In mehr als vier Jahrzehnten des Übereinkommens sind Monitoring und Management von Welterbestätten mindestens ebenso wichtig geworden wie der Wettbewerb um die prestigeträchtige und auch wirtschaftlich interessante Auszeichnung (Ringbeck 2008; siehe auch Schmitt 2011).

Der erweiterte Kulturbegriff, erstmals zwischenstaatlich vereinbart auf der UNESCO-Weltkonferenz über Kulturpolitik in Mexico City (1982), ist Grundlage aller Konzeptionen der deutschen Auswärtigen Kulturpolitik in den letzten Dekaden. In der Terminologie zwischenstaatlicher Dokumente (UNESCO 1998; Europarat 1997) erhält die Definition („vom Menschen Geschaffenes einschließlich Wertorientierungen, Traditionen, Lebensstile") eine Handlungskomponente in Form kulturpolitischer Leitvorstellungen zur Integration von Kulturpolitik mit Bildungs-, Sozial- und Wirtschaftspolitik, zur Erhaltung von kultureller Vielfalt, Förderung von Pluralismus, Verwirklichung des Rechts auf Informations- und Meinungsäußerungsfreiheit und anderer Menschenrechte. Der erweiterte Kulturbegriff trug dazu bei, dass der in Deutschland wie in vielen anderen Staaten geführte Streit um Hochkultur versus Volkskultur zumindest in der Kulturpolitik beendet wurde. In der UNESCO wurden die Programme zur Kulturerhaltung erweitert durch Einrichtung neuer Mechanismen zum Weltdokumentenerbe (*Memory of the World Programme*) (Deutsche UNESCO-Kommission 2010) und zur traditionellen Kultur (*Übereinkommen zur Erhaltung des immateriellen Kulturerbes*)(UNESCO 2003; Deutsche UNESCO-Kommission 2013). Mit dem von der UNESCO in Auftrag gegebenen Bericht der Weltkommission „Kultur und Entwicklung“ unter Leitung des ehemaligen UN-Generalsekretärs Javier Pérez de Cuéllar (UNESCO 1995) gelang es, das Prinzip der Erhaltung kultureller Vielfalt weltweit ebenso konsensfähig zu machen wie das ein Jahrzehnt früher international durchgesetzte Ziel der Erhaltung der biologischen Artenvielfalt. Die verbreiteten Globalisierungsängste brachten selbst autoritäre Regime dazu, ein Prinzip anzuerkennen, das ähnliche Wirkungen wie die Menschenrechte zu entfalten verspricht. Die 2001 verabschiedete *Allgemeine Erklärung der UNESCO zur kulturellen Vielfalt* stellt die kulturelle Selbstbestimmung des Einzelnen und sozialer Gruppen auf die gleiche Ebene wie die kulturellen Rechte von Völkern und Sprachgruppen.

Das 2005 von der Generalkonferenz verabschiedete *Übereinkommen zum Schutz und zur Förderung der Vielfalt kultureller Ausdrucksformen* ist der politisch bisher bedeutsamste Schritt in diese Richtung (Deutsche UNESCO-Kommission 2006). Völkerrechtlich vereinbart wurden Freiheitsspielräume nationaler wie kommunaler Kulturpolitik, die bei den laufenden Verhandlungen über die Liberalisierung des Handels mit kulturellen Gütern und Dienstleistungen (einschließlich Bildung, Wissenschaft und Informationsdienste) gefährdet sind. Eine Einigung auf den Begriff des Doppelcharakters kultureller Güter und Dienstleistungen als Gegenstand von Handel und Kulturpolitik ist der bisher wichtigste konzeptionelle Schritt auf dem Weg zur Beilegung des Streits um Freihandel versus Freiheit der Kultur. Die Ergänzung der in der Welthandelsorganisation vereinbarten Freihandelsprinzipien durch die UNESCO-Prinzipien der kulturellen Selbstbestimmung und des freien Flusses von Ideen in Wort und Bild gibt der UNESCO nicht nur neues Profil, sondern auch erhöhte Bedeutung für nationale Bildungs-, Wissenschafts- und Kulturpolitik. Aus Sicht der 133 Vertragsstaaten (Stand: November 2013) und der Europäischen Kommission (seit Dezember 2006 Vertragspartner) hat das Übereinkommen Bindungswirkung weit über den Bereich der Kulturpolitik hinaus. Anders als die bisher in der Europäischen Union geltende „Kulturverträglichkeits-Klausel“ enthält das UNESCO-Übereinkommen operationalisierbare Richtlinien. Sie gelten sowohl für Außenbeziehungen, Wettbewerb und Binnenmarkt als auch für die im engeren Sinn kulturpolitischen Themen wie Fernsehrichtlinie, Online-Inhalte oder neue Kulturstrategie der Europäischen Union (Europäisches Parlament 2008). Im Mai 2013 mahnte die Deutsche UNESCO-Kommission, bei den Verhandlungen über das geplante EU-USA-Freihandelsabkommen die kulturelle Vielfalt zu wahren.

## 2. Internationale Standards für Bildungsqualität

Mit dem Stichwort „Bildungsqualität“ verbindet sich eine Neuorientierung der Bildungspolitik nach Jahrzehnten des quantitativen Ausbaus der Bildungssysteme. Sie wurde in der UNESCO eingeleitet durch den Bericht der Weltkommission *Bildung im 21. Jahrhundert* unter Vorsitz des ehemaligen Präsidenten der Europäischen Kommission Jacques Delors (UNESCO 1996). Die von Delors vorgeschlagenen globalen Bildungsziele wie Erziehung zum Pluralismus, politische Bildung zum demokratischen Bürger und Mehrsprachigkeit wurden von der Weltbildungsministerkonferenz 2001 gebilligt. Bereits im Juli 2000 hatte das Weltbildungsforum der Vereinten Nationen in Dakar „Qualität“ in die Liste der bildungspolitischen Prioritäten zur Umsetzung der Millenniumsentwicklungsziele eingereiht. Eine internationale Verständigung über die wesentlichen Elemente einer auf Verbesserung von Bildungsqualität gerichteten Reformpolitik erbrachte die Weltbildungsministerkonferenz 2004. Internationale Standards für Bildungsleistungen und -methoden gehören ebenso dazu wie Inhalte einer globalen und auf Verständigung gerichteten Bildung, die dem Zusammenleben in der multikulturellen Welt des 21. Jahrhunderts dient. Die UNESCO ist hier mit der Organisation für wirtschaftliche Zusammenarbeit und Entwicklung eine Art Arbeitsteilung eingegangen, die von der differenzierten Bewertung verschiedener Niveaus der Beherrschung der Kulturtechniken Lesen, Schreiben und Rechnen über die Beteiligung von Nicht-OECD-Staaten am *Programme for International Student Assessment* (Studie zur Bewertung von Schulleistungen) bis zur Qualitätssicherung in grenzüberschreitender Hochschulbildung reicht. Die UNESCO mit ihrem Anspruch, das Recht auf Bildung zu verwirklichen, zu dem auch inklusive Bildung gehört, fungiert als Koordinatorin der 2000 gegründeten internationalen Koalition „Bildung für Alle“ und gibt jährlich einen Monitoring-Bericht heraus (UNESCO 2014c). Die UN-Generalversammlung erteilte 2002 der UNESCO die Federführung für die Weltdekade „Bildung für nachhaltige Entwicklung“ von 2005 bis 2014. Es sollen für alle schulischen und außerschulischen Bildungsbereiche Konzepte zur Vermittlung des Nachhaltigkeitsprinzips erarbeitet und realisiert werden. Wichtigster Indikator für den Erfolg sind messbare Einstellungs- und Verhaltensänderungen. Es geht um politische Bildung im weiteren Sinne, um die Mehrheitsfähigkeit einer langfristig angelegten Politik, die Umweltschutz, wirtschaftliche Entwicklung und Generationenvertrag miteinander verbindet. Der Deutsche Bundestag hat im Juli 2004 die Deutsche UNESCO-Kommission mit der Koordinierung der über rein staatliches Handeln hinausreichenden deutschen Aktivitäten im Rahmen der Weltdekade des Nachhaltigkeits-Lernens beauftragt. Ein eigenes Sekretariat koordiniert die Arbeit eines deutschen Nationalkomitees[1] und organisiert regelmäßig Runde Tische und Fachberatungen wichtiger Akteure aus Staat, Wirtschaft und Zivilgesellschaft. Auf der Grundlage eines nationalen Aktionsplans (Deutsche UNESCO-Kommission 2008) sind in mehreren Bundesländern spezielle Aktionspläne mit größerer Bindungswirkung verabschiedet worden.[2] Besondere Multiplikatorenwirkung bringt die alljährliche Auszeichnung von guten Praxisbeispielen oder Projekten als „offizielle deutsche Beiträge“ zur UN-Dekade. Ende September 2014 fand in Bonn eine abschließende Konferenz statt, auf der auch Folge-Aktivitäten auf der Grundlage des Entwurfs eines Weltaktionsplans der 37. UNESCO- Generalkonferenz 2013 diskutiert wurden. Es wurde außerdem eine *Bonner Erklärung 2014* verabschiedet.[3]

## 3. Weitere aktuelle Schwerpunkte

### Bioethik

Zur Orientierung in der biotechnologischen Forschung und Medizin hat die UNESCO 1997 mit der *Allgemeinen Erklärung zum menschlichen Genom und zu den Menschenrechten* beige-

---

1 www.dekade.org.
2 aktuelle Übersicht: www.bne-portal.de.
3 http://www.bne-portal.de/fileadmin/unesco/de/Downloads/Hintergrundmaterial_national/20141002_Bonner_Erklaerung_2014.pdf (Oktober 2014).

tragen, die das Diskriminierungsverbot der Menschenrechte auf genetische Unterschiede erweitert. 2003 folgte eine Deklaration über den Schutz humangenetischer Daten, 2005 eine – die schnellen Entwicklungen in der Forschung berücksichtigende – neue Erklärung zum Gesamtbereich Bioethik und Menschenrechte. Mit der Einrichtung je eines Experten- und Regierungskomitees zur Bioethik wurden Instrumente für zwischenstaatliche Zusammenarbeit und Austausch zwischen nationalen Ethikräten sowie fachbezogenen Ethikkomitees geschaffen. Aktueller Schwerpunkt für die UNESCO ist die Förderung der Einrichtung nationaler Ethikräte in allen Mitgliedstaaten.

### Wissenschaften

In dem vorwiegend auf ökologische Querschnittsfragen ausgerichteten Wissenschaftsprogramm hat die Lösung der weltweiten Wasserkrise oberste Priorität. Die UNESCO fungiert hier als Sekretariat für die Zuständigkeiten von 23 Organisationen und Programmen für Wasserfragen, von hydrologischer und ozeanografischer Forschung über Klimafragen, Bildung, Gewässerschutz bis zur Technik, zu kommunalem Wassermanagement und zur Beilegung zwischenstaatlicher Konflikte um Wasserressourcen. Seit 2003 wird der im Turnus von drei Jahren erscheinende UN-Weltwasserentwicklungsbericht herausgegeben (ab 2014 soll der Bericht alljährlich erscheinen). Im Rahmen der Weltdekade „Water for Life" 2005 bis 2015 sollen Synergien zwischen internationalen, regionalen und nationalen Akteuren geschaffen werden. Die Vereinten Nationen hatten 2013 zum „Jahr der Wasserkooperation" erklärt; unter Federführung der UNESCO wurde vom Auswärtigen Amt in Zusammenarbeit mit der Deutschen UNESCO-Kommission die Ausstellung „Wasserdiplomatie – ein Schwerpunkt deutscher Außenpolitik" erarbeitet. Mitte 2014 erfolgte unter der Schirmherrschaft der UNESCO die Einrichtung eines deutschen Zentrums für Wasserressourcen und Globalen Wandel mit Sitz in Koblenz.

Die sechs Wissenschaftsprogramme werden durch eigene zwischenstaatliche Komitees gesteuert und in den Mitgliedstaaten durch ständige nationale Komitees umgesetzt. Dies gilt für den Bereich der Ozeanografie und der Hydrologie ebenso wie für die Geologie, die fachübergreifende Ökologie (mit dem Programm *Man and Biosphere*), das Programm für die naturwissenschaftlichen Grundlagenwissenschaften und das sozialwissenschaftliche Programm zur Erforschung gesellschaftlicher Transformationsprozesse (*Management of Social Transformations*).

Eigene Kapazitäten in Forschung und Entwicklung aufzubauen, ist für alle Staaten weltweit erwiesenermaßen eine der ertragreichsten Investitionen, vor allem auf dem Gebiet der Landwirtschafts- und Gesundheitsforschung. Um Entwicklungsländer in die Lage zu versetzen, eigene Stärken zu erkennen, Prioritäten zu setzen und Strategien konsistent zu erarbeiten, verfolgt die UNESCO seit 2004 eine neue Offensive auf dem Feld der Wissenschaftspolitik. In Afrika hat sie diese Initiative besonders erfolgreich umgesetzt und arbeitet derzeit mit etwa einem Dutzend Staaten an der Formulierung einer jeweils nationalen Wissenschaftsstrategie. Dazu gehören auch die erstmalige Erfassung vorhandener nationaler Kapazitäten nach internationalen Standards, der Aufbau regionaler Netzwerke für Information und Telekommunikation und die Erarbeitung gemeinsamer regionaler Prioritäten (in Afrika durch die Afrikanische Union und durch die *Initiative New Partnership for Africa's Development* mit Unterstützung der UNESCO formuliert).

Der Tsunami im Indischen Ozean im Dezember 2004 hat zu einer neuen Erkenntnis der Verwundbarkeit menschlichen Lebens im Angesicht von Naturkatastrophen geführt. Zwar hat die

Zwischenstaatliche Ozeanografische Kommission der UNESCO bereits Ende der sechziger Jahre ein Tsunami-Frühwarnsystem im Pazifik einrichten lassen, das seitdem erfolgreich betrieben wird, jedoch gab erst die letzte Katastrophe den Anstoß zu einem globalen Tsunami-Frühwarnsystem mit Schwerpunkten im Mittelmeer, in der Karibik und im Indischen Ozean. In diesen Meeren wird seit 2004 unter UNESCO-Ägide mit großem Elan an regionalen Warnsystemen gearbeitet. Deutschland spielt hier mit seinem Engagement für das nationale Warnsystem für Indonesien und direkt in Kooperation mit der Weltorganisation eine wichtige Rolle.

Das seit 1975 bestehende globale Netzwerk der Biosphärenreservate als Modellregionen für nachhaltige Entwicklung erlebte in den letzten Jahren eine Renaissance, in Deutschland und weltweit. In diesen Gebieten (621 in 117 Staaten, davon – einschließlich des mit Frankreich geteilten Gebiets Pfälzer Wald/Nordvogesen – 15 in Deutschland; Stand: März 2014) wird ein Miteinander von Mensch und Natur, von Schutz und Nutzung erprobt. Die deutsche Entwicklungshilfe nutzt dieses Instrument genauso gern wie viele Bundesländer.

### Kommunikation und Medienpolitik

„Zugang zur Informations- und Wissensgesellschaft" ist Priorität des Kommunikationsprogramms der UNESCO. Dabei geht es nicht in erster Linie um technische Fragen (für die im UN-System die Internationale Fernmeldeunion zuständig ist), sondern um Grundsatzfragen staatlicher Medienpolitik wie öffentlich-rechtlicher Rundfunk und Fernsehen, Jugendmedienschutz, das Verhältnis von kommerziellen und öffentlichen Zugängen zu Informationsressourcen, Medienkompetenz als Bildungsziel, grenzüberschreitende Schul-, Hochschul- und Forschungsnetzwerke, die Steuerung des Internet und um die Nutzung der „digitalen Chance" für die Beteiligung der Entwicklungsländer, benachteiligter Regionen und Bevölkerungsgruppen. Diese Fragen wurden beim Weltgipfel zur Informationsgesellschaft (Genf 2003 und Tunis 2005) erörtert. Die Abschlussdokumente von Tunis geben medienpolitische Orientierungswerte für den Weg zur Wissensgesellschaft unter Berücksichtigung der Prinzipien von Meinungs- und Pressefreiheit, des freien Zugangs zu Information und Wissen, Bildung für alle und kulturelle Vielfalt. Zur Durchsetzung des bereits 1953 vom Europäischen Kernforschungszentrum propagierten Prinzips des freien Zugangs (Open Access) zu allen wissenschaftlichen Informationen und Forschungsergebnissen sind in der Folge von Tunis eine Reihe gemeinsamer Initiativen aus der Europäischen Kommission und der UNESCO entstanden (Deutsche UNESCO-Kommission 2007).

Beim Thema Pressefreiheit ist heute nur noch wenig von der Konfrontation der 1980er Jahre zu spüren. Die UNESCO hat nichtstaatliche, insbesondere Journalistenorganisationen mit dem Monitoring der Pressefreiheit beauftragt und konzentriert sich selbst auf Normsetzung und Werbung für die in den Menschenrechten niedergelegten Grundfreiheiten. Der jährliche „Tag der Pressefreiheit" am 3. Mai bietet mit der Verleihung des UNESCO-Preises für Pressefreiheit an mutige Journalisten und Berichterstattung durch die Fachorganisationen dafür ein gutes Forum.

## 4. Der internationale Kontext

Die UNESCO mit ihren vielfältigen Mandatsbereichen ist in besonderem Maße zur Koordinierung und Kooperation mit den anderen UN-Institutionen aufgefordert, aber auch mit den europäischen Organisationen, denen seit den neunziger Jahren Kompetenzen in der Auswärtigen Kulturpolitik zugewachsen sind. Für Europa fordert die deutsche UNESCO-Politik eine Konzentration auf die komparativen Vorteile wie bewährte Programme (UNESCO-Schulprojekt mit 200 Schulen in Deutschland, Weltkulturerbe, zwischenstaatliche Wissenschaftsprogramme) und die oben genannten aktuellen Schwerpunkte sowie die Verbindungsfunktion mit anderen Weltregionen. Für die Auswärtige Kulturpolitik sind folgende weitere multilaterale Organisationen im Umfeld der UNESCO von besonderer Bedeutung: Die Vereinten Nationen mit ihren anderen Sonderorganisationen und weiteren Institutionen des UN-Systems, insbesondere die Weltbank und das Entwicklungsprogramm (alle Themenbereiche mit Fokus auf Entwicklung), das Kinderhilfswerk (Bildung), die Internationale Arbeitsorganisation (berufliche und Weiterbildung), die Internationale Fernmeldeunion (technische Fragen der Kommunikation), die Welturheberrechtsorganisation, der UN-Menschenrechtsrat und die UN-Menschenrechts-Vertragsorgane, einzelne Spezialprogramme, Sekretariate und Fonds wie UN Women und das Umweltprogramm sowie die in Bonn angesiedelten Einrichtungen United Nations Volunteers und das Klimasekretariat. Dazu kommen (mit den wissenschaftlichen, kulturellen und Bildungsaspekten ihrer Mandatsbereiche Ernährung, Gesundheit und Nuklear-Energie) die Welternährungsorganisation, die Weltgesundheitsorganisation und die Internationale Atomenergiebehörde.

Zum regionalen Kontext gehören europäische und (weitgehend) europazentrierte Organisationen wie die Organisation für wirtschaftliche Zusammenarbeit und Entwicklung (Bildung und Wissenschaft), die Organisation für Sicherheit und Zusammenarbeit in Europa (Menschenrechte, Demokratieförderung), der Europarat (alle Themenbereiche) und die Europäische Kommission (alle Themenbereiche mit sehr unterschiedlicher Intensität). Zur Koordinierung haben die UN-Institutionen eine Reihe von Abstimmungsvereinbarungen getroffen sowie eine Reihe von gemeinsamen Langfristprogrammen aufgelegt (z.B. Grundbildung und Lerngesellschaft). Sie sind in doppeltem Sinne ergänzungsbedürftig – zum einen im Verhältnis zu den europäischen Organisationen, zum anderen mit und zwischen den deutschen (staatlichen und nichtstaatlichen) Partnern dieser Organisationen.

Noch schwach ausgeprägt ist die Koordinierung zwischen bilateraler und multilateraler Auswärtiger Kulturpolitik sowohl auf der Ebene staatlicher Stellen als auch der Mittlerorganisationen. Neben der Vermeidung von Doppelarbeit könnten dadurch beträchtliche Synergien erreicht werden. So könnten bilaterale Aktivitäten für multilaterale Programme fruchtbar gemacht, andererseits die multilateral vereinbarten Programme bilateral konkretisiert werden.

## 5. Weltweite Bildungsnetzwerke: UNESCO-Institute in Deutschland

Zwei der acht Bildungs-Institute und -Zentren der UNESCO haben ihren Sitz in Deutschland. Beide unterhalten weltweite Netzwerke und betreiben die laufende Aktualisierung internationaler Standards in ihrem Bereich.

Das UNESCO Institute for Lifelong Learning in Hamburg – 1951 mit einem breiten Mandat als UNESCO Institute for Education gegründet – ist Zentrum für Erwachsenenbildung[4]. Das Institut bringt die Bemühungen der Fachorganisationen für Erwachsenenbildung um interna-

4 http://uil.unesco.org/home/.

tionale Standards (erstmals festgehalten in der Empfehlung über die Entwicklung der Weiterbildung von 1976) zum lebenslangen Lernen in die zwischenstaatlichen Beratungen ein.

Das UNESCO-Zentrum für berufliche Bildung (International Centre for Technical and Vocational Education and Training) wurde 2002 in Bonn gegründet und ist heute Teil des Bonner UN Campus[5]. Das in Bonn koordinierte Netzwerk für berufliche Bildung (mit mehr als 600 institutionellen Mitgliedern) ermöglicht einen direkten Austausch zwischen Berufsbildungsexperten weltweit und fördert dabei die Umsetzung von Standards, die seit 1962 in mehreren Empfehlungen zur beruflichen Bildung zwischenstaatlich vereinbart sind. Dazu gehören eine bessere Qualifikation der Lehrkräfte, eine Orientierung der Ausbildungsinhalte an den Anforderungen der Arbeitswelt und insgesamt eine Qualitätsverbesserung sowie eine Durchlässigkeit zwischen allgemeinem und beruflichem Bildungswesen mit dem Globalziel einer Verringerung insbesondere der Jugendarbeitslosigkeit.

## 6. Die wichtigsten Ziele multilateraler deutscher Auswärtiger Kulturpolitik in der UNESCO

Die deutsche Position zur UNESCO wurde anlässlich der deutschen EU-Präsidentschaft im ersten Halbjahr 2007 aktualisiert (Auswärtiges Amt 2007b). Die deutsche Mitwirkung in der UNESCO ist weiterhin an folgenden Zielen der *Konzeption 2000* (Auswärtiges Amt 2000) der Auswärtigen Kulturpolitik ausgerichtet: Förderung des Deutschlandbildes, Vertrauensbildung (Sicherheits- und Friedenspolitik), Aufbau globaler Lerngemeinschaften (internationaler Wissens- und Erfahrungsaustausch) und multilaterale Politikberatung.

### Förderung des Deutschlandbildes

Jeder signifikante Beitrag eines Mitgliedstaates zu den kulturpolitischen Aktivitäten und Programmen zwischenstaatlicher Organisationen fördert in hohem Maße auch das Ansehen dieses Staates bei der Gesamtheit der anderen Mitgliedstaaten. Die wichtigsten Instrumente sind:

- die Formulierung überzeugender (d.h. in den Gremien durchsetzbarer) kulturpolitischer Perspektiven für die UNESCO im Zusammenwirken mit Partnern aus der Europäischen Union sowie anderer Regionen
- sichtbare Beteiligung an der Umsetzung der beschlossenen Programme
- freiwillige Leistungen (z.B. Treuhandmittel, personelle Hilfe für wichtige Projekte, Gastgeber für internationale Veranstaltungen).

Im Vergleich zu bilateralen Maßnahmen etwa der Entwicklungszusammenarbeit sind angesichts der geringen multilateralen Kulturbudgets derartige politische, personelle und finanzielle Investitionen besonders wirksam, da sie in jedem Einzelfall eine Multiplikatorwirkung haben. Qualität vorausgesetzt, tragen deutsche Investitionen in multilaterale Auswärtige Kulturpolitik daher in hohem Maße zur Förderung des Deutschlandbildes bei. Ein gutes Beispiel ist die Einrichtung eines deutschen Nationalkomitees mit eigener Koordinierungsstelle für die Weltdekade „Bildung für nachhaltige Entwicklung“ 2005 bis 2014. Mit den hier eingesetzten finanziellen und personellen Ressourcen hat sich Deutschland in kurzer Zeit so viel Ansehen erworben,

5 http://www.unevoc.unesco.org/go.php.

dass es um die Ausrichtung der ersten Weltkonferenz zum diesem Thema Ende März/Anfang April 2009 in Bonn gebeten wurde, auf der 150 Staaten vertreten waren.

### Vertrauensbildung (Sicherheits- und Friedenspolitik)

Unverändert aktuell ist das in der UNESCO-Verfassung 1945 formulierte Ziel, „durch Förderung der internationalen Zusammenarbeit in Bildung, Wissenschaft und Kultur zum Frieden und zur internationalen Sicherheit beizutragen". Es geht um die Zusammenarbeit in einem allseits anerkannt neutralen Rahmen, in dem kleine wie große Staaten gleichberechtigt zusammenwirken können. Dieser Rahmen ist von besonderer Bedeutung für Staaten, zwischen denen es keine oder kaum organisierte bilaterale Auswärtige Kulturpolitik gibt. Ein gutes historisches Beispiel ist Deutschland, dem die UNESCO in ihrer „Deutschland-Resolution" von 1949 umfassende Möglichkeiten zur Wiederanknüpfung der unter der Naziherrschaft zerrissenen Fäden bildungs-, kultur- und wissenschaftspolitischer internationaler Zusammenarbeit eröffnete. Von 1972 (Aufnahme der Deutschen Demokratischen Republik als Mitgliedstaat) bis 1990 gab die UNESCO beiden deutschen Staaten einen stets verfügbaren neutralen Rahmen zum Aufbau bilateraler Kontakte, aus denen eine Reihe gemeinsamer Initiativen in den Bereichen Berufsbildung, Umweltschutz und Wissenschaft entstand. Die in schwierigen Fällen (wie Polen) per Vereinbarung der beiden UNESCO-Nationalkommissionen geschlossenen Verträge zur Einrichtung bilateraler Schulbuchkommissionen waren und sind ein wichtiger Faktor im Aussöhnungsprozess zwischen Deutschland und seinen Nachbarn sowie Israel und einer Reihe weiterer Staaten. Insbesondere wegen dieses historischen Hintergrundes ist Deutschland derzeit und wohl noch auf weitere Jahre gefragt als Animateur, als Moderator und engagierter Dritter beim Aufbau kulturpolitischer Kooperation im Nahen Osten, in Osteuropa, aber auch in mehreren Regionen Afrikas, Asiens und Lateinamerikas. Die deutsche UNESCO-Politik sieht im Vertrauensbonus, den fast alle Konfliktparteien der Weltorganisation entgegenbringen, einen komparativen Vorteil. Zu den besonders beachteten deutschen Initiativen gehört die Einrichtung eines mehrsprachigen Bildungsservers für das ehemalige Jugoslawien und südosteuropäische Nachbarstaaten[6] sowie die Schenkung eines Elektronensynchrotrons für die Nahost-Region an die UNESCO[7]. Das damit ausgestattete neue Forschungszentrum SESAME (englische Abkürzung für Centre for Synchrotron-light for Experimental Science and Applications in the Middle East) in Jordanien ist Anfang November 2008 offiziell eingeweiht worden; die Aufnahme des von der Internationalen Atomenergiebehörde und mehrerer Mitgliedstaaten finanziell und technisch unterstützten Betriebs der Anlage wurde für spätestens 2015 angekündigt.[8] Als Mitglieder sind Ägypten, Bahrain, Iran, Israel, Jordanien, Pakistan, Palästina, die Türkei und Zypern am Aufbau dieses ersten Teilchenbeschleunigers in der arabischen Region tätig. Deutschland hat neben zahlreichen anderen Staaten einen Beobachter-Status beim internationalen Rat des neuen Forschungszentrums. Das Projekt unter der Schirmherrschaft der UNESCO ist eine Demonstration wissenschaftlicher Zusammenarbeit über alle Grenzen hinweg.

6 www.dadalos.org.
7 http://www.sesame.org.jo.
8 http://www.sesame.org.jo/sesame/about-us/what-is-sesame.html (September 2014).

### Globale Lerngemeinschaften (internationaler Wissens- und Erfahrungsaustausch)

Schwerpunkte in der UNESCO sind zwischenstaatliche und andere langfristige Programme zu den Themen Grundbildung und Lerngesellschaft (mit dem UN-System und der Organisation für Zusammenarbeit und wirtschaftliche Entwicklung), berufliche Bildung (mit der Internationalen Arbeitsorganisation der Vereinten Nationen), Wissenschaften (Ozeanografie, Hydrologie, Geologie, Ökologie, Sozialwissenschaften, Statistik, Wissenschaftsethik), Kultur (Welterbe, Kulturerhalt, immaterielle Kultur) und Kommunikation (Medienförderung in Entwicklungsländern, Medienfreiheit in Krisenregionen, Informationsethik). Hinzu kommen zahlreiche Netzwerke wie die UNESCO-Projekt-Schulen, UNESCO-Lehrstühle und Expertennetze (z.B. Membranforschung, Chemieunterricht). An fast allen dieser Langfristprogramme und Netzwerke ist Deutschland engagiert beteiligt, z.B. durch eigene Nationalkomitees, eigene Koordinierungsstellen und langfristig vereinbarte institutionelle Kontakte. Die hier aufgebauten Verbindungen stehen auch als Rahmen für den Ausbau einer Reihe von bilateralen Kooperationsvorhaben zur Verfügung (Beispiel: regionale Medienprogramme in Afrika und Asien mit Wechselbeziehungen zu bilateralen Medienprojekten u.a. der Friedrich-Ebert-Stiftung).

Deutschland engagiert sich in der UNESCO für neue Formen des Austauschs wissenschaftlicher Forschungs- und Messdaten zwischen Nord und Süd, Ost und West sowie für die Verbreitung ergänzender Unterrichtsmaterialien über Internet-Schulprojekte (z.B. mit Kuba und anderen Karibikstaaten, Südosteuropa und der arabischen Region).

### Multilaterale Politikberatung

Multilaterale Auswärtige Kulturpolitik ist ein besonders geeigneter Rahmen zur Propagierung kulturpolitischer Konzepte und Ziele. Wichtigstes Mittel hierzu ist das „Einfüttern" solcher Konzepte in programmatische Beschlüsse multilateraler Organisationen sowie in Leitdokumente (z.B. Berichte von Weltkommissionen wie die Delors-Kommission und die Pérez de Cuéllar-Kommission). In der UNESCO war Deutschland besonders erfolgreich in den Bereichen Erziehung zur internationalen Verständigung (Menschenrechte (Hüfner 2008), Pluralismus), Berufsbildung, Wissenschaftsnetzwerke, kulturelle Vielfalt als kulturpolitische Leitidee, Informationsethik. Im Verhältnis zum Aufwand und zu den Kosten einer ausschließlich bilateralen Politikberatung hat die multilaterale Politikberatung – Qualität vorausgesetzt – einen besonders hohen Wirkungsgrad, der durch Koordinierungsbemühungen zwischen bi- und multilateralen Aktivitäten noch gesteigert werden kann.

## 7. Die Deutsche UNESCO-Kommission als Mittlerorganisation der Auswärtigen Kulturpolitik

Nach ihrer Satzung hat die Deutsche UNESCO-Kommission sowohl im engeren Sinne staatliche wie im weiteren Sinne öffentliche Aufgaben. Im engeren Sinn staatliche Aufgaben sind die Beratung der Bundesregierung, des Bundestages und der übrigen staatlichen Stellen in allen Fragen, die sich aus der Mitgliedschaft Deutschlands in der UNESCO ergeben. Dazu gehören – im Auftrag des Auswärtigen Amtes – die Ausarbeitung politischer Konzeptionen und Entschließungsanträge sowie die Mitwirkung in zwischenstaatlichen Gremien der UNESCO (Generalkonferenz, Exekutivrat). Im engeren Sinn staatlich ist auch die Aufgabe, „im Sinne der friedenssichernden Arbeit der UNESCO zu einer weltoffenen und nachhaltigen Wissensgesellschaft in Deutschland beizutragen“ sowie – im Auftrag der Bundesregierung – die rechtlichen Interessen in Deutschland wahrzunehmen (Namens- und Zeichenschutz, Vertragsgestaltung).

Zu den im weiteren Sinne öffentlichen Aufgaben gehören deutschsprachige Öffentlichkeitsarbeit, Vermittlung von Experten und Institutionen, Einflussnahme auf die Gesetzgebung, Aufbau von lokalen Diskussions- und Aktionsgruppen und die Kooperation mit der Wirtschaft sowie Sponsoring und Spendenwerbung für UNESCO-Projekte. Aktuelle Schwerpunkte sind das UNESCO-Schulprojekt, Welterbe und kulturelle Vielfalt, Bildung für nachhaltige Entwicklung, deutsche Beteiligung an den naturwissenschaftlichen Langfristprogrammen sowie – regional – die Zusammenarbeit mit afrikanischen Ländern; eine Gesamtschau gibt der jährliche Tätigkeitsbericht (Deutsche UNESCO-Kommission 2014). Seit 2004 trifft die Deutsche UNESCO-Kommission über ihren Beitrag zur Auswärtigen Kulturpolitik eine jährliche Zielvereinbarung mit dem Auswärtigen Amt, die im Rahmen der Gremien der Kommission mit den anderen zuständigen Ressorts der Bundesregierung, den Ländern und den insgesamt 100 Mitgliedsinstitutionen und persönlichen Mitgliedern der Kommission sowie in beratenden Fachausschüssen abgestimmt wird.

Die UNESCO ist die einzige UN-Institution, die ihren Mitgliedstaaten die Einrichtung nationaler Kommissionen ermöglicht. Historische Erklärung ist die bei der Gründung im Jahr 1945 getroffene Entscheidung, die UNESCO als zwischenstaatliche und nicht – wie damals alternativ vorgeschlagen – als Nichtregierungsorganisation einzurichten. Nationalkommissionen haben deshalb vorrangig die keinesfalls einfache Aufgabe, national als Mittler zwischen Staat und Wissenschaft, Bildung und Politik sowie international als Mittler zwischen dem Mitgliedstaat und der zivilgesellschaftlichen Komponente der UNESCO zu wirken. Hierzu gehört der Auftrag an die Deutsche UNESCO-Kommission zur direkten Zusammenarbeit mit den Nationalkommissionen der anderen 194 Mitgliedstaaten. Die Verknüpfung von staatlichen Aufträgen und öffentlichen Aufgaben im weiteren Sinn ist Ergebnis politischer Willensentscheidungen der Bundesregierung. In der Praxis arbeitet die Deutsche UNESCO-Kommission auf derselben Grundlage wie die anderen Mittlerorganisationen der Auswärtigen Kulturpolitik. Sie ist als eingetragener Verein rechtlich selbstständig organisiert. In der Mitgliedschaft ist die Zahl der staatlichen Vertreter (je sechs des Bundes und der Länder) auf etwa 11 Prozent begrenzt; mit rund 60 Mitgliedsinstitutionen (Organisationen, Verbände, Institute) ist sie auch ein Netzwerk innerhalb der deutschen Auswärtigen Kulturpolitik.[9]

9 Weitere Informationsquellen im Internet: www.unesco.org sowie deutschsprachig www.unesco.de.
Weitere wichtige Texte aus jüngster Zeit: Deutsche UNESCO-Kommission 2009a, 2014; Hüfner 2008, 2011; Pingel 2010; Singh 2011; UNESCO 2010, 2014a und b; Vermeren 2011.

## 5.2 Das größere Europa und sein Gewissen – Der Europarat[1]

*Kathrin Merkle*

Der Europarat feiert 2014 seinen 65. Geburtstag. Er wurde 1949 als eine zwischenstaatliche Organisation mit ständigem Sitz in Straßburg (Frankreich) gegründet. Im Sommer 2014 gehören ihm 47 europäische Staaten an. Fünf weitere Staaten haben Beobachterstatus (Europarat 2004a; 2004b).

Zu den Aufgaben des Europarats gehören:

- die Verteidigung der Menschenrechte, der pluralistischen Demokratie und der Rechtsstaatlichkeit in allen Mitgliedstaaten
- die Stärkung der demokratischen Stabilität Europas; dies geschieht durch Reformen in Politik, Gesetzgebung und Verfassung, die der Europarat auf allen Regierungsebenen, d.h. in Bund, Länder und Gemeinden, unterstützt
- die Auseinandersetzung mit gesellschaftspolitischen Problemen wie Intoleranz, Diskriminierung jeglicher Minderheiten, Klonen von Menschen, Gewalt gegen Frauen und Kinder, Menschen- und Drogenhandel, Terrorismus, Korruption, organisiertes Verbrechen und Computerkriminalität
- die Förderung des Bewusstseins der gemeinsamen europäischen kulturellen Identität in ihrer Differenziertheit insbesondere durch Zusammenarbeit in den Bereichen Bildung, Kultur, historisches Kulturerbe, Jugend, Sport und Lokalpolitik; der demokratische Umgang mit Vielfalt, die Förderung des interkulturellen und interreligiösen Dialoges
- die Förderung der gesellschaftlichen Teilhabe, des sozialen Zusammenhalts und der sozialen Rechte.

Der Europarat ist nicht die einzige internationale Organisation, die sich diesen Themen widmet. Allerdings ist die spezifische Bündelung mit der Konzentration auf Menschenrechte, Demokratieentwicklung und Rechtsstaatlichkeit in Verbindung mit gesamteuropäischer Zuständigkeit einzigartig und hebt die Organisation aus dem Kreis anderer Institutionen heraus.

Im Dialog zwischen seinen wichtigsten Organen — Ministerkomitee, Parlamentarischer Versammlung, Kongress der Gemeinden und Regionen und Konferenz der internationalen Nichtregierungsorganisationen — strukturiert der Europarat seine Arbeit.

Den Rahmen hierfür bildet das zweijährige *zwischenstaatliche Arbeitsprogramm*. Es ist das Arbeitsinstrument des Ministerkomitees und spiegelt die Bandbreite und politischen Prioritäten der Organisation wider. Je nach Art der zu behandelnden Fragen sieht es verschiedene Prozeduren und Aktionsformen vor:

- internationale Konventionen und Abkommen, die nach Inkrafttreten für die ratifizierenden Staaten rechtsverbindlich sind und deren Einhaltung überprüft wird, sowie Empfehlungen des Ministerkomitees an die Mitgliedstaaten zu wichtigen aktuellen Fragen

1 Dieser Beitrag gibt die Meinung der Autorin wieder und stellt nicht unbedingt die Position des Europarats dar. Er basiert auf einer Version, die 2009 mit Gesa Büttner erarbeitet wurde.

- zwischenstaatliche und nationale Untersuchungen und Berichte als Grundlage für weiterführende Arbeiten in den Mitgliedstaaten, sowie Arbeitstreffen und Konferenzen von Experten, politischen Entscheidern, Nichtregierungsorganisationen[2] und anderen Fachvertretungen
- Trainings- und Kooperationsprogramme, besonders zu Rechtsfragen und zur Vertiefung des Demokratieverständnisses sowie Kampagnen und andere Großveranstaltungen von europäischer Tragweite[3].

Durch alle Arbeitsbereiche hindurch, wenngleich unterschiedlich stark, charakterisieren folgende Funktionen die Arbeit der Organisation: internationaler Austausch einschließlich Erarbeitung neuer Konzepte für Politik und Praxis; Definition von europäischen Normen und deren Vorbereitung und Vertiefung unter anderem durch Kooperationsprojekte; Überwachung der Anwendung dieser Normen (Monitoring); sowie – als Voraussetzung, Ergebnis oder Nebenprodukt – Informationssammlung und -verbreitung. Je nach Kontext variieren der Bedarf und das Interesse der Mitgliedstaaten an den einzelnen Arbeitsbereichen und Kooperationsformen.

Die Einzigartigkeit des Europarates zeigt sich im Zusammenwirken seiner Institutionen, Normen und Interventionen, die einen sich ständig selbst erneuernden Fortschrittszyklus auslösen. Auf der Grundlage von Monitoringergebnissen veröffentlichte der Generalsekretär der Organisation, Thorbjørn Jagland, im Mai 2014 erstmals einen zusammenfassenden Bericht zur Lage der Demokratie, der Menschenrechte und des Rechtstaats in Europa[4]. Neben den derzeitigen Schlüsselthemen Schutz der Menschenwürde und der körperlichen Unversehrtheit, funktionierende Justiz, Geldwäsche und Korruption benennt der Bericht auch für die europäische Kulturzusammenarbeit relevante Arbeitsbereiche: Kultur der Demokratie, demokratische Institutionen, politische Freiheiten und menschliche Würde, Teilhabe und Solidarität[5].

## 1. Europa bauen – 60 Jahre Kulturaustausch im Europarat: Hintergrund, Ziele, Aktivitäten, Ergebnisse

Im Nachkriegseuropa der fünfziger Jahre schuf der Europarat nach der Verabschiedung der Menschenrechtskonvention (1950) ein weiteres zentrales Instrument: die Europäische Kulturkonvention (1954)[6]. Sie gründet auf der historisch gewachsenen Pluralität und Diversität euro-

2 Der Europarat verleiht über 400 Nichtregierungsorganisationen, d.h. Vereinen und Vereinigungen (*Nongovernmental Organisations*) einen Partizipativstatus und entwickelt so vielfältige Partnerschaften mit der Zivilgesellschaft. Er beteiligt die Nichtregierungsorganisationen an der zwischenstaatlichen Arbeit in Ausschüssen und Fachveranstaltungen und fördert den Dialog über große gesellschaftspolitische Themen zwischen Parlamentariern und Vertretern der Nichtregierungsorganisationen.

3 Das Straßburger Weltforum für Demokratie ist ein jährliches Treffen von Staats-und Regierungschefs, Aktivisten der Zivilgesellschaft, Meinungsmachern sowie Vertretern von Wirtschaft, Wissenschaft, und Medien, um die weltweit wichtigsten demokratischen Herausforderungen zu diskutieren. Das Forum findet seit 2012 jedes Jahr im Herbst in Straßburg, Frankreich, statt und wird vom Europarat in enger Kooperation mit der Stadt Straßburg, der Region Elsass und der französischen Regierung organisiert. Ziel des Forums ist es, neue, innovative demokratische Bewegungen und Initiativen aufzuspüren und zu fördern. Die während des Forums gesammelten Erkenntnisse informieren die Arbeit des Europarats und die seiner zahlreichen Partner auf dem Gebiet der Demokratie und der demokratischen Regierungsführung.

4 http://hub.coe.int/c/document_library/get_file?uuid=5df90407-7663-4361-b5fb-1bbcc84c9fa0&groupId=10227 (September 2014).

5 Dieser Beitrag befasst sich in allgemeiner Weise mit der Rolle des Europarates in der Kultur und im internationalen Kulturaustausch und ist nicht der Ort, über Schwierigkeiten von Mitgliedstaaten außerhalb dieser Bereiche zu berichten, wie beispielsweise den aktuellen Konflikt zwischen der Ukraine und der Russischen Föderation.

6 European Cultural Convention, http://conventions.coe.int/Treaty/en/Treaties/Html/018.htm (September 2014).

päischer Kultur und spiegelt ihre Zeit: die Hoffnung auf europäische Einheit, den Glauben an die Kraft des humanistischen Geistes von Bildung und Kultur, um alte Trennungen zu überwinden, neue Konflikte zu vermeiden und die demokratische Ordnung zu festigen. Kultur als „Herz und Seele der Demokratie“.

Wenngleich der Verweis auf das europäische kulturelle Erbe und die Wahrung der gemeinsamen Kultur in der Europäischen Kulturkonvention im Vordergrund stehen, war diese doch auch von Anfang an auf Weiterentwicklung hin orientiert. Als noch immer gültige Rahmenkonvention bildet sie seit 60 Jahren die Grundlage für den Dialog und den Zusammenhalt von 50 Staaten (47 Mitgliedstaaten sowie Weißrussland, Heiliger Stuhl und Kasachstan).

Explizite Ziele der Konvention sind die Anerkennung und der Schutz des gemeinsamen kulturellen Erbes, die Mobilität von Personen, der Austausch von Kulturgütern und ein ganzheitliches Konzept von Kulturzusammenarbeit. Im Lauf der letzten sechs Dekaden wurden die Arbeitsbereiche erweitert, um neben dem Bildungs- und dem Kultursektor im eigentlichen Sinne auch Aktivitäten im Jugend- und Sportbereich zu ermöglichen. Nicht zuletzt hat der Kulturbegriff eine Erweiterung erfahren: Im Laufe der siebziger Jahre wurden Konzepte wie „kulturelle Demokratisierung“ (Zugang aller zu den klassischen Kulturformen und Institutionen) und „kulturelle Demokratie“ (gleichberechtigte Anerkennung aller kultureller Ausdrucksformen) vorangebracht, die kulturindustrielle Entwicklung antizipiert und eine harmonische Beziehung zwischen Mensch und Umwelt gefordert. Darüber hinaus erlangten nicht zuletzt durch die Arbeit des Europarates Ziele wie Partizipation, individuelle Kreativität und lebenslanges Lernen europaweit kulturpolitische Anerkennung.

In der Folge erhielt dieser erweiterte Kulturbegriff auch eine soziokulturelle, plurale Dimension und Kulturpolitik selbst eine zentrale Rolle bei der Bewältigung von Zukunft – eine Annahme, die später im Kontext der verschiedenen Weltkulturberichte der Sonderorganisation der Vereinten Nationen für Bildung, Wissenschaft und Kultur (UNESCO) mit Blick auch auf das Entwicklungspotenzial außereuropäischer Weltregionen bekräftigt wurde.

Programme wie *Sport für alle,* Jugend- und Bildungsinitiativen zur staatsbürgerlichen Verantwortung und Menschenrechtserziehung, politische Kampagnen gegen Hassreden im Internet (*No Hate Speech*), Rassismus und Intoleranz (*All different – all equal)* oder Diskriminierung (*Speak out Against Discrimination),* aber auch die Einbeziehung von Universitäten und internationalen Nichtregierungsorganisationen in fast allen Arbeitsbereichen unterstreichen die Bestrebungen des Europarates nach maximaler Partizipation der 800 Millionen Europäer am demokratischen gesellschaftlichen Leben.

Die Rolle des Europarats bei der Definition und Anwendung von europäischen Normen und Standards in Politik und Praxis ist unumstritten. Im Kulturbereich wird die Unterstützung von Netzwerken und die Verbreitung von Beispielen vorbildlicher Praxis zu bevorzugten Aktionsformen; *Soft Monitoring* wird eine Begleitfunktion vieler Programme. Die kulturelle Vielfalt und der demokratische Umgang mit ihr gewinnen als Schlüsselthemen für demokratische Stabilität zunehmend an Bedeutung, angetrieben durch Globalisierung, weltweite kulturelle Verflechtung, Mobilität, Migration und den Trend zur Kommerzialisierung. Daneben verlaufen noch immer Trennungslinien durch Europa, die zu gewaltsamen Konflikten und Extremismus führen können.[7] Der Europarat hat 2011 einen Bericht namhafter Persönlichkeiten unter dem Titel *Zusammenleben: die Verbindung von Vielfalt und Freiheit im Europa des 21. Jahrhunderts* veröffentlicht[8]. Der Bericht macht konkrete Handlungsvorschläge und gibt strategische Empfehlungen für die europäischen Einrichtungen und ihre Mitgliedstaaten, aber auch alle anderen gesellschaftlichen Akteure, um das künftige Zusammenleben in offenen europäischen Gesellschaften unter voller Beachtung der Menschenrechte zu gewährleisten.

Der Europarat hat seit den fünfziger Jahren nicht nur als Initiator und Ideenlabor gewirkt, sondern auch 21 rechtsverbindliche Abkommen in den Bereichen Kultur und Kulturerbe, Jugend, Bildung und Sport geschaffen.[9] Die neueste unter diesen ist die Konvention über die Manipulation von Sportwettkämpfen (2014).[10] Die Konventionen zum Schutz des architektonischen[11] und des archäologischen Erbes Europas[12] bilden den rechtlichen Rahmen für die internationale Zusammenarbeit in diesen Bereichen, zuletzt erweitert um die 2011 in Kraft getretene Rahmenkonvention des Europarates über den Wert des Kulturerbes für die Gesellschaft (sogenannte *Faro-Konvention")*[13]. Letztere darf als politisch besonders innovativ – gerade in Zeiten der Krise – gelten. Sie nimmt die Staatengemeinschaft in die Pflicht, auch grenzüberschreitend Verantwortung für den Schutz des Kulturerbes der Nachbarn zu übernehmen.

Die Konventionen zum Schutz des audiovisuellen Erbes[14] und zur Gemeinschaftsproduktion von Kinofilmen[15] regeln diese auch kulturwirtschaftlich bedeutsamen Bereiche. Im Bildungswesen wurden Normen zur gegenseitigen Anerkennung von Bildungsabschlüssen[16] definiert, um studentische Mobilität in Europa zu ermöglichen. Im Jahre 2010 wurde nach europaweiter Koordinierung von Normen und Politik der „Europäische Hochschulraum" geschaffen.

Nicht immer müssen alle 47 Mitgliedstaaten kooperieren; im Rahmen von Teilabkommen des Europarats kann auch eine kleinere Anzahl von Staaten in für sie relevanten Bereichen zusammenarbeiten.[17]

7 Vgl. Budapest Declaration *For a Greater Europe Without Dividing Lines*, https://wcd.coe.int/ViewDoc.jsp?id=448149 (September 2014).

8 http://www.coe.int/de/web/portal/topics-living-together (September 2014)

9 Siehe http://conventions.coe.int/ (September 2014).

10 http://www.conventions.coe.int/Treaty/EN/Treaties/Html/ManipSports.htm (September 2014).

11 Convention for the Protection of the Architectural Heritage of Europe, http://conventions.coe.int/Treaty/EN/Treaties/Html/121.htm (September 2014).

12 European Convention on the Protection of the Archaeological Heritage (revised), http://conventions.coe.int/Treaty/EN/Treaties/Html/143.htm (September 2014).

13 Council of Europe Framework Convention on the Value of Cultural Heritage for Society, http://conventions.coe.int/Treaty/en/Treaties/Html/199.htm (September 2014).

14 European Convention for the Protection of the Audiovisual Heritage, http://conventions.coe.int/Treaty/en/Treaties/Html/183.htm (September 2014).

15 European Convention on Cinematographic Co-production, http://conventions.coe.int/Treaty/en/Treaties/Html/147.htm (September 2014)

16 Convention on the Recognition of Qualifications concerning Higher Education in the European Region, http://conventions.coe.int/Treaty/en/Treaties/Html/165.htm (September 2014).

17 Die wichtigsten Teilabkommen in Kürze: Eurimages ist ein europäischer Fonds, der Fördermittel für die Koproduktion, den Verleih und den Vertrieb europäischer Spiel- und Dokumentarfilme bereitstellt. Die Europäische Audiovisuelle Informationsstelle trägt Daten aus dem Film-, Fernseh-, Video/DVD und Multimediabereich zusammen und stellt sie für Fachleute der Branche und Politiker bereit. Das Europäische Zentrum für Fremdsprachen (Graz) bietet Weiterbildungsprogramme für Ausbilder von Lehrkräften, Schulbuchautoren und Lehrplanentwicklern an. Das Europäische Zentrum für Globale Interdependenz und Solidarität („Nord-Süd Zentrum" Lissabon) fördert die Zusammenarbeit zwischen Europa und dem Süden und schafft weltweite Synergien zwischen Regierungen, Kommunalbehörden, Nichtregierungsorganisationen und Parlamenten. Die grenzüberschreitenden Kulturwege Europas machen das gemeinsame europäische Kulturerbe sichtbar und stärken kulturelle Identität und Lebensqualität durch qualitativ hochwertige kulturtouristische Angebote.

Politische Standards werden nicht allein durch rechtsverbindliche Konventionen gesetzt. Die internationalen Verträge werden ergänzt durch an die Mitgliedstaaten gerichtete Empfehlungen zu zentralen Fragen in Kultur, Bildung, Jugend und Sport sowie durch politische Erklärungen (z.B. zur kulturellen Vielfalt[18], zum interkulturellen Dialog und zur Konfliktverhütung[19]). Auch die Parlamentarische Versammlung und der Kongress der Gemeinden und Regionen des Europarats veröffentlichen Entschließungen und Empfehlungen; als Stimme der Gebietskörperschaften unterstützt der Kongress insbesondere die effektive Partizipation der Bürger im demokratischen Prozess, die Integration und Beteiligung von Migranten[20] und die grenzüberschreitende Zusammenarbeit für Toleranz, Frieden und nachhaltige Entwicklung.

Im Rahmen der Europäischen Kulturkonvention, unter der Verantwortung des Ministerkomitees und des zuständigen Lenkungsausschusses sowie mit der Unterstützung von Fachministerkonferenzen, wird das Arbeitsprogramm des Europarates im Kulturbereich festgelegt.

Prägnante Beispiele der Arbeit der Generaldirektion für Demokratie (zu deren Aufgaben Bildungs-, Kultur-, Jugend- und Sportkooperation gehören) sind unter anderem das *Europäische Programm zur Kulturpolitikevaluierung* und das *Kompendium.* Insbesondere in der Übergangsphase zu pluralistischen demokratischen Staatsverfassungen in Osteuropa und bei der Schaffung adäquater kulturpolitischer Rahmenbedingungen und Strukturen hat das Evaluierungsprogramm seine Wirksamkeit entfaltet. Bisher wurden für 30 Länder eingehende Regierungs- und Expertenberichte vorgelegt, zuletzt für die Türkei und ausgewählte Regionen der Russischen Föderation. Darauf aufbauend wurde das nach wie vor weltweit einzigartige *Kompendium zur Kulturpolitik* als erstes elektronisches kulturpolitisches Informationssystem auf europäischer Ebene erstellt, das von Fachleuten und der breiten Öffentlichkeit genutzt wird (www.culturalpolicies.net). Es bietet Zugang zu kulturpolitischen Profilen[21] der einzelnen Mitgliedsländer, ermöglicht internationale Vergleiche und präsentiert aktuelle Tendenzen der Kulturpolitik. Ziel ist es, alle Unterzeichnerstaaten der Kulturkonvention in das System aufzunehmen und insbesondere die Themenkreise Kultur und Demokratie, kulturelle Partizipation und Beispiele erfolgreicher Praxis (z.B. zum interkulturellen Dialog) auszubauen. Das globale Netzwerk nationaler Agenturen oder Behörden, die für Kulturförderung zuständig sind (International Federation of Arts Councils and Culture Agencies), betreibt seit 2012 die Entwicklung eines weltweiten Informationssystems zur Kulturpolitik, das auf der „Kompendium“-Methodologie aufbaut und die regionalen Informationssysteme zukünftig vernetzen wird.[22]

Das „Kompendium“, im Verbund mit HEREIN (European Heritage Network), dem Informationsnetzwerk für das Kulturerbe (www.european.heritage.net) sowie der Europäischen Audiovisuellen Informationsstelle, ist eine einzigartige kultur- und medienpolitische Informationsquelle (*CultureWatchEurope*-Initiative des Europarates)[23].

18 *Declaration on Cultural Diversity*, https://wcd.coe.int/ViewDoc.jsp?id=389843 (September 2014).

19 *Declaration on Intercultural Dialogue and Conflict Prevention*, http://www.coe.int/T/E/Com/Files/Ministerial-Conferences/2003-Culture/declaration.asp (September 2014).

20 Recommendation 153 (2004) on “A Pact for the Integration and Participation of People of Immigrant Origin in Europe’s Towns, Cities and Regions“, https://wcd.coe.int/ViewDoc.jsp?id=815793 (September 2014).

21 Die Profile enthalten einen kurzen historischen Abriss sowie aktuelle Informationen zu Entscheidungsstrukturen, Zielen und Grundsätzen der Kulturpolitik, aktuelle Themen, gesetzliche Grundlagen, Kulturfinanzierung, Kulturinstitutionen, Förderung von Kreativität und weitere Quellen und Informationsmaterialien.

22 http://www.ifacca.org/worldcp/ (September 2014).

23 http://www.coe.int/t/dg4/cultureheritage/CWE/Reader2012.pdf (September 2014).
http://www.coe.int/t/dg4/cultureheritage/CWE/CWE2011Reader_en.pdf (September 2014).
http://www.coe.int/t/dg4/cultureheritage/CWE/CWEConferenceReader_en.pdf (September 2014).
http://www.coe.int/t/dg4/cultureheritage/CWE/Kultura_Rozwój.pdf (September 2014).

Im Jahr 2013 initiierte eine Fachministerkonferenz ein neues Arbeitsprogramm zu Kultur und Demokratie, in dessen Rahmen ein Indikatorensystem zum Beitrag der Kultur zur Demokratie entwickelt wird. Relevante Länderdaten werden im *Kompendium*-Informationssystem fortgeschrieben. Fragen der Beziehung zwischen Digitalisierung und Kultur werden seit 2013 unter dem Aspekt von Demokratie und aktiver Teilhabe untersucht; die Ergebnisse sollen in Empfehlungen an kulturpolitisch Verantwortliche einfließen.[24] Dabei ist die Vielfalt der beteiligten Akteure zu berücksichtigen (*Multi-Stakeholder*-Ansatz), um alle gesellschaftlichen Gruppen an der Diskussion zu beteiligen. Die Arbeiten sind Teil einer umfassenden Strategie des Europarates zu Management und Kontrolle des Internets.[25]

Europarat und Europäische Kommission haben 2008 zusammen mit einer Gruppe von Pilotstädten eine ehrgeizige Initiative gestartet, um die soziale Integration von Mehrheitsbevölkerung und kulturellen Minderheiten zu fördern. Das Herzstück der *Intercultural Cities* ist das Konzept des „Vielfaltsvorteils“[26]: statt Vielfalt als Bedrohung zu sehen, sollen ihre positiven Seiten und der greifbare Nutzen für Städte und Gemeinden in den Vordergrund gerückt werden. Im Sinne eines strategischen interkulturellen Ansatzes sollen städtische Verwaltungsstellen, Sozialpartner und zivilgesellschaftliche Organisationen mobilisiert werden, um eine gemeinsame Vision von Integration und Gestaltung des urbanen Lebens zu erreichen. Ein Index der städtischen Interkulturalität *(Intercultural Cities Index)* erlaubt es, städtische Integrationsstrategien zu optimieren.[27] Das Programm wird flankiert durch Projekte zum Thema Kommunikation, Medien und lokale Wirtschaft für Integration.[28]

Ein technisches Hilfs- und Kooperationsprogramm unterstützt interessierte Mitgliedstaaten in Südosteuropa und im Südkaukasus in Fragen der Finanzierung, Modernisierung und Demokratisierung der Kulturpolitik, der Förderung des kulturellen Erbes und der Regionalentwicklung.

Neben Politikanalysen und dem Zusammenführen von Beispielen vorbildlicher Praxis, Wissenstransfer und Assistenz für einzelne oder mehrere Mitgliedstaaten zielen andere Programme auf die breite Vermittlung des europäischen Kulturerbes und europäischer Ideen, wie z.B. die bisher 30 Kunstausstellungen des Europarats (Stand Juli 2014).[29] *Eurimages*, der Fonds des Europarats zur Unterstützung von Koproduktion, Vertrieb und Vorführung europäischer Filmwerke, hat seit seiner Gründung 1989 mehr als 1.600 Hauptfilme und Dokumentationen unterstützt, die teilweise wichtige Preise gewannen (Stand Juli 2014).

24 Siehe unter: http://www.coe.int/t/dg4/cultureheritage/culture/digitisation/baku_en.asp (September 2014).

25 Siehe unter: http://www.coe.int/t/dghl/cooperation/economiccrime/cybercrime/Documents/Internet%20Governance%20Strategy/Internet%20Governance%20Strategy%202012%20-%202015.pdf (September 2014).

26 Das Konzept des Diversitätsvorteils wurde von der britischen Ideenschmiede Comedia entwickelt und untersucht: http://www.coe.int/t/dg4/cultureheritage/culture/cities/origin_en.asp (September 2014).

27 http://www.coe.int/t/dg4/cultureheritage/culture/Cities/Index/default_en.asp (September 2014).
Vgl. auch Phil Wood (Hg.), *Intercultural Cities. Towards a model for intercultural integration, Council of Europe Publishing*, 2009, 124 S., http://www.coe.int/t/dg4/cultureheritage/culture/cities/ICCModelPubl_en.pdf (September 2014);
The intercultural city step by step, Council of Europe Publishing, 2012, 116 S., http://www.coe.int/t/dg4/cultureheritage/culture/Cities/ICCstepbystepAugust2012.pdf (September 2014).

28 C4I, DELI, MEDIANE, see under: http://www.coe.int/t/dg4/cultureheritage/culture/default_en.asp (September 2014).

29 Diese befassen sich mit wichtigen Kunstrichtungen von der Frühgeschichte bis heute und der Interaktion von Kunst und Gesellschaft in Europa. Zuletzt war die 30. Ausstellung “Verführung Freiheit. Kunst in Europa seit 1945” im Deutschen Historischen Museum in Berlin, Mailand, Tallinn und Krakau zu sehen.
Weitere Beispiele sind die Bronzezeit-Ausstellung, die von 1998 bis 2000 in Kopenhagen, Paris, Bonn und Athen gezeigt wurde, oder die Ausstellung „Heiliges Römisches Reich Deutscher Nation 962-1806“, die 2006 in Magdeburg und Berlin stattfand.

Informationskampagnen sind im Bereich des Kulturerbes besonders bedeutsam. Jedes Jahr im September rücken die Europäischen Denkmalschutztage (eine gemeinsame Aktion mit der Europäischen Union) weniger bekannte Aspekte historischer Bauten ins Licht. Zahlreiche Kulturstätten öffnen an diesen Tagen ihre Tore. Die Europäischen Kulturstraßen, deren erste die die nach Santiago de Compostela führenden Pilgerwege („Jakobswege") waren, fördern das Bewusstsein der gemeinsamen, grenzüberschreitenden Vergangenheit, präsentieren kulturelle Bräuche und fördern – dank des wachsenden Einflusses des Kulturtourismus – die lokale Wirtschaftsentwicklung.[30]

Interkultureller Dialog und Konfliktvermeidung sind Schlüsselthemen einer Menschenrechtsorganisation. Die Erforschung der Ursachen und Mechanismen von interkulturellen und interreligiösen Konflikten, Fragen der Konfliktprävention und Versöhnung gehören seit langer Zeit zum Arbeitsprogramm der Organisation. Frühere Rahmentexte und politische Erklärungen wurden durch das im Mai 2008 verabschiedete *Weißbuch zum Interkulturellen Dialog*"[31] ergänzt, das als transversaler Schlüsseltext den menschenrechtsfundierten Ansatz der Organisation unter dem Motto „Gleichberechtigt in Würde zusammenleben" bestärkt.

Die Parlamentarische Versammlung und der Kongress der Gemeinden und Regionen des Europarats begleiten diese Arbeit mit Entschließungen unter anderem zur kulturellen und sprachlichen Vielfalt, zur Informationsgesellschaft und Digitalisierung, zur kulturellen Partizipation und zur Integration und Partizipation von Einwanderern, zu Fragen der Migration, zu interreligiösen Fragen und Beziehungen, zur Nord-Süd-Kooperation, zu Medien, Gewaltverhütung, zur sozialen Kohäsion usw. Maßnahmen im Bereich der Kultur im weiteren Sinne gelten als besonders geeignet, die Beziehung zwischen Europa und seinen Nachbarregionen zu intensivieren, Vorurteile abzubauen und den Kulturdialog zu beleben.

Flankierend finanziert der Europarat im Bildungsbereich Modellprogramme zu den Themen Menschenrechts- und staatsbürgerliche Bildung, zum Geschichts- und Fremdsprachenunterricht (hier wurden z.B. europäische Normen für das Erlernen von Fremdsprachen definiert), zur Förderung der Lehrerausbildung, zum Hochschulzugang und zur gegenseitigen Anerkennung von Bildungsabschlüssen. Der Zugang zu hochwertiger Bildung steht dabei an erster Stelle. Die Revision von Schulbüchern und Lehrplänen für den Geschichtsunterricht wie auch die Erarbeitung von Materialien zur interkulturellen Erziehung in der formalen und nichtformalen Bildung sind politisch bedeutsame Programme. 2010 wurde die Europarats-Charta zur Politischen Bildung und Menschenrechtsbildung[32] verabschiedet.

Die Europäischen Jugendzentren in Straßburg und Budapest sind Orte der Weiterbildung und der internationalen Begegnung; mehr als 100.000 Jugendliche profitierten bisher von den Angeboten der beiden Zentren. Das Europäische Jugendwerk finanziert daneben Maßnahmen des internationalen Jugendaustauschs.

30 Mehr Informationen: http://www.culture-routes.lu/php/fo_index.php?lng=en (September 2014).

31 Fünf Politikansätze werden im Weißbuch herausgestellt, die es ermöglichen sollen, den Umgang mit kultureller Vielfalt nachhaltig positiv zu befördern und vom „Multikulturalismus" zu einer echten „Interkulturalität" voranzuschreiten: Demokratisches Management von kultureller Vielfalt; demokratische Staatsbürgerschaft und Teilnahme; interkulturelle Kompetenz lernen und lehren; Raum für interkulturellen Dialog; interkultureller Dialog in den internationalen Beziehungen (Europarat 2008).

32 http://www.coe.int/t/dg4/education/edc/Source/Charter/Charter_brochure_EN.pdf (September 2014).

## 2. Neue Herausforderungen

Spätestens seit dem Dritten Europaratsgipfel (Warschau, 2005) ist klar, dass viele Mitgliedstaaten das Profil des Europarates weiter schärfen wollen. Generalsekretär Jagland hat 2009 eine Reform initiiert, um die Kernkompetenzen der Organisation — Menschenrechte, Rechtsstaatlichkeit und Demokratie — zu stärken und die Organisation politisch relevanter und effektiver zu machen und ihre Sichtbarkeit zu erhöhen.

Die sogenannten „weichen Themen“, wie soziale Kohäsion, Bildung, Jugend, Sport und Kultur, kommen weiterhin durchaus zur Geltung. Dennoch wird in den Haushaltsdebatten zunehmend eine auf Spareffekte abzielende Haltung sichtbar. Es wird daher darauf ankommen, den Mitgliedstaaten die Relevanz der Kultur für Menschenrechte und demokratische Stabilität und auch für den zunehmenden internationalen Wettbewerb um *Soft Power* vor Augen zu führen.

Maßgeschneiderte Unterstützungsprojekte, Analyse, Beratung, Dialog mit der Zivilgesellschaft, Partnerschaften, Netzwerke, Austauschprogramme, Trainingskurse, Rechtsnormen und Empfehlungen, Monitoring, Indikatoren und modernste Informationssysteme: dies alles gehört zu den messbaren Ergebnissen des Kulturaustauschs im Europarat.

Dennoch bleiben Fragen offen. Der neuerliche Bedeutungszuwachs von Kultur reflektiert die globale Dimension der Herausforderungen, denen sich Europa stellen muss. Gleichzeitig sind nicht wenige innergesellschaftliche Probleme noch immer virulent: Zugang zu Bildung und kulturellen Rechten für alle, Schutz von Minderheiten und deren Integration, Gleichberechtigung der Geschlechter, Stärkung des sozialen Zusammenhalts, Schutz von Kulturerbe und Umwelt, der ungleiche Zugang zu den Ressourcen der Informationsgesellschaft („digitale Kluft“), fehlende Medien- und Informationskompetenz, Mängel bei Informationssicherheit und Schutz der Privatsphäre, Rassismus und Intoleranz, extremer Nationalismus, Terrorismus usw.

Die großen Fragen der Zukunft betreffen nach wie vor die schwierige Balance zwischen ethnischen und gemeinschaftsbezogenen Loyalitäten, das Leben mit vielfältig geschichteter Identität, das demokratische Management von Diversität. Kulturelle Vielfalt in allen Facetten zu unterstützen, bei gleichzeitiger Vertiefung gemeinsamer staatsbürgerlicher Werte und Verfolgung einer inklusiven Gesellschaftspolitik gegründet auf universellen Menschenrechten, ist *die* Herausforderung für europäische Kulturpolitik. Neuere Konzepte von transkultureller Diversität, Transkulturalität und dem “Vielfaltsvorteil“, die sich unter anderem auf langjährige Analysen der Organisation stützen können, tragen dazu bei, Multikulturalität bzw. Multiethnizität mehr und mehr als Chance und Normalität zu begreifen – statt sie eindimensional als Problem zu definieren.[33] Interkulturalität wird helfen, den Weg in die Zukunft zu beschreiten.

Für den Europarat bleiben auch die nachbarschaftlichen Beziehungen zu den Mittelmeerstaaten, Zentralasien und zur islamischen Welt von Interesse. Die Organisation entwickelt hier keine neue Kulturaußenpolitik, sondern führt bewährte Politikansätze mit neuer Energie und als Teil einer ganzheitlichen Strategie zur Förderung demokratischer Stabilität und Sicherheit fort.

Außer Frage steht, dass Kulturpolitik mit anderen relevanten Politikbereichen verknüpft ist und den Sockel der „drei Säulen“ des Europarats (Menschenrechte – Demokratie – Rechts-

33 Getragen wird diese Arbeit auch von den 1993 vom Wiener Gipfel der Staats- und Regierungschefs der Mitgliedstaaten des Europarats bestätigten Prinzipien zum Umgang mit Minderheiten: Gleichheit vor dem Gesetz, Nichtdiskriminierung, Chancengleichheit, Vereinigungs- und Versammlungsfreiheit und Recht auf aktive Teilnahme am öffentlichen Leben.

staatlichkeit) darstellt. Dieser Überzeugung tragen zunehmend integrierte Projektansätze Rechnung.[34]

Die adäquate Einbindung der Zivilgesellschaft und die genaue Bestimmung des Verhältnisses von Staat, Gesellschaft und Wirtschaft in der Kulturpolitik werden wichtige Themen bleiben. Durch den engen Dialog mit internationalen Nichtregierungsorganisationen und Netzwerken ist der Europarat der Zivilgesellschaft und dem Bürger nahe. In seinen Lenkungsausschüssen sind Nichtregierungsorganisationen als Beobachter vertreten, und der Europarat bestärkt partizipative Konzepte wie *Cultural Governance*, *Cultural Citizenship*, *Multi-stakeholderism* und *Arm's Length Principle* in seiner Beratertätigkeit für die Mitgliedstaaten.

Als „Gewissen Europas" und Initiator innovativer Programme und Konzepte sowie im Verbund mit seinen spezifischen Rechtsinstrumenten präsentiert sich der Europarat als einzigartiger Partner im internationalen Kulturaustausch. Aufgrund seiner spezifischen Stärken — konsequenter Menschenrechtsansatz, konzeptuelle Innovationskraft, langjährige Erfahrung in einer Vielzahl von Politiksektoren, gesamteuropäische Zuständigkeit — kann er Partnerschaften und Kooperationsvereinbarungen zu Schwerpunktthemen mit anderen im Kultursektor tätigen Organisationen wie der Europäischen Union[35] und der UNESCO[36] ausweiten. Er kann aber auch mit zivilgesellschaftlichen und privaten Partnern kooperieren.

Ebenso wird es darauf ankommen, die Ergebnisse des jüngsten Berichts zur Lage der Demokratie, der Menschenrechte und der Rechtsstaatlichkeit in Europa konsequent im Kulturbereich umzusetzen und Vertreter aller Mitgliedstaaten nachhaltig einzubinden, sie durch Aufzeigen der Erfolge zu begeistern, Innovationen einzuleiten, die Arbeitsmethoden ständig zu optimieren und den Beitrag der Organisation zur Verbesserung der Lebensqualität der Bürger zu dokumentieren. Die Ausrichtung auf - messbare - Fortschrittsindikatoren bei gleichzeitiger qualitativer Tiefenschärfe könnte auch zu größerer Beachtung des einzigartigen *Governance*-Modells des Europarates führen. Das „Gewissen Europas", das zunehmend die Rolle einer zentralen Plattform für einen einheitlichen europäischen Rechtsraum einnimmt, würde so noch deutlicher als Motor für Zukunft wahrgenommen.[37]

Kultur und Demokratie
F-67075 Strasbourg Cedex
Tel.: +33 (0) 3 88 41 2884
Fax: +33 (0) 3 88 41 37 82

Archiv des Europarats
F67075 Strasbourg Cedex
Tel.: +33 (0) 3 90 21 43 77
Email: archives@coe.int

34 Beispielhafte Aktivitäten werden im Bereich Demokratieentwicklung, Gewaltverhütung, Staatsbürgerbildung, interkultureller Dialog und Konfliktverhütung, interkulturelle Städte, und Regionalinitiativen durchgeführt.

35 Siehe auch Art. 151 Abs. 3 des Europäischen Grundlagenvertrags (EGV) und das *Memorandum of Understanding* vom Mai 2007 (siehe: https://wcd.coe.int/ViewDoc.jsp?Ref=CM(2007)74, September 2014).

36 Der Europarat trägt z.B. mit seinem kulturpolitischen Informationssystem „Kompendium" zum Monitoring der UNESCO-Konvention zur kulturellen Vielfalt (2005) bei.

37 Weitere Informationsquelle im Internet: http://www.coe.int/de.

# 5.3 Von der Wirtschafts- zur Wertegemeinschaft – Kultur- und Außenkulturpolitik im europäischen Integrationsprozess

*Olaf Schwencke und Edda Rydzy*

## 1. Wirtschaftszentrierter Anfang

In dem *Vertrag zur Gründung der Europäischen Wirtschaftsgemeinschaft* (EWG) vom 25. März 1957, den die Länder Belgien, Bundesrepublik Deutschland, Frankreich, Italien, Luxemburg und die Niederlande abschlossen und der am 1. Juni 1958 in Kraft trat, wird einleitend der "feste Willen [bekundet], die Grundlagen für einen immer engeren Zusammenschluss der europäischen Völker zu schaffen, [um] durch gemeinsames Handeln den wirtschaftlichen und sozialen Fortschritt ihrer Länder zu sichern" (Schöndube 1972). Damit sollten die „Lebens- und Beschäftigungsbedingungen" der Bürger ihrer Mitgliedsländer verbessert und „durch diesen Zusammenschluss ihrer Wirtschaftskräfte Frieden und Freiheit" (a.a.O.) gewahrt und gefestigt werden.

Es erfüllte sich zwar ein wirtschaftlicher Fortschritt, der allen vermehrten Wohlstand brachte. Dieser führte aber auch zur Dominanz des Ökonomischen, ließ folglich einen immer zügelloser agierenden Kapitalismus entstehen, der sich schließlich zum „Turbokapitalismus" steigerte und uns im Jahre 2008 in Europa und der Welt eine globale Finanzkrise bescherte. Dennoch war es richtig, den europäischen Einigungsprozess mit „der Wirtschaft" und nicht, wie manche meinen, mit „der Kultur" begonnen zu haben.

Neben den Zielen wirtschaftlichen und sozialen Fortschritts fanden Bildung, Wissenschaft und Kultur – was über Dezennien so bleiben sollte – keinen Platz in den *Römischen Verträgen*. Bildung und Kultur kamen darin lediglich auf ihren ökonomischen Nutzen reduziert vor; die Bildung als „berufliche Aus- und Fortbildung" (Art. 118 und 128), und „Kultur" rangierte unter der "Beseitigung der mengenmäßigen Beschränkung" als eine unter anderen Ausnahmen (Art. 36) derart, dass „Einfuhr-, Ausfuhr- und Durchführungsverbote [...] zum Schutz [...] des nationalen Kulturguts von künstlerischem, geschichtlichem oder archäologischem Wert gerechtfertigt sind" (a.a.O.).

Was die Außenpolitik betrifft, so wird die Absicht bekräftigt, „die Verbundenheit Europas mit den überseeischen Ländern [...] zu fördern" (Präambel).

Dass man in den *Römischen Verträgen* von 1957 nichts Substanzielles über Kultur und Bildung liest, muss auch als Tribut gegenüber der älteren transnationalen europäischen Vereinigung, dem Europarat, verstanden werden: Gegenüber dieser durch Kultur und Werte ideell geprägten Institution, die in ihrer Satzung von 1949 die „geistigen und sittlichen Werte, die das gemeinsame Erbe ihrer Völker" sind, hervorhebt, und die nach einer *Menschenrechtskonvention* (1950) auch eine *Kulturkonvention* (1954) verabschiedete, (siehe hierzu den Beitrag von Kathrin Merkle in diesem Buch) wollte die Neugründung zunächst lediglich als Wirtschaftsgemeinschaft der sechs europäischen Kernstaaten politisch wirksam werden.

Dennoch stellte sich bald heraus, dass auch unter der volkswirtschaftlichen Dominanz der Arbeit der Europäischen Wirtschaftsgemeinschaft und ihrem Tätigwerden in verwandten Politikfeldern zunehmend auch Fragen der Bildung und Kultur beachtet werden mussten. So wurden „Aktionen der Gemeinschaft im kulturellen Sektor“ von der Kommission durchgeführt und vom Parlament durch Berichte seines Politischen Ausschusses begleitet; zu nennen ist der *Lady-Elles-Bericht* (1973).

In den frühen siebziger Jahren, die in Westeuropa als Zeiten gesellschaftlicher Auf- und Umbrüche zu kennzeichnen sind und die innerhalb der Gemeinschaft schon 1973 zur Einrichtung einer Generaldirektion für Forschung, Wissenschaft und Bildung unter der Regie des Deutschen Ralf Dahrendorf führten, konnte sich die in ihrer politischen Bedeutung immens gewachsene Europäische Wirtschaftsgemeinschaft Bildungs- und Wertefragen nicht mehr verschließen. Es entstanden Programme nicht nur zu Berufsbildung – 1975 wurde dafür das European Centre for the Development of Vocational Training eingerichtet – und Fremdsprachenerwerb, sondern auch die höchst erfolgreichen Studentenaustauschprogramme *Erasmus* und *Sokrates*.

In jenem Jahrzehnt wurden bekanntlich die engen Begriffsbestimmungen von Kultur und kulturpolitischem Handeln überwunden, d.h. es setzte sich der erweiterte Kulturbegriff, wie er seitens des Europarats und der UNESCO bereits verwandt wurde, durch: „Zentrale Aufgabe jeder Kulturpolitik muss es sein, die Bedingungen für Anspruchsvielfalt und ihre freizügige Nutzung zu garantieren und weiter zu entwickeln“ (aus: *Zukunft und kulturelle Entwicklung, Konferenz von Arc et Senans* (1972); zit. nach Schwencke 2010: 72). Einen solchen, nun gesellschaftspolitisch definierten Kulturbegriff – der sich nicht mehr primär am „kulturellen Erbe“ orientierte – konnte die Europäische Wirtschaftsgemeinschaft durchaus für die Innen- und Außenpolitik nutzen. Darüber hinaus wuchs die Erkenntnis, dass der Unionsgedanke einer stabileren Basis als der einer puren Wirtschaftsgemeinschaft bedurfte.

Jetzt wurde die „Verbundenheit der europäischen Völker“, wie sie zur „Bildung eines gemeinsamen Paktes“ notwendig war, auch als Frage nach der Identität der Europäer verstanden und thematisiert. So gelangte der Begriff Kultur erstmals in Texte der Europäischen Wirtschaftsgemeinschaft; allerdings eher marginal und kulturpolitisch irrelevant. Noch immer musste man für die Gemeinschaft vergebens nach einem Plafond für kulturelle Demokratie, wie sie in der politischen Arbeit des Europarats entwickelt worden war und auch mit der Politik der UNESCO übereinstimmte, suchen. Doch hatten sich die Staats- und Regierungschefs der – seit 1973 mit Großbritannien, Irland und Dänemark – nun Neun auf Gipfelkonferenzen, so in den Jahren 1969, 1972 und 1973, schon deswegen mit der Kultur befasst, weil sie das Defizit an europäischer Identität der Bürger Europas festgestellt hatten. Dafür leistete der Haager Gipfel (1969) einen entscheidenden Durchbruch. Ein Bürgerbewusstsein war jedoch Voraussetzung, um eine Europäische Gemeinschaft zu bilden.

So griff die Kommission 1977 erstmals in einer „Mitteilung“ diese Thematik in ihren „Aktionen der Gemeinschaft im kulturellen Sektor“ auf, worauf seitens des Parlaments der *Amadei-Bericht* (1979) reagierte, verantwortet wiederum von seinem Politischen Ausschuss.

## 2. Parlamentarische Aktivitäten

Als sich im Jahre 1979 das erste direkt gewählte Europäische Parlament konstituierte und seine Arbeit aufnahm, gab es noch keinen für Kultur- und Bildungsfragen zuständigen Ausschuss. Er wurde alsbald als Kommission für Jugend, Kultur, Information, Bildung und Sport gebildet und zum Diskussionsforum und Motor für die Entwicklung von Kultur- und Bildungsaktivitäten innerhalb der Europäischen Gemeinschaft. Das Ziel war von Beginn an, sein Politikfeld zum rechtlich verbindlichen zu machen – was schließlich erst mit dem *Vertrag von Maastricht* (1992) gelang. Darin heißt es zur Außenkulturpolitik „Die Union und die Mitgliedsstaaten fördern die Zusammenarbeit mit dritten Staaten und den für den Kulturbereich zuständigen internationalen Organisationen, insbesondere dem Europarat" (nun Art. 167 Abs. 3 im *Lissabon-Vertrag*).

Arbeitete der Europarat – in dieser Zeit immer noch die wichtigste Instanz der Kulturpolitik in Westeuropa sowie darüber hinaus – primär an auch theoretisch fundierter Programmatik, so war die Arbeitsweise der Parlamentarier im Kultur- und Bildungsausschuss des Europäischen Parlaments eher mit Pragmatik zu beschreiben, denn schließlich wollte man sich einerseits weitgehend im Rahmen der Verträge bewegen und andererseits Kulturaktivitäten finanziell fördern. Das gelang mit dem am Ende der ersten Legislaturperiode vorgelegten *Fanti-Bericht* (1983).

Primär sollte es in dieser Beschlussvorlage um die Entwicklung von kultur- und bildungspolitischen Zukunftsperspektiven gehen – allemal um die Finanzierung; gerade darauf lag ein Hauptinteresse: von dem anwachsenden Haushaltsvolumen der Gemeinschaft, über dessen Vergabe schon damals das Europäische Parlament erhebliche Mitentscheidungsmöglichkeiten hatte, einen geringen, aber wachsenden Anteil für Kulturaktivitäten der Gemeinschaft zu reservieren. Darin hatte die zunächst bescheiden anmutende Marge der „Ein-Prozent-Forderung" ihre beachtliche Bedeutung: Das Europäische Parlament „ist der Auffassung, dass die Zuweisung von ein Prozent des Gemeinschaftshaushaltes für den Sektor Kultur ein realistisches Ziel darstellt, das innerhalb einer angemessenen Frist erreicht werden muss", hieß es in seinem Beschluss im November 1983 (Schwencke 2010: 177 ff.). Schon damals übertrafen die Haushaltsposten der Europäischen Wirtschaftsgemeinschaft für einzelne Posten im Bildungsbereich bei Weitem die der Gesamtausgaben, die das Kultur-, Jugend- und Bildungsdirektorat des Europarats zur Verfügung hatte. Die Empfehlung des Europäische Parlaments hatte noch einen zweiten Finanzaspekt: Die Mitgliedsländer wurden aufgefordert, „den gleichen Prozentsatz für den Sektor Kultur anzusetzen." Weder das eine noch das andere Ziel war zu Beginn des neuen Jahrhunderts erfüllt; allerdings hat sich die Europäische Union deutlich – vor allem, wenn man die Mittel aus dem Strukturfonds für Kultur und kulturelles Erbe einrechnet – auf diese Marge zu bewegt. Der Kulturhaushalt der Bundesrepublik Deutschland liegt aber immer noch (2014) darüber.

Nicht nur die Parlamentsseite, sondern auch die Kommission und der Rat wurden in dieser Zeit kultur- und bildungspolitisch aktiv. Hervorzuheben ist die *Genscher-Colombo-Initiative*. Darin wird, um das „begonnene Werk fortzuführen und ein vereintes Europa zu schaffen", auch Bezug auf die durch die Ost-West-Konfrontation „gefahrvolle internationale Lage", der man „begegnen" müsse, genommen: die „Wirtschaftskraft" (des Westens) sei allerdings ein Garant dafür, dass die „vielfältigen Bindungen mit anderen Völkern" fortwirken.

Noch wird in der *Stuttgarter Erklärung* von 1983 (Schwencke 2010: 173 f.) auf die „kulturpolitischen Tätigkeiten" des Europarats Bezug genommen, um dann jedoch eigene europäische Aktivitäten im Bereich von Hochschulen, der Sprachenpolitik, der Kultur- und Medienpolitik anzukündigen.

Das hieß unter anderem:
- die Entwicklung des Europäischen Hochschulinstituts in Florenz
- eine engere Zusammenarbeit zwischen den Hochschuleinrichtungen, einschließlich -des Austauschs von Lehrkräften und Studierenden (*Erasmus*)
- die Intensivierung des Erfahrungsaustauschs, insbesondere unter der Jugend, und den Ausbau des Unterrichts in den Sprachen der Mitgliedstaaten der Gemeinschaft (*Lingua*)
- eine Verbesserung der Kenntnisse über die anderen Mitgliedstaaten der Gemeinschaft und eine bessere Unterrichtung über die Geschichte und Kultur Europas im Hinblick auf die Förderung eines europäischen Bewusstseins
- die Prüfung der Zweckmäßigkeit einer gemeinsamen Aktion, um das kulturelle Erbe zu schützen, zur Geltung zu bringen und zu wahren (*Raphael*)
- eine engere Koordinierung kultureller Tätigkeiten in Drittländern im Rahmen der politischen Zusammenarbeit.

Bald danach nahm eine zunächst nicht sonderlich beachtete kulturpolitische Initiative von Ratsseite und mit starker Unterstützung des Parlaments ihren Verlauf, die sich zur populärsten und zugleich auch touristisch wirksamsten Kulturaktion der Europäischen Union mit weltweiter Beachtung entwickeln sollte: das Projekt *Kulturstadt Europas*, das 1985 mit Athen begann, seit 1999 *Kulturhauptstadt Europas* heißt und nun seine feste Struktur hat. Dass für das Jahr 2010 fast dreißig Städte aus Deutschland und Ungarn im Wettbewerb standen, markierte einen Höhepunkt in dieser Entwicklung.

Ähnlich populär ist das *Erasmus*-Programm, das seit 1987 die Mobilität von Studenten und Dozenten im Hochschulbereich fördert.

Es fällt auf, dass zunehmend nun auch in verschiedenen Dokumenten solche kulturellen und bildungspolitischen Tätigkeiten in „Drittländern“ genannt werden, die bereits in entsprechenden bilateralen und weltweiten (z.B. Lomé-Länder) Abkommen der Europäischen Gemeinschaft stehen und sich keineswegs nur auf Wirtschafts- und Entwicklungspolitik beschränken. Das Europäische Parlament war in dieser Hinsicht (*Fanti-Bericht*) auch schon konstruktiv, wenn es forderte, „eine gezielte Politik der internationalen Zusammenarbeit nicht nur mit den am meisten fortgeschrittenen Ländern, sondern auch mit den Entwicklungsländern“ (Schwencke 2010: 177 ff.) durchzuführen. Ein Programm zur „Förderung der Kultur als wesentliches Element der internationalen Beziehungen der Union“ wurde allerdings erst sehr viel später mit der *Europäischen Kulturagenda im Zeichen der Globalisierung* (2007) vorgelegt.

## 3. Von Maastricht zu Lissabon

Erst mit dem *Vertrag von Maastricht* (1992) gab es für Bildung und Kultur eine gesicherte rechtliche Grundlage sowie bald auch den zaghaften Beginn einer konzipierten EU-Außenkulturpolitik (1998), die allerdings erst 2009 mit dem Lissabon-Vertrag konstituiert wurde.

Mit dem Vertrag von *Maastricht* (1992) und dem bald folgenden von *Amsterdam* (1997) und schließlich *Lissabon* (Art. 167) waren Kultur- und Bildungspolitik in der Europäischen Union etabliert.

Mit dem *Vertrag von Maastricht* und seinem Kulturartikel sollte der Weg weg von der bloßen Wirtschaftsgemeinschaft, die sie bereits in den siebziger Jahren nicht mehr war, zur Unionsgemeinschaft beschritten werden. In Vorbereitung auf Maastricht hatte die Kommission die Umrisse eines *Neuen Kulturkonzepts* „zur Überwindung der rein wirtschaftlichen Dimension" entworfen (Schwencke 2010: 186 ff.). Nun schloss man sich voll den Überlegungen des Europäischen Parlaments an, um zusammen mit ihm „den Arbeitsrahmen für ein neues Kulturkonzept abzustecken." Das Europäische Parlament wollte überdies die Kulturpolitik „zu einem Kernstück des (finanziell reich ausgestatteten) EU-Strukturfonds" machen, „um die kreative Wirtschaft zu stärken" (*Escudero-Bericht* von 1996, siehe Schwencke 2010: a.a.O.), was später auch gelang.

Eine Beratungsgruppe von Kulturexperten, die die Kommission eingesetzt hatte, hatte die Parole ausgegeben: „Kultur – eine Conditio sine qua non für die Europäische Gemeinschaft" und sich an eine entsprechende Definition gewagt:

„Kultur ist kein abstrakter Begriff: Kultur ist die Gesamtheit der zahlreichen Sitten und Gebräuche, die in allen Bereichen des täglichen Lebens ihren Ausdruck finden. In der Kultur spiegeln sich unser jeweiliger Lebensstil, unsere Traditionen und Ideale wider. In ihr wurzeln unsere Dialekte und unser Liedgut. Sie ist bestimmend dafür, wie wir eine Liebeserklärung machen oder wie wir unsere Toten beerdigen. Kultur ist somit das bedeutsamste und stärkste Charakteristikum der menschlichen Gemeinschaft." Und weiter wird argumentiert: „Kultur steht in engem Zusammenhang mit den direkten und indirekten Lernprozessen und der menschlichen Entwicklung schlechthin. Als dynamisches, in ständiger Wandlung befindliches Element stellt sie eine Verbindung zwischen der Vergangenheit und der Gegenwart dar" (Schwencke 2010: 186 ff.). Es ist sicher, dass die Fassung von Art. 128 und eine notwendige „Kulturklausel" für das Gesamtpolitikfeld der Gemeinschaft aus der Arbeit dieser Expertengruppe geschärft wurden. Allerdings wurde deren Begriffsdefinition bewusst nicht übernommen (der Vertrag hat den kulturpolitischen Handlungsspielraum nicht durch einen bestimmten Kulturbegriff begrenzt).

Mit *Maastricht*, seiner Erweiterung der Befugnisse des Parlaments, der verstärkten Zusammenarbeit der Regierungen, der größeren Kooperation in der gemeinsamen Außen und Sicherheitspolitik, der einheitlichen Währung und nicht zuletzt dem Kulturartikel, erhielt die Gemeinschaft ein neues Profil und wurde mit „Leben und Geist erfüllt" (Jacques Delors). Der Kulturartikel 128 (Art. 151 im *Vertrag von Amsterdam*; Art. 167 im *Vertrag von Lissabon*) bietet eine Chance für europäische Kulturpolitik, die das Bewusstsein für die kulturelle Vielfalt einerseits und für die Einheit Europas andererseits vertieft. Dieser Artikel muss aber immer auch im Zusammenhang mit dem neuen Artikel 3b (Art. 5 im *Vertrag von Amsterdam*), dem Artikel über die sogenannte Subsidiarität, gesehen werden. Subsidiarität heißt, dass auf europäischer Ebene grundsätzlich nur das entschieden wird, was auf nationaler Ebene nicht geregelt wird. Für Kulturpolitik gilt demnach, dass man auf europäischer Ebene nur komplementär tätig werden kann, jedoch positiv interpretiert – nicht muss. Beides zusammen ist der Handlungsrahmen für kulturelle Zusammenarbeit zwischen den Mitgliedsländern und für eine Kooperation mit internationalen Organisationen sowie für den Kulturaustausch mit sogenannten Drittländern. Dem Europarat als der Institution für die Wahrnehmung der Verantwortung für das kulturelle Gedächtnis Europas kommt darin nach wie vor besondere Bedeutung zu. Gerade die Verankerung des Kulturaustauschs mit den Drittländern zeugt von einem weltoffenen Kulturverständnis: „Europa, das im Namen der Werte wie Freiheit, demokratische Organisation, Toleranz, Ablehnung von Rassismus und Fremdenfeindlichkeit als vereintes Europa neu gestaltet wird, sollte in der Tat, vor allem im kulturellen und interkulturellen Bereich, der am meisten gehörte und großzügigste Gesprächspartner sein", kommentierte der frühere Kulturminister Portugals, Coimbra Martins, die kulturpolitischen Ziele der Europäischen Union (Schwencke 2001: 234). Als Drittländer werden die Länder bezeichnet, mit denen die Gemeinschaft besonders enge Kontakte pflegt. Ausdrücklich genannt wurden die mittel- und osteuropäischen Länder, mit denen die Gemeinschaft damals Assoziationsabkommen abgeschlossen hatte und die heute Mitglieder sind.

Auf der Grundlage des zitierten Artikels wurde nun auch eine Außenkulturpolitik der Europäischen Union möglich; in der *Mitteilung der Europäischen Kommission* (Europäische Kommission 1998) wurde zielgerichtet spezifiziert:

- Gewährleistung der Achtung der Eigenart der Kultur und der kulturellen Vielfalt
- Förderung des Dialogs und der Zusammenarbeit mit anderen Kulturen der Welt
- Beitrag zur Verbreitung der europäischen Kulturen außerhalb der Union
- Beitrag zur kulturellen Entwicklung von Ländern mit Entwicklungsrückstand.

In einem weiteren Abschnitt über die Kultur in den Außenbeziehungen wird die Notwendigkeit unterstrichen, „geeignete Rahmeninstrumente" zu entwickeln, um einen adäquaten Dialog mit anderen Kulturen zu führen und die kulturelle Zusammenarbeit zu intensivieren. Deutlich wird in der *Mitteilung* und dann verstärkt in der *Agenda* (2007), dass man die Bedeutung europäischer Kulturenvielfalt gemeinsam in der Welt zur Geltung bringen möchte.

Das Europäische Parlament, dem bis dahin nur bei der Binnenmarktregelung ein Mitwirkungsrecht zustand, hat mit dem *Maastrichter Vertrag* unter anderem im Kulturbereich wie auch im Bildungsbereich ein Mitentscheidungsrecht erhalten: Europäische Kulturpolitik kann seither nur gemeinsam mit dem Europäischen Parlament gestaltet werden. Die künftige europäische Kulturpolitik wurde damit zur Sache der demokratisch und direkt gewählten Abgeordneten, noch verstärkt mit der Ratifizierung des *Vertrages von Lissabon* (2009).

Man kann das mit *Maastricht* verabschiedete neue Kulturkonzept der Europäischen Union knapp zusammenfassen:

- Dialog noch intensiver als zuvor mit allen am Kulturbetrieb Beteiligten innerhalb und außerhalb der Europäischen Union
- Subsidiaritätsprinzip und, damit verbunden, eine stärkere Transparenz der geplanten und eingeleiteten Investitionen
- Zusammenarbeit mit Drittländern und auch mit internationalen Organisationen wie dem Europarat und der UNESCO (Schwencke 2007: 26-29).

Dieses Handlungsfeld wird durch kein elitäres Kulturverständnis eingeschränkt. So geht es im inner- wie außereuropäischen Förderungsbereich nicht um prestigeträchtige Kultur als Vehikel zur Selbstdarstellung der Europäischen Union, sondern um die Sicherung einer europäischen Identität der Vielfalt und um die Berücksichtigung der kulturellen Dimension in allen Politiken und Programmen der Gemeinschaft („horizontaler Ansatz"). Eine so verstandene europäische Kulturpolitik kann und will nationale Kulturpolitik nicht ersetzen, doch ihr eine zusätzliche europäische Dimension verleihen. Im Übrigen sind die Befugnisse so allgemein gehalten, dass der Gemeinschaft im kulturellen Bereich faktisch ein breites, bislang allerdings kaum ausgefülltes Tätigkeitsfeld zur Verfügung steht.

Im Blick auf die Perspektiven für eine eigenständige europäische Kulturpolitik ist die sogenannte „Kulturverträglichkeitsklausel" das Herzstück des Kulturartikels: „Die Gemeinschaft trägt bei ihrer Tätigkeit aufgrund anderer Bestimmungen dieses Vertrages den kulturellen Aspekten Rechnung, insbesondere zur Wahrung und Förderung der Vielfalt ihrer Kulturen" (Art. 167). Ähnliche Bestimmungen gibt es in nationaler Gesetzgebung nicht.

Wenn die Gemeinschaft hiernach die Pflicht hat, in allen ihren Politikbereichen dem speziellen Charakter der Kultur Rechnung zu tragen, dann heißt das faktisch, dass die allgemeine Dominanz der Ökonomie aufgehoben ist. Das hätte auch Folgen für die europäische Außenpolitik. Diese könnte dann nicht allein auf Aspekte von Wirtschaft und Sicherheit beschränkt werden, sondern müsste die kulturelle Zusammenarbeit mit Drittländern auf denselben Level stellen. Konzeptionell formuliert: Die Europäische Union müsste die Kultur auch zur „Dritten Säule" ihrer Außenpolitik entwickeln, wozu die *Europäische Kulturagenda im Zeichen der Globalisierung* (2007) durchaus eine Basis böte (eingehender dazu Holthoff 2008).

## 4. Europa fördert Kultur

Das erste umfassende Kultur- und Bildungsförderprogramm der Europäischen Union, *Kultur 2000* (Europäische Kommission 1998), basiert auf den rechtlichen Grundlagen des *Maastricht/Amsterdam-Vertrages* und findet seine Fortführung im Programm *Kultur 2007,* dann in *Kreatives Europa* (2014 ff.). Dort wird Vergangenes an das Gegenwärtige und Zukünftige praktischer Erfahrung geknüpft. Die ersten Punkte von *Kultur 2000* spiegeln in ihrem Gehalt wider, auf welchen beachtlichen kultur- und gesellschaftspolitischen Stand sich die Europäische Union inzwischen entwickelt hat; zu Recht stellt sie dieses Niveau als europäisches Gesellschaftsmodell – einer Ausgewogenheit von wirtschaftlichen und kulturellen Aspekten – dar:

1. Kunst und Kultur haben für alle Völker in Europa einen hohen Eigenwert; sie sind wesentliche Bestandteile der europäischen Integration und tragen zur Durchsetzung und Lebensfähigkeit des europäischen Gesellschaftsmodells wie auch zur Ausstrahlung der Gemeinschaft im Weltmaßstab bei.

2. Kunst und Kultur sind sowohl ein Wirtschaftsfaktor als auch ein Faktor der sozialen und staatsbürgerlichen Integration. Deshalb haben sie angesichts der neuen Herausforderungen, denen sich die Gemeinschaft gegenübersieht (Globalisierung, Informationsgesellschaft, sozialer Zusammenhalt, Schaffung von Arbeitsplätzen), eine wichtige Funktion auszuüben.

Die konkreten Förderungsmaßnahmen, die in nochmals gestraffter Form im Programm *Kultur 2007* fortgesetzt werden sollen, betreffen die bekannten Programme *Kaleidoskop*, *Ariane* und *Raphael* (zusammengefasst bereits in *Kultur 2000*). An dem Prozess der Entwicklung dieser Fördermaßnahmen haben sich wie nie zuvor die Verbände der Kulturschaffenden engagiert, bis letztlich der Kölner Gipfel (1999) darüber befand: „Zur europäischen Einigung gehört auch das Bewusstsein der kulturellen Zusammengehörigkeit. Deshalb fördert die Europäische Union die kulturelle Zusammenarbeit und den Kulturaustausch. Es gilt, die Vielfalt und die Tiefe der europäischen Kulturen zu erhalten und zu fördern". Als zentrale Aktionen der europäischen Kulturförderung werden die *Europäische Kulturhauptstadt* und das zitierte Rahmenprogramm hervorgehoben (siehe auch Schwencke 2004).

Ob es bereits gelungen ist, mit solchen Förderungsmaßnahmen „die volle Zustimmung der Bürger am europäischen Aufbauwerk" aufgrund der „stärkeren Hervorhebung ihrer gemeinsamen kulturellen Werte und Wurzeln als Schlüsselelement ihrer Identität [... in] einer Gesellschaft, die sich auf Freiheit, Demokratie, Toleranz und Solidarität gründet“ (Schwencke 2001: 268) zu gewinnen, ist eher zu bezweifeln. Die bei der Europawahl 2014 unterschiedlich geringe Beteiligung in den nunmehr 28 EU-Mitgliedsländern zeigte eher ein Desinteresse an der notwendigen Vertiefung des europäischen Bürgerbewusstseins. Das war eklatant bereits zum Ausdruck gekommen in den Referenden in Frankreich und in den Niederlanden, in denen die *Verfassung für Europa* abgelehnt wurde. Anders ausgedrückt: Die Erreichung des Ziels, eine vertiefende Entwicklung eines offenen, diversifizierten, den Europäern gemeinsamen Kulturraums durch Förderungsprogramme dieser Art zu erreichen, steht immer noch aus.

Eine über die bisherigen Verträge hinausgehende rechtliche Festlegung liegt mit der Grundrechtecharta der Europäischen Union (Nizza 2007, Lissabon 2009) vor (Schwencke 2010: 408 ff.). Es lauten die Artikel, die „zur Erhaltung und zur Entwicklung [der gemeinsamen Werte und Achtung der Vielfalt der Kulturen und Traditionen der Völker Europas“ (Präambel) rechtlich verbindlich formuliert wurden:

„Kapitel II – Freiheiten

- Artikel 13: Kunst und Forschung sind frei. Die akademische Freiheit wird geachtet.

- Artikel 14: Jede Person hat das Recht auf Bildung sowie auf Zugang zur beruflichen Ausbildung und Weiterbildung. [...]

Kapitel III – Gleichheit

- Artikel 22: Die Union achtet die Vielfalt der Kulturen, Religionen und Sprachen.“

Das Europäische Parlament hat nicht nur, wie es seine Aufgabe ist, die Kommissionsvorlagen kritisch gesichtet und Korrekturvorschläge eingebracht, sondern ist auch seinerseits kulturpolitisch initiativ geworden. Davon gibt der perspektivreiche *Ruffolo-Bericht* (Ruffolo 2001) einen Eindruck, der sich sehr grundsätzlich mit der Förder- und Kulturpolitik der Kommission auseinandersetzte (Schwencke 2010: 310 ff.).

Der Berichterstatter des Parlaments Giorgio Ruffolo griff hier den Terminus „Europäische Zivilgesellschaft“ auf und verband ihn mit der „Schaffung eines europäischen Kulturraums“. Um alle Daten zu sammeln, schlug er eine „Europäische Beobachtungsstelle für die kulturelle Zusammenarbeit“ vor, die „den Informationsaustausch und die Verknüpfung zwischen den Kulturpolitiken der Mitgliedstaaten und der gemeinschaftlichen Kulturpolitik fördern soll“. Dieser Vorschlag wurde inzwischen von der Europäischen Kulturstiftung in Amsterdam aufgegriffen, mit Kooperationspartnern aus anderen Ländern abgestimmt und konkret gestaltet.

Zur neuen Programmatik „der dritten Generation“ heißt es bei Ruffolo unter der Überschrift *Eine globale Vision*: „Hauptanliegen der Gemeinschaftstätigkeit ist die Verwirklichung eines gemeinsamen europäischen Kulturraumes durch den Ausbau der kulturellen Zusammenarbeit in Europa. So soll diese Tätigkeit aktiv zur Entwicklung einer europäischen Identität beitragen.“ Und weiter: „Die europäischen Bürgerinnen und Bürger stellen natürlich die eigentliche Zielgruppe aller EU-Maßnahmen im Kulturbereich dar. Gleichwohl sind die europäischen Institutionen auf zwischengeschaltete Stellen angewiesen, um diese Bürger zu erreichen und hochwertige kulturelle Maßnahmen mit europäischer Dimension aufzulegen“ (a.a.O.: 310 ff.).[1]

1 Als solche „zwischengeschaltete Stellen“ werden Theater, Museen, Berufsverbände, Forschungszentren, Hochschulen, Kulturinstitute, Behörden etc. verstanden.

Im Programm *Kultur 2007* wurden nun drei Schwerpunkte gesetzt: „Unterstützung der grenzüberschreitenden Mobilität von Menschen, die im Kultursektor arbeiten, Unterstützung der internationalen Verbreitung von künstlerischen und kulturellen Werken und Erzeugnissen und Unterstützung des interkulturellen Dialogs, wie es beispielhaft in der Arbeit des Hauses der Kulturen der Welt in Berlin geschieht. Die Kulturakteure – und damit die Bürgerinnen und Bürger – sollten mehr Gelegenheiten erhalten, Netze zu bilden, Projekte zu verwirklichen, Mobilität zu praktizieren und den kulturellen Dialog in Europa und in anderen Regionen der Welt voranbringe." (a.a.O.: 359).

Vieles bleibt immer noch eher proklamiert als realisiert. Dennoch ist man sich einig, dass Kultur im Prozess der Integration von immer größerer Bedeutung sein wird. Im Schlussbericht der vom Deutschen Bundestag eingesetzten Enquete-Kommission für Kultur in Deutschland (2007), der ein Kapitel *Kultur in Europa – Kultur im Kontext der Globalisierung* enthält, heißt es: „Europa muss nicht nur seine eigene Kultur im Widerstreit mit den ökonomischen Prinzipien verteidigen, es trägt auch Verantwortung für die kulturelle Vielfalt außerhalb des Kontinents und dafür, dass kulturelle Vielfalt in anderen Teilen der Welt geschützt wird" (Enquete-Kommission 2008: 617).

## 5. Europäische Kulturagenda im Zeichen der Globalisierung

Mit der Vorlage ihrer *Mitteilung* über eine *Europäische Kulturagenda im Zeichen der Globalisierung* im Mai 2007 vollzog die Europäische Union einen Paradigmenwechsel: Erstmals legte die Europäische Kommission nicht nur ein neues Kulturförderprogramm vor, sondern befasste sich mit Grundsatzüberlegungen – so etwas wie einem „Überbau" europäischer Kulturpolitik. Dafür bezog sie sich auf die Anfänge europäischer Kulturpolitik unmittelbar nach dem Ende der Nazidiktatur und des Zweiten Weltkrieges, namentlich auf die Schriften und Proklamationen von Denis de Rougemont: „Kultur ist die Gesamtheit aller Träume und Mühen, die auf die volle Entfaltung der Menschen ausgerichtet ist" (zit. nach Schwencke 2008: 73). Vorausgegangen war eine mehrjährige intensive Konsultation der Kommission mit Akteuren der Zivilgesellschaft im kulturellen Bereich, an dem sich neben dem Kulturkommissar Ján Figel auch Kommissionspräsident Barroso beteiligte. Der hatte formuliert: „Kultur und Kreativität sind [...] ein wichtiger Faktor für die Entwicklung des Einzelnen, für den gesellschaftlichen Zusammenhang und für das wirtschaftliche Wachstum [...]. Sie bilden den Kern eines europäischen Projekts, das auf gemeinsamen Werten und einem gemeinsamen Erbe beruht und das zugleich die Vielfalt erkennt und achtet."

Im Zentrum steht dafür die Rolle der Kultur im interkulturellen Dialog und als Element der internationalen Beziehungen sowie als Faktor der Fortentwicklung der Kultur und Kreativwirtschaft in der Europäischen Union (ausführlich Kulturpolitische Gesellschaft 2007 und Kulturwirtschaft – Kulturpolitik 2007). Genannt werden drei Hauptziele:

- Förderung der kulturellen Vielfalt und des interkulturellen Dialogs
- Förderung der Kultur als Katalysator der Kreativität im Rahmen der Lissabon-Strategie und
- Förderung der Kultur als wesentliches Element der internationalen Beziehungen der Union.

Im Kontext unserer Darlegungen zur Kultur- und Außenkulturpolitik im europäischen Integrationsprozess interessiert insbesondere die von der EU-Kommission avisierte Kulturförderung in den innereuropäischen wie den internationalen Beziehungen. Indem sie dabei den kulturellen

Reichtum und die kulturelle Vielfalt zur Geltung bringt, unterstreicht sie, „dass die Kultur unverzichtbar ist", wenn die Europäische Union ihre Ziele „Wohlstand, Solidarität und Sicherheit" verwirklichen will. Die auf die Förderung der kulturellen Vielfalt und des interkulturellen Dialogs gerichteten Ziele der Agenda tragen dazu bei, die internationalen Beziehungen der Europäischen Union zu intensivieren.

Zu konstatieren ist, dass sich die beiden Förderprogramme *Kultur 2000* und *Kultur 2007* erfolgreich auf Vielfalt und Interkulturalität ausgewirkt haben. Auch in der Kultur- und Kreativwirtschaft kann die Kommission auf große Erfolge verweisen: Kein anderer Wirtschaftszweig hat sich in den letzten Jahren, auch durch Strukturmittel oder das Programm der Kulturhauptstadt, so erfolgreich entwickelt. Beachtlich ist die neue Dimension der außenkulturpolitischen Ziele, die die Europäische Union mit Kulturmaßnahmen verfolgen will. Priorität misst sie der Verfolgung der Ziele der *UNESCO-Konvention zum Schutz und zur Förderung der Vielfalt kultureller Ausdrucksformen* als „neuer Säule globalen Regierens und der nachhaltigen Entwicklung" zu. Dass die EU-Kommission mit dieser Agenda Neuland betritt und sich damit auch gesellschaftspolitisch profiliert hat, wird in nahezu allen Stellungnahmen aus dem europäischen wie den nationalen Parlamenten und von Wissenschaftsseite übereinstimmend attestiert.

Über ihre globale Bedeutung als Wirtschaftsmacht hinaus will die Europäische Union nun auch „als einmaliges und erfolgreiches soziales und kulturelles Projekt" wahrgenommen werden, was sie künftig unter Beweis zu stellen hat.

Vor dem Hintergrund der anstehenden Umsetzung des UNESCO-Übereinkommens über den Schutz und die Förderung der Vielfalt kultureller Ausdrucksformen befasst sich die *Mitteilung* eingehend mit der externen Dimension der europäischen Kultur. Europa braucht eine Kulturstrategie, die innerhalb Europas offen für Vielfalt und gleichzeitig weltoffen ist. Die in der *Mitteilung* vorgeschlagenen Maßnahmen zielen darauf ab, die Kultur noch stärker in den politischen Dialog mit Partnerländern und Regionen in der ganzen Welt einzubeziehen, den kulturellen Austausch zu fördern und die Kultur systematisch in Entwicklungsprogramme und -projekte einzubauen. Inzwischen bildet Kultur bei der Gestaltung der gemeinsamen Außenpolitik der Europäischen Union sowie in der Gestaltung der allgemeinen Vertragsbeziehungen mit Drittländern zunehmend einen Schwerpunkt.[2]

Zur Unterstützung gezielter Aktionen in der Gruppe der afrikanischen, karibischen und pazifischen Staaten, die unter dem Label AKP-Länder zusammenarbeiten[3], plante die Europäische Kommission die Einrichtung eines Kulturfonds als gemeinsamen europäischen Beitrag zur Unterstützung der Verbreitung und gegebenenfalls der Produktion von Kulturgütern der Länder vor. Der Fonds soll das Entstehen lokaler Märkte fördern und den Zugang von Kulturgütern aus diesen Ländern zu europäischen Märkten erleichtern. Nach der Vorstellung der Kommission sollte die Gemeinschaft ihrerseits neben den Mitgliedsländern zu dem Fonds beisteuern.

2 So fanden auf der Abschlusskonferenz eines von der Europäischen Union initiierten Projektes *Preparatory Action. Culture in EU external relations* mehrerer Kultur-Institute von Mitgliedsländern sowie anderer nationaler Akteure Anfang 2014 intensive Debatten zum Thema statt (alle Informationen und Publikationen auf http://cultureinexternalrelations.eu, September 2014). Assoziierungs-, Freihandels- und Partnerschafts- bzw. Kooperationsabkommen enthalten regelmäßig Kulturklauseln.

3 Die Gruppe der afrikanischen, karibischen und pazifischen Staaten (engl. African, Caribbean and Pacific Group of States kurz ACP countries; französisch Groupe des États d'Afrique, des Caraïbes et du Pacifique *kurz* Pays ACP) bezeichnet eine Internationale Organisation von zurzeit 79 Ländern in Afrika, Karibik und dem Pazifik, vgl. http://www.acp.int/ (September 2014).

Das zielt darauf, dass die Kultur zu einer „Dritten Säule“ der Gemeinsamen Außen- und Sicherheitspolitik wird.

Die Kulturstrategie wurde durch weitere Maßnahmen der Europäischen Union im kulturellen Bereich ergänzt, wie etwa das „Europäische Jahr des Interkulturellen Dialogs 2008“ und das „Europäische Jahr der Kreativität und Innovation 2009“.

Diesem Prozess verlieh der Ministerrat der EU mit den am 20. November 2008 verabschiedeten Schlussfolgerungen „Interkultureller Dialog in den europäischen Außenbeziehungen“[4] neue Dynamik. Insbesondere ging es hier um einen hohen Stellenwert der Kultur als Querschnittsaufgabe in der gemeinsamen Außenpolitik der Europäischen Union.

## 6. Der auswärtige Aspekt im Vertrag von Lissabon

Alle Akteure, die Handelnden im Europäischen Konvent und die Beobachtenden aus der Zivilgesellschaft, waren sich einig, dass mit der *Verfassung für Europa* (Rom 2004) ein Meilenstein in der Entwicklung der Europäischen Union zu einer politischen, gesellschaftlichen und auch kulturellen Union erreicht werden würde. Die Verfassung, die im Juli 2003 in Brüssel vom Konvent gebilligt und vom Gipfel der Staats- und Regierungschefs ein Jahr später in Rom verabschiedet wurde, war nach der Ablehnung in Frankreich und in den Niederlanden dann aber nicht mehr relevant (Schwencke 2005: 20 f.). Für die Zukunft der Europäischen Union und das Funktionieren ihrer Institutionen, auch für den Ausbau der gemeinsamen Außenkulturpolitik zu einer „Dritten Säule“ der Gemeinsamen Außen- und Sicherheitspolitik bildet der Lissabon-Vertrag nunmehr die Grundlage, denn:

- die Europäische Union wird als Union der Bürger *und* der Staaten definiert; beide Elemente, der „vergemeinschaftete“ und der „intergouvernementale“, sind konstitutiv. Bürgerbegehren werden gesetzlich ermöglicht
- Europäisches Parlament und Rat beschließen gemeinsam. Der Rat entscheidet mit qualifizierter Mehrheit. In Ausnahmefällen wird einstimmig entschieden – nach Zustimmung bzw. Konsultation des Europäischen Parlaments
- Mehrheitsentscheidungen gelten in den meisten Kompetenzfeldern; darüber hinaus gilt bei Ratsentscheidungen die qualifizierte Mehrheit
- Subsidiarität und Verhältnismäßigkeit sind als Grundprinzipien in der Verfassung verankert
- die Europäische Union ist eine Rechtspersönlichkeit sui generis – mit weitreichenden gemeinschaftlichen Entfaltungs- und Aktionsmöglichkeiten in der Weltpolitik
- klar geregelt ist die Kompetenzordnung mit drei Möglichkeiten: ausschließliche EU-Kompetenz – geteilte Kompetenz – „unterstützende, koordinierende und ergänzende Maßnahmen“ (d.h., die Europäische Union kann koordinieren, hat aber keine Kompetenz zur Harmonisierung)
- das Europäische Parlament, das mit diesem Vertrag einen beachtlichen Kompetenzzuwachs erlangt hat (es wählt den EU-Kommissionspräsidenten und erhält erweiterte Haushaltsrechte etc.), setzt die Kommission einschließlich des (neu geschaffenen) europäischen Außenbeauftragten ein und gegebenenfalls auch ab

4 Abgedruckt in den *Kulturpolitischen Mitteilungen* Nr. 123/2008: 80 f.

– der europäische Außenbeauftragte ist für die gesamten Außenbeziehungen der Europäischen Union verantwortlich und ex officio Vizepräsident der Kommission.

Kulturpolitisch wie letztlich auch außenkulturpolitisch ist mit dieser Verfassung der Europäischen Union ein gewaltiger Schritt nach vorn gelungen. Die Entwicklung von der Wirtschafts- zur Wertegemeinschaft wurde erheblich vorangebracht, trotz bitterer Rückschläge aufgrund der Finanzkrise.

Für die neue Wertorientierung der Europäischen Union muss auf die verschiedenen Präambeln der Verträge (auch die der Grundrechtecharta) verwiesen werden. Stand im Verfassungsvertrag noch einleitend, dass „der Kontinent Europa [...] seit den Anfängen der Menschheit [...] im Laufe der Jahrhunderte die Werte [...] Gleichheit der Menschen, Freiheit, Geltung der Vernunft (entwickelte), [...] schöpfend aus den kulturellen, religiösen und humanistischen Überlieferungen Europas", und wurde auf diesem Wege seine Offenheit für „Kultur, Wissen und sozialen Fortschritt" betont, so wird nun im *Vertrag von Lissabon* die Bedeutung der sozialen Grundrechte hervorgehoben, wie sie schon in der *Europäischen Sozialcharta* (1961) formuliert sind.

Weit über traditionelle Zielbestimmungen hinaus, wie sie in den nationalen Verfassungen der Mitgliedsländer formuliert sind, ist das EU-Verfassungswerk fokussiert auf eine Politik der „Berücksichtigung des Grundsatzes der nachhaltigen Entwicklung". Erst in diesem Kontext von Nachhaltigkeit erhält die Klausel der Kulturverträglichkeit, die bereits im *Maastricht-Vertrag* vorkommt, ihre gesellschaftspolitische Relevanz: Wird künftig überhaupt noch eine nachhaltige Politik möglich sein, ohne die Potenziale von Kunst und Kultur zu berücksichtigen? Vor allem in dem Beziehungsgeflecht von Nachhaltigkeit und Kulturverträglichkeit ergeben sich Handlungsspielräume erst in der Praxis. Der *Lissabon-Vertrag* folgt nicht Vorbildern von nationalen Verfassungen, sondern geht weit über sie hinaus.

Es wird darauf ankommen, wie die verschiedenen Akteure im Feld europäischer Kulturpolitik diese Möglichkeiten strategisch zu nutzen wissen: Finden sie engagierte Verbündete in den Gremien der Europäischen Union *und* in den nationalen Parlamenten, sehen wir gute Chancen für eine Vernetzung der Nachhaltigkeitspolitiken, Ökonomie, Ökologie, Soziales und Kultur – wie sie nun die Europäische Union programmatisch möglich macht. Damit kann eine das Profil Europas schärfende Zivilgesellschaft wachsen.

## 7. Kulturelle Außenpolitik der Europäischen Union

Eine Gemeinsame Außen- und Sicherheitspolitik gibt es seit dem Gipfel von Maastricht (1991); sosehr sie sich primär als wirtschafts- und sicherheitspolitische Interessenvertretung versteht und bewährt, sowenig nahm sie offiziell-institutionell zur Kenntnis, dass es in den Drittländern ein erhebliches Interesse an der Kultur der Europäer gibt. Das hat sich mit dem Inkrafttreten des *Lissabon-Vertrages* verändert. Welchen Platz kann und will Europa in der Welt einnehmen? Insbesondere im Zuge der europäisch-amerikanischen Verhandlungen über eine Handels- und Investitionspartnerschaft (*Transatlantic Trade and Investment Partnership* – TTIP) steht diese Frage entscheidend auf dem Prüfstand.

Anders als der erste *Entwurf eines Vertrages zur Gründung einer Europäischen Union*, der aus der Mitte des Parlaments unter der Federführung von Altiero Spinelli erarbeitet und am Endes der ersten Legislaturperiode des direkt gewählten Europäischen Parlaments (1984) nahezu einstimmig gebilligt wurde, haben im Verfassungskonvent Vertreter aller europäischen und nationalen Gremien mitgewirkt und einen umfassenden Vertrag vorgelegt, dessen Substanz im *Lissabon-Vertrag* erhalten blieb. Von den neuen politischen Möglichkeiten und Institutionen, die damit geschaffen wurden, besitzt der EU-Außenbeauftragte besondere Bedeutung. 2011 forderte das Europäische Parlament eine „kohärente Strategie zur Einbindung der kulturellen Aspekte“ in die gemeinsame Außenpolitik (Fleckenstein 2011: 18 f.). Zur strukturellen Stützung auch dieses Anspruchs wurde der Europäische Auswärtige Dienst eingerichtet, dessen Ausstattung allerdings noch nicht der Tragweite seiner Aufgaben entspricht. Unter dem Konzept der so bezeichneten *Soft Power* – es steht für Einfluss, Außenwahrnehmung, Image und kulturelle Anziehungskraft im Unterschied zu u.a. militärischer Ausrüstung, Territorium, Verteidigungsausgaben, Bevölkerung oder Wirtschaftsstruktur als Elementen von *Hard Power* – gewinnt Kulturdiplomatie an Bedeutung, weil in ihr einer der wichtigsten Wege liegt, komplexen Herausforderungen im Blick auf Sicherheitsprobleme und Institutionsaufbau gerecht zu werden (Sabathil/Shen 2013: 120 ff.).

Auswärtige kulturelle Aktionen der Europäer in Drittländern werden stark zunehmend benötigt – für Hilfen im Aufbau von Bildungsstrukturen, für Krisenprävention, den Abbau von Konfliktpotentialen sowie zur Bekämpfung des internationalen Terrors. Neue Ansätze im Dialog mit der islamisch geprägten Welt und anderen Kulturen verlangen entwickelt und erprobt zu werden. Für die Auswärtige Kulturpolitik Deutschlands wurde dies bereits vor anderthalb Jahrzehnten als Maßgabe formuliert: „Die besonderen Möglichkeiten der Auswärtigen Kulturpolitik [...] gezielt zur Stärkung von Zivilgesellschaften beizutragen – gerade auch in ‚schwierigen‘ Partnerländern –, prädestinieren sie für eine prominente und stärkere politische Rolle. Denn die Herrschaft des Rechts und die Achtung der Menschenrechte sind von der Substanz her kein ‚Hypermoralismus‘, sondern sehr viel deutlicher als vor 25 Jahren eine der ganz harten Fragen der Außenpolitik. Daran entscheidet sich auch die Frage der Friedensfähigkeit und Konfliktträchtigkeit der Gesellschaften“ (Joschka Fischer 2000). Für Außenminister Frank-Walter Steinmeier war dieser Ansatz während des akuten Ukraine-Konflikts im Frühjahr 2014 Konzept.

Bedarf man dafür neuer, den nationalen Kulturinstituten nachgebildeter Instrumente, etwa eines „Kulturinstituts für Europa“, wie es Robert Peise (2003) für die kulturelle Zusammenarbeit der EU-Staaten vorschlug? Oder genügen organisierte Veranstaltungsorte, sogenannte „Europäische Häuser“ in Drittländern (Schwencke 1998a: 50)? Die eine Organisationsform schließt die andere nicht aus; für innereuropäische Kulturpolitik sollten andere als für weltweite transregionale Außenkulturpolitik in Aussicht genommen und experimentell erprobt werden. Für die vielfältigen Formen von Institutionalisierung gibt es vermehrt Beispiele, so in Brüssel in der Koordinierung der Kulturinstitute, in Berlin oder in Luxemburg in einem gemeinsamen Haus (Kloster Neumünster) und an anderen Orten (das Netzwerk European National Institutes for Culture; siehe Schneider 2008). Die Frage, die Kathinka Dittrich van Weringh (Dittrich van Weringh/Schürmann 2004) stellte –„Braucht Europa eine Außenkulturpolitik?“ –, hat inzwischen erste ermutigende faktische Antworten erhalten (Dittrich van Weringh 2007). Dazu zählt auch ein breiter Diskurs, der zwischen Politikern, Experten und Zivilgesellschaft geführt wird (exemplarisch Drews (Hg.) 2012).

Unstrittig ist, dass der Europäischen Union neue außenpolitische Aufgaben zuwachsen. Denen kann sie sich als global handelndes politisches Subjekt nicht entziehen. Längst ist außerhalb

Europas die Europäische Union als politisches Gewicht wahrgenommen worden, das im Rahmen der Prinzipien des Völkerrechts operiert und darin auch für die Bürger von Staaten, die nicht demokratisch regiert werden, Vorbildcharakter hat. Der spezifische European Way of Life ist Gegenstand globaler Aufmerksamkeit (EUNIC/Institut für Auslandsbeziehungen/Europäische Kulturstiftung 2014).

Dass die Mitgliedstaaten der Europäischen Union Kriterien der Rechtsstaatlichkeit wie der wirtschaftlichen und sozialen Entwicklung erfüllen müssen, ist Voraussetzung für die Funktionstüchtigkeit der Gemeinschaft. Dass die Mitgliedstaaten kulturelle Wurzeln und eine bewegte Geschichte miteinander teilen, macht sie einander verwandt. Doch beides bindet sie noch nicht aus sich heraus. Es sind Eigenschaften, die sie teilen. Was tatsächlich Gemeinschaftlichkeit herstellt, sind Dinge, die sie miteinander tun. Das gilt von den Anfängen der Europäischen Wirtschaftsgemeinschaft über den Europarat, den Nordatlantikpakt, den Prozess im Rahmen der Konferenz über Sicherheit und Zusammenarbeit in Europa usw. bis hin zu den Kulturhauptstädten Europas, dem Studenten- und Schüleraustausch, zu künstlerischen Gemeinschaftsproduktionen und Medienkooperationen wie etwa der Fernsehsender ARTE (Schwencke 2007).

Die Europaverträge sprechen ausdrücklich von einem „in Vielfalt geeint[en]" Europa. Sie formulieren gleichzeitig mit den die Vielfalt dauerhaft gewährleistenden Werten Demokratie, Gleichheit, Rechtsstaatlichkeit, Toleranz, Pluralismus, Gerechtigkeit, Solidarität und Nichtdiskriminierung die Prinzipien, die ein partnerschaftliches Miteinander überhaupt ermöglichen.

Die Europäische Union ist auf ihre kulturelle Vielfalt als Reservoir für Konflikt- bzw. Problemlösungen angewiesen. Das gilt auch korrespondierend für die Mitgliedstaaten, deren jeweilige auswärtige Kulturpolitik in einigen Fällen durchaus noch zur „Europäisierung" ansteht (Schwencke 1998b).

Der Kultur als Bereich besonders hoch konzentrierter Kreativität wächst auch für die Lösung der inneren Konflikte des europäischen Integrationsprozesses zunehmende Bedeutung zu. Nachdem sich Kulturpolitik Ende der sechziger, Anfang der siebziger Jahre in Deutschland durchaus der Lösung gesellschaftspolitischer Fragestellungen verschrieben hatte, war der kulturelle Sektor im Verlauf der Jahrzehnte so umfangreich und differenziert geworden, dass er sich bis zu Beginn des 21. Jahrhunderts überwiegend selbstreflexiv verhielt und Kulturpolitik als Ressortpolitik verstanden. Inzwischen finden verstärkt konkrete Grenzüberschreitungen zwischen der Kulturpolitik und anderen politischen Ressorts statt.[5] Davon zeugt die mehrjährige Arbeit der vom Bundestag berufenen Enquete-Kommission für *Kultur in Deutschland*. Deutschland leistet wesentliche Entwicklungsbeiträge für die Entwicklung der Kultur- und Kreativwirtschaft in Europa (Enquete-Kommission 2007). Der Wettbewerb der deutschen Städte um den Titel „Kulturhauptstadt Europas 2010" und insbesondere die Titelträgerin Ruhr 2010 haben qualitativ neuartige Impulse und Wege kulturgeprägter Stadtentwicklung in europäischen Kontexten und Kooperationen ausgelöst bzw. eröffnet (Rydzy 2007).

In der europäischen Kulturpolitik bildet sich, wie gezeigt, ein ebensolches Problembewusstsein heraus; beispielhaft ablesbar an der *Kulturagenda im Zeichen der Globalisierung* sowie an den Zielrichtungen der Programme der europäischen Kulturförderung. Es ist nötig, das weiterzuentwickeln, den kulturellen Bereich gezielter für brennende gesellschaftliche Fragen in Anspruch zu nehmen und den Stellenwert der Kulturpolitik in der Gesamtpolitik zu erhöhen, da-

5 Zur strategischen Bedeutung solcher „Grenzüberschreitungen" siehe: Edda Rydzy/Monika Griefahn 2013.

mit als eine der zentralen Botschaften Europäischer Auswärtiger Kulturpolitik vermittelt werden kann: Europa baut auf seine kulturelle Vielfalt als kreatives Potential zur Bewältigung der schwierigsten gemeinsamen Aufgaben. Das wäre auch die sinnvollste Weise, sich den Herausforderungen des UNESCO-Übereinkommens zur kulturellen Vielfalt zu stellen. Gelingt es nicht, bei den Verhandlungen über eine Transatlantische Handels- und Investitionspartnerschaft eine *exception culturelle*[6] zu vereinbaren, dann entsteht daraus nicht nur eine Gefahr für kulturelle Vielfalt, sondern es werden auch demokratisch erstrittene europäische Errungenschaften einem Rollback anheimgestellt.

Von der spanischen, englischen, französischen und deutschen Philosophie über die Künste, die Wissenschaften, politische Bewegungen und Gegenbewegungen hinweg existiert ein weit in die zeitliche Tiefe reichendes, dichtes Netz von Kommunikation, dessen horizontaler, d.h. aktueller Stand sich im *Vertrag von Lissabon* niederschlägt.

Es ist nicht nur im Innern und nach außen Bildungs- und Kulturpolitik nötig, die ein auf Wissen beruhendes verinnerlichtes Bewusstsein über diesen Prozess befördert. Es bedarf auch einer symbolischen Kulturpolitik, der es überzeugend gelingt zu zeigen, dass es sich um eine auf den nationalen Erfahrungen und Leistungen der Mitgliedsländer basierendes Gemeinschaftswerk handelt, dass es sich bei der Fähigkeit zur europäischen Gemeinschaft für jeden der vereinten Nationalstaaten, die politische Kompetenzen an die Europäische Union abgeben, um eine zivilisatorische Qualifizierung der jeweiligen Nation handelt, nicht um einen Verzicht auf dieselbe.[7]

6 Dazu gibt es in der deutschen Parteienlandschaft durchgängige Übereinstimmung, wie der Deutsche Kulturrat mit seinen Wahlprüfsteinen für die Bundestagswahl 2013 festgestellt hat. Als Beispiel die Antwort von Bündnis 90/Die Grünen: „[...] Kultur- und Medienbereich sollen von Verhandlungen ausgenommen werden; bei künftigen internationalen Abkommen muss Maßgabe sein, dass europäische wie [...] nationale Kulturförderinstrumente Bestand haben und verbindlich gelten."

7 Vgl. auch Schwencke 2015 (erscheint in Kürze).

# 6. Akteure in Partnerländern

## 6.1 Anspruch und Wirklichkeit in Geschichte und Gegenwart – Die Auswärtige Kulturpolitik der USA

*Frank Schumacher*

Seit einigen Jahren hat die weltweite Kritik an der Außen- und Sicherheitspolitik der USA wieder zugenommen. Während die internationalen Umfragewerte bei Präsident Obamas Amtsantritt 2009 sich positiv von der der Vorgängerregierung abhoben, ist von diesem Wohlwollen fünf Jahre später wenig übrig geblieben. Demoskopische Analysen zu globalen Meinungstrends des Washingtoner PEW-Forschungsinstituts vom Sommer 2014 unterstreichen, dass das internationale Vertrauen in die Vereinigten Staaten vor allem durch den Drohnenkrieg der US-Streitkräfte und die Enthüllungen über die Spionageaktivitäten der National Security Agency (NSA) stark erschüttert und das Ansehen des Präsidenten beschädigt ist (PEW Research Center 2014). Die Kritik an den Vereinigten Staaten ist besonders ausgeprägt in Europa, Lateinamerika und dem Mittleren Osten. Die Umfrageergebnisse unterstreichen zum Beispiel, dass nur noch knapp die Hälfte der Bundesbürger (51 Prozent) eine insgesamt positive Meinung über die USA hat, fünfzehn Prozentpunkte weniger als noch im Jahr von Barack Obamas Amtsantritt.

Zahlreiche Beobachter in den USA interpretieren den zunehmenden Ansehensverlust ihres Landes als Belastung für die Ausgestaltung amerikanischer Außenpolitik. Diese Beobachtung internationaler Meinungstrends unter außenpolitischen, strategischen Gesichtspunkten hat in den USA eine lange Tradition. Seit der Gründung des Landes spielte die internationale Wahrnehmung eine wichtige Rolle für die Gestalter amerikanischer Außenbeziehungen. Ideengeschichtlich basierte dieser Zusammenhang auf der Überzeugung von der Auserwähltheit Amerikas als Hort eines geglückten demokratischen Experiments. Diese Selbstwahrnehmung in ihrer vermeintlichen Sonderstellung unter den Nationen wurde und wird von den USA als Auftrag und Verpflichtung zur Werbung für die Kernideen des amerikanischen Systems gedeutet. Mit der Annahme einer natürlichen Interessenharmonie zwischen den Vereinigten Staaten und dem Rest der Welt entwickelte sich ein Paradigma außenpolitischen Missionsbewusstseins, in dem die Durchsetzung eigener nationaler Interessen jederzeit durch den Verweis auf die Kongruenz von nationalem und internationalem *Common Good* legitimiert wurde.

Im Verlauf des Ersten Weltkriegs nahm vor allem Präsident Woodrow Wilson diese ideologischen Grundmuster auf und trug zu ihrer Weiterentwicklung bei. Er verknüpfte das Sendungsbewusstsein und damit den Wunsch, sich an andere Gesellschaften zu wenden, mit konkreten sicherheitspolitischen Überlegungen, und erhob so die internationale Meinungsbeeinflussung zur strategischen Prämisse für die USA. Die Weltmeinung sollte als Korrektiv zur staatlichen Machtpolitik eine stabile internationale Ordnung garantieren.

Wirkungsgeschichtlich schuf der von Wilson weiterentwickelte liberal-demokratische Internationalismus die Grundlagen der modernen amerikanischen Außenpolitik durch die Bündelung der bis zur Jahrhundertwende disparaten Gedankenstränge zum Verhältnis von Demokratisierung, Weltmeinung und nationaler Sicherheit. Aus diesem Gemenge entwickelte sich ein neues Verständnis von Macht und Einfluss in den internationalen Beziehungen. Militärische und ökonomische Stärke wurde nun um das Konzept der Meinungsführerschaft ergänzt, und als einflussreich galt, wem die Weltöffentlichkeit ihr Vertrauen und ihre Zustimmung schenkte. In diesem außen- und sicherheitspolitischen Gesamtkonzept fiel vor allem den Kulturbeziehungen, die nun gerne als vierte Dimension der Außenpolitik bezeichnet wurden, eine besondere strategische Bedeutung zu.

Die Entwicklungsgeschichte der Auswärtigen Kulturpolitik der USA (*Cultural Diplomacy*) lässt sich grob in vier Phasen unterteilen. In der ersten Phase, von der Mitte des 19. Jahrhunderts bis zum Ersten Weltkrieg, waren die amerikanischen Aktivitäten vor allem durch Privatinitiative gekennzeichnet. Im Vergleich zu den kulturdiplomatischen Initiativen der europäischen Mächte waren die USA Nachzügler. Im Unterschied zur amerikanischen Kulturdiplomatie im 20. Jahrhundert basierten diese frühen Gehversuche nationaler Selbstdarstellung weitgehend auf informellen, transnationalen Kulturkontakten, die durch die privaten ‚Botschafter' des Landes, Forscher, Missionare, Philanthropen und Geschäftsleute getragen wurden. Lediglich bei den Weltausstellungen, die den USA seit der zweiten Hälfte des 19. Jahrhunderts ein wichtiges Forum nationaler Selbstdarstellung boten, nahm die Regierung Einfluss auf die Konzeption und Durchführung amerikanischer Ausstellungsbeiträge. Diese waren zunächst vor allem technischer Art und wurden gegen Ende des Jahrhunderts dann auch um kulturelle Darstellungen und Darbietungen erweitert.

Der internationale Kulturaustausch von Regierungsseite begann für die Vereinigten Staaten zunächst als Kontakt zwischen Bibliotheken und Forschungseinrichtungen. Zwischen 1840 und 1867 stellte der amerikanische Kongress die internationalen Beziehungen der Library of Congress und der Smithsonian Institution auf eine gesetzliche Grundlage. Dem Austausch von Büchern und Artefakten folgte schon bald der Personenaustausch, der sich vor allem auf Hochschullehrer, Ärzte und technisches Personal konzentrierte. So rekrutierte zum Beispiel die Harvard Universität Anfang des 20. Jahrhunderts in Kuba knapp 1300 Lehrer und Ärzte für ein Aufbaustudium in den USA. Auch in China waren die USA aktiv und richteten 1909 ein erstes Stipendienprogramm für Universitätsstudenten aus den chinesischen Reparationszahlungen für den Boxer-Aufstand ein. Europa bildete neben Mittelamerika und Asien einen dritten geographischen Schwerpunkt des internationalen Kultur- und Personenaustauschs. Während die Programme in den beiden anderen Weltregionen einen Überhang an Besuchern amerikanischer Institutionen verzeichneten, hielten sich zunächst deutlich mehr amerikanische Studenten und Wissenschaftler in Europa auf als umgekehrt. Das besonders ausgeprägte Interesse an deutschen Universitäten führte 1904 zur Einrichtung eines deutsch-amerikanischen Professorenaustauschs, der mit dem Beginn des Ersten Weltkriegs endete.

Die meisten kulturdiplomatischen Initiativen der Vereinigten Staaten waren jedoch privater Natur und wurden vor allem von den immer zahlreicheren Stiftungen expansiv vorangetrieben. Das Verhältnis zwischen diesen transnationalen Akteuren und der US-Regierung war von Ambivalenz geprägt. Einerseits fühlte sich Washington durch die ideologischen Parameter des liberalen Internationalismus zur Zurückhaltung verpflichtet. Auf der anderen Seite erkannten amerikanische Regierungen schon früh das außenpolitische Potential solcher transnationalen Kulturaktivitäten. Ab den neunziger Jahren des 19. Jahrhunderts nahm die US-Regierung dann zunehmend Abschied von der bloßen Zuschauerrolle und übernahm in den Jahren bis zum Ersten Weltkrieg eine zunehmend koordinierende und unterstützende Funktion im internationalen Kulturaustausch.

Die zweite Phase amerikanischer Kulturdiplomatie begann mit dem Ersten Weltkrieg und stellte in doppelter Hinsicht einen radikalen Einschnitt in der Entwicklungsgeschichte der US-amerikanischen Selbstdarstellung dar: die Beeinflussung ausländischer Öffentlichkeiten wurde zum ersten Mal in ein sicherheitspolitisches und strategisches Gesamtkonzept eingebunden; darüber hinaus übernahm die Regierung nun eine aktive Rolle in der Koordinierung und Ausgestaltung sämtlicher Aktivitäten im Bereich der Auslandswerbung. Die vor allem auf Langfristigkeit und Nachhaltigkeit angelegten Kulturinitiativen wurden ab 1917 zur Unterstützung kurzfristiger und spezifischer außenpolitischer Zielsetzungen herangezogen und in das Feld der Auslandspropaganda unter Leitung des Committee on Public Information integriert.

Das Committee on Public Information war jedoch nur von kurzer Dauer und wurde nach Kriegsende unter heftigen Kontroversen aufgelöst. Die Befürworter staatlicher Öffentlichkeitsarbeit unterstrichen unter anderem, dass das Committee on Public Information die Verbreitung amerikanischer Alltags- und Unterhaltungskultur, die vor allem in den zwanziger Jahren ihren Siegeszug antreten sollte, positiv flankiert habe. Die Kritiker hingegen richteten sich gegen die als manipulativ und undemokratisch empfundene Macht regierungsamtlicher Meinungsbeeinflussung und lehnten Auslandswerbung und Auslandspropaganda, auch unter Einbeziehung kultureller Programme, als eklatante Verletzung der politischen Grundwerte der USA ab.

Während diese Debatte die gesamte Zwischenkriegszeit andauerte, wurde die Auswärtige Kulturpolitik vor allem wieder von nichtstaatlichen Akteuren gestaltet. Insbesondere die großen amerikanischen Stiftungen wie die Rockefeller Foundation, das Carnegie Endowment for International Peace und die Guggenheim Foundation waren hier federführend. Das 1919 gegründete Institute of International Education, das sich unter anderem auch aus Stiftungen und Wissenschaftsorganisationen speiste, avancierte schnell zu einer führenden Kraft bei den Personenaustauschprogrammen. Auf die mit dem Aufstieg expansiver, totalitärer Regime einhergehende zunehmende Destabilisierung des internationalen Systems in den dreißiger Jahren reagierten die USA mit einer zunächst noch zögerlichen, aber dann entschlossenen Rückkehr zur staatlich geleiteten auswärtigen Kultur- und Öffentlichkeitsarbeit. Die 1938 im Außenministerium eingerichtete Abteilung für kulturelle Beziehungen (Division of Cultural Relations) sollte die zahlreichen privaten Initiativen koordinieren und durch Schwerpunktsetzung bündeln. Viele Partnerorganisationen reagierten mit bereits bekannten Vorbehalten gegen eine zu starke Kontrolle staatlicherseits. Sie fühlten sich der liberal-internationalistischen Kernauffassung verbunden, nach der vor allem die Entwicklung eines dichten Netzwerks nichtstaatlicher Kulturkontakte den internationalen Frieden sicherte.

Mit dem Kriegsbeginn in Europa 1939 und dem Kriegseintritt der USA 1941 veränderten sich die Rahmenbedingungen dieses liberalen Diskurses und führten zur strategischen Anpassung der auswärtigen Kulturprogramme, die sich fortan durch eine dezidiert propagandistische Ausrichtung auszeichneten. Das im Juni 1942 gegründete Office of War Information vereinigte *Public Diplomacy* und *Cultural Relations*. Die mehr als 10.000 Mitarbeiter waren für die inneramerikanische und auswärtige Kommunikation zur Unterstützung der Kriegsanstrengungen der USA zuständig. Vor allem innerhalb der mächtigen Auslandsabteilung des Office of War Information, die über drei Viertel des Haushalts und zwei Drittel aller Mitarbeiter verfügte, schwelte der Konflikt zwischen Propagandisten und Kulturdiplomaten weiter, deren Spannungen schon das Committee on Public Information im Ersten Weltkrieg beschäftigt hatten. Die Auseinandersetzung entschieden die Vertreter der propagandistischen Auslandswerbung für sich. Die Auswärtige Kulturpolitik wurde zu einem Instrument strategischer Kommunikation, dessen besondere Bedeutung sich auch in der dritten Phase amerikanischer Kulturbeziehungen nach 1945 fortsetzte.

Diese Hochphase amerikanischer Auswärtiger Kulturpolitik war vor allem durch den massiven Ausbau kulturpolitischer Initiativen und deren enge Anbindung an die außen- und sicherheitspolitische Gesamtstrategie des Landes gekennzeichnet. Unter dem Eindruck des sich verschärfenden Ost-West-Konflikts wurden 1948 mit dem *United States Information and Educational Exchange Act of 1948*, auch als *Smith-Mundt Act* bekannt, zum ersten Mal in der amerikanischen Geschichte gesetzliche Grundlagen für ein weltweit angelegtes Auslandswerbungs- und Kulturprogramm geschaffen. Im Außenministerium wurden im selben Jahr das Office of International Information und das Office of Educational Exchange eingerichtet. Die neuen gesetzlichen Rahmenbedingungen sicherte auch die Finanzierung für das 1946 aufgelegte *Fulbright-Programm*, das sich im Verlauf der nächsten Jahrzehnte zu einem der wichtigsten Elemente amerikanischer auswärtiger Kulturpolitik entwickeln sollte.

Gleichzeitig beschleunigte der *Smith-Mundt Act* auch den weiteren Ausbau der Auslandspropaganda und Öffentlichkeitsarbeit durch staatlich finanzierte Radiosender wie zum Beispiel Voice of America oder in den fünfziger Jahren Radio Free Europe und Radio Liberty. Nach einigen organisatorischen Umwälzungen wurden 1953 viele Instrumente der Public und Cultural Diplomacy aus dem Außenministerium in die neu gegründete United States Information Agency überführt. Bei der Auswärtigen Kulturpolitik waren dies zum Beispiel Amerika-Häuser und Informationszentren, Sprachvermittlungsprogramme, einige Besuchsprogramme, der Betrieb der Radiostationen und die Zuständigkeit für Ausstellungen und internationale Messen. Nur die konzeptionelle Kontrolle über die Austauschprogramme verblieb bis 1978 im Außenministerium.

In den westlichen Besatzungszonen des Nachkriegsdeutschlands entwickelten sich die vielfältigen Kulturprogramme der USA zu einer tragenden Säule der Demokratisierungspolitik. In der Tat ist der Rollenwandel im westlichen Nachkriegsdeutschland vom Besetzten zum Verbündeten in nur einem Jahrzehnt nach Kriegsende ohne die kulturelle Flankierung demokratischer Prozesse kaum vorstellbar. Nach zwölf Jahren Diktatur unterstützten die zahlreichen Amerika-Häuser, Radio und Filmprogramme, Zeitungen und Zeitschriften, Ausstellungen, Lesungen, Konzerte und Besuchsprogramme eine Rückbesinnung und Wiederannäherung an westliche Zivilisationstraditionen und vertieften damit die ideelle Westbindung der Bundesrepublik Deutschland.

All diese Elemente auswärtiger Kulturpolitik waren Instrumente der Demokratisierung wie auch Speerspitze der Werbung für den amerikanischen Standpunkt im Kalten Krieg. Kulturdiplomatie im Kalten Krieg war immer auch politische Kommunikation. Im Verlauf des sich intensivierenden Ost-West-Konflikts nahm diese Politisierung und Instrumentalisierung von Kulturkontakten stetig zu. In dieser Phase war Kulturpolitik eng an die strategischen Vorgaben der Außen- und Sicherheitspolitik der USA gekoppelt und organisatorisch weitgehend in den für Auslandswerbung zuständigen bürokratischen Apparat eingebettet. Die globale Auswärtige Kulturpolitik der USA sollte im Verein mit anderen Werbemaßnahmen die Eindämmung der Sowjetunion ideell flankieren, Verbündete stabilisieren und Unentschlossene mobilisieren. Dazu nutzten Regierungsstellen auch subversive Unterwanderungstechniken, wie die CIA-Finanzierung des Kongresses für kulturelle Freiheit eindrucksvoll belegt.

Gleichzeitig waren die amerikanischen Kulturprogramme aber nicht nur Werbemaßnahme, sondern konstituierten immer auch Freiräume für die kritische Auseinandersetzung mit den Realitäten des Kalten Krieges und der Alltagswirklichkeit in den USA. Viele Schriftsteller, Musiker und bildende Künstler testeten und erweiterten diese Freiräume auf oft unkonventionelle

Weise in der kritischen Auseinandersetzung mit Politik und Kultur des eigenen Landes und trugen so jenseits aller propagandistischen Worthülsen zur besonderen Attraktivität der amerikanischen Programme bei.

Die vierte Phase in den auswärtigen Kulturbeziehungen der USA umfasst die Jahre seit dem Ende des Kalten Krieges. Sie ist vor allem durch Abbau, Umstrukturierung und Neuorientierung gekennzeichnet. Das Ende des Ost-West-Konflikts entzog vielen Programmen und administrativen Einrichtungen die ihnen zugewiesene strategische Relevanz. Schritt für Schritt wurde das kulturpolitische Engagement vor allem in Europa zurückgefahren. Die Schließung oder Umwidmung zahlreicher Amerika-Häuser und Informationszentren in Deutschland konnte auch durch den Protest seiner treuen Besucher nicht verhindert werden. Die weltweiten Kulturprogramme wurden im Verlauf der Clinton-Administration bis zum Jahr 2000 um ein Drittel gekürzt. Im Oktober 1999 wurde die United States Information Agency aufgelöst und Zuständigkeiten und ein Teil des Personals in das Bureau of Educational and Cultural Affairs des Außenministeriums überführt.

Auf diesen kulturdiplomatischen Kahlschlag folgte nach den Terroranschlägen vom 11. September 2001 eine Phase hektischer Neuorientierung. Das wiedererwachte Interesse an der Auswärtigen Kulturpolitik wurde vor allem von der von vielen Amerikanern gestellten Frage „Why do they hate us so much?“ geleitet. Gleichzeitig resultierte aus der Frage aber auch bereits die Notwendigkeit einer erneuerten und verstärkten Kommunikation amerikanischer Werte und kultureller Einstellungen. Wie schon in den beiden Weltkriegen und dem Kalten Krieg stand und liegt dieses Interesse vor allem in der kulturellen Flankierung außen- und sicherheitspolitischer Maßnahmen. Die strategische Unterordnung von Kultur unter die möglichst effiziente Beeinflussung globaler Meinungsbilder hat, wie schon zuvor, für zahlreiche Auseinandersetzungen gesorgt. Sie hat aber auch eine erneute Diskussion über die Bedeutung kultureller Wahrnehmungen und Kulturkontakte angestoßen.

In zahlreichen Expertengutachten, Anhörungen und Diskussionsrunden wurden nach 2001 die Versäumnisse der amerikanischen Kulturbeziehungen und Auslandswerbung aufgearbeitet. Vielfach wurde in diesem Zusammenhang der radikale Abbau bewährter Kommunikationsstrukturen und kultureller Vermittlungspraktiken beklagt. Die Bush-Regierung richtete auch unter dem Eindruck zunehmender internationaler Kritik an ihrem Vorgehen im Irak die Stabsstelle des Under Secretary for Public Diplomacy and Public Affairs ein, in dessen Zuständigkeitsbereich auch das für die Auswärtige Kulturpolitik verantwortliche und von einem *Assistant Secretary* geleitete Bureau of Educational and Cultural Affairs fällt. Während der Präsidentschaft von Barack Obama sind zahlreiche neue Schwerpunktprogramme für den Mittleren Osten, Asien und Afrika entwickelt worden.

Das Außenministerium hat in den letzten Jahren durchschnittlich etwa eine halbe Milliarde US-Dollar für den Bereich *Educational and Cultural Exchange* ausgegeben. Diese erheblichen Mittel wurden und werden vor allem für den Wissenschaftsaustausch, weltweite akademische Beratungsnetze, Sprachprogramme, Fortbildungs- und Besuchsprogramme, Parlamentarische Patenschaftsprogramme und die Förderung von Sportveranstaltungen verwandt. Bei der Umsetzung der akademischen Austauschprogramme und einer Reihe von kulturpolitischen Initiativen arbeitet die US-Regierung mit dem 1919 gegründeten New Yorker Institute of International Education zusammen. Mit einem Haushaltsvolumen von knapp 450 Millionen US-Dollar (2013), von denen die Hälfte aus Regierungszuwendungen stammt, mehr als 600 Mitarbeitern, 200 Programmen und einem institutionellen Partner- und Mitgliedernetzwerk von mehr als

1.200 Bildungseinrichtungen ist das Institute of International Education ein Schwergewicht auf dem Feld des internationalen Kulturaustauschs. 2013 organisierte das Institute of International Education den Austausch von mehr als 30.000 Teilnehmern aus 185 Ländern. Das deutsche *Fulbright-Programm* für die USA wird zum Beispiel mit dem Institute of International Education in Absprache mit den weltweiten Fulbright-Kommissionen koordiniert. Ihm obliegen in den USA die Stipendienausschreibungen, die Auswahl der Teilnehmer und die Betreuung ausländischer Stipendiaten.

Trotz dieser beeindruckenden Zahlen und Erfolgsindikatoren stand die Auswärtige Kulturpolitik der USA fast immer in der Kritik. Der historische Rückblick auf ein Jahrhundert zeigt, wie sich die verschiedensten Programme, Initiativen und Organisationsformen dem Vorwurf der Ineffizienz, der Verschwendung von Steuermitteln oder gar der politischen Unzuverlässigkeit ausgesetzt sahen. Die grundsätzliche Abneigung konservativer Kritiker gegen jede Form staatlicher Beteiligung an solchen Maßnahmen hat zu allen Zeiten erhebliche Auswirkungen auf die Ausgestaltung kulturdiplomatischer Initiativen gehabt. Auf der anderen Seite des politischen Spektrums wird seit jeher die Korrumpierung kultureller Austauschbeziehungen durch deren Anbindung an und Unterordnung unter konkrete außen- und sicherheitspolitische Zielsetzungen beklagt.

Diese Politisierung der auswärtigen Kulturbeziehungen ist das Ergebnis einer historischen Entwicklung, in der Kriege und internationale Krisen Umfang und Ausgestaltung der US-Kulturdiplomatie maßgeblich geprägt haben. Die beiden Weltkriege, der Kalte Krieg und der Versuch, den internationalen Terrorismus einzudämmen, haben den Kulturprogrammen eine strategische Dringlichkeit zugeordnet, die sie in Friedenszeiten kaum hatten. In solchen Phasen waren die auswärtigen Kulturaktivitäten der USA vor allem durch transnationale Privatinitiativen gekennzeichnet. In realen oder imaginierten Bedrohungssituationen jedoch avancierten Kulturprogramme zu einem außenpolitischen Instrument, an das im Kampf um die Weltmeinung oft unerfüllbar hohe Erwartungen geknüpft wurden.

Diese strategische Zuordnung war Fluch und Segen zugleich. Fluch weil sie die kulturellen Beziehungen auf ihre politische Nutzbarkeit reduzierte. Diese Vermischung von Propaganda, Auslandswerbung und Kulturarbeit hat dann auch wiederholt zu heftigen und langandauernden Auseinandersetzungen zwischen Funktionalisten und liberalen Internationalisten geführt. Gleichzeitig war diese strategische ‚Aufwertung' von Kultur aber auch ein Segen, weil sie erhebliche fiskalische und organisatorische Energien mobilisierte und den Aufbau einer weltweit operierenden kulturdiplomatischen Infrastruktur ermöglichte.

Gleichzeitig überlagerten dieser stetige Aus- und Umbauprozess und die Fokussierung auf die strategische Relevanz kultureller Programme aber auch konzeptionelle Unschärfen in der Diskussion zum Beziehungsverhältnis von Kultur, Öffentlichkeitsarbeit, Propaganda und Auslandswerbung. Die Zuschreibung strategischer Qualitäten impliziert für die Auswärtige Kulturpolitik eine zielgeleitete Wirksamkeit, die ebenso fehlgeleitet ist wie die Annahme, der Effektivitätsgrad kultureller Beeinflussung ließe sich durch demoskopische Analysen bestimmen. Solche Überlegungen sind vor allem dem ständigen Rechtfertigungsdruck staatlicher Kulturprogramme geschuldet, da die Quantifizierung erfolgreicher politischer Maßnahmen ein wichtiger Bestandteil der innenpolitischen Auseinandersetzung um häufig knapp bemessene Ressourcen ist.

In diesem Zusammenhang ist auch die Frage nach dem Nebeneinander von privaten und staatlichen Kulturprogrammen relevant. Denn die Auswärtige Kulturpolitik ist in den USA weniger als in anderen Staaten Regierungsaufgabe, sondern vielmehr der Versuch, die Mannigfaltigkeit der zahlreichen privaten Akteure mit den Aktivitäten einer überschaubaren Anzahl staatlicher Stellen in Einklang zu bringen. Insbesondere die großen Stiftungen wie die Ford Foundation, die Rockefeller Foundation, der German Marshall Fund und die Bill and Melinda Gates Foundation verfolgen ihre eigenen kulturpolitischen Projekte unabhängig von staatlichen politischen Vorgaben mit gewaltigen Budgets. Die auswärtige Kulturdiplomatie der USA ist damit immer auch der Versuch, solchen Akteuren im Land eine gemeinsame Richtung durch Schwerpunktsetzung und Einbindung vorzugeben. Die Herausforderung einer solchen Schwerpunktsetzung wird nicht nur durch die Vielzahl der Akteure bestimmt, sondern durch die kulturelle Vielfalt der amerikanischen Gesellschaft noch verschärft.

Eine weitere Herausforderung ergibt sich aus der begrenzten Kontrollierbarkeit kultureller Austauschprozesse. Ausstellungen, Autorenlesungen, Konzertreisen und Besuchsprogramme standen und stehen in einem produktiven Spannungsverhältnis zur Verbreitung alltagskultureller Werte und Verhaltensweisen. Die weltweite Vertrautheit mit den Ikonen amerikanischer Pop- und Produktkultur sowie der Aufstieg der englischen Sprache zur *lingua franca* haben zu einer vermeintlichen Vertrautheit mit Amerika und seinen Symbolen geführt, die allzu leicht mit außenpolitischem Einfluss gleichgesetzt wird.

Hinzu kommt die weltweite Verbreitung neuer Kommunikationswege. Die Beschränkung auf Radio, Fernsehen und Film wird heute durch soziale Netzwerke durchbrochen. Die Kultur- und Öffentlichkeitsarbeit der USA hat auf diese kommunikationstechnischen Entwicklungen reagiert und nutzt soziale Netzwerke auch in der Auswärtigen Kulturpolitik. Die Öffnung neuer kultureller Vermittlungskanäle ist begrüßenswert, darf aber nicht dazu verleiten, erfolgreiche Kulturarbeit mit der Anzahl von Tweets und Facebook-Kontakten gleichzusetzen. Die Erfahrung der letzten Jahre zeigt, dass die mediale Allgegenwärtigkeit oft zu Lasten erprobter Vermittlungswege geht und sich in einer Beliebigkeit verliert, die zuweilen an Konturlosigkeit grenzt.

Durch die pure technische Präsenz in sozialen Netzwerken, auch dies zeigen die Erfahrungen der letzten Jahre, verlieren sich die Alleinstellungsmerkmale amerikanischer Kulturprogramme. Eingebunden in und gehetzt von stetiger medialer Präsenz, weltweiten Interessen und einem sich rapide beschleunigenden Kommunikationstempo mit immer kürzeren Reaktionszeiten laufen etablierte, solide und auf langfristige Vermittlung angelegte Kulturprogramme Gefahr, politisch marginalisiert zu werden.

Das jüngste Beispiel einer solchen Entwicklung war die knappe Ankündigung im Haushaltsentwurf 2015 der Obama-Regierung vom März 2014, das bedeutendste und renommierteste Programm des amerikanischen Kulturaustauschs, das *Fulbright Programm*, um 30 Millionen US-Dollar auf 204 Millionen US-Dollar zu kürzen. Während das Gesamtbudget aller Austauschprogramme auf knapp 578 Millionen US-Dollar leicht angehoben werden soll, plante die Regierung 13 Prozent Einsparung bei den Fulbright-Stipendien.

Die Resonanz auf diese Ankündigung war in mehrfacher Hinsicht aufschlussreich. Zum einen riefen ehemalige Fulbright-Stipendiaten in kürzester Zeit eine internationale Protestbewegung ins Leben. Dabei nutzen die *Fulbrighter* die von vielen Kulturdiplomaten der gegenwärtigen Administration so gepriesenen sozialen Netzwerke zum Schutz eines von denselben Regierungsvertretern intern gelegentlich als ‚angestaubt' beschriebenen Programms. Zum anderen sammelte die Protestbewegung nicht nur 27.000 Unterschriften in Online-Petitionen, sondern setzte in einer geschickten Lobby-Kampagne auf Unterstützung aus dem US-Kongress. Ungeachtet der traditionellen Vorbehalte vieler Abgeordneter gegen auswärtige Kulturprogramme fand sich hier eine Mehrheit zur Absicherung des *Fulbright-Programms*. Im Abgeordnetenhaus und im Senat sprachen sich die relevanten Ausschüsse für eine deutliche Steigerung der Zuwendungen zum Programm aus. Obgleich der Haushalt für 2015 noch nicht verabschiedet ist, sieht es so aus, als ob die drohenden Einsparungen vom *Fulbright-Programm* abgewendet wurden. All dies ist auch ein Indiz und Erfolg für die Nachhaltigkeit dieses Kulturaustauschprogramms. Dieser erfolgreiche Protest stimmt hoffnungsvoll, dass Anspruch und Wirklichkeit in der Auswärtigen Kulturpolitik der USA auch in Zukunft nicht allzu weit auseinanderklaffen werden.[1]

1 Weitere Informationsquellen im Internet: www.state.gov, www.usembassy.de, www.whitehouse.gov, www.iie.org, www.cies.org, www.fulbright.org, http://exchanges.state.gov.
Literaturhinweise: Aguilar 1996; Arndt 2005; Cull 2008a, 2012; Espinosa 1976; Hart 2013; Hixson 1997; Kellermann 1978; Krenn 2005; Ninkovich 1981; PEW Research Center 2014; Rosenberg 1982; Schumacher 2000; Scott-Smith/Krabbendam 2003.

## 6.2 Partner und Konkurrenten in der Europäischen Union – Frankreich, Großbritannien, Spanien, Polen und Ungarn

*Mirjam Schneider*

In den letzten Jahren zeigt sich ein starker Trend, der Kulturpolitik der einzelnen EU-Mitgliedstaaten eine gesamteuropäische Strategie zur Seite stellen zu wollen. Er beruht auf der Erkenntnis, dass sich viele aktuellen Herausforderungen besser im Verbund als allein bewältigen lassen: Die Wirtschaftskrise in der Euro-Zone, die neuen Migrationsbewegungen und geopolitischen Veränderungen, der Konkurrenzdruck, der aus aufstrebenden Großmächten wie China oder Indien erwächst, der weltweite demographische Wandel, die Chancen und Gefahren, die aus der zunehmenden Digitalisierung erwachsen, kurz: alle Phänomene der Globalisierung können nur gemeinsam bewältigt und sinnvoll gestaltet werden.

Dennoch kann von einer Abschaffung nationaler Kulturpolitik keine Rede sein. Eine gemeinsame außenkulturpolitische Strategie auf EU-Ebene kann immer nur eine sinnvolle Ergänzung dessen sein, was die einzelnen EU-Staaten außenkulturpolitisch leisten und auch künftig leisten werden. Zu unterschiedlich sind die außenkulturpolitischen Profile der EU-Länder, wie sie sich aus der Geschichte, der jeweiligen Landessprache, der geopolitischen Situation, den Traditionen und Werten speisen. Zu groß ist das Interesse, die jeweils eigene Sprache im Ausland zu fördern, internationale Künstler, Studierende und Wissenschaftler für das eigene Land zu gewinnen, um es als wichtigen Standort für Bildung, Wissenschaft, Kultur und Wirtschaft zu stärken, den Tourismus anzukurbeln, die eigenen künstlerischen und kulturellen Errungenschaft auf einem internationalen Markt zu vertreiben und über Kultur Sympathie zu wecken und weltweit Partner zu gewinnen.

Ja sogar dort, wo es um Kooperationen auf europäischer Ebene und eine gemeinsame außenkulturpolitische Strategie der Europäischen Union geht, werden die Einzelstimmen der Nationalstaaten nicht einfach in einem europäischen Großen und Ganzen aufgehen, sondern sich – ganz im Gegenteil – vehement zu behaupten wissen. Schließlich geht es ja darum, dem eigenen Staat zu einem Mitspracherecht zu verhelfen und ihm einen Handlungsspielraum zu verschaffen, wenn es gilt, die außenkulturpolitische Agenda der Europäischen Union zu bestimmen und die Strategien festzulegen, mit denen man den neuen globalen Herausforderungen begegnen will. Hier konkurrieren die Nationalstaaten miteinander um „spheres of influence" (Cross/Melissen 2013: xix), Räume der Einflussnahme, die die einzelnen EU-Mitgliedstaaten bei aller Kooperationswilligkeit gern selbst besetzen möchten. Das Bewusstsein für die Notwendigkeit, auf europäischer Ebene kulturpolitisch enger zusammenzuarbeiten, geht deshalb mit einem Wettbewerb um Führungspositionen Hand in Hand, die über künftige Weichenstellungen entscheiden und die Globalisierung „managen" dürfen (a.a.O.: xix).

In jeder Wettbewerbssituation ist es günstig, die Konkurrenz zu kennen. Deshalb ist es heute wichtiger denn je, sich intensiv mit den kulturpolitischen Profilen der einzelnen EU-Mitgliedstaaten zu befassen. Doch kann es dabei natürlich nicht das einzige Interesse sein, die Schwächen des jeweils anderen Systems aufzudecken, um das eigene Profil daran zu schärfen und sich Wettbewerbsvorteile zu verschaffen. Vielmehr sollte es zum einen darum gehen, Gemeinsamkeiten zu identifizieren, um künftige Zusammenarbeit zu erleichtern, sowie zum anderen darum, Differenzen und Spezifika unter der Frage zu betrachten, ob nicht gerade sie vielversprechende Ansätze zeigen, um Herausforderungen zu begegnen, für die das eigene Instrumentarium (noch) nicht ausgefeilt genug ist.

Die wechselseitige Kenntnis könnte ein Schritt auf dem Ziel hin zu einer Union der nationalstaatlichen kulturpolitischen „Musketiere“ sein, die gemäß dem Motto „Einer für alle und alle für Einen“ handelt. Oder, in den Worten der Europäischen Union: die die Vielfalt in der Einheit und die Einheit in der Vielfalt nutzt, um die gemeinsame Zukunft konstruktiv zu gestalten.

## 1. Gemeinsamkeiten, Differenzen

Die im Folgenden vorgestellten Ansätze und Strategien Auswärtiger Kulturpolitik Frankreichs, Großbritanniens, Spaniens, Polens und Ungarns zeigen zwar nur einen Ausschnitt aus der komplexen außenkulturpolitischen Landschaft der EU-Staaten. Die Auswahl ist aber zum einen dadurch gerechtfertigt, dass es sich dabei um politisch bedeutsame Staaten mit ausgefeilten außenkulturpolitischen Systemen handelt, zum anderen darin, dass diese Systeme und Strategien jeweils ganz eigene Charakteristika aufweisen, die sie von den anderen Staaten unterscheidet.

Bevor Land für Land vorgestellt wird, sollen zunächst allgemein die wichtigsten Faktoren betrachtet werden, die ein kulturpolitisches System prägen und die ausschlaggebend sind für seine jeweis individuelle Ausgestaltung. Zu diesen Faktoren gehören das grundlegende Verständnis dessen, wie Kultur und Politik sich zueinander verhalten und welche Rolle Kultur in der Außenpolitik spielen soll; historische und geopolitische Voraussetzungen; der gegenwärtige politische Kontext; die jeweiligen Werte und Interessen sowie nicht zuletzt die finanziellen Möglichkeiten eines Staates.

### Die Politik und die Kultur

„Wie hält's der Staat mit der Kultur?“ Bereits an der ‚Gretchenfrage‘ einer jeden Auswärtigen Kulturpolitik scheiden sich die Geister. Gewiss besteht ein Konsens darüber, dass Kultur nicht nur das „Sahnehäubchen“ auf der harten Realpolitik ist, sondern dass sie ein zentrales Element der Außenpolitik darstellt. Die entsprechenden Termini in der jeweiligen Landessprache – etwa *Soft Power*, *Cultural Diplomacy*, *Cultural Exchange*, *politique culturelle et d'influence* und *acción cultural exterior* haben alle gemeinsam, dass sie Kultur mit der Politik verknüpfen und ihr eine Rolle in der Außenpolitik zuschreiben. Doch sind die unterschiedlichen Bedeutungsnuancen nicht nur deskriptiv, sondern auch normativ und zeugen von einem eher werte- oder eher interessengeleiteten Verständnis von Kultur: Als Soft Power dient Kultur beispielsweise vornehmlich den eigenen, häufig wirtschaftlichen Interessen, während die politique culturelle et d'influence eher auf einen werteorientierten Kulturdialog setzt. Die meisten Länder indes weisen der Kultur eine multiple Funktion zu, was in einem breiten Spektrum außenkulturpolitischer Aktivitäten seinen Niederschlag findet, die von Image-Kampagnen über Künstleraustauschprogramme bis hin zu Initiativen zur Krisen- und Konfliktprävention reichen. Dennoch zeigen sich gewisse Schwerpunkte, anhand derer sie sich unterscheiden: So setzt Großbritannien in jüngerer Zeit verstärkt auf Maßnahmen, die die Attraktivität des Landes steigern und den eigenen Wirtschaftsstandort stärken sollen, während Frankreich die Kultur ins Zentrum einer internationalen Diskussion über globale Werte und die Abgrenzung vom US-amerikanischen „Kulturimperialismus“ stellt.

Neben diesen Programmen und Strategien gibt nicht zuletzt das Budget, das die Staaten den kulturpolitischen Akteuren zur Verfügung stellen, Auskunft über das Vertrauen, das Regierungen in die Kultur setzen: Während Frankreich genauso wie Deutschland auf die europäische Finanzkrise mit einer Erhöhung des Budgets für Auswärtige Kulturpolitik reagiert hat und damit zum Ausdruck bringt, dass den internationalen Kulturbeziehungen gerade in Krisenzeiten eine Schlüsselrolle zukommt, hat Großbritannien die finanzielle Unterstützung seiner Kulturakteure drastisch gekürzt (Pamment 2013: 18).

Das jeweilige Verständnis von der Rolle der Kultur wirkt sich nicht nur auf die Schwerpunktthemen, die Aktionsfelder und die finanzielle Ausstattung der Kulturakteure aus, sondern hat auch Auswirkungen auf die Organisationsstruktur und die Zuständigkeiten innerhalb des jeweiligen kulturpolitischen Systems: Wenn der Staat der Kultur schon eine Rolle in der Außenpolitik zuweist und internationale Kulturaktivitäten fördert, sollte er dann nicht auch ein inhaltliches Mitspracherecht besitzen? Oder ist es nicht eher wünschenswert, dass der Staat sich ein Stück weit heraushält, um Kunst und Kultur nicht zu instrumentalisieren? In ihrer Antwort auf diese Frage unterscheiden sich die einzelnen EU-Länder erheblich voneinander. So haben einige EU-Länder mit der Gründung von „Mittlerorganisationen“ eine Art „Gewaltenteilung“ eingeführt, die besagt, dass der Staat zwar Ziele definiert, sich jedoch nicht in die entsprechende Programmgestaltung einmischt, sondern bewusst Abstand zu den Kulturakteuren hält – zumindest auf „Armeslänge“, „at arm’s lenghts“, wie die entsprechende Bezeichnung auf Englisch lautet. Die Gründe für die Aufteilung der Verantwortlichkeiten auf verschiedene Akteure sind jedoch von Land zu Land unterschiedlich. Während Deutschland wegen der negativen Erfahrungen im Nationalsozialismus vermeiden möchte, dass die Kultur jemals wieder vor den Karren destruktiver Politik gespannt werden könnte, stehen in Großbritannien organisatorische und finanzielle Motive im Vordergrund: Die Unabhängigkeit vom Staat bringt mit sich, dass die Kulturinstitutionen selbst dafür zuständig sind, ihre erforderlichen Mittel zu erwirtschaften.

In einer Reihe von anderen Ländern wiederum wird es gar nicht als problematisch empfunden, dass der Staat sein Monopol über die außenkulturpolitischen Aktivitäten und Strategien behauptet. Bestes Beispiel ist Frankreich, in dem der Staat als schützende Instanz gilt, die dafür sorgt, dass Kunst und Kultur – anders als etwa in den USA oder auch in Großbritannien – nicht den Gesetzen des freien Marktes ausgeliefert sind und als bloße Handelsware betrachtet werden. In anderen EU-Staaten jedoch wird die rigide staatliche Kontrolle jeglicher außenkulturpolitischer Aktivitäten als ausgesprochen problematisch wahrgenommen; so mehren sich etwa in Ungarn die Klagen von Künstlern, die Regierung zensiere die Kunst, um die Außenwirkung Ungarns nicht durch unliebsame Kritik von „Nestbeschmutzern“ zu beeinträchtigen.

### Das historische Erbe/Geographische Lage

Auch das historische Erbe hat Einfluss auf die Kulturpolitik eines Landes und prägt die geographischen Schwerpunkte, auf die sich seine Aktivitäten konzentrieren. Ehemalige Kolonialmächte wie Großbritannien, Frankreich und Spanien haben langjährige, nicht immer positive Beziehungen zu den ehemals besetzten Gebieten – des Commonwealth, der Frankophonie oder Lateinamerikas – zurück und fühlen sich heute in besonderem Maße für sie verantwortlich. So ist Frankreich Initiator zahlreicher Bemühungen, die Anrainer des südlichen Mittelmeers, etwa durch die Union für das Mittelmeer, stärker an die Europäische Union zu binden. Spanien indes wirft seine sprachliche und kulturelle Nähe zu Lateinamerika in die Waagschale, wenn es gilt, Brücken zu den wachsenden Märkten in Lateinamerika zu bauen, und besinnt sich in den letzten Jahren auch auf seine historischen Bindungen an die jüdische und islamische Welt.

Andere EU-Länder wie Polen und Ungarn hingegen, die selbst Objekt der Territorialansprüche diverser Großmächte waren, richten viele ihrer Bemühungen auf die in der Welt verstreuten Diaspora-Gemeinden und versuchen sie mit kulturpolitischen Aktivitäten an das ‚Mutterland' zu binden. Auch wenn die geographischen Schwerpunkte nicht ein für alle mal feststehen und heute die Augen aller EU-Staaten nach China und auf weitere aufstrebende Großmächte gerichtet sind: die historischen Bindungen werden auch weiterhin die geographische Ausrichtung der jeweiligen Kulturpolitik prägen.

Weiterhin beeinflusst auch die aktuelle geographische Lage die Ausrichtung der jeweiligen Kulturpolitik: Staaten im Herzen der Europäischen Union, wie etwa Deutschland und Frankreich, pflegen andere Nachbarschaftsbeziehungen als ein Staat an der EU-Außengrenze. So kommt beispielsweise Polen der Aufgabe nach, mittels kulturpolitischer Aktivitäten die Werte der Europäischen Union nach außen zu vermitteln und den Dialog der europäischen Zivilgesellschaften mit den Gesellschaften der ehemaligen Sowjetrepubliken zu fördern.

### Zeitliche Faktoren

Auch die Frage, wie lange ein Staat bereits zum „Club" der Europäischen Union gehört, hat Einfluss auf die jeweiligen kulturpolitischen Strategien: Während Deutschland und Frankreich als Gründungsmitglieder der Europäischen Union und als Motor der europäischen Einigung es niemals nötig hatten, ihr „Europäertum" zu rechtfertigen, stehen neuere Mitglieder unter dem Druck, ihre rechtmäßige Zugehörigkeit zur europäischen Wertegemeinschaft erst einmal unter Beweis zu stellen. In den ersten Jahren ihrer Mitgliedschaft hatten ihre kulturpolitischen Aktivitäten oft weniger zum Ziel, sich an den großen kulturpolitischen Debatten zu beteiligen, als mit *Branding*-Kampagnen – großangelegte Werbestrategien für das eigene Land – nach Anerkennung unter den alteingesessenen EU-Mitgliedern zu heischen.

Doch ist in jüngerer Zeit ein erwachtes Selbstbewusstsein unter den neuen Mitgliedstaaten zu beobachten, mit dem es ihnen gelungen ist, ihre vermeintlichen Nachteile in Vorteile umzuwandeln: So ist Polen dazu angetreten, den Staaten Nordafrikas und des Nahen Ostens nach dem Arabischen Frühling 2011 bei ihrem Transformationsprozess zu helfen. Die eigenen Erfahrungen in den Jahren nach dem Zusammenbruch der Sowjetunion prädestiniere Länder wie Polen in besonderem Maße dazu, auch anderen Staaten beim Weg in die Demokratie zu helfen – ein Pfund, mit dem die „alten" EU-Länder nicht wuchern könnten.

Und auch Ungarn stellt selbstbewusst heraus, dass die Wertschätzung, die Religion in der ungarischen Außenpolitik genießt, kein Anachronismus sei, sondern angesichts von weltweiten Krisen und Konflikten, in denen auch Religion eine Rolle spielt, ein wertvolles Gut – ja sogar ein Wettbewerbsvorteil gegenüber Säkularstaaten wie Frankreich, das den interreligiösen Dialog komplett aus der Außenkulturpolitik verbannt hat.

### Verbreitung der Nationalsprache

Die Förderung und die Verbreitung der eigenen Nationalsprache gehört zu den Hauptanliegen einer jeglichen Außenkulturpolitik. Sprachkenntnisse sind der Schlüssel zu Literatur und Film und damit zu den Traditionen und Werten des jeweiligen Landes. Die gemeinsame Sprache ist das Bindeglied zu ehemals kolonialisierten Ländern oder aber zu Diaspora-Gemeinden. Sprachkenntnisse sollen auch dazu beitragen, Studierende und Forscher weltweit für das eigene Land zu gewinnen, um den einheimischen Wissenschaftsstandort zu stärken. Obgleich alle EU-Staaten das Interesse teilen, ihre Sprache zu fördern, zeigen sich jedoch gerade im Bereich der Sprachpolitik große Unterschiede: Großbritannien, im Besitz einer *lingua franca*, nach der weltweit eine steigende Nachfrage besteht, muss anders als die anderen Staaten keinen finanziellen Aufwand betreiben, um seine Sprache zu bewerben und dafür zu sorgen, dass die Lernerzahlen nicht abnehmen. Ganz im Gegenteil ist der British Council sogar dazu in der Lage, einen Großteil seiner Finanzen selbst zu erwirtschaften, was ihm einen klaren Wettbewerbsvorteil gegenüber den anderen großen EU-Ländern wie Deutschland und Frankreich, geschweige denn gegenüber den kleineren Mitgliedstaaten verschafft.

### Kulturpolitik in stetem Wandel

Bei allem Gesagten darf nicht vergessen werden, dass Kulturpolitik und internationale Kulturbeziehungen keine statischen Entitäten, sondern in stetem Wandel begriffen sind. Sie gehen mit der Zeit und passen ihre Überzeugungen, Strategien und Instrumente den Gegebenheiten immer wieder neu an. Zwar gilt die Faustregel: je stabiler eine Demokratie, je gefestigter die Werte, die sie vertritt, je eindeutiger die Interessen, die sie verfolgt, umso konstanter ist das kulturpolitische System eines Staats. Doch auch alteingesessene Demokratien wie Großbritannien und Frankreich richten ihre Kulturpolitik immer wieder neu an den jeweiligen Anforderungen aus. Umso mehr tut dies ein Land wie Ungarn, das in den letzten Jahren eine Reihe von politischen Umbrüchen erfahren hat und die innere Neuordnung mittels Kulturpolitik auch nach außen verbreiten möchte.

Diese kurzen Hinweise mögen genügen, um deutlich zu machen, dass viele Faktoren dazu beitragen, dass die jeweilige Kulturpolitik der EU-Mitgliedstaaten bei allen Gemeinsamkeiten auch jeweils ganz eigene Charakteristika aufweist. Diese Charakteristika werden im folgenden Land für Land näher erläutert.

## 2. Frankreich

### Kurzprofil

Kultur ist fundamentaler Bestandteil französischer Außenpolitik. Hauptanliegen sind die Förderung und Verbreitung der französischen Sprache und Kultur in Europa und weltweit; die Förderung von internationalem Kulturaustausch und kultureller Diversität; die Aufnahme von internationalen Kulturakteuren und Künstlern in Frankreich sowie die Stärkung von Expertise unter den Kunst- und Kulturschaffenden weltweit. Kultur- und Spracharbeit werden in Frankreich als Instrumente betrachtet, um seinen „Einfluss" in der Welt geltend zu machen und seine Position über kulturelle Kooperationen zu schärfen: „Der Einfluss Frankreichs basiert auf dem Gebrauch des Französischen in der Welt [...], auf Erziehungs- und Universitätskooperationen und der Verbreitung französischer Kulturprodukte" (Pamment 2013: 23). Der jüngste Begriff für dieses politische Aktionsfeld heißt in Frankreich seit 2011/2012 diplomatie culturelle et d'influence.[1] Der Begriff *influence* (Einfluss) darf indes nicht als ein einseitiges Einwirken auf ein Gegenüber verstanden werden, sondern erfordert „Einfühlung" in und „Solidarität" mit einem Dialogpartner und zielt damit auf Austausch, Verständigung und Einvernehmen. Frankreich betrachtet seine Kulturpolitik deshalb explizit als Gegenkonzept und Alternative zum amerikanischen „Kulturimperialismus" (a.a.O.: 15).

Ein ganz eigenes Konzept, das die Grundlage jeglichen kulturpolitischen Handelns in Frankreich bildet, besteht in der Vorstellung der *exception culturelle*, der „kulturellen Ausnahme": Sie besagt, dass Kultur keine Handelsware ist und deshalb auch nicht den Gesetzen des freien Marktes unterliegen darf. Daraus ergibt sich die Aufgabe der Politik, Kultur durch Regulierungsmaßnahmen im In- und Ausland zu schützen. Zunehmend versucht Frankreich, nicht mehr nur die eigene, sondern auch auch die gesamteuropäische Politik auf der Grundlage der „exception culturelle" zu prägen: Im Zusammenhang mit dem geplanten Freihandelsabkommen zwischen der Europäischen Union und den USA dringt Frankreich darauf, die Kultur auf gesamteuropäischer Ebene aus den Verhandlungen herauszunehmen, und versucht dabei, sich selbst als „normative Kraft" innerhalb von Globalisierungsprozessen zu behaupten (a.a.O.: 24).

Mit der arabischen Welt und insbesondere den Maghreb-Staaten Algerien, Tunesien und Marokko unterhält Frankreich aufgrund der kolonialen Vergangenheit und der zahlreichen Immigranten in Frankreich besonders enge Bindungen, die sich in den zahlreichen Kultur- und Bildungsprogrammen der Institut français und der Alliance française vor Ort widerspiegeln. Da die Kulturpolitik Frankreichs jedoch auf wechselseitigen Austausch angelegt ist und ausländische Kunst- und Kulturakteure auch über Aufenthalte in Frankreich in die französische Gesellschaft hinein wirken sollen, finden auch Aktivitäten in entsprechenden Institutionen in Frankreich selbst statt: Das Institut du Monde Arabe in Paris sowie das Musée des Civilisations de l'Europe et de la Méditerranée in Marseille sind Zeugnisse der Absicht, die Multikulturalität der eigenen Gesellschaft als Brücke für den Dialog mit der arabischen Welt und den Mittelmeeranrainern sowie als Forum für europäische Debatten zu nutzen.

Auch international möchte Frankreich seine Bindungen zur arabischen Welt fruchtbar machen und beansprucht eine Führungsposition im Dialog der Europäischen Union mit der Mittelmeerwelt – so wurde 2008 auf Initiative Frankreichs die Union für das Mittelmeer ins Leben gerufen, wenngleich Kritiker auch bedauern, dass der Kultur im Programm der Union (zunächst) keine angemessene Rolle zugedacht wurde.

Zunehmend richtet sich das Interesse Frankreichs jedoch auch auf die neuen, aufstrebenden Zentren in Asien, Japan, Indien und China sowie den Arabischen Emiraten, die als wachsender Markt für französische Kultur erkannt werden. Signifikantes Beispiel für eine Kulturkooperation mit den Emiraten, die unter anderem die Überlassung des Namensrechts für 30 Jahre und Wechselausstellungen vorsieht, ist der 2007 gegründete Louvre in Abu Dhabi, ein Ableger des berühmten Mutterhauses in Paris. Dieses Projekt soll Frankreich beinahe eine Millarde Euro einbringen[2] und zeigt eindrücklich, dass Frankreichs erklärte Absicht, Kultur nicht zur Han-

1 Rede von Minister Laurent Fabius bei der Botschafterkonferenz, 2012. CAPS, Diplomatie d'influence. Cour des Comtes, Le réseau culturel de la France à l'étranger, 2013, S. 16. Siehe auch die Seite des Außenministeriums: www.diplomatie.gouv.fr.

2 http://www.spiegel.de/reise/aktuell/paris-louvre-zeigt-kunst-aus-der-sammlung-des-louvre-abu-dhabi-a-967287.html (September 2014).

delsware werden zu lassen, und die Suche nach finanzkräftigen Partnern für die Realisierung internationaler Kulturprojekte nicht immer als Widerspruch empfunden werden.

### Akteure

Das französische Außenministerium (Ministère des Affaires étrangères et européennes) beaufsichtigt das zweitgrößte diplomatische Netz weltweit, das insgesamt 132 kulturelle Einrichtungen sowie 160 Botschaften und 88 Generalkonsulate umfasst, von denen zahlreiche ebenfalls Kulturveranstaltungen organisieren oder Sprachunterricht anbieten. Auch das Kulturministerium sowie die ihm unterstellten Institutionen nehmen außenkulturpolitische Aufgaben wahr.

Wichtigster Akteur ist das Institut français, das staatliche Kulturinstitut zur Förderung der französischen Sprache und Kultur weltweit, das dem Außenministerium untersteht. 2011 hat es eine neue und einheitliche Organisationsform erhalten. Die rund 100 Institute haben den Auftrag, die französische Kultur international zu fördern, den französischen Film und die Literatur zu verbreiten und eine flächendeckende Lehre des Französischen zu gewährleisten. Zudem soll das Institut français auch internationale kulturelle Aktivitäten in Frankreich fördern, etwa durch die Organisation von Veranstaltungsreihen und Festivals.

Im Jahr 1883 wurde die Alliance française mit dem Auftrag gegründet, die französische Sprache zu fördern und zu verbreiten. Dazu stehen ihr rund 850 Niederlassungen weltweit zur Verfügung. In Ländern ohne Institut français organisiert sie auch Kulturveranstaltungen. Im Gegensatz zum Institut français handelt es sich bei der Alliance française um einen unabhängigen, nach dem jeweiligen Landesrecht gegründeten Verein, der mehr Freiheiten gegenüber der Regierung in der Gestaltung seiner Programme genießt.

In Ländern ohne Institut français oder Alliance française wird die Kultur- und Spracharbeit von den Botschaften und ihren Kulturbeauftragten übernommen. Insgesamt existieren 160 Kulturabteilungen in den französischen Botschaften weltweit.

Für das französische Auslandsschulwesen und die auswärtige Bildungspolitik ist die Agence pour l'enseignement français à l'étranger zuständig. Von den 481 Schulen befindet sich beinahe die Hälfte in Afrika.

Campus France hat den Auftrag, international für das französische Wissenschaftsmodell und den Wissenschaftsstandort Frankreich zu werben, internationale Wissenschaftskooperationen zu initiieren und die Mobilität von Studierenden, Lehrenden und Forschern zu fördern. Neben den 135 Campus France-Büros existieren weitere 198 Campus France-Anlaufstellen, die oft im Büro der Instituts français oder der Botschaften untergebracht sind.

Von Bedeutung sind weiterhin die 27 französischen Forschungsinstitute mit ihren Niederlassungen etwa in Kairo, Hongkong, Mexico City, Rabat, Moskau und Berlin.

Frankreich verfügt außerdem über eine Reihe von französischen Universitäten, die ebenfalls den Auftrag haben, für das Französche, das französische Bildungssystem und den Wissenschaftsstandort zu werben. Dazu gehören die Senghor Universität in Alexandria, Ägypten; die Galatasaray Universität in Istanbul, Türkei; die Französische Universität in Kairo, Ägypten; die Paris-Sorbonne-Universität in Abu Dhabi.

Im Auftrag des Außenministeriums sowie des Kulturministeriums gehen noch weitere Institutionen in Frankreich außenkulturpolitischen Aktivitäten nach:

- das Bureau international de l'Edition Française (Literatur)
- das Bureauexport (Musik)
- das Office National de Diffusion Artistique (Theater)
- das Centre National du Cinéma et de l'image animée (Film)

Im audiovisuellen Sektor ist das Medienunternehmen *France Médias Monde* international aktiv. Es handelt sich um den Zusammenschluss von den drei Auslandssendern France 24 (mit Programmen auf Englisch, Französisch und Arabisch), Radio France International und Monte Carlo Doualiya (mit einem arabischen Programm). Das Gesamtbudget für audiovisuelle Aktiviten ist jedoch von 213 Millionen Euro im Jahr 2010 auf 150 Millionen im Jahr 2012 gesunken (Pamment 2013: 19). Vor allem Radio France Internationale habe in den letzten Jahren „im Vergleich zu seinen Konkurrenten an Boden verloren" (a.a.O.: 19).

Eine Reihe von weiteren Institutionen mit Sitz in Frankreich sind ebenfalls der Auswärtigen Kulturpolitik und den internationalen Kulturbeziehungen verpflichtet:

- Das Institut du Monde Arabe in Paris will Franzosen und Europäern eine bessere Kenntnis der Arabischen Welt vermitteln und den kulturellen und wissenschaftlichen Austausch zwischen Frankreich bzw. Europa und den arabischen Partnerländern fördern.
- Die Maison des Cultures du Monde in Paris hat den Auftrag, kulturelle Ausdrucksformen des weltweiten „immateriellen Kulturerbes", darunter Tanz und Musik, sichtbar zu machen, zu tradieren und zu bewahren.
- Seit 2013 tritt das Musée des Civilisations de l'Europe et de la Méditerranée in Marseille dazu an, die Begegnung und den Austausch im Mittelmeeraum zu fördern – und die bereits für tot erklärte Union für das Mittelmeer unter kulturellen Vorzeichen wiederzubeleben.

Weiterhin sind auch die großen Museen und andere Kulturinstitutionen international engagiert, darunter der Louvre, das Schloss von Versailles, das Musée Guimet, das Centre Georges Pompidou, die allerdings nicht dem Außen-, sondern dem Kulturministerium unterstehen.

Die kulturpolitischen Aktivitäten im In- und Ausland werden von einer Reihe von Strategien im Internet und im Bereich der Neuen Medien begleitet. Im Rahmen der *diplomatie numérique*, der „digitalen Diplomatie", werden außenpolitische Belange auch auf Facebook, Youtube, Dilymotion, Flickr, Foursquare und Google+ verhandelt. Rund 100 Botschaften sind dazu angehalten, die Ziele der französischen Auswärtigen Kulturpolitik in den sozialen Medien besser zu vermitteln (a.a.O.: 21).

### Finanzen

Ein Bericht des Senats stellte 2013 fest, dass das Gesamtbudget für Frankreichs außenkulturpolitische Aktivitäten zwischen 2007 und 2013 um ein Viertel gekürzt worden sei.[3] Das Gesamtbudget für diplomatie culturelle et d' influence betrug im Jahr 2013 insgesamt 1,3 Milliarden Euro. (Cour des Comptes 2013: 27). Das Institut français erhielt im selben Jahr insgesamt rund 44 Millionen Euro, wobei 1,25 Millionen vom Kulturministerium, der Rest vom Außenministerium stammten (Cour des Comptes 2013: 44).

3 Duvernois, Louis: Report for Senate on external cultural action, avis n. 152 (2012–2013), 2013.

## 3. Großbritannien

### Kurzprofil

Großbritannien ist der „Superstar“ unter den EU-Staaten im Bereich der Auswärtigen Kulturpolitik. Sein Besitz einer *lingua franca*, seine Präsenz in mehr als 100 Ländern weltweit, die Professionalität des British Council mit seinen effizienten Methoden der Planung, Kontrolle und Evualuation von Programmen und Initiativen werden von den anderen Staaten bewundert und sogar beneidet (Maaß 2013: 14).

Das Spektrum der Anliegen der britischen Auswärtigen Kulturpolitik reicht von „Vertrauensbildung“ und „Partnerschaft“ am einen bis hin zur „Profitsteigerung“ am anderen Ende der Skala. Ziele sind die Förderung und weltweite Verbreitung von Großbritanniens „Kreativindustrien“; der Export von „skills“ – Kompetenzen und Fähigkeiten – in Form von Trainingsprogrammen und Schulungen für Institutionen und Kulturakteure; die Steigerung des Profits, der aus Sprachangeboten und dem Vertrieb von nationalen Kulturerzeugnissen gewonnen wird; die internationale Vernetzung der britischen Kulturakteure und Kulturschaffenden; die Steigerung der Attraktivität Großbritanniens für Touristen und Investoren sowie das Wiederherstellen des Vertrauens der muslimischen Welt in Großbritannien, das nach seiner Beteiligung am Irakkrieg 2003 stark zurückgegangen war.

Beobachter merken indes an, dass der Akzent in den letzten Jahren zunehmend auf Strategien gelegt wurde, in denen es um Werbung und Selbstdarstellung sowie um enge Kooperation mit der Privatwirtschaft ging, während Partnerschaft, Dialog und Austausch gleichzeitig stärker in den Hintergrund getreten seien (Pamment 2013: 16). Da infolge der europäischen Finanzkrise der eigene Schutz ins Zentrum von Großbritanniens Interesse gerückt seien, werde auch die Auswärtige Kulturpolitik beinahe nur noch unter ökonomischen Aspekten betrachtet (a.a.O.: 28).

Entsprechend prägen Begriffe wie Soft Power, Public Diplomacy, Cultural Diplomacy und *Cultural Cooperation* die politische Terminologie, nur selten ist von Cultural Exchange die Rede. Anders als Frankreich, das sich als „normative Kraft“ innerhalb der weltweiten Prozesse zu behaupten sucht, betrachte Großbritannien die „Globalisierung als Gelegenheit, Gewinne zu machen durch strategische Kulturkommunikation“ (a.a.O.: 29).

Signifikantes Beispiel dafür ist die *Nation-Branding*-Kampagne „GREAT Britain“ von 2012: Glamouröse Großereignisse wie die königliche Hochzeit 2011 und das diamantene Thronjubiläum der Königin 2012 sowie Sportevents der Superlative wie die Olympischen und Paralympischen Spiele in London 2012 erregten globale Aufmerksamkeit und wurden geschickt benutzt, um Großbritannien als attraktives, zukunftsträchtiges, kreatives und innovatives Land mit dem Ziel zu lancieren, seiner Wirtschaft und dem Tourismus längerfristig Nutzen zu bringen. Im Fokus der Kampagne standen elf Bereiche, in denen Großbritannien besondere Stärken aufweist: Technologie, Innovation, Business, Kreativität, Wissenschaft, Umwelt, Tradition, Sport, Shopping, Musik und Natur. Das britische Auslandskulturinstitut, der British Council, kooperierte im Rahmen der GREAT-Kampagne mit der britischen Wirtschaftsförderung UK Trade & Investment und der Tourismusagentur Visit Britain, um Erfahrungen und Kenntnisse in Marketing und Öffentlichkeitsarbeit zu bündeln.

Das Beispiel verdient deshalb Aufmerksamkeit, weil es illustriert, dass Kultur und Wirtschaft in Großbritannien, anders als es vor allem in Deutschland und Frankreich manchmal der Fall zu sein scheint, nicht als Widerspruch empfunden werden, sondern dass Kultur ganz selbstverständlich als Glied in der Wertschöpfungskette betrachtet wird. Entsprechend kooperiert auch die britische Kulturpolitik stärker und ohne Berührungsängste mit der Außenwirtschafts- und Außenhandelspolitik, als es in manch anderen EU-Staaten der Fall ist.

Die Kompatibilität von Kultur und Wirtschaft wird auch im häufig gebrauchten Begriff der *Creative Industries*, der Kreativindustrien deutlich, wenn von Film, Musik, Design usw. die Rede ist. Bereits der Begriff suggeriert ein „merkantiles“ Verständnis von Kultur, impliziert er doch, dass die Werke der Kunst- und Kulturschaffenden nicht anders als andere Industrieprodukte auch serienmäßig für den Markt gefertigt sind. Weil der Export von britischer Kultur zum einen nicht unerheblich zum Bruttoinlandsprodukt beiträgt und Großbritannien zum anderen gleichzeitig ein positives Image verleiht, spielen die Kreativindustrien sowohl im Wachstumsplan der Regierung als auch im Rahmen seiner Außenpolitik eine große Rolle. Politische Statements der letzten Jahre machen deutlich, dass die Kreativindustrien sogar als Schlüssel für den Erfolg der britischen Soft Power verstanden werden. So ließ Kulturstaatsministerin Maria Miller im Januar 2014 verlauten: „The reputation of UK culture equips us with a level of influence to which other countries can only aspire”.[4] Auch in anderen EU-Staaten ist mittlerweile eine Debatte um die Kreativindustrien und ihre Bedeutung sowohl für die Wirtschaft als auch für die Auswärtige Kulturpolitik in Gang gekommen, Großbritannien nimmt hier jedoch eine Vorreiterrolle ein.

Der geographische Radius der Länder, in denen Großbritannien kulturpolitisch aktiv ist, spiegelt ebenfalls zunehmend ein ökonomisches Interesse: Neben den Staaten des Commonwealth ist Großbritannien in den letzten Jahren auch in Indonesien, der Türkei, Nigeria sowie dem Nahen Osten bzw. den Golfstaaten aktiv – in Staaten, die gerade einen wirtschaftlichen Aufschwung erleben oder bereits wirtschaftsstark sind. Signifikantes Beispiel für eine Kooperation mit einem finanzkräftigen Partner ist das Projekt *Exploring the Past: Inspiring the Future*. Es entstand in Kooperation zwischen der Britischen Nationalbibliothek und der Qatar Foundation und erhebt den Anspruch, eines der weltweit führenden Digitalisierungsprojekte zu sein. Geplant ist, mit Hilfe der britischen Expertise über eine halbe Million Dokumente, die die Geschichte und Kultur der Golfstaaten illustrieren, online zugänglich zu machen.[5]

## Akteure

Die Außenkulturpolitik wird vom Außenministerium, dem Foreign and Commonwealth Office, sowie von öffentlichen Kulturorganisationen betrieben, die dem Außenministerium nahe stehen. Das Außenministerium ist verantwortlich für das Netz der 268 britischen Botschaften und Konsulate in 170 Ländern weltweit. Es unterstützt auch den British Council finanziell – im europäischen Vergleich allerdings in geringem Maße. Aufgrund der dezentralen Struktur Großbritanniens verfügen auch England, Schottland, Wales und Nordirland über jeweils eigene Art Councils, die ebenfalls im Bereich der internationalen Kulturkooperation engangiert sind – und dabei häufig eng mit dem British Council kooperieren.

4 Department of Culture, Media & Sport, press release 22 January 2014.
5 www.bl.uk (September 2014).

### British Council

Der wichtigste Akteur ist der British Council, das nationale Auslandskulturinstitut, mit seinen Niederlassungen in mehr als 100 Ländern.

Es handelt sich dabei um eine gemeinnützige Einrichtung, die formal unabhängig ist, jedoch eng mit der Regierung zusammenarbeitet – „at arm's lenght", „auf Armeslänge", so dass zwar eine Abstimmung mit der Regierung über grundsätzliche Strategien besteht, die konkrete Ausgestaltung jedoch dem British Council überlassen ist. Der British Council verfolgt das Ziel, „internationale Chancen zu eröffnen für Menschen aus dem Vereinigten Königreich sowie anderen Ländern und Vertrauen zwischen ihnen herzustellen."[6] Seine Arbeit konzentriert sich auf drei große Themen: die englische Sprache; Bildung und Gesellschaft; Kultur und Künste, darunter insbesondere die Kreativindustrien. Besonders wichtig ist die Lehre des Englischen, die nicht nur als Türöffner in andere Nationen und Kulturen gilt, sondern auch dem Selbsterhalt dient: Da der British Council weniger als 20 Prozent seines Budgets vom Außenministerium erhält, muss er den großen Rest selbst erwirtschaften, wobei der Sprachunterricht die wichtigste Einnahmequelle darstellt. Von großem Vorteil dabei ist, dass weltweit eine große Nachfrage nach Englisch besteht – ein klarer Wettbewerbsvorteil gegenüber Ländern wie Deutschland und Frankeich, die einen hohen Aufwand betreiben müssen, um zu verhindern, dass die Zahlen der Deutsch- und Französischlerner weltweit noch weiter sinken, und um sicherzustellen, dass Deutsch und Französisch in den internationalen Organisationen nach wie vor zu den offiziellen Sprachen gehören.

Im Blick auf Künste und Kultur hat der British Council ein Kreativindustrie-Programm ins Leben gerufen, das britische Kulturschaffende und Unternehmen international vernetzen und anderen Ländern dabei helfen soll, eine entsprechende Infrastruktur aufzubauen; in letzter Zeit konzentrierten sich die Bemühungen auf den Nahen Osten und Nordafrika.

Ein weiterer wichtiger Akteur ist der BBC World Service, der größte Auslandssender weltweit. Die finanzielle Unterstützung vom britischen Außenministerium wurde in den letzten Jahren stark gekürzt, so dass im Jahr 2011 rund 450 Stellen gestrichen und 5 Sprachangebote eingestellt werden mussten. Ab 2014 soll der BBC das Budget des BBC World Service über seine Rundfunkgebühren weitgehend selbst aufbringen (Pamment 2013: 19).

Die Regierung unterstützt auch eine Reihe von weiteren Organisationen und Institutionen in ihren kulturpolitischen Aktivitäten:

- UK Trade and Investment ist eine von der Regierung eingerichtete Abteilung, die britischen Unternehmen dabei helfen sollen, international Fuß zu fassen. Für die Förderung und Verbreitung der Kreativindustrien – der Musik- und Filmindustrie sowie der Erzeugnisse im Bereich der neuen Technologien – ist das Department für Kultur, Medien und Sport innerhalb dieser Organisation zuständig
- für den Film gibt es die British Film Commission und das British Film Institut.[7]

6 British Council Annual Report 2011/12, London, S. 7.

7 British Film Institute (2012), *Film Forever. Supporting UK Film, BFI Plan 2012–2017*, London. http://www.bfi.org.uk/sites/bfi.org.uk/files/downloads/bfi-film-forever-2012-17.pdf (September 2014).

- um Kunst und Kultur im internationalen Austausch kümmern sich u.a. auch Visiting Arts, der Arts Council England, Creative Scotland, Wales Arts International und der Arts Council of Northern Ireland.[8]

### Finanzen

Infolge der europäischen Finanzkrise hat die britische Regierung die Finanzen für ihre außenkulturpolitischen Akteure stark gekürzt. Dies hat jedoch nicht zwingend zur Folge, dass auch weniger Gelder für internationale Aktivitäten aufgewendet würden. Jedoch müssen die Institutionen und Organisationen nun einen Großteil ihrer Haushaltsmittel selbst erwirtschaften.

Im Haushaltsjahr 2014/15 erhält der British Council rund 81 Millionen Euro weniger als noch im Jahr 2014, was bedeutet, dass nur noch 16 Prozent seines Budgets vom Staat stammen, während es im Haushaltsjahr 2011/2012 immerhin noch 24 Prozent waren.

Nichtsdestotrotz plant der British Council, seine Ausgaben zu erhöhen: Waren es 2009/10 rund 820 Millionen Euro, will er im Jahr 2014/15 mehr als 1,2 Milliarden Euro für seine Aktivitäten und Programme aufwenden. Dadurch, dass er verstärkt die Märkte bedient, in denen bereits eine große Nachfrage nach britischen Kulturprodukten besteht, und zusätzlich versucht, neue Märkte – vor allem in Indonesien, Nigeria, Russland und der Türkei – zu erschließen, sollen die Kürzungen ausgeglichen werden.

Auch der BBC muss aufgrund von Kürzungen künftig jährlich rund 870 Millionen von seinem Gesamtbudget von vier Milliarden Euro einsparen. Seit April 2014 ist der BBC außerdem für die Finanzierung des BBC World Service zuständig. Infolgedessen hat der BBC World Service bereits seine Programme für die Länder des Balkans, der Karibik und der lusophonen Länder Afrikas eingestellt, um dadurch rund 53 Millionen Euro einzusparen. Weitere Streichungen von Programmen werden erwartet.

## 4. Spanien

### Kurzprofil

Spanien gehört nicht gerade zu den Pionieren unter den EU-Staaten, was die Auswärtige Kulturpolitik angeht (Badillo 2014: 1). So wurde sein Auslandskulturinstitut, das Instituto Cervantes, erst 1991 gegründet. Dadurch konnte es von den Erfahrungen der „Alteingesessenen" lernen: So waren die internationalen Kulturaktivitiäten von Anfang an auf Dialog und Partnerschaft angelegt. Dass der Kultur heute ein immenser Stellenwert beigemessen und die *acción cultural exterior* wie die *diplomacía cultural* als zentrale Elemente der spanischen Außenpolitik betrachtet werden, zeigen zum einen die lebhaften Debatten rund um die künftige Ausrichtung der spanischen Auswärtigen Kulturpolitik (etwa Molina 2014, Badillo 2014: 24) und zum anderen die zahlreichen Initiativen, Programme und Institutionen, die in den letzten Jahren – vor allem seit 2005 – ins Leben gerufen wurden und die allesamt mit internationalen Kulturaktivitäten beauftragt sind.

8 http://www.visitingarts.org.uk/home/; http://www.artscouncil.org.uk/advice-and-guidance/browse-advice-and-guidance/great-art-and-culture-everyone; http://www.creativescotland.org.uk/about/our-plans (alle geprüft: September 2014).

Folgende Leitlinien bestimmen die spanische acción cultural exterior:

- die Förderung und Verbreitung der spanischen Sprache und Kultur
- die kulturellen Aspekte im Zusammenhang von Wirtschaftsförderung und Entwicklung
- das internationale Bekanntmachen des Kulturerbes sowie der zeitgenössischen Kultur (Badillo 2014: 7).

Seit 2008 gehören auch die Kulturindustrien zu den Prioritäten der Außenkulturpolitik Spaniens. Ein weiteres Anliegen ist die Werbung für die „Marca Espana", bei der der Kultur im *Kultur-Strategie-Plan 2012–2015* des Kulturstaatssekretariats eine Schlüsselrolle zuerkannt wird: Die lebendige, zeitgenössische Kultur Spaniens, das reiche Kulturerbe und seine attraktive Sprache sollten noch besser genutzt werden, um den Tourismus anzukurbeln und Spanien als Wirtschaftsstandort international attraktiver zu machen.[9]

Der geographische Schwerpunkt der kulturpolitischen Aktionen liegt auf den spanischsprachigen Ländern Lateinamerikas, zu denen historisch enge Verbindungen bestehen, zunehmend aber auch auf der Region Asien-Pazifik. Erst in den letzten zehn Jahren wurden auch die historisch weit zurückreichenden Verbindungen Spaniens zur jüdischen und islamischen Welt „wiederentdeckt" und kulturpolitisch fruchtbar gemacht. Während noch zu Beginn der Jahre nach 2000 spanische Intellektuelle wie etwa der Schriftsteller Juan Goytisolo bitter beklagten, dass das hispanoarabische und sephardische Erbe von Seiten der Politik vernachlässigt werde und beinahe komplett aus dem kollektiven spanischen Bewusstsein verdrängt sei, fand in den letzten Jahren ein Paradigmenwechsel statt: Zahlreiche Initiativen zur Erforschung von Judentum und Islam und der Förderung des Austauschs mit Israel und der arabischen Welt zeugen zum einen von einer Umwertung und Positivierung der eigenen Geschichte sowie zum zweiten von dem Willen Spaniens, sich innerhalb Europas als Experte und Mediator im Dialog zwischen Europa, Israel und den arabisch-islamischen Ländern zu positionieren. Ihren Niederschlag findet dieser Willen in den sogenannten „Casas", in Spanien angesiedelten Institutionen, die den Austausch Spaniens beziehungsweise der Europäischen Union mit bestimmten Regionen fördern sollen. Im Anspruch der „Casas", den europäischen Dialog mit der arabischen Welt und den Mittelmeeranrainern zu fördern, macht Spanien Frankreich Konkurrenz, das mit dem Institut du Monde Arabe in Paris oder dem Museum der Zivilisationen Europas und des Mittelmeerraums in Marseille einen ähnlichen Ansatz verfolgt. Anders als die entsprechenden Kultureinrichtungen in Frankreich dienen die spanischen „Casas" jedoch nicht nur dem Kulturdialog, sondern sollen explizit auch Wirtschafts- und Handelskooperationen fördern.

Trotz der regen Debatten und der zahlreichen, von der Politik wie dem Privatsektor geförderten Initiativen: Spanien hatte besonders stark unter der europäischen Finanzkrise zu leiden, und besonders der Kultursektor war in den letzten Jahren drastischen Einsparungen ausgesetzt, was auch die acción cultural exterior zu spüren bekam.

### Akteure

In den letzten Jahren wurden die Zuständigkeiten für Auswärtige Kulturpolitik immer wieder neu verhandelt. Hauptverantwortlicher ist zurzeit das spanische Außenministerium, wobei eine Reihe von Institutionen und Akteure auch dem Kulturministerium unterstehen. Bei Bildungskooperationen ist auch das Ministerum für Bildung und Wissenschaft beteiligt.

9 http://www.cultura.gob.es/principal/docs/novedades/2012/PlanEstrategicoGeneral2012-2015.pdf (September 2014).

Dem Außenministerium ist der wichtigste Akteur, das formal unabhängige Cervantes Institut, zugeordnet, das aus einem Netz von zwei Niederlassungen in Spanien sowie 76 Auslandsdependancen in 43 Ländern besteht. Seine wichtigsten Aufgaben sind die Lehre und Verbreitung des Spanischen sowie der spanischen und lateinamerikanischen Kultur. Zu seinen Angeboten gehört auch das Centro Virtual Cervantes, eine Online-Plattform, die ebenfalls über spanische Kultur und Sprache informiert. Dass der Verbreitung des Spanischen innerhalb der Auswärtigen Kulturpolitik die größte Bedeutung beigemessen wird, zeigt sich etwa darin, dass das Cervantes Institut den größten Teil des Budgets erhält, den die Regierung für außenkulturpolitische Aktivitäten bereitstellt.

Nichtsdestotrotz zollt das Außenministerium auch innerpolitischen Konflikten Rechnung, wie sie immer mit den autonomen Gemeinschaften Katalonien und dem Baskenland entstehen, die neben dem Spanischen auch ihre eigenen Sprachen fördern und verbreiten wollen. Deshalb erhalten auch die „regionalen" Auslandskulturinstitute – zumindest symbolische – Unterstützung von der spanischen Regierung. Das Instituto Ramon Llull hat den Auftrag, die katalanische Sprache und Kultur weltweit zu verbreiten. Dazu werden Lektoren in zahlreiche Länder entsandt und finanziert, die an den Universitäten Sprachunterricht und Kurse in Landeskunde anbieten. Entsprechend soll das baskische Institut Etxepare die baskische Kultur und Sprache verbreiten und den Kontakt zu baskischen Minderheiten, etwa in Galizien sowie in den Grenzregionen Frankreichs und Portugals, fördern.

Zwei weitere zentrale Akteure, die auswärtige Kulturpolitik im Auftrag des Außenministeriums betreiben, sind:

- Die Agencia Española de Cooperación para el Desarollo, die spanische Agentur für Internationale Zusammenarbeit und Entwicklung, fördert Kultur- und Wissenschaftsaustausch in enger Zusammenarbeit mit den spanischen Botschaften und Konsulaten. Die Agentur verfügt über 33 sogenannte technische Kooperationsbüros, zwölf Kulturzentren und vier Bildungs- und Trainingszentren, die vor allem in Lateinamerika angesiedelt sind. Allerdings wurde ihr Etat in vier Jahren von 18 auf 3 Millionen Euro gekürzt, so dass auch Außenstellen geschlossen werden mussten.
- Die Acción Cultural Española wurde 2010 durch den Zusammenschluss dreier Vorgängerinstitutionen gegründet. Die Institution hat den Auftrag, spanische Kultur international bekannt zu machen, Kooperationsprojekte zwischen Künstlern oder Wissenschaftlern weltweit zu initiieren, die Mobilität von Künstlern zu fördern und die einheimischen Kulturindustrien international zu vernetzen.[10]

Für die Förderung und Verbreitung spanischer Musik, Tanz- und Theaterproduktionen auf internationaler Ebene ist das Instituto Nacional de las Artes Escénicas y de la Música, zuständig. Das Instituto de la Cinematografía y de las Artes Audiovisuales verbreitet den spanischen Film. Das Prado-Museum und das Reina Sofia Museum engagieren sich für internationale Kulturerbe- und Kunstprojekte. Die Librería Nacional, die spanische Nationalbibliothek, soll die spanische Literatur im Ausland bekannter machen, Übersetzungen und Digitalisierung von Dokumenten fördern und die Teilnahme Spaniens im Rahmen internationaler Buchmessen sicherstellen.

10 http://www.accioncultural.es/es/presentacion_ACE#sthash.wVm74DKI.dpuf (September 2014).

Weitere spezialisierte Einrichtungen der spanischen auswärtigen Kulturpolitik sind das Instituto Europeo del Mediterráneo, die Fundacion Euroárabe, die Casa de América, die Casa Asia, die Casa de Africa, die Casa Sefarad-Israel, die Casa Árabe und die Casa Mediterráneo.

### Finanzen

Das Budget für Auswärtige Kulturaktivitäten wird vom Außen- und Kulturministerium zugeteilt. Im Jahr 2014 stellte das Außenministerium 87,4 Prozent der insgesamt 114,6 Millionen Euro, das Kulturministerium die restlichen 12,6 Prozent zur Verfügung (Badillo 2014: 36).

Insgesamt sind die Gelder in den letzten Jahren drastisch zurückgegangen. So musste das Institut Cervantes Kürzungen von beinahe 50 Prozent hinnehmen – eine Einbuße von 90 Millionen Euro für das Jahr 2009 und 50 im Jahr 2014 (a.a.O.: 29).

## 5. Polen

### Kurzprofil

Kulturpolitik steht in Polen erst seit 1997 auf der politischen Agenda, und das Adam-Mickiewicz-Institut, das sich der Förderung und Verbreitung der polnischen Kultur im Ausland widmet, existiert erst seit 2000.

War das wichtigste Ziel der ersten internationalen Kulturaktivitäten nach dem EU-Beitritt im Jahr 2004 noch, „Vertrauen" bei den europäischen Nachbarn zu gewinnen, ist die Außenkulturpolitik Polens mittlerweile durch ein neues Selbstbewusstsein geprägt. Nicht erst seit der polnischen EU-Ratspräsidentschaft 2011 zeigt sich, dass sich Polen mittlerweile aktiv in den internationalen Debatten engagiert und eigene Akzente in der EU-Politik setzt. Wichtiges Ziel ist dabei, die Sichtbarkeit der osteuropäischen EU-Staaten zu erhöhen und ihre Position in der Europäischen Union zu stärken. In diesem Sinne tritt es für eine *Foreign Politics of Memory* ein, die helfen soll, die verschiedenen historischen Narrative West- und Osteuropas in ein gemeinsames europäisches Narrativ zusammenzuführen (Ociepka 2013: 42; 50).

Um nicht nur den Dialog zwischen den östlichen und westlichen Mitgliedstaaten, sondern auch zwischen der Europäischen Union mit ihren östlichen Nachbarn zu intensivieren, hatte sich Polen bereits 2008 dafür eingesetzt, die „Östliche Partnerschaft" im Rahmen der Europäischen Nachbarschaftspolitik ins Leben zu rufen, ein Projekt, das zum ersten Mal das Ziel verfolgte, „die EU nach Osten blicken zu lassen." Eine der Plattformen der multilateralen Zusammenarbeit ist dabei dem interkulturellen Dialog und der kulturellen Zusammenarbeit zwischen der Europäischen Union und den ehemaligen Sowjetstaaten Ukraine, Moldawien, Aserbaidschan, Armenien, Georgien und Weißrussland gewidmet (Ociepka 2013: 46). Polen kommt in diesem Verbund eine Schlüsselrolle zu, ist es doch aufgrund seiner eigenen Grenzen zu Russland, Weißrussland und der Ukraine besonders dazu prädestiniert, europäische Werte zu vermitteln und den Kontakt zu Zivilgesellschaften außerhalb der Europäischen Union zu fördern und zu pflegen.

Ein weiteres Anliegen der polnischen Außenkulturpolitik ist es, für eine Anbindung der polnischen Diaspora an das Mutterland zu sorgen, die sich vornehmlich in den USA, Großbritannien, Frankreich sowie auch in Israel niedergelassen hat.

Doch auch in anderen Regionen der Welt ist Polen mittlerweile kulturpolitisch aktiv: Nach dem Arabischen Frühling 2011 etwa ist es angetreten, Tunesien und Ägypten von seinen eigenen Erfahrungen mit Transformationsprozessen profitieren zu lassen und die Länder auf ihrem Weg hin zur Demokratie zu unterstützen. Allerdings war hier in erster Linie die polnische Zivilgesellschaft aktiv: Weil sie das mangelnde Engagement der polnischen Regierung in der Entwicklungszusammenarbeit kritisierten, haben sich polnische Nichtregierungsorganisationen zusammen getan, um Kulturprogramme mit den arabischen Ländern ins Leben zu rufen (a.a.O.: 46).

Insgesamt treten Nichtregierungsorganisationen in Polen in den letzten Jahren verstärkt auf den Plan und werden Schlüsselakteure im Bereich der internationalen Kulturbeziehungen, während die Zahl der zwischenstaatlichen Aktivitäten abnimmt.[11] Die Nichtregierungsorganisationen haben ein größeres Interesse daran, mit ausländischen Institutionen als mit den eigenen öffentlichen Einrichtungen zusammen zu arbeiten (a.a.O.: 45).

### Akteure

Das Ministerium für Kultur und Kulturerbe sowie das Außenministerium sind zuständig für die polnische auswärtige Kulturpolitik, wobei in geringerem Maße auch das Erziehungs- und das Wirtschaftsministerium beteiligt sind. Innerhalb des Kulturministeriums ist die Abteilung für Internationale Beziehungen verantwortlich für die Koordination der internationalen Zusammenarbeit im Kulturbereich sowie für die Kooperation mit polnischen Organisationen im Ausland.

Für die Programme zur Förderung der polnischen Kultur im Ausland und zur Förderung der internationalen Kultur-Zusammenarbeit sind vor allem zwei Institutionen zuständig: das Adam Mickiewicz-Institut in Warschau und das Internationale Kulturzentrum in Krakau.

Das Adam Mickiewicz Institut wurde im Jahr 2000 vom Kulturministerium in Absprache mit dem Außenministerium gegründet. Es handelt sich dabei um eine Regierungsinstitution mit der Aufgabe, die polnische Kultur im Ausland in Übereinstimmung mit den Richtlinien der polnischen Außenpolitik zu verbreiten, den internationalen kulturellen Austausch zu fördern und Polen zum „Umschlagplatz" des weltweiten Zirkulierens von Ideen, Werten und Kulturprodukten zu machen. Außerdem soll es dazu beitragen, die polnische „Marke" zu stärken.[12] Weiterhin hat es die Aufgabe, die Arbeit der polnischen Kulturinstitute unter anderem in Deutschland, Frankreich, Bulgarien, Schweden, Israel, Russland und den USA zu koordinieren.

Das Institut betreut auch ein Online-Portal, das Informationen zu Polnisch und zu Polens Kunst und Kultur bietet.[13]

Das Internationale Kulturzentrum Krakau wurde 1991 mit dem Ziel gegründet, die interkulturelle Kommunikation weltweit zu fördern und dazu beizutragen, ein geeintes Europa jenseits von politischen, ideologischen und religiösen Gräben hinweg zu errichten. Bisherige Projekte behandelten Themen wie Europäische Zivilgesellschaft; nationale Stereotypen und Identitäten; kollektives Gedächtnis; multikulturelles Mitteleuropa; Nation und Globalisierung; Kulturerbe;

11 Council of Europe/ERICarts 2012; Chapter 3.4, http://www.culturalpolicies.net/web/index.php (September 2014), speziell Polen: http://www.culturalpolicies.net/web/poland.php?aid=341 (September 2014).

12 http://iam.pl/en/about-us#mission-goals-activity (September 2014).

13 http://www.culture.pl (September 2014).

Kultur und Entwicklung. Das Zentrum versteht sich als Forschungsinstitut und Begegnungsstätte für den Dialog.[14]

2006 rief das Kulturministerium außerdem das Programm *Polish Culture Abroad* ins Leben, das Institutionen und Organisationen finanzielle Unterstützung für Projekte gewährt, die polnische Kultur im Ausland verbreiten.

Die Regierung hat außerdem eine Reihe von weiteren Institutionen mit außenkulturpolitischen Aufgaben betraut:

Das Buch-Institut Wersja Polska ist für die Förderung und weltweite Verbreitung der polnischen Literatur zuständig.

Das Polnische Filminstitut, das jüngste nationale Filminstitut in Europa, unterstützt die Verbreitung des polnischen Films und fördert internationale Koproduktionen.

Die Polnische Agentur für Information und Auslandsinvestitionen AG (Polska Agencja Informacji i Inwestycji Zagranicznych S.A.) ist unter anderem zuständig für die „Marke Polen" – ein „positiven Erscheinungsbild" des Landes in wirtschaftlicher, politischer und kultureller Hinsicht.

Neben seinen eigenen Aktivitäten ist Polen auch im Verbund kulturpolitisch aktiv – etwa im Rahmen der eingangs erwähnten Europäischen Nachbarschaftspolitik, oder aber in regionalen Zusammenschlüssen wie des Visegrad-Verbunds und der Ars Baltica.

Zur 2004 gegründete Visegrad Gruppe gehören neben Polen auch die Tschechische Republik, die Slowakische Republik und Ungarn. Ihre Aktivitäten zielen darauf, multilaterale Kooperationen zwischen ihren Mitgliedern anzuregen, um die Stabilität in Osteuropa zu festigen und die europäische Integration voranzutreiben. Dafür unterstützen sie Projekte im Kulturbereich, Jugendaustausch, in Bildung, Wissenschaft und Tourismus.

Der Zusammenschluss Ars Baltica wurde 1989 zwischen Dänemark, Estland, Deutschland, Finnland, Lettland, Litauen, Norwegen, Polen, Russland und Schweden mit der Absicht gegründet, gemeinsame Kunst- und Kulturprojekte in der baltischen Region zu fördern. Anliegen von Ars Baltica ist es, das Bewusstsein für eine gemeinsame kulturelle Identität des Baltikums zu stärken und Projekte von „gesamteuropäischer" Bedeutung zu fördern.

Im Wissenschaftsbereich ist Polen gemeinsam mit Bulgarien, Österreich, Kroatien, der Tschechische Republik, Österreich, der Slowakischen Republik, Slowenien, Rumänien, Ungarn und der Ukraine Mitglied des *Central European Exchange Programme for University Studies*. Im Rahmen des Programms unterstützt das polnische Kulturministerium den internationalen Studierendenaustausch.

### Finanzen

Es stehen keine Quellen über das Gesamtvolumen der staatlichen Ausgaben für Auswärtige Kulturpolitik zur Verfügung. 2013 stellte das Außenministerium rund 13 Millionen Euro. Das Budget für das Adam Mickiewicz-Institut betrug 8-9 Millionen Euro.

14 http://www.mck.krakow.pl (September 2014).

## 6. Ungarn

### Kurzprofil

In den letzten Jahren besteht „Kulturpolitik in Ungarn vor allem darin, im Ausland für Ungarn zu werben“, so der Ungarn-Experte Peter Inkey.[15]

Dies war nicht immer der Fall. Die ersten großen außenpolitischen Aktivitäten in Deutschland, Frankreich, Italien, den Niederlanden, Großbritannien und Russland nach Ungarns Beitritt in die Europäische Union im Jahr 2004 wurden von Beobachtern als erfolgreiche Initiativen betrachtet, um dem vorherrschenden „Pusta-Paprika-Klischee“ das Bild eines modernen, differenzierten, komplexen und kreativen Ungarns mit einer reichen Kulturszene entgegenzusetzen.[16] Gleichzeitig wurden Anstrengungen unternommen, Strategien des Managements, des Netzwerkens und des zivilgesellschaftlichen Dialogs ins Zentrum kulturpolitischer Strategien zu stellen (Földes 2013: 20).

Auswärtige Kulturpolitik war weiterhin ein wichtiges Instrument für den konstruktiven Dialog mit Nachbarstaaten, in denen sich große ungarische Diaspora-Gemeinden befinden: Von den fünf Millionen Ungarn, die infolge der Grenzziehungen nach dem Ersten Weltkrieg nicht mehr auf ungarischem Terrain leben, befinden sich die meisten in den Nachbarländern Rumänien, der Slowakei und in Serbien; Minderheiten leben aber auch in Österreich und in Kroatien. Ungarn betont seine Verantwortung gerade gegenüber den Diasporagemeinden in Ländern, die nicht zur EU gehören (a.a.O.: 20), aber auch gegenüber Gemeinden in Staaten, mit denen politische Differenzen bestehen. Gerade angesichts von politischen Konflikten etwa zwischen Ungarn und der Slowakischen Republik, die sich um Fragen des Status von Minderheiten und von Sprachpolitik drehten, waren Kulturinitiativen und die Präsenz von Kulturinstituten wichtig, um den Austausch zwischen den Zivilgesellschaften zu fördern und zu pflegen (Balogh 2010: 3).

Seit dem Machtantritt der rechtskonservativen Fidesz-Partei im Jahr 2010 hat sich die Situation grundlegend geändert: Namhafte nationale Institutionen wie die Ungarische Kunstakademie mussten sich dem neuen nationalistischen Diskurs unterordnen und wurden gewissermaßen „gleichgeschaltet“: So gab der neue Präsident der Akademie nach Amtsantritt an, dass nur Akademiemitglied sein könne, wer eine nationale Gesinnung habe, Ungarn mit seiner Sprache und auch seinen Fehlern liebe und nicht vom Ausland aus den Ruf des Landes schädige.[17] Es erfolgte eine Neudefinition des Kanons nationaler Kultur und Literatur, die von der Regierung als prädestinierte Medien betrachtet werden, um im In- und Ausland ein „konservatives Kulturverständnis“ zu verbreiten.[18] In den westlichen EU-Staaten sorgte vor allem das 2010 verabschiedete Mediengesetz für Aufruhr, das als „Schlag gegen die Pressefreiheit“ empfunden wurde, weil es der Medienbehörde die Kontrolle über Fernseh- und Rundfunksender – darunter den Auslandssender Duna – sowie über Zeitungen und Internetportale erlaubt (Ociepka 2013: 47). Besonders prekär war, dass das Gesetz im Jahr 2011 in Kraft trat, als Ungarn gerade die EU-Ratspräsidentschaft innehatte, was von Seiten der Europäischen Union für heftige Kritik sorgte. Trotz dieser Proteste hat die Fidesz-Partei 2014 erneut die Parlamentswahlen ge-

15 Council of Europe/ERICarts 2012; Chapter 3.4, http://www.culturalpolicies.net/web/index.php (September 2014), speziell Ungarn: http://www.culturalpolicies.net/web/hungary.php (Septmber 2014).

16 Adam Balogh: Hungary and cultural diplomacy, http://www.culturaldiplomacy.org/pdf/case-studies/hungary-and-cd.pdf (September 2014).

17 http://derstandard.at/1358305232581/Namhafte-Austritte-aus-Ungarischer-Kunstakademie (September 2014).

18 Council of Europe/ERICarts 2012, http://www.culturalpolicies.net/web/hungary.php (September 2014).

wonnen, so dass eine Neuorientierung der Kulturpolitik nach innen und nach außen in absehbarer Zeit nicht zu erwarten ist.

Obwohl es kein offizielles Dokument oder ein Strategiepapier gibt, das speziell der Auswärigen Kulturpolitik der Fidesz-Regierung gewidmet wäre, (Földes 2013: 24), wird deutlich, dass der Kultur eine wichtige Rolle in der ungarischen Außenpolitik eingeräumt wird. So sollen kulturelle Aktivitäten dazu beitragen, die Bindungen zwischen Ungarn und seinen Diasporagemeinden, aber auch den Gastländern, in denen sie sich niedergelassen haben, zu stärken. Geplant sind weiterhin die Vertiefung der internationalen Wissenschaftsbeziehungen sowie eines weitreichenden interreligiösen Dialogs – zwischen den christlichen Kirchen, zwischen Christen und Juden sowie zwischen Christen und Muslimen. Schließlich sieht es Ungarn auch als seine Aufgabe an, Transformationsprozesse zu unterstützen und die Demokratie in den Nachbarländern mittels Bildungs- und Kulturprogrammen voranzutreiben.[19]

Spezifischer zu den Zielen der ungarischen Auswärtigen Kulturpolitik äußerte sich Mónika Balatoni, Staatssekretärin für Kulturdiplomatie, in einem Interview Anfang 2014: Auswärtige Kulturpolitik sei für die ungarische Regierung von zentraler strategischer Bedeutung, da Kultur als „politisches und wirtschaftliches Kapital“ erkannt wurde. Deshalb plane die Regierung, neue Zweigstellen des Balassi-Instituts zu eröffnen und neue kulturelle Märkte zu erschließen – insbesondere in der Republik Korea, England, Polen und China. Ungarn müsse seine „Stärken“ besser zeigen, und Cultural Diplomacy sei dafür das beste Mittel, da sie helfe, „die Wirtschaft zu unterstützen, Investitionen anzureizen und die Wettbewerbsfähigkeit des Landes zu steigern.“[20]

### Akteure

Wie in anderen Ländern auch, so fällt die Auswärtige Kulturpolitik in Ungarn in den Zuständigkeitsbereich mehrerer Ministerien: des Außenministeriums, des Kulturministeriums (Ministry of Human Resources) sowie des Ministeriums für öffentliche Verwaltung und Justiz, dem auch das Balassi-Institut untersteht (Földes 2013: 16).

Wichtigster Akteur im Bereich „Kulturdiplomatie“ ist das Bálint Balassi-Institut, das für die internationale Zusammenarbeit in den Bereichen Kultur, Erziehung und Bildung zuständig ist. Seine Aufgaben sind es, ein positives Bild von Ungarn zu vermitteln, um sein Prestige zu steigern, sowie die ungarische Kultur im In- und Ausland zu fördern – dazu gehört auch das Bekanntmachen der Kultur der Diasporagemeinden in Ungarn sowie der Kulturaustausch mit den Ungarn an den Grenzregionen.[21]

Das Balassi-Institut koordiniert auch die Aktivitäten der 22 ungarischen Kulturinstitute in 20 Ländern. Die Aufgabe der Institute ist es, Ungarns Kulturerbe wie seine Gegenwartskultur zu fördern und zu verbreiten, die ungarische Sprache zu vermitteln sowie internationale Kooperationsprojekte zu initiieren. Im Unterschied zu anderen Ländern haben die Institute keinen einheitlichen Namen und kommen teilweise auch unterschiedlichen Aufgaben nach. In Wien, Berlin, Paris, Rom und Moskau etwa fungieren die Kulturinstitute als Collegium Hungaricum, die über die genannten Aufgaben hinaus mit internationaler Forschung und Wissenschaft betraut

19 http://www.mfa.gov.hu/kulkepviselet/NL/en/en_Magyarorszag_a_vilagban/hungary_world2.htm?printable=true (September 2014).
20 http://hungarytoday.hu/cikk/monika-balatoni-interview-144/ (September 2014).
21 http://www.balassiintezet.hu/en/balassi-institute-hq/#.VCKOskgoUy4 (September 2014).

sind. Gemeinsam ist, dass die Kulturinstitute ihre Aktivitäten „gemäß den Zielen der ungarischen Außenpolitik“ gestalten (Földes 2013: 17).

Weiterhin nehmen auch die Botschaften mit ihren Kulturattachés kulturelle Aufgaben in Ländern wahr, in denen es kein Kulturinstitut bzw. Collegium Hungaricum gibt. Dies ist bislang etwa in Peking, in Tel Aviv, Belgrad und Zagreb sowie in Madrid und Abu Dhabi der Fall.

Dem Bildungsministerium untersteht das Netz der mit dem Balassi-Institut verbundenen ungarischen Lektoren und Gastprofessuren, die in den Instituten bzw. an den Lehrstühlen für ungarische Sprache, Hungarologie oder Finnougristik weltweit tätig sind.

Eine Reihe von unabhängigen Kulturinstitutionen außerhalb Ungarns hat sich zu einem Netzwerk zusammengeschlossen und ein Abkommen mit dem Balassi-Institut geschlossen, wodurch sie ebenfalls staatliche Zuwendung erhalten. Dazu gehören das Ungarische Zentrum für Erziehung und Kultur in Kroatien, das ungarische Minderheiten-Kulturzentrum in Slowenien, das Cnesa Erziehungs- und Kulturinstitut in Serbien sowie der ungarische Jugendclub in Vietnam.

Weiterhin gehen die folgenden nationalen Kulturinstitutionen innerhalb Ungarns kulturpolitischen Aufgaben nach:

Die Magyar Filmunió ist die internationale Abteilung innerhalb des Ungarischen nationalen Film Fonds, die den ungarischen Film weltweit fördern soll.

Das Budapest Musikzentrum ist für die Förderung und Verbreitung vornehmlich zeitgenössischer Musik und Musikproduktionen zuständig.

Das nationale Petőfi Literaturmuseum unterstützt gemeinsam mit der Ungarischen Übersetzerstiftung Übersetzungen aus dem Ungarischen.

Das nationale Kunst- und Ausstellungszentrum Műcsarnok präsentiert ungarische Kunst bei großen internationalen Events, wie etwa der Biennale in Venedig.

Wie Polen, so ist auch Ungarn multilateral kulturpolitisch aktiv.

Auf EU-Ebene ist es ebenfalls aktiv in der „Östlichen Partnerschaft“, es ist Teil des Visegrad-Verbunds und Partner im Rahmen von Ars Baltica.

Im Rahmen der EU-Donauraum-Strategie ist das Collegium Hungaricum in Wien Koordinator für die Kulturaktivitäten.

### Finanzen

Zahlen stehen nicht zur Verfügung, doch bringen Mitarbeiter des Balassi-Instituts zum Ausdruck, dass ihr Budget infolge drastischer Sparmaßnahmen im Vergleich zu den Auslandskulturinstituten anderer Länder geradezu „lächerlich“ gering sei, an große Projekte sei deshalb nicht zu denken, es ginge zur Zeit nur um das „bloße Überleben“ (Földes 2013: 27).

# 6.3 Neues Nachdenken – Die Auswärtige Kulturpolitik Japans

*Yoko Kawamura*

Wer in den internationalen Kulturbeziehungen tätig ist, weiß, dass die Menschen in jeder Kultur ganz eigene Vorstellungen besitzen, nach denen sie ihr Leben ausrichten. Das gilt auch für die Auswärtige Kulturpolitik. In Japan etwa gibt es einen Sektor der Politik, der mit der deutschen Auswärtigen Kulturpolitik vergleichbar ist; er wird in der Regel aber nicht mit dem Begriff Auswärtige Kulturpolitik (taigai bunka seisaku) bezeichnet, sondern schon seit langem „internationaler Kulturaustausch“ (kokusai bunka koryu) genannt. Um die Jahrhundertwende hat sich die Terminologie verändert, sowohl auf der Regierungs- als auch auf der lokalen Ebene; diese Veränderung bedeutet auch eine Verlagerung der Haltung in Japans internationalen Kulturbeziehungen. Eine kritische Analyse des Konzepts des kokusai bunka koryu kann die Besonderheiten der japanischen Auswärtigen Kulturpolitik aufzeigen, ihre historische Entwicklung dokumentieren und die Fragen, mit denen sie sich heute auseinanderzusetzen hat, verdeutlichen.

## 1. Kokusai bunka koryu – ein japanisches Konzept für die Auswärtige Kulturpolitik

Der japanische Ausdruck für das Konzept des internationalen Kulturaustauschs (kokusai bunka koryu) setzt sich aus drei Bestandteilen zusammen: Kultur (bunka), international (kokusai) und Austausch (koryu). Jeder von ihnen steht für Merkmale, die in der Auswärtigen Kulturpolitik Japans maßgebend sind.

### Kultur (bunka)

Zwei Aspekte spielen im japanischen Kulturkonzept eine Rolle: ein europäisch-westlicher und ein asiatischer. Als Japan sich in der zweiten Hälfte des 19. Jahrhunderts gegenüber der übrigen Welt öffnete, wurden unterschiedliche Konzepte – darunter das der „Kultur“ – importiert, um Regierung, Gesellschaft und Wissenschaft zu modernisieren. Zu dieser Zeit wurden bereits bestehende japanische und klassische chinesische Begriffe auf die neuen westlichen Konzepte abgestimmt. Die Übersetzung für „Kultur“ etwa, bunka, ist ein Ausdruck, der ursprünglich in der chinesischen Literatur verwendet wurde und „Regieren mit Tugend“, also ohne Zwang oder militärische Stärke, bedeutete. Das traditionelle Konzept von bunka hat daher von sich aus eine gewisse Nähe zu Joseph S. Nyes *Soft Power* (nach dessen Definition die „Fähigkeit, die anderen für die eigenen Ziele zu gewinnen“).[1] Auch in das Konzept von bunka sind europäische/westliche Elemente eingeflossen. Der deutsche Einfluss zeigt sich in der Betonung der Hochkultur (Bildung) und in dem apolitischen Charakter von bunka. In Japan wurde gelegentlich kritisiert, dass die Politik des „internationalen Kulturaustauschs“ weite Teile der Gesellschaft ausblende, dass sie sich nur mit begrenzten Themen wie Kunst und kulturellem Erbe beschäftige und bei der Regierung in der Regel einen niedrigen Stellenwert einnehme. Besonders diejenigen, die während der zweiten Hälfte des 20. Jahrhunderts in Basis- oder „Graswurzel“-Aktivitäten eingebunden waren und sich eine Öffnung der japanischen Gesellschaft gegenüber

1 “Getting the other people to want what we want” (Nye 2002: 9).

unterschiedlichen Kulturen wünschten, glaubten, dass Programme für den Austausch sich eher auf praktische Themen wie Bildung, Umwelt, Entwicklung, Frieden etc. konzentrieren sollten und dass der Begriff „Kultur" dafür nicht treffend sei. Demzufolge wurde seit den achtziger Jahren der Begriff „internationaler Austausch" (kokusai koryu, ohne bunka dazwischen) oft anstelle von „internationaler Kulturaustausch" benutzt. Die Japan Foundation, die 1972 als Hauptorganisation der Auswärtigen Kulturpolitik gegründet wurde, heißt auf Japanisch Kokusai Koryu Kikin und nicht Kokusai Bunka Koryu Kikin.

Ungefähr seit der zweiten Hälfte der 1990er Jahre erlebt die Kultur in Japans auswärtigen Beziehungen ein Revival. Auf der Regierungsebene nutzt das japanische Außenministerium nun den Begriff *Public Diplomacy* (koho bunka gaiko) oder Kulturdiplomatie (bunka gaiko), um sich auf seine Kulturpolitik zu beziehen. Auf der lokalen und „Graswurzel"-Ebene ist das „multikulturelle Zusammenleben" (tabunka kyosei: das Präfix „ta" bedeutet „multi") ein bevorzugter Terminus für viele Offizielle und Aktivisten. Diese neuen Begrifflichkeiten setzten sich durch unter dem starken Einfluss der Entwicklungen in westlichen, insbesondere angelsächsischen Ländern. Koho bunka gaiko ist ein Import der britischen Public Diplomacy unter der Blair-Regierung; bunka bezieht sich hier auf die sogenannten kulturellen Ressourcen wie traditionelle Künste und Handwerk, Speisen, Mode, Popkultur, der Geist von Harmonie und Gastfreundschaft etc. Tabunka kyosei wiederum ist eine japanische Version des Multi- und Interkulturalismus, wie er in Europa und Nordamerika praktiziert wird. Hier wird bunka in einem umfassenden, anthropologischen Sinn gebraucht. Diese Nutzung des Begriffs basiert auf dem Ideal, dass verschiedene Kulturen, das heißt, verschiedene einzigartige menschliche Gruppen, so stark wie möglich respektiert werden sollten.

## International (kokusai)

In Japan besitzt das Wort kokusai einen besonderen Wert. Insbesondere seit dem Ende des Zweiten Weltkriegs wuchs das Bewusstsein für die Problematik, dass Japan ein isoliertes Inselland sei und dass es für Japan unerlässlich sei, „international" zu werden, d.h. sich gegenüber dem Rest der Welt zu öffnen. Genau genommen bedeutete das Wort „Internationalisierung" (kokusaika) nicht nur, hinauszugehen und die japanische Kultur in andere Länder zu bringen, sondern auch, die Struktur der japanischen Gesellschaft selbst zu reformieren, damit sie Ausländern gegenüber zugänglicher wird. „International" stand hier häufig synonym für „westlich" und „Ausländer" für (weiße) „Westler". Diese Tendenz wiederum wurde von einigen Intellektuellen und Bürgeraktivisten als voreingenommen oder kolonialistisch kritisiert. Im Allgemeinen wird der Begriff „international" jedoch als Bezeichnung für etwas Positives gesehen, und „internationale" Politik gilt in jeder Hinsicht als etwas Erstrebenswertes, das Unterstützung verdient. In diesem Zusammenhang wird Auswärtige Kulturpolitik in Japan kokusai (bunka) koryu und nicht taigai bunka seisaku („Außenkulturpolitik") genannt. Wie im nächsten Abschnitt genauer dargestellt wird, gestaltete sich die Politik des internationalen Kulturaustauschs nach dem Krieg in Gestalt einer „Verwestlichung" der japanischen Gesellschaft und erst dann in Gestalt einer Verbreitung der japanischen Sprache und Kultur. Seit den achtziger Jahren gewann die Überzeugung an Einfluss, dass eine solch einseitige Vorgehensweise nicht ausreichen würde, dass stattdessen die japanische Gesellschaft im vollen Sinne des Wortes internationalisiert werden müsste; also seien die innenpolitischen Institutionen so zu reformieren, dass sie dem globalen Standard entsprächen und die Kooperation mit Menschen aus der nichtwestlichen Welt, insbesondere aus den asiatischen Nachbarländern, gefördert werde.

Kokusai bunka koryu kann nicht nur vom Außenministerium, sondern auch von anderen Ministerien, die eigentlich für Innenpolitik zuständig sind, ausgeführt werden, da die Auswärtige Kulturpolitik nicht auf die auswärtigen Beziehungen beschränkt ist. Wie später ausgeführt wird, ist die Gesetzgebung im internationalen Kulturaustausch auf eine ganze Reihe von Ministerien verteilt. Damit eine kohärente Politikgestaltung stattfinden kann, müssen die unterschiedlichen Regierungsapparate daher koordiniert werden.

### Austausch (koryu)

Eine der Besonderheiten der japanischen Sprache besteht darin, dass sie viele „höfliche“ Ausdrücke bereithält, deren Bedeutung sich geringfügig von der ursprünglichen Bedeutung der Wörter unterscheidet. Austausch (koryu) ist ein solcher indirekter Ausdruck. Ursprünglich steht das japanische Wort koryu für einen wechselseitigen Fluss von Dingen, vergleichbar mit dem Wechselstrom in der Elektrizität. Nach dieser ursprünglichen Bedeutung sollte koryu bunka koryu die Form eines Gebens und Nehmens, eines Wechselstroms zwischen Partnern annehmen (in der deutschen Terminologie: Zweibahnstraße). „Austausch“ hingegen weist lediglich auf eine gewisse Friedfertigkeit und auf Wohlwollen hin. Wie im nächsten Abschnitt behandelt wird, beschränkte sich der internationale Kulturaustausch Japans zumeist auf einseitig ausgerichtete Aktivitäten, ohne dass es zu einem echten Geben und Nehmen gekommen wäre. Entweder konzentrieren sich die Menschen darauf, die westliche Kultur nach Japan zu importieren, oder darauf, die japanische Sprache und Kultur in der übrigen Welt zu verbreiten (hasshin).

Zusammenfassend kann man sagen, dass das japanische Politikfeld des internationalen Kulturaustauschs ursprünglich eine umfassendere Kategorie darstellt als die europäische Auswärtige Kulturpolitik, dass die beiden Begriffe in der Praxis aber seit langem beinahe synonym verwendet werden. Auf zwei Aspekte sollte man achten, die einzigartig für Japan sind. Erstens ist der internationale Kulturaustausch in seinem ursprünglichen Sinn eine Interaktion von beiden Seiten. Die Praxis des internationalen Kulturaustauschs kann elitär und einseitig sein – und ist es tatsächlich auch gewesen. Seit Beginn des 21. Jahrhunderts verbannte die Regierung den Begriff koryu zunehmend aus ihrer offiziellen Terminologie. Auf der anderen Seite ist das Ideal, gegenseitige Beziehungen mit anderen aufzubauen, die auf der Ebenbürtigkeit aller Kulturen beruhen, immer noch lebendig, insbesondere unter „Graswurzel“-Aktivisten und in der Öffentlichkeit.

Zweitens ist es in der heutigen globalisierten Welt immer notwendiger, dass Programme des internationalen Kulturaustauschs die innere Transformation der japanischen Gesellschaft und die Beziehung mit nichtwestlichen Ländern fördern, insbesondere mit den asiatischen Nachbarn. In der Politik der Zentralregierung hat die Globalisierung auch neoliberales Denken mit sich gebracht, um Kultur strategisch im nationalen Interesse zu nutzen. Wenn wir das Land jedoch als Ganzes betrachten, nähert sich Japans Praxis des internationalen Kulturaustauschs immer mehr der ursprünglichen Bedeutung dieses Wortes an.

## 2. Die Entwicklung der Politik des kokusai bunka koryu nach dem Krieg

Die Entwicklung der Politik des internationalen Kulturaustauschs in Japan seit dem Ende des Zweiten Weltkriegs war die Geschichte eines sich wandelnden Verhältnisses zu zwei „Hauptpartnern“: zum Westen (insbesondere zu den USA) und zu Asien. Sie ist natürlich nicht zuletzt eine Geschichte der bürokratischen Politik; „Budget“, „Idee“ und „Initiative“ sind drei Hauptelemente, die Wendepunkte der Politik definieren. Eine wichtige Voraussetzung für die Politikgestaltung aber bildete die parallele Entwicklung privater Initiativen für den internationalen Austausch: Aktivitäten von Intellektuellen, gemeinnützigen Akteuren, lokalen Regierungen und Bürgergruppen. Berücksichtigt man diese Faktoren, lässt sich die Entwicklung der Politik in der zweiten Hälfte des 20. Jahrhunderts in die folgenden drei Phasen einteilen[2]:

### 3. Von 1945 bis Ende der sechziger Jahre: der Wiederaufbau nach dem Krieg als Aufbau einer fortschrittlichen „westlichen“ Gesellschaft

Nach dem Ende des Zweiten Weltkrieges definierten die japanischen Regierungschefs den Aufbau eines Kulturstaates (bunka kokka) als nationales Ziel. In Wirklichkeit hatte jedoch der Aufbau einer fortschrittlichen Wirtschaft Priorität; kulturelle Beziehungen mit anderen Ländern wurden hauptsächlich gefördert, um freundschaftliche Wirtschaftsbeziehungen zu stärken und um in der internationalen (insbesondere der westlichen) Gemeinschaft Anerkennung zu erlangen. Eine Mitgliedschaft in der UNESCO besaß im Hinblick darauf einen symbolischen Wert. Die größte Bedeutung für den Wiederaufbau nach dem Krieg hatten allerdings die kulturellen Bande mit den USA. Der „Austausch“ mit den USA gestaltete sich in der Praxis als einseitige Beziehung, in der sich der amerikanische Einfluss auf alle Bereiche der japanischen Gesellschaft erstreckte. Während des Kalten Krieges förderten die USA auf strategisch wichtigen Gebieten aktiv die Entstehung von Netzwerken von Intellektuellen; dies geschah manchmal in Form von offizieller Regierungspolitik wie bei Fulbright-Stipendien, zuweilen aber auch in Gestalt eines informellen Austauschs, der von amerikanischen Intellektuellen und gemeinnützigen Organisationen betrieben wurde. Die bedeutendsten privaten japanischen Organisationen für Kulturaustausch wurden über solche informellen Austauschaktivitäten gegründet. Im Unterschied zur Bundesrepublik Deutschland, die kulturelle Beziehungen mit ihren westeuropäischen Nachbarn nicht nur aufnehmen konnte, sondern auch musste, war Japan nicht unbedingt gezwungen, unter seinen asiatischen Nachbarn Austauschpartner zu gewinnen. In den fünfziger Jahren begann die offizielle Aufnahme von Studenten aus anderen asiatischen Ländern als Bestandteil einer Entschädigung. Das Programm wurde jedoch vom Bildungsministerium organisiert und nicht als diplomatische Priorität betrachtet. Die aktive Förderung der japanischen Kultur, insbesondere der japanischen Sprache, war in Asien ein Tabu, weil sie bei den Menschen Erinnerungen an die koloniale Herrschaft und an den Krieg wachrief. Eine Folge davon war, dass für Japan zu dieser Zeit die Vereinigten Staaten zum wichtigsten Seniorpartner in Sachen Kulturaustausch wurden. Das galt auch für den Austausch auf lokaler Ebene; die erste Städtepartnerschaft wurde 1955 zwischen Nagasaki und Saint Paul, Minnesota, geschlossen, und während der gesamten sechziger Jahre waren amerikanische Städte die beliebtesten Partnerstädte.[3]

2 Für detailliertere Informationen vgl. Aoki-Okabe/Kawamura/Makita (2010) sowie frühere Versionen dieses Kapitels in der ersten und zweiten Auflage.

3 Im Mai 2014 gibt es 1.600 Städte-Partnerschaften zwischen japanischen und ausländischen Verwaltungseinheiten. Die USA sind mit 441 Partnerschaften der bevorzugte Partner, gefolgt von China (354) und die Republik Korea (154). Eine Liste von Städtepartnerschaften finden sich auf der japanischen Webseite des Rats der Kommunalen Behörden für Internationale Beziehungen: http://www.clair.or.jp/cgi-bin/simai/e/02.cgi.

### 4. Die siebziger Jahre: Neupositionierung Japans in der Welt

Die frühen siebziger Jahre markieren einen Wendepunkt in der Geschichte der Auswärtigen Kulturpolitik Japans. Zum einen machte der Umschwung in der diplomatischen Strategie der US-Regierung in Asien japanischen Bürokraten und Politikern die Notwendigkeit bewusst, für mehr Ausgewogenheit im Verhältnis zu den USA zu sorgen und eine Austauschpraxis im wahren Sinne des Wortes einzuführen. In diesem Zusammenhang wurde 1972 die Japan Foundation, eine bedeutende halbstaatliche Organisation für Auswärtige Kulturpolitik, als „besondere juristische Einheit"[4] gegründet, die der Aufsicht des Ministry of Foreign Affairs unterstand. Zum anderen hatte sich mit der raschen Zunahme von Japans wirtschaftlichem Einfluss in Südostasien Feindseligkeit in der Region ausgebreitet, die zuweilen ganz unverhohlen artikuliert wurde, etwa bei Protestdemonstrationen gegen den Besuch des japanischen Premierministers. In den siebziger Jahren genossen daher auch die kulturellen Beziehungen mit den ASEAN-Staaten[5] Priorität. 1974 startete das Programm *Ship for Southeast Asian Youth*[6], und 1978 wurde der ASEAN Cultural Fund zur Förderung des Austauschs zwischen den Mitgliedsländern gegründet. Zu jener Zeit wurde Kulturaustausch zum strategischen Brennpunkt der japanischen Außenpolitik. Die Initiative zur Gründung der Japan Foundation kam vom damaligen Außenminister Takeo Fukuda, der später Premierminister wurde und sich mit dem Schlagwort „von Herz zu Herz" stark für eine Intensivierung der Beziehungen zu den ASEAN-Ländern engagierte. Die späteren Aktivitäten fanden die Unterstützung einiger Diplomaten, die nach dem Ende des Vietnamkriegs den japanischen Einfluss in Südostasien vergrößern wollten.

In verwaltungstechnischer Hinsicht entstand durch die Vielzahl von Programmen, die nun in rasanter Folge ins Leben gerufen wurden, ein Wettbewerb zwischen den japanischen Ministerien, da die Gesetzgebung für den internationalen Austausch nicht auf das Außenministerium beschränkt war und auch andere Ministerien wie das Bildungsministerium oder das Kabinettsbüro daran teilhaben konnten. Dieser Wettbewerb sorgte bei der Gestaltung der Politik für den internationalen Austausch häufig für Verwirrung, wie sie etwa in Überschneidungen zwischen den Programmen, in der Rivalität zwischen zuständigen Akteuren oder dem Einfluss der Regierung auf Entscheidungen innerhalb der Japan Foundation sichtbar wurde.

### 5. Die Jahre seit 2000: Der Schlüsselbegriff „kokusaika" – internationaler Austausch als Mode?

In den achtziger Jahren des 20. Jahrhunderts entstand durch den wachsenden Einfluss der japanischen Wirtschaft neuer Bedarf an kulturellem Austausch. Die japanische Sprache gewann in der internationalen Wirtschaftskommunikation an Bedeutung. Die Förderung der japanischen Sprache im Ausland wurde neben japanischer Kunst und Japanstudien zu einer der Hauptaktivitäten der Japan Foundation.

Der Pflege von Japans Image im Ausland wurde für die Verminderung von Reibungsverlusten im Handel eine wichtige Rolle beigemessen; außerdem hatte die Verbreitung von Informationen über das Japan von heute einen hohen Stellenwert. Gleichzeitig wurde die „Internationalisierung Japans" (kokusaika) in allen Teilen der Gesellschaft vorangetrieben. Im Diskurs jener

4 Eine besondere juristische Einheit (tokushu hojin) ist eine halbstaatliche Organisation, die zu einem ganz bestimmten Zweck gegründet wird. Sie wird unter das Patronat von einem oder zwei Ministerien gestellt, durch Zuschüsse von der Regierung finanziert, und seine Angestellten genießen quasi Beamten-Status.
5 ASEAN ist der Verband Südostasiatischer Nationen (Association of Southeast Asian Nations).
6 Jugendliche aus ASEAN-Ländern und japanische Jugendliche leben für ungefähr 60 Tage zusammen an Bord des Schiffes und besuchen alle ASEAN-Länder und Japan. Später wurden ähnliche Programme für Japan-China, Japan-Republik Korea und den allgemeinen internationalen Jugendaustausch eingerichtet.

Zeit wurde der Begriff vage als die Notwendigkeit verstanden, eine größere Zahl von Ausländern (insbesondere Europäer) nach Japan zu bringen und bei der japanischen Bevölkerung die Fähigkeit zur interkulturellen Kommunikation (hauptsächlich die Beherrschung der englischen Sprache) zu fördern. In der Folge dieses Slogans wurden in verschiedenen Ministerien, besonders auf dem Gebiet der Bildung und der lokalen Verwaltung, zahlreiche internationale Programme in Sachen Kulturaustausch ins Leben gerufen.[7]

In den späten achtziger Jahren führte das Zusammenfallen dramatischer Veränderungen in den internationalen Beziehungen mit einem beispiellosen Wachstum der japanischen Wirtschaft dazu, dass sich die japanische Außenpolitik erneut auf den internationalen Kulturaustausch konzentrierte. Premierminister Noburo Takeshita legte 1988 seine *Konzeption für internationale Zusammenarbeit* vor und beauftragte 1989 eine Expertengruppe mit der umfassenden Planung der Politik des internationalen Kulturaustauschs, die einen „Aktionsplan für den internationalen Kulturaustausch“ entwarf. In einem Fünfjahresplan für die gesamte Regierungspolitik zum internationalen Kulturaustausch wurden vier Ziele formuliert: Förderung des Friedens, Japans Beitrag zur Weltkultur, Umgang mit dem wachsenden Interesse im Ausland an Japan und Internationalisierung der japanischen Gesellschaft.

Diese umfassende Initiative führte zeitweise zu einem größeren Budget für den internationalen Kulturaustausch, und es wurden sogar neue Austauschprogramme eingerichtet, zum Beispiel durch das Japan Foundation Center for Global Partnership[8]. Die Initiative führte jedoch nicht zu einer kohärenten Politik mit festen Grundsätzen, denn der Aktionsplan basierte auf dem bestehenden diffusen Verwaltungssystem und konnte die Ministerien nicht zur Koordinierung untereinander anhalten. Mit dem Ende der *Bubble Economy* und dem Schrumpfen des Staatshaushalts in der zweiten Hälfte der neunziger Jahre litten die Programme für den internationalen Kulturaustausch unter chronischen Finanzierungsschwierigkeiten. Die Krise wirkte sich besonders schwer auf die Aktivitäten des Außenministeriums und der Japan Foundation aus, während die Notwendigkeit zur „Internationalisierung der japanischen Gesellschaft“ noch größer wurde und den Ministerien für Innenpolitik einen Grund dafür lieferte, an ihren Programmen festzuhalten. Während die japanische Wirtschaftsmacht abnahm, wuchs das Bedürfnis nach einem stärkeren Nationalstolz. Die Agentur für Kulturangelegenheiten unter dem Bildungsministerium wurde in diesem Zusammenhang und auch aufgrund der Neuorganisation der Zentralregierung zunehmend aktiv in der Förderung des internationalen Kulturaustauschs. Außerdem war man in wachsendem Maße um eine Wiederbelebung der japanischen Kulturindustrie wie der Unterhaltungsmedien und des Tourismus bemüht; daher waren wirtschaftsrelevante Ministerien an der Unterstützung neuer Formen des internationalen Austauschs interessiert.

Während die Regierungspolitik in diesen beiden Jahrzehnten Höhen und Tiefen erlebt hat, haben sich private Initiativen im internationalen Kulturaustausch sowohl qualitativ als auch

7 Verglichen mit der Bundesrepublik Deutschland ist die Politik in Japan nur in sehr geringem Maße dezentralisiert. Der größte Teil der Einnahmen der lokalen Körperschaften stammt von der Zentralregierung, und das Innenministerium überwacht die lokale Verwaltung, einschließlich der internationalen Politik der lokalen Körperschaften. Unter der Schirmherrschaft der Zentralregierung wurde 1988 der „Rat der Kommunalen Behörden für Internationale Beziehungen“ gegründet, eine halbstaatliche Organisation zur Förderung der Internationalisierung der Gemeindeverwaltungen.

8 Das Center wurde 1991 innerhalb der Japan Foundation gegründet zur Förderung der amerikanisch-japanischen Zusammenarbeit zur Erfüllung der gemeinsamen globalen Verantwortung und des Dialogs zwischen den Bürgern beider Länder. Es gab ein Beratungskomitee mit japanischen und amerikanischen Experten und eine spezielle Sektion für Bürgeraustausch.

quantitativ weiterentwickelt. Seit den achtziger Jahren ist die Zahl der „Graswurzel"-Organisationen im Austausch gestiegen, und im ganzen Land ist ein Netzwerk gewachsen, das aus Organisationen dieser Art und interessierten Einzelpersonen besteht. In solchen Netzwerken gibt es mehrere Arten von Verknüpfungspunkten, etwa informelle Foren, private Dachorganisationen und halböffentliche Vermittlungsstellen wie lokale internationale Austauschverbände[9]. Die Inhalte der Aktivitäten in privaten „Austausch"-Programmen variieren erheblich, von der Verbreitung traditioneller japanischer Kultur über die Unterstützung ausländischer Einwohner bis hin zur Entwicklungshilfe. Die Regierungen auf nationaler und auf lokaler Ebene berücksichtigen diese privaten Initiativen und koordinieren ihre Politik gelegentlich mit diesen privaten Initiativen.

In Bezug auf mögliche Austauschpartner haben asiatische Nachbarländer, besonders China und die Republik Korea, im Laufe dieser zwei Jahrzehnte mehr und mehr Einfluss gewonnen[10]. Zum Beispiel hat die Japan Foundation eine Abteilung eingerichtet, welche sich mit dem Austausch innerhalb der Asiatischen Region befasst. Im Jahr 1989 wurde das ASEAN Culture Center eröffnet, das man 1996 reorganisierte und erweiterte und das nun als „Asia Center" firmiert. Nicht nur aus wirtschaftlichen und politischen Erwägungen war es notwendig, Partnerschaften mit China und Japan aufzubauen – sondern auch im Sinne vieler Chinesen und Koreaner, die während der Kolonialzeit nach Japan gekommen waren und seither dauerhaft in Japan leben. Für kürzlich stattgefundene groß angelegte Veranstaltungen wie den 30. Jahrestag der Normalisierung der Beziehungen zwischen Japan und China oder die Fußballweltmeisterschaft in Japan und der Republik Korea wurden neue Austauschprogramme gestartet. Im Jahr 2007 startete die Regierung das sogenannte *JENESYS Programm*[11], das jedes Jahr für fünf Jahre rund 6.000 junge Menschen aus den Mitgliedstaaten des Ostasiengipfels (ASEAN, Australien, China, Indien, Neuseeland, Republik Korea) nach Japan einlud, und das seit 2013 als *JENESYS 2.0* weiterläuft.

Es gibt aber noch viel zu tun, etwa im Umgang mit der Geschichte, damit sich auf der Grundlage wechselseitigen Verständnisses Partnerschaften mit den Nachbarn in Ostasien entwickeln können. Obwohl der tatsächliche Fluss von Menschen, Gütern und Informationen zwischen Japan und China/Republik Korea stetig zunimmt, weswegen die drei Länder auch immer mehr voneinander abhängig sind, sind die politischen Beziehungen der Regierungen und auch die emotionalen Beziehungen zwischen den Ländern seit der Jahrhundertwende immer schwieriger geworden. Diese Schwierigkeit hat ihren Grund teilweise in territorialen Auseinandersetzungen und in der jeweiligen Innenpolitik sowie in der unterschiedlichen Wahrnehmung der Vergangenheit und der darauf bezogenen Verzögerung einer Versöhnung. In dieser Hinsicht kann Ostasien sich die Erfahrungen Europas ansehen, wo das Verständnis zwischen früheren Fein-

9 Lokale internationale Austauschverbände sind intermediäre Organisationen, die von lokalen Behörden gegründet wurden, um die lokalen Körperschaften und die privaten Organisationen (Nichtregierungsorganisationen, Bürgergruppen, Schulen etc.), die im internationalen Austausch aktiv sind, zu verbinden. Im Jahre 2014 besitzen alle 47 Präfekturen, 16 von 20 ausgewählten Städte (große Städte mit einem besonderen rechtlichen Status) und viele andere lokale Gemeinden diese Verbände. Der Rat der Kommunalen Behörden für Internationale Beziehungen koordiniert diese Verbände auf nationaler Ebene.

10 Die Japan Foundation richtete zum Beispiel eine Abteilung ein, die nur für den Austausch innerhalb der asiatischen Region zuständig ist. 1989 wurde das ASEAN Culture Center eröffnet und 1996 als Asia Center reorganisiert und erweitert. Auf die Initiative des Asia Centers geht eine Reihe von Austauschprogrammen zurück, etwa eine internationale Koproduktion von Shakespeare-Stücken, ein Austausch von Leitern von Jugendgruppen und vieles mehr. Das Center ist auch im »import-orientierten« Austausch aktiv, um bei den Japanern das Verständnis für die Kulturen der anderen asiatischen Länder zu fördern.

11 Japan-East Asia Network of Exchange for Students and Youths.

den durch Austauschprogramme gefördert worden ist. Manche Menschen wie etwa Feldman (2012) schlagen vor, dass Deutschland für Japan in diesem Sinne ein Modell werden kann.

## 6. Organisation der politischen Leitlinien des kokusai bunka koryu

Nach einer Untersuchung aus dem Jahr 1998 gab es in der japanischen Politik des internationalen Kulturaustauschs die folgenden neun Handlungsfelder (Study Group on International Cultural Relations 1998):

a. Wissensaustausch[12] (I)
b. Forschungsaustausch (SC)
c. Bildungsaustausch (E)
d. Jugendaustausch (Y)
e. Sportaustausch (SP)
f. Technische Zusammenarbeit (T)
g. Kunstaustausch (A)
h. Zusammenarbeit zum Schutz des kulturellen Erbes (H)
i. Austausch auf „Graswurzel"-Ebene (GC)

Zusätzlich zu diesen Hauptbereichen sind in den letzten Jahren zwei neue Felder des Austauschs entstanden: (kommerzielle) Massenkultur und Tourismus. Insgesamt gibt es neun Ministerien, die – teilweise zusammen mit halbstaatlichen Organisationen – internationalen Kulturaustausch betreiben. Die Politik und die Programme werden auf den Webseiten der Ministerien und Organisationen ausführlich vorgestellt.

12 „Wissensaustausch" bezeichnet den Austausch von Wissen und Ideen über nationale Grenzen hinweg, um konkrete Probleme anzusprechen, die die Gesellschaft als Ganzes betreffen (Study Group on International Cultural Exchange 1998: 3). Es handelt sich um einen Austausch von Führungskräften und Spezialisten aus unterschiedlichen Bereichen der Gesellschaft.

| Ministerium / Agentur | Gesetzgebung / Politik | Wichtigste Partnerorganisationen[13] |
|---|---|---|
| MOFA = Außenministerium (Gaimusho) | I,SC,E,Y,SP,T,A,H,GC (Kulturbeziehungen als Teil der Außenpolitik) | Japan Foundation, Japan International Cooperation Agency (JICA) |
| MEXT = Ministerium für Bildung, Kultur, Sport, Forschung und Technologie (Monbu-kagakusho) | SC,E,SP,T,A,H (internationaler Austausch in den Bereichen Bildung, Kunst, kulturelles Erbe, Sport, Forschung und Technologie; Teilnahme an Aktivitäten der UNESCO)[14] | Japan Society for the Promotion of Science (JSPS, Gakushin), Organisation der japanischen Studenten-Dienste JASSO), Japanese National Commission for UNESCO |
| ACA = Agentur für Kulturangelegenheiten des MEXT (Bunkacho) | A; H (Förderung der Kunst und des kulturellen Erbes Japans einschließlich seiner Nationalsprache; seit kurzem auch Förderung der kulturellen Vielfalt der Welt) | Nationale Museen und Theater |
| Kabinettsbüro (Naikakufu) | Y (internationaler Jugendaustausch) | |
| MIC (Ministerium für Innere Angelegenheiten und Kommunikation) (Soumusho) | T, GC (Förderung der Internationalisierung der Gemeinden) | CLAIR = Rat der Kommunalen Behörden für Internationale Beziehungen |
| METI = Ministerium für Wirtschaft, Handel und Industrie (Keizaisangyosho) | Internationale Förderung der japanischen Kreativindustrie (Popkultur, Mode, Design, Gastlichkeit etc.) | |
| JTA = Ministerium für Infrastruktur und Transport auf dem Landweg (Kankocho) | Förderung von Reisen nach Japan (Tourismuspolitik) | |

Die Austauschprogramme selbst werden oft unter Koordinierung mehrerer Ministerien geplant und durchgeführt. Ein gutes Beispiel dafür ist das *Japan Exchange and Teaching Programme*, bei dem junge Hochschulabsolventen aus Übersee eingeladen werden, die lokalen Regierungen als Assistenten bei ihren internationalen Austauschprogrammen und der Fremdsprachenausbildung zu unterstützen. Das Programm wird von den jeweiligen lokalen Regierungen durchgeführt und auf nationaler Ebene vom Rat der Kommunalen Behörden für Internationale Beziehungen koordiniert. Das Außen-, das Bildungs- und das Innenministerium arbeiten bei der Auswahl und der Anwerbung der Teilnehmer zusammen.

13 Die Rechts- und Organisationsform, Größe des Budgets, Zahl der Beschäftigten etc. der Partnerorganisationen variiert. In der Regel betreiben diese Organisationen bestimmte Programme zum internationalen Kulturaustausch mit öffentlichen Mitteln. Ihre Aktivitäten werden in enger Zusammenarbeit mit Regierungsstellen entwickelt, von denen sie sowohl formell durch Regierungsvertreter in den Vorständen als auch informell von Fall zu Fall beaufsichtigt werden. Ein Teil der Beschäftigten von Partnerorganisationen, insbesondere in leitenden Positionen, kann von der Regierung entsandt werden.

14 Auf den Webseiten des Ministeriums für Bildung, Kultur, Sport, Forschung und Technologie und der Agentur für Kulturangelegenheiten wird »internationaler Kulturaustausch« als Teil einer breiteren „Regierungspolitik für Bildung, Kultur, Sport, Forschung und Technologie" aufgefasst (im Japanischen gibt es die Bezeichnung monbu gyousei, die diese fünf Politikfelder einschließt). Hier aber wird Kultur in einem begrenzten Sinne aufgefasst, hauptsächlich als bildende Kunst und kulturelles Erbe.

## 7. Perspektiven für das 21. Jahrhundert

Beobachter der japanischen Politik des internationalen Austauschs am Beginn des 21. Jahrhunderts sollten sich die folgenden drei Tendenzen vor Augen führen:

Erstens die weitverbreitete Ansicht, dass die japanische Regierung „Kultur" in einer zunehmend globalisierten Welt strategisch einsetzen sollte. Diese Ansicht bezieht sich nicht nur auf die Außenpolitik, wie den Einsatz von Soft Power in der Diplomatie, um die Meinung der Weltöffentlichkeit zu beeinflussen, sondern auch auf die Innenpolitik und legitimiert verschiedene Maßnahmen, durch welche die Wettbewerbsfähigkeit japanischer Firmen, Bildungs- und Forschungseinrichtungen, Künstler etc. auf dem internationalen Markt gestärkt werden soll. Als Quelle japanischer Soft Power (*Cool Japan*) werden die japanische Massenkultur (Zeichentrickfilme, Spiele, Fernsehen und spezielle Waren) sowie Lifestyle-Kultur (Mode, Design, Speisen, Gastlichkeit etc.) sehr geschätzt und ihre offizielle Förderung ist in der Regierungspolitik zur Priorität geworden.

Diese Sichtweise wird von zwei Diskursen unterstützt, die in Japan in Mode gekommen sind. Der eine ist natürlich das Konzept der Soft Power nach Joseph S. Nye. Der andere ist *Gross National Cool* (eine umgewandelte Form von *Gross National Product*) von Douglas McGray, einem jungen US-Journalisten, der die These vertritt, dass man „coole" Popkultur, die in Japan produziert wird und bei der Jugend im Ausland beliebt ist, als Machtquelle Japans betrachten kann (McGray 2002). Die Notwendigkeit, sich vom Erdbeben im Jahr 2011 zu erholen, und der Erfolg, die Olympischen Spiele 2020 nach Tokio zu bringen, fördern ebenfalls den strategischen Einsatz von Kultur.

Als Folge solchen strategischen Einsatzes von Kultur wurden die Richtlinien für die Politik im internationalen Kulturaustausch neu gestaltet. 2003 und 2005 wurden Politikempfehlungen von zwei Expertengruppen entworfen, in Auftrag gegeben von der Agentur für Kulturangelegenheiten und dem damaligen Premierminister Junichiro Koizumi (Agency for Cultural Affairs 2003; Council on the Promotion of Cultural Diplomacy 2005). Der erste Bericht gründet sich auf verhältnismäßig breit angelegte Ziele und auf die Förderung der kulturellen Diversität in der ganzen Welt, aber seine Kernlogik scheint zurückzuführen zu sein auf die Förderung der japanischen Interessen im engeren Sinne und in einer begrenzteren Zeitspanne. Der zweite Bericht unterstreicht zwar teilweise die Bedeutung der Dialog-basierten gegenseitigen Verständigung, aber es geht deutlich darum, dass die japanische kulturelle Außenpolitik nach dem angelsächsischen Modell der „öffentlichen" Diplomatie neu geordnet werden sollte. Im Sinne dieses Trends wurde die Abteilung für Kulturangelegenheiten des Außenministeriums, deren Aufgabe der internationale Kulturaustausch war, 2005 umbenannt in „Abteilung für Public Diplomacy". 2012 gab das Außenministerium eine weitere Politikstudie in Auftrag, mit einem speziellen Fokus auf Public Diplomacy (Ministry of Foreign Affairs 2012). Das Expertenkomitee schlug vor, Public Diplomacy solle strategischer geplant werden, mit klareren Initiativen des Außenministeriums. Gleichzeitig betonte das Komitee den vielseitigen Charakter der internationalen Kulturbeziehungen und die Bedeutung einer „Zweibahnstraße" in der Zusammenarbeit, die außerhalb des Rahmens der Außenpolitik besser gefördert werden kann.

Zweitens schätzt man das Zusammenleben (kyosei) und den Dialog (taiwa) mit anderen Kulturen zunehmend als Mittel, um den Weltfrieden und eine ausgewogene und nachhaltige Entwicklung für alle zu fördern. Dieser Trend resultiert anscheinend aus dem Globalisierungsprozess, insbesondere aus der fortlaufenden Internationalisierung (kokusaika) der japanischen Gesellschaft sowie aus der zunehmenden Bedrohung durch den Terrorismus. Im Rahmen auswärtiger Kulturbeziehungen unter der Weisungsbefugnis des Außenministeriums wurden neue Programme für den Kulturdialog mit dem Nahen und Mittleren Osten sowie muslimischen Ländern aufgebaut. Wie sich dieser Trend insgesamt und auf längere Sicht auswirkt, kann man in unterschiedlichen Sektoren der Innenpolitik, insbesondere am Umgang mit ausländischen Bevölkerungsgruppen in Japan beobachten. In Gemeinden mit einem hohen Ausländeranteil (von den „alteingesessenen" koreanischen und chinesischen Immigranten bis hin zu den „Neuankömmlingen" wie den Japan-Brasilianern, die als Gastarbeiter nach Japan zurückkehren) sind Bürger und Gemeindevertreter sehr um Multikulturalität in der Bildung, der demokratischen Entscheidungsfindung etc. bemüht, was letztlich zu einem Abschied von den ethnozentrischen, exklusiven Strukturen des japanischen Staates führen könnte. Dabei ist es interessant zu beobachten, dass die Erfahrungen von Gemeinden in Deutschland (etwa die Einrichtung eines repräsentativen Vertretungssystems für ausländische Einwohner) nun als Modell betrachtet werden. In den letzten Jahren hat eine landesweite Sorge angesichts der sinkenden Geburtenrate eine Diskussion über die Akzeptanz von Immigranten ausgelöst. Wenn Japan zu einem Einwanderungsland würde, wäre eine aktivere interkulturelle Politik notwendig. Das heißt: mehr gegenseitiger Austausch und Verständnis der Mehrheitsbevölkerung.

Drittens erlebt Japan wie fast jedes andere entwickelte Land eine rapide Umstrukturierung der öffentlichen Verwaltung sowohl auf nationaler als auch auf lokaler Ebene. Bemerkenswert ist, dass viele der halbstaatlichen Organisationen für den internationalen Kulturaustausch unter Management-Gesichtspunkten mittlerweile als ineffizient bewertet werden. Unter Premierminister Junichiro Koizumi und insbesondere unter der Koalitionsregierung der demokratischen Partei wird die Verkleinerung und Privatisierung dieser Organisationen und ihrer Programme im Namen der „Verwaltungsreform" (2009–2012) betrieben. Die Japan Foundation etwa wurde durch die Umstrukturierung 2003 von einer „besonderen juristischen Einheit" zu einer Verwaltungsagentur, deren Programme im Rahmen eines mittelfristigen Plans für eine Dauer von fünf Jahren durchgeführt werden. Die Programme werden verschiedenen Hauptkategorien zugeordnet (Kultur- und Kunstaustausch, Japanischunterricht im Ausland, Japanstudien im Ausland und Wissensaustausch) und sollen den Zielen der japanischen Außenpolitik dienen. Das „Asia Center" wurde aufgelöst. Das Zentrum wurde 2013 „wiederbelebt", aber nun ist sein Hauptziel der Austausch mit den ASEAN-Ländern. Seit 2014 sind seltsamerweise Japans unmittelbare Nachbarn, China und die Republik Korea, als Partner des neuen Asia Center ausgeschlossen. Das Center for Global Partnership behielt seine organisatorische Unabhängigkeit, aber die Gegenseitigkeit der Projekte verringerte sich, weil der bilaterale Beirat sehr bald nach der Umstrukturierung nicht mehr aktiv war.

## 8. Fazit: die Transformation des kokusai bunka koryu

Die japanische Politik des internationalen Kulturaustauschs entwickelte sich unter den besonderen historischen und geopolitischen Bedingungen Japans. In dieser Zeit hat sie auch den Prozess der Globalisierung durchlaufen, durch den die Praxis des internationalen Kulturaustauschs neue Formen angenommen hat und das Prinzip der Gegenseitigkeit stärker betont wird. Dadurch ist der internationale Kulturaustausch der ursprünglichen Bedeutung seines Namens näher gebracht worden. Heute, im 21. Jahrhundert, werden selbst die Grundvoraussetzungen des Konzeptes des kokusai bunka koryu durch die Globalisierung verändert. Die „Internationalisierung" (kokusaika) der Gesellschaft, um welche die Japaner einst sehr bemüht waren, ist heute selbstverständlich, und es ist jetzt entscheidend, sich mit den Fragen auseinanderzusetzen, die sich aus der Internationalisierung ergeben, wie dem Aufbau einer multikulturellen Gesellschaft unter Beteiligung von Menschen mit unterschiedlichem Hintergrund oder die Kooperation mit Nachbarländern. In dieser Situation reicht ein ritueller „Austausch" (koryu), der ein freundliches, aber oberflächliches Verhältnis aufrechterhält, nicht aus und kann für den Aufbau verlässlicher Partnerschaften zuweilen sogar schädlich sein.

Für die japanische Regierung könnte der strategische Einsatz von Kultur zur Förderung des nationalen Interesses eine – aber nicht die einzige – Alternative zur konventionellen Politik des kokusai bunka koryu darstellen. Wichtiger noch ist die Feststellung, dass sich das Wesen des „nationalen Interesses" gewandelt hat. Wenn man die internationalen Beziehungen unserer Zeit genauer versteht, sollte man den Inhalt von „Kultur" (bunka) neu definieren, um Maßstäbe für eine kohärente und effektive Politikgestaltung zu setzen.[15]

*Aus dem Englischen von Carmen Eller*

## Links (Stand: Juni 2014)

ACA: www.bunka.go.jp/english/index.html

Kabinettsbüro: www.cao.go.jp/index-e.html

CGP: www.cgp.org

CLAIR (Rat der Kommunalen Behörden für Internationale Beziehungen): www.clair.or.jp/e/index.html

Japan Foundation: www.jpf.go.jp/e/index.html

The Japanese National Commission for UNESCO: www.mext.go.jp/english/unesco/

JASSO: www.jasso.go.jp/index_e.html

JET Programme: www.jetprogramme.org/index.html

JICA: www.jica.go.jp/english/index.html

JSPS: www.jsps.go.jp/english/index.html

JTA: www.mlit.go.jp/kankocho/en/

METI Ministerium für Wirtschaft, Handel und Industrie: www.meti.go.jp/english/index.html

MEXT Ministerium für Bildung, Kultur, Sport, Forschung und Technologie: www.mext.go.jp/english/index.htm

Ministerium für Infrastruktur und Transport auf dem Landweg: www.mlit.go.jp/english/index.html

MIC Innenministerium: www.soumu.go.jp/english/index.html

MOFA Außenministerium: www.mofa.go.jp

15 Weiterführende Literatur: Kawamura/Okabe (2005); Sengo Nihon Kokusai Bunka Koryu Kenkyukai (2002); Study Group on International Cultural Relations of Postwar Japan (2005).

## 6.4 Die entscheidende Rolle der Außendarstellung – Chinas Gesicht in seiner Auswärtige Kulturpolitik

*Falk Hartig*

Zum Jahreswechsel 2013/2014 erklärte Chinas Partei- und Staatschef Xi Jinping, dass die Volksrepublik ihre kulturelle *Soft Power* verbreiten und der Welt den Charme der chinesischen Kultur näherbringen müsse, um so Chinas nationales Image deutlicher aufzubauen. Um die Soft Power zu stärken, so Xi, müsse das Land seine Kapazitäten im Bereich der internationalen Kommunikation ausbauen, die neuen Medien besser nutzen und die Kreativität, Wirkung und Glaubwürdigkeit der chinesischen Außendarstellung verbessern. „Die Geschichten Chinas müssen ordentlich erzählt, die chinesischen Stimmen ordentlich verbreitet und die Besonderheiten Chinas ordentlich erklärt werden“, so Xi auf einer Rede vor dem Politbüro der Kommunistischen Partei Chinas (Xinhua 2014).

Diese Aussagen verdeutlichen, dass die Außendarstellung für die chinesische Führung eine entscheidende außenpolitische Rolle spielt. Schon Xis Vorgänger Hu Jintao erklärte auf dem 17. Parteitag der Kommunistischen Partei 2007 die Wichtigkeit von Kultur und Soft Power für die Innen- und Außenpolitik der Volksrepublik. In den vergangenen Jahren hat China nicht nur Konzepte wie Soft Power und *Public Diplomacy* „mit einem Enthusiasmus wie kaum sonst auf der Welt angenommen“ (Rawnsley 2012: 126), sondern auch zahlreiche Maßnahmen und Projekte zur verbesserten Außendarstellung initiiert. Dabei spielt Kultur eine entscheidende, allerdings nicht mehr die einzige Rolle. Im Folgenden sollen sowohl die konzeptionelle Debatte als auch die wichtigsten Maßnahmen schlaglichtartig skizziert werden.

Der Grund für Chinas Bemühen, sich verstärkt in einem möglichst guten Licht nach außen darzustellen, liegt in Chinas zunehmend aktiver Außenpolitik und globalem Handeln und den daraus resultierenden Folgen (Hooghe 2005, Rawnsley 2009). Laut Friedrich (2005: 66-69) ist die chinesische Außenpolitik zu Beginn des 21. Jahrhunderts von vier Akzenten geprägt: 1) übernimmt China zunehmend die Rolle einer regionalen Führungsmacht, die vermehrt international Verantwortung trägt; 2) engagiert sich China verstärkt im Rahmen der internationalen Zusammenarbeit und wird hier zunehmend aktiver. So hat die Volksrepublik in den letzten Jahren beispielsweise zunehmend Einheiten für internationale Friedenstruppen bereitgestellt; 3) besteht ein wichtiges Ziel der chinesischen Außenpolitik zu Beginn des 21. Jahrhunderts in der aktiven Ressourcensicherung, die unerlässlich ist für die Entwicklung des Landes; 4) geht damit die Interessensicherung durch zunehmende Wirtschafts- und Kulturpolitik einher.

Eine Folge dieser zunehmend aktiven chinesischen Außenpolitik ist die Wahrnehmung Chinas als Gefahr (*China Threat-Theory*) in verschiedenen Regionen der Welt. Aus chinesischer Sicht besteht daher der dringende Bedarf, besser mit der Welt zu kommunizieren, da die Skepsis gegenüber der Volksrepublik auf ein falsches und verzerrtes Bild Chinas zurückzuführen sei. Daher sei es notwendig für das Land „to talk back“ und das wahre China darzustellen, wie es Zhao Qizheng, ehemaliger Direktor des Presseamtes des chinesischen Staatsrates und ein führender Fürsprecher der chinesischen Public Diplomacy, formuliert hat (Zhao 2007 und 2011).

## 1. Außendarstellung mittels Kommunikation und Kultur

Seit einigen Jahren findet im politisch-wissenschaftlichen Diskurs Chinas eine intensive Auseinandersetzung mit Konzepten wie *Soft Power*, *Public Diplomacy* und *Cultural Diplomacy* („Kulturdiplomatie“) statt (u.a. Hooghe 2005, Ding 2008, Li, Mingjiang 2008 a und b, Wang 2010, Barr 2011, Lai/Lu 2012).

Die größte Aufmerksamkeit hat dabei das Konzept der Soft Power des US-amerikanischen Politologen Joseph Nye erzeugt. Soft Power (ruanshili) wird in China als wichtiger Indikator für den internationalen Status und den Einfluss eines Staates verstanden (Li, Mingjiang 2008b: 13). „Wenn eine führende Macht nicht einige moralische oder kulturelle Ideen und Ideale von universellem Wert für die internationale Gemeinschaft bereitstellen kann, ist es unwahrscheinlich, dass ihr Status von anderen Staaten anerkannt wird“ (Luo 2006). Aber was genau wird in China unter Soft Power verstanden? Grundsätzlich folgt man dem Nye'schen Konzept und dessen Parametern Kultur, politische Werte und Außenpolitik (Li, Mingjiang 2008a: 288). Allerdings wird das Konzept nicht einfach übernommen, sondern man betont die chinesischen Besonderheiten. Zwei Unterschiede sind erwähnenswert. Zunächst hat Soft Power im chinesischen Kontext neben der außenpolitischen auch eine innenpolitische Dimension. In nationaler Hinsicht versucht die Führung, dieses Konzept für den nationalen Zusammenhalt, den Aufbau politischer Institutionen, für soziale Gerechtigkeit und die Qualität der Bildung zu nutzen (a.a.O.: 296).

Ein zweiter Unterschied zu Nye besteht in der Betonung der Kultur. In der chinesischen Debatte darüber, welche Bedeutung Kultur für Soft Power hat, wird deutlich, dass vor allem auf die traditionelle Kultur und deren Bestandteile wie die Konzepte der gesellschaftlichen Harmonie, der Harmonie zwischen Mensch und Natur oder des Prinzips, „den Menschen als Mittelpunkt zu betrachten“, Bezug genommen wird. Interessant erscheint dabei die Tatsache, dass im internationalen Kontext tendenziell weniger deutlich die sozialistische Kultur im Zentrum steht, sondern für das internationale Publikum wird – wie es sich zum Beispiel im Zusammenhang mit den Konfuzius-Instituten zeigt – eher auf die chinesische traditionelle Kultur Bezug genommen, die immer auch im Zusammenhang mit der proklamierten fünftausendjährigen chinesischen Geschichte (qu qian nian de lishi) steht (Hartig 2014a). Insgesamt gilt die chinesische traditionelle Kultur als die verlässlichste Quelle der chinesischen Soft Power (Ding 2008: 29). Dies liegt nicht zuletzt daran, dass dieser Aspekt global am einfachsten zu vermitteln ist und auf den ersten Blick einen eher apolitischen Bezug darstellt.

Der Bezug auf traditionelle Aspekte der chinesischen Kultur zeigt sich exemplarisch am Konzept der Harmonie (he), welches unter Hu Jintao im Zusammenhang mit dem Konzept der „Harmonischen Welt“ Einzug in die chinesischen Außenpolitik hielt. Hierbei ist die Betonung des Begriffs „Harmonie“ selbst aufschlussreich. „Harmonie“ als konfuzianischer Begriff schlechthin verdeutlicht, wie die Kommunistische Partei auf die traditionelle chinesische Geistesgeschichte zurückgreift (Hartig 2008: 148 ff.). Indem sich China international für eine „Harmonische Welt“ einsetzt, propagiert es implizit seine traditionellen Werte. Dabei ist diese Welt gekennzeichnet von Respekt vor den jeweils anderen Kulturen und Zivilisationen und durch das Streben nach einer multipolaren Weltordnung, was durchaus als Infragestellung der Vorherrschaft der USA zu verstehen ist.

Die Betonung der Harmonie verdeutlicht außerdem ein Dilemma, in dem sich die Volksrepublik befindet: Das chinesische Entwicklungsmodell einer autoritären, auf Stabilität bedachten

Einparteienherrschaft einerseits und einem entfesselten Wirtschaftssystem andererseits wird in verschiedenen Staaten der Welt zwar als Vorbild betrachtet. Dieser Beijing Consensus (Ramo 2004) erfreut sich vor allem in nicht demokratischen Staaten aufgrund seiner Wirtschaftserfolge großer Beliebtheit und kann dort als Quelle chinesischer Soft Power verstanden werden. Allerdings ist dieses Entwicklungsmodell für die westliche Welt wenig attraktiv, kann somit nicht als globales „Erfolgsmodell" verkauft werden und dient China im Westen nicht zur Imagepflege. Die Betonung der Harmonie im globalen Kontext erfolgt nicht zuletzt deshalb, weil „das Land keine Exportschlager wie Menschenrechte oder Demokratie hat" (zit. in Hartig 2007: 70).

Insgesamt ist festzustellen, dass die Indienstnahme von Kultur in der wissenschaftlichen Debatte sehr deutlich artikuliert wird. Im Bereich der Außenpolitikanalyse wird anerkannt, dass Kultur eine strategische Bedeutung hat, es wird als Komponente der Umfassenden Nationalen Stärke (zonghe guoli)[1] verstanden und gilt schlussendlich als Mittel zur Verteidigung nationaler Interessen (Jia 2012, Li 2005). Westlichen Ländern, allen voran den USA, wird aufgrund ihrer politischen, ökonomischen und kulturellen Stärke eine Dominanz zugestanden, aber man sieht auch die Gefahr eines westlichen Kulturimperialismus (wenhua diguo zhuyi) (Bian 2009).

An diesem internationalen kulturellen Wettbewerb, so die Argumentation, muss China teilnehmen und seine Kultur mittels Kulturdiplomatie (wenhua waijiao) verbreiten. Diese wird als eine Form der Diplomatie verstanden, bei der eine Regierung Kunst, Kultur und Bildung nutzt, um ihre politischen Vorstellungen zu verbreiten, um so Beziehungen zu anderen Staaten zu pflegen und die eigenen nationalen Interessen zu vertreten. Dabei kann Kulturdiplomatie zur kulturellen Vielfalt und Verständigung beitragen, und sie hilft dem internationalen Status und Einfluss des Landes. Trotz dieser Potentiale erkennen chinesische Wissenschaftler an, dass Chinas Kulturdiplomatie durchaus ihre Schwächen hat. Zunächst ist der politische Einfluss teils zu deutlich erkennbar; weiterhin wird bemängelt, dass zu viele Akteure unkoordiniert ohne klare Aufgabenteilung agieren; es gibt keine kohärente Strategie, und es fehlen politische Richtlinien; außerdem müssten Finanzmittel erhöht werden, und die Kooperation mit Nichtregierungsorganisationen und internationalen Partnerorganisationen soll verstärkt werden (Zhang 2012).

Konzeptionell wird Kulturdiplomatie – ähnlich den Debatten außerhalb Chinas – einerseits im Zusammenhang mit Soft Power diskutiert und andererseits in Relation zum Konzept der Public Diplomacy (gonggong waijiao)[2] gesetzt. Prinzipiell kann hier in Anlehnung an den westlichen Diskurs festgehalten werden, dass Kulturdiplomatie als Bestandteil von Public Diplomacy verstanden wird, die wiederum als das Instrument zur Aktivierung oder Umsetzung von Soft Power dient. Das Konzept der Public Diplomacy hat in den vergangenen Jahren im akademischen und politischen Diskurs zunehmend an Bedeutung gewonnen und wurde auf dem 18.

1 Umfassende Nationale Stärke ist ein in der VR China entwickeltes Konzept, um die Macht von Staaten zu beschreiben und zu quantifizieren. Gemäß diesem Konzept kann die nationale Stärke eines Landes durch die Kombination zahlreicher quantitativer Indices berechnet werden. Neben geografischen Faktoren wie der Größe des Landes gehören zur Umfassenden Nationalen Stärke auch militärische Faktoren (oft beschrieben als Hard Power), wirtschaftliche Daten und eben auch kulturelle Faktoren (zusammengefasst unter dem Schlagwort der Soft Power). In China selbst herrscht die Ansicht vor, dass derzeit die USA über die größte Umfassende Nationale Stärke verfügen und das China selbst weit abgeschlagen auch hinter Deutschland, Großbritannien oder Russland liegt.

2 Ähnlich wie für den chinesischen Begriff für Soft Power, ruanshili, gibt es auch für Public Diplomacy weitere Übersetzungen (siehe hierzu Zappone 2012 und Hartig 2015).

Parteitag Ende 2012 erstmals offiziell in einer Parteitagsrede erwähnt, was die Bedeutung unterstreicht (Hartig 2012).

Ähnlich der akademischen Debatten außerhalb Chinas, die sich durch eine Vielzahl von Definitionsversuchen und unterschiedlichen Definitionsansätzen auszeichnen (Fitzpatrick 2010), gibt es auch in China verschiedene Ansichten zum Konzept. Zhao Kejin, einer der führenden Public Diplomacy-Experten in China, unterscheidet vier Denkrichtungen oder Schulen: 1) die Soft Rise School, die Public Diplomacy als Mittel der Umsetzung von Soft Power und des friedlichen Aufstiegs Chinas sieht; 2) die National Image School, der es in erster Linie um die Verbesserung des chinesischen Images und dem Abbau westlicher Vorurteile geht; 3) die National Interest School, die der Ansicht ist, dass Public Diplomacy an sich kaum die echten Probleme gegensätzlicher nationaler Interessen lösen kann und daher nicht allzu viel finanzielle Unterstützung verdient; und 4) die Discursive Power School, der es darum geht, Chinas globales Mitspracherecht zu stärken und der China Threat-Theory entgegenzuwirken (Hartig 2015, siehe auch Myers 2013).

Prinzipiell deuten alle drei Denkschulen Public Diplomacy deutlich in Hinblick auf nationale Interessen. Public Diplomacy kann im chinesischen Kontext in Anlehnung an Maaß (2013: 8 f.) somit klar der Kategorie Werbung zugeordnet werden: Werbung für die positiven Aspekte des Landes, Werbung für die Kultur und nicht zuletzt Werbung für Chinas Außenpolitik. Dabei geht das chinesische Verständnis fraglos davon aus, „dass ein solches Vorgehen das Bild [Chinas] im Zielland [positiv] verändert“ (Maaß 2013: 8), wobei die chinesische Kultur eine entscheidende Rolle spielt.

## 2. Akteure der chinesischen Außendarstellung

Wie viele andere Staaten auch nutzt China Informations- und Kulturprogramme, wobei rund ein Dutzend Akteure – Ministerien und staatliche Organisationen – involviert sind (Han 2010). Die Instrumente und Programme sind meist staatlich kontrolliert (Hooghe 2005), allerdings werden seit einiger Zeit auch zunehmend Nichtregierungsorganisationen und internationale Organisationen einbezogen (Wang 2011).

Diese Vielzahl von Akteuren führt laut chinesischen Wissenschaftlern zu „Schwierigkeiten, langfristige Regelungen“ für eine erfolgreiche Public Diplomacy zu entwickeln (Wang 2008: 264). Ein anderer Analyst geht noch weiter wenn er feststellt, dass die Koordination zwischen verschiedenen Akteuren „mangelhaft“, die Machtverteilung „unklar“ und die Aufsicht und Kontrolle der Akteure „dürftig“ ist (Zheng 2012: 67).

Die wichtigsten staatlichen Akteure sind unter anderem die Propagandaabteilung der Kommunistischen Partei, das Informationsbüro des Staatsrates, das Büro für auswärtige Angelegenheiten des Staatsrates, das Außenministerium, das Erziehungs- und Kulturministerium, die Abteilung für auswärtige Angelegenheiten der Politischen Konsultativkonferenz des chinesischen Volkes, das Internationale Kommunikationsbüro des Nationalen Volkskongresses sowie Abteilungen der Volksbefreiungsarmee (Zheng 2012: 67 f., Wang 2008: 260, Hooghe 2011a: 22).

## 3. Instrumente der Außenkommunikation

Im Informationsbereich sind vor allem Chinas große Staatsmedien aktiv, allen voran die staatliche Nachrichtenagentur Xinhua, der Fernsehsender China Central Television (CCTV), der Radiosender China Radio International (CRI) und die englischsprachige Tageszeitung *China Daily* mit ihren derzeit fünf internationalen Ausgaben für Hongkong, Asien, die USA, Europa und Afrika.

Im März 2008 beklagte Chinas damaliger Partei- und Staatschef Hu Jintao, dass „Chinas Stimme in der globalen Medienlandschaft im Vergleich zu den Westmedien viel zu wenig Gehör finde“ (Wang 2012: 71). Anlass war die nach Meinung vieler Chinesen zu negative Berichterstattung westlicher Medien über die Unruhen in Tibet, und auch die Berichterstattung über die Olympischen Spiele in Peking 2008 war eher negativ geprägt (Wang 2012, Richter/Gebauer 2010). Um dem internationalen Publikum die chinesische Sicht der Dinge zu erklären, investierte die chinesische Regierung seit 2009 rund 8,7 Milliarden US-Dollar in Xinhua, China Central Television, Radio China International und *China Daily* (Wang 2012, Shambaugh 2013). Das grundsätzliche Problem besteht allerdings, vor allem im Westen, darin, dass Chinas Staatsmedien „auf eine überaus chinakritische Öffentlichkeit“ treffen und „teilweise nicht zu Unrecht als Propagandainstrumente der Kommunistischen Partei wahrgenommen“ (Wang 2012: 71). Zwar hat sich der chinesische Journalismus in den vergangenen Jahren stetig professionalisiert, die systembedingte Abhängigkeit von der Partei ist und bleibt aber das größte Hindernis für eine erfolgreiche Globalisierungsstrategie (Hartig 2011).

Bei dieser Soft-Power-Strategie spielen Entwicklungsländer, besonders in Afrika, eine große Rolle. Xinhua hat dort 20 Büros, China Central Television hat 2012 seine Ostafrika Zentrale in Nairobi bezogen, mit 50 Lokalkräften und 14 Korrespondenten in der Region. Diese Entwicklung ist nicht zuletzt daher bedeutsam, da sich „westliche Medien vom Kontinent zurückziehen“ (Wang 2012: 71).

Im globalen Süden, so Wang, habe China damit durchaus Erfolg: „Teilweise hilft hier die Betonung der gemeinsamen Situation als Entwicklungsländer gegenüber dem Westen, teilweise liegt es schlicht am Geld“ (Wang 2012:71). So biete Xinhua seine Dienste wesentlich günstiger als die westlichen Konkurrenten an; und könnten Kunden gar nicht zahlen, „gibt es Inhalte, Ausrüstung und technische Unterstützung manchmal auch gratis“ (a.a.O.). Allerdings, und das ist aufschlussreich, „kaufen […] auch Medien in Entwicklungsländern […] chinesischen Medien nicht alles ab“ (a.a.O.: 71). In Kenia beispielsweise nutzen einheimische Medien Xinhua-Nachrichten hauptsächlich „wenn es um globale Ereignisse, besonders in Entwicklungsländern, geht“ (a.a.O.). Hier, so Wang, helfe die nichtwestliche Sicht und die Beschäftigung mit Entwicklungsländern, die bei westlichen Agenturen oft nicht vorkommen. Allerdings, und das zeigt die Grenzen der Internationalisierungsstrategie der chinesischen Medien, „werden Nachrichten aus und über China, die hauptsächlich die offizielle Sicht darstellen, auch von kenianischen Medien nicht genutzt“ (a.a.O.: 71).

Ein anderes Problem der Internationalisierungsstrategie chinesischer Medien betrifft die Reichweiten der chinesischen Medien und damit ihre potentielle Wirkung. Im Zusammenhang mit dem englischsprachigen Sender China Central Television verweist Zhang darauf, dass der Sender „behauptet, 98 Prozent der Welt [mit seinen Programmen] zu erreichen“ und in wenigen Jahren 45 Millionen Abonnenten außerhalb China gewonnen zu haben (Zhang 2011: 63). Gary Rawnsely weist allerdings auf das Problem hin, dass diese 45 Millionen Zuschauer als „*po-*

*tentielle* Zuschauer“ verstanden werden sollten, und es sei „sehr wahrscheinlich, dass die *tatsächliche* Zuschauerzahl sehr viel geringer“ ist (Rawnsley 2012: 132, Hervorhebung im Original).

## 4. Akteure und Instrumente der Kulturvermittlung

Wichtige Akteure im Bereich der Kulturvermittlung sind vor allem das Erziehungsministerium und das Kulturministerium. Das Kulturministerium, welches in der informellen Hierarchie deutlich weniger wichtig als das Erziehungsministerium ist, betreibt beispielsweise weltweit neun Chinesische Kulturzentren im Ausland (u.a. in Berlin) und zeichnet für die Durchführung der Chinesischen Kulturjahre im Ausland (z.B. in Deutschland 2012) verantwortlich (Maags 2014).

Das wichtigere Erziehungsministerium verfügt über verschiedene Unterorganisationen, die wiederum verschiedene Programme oder Projekte verwalten. So gibt es zum Beispiel den China Scholarship Council, der es einerseits chinesischen Studenten ermöglicht, im Ausland zu studieren, aber seit einiger Zeit auch zunehmend dafür zuständig ist, internationale Studierende nach China zu holen (Dong/Chapman 2008).

Außerdem gibt es Hanban, das Nationale Leitungsgremium für Chinesisch als Fremdsprache, welches für Chinas wohl prominentestes und umstrittenstes kulturdiplomatisches Instrument zuständig ist, nämlich die Konfuzius-Institute (und Konfuzius-Klassenzimmer). Innerhalb von nur zehn Jahren wurden 446 dieser Kultureinrichtungen und 665 sogenannte Konfuzius-Klassenzimmer weltweit etabliert (Zhang 2014). Verglichen mit dem Goethe-Institut, das 158 Institute in 93 Ländern unterhält, sind das beeindruckende Zahlen, auch wenn nicht alle Konfuzius-Institute hinsichtlich Größe und Ausstattung mit Goethe-Einrichtungen konkurrieren können und einige der chinesischen Institute bisher wohl nur auf dem Papier existieren (Hartig 2014b: 61).

Die Konfuzius-Institute werden, im Gegensatz zu den Goethe-Instituten und den meisten anderen nationalen Kulturinstituten im Ausland, in Kooperation zwischen chinesischen und lokalen Partnern gegründet. Dies sind meist Universitäten, mitunter kann auch eine nicht-universitäre Einrichtung als Partner fungieren. So ist der lokale Partner des Konfuzius-Instituts Hannover beispielsweise das Chinesische Zentrum Hannover e. V., und der chinesische Partner des Instituts an der Queensland University of Technology im australischen Brisbane ist die Bildungsabteilung der chinesischen Provinz Jiangsu. Die Angliederung an eine Universität hat für die Institute den Vorteil, dass sie von deren Reputation profitieren können.

Diese *Joint Venture*-Struktur funktioniert laut Hanban-Statuten folgendermaßen: Der internationale Partner stellt Räumlichkeiten, Lokalkräfte und 50 Prozent der Projektmittel. Die chinesische Seite leistet eine Anschubfinanzierung, bringt die andere Hälfte der Projektmittel ein, schickt Lehrkräfte und stellt Lehrmaterialen zur Verfügung.

Inhaltlich richten sich die Institute in erster Linie an die nicht-wissenschaftliche Öffentlichkeit, der mittels Sprachkursen und verschiedenen Kulturangeboten China näher gebracht werden soll. Das Angebot umfasst Sprachkurse für verschiedene Zielgruppen, die Ausbildung lokaler Sprachlehrer, die Durchführung des standardisierten Tests für Chinesisch als Fremdsprache (hanyu shuiping kaoshi, Prüfung des Chinesisch-Niveaus) und verschiedene Kulturveranstaltungen sowie Gesprächsrunden. Seit 2012 positionieren sich die Konfuzius-Institute und Hanban zunehmend als Unterstützer von China-bezogener Wissenschaft. Forscher aus dem Ausland können sich beispielsweise für Stipendien bewerben, um in China zu recherchieren und zu forschen.

Seit ihrer Einführung sehen sich die Konfuzius-Institute besonders in der westlichen Welt immer wieder der Kritik ausgesetzt, Propaganda für die Kommunistische Partei zu betreiben und die akademische Freiheit ihrer Gastinstitutionen zu beschneiden. Diese Vorwürfe sind nicht gänzlich von der Hand zu weisen, allerdings muss auch darauf hingewiesen werden, dass Kritiker oftmals übertrieben skeptisch auf diese Einrichtungen reagieren.

Aufgrund der beschriebenen Joint Venture-Struktur spielen die lokalen Partnerorganisationen und deren Mitarbeiter eine entscheidende Rolle bei der Programmgestaltung. In diesem Zusammenhang kann man einerseits konstatieren, dass es konservativere und progressivere Konfuzius-Institute gibt. So veranstaltete beispielsweise das Konfuzius-Institut Leipzig 2012 eine Podiumsdiskussion zum Thema "Erinnerungskultur und Geschichtspolitik in Deutschland und China". Die Teilnehmer waren sich einig, dass wirkliche Vergangenheitsbewältigung nur möglich sei, wenn diejenigen, die für vergangene Verbrechen verantwortlich sind, nicht mehr an der Macht seien. Die Präsidentin des unabhängigen chinesischen PEN-Zentrums (Poets, Essayists, Novelists) machte unter anderem klar, dass eine Neubewertung der kommunistischen Verbrechen nicht möglich sei, „solange die Mörder in Peking immer noch regieren" (zit. in Hartig 2015).

Die Durchführung solch einer Veranstaltung bedeutet allerdings nicht, dass ständig derart sensible Aspekte in den Instituten verhandelt werden. Im Normalfall werden politisch heikle Themen wie der Status Taiwans, die Situation in Tibet und die Rolle des Dalai Lama oder die Ereignisse auf dem Platz des Himmlischen Friedens 1989 umgangen und nicht behandelt.

Neben diesen thematischen Einschränkungen haben die Institute verschiedene praktische Probleme, die ihre tägliche Arbeit beeinflussen. Ein Problem betrifft Lehrmaterialien und Lehrmethoden. In manchen Teilen der Erde kommen die aus Peking geschickten Lehrbücher nicht gut an. Während in Europa teilweise die pädagogischen Ansätze bemängelt werden, klagen afrikanische Sprachschüler beispielsweise darüber, dass die Lehrbücher mit ihrer Lebensrealität nichts zu tun hätten. Nicht zuletzt deshalb sollen Lehrmaterialien zunehmend von den Instituten vor Ort selbst entwickelt werden (Hartig 2014b: 61).

Das mit Abstand größte Problem allerdings betrifft die Lehrkräfte: aufgrund der immer noch wachsenden Anzahl von Instituten wird es für Hanban immer schwieriger, potentielle Lehrer für einen Auslandseinsatz in Konfuzius-Instituten zu finden. Die Zahl der Chinesen, die exotische Sprachen sprechen und didaktisch geschult sind, ist begrenzt und ihre Bereitschaft, in bestimmte Weltregionen zu gehen, niedrig. Außerdem ist eine zeitweise Beschäftigung als Konfuzius-Lehrer im Ausland der Karriere in China nicht unbedingt förderlich. In vielen Instituten trifft man daher auf Lehrer, die entweder ganz am Anfang ihres Berufslebens stehen oder dieses im Ausland ausklingen lassen. Auch bei der Lösung des Lehrkräfteproblems ermuntert Hanban die einzelnen Institute jetzt zu mehr Eigeninitiative und fördert zudem die Ausbildung lokaler Chinesisch-Lehrer (a.a.O.).

Insgesamt hat Hanban erkannt, dass es für den Erfolg der Institute in Zukunft mehr auf Qualität und nicht mehr so sehr auf Quantität ankommen wird, und auch aus Reihen der internationalen Direktoren kann man immer wieder hören, dass es weltweit schlicht zu viele Institute gibt. Und auch wenn es bisher keine veröffentlichten Informationen dazu gibt, wird dieses notwendige Umdenken perspektivisch wohl nur mit einer Reduzierung der Institutsanzahl zu erreichen sein (a.a.O.).

## 5. Zusammenfassung: Probleme und Perspektiven der chinesischen Außendarstellung

Zusammenfassend kann festgehalten werden, dass es Chinas Außendarstellung nicht nur darum geht, die positiven Aspekte des Landes zu vermitteln, sondern im Ausland auch „die öffentliche Meinung [...] positiv zu beeinflussen" (Maaß 2013: 8). Deutlich wird dies unter anderem an Aussagen der höchsten Staatsführung wie der eingangs zitierten Aussage von Xi Jinping. Aber auch Xis Vorgänger äußerten sich in dieser Richtung. So erklärte 2008 Li Changchun, ehemaliger Propaganda-Chef und Mitglied des Ständigen Ausschusses des Politbüros der Kommunistischen Partei, dass die Nation, deren Kommunikationsmethoden am fortschrittlichsten und deren Kommunikationskapazitäten am stärksten seien, ihre Kultur, Ideen und Ansichten am besten verbreiten könne und dass eben diese Nation „die meiste Macht hat, die Welt zu beeinflussen" (Li, Changchun 2008). Ende 2011 argumentierte Hu Jintao ganz ähnlich, als er festhielt, dass aufgrund des zunehmenden globalen Wettbewerbs derjenige Staat, der eine „starke kulturelle Soft Power [hat], der Gewinner in diesem erbitterten Wettbewerb" ist (Hu 2012).

Diese Sicht auf die Welt erklärt Chinas zunehmendes Engagement im Bereich der Außendarstellung, die allerdings, wie beschrieben, mit zahlreichen Problemen zu kämpfen hat. Neben praktischen Problemen wie dem fehlerhaften Verständnis der Reichweiten der chinesischen Medien und den skizzierten Schwierigkeiten der Konfuzius-Institute, liegen die Hauptprobleme im politischen System, welches diese Instrumente nach außen repräsentieren.

Einerseits verfügt die Volksrepublik nur über wenige politisch-ideelle Werte, die sie der westlich dominierten Welt im Sinne des Nye'schen Soft Power-Konzepts als Alternative anbieten könnte. Andererseits werden alle Image-fördernden Maßnahmen durch Chinas autoritäres Entwicklungsmodell relativiert. China hat, besonders in der westlichen Welt, zwei Legitimationsprobleme. Einerseits entwickelt sich das Land innenpolitisch nach Ansicht des Westens viel zu zaghaft; andererseits stellt Chinas derzeitiges außenpolitisches Verhalten, welches durch ein zunehmend selbstbewusstes – Kritiker würden von aggressiv sprechen – Auftreten gekennzeichnet ist, das größte Hindernis für eine erfolgreiche Außenkommunikation dar.

Denn so lange China beispielsweise mit beinahe all seinen (süd)ostasiatischen Nachbarn wegen Territorialkonflikten – seien sie berechtigt oder nicht – über Kreuz liegt und zu Hause unliebsame Journalisten einsperrt oder die Aufarbeitung seiner (jüngsten) Geschichte verhindert, können auch noch so viele Konfuzius-Institute oder Medienhäuser kein positives Bild von China zeichnen.

## 6.5 Soft Power und Hard Power – Die Auswärtige Kulturpolitik der Russischen Föderation

*Ottilie Bälz und Kurt-Jürgen Maaß[1]*

Die Russische Föderation (im Folgenden verkürzt: Russland) hat ihre Auswärtige Kulturpolitik in den letzten 15 Jahren neu definiert. In mehreren Konzeptionen wurde sie strukturell und inhaltlich gestaltet, und mehrere Regierungen unter den Präsidenten Putin und Medwedew haben sie umsetzen lassen. Dennoch fand sich das Land im weltweiten *Soft Power Ranking* von 2012 unter 40 Nationen nur auf Platz 28 (McClory 2013). Der folgende Beitrag versucht, die Gründe dafür herauszuarbeiten.

Deutschland hat im Herbst 2014 in vielen Gedenkveranstaltungen des Falles der Mauer vor 25 Jahren wie auch der sich daraus ergebenden Wiedervereinigung des Landes 1990 gedacht. Was aber für Deutschland ein positives geschichtliches Ereignis war, war für Russland ein historischer Albtraum. Die Mitgliedsländer des Warschauer Paktes (Bulgarien, Tschechoslowakei, Polen, Rumänien und Ungarn) sagten sich von der Sowjetunion los, der Pakt selbst wurde zum 1. Juli 1991 aufgelöst. Wenige Monate später folgte die Auflösung der Sowjetunion insgesamt. Es entstanden – neben Russland – 14 unabhängige Staaten. Zehn von ihnen gründeten, zusammen mit Russland, die Gemeinschaft Unabhängiger Staaten (GUS). Drei Länder fehlten: Estland, Lettland, Litauen. Sie wandten sich vollständig dem Westen zu und traten später der NATO und der Europäischen Union bei. Georgien, das 1993 Mitglied der Gemeinschaft unabhängiger Staaten Mitglied wurde, trat nach den kriegerischen Auseinandersetzungen mit Russland 2008 wieder aus. Die Ukraine erklärte nach der Besetzung der Krim und der Unterstützung der pro-russischen Separatisten im Osten des Landes im Jahr 2014 den Austritt. Moldawien ist seit 1994 Mitglied, aber wegen der faktischen Abspaltung von Transnistrien („Dnjestr-Republik“, dort sind ca. 1.400 russische Soldaten stationiert[2]) ein eher passives Mitglied. Turkmenistan ist seit 2005 nur noch „beigeordnetes Mitglied“. In den neunziger Jahren nahm „Russlands kulturelle Ausstrahlung auf die Staaten der GUS“ (Sapper 2003) stark ab. Die russische Sprache, einst der „Zement der Union“, geriet in eine Krise und einen Verdrängungsprozess, Buchmarkt und Bildungsinstitutionen dezentralisierten (teilweise privatisierten) sich. Es gab keinerlei kulturelle systematische Unterstützung für die Auslandsrussen. „Russlands wissenschaftliche, materielle und kulturelle Ausstrahlungskraft ist zu schwach, als dass die zentrifugalen Tendenzen noch umgekehrt werden könnten“ – so ein Fazit einer Analyse aus dem Jahr 2003 (Sapper 2003: 195). Das einzige Einflussmedium in allen Partnerstaaten war das russische Fernsehen, das eine eigene kulturelle Prägekraft entwickelte.

In diesen Entwicklungsstand hinein kam die erste Präsidentschaft von Wladimir Putin im Jahr 2000. Er ließ umgehend eine neue Strategie der russischen Auswärtigen Kulturpolitik entwerfen, um Russlands Ausstrahlung wieder zu erhöhen. Ziel war, das sowjetische Erbe eines einheitlichen Sprach- und Bildungsraums in der Gemeinschaft Unabhängiger Staaten zu bewahren und ein Russlandbild in der Weltöffentlichkeit zu schaffen, das Russlands Anspruch auf eine führende Rolle im globalen politischen und wirtschaftlichen Kontext gerecht wird. Die rus-

1 Wir danken Irina Kuimova und Irina Avdeeva für die aktuelle Auswertung russischsprachiger Internetquellen.
2 Der neue Fischer-Weltalmanach 2012: 317.

sischsprachige Diaspora im „nahen" und „fernen" Ausland[3] geriet in den Mittelpunkt einer Politik, die eine Förderung der „russischen Welt"[4] mit dem Ziel weltweiter Ausstrahlung verband.

## 1. Konzeptionelle Grundlagen für den Neuanfang

Die erste Konzeption für die internationale kulturelle Zusammenarbeit stammte aus dem Jahr 2001 („Schwerpunkte der Arbeit des Außenministeriums Russlands in der Entwicklung kultureller Beziehungen Russlands mit ausländischen Staaten", Erlass des Außenministeriums vom 23. Februar 2001[5]). Die Konzeption beruhte auf einem im Jahr 2000 auf Anregung des Außenministeriums formulierten Thesenpapier unter dem Titel *Auswärtige Kulturpolitik Russlands 2000*[6]. In ihm wurde erstmals der Begriff Auswärtige Kulturpolitik (russ. „vnešnaja kulturnaja politika") in den Sprachgebrauch der russischen Diplomatie eingeführt (Ivanov 2000).

Als zentrale Aufgaben der Auswärtigen Kulturpolitik und „unverzichtbarer Bestandteil der staatlichen Politik Russlands in der internationalen Arena" wurden die Stärkung von auf „gegenseitigem Verständnis und Vertrauen" beruhenden Beziehungen zu anderen Ländern, die Festigung einer „würdigen, [...] angemessenen" Position Russlands im internationalen Umfeld sowie die Schaffung eines „positiven und objektiven Bildes Russlands in der Welt". Die Kulturbeziehungen sollten den „Aufbau neuer Trennlinien zwischen Völkern und Staaten verhindern und antirussische Stereotypen neutralisieren". Sie sollten eine breite, umfassende Vorstellung von Russland vermitteln und seinen föderalen und multiethnischen Charakter widerspiegeln. Als wichtige Priorität wurden die „systematische und vielseitige Unterstützung" und der Schutz der Rechte russländischer[7] Staatsbürger im Ausland in den Bereichen Kultur, Sprache, Bildung und Medien definiert (Konzeption 2001, Kapitel I, Absätze 3-10).

Bezug nehmend auf die UNESCO-Deklaration zur Kulturpolitik von Mexiko 1982, verstand die Konzeption unter „internationaler Kulturzusammenarbeit" Kooperationen in den Feldern Kultur und Kunst, Wissenschaft und Bildung, Presse, Jugendaustausch, Verlags-, Museums-, Bibliotheks- und Archivwesen, Sport und Tourismus. Eine besondere Rolle wurde der Förderung der Position der russischen Sprache zugesprochen, die als „wichtigstes Instrument der Annäherung anderer Völker an die russische Kultur" und als „Schlüsselfaktor für eine positive Wahrnehmung Russlands" gesehen wurde.

### Regionale Ausrichtung

Der Großteil der kulturellen Zusammenarbeit sollte über die bilateralen Beziehungen laufen (Kapitel III, Absätze 1-2). Als wichtigster regionaler Schwerpunkt wurden die Partnerländer

3 Als „nahes" Ausland (russ. "bližnee zarubež'e") werden die anderen ehemaligen Sowjetrepubliken bezeichnet.

4 Zunächst als Sprachgemeinschaft verstanden (vgl. Mitrofanova 2003), dann auch weiter gefasst als weltweite Gemeinschaft von Menschen, „die sich Russland nahe fühlen" (s.u. Stiftung „Russkij Mir").

5 (Konzeption AKP 2001) Ministerstvo innostrannych del Rossijskoj Federacii: Osnovnye napravlenija raboty MID Rossii po razvitiju kulturnych svjazej Rossii s zarubežnymi stranami (Utverždena Prezidentom Rossijskoj Federacii V.V. Putinym 23 fevralja 2001g).

6 (Thesen 2000) Ministerstvo innostrannych del Rossijskoj Federacii: Tezisy „Vnešnjaja kul'turnaja politika Rossii – 2000g.".

7 Im Russischen wird unterschieden zwischen „russisch" im ethnischen oder sprachlichen Sinne (russ. "russkij") und „russisch" im Sinne von „zu Russland gehörend" (russ. "rossijskij"), hier zur Kennzeichnung dieser Unterscheidung mit „russländisch" übersetzt.

der Gemeinschaft Unabhängiger Staaten genannt. Mit ihnen sollte die Bildung eines „gemeinsamen Kultur-, Informations- und Bildungsraums, die Bewahrung der jahrhundertealten geistigen Beziehungen dieser Länder [...] auf neuer demokratischer Grundlage" angestrebt werden (Kapitel III, Absatz 3). Die Staatengemeinschaft sollte zu einem alternativen geopolitischen Entwicklungszentrum werden. Dabei verstand sich Russland als wichtigstes Bildungszentrum der Region, das u.a. Studierenden aus den Partnerländern durch Stipendien das Studium an Universitäten in Russland ermöglicht und russischsprachige Universitäten in diesen Ländern fördert. Besonders unterstrichen wurde die Zusammenarbeit mit Vereinigungen der russischsprachigen Diaspora (Absätze 4-5). Die Vernetzung sollte den russischen Einfluss in den Ländern stärken.

An zweiter Stelle wurde die Zusammenarbeit mit den Ländern der Gruppe der Acht (zu denen Russland bis März 2014 gehörte, dann aber wegen der Ukraine-Krise ausgeschlossen wurde[8]) „auf gleichberechtigter und von wechselseitigem Nutzen geprägter Grundlage" genannt (Absatz 6). Die kulturelle Zusammenarbeit mit den USA wurde in nur einem Satz als „wichtige Komponente" der Beziehungen erwähnt (Absatz 7). Ausführlicher wurde auf die Beziehungen zu den europäischen Ländern eingegangen (Absatz 8). Dabei wurde der Wiederbelebung russischer kultureller Präsenz in Mittel- und Osteuropa besondere Bedeutung zugemessen und mit Blick auf die baltischen Länder die „Wahrung der Rechte der russischsprachigen Bevölkerung" besonders hervorgehoben. Gemäß der wachsenden wirtschaftlichen und politischen Bedeutung des Asien-Pazifik-Raums galt der Verstärkung der Kulturbeziehungen insbesondere zu China, Indien und Japan besonderes Augenmerk (Absatz 9), während die Zusammenarbeit mit den Ländern des Nahen Ostens, Afrikas und Lateinamerikas als ausbaufähig gesehen wurde.

Neben der Pflege der bilateralen Beziehungen war in der Konzeption auch die multilaterale Zusammenarbeit im Rahmen von internationalen Organisationen in Kultur, Wissenschaft und Bildung, insbesondere im Rahmen der UNESCO, aber auch im Kontext weiterer Unterorganisationen der Vereinten Nationen, des Europarats und der Europäischen Union, ein wichtiger Punkt (Kapitel IV).

Eine „an gegenseitiger Bereicherung von Kulturen und Integration Russlands in den globalen Kulturraum orientierte" Außenkulturpolitik konnte aber nicht als „Einbahnstraße" konzipiert sein, sondern musste Russland als ein „kulturelles Zentrum der Welt" verstehen, das allen interessierten Partnerländern für ihre Kulturarbeit offen stehe (Kapitel V, Absatz 1). Die Konzeption würdigte daher auch die Arbeit der Kulturinstitute von Partnerländern und ihrer Filialen in Russland.

## Fortschreibungen

Interessant ist im Anschluss daran ein Blick in die „Konzeption der Außenpolitik der Russischen Föderation" vom Juli 2008[9]. Zu den dort benannten Hauptzielen der Außenpolitik gehören die "Förderung einer objektiven Wahrnehmung Russlands in der Welt als demokratischer Staat mit einer sozial orientierten Marktwirtschaft und einer unabhängigen Außenpolitik" und die „Unterstützung und Verbreitung der russischen Sprache und der Kultur der Völker Russlands im Ausland, die einen einzigartigen Beitrag zur kulturellen und zivilisatorischen Vielfalt in der heutigen Welt und zur Entwicklung einer Partnerschaft der Zivilisationen leis-

8 Die übrigen sieben Staaten sind die USA, Großbritannien, Kanada, Japan, Frankreich, Deutschland und Italien.

9 (Konzeption Außenpolitik 2008) Ministerstvo innostrannych del Rossijskoj Federacii: Koncepcija vnešnej politiki Rossijskoj Federacii (Utverždena Prezidentom Rossijskoj Federacii D.N. Medvedevym 12 ijulja 2008g.).

ten" (Konzeption AP 2008, Kapitel I), ein Passus, der in früheren Konzeptpapieren[10] wesentlich knapper formuliert war. Erkennbar wird hier ein Bedeutungszuwachs der *Public Diplomacy*.

Im fortgeschriebenen Konzept der Außenpolitik von 2013 nahm die Konzentration der Auswärtigen Kulturpolitik auf die Partnerstaaten noch breiteren Raum ein. Vor allem wurde nun auch die russische Entwicklungshilfe als *Soft-Power*-Instrument gesehen (Tafuro 2014: 4; Russian Soft Power 2.0 2013). Schon bei seiner Wiederwahl 2012 zum russischen Präsidenten hatte Putin ein Dekret erlassen, das die Public-Diplomacy-Anstrengungen der russischen Außenpolitik intensivieren sollte (Russian Soft Power 2.0 2013: 6). Dies sollte unter anderem dadurch erreicht werden, dass die russische Entwicklungshilfe weniger über multilaterale Organisationen vergeben werden, sondern stattdessen verstärkt über bilaterale Hilfen erfolgen sollte, an die dann viel leichter außenpolitische Bedingungen geknüpft werden können (Russian Soft Power 2.0 2013: 25; Petrovsky 2013: 123).

Die konzeptionellen Vorstellungen für die Auswärtige Kulturpolitik Russlands wurde ebenfalls 2013 fortgeschrieben, und erstmals wurde auch dort der Ausdruck Soft Power verwendet, wobei es nach russischer Auffassung zwei Arten gibt: die als außenpolitisch „gefährlich" eingestufte, vom „Westen" gegen Russland eingesetzte Variante, die unter anderem über Nichtregierungsorganisationen umgesetzt werde, und die „wünschenswerte" Variante von Russland selbst, die ausschließlich über staatliche Agenturen läuft. Speziell gegenüber den Partnerstaaten in der Nachbarschaft betrachtet Russland Soft Power als ein Instrument der Disziplinierung und der effizienteren Integration (Petrovsky 2013: 120). Russland sieht hier aus historischen Gründen einen legitimen Einflussbereich und setzt seine Interessen, wie die jüngste Geschichte gezeigt hat, durchaus auch mit *Hard Power* durch. Dabei stehen im Vordergrund aller Maßnahmen, Programme und Unterstützungen prioritär die russischen Minderheiten in anderen Ländern. Die Zahlen über die sogenannte „russische Diaspora" variieren zum Teil stark, aber man kann wohl von mindestens 20 Millionen ethnischen Russen ausgehen, davon allein 15 Millionen in den nicht russischen Mitgliedsländern der Gemeinschaft Unabhängiger Staaten (einschließlich 7,8 Millionen in der Ukraine). Weitere 1,1 Millionen Einwohner mit russischem Hintergrund leben in den drei baltischen Staaten Estland, Lettland und Litauen.[11]

Möglicherweise tiefgreifende Veränderungen bringt das „neue Integrationsprojekt", von Putin im Oktober 2011 in einem Beitrag für die russische Tageszeitung *Iswestija* vorgestellt und 2014 verwirklicht. Geplant ist, auf der Basis der Russland, Belarus und Kasachstan umfassenden Zollunion und des Einheitlichen Wirtschaftsraumes eine supranationale Vereinigung zustande zu bringen, die später in eine „Eurasische Union" mündet (Adomeit 2014: 6). Die drei genannten Länder haben im Mai 2014 formell einen Gründungsvertrag für die Eurasische Wirtschaftsunion unterzeichnet, die Anfang 2015 in Kraft treten soll (a.a.O.: 7). Für dieses (ehrgeizige) Projekt wäre eigentlich die Ukraine ein unerlässlicher Teil gewesen (Adomeit: „ohne die Ukraine [...] Makulatur", a.a.O.: 8). Das erklärt einen Teil der Krise von 2014.

10 (Konzeption Außenpolitik 2000) Ministerstvo innostrannych del Rossijskoj Federacii: Koncepcija vnešnej politiki Rossijskoj Federacii (Utverždena Prezidentom Rossijskoj Federacii V.V. Putinym 28 ijunja 2000g.).

11 Der neue Fischer-Weltalmanach 2012.

## 2. Föderale Strukturen und rechtliche Grundlagen

Im Rahmen der von der Regierung erarbeiteten außenpolitischen Strategien der letzten eineinhalb Jahrzehnte ist das Außenministerium für die Prioritätensetzung und die unmittelbare Umsetzung der Auswärtigen Kulturpolitik sowie die Koordination der Tätigkeit der anderen föderalen Staatsorgane und der Organe der Föderationssubjekte in diesem Bereich verantwortlich. Auf föderaler Ebene sind neben dem Außenministerium das Kulturministerium, das Ministerium für Bildung und Wissenschaft sowie das 2008 neu geschaffene Ministerium für Sport, Tourismus und Jugendpolitik (für den internationalen Jugendaustausch) beteiligt.

Das Außenministerium koordiniert die Abstimmung von Regierungsvereinbarungen und kontrolliert die Erfüllung internationaler Verpflichtungen Russlands im Kulturbereich. Rechtliche Grundlage für die bilaterale Auswärtige Kulturpolitik bilden internationale Verträge und Vereinbarungen[12]. Wichtiges Instrument zur Aushandlung internationaler Vereinbarungen sowie zur Überwachung ihrer Umsetzung sind die Gemischten Kulturkommissionen, denen staatliche Vertreter der beteiligten Länder auf paritätischer Grundlage angehören.

## 3. Roszarubežcentr und Rossotrudnitčestvo

Als staatliche Umsetzungsorganisation beim Außenministerium existierte zunächst das Russische Zentrum für internationale wissenschaftliche und kulturelle Zusammenarbeit Roszarubežcentr[13] in Moskau. Es wurde in der heutigen Form am 8. April 1994 gegründet und hat seine historischen Wurzeln in der Allunionsgesellschaft der kulturellen Verbindung mit dem Ausland[14], die in den Jahren 1925 bis 1958 den Kulturaustausch zwischen der Sowjetunion und anderen Staaten organisierte. Sie wurde abgelöst durch die Union der sowjetischen Freundschaftsgesellschaften[15], die 1994 in das Roszarubežcentr überführt wurde.

Zu den Hauptaufgaben des Roszarubežcentr gehörten laut Statut die „Stärkung der internationalen Autorität Russlands und Vermittlung seiner kulturellen Traditionen und Errungenschaften", die Förderung der wissenschaftlichen, kulturellen, ökonomischen und gesellschaftlichen Beziehungen Russlands mit anderen Staaten, die Beteiligung an der Umsetzung der staatlichen Politik zur Förderung der russischen Minderheiten im Ausland sowie die Verbreitung von „objektiven und vertrauenswürdigen Informationen über die russische Geschichte und das gesellschaftliche, wirtschaftliche, kulturelle und geistige Leben".

Dieses Zentrum ging 2008 in der „Föderalagentur für Angelegenheiten der GUS der im Ausland lebenden Landsleute und für internationale humanitäre Zusammenarbeit" (Rossotrudnitčestvo [16]) auf. Sie gilt als zentrale Institution der russischen Soft Power-Politik, unter-

12 Z.B. das „Abkommen zwischen der Regierung der Bundesrepublik Deutschland und der Regierung der Russischen Föderation über kulturelle Zusammenarbeit" von 1992.
13 Russ. „Rossijskij Centr meždunarodnogo naučnogo i kulturnogo sotrudničestva – Roszarubežcentr".
14 Russ. „Vsesojuznoe obščestvo kulturnoj svjazi s zagranicej".
15 Russ. „Sojus soveckich obščestv družby".
16 http://rs.gov.ru/node/28132 (September 2014).

hält inzwischen Kulturzentren in 76 Ländern der Welt und plant weitere Gründungen. Rossotrudnitčestvo wird mit jährlich 100 Millionen US-Dollar finanziert[17].

### Die Stiftung Russkij Mir

Ergänzend zu dieser Struktur wurde 2007 durch das Außenministerium und das Ministerium für Bildung und Wissenschaft die Stiftung „Russkij Mir"[18] („Russische Welt") gegründet. Neben ihrem Hauptsitz in Moskau unterhält die Stiftung Filialen in Sankt Petersburg und Vladivostok.

Die wesentlichen Ziele der Stiftung sind, ähnlich wie die des Roszarubežcentr, die „Popularisierung der russischen Sprache als nationaler Errungenschaft Russlands und wichtigem Element der russischen und weltweiten Kultur sowie die Unterstützung von Programmen zum Erlernen der russischen Sprache in Russland und im Ausland"[19]. Als zentrale Aufgaben sieht sie die Förderung von Projekten mit Bezug zur „russischen Welt", die Unterstützung von in- und ausländischen wissenschaftlichen Zentren der Russistik, die Förderung eines positiven Russlandbilds im Ausland, die Zusammenarbeit mit den russischsprachigen Minderheiten im Ausland, die Förderung der Rückkehr von Emigranten nach Russland, die Bereitstellung von Expertise für die kulturelle Dimension der russischen Außenpolitik, die Entwicklung der internationalen Beziehungen der russischen Regionen, die Förderung des Exports von russischen Bildungsangeboten, die Unterstützung von Expertenaustausch in Wissenschaft und Bildung, die Unterstützung russischsprachiger Medien im Ausland sowie die Zusammenarbeit mit der Russischen Orthodoxen Kirche und anderen Konfessionen bei der Förderung der russischen Sprache und der Kultur Russlands. Für diese Aufgaben stehen der Stiftung rund 16 Millionen Euro aus dem föderalen Budget als Jahresetat zur Verfügung (2008)[20]. Insgesamt gingen bei der Stiftung im ersten Jahr ihres Bestehens fast 1.000 Anträge ein, von denen rund ein Drittel positiv beschieden wurde (Berlin 2008: 6).

Als Visitenkarte der Stiftung im Ausland gelten die Russischen Zentren[21], die in Kooperation mit Hochschulen und Bibliotheken im Ausland gegründet werden und als Informations-, Sprachlern- und Kulturzentren fungieren. Sie erhalten eine Grundausstattung an Büchern und Medien von der Stiftung, während die lokalen Partner für die Räumlichkeiten und das Personal aufkommen. Bislang gibt es 95 solcher Zentren in 23 Ländern, darunter vier in Deutschland.

---

17 Pörzgen 2014: 64; alle Zahlenangaben zur Finanzierung russischer Auswärtiger Kulturpolitik sind – nicht zuletzt angesichts der drastischen Veränderungen im Umrechnungswert des Rubels – mit Zurückhaltung zu betrachten.

18 „Russische Welt" wird im Selbstverständnis der Stiftung definiert als „Gemeinschaft" nicht nur der ethnischen Russen, der russischen Staatsbürger und der russischsprachigen Diaspora, sondern auch aller Ausländer, die Russisch sprechen, lernen oder unterrichten und sich Russland nahe fühlen (www.russkiymir.ru).

19 www.russkiymir.ru – es gibt sogar eine deutsche Version: http://www.russkiymir.ru/languages/germany/index.htm (September 2014).

20 Zur Zahlenangabe siehe Fußnote 17.

21 Russ. „Russkie centry".

### 4. Die Föderalen Förderprogramme Russische Sprache (2006–2010) und (2011–2015) und Jahre der russischen Sprache

Während das Außenministerium nicht über ein festes jährliches Budget für Fördermaßnahmen im Rahmen der Auswärtigen Kulturpolitik verfügt, sind einzelne Bereiche in föderale Regierungsprogramme mit innen- und außenpolitischer Dimension integriert. Im Rahmen des *Nationalen Projekts Bildung* wurde 2005 in der Verantwortung der Föderalen Agentur für Bildung im Ministerium für Bildung und Wissenschaft das Föderale Förderprogramm *Russische Sprache (2006–2010)*[22] aufgelegt und inzwischen um den *Teil 2011–2015* verlängert[23].

Die zentrale Bedeutung der Sprachförderung für die Außenkulturpolitik Russlands wird durch die im Förderprogramm genannten Zahlen deutlich: Zu Zeiten der Sowjetunion verwendeten 286 Millionen Menschen Russisch als Staatssprache. Im Jahr 2005 lebten in den 14 ehemaligen Sowjetrepubliken außerhalb Russlands 140 Millionen Menschen, von denen nur noch 100 Millionen Russisch sprachen. Bis zum Jahr 2015 wird eine Halbierung dieser Zahl erwartet[24], zugleich sinkt das Niveau der Sprachkenntnisse (Programm Sprache: 7). Als Gefahr wird nicht nur das „Sinken des Prestiges Russlands in der Weltgesellschaft" (a.a.O.: 11) gesehen, sondern auch die Bedrohung der Rechte der russischen Minderheiten im Ausland. Nach dem Zerfall der Sowjetunion leben 20 Millionen ethnische Russen in den anderen Mitgliedsländern der Gemeinschaft Unabhängiger Staaten und im Baltikum, deren Muttersprache Russisch ist, zusätzlich zwei bis drei Millionen russischsprachige Personen aus anderen ethnischen Gruppen. Die Kinder dieser Familien sprechen häufig kein Russisch mehr, weil es für sie neben der Hauptsprache im Land zur Fremdsprache geworden ist. Das führt langfristig, so fürchtet Moskau, zu einer Bedrohung der Bedeutung der russischen Sprache.

Das *Föderale Programm* umfasste drei große Zielsetzungen: Die Förderung der russischen Sprache in Russland, die Förderung der russischen Sprache als Integrations- und Kommunikationsinstrument in der Gemeinschaft Unabhängiger Staaten sowie die Förderung des „vollberechtigten Eintritts" Russlands in den weltweiten politischen, ökonomischen, kulturellen und Bildungsraum (a.a.O.: 2). Der regionale Schwerpunkt lag auf der Gemeinschaft Unabhängiger Staaten und den baltischen Staaten. Für die Arbeit in diesen Ländern wurden konkrete Erfolgsindikatoren definiert.[25] Zur Umsetzung gehörten u.a. Veranstaltungen wie Festivals, Wettbewerbe, Olympiaden, Feste, Tage der russischen Sprache sowie Bildungs- und Buchmessen, die Lehrmittelproduktion, die Einrichtung eines Internetportals zur russischen Sprache für Ausländer, die materielle und technische Ausstattung für die Bibliotheken der Zentren der russischen Sprache im Ausland sowie die Unterstützung der Arbeit der Internationalen Assoziation der Lehrenden der russischen Sprache und Literatur[26] (a.a.O.: Anhang 3). Die Gesamtsumme des Förderprogramms umfasste in fünf Jahren ca. 44 Millionen Euro[27], von denen etwa die Hälfte

22 (Programm Sprache) Federalnaja celevaja programma „Russkij jazyk (2006–2010 gody)". Utverždena postanovleniem Pravitel'stva Rossijskoj Federacii ot 20 dekabrja 2005 g. No.833.

23 http://rs.gov.ru/taxonomy/term/184 (September 2014).

24 In Litauen z.B. sprachen im Jahr 2005 80 Prozent der älteren und mittleren Generation Russisch, aber nur 13 Prozent der unter 15-Jährigen.

25 So sollte z.B. der Bevölkerungsanteil, der die russische Sprache beherrscht, von 15 Prozent (2005) auf 40 Prozent (2010) erhöht werden, der Bevölkerungsanteil, der eine russischsprachige Ausbildung erhält, von 3 Prozent auf 25 Prozent, die Versorgung mit russischsprachigen Fernseh- und Radiosendern von 45 Prozent auf 90 Prozent (Programm Sprache: 6 und Anhang 1, 3).

26 Russ. „Meždunarodnaja associacija propodavatelej russkogo jazyka i literatury".

27 Wechselkurs Dezember 2008, vgl. auch Fußnote 17.

auf die internationale Arbeit entfiel, und davon wiederum etwa die Hälfte auf die Länder der Gemeinschaft Unabhängiger Staaten.

Zu den ergänzenden Maßnahmen zur Förderung der russischen Sprache gehören „Jahre der russischen Sprache“, die auf Vorschlag des Außenministeriums durchgeführt werden. Die Veranstaltungen in den einzelnen Ländern werden von den dortigen Russischen Zentren in Kooperation mit lokalen Partnern koordiniert[28] und überwiegend von Förderern und Sponsoren aus dem jeweiligen Gastland finanziert. Bisher gab es solche Jahre 2006 in China, 2009 in Indien, 2010 in Frankreich, 2011 in Spanien, 2012 in Deutschland und 2013 in den Niederlanden. Zusätzlich gab es 2007 ein weltweites Jahr mit ca. 1.000 Veranstaltungen (davon ca. 50 in Deutschland).

## 5. Die Föderalen Förderprogramme Kultur Russlands (2006–2010) und (2012–2018)

Zu den kulturpolitischen Zielen des Kulturministeriums zählt neben innenpolitischen Zielen wie der Bewahrung des kulturellen Erbes, der Ausbildung im Kulturbereich und der Entwicklung der Kulturwirtschaft auch die „Integration in den weltweiten Kulturprozess“. Das Föderale Förderprogramm *Kultur Russlands (2006–2010)*[29] nennt unter seinen Zielsetzungen die „Stärkung des Einflusses der russischen Kultur auf den weltweiten kulturellen Prozess, Stärkung der weltweiten kulturellen Beziehungen, Nutzung der Erfahrung ausländischer Staaten für die Entwicklung der russischen Kultur“ (Programm Kultur 2005: 4). Der Zugang von Produkten der russischen Kultur (Filme, Literatur und Kunst) zum Weltmarkt soll durch staatliche Förderung und „staatlichen Protektionismus“ unterstützt werden (a.a.O.: 7).

Aus dem Gesamtbudget des Programms für die Jahre 2006 bis 2010 waren jeweils Teile für die internationale kulturelle Zusammenarbeit, für Gastspiele führender russischer Theater- und Musikensembles im Ausland, für die Förderung der internationalen Positionierung russischer Filme und für die Durchführung von internationalen Messen und Ausstellungen eingeplant, ferner auch erhebliche Summen für die Durchführung internationaler Festivals und Ausstellungen in Russland und für internationale Zirkusfestivals. Dieses Programm wird für 2012–2018 fortgesetzt[30]. In diesem Zeitraum ist eine Erhöhung der Zahl kultureller Veranstaltungen geplant, ferner mehr Veröffentlichungen russischer Literatur in europäischen Staaten und eine erhöhte Förderung des Exports russischer Filme sowie russischer Bibliotheken und russischer Schulen im Ausland. Die Reihe von Russlandjahren in einzelnen Ländern soll fortgesetzt werden. Bisher fanden sie in Bulgarien, Frankreich, Spanien, Italien, Deutschland, den Niederlanden und Großbritannien (2014 – hier allerdings schon von Protesten wegen der Ukrainekrise begleitet) statt. Für 2015 ist ein solches Jahr in Polen geplant.

---

28 In Deutschland z.B. vom Russischen Haus der Wissenschaft und Kultur in Berlin gemeinsam mit dem Deutsch-Russischen Forum e.V.

29 (Programm Kultur) Federal'naja celevaja programma „Kultura Rossii (2006–2010 gody)“.

30 http://fcpkultura.ru/new.php?id=9 (September 2014).

## 6. Programme für Bildung und Jugend

Im Unterschied zu den Förderprogrammen Sprache und Kultur hat das Föderale Förderprogramm *Entwicklung der Bildung 2006–2010*[31] wie auch die Fortsetzung 2011–2015 keine internationale Ausrichtung. Der internationale Austausch zwischen Schulen und Hochschulen sowie die Zusammenarbeit in Wissenschaft und Forschung sind über eine Vielzahl von bilateralen Abkommen geregelt[32]. Mit einzelnen Ländern wurden wechselseitige Austauschprogramme aufgelegt, die vom Ministerium für Bildung und Wissenschaft kofinanziert werden[33]. 2002 wurde eine Konzeption für die staatliche Politik Russlands „im Bereich der Ausbildung nationaler Kader ausländischer Staaten an russländischen Bildungseinrichtungen“[34] verabschiedet, die sich im Wesentlichen auf die Länder der Gemeinschaft Unabhängiger Staaten konzentriert. 2012 wurde ein Stipendienprogramm für den Studentenaustausch angekündigt, das die bisherige Zahl von etwa 10.000 jährlich an internationale Studenten vergebenen Stipendien auf 20.000 erhöhen soll.[35] 2012/13 verzeichneten die russischen Universitäten 250.000 ausländische Studenten, davon 40.000 aus russischen Mitteln (mit-)finanziert (Russian Soft Power 2.0 2013: 15), die meisten aus den Partnerländern der Gemeinschaft Unabhängiger Staaten sowie aus China, Indien, der Mongolei und einigen südasiatischen Ländern. Aus Deutschland kamen 1.300 Studenten.

## 7. Public Diplomacy

Nach den in den Konzeptionen für die Außenpolitik von 2008 und 2013[36] deutlich werdenden Prioritäten hat Russland seine Bemühungen in Public Diplomacy in den vergangenen Jahren auf verschiedenen Ebenen verstärkt. Danach soll die weltweite Öffentlichkeit über Russlands Positionen aufgeklärt und die öffentliche Meinung zugunsten Russlands beeinflusst werden. Dafür bringt Russland jährlich etwa 1 Milliarde US-Dollar auf (Pörzgen 2014: 64)[37]. Wichtigster und bislang erfolgreichster Schritt dazu war der Ausbau des 2005 gegründeten Auslandsfernsehkanals Russia Today. Mit ihm will Russland „das Monopol der angelsächsischen Medien brechen“ (Zitat Putin von 2013, siehe Pörzgen 2014: 65). Sendesprachen sind Englisch, Arabisch, Spanisch und seit November 2014 auch Deutsch. Mit 2.300 Mitarbeitern weltweit, 20 Büros und einem Haushalt von 300-400 Millionen US-Dollar (a.a.O.) erreicht der Sender angeblich inzwischen 630 Millionen Zuschauer (a.a.O.). Speziell für die USA wurde 2010 mit der Ausstrahlung von RT America begonnen. Russia Today ist Teil des Medienunternehmens Rossija Segodnja („Russland Heute“), zu dem ferner eine Nachrichtenagentur, der Auslandsrundfunksender Stimme Russlands und die Videoagentur Ruptly gehören (siehe den sehr kritischen Beitrag dazu in der Zeitschrift *Osteuropa*, Pörzgen 2014: 65 ff.). Die Zeitung

31 Federal’naja celevaja programma razvitija obrazovanija na 2006–2010 gody. Utverždena postanovleniem Pravitel’stva Rossijskoj Federacii ot 23 dekabrja 2005 g. No.803.

32 Auflistung unter http://www.mon.gov.ru/work/mez/dok/1075/ (September 2014).

33 In den deutsch-russischen Beziehungen z.B. das "Immanuel Kant"-Programm und das "Michail Lomonosov"-Programm in Kooperation mit dem DAAD.

34 Koncepcija gosudarstvennoj politiki Rossijskoj Federacii v oblasti podgotovki nacional’nych kadrov dlja zarubežnych stran v rossijskich obrazovatel’nych zavedenijach. Odobrena Prezidentom Rossijskoj Federacii V.V. Putinym 18 otkjabrja 2002 g.

35 http://ria.ru/edu_news/20120903/741830762.html (September 2014).

36 http://www.mid.ru/brp_4.nsf/0/6D84DDEDEDBF7DA644257B160051BF7F (September 2014).

37 Vgl. die Anmerkung zu den finanziellen Mitteln in Fußnote 17.

*Rossijskaja gazeta* produziert eine Zeitungsbeilage *Russia beyond the Headlines*, die in 16 Sprachen übersetzt in mehr als 20 Ländern erscheint, in Deutschland unter dem Titel *Russland Heute* als monatliche Beilage zur Süddeutschen Zeitung (a.a.O.: 68 ff.). Ein besonders aufwendiger Ansatz zur Beeinflussung des Russlandbildes im Ausland läuft – sehr intransparent – über zahlreiche Werbeagenturen (Pörzgen stellt dies sehr kritisch zusammen, a.a.O.: 72-78; siehe auch Finn 2008).

## 8. Versuch einer Bewertung

Die Auswärtige Kulturpolitik Russlands ist noch wenig erforscht. Eine umfassende Analyse fehlt. Der Beitrag über die russische Auswärtige Kulturpolitik musste sich daher im Wesentlichen auf relevante Dokumente der russischen Regierung und einige kleinere Publikationen aus der jüngeren Zeit stützen, die aber noch nicht sehr tiefgehend sind. Vieles ist deshalb eher deskriptiv.

Russland versucht, das Bild eines Landes aufzubauen, das nicht mehr den europäischen, sondern den „eurasischen Weg" geht. Dies wird nicht nur aus der Gründung der Eurasischen Wirtschaftsunion, sondern auch aus dem Entwurf einer neuen Kulturkonzeption deutlich, die der russische Kulturminister Vladimir Medinski im April 2014 in die russische Presse lanciert hat. Darin wird die Absicht verkündet, dem Land einen „kultur-zivilisatorischen Code" zu geben, der „Weltanschauung, öffentliches Bewusstsein und Verhaltensregeln" der Nation prägen soll (Boutsko 2014: 1). Russland versucht, ein „alternative narrative" zum Westen anzubieten, als Verteidiger konservativer und christlich-fundamentalistischer Werte (Tafuro 2014: 2 f.; Laruelle 2014: 1 f.).

Russland möchte ferner eine „russische Welt" im Sinne eines einheitlichen Sprach-, Bildungs- und Kulturraumes aufbauen, in der das Land die unangefochtene, nicht infrage gestellte Alleinmacht ist, sozusagen als weltweites Zentrum des „Russisch-Seins" und als normative Macht seiner Region. Hierfür werden nach dem eigenen Selbstverständnis durchaus Instrumente der Soft Power mit denen der Hard Power vermischt. Auf der einen Seite wird gegenüber den Partnerländern eine Politik des offenen Landes und internationalen Arbeitsmarktes verfolgt, werden Auslandsrussen bestimmter Länder auf Antrag russische Pässe ausgestellt (*Passportisation Strategy*, z.B. Abchasien, Südossetien, Transnistrien, Armenien, siehe Tafuro 2014: 5), auf der anderen aber wird auch rasch mit Handelsbeschränkungen, Gastarbeiterausweisungen und Finanzmittelentzug gedroht (a.a.O.) – oder sogar (siehe Transnistrien, Georgien, Ukraine) die Militärmaschine in Gang gebracht.

Der autoritäre innenpolitischen Kurs und enttäuschte Modernisierungsversprechen (Pörzgen 2014: 79) führen aber in Partnerländern zu Frust und Widerstand. Und im Ausland außerhalb der „russischen Welt" fehlt für viele Beobachter die nach Simon Anholt wichtigste Ressource eines positiven Russlandbilds: Vertrauen – in die Menschen, die Institutionen, Regierung, Gesetzgebung, Gesellschaft, Produkte und Dienstleistungen (Anholt 2013; Pörzgen 2014: 86). Russland nutzt Presse und PR, ohne aber zugleich ein Verständnis für die Rolle einer kritischen Öffentlichkeit und für das Selbstverständnis von westlichen Journalisten zu haben (Pörzgen 2014: 85). Ob deshalb aus dem hohen Einsatz institutioneller, personeller und finanzieller Ressourcen im Ausland in absehbarer Zeit ein tragfähiges und glaubwürdiges Russlandbild entstehen wird, ist zu bezweifeln. Russland wird im *Soft-Power-Ranking* deshalb vorläufig eher nicht „aufsteigen".

# 7. Forschung und Lehre

## 7.1 Kein Stiefkind mehr – Die Auswärtige Kulturpolitik in Forschung und Lehre

*Gerd Ulrich Bauer*

Seit ihren Anfängen vor gut sechzig Jahren hat an den Hochschulen im deutschsprachigen Raum die wissenschaftliche Begleitung außenkulturpolitischer Praxis bislang weder zur Herausbildung eines theoretisch und methodisch ausgeprägten Forschungsbereichs noch zur Entwicklung spezialisierter Studiengänge oder wissenschaftlicher Weiterbildungsangebote geführt. Vielmehr widmet sich ein breites Spektrum an Fächern und interdisziplinären Arbeitsschwerpunkten ausgewählten Aspekten der internationalen Beziehungen auf den relevanten Gebieten Kultur, Kunst, Sport, Bildung, Wissenschaft und Forschung, ohne dass sich (über vereinzelte Cluster hinaus) bislang ausgesprochene Wissenschaftszentren herausgebildet hätten.[1] Wenn lediglich auf die Quantität bspw. der einschlägigen wissenschaftlichen Veröffentlichungen geschaut wird – erschließbar über den entsprechenden Sammlungsschwerpunkt der Bibliothek des Instituts für Auslandsbeziehungen (siehe den Beitrag von Gudrun Czekalla im vorliegenden Band) – und keine weiteren Indikatoren hinzugezogen werden, entsteht ein allzu optimistisches Bild.

Dabei existiert durchaus so etwas wie ein wissenschaftlicher „Kanon" zur bundesdeutschen Auswärtigen Kulturpolitik. Die frühesten Untersuchungen zu diesem Teilbereich der Außenpolitik und der internationalen Beziehungen sind in den sechziger und siebziger Jahren entstanden (z.B. Emge 1967, Abelein 1968, Regnery 1973, Eberwein 1975, Düwell 1976). In den folgenden fünf Jahrzehnten sind vor allem aus den Geschichts-, Sozial- und Politikwissenschaften vielfältige Forschungsarbeiten zu diesem heterogenen Handlungsfeld hervorgegangen. Doch ungeachtet der bisherigen Forschungsbemühungen und der wissenschaftlichen Diskussionen innerhalb der beteiligten Einzeldisziplinen ist es bislang nicht zur Herausbildung eines eigenständigen, nach außen hin konturierten Forschungsschwerpunkts oder gar einer (Teil-)Disziplin samt zugehöriger Theorien und Methoden gekommen. Ebenso wenig hat sich ein interdisziplinärer Forschungsbereich zur Theorie und Praxis Auswärtiger Kulturpolitik herausgebildet. Und auch bei den Forschungsarbeiten, die den genannten „Fachkorpus" umfassen, handelt es sich bestenfalls um randständige Beiträge und Diskurse innerhalb der zugehörigen Bezugswissenschaften.

Ein Überblick der akademischen Lehre im deutschsprachigen Hochschulraum offenbart ein vergleichbares Bild: Einschlägige Themen der Auswärtigen Kulturpolitik bzw. der internationalen Beziehungen in den genannten Gesellschaftsbereichen sind in politik- und sozialwissenschaftlichen Fachdiskursen bislang randständig und somit kaum in bestehende Lehrangebote integriert. Eine Folge aus der attestierten Randständigkeit ist, dass der wissenschaftliche Nachwuchs in potenziellen (sozial-, politik- oder kulturwissenschaftlichen) Leitdisziplinen einer auf die Auswärtige Kulturpolitik fokussierten Forschung schwerlich motiviert wird, sich auf dieses

1 In jüngster Zeit hat sich am Institut für Kulturpolitik der Universität Hildesheim mit dem 2012 eingerichteten „UNESCO Chair Cultural Policy for the Arts in Development" ein Kristallisationspunkt auch für internationale Kulturpolitik-Forschung entwickelt. Im Zentrum stehen an dieser Institution gesellschaftliche Entwicklungsprozesse innerhalb und durch die Künste, Fragen des kulturpolitischen Handelns zwischen den Künsten, in gesellschaftspolitischen Prozessen und im Rahmen der internationalen Zusammenarbeit. In der akademischen Lehre finden sich entsprechende Schwerpunkte vor allem im Master-Studiengang „Kulturvermittlung".

wissenschaftliche (Teil-)Gebiet zu spezialisieren, indem beispielsweise nach einer einschlägigen Studienabschlussarbeit (Magister, Diplom bzw. Master) zusätzlich eine thematische Promotion angestrebt wird. Akademische Karrierechancen für Postdoktoranden sind zum gegenwärtigen Zeitpunkt überhaupt nicht in Sicht.

## Impulse zur Förderung einer fokussierten Forschung

Im Herbst 2002 stellten sich die Teilnehmer eines Workshops am Institut für Auslandsbeziehungen die Frage, ob Auswärtige Kulturpolitik ein „Stiefkind der Forschung" sei.[2] Vertreter der Mittlerorganisationen und des Auswärtigen Amtes sowie Wissenschaftler aus einschlägigen Disziplinen und Fachzusammenhängen diskutierten erstmals über den Stellenwert der deutschen Außenkulturpolitik und des internationalen Kulturaustauschs in der deutschen Forschungslandschaft. Experten aus Forschung und Kulturpolitik attestierten der Auswärtigen Kulturpolitik ein gewisses Theoriedefizit und zeigten zugleich Perspektiven für eine effektive Verknüpfung von Wissenschaft und Politik auf. Obgleich der Durchbruch noch auf sich warten lässt, hat dieser Workshop doch eine Entwicklung in Gang gesetzt, die der Auswärtigen Kulturpolitik(-Forschung) sowohl in der Wissenschaft als auch in der Politik eine gesteigerte Aufmerksamkeit beschert hat. Zu verzeichnen ist eine stärkere Institutionalisierung des Dialogs zwischen Wissenschaft, kulturpolitischen Organisationen und Politik. Wichtige Effekte sind dabei neben dem Informationsaustausch vor allem eine Bündelung und Vernetzung von Aktivitäten. Als weiterer Effekt lässt sich feststellen, dass die überaus fragmentierte Forschungslandschaft sichtbarer und die vorliegenden (häufig unveröffentlichten[3]) Studien vielfach zugänglich geworden sind.

## Forscher-Praktiker-Dialog: institutionelles Netzwerk und Fachkonferenzen

Aus der Erfahrung des „Stiefkind"-Workshops wurde 2004 am Stuttgarter Institut für Auslandsbeziehungen ein Wissenschaftlicher Initiativkreis Kultur und Außenpolitik (WIKA) gegründet. Der Initiativkreis bindet Hochschullehrer und Nachwuchswissenschaftler verschiedener Disziplinen mit Persönlichkeiten aus der kulturpolitischen Praxis und Vertreter der einschlägigen Mittlerorganisationen der deutschen Auswärtigen Kulturpolitik sowie der Abteilung Kultur und Kommunikation des Auswärtigen Amtes in einen kontinuierlichen Wissensaustausch und Fachdialog ein. Übergeordnete Ziele der Initiative liegen darin, Hochschullehrer und Nachwuchswissenschaftler mit „Praktikern" aus den kulturpolitischen Organisationen zusammenzuführen, ferner die Themen Internationale Bildungspolitik, Kultur und Entwicklung, Außenkulturpolitik usw. in Forschung und Lehre zu fördern und schließlich Studierende sowie wissenschaftlichen Nachwuchs für eine einschlägige (fachspezifische oder interdisziplinäre)

2 Zur Dokumentation des Workshops vgl. http://www.ifa.de/kultur-und-aussenpolitik/forschung/wika/tagungen.html (September 2014).

3 Interessant ist in diesem Zusammenhang die Beobachtung, dass in zunehmendem Umfang Studienarbeiten, deren Veröffentlichung institutionell nicht vorgesehen ist, insbesondere studienbegleitend erstellte Hausarbeiten sowie Bachelor- und Masterarbeiten, von den Verfassern in einschlägigen Print-on-Demand-„Verlagen" veröffentlicht und damit auf dem Buchmarkt verfügbar werden. Tendenziell problematisch ist diese Entwicklung aufgrund der häufig mangelhaften wissenschaftlichen Reife der betreffenden Studien sowie durch das Fehlen von Mechanismen der Qualitätssicherung (Lektorat, Begutachtung oder *Peer Review*).

Spezialisierung zu gewinnen.[4] Strukturell bildet der Wissenschaftliche Initiativkreis ein interdisziplinäres Forscher-Praktiker-Netzwerk zu den Bereichen (Außen-)Politik, Kunst, Kultur und Bildung. Sein Vorstand wird aus dem Kreis der Mitglieder gewählt, und die Aktivitäten des Initiativkreises werden von einer am ifa angesiedelten Geschäftsstelle koordiniert. Diese versendet alle zwei Monate einen (digitalen) *Informationsbrief* mit Informationen, Nachrichten, Veranstaltungshinweisen, einer Literaturliste der Neuerwerbungen der Bibliothek des Instituts für Auslandsbeziehungen und Buchtipps.[5] Seit seiner Gründung hat der Wissenschaftliche Initiativkreis Kultur und Außenpolitik überzeugend dargelegt, dass die wissenschaftliche Begleitung und Erforschung der (deutschen) Auswärtigen Kulturpolitik eine fächerübergreifende Querschnittsaufgabe ist und dass die Institutionalisierung des interdisziplinären Netzwerks entscheidend zur Aufwertung dieses Spezialgebiets beiträgt.

Zur Sichtbarkeit des ergiebigen Forschungsfelds trägt auch der jährlich verliehene „ifa-Forschungspreis Auswärtige Kulturpolitik" in erheblichem Maße bei (s. den Beitrag von Gudrun Czekalla im vorliegenden Band unter 7.2). Ebenfalls im engen institutionellen Zusammenhang steht das seit 2010 etablierte Forschungsprogramm „Kultur und Außenpolitik" des Instituts für Auslandsbeziehungen.[6] Es bietet Nachwuchswissenschaftlern jeglicher Fachrichtung die Möglichkeit, als „Expertinnen und Experten" zu jährlich ausgeschriebenen aktuellen Themen der Auswärtigen Kulturpolitik zu arbeiten. Ziel dieser drei- bis sechsmonatigen Forschungsprojekte ist es, wissenschaftliche Erkenntnisse zu aktuellen Themen für die Akteure der Auswärtigen Kulturpolitik aufzuarbeiten und Handlungsempfehlungen für künftige außenkulturpolitische Maßnahmen zu formulieren.

Mit seinen Förderinstrumenten hat das Institut in jüngerer Zeit die Grundlagen geschaffen, um sich im Spektrum der Mittlerorganisationen als „Kompetenzzentrum für Auswärtige Kultur- und Bildungspolitik" zu etablieren. Es wird dabei von Universitäten, Mittlerorganisationen, Medien- und Wirtschaftspartnern gleichermaßen unterstützt, die dem Institut in beratender Funktion, bei der Organisation von Fachtagungen sowie bei der Veröffentlichung wissenschaftlicher Publikationen als Kooperationspartner zur Seite stehen.

Seitdem die deutsche Auswärtige Kulturpolitik Anfang der siebziger Jahre in Politik, Wissenschaft und Öffentlichkeit verstärkt Aufmerksamkeit erfahren hat, wurden diesem Themengebiet mehrere Konferenzen, Dialogveranstaltungen und Workshops gewidmet. Einige dieser Veranstaltungen sind in gedruckter Form dokumentiert, wodurch sich die betreffenden Diskurse und Entwicklungen auch über den unmittelbaren Teilnehmerkreis hinaus sowie aus einer zeitlichen Distanz nachvollziehen lassen. Für das erste Vierteljahrhundert nach der konzeptionellen Neuausrichtung ab 1970 verdienen vor allem die folgenden (dokumentierten) Veranstaltungen Erwähnung: die „Arbeitstagung Auswärtige Kulturpolitik" des Literarischen Colloquiums Berlin (Mai 1971), die Tagung „Internationale Kulturbeziehungen – Brücke über Grenzen" (Symposium 80, Mai 1980), das Kolloquium „Dialog oder Selbstdarstellung" der Evangelischen Akademie Loccum (September 1987) sowie die Weimarer Jahrestagung der Deutschen Nationalstiftung (April 1996), zu der die Dokumentation *Wozu deutsche auswärtige*

4 Wie bereits festgestellt, sind einschlägige wissenschaftliche Abschlussarbeiten zur (deutschen Auswärtigen Kulturpolitik) in den forschungsorientierten Disziplinen bislang eher randständig. Eine Auswertung der vom Institut für Auslandsbeziehungen kumulierten Abschlussarbeiten zur Auswärtigen Kulturpolitik belegt jedoch eindrücklich, dass es sich um ein wachsendes Forschungsfeld handelt. An vielen Hochschulen entstehen auch Dissertationen zur Auswärtigen Kulturpolitik, wie sich durch die Sammlungstätigkeit der Bibliothek belegen lässt.

5 Im Internet unter http://www.ifa.de/kultur-und-aussenpolitik/forschung/wika/informationsbrief.html (September 2014).

6 http://www.ifa.de/kultur-und-aussenpolitik/forschung/forschungsprogramm.html (September 2014).

*Kulturpolitik?* vorliegt (Schmidt et al. 1996). Bei den genannten Fachveranstaltungen handelte es sich jedoch um Einzelinitiativen, ohne dass der begonnene Austausch zwischen institutionellen Trägern und Wissenschaftseinrichtungen – etwa im Sinne einer systematischen Begleitforschung der kulturpolitischen Praxis oder eines „Forscher-Praktiker-Dialogs" – weiter ausgebaut wurde.

Seit der Jahrtausendwende widmet das Auswärtige Amt als zentraler bundespolitischer Akteur und Förderer der Auswärtigen Kulturpolitik dem Dialog mit institutionellen Akteuren, mit Repräsentanten aus Wissenschaft und Forschung sowie mit der Öffentlichkeit eine höhere Aufmerksamkeit.[7] Über dieses neuerliche Interesse hinaus hat sich der Wissenschaftliche Initiativkreis Kultur und Außenpolitik die von allen Beteiligten des „Stiefkind"-Workshops gewünschte Verstetigung des Forscher-Praktiker-Dialogs zur Aufgabe gemacht und organisiert seit 2005 jährliche Workshops zu wechselnden Teilaspekten internationaler Kulturbeziehungen sowie ein Kolloquium zur Vorstellung und Diskussion von Forschungsarbeiten von Examenskandidaten und Promovierenden.[8]

Der Bereich „Dialogforen" des Instituts für Auslandsbeziehungen konzipiert und moderiert Begegnungs-, Dialog- und Konferenzprogramme zu aktuellen kulturpolitischen Themen, vor allem zum interkulturellen Dialog, zu den sozialen Menschenrechten, zur Medienpolitik sowie zu nachhaltiger Entwicklung. In Abstimmung mit den außenkulturpolitischen Zielen der Bundesregierung stehen der Dialog der Zivilgesellschaften, die Kommunikation deutscher Kultur und Politik im Ausland sowie der moderierte Dialog zwischen Staat(en) und Zivilgesellschaft(en) im Aus- und Inland im Fokus der initiierten Programme, darunter die jährlichen „Stuttgarter Schlossgespräche" mit Experten aus Politik, Gesellschaft, Kultur und Wissenschaft. Die Veranstaltungen werden umfassend auf der Website (www.ifa.de) dokumentiert.

## Studiengänge und Lehrangebot in Deutschland

Die Förderung des Lehrangebots zur Auswärtigen Kulturpolitik ist eine wichtige Zukunftsausgabe. Von 2003 an dokumentierte das Institut für Auslandsbeziehungen auf seiner Website einschlägige Lehrangebote im deutschsprachigen Hochschulraum und belegte damit eindrucksvoll die Vielfalt der angebotenen Themen und der fachspezifischen Zugänge, überwiegend in

7 Vgl. hierzu v. a. die Fachtagungen „Europe – An Union of Culture? Foreign Cultural Policy in the Enlarged European Union" (2003, gemeinsame Konferenz mit dem Institut für Auslandsbeziehungen und der Universität Konstanz), „Menschen bewegen – Kultur und Bildung in der deutschen Außenpolitik" (Auswärtiges Amt 2007a) sowie „Menschen bewegen – Kulturpolitik im Zeitalter der Globalisierung" (Auswärtiges Amt 2009). Vgl. weiterhin die Tagungen „Kultur und globale Entwicklung" (Deutscher Entwicklungsdienst/ Internationale Weiterbildung und Entwicklung gemeinnützige GmbH/Institut für Auslandsbeziehungen 2010), „Digitale Diplomatie in autoritären Regimen – Chancen und Herausforderungen" (Institut für Auslandsbeziehungen/Deutsche Welle 2011), „Kultur. Markt. Entwicklung. Impulse aus der Kreativwirtschaft für die internationale Zusammenarbeit" (Deutsche Welle 2012) sowie „Kultur in der Außenpolitik der Europäischen Union (Culture in EU External Relations)" (Europäische Kommission 2014). Siehe auch Anm. 8.

8 Die bisherigen Themen waren: „Kultur und Konfliktprävention. Bestandsaufnahme zum Stand der wissenschaftlichen Diskussion" (Bonn 2005), „Evaluation in der Auswärtigen Kulturpolitik" (Saarbrücken 2006), „Der Beitrag der Hochschulen zum euro-islamischen Dialog" (Karlsruhe 2007), „Europäische Integration als Herausforderung Auswärtiger Kulturpolitik" (Hildesheim, 2008), „Kultur und Entwicklung" (Bonn 2009), „ Bildung, Kultur(en), Außenpolitik " (Bayreuth, 2010), „Migration der Künste – Künste der Migration" (Tübingen 2011), „Fort- und Weiterbildung für Akteure der Auswärtigen Kultur- und Bildungspolitik" (Dresden 2012), „Kulturelle Faktoren von Geopolitik" (Karlsruhe 2013) sowie „Zurück in die Zukunft? Auswärtige Kultur- und Bildungspolitik in Europa zwischen Renationalisierung und Globalisierung" (Berlin 2014). Informationen und Dokumente finden sich online unter http://www.ifa.de/kultur-und-aussenpolitik/forschung/wika/tagungen.html (September 2014).

den Geisteswissenschaften. Hinzu kommen Fachveranstaltungen für Doktoranden in strukturierten Promotionsprogrammen. Fachliche Kristallisationspunkte finden sich in den Politikwissenschaften, im Bereich Deutsch als Fremd- und/oder Zweitsprache und Interkulturelle Germanistik, im weiteren Umfeld von Kulturpolitik, von Kultur und Medien bzw. von Kulturmanagement-Studiengängen, in Regionalstudien und schließlich in den Geschichtswissenschaften.[9] Lehrveranstaltungen bzw. Module umfassen neben politologischen Einführungsseminaren, die einzelne Sitzungen der Auswärtigen Kulturpolitik bzw. *Cultural Diplomacy* widmen, vor allem Übersichts- und Spezialseminare mit vielfältigen, fachdisziplinären Schwerpunktsetzungen. Erschwert wurde die vom Institut für Auslandsbeziehungen initiierte Zusammenschau durch den Umstand, dass sich der spezifische Themenbezug vielfach nicht allein über Seminartitel, sondern erst über die betreffenden Lehrinhalte (Modulhandbücher) erschloss. Dabei wurden Lehrveranstaltungen zur internationalen Mobilität und Austauschforschung, zur interkulturellen Kommunikation und Kompetenz, zu kultureller Identität, Migration und Kulturwandel, zur Differenztheorie und Fremdwahrnehmung in die jeweiligen Fachtheorien und Diskurse eingebunden. Leider hat das Institut für Auslandsbeziehungen dieses besondere (aber auch rechercheaufwendige) Informationsangebot kürzlich einstellen müssen.

Die deutsche Hochschullandschaft unterliegt seit der Jahrtausendwende einschneidenden Veränderungsprozessen („Bologna-Prozess") mit weitreichenden Auswirkungen sowohl auf Lehre als auch Forschung. Die europaweite Reform des tertiären Bildungssektors hat überdies auch arbeitsmarktpolitische Auswirkungen, indem berufsqualifizierende Elemente und der Praxisbezug etablierter (Fach-)Studien einer Revision unterzogen werden. Vor diesem Hintergrund wurden an vielen deutschen Hochschulen in den Geisteswissenschaften komplexe interdisziplinäre Studienmodelle entwickelt, die zu den „herkömmlichen" fachbezogenen Studiengängen in Konkurrenz treten. Mit Blick auf das Interessengebiet Auswärtige Kulturpolitik werden heute integrierte Studiengänge im (berufsqualifizierenden) Bachelor- und im (fachlich-wissenschaftlichen) Master-Studium angeboten, die ein Studium der gesellschaftlichen Systeme Kultur, Politik, Ökonomie und Recht mit ausgewählten regionalen Perspektiven verknüpfen (häufig auf einen Sprach- oder Kulturraum bezogen als „Europastudien", „Frankreichstudien" usw.). Solche Studiengänge sind anschlussfähig an einschlägige Themen der internationalen Kultur- und Bildungspolitik. Die im Zuge der Studienreformen entstanden neuen Fachgebiete bzw. Studiengänge eröffnen ihren künftigen Absolventen perspektivische Berufsfelder in den Bereichen internationaler Zusammenarbeit.[10]

Dabei hat Kurt-Jürgen Maaß (2003c) zu Recht auf eine fehlende Abstimmung des (berufsbezogenen) Lehrangebots mit den Erfordernissen der Berufspraxis und insbesondere den Anforderungen der kulturpolitischen Mittlerorganisationen und anderer Institutionen hingewiesen. Der internationale Kulturaustausch benötige zugleich theoretische und wissenschaftliche Kom-

9 Vgl. auch die Studienangebote „Denkmalpflege / Heritage Studies" (Master of Arts, Otto-Friedrich-Universität Bamberg / Hochschule Coburg), „World Heritage Studies" (Master of Arts, Brandenburgische Technische Universität Cottbus-Senftenberg), „Kulturmanagement und Kulturtourismus" (Master of Arts, Europa-Universität Viadrina Frankfurt/Oder), „Deutsch-Französischer Doppel-Master Kulturvermittlung / Médiation Culturelle de l'Art" (Master of Arts, Universität Hildesheim / Aix Marseille Université), oder etwa regionalwissenschaftliche Angebote wie „Sprach- und Kulturwissenschaften des Vorderen Orients" (Master of Arts, Philipps-Universität Marburg). Die genannten Studienmodelle umfassen entweder spezialisierte Lehrangebote zu (außen-)kulturpolitischen Akteuren, Instrumenten, Programmen usw. oder entsprechende Module im Wahlpflichtbereich.

10 Die in den Studiendokumenten avisierten Berufsfelder sind dabei kritisch auf die Probe zu stellen, etwa durch qualitativ und langfristig angelegte „Alumni-Studien". Die „Beschäftigungs-" bzw. „Berufsbefähigung" der Absolventen stellen zu Recht ein Qualitätskriterium insbesondere bei der Evaluierung und Akkreditierung der neuen Studienangebote dar.

petenzen, Kenntnisse auf den Gebieten der Rechts- und Wirtschaftswissenschaften und nicht zuletzt Managementfertigkeiten sowie interkulturelle Sensibilität und Kompetenzen. Auch wenn bislang kein derart breites akademisches „Ausbildungs"-Angebot realisiert worden ist, erscheint die Zeit reif für eine entsprechende Initiative.

## Internationale Perspektiven für eine kooperative Forschung

Im weitläufigen „anglophonen Wissenschaftsraum" lässt sich die Forschung zur den Auswärtigen bzw. internationalen Kultur- und Bildungspolitiken der Staaten unter dem Schlagwort *Cultural Policy Research* lokalisieren. Diese Bezeichnung (auch in Verbindung mit der Qualifizierung „International", seltener mit dem Attribut „Foreign") umfasst dabei sowohl kulturpolitische Themen innerhalb eines Staates bzw. einer Gesellschaft als auch zwischenstaatliche und internationale Phänomene. Wichtiges Ereignis in der betreffenden Scientific Community ist die seit 1999 zweijährlich stattfindende Fachtagung „International Conference on Cultural Policy Research".[11] Hinter dieser steht kein Fachverband, sondern sie wird lediglich von einer koordinierenden Steuerungsgruppe sowie einem Netzwerk interessierter Personen und Institutionen ausgerichtet. Die Konferenz kooperiert mit dem *International Journal of Cultural Policy* (ehemals *The European Journal of Cultural Policy*, 1994–1997), das wiederum eng mit dem Centre for Cultural Policy Studies der University of Warwick (England) verbunden ist.[12] Obgleich sich dieses Periodikum primär auf „nationale" Kulturpolitik, auf Sport, Kreativindustrie und ähnliche gesellschaftliche Bereiche bezieht, finden sich in den Einzelausgaben auch Beiträge zu internationalen Themen. Neben kontrastiven, also Länder vergleichenden Analysen stehen beispielsweise medien- und kulturpolitische Studien zu internationalen Sportveranstaltungen (z.B. Olympische Spiele, siehe Garcia 2008) und anderen kulturellen Großereignissen, Abhandlungen zum Schutz intellektueller Rechte, zum Kulturellen und Welt-Erbe, zu Museen, Bibliotheken und zum Ausstellungswesen. Als einziges Periodikum im hier beschriebenen Themenfeld bietet das *International Journal of Cultural Policy* zugleich den Raum für die Darlegung und Reflexion einschlägiger Erhebungs- und Analysemethoden aus dem Spektrum der Kultur-, Medien- und Sozialwissenschaften, die sich in der Forschung zu (außen)kulturpolitischen Themen bewähren müssen.

Durch die Gründungsgeschichte der „International Conference on Cultural Policy Research" bedingt, bilden Beiträge skandinavischer Forscher zugleich den Kern der Veröffentlichungen im Journal. Publikationen deutscher Wissenschaftler sind hingegen (ebenso wie solche zur auswärtigen Dimension von Kulturpolitik) bislang unterrepräsentiert. Es steht zu hoffen, dass sich dies in absehbarer Zeit ändert, in dem Maße, wie sich die deutschen Forschungsaktivitäten und Diskurse auch für „auswärtige" Wissenschaften öffnen.[13]

---

11 Die Konferenz finden an wechselnden Standorten statt: Bergen/Norwegen (1999), Wellington/Neuseeland (2002), Montréal/Kanada (2004), Wien/Österreich (2006), Istanbul/Türkei (2008), Jyväskylä/Finnland (2010), Barcelona/Spanien (2012) sowie Hildesheim (2014).

12 http://www2.warwick.ac.uk/fac/arts/theatre_s/cp (September 2014).

13 Wichtige Impulse in diese Richtung setzte die International Conference on Cultural Policy Research, die im September 2014 an der Universität Hildesheim ausgerichtet wurde. Als Ausrichtungsort für die Folgekonferenz 2016 wurde die Republik Korea bestimmt.

## Ausblick

Das (u.a. forschungspolitische) Potenzial einer stärker kooperativen Forschung wurde bislang nicht gehoben. Dies ist umso erstaunlicher, wenn berücksichtigt wird, dass die einschlägigen Diskurse und Gegenstände sowie die sich aus ihnen erschließenden Fragestellungen vielversprechende Anknüpfungspunkte für Untersuchungen eröffnen, die zugleich Disziplinen übergreifend und handlungsrelevant sind. Der oben bilanzierte Anstieg bei den (mehr oder weniger) einschlägigen Studienangeboten in der deutschsprachigen Hochschullandschaft lässt hoffen, dass sich in absehbarer Zeit ein noch weiter spezialisiertes Studienangebot entwickeln wird, das sich schwerpunktmäßig mit „Internationaler Kulturarbeit", „Kulturbegegnung und -austausch" „Kulturdiplomatie" oder „Auswärtiger Kulturpolitik" befasst. Ein solches Angebot könnte gemeinsam von Sprach- und Literaturwissenschaften, Politikwissenschaften, Sozialwissenschaften oder auch Medien- und Kulturwissenschaften konzipiert werden. Von einem solchen interdisziplinären Projekt würden auch bedeutende Impulse für die aktuell stark auflebende Forschung ausgehen, etwa mit Blick auf eine effektive Methodendiskussion und die Entwicklung adäquater Evaluationsansätze. Es steht außer Frage, dass künftige Entwicklungen weit stärker als bisher auch internationale Kooperationspartner einzubeziehen haben. Denn nur dadurch kann der Interkulturalität gerecht werden, die im Handlungsfeld Kultur/Bildung und Außenpolitik wirksam wird.

## 7.2. Gewusst wo – Recherchieren in Literatur und Internet

*Gudrun Czekalla*

Die Bibliothek des Instituts für Auslandsbeziehungen ist die führende Spezialbibliothek zu Themen des internationalen Kulturaustauschs. Das Spektrum reicht von *Cultural Diplomacy* und *Soft Power* über Sprachenpolitik und Wissenschaftsbeziehungen bis zu interkultureller Kommunikation, nationalen Stereotypen und kultureller Länderkunde.

Die ifa-Bibliothek sammelt und erschließt inhaltlich sehr differenziert Bücher, Zeitschriften, Aufsätze, Graue Literatur und Internetquellen zu allen Fragen und Aspekten des Kulturaustauschs und der internationalen Kulturbeziehungen. Sie ist Depositbibliothek für die Publikationen der Goethe-Institute im Ausland. Die ifa-Bibliothek ist öffentlich zugänglich und an den nationalen und internationalen Leihverkehr der Bibliotheken angeschlossen.

Für einen ersten und zugleich umfassenden Einstieg in das Thema Auswärtige Kulturpolitik und internationale Kulturbeziehungen empfiehlt sich in erster Linie das vorliegende Handbuch *Kultur und Außenpolitik*, das sich – inzwischen in dritter Auflage – zu einem Standardwerk entwickelt hat. Weitere „Klassiker" der Literatur zur Auswärtigen Kulturpolitik wurden in der ersten und zweiten Auflage dieses Handbuchs aufgeführt und sollen an dieser Stelle nicht mehr wiederholt werden. Vergleichbare Überblickswerke sind seit 2009 nicht erschienen. Die Publikationen der vergangenen Jahre behandeln vorwiegend einzelne Themen Auswärtiger Kulturpolitik wie beispielsweise *Public Diplomacy* und Soft Power.

An dieser Stelle soll daher lediglich auf zwei Veröffentlichungen hingewiesen werden: Die Dokumentation des 57. Loccumer Kulturpolitischen Kolloquiums hat sich 2012 mit den Herausforderungen der Außenkulturpolitik, der Rolle Europas, den deutsch-chinesischen Kulturbeziehungen sowie den Themen Kultur und Entwicklung, Kooperation und Evaluation beschäftigt (Drews (Hg.) 2012). Zum wissenschaftlich noch wenig aufgearbeiteten Thema Evaluation in der Kulturpolitik haben Vera Hennefeld und Reinhard Stockmann 2013 eine Aufsatzsammlung vorgelegt, die neben der Evaluationspraxis in Deutschland und Best Practice-Beispielen auch Beiträge zur Evaluation von Auswärtiger Kulturpolitik enthält (Hennefeld/Stockmann (Hg.) 2013).

### ifa-Informationsportal Kultur und Außenpolitik

Die aktuelle Vielfalt und Breite des Themenspektrums der Auswärtigen Kulturpolitik spiegeln die Seiten des Informationsportals Kultur und Außenpolitik auf der Homepage des ifa (http://www.ifa.de/kultur-und-aussenpolitik) wider.

Dort finden sich Dossiers mit aktuellen Nachrichten und einer Presseschau, ausgewählte Beiträge aus Büchern, Zeitschriften und Internet im Volltext, Neuerwerbungen und Auswahlbibliografien zu Grundlagen der Außenkulturpolitik, Bildungs- und Wissenschaftsbeziehungen, Deutschlandkommunikation, Europäische Kulturpolitik, Interkultureller Dialog und Wissenstransfer, Kultur und Entwicklung, Kultur und Konflikt, Medienbeziehungen und Transformationspartnerschaften. Weitere Dossiers beschäftigen sich mit Brasilien, China, Frankreich, Indien, dem Mittelmeerraum, Mittel-, Ost- und Südosteuropa, Polen, Russland und USA.

Im Dossier *Grundlagen und Ziele Auswärtiger Kulturpolitik* (http://www.ifa.de/akbp-grundlagen) bietet die ifa-Bibliothek einen unkomplizierten 24-Stunden-Zugriff auf relevante *Außenkulturpolitische Grundlagentexte*. Hierzu zählen die Leitsätze und Konzeptionen des Auswärtigen Amts und die Berichte der Bundesregierung zur „Auswärtigen Kultur- und Bildungspolitik“ seit 2000 (Bundesregierung 2001 ff.). Die Diskussion zur Auswärtigen Kulturpolitik im Parlament in Form von Anträgen, Großen und Kleinen Anfragen mit den Antworten der Bundesregierung, zum Beispiel zum *Paradigmenwechsel im Konzept zur Auswärtigen Kultur- und Bildungspolitik des Auswärtigen Amtes vom September 2011* (2012) und der *Bericht der Enquete-Kommission Auswärtige Kulturpolitik von 1973* (1975) stehen ebenfalls zum Download zur Verfügung. Die Grundlagentexte enthalten darüber hinaus eine Zusammenstellung relevanter internationaler Kulturverträge, Rechtsakte internationaler Organisationen sowie politischer Dokumente und Schlussakte internationaler Konferenzen (http://www.ifa.de/akbp-grundlagentexte). Von Interesse sind in diesem Dossier sicherlich auch die Auswahlbibliografien zur Auswärtigen Kulturpolitik anderer Länder, die von Argentinien und Australien über Israel und Japan bis zu Ungarn und Zypern reichen.

Im Dossier *Europäische Kulturpolitik* (http://www.ifa.de/europaeische-kulturpolitik) informiert das Europanetz (http://www.ifa.de/europanetz) über Organisation und Administration Auswärtiger Kulturpolitik in europäischen Ländern. Neben Links zu wichtigen Ministerien und Institutionen finden sich dort auch ausführliche Darstellungen zur Auswärtigen Kulturpolitik der europäischen Länder. Eine Zusammenstellung mit europäischen Kulturverträgen und Assoziierungsabkommen sowie von Kulturaspekten in bi- und multilateralen Verträgen und Abkommen der Europäischen Union mit Drittländern ergänzt das Angebot zur Europäischen Kulturpolitik (http://www.ifa.de/pdf/europaeische-vertraege).

Im ifa-Forschungsprogramm *Kultur und Außenpolitik* forschen Experten zu aktuellen Themen der Auswärtigen Kulturpolitik. In drei- bis sechsmonatigen Forschungsprojekten arbeiten sie die Erkenntnisse der Wissenschaft für die Akteure der Auswärtigen Kulturpolitik knapp und präzise auf und formulieren Handlungsempfehlungen für künftige außenkulturpolitische Maßnahmen. Die Publikationen mit den Ergebnissen aus dem Forschungsprogramm sind online (http://www.ifa.de/forschungsprogramm) zugänglich.

Dass die Auswärtige Kulturpolitik kein „Stiefkind der Forschung“ mehr ist, lässt sich an zwei Literaturzusammenstellungen ablesen: In der Bibliografie der Abschlussarbeiten (http://www.ifa.de/abschlussarbeiten) stellt die ifa-Bibliothek neben Habilitationsschriften und Dissertationen insbesondere Diplom-, Magister- und Masterarbeiten vor, die zu den Themenfeldern der Auswärtigen Kulturpolitik eingereicht wurden. Die Bibliografie der Preisträger des ifa-Forschungspreises „Auswärtige Kulturpolitik“ (http://www.ifa.de/forschungspreis/bibliografie) präsentiert herausragende und die Forschung besonders weiterführende Magister-, Diplom- und Masterarbeiten sowie Dissertationen aus den letzten Jahren.

Mit ihren Auswahlbibliografien bietet die ifa-Bibliothek eine qualifizierte Auswahl von Veröffentlichungen zu aktuellen Themen des Kulturaustauschs an. Leser, die an weiteren Fragestellungen interessiert sind, können in den Online-Katalogen und Datenbanken der ifa-Bibliothek (http://www.ifa.de/bibliothek) recherchieren. Dort lassen sich weitere Bücher, Aufsätze und Internetquellen zum Beispiel zu Auslandsschulen, Sprachenpolitik, zum Kulturdialog, zu Public Diplomacy, Soft Power oder zu Kultur und Globalisierung finden. Sowohl in den Online-Katalogen und Datenbanken als auch in den Bibliografien wird, soweit möglich, zu den Quellen im Internet verlinkt, so dass der Leser sofort auf den Volltext zugreifen kann. Alle nicht online verfügbaren Titel sind über die nationale und internationale Fernleihe oder im Lesesaal der ifa-Bibliothek ausleihbar.

Seit 2004 beschäftigt sich der Wissenschaftliche Initiativkreis Kultur und Außenpolitik (WIKA) mit Theorie und Praxis des internationalen Kulturaustauschs. Sein Ziel ist es, die Auswärtige Kulturpolitik wissenschaftlich zu begleiten, Konzepte zu entwickeln und das Thema Außenkulturpolitik stärker in Forschung und Lehre zu verankern. Der Initiativkreis bildet ein interdisziplinäres Netzwerk von Wissenschaftlern, Studierenden und Fachleuten, die in den Bereichen Politik, Kunst und Kultur tätig sind. Alle zwei Monate erscheint der *WIKA-Infobrief* (http://www.ifa.de/wika/infobrief) mit Informationen über aktuelle Entwicklungen im WIKA, mit Nachrichten, Tagungen und Neuerscheinungen zur Auswärtigen Kulturpolitik. Er kann über wika@ifa.de abonniert werden. Ein neues Periodikum stellt der *WIKA-Report* (http://www.ifa.de/wika) dar, dessen erster Band im September 2013 zum Thema „Internationale Bildungsbeziehungen" erschienen ist[1]. Der Report dokumentiert die Referate und Diskussionen der WIKA-Workshops und enthält darüber hinaus eigenständige Beiträge, Rezensionen, Tagungsberichte und eine Auswahlbibliografie. Der zweite Band des *WIKA-Reports* erscheint im Herbst 2014 zum Thema „Kulturelle Faktoren von Geopolitik" und ist ebenso wie Band 1 online (http://www.ifa.de/wika) zugänglich. Mit dem *WIKA-Report* erscheint erstmals seit den Sechzigerjahren wieder ein Periodikum zum Dialog zwischen Forschung und Praxis in der Auswärtigen Kulturpolitik.

Neben aktuellen Literaturhinweisen, Bibliografien und Online-Katalogen bietet das Informationsportal Kultur und Außenpolitik noch weitere Informationsdienstleistungen. An erster Stelle sind darunter die *Nachrichten zum Kulturaustausch* (http://www.ifa.de/nachrichten) zu nennen, die mit einer Presseschau täglich ausgewählte und aufbereitete Informationen und weitere nützliche Links zu Volltexten, Presseartikeln, Institutionen etc. zum Dialog der Kulturen bieten. *Monatstrend* und *Sonderpresseschau* zu aktuellen Themen, derzeit zur Außenkulturpolitik Chinas, ergänzen das Nachrichtenangebot. Darüber hinaus bietet die ifa-Bibliothek regelmäßig einen Überblick über internationale Tagungen und Symposien zum Kulturaustausch (http://www.ifa.de/kultur-und-aussenpolitik/). Der *Praktikumsführer Auswärtige Kulturpolitik* (http://www.ifa.de/praktikumsfuehrer) bietet Orientierung für Studierende, die im Bereich internationaler Kulturbeziehungen Praktika anstreben, und nennt Voraussetzungen, Bewerbungsformalitäten, Dauer, Inhalte und Ansprechpartner in den jeweiligen Institutionen.

## Zeitschriften, Jahrbücher, Newsletter

Mit *Kulturaustausch – Zeitschrift für internationale Perspektiven* publiziert das ifa das führende deutschsprachige Fachmagazin für den internationalen Kulturdialog. Die Zeitschrift hat regelmäßige Schwerpunktthemen sowie einen Magazinteil und informiert über aktuelle Literatur mittels Rezensionen und Annotationen von Neuerscheinungen. Ausgewählte Beiträge sind online verfügbar. Die *Kulturpolitischen Mitteilungen* (http://www.kupoge.de/kumi/kumi145.html) der Kulturpolitischen Gesellschaft enthalten ebenfalls regelmäßige außenkulturpolitische Schwerpunktthemen und bieten darüber hinaus Nachrichten und Rezensionen zum Thema an. Der Deutsche Kulturrat gibt zweimonatlich die Zeitung *Politik und Kultur* (http://www.kultur

1 Inzwischen gibt es einen Link zum blätterbaren PDF: http://issuu.com/conbrioverlag/docs/wika-report_1-2012_endversion.

rat.de/puk_liste.php?rubrik=puk) heraus, die immer wieder Themen der Auswärtigen Kulturpolitik aufgreift und zur Diskussion stellt.

Eine wichtige Quelle, um sich über Programme und Projekte der Auswärtigen Kulturpolitik Deutschlands zu informieren, stellen die Zeitschriften, Jahresberichte und Newsletter der Mittlerorganisationen wie Goethe-Institut, Alexander von Humboldt-Stiftung, Deutscher Akademischer Austauschdienst und Institut für Auslandsbeziehungen dar. Die Jahresberichte enthalten ausführliches Zahlenmaterial über die Arbeit der Mittler, die Newsletter informieren über aktuelle Themen und Projekte der Mittlerorganisationen. Einzelnen Aspekten der Arbeit widmen sich Zeitschriften wie der *DAAD-Letter* (http://www.daad-magazin.de/letter.html) für die Alumni, *Goethe-Institut: Reportagen, Bilder, Gespräche* (https://www.goethe.de/de/uun/pub/20378147.html), zu herausragenden Aktivitäten und Programmen der Goethe-Institute weltweit oder *Humboldt Kosmos* (http://www.humboldt-foundation.de/web/kosmos.html) mit einem aktuellen Titelthema, Interviews und Nachrichten.

Das Auswärtige Amt bietet unter der Rubrik *Außen- und Europapolitik* Informationen zur „dritten Säule der Außenpolitik“ unter dem Stichwort „Kultur und interkultureller Dialog“ (http://www.auswaertiges-amt.de/DE/Aussenpolitik/KulturDialog/Uebersicht_node.html) an. Die Seiten informieren über Ziele, Programme, Partner, Arbeitsweisen und Mittler der Auswärtigen Kulturpolitik sowie über einzelne Themen und Programme wie Deutsche Sprache, Deutsche Auslandsschulen, Wissenschaft und Hochschule, Interkultureller Dialog, Kulturerhalt, Kulturprogramme und Sportförderung. Ergänzend dazu finden sich Angaben zur Lutherdekade und zum Freiwilligendienst „kulturweit“. Auch einzelne deutsche Botschaften im Ausland bieten auf ihren Seiten im Internet Informationen zu den deutsch-ausländischen Kulturbeziehungen an.

Auf den Seiten des Deutschen Bundestags im Internet finden sich die Tagesordnungen und Protokolle der öffentlichen Anhörungen und Sitzungen des Unterausschusses „Auswärtige Kultur- und Bildungspolitik“ (http://www.bundestag.de/bundestag/ausschuesse18/a03/ua_kb) und des Ausschusses für Kultur und Medien, der sich auch immer wieder mit Themen Auswärtiger Kulturpolitik beschäftigt (http://www.bundestag.de/kultur).

Die hier genannten Periodika und Internetquellen werden regelmäßig ausgewertet. Nach Rücksprache bietet die ifa-Bibliothek Recherche-Beratung an und begleitet Forschungsvorhaben und wissenschaftliche Arbeiten durch kontinuierliche Fachrecherchen. Für Leser außerhalb des Großraums Stuttgart steht der Lesesaal nach persönlicher Anmeldung (bibliothek@ifa.de) auch außerhalb der regulären Öffnungszeiten zur Verfügung.

# 8. Literaturverzeichnis

Sämtliche URLs wurden im August/September 2014 auf ihre Gültigkeit überprüft.


Abelein, Manfred (1968), *Die Kulturpolitik des Deutschen Reiches und der Bundesrepublik Deutschland. Ihre verfassungsrechtliche Entwicklung und ihre verfassungsrechtlichen Probleme,* Köln: Westdt. Verl., 312 S.

Acuto, Michele (2013), *Global Cities, Governance and Diplomacy. The Urban Link*, London/New York: Routledge, IX, 210 S.

Adelman, Kenneth L. (1981), »Speaking of America. Public Diplomacy in Our Time«, *Foreign Affairs* (New York), Jg. 59, H. 4, S. 913-936.

Adick, Christel (2008), *Vergleichende Erziehungswissenschaft. Eine Einführung,* Stuttgart: Kohlhammer, 242 S. (Grundriss der Pädagogik; 34)

Adomeit, Hannes (2014), »Was will Putin? Zur Lage in der Ukraine«, *Politische Studien* (München), Jg. 65, H. 457, S. 6-19.

Agency for Cultural Affairs (2003), *About the Future Promotion of International Cultural Exchange. Report. Commissioner's Advisory Group on International Cultural Exchange, 24 March 2003,* Tokyo, 46 S.
www.bunka.go.jp/english/pdf/gattaiban.pdf

Aguilar, Manuela (1996), *Cultural Diplomacy and Foreign Policy. German-American Relations, 1955-1968,* New York: Lang, X, 305 S.

Ahokas, Carmela (2003), *Die Förderung der deutschen Sprache durch die Schweiz. Möglichkeiten und Einschränkungen,* Frankfurt a.M. u.a.: Lang, 193 S.

Ahrens, Dominik (2010), »Wir sind nicht allein. Bestandsaufnahme«, *Weltzeit* (Bonn), H. 1, S. 7-9.

Altenhof, Ralf (2002), *Die Enquete-Kommissionen des Deutschen Bundestages*, Wiesbaden: Westdt. Verl., 423 S. (Diss., Chemnitz 1998)

Ammon, Ulrich (1989), »Zur Geschichte der Sprachverbreitungspolitik der Bundesrepublik Deutschland von den Anfängen bis 1985. Kommentierte Dokumentation der Diskussion im Bundestag mit anschließendem Ausblick«, *Deutsche Sprache* (Berlin), Jg. 17, S. 229-263.

Ammon, Ulrich/Kleineidam, Hartmut (Hg.) (1992), *Language-Spread Policy,* Vol. 1: *Languages of Former Colonial Powers,* Berlin u.a.: Mouton de Gruyter, 148 S.

Ammon, Ulrich (Hg.) (1994), *Language-Spread Policy,* Vol. 2: *Languages of Former Colonial Powers and Former Colonies,* Berlin u.a.: Mouton de Gruyter, 166 S.

Ammon, Ulrich (1998), *Ist Deutsch noch internationale Wissenschaftssprache? Englisch auch für die Lehre an den deutschsprachigen Hochschulen,* Berlin/New York: de Gruyter, XVI, 339 S.

Ammon, Ulrich (2000), »Auf welchen Interessen beruht Sprachförderungspolitik? Ansätze einer erklärenden Theorie«, in: Ammon 2000a, S. 135-150.

Ammon, Ulrich (2003/2004), »Sprachenpolitik in Europa – unter dem vorrangigen Aspekt von Deutsch als Fremdsprache«, *Deutsch als Fremdsprache* (Berlin), Jg. 40, H. 4, S. 195-209 u. Jg. 41, H. 1, S. 3-10.

Ammon, Ulrich/Kruse, Jan (2013), »Does Translation Support Multilingualism in the EU? Promises and Reality. The Example of German«, *International Journal of Applied Linguistics* (Oxford), Jg. 23, H. 1, S. 15-30.

Ammon, Ulrich (2015), *Die Stellung der deutschen Sprache in der Welt*, Berlin: de Gruyter, 1314 S.

Andreae, Lisette/Kaiser, Karl (1998), »Die ›Außenpolitik‹ der Fachministerien«, in: *Deutschlands neue Außenpolitik*, Bd. 4, *Institutionen und Ressourcen*, München: Oldenbourg, S. 29-46.

Andrei, Verena (2000), *Die auswärtige Sprachförderungspolitik der Bundesrepublik Deutschland gegenüber den Staaten Mittel- und Osteuropas. Eine Außenpolitikanalyse,* Magisterarb., Univ. Tübingen, 134 S.

Andrei, Verena/Rittberger, Volker (2005), »Deutsche Außenpolitik«, in: Everhard Holtmann/Oscar W. Gabriel (Hg.), *Handbuch Politisches System der Bundesrepublik Deutschland,* 3., völlig überarb. und erw. Aufl., München/Wien: Oldenbourg, S. 829-882.

Andrei, Verena (2007), *Außenpolitische Grundlagentexte, internationale Kulturverträge*, Stuttgart: Institut für Auslandsbeziehungen, 25 S.
http://cms.ifa.de/pdf/abk/inter/kulturvertraege.pdf

Andrei, Verena (2008), *Die auswärtige Sprachpolitik der Bundesrepublik Deutschland gegenüber den Staaten Mittel- und Südosteuropas und in der Europäischen Union. Eine theoriegeleitete Außenpolitikanalyse*, Diss., Univ. Tübingen, 435 S.
https://publikationen.uni-tuebingen.de/xmlui/bitstream/handle/10900/47578/pdf/Dissertation_Verena_Andrei_fuer_Tobias_lib.pdf?sequence=1&isAllowed=y

Anholt, Simon (2005), »Marke Rechtschaffenheit. Deutschlands ›Brand-Image‹ und seine Trümpfe für eine erfolgreiche Vermarktung«, *Zeitschrift für Kulturaustausch* (Stuttgart), Jg. 55, H. 3/4, S. 64-67.

Anholt, Simon (Hg.) (2006), *How Has Our World View Changed Since 2005? The NBI Annual Report*, Seattle: NBI, 14 S. (Q4; 2006)

Anholt, Simon (2007), *Competitive Identity. The New Brand Management for Nations, Cities and Regions*, Basingstoke: Palgrave Macmillan, XIII, 134 S.

Anholt, Simon (2008), »Place Branding: Is It Marketing, or Isn't It?«, *Place Branding and Public Diplomacy* (Basingstoke), Jg. 4, H. 1, S. 1-6. http://www.palgrave-journals.com/pb/journal/v 4/n1/pdf/6000088a.pdf

Anholt, Simon (2013), *Russia's International Image, and Why It Matters*, Novgorod u.a.: Valdai International Discussion Club, ca. 3 S. http://valdaiclub.com/politics/62321.html

Anholt, Simon (2014), »Soft Power«, *Internationale Politik* (Köln), Jg. 69, H. 1, S. 48-53.

Aoki-Okabe, Maki/Kawamura, Yoko/Makita,Toichi (2010), »›Germany in Europe‹, ›Japan and Asia‹. National Commitments to Cultural Relations within Regional Frameworks«, in: Jessica C. E. Gienow-Hecht/Mark C. Donfried (Hg.), *Searching for a Cultural Diplomacy*, New York, NY: Berghahn, (Explorations in Culture and International History Series; 6), S. 212-240.

Arnauld, Andreas von (Hg.) (2014), *Europäische Außenbeziehungen*, 1. Aufl., Baden-Baden: Nomos, 1011 S. (Enzyklopädie Europarecht; Bd. 10)

Arndt, Richard T. (2005), *The First Resort of Kings. American Cultural Diplomacy in the Twentieth Century*, Washington, DC: Potomac Books, XXI, 602 S.

Arnold, Hans (1974), »Die Mittlerorganisationen der Auswärtigen Kulturpolitik zwischen Konzeption und Organisation«, *Zeitschrift für Kulturaustausch* (Stuttgart), Jg. 24, H. 2, S. 98-106.

Arnold, Hans (1976), *Kulturexport als Politik? Aspekte auswärtiger Kulturpolitik*, Tübingen/Basel: Erdmann, 309 S.

Aschmann, Birgit (1999), *›Treue Freunde ...‹? Westdeutschland und Spanien 1945-1963*, Stuttgart: Steiner, 502 S. (Historische Mitteilungen: Beiheft; 34)

Athenstaedt, Christian (2011), *Die Kompetenzverteilung in der deutschen staatlichen Entwicklungszusammenarbeit. Zur Zulässigkeit entwicklungspolitischer Maßnahmen deutscher Bundesländer und Kommunen*, München: Utz, XXXV, 246 S., [32] Bl.

Auer, Claudia/Krichbaum, Sylvia/Srugies, Alice (2010), *Public Diplomacy – Entwicklung, Funktionen, Strategien und Strukturen. Ein internationaler Vergleich unter besonderer Berücksichtigung Deutschlands*, 637 S. (Ilmenau, Techn. Univ., Masterarbeit)

Auer, Claudia/Srugies, Alice (2013), *Public Diplomacy in Germany*, 51 S. (CPD Perspectives on Public Diplomacy; 2013,5) http://uscpublicdiplomacy.org/sites/uscpublicdiplomacy.org/files/legacy/publications/perspectives/CPDPerspectives_Paper_5_2013_German.pdf

Auer, Claudia (2015), »Public Diplomacy: ein Konzeptualisierungsvorschlag«, in: Romy Fröhlich/Thomas Koch (Hg.), *Politik – PR – Persuasion*, Wiesbaden: Springer VS, S. 143-167.

Auswärtiges Amt (1965), AA III B 1, Bd. 391: *Bericht des Herrn Bundesministers für Wirtschaftliche Zusammenarbeit über die Konzeption der Entwicklungshilfepolitik der Bundesrepublik* vom 3.1.1965. [Archiv Auswärtiges Amt]

Auswärtiges Amt (1970a), AA III B2, Band 968: *Verhältnis AA – BMZ, hier: Zuständigkeit für gesellschaftspolitische Maßnahmen und Bildungshilfe* vom 20.4.1970. [Archiv Auswärtiges Amt]

Auswärtiges Amt (1970b), *Leitsätze für die auswärtige Kulturpolitik*, Bonn, 15 S. (Auch in: Peisert 1978, S. 354-358.)

Auswärtiges Amt (1972), *Die Auswärtige Politik der Bundesrepublik Deutschland*, Köln: Verl. Wiss. und Politik, 989 S.

Auswärtiges Amt (1977), *Auswärtige Kulturpolitik. Stellungnahme der Bundesregierung zum Bericht der Enquete-Kommission Auswärtige Kulturpolitik des Deutschen Bundestages. Dokumentation*, Bonn, 52 S.

Auswärtiges Amt (1978), *Rahmenplan für die auswärtige Kulturpolitik im Schulwesen. Material für die Presse Nr. 1031 B/78*, Bonn, 31 S.

Auswärtiges Amt (1980), *Auswärtige Kulturpolitik im Schulwesen. Rahmenplan für Auslandsschulen, Sprachförderung und internationale Zusammenarbeit*, 2. Aufl., Bonn, 67 S.

Auswärtiges Amt (1982), *Zehn Thesen zur kulturellen Begegnung und Zusammenarbeit mit Ländern der Dritten Welt*, Bonn: Referat Öffentlichkeitsarbeit, 16 S.

Auswärtiges Amt (1989), *40 Jahre Außenpolitik der Bundesrepublik Deutschland. Eine Dokumentation*, Stuttgart: Bonn Aktuell, VIII, 797 S.

Auswärtiges Amt (1996), *Deutsche Auswärtige Kulturpolitik im Schulwesen. Dokumentation*, Bonn, 24 S.

Auswärtiges Amt (1998), *Von der KSZE zur OSZE: Grundlagen, Dokumente und Texte zum deutschen Beitrag 1993-1997*, Bonn, 626 S.

Auswärtiges Amt (2000), *Auswärtige Kulturpolitik – Konzeption 2000*, Berlin, 19 S. http://www.ifa.de/fileadmin/pdf/aa/akbp_konzeption2000.pdf

Auswärtiges Amt (2001), »Auswärtige Kultur- und Bildungspolitik«, in: *Deutsche Außenpolitik 2001*, Berlin: Auswärtiges Amt, S. 204-221.

Auswärtiges Amt (2003), *Auswärtige Kultur- und Bildungspolitik*, Berlin, 105 S.

Auswärtiges Amt (2004), *Deutsche Außenpolitik 2003/2004*, Berlin, 291 S.

Auswärtiges Amt (2007a), *Menschen bewegen. Kultur und Bildung in der deutschen Außenpolitik. Berlin, Auswärtiges Amt, 25.-26. Oktober 2006. Konferenzdokumentation*, Berlin/Stuttgart, 2007, 209 S. (Edition Diplomatie)

Auswärtiges Amt (2007b), *The Role of UNESCO. A Contribution to the Debate by Germany. Die Rolle der UNESCO. Ein Diskussionsbeitrag Deutschlands*, Berlin/Bonn, 32 S. http://www.unesco.de/fileadmin/medien/Dokumente/Bibliothek/Strategiepapier_end.pdf

Auswärtiges Amt (2008), *Krisenprävention als gemeinsame Aufgabe. 2. Bericht der Bundesregierung über die Umsetzung des Aktionsplans ›Zivile Krisenprävention, Konfliktlösung und Friedenskonsolidierung‹ (Berichtszeitraum Mai 2006 bis April 2008)*, Berlin, 105 S. http://cms.ifa.de/pdf/zivik/ap_bericht02_de.pdf

Auswärtiges Amt (2011), *Förderkonzept des Auswärtigen Amts*, Berlin, 9 S. http://www.auswaertiges-amt.de/cae/servlet/contentblob/384158/publicationFile/179846/FoerderkonzeptAA.pdf

Auswärtiges Amt/Kultusministerkonferenz (2013), *Verwaltungsvereinbarung zwischen dem Bundesminister des Auswärtigen und den Kultusministern der Länder in der Bundesrepublik Deutschland zum Einsatz von Lehrkräften im deutschen Auslandsschulwesen und zum Gesetz über die Förderung deutscher Auslandsschulen (Auslandsschulgesetz – ASchulg) vom 5.12.2013*, Berlin, 15 S. http://www.auslandsschulnetz.de/wws/bin/2973286-1607076454-1-2013-11-22_bund_l_nder_verwaltungsvereinbarung_aschg-unterschriftsfassung-veroeffentlichung.pdf

Bade, Klaus J. (1975), *Friedrich Fabri und der Imperialismus in der Bismarckzeit. Revolution, Depression, Expansion*, Freiburg i. Br.: Atlantis-Verl., 579 S.

Badia, Gilbert/Roussel, Hélène (1983), »Politische und kulturelle Aktivitäten der Emigranten 1933-1939«, in: Goethe-Institut Paris (Hg.), *Deutsche Emigranten in Frankreich – französische Emigranten in Deutschland (1685-1945). Ausstellungskatalog*, Paris, S. 139-154.

Badillo, Ángel (2014), *Las políticas de acción cultural exterior de España*, Madrid: Real Instituto Elcano, 40 S. (Estrategia Exterior Española; 2014,19) http://www.realinstitutoelcano.org/wps/wcm/connect/403edb0044639570ad11bde307648e49/EEE19-badillo-politicas-publicas-accion-cultural-exterior-espana+.pdf?MOD=AJPERES&CACHEID=403edb0044639570ad11bde307648e49

Baldwin, David A. (2005), »Power and International Relations«, in: Walter Carlsnaes/Thomas Risse/Beth A. Simmons (Hg.), *Handbook of International Relations*, London u.a.: Sage, S. 177-191.

Balla, Tina (2002), *Kultur und Konflikt. Eine Untersuchung der Programmarbeit deutscher Auswärtiger Kulturpolitik hinsichtlich ihrer Möglichkeiten zur Gewaltprävention*, Diplomarb., Univ. Hildesheim, 82 S.

Balla, Tina (2008), »Krisen ohne Grenzen. Auswärtige Kulturpolitik als Krisenprävention«, in: Schneider 2008, S. 142-152.

Baller, Gerhard (Hg.) (1985), *Internationaler Künstler- und Kulturaustausch mit der Dritten Welt. Berichte und Diskussionen. Dokumentation des Symposiums... vom 11. bis 13. April 1984 in Braunschweig*, Braunschweig: Hochsch. für Bildende Künste, 189 S.

Balogh, Adam (2010), *Hungary and Cultural Diplomacy*, Berlin: Institute for Cultural Diplomacy, 7 S. http://www.culturaldiplomacy.org/pdf/case-studies/hungary-and-cd.pdf

Barbian, Jan-Pieter (1992), »Kulturwerte im Zeitkampf. Die Kulturabkommen des ›Dritten Reiches‹ als Instrumente nationalsozialistischer Außenpolitik«, *Archiv für Kulturgeschichte* (Köln), Jg. 74, H. 2, S. 415-459.

Barbian, Jan-Pieter (1995), *Literaturpolitik im ›Dritten Reich‹, Institutionen, Kompetenzen, Betätigungsfelder*, überarb. und aktualis. Ausg., München: dtv, 915 S.

Bar-On, Dan (2004), *Die Last des Schweigens. Gespräche mit Kindern von NS-Tätern*, 2. Aufl., erw. Neuausg., Hamburg: Körber-Stiftung, 340 S.

Barr, Michael (2011), *Who's Afraid of China? The Challenge of Chinese Soft Power*, London u.a.: Zed Books, 154 S. (Asian Arguments)

Bartsch, Sebastian (1998), »Politische Stiftungen: Grenzgänger zwischen Gesellschafts- und Staatenwelt«, in: Wolf-Dieter Eberwein (Hg.), *Deutschlands neue Außenpolitik*, Bd. 4, *Institutionen und Ressourcen*, München: Oldenbourg, S. 185-198.

Bátora, Jozef (2005), *Public Diplomacy in Small and Medium-Sized States. Norway and Canada,* The Hague: Netherlands Institute of International Relations Clingendael, 26 S.

Baudisch, Carl Peter (1976), »Die auswärtige Bucharbeit und die Mittlerorganisationen«, *Zeitschrift für Kulturaustausch* (Stuttgart), Jg. 26, H. 4, S. 39-44.

Bauer, Gerd Ulrich (1997), *Ausstellungen internationaler Kunst: Forschungsgegenstand interkultureller Germanistik und Aufgabe auswärtiger Kulturpolitik,* Bayreuth: Universität, VII, 353 S. [Unveröffentlichte Magisterarbeit]

Baumann, Rainer/Rittberger, Volker/Wagner, Wolfgang (1999), »Macht und Machtpolitik. Neorealistische Außenpolitiktheorie und Prognosen über die deutsche Außenpolitik nach der Vereinigung«, *Zeitschrift für internationale Beziehungen* (Baden-Baden), Jg. 6, H. 2, S. 245-286.

Baumann, Rainer/Rittberger, Volker/Wagner, Wolfgang (2001), »Neorealist Foreign Policy Theory«, in: Volker Rittberger (Hg.), *German Foreign Policy since Unification. Theories and Case Studies,* Manchester: Manchester Univ. Press, S. 37-67.

Bautz, Ingo (2002), *Die Auslandsbeziehungen der deutschen Kommunen im Rahmen der europäischen Kommunalbewegung in den 1950er und 60er Jahren. Städtepartnerschaften, Integration, Ost-West-Konflikt,* Diss., Univ. Siegen, 371 S.

Bayer, Manfred (1989), »Interkulturelle Bildungshilfe für Studierende aus und in Entwicklungsländern«, *Zeitschrift für Kulturaustausch* (Stuttgart), Jg. 39, H. 1, S. 197-204.

Beck, Ulrich (1997), *Was ist Globalisierung? Irrtümer des Globalismus – Antworten auf Globalisierung,* Frankfurt am Main: Suhrkamp, 269 S.

Becker, Christoph/Lagler, Annette (1995), *Biennale Venedig. Der deutsche Beitrag 1895-1995,* Stuttgart: Cantz, 259 S.

Becker, Gabriele/Wetzel, Enzio (2011), *Transformationspartnerschaft mit den Ländern des Nahen und Mittleren Ostens. Rahmenkonzept und Programme des Goethe-Instituts in der Region Nordafrika/Nahost als Beitrag zur Konzeption einer vernetzten Kultur-, Bildungs- und Medieninitiative der deutschen Außenpolitik*, Kairo/München: Goethe-Institut, 3 S.
http://www.goethe.de/prs/pro/pressemappe11/Transformationspartnerschaften%20mit%20den%20Laendern%20des%20Nahen%20und%20Mittleren%20Ostens.pdf

Beckert, Jens (2010), »Die Finanzkrise ist auch eine Vertrauenskrise«, *Gesellschaftsforschung* (Köln), H. 1, S. 9-13.
http://pubman.mpdl.mpg.de/pubman/item/escidoc:1232220/component/escidoc:1232218/mpifg_nl10_1.pdf

Beerfeltz, Hans-Jürgen (2012), »Medienförderung in der deutschen Entwicklungszusammenarbeit«, *ZfAS, Zeitschrift für Außen- und Sicherheitspolitik* (Wiesbaden), Jg. 5, H. 1, S. 31-39.

Bekmeier-Feuerhahn, Sigrid u.a. (Hg.) (2009), *Forschen im Kulturmanagement*, Bielefeld: transcript, 261 S. (Jahrbuch für Kulturmanagement; 2009)

Bell, Daniel (1973), *The Coming of the Post-Industrial Society. A Venture in Social Forecasting*, New York: Basic Books, XIII, 507 S.

Bell, Daniel (1975), *Die nachindustrielle Gesellschaft*, Frankfurt: Campus-Verlag, 392 S.

Benoit, William/Zhang, Juyan (2003), *Message Strategies of Saudi Arabia's Image Restoration Campaign after 9/11. Paper Presented at the Annual Meeting of the International Communication Association,* San Diego. http://www.sciencedirect.com/science/article/pii/S0363811104000207 [Zugang kostenpflichtig]

Berger, Thomas U. (1996), »Norms, Identity, and National Security in Germany and Japan«, in: Peter J. Katzenstein (Hg.), *The Culture of National Security. Norms and Identity in World Politics,* New York, NY: Columbia Univ. Press, S. 317-356.

Berger, Thomas U. (1998), *Cultures of Antimilitarism. National Security in Germany and Japan,* Baltimore, MD: Johns Hopkins Univ. Press, XIII, 256 S.

Berkowitz, Pere/Gjermano, George/Gomez, Lee/Schafer, Gary (2007), »Brand China: Using the 2008 Olympic Games to Enhance China's Image«, *Place Branding and Public Diplomacy* (Basingstoke), Jg. 3, H. 2, S. 164-178.

Bertelsmann Stiftung (2014), *Transformation Index BTI 2014. Political Management in International Comparison*, Gütersloh, 135 S.

Bettermann, Erik/Grätz, Ronald (Hg.) (2012), *Digitale Herausforderung. Internationale Beziehungen in Zeiten von Web 2.0*, Göttingen: Steidl, 188 S. (Medienkulturen; 1)

Beusch, Dirk (2005), »Mit Kultur gegen Krisen – Konfliktprävention«, in: Maaß 2005, S. 153-160.

Bian, Yehong (2009), »Der duale Effekt von Kulturdiplomatie in der internationalen diplomatischen Strategie und dessen Implikationen«, *Lilun Qianyan* (Beijing), H. 13, S. 30-31. [Text in Chinesisch]

Bieth, Tina (2012), *NGOs und Medien. Eine empirische Studie zum Verhältnis von Public Relations und Journalismus*, Wiesbaden: Springer VS, 310 S. (Diss., Münster 2011)

Birrenbach, Kurt (1967), »Kulturpolitik im Rahmen der deutschen Außenpolitik«, *Auswärtige Kulturbeziehungen* (Neuwied), Jg. 4, S. 15-26.

Bihl, Wolfdieter (Hg.) (1991), *Deutsche Quellen zur Geschichte des Ersten Weltkrieges*, Darmstadt: Wiss. Buchges., XXIX, 525 S. (Ausgewählte Quellen zur deutschen Geschichte der Neuzeit – Freiherr-vom-Stein-Gedächtnisausgabe; 29)

Bleker, Klaus/Grote, Andreas (Red.) (1981), *Ausstellungen – Mittel der Politik? Ein Symposion, veranstaltet vom Institut für Museumskunde, Berlin, Staatliche Museen Preußischer Kulturbesitz, und vom Institut für Auslandsbeziehungen, Stuttgart, Berlin, 10.-12. September 1980,* Berlin: Gebr. Mann Verlag, 315 S.

Blumör, Rüdiger (2008), »Zur sozialen Lage von Kindern und Jugendlichen in Krisen- und Postkonfliktsituationen«, in: Corinna Hauswedell/Sabine Kurtenbach (Hg.), *In War as in Peace. A Challenge for International Co-operation*, Rehburg-Loccum: Evangelische Akademie, (Loccumer Protokolle; 65/07), S. 41-66.

Bode, Christian (2002), »Die kulturellen Mittlerorganisationen«, in: Christoph Bertram/Friedrich Däuble (Hg.), *Wem dient der Auswärtige Dienst?,* Opladen: Leske und Budrich, S. 149-161.

Bode, Christian (2008), »Exportschlager Hochschulen? Deutsche Studienangebote im Ausland als Instrumente der Außenwissenschaftspolitik«, in: Schütte, Georg (Hg.): *Wettlauf ums Wissen. Außenwissenschaftspolitik im Zeitalter der Wissensrevolution*, Berlin: Berlin Univ. Press, S. 221-230.

Boekle, Henning/Rittberger, Volker/Wagner, Wolfgang (2001), »Soziale Normen und normgerechte Außenpolitik. Konstruktivistische Außenpolitiktheorie und deutsche Außenpolitik nach der Vereinigung«, *Zeitschrift für Politikwissenschaft* (Wiesbaden), Jg. 11, H. 1, S. 71-103.

Borgolte, Michael (2001), »Stiftung, Staat und sozialer Wandel. Von der Gegenwart zum Mittelalter«, in: Bundesverband Deutscher Stiftungen (Hg.), *Stiftungen sichern Qualität. Dokumentation der 3. Tagung des Arbeitskreises Kunst- und Kulturstiftungen*, Bonn, S. 18-39.

Born, Joachim/Dickgießer, Sylvia (1989), *Deutschsprachige Minderheiten. Ein Überblick über den Stand der Forschung für 27 Länder,* Mannheim: Institut für Deutsche Sprache, 263 S.

Boutsko, Anastassia (2014), *Kulturkampf in Russland*, Bonn: Deutsche Welle, 5 S.
http://www.dw.de/kulturkampf-in-russland/a-17575694

Braun-Thürmann, Holger (2010), »Wandel der Wissensproduktion«, in: Simon/Knie/Hornbostel 2010, S. 71-88.

Brown, Mark B./Lentsch, Justus/Weingart, Peter (2006), *Politikberatung und Parlament*, Opladen: Budrich, 174 S.

Brückner, Claudia (2011), *Europäisierung der Auswärtigen Kulturpolitik Deutschlands? Eine Analyse der deutschen Auswärtigen Kulturpolitik unter Einfluss der EU-Kulturpolitik*, 129 S. (Magisterarb., Univ. Tübingen)
https://publikationen.uni-tuebingen.de/xmlui/bitstream/handle/10900/47871/pdf/Magisterarbeit_Claudia_Brueckner.pdf?sequence=1&isAllowed=y

Buckley-Zistel, Susanne/Kater, Thomas (Hg.) (2011), *Nach Krieg, Gewalt und Repression. Vom schwierigen Umgang mit der Vergangenheit,* Baden-Baden: Nomos, 258 S. (AFK-Friedensschriften; 36)

Bürgel, Katrin (2006), »Karl Lamprechts ›Erwägungen über die Fortentwicklung unserer Universitäten‹. Edition eines bislang unbekannten Manuskripts«, *Archiv für Kulturgeschichte* (Köln), Jg. 88, H. 1, S. 141-156.

Bundesministerium der Finanzen (2013), *Finanzbericht 2014*, Berlin: BMF, 406 S.

Bundesministerium der Justiz und für Verbraucherschutz (2013), *Gesetz über die Förderung deutscher Auslandsschulen. Auslandsschulgesetz – AschulG, Ausfertigungsdatum: 26.8.2013*, Berlin
http://www.gesetze-im-internet.de/aschulg/BJNR330600013.html

Bundesministerium für Bildung und Forschung (2002), *Bildung und Forschung weltoffen – Innovation durch Internationalität,* Bonn, 22 S.
http://www.bmbf.de/pub/20020718_bf_weltoffen.pdf

Bundesministerium für Bildung und Forschung (2008), *Deutschlands Rolle in der globalen Wissensgesellschaft stärken. Strategie der Bundesregierung zur Internationalisierung von Wissenschaft und Forschung*, Berlin, 26 S.
http://www.bmbf.de/pub/Internationalisierungsstrategie.pdf

Bundesministerium für Bildung und Forschung (2014), *Internationale Kooperation. Aktionsplan des Bundesministeriums für Bildung und Forschung,* Bonn/Berlin, 130 S.

Bundesministerium für wirtschaftliche Zusammenarbeit (1987), *Richtlinien für die Aus- und Weiterbildung von Angehörigen der Entwicklungsländer*, Bonn, 2 S.

Bundesministerium für wirtschaftliche Zusammenarbeit und Entwicklung (2010), *Die Förderung konstruktiver Staat-Gesellschaft-Beziehungen. Legitimität, Transparenz, Rechenschaft*, Bonn, 35 S. http://www.bmz.de/de/mediathek/publikationen/reihen/strategiepapiere/Strategiepapier298_01_2010_de.pdf

Bundesministerium für wirtschaftliche Zusammenarbeit und Entwicklung (2011), *Chancen schaffen – Zukunft entwickeln*. Bonn/Berlin, 26 S. http://www.bmz.de/zukunftskonzept

Bundesregierung (1967), *Die Situation der deutschen Sprache in der Welt*, Bundestagsdrucksache 5/2344, Bonn: Deutscher Bundestag, S. 7-19. http://dipbt.bundestag.de/doc/btd/05/023/0502344.pdf

Bundesregierung (1977), *Stellungnahme der Bundesregierung zu dem Bericht der Enquete-Kommission »Auswärtige Kulturpolitik« des Deutschen Bundestages vom 7. Oktober 1975, Drucksache 7/4121*, Bundestagsdrucksache 8/927, Bonn: Deutscher Bundestag, 25 S. http://dip21.bundestag.de/dip21/btd/08/009/0800927.pdf

Bundesregierung (1978), *Rahmenplan für die auswärtige Kulturpolitik im Schulwesen. Auslandsschulen, Sprachförderung und internationale Zusammenarbeit*, Bundestagsdrucksache 8/2103, Bonn: Deutscher Bundestag, 35 S. http://dip21.bundestag.de/dip21/btd/08/021/0802103.pdf

Bundesregierung (1985), *Bericht der Bundesregierung über die deutsche Sprache in der Welt*, Bundestagsdrucksache 10/3784, Bonn: Deutscher Bundestag. 91 S. http://dip21.bundestag.de/dip21/btd/10/037/1003784.pdf

Bundesregierung (2000), *Leitlinien zur politischen Öffentlichkeitsarbeit Ausland 2000*, Berlin, 7 S.

Bundesregierung (2001), *Verbreitung, Förderung und Vermittlung der deutschen Sprache. Antwort der Bundesregierung auf die Große Anfrage... Drucksache 14/5835*, Bundestagsdrucksache 14/7250, Berlin: Deutschland Bundestag, 56 S. http://dip.bundestag.de/btd/14/072/1407250.pdf

Bundesregierung (2002), *Eckpunkte für eine Verständigung über die Zuständigkeiten des Beauftragten der Bundesregierung für Angelegenheiten der Kultur und der Medien im Kulturbereich*, 25.4.2002, Berlin, 3 S.

Bundesregierung (2004), *Aktionsplan Zivile Krisenprävention, Konfliktlösung und Friedenskonsolidierung*, Berlin, XVII, 68 S. http://www.auswaertiges-amt.de/cae/servlet/contentblob/384230/publicationFile/4345/Aktionsplan-De.pdf

Bundesregierung (2006a), *Bericht zur Auswärtigen Kulturpolitik 2005/2006*, Berlin, 46 S. http://cms.ifa.de/fileadmin/content/informationsforum/auswaertiges_amt/akp2005_2006.pdf

Bundesregierung (2006b), *Fußball-WM 2006. Abschlussbericht der Bundesregierung*, Berlin, 209 S. http://www.bmi.bund.de/cae/servlet/contentblob/133882/publicationFile/14802/wm2006_abschlussbericht_der_bundesregierung.pdf

Bundesregierung (2007), *Auswärtige Kulturpolitik. Antwort der Bundesregierung auf die Große Anfrage der Abgeordneten Dr. Uschi Eid... und der Fraktion Bündnis 90/Die Grünen*, Bundestagsdrucksache 16/4024, Köln: Bundesanzeiger, 99 S. http://dip.bundestag.de/btd/16/040/1604024.pdf

Bundesregierung (2012), *Gemeinsame Absichtserklärung der Regierung der Bundesrepublik Deutschland und der Regierung der Tunesischen Republik*, Tunis, 4 S. http://www.tunis.diplo.de/contentblob/3394076/Daten/1865902/Downloaddatei_Abkommen_TP.pdf

Bundesregierung (2013), *17. Bericht der Bundesregierung zur Auswärtigen Kultur- und Bildungspolitik*, Berlin: Auswärtiges Amt, 121 S. http://www.auswaertiges-amt.de/cae/servlet/contentblob/670488/publicationFile/189752/AKBP-Bericht_2012-2013.pdf

Bundesregierung (2014), *Gemeinsame Erklärung anlässlich der zweiten deutsch-tunesischen Regierungskonsultationen*, Berlin, 4 S. http://www.auswaertiges-amt.de/cae/servlet/contentblob/679816/publicationFile/194097/140619_Gem.pdf (August 2014)

Bundeszentrale für politische Bildung (1999), *Menschenrechte – Dokumente und Deklarationen*, 3., aktualis. und erw. Aufl., Bonn, 701 S.

Bundeszentrale für politische Bildung (2014), *Öffentliche Ausgaben für Kultur*, Bonn http://www.bpb.de/nachschlagen/zahlen-und-fakten/soziale-situation-in-deutschland/61887/ausgaben-fuer-kultur

Burnell, Peter (2000), »Democracy Assistance. The State of the Discourse«, in: Peter Burnell (Hg.), *Democracy Assistance. International Co-operation for Democratization*, London: Cass, S. 3-33.

Buzan, Barry (1991), *People, States and Fear. An Agenda for International Security Studies in the Post-Cold War Era,* 2. ed., New York, NY: Harvester Wheatsheaf, XVII, 393 S.

Carlsnaes, Walter (2005), »Foreign Policy«, in: Walter Carlsnaes/Thomas Risse/Beth A. Simmons (Hg.), *Handbook of International Relations*, London u.a.: Sage, S. 331-349.

Carneiro, Roberto (2009), *The Future of Knowledge Acquisition and Sharing. A Contribution to Vision 2025*, Paris: UNESCO Future Forum, 34 S.
http://portal.unesco.org/en/files/45364/12420490091UNESCO_Future_Forum_2009.pdf/UNESCO%2BFuture%2BForum_2009.pdf

Carothers, Thomas (1999), *Aiding Democracy Abroad. The Learning Curve*, Washington, D.C.: Carnegie Endowment for International Peace, X, 411 S.

Carothers, Thomas (2009), »Democracy Assistance. Political vs. Developmental?«, *Journal of Democracy* (Baltimore, MD), Jg. 20, H. 1, S. 5-19.

Castells, Manuel (2001-2003), *Das Informationszeitalter. Wirtschaft, Gesellschaft, Kultur*, Opladen: Leske + Budrich, Bd. 1: XXIX, 600 S., Bd. 2: XII, 449 S., Bd. 3: XVI, 466 S.

Castells, Manuel (2008), »The New Public Sphere. Global Civic Society, Communications Networks, and Global Governance«, in: Cowan/Cull 2008, S. 78-93.

CDU/CSU/FDP (2009), *Wachstum.Bildung.Zusammenhalt. Koalitionsvertrag zwischen CDU, CSU und FDP. 17. Legislaturperiode,* (26.10.2009), Berlin, 132 S.
http://www.csu.de/common/_migrated/csucontent/091026_koalitionsvertrag.pdf

CDU/CSU/SPD (2005), *Gemeinsam für Deutschland. Mit Mut und Menschlichkeit. Koalitionsvertrag von CDU, CSU und SPD,* (11.11.2005), Berlin, 224 S.
http://www.cdu.de/sites/default/files/media/dokumente/05_11_11_Koalitionsvertrag_Langfassung_navigierbar_0.pdf

CDU/CSU/SPD (2013), *Deutschlands Zukunft gestalten. Koalitionsvertrag zwischen CDU, CSU und SPD.* 18. Legislaturperiode, (27.11.2013), Berlin, 130 S.
https://www.cdu.de/sites/default/files/media/dokumente/koalitionsvertrag.pdf

Chaubet, François/Martin, Laurent (2011), *Histoire des relations culturelles dans le monde contemporain,* Paris: Colin, 295 S

Chickering, Roger (1993), *Karl Lamprecht. A German Academic Life (1856-1915),* Atlantic Highlands/NJ: Humanities Press, XVIII, 491 S.

Christ, Herbert (2000), »Zur französischen Sprachpolitik. Der Blick nach innen und außen«, in: Ammon 2000a, S. 103-119.

Claus, Burghard (2001), »Kultur und Entwicklung in den Partnerländern als Element der Entwicklungszusammenarbeit«, in: Steffen Wippel/Inse Cornelssen (Hg.), *Entwicklungspolitische Perspektiven im Kontext wachsender Komplexität,* München/Bonn/London: Weltforum-Verlag, S. 301-324.

Clemens, Gabriele (1997), *Britische Kulturpolitik in Deutschland 1945-1949. Literatur, Film, Musik und Theater,* Stuttgart: Steiner, 308 S.

Coate, Roger A. (1988), *Unilateralism, Ideology, & U.S. Foreign Policy. The United States In and Out of UNESCO,* Boulder: Rienner, 182 S.

Coombs, Philip H. (1964), *The Fourth Dimension of Foreign Policy. Education and Cultural Affairs,* New York, NY: Harper & Row, 158 S.

Copeland, Daryl (2006), *Public Diplomacy and Branding,* (CPD Blog & Blogroll) http://uscpublicdiplomacy.org/blog/060403_public_diplomacy_and_branding/

Council on the Promotion of Cultural Diplomacy (2005), *Establishing Japan as a ›Peaceful Nation of Cultural Exchange‹. Report*, Tokyo, 27 S. [Text in Japanisch]
www.kantei.go.jp/jp/singi/bunka/kettei/050711houkoku.pdf

Cour des Comptes (2013), *Le réseau culturel de la France à l'étranger. Communication au président de l'Assemblée Nationale pour le Comité d'évaluation et de contrôle des politiques publiques*, Paris, 160 S.
http://www.ccomptes.fr/Publications/Publications/Le-reseau-culturel-de-la-France-a-l-etranger

Cowan, Geoffrey/Cull, Nicholas J. (2008), *Public Diplomacy in a Changing World*, Los Angeles: Sage, 317 S. (Annals of the American Academy of Political and Social Science; 616)

Cross, Mai'a K. Davis/Melissen, Jan (Hg.) (2013), *European Public Diplomacy. Soft Power at Work*, New York, NY: Palgrave Macmillan, XIX, 230 S. (Series in Global Public Diplomacy)

Cull, Nicholas J. (2008a), *The Cold War and the United States Information Agency: American Propaganda and Public Diplomacy 1945-1989*; Cambridge: Cambridge University Press, XXV, 533 S.

Cull, Nicholas J. (2008b), »The Public Diplomacy of the Modern Olympic Games and China's Soft Power Strategy«, in: Monroe Edwin Price/Daniel Dayan (Hg.): *Owning the Olympics. Narratives of the new China,* Ann Arbor, Mich.: Univ. of Michigan Press, S. 117-144.

Cull, Nicholas J (2008c), »Public Diplomacy. Taxonomies and Histories«, in: Cowan/Cull 2008, S. 31-54.
Cull, Nicholas J. (2009), *Public Diplomacy. Lessons from the Past*, Los Angeles: Figueroa Press, 61 S. (CPD Perspectives on Public Diplomacy; 2009,2)
http://uscpublicdiplomacy.org/sites/uscpublicdiplomacy.org/files/legacy/publications/perspectives/CPDPerspectivesLessons.pdf
Cull, Nicholas J. (2012), *The Decline and Fall of the United States Information Agency. American Public Diplomacy, 1989-2001*, New York: Palgrave Macmillan, XVIII, 257 S.
Curaj, Adrian/Scott, Peter/Vlasceanu, Lazar/Wilson, Lesley (Hg.) (2012), *European Higher Education at the Cossroads*, Dordrecht: Springer, Bd.1: XIII, 524 S., Bd. 2: XI S., S. 527-1103.
Czempiel, Ernst-Otto (1996), »Internationale Beziehungen: Begriff, Gegenstand und Forschungsabsicht«, in: Manfred Knapp/Gert Krell (Hg.), *Einführung in die internationale Politik*. 3., überarb. und erw. Aufl., München: Oldenbourg, S. 2-25.
DAAD (2013), *Transnationale Bildung. Deutsche und internationale Modelle, Erfahrungen, Ziele*, Bonn, 27 S. (duz-special; 22. Februar 2013)
https://www.daad.de/imperia/md/content/hochschulen/studienangebotedeutscherhochschulenimausland/ausaetze/duz-spec_daad_monitordatei.pdf (Juli 2014)
DAAD (2014), *Wissenschaft weltoffen. Daten und Fakten zur Internationalität von Studium und Forschung in Deutschland*, Bielefeld: Bertelsmann, 152 S.
Dakowska, Dorota (2014), *Le pouvoir des fondations. Des acteurs de la politique étrangère allemande*, Rennes: Presses Universitaires de Rennes, 216 S.
Danckwortt, Dieter (Hg.) (1980), *Internationale Kulturbeziehungen, Brücke über Grenzen. Symposium 80*, Baden-Baden: Nomos-Verl.-Ges., 360 S.
Davidheiser, James C. (1993), »Soll Deutsch die dritte Arbeitssprache der Europäischen Gemeinschaft werden?«, *Die Unterrichtspraxis – Teaching German* (Cherry Hill, NJ), Jg. 26, S. 176-184.
De Gouveia, Philip Fiske (2006), »The Future of Public Diplomacy«, in: Javier Noya (Hg.), *The Present And Future Of Public Diplomacy – a European Perspective, The 2006 Madrid Conference on Public Diplomacy*, Madrid: Real Instituto Elcano, S. 5-9. http://www.realinstitutoelcano.org/wps/wcm/connect/ebc7338045e54b8a95f2fd762a2d4af9/WP29-2006_Noya_Public_Diplomacy_Europe.pdf?MOD=AJPERES&CACHEID=ebc7338045e54b8a95f2fd762a2d4af9
Defrance, Corine (1994), *La politique culturelle de la France sur la rive gauche du Rhin, 1945-1955*, Strasbourg: Presses Univ. de Strasbourg, 363 S.
Denscheilmann, Heike (2013), *Deutschlandbilder. Ausstellungen im Auftrag Auswärtiger Kulturpolitik*, Wiesbaden: Springer VS, 320 S. (Diss., Hildesheim 2012)
Deutsch-Ägyptischer Lenkungsausschuss (2012), *Joint Declaration at the Occasion of the Second Session of the Egyptian-German Steering Committee held in Berlin on the 29th of November 2012*, Berlin, 3 S.
http://www.auswaertiges-amt.de/cae/servlet/contentblob/632660/publicationFile/174786/121129-DeuEgyLenkungsausschussErklaerung.pdf
Deutsche Nationalstiftung (1996), *Wozu deutsche auswärtige Kulturpolitik? Dokumentation der dritten Jahrestagung der Deutschen Nationalstiftung am 24. April 1996 in Weimar*, Stuttgart: Neske, 112 S.
Deutsche UNESCO-Kommission (2006), *Übereinkommen über Schutz und Förderung der Vielfalt kultureller Ausdrucksformen. Magna Charta der internationalen Kulturpolitik*, Bonn, 111 S.
Deutsche UNESCO-Kommission (2007), *Open Access – Chancen und Herausforderungen. Ein Handbuch*, Bonn, 136 S.
http://www.unesco.de/fileadmin/medien/Dokumente/Kommunikation/Handbuch_Open_Access.pdf
Deutsche UNESCO-Kommission (2008), *UN-Dekade »Bildung für nachhaltige Entwicklung« 2005-2014. Nationaler Aktionsplan für Deutschland*, Bonn, 96 S.
http://www.bne-portal.de/fileadmin/unesco/de/Downloads/Dekade_Publikationen_national/Nationaler_Aktionsplan_fuer_Deutschland_2009.pdf
Deutsche UNESCO-Kommission (2009a), *Inklusion: Leitlinien für die Bildungspolitik*, Bonn, 36 S.
http://www.unesco.de/fileadmin/medien/Dokumente/Bildung/InklusionLeitlinienBildungspolitik.pdf
Deutsche UNESCO-Kommission (2009b), *Kulturelle Vielfalt gestalten. Handlungsempfehlungen aus der Zivilgesellschaft zur Umsetzung des UNESCO-Übereinkommens zur Vielfalt kultureller Ausdrucksformen (2005) in und durch Deutschland. Weißbuch*, Bonn, 32 S.
http://www.unesco.de/fileadmin/medien/Dokumente/weissbuch_lay_endf_internet.pdf
Deutsche UNESCO-Kommission (2010), *Gedächtnis der Zukunft. Das UNESCO-Programm ›Memory of the World‹ zum Weltdokumentenerbe*, Bonn, 94 S.
http://www.unesco.de/fileadmin/medien/Dokumente/Bibliothek/100907_A5_MoW_Broschuere_Druckdatei.pdf
Deutsche UNESCO-Kommission (2013), *Übereinkommen zur Erhaltung des immateriellen Kulturerbes*, Bonn, 102 S.

Deutsche UNESCO-Kommission (2014), *Jahresbericht 2013,* Bonn, 100 S.
http://www.unesco.de/fileadmin/medien/Dokumente/Bibliothek/DUK_Jahresbericht_2013.pdf

Deutscher Bundestag (1978), *Neue Schulstruktur an den deutschen Schulen im Ausland, insbesondere in Spanien. Antrag der Fraktion der CDU/CSU,* Bundestagsdrucksache 8/2082, Bonn, 4 S.
http://dip21.bundestag.de/dip21/btd/08/020/0802082.pdf

Deutscher Bundestag (1986), *Die deutsche Sprache in der Welt. Öffentliche Anhörung des Auswärtigen Ausschusses am 18. Juni 1986 und Aussprache im Plenum des deutschen Bundestages,* Bonn: Deutscher Bundestag, 344 S. (Zur Sache; 86,5)

Deutscher Bundestag (1989a), »Deutschlandpolitische Debatte. 156. Sitzung, 11. Wahlperiode, Bonn, 5. September 1989«, *Verhandlungen des Deutschen Bundestages: Stenographische Berichte. Plenarprotokolle* (Bonn), S. 11733A-11777.

Deutscher Bundestag (1989b), »Aussprache zur deutschen Einheit. 177. Sitzung, 11. Wahlperiode, Bonn, 28. November 1989«, *Verhandlungen des Deutschen Bundestages: Stenographische Berichte. Plenarprotokolle* (Bonn), S. 13444-13572.

Deutscher Bundestag (1994), *Entschließungsantrag der Abgeordneten Dr. Volkmar Köhler... zur Großen Anfrage der Abgeordneten Dr. Dorothee Wilms... – Drucksachen 12/5064, 12/6504 – Das Bild des vereinten Deutschland als Kulturnation in einer sich wandelnden Welt,* Bundestagsdrucksache 12/7890, Bonn, 5 S.
http://dip21.bundestag.de/dip21/btd/12/078/1207890.pdf

Deutscher Bundestag (1996), »Erklärung der Bundesregierung zur Auswärtigen Kulturpolitik, Große Anfrage, Beratung, Entschließungsanträge. 110. Sitzung, 13. Wahlperiode, Bonn, 13. Juni 1996«, *Verhandlungen des Deutschen Bundestages: Stenographische Berichte. Plenarprotokolle* (Bonn), S. 9667-9698.

Deutscher Bundestag (2001), *Auswärtige Kulturpolitik für das 21. Jahrhundert. Antrag der Abgeordneten Monika Griefahn... und der Fraktion der SPD sowie der Abgeordneten Rita Grießhaber... und der Fraktion Bündnis 90/Die Grünen,* Bundestagsdrucksache 14/5799, Berlin, 8 S.
http://dip.bundestag.de/btd/14/057/1405799.pdf

Deutscher Bundestag (2005), *Bericht über die internationalen Aktivitäten und Verpflichtungen des Deutschen Bundestages. Unterrichtung durch den Präsidenten des Deutschen Bundestages,* Bundestagsdrucksache 15/5056, Berlin, 70 S.
http://dip.bundestag.de/btd/15/050/1505056.pdf

Deutscher Bundestag (2006), *Internationale Beziehungen des Deutschen Bundestages,* Berlin, 68 S.

Deutscher Bundestag (2007), *Zwischenbericht der Arbeitsgruppe des Deutschen Bundestages und der Assemblée Nationale zum Thema ›Kulturelle Vielfalt in Europa‹, 14. Februar 2007,* Berlin/Paris, 72 S.
http://www.assemblee-nationale.fr/europe/diversite_rapport_etape_allemand.pdf

Deutscher Bundestag (2013), *Bericht über die internationalen Aktivitäten und Verpflichtungen des Deutschen Bundestages. Berichtszeitraum: 1. Oktober 2011 bis 30. September 2013. Unterrichtung durch den Präsidenten des Deutschen Bundestages,* Bundestagsdrucksache 17/14834, Berlin, 58 S.
http://dipbt.bundestag.de/dip21/btd/17/148/1714834.pdf

Deutscher Kulturrat (2010), *Kunst und Kultur als Lebensnerv. Stellungnahme des Deutschen Kulturrates zur Kulturfinanzierung,* Berlin, 7 S.
http://www.kulturrat.de/pdf/1882.pdf

Deutscher Kulturrat (2014), *Impulse des Deutschen Kulturrates für die Auswärtige Kultur- und Bildungspolitik der 18. Wahlperiode,* Berlin, 3 S.
www.kulturrat.de/pdf/2788.pdf

Deutscher Städtetag (2011), *Leitfaden für die kommunale Entwicklungszusammenarbeit,* Berlin, 76 S.
http://www.staedtetag.de/imperia/md/content/dst/leitfaden_entwicklungszusammenarbeit_2009.pdf

Dietachmair, Philipp (2012), »Arts Management in Turbulent Times.Supporting Cultural ›Change-Makers‹ in EU Neighbourhood Countries. An Example of Practices by an International Foundation«, in: Gesa Birnkraut/Karin Wolf (Hg.), *Kulturmanagement konkret,* Bd. 5, Hamburg: Institut für Kulturkonzepte Hamburg, S. 73-91

Ding, Sheng (2008), *The Dragon's Hidden Wings. How China Rises with Its Soft Power,* Lanham/Md. u.a.: Lexington Books, X, 199 S.

Dittrich van Weringh, Kathinka/Schürmann, Ernst (2004), »Braucht Europa eine Außenkulturpolitik?«, *Kulturpolitische Mitteilungen* (Bonn), Beih. 3, S. 9-36.

Dittrich van Weringh, Kathinka (2007), »Kultur als integrierte Komponente der EU-Außenbeziehungen?«, in: Wagner/Sievers 2007, S. 79-85.

Dönitz, Annette (2004), *Leonardo contra Goethe? Präferenzen und Verhalten von Akteuren der auswärtigen Kulturpolitik,* Diplomarb., Univ. Konstanz, VI, 127 S.

Dong, Lili/Chapman, David W. (2008), »The Chinese Government Scholarship Program: An Effective Form of Foreign Assistance?«, *International Review of Education* (Hamburg), Jg. 54, H. 2, S. 155-173.

Drews, Albert (Hg.) (2012), *Außenkulturpolitik. Aktuelle Herausforderungen in einer Welt im Umbruch. Dokumentation einer Tagung der Evangelischen Akademie Loccum*, Rehburg-Loccum, 153 S. (Loccumer Kulturpolitisches Kolloquium; 57)

Düwell, Kurt (1976), *Deutschlands auswärtige Kulturpolitik 1918-1932. Grundlinien und Dokumente,* Köln/Wien: Böhlau, XII, 402 S.

Düwell, Kurt (1981), »Die Gründung der Kulturpolitischen Abteilung im Auswärtigen Amt 1919/1920 als Neuansatz«, in: Kurt Düwell/Werner Link (Hg.), *Deutsche auswärtige Kulturpolitik seit 1871. Geschichte und Struktur,* Köln/Wien: Böhlau, S. 46-61.

Düwell, Kurt (1993), »Eduard Arnhold, Mäzen und Freund des Kunstreferats der Kulturabteilung des Auswärtigen Amts im Kaiserreich und in der Weimarer Republik«, in: Ekkehard Mai/Peter Paret (Hg.), *Sammler, Stifter und Museen. Kunstförderung in Deutschland im 19. und 20. Jahrhundert,* Köln/Wien: Böhlau, S. 239-254.

Düwell, Kurt (2000), »Der DAAD im Spannungsfeld zwischen Hochschulen und Regierungen seit 1950«, in: Peter Alter (Hg.), *Der DAAD in der Zeit,* Bonn, S. 106-127.

Düwell, Kurt (2009), »Zwischen Propaganda und Friedensarbeit. 100 Jahre Geschichte der deutschen Auswärtigen Kulturpolitik«, in: Kurt-Jürgen Maaß (Hg.), *Kultur und Außenpolitik. Handbuch für Studium und Praxis*, 2., vollst. überab. und erw. Aufl., Baden-Baden: Nomos, S. 61-111.

Duve, Freimut/Koch, Achim (Hg.) (2002), *Verteidigung unserer Zukunft. Mobile.culture.container. [Balkan – Die Jugend nach dem Krieg],* Wien: Folio, 280 S.

Duvernois, Louis (2013), *Action extérieure de l'état*, Paris: Sénat, 51 S. (Avis. Sénat, session ordinaire de 2012-2013; 152,1)
http://www.senat.fr/rap/a12-152-1/a12-152-11.pdf

Eberhard, Ernst (1985), »Nicht wahr, ein solches Haus wollen wir bauen!«, *Lutherischer Dienst* (Erlangen), Jg. 21, H. 4, S. 3.

Eberlei, Walter/Weller, Christoph (2001), *Deutsche Ministerien als Akteure von Global Governance. Eine Bestandsaufnahme der auswärtigen Beziehungen der Bundesministerien,* Duisburg: Inst. für Entwicklung und Frieden, 53 S.
http://inef.uni-due.de/page/documents/Report51.pdf

Eberwein, Wolf-Dieter (1975), *Auswärtiges Amt und Strukturwandel der Außenpolitik. 1956 1973*, Diss., Univ. Bielefeld, V, 260 S.

Eco, Umberto (1973), *Das offene Kunstwerk*, Frankfurt am Main: Suhrkamp, 441 S.

Edwards, Josephine A./Kingscott, A. Geoffrey (Hg.) (1997), *Language Industries Atlas,* 2. Aufl., Amsterdam: IOS Press, V, 440 S.

Egenhoff, Manfred (2013), »Wichtige Zäsuren in der Geschichte des Auslandsschulwesens«, in: Manfred Egenhoff/Peter H. Stoldt (Hg.), *Deutsche Lehrer im Ausland. Beiträge zur schulischen Arbeit weltweit,* Münster: Aschendorff, S. 75-82.

Egger, Miriam (2007), *Die Auslandsarbeit der politischen Stiftungen. Zwischen Entwicklungshilfe und Transformationskontext*, Saarbrücken: VDM-Verlag Müller, X, 410 S. (Diss., Berlin 2007)

Ehteshami, Anoushiravan (2009), »Iran as a Middle Power«, *Public Diplomacy Magazine* (Los Angeles), H. 2, S. 54-56.

Eichinger, Ludwig M./Plewnia, Albrecht/Riehl, Claudia M. (Hg.) (2008), *Handbuch der deutschen Sprachminderheiten in Mittel- und Osteuropa,* Tübingen: Narr, X, 392 S.

Eichler, Kurt (2002), »... für einen fruchtbaren kulturellen Dialog unverzichtbar. Anforderungen und Perspektiven der internationalen Kulturarbeit aus kommunaler Sicht«, *Kulturpolitische Mitteilungen* (Bonn), Jg. 98, H. 3, S. 54-55.

Eichler, Kurt (2007), »Europa vor Ort. Perspektiven für den europäischen Kulturaustausch aus kommunaler Sicht«, in: Wagner/Sievers 2007, S. 219-223.

Els, Theo J. M. van (2001), »The European Union, Its Institutions and Its Languages. Some Language Political Observations«, *Current Issues in Language Planning* (Clevedon), Jg. 2, S. 311-360.

Elze, Reinhard/Esch, Arnold (Hg.) (1990), *Das Deutsche Historische Institut in Rom. 1888-1988*, Tübingen, VI, 293 S. (Bibliothek des Deutschen Historischen Instituts in Rom; 70)

Emge, Richard Martinus (1967), *Auswärtige Kulturpolitik. Eine soziologische Analyse einiger ihrer Funktionen, Bedingungen und Formen*, Berlin: Duncker & Humblot, 283 S. (Habil.-Schr., Bonn 1965)

Enquete-Kommission (1975), *Bericht der Enquete-Kommission Auswärtige Kulturpolitik des Deutschen Bundestages vom 23. Februar 1975,* Bundestagsdrucksache 7/4121, Bonn: Deutscher Bundestag, 140 S.

Enquete-Kommission (2007), *Schlussbericht der Enquete-Kommission »Kultur in Deutschland«*, Bundestagsdrucksache 16/7000, Berlin, 509 S.
http://dip21.bundestag.de/dip21/btd/16/070/1607000.pdf

Enquete-Kommission (2008), *Kultur in Deutschland. Schlussbericht der Enquete-Kommission des Deutschen Bundestages*, Regensburg: ConBrio-Verl.-Ges., 774 S.

Entman, Robert M. (2008), »Theorizing Mediated Public Diplomacy? The U.S. Case«, *The International Journal of Press/Politics* (Thousand Oaks), Jg. 13, H. 2, S. 87-101.

Enwezor, Okwui (2014), »Ich trage nicht die afrikanische Flagge!«, *Das Magazin. Kulturstiftung des Bundes* (Halle/Saale), H. 22, S. 8-11.
http://www.kulturstiftung-des-bundes.de/cms/de/mediathek/magazin/magazin22/enwezor/index.html

Enzensberger, Hans Magnus (1995), »Auswärts im Rückwärtsgang. Hans Magnus Enzensberger über die Blamage der deutschen Kulturpolitik im Ausland«, *Der Spiegel* (Hamburg), Jg. 49, Nr. 37, S. 215-221.

Espinosa, José Manuel (1976), *Inter-American Beginnings of U.S. Cultural Diplomacy 1936-1948*, Washington, DC: Bureau of Educational and Cultural Affairs, U.S. Department of State, XVI, 365 S. (International Information and Cultural Series; 110)

EUNIC/Institut für Auslandsbeziehungen/Robert Bosch Stiftung (2013), *Kultur und Konflikt. Herausforderungen für Europas Außenpolitik*, Stuttgart: ifa, 236 S. (Kulturreport; 5) (EUNIC-Jahrbuch; 2012/13)
http://www.ifa.de/fileadmin/pdf/kr/2012/kr2012_de.pdf

EUNIC/Institut für Auslandsbeziehungen/Europäische Kulturstiftung (2014), *Europa von außen. Erwartungen an die europäische Außenkulturpolitik*, Göttingen: Steidl, 202 S. (Kulturreport; 6) (EUNIC-Jahrbuch; 2013/2014)
http://www.ifa.de/fileadmin/pdf/kr/2014/kr2014_de.pdf

Europäische Kommission (1998), *Erstes Rahmenprogramm der Europäischen Gemeinschaft zur Kulturförderung (2000-2004). Vorschlag für einen Beschluss des Europäischen Parlaments und des Rates über ein einheitliches Finanzierungs- und Planungsinstrument für die Förderung der kulturellen Zusammenarbeit (Programm Kultur 2000). Mitteilung der Europäischen Kommission an das Europäische Parlament, den Rat und den Ausschuss der Regionen*, Luxemburg: Amt für Amtliche Veröffentlichungen, 47 S.

Europäischer Rat (2014a), *European Council Conclusions on External Relations (Ukraine and Gaza). 16 July 2014*, Brussels, 3 S.
http://www.consilium.europa.eu/uedocs/cms_data/docs/pressdata/en/ec/143990.pdf

Europäischer Rat (2014b), »Council Implementing Regulation (EU) No 810/2014 of 25 July 2014 Implementing Regulation (EU) No 269/2014 Concerning Restrictive Measures in Respect of Actions Undermining or Threatening the Territorial Integrity, Sovereignty and Independence of Ukraine«, *Official Journal of the European Union* (Luxembourg), L 221/1, S. 1-10.
http://eur-lex.europa.eu/legal-content/EN/TXT/PDF/?uri=CELEX:32014R0810&from=EN

Europäischer Rat (2014c), »Council Decision 2014/508/CFSP of 30 July 2014 Amending Decision 2014/145/CFSP Concerning Restrictive Measures in Respect of Actions Undermining or Threatening the Territorial Integrity, Sovereignty and Independence of Ukraine«, *Official Journal of the European Union* (Luxembourg), L 226/23, S. 1-4.
http://eur-lex.europa.eu/legal-content/EN/TXT/PDF/?uri=CELEX:32014D0508&from=EN

Europäisches Parlament (2008), *Entschließung des Europäischen Parlaments vom 10. April 2008 zu der europäischen Kulturagenda im Zeichen der Globalisierung*, (2007/2211 (INI)), P6-TA-PROV (2008)0124, Brüssel, ca. 10 S.
http://www.europarl.europa.eu/sides/getDoc.do?pubRef=-//ep//TEXT+TA+P6-TA-2008-0124+0+DOC+XML+V0//DE

Europarat (1954), *Europäisches Kulturabkommen. Paris, 19.XII.1954. Amtliche Übersetzung Deutschlands*, Strasbourg, ca. 3 S.
http://conventions.coe.int/Treaty/ger/Treaties/Html/018.htm

Europarat (1997), *In from the Margins. A Contribution to the Debate on Culture and Development in Europe*, Strasbourg: Council of Europe, 376 S.

Europarat (2004a), *Der Europarat. 800 Millionen Europäer*, Straßburg, 66 S.

Europarat (2004b), *Der Europarat auf einen Blick*, Straßburg, 5 S.
http://www.coe.int/aboutCoe/index.asp

Europarat (2008), *White Paper on Intercultural Dialogue. ›Living Together as Equals in Dignity‹*, Strasbourg, 61 S.
http://www.coe.int/t/dg4/intercultural/Source/White%20Paper_final_revised_EN.pdf

Evangelische Akademie Loccum (2012), *Außenkulturpolitik. Aktuelle Herausforderungen in einer Welt im Umbruch*, Rehburg-Loccum, 153 S. (Loccumer Protokolle; 10/2012)

Evers, Tilman (Hg.) (2000), *Ziviler Friedensdienst – Fachleute für den Frieden*, Opladen: Leske + Budrich, 379 S.

Fähnrich, Birte (2013), *Science Diplomacy. Strategische Kommunikation in der Auswärtigen Wissenschaftspolitik*, Wiesbaden: Springer VS, 319 S.

Fandrych, Christian/Sedlaczek, Betina (2012), ›*I need German in my life*‹. *Eine empirische Studie zur Sprachsituation in englischsprachigen Studiengängen in Deutschland*, Tübingen: Stauffenburg, 182 S.

Faschingeder, Gerald (2009), »Auf widersprüchlichem Terrain. Kultur und Entwicklung greifbar machen«, in: Wilhelm/Ihne 2009, S. 27-37.

Faust, Jörg/Leiderer, Stefan (2010), »Die Effektivität der Entwicklungszusammenarbeit: Ergebnisse des ökonometrischen Ländervergleichs«, in: Jörg Faust/Susanne Neubert (Hg.), *Wirksamere Entwicklungspolitik. Befunde, Reformen, Instrumente*, Baden-Baden: Nomos, (Entwicklungstheorie und Entwicklungspolitik; 8), S. 166-188.

FDP (1994), *Liberal denken, Leistung wählen. Das Programm der F.D.P. zur Bundestagswahl 1994. Kurzfassung,* Sankt Augustin, 141 S.

*Federalnaja celevaja programma razvitija obrazovanija na 2006-2010 gody. Utverždena postanovleniem Pravitel'stva Rossijskoj Federacii ot 23 dekabrja 2005 g.* No.803 [Föderales Förderprogramm Entwicklung der Bildung 2006-2010]
http://mon.gov.ru/dok/prav/obr/2048/

Feilcke, Adelheid u.a. (Hg.) (2012), *Kunst. Kultur. Konflikt. Impulse für die Kulturarbeit in Krisenregionen*, Berlin: Berlin University Press, 190 S.

Feldman, Lily Gardner (2012), *Germany's Foreign Policy of Reconciliation. From Enmity to Amity*, Lanham, Md.: Rowman & Littlefield, XVII, 393 S.

Finn, Peter (2008), »Russia Pumps Tens of Millions into Burnishing Image Abroad«, *Washington Post* (Washington, DC), 6. März 2008.
http://www.washingtonpost.com/wp-dyn/content/article/2008/03/05/AR2008030503539.html

Finnemore, Martha (1993), »International Organizations as Teachers of Norms: the United Nations Educational, Scientific, and Cultural Organization and Science Policy«, *International Organization* (Cambridge, MA), Jg. 47, H. 4, S. 565-597.

Finnemore, Martha (1996), *National Interests in International Society,* Ithaca, NY: Cornell Univ. Press, XI,154 S.

Fischer, Christian (2012), »Transkulturalität – auch ein Kulturkonzept für die Entwicklungszusammenarbeit? Kulturbegriffe und Kulturkonzepte im Zeichen des globalen Wandels«, in: Eckart Koch/Sabine Speiser (Hg.), *Interkulturalität in der internationalen Entwicklungszusammenarbeit*, München: Hampp, S. 127-140.

Fischer, Joschka (1999), *Konzeption 2000. Bundesaußenminister Fischer stellt Leitlinien für die künftige Auswärtige Kulturpolitik vor,* Berlin: Auswärtiges Amt, 5 S.

Fischer, Joschka (2001), »Sensibel in der Form, fest in der Sache«, *Zeitschrift für Kulturaustausch* (Stuttgart), Jg. 51, H. 2, S. 24-26.

Fischer, Martina/Fischer, Astrid (2003), *Jugendförderung als Beitrag zum Friedensprozess in Bosnien-Herzegowina. Studie zur Auswertung der dreijährigen Förderung von Jugendinitiativen*, Eschborn: GIZ, 63 S.
http://star-www.giz.de/dokumente/bib/03-5394.pdf

Fischer, Martina (2011), »Struggling for Justice, Truth and Reconciliation in the Western Balkans«, in: Buckley-Zistel/Kater 2011, S. 59-79.

Fischer, Thomas (2013), »Außenpolitik im deutschen Bundesstaat. Das Souveränitätsproblem«, in: Siegmar Schmidt/Gunther Hellmann/Reinhard Wolf (Hg.), *Handbuch zur deutschen Außenpolitik*, Wiesbaden: VS Verlag für Sozialwissenschaften, S. 192-202.

Fitzpatrick, Kathy R. (2010), *The Future of U.S. Public Diplomacy. An Uncertain Fate*, Leiden: Brill, XIV, 307 S. (Diplomatic Studies; 4)

Fitzpatrick, Kathy R. (2011), *U.S. Public Diplomacy in a Post-9/11 World. From Messaging to Mutuality*, Los Angeles: Figueroa Press, 54 S. (CPD Perspectives on Public Diplomacy; 2011,6)
http://uscpublicdiplomacy.org/sites/uscpublicdiplomacy.org/files/legacy/publications/perspectives/CPDPerspectives_Mutuality.pdf

Fleckenstein, Knut (2011), »Die Kultur Europas endet nicht an unseren Grenzen«, *Kulturpolitische Mitteilungen* (Bonn), Jg. 133, H. 2, S. 18-19.

Flemes, Daniel/Nolte, Detlef (2008), *Zukünftige globale Machtverschiebungen: Die Debatte in den deutschen Thinktanks*, Hamburg: GIGA, 7 S. (GIGA-Focus; 2008,5)

Földes, Dóra (2013), ›*The World Favors the Brave*‹. *Towards a Long-Term Strategy for Hungarian Cultural Diplomacy*, Masterarb., Central European Univ. Budapest, 40 S.
http://www.etd.ceu.hu/2013/foldesd.pdf

Forum der Kulturen Stuttgart (2006a), *1. Bundesfachkongress Interkultur. Kongress-Dokumentation*, Stuttgart, 120 S.

Forum der Kulturen Stuttgart (2006b), »Stuttgarter Impulse zur kulturellen Vielfalt«, in: Forum der Kulturen Stuttgart 2006a, S. 116-119.

Frantz, Christiane/Martens, Kerstin (2006), *Nichtregierungsorganisationen (NGOs)*, Wiesbaden: VS Verl. für Sozialwissenschaften, 159 S.

Fraunberger, Friederike/Sommer, Anette (1993), »Die Umsetzung des erweiterten Kulturbegriffs in der Programmarbeit des Goethe-Instituts«, *Jahrbuch Deutsch als Fremdsprache* (München), Jg. 19, S. 402-415.

Frenz, Walter (2011), »Kultur«, in: ders., *Institutionen und Politiken*, Berlin: Springer, (Handbuch Europarecht; Bd. 6), S. 1165-1190.

Freund, Corinna/Rittberger, Volker (2001), »Utilitarian-Liberal Foreign Policy Theory«, in: Volker Rittberger (Hg.), *German Foreign Policy since Unification: Theories and Case Studies,* Manchester/ New York, NY: Manchester Univ. Press, S. 68-104.

Freundorfer, Clarissa (2008), *Die Beteiligung des Deutschen Bundestages an der Sekundärrechtsetzung der Europäischen Union. Der Beitrag der Fachausschüsse am Beispiel der Tätigkeit des Rechtsausschusses in der 15. Legislaturperiode*, Frankfurt am Main: Lang, 245 S. (Europäische Hochschulschriften: Reihe 2; 4662) (Diss., Augsburg 2007)

Friedrich-Naumann-Stiftung (1990), *Das Programm der Liberalen. Zehn Jahre Programmarbeit der F.D.P. 1980 bis 1990,* Baden-Baden: Nomos, XXVIII, 1014 S.

Frieters-Reermann, Norbert (2009), *Frieden lernen. Friedens- und Konfliktpädagogik aus systemisch-konstruktivistischer Perspektive*. Duisburg/Köln: WiKu, 307 S.

Fulbright, J. William (1967), »Erziehung zu einer neuen Form von Zusammenarbeit«, *Zeitschrift für Kulturaustausch* (Stuttgart), Jg. 17, H. 3-4, S. 151-152.

Furtak, Florian (2015), *Internationale Organisationen. Eine Einführung in staatliche und nichtstaatliche Organisationen*, Wiesbaden: Springer, 400 S.

Gad, Daniel (2004), *Auswärtige Kulturpolitik als entwicklungspolitisches Instrumentarium. Untersucht anhand von Projekten des Goethe-Instituts, des Deutschen Entwicklungsdienstes und einer deutschen Nichtregierungsorganisation*, Diplomarb., Univ. Hildesheim, 110 S.

Gad, Daniel (2008), *Kultur und Entwicklung. Eine Übersichtsstudie zu Schnittfeldern deutscher Akteure der Auswärtigen Kultur- und Bildungspolitik und der Entwicklungszusammenarbeit*, Stuttgart: Institut für Auslandsbeziehungen, 156 S.
http://www.ifa.de/fileadmin/pdf/studien/kultur-entwicklung_2008.pdf

Garcia, Beatriz (2008), »One Hundred Years of Cultural Programming Within the Olympic Games (1912-2012). Origins, Evolution and Projections«, *International Journal of Cultural Policy* (London), Jg. 14, H. 4, S. 361-376.

Gau, Doris/Weber, Jörg Ingo (2001), »Die Kulturpolitik der Länder im Spannungsfeld zwischen Bundesebene und Europäischer Gemeinschaft«, in: Thomas Röbke (Hg.), *Kulturföderalismus,* Essen: Klartext-Verl., S. 269-277.

Gauweiler, Peter (2008), »Auswärtige Kulturpolitik. Die dritte Säule der Außenpolitik«, *Politik und Kultur* (Regensburg), H. 3, S. 20.
http://www.kulturrat.de/dokumente/puk/puk2008/puk03-08.pdf

Gauweiler, Peter (2010), »Tragende Säule der deutschen Außenpolitik. Auswärtige Kultur- und Bildungspolitik unter der neuen Bundesregierung«, *Politik und Kultur* (Regensburg), H. 6, S. 9.

Generaldirektion Entwicklung (2010), *Culture and Development. Action and Impact,* Brüssel, 90 S.

Genscher, Hans-Dietrich (1986), »Kulturdialog über Systemgrenzen hinweg«, in: Auswärtiges Amt (Hg.), *Das KSZE-Kulturforum in Budapest. Dokumentation*, Bonn, S. 28-31.

Germund, Willi (2008), »Aufbauhilfe in Afghanistan. Eine Asphaltstraße für die Anhänger der Taliban«, *Die Tageszeitung*, 28. Juli 2008, S. 4f.

Gerstein, Hannelore (1974), *Ausländische Stipendiaten in der Bundesrepublik Deutschland. Eine empirische Erhebung über Studiengang und Studienerfolg der DAAD-Jahresstipendiaten,* Bonn: DAAD, 71 S.

Gerster, Petra/Gleich, Michael (Hg.) (2005), *Die Friedensmacher*, München/Wien: Hanser, 248 S.

Gesche, Katja (2006), *Kultur als Instrument der Außenpolitik totalitärer Staaten. Das Deutsche Ausland-Institut 1933-1945*, Köln u.a.: Böhlau, 416 S. (Diss., Stuttgart)

Gesellschaft für Technische Zusammenarbeit (2002), *Lernen für Frieden und Zukunft. Gewaltprävention und Friedenserziehung mit Kindern und Jugendlichen*, Eschborn, 30 S.

Gesellschaft für Technische Zusammenarbeit/Goethe-Institut (2005), *Kulturelle Voraussetzungen für die Entwicklung von Demokratie und sozialer Marktwirtschaft. Was können Entwicklungsländer von den deutschen Erfahrungen lernen?*, Eschborn, 104 S.

Gesellschaft für Technische Zusammenarbeit (2010), *Systemische Jugendgewaltprävention. Ein Leitfaden zur Planung und Umsetzung von maßgeschneiderten Maßnahmen der Jugendgewaltprävention*, Eschborn, 85 S.

GfK Public Affairs & Corporate Communications (2013), *The Anholt-GfK Roper Nation Brands Index 2013 Report*, Prepared for: Germany (Federal Foreign Office), New York/N.Y., 35 S. [Report fürs Auswärtige Amt, nicht öffentlich zugänglich]

Gilboa, Eytan (2006), »Public Diplomacy. The Missing Component in Israel's Foreign Policy«, *Israel Affairs*, Jg.12, H. 4, S. 715-747.

Gilboa, Eytan (2008), »Searching for a Theory of Public Diplomacy«, in: Cowan/Cull 2008, S. 55-77.

Glassgold, Stacy Michelle (2004), *Public Diplomacy. The Evolution of Literature*, Los Angeles: USC Center on Public Diplomacy, 83 S.

Gleich, Michael (2013), »Heilung aus der Mitte«, in: EUNIC/Institut für Auslandsbeziehungen/Robert Bosch Stiftung 2013, S. 72-76.

Glück, Helmut (1979), *Die preußisch-polnische Sprachenpolitik. Eine Studie zur Theorie und Methodologie der Forschung über Sprachenpolitik, Sprachbewußtsein und Sozialgeschichte am Beispiel der preußisch-deutschen Politik gegenüber der polnischen Minderheit vor 1914*, Hamburg: Buske, IV, 520 S.

Goethe-Institut (2001), *Murnau, Manila, Minsk – 50 Jahre Goethe-Institut*, München: C.H. Beck, 215 S.

Goethe-Institut (2013), *Jahrbuch 2012/2013*, München, 207 S. https://www.goethe.de/resources/files/pdf26/Jahrbuch_2012_13neu1_Deckblatt_einzeln.pdf

Goldstein, Judith/Keohane, Robert O. (1993), »Ideas and Foreign Policy. An Analytical Framework«, in: Judith Goldstein/Robert O. Keohane (Hg.), *Ideas and Foreign Policy. Beliefs, Institutions, and Political Change*, Ithaca, NY: Cornell Univ. Press., S. 3-30.

Gollnick, Ines (1992), »Bundestag/Unterausschuss Auswärtige Kulturpolitik: Deutschland und die Deutschen dem Ausland näher bringen«, *Das Parlament* (Berlin), H. 36, S. 24.

Golte-Schröder, Sybille (2008), »Medienmärkte in Asien«, *Aus Politik und Zeitgeschichte* (Bonn), Jg. 58, H. 11, S. 3-5.

Graan, Mike van (2010), *Arterial Network and EU Partnerships. Speech in the Framework of an International Seminar on ›Culture and Development‹ in Girona, 4-5 May 2010*, Gent: EFA, 3 S. http://www.efa-aef.eu/newpublic/upload/efadoc/8/1005_Speech%20Mike%20van%20Graan_Girona.pdf

Grävingholt, Jörn (2014), »›Mehr Verantwortung‹ in der Welt. Die größten Herausforderungen sind nicht militärischer Natur«, Bonn: Deutsches Institut für Entwicklungspolitik, 2 S. (Die aktuelle Kolumne; 10.2.2014) http://www.die-gdi.de/uploads/media/Deutsches-Institut-fuer-Entwicklungspolitik_Graevingholt_10.2.2014.pdf

Grant, Peter S./Wood, Chris (2004), *Blockbusters and Trade Wars. Popular Culture in a Globalized World*, Vancouver u.a.: Douglas & McIntyre, 454 S.

Grasse, Renate/Gruber, Bettina/Gugel, Günther (Hg.) (2008), *Friedenspädagogik. Grundlagen, Praxisansätze, Perspektiven*, Reinbek bei Hamburg: Rowohlt, 312 S.

Gregory, Bruce (2008), »Public Diplomacy: Sunrise of an Academic Field«, in: Cowan/Cull 2008, S. 274-290.

Grimm, Dieter (2008), »Rechtswissenschaft – eine internationale Disziplin«, in: Schütte 2008, S. 135-141.

Grimm, Sonja (2010), *Erzwungene Demokratie. Politische Neuordnung nach militärischer Intervention unter externer Aufsicht*, Baden-Baden: Nomos, 420 S. (Studien der Hessischen Stiftung Friedens- und Konfliktforschung; 6) (Diss., Berlin 2009)

Grimm, Sonja/Leininger, Julia (2012), »Not All Good Things Go Together. Conflicting Objectives in Democracy Promotion«, *Democratization* (Abingdon), Jg. 19, H. 3, S. 391-414.

Grimm, Sonja (2014), »The European Union's Ambiguous Concept of ›State Fragility‹«, *Third World Quarterly* (Egham), Jg. 35, H. 2, S. 252-267.

Grolig, Wilfried/Schlageter, Rainer Eugen (2007), »Auswärtige Kultur- und Bildungspolitik und Public Diplomacy«, in: Thomas Jäger/Aexander Höse/Kai Oppermann (Hg.), *Deutsche Außenpolitik. Sicherheit, Wohlfahrt, Institutionen und Normen*, Wiesbaden: VS, S. 547-566.

Großmann, Ulf (2007), »Europäische Kulturpolitik – Implikationen für die Arbeit des Kulturausschusses des Deutschen Städtetages«, in: Wagner/Sievers 2007, S. 205-217.

Gründer, Horst (1985), *Geschichte der deutschen Kolonien*, Paderborn/München: Schöningh, 312 S.

Guidikova, Irena (2008), »Perspektiven für Europa: ›Intercultural Cities‹. Das Gemeinschaftsprojekt des Europarats und der Europäischen Kommission«, *Kulturpolitische Mitteilungen* (Bonn), H. 123/IV, S. 53-57.

Gundlach, Sandra (2011), *Analyse und Bedeutung des Europäischen Forschungsrates (ERC) für die Forschungs- und Technologiepolitik der Europäischen Union. Wie hat sich die supranationale Forschungsförderung durch die Implementierung des ERC auf europäischer Ebene verändert?* Berlin, Hochschule für Wirtschaft und Recht/Wildau, Technische Fachhochschule, Masterarb., 2011, 162 S. [Unveröffentlicht]

Haarmann, Harald (1988), »Sprachen- und Sprachpolitik«, in: Ulrich Ammon/Norbert Dittmar/ Klaus J. Mattheier, (Hg.), *Soziolinguistik/Sociolinguistics*, Bd. 2., Berlin/New York: de Gruyter, S. 1660-1678.

Haas, Wilhelm (1969), *Beitrag zur Geschichte der Entstehung des Auswärtigen Dienstes der Bundesrepublik Deutschland,* Bonn: Köllen, 531 S.

Habermas, Jürgen (1962), *Strukturwandel der Öffentlichkeit. Untersuchungen zu einer Kategorie der bürgerlichen Gesellschaft*, Neuwied u.a.: Luchterhand, 291 S. (Politica; 4) (Habil.-Schr., Marburg 1962) [Ersch. in zahlreichen Neuauflagen]

Habermas, Jürgen (2008), »Hat die Demokratie noch eine epistemische Dimension? Empirische Forschung und normative Theorie«, in: ders., *Ach, Europa*, Frankfurt am Main: Suhrkamp, (Kleine politische Schriften; 11), S. 138-191.

Ham, Peter van (2005), »Power, Public Diplomacy, and the Pax Americana«, in: Melissen 2005, S. 47-66.

Hampel, Annika (2013), »Perspektiven einer neuen Kooperationskultur in den Künsten. Am Beispiel deutsch-indischer Partnerschaften«, *Jahrbuch. Internationales Theaterinstitut, Zentrum Bundesrepublik Deutschland* (Berlin), S. 32-37.

Han, Zhaoying (2010), »China's Public Diplomacy in a New Era«, in: Zhiqun Zhu (Hg.), *The People's Republic of China Today. Internal and External Challenges*, Singapore: World Scientific, S. 291-310.

Hanselle, Ralf (2006), »Die auswärtige Kultur steht auf dem Prüfstand einer Kulturnation. Diskussion über die Zukunft des Goethe-Instituts«, *Das Parlament* (Berlin), Nr. 26, 26.6.2006. http://webarchiv.bundestag.de/archive/2010/0824/dasparlament/2006/26/Panorama/002.html

Harnisch, Thomas (1999), *Chinesische Studenten in Deutschland. Geschichte und Wirkung ihrer Studienaufenthalte in den Jahren von 1860 bis 1945,* Hamburg: Institut für Asienkunde, 561 S.

Harnischfeger, Horst (2007), »Auswärtige Kulturpolitik«, in: Siegmar Schmidt/Gunther Hellmann/Reinhard Wolf (Hg.), *Handbuch zur deutschen Außenpolitik*, Wiesbaden: VS Verlag für Sozialwissenschaften, S. 713-723.

Harnischfeger, Horst (2009), »Zwischen Gutenberg und Google – Medien«, in: Kurt-Jürgen Maaß (Hg.), *Kultur- und Außenpolitik. Handbuch für Studium und Praxis*, 2. Aufl., Baden-Baden: Nomos Verlagsgesellschaft, S. 219-229

Hart, Justin (2013), *Empire of Ideas. The Origins of Public Diplomacy and the Transformation of U.S. Foreign Policy*, Oxford: Oxford University Press, XII, 279 S.

Hartig, Falk (2007), »Wie Konfuzius Europa erobert. China geht auch in der auswärtigen Kulturpolitik eigene Wege«, *Kulturaustausch* (Stuttgart), Jg. 57, H. 3, S. 69-70.

Hartig, Falk (2008), *Die Kommunistische Partei Chinas heute. Von der Revolutions- zur Reformpartei*, Frankfurt/New York: Campus, 194 S.

Hartig, Falk (2011), »Rote Umschläge, schwarze Hände«, *Message* (Hamburg), H. 1, S. 30-33.

Hartig, Falk (2012), »Public Diplomacy Made It into the Pantheon of Chinese Party Rhetoric«, *CPD-Blog* (Los Angeles, CA), 15.11.2012. http://uscpublicdiplomacy.org/index.php/newswire/cpdblog_detail/public_diplomacy_made_it_into_the_pantheon_of_chinese_party_rhetoric/

Hartig, Falk (2014a), »Chinas Geopolitik und ihre kulturelle Unterstützung«, in: Gerd Ulrich Bauer/Bernd Thum (Hg.), *Kulturelle Faktoren von Geopolitik*, Stuttgart: Inst. für Auslandsbeziehungen, S. 64-69. (WIKA-Report; 2)

Hartig, Falk (2014b), »Konfuzius sagt: Klasse statt Masse«, *Kulturaustausch* (Stuttgart), Jg. 64, H. 2, S. 61.

Hartig, Falk (2015), *Chinese Public Diplomacy. The Rise of Confucius Institutes*, London u.a.: Routledge, 224 S. (Routledge New Diplomacy Studies)

Hasenclever, Andreas/Mayer, Peter/Rittberger, Volker (1997), *Theories of International Regimes,* Cambridge: Cambridge Univ. Press, X, 248 S.

Hausmann, Frank-Rutger (2001), *›Auch im Krieg schweigen die Musen nicht‹. Die Deutschen Wissenschaftlichen Institute im Zweiten Weltkrieg*, Göttingen: Vandenhoeck & Ruprecht, 400 S. (Veröffentlichungen des Max-Planck-Instituts für Geschichte; 169)

Hayden, Craig (2012), *The Rhetoric of Soft Power. Public Diplomacy in Global Contexts,* Lanham, Md.: Lexington Books, VII, 300 S.

Heckel, Erna (1968), *Kultur und Expansion. Zur Bonner Kulturpolitik in den Entwicklungsländern,* Berlin: Dietz, 207 S.

Heine, Peter (1992), »Bildende Kunst – nur ein Abklatsch des Westens?«, in: Udo Steinbach (Hg.), *Arabien: Mehr als Erdöl und Konflikte*, Opladen: Leske + Budrich, S. 311-315.

Hellmann, Gunther (2006), *Deutsche Außenpolitik. Eine Einführung*, Wiesbaden: VS Verl. für Sozialwissenschaften, 260 S.

Hennefeld, Vera (2013), »Zielvereinbarungen und Evaluation als Instrumente zur strategischen Steuerung der Mittlerorganisationen in der Auswärtigen Kultur- und Bildungspolitik Deutschlands«, in: Hennefeld/Stockmann 2013, S. 137-161.

Hennefeld, Vera/Stockmann, Reinhard (Hg.) (2013), *Evaluation in Kultur und Kulturpolitik. Eine Bestandsaufnahme*, Münster: Waxmann, 245 S. (Sozialwissenschaftliche Evaluationsforschung; Bd. 11)

Henze, Raphaela/Wolfram, Gernot (Hg.) (2014), *Exporting Culture. Which Role for Europe in a Global World?*, Wiesbaden: VS Springer, 164 S.

Hepp, Andreas/Krotz, Friedrich/Winter, Carsten (Hg.) (2005), *Globalisierung der Medienkommunikation. Eine Einführung*, Wiesbaden: VS-Verlag für Sozialwissenschaften, 350 S.

Herbillon, Michel (2003), *Rapport d'information, déposé par la délégation de l'Assemblée nationale pour l'Union européenne, sur la diversité linguistique dans l'Union européenne*, Paris: Assemblée Nationale, 72 S.
http://www.assemblee-nationale.fr/12/europe/rap-info/i0902.asp

Hermand, Jost (2006), *Deutsche Kulturgeschichte des 20. Jahrhunderts,* Darmstadt: Wissenschaftliche Buchgesellschaft, 309 S.

Hesse, Joachim Jens/Ellwein, Thomas (2004), *Das Regierungssystem der Bundesrepublik Deutschland*, Bd. 1, 9., völlig neu bearb. Aufl., Berlin: de Gruyter, XIV, 575 S.

Hinderling, Robert/Eichinger, Ludwig. M. (Hg.) (1996), *Handbuch der mitteleuropäischen Sprachminderheiten,* Tübingen: Narr, XVII, 530 S.

Hindrichs, Andrea (2010), *›Teutonen‹ in Arkadien. Deutsche auswärtige Kulturpolitik und Kulturvermittlung in Italien von 1949-1970 zwischen Steuerungsversuch und dem Wunsch nach Anerkennung*, München: Meidenbauer, 391 S. (Diss., Zürich 2006/07)

Hintze, Peter (Hg.) (1995), *Die CDU-Parteiprogramme. Eine Dokumentation der Ziele und Aufgaben*, Bonn: Bouvier, XXXVII, 517 S.

Hippler, Jochen (2006*), Krieg, Repression, Terrorismus. Politische Gewalt und Zivilisation in westlichen und muslimischen Gesellschaften*, Stuttgart: Institut für Auslandsbeziehungen, 366, 143 S. (Europäisch-islamischer Kulturdialog)

Hixson, Walter L. (1997), *Parting the Curtain. Propaganda, Culture, and the Cold War, 1945-1961,* Basingstoke: Macmillan, XVI, 283 S.

Hoch, Felicitas (2012), *Die Kulturförderung der Europäischen Union*, Baden-Baden: Nomos, 281 S. (Diss., Freiburg 2011)

Hoefig, Dagmar/Skupnik, Wilfried (1966), *Die Organisationsformen der Auslandskulturarbeit ausgewählter Staaten*, Bonn: Wiss. Abt. des Dt. Bundestages, 82 S.

Hoff, Henning (2006), »Süßes Deutschland. Nach der Fußball-WM: Image-Wandel durch ›Nation Branding‹«, *epd medien* (Frankfurt/Main), H. 64, S. 3-6.

Hoffmann, Hilmar/Maaß, Kurt-Jürgen (Hg.) (1994), *Freund oder Fratze? Das Bild von Deutschland in der Welt und die Aufgaben der Kulturpolitik*, Frankfurt/Main: Campus Verlag, 199 S.

Hofmann, Andreas/Wessels, Wolfgang (2011), »Die Europäische Union nach dem Vertrag von Lissabon. Ein weiterer Schritt auf der Suche nach Problemlösungsfähigkeit und demokratischer Legitimität«, in: Gudrun Hentges/Hans-Wolfgang Platzer (Hg.), *Europa – quo vadis? Ausgewählte Problemfelder der europäischen Integrationspolitik*, Wiesbaden: VS Verlag für Sozialwissenschaften, S. 15-41.

Holthoff, Jan (2008), *Kulturraum Europa. Der Beitrag des Art. 151 EG-Vertrag zur Bewältigung kultureller Herausforderungen der Gegenwart*, Baden-Baden: Nomos, 256 S. (Schriften zum Kunst- und Kulturrecht; 1) (Diss., Düsseldorf 2006)

Holtz, Uwe (Hg.) (2000), *50 Jahre Europarat*, Baden-Baden: Nomos-Verl.-Ges., 377 S.

Hooghe, Ingrid d' (2005), »Public Diplomacy in the People's Republic of China«, in: Melissen 2005, S. 88-103.

Hooghe, Ingrid d' (2010), *The Limits of China's Soft Power in Europe. Beijing's Public Diplomacy Puzzle*. The Hague: Netherlands Institute of International Relations Clingendael, 44 S.
http://www.clingendael.nl/sites/default/files/20100100_cdsp_paper_dhooghe_china.pdf

Hooghe, Ingrid d' (2011a), »The Expansion of China's Public Diplomacy System«, in: Jian Wang (Hg.), *Soft Power in China. Public Diplomacy through Communication*, Basingstoke: Palgrave Macmillan, (Palgrave Macmillan Series in Global Public Diplomacy), S. 19-36.

Hooghe, Ingrid d' (2011b), »The Limits of China's Soft Power in Europe. Beijing's Public Diplomacy Puzzle«, in: J. Lee Sook/Jan Melissen (Hg.), *Public Diplomacy and Soft Power in East Asia,* New York, NY: Palgrave Macmillan, S. 163-190.

Hornberg, Sabine (2010), *Schule im Prozess der Internationalisierung von Bildung*, Münster: Waxmann, 266 S. (Studien zur international und interkulturell vergleichenden Erziehungswissenschaft; Bd. 11)

Horton, Peter A. (2008), »Sport as Public Diplomacy and Public Disquiet. Australia's Ambivalent Embrace of the Beijing Olympics«, *International Journal of the History of Sport* (Abingdon), Jg. 25, H. 7, S. 851-875.

Hu, Jintao (2012), »Adhering to the Socialist Cultural Development Path with Chinese Characteristics and Striving to Build a Country with a Strong Socialist Culture«, *Qiushi* (Beijing), Jg. 4, H. 1 http://english.qstheory.cn/magazine/201201/201203/t20120331_149043.htm

Hübecker, Alexander (2008), »Deutsche Public Diplomacy in den USA vor dem Irakkrieg 2003«, in: Jäger/Viehrig 2008, S. 215-236.

Hüfner, Klaus (2008), *UNESCO und Menschenrechte,* Berlin: Frank & Timme, 156 S.

Hüfner, Klaus (2011), *Multilaterale Bildungsfinanzierung durch das UNO-System,* Berlin: Frank & Timme, 230 S.

Hüfner, Klaus (2013), *Wer rettet die UNESCO?,* Berlin: Frank & Timme, 145 S.

Hülsse, Rainer (2009), »The Catwalk Power. Germany's New Foreign Image Policy«, *Journal of International Relations and Development* (Ljubljana), Jg. 12, H. 3, S. 293-316.

Hürter, Johannes/Mayer, Michael (Hg.) (2014), *Das Auswärtige Amt in der NS-Diktatur*, München: De Gruyter Oldenbourg, 260 S. (Schriftenreihe der Vierteljahrshefte für Zeitgeschichte; 109)

Hüsken, Thomas (2006), *Der Stamm der Experten. Rhetorik und Praxis des interkulturellen Managements in der deutschen staatlichen Entwicklungszusammenarbeit*, Bielefeld: transcript, XIII, 289 S. (Kultur und soziale Praxis)

Huijgh, Ellen (2013), »Public Diplomacy's Domestic Dimension in the European Union«, in: Cross/Melissen 2013, S. 57-84.

Huntington, Samuel P. (1996), *Der Kampf der Kulturen. Die Neugestaltung der Weltpolitik im 21. Jahrhundert*, München/Wien: Europaverl., 581 S.

Impekoven, Holger (2013), *Die Alexander von Humboldt-Stiftung und das Ausländerstudium in Deutschland 1925-1945. Von der ›geräuschlosen Propaganda‹ zur Ausbildung der ›geistigen Wehr‹ des ›Neuen Europa‹*, Göttingen: V&R Unipress, 522 S. (Internationale Beziehungen: Theorie und Geschichte; 9) (Diss., Bonn 2010)

Ingrim, Robert (Hg.) (1950), *Bismarck selbst. Tausend Gedanken des Fürsten Otto von Bismarck*, Stuttgart: Dt. Verl.-Anst., 304 S.

Institut für Auslandsbeziehungen (2004), *Der Westen und die islamische Welt. Eine muslimische Position. Report,* Stuttgart, 175, 73 S. (Europäisch-islamischer Kulturdialog)

Institut für Auslandsbeziehungen (2007), *Kulturreport »Fortschritt Europa«*, Stuttgart, 279 S.

Ischreyt, Heinz (1964), *Deutsche Kulturpolitik. Information über ihre pluralistischen und totalitären Formen. Ein Leitfaden,* Bremen: Schünemann, 414 S.

Ismayr, Wolfgang (2012), *Der Deutsche Bundestag*, 3., völlig überarb. und aktualisierte Aufl., Wiesbaden: Springer VS, 519 S.

Ismayr, Wolfgang (2013), »Bundestag«, in: Siegmar Schmidt/Gunther Hellmann/Reinhard Wolf (Hg.), *Handbuch zur deutschen Außenpolitik*, Wiesbaden: VS Verlag für Sozialwissenschaften, S. 175-191.

Ivanov, Igor' S. (2000), »Vystuplenie Ministra innostrannych del Rossii I.S. Ivanova na zasedanii Soveta dejatelej kultury, nauki i obrazovanija pri MID Rossii 29 marta 2000 goda«, [Rede von Außenminister I.S. Ivanov vor dem ›Rat von Vertretern aus Kultur, Wissenschaft und Bildung beim Außenministerium Russlands‹ am 29. März 2000], *Diplomatičeskij vestnik* (Moskau), Jg. 2000, H. 4.

Jacobsen, Hans-Adolf (1968), *Nationalsozialistische Außenpolitik 1933-1938,* Frankfurt a.M./Berlin: Metzner, XX, 944 S.

Jacobsen, Hans-Adolf (1970), *Hans Steinacher, Bundesleiter des VDA 1933-1937. Erinnerungen und Dokumente,* Boppard: Boldt, LXVIII, 623 S.

Jacobsen, Hans-Adolf (1979), *Karl Haushofer – Leben und Werk,* Bd. 2, *Ausgewählter Schriftwechsel 1917-1946,* Boppard: Boldt, XVIII, 629 S.

Jäger, Thomas/Viehrig, Henrike (Hg.) (2008), *Die amerikanische Regierung gegen die Weltöffentlichkeit? Theoretische und empirische Analysen der Public Diplomacy zum Irakkrieg,* Wiesbaden: VS Verlag für Sozialwissenschaften, 273 S.

Jäger, Uli (2008), »Friedenspädagogik in Konflikt- und Krisenregionen«, in: Renate Grasse, Bettina Gruber und Günther Gugel (Hg.), *Friedenspädagogik. Grundlagen, Praxisansätze, Perspektiven*, Reinbek bei Hamburg: Rowohlt, S 233-252.

*Jahrbuch der auswärtigen Kulturbeziehungen*, Bd. 1 (1964) und Bd. 2 (1965), hg. von Berthold Martin, Bonn: Akademischer Verlag; Bd. 3 (1966) und Bd. 4 (1967) u.d.T.: *Auswärtige Kulturbeziehungen*, Neuwied/Berlin: Luchterhand.

Jansen, Dorothea (2010), »Von der Steuerung zur Governance. Wandel der Staatlichkeit?«, in: Simon/Knie/Hornbostel 2010, S. 39-50.

Janus, Heiner/Klingebiel, Stephan/Paulo, Sebastian (2014), ›*Beyond Aid*‹ *und die Zukunft der Entwicklungszusammenarbeit*, Bonn: Deutsches Institut für Entwicklungspolitik, 4 S. (Analysen und Stellungnahmen; 2014,7)
http://www.die-gdi.de/uploads/media/AuS_7.2014.pdf

Jia, Wenyan (2012), »A ›New‹ Line of Thought Regarding China's Cultural Diplomacy«, *Jing ji yan jiu* (Beijing), Jg.155, H. 9, S. 216-217.

Jünemann, Annette/Zorob, Anja (Hg.) (2013), *Arabellions. Zur Vielfalt von Protest und Revolte im Nahen Osten und Nordafrika*, Wiesbaden: Springer, 337 S. (Politik und Gesellschaft des Nahen Ostens)

Kaelble, Hartmut (1991), *Nachbarn am Rhein. Entfremdung und Annäherung der französischen und deutschen Gesellschaft seit 1880*, München: Beck, 294 S.

Kaiser, Karl (1998), »Globalisierung als Problem der Demokratie«, *Internationale Politik* (Köln), Jg. 53, H. 4, S. 3-11.

Kaiser, Karl/Mildenberger, Markus (1998), »Gesellschaftliche Mittlerorganisationen«, in: Wolf-Dieter Eberwein (Hg.), *Deutschlands neue Außenpolitik*, Bd. 4, *Institutionen und Ressourcen*, München: Oldenbourg, S. 199-214.

Kampmann, Susanne (2013), *Die Interdependenz der Ordnungen. Entwicklungszusammenarbeit als interkulturelles Diskursfeld*, Hamburg: Bachelor + Master Publ., 67, X S. (Masterarb., Kaiserlautern 2011)

Kampschulte, Dennis L. (2008), *Transatlantische Wahrnehmungsunterschiede im Umgang mit internationalen Konflikten? Zur Bedeutung der auswärtigen Kultur-, Bildungs- und Informationspolitik in Deutschland und den USA*, Baden-Baden: Nomos, 237 S.

Kantorowicz, Alfred (1978), *Politik und Literatur im Exil. Deutschsprachige Schriftsteller im Kampf gegen den Nationalsozialismus*, Hamburg: Christians, 346 S.

Karokhail, Masood/Schmeidl, Susanne (2006), »Zur Integration traditioneller Strukturen in den Staatsbildungsprozess. Lehren aus dem Tribal Liaison Office in Loya Paktia«, in: Heinrich Böll Stiftung (Hg.), *Schriftenreihe Demokratie*, Bd. 1, *Afghanistan*, Berlin, S. 63-81.

Kawamura, Yoko/Aoki-Okabe, Maki (2005), »Region als Identität – ein Vergleich zwischen deutschem und japanischem Engagement für die regionale kulturelle Zusammenarbeit«, in: Kenichiro Hirano (Hg.), *Internationaler Kulturaustausch Japans nach dem Zweiten Weltkrieg*, Tokyo: Keiso Shobo, S. 35-80. [Text in Japanisch]

Keck, Margaret E./Sikkink, Kathryn (1998), *Activists beyond Borders. Advocacy Networks in International Politics*, Ithaca, NY: Cornell Univ. Press, XII, 227 S.

Keijzer, Niels (2014), »Neue Messweise«, *E+Z, Entwicklung und Zusammenarbeit* (Bonn), Jg. 55, H. 8-9, S. 342-344.

Keipert, Maria (2007), »1874«, in: Ludwig Biewer/Rainer Blasius (Hg.), *In den Akten, in der Welt. Ein Streifzug durch das Politische Archiv des Auswärtigen Amts*, Göttingen: Vandenhoeck & Ruprecht, S. 18-21.

Kellermann, Henry J. (1978), *Cultural Relations as an Instrument of U.S. Foreign Policy. The Educational Exchange Program Between the United States and Germany 1945-1954*, Washington, DC: Bureau of Educational and Cultural Affairs, XVII, 289 S.

Kelletat, Andreas F. (2001), *Deutschland : Finnland 6 : 0. Deutsch contra Englisch und Französisch. Zum Dolmetschstreit in der Europäischen Union*, Tampere: Univ., 184 S.

Kelley, Robert (2011), »Repairing the American Image, One Tweet at a Time«, in: *The United States After Unipolarity*, London: School of Economics, S. 35-39.

Kempe, Iris (2007), »Die Europäische Nachbarschaftspolitik und die Rolle Deutschlands«, in: Thomas Jäger/Alexander Höse/Kai Oppermann (Hg.), *Deutsche Außenpolitik. Sicherheit, Wohlfahrt, Institutionen und Normen*, 2., aktualisierte und erw. Aufl., Wiesbaden: VS Verlag für Sozialwissenschaften, S. 241-260.

Kemper, Yvonne (2005), *Youth in War-to-Peace Transitions. Approaches of International Organisations*, Berlin: Berghof Forschungszentrum, 70 S. (Berghof Report; 10)

Kendrick, Alice/Fullerton, Jami A. (2004), »Advertising as Public Diplomacy. Attitude Change among International Audiences«, *Journal of Advertising Research* (Cambridge), Jg. 44, H. 3, S. 297-311.

Keohane, Robert O./Nye, Joseph S. (1998), »Power and Interdependence in the Information Age«, *Foreign Affairs* (New York, NY), Jg. 77, H. 5, S. 81-94.

Kermani, Navid (2006), *Grenzen und Chancen interkulturellen Verstehens. Vortrag*, Tutzing: Evangelische Akademie, 5 S.
http://www.navidkermani.de/media/raw/GoetheTutzingArt.pdf

Kiper, Hanna (2012), *Unterrichtsentwicklung. Ziele, Konzeptionen, Akteure. Eine kritische Sichtung*, Stuttgart: Kohlhammer, 168 S. (Praxiswissen Bildung)

Kiper, Hanna (2013a), *Theorie der Schule. Institutionelle Grundlagen pädagogischen Handelns*, Stuttgart: Kohlhammer, 303 S. (Schulpädagogik)

Kiper, Hanna (2013b), »Die ›Arbeitsstelle Deutsche Auslandsschularbeit‹ an der Carl von Ossietzky Universität Oldenburg in der globalen Welt. Einige schultheoretische Überlegungen«, in: Manfred Egenhoff/Peter H. Stoldt (Hg.), *Deutsche Lehrer im Ausland. Beiträge zur schulischen Arbeit weltweit*, Münster: Aschendorff, S. 199-214.

Kleinsteuber, Hans J. (2005), »Medienpolitik«, in: Hepp/Krotz/Winter 2005, S. 93-116.

Kleinsteuber, Hans J. (2008), »Sieben Jahre im Rundfunkrat der Deutschen Welle. Expeditionen eines Wissenschaftlers in die medienpolitische Praxis«, in: Kops 2008, S. 161-185.

Kleinsteuber Hans J./Thomaß, Barbara (2009), »Kommunikationspolitik international – ein Vergleich nationaler Entwicklungen«, *Internationales Handbuch Medien* (Baden-Baden), Jg. 26, S. 64-88.

Klingebiel, Thilo (2013), »Deutsche Auslandsschulen als Public-Private-Partnership. Eine Analyse«, in: Manfred Egenhoff/Peter H. Stoldt (Hg.), *Deutsche Lehrer im Ausland. Beiträge zur schulischen Arbeit weltweit*, Münster: Aschendorff, S. 215-230.

Klöckner, Thomas (1993), *Public Diplomacy – Auswärtige Informations- und Kulturpolitik der USA. Strukturanalyse der Organisation und Strategien der United States Information Agency und des United States Information Service in Deutschland*, Baden-Baden: Nomos, 339 S.

Knie, Andreas/Simon, Dagmar (2010), »Stabilität und Wandel des deutschen Wissenschaftssystems«, in: Simon/Knie/Hornbostel 2010, S. 26-38.

Koch, Achim (2003), »mobile.culture.container«, in: Freimut Duve/Achim Koch (Hg.), *We Are Defending Our Future*, Wien: Fonds Verteidigung unserer Zukunft, S. 15-21.

Köchler, Hans (2013), *The Internet and the Trivialization of the Public Space. Workshop on Digital Media*, Rhodes Forum 2013, Rhodes, 4 October 2013. [Unveröffentlicht]

König, Helmut (2003), *Die Zukunft der Vergangenheit. Der Nationalsozialismus im politischen Bewußtsein der Bundesrepublik*, Frankfurt a.M.: Fischer Taschenbuch Verl., 191 S.

König, Helmut (2008), *Politik und Gedächtnis*, Weilerswist: Velbrück Wissenschaft, 712 S.

Kohse-Höinghaus, Katharina (2008), »Moleküle haben keine Nationalität«, in: Schütte 2008, S. 157-165.

*Koncepcija gosudarstvennoj politiki Rossijskoj Federacii v oblasti podgotovki nacional'nych kadrov dlja zarubežnych stran v rossijskich obrazovatel'nych zavedenijach. Odobrena Prezidentom Rossijskoj Federacii V.V. Putinym 18 oktjabrja 2002 g.* [Konzeption zur Ausbildung ausländischer Kader an Bildungseinrichtungen in Russland 2002]
http://www.ed.gov.ru/int-coop/tema/pol.doc

Konsortium Ziviler Friedensdienst (2006), *Mehr Frieden wagen. Wege zur Überwindung von Gewalt. Sieben Jahre Ziviler Friedensdienst*, Bonn, 34 S.

[Konzeption AKP 2001]
Ministerstvo innostrannych del Rossijskoj Federacii (2001), *Osnovnye napravlenija raboty MID Rossii po razvitiju kulturnych svjazej Rossii s zarubežnymi stranami (Utverždena Prezidentom Rossijskoj Federacii V.V. Putinym 23 fevralja 2001g.)* [Schwerpunkte der Arbeit des Außenministeriums Russlands in der Entwicklung kultureller Beziehungen Russlands mit ausländischen Staaten 2001]

[Konzeption AP 2000]
Ministerstvo innostrannych del Rossijskoj Federacii (2000), *Koncepcija vnešnej politiki Rossijskoj Federacii (Utverždena Prezidentom Rossijskoj Federacii V. V. Putinym 28 ijunja 2000g.,)* [Konzeption der Außenpolitik der Russischen Föderation 2000]
http://www.mid.ru/Bl.nsf/arh/19DCF61BEFED61134325699C003B5FA3

[Konzeption AP 2008]
Ministerstvo innostrannych del Rossijskoj Federacii (2008), *Koncepcija vnešnej politiki Rossijskoj Federacii (Utverždena Prezidentom Rossijskoj Federacii D. N. Medvedevym 12 ijulja 2008g.)*, [Konzeption der Außenpolitik der Russichen Föderation 2008]
http://kremlin.ru/acts/785

Kops, Manfred (2006), *Globalisierung der Medienwirtschaft. Nutzen und Kosten, Gewinner und Verlierer*, Köln: Institut für Rundfunkökonomie, 66 S. (Arbeitspapiere des Instituts für Rundfunkökonomie an der Universität zu Köln; 211d)

Kops, Manfred (Hg.) (2008), *Die Aufgaben des öffentlich-rechtlichen Auslandsrundfunks in einer globalisierten Medienwelt*, Berlin: Vistas, 188 S. (DW-Schriftenreihe; 6)

Korch, Uwe (2000), *Die Kultursprachen Europas. Eine Fallstudie zu Sprachpolitik und Sprachplanung der Europäischen Union*, Diss., Techn. Hochsch. Aachen, 179 S.

Korte, Martin (2008), »Wie international ist Wissenschaft? Internationale Kooperationen in den Biowissenschaften«, in: Schütte 2008, S. 166-175.

Kotzian, Peter/Knodt, Michèle/Urdze, Sigita (2011), »Instruments of the EU's External Democracy Promotion«, *Journal of Common Market Studies* (Oxford), Jg. 49, H. 5, S. 995-1018.

Kraus, Egon (1966), »Die Musik in der kulturellen Auslandsarbeit«, in: Berthold Martin (Hg.), *Auswärtige Kulturbeziehungen*, Band 3, Neuwied/Berlin: Luchterhand, S. 135-145.

Krenn, Michael L. (2005), *Fall-Out Shelters for the Human Spirit. American Art and the Cold War*, Chapel Hill, NC: Univ. of North Carolina Press, XII, 300 S.

Kreuzig, Marianne (2012), »Macht Kultur Entwicklung? Über die Notwendigkeit einer auf Selbstbestimmtheit und Selbstständigkeit ausgerichteten Auswärtigen Kultur- und Bildungspolitik«, in: Gesa Birnkraut/Karin Wolf (Hg.), *Kulturmanagement konkret*, Bd. 5, Hamburg: Institut für Kulturkonzepte Hamburg, S. 93-113.

Kröger, Franz/Sievers, Norbert (2003), »Interkulturelle Kulturarbeit als neues Aufgabenfeld der Kulturpolitik. Verbandspolitische Überlegungen und empirische Grundlagen«, *Jahrbuch für Kulturpolitik* (Bonn), Jg. 2002/03, S. 303-319.

Kruckeberg, Dean/Vujnovic, Marina (2005), »Public Relations, Not Propaganda, for US Public Diplomacy in a Post-9/11 World. Challenges and Opportunities«, *Journal of Communication Management* (Bradford), Jg. 9, H. 4, S. 296-304.

Kruse, Franziska (2014), *Der Europäische Auswärtige Dienst zwischen intergouvernementaler Koordination und supranationaler Repräsentation*, Berlin: Duncker & Humblot, 389 S. (Schriften zum europäischen Recht; 163) (Diss., Speyer 2013)

Kruse, Jan/Ammon, Ulrich (2013), »Language Competence and Language Choice within EU Institutions and their Effects on National Legislative Authorities«, in: Anne-Claude Berthoud/François Grin/Georges Lüdi (Hg.), *Exploring the Dynamics of Multilingualism. The DYLAN Project*, Amsterdam: John Benjamins, S. 157-178.

Kühnhardt, Ludger (1996a), »Samuel P. Huntington – Kampf der Kulturen. Die Neugestaltung der Weltpolitik im 21. Jahrhundert (Rezension)«, *Zeitschrift für Kulturaustausch* (Stuttgart), Jg. 46, H. 4, S. 118-120.

Kühnhardt, Ludger (1996b), *Wieviel Bytes verträgt der Staat?* [Vortrag bei der Konferenz ›Macht Information‹], Bonn, 9.9.1996

Kürten, Markus A. (2004), *Die Bedeutung der deutschen Sprache im Recht der Europäischen Union. Eine Untersuchung der aktuellen sowie zukünftig möglichen Bedeutung der deutschen Sprache in der EU*, Berlin: Duncker & Humblot, 180 S. (Diss. 2002/2003)

Kuhlmann, Stefan (2008), »Forschungs- und Innovationssysteme im internationalen Wettbewerb«, in Schütte 2008, S. 52-58.

Kulturpolitische Gesellschaft (1998), »Programm der Kulturpolitischen Gesellschaft«, *Kulturpolitische Mitteilungen* (Bonn), Jg. 83, H. 4, S. 24-31.

Kulturpolitische Gesellschaft (2004), *inter.kultur.politik. Kulturpolitik in der multiethnischen Gesellschaft. Dokumentation des 2. Kulturpolitischen Bundeskongresses am 26. und 27. Juni 2003 in Berlin*, Essen: Klartext-Verl., 214 S.

Kulturpolitische Gesellschaft (2007), *Kultur.macht.europa – europa.macht.kultur. Begründungen und Perspektiven europäischer Kulturpolitik. Dokumentation des Vierten Kulturpolitischen Bundeskongresses am 7./8. Juni 2007 in Berlin*, Essen: Klartext-Verl., 334 S. (Edition Umbruch; 23)

*Kulturstatistiken* (2008), *Kulturindikatoren auf einen Blick. Ein Ländervergleich*, Wiesbaden: Statistische Ämter des Bundes und der Länder, 68 S. https://www.destatis.de/DE/Publikationen/Thematisch/BildungForschungKultur/Kultur/Kulturindikatoren1023018089004.pdf?__blob=publicationFile

Kulturstiftung des Bundes (2003), *Die Kulturstiftung des Bundes*, Halle, 23 S. http://kulturstiftung-des-bundes.de/media_archive/1051530507445.pdf

»Kulturwirtschaft – Kulturpolitik« (2007), *Kulturpolitische Mitteilungen* (Hagen), H. 119, S. 28-55.

Kultusministerkonferenz (1995), »Lindauer Absprache. Verständigung zwischen der Bundesregierung und den Staatskanzleien der Länder über das Vertragschließungsrecht des Bundes. Vom 14. November 1957«, *Handbuch für die Kultusministerkonferenz* (Bonn), S. 424-425.

Kultusministerkonferenz (2000), *Positionspapier zur auswärtigen Kulturpolitik. Vorgelegt vom Vorsitz der Kommission für Europäische und Internationale Angelegenheiten der Kultusministerkonferenz*, Bonn, 14 S.

Kusterer, Hermann (1980), »Das Sprachenproblem in den Europäischen Gemeinschaften. Ein Plädoyer für Pragmatik«, *Europa-Archiv* (Bonn), Jg. 35, H. 22, S. 693-698.

Kuthan, Peter/Schmidjell, Franz (2010), *Diskussionspapier Kultur und Entwicklung*, Wien: Wiener Institut für Dialog und Internationale Zusammenarbeit, 20 S. http://kulturellevielfalt.unesco.at/cgi-bin/file.pl?id=428

Lai, Hongyi/Lu, Yiyi (Hg.) (2012), *China's Soft Power and International Relations*, London u.a.: Routledge, XII, 216 S.

Laitenberger, Volkhard (2000), »Der Deutsche Akademische Austauschdienst von seinen Anfängen bis 1945«, in: Peter Alter (Hg.), *Spuren in die Zukunft. Der DAAD 1925 bis 2000*, Bonn, S. 20-49.

Lamprecht, Karl (1913), *Über auswärtige Kulturpolitik*, Stuttgart: Kohlhammer, 14 S.

Landry, Charles (2000), *The Creative City. A Toolkit for Urban Innovators*, Repr., London: Earthscan, XVIII, 300 S.

Laqueur, Walter (1994), »Save Public Diplomacy. Broadcasting America's Message Matters«, *Foreign Affairs* (New York, NY), Jg. 73, H. 5, S. 19-24.

Laruelle, Marlene (2014), *Beyond Anti-Westernism. The Kremlin's Narrative about Russia's European Identity and Mission*, Washington, DC: PONARS Eurasia, 6 S. (PONARS Eurasia Policy Memo; No. 326)
http://www.ponarseurasia.org/sites/default/files/policy-memos-pdf/Pepm326_Laruelle_August2014.pdf

Lavenex, Sandra/Schimmelfennig, Frank (2011), »EU Democracy Promotion in the Neighbourhood: From Leverage to Governance?«, *Democratization* (Abingdon), Jg. 18, H. 4, S. 885-909.

Leininger, Julia/Böckenförde, Markus (2012), »Prozesse fördern, nicht nur Produkte fordern. Demokratie und Menschenrechte in der deutschen Außenpolitik«, *Aus Politik und Zeitgeschichte* (Bonn), Jg. 62, H. 10, S. 40-46.
http://www.bpb.de/apuz/75799/prozesse-foerdern-nicht-nur-produkte-fordern-demokratie-und-menschenrechte-in-der-deutschen-aussenpolitik

Leininger, Julia/Grimm, Sonja/Freyburg, Tina (Hg.) (2012), »Do All Good Things Go Together? Conflicting Objectives in Democracy Promotion«, *Democratization* (Abingdon), Jg. 19, H. 3, S. 389-609.

Leitermann, Walter (1992), »Die kulturellen Auslandsbeziehungen der Kommunen«, *Zeitschrift für Kulturaustausch* (Stuttgart), Jg. 42, H. 3, S. 318-322.

Lending, Mette (2000), *Oppbrudd og fornyelse: norsk utenrikskulturell politikk 2001-2005,* Oslo: Utenriksdepartementet, 110 S.

Lengwiler, Martin (2010), »Kontinuitäten und Umbrüche in der deutschen Wissenschaftspolitik des 20. Jahrhunderts«, in: Simon/Knie/Hornbostel 2010, S. 13-25.

Leonard, Mark/Stead, Catherine/Smewing, Conrad (2002), *Public Diplomacy,* London: The Foreign Policy Centre, VIII, 183 S.

Leonhard, Jörn (2014), *Die Büchse der Pandora. Geschichte des Ersten Weltkriegs*, München: Beck, 1157 S.

Lepenies, Wolf (1995), »Das Ende der Überheblichkeit. Wir brauchen eine neue auswärtige Kulturpolitik – statt fremde Gesellschaften zu belehren, müssen wir bereit sein, von ihnen zu lernen«, *Die Zeit* (Hamburg), Nr. 48, S. 62.

Lessig, Lawrence (1999), *Code and Other Laws of Cyberspace*, New York, NY: Basic Books, XII, 297 S.

Leussink, Hans (1963), »Wissenschaft und Bildungshilfe«, in: *Bildungshilfe für Entwicklungsländer,* Stuttgart: Dt. Verl.-Anst., S. 32-60.

Li, Changchun (2008), »Vigorously Build a Modern Communication System in Order to Improve Domestic and International Communication Capabilities«, *Xinhuanet* (Beijing), 23.12.2012. [Text in Chinesisch]
http://news.xinhuanet.com/politics/2008-12/23/content_10545118.htm

Li, Mingjiang (2008a), »China Debates Soft Power«, *Chinese Journal of International Politics* (Oxford), Jg. 2, H. 2, S. 287-308.

Li, Mingjiang (2008b), *Soft Power in Chinese Discourse. Popularity and Prospect*, Singapore: S. Rajaratnam School of International Studies, 37 S. (RSIS Working Paper; 165)

Li, Yu Wai (2013), »Public Diplomacy Strategies of the 2008 Beijing Olympics and the 2012 London Olympics. A Comparative Study«, *The International Journal of the History of Sport* (Abingdon), Jg. 30, H. 15, S. 1723-1734.

Li, Zhi (2005), *Cultural Diplomacy. An Interpretative Mode of Communication*, Beijing: Peking Univ. Press, 190 S. [Text in Chinesisch]

Limbach, Jutta (2008), *Hat Deutsch eine Zukunft? Unsere Sprache in der globalisierten Welt,* München: Beck, 106 S.

Lindemann, Hans (1974), *Auswärtige Kulturpolitik der DDR. Die kulturelle Abgrenzung der DDR von der Bundesrepublik Deutschland,* Bonn: Verl. Neue Gesellschaft, 212 S.

Linn, Susanne/Sobolewski, Frank (2013), *So arbeitet der Deutsche Bundestag. Organisation und Arbeitsweise. Die Gesetzgebung des Bundes,* 26. Aufl., Rheinbreitbach: NDV, 154 S.

Litwak, Robert S. (2007), *Regime Change. U.S. Strategy through the Prism of 9/11,* Baltimore, MD: Johns Hopkins University Press, XVI, 406 S.

Löffelholz, Martin (2002), »Globalisierung und transkulturelle Krisenkommunikation«, in: Andreas Hepp/Martin Löffelholz (Hg.), *Grundlagentexte zur transkulturellen Kommunikation*, Konstanz: UVK-Verlagsges., S. 186-204.

Löwenthal, Richard (1971), »Freiheit der Eigenentwicklung«, in: *Außenpolitische Perspektiven des deutschen Staates*, Bd. 1, *Das Ende des Provisoriums,* München/Wien: Oldenbourg, S. 11- 33.

Lovrenović, Ivan (1998), *Bosnien und Herzegowina. Eine Kulturgeschichte,* Wien/Bozen: Folio, 239 S.

Lühmann, Hannah (2014), »Die Rückeroberung des Öffentlichen«, *Jahrbuch. Goethe-Institut* (München), 2013/2014, S. 68-69.

Luhmann, Niklas (1996), *Die Realität der Massenmedien*, 2. erw. Aufl., Opladen: Westdeutscher Verl., 219 S.

Luo, Jianbo (2006), *Die externe Kulturstrategie von Chinas Aufstieg*, Zhongyang: Study Times, ca. 4 S. [Text in Chinesisch]
http://www.cntheory.com/news/Hqwh/2008/728/087281448151HH3E30CEFBAK22G2K2F.html

Lutzmann, Eva (2001), *Kampf um Kultur. Determinanten der Kooperation zwischen Kulturakteuren und Gründe für ihren Erfolg bei dem europäischen Rahmenprogramm Kultur 2000*, Diplomarb., Univ. Konstanz, 89, XV S.

Maags, Christina (2014), »Enhancing China's National Image Through Culture Festivals. A Case Study of China Culture Years in Europe«, *Fudan Journal of the Humanities & Social Sciences* (Shanghai), Jg. 7, H. 1, S. 33-55.

Maaß, Kurt-Jürgen (2001), Die Struktur der auswärtigen Kulturbeziehungen Deutschlands, Stuttgart: ifa, 9 S.
https://cms.ifa.de/fileadmin/content/ueber_uns/downloads/akp_struktur.pdf

Maaß, Kurt-Jürgen (2002), *Auswärtige Kulturpolitik im Spannungsfeld zwischen Konzeption und Umsetzung*, Stuttgart: Inst. für Auslandsbeziehungen, 13 S.
https://cms.ifa.de/fileadmin/content/ueber_uns/downloads/akp_konzeption.pdf

Maaß, Kurt-Jürgen (2003a), »Auf der Suche nach der Auswärtigen Kulturpolitik«, *politik und kultur* (Bonn), Jg. 2003, H. 5, S. 19-20.

Maaß, Kurt-Jürgen (2003b), »Vielfalt als Stärke? Die Umsetzung der Auswärtigen Kulturpolitik. Akteure, Strukturen, Instrumente«, *Forschung & Lehre* (Bonn), H. 4, S. 194-195.

Maaß, Kurt-Jürgen (2003c), »Ein weites Berufsfeld. Auswärtige Kulturpolitik an deutschen Hochschulen«, *Zeitschrift für Kulturaustausch* (Stuttgart), Jg. 53, H. 3, S. 17-19.
http://cms.ifa.de/pub/kulturaustausch/archiv/zfk-2003/afrika/ein-weites-berufsfeld/

Maaß, Kurt-Jürgen (2003d), »Integration von Zuwanderern. Modell Stuttgart«, *Kulturpolitische Mitteilungen* (Bonn), Jg. 102, H. 3, S. 51-52.

Maaß, Kurt-Jürgen (Hg.) (2005), *Kultur und Außenpolitik. Handbuch für Studium und Praxis*, Baden-Baden: Nomos, 375 S.

Maaß, Kurt-Jürgen (2007), »Konflikte in einer globalisierten Welt – kann Kulturpolitik sie vermeiden helfen?«, in: Helmut Knüppel (Hg.), *Wege und Spuren. Verbindungen zwischen Bildung, Wissenschaft, Kultur, Geschichte und Politik*, Berlin: Verl. für Berlin-Brandenburg, S. 509-521.
http://cms.ifa.de/fileadmin/content/ueber_uns/downloads/konflikte_kulturpolitik.pdf

Maaß, Kurt-Jürgen/Thum, Bernd (Hg.) (2009), *Deutsche Hochschulen im Dialog mit der arabischen Welt*, Karlsruhe: Univ.-Verl., 180 S. (Schriftenreihe Wissensraum Europa – Mittelmeer; 1)

Maaß, Kurt-Jürgen (2011), »Aktuelle Herausforderungen der Auswärtigen Kulturpolitik«, in: Thomas Jäger/Alexander Höse/Kai Oppermann (Hg.), *Deutsche Außenpolitik. Sicherheit, Wohlfahrt, Institutionen und Normen*, 2., aktualisierte und erw. Aufl., Wiesbaden: VS Verlag für Sozialwissenschaften, S. 584-602.

Maaß, Kurt-Jürgen (2013), *Werbung, Werte, Wettbewerb – wohin steuert die Auswärtige Kulturpolitik?*, Stuttgart: Institut für Auslandsbeziehungen, 24 S.
http://www.ifa.de/fileadmin/pdf/studien/maass_akbp.pdf

MacBride, Seàn (Hg.) (1980), *Many Voices, One World. Towards a New Just and More Efficient World Information and Communication Order. Report by the International Commission for the Study of Communication Problems*, London: Kogan Page, XX, 312 S.

Mackiewicz, Maciej (2013), »Deutschschüler und ihre Motivation im Spiegel der Evaluation der ›Deutsch-Wagen-Tour‹ in Polen«, *Info DaF* (München), Jg. 40, H. 1, S. 23-36.

Macready, Caroline/Tucker, Clive (2011), *Who Goes Where and Why. An Overview and Analysis of Global Educational Mobility*, New York: IIE Publications, XXI, 154 S.

Mägdefrau, Jutta/Genkova, Petia (2013), »Gelingensbedingungen des Auslandsschuleinsatzes. Eine empirische Studie«, *Deutsche Lehrer im Ausland* (Münster), Jg. 60, H. 4, S. 387-391.

Mallinckrodt, Anita M. (1980), *Die Selbstdarstellung der beiden deutschen Staaten im Ausland. Image-Bildung als Instrument der Außenpolitik*, Köln: Verl. Wiss. und Politik, 391 S.

Mares, Peter (2012), »Anwendungsmöglichkeiten von Kunst und Kultur in der gewaltfreien Bearbeitung von Konflikten. Projektbeispiele aus dem Förderprogramm ›zivik‹ des Instituts für Auslandsbeziehungen«, in: Feilcke u.a. 2012, S. 164-171.

Markovits, Andrei S./Reich, Simon/Höfig, Carolyn (1997), »Foreign Cultural Policy«, in: Andrei Markovits/Simon Reich (Hg.), *The German Predicament. Memory and Power in the New Europe*, Ithaca/London: Cornell Univ. Press, S. 183-202, S. 234-240.

Martini, Heidi (2007), *Dokumentarfilm-Festival Leipzig. Filme und Politik im Blick und Gegenblick*, Berlin: DEFA-Stiftung, 686 S. (Diss., Hannover 2007)

Max, Cornelia (2004), *Die auswärtige Kulturkompetenz der Europäischen Gemeinschaft nach Art. 151 Abs. 3 EG*, Hamburg: Mauke, 219 S. (Hamburger Studien zum Kulturverfassungs- und -verwaltungsrecht) (Diss., Hamburg 2003)

Mbembe, Achille (2013), *Kultur neu denken. Kunst, Markt und Entwicklung in Afrika*, München: Goethe-Institut, 4 S. http://www.goethe.de/ges/prj/ken/pup/de9369734.htm

McClory, Jonathan (2013), *The New Persuaders III. A 2012 Global Ranking of Soft Power*, London: Institute for Government, 23 S. http://www.instituteforgovernment.org.uk/publications/new-persuaders-iii#sthash.DWubbHX8.dpuf

McGray, Douglas (2002), »Japan's Gross National Cool«, *Foreign Policy* (Washington, D.C.), H. 130, S. 44-54.

Melissen, Jan (Hg.) (2005), *The New Public Diplomacy. Soft Power in International Relations*, Basingstoke: Palgrave Macmillan, XXIV, 221 S.

Melissen, Jan (2006), *Public Diplomacy Between Theory and Practice,* The Hague: Netherlands Institute of International Relations Clingendael, 6 S. http://www.clingendael.nl/publications/2006/20061200_cdsp_paper_melissen.pdf

Merkel, Wolfgang (2010), *Systemtransformation. Eine Einführung in die Theorie und Empirie der Transformationsforschung*, 2., überarb. und erw. Aufl., Wiesbaden: VS Verlag für Sozialwissenschaften, 561 S.

Merkle, Hans L. (1984), »Stifter und Stiftungen. Unternehmerische Initiative und gesellschaftspolitische Verantwortung«, in: ders., *Bruchzonen der Gegenwart. Gedanken über Politik und Wirtschaft*, Stuttgart: Dt. Verl.-Anst., S. 31-48.

Mersch, Stephanie/Kühn, Svenja Mareike (2014), »Das deutsche Auslandsschulwesen als neues Forschungsfeld empirischer Bildungsforschung«, *Deutsche Lehrer im Ausland* (Münster), Jg. 61, H. 1, S. 9-16.

Messner, Dirk (2001), »Globalisierungsanforderungen an Institutionen deutscher Außen- und Entwicklungspolitik«, *Aus Politik und Zeitgeschichte* (Bonn), B 18/19, S. 21-29. http://www.bpb.de/publikationen/GCN02L,0,0,Globalisierungsanforderungen_an_Institutionen _deutscher_Au%DFen_und_Entwicklungspolitik.html

Messner, Dirk (2008), »Der beschleunigte globale Wandel verändert die Nord-Süd-Beziehungen«, in: Schütte 2008, S. 67-77.

Metze-Mangold, Verena (1994), »Medien- und Kommunikationspolitik, internationale«, in: Andreas Boeckh (Hg.), *Internationale Beziehungen*, München: Beck, (Lexikon der Politik; Bd. 6), S. 283-288.

Metze-Mangold, Verena (1995), »Kommunikation und Bewusstsein am Vorabend der Informationsgesellschaft«, in: Beate Schneider (Hg.), *Publizistik. Beiträge zur Medienentwicklung*, Konstanz: UVK, S. 203-221.

Metze-Mangold, Verena (2006), »Welthandel und Kultur«, in: Sissi Pizzer/Ingrid Scheithauer (Hg), *Im Regulierungsviereck von WTO, EU, Bund und Ländern*, Berlin: Vistas, S. 55-75.

Metze-Mangold, Verena/Merkel, Christine M. (2006), »Magna Charta der internationalen Kulturpolitik. Die UNESCO-Kulturkonvention vor der Ratifizierung«, *Media Perspektiven* (Frankfurt/Main), H. 7, S. 362-373.

Metzgar, Emily T. (2013), *Considering the ›Illogical Patchwork‹: The Broadcasting Board of Governors and U.S. International Broadcasting*, Los Angeles, CA: Figueroa Press, 48 S. (CPD Perspectives on Public Diplomacy; 2013,1) http://uscpublicdiplomacy.org/sites/uscpublicdiplomacy.org/files/legacy/publications/perspectives/CPDPerspectives_P1_2013a.pdf

Metzger, Christian (1995), *Enquete-Kommissionen des Deutschen Bundestages*, Frankfurt/Main: Lang, 199 S.

Metzinger, Udo M. (2005), *Hegemonie und Kultur. Die Rolle kultureller ›soft-power‹ in der US-Außenpolitik*, Frankfurt/Main u.a.: Lang, 248 S. (Diss., Köln 2004)

Metzler, Manuel (2003), *Partnerschaft mit Potenzial. Die deutsch-japanischen Kulturbeziehungen – Bestandsaufnahme und Empfehlungen,* Stuttgart: Inst. für Auslandsbeziehungen, 91 S. (ifa-Dokumente; 2003,3)

Meyen, Michael (2008), »Auslandsmedien im 21. Jahrhundert«, *Aus Politik und Zeitgeschichte* (Bonn), Jg. 58, H. 11, S. 6-11.

Meyer-Landrut, Andreas (1986), »Kultur als stabilisierender Faktor des Friedens«, in: Auswärtiges Amt (Hg.), *Das KSZE-Kulturforum in Budapest. Dokumentation,* Bonn, S. 23-27.

Michel, Fabian (2012), *Die Koordinierungsvoraussetzungen von Entwicklungspolitik und Auswärtiger Kultur- und Bildungspolitik auf der Implementationsebene am Beispiel der Gesellschaft für Internationale Zusammenarbeit und des Goethe-Instituts*, Diss., Univ., München, V, 259 S.

Michels, Eckard (1993), *Das Deutsche Institut in Paris 1940-1944. Ein Beitrag zu den deutsch-französischen Kulturbeziehungen und zur auswärtigen Kulturpolitik des Dritten Reiches*, Stuttgart: Steiner, 291 S.

Michels, Eckard (2004), »Deutsch als Weltsprache? Franz Thierfelder, the Deutsche Akademie in Munich and the Promotion of the German Language Abroad, 1923-1945«, *German History* (Oxford), Jg. 22, H. 2, S. 206-228.

Michels, Eckard (2005), *Von der Deutschen Akademie zum Goethe-Institut. Sprach- und auswärtige Kulturpolitik 1923-1960*, München: Oldenbourg, VI, 266 S. (Studien zur Zeitgeschichte; 70)

Ministry of Foreign Affairs (2012), *Public Diplomacy after 3.11. Report Submitted by the Advisory Group on the Institution of Public Diplomacy*, Tokyo, 43 S. [Text in Japanisch]
www.mofa.go.jp/mofaj/gaiko/culture/kondankai1201/pdfs/saisyu_hokokusho2.pdf

Mirchandani, Rajesh/Abubakar, Abdullahi Tasiu (2014), *Britain's International Broadcasting*, Los Angeles, CA: Figueroa Press, 56 S. (CPD Perspectives on Public Diplomacy; 2014,1)
http://uscpublicdiplomacy.org/sites/uscpublicdiplomacy.org/files/legacy/publications/perspectives/BritainIB_Paper12014.pdf

»Mit Kultur gegen Krisen (2001). Kulturdialog als Mittel der Konfliktprävention«, *Zeitschrift für Kulturaustausch* (Stuttgart), Jg. 51, H. 2, S. 24-88.

Mitchell, John M. (1992), »Die deutsche Auswärtige Kulturpolitik seit Kriegsende aus britischer Sicht«, *Zeitschrift für Kulturaustausch* (Stuttgart), Jg. 44, H. 1, S. 118-128.

Molina, Ignacio (Hg.) (2014), *Hacia una renovación estratégica de la política exterior española. Elementos para conectar mejor el proyecto colectivo de país con el mundo globalizado*, Madrid: Real Instituto Elcano, 149 S. (Informe; 15)
http://www.realinstitutoelcano.org/wps/wcm/connect/ec53e280430c03c1a760afc959dd21c2/InformeElcano15_PolExtEspana.pdf?MOD=AJPERES&CACHEID=ec53e280430c03c1a760afc959dd21c2

Mosig, Tobias (2008), *Goethe-Institut e.V.: Weltvertrieb für deutsche Filme? Das Goethe-Institut als kultureller Botschafter des deutschen Films im Ausland und dessen aktuelle Zusammenarbeit mit German Films und den deutschen Weltvertrieben*, Berlin: Vistas-Verlag, 236 S. (Schriftenreihe des Erich Pommer Instituts zu Medienwirtschaft und Medienrecht, 3) (Diss., Potsdam Babelsberg 2007)

Müller, Kurt (1981), »Auswärtige Kulturpolitik gegenüber den Ländern der Dritten Welt am Beispiel der Bundesrepublik Deutschland«, in: Hermann Auer (Hg.), *Das Museum und die Dritte Welt*, München u.a.: Saur, S. 169-179.

Münzing, Ekkehard/Pilz, Volker (1998), »Der Auswärtige Ausschuss des Deutschen Bundestages. Aufgaben, Organisation und Arbeitsweise«, *Zeitschrift für Parlamentsfragen* (Opladen), Jg. 29, H. 4, S. 575-604.

Muhr, Rudolf (1997), »Die Auslandskulturpolitik Österreichs und Deutschlands – ein Vergleich«, in: *Sprachenpolitik in Europa – Sprachenpolitik für Europa*, Stuttgart: Institut für Auslandsbeziehungen, S. 98-105.

Myers, Sarah (2013), »MPD in China 2013: The Four Schools of Chinese PD«, *CPD-Blog* (Los Angeles, CA), 31.1.2013.
http://uscpublicdiplomacy.org/index.php/newswire/cpdblog_detail/mpd_in_china_2013_the_four_schools_of_chinese_pd/

Ndhlovu, Jeanette T. (2009), »World Cup 2010: Africa's Time Has Come«, *Public Diplomacy Magazine* (Los Angeles), H. 2, S. 46-48.

Negroponte, Nicholas (1995), *Being Digital*, New York: Knopf, VIII, 243 S.

Neidhardt, Friedhelm (2008), »Die Internationalität der deutschen Soziologie«, in: Schütte 2008, S. 142-149.

Nettelbeck, Joachim (2008), »Wissenschaftsaußenpolitik. Asymmetrie der Wissensordnung und Orte der Forschung«, in: Schütte 2008, S. 112-119.

Netzwerk Deutsch (2010), *Die deutsche Sprache in der Welt. Statistische Erhebungen 2010*, Berlin, 13 S.
www.daad.de/de/download/broschuere_netzwerk_deutsch/DeutschlernerzahlenNetzwerk_Tabelle_2010.pdf

Der *neue Fischer Weltalmanach 2013* (2012), *Zahlen, Daten, Fakten*, Frankfurt am Main: Fischer, 736 S.

Niedobitek, Matthias (2011), »Förderung der Mobilität von Studierenden«, in: Kerstin Odendahl (Hg.), *Europäische (Bildungs-)Union?*, Berlin: Berliner Wissenschafts-Verlag, S. 219-235.

Ninkovich, Frank (1981), *The Diplomacy of Ideas: U.S. Foreign Policy and Cultural Relations, 1938-1950*, Cambridge: Cambridge Univ. Press, X, 253 S.

Nuspliger, Niklaus (2014), »Die EU in unwägbaren Gewässern. Mit der Einigung auf Wirtschaftssanktionen gegen Russland zeigt Europa aussenpolitische Handlungsfähigkeit«, *Neue Zürcher Zeitung*, Jg. 235, Nr. 175 (31. Juli 2014), S. 3.

Nye, Joseph S. (1990), »Soft Power«, *Foreign Policy* (Washington, DC), H. 80, S. 153-171.

Nye, Joseph S. (2002), *The Paradox of American Power,* Oxford: Oxford Univ. Press, XVIII, 222 S.

Nye, Joseph S. (2004), *Soft Power. The Means to Success in World Politics*, New York, NY: Public Affairs, XVI, 191 S.

Nye, Joseph S. (2008a), »Foreword«, in: Yasushi Watanabe/David L. McConnell (Hg.), *Soft Power Superpowers. Cultural and National Assets of Japan and the United States,* Armonk, NY: Sharp, S. IX-XIV.

Nye, Joseph S. (2008b), »Public Diplomacy and Soft Power«, in: Cowan/Cull 2008, S. 94-109.

Nye, Joseph S. (2011), *The Future of Power,* New York, NY: Public Affairs, XVIII, 298 S.

Ociepka, Beata (2013), »New Members' Public Diplomacy«, in: Cross/Melissen 2013, S. 39-56.

OECD (2013), *Development Co-operation Report 2013: Ending Poverty*, Paris, 289 S. http://www.oecd-ilibrary.org/development/development-co-operation-report-2013_dcr-2013-en

Ogawa, Tadashi (2009), »Origin and Development of Japan's Public Diplomacy«, in: Nancy Snow/Philip M. Taylor (Hg.*), Routledge Handbook of Public Diplomacy*, New York, NY: Routledge, S. 270-281.

Ohmstedt, Holger (1993), *Von der Propaganda zur Public Diplomacy. Die Selbstdarstellung der Vereinigten Staaten von Amerika im Ausland vom Ersten Weltkrieg bis zum Ende des Kalten Krieges*, 293 S. (München, Univ., Diss.)

Olins, Wally (2002), »Branding the Nation. The Historical Context«, *Journal of Brand Management* (Basingstoke), Jg. 9, H. 4/5, S. 241-248.

Ostermann, Patrick/Rehberg, Karl-Siegbert/Voigt, Karen (2006), *Transformationsprozesse im Kulturbereich. Eine vergleichende Studie zum ›Dritten System‹ in Mittel- und Osteuropa*, Leipzig: Leipziger Universitätsverlag, 190 S. (Dresdner Studien zur Kultur; Bd. 3)

Ostrowski, Daniel (2008), »Die Public Diplomacy der deutschen Botschaften in den USA und Großbritannien im Zuge des Irakkonflikts im Vergleich«, in: Jäger/Viehrig 2008, S. 237-260.

Pabsch, Wiegand (1986), »Das Kulturforum der KSZE in Budapest. Bericht und Bewertung«, *Europa-Archiv* (Bonn), Jg. 41, H. 7, S. 211-216.

Pamment, James (2011), *The Limits of the New Public Diplomacy. Strategic Communication and Evaluation at the U.S. State Department, Foreign & Commonwealth Office, British Council, Swedish Foreign Ministry and Swedish Institute,* Diss., Univ. Stockholm, 310 S.

Pamment, James (2013), »West European Public Diplomacy«, in: Cross/Melissen 2013, S. 13-38.

Pauwels, Caroline/Loisen, Jan (2004), »Von GATT zu GATS und darüber hinaus. Die Bedeutung der WTO für die audiovisuelle Politik«, *Media Perspektiven* (Frankfurt/Main), H. 10, S. 489-499.

Pehle, Heinrich/Sturm, Roland (2005), »Die Europäisierung des politischen Systems« in: Everhard Holtmann/Oscar W. Gabriel (Hg.), *Handbuch Politisches System der Bundesrepublik Deutschland*, 3., völlig überarb. und erw. Aufl., München/Wien: Oldenbourg, S. 883-904.

Peic, Goran/Reiter, Dan (2011), »Foreign-Imposed Regime Change, State Power and Civil War Onset. 1920-2004«, *British Journal of Political Science* (Cambridge), Jg. 41, H. 3, S. 453-475.

Peise, Robert (2002), »Ein Kulturinstitut für Europa«, *Zeitschrift für Kulturaustausch* (Stuttgart), Jg. 52, H. 3, S. 94-95.

Peise, Robert (2003), *Ein Kulturinstitut für Europa. Untersuchungen zur Institutionalisierung kultureller Zusammenarbeit,* Frankfurt/Main: Lang, 296 S.

Peisert, Hansgert (1978), *Die auswärtige Kulturpolitik der Bundesrepublik Deutschland. Sozialwissenschaftliche Analysen und Planungsmodelle,* Stuttgart: Klett, 371 S.

Peisert, Hansgert/Kuppe, Johannes (1983), »Kulturpolitik, auswärtige«, in: Wolfgang R. Langenbucher/Ralf Rytlewski/Bernd Weyergraf (Hg.), *Kulturpolitisches Wörterbuch Bundesrepublik Deutschland/Deutsche Demokratische Republik im Vergleich,* Stuttgart: Metzler, S. 372-379.

Perthes, Volker (2008), »Soft Power in der auswärtigen Politik«, in: Schütte 2008a, S. 46-51.

Peters, Dirk (2007), »Ansätze und Methoden der Außenpolitikanalyse«, in: Siegmar Schmidt/Gunther Hellmann/Reinhard Wolf (Hg.), *Handbuch zur deutschen Außenpolitik*, Wiesbaden: VS Verl. für Sozialwissenschaften, S. 815-835.

Petrovsky, Vladimir (2013), »Soft Power, Russian Style. In Search of a Fulcrum«, *International Affairs* (Minneapolis, Minn.), Jg. 59, H. 5, S. 118-129.

PEW Research Center (2014), *Global Opposition to U.S. Surveillance and Drones, but Limited Harm to America's Image,* Washington, D.C., 95 S. http://www.pewglobal.org/files/2014/07/2014-07-14-Balance-of-Power.pdf

Pfeil, Ulrich (Hg.) (2007), *Das Deutsche Historische Institut Paris und seine Gründungsväter. Ein personengeschichtlicher Ansatz. Werner Paravicini zum 65. Geburtstag*, München: Oldenbourg, 342 S. (Pariser historische Studien; 86)

Pfundheller, Kai (2014), *Städtepartnerschaften – alternative Außenpolitik der Kommunen,* Opladen: Budrich, 262 S. (Diss., Münster 2012)

Phillipson, Robert (2000), »Angelsächsische Sprachförderungspolitik«, in: Ammon 2000a, S. 121-133.

Phillipson, Robert (2003), *English-only Europe? Challenging Language Policy*, London/New York: Routledge, X, 240 S.

Pilz, Volker (2008), *Der Auswärtige Ausschuss des Deutschen Bundestages und die Mitwirkung des Parlaments an der auswärtigen und internationalen Politik*, Berlin: Duncker & Humblot, 201 S. (Beiträge zum Parlamentsrecht; 65) (Diss., Speyer 2006)

Pingel, Falk (2010), *UNESCO Guidebook on Textbook Research and Textbook Revision,* Paris: UNESCO, 83 S.

Plaisance, Patrick Lee (2005), »The Propaganda War on Terrorism: An Analysis of the United States' ›Shared Values‹ Public-Diplomacy Campaign After September 11, 2001«, *Journal of Mass Media Ethics* (Mahwah, NJ), Jg. 20, H. 4, S. 250-268.

Pörzgen, Gemma (2014), »›Soft Power‹ und Imagepflege aus Moskau. Leichtes Spiel für PR-Offensive in der Medienkrise«, *Osteuropa* (Berlin), Jg. 64, H. 1, S. 63-88.

Pogorelskaja, Swetlana W. (2009), *Frei von den Zwängen der Tagespolitik. Die deutschen politischen Stiftungen im Ausland*, Frankfurt am Main u.a.: Lang, 217 S.

Pollig, Hermann/Halft, Hildegard (Hg.) (1973), *Protokolle des Seminars: Kunstausstellungen im Rahmen der Auswärtigen Kulturpolitik. Köln, vom 2.7. bis 7.7.1973,* Stuttgart: Institut für Auslandsbeziehungen, 105 S. (Schriftenreihe des Instituts für Auslandsbeziehungen, Reihe Dokumentation; 3)

Pollock, David C./Van Reken, Ruth E./Pflüger, Georg (2003), *Third Culture Kids. Aufwachsen in mehreren Kulturen*, Marburg: Verlag der Francke Buchhandlung, 394 S.

Popović, Tanja (2003), *Die Mythologisierung des Alltags. Kollektive Erinnerungen, Geschichtsbilder und Vergangenheitskultur in Serbien und Montenegro seit Mitte der 1980er Jahre*, Zürich: Pano-Verl., 189 S.

Portela, Clara (2010), *European Union Sanctions and Foreign Policy. When and Why Do They Work?,* London: Routledge, XVI, 206 S. (Routledge Advances in European Politics; 64)

Potter, Evan H. (2002), *Canada and the New Public Diplomacy,* The Hague: Netherlands Institute of International Relations Clingendael, 19 S. (Discussion Papers in Diplomacy; 81) http://www.clingendael.nl/publications/2002/20020700_cli_paper_dip_issue81.pdf

Praxenthaler, Martin (2002), *Die Sprachverbreitungspolitik der DDR. Die deutsche Sprache als Mittel sozialistischer auswärtiger Kulturpolitik,* Frankfurt a.M. u.a.: Lang, XVI, 372 S.

Presse- und Informationsamt der Bundesregierung (2002), *Im Bund mit der Kultur. Neue Aufgaben der Kulturpolitik*, Berlin, 153 S.

Prevots, Naima (1998), *Dance for Export. Cultural Diplomacy and the Cold War,* Middletown, CT u.a.: Wesleyan Univ. Press, XII, 174 S.

[Programm Kultur]
*Federal'naja celevaja programma ›Kultura Rossii (2006-2010 gody)‹. Utverždena postanovleniem Pravitel'stva Rossijskoj Federacii ot 8 dekabrja 2005 g. No. 740,* [Föderales Förderprogramm ›Kultur Russlands (2006-2010)‹]

[Programm Sprache]
*Federalnaja celevaja programma ›Russkij jazyk (2006-2010 gody)‹. Utverždena postanovleniem Pravitel'stva Rossijskoj Federacii ot 20 dekabrja 2005 g. No. 833,* [Föderales Förderprogramm ›Russische Sprache (2006-2010)‹]

Rabener, Jennifer Ann (2008), *Deutsche Auswärtige Kulturpolitik in Ägypten*, Magisterarb., Univ. Bayreuth, 128, XXV S.

Ramo, Joshua Cooper (2004), *The Beijing Consensus*, London: The Foreign Policy Centre, V, 74 S. http://fpc.org.uk/fsblob/244.pdf

Rao, Vijayendra/Walton, Michael (Hg.) (2004), *Culture and Public Action*, Stanford, CA: Stanford Social Sciences, XV, 442 S.

Rasmussen, Steffen Bay (2010), »The Messages and Practices of the European Union's Public Diplomacy«, *The Hague Journal of Diplomacy* (Leiden), Jg. 5, H. 3, S. 263-287.

Rawnsley, Gary (2009), »China Talks Back: Public Diplomacy and Soft Power for the Chinese Century«, in: Nancy Snow/Philip M. Taylor (Hg.), *Routledge Handbook of Public Diplomacy*, New York, NY u.a.: Routledge, S. 282-291.

Rawnsley, Gary (2012), »Approaches to Soft Power and Public Diplomacy in China and Taiwan«, *Journal of International Communication* (London), Jg. 18, H. 2, S. 121-135.

Regnery, Manfred (1973), *Die Diskussion über die deutsche auswärtige Kulturpolitik zwischen 1957 und 1963 unter besonderer Berücksichtigung der Deutschen UNESCO-Kommission*, Freiburg im Breisgau: Krause, IV, 400 S. (Diss., Freiburg im Breisgau 1972)

Reichel, Peter (1995), *Politik mit der Erinnerung. Gedächtnisorte im Streit um die nationalsozialistische Vergangenheit*, München/Wien: Hanser, 387 S.

Reinbothe, Roswitha (1992), *Kulturexport und Wirtschaftsmacht. Deutsche Schulen in China vor dem Ersten Weltkrieg,* Frankfurt a.M.: Verlag für Interkulturelle Kommunikation, 301 S.

Reinbothe, Roswitha (2006), *Deutsch als internationale Wissenschaftssprache und der Boykott nach dem Ersten Weltkrieg,* Frankfurt a. M. u.a.: Lang, 489 S.

Renvert, Nicole (2014), *Machtmakler in schwierigen Zeiten? Die Rolle der deutschen politischen Stiftungen in den transatlantischen Beziehungen*, Trier: Wissenschaftlicher Verlag Trier, 326 S. (Atlantische Texte; 38) (Diss., Duisburg-Essen 2013)

Richard, Lionel (1987), »Aspects des relations intellectuelles et universitaires entre la France et l'Allemagne dans les années vingt«, in: Jacques Bariéty (Hg.), *La France et l'Allemagne entre les deux guerres mondiales,* Nancy: Presses Univ. de Nancy, S. 111-124.

Richartz, Ingeborg (1976), »Funktion und Bedeutung der Mittlerorganisationen«, in: Hans-Peter Schwarz (Hg.), *Handbuch der deutschen Außenpolitik*, 2. Aufl., München: Piper, S. 759-766.

Richter, Carola/Gebauer, Sebastian (2010), *Die China-Berichterstattung in den deutschen Medien*, Berlin: Heinrich-Böll-Stiftung, 308 S. (Schriften zu Bildung und Kultur; 5)

Rieche, Anita (Hg.) (1979a), *150 Jahre Deutsches Archäologisches Institut Rom. Katalog der Ausstellung*, Essen: Gemeinnützige Verwaltungsges. für Wissenschaftspflege, 206 S.

Rieche, Anita (Hg.) (1979b), *Die Satzungen des Deutschen Archaeologischen Instituts 1828 bis 1972*, Mainz: von Zabern, 235 S. (Das Deutsche Archäologische Institut, Geschichte und Dokumente; 1)

Riezler, Kurt (1972), *Tagebücher, Aufsätze, Dokumente,* Göttingen: Vandenhoeck und Ruprecht, 766 S.

Ringbeck, Birgitta (2008), *Managementpläne für Welterbestätten. Ein Leitfaden für die Praxis*, Bonn: Deutsche UNESCO-Kommission, 116 S.
http://www.unesco.de/fileadmin/medien/Dokumente/Bibliothek/Managementplaene_Welterbestaetten.pdf

Rinke, Timo (2014), *Open Aid. Neue Wege der Transparenz, Partizipation und Kooperation in der Entwicklungszusammenarbeit*, Berlin: epubli, 104 S. (TOGI Schriftenreihe; Bd. 9)

Risse, Thomas (1999), »Identitäten und Kommunikationsprozesse in der internationalen Politik. Sozialkonstruktivistische Perspektiven zum Wandel in der Außenpolitik«, in: Monika Medick-Krakau (Hg.), *Außenpolitischer Wandel in theoretische und vergleichender Perspektive. Die USA und die Bundesrepublik Deutschland*, Baden-Baden: Nomos, S. 33-57.

Risse, Thomas/Jetschke, Anja/Schmitz, Hans-Peter (2002), *Die Macht der Menschenrechte. Internationale Normen, kommunikatives Handeln und politischer Wandel in den Ländern des Südens,* Baden-Baden: Nomos-Verl.-Ges., 226 S.

Rittberger, Volker (2001), *Die Auswärtige Kulturpolitik in Außenpolitiktheorien. Vortrag zur Konferenz des Instituts für Auslandsbeziehungen Stuttgart 27./28. September 2001,* Stuttgart: ifa, ca.4 S.
http://www.ifa.de/fileadmin/pdf/konferenz/akp2001/rittberger.pdf

Rittberger, Volker/Wagner, Wolfgang (2001), »German Foreign Policy since Unification: Theories Meet Reality«, in: Rittberger 2001b, S. 299-325.

Rittberger, Volker (2004), *Approaches to the Study of Foreign Policy Derived from International Relations Theories*, Tübingen: Inst. für Politikwissenschaft, 32 S. (Tübinger Arbeitspapiere zur internationalen Politik und Friedensforschung; 46)
https://publikationen.uni-tuebingen.de/xmlui/bitstream/handle/10900/47326/pdf/tap46.pdf?sequence=1&isAllowed=y

Ritter, Ernst (1976), *Das Deutsche Ausland-Institut in Stuttgart 1917-1945,* Wiesbaden: Steiner, VI, 168 S.

Ritter, Waldemar (1996), »Verbracht, vermisst, verschollen – zurückgekehrt. Zur Diskussion um die Beutekunst«, *Kulturpolitische Mitteilungen* (Bonn), Jg. 75, H. 4, S. 11-12.

Robert Bosch Stiftung (1978), »Auszüge aus den Richtlinien von Robert Bosch d. Ä. für die Vermögensverwaltung Bosch GmbH vom 19.7.1935«, *Bericht. Robert Bosch Stiftung* (Stuttgart), 1974/77, S. III.

Robertson, Roland (1992), *Globalization. Social Theory and Global Culture*, London: Sage, X, 211 S.

Romain, Lothar (1980), »Arbeitskreis 2, Kultur«, in: Danckwortt 1980, S. 66-71.

Rosenberg, Emily S. (1982), *Spreading the American Dream. American Economic and Cultural Expansion, 1890-1945*, New York: Hill and Wang, XI, 258 S.

Rosenbladt, Sabine (2004), »Uncle Ben ist nicht Uncle Sam«, *Zeitschrift für Kulturaustausch* (Stuttgart), Jg. 54, H. 3, S. 30-32.

Ross, Andreas (2003), *Europäische Einheit in babylonischer Vielfalt. Die Reform des Sprachenregimes der Europäischen Union im Spannungsfeld von Demokratie und Effizienz,* Frankfurt a.M. u.a.: Lang, 158 S.

Royal Society of London (2011), *Knowledge, Networks and Nations. Global Scientific Collaboration in the 21st Century*, London, 114 S. (RS Policy document; 03/11)

Ruche, Alain (2014), »International Cultural Engagement. Part One: Are We at the Tipping Point?«, *Kosmos* (Lenox, MA), Jg. 13, H. 2, S. 55-67.

Ruecker-Guitelmacher, Katrin (2009), *Le triangle Paris-Bonn-Londres et le processus d'adhésion britannique au marché commun 1969-1973. Quel rôle pour le trilateral au sein du multilatéral?* Diss., Institut d'Etudes Politique de Paris/Univ. Marburg, VI, 603 S.

Ruedorffer, J. J. (1914), *Grundzüge der Weltpolitik in der Gegenwart*, Stuttgart: Dt. Verl.-Anst., XIII, 252 S.

Ruf, Werner K. (1973), »Auswärtige Kulturpolitik als Mittel einer Friedenspolitik«, *Zeitschrift für Kulturaustausch* (Stuttgart), Jg. 23, H. 1, S. 16-23.

Ruffolo, Giorgio (2001), *Bericht über die kulturelle Zusammenarbeit in der Europäischen Union*, Brüssel: Europ. Parlament, 18 S.

»Russian Soft Power 2.0 (2013)«, *Russia Direct. Quarterly Report* (Moscow), S. 1-35. http://www.russia-direct.org/system/files/archive/Russia_direct_quarterly_september_2013_soft_power.pdf

Rydzy, Edda (2007), »Gelungener Start. Voraussetzungen für einen Qualitätssprung im Kulturhauptstadtjahr 2010«, in: Wagner/Sievers 2007, S. 269-274.

Rydzy, Edda/Griefahn, Monika (2013), *Natürlich wachsen. Erkundungen über Mensch, Natur und Wachstum aus kulturpolitischem Anlass*, Wiesbaden: Springer, XI, 204 S

Sabathil, Gerhard/Shen, Wenwen (2014), »Was weich ist, ist stark«, in: EUNIC/Institut für Auslandsbeziehungen/Europäische Kulturstiftung 2014, S. 120-124.

Sapper, Manfred (2003), »Rußlands kulturelle Ausstrahlung auf die Staaten der GUS«, in: Olga Alexandrova u.a. (Hg.), *Rußland und der postsowjetische Raum*, Baden-Baden: Nomos, S. 175-196.

Sattler, Dieter (1963), »Die Dritte Bühne – kulturelle Außenpolitik«, *Universitas* (Stuttgart), H. 9, S. 913-920.

Sattler, Julia (2007), *Nationalkultur oder europäische Werte? Britische, deutsche und französische Auswärtige Kulturpolitik zwischen 1989 und 2003*, Wiesbaden: Deutscher Universitäts-Verl., XVIII, 359 S. (Diss., Berlin 2006)

Sautter, Günter (2005), »Führung ohne Monopol. Das Auswärtige Amt in der Auswärtigen Kulturpolitik«, in: Maaß 2005, S. 179-185.

Schaber, Thomas/Ulbert, Cornelia (1994), »Reflexivität in den internationalen Beziehungen. Literaturbericht zum Beitrag kognitiver, reflexiver und interpretativer Ansätze zur dritten Theoriedebatte«, *Zeitschrift für internationale Beziehungen* (Baden-Baden), Jg. 1, H. 1, S. 139-169.

Schäfer, Isabel (2007), *Vom Kulturkonflikt zum Kulturdialog? Die kulturelle Dimension der Euro-Mediterranen Partnerschaft (EMP)*, Baden-Baden: Nomos, 297 S. (Diss., Berlin 2006)

Schedlich, Bosiljka (2006), »Kultur in Konflikten und Kriegen«, in: Norbert Sievers/Bernd Wagner (Hg.), *Diskurs Kulturpolitik. Kulturstatistik, Chronik, Literatur, Adressen*, Essen: Klartext, (Jahrbuch für Kulturpolitik; Bd. 6), S. 229-234.

Schenk, Ralf (Hg.) (2007), *Bilder einer gespaltenen Welt. Fünfzig Jahre Dokumentar- und Animationsfilmfestival Leipzig*, Berlin: Bertz + Fischer, 268 S.

Scherer, Bernd M. (Hg.) (2007), *Das Haus. Die Kulturen. Die Welt. 50 Jahre. Von der Kongresshalle zum Haus der Kulturen der Welt*, Berlin: Nicolai, 191 S.

Scherer, Bernd M./Diederichsen, Detlef (Hg.) (2007), *Das vermessene Paradies. Positionen zu New York*, Berlin: Verl. Theater der Zeit, 278 S.

Schieder, Martin (2003), *Expansion/Integration. Die Kunstausstellungen der französischen Besatzung im Nachkriegsdeutschland*, München/Berlin: Deutscher Kunstverlag, 120 S.

Schimmelfennig, Frank/Sedelmeier, Ulrich (2004), »Governance by Conditionality. EU Rule Transfer to the Candidate Countries of Central and Eastern Europe«, *Journal of European Public Policy* (Abingdon), Jg. 11, H. 4, S. 661-679.

Schimpf-Herken, Ilse (2008), »Erinnerung braucht Zukunft, Zukunft braucht Erinnerung«, in: Renate Grasse/Bettina Gruber/Günther Gugel (Hg.), *Friedenspädagogik. Grundlagen, Praxisansätze, Perspektiven*, Reinbek bei Hamburg: Rowohlt, S. 155-183.

Schindler, Peter (1999), *Datenhandbuch zur Geschichte des Deutschen Bundestages 1949 bis 1999*, Gesamtausg. in 3 Bd., Baden-Baden: Nomos, 4392 S.

Schirmer, Klaus (1970), *Die klassischen Kulturabkommen der Bundesrepublik Deutschland mit auswärtigen Staaten*, Diss., Univ. Göttingen, XXIX, 221 S.

Schlesinger, Philip R. (2001), »From Cultural Protection to Political Culture? Media Policy and the European Union«, in: Lars-Erik Cederman (Hg.), *Constructing Europe's Identity. The External Dimension*, London/Boulder, Colo.: Rienner, S. 91-114.

Schloßmacher, Michael (1996), *Die Amtssprachen in den Organen der Europäischen Gemeinschaft,* Frankfurt a.M. u.a.: Lang, 216 S.

Schmidt, Helmut/Voscherau, Henning/Lepenies, Wolf/Bubis, Ignatz (1996), *Wozu deutsche auswärtige Kulturpolitik?*, Stuttgart: Neske, 112 S.

Schmidt, Walter (2013), »Die Wende 1989/90«, in: Manfred Egenhoff/Peter H. Stoldt (Hg.), *Deutsche Lehrer im Ausland. Beiträge zur schulischen Arbeit weltweit,* Münster: Aschendorff, S. 83-96.

Schmitt, Thomas M. (2011), *Cultural Governance. Zur Kulturgeographie des UNESCO-Welterberegimes,* Stuttgart: Steiner, 452 S.

Schneider, Axel (2000), *Die auswärtige Sprachpolitik der Bundesrepublik Deutschland. Eine Untersuchung zur Förderung der deutschen Sprache in Mittel- und Osteuropa, in der Sowjetunion und in der GUS 1982 bis 1995,* Bamberg: Collibri, 364 S.

Schneider, Claudia (2008), *Die ›Gemeinschaft der Europäischen Kulturinstitute in Berlin‹. EUNIC Berlin. Auswirkungen der strukturierten kulturellen Kooperation auf eine europäische Identität*, Saarbrücken: VDM-Verl. Müller, 112 S.

Schneider, Gerald/Schiller, Julia (2000), »Goethe ist nicht überall. Eine empirische Analyse der Standortentscheidungen in der Auswärtigen Kulturpolitik«, *Zeitschrift für internationale Beziehungen* (Baden-Baden), Jg. 7, H. 1, S. 5-32.

Schneider, Hans-Peter/Zeh, Wolfgang (Hg.) (1989), *Parlamentsrecht und Parlamentspraxis in der Bundesrepublik Deutschland. Ein Handbuch*, Berlin: de Gruyter, XVIII, 1924 S.

Schneider, Wolfgang (Hg.) (2008), *Auswärtige Kulturpolitik. Dialog als Auftrag – Partnerschaft als Prinzip*, Essen: Klartext-Verl., 231 S. (Edition Umbruch; 22)

Schneider, Wolfgang/Gad, Daniel (Hg.) (2011), *Kultur und Entwicklung. Ein neuer Akzent in der Vermittlungsarbeit am Goethe-Institut. Abschlussbericht,* Hildesheim: Institut für Kulturpolitik, 44 S.

Schober, Carolin (2004), *Das Auswärtige Amt und die Kunst in der Weimarer Republik. Kunst- und Kunstgewerbeausstellungen als Mittel deutscher auswärtiger Kulturpolitik in Frankreich, Italien und Großbritannien,* Frankfurt a.M./Berlin: Lang, 219 S.

Schöfthaler, Traugott (2005), »Plädoyer für eine Rekonstruktion unseres Verständnisses von Kultur und kulturellen Identitäten«, in: Christoph Wulf/Jacques Poulain/Fathi Triki (Hg.), *Europäische und islamisch geprägte Länder im Dialog. Gewalt, Religion und interkulturelle Verständigung*, Berlin, S. 260-264.

Schöfthaler, Traugott (2007), »Raus aus dem Huntington-Szenario«, in: Institut für Auslandsbeziehungen 2007, S. 97-102.

Schöler, Uli/Winter, Thomas von (2008), »Die Wissenschaftlichen Dienste des Deutschen Bundestages«, in: Uwe Andersen (Hg.), *Der Deutsche Bundestag. Eine Einführung*, Schwalbach am Taunus: Wochenschau-Verl., S. 99-132.

Schöndube, Claus (Hg.) (1972), *Europa: Verträge und Gesetze,* Bonn: Europa-Union-Verlag, XXXI, 496 S.

Schönhuth, Michael (2005), *Glossar Kultur und Entwicklung. Ein Vademecum durch den Kulturdschungel*, Eschborn: GTZ, 255 S. (Trierer Materialien zur Ethnologie; Ausg. 4)
www.kulturglossar.de

Schönrock, Kim Laura/Krath, Stefany (2014), »Wie funktioniert die deutsche Auslandsschularbeit?«, *Begegnung* (Köln), Jg. 35, H. 2, S. 6-9.

Schörnig, Niklas (2006), »Neorealismus«, in: Siegfried Schieder/Manuela Spindler (Hg.): *Theorien der internationalen Beziehungen*, 2. Aufl., Opladen/Farmington Hills: Budrich, S. 65-91.

Schollwöck, Ulrich (2008), »Physik zwischen arktischer Wildnis und alpinen Teilchenbeschleunigern«, in: Schütte 2008, S. 150-156.

Scholten, Dirk (2000), *Sprachverbreitungspolitik des nationalsozialistischen Deutschlands,* Frankfurt a.M. u.a.: Lang, XVIII, 445 S.

Schreiner, Patrick (2010), *Semiotik der Außenkulturpolitik. Sport, Künste, Wissenschaft & Personenaustausch in der Staatenwelt,* Diss., Univ. Frankfurt am Main, 428 S. [Hochschulausg.]

Schreiner, Patrick (2011), *Außenkulturpolitik. Internationale Beziehungen und kultureller Austausch*, Bielefeld: transcript, 448 S. (Diss., Frankfurt/Main 2010) [Buchhandelsausg.]

Schröder, Gerhard (1998), ›Regierungserklärung des Bundeskanzlers mit anschließender Aussprache‹, *Verhandlungen des Deutschen Bundestages: Stenographische Berichte. Plenarprotokolle* (Berlin), Plenarprotokoll 14/3, Spalte 62.
http://dip21.bundestag.de/dip21/btp/14/14003.pdf

Schütte, Georg (2008), »Wettlauf ums Wissen. Außenwissenschaftspolitik als Herausforderung moderner Wissensgesellschaften. Eine Einführung«, in: Schütte 2008a, S. 12-26.

Schütte, Georg (2009), »Verstand und Verständigung. Hochschule und Wissenschaft«, in: Kurt-Jürgen Maaß (Hg.), *Kultur- und Außenpolitik. Handbuch für Studium und Praxis*, 2. Aufl., Baden-Baden: Nomos Verlagsgesellschaft, S. 149-170.

Schütte, Georg (2010), »Außenwissenschaftspolitik. Wissenschaft im globalen Wandel gestalten«, in: Simon/Knie/Hornbostel 2010, S. 151-161.

Schulte, Karl-Sebastian (2000), *Auswärtige Kulturpolitik im politischen System der Bundesrepublik Deutschland. Konzeptionsgehalt, Organisationsprinzipien und Strukturneuralgien eines atypischen Politikfeldes am Ende der 13. Legislaturperiode*, Berlin: Verlag für Wissenschaft und Forschung, XVIII, 216 S.

Schulze, Gerhard (2011), »Strukturwandel der Öffentlichkeit 2.0. Kunst und Publikum im digitalen Zeitalter«, *Kulturpolitische Mitteilungen* (Bonn), H. 134, S. 36-43.

Schumacher, Frank (2000), *Kalter Krieg und Propaganda. Die USA, der Kampf um die Weltmeinung und die ideelle Westbindung der Bundesrepublik Deutschland, 1945-1955*, Trier: WVT-Verlag, 332 S.

Schumacher, Tobias (2005), *Die Europäische Union als internationaler Akteur im südlichen Mittelmeerraum. ›Actor Capabilitiy‹ und EU-Mittelmeerpolitik*, Baden-Baden: Nomos, 470 S. (Schriften des Zentrums für Europäische Integrationsforschung; 63) (Diss., Mainz 2002)

Schwab-Felisch, Hans (1986), »Die Bedeutung der Kultur für die Politik wächst. Rückblick auf das Europäische Kulturforum in Budapest«, *Merkur* (Stuttgart), Jg. 40, H. 4, S. 314-325.

Schwan, Anna (2011), *Werbung statt Waffen. Wie strategische Außenkommunikation die Außenpolitik verändert*, Wiesbaden: VS, Verlag für Sozialwissenschaften, 397 S. (Diss., Hamburg 2010)

Schwarzmeier, Manfred (2001), *Parlamentarische Mitsteuerung. Strukturen und Prozesse informalen Einflusses im Deutschen Bundestag*, Wiesbaden: Westdeutscher Verl., 449 S. (Diss., Passau 2000)

Schwencke, Olaf (1998a), »Den Bremsern Paroli bieten«, *Zeitschrift für Kulturaustausch* (Stuttgart), Jg. 48, H. 1, S. 48-51.

Schwencke, Olaf (1998b), »Europäisierung der auswärtigen Kulturpolitik«, *Kulturpolitische Mitteilungen* (Bonn), Jg. 81, H. 2, S. 52-53.

Schwencke, Olaf (2001), *Das Europa der Kulturen – Kulturpolitik in Europa. Dokumente, Analysen und Perspektiven – von den Anfängen bis zur Grundrechtecharta*, Bonn/Essen: Kulturpolitische Gesellschaft, 317 S.

Schwencke, Olaf (2004), »Europa fördert Kultur«, *Aus Politik und Zeitgeschichte* (Bonn), B 49, S. 19-25.

Schwencke, Olaf (2005), »Krise Europas: Krise seiner Intellektuellen. Ein Essay über neue Wege europäischer Kulturpolitik«, *Kulturpolitische Mitteilungen* (Hagen), H. 110, S. 20-21.

Schwencke, Olaf (2007), »Kleine Geschichte der Kulturpolitik in Europa. Zur Einführung«, in: Wagner/Sievers 2007, S. 17-31.

Schwencke, Olaf (2008), »Politik der Träume und Mühen«, *Kulturaustausch* (Stuttgart), Jg. 58, H. 4, S. 73.

Schwencke, Olaf (2010), *Das Europa der Kulturen ? Kulturpolitik in Europa*, Essen/Bonn: Klartext-Verlag, 428 S.

Schwencke, Olaf (2015), *Europa. Kultur. Politik. Die kulturelle Dimension im Unionsprozess*, Essen/Bonn: Klartext-Verlag (erscheint 2015)

Scott-Smith, Giles/Krabbendam, Hans (Hg.) (2003), *The Cultural Cold War in Western Europe 1945-1960*, London: Cass, 325 S.

Seitz, Klaus (2002), *Bildung in der Weltgesellschaft. Gesellschaftstheoretische Grundlagen globalen Lernens*, Frankfurt/Main: Brandes & Apsel, 492 S.

Selig, Anna (1928), »Auswärtige Kulturpolitik – Gedanken zur Neuorientierung«, *Kölnische Volkszeitung* (Köln), Nr. 149, Beil., S. 2 und Nr. 168, Beil., S. 1.

Sengo Nihon Kokusai Bunka Koryu Kenkyukai (2002), »International Cultural Exchange of Postwar Japan. A General Picture«, in: Kageshide Kaku/Kenichiro Hirano (Hg.), *International Intellectual Exchange and Japan in the 21st Century*, Tokyo: Chuo Koron Shinsha, S. 346-388. [Text in Japanisch]

Shambaugh, David (2013), *China Goes Global. The Partial Power*, Oxford: Oxford Univ. Press, XV, 409 S.

Sharp, Byron/Beal, Virginia/Collins, Martin (2009), »Television. Back to the Future«, *Journal of Advertising Research* (New York), Jg. 49, H. 2, S. 211-219.

Si, Si (2014), *Expansion of International Broadcasting. The Growing Global Reach of China Central Television*, Oxford: Reuters Inst. for the Study of Journalism, 28 S. http://reutersinstitute.politics.ox.ac.uk/sites/default/files/Expansion%20of%20International%20Broadcasting.pdf

Siebe, Daniela (2009), *›Germania docet‹. Ausländische Studierende, auswärtige Kulturpolitik und deutsche Universitäten 1870 bis 1933*, Husum: Matthiesen, 658 S. (Historische Studien; Bd. 495) (Diss., Gießen 2004)

Sieckmann, Ragna (2007), *Die deutsche Public Diplomacy zur Fußball-WM 2006. Hat ein Sommer das Deutschlandbild verändert?*, Saarbrücken: VDM Verl. Dr. Müller, 80 S.

Siedschlag, Alexander (2001), »Internationale Politik als skeptische Gegenwartswissenschaft und die Münchner Schule des Neorealismus«, in: ders. (Hg.), *Realistische Perspektiven internationaler Politik*, Opladen: Leske & Budrich, S. 13-66.

Sievers, Johannes (1966), *Aus meinem Leben*, Als Manuskript gedr., Berlin, 510 S.

Signitzer, Benno H./Coombs, Timothy W. (1992), »Public Relations and Public Diplomacy. Conceptual Convergences«, *Public Relations Review* (Amsterdam), Jg. 18, H. 2, S. 137-147.

Signitzer, Benno H. (1995), »Public Relations und Public Diplomacy«, in: Walter A. Mahle (Hg.), *Deutschland in der internationalen Kommunikation*, Konstanz: UVK Medien Ölschläger, S. 73-81.

Signitzer, Benno H. (2008), »Public Relations and Public Diplomacy: Some Conceptual Explorations«, in: Ansgar Zerfass/Betteke van Ruler/Krishnamurthy Sriramesh (Hg.), *Public Relations Research*, Wiesbaden: VS Verlag für Sozialwissenschaften, S. 205-218.

Simon, Dagmar/Knie, Andreas/Hornbostel, Stefan (Hg) (2010), *Handbuch Wissenschaftspolitik*, Wiesbaden: VS Verl. für Sozialwissenschaften, 567 S.

Singer, Otto (2003), *Auswärtige Kulturpolitik in der Bundesrepublik Deutschland. Konzeptionelle Grundlagen und institutionelle Entwicklung seit 1945*, Berlin: Deutscher Bundestag, 62 S. (Wissenschaftliche Dienste des Deutschen Bundestages: Ausarbeitung; WF X – 095/03)

Singer, Otto (2010), *EU-Kulturpolitik nach Lissabon*, Berlin: Deutscher Bundestag, 28 S. (Wissenschaftliche Dienste des Deutschen Bundestages: Infobrief; WD 10 – 3010 -071/10)

Singer, Otto (2012), »Kulturpolitik«, *Jahrbuch der Europäischen Integration* (Baden-Baden), S. 197-200.

Singh, J. P. (2011), *United Nations Educational, Scientific and Cultural Organization (UNESCO). Creating Norms for a Complex World*, London: Routledge, 166 S.

Sloterdijk, Peter (2004), *Schäume*, Frankfurt am Main: Suhrkamp, 916 S. (Sphären; 3)

Snow, Nancy (2004), »From Bombs and Bullets to Hearts and Minds. U.S. Public Diplomacy in an Age of Propaganda«, in: Yahya R. Kamalipour/Nancy Snow (Hg.), *War, Media and Propaganda. A Global Perspective*, Lanham, Md.: Rowman & Littlefield Publ., S. 17-24.

Snow, Nancy/Taylor, Philip M. (2006), »The Revival of the Propaganda State. US Propaganda at Home and Abroad since 9/11«, *The International Communication Gazette* (London), Jg. 68, H. 5/6, S. 389-407.

Sommer, Frank (2008), *Kulturpolitik als Bewährungsprobe für den deutschen Föderalismus*, Frankfurt/Main: Lang, IX, 339 S.

Sontheimer, Kurt (1998), *So war Deutschland nie*, München: Beck, 62 S.

Spanger, Hans-Joachim/Wolff, Jonas (2007), »Universales Ziel – partikulare Wege? Externe Demokratieförderung zwischen einheitlicher Rhetorik und vielfältiger Praxis«, in: Anna Geis/Harald Müller/Wolfgang Wagner (Hg.), *Schattenseiten des demokratischen Friedens. Zur Kritik einer Theorie liberaler Außen- und Sicherheitspolitik*, Frankfurt: Campus, S. 261-284.

Spengler, Oswald (1980), *Der Untergang des Abendlandes. Umrisse einer Morphologie der Weltgeschichte*, ungekürzte Sonderausg. der Fassung von 1917/23, München: Beck, XV, 1249 S.

Splett, Oskar (1966), »Außenpolitik mit Afrika«, *Afrika heute* (Bonn), Jg. 1966, H. 18, S. 269-273, H. 19, S. 282-288, H. 21, S. 313-317.

Srugies, Alice (2013), »Comparative Public Diplomacy Research. Potentials, Challenges, Implications«, in: Diana Ingenhoff (Hg.), *Internationale PR-Forschung*, Konstanz: UVK Verlag, S. 229-257.

Srugies, Alice/Auer, Claudia (2013), »Deutsche Public Diplomacy. Eine Analyse im internationalen Vergleich«, *prmagazin* (Remagen), H. 11, S. 56-61.

Stabsabteilung für Integrationspolitik der Landeshauptstadt Stuttgart (2002), *Ein Bündnis für Integration. Grundlagen einer Integrationspolitik in der Landeshauptstadt Stuttgart*, Stuttgart, 37 S. http://www.bqnet.de/content/0/1060/1072/2857/2870/444_StuttgartIntegration.pdf

StADaF (2003), *Deutsch als Fremdsprache 2000. Erhebung. Ständige Arbeitsgruppe Deutsch als Fremdsprache*, München: Goethe-Institut, 32 S.

StADaF (2005), *Deutsch als Fremdsprache weltweit. Datenerhebung 2005*, Berlin: Auswärtiges Amt u.a., 19 S.

Staeck, Nicola (1997), *Politikprozesse in der Europäischen Union. Eine Policy-Netzwerkanalyse der europäischen Strukturfondspolitik*, Baden-Baden: Nomos, 218 S.

Stark, Franz (2002a), *Deutsch in Europa. Geschichte seiner Stellung und Ausstrahlung*, Sankt Augustin: Asgard-Verl., 231 S.

Stark, Franz (2002b), »Sprache als Instrument in der Außenpolitik. Die Praxis der Bundesrepublik Deutschland«, in: Heinrich P. Kelz (Hg.), *Die sprachliche Zukunft Europas*, Baden-Baden: Nomos, S. 37-61.

Statz, Albert/Wohlfarth, Charlotte (2010), *Kommunale Partnerschaften und Netzwerke. Ein Beitrag zu einer transnationalen Politik der Nachhaltigkeit*, Berlin: Heinrich-Böll-Stiftung, 127 S.

Stehr, Nico (2001), »Moderne Wissensgesellschaften«, *Aus Politik und Zeitgeschichte* (Bonn), B 36, S. 7-14.

Steinkamp, Volker (2009), *Die Auswärtige Kulturpolitik als Instrument der französischen Außenpolitik*, Berlin: Deutsche Gesellschaft für Auswärtige Politik, 12 S. (DGAP-Analyse: Frankreich; 5)

Steinmeier, Frank-Walter (2014), »Review 2014: Auswärtige Kultur- und Bildungspolitik weiterdenken«, *Politik und Kultur* (Regensburg), H. 5/2014, S. 1-2.

Steltzer, Hans-Georg (1971), »Auswärtige Kulturpolitik als Friedenspolitik«, *Außenpolitik* (Bielefeld), Jg. 22, H. 6, S. 321-332.

Stoll, Ulrike (2005a), »Das Bayerische Trachtenballett auf Asientournee. Ein Fallbeispiel zur auswärtigen Kulturpolitik der Bundesrepublik Deutschland um 1960«, in: Johannes Paulmann (Hg.), *Auswärtige Repräsentationen. Deutsche Kulturdiplomatie nach 1945*, Köln u.a.: Böhlau, S. 279-288.

Stoll, Ulrike (2005b), *Kulturpolitik als Beruf. Dieter Sattler in München, Bonn und Rom*, Paderborn: Schöningh, 594 S. (Diss., München 2002)

Strauss, Franz-Josef (1986), »Auswärtige Kulturpolitik – Ziele und Wege. Grundsatzreferat anlässlich der Regionalbeauftragtenkonferenz des Goethe-Instituts am 12.6.1986 in München«, in: Sartorius 1996, S. 181-191.

Streiter, Felix (2008), *Wissenschaftsförderung durch Mittlerorganisationen*, Bonn: Deutscher Hochschulverband, XII, 518 S., (Wissenschaftspolitik und Wissenschaftsrecht; 15) (Diss., Freiburg/Breisgau 2007)

Strohschneider, Peter (2008), »Internationalität von Geisteswissenschaften. Zehn gelegentliche Anmerkungen«, in: Schütte 2008, S. 122-134.

Study Group on International Cultural Relations (1998), *International Cultural Exchange and Cultural Cooperation between ASEAN and Japan. Historical Development and Present Situation. Final Report*, Tokyo: Univ. of Tokyo, 46 S.

Study Group on International Cultural Relations of Postwar Japan (2005), *International Cultural Relations of Postwar Japan*, Tokyo: Keiso Shobo, XIII, 408 S. [Text in Japanisch]

Stunz, Holger R. (2005), »Darsteller auf internationalen Bühnen. Festspiele als Repräsentationsobjekte bundesdeutscher Kulturpolitik«, in: Johannes Paulmann (Hg.), *Auswärtige Repräsentationen. Deutsche Kulturdiplomatie nach 1945*, Köln u.a.: Böhlau, S. 63-84.

Sun, Henry H. (2008), »International Political Marketing. A Case Study of United States Soft Power and Public Diplomacy«, *Journal of Public Affairs* (Chichester), Jg. 8, H. 3, S. 165-183.

Swaan, Abram de (2001), *Words of the World. The Global Language System*, Cambridge: Polity, XI, 253 S.

Szondi, Gyorgy (2008), *Public Diplomacy and Nation Branding. Conceptual Similarities and Differences*, The Hague: Netherlands Institute of International Relations Clingendael, 42 S. (Discussion Papers in Diplomacy). http://www.clingendael.nl/publications/2008/20081022_pap_in_dip_nation_branding.pdf

Szondi, Gyorgy (2009), »Central and Eastern European Public Diplomacy. A Transitional Perspective on National Reputation Management«, in: Nancy Snow/Philip M. Taylor (Hg.), *Routledge Handbook of Public Diplomacy*, New York, NY: Routledge, S. 292-313.

Szondi, Gyorgy (2010), »Communicating with the World. An Interdisciplinary Approach to European Union Public Diplomacy«, in: Chiara Valentini/Giorgia Nesti (Hg.), *Public communication in the European Union. History, perspectives and challenges*, Newcastle upon Tyne: Cambridge Scholars Publ., S. 335-362.

Szymanski, Marcela/Smith, Michael E. (2005), »Coherence and Conditionality in European Foreign Policy. Negotiating the EU-Mexico Global Agreement«, *Journal of Common Market Studies* (Oxford), Jg. 43, H. 1, S. 171-192.

Tabory, Mala (1980), *Multilingualism in International Law and Institutions*, Alphen aan den Rijn/Rockville, MA: Sijthoff & Noordhoff, XX, 284 S.

Tafuro, Eleonora (2014), *Fatal Attraction? Russia's Soft Power in Its Neighbourhood*, Madrid: Fundación para las Relaciones Internacionales y el Diálogo Exterior, 6 S. (FRIDE Policy Brief; 181) http://www.fride.org/download/PB_181_Russia_soft_power_in_its_neighbourhood.pdf

Teichler, Ulrich (2010), »Europäisierung der Hochschulpolitik«, in: Simon/Knie/Hornbostel 2010, S. 51-70.

Terkessidis, Mark (2008), »Diversity statt Integration. Kultur und integrationspolitische Enwicklungen der letzten Jahre«, *Kulturpolitische Mitteilungen* (Bonn), H. 123/IV, S. 47-52.

Thierfelder, Franz (1938), *Deutsch als Weltsprache. Die Grundlagen der deutschen Sprachgeltung in Europa*, Berlin: Korzeja, 221 S.

Thierfelder, Franz (1956), *Die deutsche Sprache im Ausland*, Bd. 1, *Der Völkerverkehr als sprachliche Aufgabe*, Hamburg/Berlin: Decker, 196 S.

Thussu, Daya Kishan (2013), *Communicating India's Soft Power*, New York: Palgrave Macmillan, 227 S.

Tietje, Christian (2002), »Grundzüge der rechtlichen Probleme einer internationalen Medienordnung«, *Internationales Handbuch Medien* (Baden-Baden), Jg. 26, S. 15-36.

Töller, Annette Elisabeth (2006), *How European Integration Impacts on National Legislatures. The Europeanization of the German Bundestag*, Cambridge, MA: Center for European Studies Program for the Study of Germany and Europe, 26 S. (Working Paper Series; 06.2)
http://aei.pitt.edu/9283/1/toller.pdf

Treinen, Heinrich (1977), »Probleme des Kulturaustauschs zwischen Staaten unterschiedlicher Gesellschaftsordnungen«, in: Jost Delbrück (Hg.), *Grünbuch zu den Folgewirkungen der KSZE*, Köln: Verl. Wiss. und Politik, S. 463-474.

Treutlein, Daniela (2003), *Comparing European Foreign Cultural Policies. The Geographical Allocation of Cultural Institutes*, Diplomarb., Univ. Konstanz, IV, 86 S.
http://kops.ub.uni-konstanz.de/bitstream/handle/urn:nbn:de:bsz:352-opus-11122/ThesisDTreutlein.pdf?sequence=1

Treutlein, Daniela/Schneider, Gerald (2005), *Culture – Here, There, Everywhere? The Location of Foreign Cultural Institutes of Three European States around the World,* Konstanz: Univ. Konstanz, 2005, 50 S.

Trommler, Frank (2014), *Kulturmacht ohne Kompass. Deutsche auswärtige Kulturbeziehungen im 20. Jahrhundert*, Köln: Böhlau, 732 S.

Tuch, Hans N. (1990), *Communicating with the World. U.S. Public Diplomacy Overseas*, New York, NY: St. Martin's Press, XVI, 224 S.

Tunstall, Jeremy (1977), *The Media Are American*, New York, NY: Columbia Univ. Press, 352 S.

Uecker, Peter (2009), »Der Beitrag der Hochschulen zum euro-islamischen Dialog. Das Beispiel German Jordanian University (GJU)«, in: Maaß/Thum 2009, S. 63-73.

Ünsal, Özlem (2010), »Die Brückenbauer«, in: *Globalisierung lokal gestalten*, Bonn: Servicestelle Kommunen in der Einen Welt, S. 9-10.

*Ukaz Prezidenta Rossijskoj Federacii o provedenii Goda russkogo jazyka*, Moskva, 29 dekabrja 2006 goda, Nr. 1488. [Erlass des Präsidenten der Russischen Föderation über die Durchführung des Jahres der Russischen Sprache vom 29.12.2006]
http://www.mid.ru/Brp_4.nsf/arh/A6EAEEF636F214C3C325725E0031E583?OpenDocument

UNESCO (1966), *Declaration of the Principles of International Cultural Cooperation, 4 November 1966,* Paris, ca. 3 S.
http://www.un-documents.net/dpicc.htm

UNESCO (1974), *Recommendation Concerning Education for International Understanding, Co-operation and Peace and Education Relating to Human Rights and Fundamental Freedoms. Adopted by the General Conference at its Eighteenth Session, Paris, 19 November 1974,* Paris, 7 S.
http://www.unesco.org/education/nfsunesco/pdf/Peace_e.pdf

UNESCO (1982), *Mexico City Declaration on Cultural Policies. World Conference on Cultural Policies, Mexico City, 26 July – 6 August, 1982,* Paris, 6 S.
http://portal.unesco.org/culture/en/files/12762/11295421661mexico_en.pdf/mexico_en.pdf

UNESCO (1994), *International Conference on Education. 44th Session (Geneva, Switzerland, October 3-8,1994). Final Report*, Geneva, 115 S.
http://unesdoc.unesco.org/images/0010/001002/100214e.pdf

UNESCO (1995), *Our Creative Diversity. Report of the World Commission on Culture and Development,* Paris, 302 S. (Dt. Kurzfassung u.d.T.: *Unsere kreative Vielfalt,* 2. erw. Ausg., Bonn: Dt. UNESCO-Kommission 1997, 76 S.)

UNESCO (1996), *Learning – the Treasure Within. Report to UNESCO of the International Commission on Education for the Twenty-First Century,* Paris, 266 S. (Dt. Fassung u.d.T.: *Lernfähigkeit – unser verborgener Reichtum,* Neuwied: Luchterhand 1997, 241 S.)

UNESCO (2001a), *Universal Declaration on Cultural Diversity. Adopted by the 31st Session of the General Conference of UNESCO, Paris, on 2 November 2001*, Paris, 44 S.
http://unesdoc.unesco.org/images/0012/001271/127160m.pdf

UNESCO (2001b), *Verfassung der Organisation der Vereinten Nationen für Bildung, Wissenschaft und Kultur (UNESCO). Verabschiedet in London am 16. November 1945, zuletzt geändert von der 30. UNESCO-Generalkonferenz am 1. November 2001,* neue dt. Textfassung, Bonn: Deutsche UNESCO-Kommission, ca. 9 S.
http://www.unesco.de/unesco_verfassung.html

UNESCO (2003), *Convention for the Safeguarding of the Intangible Cultural Heritage,* Paris, 19 S.

UNESCO (2005), *Übereinkommen zum Schutz und zur Förderung der Vielfalt kultureller Ausdrucksformen,* Bonn: Deutsche UNESCO-Kommission, ca. 17 S.
http://www.unesco.de/konvention_kulturelle_vielfalt.html

UNESCO (2010), *Basic Texts. 2010 Edition*, Paris, 224 S.
http://unesdoc.unesco.org/images/0018/001874/187429e.pdf

UNESCO (2011), *The Hidden Crisis. Armed Conflict and Education*, Paris, 416 S. (EFA Global Monitoring Report; 2011)
http://unesdoc.unesco.org/images/0019/001907/190743e.pdf

UNESCO (2013), *The Hangzhou Declaration. Placing Culture at the Heart of Sustainable Development Policies. Adopted in Hangzhou, People's Republic of China, on 17 May 2013*, Paris, 6 S.
http://www.unesco.org/new/fileadmin/MULTIMEDIA/HQ/CLT/images/FinalHangzhouDeclaration20130517.pdf

UNESCO (2014a), *2014-2017 – Approved Programme and Budget. 37 C/5*, Paris, 328 S.
http://unesdoc.unesco.org/images/0022/002266/226695e.pdf

UNESCO (2014b), *2014-2021 – Medium-Term Strategy. 37 C/4*, Paris, 34 S.
http://unesdoc.unesco.org/images/0022/002278/227860e.pdf

UNESCO (2014c), *Teaching and Learning: Achieving Quality for All*,.Paris, 481 S. (EFA Global Monitoring Report; 2013/2014)
http://unesdoc.unesco.org/images/0022/002256/225660e.pdf

Urban, Johannes (2006), *Die Bekämpfung des internationalen islamistischen Terrorismus*, Wiesbaden: VS Verlag für Sozialwissenschaften, 400 S. (Diss., Chemnitz 2006)

USC Center on Public Diplomacy (2013), *International Broadcasting in the Social Media Era. A CPD Conference Report*, Los Angeles, CA, 11 S.
http://uscpublicdiplomacy.org/sites/uscpublicdiplomacy.org/files/useruploads/u22281/IBConferenceReport.pdf

Valentini, Chiara (2008), »EU Communication in the Member States. Comparative Analysis of Finnish and Italian Communication Strategies«, *International Journal of Strategic Communication* (London), Jg. 2, H. 4, S. 216-243.

Van Parijs, Philippe (2000), »The Ground Floor of the World. On the Socio-Economic Consequences of Linguistic Globalisation«, *International Political Science Review* (Guildford), Jg. 21, S. 217-233.

Vellani, Anmol (2008), »How Not to Commodify the Arts. Exemplary Entrepreneurial Practice from India«, *UNESCO Observatory Journal of Multi-Disciplinary Research in the Arts* (Melbourne), Jg. 1, H. 2, S. 133-148.
http://education.unimelb.edu.au/__data/assets/pdf_file/0009/1105749/anmol vellani.pdf

Vereinigung der Bayerischen Wirtschaft (2008), *Bildungsrisiken und -chancen im Globalisierungsprozess. Aktionsrat Bildung, Jahresgutachten 2008*, 1. Aufl., Wiesbaden: VS, Verlag für Sozialwissenschaften, 181 S.
http://www.aktionsrat-bildung.de/fileadmin/Dokumente/Aktionsrat_Bildung_Jahresgutachten_2008.pdf

Vereinigung für Internationale Zusammenarbeit (1980), *Internationale Kulturbeziehungen, Brücke über Grenzen. Symposium 80, 26.-30. Mai 1980, Bonn. Dokumentation*, Baden-Baden: Nomos-Verl.-Ges., 360 S.

Vereinte Nationen (2003), *Resolutions Adopted by the General Assembly at its 47th Session. Numerical Sequence*, New York, NY.
http://www.un.org/depts/dhl/resguide/r47_en.shtml

Vermeren, Patrice (2011), *Die Philosophie und die UNESCO*, Frankfurt am Main: Lang, 123 S.

Vogel, Rolf (1990), »Interview mit Ministerialdirektor Witte, Leiter der Kulturabteilung im Auswärtigen Amt«, in: ders. (Hg.), *Der deutsch-israelische Dialog. Dokumentation eines erregenden Kapitels deutscher Außenpolitik*, Bd. 8, München u.a.: Saur, S. 231-233.

Volke, Kristina (Hg.) (2010), *Intervention Kultur. Von der Kraft kulturellen Handelns*, Wiesbaden: VS Verlag für Sozialwissenschaften, 174 S.

Vom Brocke, Bernhard (1981), »Der deutsch-amerikanische Professorenaustausch. Preußische Wissenschaftspolitik, internationale Wissenschaftsbeziehungen und die Anfänge einer deutschen auswärtigen Kulturpolitik vor dem Ersten Weltkrieg«, in: Kurt Düwell/Michael Rehs (Hg.), *Interne Faktoren auswärtiger Kulturpolitik im 19. und 20. Jahrhundert*, Stuttgart: Institut für Auslandsbeziehungen, S. 128-182. (Materialien zum internationalen Kulturaustausch; 16)

Vowe, Gerhard/Dohle, Marco (2007), »Politische Kommunikation im Umbruch. Neue Forschung zu Akteuren, Medieninhalten und Wirkungen«, *Politische Vierteljahresschrift* (Baden-Baden), Jg. 48, H. 2, S. 338-359.

Wagener, Hans (2012), *Untergräbt Deutschland selbst die internationale Stellung der deutschen Sprache? Eine Folge der Förderung von Englisch im Bildungsbereich*, Frankfurt/Main: Lang, 212 S. (Duisburger Arbeiten zur Sprach- und Kulturwissenschaft; Bd. 93) (Diss., Duisburg-Essen 2012)

Waltz, Kenneth (1979), *Theory of International Politics*, New York, NY: McGraw-Hill, 251 S.

Wang, Dandan (2012), »Das westliche Meinungsmonopol knacken«, *Kulturaustausch* (Stuttgart), Jg. 62, H. 3, S. 71.

Wang, Jian (2011), »China's Search of Soft Power. Introduction«, in: ders. (Hg.), *Soft Power in China. Public Diplomacy through Communication*, New York, NY: Palgrave Macmillan, S. 1-18.

Wang, Yiwei (2008), »Public Diplomacy and the Rise of Chinese Soft Power«, in: Cowan/Cull 2008, S. 257-273.

Wedel, Heidi (2012), »Der Beitrag der Hochschulbildung zu nachhaltiger Entwicklung in Konflikt- und Postkonfliktländern«, in: Feilcke u.a. 2012, S. 130-138.

Weingart, Peter (2010), »Wissenschaftssoziologie«, in: Simon/Knie/Hornbostel 2010, S. 118-129.

Weiss, Dieter (1998), »Entwicklungspolitik als Wissenschafts- und Kulturpolitik«, *Universitas* (Stuttgart), Jg. 53, S. 759-770.

Welzer, Harald (2008), *Das kommunikative Gedächtnis. Eine Theorie der Erinnerung*, 2. Aufl., München: Beck, 259 S.

Welzer, Harald/Moller, Sabine/Tschuggnall, Karoline (2012), *›Opa war kein Nazi‹. Nationalsozialismus und Holocaust im Familiengedächtnis*, 8. Aufl., Frankfurt am Main: Fischer, 249 S.

Werner, Harry (1981), »Das deutsche Auslandsschulwesen«, in: *Handbuch Schule und Unterricht*, Bd. 2, Düsseldorf: Schwann, S. 136-146

Werner, Karl Ferdinand (1983), *Deutsches Historisches Institut. Paris 1958-1983. Institut Historique Allemand*, Paris, 71 S.

Werron, Tobias (2011), »Das Konzept der ›Weltgesellschaft‹. Sozialwissenschaftliche Perspektiven und Positionen im Überblick«, in: Wolfgang Sander/Annette Scheunpflug (Hg.), *Politische Bildung in der Weltgesellschaft. Herausforderungen, Positionen, Kontroversen*, Bonn: Bundeszentrale für politische Bildung, S. 19-33.

Wessels, Wolfgang (2000), *Die Öffnung des Staates. Modelle und Wirklichkeit grenzüberschreitender Verwaltungspraxis 1960-1995*, Opladen: Leske und Budrich, 496 S.

Widmer, Paul (2014), »Von Hard Power über Soft Power zu No Power. Über den Niedergang der liberalen Weltordnung«, *Neue Zürcher Zeitung*, Jg. 235, Nr. 207, S. 25.

Wiemann, Jürgen (2010), »Kommunale Entwicklungspolitik«, in: *Globalisierung lokal gestalten*, Bonn: Servicestelle Kommunen in der Einen Welt, S. 3-5.

Wilhelm, Jürgen/Ihne, Hartmut (Hg.) (2009), *Religion und globale Entwicklung. Der Einfluss der Religionen auf die soziale, politische und wirtschaftliche Entwicklung*, Berlin: Berlin Univ. Press, 362 S.

Wilhelm, Jürgen (Hg.) (2010), *Kultur und globale Entwicklung. Die Bedeutung von Kultur für die politische, wirtschaftliche und soziale Entwicklung*, Berlin: Berlin Univ. Press, 241 S.

Wilson, Ernest J. (2008), »Hard Power, Soft Power, Smart Power«, in: Cowan/Cull 2008, S. 110-124.

Winter, Carsten/Buschow, Christopher (2012), »Der Kulturmanager als Change Manager. Qualifikationsanforderungen in turbulenten Zeiten«, in: Gesa Birnkraut/Karin Wolf (Hg.), *Kulturmanagement konkret*, Bd. 5, Hamburg: Institut für Kulturkonzepte Hamburg, S. 11-33.

Winter, Klaus (2009), »Ein Erfolgsmodell. Deutsche Schulen im Ausland«, in: Kurt-Jürgen Maaß (Hg.), *Kultur und Außenpolitik. Handbuch für Studium und Praxis*, 2., vollst. überab. und erw. Aufl., Baden-Baden: Nomos, S. 171-183.

Wintersteiner, Werner (2010), »Friedenspädagogik als transformative Bildung«, *Die Friedenswarte* (Berlin), Jg. 85, H. 3, S. 11-29.

Wissenschaftsrat (2013), *Stellungnahme zur Alexander von Humboldt-Stiftung (AvH), Bonn, und zur Förderung des internationalen wissenschaftlichen Personentransfers in Deutschland, Bonn,* 164 S. (Drucksache; 3445-13)
http://www.wissenschaftsrat.de/download/archiv/3445-13.pdf

Wissig, Heinz (1964), »Botschafter deutscher Kultur: Theater, Musik und moderne Dramatik«, *Jahrbuch der auswärtigen Kulturbeziehungen* (Bonn), Jg. 1, S. 53-63.

Witte, Barthold C. (1975), »Auswärtige Kulturpolitik und KSZE«, *Zeitschrift für Kulturaustausch* (Stuttgart), Jg. 25, H. 3, S. 6-9.

Witte, Barthold C. (1981), »Die Enquête-Kommission des Bundestages. Anmerkungen zu ihrem Bericht über Auswärtige Kulturpolitik«, in: Kurt Düwell/Werner Link (Hg.), *Deutsche Auswärtige Kulturpolitik seit 1871*, Köln/Wien: Böhlau, S. 295-359.

Witte, Barthold C. (1987), »Was ist mit der deutschen Sprache los?«, *Frankfurter Allgemeine Zeitung*, 8.7.1987, S. 7.

Witte, Barthold C. (1993), »Politik, Kultur und die Mittler. Die deutsche Auswärtige Kulturpolitik und ihre Träger«, in: Dieter Weirich (Hg.), *Auftrag Deutschland*, Mainz u.a.: v. Hase & Koehler, S. 197-222.

Witte, Barthold C. (1994), »Die Stellung der deutschen Sprache in der Welt«, *in: Deutsch als Fremdsprache ohne Mauern*, Regensburg: FADAF, S. 1-11.

Witte, Barthold C. (1999), »Der Kampf um die ›Neue Welt-Informationsordnung‹ (1968-1990)«, in: Dietrich Schwarzkopf (Hg.), *Rundfunkpolitik in Deutschland*, Bd 2, München: dtv, S. 1091-1101.

Witte, Barthold C. (2001), »Praxis ohne Theorie? Auswärtige Kulturpolitik und die Wissenschaft«, *Zeitschrift für Kulturaustausch* (Stuttgart), Jg. 51, H. 4, S. 9-11.

Witte, Barthold C. (2003), *Für die Freiheit eine Gasse. Aus dem Leben eines Liberalen,* Stuttgart/Leipzig: Hohenheim-Verl., 408 S.

Wittig, Horst (1999), »Horst E. Wittig«, in: Bernhard Möller (Hg.), *Geschichte der Pädagogik an der Universität Oldenburg in Selbstdarstellungen*, Bd. 1, Oldenburg: BIS-Verlag, S. 223-236.

Wolf, Norbert (2010), *Beute-Kunst-Transfers. Eine andere Kunstgeschichte*, Wiesbaden: Marixverl., 256, 32 S.

Wolfrum, Rüdiger (2013), »Grundgesetz und Außenpolitik«, in: Siegmar Schmidt/Gunther Hellmann/ Reinhard Wolf (Hg.), *Handbuch zur deutschen Außenpolitik*, Wiesbaden: VS Verlag für Sozialwissenschaften, S. 157-168.

Xinhua (2014), »Xi: China to Promote Cultural Soft Power«, *Global Times* (Beijing), 1.1.2014 http://www.globaltimes.cn/content/835184.shtml

Yun, Seong-Hun (2006), »Toward Public Relations Theory-Based Study of Public Diplomacy. Testing the Applicability of the Excellence Study«, *Journal of Public Relations Research* (Hillsdale, MI), Jg. 18, H. 4, S. 287-312.

Yun, Seong-Hun (2008), »Cultural Consequences on Excellence in Public Diplomacy«, *Journal of Public Relations Research* (Hillsdale, MI), Jg. 20, H. 2, S. 207-230.

Yun, Seong-Hun/Toth, Elizabeth L. (2009), »Future Sociological Public Diplomacy and the Role of Public Relations. Evolution of Public Diplomacy«, *American Behavioral Scientist* (Thousand Oaks, CA), Jg. 53, H. 4, S. 493-503.

Zaharna, Rhonda S. (2004), »From Propaganda to Public Diplomacy in the Information Age«, in: Yahya R. Kamalipour/Nancy Snow (Hg.), *War, Media and Propaganda,* Oxford: Rowman & Littlefield Publ., S. 219-225.

Zaharna, Rhonda S. (2010), *Battles to Bridges. U.S. Strategic Communication and Public Diplomacy after 9/11,* Basingstoke: Palgrave Macmillan, XI, 233 S.

Zajfman, Daniel (2011), »Why and When Do We Need International Cooperation in Scientific Research?«, in: Gerhart Graevenitz/Jürgen Mittelstraß (Hg.), *Netzwerke, Cluster, Allianzen. Wo bleiben die Forscher? Über die Vielfalt der Forschung und der Forschungsförderung,* Konstanz: UVK Universitätsverlag, S. 45-57.

Zappone, Tanina (2012), *New Words for a New International Communication. The Case of Public Diplomacy*, London: Europe China Research and Advice Network, 28 S.

Zauner, Stefan (1994), *Erziehung und Kulturmission. Frankreichs Bildungspolitik in Deutschland 1945-1949,* München: Oldenbourg, 351 S.

Zeeuw, Jeroen de (2005), »Projects Do Not Create Institutions. The Record of Democracy Assistance in Post-Conflict Societies«, *Democratization* (Abingdon), Jg. 12, H. 4, S. 481-504.

Zentralstelle für das Auslandsschulwesen (2006), *Qualitätsrahmen des Bundes und der Länder für deutsche Schulen im Ausland*, Köln, 27 S. http://www.bva.bund.de/DE/Organisation/Abteilungen/Abteilung_ZfA/Auslandsschularbeit/Paedagogisc hesQualitaetsmanagement/Qualitaetsrahmen/download.pdf?__blob=publicationFile&v=2

Zentralstelle für das Auslandsschulwesen (2009), *Deutsche Auslandsschularbeit*, Köln, 4 S.

Zentralstelle für das Auslandsschulwesen (2013a), *Deutsches Sprachdiplom der Kultusministerkonferenz. 40 Jahre,* Köln, 74 S. http://www.bva.bund.de/SharedDocs/Downloads/DE/ZfA/Publikationen/40JahreDSD.pdf?__blob=publi cationFile&v=2

Zentralstelle für das Auslandsschulwesen (2013b), *Bund-Länder-Inspektion 2.0. BLI-Folgezyklus. Ziele, Unterstützung, Instrumente, Verfahren, Zertifizierung, Folgeprozesse*, Köln, 23 S. http://www.bva.bund.de/SharedDocs/Downloads/DE/ZfA/Publikationen/BLI2.0-Folgezyklus.pdf?__blob =publicationFile&v=3 (Juli 2014)

Zhang, Dianjun (2012), »Eine kurze Analyse der chinesischen Kultudiplomatie seit der Reform- und Öffnungspolitik«, *Heilongjiang Social Sciences* (Harbin), H. 1/130, S. 35-38. [Text in Chinesisch]

Zhang, Fan (2014), »Confucius Institutes Get New Latin American Hub«, *China Daily USA* (New York, NY), 13.5.2014 http://usa.chinadaily.com.cn/epaper/2014-05/13/content_17503832.htm

Zhang, Juyan/Benoit, William L. (2004), »Message Strategies of Saudi Arabia's Image Restoration Campaign after 9/11«, *Public Relations Review* (Amsterdam), Jg. 30, H. 2, S. 161-167.

Zhang, Xiaoling (2011), »China's International Broadcasting. A Case Study of CCTV International«, in: Jian Wang (Hg.), *Soft Power in China. Public Diplomacy through Communication*, New York, NY: Palgrave Macmillan, S. 57-71.

Zhao, Qizheng (2007), »Better Public Diplomacy to Present a Truer Picture of China«, *People's Daily* (Beijing), 30.3.2007 http://english.peopledaily.com.cn/200703/30/eng20070330_362496.html.

Zhao, Qizheng (2011), *Public Diplomacy and Communication between Cultures*, Beijing: China Renmin Univ. Press, 222 S. [Text in Chinesisch]

Zheng, Hua (2012), »Confusion about the Development of China's Public Diplomacy and Reactions to It«, *Guoji-Guancha* (Shanghai), H. 2, S. 66-71. [Text in Chinesisch]

Zimmermann, Olaf/Geißler, Theo (Hg.) (2008), *Kulturpolitik der Parteien. Visionen, Programmatik, Geschichte und Differenzen,* Berlin: Deutscher Kulturrat, 167 S. (Aus Politik und Kultur; 3)

Znined-Brand, Victoria (1999), *Deutsche und französische Auswärtige Kulturpolitik. Eine vergleichende Analyse. Das Beispiel der Goethe-Institute in Frankreich sowie der Instituts und Centres Culturels Français in Deutschland seit 1945,* Frankfurt a.M.: Lang, 240 S.

Zöllner, Oliver (2006), »A Quest for Dialogue in International Broadcasting. Germany's Public Diplomacy Targeting Arab Audiences«, *Global Media and Communication* (Thousand Oaks, CA), Jg. 2, H. 2, S. 160-182.

Zöllner, Oliver (2009), «German Public Diplomacy. The Dialogue of Cultures«, in: Nancy Snow/Philip M. Taylor (Hg.), *Routledge Handbook of Public Diplomacy*, New York, NY: Routledge, S. 262-269.

Aus den Autorenbeiträgen zusammengestellt von Claudia Judt und Kornelia Serwotka

# 9. Personenregister


Adenauer, Konrad 77 ff.
Adwan, Sami 185
Ahmady, Leeza 193
Altmann, Rüdiger 90
Anholt, Simon 164 ff., 406
Annan, Kofi 222
Arnhold, Eduard 74
Arnold, Rainer 106
Balatoni, Mónika 375
Bar-On, Dan 184 f.
Barroso, José Manuel 339
Bätzing-Lichtenthäler, Sabine 106
Bausch, Pina 130
Becker, Carl Heinrich 65 f., 301
Beers, Charlotte 162
Bell, Daniel 209
Bethmann Hollweg, Theobald von 61 f.
Bin Laden, Osama 162, 209
Bismarck, Otto von 60 f., 101
Blankenhorn, Herbert 76
Bohle, Ernst Wilhelm 72 ff.
Bonwetsch, Bernd 83
Bosch, Robert 302 ff.
Bouée, Charles-Edouard 210
Brandt, Willy 47, 81, 86, 101, 294
Bremer, Karl-Heinz 74
Breschnew, Leonid I. 84 ff.
Bulmahn, Edelgard 85
Bush, George W. 40, 353
Bush, Vannevar 140
Carnegie, Andrew 303
Castells, Manuel 137, 210, 225
Champollion, Jean-François 63
Changchun, Li 396
Chirac, Jacques 216
Christov-Bakargiev, Carolyn 122
Churchill, Winston 161
Clinton, Bill 208 f., 353
Clinton, Hillary 215
Coenen, Günter 94
Colombo, Emilio 333
Coubertin, Pierre Baron de 60 ff.
Cull, Nicholas J. 214
Curtius, Ernst 59 ff.
Curtius, Ernst Robert 302
Dahrendorf, Ralf 48, 86, 88, 237, 332
David, Catherine 122
Delors, Jacques 313, 335
Di, Lady 224
Dilke, Charles W. 59
Distelbarth, Paul H. 302
Dittrich van Weringh, Kathinka 343
Duchhardt, Heinz 85
Duve, Freimut 176
Düwell, Kurt 17, 216, 250, 267
Ehrmann, Siegmund 232
Els, Theo van 113
Enwezor, Okuni 122, 193 f.
Enzensberger, Hans Magnus 49, 219
Epting, Karl 73 f.
Erhard, Ludwig 80
Fest, Joachim 72
Figel, Ján 339
Fischer, Joschka 49, 174, 189, 343
Freytag, Hans 72
Fukuda, Takeo 381

Gaulle, Charles de 83
Gauweiler, Peter 234
Genscher, Hans-Dietrich 91, 333
Georg I, König 60
Gericke, Herbert 74
Gingrich, Newt 214
Goebbels, Joseph 66, 73
Gönner, Tanja 94
Gorbatschow, Michail 92
Gore, Al 210, 215
Goytisolo, Juan 369
Graan, Mike van 192
Coudenhove-Kalergi, Richard Nikolaus Graf von 302
Grävingholt, Jörg 189
Grieco, Joseph M. 14 f. (in Fußnote)
Griefahn, Monika 232
Groener, Karl Eduard Wilhelm 61
Grosser, Alfred 302
Grütters, Monika 232
Gullion, Edmond 41
Habermas, Jürgen 210 f., 220, 285
Hamad bin Chalifa Al Thani, Scheich 214
Hamm-Brücher, Hildegard 47 ff., 91
Hartlaub, Gustav F. 67
Haselhuber, Jakob 107
Hassell, Ulrich von 74
Hausenstein, Wilhelm 76 f.
Heath, Edward 111
Hegel, Georg Wilhelm Friedrich 210
Heise, Rüdiger 107
Hensel, Klaus 78
Hentig, Werner Otto von 68
Hertz, Henriette 74
Hieronymi, Ruth 219
Hille, Gunnar 107
Hindenburg, Paul von 72
Hippler, Jochen 178
Hitler, Adolf 67 ff.
Hoesch, Leopold von 77
Hoet, Jan 122
Hoffmann, Hilmar 77, 81, 93
Holbrooke, Richard 162
Horaz (Quintus Horatius Flaccus) 300
Huayong, Zhao 217
Hübinger, Paul Egon 84
Huntington, Samuel P. 57 f., 62
Hussein, Saddam 184
Inkey, Peter 374
Jacobi, Carl Gustav Jacob 226
Jagland, Thorbjœrn 323, 329
Jinping, Xi 389, 396
Jintao, Hu 389 ff.
Joseph II, Kaiser 101
Kant, Immanuel 301 ff.
Karl X, König 63
Keipert, Maria 60
Kejin, Zhao 392
Kermani, Navid 197
King, Larry 215 f.
Kinkel, Klaus 161
Kipling, Rudyard 59
Kissinger, Henry 208
Kleinsteuber, Hans J. 221 f.
Kluke, Paul 83
Kohl, Helmut 23, 29, 92 f., 111
Koizumi, Junichiro 386 f.
Krekeler, Heinz 76
Kühn, Joachim 77
Kühnhardt, Ludger 225 f.

Kusterer, Hermann 111
Lamprecht, Karl 57, 62, 95
Lanz, Markus 223
Lehmann, Hartmut 83
Leonhard, Elke 232
Lepenies, Wolf 49
Lessig, Lawrence 210
Leussink, Hans 88 (in Fußnote)
Limbach, Jutta 108
Long, Wang 223
Löwenthal, Richard 14
Luhmann, Niklas 209, 220, 225
Lunatscharski, Anatoli 81
Maaß, Kurt-Jürgen 97, 102, 106, 233, 413
Mackensen, Hans-Georg von 74
Maecenas, Gaius C. 300
Maizière, Thomas de 225
Mares, Peter 188
Martin, Berthold 88
Martini, Heidi 81
Martins, Coimbra 336
McGray, Douglas 386
Mearsheimer, John 14 f. (in Fußnote)
Medinski, Vladimir 406
Medwedew, Dmitri 397
Mendelsohn, Erich 132
Meyen, Michael 222
Michel, Fabian 196
Michels, Eckard 73 f.
Miller, Maria 366
Mommsen, Wolfgang J. 83
Münchhausen, Thankmar von 73
Mussolini, Benito 74
Naisbitt, John 210
Napoleon I 59, 63, 70, 160, 208
Napoleon III 70
Naumann, Michael 232
Negroponte, Nicholas 210
Neumann, Bernd 232
Neurath, Konstantin von 72
Nida-Rümelin, Julia 232
Niedermayer, Oskar von 68
Nye, Joseph S. 40 f., 57, 95, 106, 135, 161, 167, 237, 377, 386, 390, 396
Obama, Barack 219, 349, 353 ff.
Otto, Hans-Joachim 232
Parijs, Phillipe van 104
Peréz de Cuellar, Javier 313, 320
Politkowskaja, Anna 216
Pompidou, George 111, 364
Powell, Colin 162
Putin, Wladimir 397 ff.
Quidde, Ludwig 65
Rexheuser, Rex 83
Ribbentrop, Joachim von 73 f.
Richter, Carola 214
Riezler, Kurt 62
Rockefeller, John D. 302
Romain, Lothar 89 (in Fußnote)
Roosevelt, Franklin D. 161
Ross, Andreas 113
Rougemont, Denis de 339
Rousseau, Jean-Jacques 208
Rovan, Joseph 302
Ruche, Alain 167
Ruedorffer, J. J. 62
Ruffolo, Giorgio 338
Rust, Bernhard 94
Salat, Rudolf 76
Sarkozy, Nicolas 216

Sattler, Dieter 86
Scheel, Walter 81, 86
Schenk, Ralf 81
Schieder, Wolfgang 85
Schlange-Schöningen, Hans 76
Schliemann, Heinrich 60
Schmidt, Helmut 49, 91
Schmidt, Ulla 106
Schröder, Gerhard 244
Schulte, Aloys 65
Schulze-Vorberg, Max 88, 90
Schwab-Felisch, Hans 90
Selig, Anna 66
Sievers, Johannes 66, 72
Sloterdijk, Peter 211
Spengler, Oswald 62
Spinelli, Altiero 342
Stalin, Josef 79, 161
Steinmeier, Frank-Walter 101, 208, 220, 225, 243, 343
Steltzer, Hans-Georg 86 f.
Stieve, Friedrich 73
Stock, Manfred 222 (in Fußnote)
Strauß, Franz-Josef 120 (in Fußnote)
Stresemann, Gustav 47, 68
Stunz, Holger R. 126
Suliman, Aktham 215
Swaan, Abram de 105
Szymczyk, Adam 122
Takeshita, Naburo 382
Talleyrand-Périgord, Charles-Maurice 160
Tellenbach, Gerd 84
Thierfelder, Franz 74, 102
Thurnwald, Richard 62
Toynbee, Arnold 62
Treitschke, Heinrich von101
Trommler, Frank 74, 95 f.
Twardowski, Fritz von 73
Ullah, König Aman 68
Umesao, Tadao 209
Vellani, Anmol 193
Vergil (Publius Vergilius Maro) 300
Vries, Mike de 163
Wahl, Liz 215
Waltz, Kenneth 14 f. (in Fußnote)
Waltz, Sasha 130
Weiss, Christina 232
Werner, Karl Ferdinand 84
Wertheimer, Fritz 67
Wilhelm I, Kaiser 60
Wilson, Woodrow 349
Winter, Klaus 159
Witte, Barthold C. 86, 103 f.
Wundt, Wilhelm 62
Žbanic, Jasmila 181
Ziemer, Klaus 83

# 10. Institutionenregister


Acción Cultural Española 370

Adam-Mickiewicz-Institut 371 ff.

Afrikafonds 64

Agence pour l'enseignement français à l'étranger 363

Agencia Española de Cooperación para el Desarollo 370

Agentur für Kulturangelegenheiten (Japan) 382 ff.

Akademie für Konflikttransformation 171

Aktion Sühnezeichen 133

Al Hurrah TV 218 (in Fußnote)

Alexander von Humboldt-Stiftung 53 f., 66, 78, 102, 109, 139, 142, 146 f., 241, 245, 263, 272, 419

Alfred Herrhausen Gesellschaft für internationalen Dialog mbH 304

Alfred Toepfer Stiftung F.V.S. 303

Alfried Krupp von Bohlen und Halbach-Stiftung 304

Al Jazeera 214 f., 222

Allgemeiner Deutscher Schulverein zur Erhaltung des Deutschtums im Ausland 61

Alliance Française 52, 57, 59, 61, 102, 362 f.

Allianz Kulturstiftung 303

Allunionsgesellschaft der kulturellen Verbindungen mit dem Ausland (Sowjetunion) 401

American School of Classical Studies at Athens 63

Anna-Lindh-Stiftung für den Dialog zwischen den Kulturen 94, 97

Arab League Educational, Scientific and Cultural Organisation 177

Arabische Liga 177

Arbeitsgemeinschaft der öffentlich-rechtlichen Rundfunkanstalten Deutschlands (ARD) 221

Arbeitsgruppe Friedensentwicklung 170 f.

Arbeitsgruppe Kultur und Entwicklung 191

Arbeitskreis Evangelischer Unternehmer 90

Ars Baltica 373, 376

Arterial Network 192

Arts Council England 368

Arts Council of Northern Ireland 368

ASEAN Cultural Fund 381

Asia Center (Japan) 383, 387

ASKO Europa-Stiftung 304

Association Relative à la Télévision Européenne (ARTE) 110, 344

Atlantik-Brücke e.V. 286, 304

Audiovisuel Extérieur de la France 216

Ausschuss der Ständigen Vertreter (COREPER, EU) 30, 112

Ausschuss für Kultur und Medien (Bundestag) 232 ff., 254, 419

Auswärtiger Ausschuss (Deutscher Bundestag) 90, 233 f.

Auswärtiges Amt 9, 28, 31, 44, 48 f., 60, 64 ff., 72 ff., 78, 85 ff., 97, 101, 105 ff. 114 ff., 118, 124 ff., 133, 139, 150 ff., 169 ff., 177 ff., 188 f., 199, 202 ff., 208, 232 ff., 237-243, 244 ff., 249 ff., 257, 263-269, 273 f., 283 f., 291 ff., 315, 320 f., 410, 417

Avocats sans Frontières 204

Bálint-Balassi-Institut 375

Beauftragte der Bundesregierung für Kultur und Medien 124, 129 f., 221 f., 232 ff., 244 f., 254 f., 265 ff.

Berghof Forschungszentrum 173, 175, 184 (jeweils in Fußnote)

Berliner Festspiele 126, 267

Bertelsmann Stiftung 304

Bibliotheca Hertziana 74, 133

Bill and Melinda Gates Foundation 355

BMW Stiftung Herbert Quandt 304

Börsenverein des Deutschen Buchhandels 161 (in Fußnote)

British Broadcasting Corporation (BBC) 214, 216, 219 ff., 367 f.

British Council 52, 70, 77, 361, 365 ff.

British Film Commission 367

British Film Institute 367

British School at Athens 63

Brücke/Most-Stiftung 304

Budapest Musikzentrum 376

Bund Katholischer Unternehmer 90

Bundesbeauftragte für Kultur und Medien, siehe: Beauftrage der Bundesregierung für Kultur und Medien

Bundeskanzleramt 51, 76, 78, 244, 251, 254

Bundesministerium der Finanzen 263 ff., 283

Bundesministerium der Verteidigung 150, 277

Bundesministerium des Inneren 85, 238, 385

Bundesministerium für Bildung und Forschung 27, 85, 106, 146, 172, 238, 241, 245 ff., 257, 265

Bundesministerium für Bildung und Wissenschaft 88, 90, 369, 401 ff.

Bundesministerium für Familie, Senioren, Frauen und Jugend 27, 238, 247 f.

Bundesministerium für Umwelt, Naturschutz und Reaktorsicherheit 241, 277

Bundesministerium für Wirtschaft 27, 78, 202, 238

Bundesministerium für Wirtschaft und Energie 199

Bundesministerium für wirtschaftliche Zusammenarbeit 142

Bundesministerium für wirtschaftliche Zusammenarbeit und Entwicklung 27, 51, 82, 87, 169 ff., 177, 195 ff., 198 ff., 222, 238, 241, 248 ff., 262 ff., 267, 277, 283, 291 ff.

Bundesrat 17, 27, 30, 61, 230, 254 f.

Bundesrechnungshof 265, 292

Bundestag, siehe: Deutscher Bundestag

Bundesverband der Deutschen Industrie 28, 31, 165

Bundesverfassungsgericht 221, 258, 290 f.

Bundesverwaltungsamt 27, 150, 242, 274

Bundeszentrale für politische Bildung 178

Buntstift 288

Bureau international de l'Edition française 364

Bureauexport (Frankreich) 364

Cable News Network (CNN) 214 ff., 222

Campus France 363

Carl Duisberg Gesellschaft 78, 82, 90, 93

Carnegie Endowment for International Peace 351

Casa de Africa, de América, Árabe, Asia, Mediterráneo, Sefarad-Israel (Spanien) 371

Center for Global Partnership (Japan) 382, 387

Center on Public Diplomacy (University of Southern California) 42, 224

Centre de Tunis pour la Liberté de la Presse 207

Centre for European Studies 296

Centre national du cinéma et de l'image animée 364

Centrum für internationale Migration und Entwicklung (CIM) 277
China Central Television (CCTV) 216 f., 393
China Radio International 218, 393
China Scholarship Council 394
Chinesisch-Deutsche Hochschule Tongji 245
Chinesische Akademie der Wissenschaften 141
Chinesisches Zentrum Hannover e.V. 394
Collegium Hungaricum 375 f.
Columbia Broadcasting System (CBS) 215
Commissariat Général de l'Information et de la Propagande (Frankreich) 63
Committee on Public Information (USA) 351
Council of European Municipalities and Regions 261
Creative Scotland 368
D@dalos (Sarajewo) 174 f.
Democracy Reporting International 204
Deutsch-Afrikanische Gesellschaft (DDR) 80
Deutsch-Arabische Gesellschaft (DDR) 80
Deutsch-Arabische Industrie- und Handelskammer 257
Deutsche Akademie 67, 74, 102, 263
Deutsche Akademie Rom, siehe: Villa Massimo
Deutsche Auslandsgesellschaft 107
Deutsche Forschungsgemeinschaft 78, 84, 139, 248, 265
Deutsche Gesellschaft für Auswärtige Politik e.V. 204
Deutsche Gesellschaft für Internationale Zusammenarbeit (GIZ) GmbH 170, 199, 204, 207, 252, 262, 263-269, 276 f.
Deutsche Gesellschaft für Technische Zusammenarbeit (GTZ) 90, 93 f., 142, 175, 177, 191, 263, 276
Deutsche Nationalstiftung 411
Deutsche Stiftung Friedensforschung 172
Deutsche Stiftung für Entwicklungsländer 78
Deutsche Stiftung für internationale Entwicklung 78, 82, 90, 93
Deutsche Stiftung für internationale rechtliche Zusammenarbeit 204, 250
Deutsche UNESCO-Kommission 124, 175, 242, 263, 311-321
Deutsche Welle 107, 110, 160, 170, 173 f., 177 ff., 204, 214, 218 f., 221 ff., 244, 249, 263
Deutscher Akademischer Austauschdienst (DAAD) 27 f., 52, 66 f., 73, 78, 93 f., 102, 104, 107, 109, 121, 131, 139, 146 f., 170, 173 f., 177, 241, 245 ff., 251, 257, 263-269, 271
Deutscher Allgemeiner Sängerbund 125
Deutscher Bundestag 17, 27, 29 ff., 48, 88 ff., 106, 113, 149, 153, 160, 169 f., 222 f., 229-236, 244, 246, 254, 262, 265 f., 314, 320, 339, 344, 419
Deutscher Chorverband 125
Deutscher Entwicklungsdienst 94, 191, 250, 263, 276
Deutscher Industrie- und Handelskammertag 28
Deutscher Kulturrat 233, 418
Deutscher Musikrat 126
Deutscher Sängerbund 125
Deutscher Werkbund 67
Deutsches Archäologisches Institut 63, 84, 107, 204
Deutsches Ausland-Institut 67, 78, 97 f., 102, 263
Deutsches Ausland-Museum (Stuttgart) 67

Deutsches Historisches Institut 65, 83 ff.
Deutsches Institut für Ägyptische Altertumskunde (Kairo) 64
Deutsches Institut für Entwicklungspolitik 51, 199
Deutsches Studienzentrum (Venedig) 245
Deutsch-Französische Jugendwerk 247 f.
Deutsch-Lateinamerikanische Gesellschaft (DDR) 80
Deutsch-Polnisches Jugendwerk 247
Deutsch-Russisches Forum 404 (in Fußnote)
Deutsch-Südostasiatische Gesellschaft (DDR) 80
Deutsch-Tschechischer Jugendaustausch 247
Deutsch-Tunesische Akademie für gute Regierungsführung 204, 207
Deutsch-Tunesische Handelskammer 204
Documenta 122
Dräger-Stiftung 304
Ecole Française d'Athène 63
Enquete-Kommission Auswärtige Kulturpolitik 47 f., 88 ff., 114, 230 f., 417
Euronews 214, 216
Europäische Akademie Berlin 204 f., 207
Europäische Atomgemeinschaft (EURATOM) 143
Europäische Audiovisuelle Informationsstelle 325 f.
Europäische Gemeinschaft 36, 143, 150, 192, 254, 332 ff.
Europäische Gemeinschaft für Kohle und Stahl 77
Europäische Kommission/EU-Kommission 22 f., 26 f., 30 ff., 36, 111, 143, 186, 261, 277, 313, 316 f., 327, 331-345
Europäische Kulturstiftung 338
Europäische Nachbarschaftspolitik 199, 201, 296, 373
Europäische Union 9 f., 14, 21 f., 25, 27, 30 ff., 36 ff., 40, 43 ff., 97 f., 107, 111 ff., 119, 143, 145, 150, 174, 185, 192, 198 f., 201, 213, 221, 235 f., 242, 244, 246, 249 f., 254 f., 277, 283, 296, 311, 313, 318, 328 ff., 331-345, 357-376, 397, 399, 417,
Europäische Wirtschaftsgemeinschaft 22, 331 ff., 344
Europäische Zentralbank 111
Europäischer Forschungsrat 145
Europäischer Rat 30, 94, 142
Europäisches Hochschulinstitut (Florenz) 334
Europäisches Kernforschungszentrum CERN 146, 316
Europäisches Kulturforum 58
Europäisches Parlament 219, 235, 331-345
Europäisches Übersetzer-Kollegium Straelen 127
Europäisches Zentrum für Fremdsprachen 325 (in Fußnote)
Europäisches Zentrum für globale Interdependenz und Solidarität 325 (in Fußnote)
Europarat 33 f., 77, 93, 112, 176, 183, 229, 242, 261, 311, 317, 322-330, 331-345, 399
European Centre for the Development of Vocational Training 332
European Liberal Forum 296
European Union National Institutes for Culture (EUNIC) 344
European-Mediterranean Association 204
Evangelische Akademie Loccum 411
Evangelische Kirche in Deutschland 128
Filmförderungsanstalt 130
Föderale Agentur für Angelegenheiten der GUS der im Ausland lebenden Landsleute und für internationale humanitäre Zusammenarbeit, siehe: Rossotrudničestvo

Fondation européenne d'Etudes progressistes 296
Ford Foundation 355
France Médias Monde 364
France Télévision 216
France 24 216, 218, 364
Frankfurter Buchmesse 128 f.
Frauen-AnStiftung 288
Freedom House 205
Freundschaftsgesellschaft Indien-DDR 80
Friedrich-Ebert-Stiftung 175, 204, 207, 288-299, 320
Friedrich-Naumann-Stiftung (für die Freiheit) 34, 175, 204, 288-299
Fritz-Thyssen-Stiftung 304
Fulbright-Kommission 140, 245, 354
Fundacion Euroárabe 371
Galerie für Zeitgenössische Kunst (Leipzig) 122
Gemeinnützige Hertie-Stiftung 304
Génération A'Venir 207
Georg-Eckert-Institut für internationale Schulbuchforschung 174, 177
Gerda Henkel Stiftung 304
German Films Service + Marketing GmbH 130
German Institute of Global and Area Studies (GIGA) 51, 199
German Marshall Fund 355
Gesellschaft für Deutsch-Sowjetische Freundschaft 79
Gesellschaft für Kulturelle Verbindungen mit dem Ausland (DDR) 79
Gesellschaft fur Technische Zusammenarbeit, siehe: Deutsche Gesellschaft für Technische Zusammenarbeit (GTZ)
Gesellschaft zur Förderung der Literatur aus Afrika, Asien und Lateinamerika (litprom) 128 f.
Gewerkschaft Erziehung und Wissenschaft 28 f.
Goethe-Forum (München) 121, 129, 132
Goethe-Haus (Paris) 73
Goethe-Institut 22 ff., 35, 52, 67, 74, 77 ff., 91, 94, 102, 105 ff., 117, 120 f., 126 ff., 162, 170 f., 176, 178, 190 f., 194 ff., 204, 239 ff., 263-270, 287, 394, 416, 419
Goethe-Zentren107, 270
Green European Foundation 296
Gruppe der Acht (G8) 161, 399
Guggenheim Foundation 351
Hanban (Peking) 394 f.
Haniel-Stiftung 304
Hanns-Seidel-Stiftung 288-299
Haus der Kulturen der Welt 78, 93 f., 121, 129, 132, 242, 263, 267, 275, 330
Haus der Kunst (München) 193
Heinrich Böll-Stiftung 175, 177, 190, 204, 288-299
Heinz Nixdorf Stiftung 304
Heinz-Schwarzkopf-Stiftung 304
Herbert-Quandt-Stiftung 304
Hertie School of Governance 304
Hessische Stiftung für Friedens- und Konfliktforschung 173 (in Fußnote)
Hochschulrektorenkonferenz 109, 265
India Foundation for the Arts (Bangalore) 193
Indian Institutes of Technology 142
Institut du Monde Arabe (Paris) 362, 364, 369
Institut Etxepare (Spanien) 370
Institut français 362 ff.
Institut für Auslandsbeziehungen 9 f., 13, 27 f., 52, 78, 82, 94, 97, 102, 107 f., 120 ff., 128, 132, 170 ff., 174 ff., 190, 202 ff., 211, 233, 242, 250, 256, 258, 263-269, 273, 305, 344, 409 ff., 416, 419

Institut für Friedensforschung und Sicherheitspolitik 172 f.
Institut für Kulturpolitik (Universität Hildesheim) 191
Institute for Government (London) 9
Institute for Integrated Transitions (Barcelona) 204
Institute for Public Diplomacy Research and Training (Technische Universität Ilmenau) 42
Institute of International Education 351 ff.
Instituto Cervantes 368
Instituto de la Cinematografía y de las Artes Audiovisuales 370
Instituto Europeo del Mediterráneo 371
Instituto Nacional de las Artes Escénicas y de la Música 370
Instituto Ramon Llull 370
Inter Nationes 76, 78 f. 94, 263
Intergovernmental Panel on Climate Change 146
International Association for the Exchange of Students for Technical Experience 78
International Centre for the Study of the Preservation and Restauration of Cultural Property (Rom) 133
International Council of Monuments and Sites 125, 133
International Council of Museums 133
International Federation of Arts Councils and Cultural Agencies 326
International Institute for Educational Planning 76
International Union of Local Authorities 261
Internationale Arbeitsorganisation 317, 320
Internationale Assoziation der Lehrenden der russischen Sprache und Literatur 403
Internationale Atomenergiebehörde 317, 319
Internationale Bank für Wiederaufbau und Entwicklung 75
Internationale Raumstation ISS 138
Internationale Weiterbildung und Entwicklung gGmbH (InWEnt) 93, 263, 276
Internationaler Denkmalrat 133
Internationaler Kernfusionsreaktor ITER 138
Internationaler Musikrat 125
Internationaler Rat der Gemeinden und Regionen Europas 261
Internationaler Währungsfonds 75
Internationales Erziehungsbüro 76
Internationales Gedenkstättenkomitee 133
Internationales Komitee des Roten Kreuzes 278
Internationales Kulturzentrum (Krakau) 372
Iwalewa-Haus (Universität Bayreuth) 122
Jacobs University Bremen 109
Japan Foundation 127, 378, 381 ff.
Japanese National Commission for UNESCO 385
Japan Society for the Promotion of Science 385
Jeunesse Musicales Deutschland 125
Jeunesse Musicales International 125
Johann-Gottfried-Herder-Institut (DDR) 80, 82, 94
Kaiser-Wilhelm-Gesellschaft 139
Konferenz für Sicherheit und Zusammenarbeit in Europa 33 f., 58, 90, 96 f.
Konfuzius-Institut 218, 390, 394 f.
Konrad-Adenauer-Stiftung 175, 204, 288-299
Koordinierungsstelle für Kulturgutverluste 123 f.
Körber-Stiftung 304

Kreditanstalt für Wiederaufbau 122, 202
Krupp von Bohlen und Halbach Stiftung 84, 304
Kulturpolitische Gesellschaft 133, 259, 418
Kulturstiftung der Länder 129
Kulturstiftung des Bundes 238, 244 f.
Kulturstiftung des Freistaates Sachsen 122
Kultusministerkonferenz der Länder 27 f., 107, 150 ff. 240, 255, 265
Kunsthistorisches Institut 64
Kunststiftung NRW 127
Kuratorium junger deutscher Film 130
Library of Congress 350
Literarisches Colloquium (Berlin) 127, 411
Louvre 362, 364
Magyar Filmunió 376
Marshallplan 75
Max-Planck-Gesellschaft 139, 141, 261
Max-Planck-Institut für ausländisches und internationales Privatrecht 176
Max-Weber-Stiftung 85, 246
Media in Cooperation und Transition (Berlin) 204
MediaImpakt 174
Medica Mondiale 181
Microsoft/National Broadcasting Company (MSNBC) 215
Ministerium für gute Regierungsführung (Tunesien) 204 ff.
Ministerium für Kultur (DDR) 79
Ministerpräsidentenkonferenz 27, 76
Mücsarnok 376
Musée des Civilisations de l'Europe et de la Méditerranée (Marseilles) 362, 364
Museum der Zivilisationen Europas (Marseilles) 369
National Democratic Institute 296
National Endowment for Democracy 296
National Republican Institute 296
Nationalsozialistische Deutsche Arbeiterpartei 73
Netherlands Institute of International Relations Clingendael 42
Netzwerk politischer Stiftungen 296
New England Anti-Slavery Society 278
Nordatlantikpakt (NATO) 344, 397
Notgemeinschaft der Deutschen Wissenschaft 67, 78, 139
Office National de Diffusion Artistique 364
Office of War Information 351
Organisation der japanischen Studenten-Dienste 385
Organisation für Sicherheit und Zusammenarbeit in Europa 33 f., 174, 176, 242, 317
Organisation für wirtschaftliche Zusammenarbeit und Entwicklung (OECD) 137, 144, 193, 199, 202, 242, 311, 314, 317
Organisation Mondiale contre la Torture 204
P.E.N.-Zentrum Deutschland 129
Pädagogischer Austauschdienst 107
Peace Research Institute in the Middle East 184 f.
Petöfi Literaturmuseum 376
PEW Research Center 288
Politische Akademie Eichholz e.V. 288
Polnische Agentur für Information und Auslandsinvestitionen AG 373
Polnisches Filminstitut 373
Presse-und Informationsamt der Bundesregierung 50, 162
Preußisches Archäologisches Institut 60, 63
Qatar Foundation 366
Rat der Kommunalen Behörden für Internationale Beziehungen (Japan) 385, 388

Rautenstrauch-Joest-Museum 120 (in Fußnote)

Robert Bosch Stiftung 300-307

Rockefeller Foundation 302, 351, 355

Rosa-Luxemburg-Stiftung 288-299

Rossotrudnitčestvo 401 f.

Roszarubězcentr 401 f.

Royal Society 148

Russia Today 215 f., 405

Russisches Haus der Wissenschaft und Kultur (Berlin) 404 (in Fußnote)

Russisches Zentrum für internationale wissenschaftliche und kulturelle Zusammenarbeit, siehe: Roszarubězcentr

Russkij Mir, siehe: Stiftung Russkij Mir

Schüler Helfen Leben 175

Senatsverwaltung für Bildung, Wissenschaft und Forschung des Landes Berlin 127

Sequa gGmbH 207

Service d'Expansion Universitaire et Scientifique 63 f.

Service des Oeuvres Français à l'Etranger 63

SESAME (Allan/Jordanien) 319

Smithsonian Institution 350

Staatsduma 123

Ständige Konferenz der Kultusminister der Länder, siehe: Kultusministerkonferenz der Länder

Standortinitiative FC Deutschland GmbH 163

Stifterverband für die Deutsche Wissenschaft 67, 257, 265

Stiftung Deutsche Geisteswissenschaftliche Institute im Ausland 245

Stiftung Deutsch-Russischer Jugendaustausch 247 f.

Stiftung Erinnerung, Verantwortung, Zukunft 304

Stiftung für deutsch-polnische Zusammenarbeit 133

Stiftung Gesellschaftsanalyse und politische Bildung 289

Stiftung Hohenschönhausen 204

Stiftung in Defence of Our Future 176

Stiftung Mercator GmbH 304

Stiftung Neue Verantwortung 304

Stiftung Preußischer Kulturbesitz 124

Stiftung Russkij Mir 402

Stiftung Wissenschaft und Politik 51, 199, 204

Stiftungsinitiative Johann Gottfried Herder 304

Technisches Hilfswerk 204

The Owners Forum 204, 207

Transparency International 204

TRT International (Türkische Rundfunk- und Fernsehanstalt) 218

TV5Monde 216

UNESCO 32 f., 40, 75 f., 116, 124 f., 132, 174 f., 190 ff., 213, 219, 221 f., 229, 242, 263, 311-321, 324, 330, 332, 336, 340, 345, 380, 385, 388, 398 f.

UNESCO-Institut für Pädagogik 76

UNESCO-Institute for Education 317

UNESCO-Institute for Lifelong Learning 317

Ungarische Kunstakademie 374

Union der sowjetischen Freundschaftsgesellschaften (Sowjetunion) 461

Union für das Mittelmeer 360 ff.

Union of International Associations 278 f.

United Nations, siehe: Vereinte Nationen

United Nations Advisory Committee of Local Authorities 261

United States Information Agency 162, 352 f.

Unterausschuss Auswärtige Kultur- und Bildungspolitik (Bundestag) 234, 243

Unterausschuss Auswärtige Kulturpolitik (Bundestag) 233 f.

Unterausschuss für Kulturelle Außenpolitik (Bundestag) 90 f.

VENRO 283 (in Fußnote)

Verein für das Deutschtum im Ausland 29, 61, 67, 73

Vereinigung für Internationale Zusammenarbeit 91

Vereinte Nationen 72, 75, 80, 98, 111, 146, 176, 219, 242, 261, 277, 278, 311, 314 ff., 320, 324, 399

Vietnamesisch-Deutsches Zentrum (Hanoi) 245

Villa Massimo (Rom) 74, 126, 133, 245

Villa Romana (Florenz) 64, 245

Villa Vigoni (Comer See) 245

Visegrad Gruppe/Visegrad Verbund 373, 376

Voice of America 214, 219, 352

Völkerbund 66 f., 72, 75

Volksbund Deutsche Kriegsgräberfürsorge 133

Volksdeutsche Mittelstelle 73

Volksdeutscher Rat 73

VolkswagenStiftung 304

Wales Arts International 368

Weimarer Republik 44, 47, 65 ff., 72, 78, 101 f., 240

Weizmann-Institut (Rehovot) 141

Weltbank 75, 277, 317

Welternährungsorganisation 317

Weltgesundheitsorganisation 317

Welthandelsorganisation 214, 217, 313

Weltkulturen Museum (Frankfurt) 121

Weltrundfunksender 263

Weltvereinigung der Meteorologie 146

Wersja Polska 373

Wissenschaftlicher Initiativkreis Kultur und Außenpolitik (WIKA) 410 ff., 418

Wye River Foundation 185

Xinghua 218

Young Leaders Forum 207, 304

ZEIT-Stiftung Ebelin und Gerd Bucerius 304

Zentralstelle für das Auslandsschulwesen 27 f., 107 f., 150 ff., 240, 242, 274

Zentrum des Internationalen Theaterinstituts Deutschland 131

Zentrum für Internationale Friedenseinsätze 171

Ziviler Friedensdienst 170 f., 175

Zweites Deutsches Fernsehen (ZDF) 214, 221, 223

# 11. Die Autoren

## Ulrich Ammon

geb. 1943. Studium der Germanistik, Anglistik und Empirischen Kulturwissenschaft an den Universitäten Tübingen, Göttingen, Frankfurt a. M. und Wesleyan (Middletown Conn./USA; Fulbright-Stipendium). Staatsexamen und Promotion in Tübingen 1971 bzw. 1972. 1967/68 Instructor für deutsche Sprache und Literatur an der Wesleyan University und an Middlebury Summer School (Middlebury, Vermont). 1971–74 Wiss. Angestellter (Forschungsprojekt der Deutschen Forschungsgemeinschaft) und Lehrbeauftragter für Germanistische Linguistik an der Universität Tübingen. 1974–80 Wissenschaftlicher Rat für Germanistische Linguistik an der Gerhard-Mercator-Universität Duisburg. 1980–2008 ebenda und an der Universität Duisburg-Essen Professor für Germanistische Linguistik mit Schwerpunkt Soziolinguistik. Gastprofessuren in USA, Japan, Australien, Österreich, Volksrepublik China, Indien, Ungarn, Italien, Ägypten, Namibia, Türkei, Russland und Estland. 15 Monografien, ca. 300 Aufsätze und 120 Rezensionen. Herausgeber von ca. 30 Büchern und zwei Buchreihen. Mitherausgeber und Mitglied im Editorial Board mehrerer Zeitschriften.

E-Mail-Adresse: ulrich.ammon@uni-due.de

## Verena Andrei

geb. 1974. Studium der Politikwissenschaft und der Neueren Deutschen Literatur an der Eberhard-Karls-Universität Tübingen und Humanidades an der Universidad Pompeiu Fabra (Barcelona). Praktika unter anderem beim Auswärtigen Amt. 2001 Rave-Förderpreis für Magisterarbeit. Stipendiatin der Graduiertenförderung des Landes Baden-Württemberg. 2007 Promotion im Fach Politikwissenschaft an der Universität Tübingen über die auswärtige Sprachpolitik der Bundesrepublik Deutschland gegenüber den Staaten Mittel- und Südosteuropas und in der Europäischen Union (ausgezeichnet mit dem Preis für die beste Dissertation an der Fakultät für Sozial- und Verhaltenswissenschaften der Universität Tübingen 2007). April 2008–2010 wissenschaftliche Mitarbeiterin am Institut für Politikwissenschaft der Universität Tübingen, anschließend Forschungsreferentin bei der Baden-Württemberg Stiftung und Koordinatorin des IQ Netzwerks in der Region Stuttgart. Seit Februar 2014 Projektleiterin des Welcome Centers Region Stuttgart bei der Wirtschaftsförderung Region Stuttgart GmbH.

E-Mail-Adresse: verena.andrei@googlemail.com

## Claudia Auer

geb. 1984. Studium der Internationalen Fachjournalistik an der Hochschule Bremen und dem Royal Melbourne Institute of Technology (DAAD-Stipendium) sowie der Medien- und Kommunikationsforschung an der Technischen Universität Ilmenau. Seit 2010 Wissenschaftliche Mitarbeiterin am Institut für Medien und Kommunikationswissenschaft an der Technischen Universität Ilmenau. Promotion in Ilmenau mit einer interdisziplinären Grundlagenarbeit zu Public Diplomacy.

Ausgewählte Veröffentlichungen: Auer, C. (2014 (in Druck)). *Public Diplomacy: Ein Konzeptualisierungsvorschlag*, in: R. Fröhlich/T. Koch (Hg.), *Politik – PR – Persuasion*. Wiesbaden: Springer VS; Löffelholz, M./ Auer, C./Srugies, A. (2014 (in Druck)), *Strategic Dimensions of Public Diplomacy*, in: D. Holtzhausen/A. Zerfass (Hg.), *The Routledge Handbook of Strategic Communication*. New York, NY: Routledge; Auer, C./Srugies, A. (2013), *Public Diplomacy in Germany, CPD Perspectives on Public Diplomacy* 05/2013. Los Angeles, CA: Figueroa Press.

E-Mail-Adresse: claudia.auer@tu-ilmenau.de

## Ottilie Bälz

geb. 1972. Studium der Slavistik, Germanistik und der Osteuropäischen Geschichte in Köln und Moskau. 1998 bis 2001 Referentin für kulturelle Programmarbeit in den russischen Regionen am Goethe-Institut Moskau. Autorin der ifa-Studie *Netzwerke für die Zukunft. Die deutsch-russischen Kulturbeziehungen – Bestandsaufnahme und Empfehlungen (2002)*. Seit 2002 bei der Robert Bosch Stiftung in Stuttgart tätig, seit 2012 als Gruppenleiterin Gesellschaft und Kultur. 2004 bis 2005 Abordnung in die Kultur- und Bildungsabteilung des Auswärtigen Amts.

E-Mail-Adresse: ottilie.baelz@bosch-stiftung.de

## Gerd Ulrich Bauer

geb. 1968. Studium der Interkulturellen Germanistik, Ethnologie und Neueren Deutschen Literaturwissenschaft an der Universität Bayreuth. Magisterarbeit über die Rolle von Kunst und Kunstausstellungen in der deutschen Auswärtigen Kulturpolitik. Promotion im Fach „Interkulturelle Kommunikation" an der Technischen Universität Chemnitz mit einer kulturwissenschaftlichen Studie zur Expertise von Akteuren der Auswärtigen Kulturpolitik und Kulturdiplomatie. 2008 bis 2014 Akademischer Rat im Fachgebiet Interkulturelle Germanistik (Deutsch als Fremdsprache) an der Universität Bayreuth. Seit 2004 Mitglied des „Wissenschaftlichen Initiativkreises Kultur und Außenpolitik" am Institut für Auslandsbeziehungen, Stuttgart. Veröffentlichungen (Auswahl): Koautor der Auswahlbibliografie zur Grundlegung einer kulturwissenschaftlichen Fremdheitsforschung (1993); Autor von *Die „dritte Säule" der Politik: Zur Konzeptualisierung auswärtiger Kulturpolitik der Bundesrepublik Deutschland nach 1970* (2000); Vortrag *Kulturelle Programmarbeit* (2002) auf dem Workshop des Instituts für Auslandsbeziehungen „Auswärtige Kulturpolitik: ein Stiefkind der Forschung?"; Lexikonartikel *Auswärtige Kulturpolitik* (2003) sowie *Auswärtige Kultur- und Bildungspolitik* (2007).

E-Mail-Adresse: gerd.ulrich.bauer@uni-bayreuth.de

## Gudrun Czekalla

geb. 1957. Diplom-Politologin (Institut d'Etudes Politiques de Paris), Studium der Politikwissenschaft, Psychologie und Geschichte in Duisburg und Paris. Laufbahnprüfung für den höheren Bibliotheksdienst. Seit 1988 Stellvertretende Leiterin, seit 2004 Leiterin der Bibliothek des

Instituts für Auslandsbeziehungen, Stuttgart. Geschäftsführerin des Wissenschaftlichen Initiativkreis Kultur und Außenpolitik und Vorstandsmitglied des Fachinformationsverbundes Internationale Beziehungen und Länderkunde.

E-Mail-Adresse: czekalla@ifa.de

## Kurt Düwell

geb. 1937. Studium der Geschichte, Philosophie und Germanistik an den Universitäten Bonn und Köln. Habilitation mit der Arbeit *Deutschlands auswärtige Kulturpolitik (1918-1932).* Tätigkeit als Hochschullehrer an den Universitäten Köln und Trier. Gastprofessor an der Clark University (Worcester, Massachusetts), der Miami University (Oxford, Ohio) und der Universität Wuhan (Volksrepublik China). 1977 o. Professor für Neuere Geschichte an der Universität Trier. Seit 1995 Professor für Neueste Geschichte und Landesgeschichte an der Heinrich-Heine-Universität Düsseldorf. Hauptarbeitsgebiete: Geschichte des 19. und 20. Jahrhunderts sowie Landes-, Kultur- und Wissenschaftsgeschichte. 1984 bis 1994 Vorsitzender des Sozialwissenschaftlichen Studienkreises für Internationale Probleme und Vorsitzender der Deutsch-Amerikanischen Gesellschaft in Trier. 1994 bis 2004 Vorsitzender des Brauweiler Kreises für Landes- und Zeitgeschichte e. V. sowie 1998 bis 2003 Vorsitzender der Gesellschaft für Rheinische Geschichtskunde. Veröffentlichungen unter anderem: Herausgeber der Zeitschrift *Geschichte im Westen*, *Rheinland-Westfalen im Industriezeitalter* (zusammen mit Wolfgang Köllmann, 4 Bände, Wuppertal 1983 bis 1985), *Wissenschaften in Berlin* (zusammen mit Tilmann Buddensieg, 3 Bände, Berlin 1987), *Emigration. Deutsche Wissenschaftler nach 1933* (zusammen mit Tilmann Buddensieg und Herbert A. Strauss, Berlin 1987), *Vertreibung jüdischer Künstler und Wissenschaftler aus Düsseldorf, 1933-1945* (zusammen mit Angela Genger u. a., Düsseldorf 1998). Mitherausgeber des *Archivs für Kulturgeschichte* (München: Oldenbourg).

E-Mail-Adresse: kurt.duewell@t-online.de

## Martina Fischer

geb. 1958. Politikwissenschaftlerin. Programmdirektorin an der Berghof Foundation, Berlin. Dort seit 1998 in unterschiedlichen Funktionen tätig, u.a. als Senior Researcher, stellvertretende und kommissarische Leiterin des Berghof Forschungszentrum für konstruktive Konfliktbearbeitung. Sie ist Mitherausgeberin des *Berghof Handbook for Conflict Transformation.* Forschung und Publikationen zu folgenden Themen: Friedensförderung und Aussöhnung in Nachkriegsregionen; Zivilgesellschaft; Zivile Konfliktbearbeitung und Konflikttransformation; Verhältnis von Militär und Gesellschaft. Aktuell Leiterin des Südosteuropa-Programms der Berghof Foundation, Untersuchung des Zusammenhanges von Vergangenheitsarbeit, Aussöhnung und Konflikttransformation. Beratung für politische Mandats- und Entscheidungsträger, Nichtregierungsorganisationen und internationale Organisationen in friedenspolitischen Fragen. Mitglied im Präsidium des Deutschen Evangelischen Kirchentags, im Beirat des Zentrums für internationale Friedenseinsätze und im wissenschaftlichen Beirat der Deutschen Stiftung Friedensforschung (Mitglied im Stiftungsrat und Vorstand bis 2011). Mitglied in Beiräten von diversen wissenschaftlichen Zeitschriften (*Die Friedens-Warte*, *Wissenschaft & Frieden* und *Zeitschrift für Friedens- und Konfliktforschung*). Ausgewählte Veröffentlichungen: (mit Lj. Petrović-Ziemer) (Hg.): *Dealing with the Past and Peacebuilding in the Western Balkans*, Berghof Report 18, Berlin: Berghof Foundation, 2013; (mit B. Austin und H.J. Giessmann) (Hg.): *Advancing Conflict Transformation*. The Berghof Handbook II, Opladen, Farmington Hills: Barbara Budrich Pub., 2011; (mit V. Rittberger) (Hg.): *Strategies for Peace, Contributions of International Organizations, States, and Non-State Actors*, Opladen/Farmington Hills: Barbara Budrich Pub., 2008; (Hg.): *Ten Years after Dayton. Peacebuilding and Civil Society in Bosnia-Herzegovina*, 2. Aufl., Münster, Hamburg, London: Lit-Verlag, 2007.

E-Mail-Adresse: m.fischer@berghof-foundation.org

## Sonja Grimm

geb. 1978. Studium der Politikwissenschaft, Geschichte und Kunstgeschichte in Heidelberg und Paris. Promotion. 2005–2009 wissenschaftliche Mitarbeiterin am Wissenschaftszentrum Berlin für Sozialforschung, Abteilung „Demokratie"; 2009–2011 wissenschaftliche Mitarbeiterin an der Universität Konstanz; seit 2011 Akademische Rätin. Forschungsschwerpunkte: Transformationsforschung, Demokratisierung, Internationale Beziehungen, Internationale Demokratieförderung und Entwicklungszusammenarbeit, Friedens- und Konfliktforschung, Staatsaufbau in Postkonfliktstaaten, Europäische Integration, Westlicher Balkan. Sprecherin des von der Deutschen Forschungsgemeinschaft geförderten Netzwerks „Externe Demokratisierungspolitik". Veröffentlichungen u.a. in *Democratization*, *Third World Quarterly*, *Journal of Common Market Studies* und *Europe-Asia Studies*.

Mehr: http://www.sonja-grimm.eu

E-Mail-Adresse: sonja.grimm@uni-konstanz.de

## Falk Hartig

geb. 1979. Studium der Sinologie und Journalistik an der Universität Leipzig und der Sichuan International Studies University, Chongqing, Volksrepublik China. Promotion im Bereich International Communication an der Queensland University of Technologie in Brisbane zu Chinas Public Diplomacy und den Konfuzius-Instituten. Tätigkeiten als Journalist unter anderem für *Kulturaustausch - Zeitschrift für Internationale Perspektiven* in Berlin und die chinesische Nachrichtenagentur Xinhua in Peking. Derzeit Postdoktorand am Inter-Zentren-Programm *Afrikas Asiatische Optionen* der Goethe Universität Frankfurt und Contributing Scholar des USC Center on Public Diplomacy der University of Southern California, Los Angeles. Arbeitsschwerpunkte: Chinas Außendarstellung und Außenkommunikation, Internationalisierung chinesischer Medien sowie Image und Reputation in internationalen Beziehungen. Veröffentlichungen u.a. in: *The Hague Journal of Diplomacy*; *Communication, Politics & Culture*; *Journal of Chinese Political Science*. Darüber hinaus Autor von *Die Kommunistische Partei Chinas heute: Von der Revolutions- zur Reformpartei*, Campus (2008) und *Chinese Public Diplomacy: The Rise of Confucius Institutes*, Routledge (im Erscheinen).

E-Mail-Adresse: hartig@em.uni-frankfurt.de

## Klaus Hüfner

geboren 1939. Studium der Volkswirtschaftslehre, Soziologie und Politikwissenschaft an der Freien Universität Berlin, an der London School of Economics and Science (1960/61), am Graduate Institute for International Studies in Genf (1962), an der Princeton University, USA (1964/65) sowie an der Technischen Hochschule Darmstadt (1966/67). Wissenschaftlicher Mitarbeiter am Max-Planck-Institut für Bildungsforschung von 1964 bis 1974; 1970/71 Principal Administrator am Centre for Educational Research and Innovation, Paris. 1974–1980 o. Professor für Bildungsökonomie und -planung an der Pädagogischen Hochschule Berlin. April 1980 – Januar 2002 o. Professor für Volkswirtschaftslehre am Fachbereich Wirtschaftswissenschaft an der Freien Universität Berlin. Gegenwärtiger Arbeitsschwerpunkt: System der Vereinten Nationen (Finanzierung, Menschenrechte, UNESCO). Letzte Veröffentlichungen zur UNESCO: *UNESCO und Menschenrechte* (2008), *Multilaterale Bildungsfinanzierung durch das UNO-System* (2011), *Wer rettet die UNESCO?* (2013).

E-Mail-Adresse: khuefner@t-online.de

## Yoko Kawamura

geb. 1968. Studium der Politikwissenschaft an der Waseda University, dann der Internationalen Beziehungen an der University of Tokyo. 1998–2000 Academic Assistant of Area Studies an der Graduate School of Arts and Sciences, University of Tokyo. Seit 2000 Lehrtätigkeit als Lecturer, jetzt als Professorin an der Fakultät der Geisteswissenschaften, Seikei University (Tokyo). Forschungsthema: Internationale kulturelle Beziehungen und Auswärtige Kulturpolitik. Veröffentlichungen über deutsche und japanische Auswärtige Kulturpolitik (auf Japanisch). Ein englischer Aufsatz zusammen mit zwei Koautorinnen, *Germany in Europe, Japan and Asia: National Commitments to Cultural Relations within Regional Frameworks*, wird veröffentlicht in: Jessica C.E. Gienow-Hecht and Mark Donfried, eds., *Searching for a Cultural Diplomacy* (Berghahn Publishers, 2009).

E-Mail-Adresse: kawamura@fh.seikei.ac.jp

## Hanna Kiper

geb. 1954. 1. und 2. Staatsexamen für das Lehramt an Grund- und Hauptschulen 1977 bzw. 1980, Lehrerin 1978–1985, Promotion 1987, Habilitation 1997, wissenschaftliche Mitarbeiterin an den Universitäten Lüneburg und Bielefeld 1985–1987 und 1988–1994, Professorin für Schulpädagogik und Allgemeine Didaktik an der Technischen Universität Braunschweig 1994–1998. Seit 1998 Professorin für Schulpädagogik mit dem Schwerpunkt Theorie und Praxis der Sekundarbereiche I und II an der Carl-von-Ossietzky-Universität Oldenburg. Veröffentlichungen zu Fragen der Schulpädagogik, Didaktik, Unterrichtstheorie, Unterrichtsplanung und Theorie der Schule.

E-Mail-Adresse: hanna.kiper@uni-oldenburg.de

## Sebastian Körber

geb. 1966. Studium der Politikwissenschaften, Anglistik und Romanistik in Münster, Triest und Freiburg sowie „DESS Eurojournalisme“ in Straßburg und Brüssel. Anschließend freier Korrespondent für die französische Nachrichtenagentur Agence France Presse in Straßburg und Brüssel. Seit 1996 beim Institut für Auslandsbeziehungen tätig. 1998–2004 Chefredakteur der vom Institut herausgegebenen *Zeitschrift für Kulturaustausch* in Berlin. Seit Januar 2005 Leiter der Abteilung Medien des Instituts für Auslandsbeziehungen, seit 2008 zusätzlich stellvertretender Generalsekretär.

E-Mail-Adresse: Koerber@ifa.de

## Martin Löffelholz

geb. 1959. Seit März 2012 Präsident der Swiss German University in Jakarta, Indonesien. Für die Dauer seiner Amtszeit vom Freistaat Thüringen beurlaubt. Universitätsprofessor an der Technischen Universität Ilmenau, 1998–2012 Leitung der Abteilung für Medienwissenschaft, der internationalen Forschungsgruppe Krisenkommunikation sowie des Ilmenau Center for Public Diplomacy Research and Training. Nach dem Studium der Kommunikationswissenschaft, Politikwissenschaft, Soziologie und Europäischen Ethnologie sowie der Promotion 1988 rund ein Jahrzehnt an den Universitäten Münster und Leipzig tätig. Mehrmals Gastprofessuren im Ausland: 2000 und 2001 in Indonesien und 2004 auf den Philippinen. Wissenschaftliche Arbeiten vor allem über Journalismus, Organisationskommunikation, Public Diplomacy, Krisenkommunikation, sicherheitspolitische Kommunikation, interkulturelle Kommunikation sowie internationale Beziehungen mit Schwerpunkt Südostasien. Vor Beginn der universitären Laufbahn Journalist, davon mehrere Jahre als Fernseh- und Hörfunkreporter für den Westdeutschen Rundfunk.

E-Mail-Adresse: martin.loeffelholz@tu-ilmenau.de

## Kurt-Jürgen Maaß

geb. 1943. Studium der Rechts- und Wirtschaftswissenschaften an den Universitäten Hamburg und Lausanne. Referendarzeit in Hamburg, Straßburg (Europarat) und Speyer (Hochschule für Verwaltungswissenschaften). Promotion über Europäische Hochschulpolitik. Berufsstationen bei der Deutschen Universitäts-Zeitung, Bonn, der Nordatlantischen Versammlung, Brüssel, im Bundesministerium für Bildung und Wissenschaft, Bonn, beim Wissenschaftsrat, Köln, und in der Alexander von Humboldt-Stiftung, Bonn, dort ab 1994 als Stellvertretender Generalsekretär. Juni 1998 bis Juli 2008 Generalsekretär des Instituts für Auslandsbeziehungen in Stuttgart und Herausgeber der *Zeitschrift für Kulturaustausch*. Lehraufträge der Universitäten Stuttgart, Tübingen und Bamberg sowie der Aserbaidjan Diplomatic Academy. Honorarprofessor an der Universität Tübingen seit 2005, „Emeritierung“ 2013. Zahlreiche Buch- und Zeitschriftenveröffentlichungen zu Fragen der internationalen Zusammenarbeit in Bildung,

Wissenschaft und Forschung, der Auswärtigen Kulturpolitik sowie der deutschen Bildungs- und Wissenschaftspolitik.

E-Mail-Adresse: maass@ifp.uni-tuebingen.de

## Kathrin Merkle

geb. 1962. Studium der Soziologie, Politischen Wissenschaft und Erziehungswissenschaft an der Universität Heidelberg und Studien zur Modernisierung des öffentlichen Sektors an der HERTIE School of Governance, Berlin. 1990–1993 Beigeordnete Sachverständige bei der UNESCO (Paris) im Bereich Kultur, Bildungs- und Wissenschaftsstatistik. Nach dem Wechsel zum Europarat Leiterin der Kulturpolitischen Forschungsstelle und Aufbau eines computergestützten Politikinformationssystems. Leitung von kulturpolitischen Länderanalysen (Ukraine, Malta, Türkei, Russische Föderation, Serbien) und Herausgeberin von Fachpublikationen. Koordinatorin des Lenkungsausschusses für Kultur der Organisation von 2004–2011. Seit 2014 Leiterin der Abteilung für Kultur und Demokratie.

E-Mail-Adresse: Kathrin.merkle@coe.int

## Verena Metze-Mangold

geb. 1946. Studium der Politischen Wissenschaften, Soziologie und Geschichte in Berlin und Marburg. Promotion zum Dr. phil. 1974. Journalistische Arbeit für Tagespresse, Zeitschriften, Radio und Fernsehen, u.a. Auslandsberichte. Von 1976 bis 1987 leitete sie die Evangelische Medienakademie (früher: Christliche Presse-Akademie) im Gemeinschaftswerk der Evangelischen Publizistik in Frankfurt. 1987 Wechsel zum Hessischen Rundfunk und Leitung der Presse- und Öffentlichkeitsarbeit, Aufbau der Medienforschung und der Neuen Medien. 1989/90 Pressesprecherin des ARD-Vorsitzenden. 2001–2011 Bereichsleiterin in der Intendanz des Hessischen Rundfunks, zuständig für die Koordination öffentlicher Veranstaltungen und die Filmförderung des Hessischen Rundfunks, zugleich Co-Geschäftsführerin der Hessischen Filmförderung. Seit 1982 Mitglied, 1997–2014 Vizepräsidentin, seit 2014 Präsidentin der Deutschen UNESCO-Kommission. 2000–2008 Vertretung für Deutschland im zwischenstaatlichen Rat "Information for All". Als Mitglied der Deutschen UNESCO-Kommission seit 1982 diverse Funktionen in Kommissionen und Delegationen, u.a. 2003 und 2005 Teilnahme am "World Summit on Information Society" der Vereinten Nationen in Genf und Tunis. Schwerpunkte der Veröffentlichungen: Themen der Internationale Entwicklung, der Medien, des Völkerrechts, Handelsrecht und Kultur, der Menschenrechte sowie der interkulturellen Kommunikation.

E-Mail-Adresse: v.metze-mangold@gmx.net

## Swetlana W. Pogorelskaja

geb. 1963. Studium der Politik, Philosophie und Geschichte an der Moskauer Staatlichen Lomonossow-Universität (Diplom 1988) und an der Rheinischen Friedrich-Wilhelms-Universität

Bonn (Promotion 1996). Leitende wissenschaftliche Mitarbeiterin am Institut für Wissenschaftliche Information in den Sozialwissenschaften der Russischen Akademie der Wissenschaften und am Europa-Institut der Akademie in Moskau. Wissenschaftliche Autorin und freie Publizistin in Bonn, Mitglied im Deutschen Journalisten-Verband in der Landesgruppe Nordrhein-Westfalen.

E-Mail-Adresse: s.pogorels@gmail.com

## Volker Rittberger †

4. Mai 1942 – 13. November 2011. Studium der Rechts- und Politikwissenschaften an den Universitäten Freiburg i.Br. und Genf. 1965 Erstes juristisches Staatsexamen, Freiburg i.Br. 1968 M.A., 1972 Ph.D. in Politikwissenschaft an der Stanford University. 1971–1973 Wissenschaftlicher Mitarbeiter der Hessischen Stiftung Friedens- und Konfliktforschung, Frankfurt a. M. Ab 1973 o. Universitätsprofessor für Politikwissenschaft und Internationale Beziehungen an der Universität Tübingen, Emeritierung 2009. 1986 Gastprofessur an der Stanford University. 1992/1993 Theodor Heuss Professor an der New School University (New York City). 1999/2000 Gastprofessor am Institut d'Etudes Politiques, Paris, und 2004 am Wissenschaftszentrum Berlin für Sozialforschung. 1978–1998 Forschungsbeauftragter des Ausbildungs- und Forschungsinstituts der Vereinten Nationen. 2003-2011 Vorsitzender der Deutschen Stiftung Friedensforschung und Mitherausgeber der Zeitschrift *Die Friedens-Warte. Journal of International Peace and Organization*. Letzte Veröffentlichungen: (mit Bernhard Zangl): *International Organization – Polity, Politics and Policies* (Basingstoke, New York: Palgrave Macmillan 2006); (Mitherausgeber): *Authority in the Global Political Economy* (Basingstoke, New York: Palgrave Macmillan 2008); (Mitherausgeber): *Strategies for Peace. Contributions of International Organizations, States and Non-State Actors* (Opladen, Farmington Hills: Barbara Budrich 2008).

## Edda Rydzy

geb. 1956. Studium der Philosophie in Berlin und Leipzig. Promotion 2013, das aus der Promotion entstandene Buch erschien 2013: Edda Rydzy/Monika Griefahn: *Natürlich wachsen. Erkundungen über Mensch, Natur und Wachstum aus kulturpolitischem Anlass*, Wiesbaden, 2013. Geschäftsführerin der Deutschen Vereinigung der Europäischen Kulturstiftung.

E-Mail-Adresse: rydzy.moma@email.de

## Mirjam Schneider

geb. 1969. Studium der Vergleichenden Literaturwissenschaften, Islamwissenschaften und Romanistik an den Universitäten Tübingen, Bonn und Amman, Jordanien. Magister Artium und Promotion in Tübingen. Volontariat bei der *Zeitschrift für Kulturaustausch*, Institut für Auslandsbeziehungen von 2000/2001. 2002–2009 Wissenschaftliche Angestellte, zunächst an der Universität Bielefeld im Fach Frankreich- und Frankophoniestudien, dann an der Universität

Tübingen im Fach Komparatistik/Internationale Literaturen. Koordinatorin des Forschungsprogramms *Kultur und Außenpolitik* am Institut für Auslandsbeziehungen 2010/11. Seitdem freie Journalistin und Redakteurin mit den Schwerpunkten Auswärtige Kultur- und Bildungspolitik und internationale Kulturbeziehungen. Zuletzt Mitarbeitern im EU-Projekt *Preparatory Action: Culture in EU's external relations*; in diesem Zusammenhang Durchführen von Konsultationen in Israel, Palästina und Mexiko; Verfassen von Länderberichten; Co-Autorschaft beim Abschlussbericht. Verfasserin des monatlich erscheinenden Berichts *Auswärtige Kulturpolitik im Spiegel der Presse* für das Institut für Auslandsbeziehungen.

E-Mail-Adresse: Schneider_Mirjam@gmx.de

## Traugott Schöfthaler

geb. 1949. Studium der Evangelischen Theologie und der Soziologie in Erlangen, Heidelberg, Mannheim und Berlin. Fakultätsexamen Evangelische Theologie (1972), Diplom-Soziologe (1974) und Promotion (Dr. phil. 1984). 1975–1984 wissenschaftlicher Mitarbeiter am Max-Planck-Institut für Bildungsforschung und wissenschaftlicher Assistent für Soziologie des Bildungswesens, Freie Universität Berlin (mit zwei Jahren Feldforschung im südlichen Afrika). 1984–1986 wissenschaftlicher Mitarbeiter am Internationalen Institut für Bildungsplanung der UNESCO (Paris). 1986 bis 2004 Bildungsreferent, Pressesprecher, ab 1993 Generalsekretär der Deutschen UNESCO-Kommission, Bonn. 2004–2007 Gründungsdirektor der Anna Lindh Euro-Mediterranean Foundation for the Dialogue between Cultures in Alexandria (Ägypten). 2008–2014 Koordinator für Bildungsreformen in der arabischen Welt bei der Deutschen Gesellschaft für Internationale Zusammenarbeit (GIZ)/International Services, Eschborn und Riad (Saudi-Arabien). Arbeits- und Publikationsschwerpunkte: vergleichende Bildungsforschung, internationale Zusammenarbeit in Bildung, Wissenschaft und Kultur.

E-Mail-Adresse: t.schoefthaler@gmx.net

## Frank Schumacher

geb. 1965. Studium der Geschichte, Germanistik, Politikwissenschaft und Philosophie an der Albert-Ludwigs-Universität Freiburg, der University of Iowa/USA, der Ohio University/USA. Magister Artium 1990. 1991 Forschungsassistent am Center for International Security Studies der University of Maryland/USA. 1991–1993 MacArthur-Stipendiat am Contemporary History Institute, Ohio University/USA. 1993 Magister Artium und Master of Social Science, 1997 Promotion an der Universität zu Köln. 1997–1999 Lehrbeauftragter für amerikanische Geschichte und Außenpolitik an der Universität Bonn. Freier Mitarbeiter der Friedrich-Ebert-Stiftung, Bonn, und wissenschaftlicher Autor der Bundeszentrale für politische Bildung. 1999–2006 Wissenschaftlicher Assistent am Lehrstuhl für Nordamerikanische Geschichte der Universität Erfurt. 2001/2002 Fulbright American Studies Fellow an der Georgetown University/ USA. 2003 Gastprofessor an der Thompson Rivers University/Kanada. Seit 2007 Professor für amerikanische Außenpolitik und internationale Geschichte am Department of History der University of Western Ontario/Kanada. 2011 DAAD-Gastprofessor am Historischen Seminar der Universität Potsdam. Zahlreiche Veröffentlichungen zur internationalen Geschichte der USA, zur vergleichenden nordamerikanischen Geschichte, zu Kolonialismus und Imperialismus und zur Geschichte der internationalen Beziehungen.

E-Mail-Adresse: fschuma@uwo.ca

## Georg Schütte

geb. 1962. Studium der Journalistik sowie der Medien- und Kommunikationswissenschaft an der Universität Dortmund, der City University of New York und der Universität-Gesamthochschule Siegen. 1989 Master of Arts in Television and Radio in New York, 1992 Visiting Fellow an der Harvard University, 1994 Promotion an der Universität Dortmund. 1993/1994 Referent in der Alexander von Humboldt-Stiftung, Bonn. 1995–1998 wissenschaftlicher Mitarbeiter der Universität-Gesamthochschule Siegen und Lehrbeauftragter der Universitäten Mannheim, Lüneburg und Dortmund. 1998-2001 Leiter der Grundsatzabteilung der Alexander von Humboldt-Stiftung, Bonn. 2001-2004 Geschäftsführender Direktor der Deutsch-Amerikanischen Fulbright-Kommission Berlin. Gleichzeitig Mitglied der Expertengruppe „Benchmarking Human Resources“ der EU-Kommission. 2004-2009 Generalsekretär der Alexander von Humboldt-Stiftung. Zahlreiche Veröffentlichungen zur Außenwissenschaftspolitik und zur akademischen Mobilität sowie Buch- und Zeitschriftenbeiträge zu medien- und kommunikationswissenschaftlichen Themen. Seit Dezember 2009 Staatssekretär im Bundesministerium für Bildung und Forschung. Gleichzeitig Mitglied des Stakeholder Committee des Network of Excellence „Dynamics of Institutions and Markets in Europe“, Leitung der Kommission für Wissenschaftlich-Technologische Zusammenarbeit mit China, Vorsitz im entsprechenden Komitee mit China und mit der Republik Korea. Seit April 2013 Mitglied im Gründungsaufsichtsrat des Berliner Institut für Gesundheitsforschung und Mitglied in der VolkswagenStiftung.

E-Mail-Adresse: georg.schuette@bmbf.bund.de

## Olaf Schwencke

geb. 1936. Dr. phil. Politikwissenschaft an der Freien Universität Berlin, Europawissenschaft am Europazentrum der Berliner Universitäten. 1972–1984 Mitglied des Bundestags und des Europäischen Parlaments. 1992–1996 Präsident der Hochschule der Künste Berlin. Mitglied des Wissenschaftlichen Beirats des Kulturwissenschaftlichen Instituts in Essen. Vorsitzender des Kuratoriums der Kulturpolitischen Gesellschaft.

E-Mail-Adresse: olaf.schwencke@t-online.de

## Otto Singer

geb. 1951. Dr. rer. pol. Forschungs- und Lehrtätigkeit an den Universitäten Konstanz und Tübingen. Visiting Scholar bei der Brookings Institution in Washington, D.C. Visiting Lecturer im *Western Societies Program* der Cornell University. Langjährige wissenschaftliche Beratungstätigkeit im Deutschen Bundestag. Seit 2001 Fachbereich Kultur und Medien der Wissenschaftlichen Dienste.

E-Mail-Adresse: otto.singer@bundestag.de

## Alice Srugies

geb. 1986. Studium der Medienforschung/Medienpraxis an der Technischen Universität Dresden und der Medien- und Kommunikationsforschung an der Technischen Universität Ilmenau. Seit 2010 wissenschaftliche Mitarbeiterin am Institut für Medien und Kommunikationswissenschaft an der Technischen Universität Ilmenau. Promotion mit komparativer Studie zur Public Diplomacy der Europäischen Union und ihrer Mitgliedsstaaten.

Ausgewählte Veröffentlichungen: Srugies, A. (2013). *Comparative Public Diplomacy Research – potentials, challenges, implications*, in: D. Ingenhoff (Hg.), *Internationale und komparative Organisationskommunikations- und Public Relations-Forschung* (pp. 229-258). Konstanz: UVK Verlag. Auer, C./Srugies, A. (2014 (in Druck)). *Strategic Dimensions of Public Diplomacy*, in: D. Holtzhausen, & A. Zerfass (Hrsg.), *The Routledge Handbook of Strategic Communication*. New York, NY: Routledge; Auer, C./Srugies, A. (2013). *Public Diplomacy in Germany, CPD Perspectives on Public Diplomacy* 05/2013. Los Angeles, CA: Figueroa Press.

E-Mail-Adresse: alice.srugies@tu-ilmenau.de

## Theresa Moyo Stumptner

geb. 1988. Studium der Politik- und Verwaltungswissenschaften an den Universitäten Konstanz, Sciences Po Aix-en-Provence und York University, Toronto. Masterschwerpunkt „International Administration and Conflict Management“. Praktika u.a. bei der Politikfabrik e.V. Berlin, dem Wissenschaftlichen Dienst des Deutschen Bundestags und dem Bundesministerium für wirtschaftliche Zusammenarbeit und Entwicklung.

E-Mail-Adresse: Theresa.Stumptner@uni-konstanz.de

## Peter Theiner

geb. 1951. Studium der Geschichte, Sozialwissenschaft, Erziehungswissenschaft, Philosophie und Romanistik in Düsseldorf, Dijon und Paris. 1974 Straßburg-Preis der Stiftung FVS zu Hamburg. 1978 bis 1985 Wissenschaftlicher Assistent für Neuere Geschichte an der Universität Düsseldorf (Lehrstuhl Wolfgang J. Mommsen). 1982 Promotion mit der Studie *Sozialer Liberalismus und deutsche Weltpolitik. Friedrich Naumann im Wilhelminischen Deutschland.* Wolf Erich Kellner-Preis zur Förderung wissenschaftlicher Arbeiten über den Liberalismus. 1985–1991 Referatsleiter in der Carl Duisberg-Gruppe, zuletzt Stellvertretender Leiter der Abteilung Kommunikation. 1991–1995 Programmdirektor und Mitglied der Geschäftsleitung der Deutschen Management Akademie Niedersachsen. 1995–2013 Leiter des Bereichs Völkerverständigung Westeuropa, Amerika, Türkei, Japan, Indien der Robert Bosch Stiftung. Seit 2013 Bereichsdirektor „Geschichte der Philantropie“.

E-Mail-Adresse: Peter.Theiner@bosch-stiftung.de

## Katharina E. Thomas

geb. 1984. Studium der Allgemeinen Rhetorik und Neueren Englischen Literatur in Tübingen und Chapel Hill. Seit 2014 Referentin im Referat für Strategie und Planung der Auswärtigen Kultur- und Bildungspolitik des Auswärtigen Amtes.

E-Mail-Adresse: katharina-elisabeth.thomas@auswaertiges-amt.de

## Enzio Wetzel

geb. 1960.Verheiratet, drei Kinder. Nach dem Abitur Arbeit im Architekturbüro, Zivildienst in einem arabischen Dorf in Israel, Lehre als Zimmermann und Dozent im Berufsfortbildungszentrum in München. Studium der Philologie des Christlichen Orients, der Ethnologie und der Judaistik an der Ludwigs-Maximilians-Universität in München. Seit 1991 beim Goethe-Institut, zuerst als Lehrer für Deutsch als Fremdsprache, danach im Projekt *Deutsch für ausländische Arbeitnehmer*. Mehrjährige Selbsterfahrung und Fortbildung in Moderation und Erwachsenenbildung. Von 1998 bis 2005 am Goethe-Institut Kairo tätig, für die Bildungskooperation, als Dozent an der Ain Shams Universität (Kairo), anschließend als Leiter der kulturellen Programmarbeit. Ab 2005 Leiter des Bereichs Wissenschaft und Zeitgeschehen in der Münchner Zentrale. Zusammen mit Kollegen in drei Pilotregionen entwarf er die Konzeption für das Arbeitsfeld „Kultur und Entwicklung" und übernahm als Referent für Gesamtstrategie die Projektsteuerung. Nach der Überführung des Projekts in die Linienarbeit Leiter des Querschnittsbereichs „Kultur und Entwicklung" in der Kulturabteilung. Seit September 2014 Leiter des Goethe-Instituts Sofia in Bulgarien.

E-Mail-Adresse: enzio.wetzel@web.de